Wehrli

Geschichte der deutschen Literatur
im Mittelalter

*Max Wehrli*

# Geschichte der deutschen Literatur im Mittelalter

## Von den Anfängen bis zum Ende des 16. Jahrhunderts

Philipp Reclam jun.
Stuttgart

Die vorliegende Darstellung erschien erstmals 1980 als Band 1 der *Geschichte der deutschen Literatur* in Reclams Universal-Bibliothek und ist ein Nachdruck der zweiten, durchgesehenen Auflage von 1984. Die Bibliographie wurde von Dorothea Klein für die dritte Auflage neu erarbeitet.

3., bibliographisch erneuerte Auflage 1997


Gesamtherstellung: Reclam, Ditzingen. Printed in Germany 1997

ISBN 3-15-010431-9

## VORWORT ZUR DRITTEN AUFLAGE

Die vorliegende dritte Auflage erscheint als Sonderausgabe, herausgelöst aus der fünfbändigen *Geschichte der deutschen Literatur.* Der Titel wurde deshalb leicht abgeändert.

Verlag und Autor standen vor der Frage, ob für die Neuauflage eine aktualisierende Bearbeitung des Textes wünschbar sei. Gespräche mit zahlreichen Vertretern der älteren Germanistik ergaben eindeutig, daß die reiche neuere Forschung in einem revidierten und erweiterten bibliographischen Anhang zu berücksichtigen sei, der Text aber in seiner ursprünglichen Gestalt bewahrt werden könne und solle. So erscheint der Band im Wesentlichen in seiner bekannten Form.

Ein herzlicher Dank gilt dem Verlag für seine Treue zu dieser Literaturgeschichte, und ebenso gedankt sei Frau Privatdozentin Dr. Dorothea Klein von der Universität Würzburg für ihre speditive und kompetente Abfassung der neuen Bibliographie.

*M. W.*

## VORWORT

[zur ersten Auflage]

Daß bei der weitgediehenen Spezialisierung der Wissenschaft ein einzelner es unternimmt, achthundert Jahre Literaturgeschichte zu schreiben, ist gewiß ein anmaßendes Wagnis. Es wäre teilweise entschuldigt nur durch eine gewisse Einheitlichkeit der Auswahl, der Wertung und des Darstellungsstils.

Auch dann bleibt jedoch „deutsche Literatur“ eine problematische und immer fragmentarische Größe, zumal im Mittelalter, aber auch von neuem wieder im Übergang zur Neuzeit mit Humanismus und Reformation. Vor allem für die früheren Epochen ist der Zufall zu bedenken, der überlieferungsmäßig unser Bild bestimmt; und für die volkssprachliche Literatur bleibt uns der Bereich mündlicher Tradition weithin rettungslos im dunkeln. Ein fast allgegenwärtiges Problem ist die Verflechtung der deutschen Literatur mit dem alt-, mittel- und neulateinischen Schrifttum, das nach Quantität und Bildungsgehalt bis tief in die Neuzeit hinein durchaus dominiert; und immer wieder, gerade für die Klassik des Hochmittelalters, kommt die Abhängigkeit von den romanischen Volkssprachen hinzu. Damit stellt sich überhaupt die Frage einer angemessenen Würdigung der Übersetzungsliteratur, der Übersetzung als grundlegender schöpferischer Leistung. Und im Zusammenhang damit steht das weitere Problem, in welchem Maße die Fachliteratur einzubeziehen sei. Viel weniger als bei der neueren Literatur ist Literaturgeschichte Dichtungsgeschichte, viel mehr ist die dichterische Potenz schon in Wort- und Begriffsbildung, in den angewandten Formen, in kollektiven Leistungen und Wirkungen zu suchen. Jede literarhistorische Betrachtung gerät schließlich in den Zwiespalt zwischen der individuellen Qualität eines literarischen Werks und seinem historischen Stellenwert; daß ästhetisches Urteil und historische Sicht letztlich identisch seien, ist zwar ein Ziel und Postulat jeder literaturwissenschaftlichen Arbeit, konkret aber immer nur von Fall zu Fall zu verwirklichen. Oder anders gesagt: die Kategorien eines mittelalterlichen und eines modernen Verstehens sind nur in einem dialektischen Prozeß zur Deckung zu bringen.

Die vorliegende Darstellung ist so zu einem offenen und beweglichen, um nicht zu sagen: pragmatischen Verfahren gezwungen. Sie muß und will den Texten entlang operieren und damit zugleich auch die Stimmen der Vergangenheit an Beispielen unmittelbar vernehmlich machen. Dagegen müssen die Betrachtungen von kultur-, geistes- und sozialgeschichtlichen Zusammenhängen und schon gar die Ausblicke auf die politische Geschichte eng beschränkt bleiben. Angesichts des Riesenthemas soll hier kein Anspruch auf neue, strenge Methodik erhoben, sollen bewährte Konventionen nur um der Originalität willen nicht preisgegeben werden. Der Verfasser fühlt sich tief in der Schuld bei den Vorgängern seines Unternehmens und den Kollegen der Einzelforschung.

An *einer* Voraussetzung wird allerdings festgehalten: daß nämlich eine richtig verstandene *deutsche* Literaturgeschichte gerade auch für das Mittelalter und die frühe Neuzeit sinnvoll und möglich sei. Die Literatur ruht wesentlich auf ihrem sprachlichen Träger, so sehr sie mit ihren Formen und Gehalten eine Sprache höherer Ordnung und individuellerer Aussage darstellt. Wie die deutsche Volkssprache gerade in der Auseinandersetzung mit älteren Sprachen und Literaturen in immer neuen Ansätzen neue Gehalte verkörpert, neue Formen bildet, Träger neuen Geistes zu werden sucht, neue soziale Schichten zum Sprechen und Hören kommen läßt, das ist gerade in unserem Zeitraum modellhaft als das Thema eines großartigen geschichtlichen Prozesses verfolgbar. Es ist, mittelalterlich gesehen, das immer neue und tiefere Eindringen des „Worts“ ins Säkulum. Bei allen Seitenblicken und Umwegen möchte die folgende Darstellung diesen roten Faden in der Hand behalten, möchte sie dieses mit Otfrid einsetzende Geschehen deutlich machen als ein geschichtliches Unterwegssein, eine Suche, ein Begründen und Beenden von literarischen Traditionen und Konstellationen im Gang von acht Jahrhunderten. Und dieses Leitmotiv dürfte auch ein Kriterium für die Epochenbildung und Bewertung abgeben.

Das Wagnis jedes literarhistorischen Verstehens besteht

darin, lebendigen Gegenwartsbezug zu verwirklichen und zugleich den Gegenstand ganz aus sich selbst in seiner geschichtlichen Bedingtheit zu sehen. Es gilt die Werke der vergangenen, insbesondere mittelalterlichen Literatur als das Fremde, ganz andere, seinem Zeitgesetz Folgende zu sehen und sie zugleich in bereitwilligem Hinhören als ein Eigenes und Unverlierbares, ja vielleicht Aktuelles zu erfahren.

*M. W.*

# INHALT

## VON DER VÖLKERWANDERUNG BIS ZUM ENDE DER OTTONEN



## SALISCHE UND FRÜHE STAUFISCHE ZEIT

DIE RITTERLICH-HÖFISCHE DICHTUNG DER STAUFERZEIT

## WANDLUNGEN VOM HOCH- ZUM SPÄTMITTELALTER

SPÄTMITTELALTER

## SECHZEHNTES JAHRHUNDERT

## ANHANG

# VON DER VÖLKERWANDERUNG BIS ZUM ENDE DER OTTONEN

# I. ALTGERMANISCHE FORMEN IM DEUTSCHEN

Der Begriff einer deutschen Sprache und einer deutschen Dichtung oder gar Literatur wird strenggenommen erst sinnvoll, nachdem das Wort „deutsch“ selbst spezifischen Sinn bekommen hat. Es meint dann nicht mehr nur die germanische Volkssprache im Gegensatz zum Latein, vielmehr – seit dem 9. Jahrhundert – die verschiedenen, im fränkischen Reich zusammentretenden germanischen Volkssprachen der Franken, Alemannen, Sachsen und Baiern, vielleicht auch der Langobarden. Man kann den Begriff allenfalls noch nach rückwärts erweitern, ins „Vordeutsche“, die Zeit der Völkerwanderung, da die genannten Stämme in ihre endgültigen Wohnsitze einziehen und somit ein deutsches Sprachgebiet zu begründen beginnen. Der Vorgang bedeutet zugleich die Berührung mit der römischen und christlichen Kultur, er bedeutet den Eintritt in die Geschichte und damit auch den Beginn der Literaturgeschichte der Deutschen. In diesem Vorgang gerät eine autochthone germanische Tradition nicht nur in ihre Krise und ihren Verfall, sondern, so scheint es, auch zu letzten, durch die neue geschichtliche Aktualität hervorgetriebenen Ausprägungen.

Die deutschen Stämme bringen ja zu dieser Auseinandersetzung bereits ein sprachkünstlerisches Erbe mit. Diese in welchem Sinne immer germanischen oder gar urgermanischen Formen einer schriftlosen Zeit (die auch aus dem Süden stammende Runenschrift blieb im wesentlichen für sakrale Zwecke vorbehalten) sind in frühen Belegen nicht erhalten und für den südgermanischen Raum nur schwierig im Rahmen einer altgermanischen Literatur zu rekonstruieren; Anhaltspunkte dafür geben Zeugnisse der Historiker, spätere deutsche Dichtungen, die altdeutsche Terminologie im Bereich von Sprache, Dichtung und Musik und vor allem der viel reichere und

z. T. jüngere Überlieferungsbestand altnordischer und angelsächsischer Sprache. Aus solchen Gegebenheiten und Indizien vermochte vor allem Andreas Heusler wenn nicht eine Geschichte, so doch eine Art System und Gattungsinventar altgermanischer Dichtung aufzustellen („altgermanisch" meint dabei ein weder von der Kirche noch von der römischen Bildung bestimmtes Germanentum). Für den frühen Stand der Dinge ist Tacitus der große Gewährsmann: Er spricht von „carmina antiqua", in denen die Germanen von der Entstehung der Welt und der Menschen sangen, er nennt Lieder über große Helden des Volkes wie Arminius, und er erwähnt Kriegslieder, die vor oder nach der Schlacht gesungen wurden. Darüber hinaus ist mit allerlei Arten von kleiner Gebrauchslyrik zu rechnen: Ritualversen für Opfer, Orakel, Rechtsleben; Gnomischem (Sprichwort, Rätsel, Sittenspruch), Merkdichtung; schließlich Versen für Kampf, Schlacht, Totenklage.

In *einer* Hinsicht nur reicht germanische Dichtungstradition noch tief in die ersten christlichen Jahrhunderte Deutschlands hinab: nämlich mit der zunächst noch ausschließlichen Form der Stabreimzeile. An sich ist die Alliteration (Beispiele: „Himmel und Hölle", „Mann und Maus", „Geld und Geist") eine überall und jederzeit mögliche Form des Schmucks oder der intensiven Verkoppelung gewichtiger Begriffe in prosaischer oder poetischer Rede; typisch germanisch dagegen ist ihre ausschließliche und systematische Verwendung als Gerüst des Vers- und Strophenbaus. Sie wird denn auch im späten 9. Jahrhundert von einem verfeinerten christlich-antikischen Formgefühl aus als ungeeignet für christliche Gehalte empfunden und durch die neue Endreimzeile ersetzt. Die Entstehung der Stabreimkunst setzt eine germanische Spracheigentümlichkeit voraus, die sich im 1. vorchristlichen Jahrtausend entwickelt hat, noch vor der Berührung mit Rom: das Vorziehen des Stärkeakzents auf die erste Silbe des Wortes. Der Stabreim, der die sinnbetonten Wörter eines Verses dynamisch in ihren Starktonsilben auszeichnet und die restliche Sprachmasse in frei behandelte Senkungsfelder abgleiten läßt, baut den Vers nicht von einer metrisch-wohllautenden Proportion aus, sondern von dem affektiv herausgetriebenen Sinnskelett des Satzes. Es geschieht in den südgermanischen Denkmälern ausschließlich in der Form der Langzeile: d. h., zwei Verse, die je zwei zur Stabung geeignete Gipfel tragen, werden durch den gemeinsamen Stab zu einer Langzeile gereimt, die dann ihrerseits, meist paarig, zu Strophen gruppiert werden kann. Ein Beispiel aus dem *Hildebrandslied*:

> nu scal mih *s*uasat chind / *s*uertu hauwan,
> *b*reton mit sinu *b*illiu, / eddo ih imo ti *b*anin werdan.

Von den vier durch Betonung hervorzuhebenden Silben der Langzeile können zwei oder drei – nie aber alle vier – gestabt sein, jedoch so, daß immer die dritte und nie die vierte Hebung den Stab trägt; die dritte Stelle hat die Aufgabe, den Abvers mit dem vorangegangenen Anvers zu koppeln. Wieweit die übrige Silbenmenge – man beachte den enormen Auftakt im Abvers der zweiten Langzeile – durch ein Taktsystem und das regelmäßige Placieren von Nebenhebungen zwischen die Ikten organisiert und besser verstanden werden kann, bleibe hier dahingestellt. Daß nicht nur die Versform an sich, sondern auch der Stab in Beziehung vorab zu rituellen Funktionen steht, beleuchtet die Notiz des Tacitus, daß die Orakelfindung durch Auflesen von dreimal je einem runenberitzten „Stabe“ erfolgte (*Germania* 10), zu welchem dann offenbar alliterierende Wörter gesucht wurden. Im übrigen bringt die Stabreimzeile mit ihrer dynamischen Aufgipfelung und ihrer oft summarischen Behandlung der Senkungen ein Pathos, ja einen eigentlichen Extremstil barbarischer Art mit sich (wobei dies letzte Wort nicht unbedingt wertend verstanden sei).

Hält man sich an die deutschen Denkmäler in Stabreimen, so sind es allein zwei Gattungen, die sich mit Sicherheit umschreiben und belegen lassen: Wir haben archaische Vertreter der rituellen Lyrik in einer Reihe von Zaubersprüchen und das überaus kostbare Beispiel eines sonst für ein halbes Jahrtausend nur zu erschließenden altdeutschen Heldenliedes. In beiden Fällen handelt es sich um Relikte einer älteren Tradition, Ausläufer germanischer Übung, und doch stehen sie zugleich als älteste Belege am Beginn einer verwandlungsfähigen und, sozial unterschwellig, noch längst nicht erloschenen Tradition.

## 1. Zauberspruch und Segen

Die ungewöhnlichsten Dokumente sind die beiden berühmten *Merseburger Sprüche*, erst im 10. Jahrhundert in ein etwas älteres Fuldaer Meßbuch eingetragen, aber nicht nur durch ihre Stabreimform, sondern vor allem durch ihren Gehalt an germanischer Mythologie sehr altertümlich. Der Spruchzauber ist freilich bis heute eine lebendige Form, die in der zähesten kollektiven Schicht des Menschenwesens wurzelt. Er ist darum bis zu einem gewissen Grade zeitlos und kann, oft in verblüffend ähnlichen Formen, in den verschiedensten Kulturen erscheinen. Daß es sich dabei in der karolingischen Zeit um mehr als um harmlosen volkstümlichen Aberglauben handelt, zeigt schon die *Admonitio generalis* (789), in der sich Karl eigens gegen das Singen von Zauberliedern wendet; dies erscheint damit als ernst zu nehmender Rest heidnischer Religionsübung.

Beide *Merseburger Sprüche* arbeiten mit dem Mittel des Analogiezaubers: Eine mythische Begebenheit wird erzählt und dann auf den gegenwärtigen Fall appliziert, wobei der eigentliche Zauberspruch sowohl dem mythischen Vorbild angehört wie den Befehl des aktuellen Sprechers darstellt, also die eigentliche magische Übertragung leistet. Im ersten Spruch, der bereits zu den Stabreimen hinzu Endreime verwendet,

Eiris sazun idisi, sazun hera duoder

sind es drei Gruppen von „Idisen“, ehrwürdigen Frauen, die sich niedersetzten, sich u. a. an Banden zu schaffen machten und Knoten lösten mit dem Erfolg, der in der 4. Zeile, der eigentlichen Zauberformel, beschworen wird: „Entspring den Haftbanden, entfahr den Feinden.“ Im zweiten Text

Phol ende uuodan uuorun zi holza

erscheint eine ganze germanische Göttergesellschaft, das einzige Mal in deutscher Sprache, auf einem Ritt in den Wald. Einem Pferd (?, „balderes uolon“) wird der Fuß verstaucht, und nun beschwören die Götter in drei Anläufen, zuletzt und mit Erfolg Wodan, die Knochen-, Blut- und Gliedverrenkung:

sose benrenki, sose bluotrenki,
sose lidirenki:
ben zi bena, bluot zi bluoda,
lid zi geliden, sose gelimida sin.

In beiden Fällen ist nun freilich fast alles einzelne strittig, und wohl nicht nur, weil ein Teil des Vokabulars und der Namen entstellt und verschollen ist, sondern weil das Element des Dunkeln und nur zu Ahnenden, ja sogar des Geheimnisvoll-Sinnlosen oder Absichtlich-Versteckten zum Zauberspruch gehört. Ob die Idisen des ersten Spruchs germanische Schlachtjungfrauen, Walküren sind, die ein Kriegsgefangener oder sein Freund zur Hilfe zitiert, oder die drei Marien der Auferstehung wie noch im heutigen Kinderlied oder germanisch-keltische „hehre

Mütter" (Gerhard Eis liest „hêra muoder") oder schließlich drei Gruppen gewöhnlicher Matronen, die ein symbolisches Leineweben veranstalten, das ist durchaus umstritten. Völlig kontrovers ist im zweiten Spruch schon die Frage, wie viele und welche Götter und Göttinnen eigentlich an dem Unternehmen beteiligt sind. Um nur ein Beispiel zu geben: In „phol" (das *h* ist nachträglich eingeflickt) ist schon vermutet worden: ein unbekannter germanischer Gott, Paulus, Apollo, ein mit „uolla" (4. Zl.) verwandtes göttliches Wesen, ein Fohlen (2. Zl.), lat. palus (Pflock), Hol (eine Krankheit), schließlich mit dem folgenden Wort zusammen fol-hendi (der mit vollen Händen, der Hilfsbereite); und an jeder Deutung hängt natürlich eine besondere Interpretation des Rests. Eine solide Grundlage für südgermanische Mythologie oder gar für ein deutsches Götterlied gibt der Spruch also nicht her.

Vielleicht sind die beiden Teile auch nicht ursprünglich zusammen gewesen. Die in ihrem dreiteiligen Aufbau überaus eindrucksvolle Beschwörungsformel ist ähnlich auch anderswo überliefert, so auch erstaunlicherweise in einer um 1000 bis 2000 Jahre älteren Fassung des indischen *Atharva-Veda.* Solche Verwandtschaften brauchen nicht auf steinzeitlichem Urbesitz (Genzmer) zu beruhen, sondern könnten auch auf spätrömischen Import zurückgehen.

Wenn die *Merseburger Sprüche* mit mythologischen Namen und Vorstellungen operieren und somit eine germanische Religion voraussetzen, gibt es auch eine direktere, unter Umständen noch urtümlichere, rein magische Art der Beschwörung. Der *Wurmsegen* (Prosa, 9. Jahrhundert), der in ober- und niederdeutscher Fassung erhalten ist, gibt den Befehl direkt mit der ersten Zeile:

Gang uz, Nesso (Wurm), mit niun nessinchilinon,

und vollzieht dann stufenweise den Exorzismus: vom Mark in die Adern, von den Adern ins Fleisch, vom Fleisch in die Haut und von der Haut „in diz tulli“ (altsächsisch: „an thesa strâla“) – was vielleicht die Hufsohle bedeutet und damit den Spruch als Pferdeheilmittel kennzeichnet. Das am Schluß beigefügte „Ter Paternoster“ zeigt im übrigen die „Christianisierung“ der Zauberhandlung. Wir sprechen dann rücksichtsvoller von „Segen“.

Die in ansehnlicher Zahl erhaltenen althochdeutschen Zauber- und Segenssprüche dienen meist den Lebensbedürfnissen des Alltags (Gesundheit für Mensch und Tier, Schutz auf der Reise) und nicht etwa dem kriegerischen Dasein wie oft im Norden. Ihre Überlieferung zieht sich durch die kommenden Jahrhunderte, oft wenig verwandelt, gelegentlich auch, wie etwa in einem Ausfahrtssegen Walthers von der Vogelweide (24,18), ins Kunstlied gesteigert. Abgesehen von dem schon frühen Eindringen des Endreims zeigt sich die Christianisierung oder das Abstreifen des Magischen auf verschiedene Weise. Heidnische Namen werden durch biblische ersetzt (Christus und Stephanus oder „Crist unde Judas“ eröffnen das Geschehen wie vorher „Phol ende uuodan“) oder auch einfach verdunkelt („Genzan unde Iordan“). Man scheut sich ja auch zugleich vor der mißbräuchlichen Nennung heiliger Namen, und so könnte man sogar vermuten, daß die heidnischen Namen bloß noch als Tarnung verwendet werden. Es genügt unter Umständen auch ein imaginärer „Heiliger“ wie der heilige Tumbo, mit welchem ein *Straßburger Blutsegen* arbeitet – es ist die unbekümmerte Übersetzung eines Stupidus, der im spätantiken Zauberbuch des Marcellus von Bordeaux erwähnt ist und dort das Blut „stupere“, stocken lassen soll. Es ist also, das zeigt dieses Beispiel, nicht nur germanisches, sondern auch antikes Gut, das in diesen archaischen Versen begegnet. Was dabei noch krasser Aberglaube und was harmloseres Brauchtum ist, wird im einzelnen schwer zu entscheiden sein.

Die schönste Möglichkeit einer christlichen Sublimierung zeigt der wunderbare *Bienensegen*, schon des 10. Jahrhunderts, aus dem Kloster Lorsch: „Kirst, imbi ist hucze!“ Fast vertraulich wird dem Herrn das Ereignis mitgeteilt, wird ihm der fliegende Bienenschwarm anvertraut, damit der Flug zu einer guten Rückkehr führe. Und daran schließt sich eine Art Bannung des wieder versammelten Bienenvolks an seinen Ort: „Sitze, sitze, Biene, dir gebot es Sancta Maria. / Urlaub habe nicht, zum Walde flieh nicht, / du sollst mir nicht entrinnen noch dich losgewinnen, / sitz ganz stille, wirk Gottes Willen.“ Auch da ist noch die Inständigkeit eines ganz Handlung gewordenen Wortes, zumal im Gleichlauf der Zeilen, in der imperativischen Anrede. Dennoch ist in der Hinwendung an Christus und Maria aus der magischen Aktion eine Art Gebet entstanden. Der Segen befaßt sich mit dem frommen und friedlichen Geschäft der klösterlichen Bienenzucht, die zur Erzeugung von Honig und Kerzenwachs große Bedeutung hat. „Richte Bienenstöcke ein, zu denen dich das Buch der Sprüche hinschickt, und lerne von den kleinen Wesen, wie Ordnung und Zucht in den Klöstern zu wahren sind“, sagt Hieronymus. Der Text ist, vor allem im „Zauber“ der letzten Zeile, in welcher sich Endreim und Stabreim wohllautend verschlingen, zu einer kleinen Dichtung aus benediktinischem Geiste geworden, im Einklang von Schöpfer und Geschöpf:

sizi uilu stillo, vuirki godes uuillon.

## 2. Das Heldenlied

Die altdeutschen Zaubersprüche zeigen uns germanische Welt im Aspekt primitiven bäuerlichen Alltags. Dagegen tritt uns in einem einzigen, unschätzbaren Denkmal auch eine hohe Kunstform der germanisch-althochdeutschen Stabreimdichtung entgegen, wo Dichtung das Organ einer aristokratischen Kriegergesellschaft ist und in die weite und bewegte Epoche der germanischen Stammesgeschichte führt: das althochdeutsche *Hildebrandslied*. Der Text belegt auch für den deutschen Bereich die Existenz eines heroischen Zeitalters und seiner schmalen, aber hochgetriebenen kulturellen Ausdrucksformen: die in der Völkerentwicklung typische Phase des Eintritts in die Geschichte, die Zeit, da das eigene, geschichtliche Schicksal bewußt wird im kriegerischen Wagnis, der äußersten Anspannung der Kräfte zwischen Erfolg und Bedrohtheit – wobei sich heroischer Geist nicht nur in der kriegerischen Expansion verwirklicht, sondern vielleicht noch wesentlicher im Opfer und Untergang. Dieser Geist wird nicht zuletzt in einer Dichtung bewahrt, erneuert und entfacht, die den Ruhm gegenwärtiger und vergangener Männer zu künden hat. Diese Dichtung hat auch an den Höfen der germanischen Fürsten oder Gefolgschaftsführer institutionellen Charakter und wurde offenbar, auf entwickelter Stufe, von Berufsdichtern gepflegt, die selber Krieger waren oder doch als volle Mitglieder der Gemeinschaft galten. Ihre Kunst dient unmittelbar dem Bestand und der Kraft dieser Gemeinschaft.

Warum zwei Schreiber des Klosters Fulda, am Anfang des 9. Jahrhunderts, zur Zeit des großen Abtes Hrabanus Maurus, auf die letzte und dann die erste leere Seite eines theologischen Codex diese 68 Verse aus einem weltlichen, wenn nicht heidnischen Gedicht eingetragen haben, und zwar unvollständig, fehlerhaft, nach schriftlicher Vorlage und in einer merkwürdigen Klitterung der Sprachformen – das weiß man nicht. Doch ist wohl eher an eine Schreib- und Sprachübung zu denken als etwa an ein missionarisches Programm, das den neubekehrten

Sachsen mit der Konzession von ein wenig heldisch-kriegerischer Dichtung hätte entgegenkommen wollen. Nicht undenkbar ist immerhin, daß diese Aufzeichnung in Zusammenhang stand mit der berühmten Liedersammlung, die nach dem Bericht Einhards Kaiser Karl der Große veranstalten ließ. Die sprachlichen Formen bilden ein kaum erklärbares Gemisch: Vermutlich ist ein althochdeutscher (bairischer?) Text, der voller archaischer Wörter war, versuchsweise und auch z. T. unkorrekt dem Altsächsischen angeglichen worden (nach S. Gutenbrunner durch „runengewohnte Dänen").

> Ik gihorta đat seggen,
> đat sih urhettun ænon muotin,
> Hiltibrant enti Hađubrant untar heriun tuem.

So beginnt das Lied mit einer Formel, die bereits die Existenz einer hergebrachten Gattung beweist: „Ich hörte das sagen, / daß sich Herausforderer einzeln trafen, / Hildebrand und Hadubrand, zwischen zwei Heeren." Die Helden sind genannt, durch ihre stabenden und bildungsgleichen Namen als eng verwandt deutlich gemacht, der Ort als Kampfplatz zwischen den sich gegenüberstehenden Fronten der feindlichen Heere bezeichnet. Die Helden rüsten sich, Hiltibrant als der Ältere und Erfahrene eröffnet die Rede und fragt nach dem Namen des Gegners; der nennt sich und preist seinen Vater und reißt damit den geschichtlichen Hintergrund der großen Szene auf: Weit ritt Hiltibrant einst nach Osten, floh die Verfolgung durch Otacher (Odoaker), zusammen mit Dietrich und vielen seiner Degen. Er war der kühnste Kämpfer und der liebste Degen Dietrichs, er wird nicht mehr am Leben sein. Hiltibrant deutet an, wer er ist, er windet goldene Ringe vom Arm, die ihm der Hunnenkönig gegeben hatte – doch Hadubrant weist sie zurück und sieht in den Worten Hiltibrants nur List und Tücke: „das sagten mir Seefahrer /

westlich übers Wendelmeer, daß ihn der Kampf wegnahm, / Hiltibrant ist tot, Heribrants Sohn“. Der Vater aber bricht in die Klage aus:

welaga nu, waltant got, wewurt skihit. ...
nu scal mih suasat chind suertu hauwan,
breton mit sinu billiu, eddo ih imo ti banin werdan.

(Weh nun, waltender Gott, Wehgeschick geschieht! / ... / nun soll mich der eigne Sohn mit dem Schwerte schlagen, / niederstrecken mit der Schneide, oder ich ihm zum Mörder werden.)

Doch er denkt nicht daran, den angetragenen Kampf ehrlos zu verweigern. In einer wahren Orgie von altertümlichen Vokabeln des Kampf-Wortschatzes bricht die Aufzeichnung mitten in der Schilderung des Zweikampfs ab:

do lęttun se ærist asckim scritan,
scarpen scurim: dat in dem sciltim stont.
do stoptun to samane staim bort chludun,
heuwun harmlicco huittę scilti,
unti im iro lintun luttilo wurtun,
giwigan miti wabnum .....

(Da ließen sie zuerst die Eschen [Lanzen] schreiten / in scharfen Schauern, daß sie in den Schilden stunden. / Dann stapften sie zusammen, Buntborde spalteten sie, / hieben harmvoll weiße Schilde, / bis ihnen ihre Linden[schilde] gering wurden, / mit den Waffen zerkämpft ..... )

Es besteht kein Zweifel und ist durch andere Zeugnisse oder Parallelen zu erweisen, daß der Vater den Sohn erschlagen wird. Das Gedicht endete vielleicht mit der Klage des Vaters, auch die Möglichkeit einer Selbsttötung Hiltibrants neben der Leiche des Sohnes ist nicht ganz undenkbar.

Das Gedicht zeugt von höchster, gemessenster Kunst: in der Verteilung von Bericht und Rede, in der Handhabung des wechselnden Tempos, im Ausgleich formelhafter und einmaliger Elemente. Das zeigt, daß der Text dem reifsten Moment einer Gattungsentwicklung angehört. Das Vokabular enthält Wörter, die wohl schon zur Zeit der Aufzeichnung dunkel waren, doch – ähnlich wie bei Homer – im Sinn einer Kunstsprache den heroischen Stil intonieren. Doch sind diese Umschreibungen („Esche“ statt „Lanze“) oder die Kenninge („Buntbord“ statt „Schild“), die in nordgermanischer Kunst ungehemmt wuchern, noch sparsam zur Intensivierung einzelner Stellen verwendet. Ähnlich wechselt einfacher Zeilenstil (d. h. Zusammenfall von Satz und Vers) mit bewegterem Bogenstil (Enjambement), wobei sogar teilweise noch Hakenstil (der Anlaut der vierten Hebung einer Zeile bildet den Stab der folgenden Zeile) erscheint. Gattungstypisch ist offenbar die Verbindung möglichst sparsamer berichtender Zeilen, die sich fast wie Bühnenanweisungen lesen, mit dem dramatischen Dialog, auf den alles ankommt. Diese „Zweiseitigkeit“, wie sie Heusler genannt hat, ermöglicht eine Spannweite, ein Spiel der Aufgipfelungen und Entspannungen, wie es das reine Redelied oder die vorwiegend epische Darbietung nicht zustande brächten. Am erstaunlichsten wirkt die Kunst, mit der um den Schauplatz des Kampfes zwischen den Heeren Raum und Zeit in die Tiefe gehen: Osten und Westen, Dietrich und Otacher, die Hunnen, die Seefahrer über das (schwer lokalisierbare) Meer – ein gewaltiges Theatrum um das Rede- und Waffenduell der beiden Kämpfer, die mitleidlos, von der Situation her und vom Gebot dessen, was sie für Ehre halten, in den innern und äußern Untergang getrieben werden.

Ausweglos, tragisch möchte man den Vorgang zunächst nennen, um bei näherem Zusehen doch zu bemerken, wie zielbewußt die Situation „gestellt“ ist, wie leicht es z. B. für den Vater wäre, sich deutlicher zu erklären, wie blind sich der Sohn gebärdet. Der Dichter folgt ohne Bedenken einer wahren Lust am düsteren

Schicksal. Zweikämpfe, in denen der Vater den Sohn erschlägt, sind aus der Weltliteratur in vielen Varianten bekannt. Nur dem deutschen Dichter aber war eine letzte Pointe vorbehalten: nur im *Hildebrandslied* tötet der Vater den Sohn *wissend.* Der Ehre, d. h. dem Zwang, eine Herausforderung zum Kampf anzunehmen und den Verdacht der Feigheit abzuwehren, wird, wenn auch in klagendem Aufblick zum Himmel, der Sohn geopfert. Näher besehen, wird kaum ein sittlicher Konflikt tragisch gelöst (im Sinn etwa der *Antigone*), die Entscheidung steht vielmehr von vornherein fest, Gebot einer barbarischen Ethik, die sich von vornherein eins fühlt mit dem tödlichen Schicksal. Diese Helden leben in einer ungeheuer dichten, kompakten und ausschließlichen Wirklichkeit: Der sittliche Rang, die Ehre des Mannes, ist identisch mit der Waffenehre, ja mit der Behauptung des physischen Raumes. Was sich im Zusammenstoß der beiden Gegner vor ihren Heerscharen vollzieht, ist wie bei all diesen Heldenkämpfen nur die Konsequenz ihres Daseins, wo es keine „Probleme“, keine Transzendenz gibt. Das macht den „epischen“ Charakter dieser Heldendichtung aus, auch wo sie als dramatisches, ja szenisches Geschehen vorgetragen ist. Heroische Wirklichkeit ist nichts anderes als Schicksal.

Immerhin: zweimal wird der doch wohl schon christliche „waltant got“, „irmingot“ angerufen, „obana ab hevane“, vom Himmel herabgerufen. Dennoch wird keine Hilfe von ihm erwartet, wird ihm nichts anheimgestellt. Was sich vollzieht, ist „wewurt“, schicksalhaftes Geschehen, von vornherein nichts anderes als Wehgeschick. Dieser die ganze heroische Dichtung kennzeichnende Schicksalsglaube ist wieder nur der zeitliche Aspekt einer mit sich selbst identischen, fensterlosen und ganz der Zeit anheimgegebenen Existenz reiner Endlichkeit.

Diese Haltung des *Hildebrandsliedes* wird man nicht

ohne weiteres als germanisch schlechthin bezeichnen wollen. Es scheint, daß diese Illusionslosigkeit, ja Untergangslust nur genau der Epochensituation der Völkerwanderungsstämme entspricht, die sozusagen im Niemandsland zwischen Vorgeschichte und Geschichte, zwischen Heidentum und Christentum hausen, und hier wieder ist es die extreme Haltung der führenden kriegerischen Schicht. Von da an freilich ist diese Wirklichkeit konstitutiv für diese Gattung der Heldendichtung, solange es sie gibt. Daß der Dichter des Liedes selbst schon, heimlich erschreckt über die Konsequenzen des heroischen Kriegertums, die Vater-Sohn-Tragödie aus innerer Distanziertheit gestaltet und mit der Klage seines Helden selber diese Schicksalsverlorenheit beklagt oder gar verurteilt habe – das ist eine immer wieder geäußerte Vermutung, die ohne Anhalt im Text bleibt. Die Klage ist im übrigen gerade die Verklärung des Untergangs, sie ist Rühmung, sie gehört in oft ausschweifenden Formen gerade notwendig zur Heldendichtung.

Es macht die Wirklichkeit des Helden aus, daß er seine Gemeinschaft vertritt, Held eines „Volkes“, einer Gefolgschaft ist. Auch das *Hildebrandslied* ist in diesem Sinne Gemeinschaftsdichtung, sein Inhalt spielt „zwischen zwei Heeren“ und auf dem Hintergrund einer verbindlichen geschichtlichen Erinnerung. Hildebrand ist der Gefährte (Waffenmeister) Dietrichs, der von Otacher aus dem angestammten Besitz vertrieben worden ist und als Recke – die typische Form des ganz auf sich selbst gestellten großen Helden – am Hunnenhofe weilt. Hier scheint eine übergreifende Geschichts- oder Sagenerinnerung auf, über die das *Hildebrandslied* an einen ganzen Kreis anderer Heldendichtung angeschlossen ist. Es zeigt insbesondere das Bild, das noch dem *Nibelungenlied* zugrunde liegt. Die faktischen geschichtlichen Vorgänge waren umgekehrt: Der Ostgotenführer Theoderich hat Odoakers Römisches Reich erobert und diesen eigenhändig umgebracht (493). Das *Hildebrandslied* verkörpert offensichtlich ostgotische Tradition, auch in der Bewertung der Hunnen. Damit fällt unmittelbar Licht auf die Vorgeschichte und Entstehung unserer Dichtung, ja eines ganzen Kreises von Heldenliedern.

Hiltibrant selbst scheint kein gotischer Held zu sein; es wäre denkbar, daß die Geschichte vom Vater-Sohn-Kampf (Heimkehr-Typ) nachträglich auf den Hintergrund gotischer Sage gestellt und damit erst eigentlich zur Heldensage gemacht worden ist. Die Namen auf *-brand* sind nicht im Gotischen, aber zahlreich im Langobardischen belegbar. In chronikalischen Überlieferungen sind vielleicht sogar Analogien zum Hiltibrant-Stoff und damit im Lied historisch-politische Anspielungen auszumachen (Baesecke, Gutenbrunner). Jedenfalls sieht man heute im allgemeinen das *Hildebrandslied* als eine langobardische Schöpfung, im 8. Jahrhundert wohl am Königshof entstanden, dann nach Bayern gelangt und von da nach Fulda.

Wie immer man die Entstehungsfrage lösen mag, die Gestalt Hiltibrants wird als ein Teil des südostgermanischen Sagengutes auch in andern Teilen der Germania bekannt: Sie erscheint in einer isländischen Saga und der lateinischen Dänenchronik des Saxo Grammaticus, und sie ist in der *Thidrekssaga*, dem nordischen Sammelwerk wesentlich deutscher Sagenüberlieferung aus dem 13. Jahrhundert, bereits zum Helden einer fröhlich-versöhnlichen Heimkehrergeschichte geworden. Auch in Deutschland bleibt Hiltibrant heimisch; er ist nicht nur der treue Waffenmeister Dietrichs von Bern im *Nibelungenlied*; Wolfram von Eschenbach spielt in seinem *Willehalm* schon auf die Heimkehrergeschichte im Sinn der *Thidrekssaga* an; und dann ist vor allem – ein erstaunliches Faktum – seit dem 15. Jahrhundert in zahlreichen Fassungen das *Jüngere Hildebrandslied* überliefert, nun erst recht die rührende Familiengeschichte:

Er schloss im auf sein gulden Helm und kust in an seinen Mund:
„Nun muess es Gott gelobet sein, wir seind noch beid gesund.“

Da zeigt sich das Leben eines Heldendichtungsstoffes über ein rundes Jahrtausend hin, zugleich aber eine weite Wanderung quer durch Europa. Es handelt sich jeweils um eine als „eigen“ geglaubte Geschichte, um Erzählgut, das in einen geschlossenen Überlieferungskomplex der Volkssprache integriert worden ist, meist unter Änderung des Geschehens wie des Schauplatzes. Heldensage und Heldendichtung wandern dabei nicht nur über die nicht zu überschätzenden Grenzen zwischen den germanischen Stämmen und Sprachen hinweg, sondern offensichtlich auch über Völkergrenzen, ohne ihren gattungsmäßigen Charakter zu verlieren.

Die Existenz einer größern Zahl südgermanisch-deutscher Heldenlieder ist erwiesen – die charakteristischen Stilzüge des *Hildebrandsliedes* (Wortschatz, Formeln, Stilfiguren wie Parallelismus und variierende Wiederholung, die Technik des Stabreimverses, die Verbindung der erzählenden Verse mit den zentralen Dialogpartien usf.) sind Indiz einer breiten, ja institutionellen Übung von Heldenliedsängern. Spätere deutsche Dichtung mit Heldenstoffen, Zeugnisse der frühmittelalterlichen Chronisten, Erwägungen über die poetische Terminologie der deutschen Sprache und vor allem die altenglische und altnordische Überlieferung erlauben es, uns ein Bild solcher verlorener althochdeutscher Lieder zu machen. Die Wandlungen der Form sind freilich schwer zu bestimmen, da sich mit einiger Sicherheit nur die Stoffe bestimmen lassen. Es bleibt offen, ob es im Vergleich zum *Hildebrandslied* ältere Formtypen gab, Zeitlieder und aktuelle Fürstenpreislieder vor allem, und wie diese ausgesehen hätten. Und umstritten ist noch immer, ob mit der Existenz einer Helden*sage* im Sinn mündlicher

Prosamitteilung von einigermaßen geformtem Charakter zu rechnen ist oder ob, im Sinne von Andreas Heusler, Heldensage nichts anderes ist als eben Heldendichtung; dann wäre „Sage" allenfalls nur die Bezeichnung der Liedinhalte und ihrer Gesamtheit im Bewußtsein der Sänger und ihres Publikums. Zu Gesicht bekommen wir höchstens ausgeformte Lieder und später auch Epen. Und da ist nie zu vergessen, daß während des ganzen Mittelalters, gerade auch in seinen Epochen ausschließlich geistlicher Überlieferung, eine mündliche Liedtradition von erstaunlicher Konstanz vorauszusetzen ist. Nicht umsonst wenden sich die geistlichen Dichter immer wieder gegen die „cantilenae vulgares", „psalmi plebeii", den „sonus inutilium rerum" (Schall von unnützen Dingen), gegen „scopheliche (spielmännische, erdichtete) wort" und das „singen von weltlichen dingen unt von der degenhaite" (so im *Himmlischen Jerusalem*) – damit ist wohl u. a. auch Heldendichtung gemeint, die nicht etwa beim „Volk", sondern primär und für Jahrhunderte an fürstlichen Höfen (auch geistlicher Herren) beliebte Unterhaltung war.

Man kann sich überlegen, was an solchem Gut gleichzeitig mit dem *Hildebrandslied* in althochdeutscher Sprache gelebt hat. Versuche, aus vermuteten Nacherzählungen in Chroniken Lieder zurückzugewinnen, sind grundsätzlich verheißungsvoll, denn bei der Nähe von Lied, Geschichtsdichtung und Chronik sind solche Übergänge vom einen ins andere Genus durchs ganze Mittelalter hin immer wieder selbstverständlich; im einzelnen allerdings ist ohne das Vorhandensein konkreter Hinweise dieses Verfahren sehr hypothetisch. So bleibt man im wesentlichen doch auf die direkt bezeugten Lieder angewiesen.

Einhard, der Biograph Karls des Großen, berichtet, der Kaiser habe „die rohen und uralten Lieder, in welchen die Taten und Kämpfe der alten Könige besungen worden waren, niederschreiben und dem Gedächtnis erhalten lassen“ (cap. 29). Wenn man großzügig voraussetzt, daß damit wirklich Lieder unseres Typs gemeint sind, kann man versuchen, sich dieses „Heldenliederbuch Karls des Großen“ ungefähr vorzustellen. Auch wenn da das meiste spekulativ bleibt, läßt sich doch ein Bestand von gut 20 deutschen Liedern (oder „Liedfabeln“) für die Zeit Karls wahrscheinlich machen. Darunter befinden sich nicht nur die liedhaften Vorstufen für das mittelhochdeutsche Nibelungenepos, die stofflich auf fränkischen oder gar burgundischen Ursprung zurückgehen (5. Jahrhundert), also in besonderem Sinn einheimisch sind, sondern auch die größere Gruppe der von andern Germanenstämmen erlebten und formulierten Ereignisse der Heldenzeit: die Gruppe der gotischen Überlieferung um Dietrich von Bern, Ermanarich, die Hunnenschlacht; dazu kommen u. a. einzelne Lieder aus langobardischem, andere aus anglisch-friesisch-dänischem Bereich. Da ist das angelsächsische Fragment vom *Kampf um Finnsburg*, neben dem *Hildebrandslied* der älteste heroische Text germanischer Sprache; es gestaltet den nächtlichen Überfall der Gastgeber auf ihre in der Halle ruhenden Gäste und Verwandten und erinnert damit an den Saalkampf des *Nibelungenliedes*.

Diese für das Deutsche um 800 vermutbaren Lieder sind nun freilich nur ein Ausschnitt aus einem weitverzweigten und sich laufend verschiebenden Zusammenhang altgermanischer Heldendichtung überhaupt. Man rechnet mit mindestens dem doppelten Bestand, der auf dem Weg durch die verschiedenen germanischen Stämme war, von Verbindungen mit außergermanischen Bereichen ganz abgesehen. So wurde es auch möglich, daß nicht nur die genuin deutschen Lieder – des Nibelungenkreises vor allem –, sondern auch die zeitlich und räumlich entfernteste Schicht, das ostgotische Gut, ausgerechnet im äußersten Norden, in Island, erhalten wurde. Die unschätzbare *Lieder-Edda* enthält auch diese süd- und ostgermanische Überlieferung. In der isländischen *Hervararsaga* ist ein – auch für England bezeugtes – „Hunnenschlachtlied“ fragmentarisch mitgeteilt, in welchem noch alte Namen aus den ursprünglichen Wohnsitzen der Goten am Unterlauf des Dnjepr und auf der Krim, also eine Erinnerung aus dem 4. Jahrhundert, erhalten sind! Der Weg solcher Lieder vom Schwarzen Meer nach dem Norden hat wahrscheinlich über Langobarden und Franken geführt, doch ist auch an die direkte Route zur Ostsee zu denken, auf der die Goten im 2. Jahrhundert in umgekehrter Richtung gewandert waren. Ermanarich, ein Ostgotenherrscher des 4. Jahrhunderts, ist der tragische Held eines Liedes der *Edda* (*Hamdismal*), erscheint auch, in anderer Funktion, in der mittelhochdeutschen Epik um Dietrich von Bern als dessen grausamer Gegner, und schließlich ist er noch im 15. Jahrhundert Held einer niederdeutschen Ballade von *Ermenrikes dot.*

Die ältesten sicheren Erinnerungen der Heldensage beziehen sich somit auf das gotische 4. Jahrhundert, und seit dieser Zeit denkt man sich die Heldendichtung des uns bekannten Typs entstanden. Tacitus erwähnt zwar im 2. Kapitel der *Germania* „carmina antiqua“, welche bei den Germanen die Stelle von Erinnerung und Chronik verträten. Doch scheint sich dies eher auf Merkverse als auf Heldenlieder zu beziehen. Und nur wenn die kühne Theorie (Höfler, de Vries) richtig wäre, daß hinter der Siegfriedsage die Gestalt des Cheruskerfürsten Arminius stehe, auf den es wiederum nach Tacitus Lieder gab, ließe sich die Geschichte unseres Heldenliedes um dreihundert Jahre zurückverlängern.

Aus der Zeit nach der Völkerwanderung sind kaum mehr neue Heldenstoffe hinzugekommen, oder sie erscheinen in derart anderer Gestalt, daß man sie nicht mehr zu der alten Gattung rechnen möchte. Vor allem wären die neuen Helden der christlichen Zeit – also etwa

Karl der Große, falls man Lieder auf ihn ansetzen will – in ganz anderen Zusammenhängen zu sehen. Darüber ist später anläßlich des *Ludwigsliedes* zu reden.

Auch was die alten Lieder betrifft, muß man wohl schon vom 9. Jahrhundert an mit formalen Änderungen rechnen, die keineswegs zu unterschätzen sind. Mit dem Übergang vom Stabreim zum Endreim und damit zu einer „modernen", „literarischen", von der Bildungswelt der Kirche inaugurierten Form ist schon grundsätzlich eine Art Stilbruch vollzogen. Dies gilt auch dann, wenn dafür eine speziellere Form maßgebend wurde: die paarig gereimte Langzeile (im Gegensatz zu der binnengereimten Langzeile, welche die geistliche Dichtung seit Otfrid von Weißenburg beherrscht), die im Hochmittelalter dann zu Strophen gebündelt erscheint; so ist sie dann für die mittelhochdeutsche Heldenepik bezeichnend.

Eine zweite Neuerung ist ebenfalls durch die Buchliteratur bewirkt: Es wird der Übergang zu längeren epischen, mehr erzählenden als ballenden und dramatisch steigernden Heldendichtungen möglich. Das angelsächsische Epos von *Beowulf* ist schon am Anfang des 8. Jahrhunderts das früheste Beispiel umfangreicher Epik dieser Art, noch im Stabreim, doch durch die thematische Auswahl und die sozusagen moralische Konzeption der heroischen Tat (Kampf mit dem menschenfeindlichen Unhold) nur noch am Rande heroisch; die angelsächsische Bibelepik ist hier bereits vorausgegangen. Zwischen kurzen Heldenliedern wie dem *Hildebrandslied* und dem epischen Großwerk des *Nibelungenliedes* kann man sich als Übergangsform sogenannte Kleinepen denken. Diese kamen – nach dem germanischen Vergleichsmaterial zu schließen – weniger durch ein rhapsodisches Aneinanderreihen verschiedener Lieder zustande als durch breitere, episodisch ausmalende Behandlung des einzelnen Liedstoffs. Da dem Repertoire des Sängers und dem Bewußtsein des Publikums zugleich ein ganzer

Umkreis von Sagen zugehört, so ist gegenseitige Beeinflussung und Induktion der einzelnen Liedinhalte von vornherein gegeben. Das Erstellen von Stammbäumen wird dadurch oft zum illusorischen Unternehmen.

Hand in Hand mit diesen formalen Entwicklungen gehen natürlich, je mehr sich ein neues kulturelles Bewußtsein bildet, auch Änderungen der Haltung, des Geistes, des Gesamtstils einher. Obwohl die Heldendichtung noch für das 11. und 12. Jahrhundert als Unterhaltung der aristokratischen Gesellschaft bezeugt ist und obwohl sie schließlich im *Nibelungenlied* um 1200 eine großartige höfische Renaissance erfährt, so ist doch durchschnittlich mit einem sozialen Absinken zu rechnen, d. h. auch einem Übergang von dem zur Gesellschaft gehörenden Hofsänger (Skop) zum „Spielmann", d. h. dem Träger einer vielseitigeren, auch bescheideneren Ansprüchen genügenden Kunst. Als Gesamttendenz wird man einen Hang zum Belehrend-Enzyklopädischen, Unterhaltsamen, Gefühlshaften, Genrehaften, stofflich eine verstärkte Neigung zu Märchen- oder Abenteuer-Themen und zum glückhaften Ende der Geschichten ansetzen dürfen.

Die Kurzform braucht deshalb keineswegs auszusterben, ja aus den epischen Zusammenhängen können wohl auch von neuem Lieder gewonnen werden. Mit verändertem, volkstümlichem Charakter erscheinen sie uns im Spätmittelalter unter der Form der sogenannten Balladen, Erzähllieder, die den heroischen Atem, den aristokratischen Ernst verloren haben, aber doch – neben viel Neuem – alte Stoffe und Formeln bewahren. Wenn für uns somit nach dem *Hildebrandslied* die deutsche Heldendichtung wieder in die Dunkelzone bloß mündlicher Weitergabe gleitet, so wird doch ihre Gegenwart in der Folgezeit immer wieder zu ahnen sein und schließlich, nach vierhundert Jahren, von neuem leibhaftig begegnen.

## II. ALTHOCHDEUTSCHE ÜBERSETZUNGS-LITERATUR

Auch die nur mündlich lebende Dichtung ist zur Literatur in einem weiteren Sinn zu zählen, zumal wenn sie, wie im deutschen Mittelalter, jahrhundertelang neben der Buchliteratur herläuft und somit einen Teil des Ganzen bildet. Zum Begriff der Literatur im engern Sinn gehört freilich ihre Schriftlichkeit, d. h. jene objektive Fixierung, die allein eine komplexere, vielschichtige, individuell ausgegliederte und geschichtlich fortschreitende Kultur ermöglicht. Die Begegnung der deutschen Sprache mit der Schrift steht somit am eigentlichen Beginn der deutschen Literaturgeschichte. Der Vorgang ist zugleich nichts anderes als die Auseinandersetzung der Volkssprache mit den überwältigenden Inhalten der lateinischen Kult- und Kultursprache, und er bedeutet schon vom Kern her – den Wortbedeutungen, der grammatischen Struktur, dem Wortschatz – eine tiefe Wandlung volkssprachlichen Redens und Denkens. Die Zeitgenossen verstanden das Geschehen geradezu dahin, daß eine ungeübte und nicht durch Regeln geordnete Sprache in Zucht und Übung genommen werde; vor allem in der Prosa hat der volkssprachliche Autor während des ganzen Mittelalters sich immer wieder die Freiheit genommen, nach dem Vorbild lateinischer Syntax und lateinischer Begrifflichkeit die eigene Rede zu modeln.

Die Entstehung einer deutschen Literatur ist insbesondere eine Funktion des christlichen Glaubenslebens, welches ja auch offen und heimlich ihr Thema und ihr Maßstab für Jahrhunderte bleibt. Die ersten vierhundert Jahre deutscher Aufzeichnung stehen fast ausschließlich im Zeichen geistlicher Bemühung – nicht weil nur die Geistlichen schriftkundig waren oder christliche Frömmigkeit alles andere überschattet hätte, sondern weil der christliche Glaube auf schriftlicher Offenbarung beruht und im Rahmen der antiken Literatur zu den Germanen kam. Und lange behält das Buch, als kostbares Gefäß des Geistes und Gegenstand gemeinsamer frommer Bemühung durch Schreiber, Illuminator, Auftraggeber und Leser, den Charakter des Sakralen oder doch Ehrwürdigen. Es ging dabei keineswegs primär um die Schaffung einer deutschen Literatur um ihrer selbst willen – diese lebt lange Zeit nur im Schatten und im Dienst der lateinischen, der sie das religiöse und kulturelle Monopol nicht streitig machen will. Und wie sehr das kirchliche Motiv entscheidet, zeigt die Tatsache, daß außerkirchliche Literatur nicht übersetzt und deutsche weltliche Dichtung nicht aufgezeichnet wird.

Es lassen sich verschiedene Wege unterscheiden, auf denen christliches Literaturgut zur deutschen Volkssprache kommt, und verschiedene Motive, diese in Anspruch zu nehmen. Die christlichen Gemeinden des spätrömischen Reiches, die sich auf deutschem Boden allenfalls durch die Völkerwanderung durchgerettet haben, kamen als Vermittler kaum mehr in Betracht. Erst mit der Taufe des Frankenkönigs Chlodwig (496) ist der Anfang der nun kontinuierlichen Christianisierung und Katholisierung gegeben und damit auch die Möglichkeit, daß sich am Königshof wieder eine gewisse Bildungstradition aufbauen kann. Doch spielt sich merowingisches Hofleben westlich des Rheins, auf später französischem Boden ab, und nur im späten 6. Jahrhundert, mit einem Hofdichter wie Venantius Fortunatus, läßt sich von einer Erneuerung antiker Humanitas in christlichem Geist sprechen. Die Christianisierung Deutschlands setzt erst später ein. Sie ist zunächst vor allem das Werk iro-schottischer Mönche, die unabhängig von Rom im unwirtlichen Germanien ihre asketischen Niederlassungen gründeten: Gallus, der Jünger Columbans, in St. Gallen, Virgil in Salzburg, Kilian in Thüringen, vielleicht auch Corbinian

(Freising), Fridolin (Säckingen), Pirmin (Reichenau), späterhin noch Fintan (Rheinau). Daneben gab es freilich bereits eine Reihe von Bistümern am Rhein, bei Alemannen und Bayern. Die Sachsen zu bekehren war erst das langwierige und blutige Werk Karls des Großen. Irische Sendboten kamen noch herüber und bestimmten das klösterliche Leben, als bereits die angelsächsische Mission und ihr Haupt Bonifatius (Wynfrith) im Einvernehmen mit dem römischen Papst und mit Karl Martell durch Errichtung weiterer Klöster und Bistümer die kirchliche Organisation Deutschlands vor allem in Hessen, Thüringen, Ostfranken und Bayern befestigt hatten. Im Zentrum steht das Bistum Mainz und das von hier aus gegründete Kloster Fulda, wo seit 754 die Gebeine des Bonifatius ruhten. Ein starker bayrischer Anteil war seit dem ersten Abt, Sturmi, für das Kloster wie offenbar auch für die Siedlungen der ostfränkischen Umgebung bezeichnend. Fulda bleibt für längere Zeit so etwas wie eine Drehscheibe der literarischen Überlieferungen. Der angelsächsische Einfluß bleibt mächtig auch unter Karl dem Großen: er ist am eindrucksvollsten durch Alkuin vertreten, den Spiritus rector der karolingischen Reform. Andererseits ist nicht nur an den Nordwesten zu denken: Von Südosten her, vom Langobardenreich über das politisch und dynastisch ihm verbundene Herzogtum Bayern, läßt sich die Linie einer schmalen Tradition spätantiker Kultur herüberziehen; die direkte Verbindung wird durch die Eroberung des Langobardenreiches durch Karl den Großen hergestellt – Paulus Diakonus, der Geschichtsschreiber der Langobarden, Ordensmann und Dichter, gehört zum engsten Kreis Karls.

Die vielfältigen Ansätze geistlichen und literarischen Lebens, die sich in Klöstern, Bistümern und Höfen des Frankenreiches um die Mitte des 8. Jahrhunderts feststellen oder vermuten lassen, erhalten Einheit, Stärke und Konsequenz durch die Reformarbeit Karls des Großen.

Nicht sein Heldenliederbuch, das den vornehmen Laien seines Hofes zur Unterhaltung gereicht haben mag, und nicht seine Bemühung um deutsche Monatsnamen und Windbezeichnungen, nicht primär die Aufzeichnung deutscher Rechte und der Plan einer deutschen Grammatik machen ihn zu einem eigentlichen Gründer der althochdeutschen Literatur. Durchaus im Vordergrund stehen seine missionarischen, pädagogischen und kirchenpolitischen Ziele. Das geistige Leben seines Hofes, seiner „Hofakademie“ spielt sich zwar außerhalb deutscher Sprachpflege ab, aber bildet mit seinem spielerisch-urbanen Humanismus, seinen klassischen und theologischen Interessen doch die Mitte jener Erneuerung, die schließlich auch eine christliche deutsche Sprache fördert. Das in seinen Kapitularien immer wieder eingeschärfte Programm geistlicher Unterweisung führt unmittelbar zur Volkssprache. „Omni populo“ gilt die den Geistlichen zur Pflicht gemachte sonntägliche Predigt in der Volkssprache. Für Glaubensbekenntnis, Taufe, Beichte, Gebet bedarf es korrekter deutscher Texte und Formulare. Weiter greift der Elementarunterricht, den Karl den an allen Klöstern und Domkapiteln einzurichtenden Schulen aufträgt. „Die Knaben sollen die Psalmen, die Schriftzeichen, den Gesang, das Berechnen der kirchlichen Festtage und die Grammatik lernen“, heißt es in der *Admonitio generalis* von 789, also Lesen, Schreiben und Latein für einen schönen und würdigen Gottesdienst. Wieder ist hier die Volkssprache zur Vermittlung des richtigen Wissens unumgänglich, wieder wird sie selbst durch grammatisches Verständnis, durch Lehnbedeutungen, Lehnwörter, Lehnübersetzungen verwandelt und bereichert. Erst recht ist dies der Fall bei den höheren Aufgaben, die sich bei der Ausbildung von Klerikern und Mönchen stellen und die Karl ebenso zu lösen versucht hat: Das Unterrichtsschema der Sieben Freien Künste, das er aus der Spätantike übernahm und wieder zur Geltung brachte, insbesondere das Trivium mit seiner sprachlich-logisch-rhetorischen Schulung, aber auch die theologische Lehre anhand patristischer oder neuerer Traktate und Bibelkommentare (Alkuin) brachten eine folgenreiche Technik der Übersetzung und der gegenseitigen Erhellung des lateinischen und des deutschen Sprachmaterials mit sich. Es entsteht eine Übersetzungsliteratur, die sich von der deutschen Erklärung einzelner Wörter über systematische Glossierung bis zur selbständigen Nachdichtung erstreckt.

Neben den missionarischen und didaktischen Beweggründen für eine Schulung und Literarisierung der deutschen Sprache wird man aber auch einen religiösen Anlaß nicht übersehen dürfen: die klösterliche Beschäftigung mit dem Bibelwort und mit den theologischen oder liturgischen Hilfsmitteln seines Verständnisses. Auch wenn der Ordensgründer Benedikt in seiner Regel mehr von der nötigen Handarbeit der Mönche spricht als von ihrer literarischen Beschäftigung, so ist doch das Kloster, vor allem seit den Nachfolgern Karls, der wichtigste, ja oft ausschließliche Hort des Bildungslebens geworden, mehr und anders, als es die städtischen Klerikerschulen konnten. Karl der Große hat in einem Schreiben an die Äbte des Reichs *De litteris colendis* verlangt, daß in den Klöstern Literatur und Wissenschaft vermehrt zu pflegen seien, und er braucht dafür nicht zufällig den Ausdruck „litterarum meditationes". Das Benediktinertum ist bis heute durch die untrennbare Einheit von Askese und literarischem Studium, von Gottesdienst und gelehrter Bildung gekennzeichnet. Die dem Mönch aufgetragene Lesung und Meditation der Heiligen Schrift und der Bibelkommentare läßt nicht nur ein allseitiges Wissen um die biblische und kirchliche Überlieferung reifen, sondern auch so etwas wie einen philologischen Sinn, eine Freude am Wort überhaupt und dessen Geheimnis, das letztlich auf das Geheimnis des göttlichen Logos zurückgeführt werden kann. Und hier kann es sich denn auch ereignen, daß ohne unmittelbare missionarische oder didaktische Absicht das deutsche Wort gesucht wird – weil es Freude macht oder richtig scheint, Gott auch einmal in fränkischer Zunge zu loben, oder weil auch die Volkssprache, statt nur von unnützen weltlichen Dingen zu handeln, dem christlichen Geiste dienen soll.

Wenn im folgenden die wichtigsten Denkmäler dieser Übersetzer- und Erklärertätigkeit beschrieben werden, so ist die Reihenfolge mehr systematisch als historisch. Zwar sind die ältesten Zeugnisse dieser Art auch die anspruchslosesten, aber im übrigen gilt keineswegs eine Entwicklung vom Stammeln zur freien Rede. Auch die von „Regeln unbezwungene" althochdeutsche Sprache war immer souveränen Ausdrucks fähig – ein Volk ist keine Schulklasse und seine Sprache in jedem Moment der Geschichte gottunmittelbar; auch war sie ja für Unterricht, Predigt und Unterhaltung stets vonnöten, von der Verbindlichkeit der Rechtssprache gar nicht zu reden.

Ebenso schwierig wie eine entwicklungsgeschichtliche Anordnung der erhaltenen Denkmäler ist auch die Unterscheidung nach lokalen Überlieferungen, so sehr eine solche Literaturgeographie durch die verschiedenen althochdeutschen Mundarten nahegelegt wird. Nur in einigen mächtigen Klöstern wie Fulda vor allem, aber auch St. Gallen, Reichenau, Murbach lassen sich mehr oder weniger eigenständige Schwerpunkte erkennen. Viele Zuordnungen bleiben fragwürdig, bedenkt man die Freizügigkeit der frühmittelalterlichen Mönche und Kleriker, den Austausch unter verschiedenen Klöstern, die Umsetzung einzelner Dokumente von einer Mundart in die andere, die verschiedenen Versuche zu überlandschaftlichen Schreibsprachen und Orthographien. Auch geht die Zahl der Klöster und Stifte zur Karolingerzeit schon in die Hunderte, wo vielleicht ebenfalls Schreibstuben und gebildete Männer waren, deren Stimme nur durch die Ungunst der Überlieferung verstummt ist.

## 1. Deutsche Sprache in Kirche und Recht

Bevor man den Blick auf die systematische Übersetzertätigkeit des 8. und 9. Jahrhunderts richtet, müssen – in aller Kürze – die wenigen „Gebrauchstexte" erwähnt werden, auf die Seelsorge und Rechtspflege im Umgang mit dem ungebildeten Laien unabdingbar angewiesen sind. Aus früher Zeit ist davon wenig aufs Pergament gekommen, und es handelt sich auch meistens um „amtliche" Dokumente formelhaften Charakters, die von hohem kulturgeschichtlichen und sprachwissenschaftlichen Interesse sein können, aber kaum eine literaturgeschichtliche Funktion haben.

In zwei altdeutschen *Taufgelöbnissen* wird noch unmittelbar die Zeit der Mission und der großen Bekehrungen lebendig. In Fragen des Priesters und Antworten des (erwachsenen) Täuflings erfolgt zuerst die Absage an die bösen Mächte – im altsächsischen Formular aus der Zeit der Sachsenbekehrung sind es noch die drei germanischen Götter Thunaer, Woden und Saxnot (Kriegsgott) –, dann folgt als positiver Teil die eigentliche Bekenntnisformel. Das *Glaubensbekenntnis* ist in zahlreichen Fassungen allein überliefert oder zusammen mit dem *Vaterunser* oder in weiteren Zusammenstellungen. So enthält der ehrwürdige *Weißenburger Katechismus* – noch dem 8. Jahrhundert angehörend – deutsche Texte des Vaterunsers, eines Beichtschemas, des apostolischen und des athanasianischen Glaubensbekenntnisses sowie des Gloria aus der Messe. Besonders die *Beichtformulare* sind in größerer Zahl vorhanden, teils für die allgemeine, teils für die private Beichte bestimmt. Nach dem Einleitungstext folgt als Hauptteil das Sündenbekenntnis, wo sich nun eine große Buntheit in der Systematik oder im Maß der Detaillierung der möglichen Sünden zeigt, worauf dann der Schlußteil das Bußversprechen und die Bitte um Fürsprache enthält. Es sind zehn verschiedene altdeutsche Texte verschiedener Mundart erhalten und gut ebenso viele Beichten in Verbindung mit dem Credo. – An weiterer geistlicher Literatur dieser Art wären nur noch einige kleine Gebetstexte und Predigtstücke zu nennen.

Das Rechtswesen ist bekanntlich ein hochentwickelter und beherrschender Teil der germanischen Volkskultur gewesen. Es hat sich nicht nur in der Sprache, sondern auch der Sozialordnung, der Dichtung, ja der Auffassung des Glaubens auch der christlichen Zeit tief eingeprägt. Die germanischen Rechtsbegriffe im Rahmen der lateinischen Kultur zu fixieren und aus dem neuen Geist zu modifizieren mußte eine langwierige und schwere Aufgabe sein. Die germanischen Stammesrechte sind beim Eintritt der Germanen in die römische Welt alle lateinisch kodifiziert worden. Für das fränkisch-deutsche Reich ist die Aufzeichnung der *Lex Salica* bereits durch Chlodwig um 510 grundlegend. Schon hier mußten aber fränkische Rechtswörter herübergenommen werden, sei es im Text selber, sei es als Worterläuterungen (*Malbergische Glosse*). Diese archaischen, oft entstellten altniederfränkischen Wörter gehören zu den ältesten deutschen Sprachdenkmälern. Von der *Lex Salica* wurde offenbar im Zusammenhang mit Karls des Großen Bestreben, die allgemeine Rechtskenntnis zu verbreiten, eine ostfränkische Übertragung erstellt, von der ein Fragment erhalten ist. Das altdeutsche Material an Rechtssprache wird schließlich ergänzt durch Eidformeln – darunter die berühmten *Straßburger Eide* von 842 zwischen Ludwig dem Deutschen und Karl dem Kahlen – durch deutsche Partien in Urkunden, durch Güterverzeichnisse und Mark-(d. h. Grenz-)Beschreibungen. Die

Volksnähe, die Anschaulichkeit und die dem Gedächtnis entgegenkommende Formulierung (etwa in stabenden Formeln), überhaupt die „Gesprochenheit“ des alten Rechts hat Jacob Grimm, den Sammler der *Deutschen Rechtsaltertümer*, veranlaßt, von der „Poesie im Recht“ zu schreiben. Wenn diese Wendung für die älteste Zeit auch noch treffen sollte, so bewegt sich doch die spätere Rechtssprache mit guten Gründen von diesem archaischen Zustande weg.

## 2. Glossen und Interlinearübersetzung

Die Würde des „ältesten deutschen Buches“ gehört einem Wörterverzeichnis, das in drei oberdeutschen Fassungen – die älteste und reichhaltigste aus St. Gallen, zweite Hälfte des 8. Jahrhunderts – erhalten ist und auf ein Original aus der Zeit um 750 zurückgeht. Es ist der *Abrogans*, heute so genannt nach seinem ersten lateinischen Stichwort (abrogans „bescheiden“). Zugrunde liegt ein rein lateinisches Synonymenwörterbuch zum Zweck rhetorischer Bereicherung des Wortschatzes, wie es offenbar in den italienischen Klöstern seit Cassiodors Organisation des Unterrichts benutzt werden konnte. Nach den Forschungen Georg Baeseckes wäre die lateinische Vorlage des *Abrogans* aus dem langobardischen Oberitalien nach Bayern gelangt und in der Umgebung des Freisinger Bischofs Arbeo, der selbst ein Südtiroler war, ins Deutsche übertragen worden, und zwar interlinear, d. h. durch Eintragen der deutschen Wortentsprechungen über dem lateinischen Text. Diese Art volkssprachlicher „Glossierung“ war, wie noch Spuren der *Abrogans*-Überlieferung zeigen, von der angelsächsischen Praxis inspiriert. Das Bistum Freising war 739 von Bonifatius gegründet worden, sein dritter Vertreter, Arbeo (seit 765), ist der Verfasser von Lebensbeschreibungen der beiden bayrischen Gründer-Heiligen Corbinian und Emmeram und damit „der erste Schriftsteller aus deutschem Stamm".

Obwohl diese Zuweisung nicht anders als eine solche an Virgil von Salzburg sehr hypothetisch ist, hat man nicht gezögert, die Linien kräftig auszuziehen und im *Abrogans* eine kulturpolitische Tat des Freisinger Bischofs zu sehen, in welcher spätantikes Erbe mit angelsächsischer Methode sich auf bayrischem Boden verbunden hätte, und man hat Arbeo als „die mächtigste Gestalt des vorkarlischen deutschen Schrifttums" gepriesen (Baesecke).

Allerdings eröffnet für uns der *Abrogans* eine mächtige Literatur schwer übersehbarer Glossierungstätigkeit, die durchs ganze Mittelalter nicht abriß und im althochdeutschen Bereich grundlegend scheint. Neben den Überlieferungskomplex des *Abrogans* tritt ein anderer, ein sachlich geordnetes Wörterbuch, das aus einem ursprünglich lateinisch-griechischen Vokabular zu einem lateinisch-volkssprachlichen umgearbeitet worden war und über angelsächsische Vermittlung vermutlich nach Fulda und von da über Murbach nach St. Gallen gelangte: der *Vocabularius Sancti Galli* (Handschrift um 790). Die Hauptmasse der Glossen besteht aber nicht aus solchen übersetzten Wörterbüchern, die im Deutschen schließlich eine oft rätselhafte und abenteuerliche Gestalt bekommen mußten, sondern aus den interlinearen Glossierungen der wichtigen geistlichen Texte, der Bibel vor allem; dazu kommen auch dichterische Texte: Hymnen, Vergil, Prudentius. Die Glossierungen erfolgten aber keineswegs immer wieder ad hoc, sondern stehen unter sich in einem Traditionszusammenhang von Kloster zu Kloster, der durch Abschreiben, Bearbeiten und Kombinieren ins Unabsehbare gewachsen ist. So bilden die Glossen – in den 5 dicken Bänden von Elias Steinmeyers kritischer Ausgabe – einen respektabeln Teil der althochdeutschen Überlieferung überhaupt.

Aber gehören sie zur Literaturgeschichte? Man hat eingewendet, daß diese oft ausgesprochen primitive und fehlerhafte Literatur von Vokabelheften, diese „sprachlichen Kuriositätensammlungen“, diese „Heuschrecken Pharaos, Glossen geheißen“, eine „geistesarme Literatur“ seien, für den lateinischen Elementarunterricht bestimmt und keineswegs als Beginn deutscher Wissenschaft und Literatur zu betrachten. Der gewaltige Quellenwert für die Sprachgeschichte und die Geschichte von Unterricht und Bildung, der imposante Traditionszusammenhang zeigt, wie wichtig, ehrwürdig und mühsam das Ringen um den lateinischen Wortschatz war. Im Rücken gleichsam der Bemühung ums Latein wandelt sich und wächst ja auch der deutsche Wortschatz und sein Bedeutungsgefüge, so daß diese Glossen das Werden der deutschen Sprache spiegeln in einer gleichsam noch dichterischen Phase der Bedeutungsschöpfung, vorab des geistig-abstrakten Wortes. Vor allem aber wird die Interlinearglossierung in kontinuierlichem Übergang zur geschlossenen deutschen Übersetzung, zur spontanen deutschen Sprachgestaltung auch in anspruchsvollen Aufgaben.

Entscheidend ist der Moment, da nicht nur das Wort, sondern die Wortgruppe, der Satz wiedergegeben wird und die Übersetzung damit eine gewisse Selbständigkeit gewinnt. In schlichter, aber schlagender Form zeigen dies die berühmten „Gesprächbüchlein“, von denen eines mit den *Kasseler Glossen*, als Anhang zum Sachglossar, überliefert ist (9. Jahrhundert), das andere aus einer Pariser Handschrift des 10. Jahrhunderts stammt. Es sind Zusammenstellungen von lateinischen Wörtern, Formeln und Sätzen mit deutscher Übertragung, gedacht für einen Reisenden romanischer Zunge im deutschen Sprachgebiet, im zweiten Fall ist das Ganze auch von einem romanischen Schreiber in abenteuerlicher Orthographie notiert. Die außerordentliche Lebensnähe dieses

„beredten Deutschen" wirkt im Vergleich zu der distanzierten kirchlichen oder schulmäßigen Literatur geradezu sensationell:

Gueliche lande cumen ger? (de qua patria?)
E guas mer in gene francia. (in francia fui)
Guaez ge dar daden? (Quid fecisti ibi?)
Enbez mer dar (disnavi me ibi).

(*Pariser Glossen* 20–23)

(Aus welchem Land? / Ich war in Franzien. / Was hast du dort getan? / Ich habe dort gegessen.)

Es gibt noch für Jahrhunderte wenig Texte, die derart knapp und direkt den mittelalterlichen Alltag – Essen, Trinken, Schlafen, Begrüßungen, Verhandlungen, Beschimpfungen im fremden Land – einfangen.

Den Typus einer fortlaufenden, systematischen, aber auch schematischen Interlinearübersetzung, die an sich keinen Ganzheitscharakter beanspruchen kann, verkörpert die St. Galler Bearbeitung der *Benediktinerregel* aus dem Anfang des 9. Jahrhunderts. Daß die *Regula Sancti Benedicti* zu den vielglossierten Texten gehört, begreift sich nicht nur aus ihrer grundlegenden Bedeutung für das klösterliche Leben überhaupt, sondern insbesondere aus den Erlassen Karls des Großen, der die strenge Beobachtung der Regel nicht nur den Mönchen, sondern auch den Klerikern in den regulierten Stiften zur Pflicht machte.

Interessanter und unmittelbar von literarischer Bedeutung ist der Fall althochdeutscher Hymnenübersetzung. Aus Tegernsee und dem Anfang des 9. Jahrhunderts stammt die interlineare Wiedergabe eines kunstvollen *Carmen ad Deum*, das nach Baesecke vielleicht angelsächsischen Ursprungs ist. Vor allem aber hohen Rangs sind die *Murbacher Hymnen*, d. h. die Wiedergabe von 26 ambrosianischen Hymnen (strophischen Kirchenliedern). Sie sind im Kloster Reichenau zu Anfang des 9. Jahrhunderts entstanden, in engem Zusammenhang mit einer interlinearen Glossierungstätigkeit, die hier offenbar ihr eigentliches Zentrum hatte; die Handschrift kam über das Tochterkloster Murbach schließlich nach Oxford. Hier besteht nun die Vorlage in einem Text, der in seiner Wortstellung bereits eine gewisse poetische Freiheit besaß, syntaktisch einfach war und vor allem durch seinen dichterisch-sakralen Charakter dem Übersetzer fast von selbst eine sorgfältige und intensive Nachbildung ermöglichte, ja ihm zu einem dichterischen Plus eigener Prägung verhalf. Obwohl der Übersetzer dem lateinischen Text meistens genau folgt, spricht er streckenweise seine eigene hymnische Sprache, in der nicht nur die volle Lautung der althochdeutschen Formen und der blockhafte Interlinearstil der Feierlichkeit des Textes entsprechen, sondern noch darüber hinaus in Rhythmus, Stabreim, germanisch-dichterischem Wortschatz und einzelnen rhetorischen Figuren die Leuchtkraft althochdeutscher Kunst zur Geltung kommt. Ein Beispiel:

| | |
|---|---|
| Aurora lucis rutilat, | tagarod *l*eohtes *l*ohazit |
| celum laudibus intonat, | himil *l*opum donarot |
| mundus exultans iubilat, | *u*ueralt feginontiu *u*uatarit |
| gemens infernus ululat. | suftonti pech *u*uafit. |

(Das Morgenrot des Lichtes loht, / der Himmel mit Lob donnert, / die Welt sich freuend jubelt, / seufzend die Hölle wehklagt.)

Oder:

| | |
|---|---|
| Mediae noctis tempore | Mittera nahti zite |
| prophetica vox admonet: | uuizaclichiu stimma manot |
| dicamus laudes domino | chuudem lop truhtine |
| patri semper ac filio . . . | fatere simbulum ioh sune . . . |

(Mitten in der Nacht Zeit / weissagende Stimme mahnt, / sprechen wir Lob dem Herrn, / dem Vater stets und dem Sohne . . .)

Darin bloß „mechanische“ Wiedergabe in „Prosa“ (Ehrismann) zu sehen, heißt den Ernst und die Kraft dieser *Murbacher Hymnen* verkennen. Da liegt eine geistliche Dichtung vor, wie sie ähnlich erst wieder frühmittelhochdeutsch begegnen wird.

Die Übersetzung schließt sich eng an den lateinischen Text, aber lebt doch wohl aus der Zuversicht, daß die deutsche Nachbildung sich selber zu tragen vermag. Im Katalog der Reichenauer Büchersammlung aus dem 9. Jahrhundert ist ein Buch verzeichnet, welches „carmina ad docendum Theodiscam linguam“ enthalte. Und in der Tat wird in diesen Hymnen nicht so sehr Latein mit Hilfe des Deutschen gelehrt als das Deutsche am lateinischen Vorbild gemessen und selber legitim gemacht. Die Grenze zwischen interlinearer und selbständiger Übersetzung ist jedenfalls fließend.

Die *Murbacher Hymnen* machen aber auch auf einen Mangel aufmerksam: Die größte künstlerische Schöpfung der karolingischen Kirchenkultur, die Sequenz, erscheint nicht in althochdeutschen Wiedergaben. Notker der Stammler (Balbulus, um 840–912), der Ruhm St. Gallens als Gelehrter, als Musiker und als Verfasser der *Gesta Caroli,* hat nach französischen Anregungen die neue, ganz von der Melodie getragene, in silbenmäßig sich entsprechenden antiphonischen „Prosen“ komponierte Form entwickelt; von St. Gallen und der Reichenau aus verbreitete sie sich in Europa. Zu deutschen Übersetzungen oder gar Nachbildungen der Sequenz mag es wegen ihres musikalischen Charakters und der Schwierigkeit der silbenzählenden, prosarhythmischen Form nicht gekommen sein (vgl. S. 172 f.).

## 3. Die großen Prosawerke

Gleichzeitig mit den tastenden Bemühungen um eine deutsche Prosa und ihren christlich-abstrakten Wortschatz, mit dem Beginn erst mühsamen Einübens, erscheint unerwartet ein umfangreicher Text theologisch-wissenschaftlichen Gehalts, in dem scheinbar spielend und von vornherein alle Schwierigkeiten überwunden und die differenziertesten Gedankengänge mühelos und mit allen stilistischen Nuancen gemeistert sind – in einer der ältesten uns bekannten Entwicklungsstufen der althochdeutschen Sprache. In einer Pariser Handschrift aus dem letzten Jahrzehnt des 8. Jahrhunderts ist – bereits als Abschrift – lateinisch und daneben althochdeutsch (unvollständig) ein Traktat des Bischofs Isidor von Sevilla (gest. 636) aufgezeichnet: *De fide catholica contra Iudaeos.* Es ist eine Verteidigung des katholischen Glaubens, insbesondere der Trinitätslehre, hauptsächlich anhand einer christlichen Interpretation des Alten Testaments, ursprünglich gegen die jüdische Theologie gerichtet, aber unvermindert aktuell für die Abwehr arianischer und späterer Anfechtungen der rechtgläubigen Christologie.

Das Erstaunlichste ist die vollkommen präzise und doch äußerst bewegliche und gelöste Wiedergabe. Der lateinische Text wird einfühlend durch gelegentliche Zufügung von Partikeln oder Attributen und durch Variation der Wortwahl verdeutlicht, d. h. immer aus dem wohlverstandenen Zusammenhang erfaßt, ohne starre Wortgleichungen. „Divinitas" z. B. erscheint als „got, gotnissa, gotes gheist", „divinae omnipotentiae" als „almahtigun gotliihhin". „Trinitas" ist wiedergegeben mit „dhrinissa" oder „dhrii heida gotes", und „trinitatis sacramentum" mit „dhera selbun dhrinissa heilac chiruni". Die natürliche deutsche Wortstellung wird bewahrt, ausschließlich lateinische Konstruktionen wie Akkusativ mit Infinitiv, absoluter Ablativ, Gerundium oder Gerundivum werden aufgelöst. Die Rhythmik der Sätze ist eindringlich und gepflegt: „ut verbum ab ore, ut sapientia ex corde" – „so uuort fona munde, so uuisduom fona herzin“. Dazu kommt ein konsequentes und sorgfältiges orthographisches System, das wiederum den Verfasser als einen Mann selbständigen wissenschaftlichen Geistes ausweist und der Erkenntnis der frühen Sprache unschätzbare Dienste leistet. Die Sprache selbst ist offenbar im Kerne fränkisch, weist aber zusätzlich alemannische Elemente auf. Klaus Matzel bestimmt sie als lothringisch (südrheinfränkisch) und lehnt die lange gehegte Vermutung, es handle sich um Westfränkisch (eine recht unklare Größe), ab.

Der große Abstand der Isidor-Übersetzung von der gleichzeitigen Glossierungs- und Übersetzungsmethode der Klöster Reichenau, Murbach oder St. Gallen ist nicht allein durch den überragenden geistigen Rang ihres Verfassers zu erklären. Es müssen besondere Voraussetzungen und Zielsetzungen im Spiel gewesen sein. Man hat etwa erwogen, daß diese Leistung am ehesten von einem zweisprachigen Gelehrten (romanisch/lateinisch und deutsch) zu erwarten wäre, der über das Nachbuchstabieren des lateinischen Textes, mit dem sich die Interlinearübersetzer aus guten Gründen mühten, erhaben war. Der lateinische Text war ihm kein Problem, es ging ihm nur um die selbständig wirksame deutsche Fassung. Damit aber konnte kaum nur ein klösterlich-schulmäßiges Auditorium anvisiert sein. Die Trinitätslehre als Kernstück katholischer Theologie war im Zeitalter Karls wichtiges Thema der öffentlichen Auseinandersetzung. Sie spielt in Karls Briefwechsel mit Alkuin, dessen Hauptarbeit dem Trinitätsdogma gilt, eine wichtige Rolle. Von Spanien her war in den Jahren 782 bis 799 die adoptianische Lehre (Christus ist als Gott der natürliche, als Mensch der adoptierte Sohn Gottes) von neuem verbreitet und vom Kaiser zum Gegenstand der Synoden von Regensburg (792), Frankfurt (794) und Aachen (799) gemacht worden. Anderseits bestehen zwischen Alkuins Lehre und Isidors Theologie gewisse Differenzen, auch ist eine lateinische Isidor-Handschrift schon für Bonifatius und 731 für Murbach bezeugt. So ist der Zusammenhang des *Althochdeutschen Isidor* mit Karls Kirchenpolitik nicht zu beweisen, aber durchaus vertretbar. Der Rang und die Systematik des Unternehmens deuten zusätzlich auf einen höchsten Auftraggeber und Adressaten. Der *Isidor* muß für den Hof Karls bestimmt sein, ja ist, was sein Sprach- und Schreibsystem betrifft, vielleicht identisch mit der von Karl inaugurierten *Grammatica patrii sermonis* (Schreibordnung der heimischen Sprache), von der Einhard berichtet (Matzel).

Aus dem Nichts wird auch die stilistische Meisterschaft und Kultur der Isidor-Übersetzung nicht entstanden sein. Für ihren rhythmischen Sinn und die Freiheit der Sprache hat man insbesondere die Tradition volkssprachlicher Predigt herangezogen, wie sie Karl immer wieder gefordert hat, daneben aber auch an die Macht freier weltlicher Rede gedacht, wie sie die Chronisten von Karl dem Großen und andern Führern der Zeit bezeugen. Schließlich wurde behauptet, die Rhythmik des Isidor-Übersetzers sei von dem „Gehörerlebnis“ der Stabreimdichtung geprägt (was freilich erst noch gegenüber dem allgegenwärtigen Einfluß lateinischer Kunstprosa abgewogen werden müßte).

Es ist nicht zuletzt auch rätselhaft, daß das *Isidor*-Unternehmen praktisch keine wahrnehmbare Nachgeschichte gezeitigt hat. Die Ausnahme bilden einige Fragmente einer Handschrift aus dem Kloster Monsee (später in Wien), wo der *Isidor*-Text in bairischer Umformung erscheint, zusammen mit andern Übersetzungsfragmenten nach biblischen und theologischen Vorlagen, welche dieselbe Übersetzungstechnik wie der *Isidor* zeigen. Von einer auch nur kurzlebigen „Schule“ des Isidor-Übersetzers kann also wohl nicht gesprochen werden.

Mit einem zweiten Denkmal theologischer Prosa befinden wir uns wieder in vertrauterem Rahmen. Dies ist der *Althochdeutsche Tatian*. Tatian ist der Name eines syrischen Christen des 2. Jahrhunderts, dem ein „Diatessaron“ (d. h. „Durch die viere hindurch“) zugeschrieben wird, nämlich eine Zusammenfassung der vier Evangelien zu einer geschlossenen „Evangelienharmonie“. Das Werk fand eine arabische, lateinische und griechische Übersetzung, wurde später dem *Vulgata*-Text angeglichen und war im ganzen Mittelalter beliebt. Die älteste der zahlreichen lateinischen Handschriften liegt in Fulda (6. Jahrhundert) und soll von Bonifatius mitgebracht worden sein. In einer St. Galler Handschrift aus der zweiten Hälfte des 9. Jahrhunderts steht neben dem lateinischen ein deutscher Text in ostfränkischer Sprache, was eine Entstehung in Fulda nahelegt. Von andern Handschriften des deutschen *Tatian* sind wenigstens Nachrichten vorhanden. Die fuldisch-sanktgallische Übersetzung basiert aber nicht auf dem nebenstehenden lateinischen Text, vermutlich auch nicht, wie man lange gemeint hat, auf dem alten Fuldaer Codex, welcher im Gegensatz zur deutschen Fassung bereits stärker der *Vulgata* angenähert ist. Die deutschen Abweichungen sind jedenfalls nicht Willkür, vielmehr durch andere, ältere Lesarten begründet. Man setzt die Übertragung einhellig in die Jahre von 825 bis 830, die Zeit also bereits Ludwigs des Frommen, dem die Reform und Förderung der deutschen Klöster besonders am Herzen lag. Von 822 bis 842 war Hrabanus Maurus Abt von Fulda, bevor er Erzbischof von Mainz wurde. Dieser universale Gelehrte, Dichter und Schriftsteller war Schüler Alkuins in Tours gewesen und erwarb sich durch seine weitherum einflußreiche Organisation der Fuldaer Klosterschule den Titel eines „primus praeceptor Germaniae“. Auf dieses Zentrum karolingischer Klosterkultur und zugleich geistlicher Macht, das zunächst unter dem angelsächsischen Einfluß seines Urhebers Bonifatius stand, aber durch den ersten Abt, Sturmi, und eine große Zahl von Mönchen bayrischer Herkunft auch enge Beziehungen zum Südosten besaß, läßt sich nachweislich eine Reihe von deutschen Werken des 8. und 9. Jahrhunderts zurückführen; manch anderes dorthin zu versetzen hat verlockende Wahrscheinlichkeit; Hraban hat nicht nur durch seine Schule, sondern vor allem auch durch sein theologisches Werk, insbesondere seine Kommentare zu biblischen Büchern, auf die spätere deutsche Bibeldichtung gewirkt. Sicher sind der Evangeliendichter Otfrid von Weißenburg und der berühmte Reichenauer Abt, Dichter und Gelehrte Walahfrid Strabo Hrabans Schüler in Fulda gewesen.

Den *Althochdeutschen Tatian* denkt man sich wegen seiner offensichtlichen Uneinheitlichkeit als Gemeinschaftswerk mehrerer Mitarbeiter unter Hrabans Leitung entstanden, wobei offenbar auch eine gewisse Ausgleichssprache zur Verwendung kam (Schröbler). Der Größe und Bedeutung des Plans entsprach, für unser heutiges Urteil, freilich die Verwirklichung nicht ganz: Der ostfränkische *Tatian* ist im wesentlichen interlineare, dem lateinischen Sprachbau sich eng anschließende Übertragung ohne einen erkennbaren stilistischen Rang. Für die Sprachwissenschaft ist allerdings auch dieses umfangreiche Werk mit seinem sozusagen normalen Althochdeutsch und seinem reichen Wortschatz von hoher Bedeutung.

Das Erscheinen des *Tatian* in so früher Phase der volkssprachlichen Literatur stellt die Frage einer althochdeutschen Bibelübersetzung überhaupt zur Diskussion. Denn abgesehen von den Monsee/Wiener Fragmenten zu Matthäus, einigen interlinearen Psalmenbearbeitungen, einigen Psalmenfragmenten altsächsischer Sprache und später dann Notkers Hiob- und Psalmenwerk ist uns keine wortgetreue Übersetzung der Bibel vor dem 14. Jahrhundert bekannt. Wohl aber schuf das 9. Jahrhundert nicht nur die Prosa-Evangelienharmonie des

*Tatian,* sondern auch zwei mächtige Evangelien*dichtungen* in niederdeutscher und in oberdeutscher Sprache, beide mindestens indirekt von Fulda angeregt und die erste aufgrund des lateinischen *Tatian* verfaßt. Dieser merkwürdige Tatbestand, daß dem Laien des Früh- und Hochmittelalters der Bibeltext nicht im genauen und vollständigen Wortlaut vorlag, sondern nur in solchen mittelbaren Fassungen, kann zwei Gründe haben: Eine umfassende volkssprachliche Bibel war, mit Ausnahme des liturgisch wichtigen Psalters, beim bescheidenen Bildungsstand der Laien und bei den hohen Kosten eines Buches gegenstandslos, oder der sakrale lateinische Text wurde als vielschichtiges und geheimnisvolles göttliches Wort im Grunde für unübersetzbar gehalten. Das Bedürfnis ging gar nicht nach einem deutschen Bibeltext im Ganzen, sondern nach freier deutscher Paraphrase, nach Zusammenfassung und vor allem nach dichterischer Erschließung, zum Zweck der Erläuterung und der Erbauung.

Die Frage leitet hinüber zum großartigen Feld der biblischen Epik und dogmatischen Dichtung.

## III. BIBELDICHTUNG, HEILSDICHTUNG (1)

Die volkssprachliche Dichtung erhält in der christlichen Ära eine neue Aufgabe und einen neuen Gehalt. Ganz besonders, sofern sie zunächst noch immer keine „Literatur“ ist, sondern wie herkömmlich die feierlich gehobene, verbindliche Rede in der vollen Funktion, festliche Gemeinschaft zu bilden und hohe Werte zu vergegenwärtigen. Auf der andern Seite gibt schon die christliche Spätantike dem reichen lateinischen Dichtungserbe einen neuen Sinn: Sie hat den Gedanken einer heiligen Poesie gefaßt, in welcher der christliche Glaube die vollendete Kunst der römischen Dichtersprache in seinen Dienst nähme und zur getauften, christlichen Dichtung erfüllen sollte. Das Lob Gottes zu singen ist die höchste, ja einzige Aufgabe der Dichtung. Dies ist nicht besser möglich als durch den Lobpreis und das Nachvollziehen der göttlichen Offenbarung selbst, wie sie in der Schöpfung, in der Geschichte des Heils, in den Geheimnissen der Glaubenslehre sich darbietet. Umgekehrt würde sich dann in der Rede des frommen Dichters immer neu die Menschwerdung Christi wiederholen, d. h. die Offenbarung in der Knechtsgestalt der irdischen Dichtung immer neue Gestalt annehmen:

> Versibus ut nostris divinae gloria legis
> ornamenta libens caperet terrestria linguae.

(damit die Herrlichkeit von Gottes Gesetz in unsern Versen / gerne den irdischen Sprachschmuck annehme.)

So sagt es Juvencus, der erste uns bekannte Bibelepiker, im Epilog seiner großen Evangeliendichtung, die den nicht abreißenden Zusammenhang europäischer Bibelepik bis Klopstock eröffnet. Juvencus beruft sich dabei auf das Leuchten der Gnade: Diese „sacra poesis“ ist letzten Endes wieder nur möglich, wenn es Gott selbst ist, der den Sänger beruft, sein Mund zu werden, wie er die Propheten berufen hat. Die antike Redensart vom poeta vates, vom Dichter als Seher, erhält einen neuen christlichen Sinn. Und dieser Sinn erfüllte sich erst recht in der demütigen Gestalt der Volkssprache, die sich nicht auf die große Vergangenheit literarischer Kunst berufen konnte, aber dafür ganz der unmittelbaren Berufung durch Gott vertrauen durfte. Dieser Tenor eines Redens von Gott in der Volkssprache und einer volkssprachlichen Bibel zieht sich durch die geistliche Literatur des Mittelalters und lebt neu auf in Luthers deutschem Evangelium.

Am Anfang der europäischen geistlichen Dichtung in der Volkssprache steht jedenfalls das wunderbare Ereignis von der Berufung des Caedmon, eine Art literarhistorischer Gründungslegende nicht nur der angelsächsischen Literatur, erzählt von Beda dem Ehrwürdigen (gest. 735) in seiner Kirchengeschichte der Angelsachsen. Im Schlafe wird dem ungebildeten Stallknecht Caedmon der Auftrag und die dichterische Gabe verliehen, den Anfang der Schöpfung und das Lob des Schöpfers zu singen, womit der Beginn eines dichterischen Werks gegeben war, das sich später über den ganzen Verlauf der biblischen Geschichte erstreckte. Es ist die Berufung des dichterischen Vates oder Propheten und zugleich die Heiligung der Volkssprache, der sprachlichen Knechtsgestalt. Die angelsächsische Dichtung des 8. und 9. Jahrhunderts enthält denn auch eine größere Zahl von hymnischen oder erzählenden Gedichten über die Gegenstände des christlichen Glaubens und über den Inhalt einzelner biblischer Bücher (Genesis, Exodus, Daniel, Judith), und wir wissen aus Beda wie aus dem *Beowulf*-Epos, daß solche Dichtung nicht nur die hergebrachte weltliche Heldendichtung verdrängen sollte, sondern auch unbefangen neben ihr im weltlichen Vortrag gedieh. Früher als die Deutschen und in engerem Anschluß an die heimische Formtradition haben somit die Angelsachsen eine christliche Poesie in der Volkssprache begründet, und die wenigen deutschen Stabreimdichtungen geistlichen Gehalts stehen durchaus im Zeichen dieser angelsächsischen, caedmonischen Poesie und ihres mehr prophetisch-missionarischen als meditativen Stils. Die Vermittlung hat mit hoher Wahrscheinlichkeit das deutsche Zentrum der angelsächsischen Mission, das Kloster Fulda, besorgt. Daß wenigstens in einem Fall auch eine deutsche Gegengabe, und zwar aus dem stammverwandten sächsischen Bereich, erfolgte, das wird die ins Englische übersetzte *Altsächsische Genesis* noch belegen. Vor der langwierigen Bekehrung der Sachsen durch Karl den Großen war auf diesem Weg freilich keine Vermittlung zu erwarten.

## 1. Schöpfung und Endzeit

Zeitlich zuerst begegnen zwei rätselhafte althochdeutsche Stabreimpoesien großen Stils, beide mit starken Indizien angelsächsischer Herkunft in Sprache, Schrift, Überlieferungsort und Inhalt, beide mit Zügen, die eine besondere Nähe zu Vorstellungen der altgermanischen Mythologie zu zeigen scheinen. Aus dem bayrischen Kloster Wessobrunn (vielleicht ursprünglich aus St. Emmeram in Regensburg) stammt das fälschlich so benannte Wessobrunner Gebet, ein uneinheitlicher Text des frühen 9. Jahrhunderts, der Anfang eines mit altepischer Formel eröffneten Gedichts auf die Erschaffung der Welt:

Dat gafregin ih mit firahim firiuuizzo meista,
Dat ero ni uuas noh ufhimil,
noh paum . . . . . noh pereg ni uuas,
ni . . . . . nohheinig noh sunna ni scein,
noh mano ni liuhta, noh der marȩo seo.
Do dar niuuiht ni uuas enteo ni uuenteo,
enti do uuas der eino almahtico cot,

manno miltisto, enti dar uuarun auh manake mit inan
cootlihhe geista. enti cot heilac .....

(Das erfuhr ich unter den Menschen als größtes Wunder, / daß Erde [?] nicht war noch Oberhimmel, / noch [irgendein?] Baum noch ein Berg [nicht] war, / noch [der Sterne?] einer noch die Sonne schien, / noch der Mond [nicht] leuchtete, noch das herrliche Meer [war]. / Als da nichts war an Enden und Wenden, / da war doch der eine allmächtige Gott, / der Männer mildester, und da waren auch manche bei ihm, / göttliche Geister. Und der heilige Gott .....)

Nach diesen neun Zeilen bricht der Text, der offenbar eine Art Zitat darstellt, ab, und es folgt ein kurzes Prosagebet an den allmächtigen Gott und Schöpfer. Die Sprache ist bairisch, in den Versen mit angelsächsischen und altsächsischen oder rheinfränkischen Spuren (womit die Herkunft über Fulda zu stützen wäre). Unklar ist, ob der Anfang eines Hymnus oder einer längeren epischen Darstellung der Schöpfung, genauer des Zustandes vor der Erschaffung der Welt, vorliegt, jedenfalls gerade ein Gedicht, wie es Caedmon aufgetragen wurde oder wie es der *Beowulf*-Dichter den Skop in der fürstlichen Halle singen läßt. Die negative Schilderung des Zustands vor der Schöpfung erinnert sehr genau an das altnordische Weltentstehungsgedicht, die *Völuspa* (*Der Seherin Weissagung*):

In der Urzeit wars, als Ymir lebte:
Da war nicht Sand noch See noch kalte Woge:
*nicht Erde gab es noch Oberhimmel,*
nur gähnende Kluft, doch Gras nirgends.

(Nach H. Gering)

Da die Mythologie dieses *Edda*-Lieds bereits von mediterranen Vorstellungen beeinflußt sein kann, so ist die Strophe kein Beweis dafür, daß im *Wessobrunner Gebet* eine germanische Kosmogonie versteckt wäre. Als Grundlage reicht der Text des Alten Testamentes, besonders auch der Psalmvers 89,2, aus, der in der Art des angelsächsischen Variationsstils ausgeschmückt worden wäre. Doch ist das Interesse für das Thema keineswegs zufällig: Die Ewigkeit Gottes und die Geschöpflichkeit der Welt sind Grundthema der christlichen Mission und ihres Glaubens, welches germanischen Ohren offenbar besondere Mühe bereitete. Ob der Hymnus im übrigen germanischem Naturgefühl oder gar germanischen mythologischen Vorstellungen entgegenkommt und ob in einer Wendung wie „manno miltisto" der Reflex weltlicher Dichtung vorliegt, bleibe dahingestellt.

Ein Gegenstück zum Schöpfungsgedicht ist das *Muspilli* – so genannt nach dem sprachlich noch ungedeuteten Kernwort (V. 57), das wohl den Weltbrand oder das Gericht bezeichnet. Die 105 Verse des Gedichts sind ohne dessen Anfang und Ende um das Jahr 900 auf die Ränder und leeren Seiten einer ältern Handschrift von St. Emmeram in Regensburg eingetragen, in umstrittener Mischsprache, nach einem wohl wesentlich älteren Original. Die Endlichkeit der Schöpfung wird hier von den letzten Dingen her zum Thema gemacht. Es ist eines der Visionsgedichte über Endzeit und Jenseits, wie sie im ganzen Mittelalter wesentlich zur geistlichen Literatur gehören. Denn das Leben des Einzelmenschen wie der gesamten Menschheit versteht sich letzten Endes vom Gericht her und aus der Endlichkeit der unumkehrbaren Geschichte. Der althochdeutsche Dichter bewegt sich in den biblischen und apokryphen Vorstellungen der geistlichen Literatur der Zeit und zeigt auch wörtliche Berührungen mit angelsächsischen Gedichten, insbesondere dem *Crist III* (der kaum älter als das *Muspilli* ist).

Das *Muspilli* spricht zunächst vom Kampf der Engel und Teufel um die Seele des Sterbenden („individuelle Eschatologie"), dann breiter von den Etappen der allgemeinen Endzeit: vom Erscheinen des Antichrists, mit welchem der Prophet Elias kämpfen wird (eine Art

Kampf um die Menschheit), dann vom Weltuntergang im Feuer und vom Jüngsten Gericht. Die Grundlage bilden biblische und apokryphe Vorstellungen, die von der frühchristlichen und frühmittelalterlichen Literatur ausgebaut worden sind. Der Höhepunkt anschaulicher Vergegenwärtigung liegt in den Versen über den Weltbrand:

> ... Eliases pluot in erda kitriufit,
> so inprinnant die perga, poum ni kistentit
> enihc in erdu, aha artruknent,
> muor varsuuilhit sih, suilizot lougiu der himil,
> mano uallit, prinnit mittilagart, ...
> dar ni mac denne mak andremo helfan uora demo muspille.

(... das Blut des Elias tropft auf die Erde, / so entbrennen die Berge, kein Baum steht, / kein einziger, auf der Erde, die Wasser vertrocknen, / das Moor verschwelt, es verglüht in Lohe der Himmel, / der Mond fällt, es brennt die Mittelwelt, / ... / da kann dann kein Verwandter dem andern helfen vor dem Gericht [?].)

Die Stelle bleibt auch am rätselhaftesten. Das Wort „muspilli", der Träger des eigentlichen endzeitlichen Schreckens, ist etymologisch vollkommen umstritten. Es erscheint (vielleicht zufällig) nicht im Angelsächsischen, dagegen im Altnordischen und Altsächsischen. Die *Lieder-Edda* wie die *Prosa-Edda* reden von Muspells Söhnen, welche den Weltbrand entfachen werden, doch kann diese Mythologisierung im Rahmen der Götterdämmerung auch schon auf christlicher Basis beruhen. Sonst lassen sich kaum spezifisch germanische Elemente aussondern. Der Text ist bei aller archaischen Größe und Kraft durchaus der christlichen Predigt verpflichtet. Dies zunächst schon insofern, als keine geschlossene Erzählschilderung vorliegt, sondern verschiedene Phasen des Geschehens oder Vorstellungsgruppen ineinandergeschoben sind: das persönliche und das allgemeine

Gericht, Antichrist und Weltbrand als Exkurs in der Schilderung des allgemeinen Gerichts. Deswegen eine Kompilation verschiedener Vorlagen zu vermuten scheint – abgesehen vielleicht von wenigen kurzen Einschüben – unnötig. Cola Minis hat sogar versucht, den vorliegenden Text als geschlossene Dichtung „von dem fünfzehnstufigen Weg des Menschen zur Anschauung des Kreuzes der Erlösung“ zu verstehen und zahlensymbolisch zu untermauern. Jedenfalls gibt es über die letzten Dinge von vornherein variable Vorstellungen. So werden über den Ausgang des Kampfs mit Elias zwei verschiedene Ansichten diskutiert; genauer vielleicht: die Ansicht der „uueroltrehtuuison“, d. h. wohl der weltlichen Rechtskundigen, die den Kampf als Gottesgericht verstehen und darum den Sieg des Elias annehmen, wird zurückgewiesen durch die Meinung der „gotman“, der Gottesleute, welche die normale kirchliche Lehre vertreten, daß der Antichrist zunächst über die ganze Welt siegen wird, bevor Christus sein Reich errichtet (diese chiliastische Thematik wird allerdings nicht berührt). Das ist zunächst theologische Auseinandersetzung, doch verstärkt dieses Offensein der Zukunft, in welchem ja auch das Einzelschicksal noch unentschieden bleibt, die angstvolle Erregung des Zuhörers. Vor allem gegen den Schluß gelangt der Dichter aus der Vision hinüber zu mächtigen Formen geistlicher Ermahnung mit ihren rhetorischen Frage- und Ausrufsätzen. Der „lateinische“ Stil des prophetischen Predigers zeigt sich, wie übrigens auch im *Crist III*, im weitgehenden Verzicht auf die üblichen Mittel der Stabreimtechnik mit ihren Variationen und schmückenden Beiwörtern. Ja er scheint den Stabreimvers selbst nicht mehr als bindend zu betrachten, wenn er in einzelnen Fällen zu stablosen oder endreimenden Versen greift. Auch wenn man darin bereits ein Symptom der Auflösung erkennen kann, so bleibt doch das *Muspilli* in der Heftigkeit und Dichte seines visionären und missionarischen Anrufs ein Werk hohen Ranges und in althochdeutschen Stabreimen das einzige geistliche Gegenstück zum *Hildebrandslied.*

## 2. Der „Heliand"

Unvergleichlich erfüllt sich die altdeutsche Dichtung des 1. Jahrtausends in den zwei großen Bibeldichtungen des 9. Jahrhunderts, die schon nach der Größe des Plans und des äußeren Umfangs für Jahrhunderte nicht mehr erreicht werden. Entstanden im Abstand einer Generation, verschieden in Sprache, Versform, Stil und wohl auch in ihrer geistigen Zielsetzung, gehen die beiden Werke doch zusammen im Unternehmen, Leben und Lehre Jesu als das höchste Thema der Dichtkunst darzustellen, und zwar in der kunstvollen epischen Großform, die für ein dichterisches Werk heimischer Sprache bislang unerhört gewesen. Für den anonymen altsächsischen *Heliand* wie für die althochdeutsche Evangelienharmonie Otfrids von Weißenburg kann vielleicht gleichermaßen die Schule von Fulda und das Wirken des Hrabanus Maurus als Anregung gelten. In beiden Fällen steht dahinter das kirchliche Kulturprogramm Karls des Großen und seiner Nachfolger: Da war nicht nur die Aufgabe der Verkündigung, der Predigt immer wieder eingeschärft worden, und zwar für alles Volk, sondern auch die Übung in Sprache und Dichtung als Vorschule für das Studium der heiligen Bücher. Und schließlich sind die beiden Messiaden nicht zufällig von höchster Stelle des Reichs veranlaßt worden oder doch dem Kaiser zugedacht; schon Juvencus hatte mit seiner Evangeliendichtung dem Kaiser Konstantin gehuldigt, Kaiser und Päpste erscheinen in der Folgezeit mehrfach als Gönner großer Bibelepik. Es war ein Dienst des Reichs oder der Kirche am Wort Gottes und ein Dienst des Dichters an Reich und Kirche.

Der hochberühmte *Heliand* (Heiland) ist ein Werk von 6000 stabenden Langzeilen, in zwei fast vollständigen Handschriften und den Resten zweier weiterer Exemplare überliefert (9. und 10. Jahrhundert) – neben der *Genesis*-Dichtung praktisch das einzige Werk altniederdeutscher Poesie. Die Datierung ist umstritten: 830 bis 850. Eine lateinische Einleitung in Prosa und anschließenden Versen, die vielleicht einem Codex aus dem Besitz Martin Luthers entstammt, ist heute nur durch einen Abdruck von 1562 erhalten. Die Prosa-Praefatio meldet, daß Kaiser Ludwig (der Fromme oder der Deutsche), um dem ganzen Volk, auch den Ungebildeten, die Bibel in volkstümlicher Sprache zu vermitteln, einem vornehmen sächsischen Dichter („non ignobilis vates . . . de gente Saxonum“) den Auftrag gegeben habe, das Alte und das Neue Testament in deutsche Sprache dichterisch zu übertragen („poetice transferre“); dieser Sänger habe den Auftrag um so eher durchgeführt, als er bereits früher, von oben, dazu ermahnt worden war. Von dieser göttlichen Berufung handeln die Verse: Er hatte als Landmann in Frieden und ohne Ehrgeiz sein Leben verbracht, bis er eines Tages, vom Weiden des Viehs ermattet und eingeschlafen, durch göttliche Stimmen den Befehl erhielt, „divinas leges ex ordine recitare“. Die Erwähnung auch des Alten Testaments mag sich auf die *Altsächsische Genesis* beziehen, die damit – wohl irrigerweise – als weiteres Werk des *Heliand*-Dichters aufgefaßt wurde. Im übrigen handelt es sich um die stellenweise wörtliche Übernahme von Bedas Geschichte der Berufung Caedmons. Obwohl man gewöhnlich annimmt, die Verse mit dieser Anleihe aus Beda seien nachträglich angeflickt worden, so brauchen sich doch innerer und äußerer Auftrag nicht zu widersprechen. Das Vorbild Caedmons ist durchaus sinnvoll: Ein solches Gedicht war nur durch göttlichen Auftrag und mit göttlicher Hilfe zu wagen. Wie bei Otfrid ist das Evangelienwerk ein frommer Nachvollzug des göttlichen Mysteriums („helac giruni", 3,4603); der *Heliand*-Dichter sieht sich damit in der Nachfolge der vier allein autorisierten Evangelisten, die er auch als Dichter bezeichnet (32 f.); er beginnt sein Werk mit einer Anlehnung an den Prolog des Lukasevangeliums; Otfrid wird sich in ähnlicher Technik auf die Berufung des Propheten Jeremia beziehen.

Wer der vornehme Sachse war, wo er sein Werk verfaßt hat, ist umstritten. Bedeutende geistliche Bildung muß er besessen haben, dazu wohl die Vertrautheit mit der Tradition der Stabreimdichtung, auch der weltlichen. Beides läßt sich bei einem Geistlichen adliger Herkunft vereinigt denken. Wo die Sprache herstammt, wird ganz verschieden beurteilt; sie zeigt in den beiden Handschriften gewisse Differenzen, und sie kann als bestimmte Mundart, aber auch als Versuch einer Ausgleichssprache betrachtet werden. Für eine Anregung aus Fulda sprechen allgemeine Erwägungen, nicht zuletzt die neben Beda und Alkuin wichtigsten Quellen, Tatian und Hrabans Matthäus-Kommentar. Immerhin stützt sich der Dichter nicht auf die Fuldaer Handschrift, sondern eine unbekannte Rezension des Tatian-Textes. In Frage kommt vor allem auch Werden a. d. Ruhr.

Der *Heliand* hat es dem neuzeitlichen Leser nicht immer leicht gemacht. Die Bezauberung, die dieses Werk ausübt, ist schwierig zu begründen. An sich schon bleibt dieses erste Unternehmen eines volkssprachlichen Evangeliums überaus ehrwürdig. Ohnegleichen aber ist die Frische und Unbefangenheit, ja die gläubige Kühnheit, mit der hier von Leben und Lehre Jesu gesprochen wird. Es geschieht aufgrund der Tatianischen Evangelienharmonie, aus der die wichtigsten Partien ausgewählt und zugleich ausführlicher dargestellt werden, eine geschlossene Erzählung von der Verkündigung an Elisabeth bis zu den Erscheinungen des auferstandenen Christus; doch erfolgt auch eine breite Wiedergabe der Lehren des Herrn, der Bergpredigt vor allem, jedoch auch der Gleichnisse, der Wunder und Verkündigungen. Der heilsgeschichtliche Rahmen ist nur einleitend eigens berührt. Nur in einem einzigen Abschnitt wird, an entscheidender Stelle vor dem Beginn der Passionsereignisse, die Wiedergabe der Evangelientexte zum selbständigen geistlichen Kommentar erweitert, im 44. Abschnitt, wo die Heilung der zwei blinden Männer am Weg (Matth. 20,29 ff.) aufgrund von Bedas Lukas-Kommentar auf die Erleuchtung der Menschheit durch die Menschwerdung Gottes, das Erlösungswerk und den Glauben bezogen wird. All das wird dem Hörer in seiner eigenen Sprache eindringlich nahegebracht, in der intensiv umschreibenden, variierenden Art des Stabreimverses; Wortbedeutungen, Wertbegriffe und Vorstellungsschatz eines eben erst notdürftig zum Christentum bekehrten Volkes werden dabei aufgenommen und zu neuer Funktion umgeprägt.

Der *Heliand* wagt sich weiter als irgendeine andere Bibeldichtung nach ihm in die „terrestria ornamenta" vor. Was man lange als „Germanisierung" des Christentums empfunden und gefeiert hat, läßt sich auch umgekehrt verstehen als selbstverständliches Hereinholen des „Germanischen", der altsächsischen Vorstellungs- und Begriffswelt mit ihrer stark rechtlich-sozialen Prägung in die neue und oft gegensätzliche Bedeutung. Wenn die Männer Palästinas als Helden und Degen, der Jünger Petrus anläßlich der Malchus-Szene sogar als „schneller Schwertdegen" bezeichnet wird (4866), wenn Galiläa als Gau, der Ölberg als Holm, Pilatus als Herzog, die Jünger als Gefolgschaft erscheinen und von Nazarethburg und Romaburg die Rede ist, so tönte das altsächsischen Ohren natürlicher als den neuzeitlichen Wagner-Jüngern. Die Schilderung des „hochgehörnten Schiffs" auf dem See Genezareth und des Seesturms braucht noch keine Wikingerszene zu sein. Gewiß: der schlichte biblische Bericht ist fast durchweg einer epischen Aufhöhung und rhetorischen Steigerung unterzogen, der Eindruck der Helle, der Zuversicht, der Freude, der glänzenden Macht Christi dominiert. Der Dichter kann und will nichts anderes, als die Welt des Evangeliums freudig und festlich machen, und er läßt dem oft etwas barock wogenden Variationsstil (der keineswegs nur auf altgermanischen Ursprung zurückgeht, sondern auch auf den Psalmenstil und die geistliche Rhetorik) freien Lauf; so die Hochzeit von Kana:

... he im oc at them gomun uuas,
giac hi thar gecuđde, that hi habda craft godes,
helpa fan himilfader, helagna gest,
uualdandes uuisdom. Uuerod bliđode,
uuarun thar an luston liudi atsamne,
gumon gladmodie. Gengun ambahtman,
skenkeon mid scalun, drogun skirianne uuin
mid orcun endi mid alofatun; uuas thar erlo drom
fagar an flettea, tho thar folc undar im
an them benkeon so bezt bliđsea afhobun,
uuarun thar an uunneun. Tho im thes uuines brast,
them liudiun thes liđes: is ni uuas farlebid uuiht
huergin an themu huse, that for thene heri ford
skenkeon drogin, ac thiu scapu uuarun
liđes alarid. ... (2002 ff.)

(Er war auch bei den Gästen / Und gab da kund, daß er Kraft von Gott hatte, / Hilfe vom Himmelsvater, heiligen Geist, / Des Waltenden Weisheit. Das Volk war fröhlich, / Lustig waren die Leute beisammen, / Frohgemute Freunde. Diener gingen, / Schenkten mit Schalen, trugen lautern Wein / In Krügen und Kannen. Das Treiben der Mannen / War heiter in der Halle. Und als nun den Helden / Auf den Bänken die beste Lust dort begann, / Sie in Wonne waren: da gebrach es an Trank, / An würzigem Weine: übrig war / Auch nichts im Hause, das vor die Herrschaft noch / Die Schenken trügen, die Schalen waren / Leer des Weines. ... – Nach Paul Herrmann.)

Das ist nicht nur sorglose Weltlichkeit. In der Gestalt Christi erscheint nicht nur der königliche Sproß aus Davids Geschlecht, sondern immer wieder der Himmelskönig (in den oben zitierten Versen ist die trinitarische Beziehung angedeutet) und Ehre und Ruhm des Gottessohnes, die Majestas Domini. Etwas von dessen Herrlichkeit wird ins ganze irdische Geschehen projiziert. Darin verfährt der *Heliand*-Dichter nicht anders als fast alle malenden und dichtenden Darsteller der heiligen Geschichte im Mittelalter, ja bis in die Neuzeit hinein: Der Stall von Bethlehem wird zum Palast, zu Davids Burg, die Windeln zum „köstlichen Kleid“ (380; 401). Im übrigen ist die von den modernen Betrachtern oft so verwundert zur Kenntnis genommene „Licht- und Lebensfreude“ (Ehrismann) wohl nicht weniger evangelisch als die vom dunkeln Mittelalter angeblich zu erwartende „Verachtung der Welt und ihrer Wonnen“. Die neuere *Heliand*-Forschung hat übereinstimmend gezeigt, wie wenig der Dichter im Grundsätzlichen irgendeiner germanischen Ethik oder gar Religion entgegenkommt. Er feiert gerade die unkriegerischen Tugenden der Demut, der Friedfertigkeit, der Liebe; er preist den Wert des Leidens und findet ergreifende Worte für Christi Todesangst am Ölberg:

iak imu tho selƀo gihneg   sunu drohtines
craftag an kniobeda,   kuningo rikeost,
forđuuard te foldu:   fader alothiado
godan grotte,   gornuuordun sprac
hriuuiglico:   uuas imu is hugi droƀi,
bi theru menniski   mod gihrorid,
is flesk uuas an forhtun:   fellun imo trahni,
drop is diurlic suet,   al so dror kumid
uuallan fan uundun. . . .   (4744 ff.)

(Und er neigte sich selber, der Sohn des Herrn, / der Kraftreiche, auf die Knie, der Könige mächtigster, / nieder zur Erde: den Vater der Völker, / den hilfreichen, rief er, mit Klageworten sprach er / voll Trauer: es war ihm sein Gemüt trübe, / nach seiner Menschheit der Mut bewegt, / sein Fleisch war in Furcht: es fielen ihm Tränen, / es troff sein edler Schweiß, so wie Blut kommt, / strömend aus Wunden. ...)

Auch ein germanischer Schicksalsglaube (Stichwort: „wurd“), den man vielen Wendungen als hartnäckigsten heidnischen Rest entnehmen wollte, erweist sich bei näherem Zusehen keineswegs als verbindlich. Damit soll nicht bestritten sein, daß sich der Dichter weitgehend an die Welt des Hörers anpaßt; das Anschauliche, menschlich Einfühlbare ist ihm wichtiger als die theologische Problematik. Doch wäre es falsch, das freudige Unternehmen mit Bezeichnungen wie „schmiegsame Missionsstrategie“ (Erb) unter Ideologieverdacht zu stellen.

Dem *Heliand*-Dichter geht es aber nicht *nur* um die suggestive Wirkung, um Anschaulichkeit und lebhaftes Kolorit. Sein eigentliches Thema ist das Erscheinen Christi als Gott und Mensch und sein Erlösungswerk als Höhe und Mitte der Heilsgeschichte. Die genaue Mitte der Dichtung (falls der ursprüngliche Bestand mit 75 Abschnitten angesetzt werden darf) ist im 38. Abschnitt die Szene der Verklärung: Begegnung des Gottessohnes mit den Vertretern von Gesetz und Prophetie des Alten Bundes, d. h. Moses und Elias, und Vorwegnahme der himmlischen Glorie Christi.

... uurđun imu is uuangun liohte,
blicandi so thiu berhte sunne: so sken that barn godes,
liuhte is lichamo: liomon stodun
uuanamo fan themu uualdandes barne; uuardi is geuuađi so huit
so sneu te sehanne. ... (3124 ff.)

(... wurden ihm seine Wangen licht, / strahlend wie die glänzende Sonne: so schien der Sohn Gottes, / schimmerte sein Leib, Lichtstrahlen gingen / leuchtend von des Waltenden Sohn: ward sein Gewand so weiß / wie Schnee zu sehen. ...)

Und etwas von dieser Herrlichkeit ist es letzten Endes, was der *Heliand*-Dichter in sein Werk spiegelt. Die bedeutendste *Heliand*-Untersuchung der neueren Zeit, die von Johannes Rathofer, hat darüber hinaus zu zeigen versucht, daß der Dichter durchaus nicht nur der einfache Erzähler und Erzieher ist, als den man ihn gerne anzusprechen pflegt. Er hat seinem Werk eine verborgene Struktur mitgeteilt, die dem Leser nur bei genauem Studium und ahnungsweise deutlich wird, aber prinzipiell zur Technik religiöser Dichtung gehört und auf ehrwürdigem theologischem Grund (vor allem Augustin) beruht. Nach den Vorreden will der Dichter „leges divinas ex ordine recitare“ (die göttlichen Schriften der Ordnung nach vorführen) und „mystico sensu depingere“ (nach dem Geheimsinn schildern).

Die Prosa-Praefatio erwähnt, daß der Dichter sein Werk in sogenannte Fitten (ags. vittea „Gesang, Lektion“) eingeteilt habe, und eine entsprechende Einteilung und Numerierung zeigt mindestens eine der beiden Handschriften (C). Rathofer meint nun, daß die jeweilige Nummer der Fitte, die Anzahl der Fitten, die einem bestimmten Thema gewidmet sind, schließlich auch die Versanzahlen der Fitten und Fittengruppen nach einer geheimen Ordnung berechnet seien. Die zentrale 38. Fitte (Verklärung) sei ihrerseits die Mitte einer symmetrisch gebauten Gruppe 32–44. Doch über solche Symmetrien und Proportionen bloßer Zahlen*komposition* ginge die eigentliche Zahlen*symbolik* hinaus: Mit bestimmten bedeutungsvollen oder vollkommenen Zahlen, so vor allem der Vier, werden entscheidende Stellen des Inhalts markiert. Die Bergpredigt beginnt in der 16. Fitte (4 × 4), sie umfaßt 8 Fitten und stellt die 8 Seligkeiten dar. Vor allem können so auch innere Verhältnisse angedeutet werden: Der Tod Johannes' des Täufers, in Fitte 33 berichtet (33 ist die „Todeszahl“ Christi), deutet typologisch auf den Tod Christi voraus, der in Fitte 66 unter dem Steigerungsverhältnis 1 : 2 mitgeteilt wird. Dabei läßt sich durch Addition, Multiplikation und nicht zuletzt die Berechnung von Quersummen ein unwahrscheinlich dichtes Beziehungsnetz mit theologischer Aussagekraft entwickeln. Im letzten erscheint der Bau geordnet durch die Figur des Kreuzes, die geometrische Gestalt der Vier: die senkrecht zu lesende Reihe der Fitten 1–31 kreuzt sich mit der waagrecht zu lesenden Gruppe der 2 × 22 restlichen Fitten; im Kreuzungspunkt, der 16. Fitte (4 × 4) wird die Bergpredigt als Quintessenz der vier Evangelien eröffnet.

Solche Systeme, die die Forschung auch bei Otfrid und vielen späteren Werken entwickelt hat, stehen, wie die Kritik gezeigt hat (Cordes, Taeger), auf schwankendem Grund. Sie führen von einem gewissen Punkt an ins Beliebige und Zwanghafte. Gewiß gilt die Zahl, gestützt auf Weisheit Salomos 11,21, als Wesen und Ausdruck der göttlichen Weisheit. Sie enthält, mit Augustin zu reden, die „incorruptibilis veritas" der göttlichen Ordnung. Diese Ordnung und Harmonie, wie sie von Augustin, Beda, Hraban u. a. gelehrt und praktiziert wird, scheint sich jedoch meistens mit einfacher zahlenmäßiger Komposition zu begnügen. Fragwürdiger ist die Annahme einer systematischen Durchführung zahlen*symbolischer* Inhaltsbezüge, und kaum erlaubt, jedenfalls für die frühe Zeit, ist das Arbeiten mit Quersummen und komplizierteren mathematischen Rechnungen.

Daß sich die altsächsische Bibeldichtung auch dem Alten Testament zugewandt hat, kann man schon der Einleitung zum *Heliand* entnehmen. Der Bericht von Schöpfung, Sündenfall und Frühzeit ist unmittelbares heilsgeschichtliches Gegenstück zu den Evangelien. Ende des letzten Jahrhunderts sind denn auch drei Fragmente (zusammen 337 Verse) einer *Genesis*-Dichtung entdeckt worden; sie erzählen von Adams und Evas Reue, von Kain und dem Untergang Sodoms. Aus einer angelsächsischen *Genesis*-Dichtung können 590 weitere Verse gewonnen werden, die im Rahmen einer Interpolation aus dem Altsächsischen übertragen sind und dem Sündenfall gelten. Diese Übersetzung zeugt von der Gegenseitigkeit der literarischen Beziehung, wie sie mindestens seit der Bekehrung der Sachsen möglich geworden war. Die *Genesis*-Fragmente stammen wahrscheinlich nicht vom *Heliand*-Dichter, sie sind jünger. Sie weichen sprachlich, stilistisch und vor allem in der freieren Behandlung der Vorlagen ab, indem sie auch apokryphe Quellen beiziehen, neue Reden erfinden und das Geschehen selbständig motivieren. Der ursprüngliche Umfang des Werks ist nicht mehr erkennbar. Mit diesen Fragmenten verstummt für uns bereits die altsächsische Dichtung; dagegen wird uns ein „Paradise lost" wieder im hochdeutschen 11. Jahrhundert begegnen.

### 3. Otfrids „Evangelienbuch"

Das weitaus eindrucksvollste Denkmal althochdeutscher Dichtung und nach Geist, Absicht und Form ein eigentliches Gründerwerk der deutschen Literaturgeschichte ist das *Evangelienbuch* (*Liber evangeliorum*), das Otfrid, Mönch im Kloster Weißenburg (Unterelsaß), in seiner südrheinfränkischen Mundart zwischen 863 und 871 vollendet hat. Es teilt mit dem *Heliand* das Thema der Evangelienharmonie, es benützt dieselben Bibelkommentare, ist ebenfalls einem kaiserlichen Gönner verpflichtet – und doch nun völlig anders, ein Werk ausgesprochener Mönchsfrömmigkeit und nicht der äußeren Mission, vielschichtiger, reicher, kunstvoller auch in der äußeren Form, in welcher sich christlicher Glaube der deutschen Sprache nun endgültig verbunden hat. Man hat, mit konventionellen Kategorien, den dichterischen Rang Otfrids lange verkannt. Inzwischen hat intensive Forschung die konstruktive Größe des Unternehmens, den gedanklich-meditativen Beziehungsreichtum, die liturgisch-religiöse Aufgabe und die gelehrten Hintergründe dieses alles überragenden Werkes deutlich gemacht.

Wir sind auch in der seltenen Lage, daß uns dieser älteste mit Namen bekannte deutsche Dichter nicht nur allerlei persönliche Umstände seiner Existenz mitgeteilt, sondern auch das originale Exemplar seines großen Buches hinterlassen hat. Die Wiener Handschrift (V) ist der vom Verfasser selbst überarbeitete, sorglich korrigierte und mit Akzenten versehene authentische Text, zu welchem noch zwei Kopien und die Fragmente einer dritten kommen. Aus später nach Wolfenbüttel gekommenen Codices des Klosters Weißenburg hat Wolfgang Kleiber nachweisen können, daß die Schreibstube von Weißenburg unter Otfrid ihre große Zeit hatte; er hat die Bibliothek ausgebaut mit dem Ziel eines umfassenden Kommentarwerks zur ganzen Bibel. Aus drei gereimten deutschen Widmungen und einem lateinischen Prosabrief erfährt der Leser alles Wünschbare über den Plan des Werks, seine Anreger und Adressaten. Das Buch ist König Ludwig dem Deutschen zugedacht, damit das Volk der Franken – d. h. doch wohl zunächst die vornehmen Laien am Hof – das Evangelium in seiner eigenen Sprache vernehmen könne. Dem Erzbischof Liutbert von Mainz wird ein Exemplar zur Approbation überreicht, wobei sich der Dichter auf seine Vorgänger Juvencus, Arator, Prudentius beruft und die technischen Grundsätze seiner Dichtung erläutert. Ein weiteres Buch geht „in Suabo richi" zum Bischof von Konstanz, mit welchem Otfrid persönlich verbunden war, und ein letztes nach St. Gallen, zu den befreundeten Mönchen Hartmut (Abt seit 872) und Werinbert; Otfrid bezieht sich dabei auf seine Studienjahre in Fulda unter Abt Hraban (also vor 847), dessen Geist in der Tat aus dem Werke spricht, und er nennt seine eigentlichen Anreger, nämlich mehrere Klosterbrüder und eine – nicht identifizierte –

„matrona" namens Judith. Schon hier kann deutlich werden, daß trotz der Widmung an den König und sein Volk ein engerer gesellschaftlicher und insbesondere klösterlicher Kreis angesprochen ist, daß das Werk mehr der Andacht und der Erbauung als der Mission dienen soll und jedenfalls anspruchsvolle Leser voraussetzt.

Die Widmungen an die vornehmen weltlichen und geistlichen Adressen gehen dem Werk voran, die Dedikation an die St. Galler Freunde bildet den Schluß. Das Werk erhält so einen aufwendigen, mit Akrosticha und Telesticha kunstvoll verzierten Rahmen. Auch dann folgt noch nicht der eigentliche Anfang: Ein erster Abschnitt ergeht sich über Sinn und Würde der fränkischen Sprache und des verwendeten Verses, ein zweites, inneres Tor bildet die „Invocatio scriptoris ad Deum". Dieses Eingangsgebet überträgt die Berufung des Propheten Jeremia (Jer. 1,6 ff.) auf das eigene Beginnen:

Wola drúhtin min, já bin ih scálc thin,
thiu arma múotar min eigan thíu ist si thin!
Fíngar thínan dua anan múnd minan,
theni ouh hánt thina in thia zúngun mina,
Thaz ih lób thinaz si lútentaz,
giburt súnes thines, drúhtines mines; . . .

(I,2)

(Wohl, du mein Herr, ja, ich bin dein Knecht, / meine arme Mutter ist deine Eigenmagd! / Deinen Finger tu an meinen Mund, streck deine Hand in meine Zunge, / daß ich dein Lob ertönen lasse, / die Geburt deines Sohnes, meines Herrn; . . .)

Gott möge ihn, fleht der zaghafte Dichter, mit der Gnade erfüllen, daß sein Gotteslob wahr und aufrichtig sei; er möge die Rede des Dichters tragen, wenn er in seiner Sprache Gott dient, und er möge ihn einst im Himmel in die Schar seiner Geliebten aufnehmen. Die Dichtung ist nichts anderes als Gotteslob und Gottesdienst. Anfang und Ende jedes der 5 Bücher, in die sich das

Werk gliedert, bestehen aus Gebeten oder geistlichen Betrachtungen, und immer wieder wird der Blick auf die ewige Heimat gerichtet. Vor allem aber gibt Otfrid, in entscheidendem Gegensatz zum *Heliand*, nicht einfach den biblischen Text wieder, sondern fügt unter dem Titel „moraliter", „mystice" oder „spiritaliter" und unter Benützung der geistlichen Kommentare Erklärungen nach dem geheimen Schriftsinn bei. Besonders wichtige Stellen sind durch Refrains hervorgehoben, so die Lehre vom fleischgewordenen Wort (Joh. 1,1) am Beginn des 2. und die Symbolik des Kreuzes am Beginn des 5. Buches.

Damit ist das Werk kein fortlaufender Bericht wie der *Heliand*, sondern eine Komposition von Elementen, die verschiedenen Ebenen angehören und anstelle der flächig wirkenden Nacherzählung Tiefe und Beziehungsfülle vermitteln, durch beständige Betrachtungen, Erklärungen, lyrische oder gebethafte Partien. Damit hängt zusammen, daß Otfrid nicht den Tatian-Text zugrunde legt, sondern eine ad hoc getroffene Auswahl von Schriftstellen, die nur teilweise den gottesdienstlichen Lesungen (Perikopen) entsprechen.

Otfrid spricht zwar in seinem Brief an den Erzbischof von der Absicht, den frivolen Gesang der Weltleute mit seiner Arbeit zu verdrängen und die Süße des Evangeliums in ihrer eigenen Sprache mitzuteilen; der Topos mag für einen Kreis vornehmer Laien gelten, doch ist zweifellos wesentlicher die klösterliche Gemeinschaft selbst als Publikum ins Auge gefaßt. Die Dichtung gründet auf der klösterlichen Praxis der Bibellektüre und Meditation, anhand der Lehren der Väter und vertieft durch das Gebet, in welchem sich erst der Kreis zwischen dem Sprechen des Menschen und dem Sprechen Gottes schließt. Letztes Ziel ist die Kontemplation, als Vorbereitung auf die ewige Seligkeit. Die Sehnsucht nach dem himmlischen Paradies durchzieht leitmotivisch das Werk, welches selbst als Heimkehr und Fahrt zum ewigen Ufer erscheint (V,25,1 ff.) und sich damit selbst als frommen Lebensvollzug begreift. So geht das Werk denn inhaltlich auch über den Evangelienbericht hinaus. Das letzte Buch (V) setzt ein mit einer Betrachtung des Kreuzes und führt von der Auferstehung über die Himmelfahrt zum gewaltigen Ausblick auf das Weltgericht und die ewige Herrlichkeit. Im Epilog erscheint schließlich nochmals – nach persönlichen Demutsformeln und der Abwehr allfälliger Neider – die Huldigung an den Pantokrator, den Weltherrscher Christus:

Themo si gúallichi ubar állaz sinaz ríchi,
ubar allo wórolti si díuri sin io wónanti;
In érdu joh in hímile, in ábgrunte ouh hiar nídere,
mit éngilon joh mánnon in éwinigen sángon!
(V,25)

(Ihm sei Ruhm über all sein Reich, / über alle Welt sei seine Herrlichkeit immer wohnend, / auf Erden und im Himmel, im Abgrund selbst hier unten, / unter Engeln und Menschen in ewigen Gesängen!)

Otfrid hat seine 140 capitula in 5 Bücher geordnet, je mit einem einheitlichen Thema. In seinem lateinischen Brief erläutert er den Sinn dieser Fünfzahl, die im Hinblick auf die Vierzahl der Evangelien ungewöhnlich sei. Es solle aber die heilige Geradheit der Vierzahl die Ungeradheit unserer fünf Sinne zieren und alles Überflüssige in unserem Tun und Denken zur Erhebung der himmlischen Dinge wenden. Die Fünfzahl der unreinen Sinne entspricht darüber hinaus wohl, nach anderer Begründung, auch der Fünfzahl der Mosaischen Bücher des Gesetzes, die durch die Viererharmonie der Evangelien überwunden wird. Der Dichter paßt sich jedenfalls mit seiner symbolischen Ordnung den fünf unvollkommenen, irdischen Sinnen des Menschen an, um sie in der Vierzahl aufzuheben und emporzuführen. Daß die Kapitel innerhalb der Bücher, die formal oder thematisch unterscheidbaren Strophengruppen innerhalb der Kapitel und die Strophen (Langzeilenpaare) selbst zahlenmäßig angeordnet sind, steht zu vermuten, noch eher als beim *Heliand*. So hat Kleiber versucht, in den Zahlenverhältnissen der Erzählzeit eine Widerspiegelung der erzählten Zeit, d. h. der Etappen des Auftretens Jesu zu sehen oder die von Otfrid (Liutbert-Brief) ungedeutete „absolute Mitte" des Werks zu bestimmen; noch kompliziertere Zahlensymbolik entwickelt Haubrichs – doch werden auch hier solche Versuche sofort hochspekulativ.

Zu der irdischen Gestalt, die Otfrid gewählt hat, gehört nun auch die fränkische Volkssprache. „Warum der Autor sein Werk deutsch gedichtet habe", wird im 1. Kapitel des Werks ausführlich begründet – in einem der kostbarsten Texte literarischer Selbstbesinnung deutscher Sprache. Viele Völker, Griechen und Römer vor allem, haben durch ihre Dichtkunst ihre Namen bekannt gemacht, ja selbst die Heilige Schrift zur Lust des Lesenden in schöner Reinheit dargestellt (womit die Bibelepiker der Spätantike gemeint sind). Warum sollen allein die Franken darauf verzichten, Gottes Lob in ihrer Sprache zu singen? Diese ist zwar nicht so geübt und durch Regeln bezwungen, aber hat doch ihre „rihti": Im richtigen Verständnis von Gottes Wort, im Befolgen seines Willens liegen „thiu metar" (Versmaße) begründet, in Gottes Gebot sollen die Füße (Versfüße) gehn und sollen die sechs Zeiten gedichtet werden (Metra des Verses, das Sechstagewerk der Schöpfung, die sechs Weltalter der Heilsgeschichte), um in der siebenten, dem ewigen Sabbat, zu ruhen:

In gótes gibotes súazi laz gángan thine fúazi,
ni laz thir zît thes ingán: theist sconi férs sar gidán;
Díhtọ io thaz zi nóti theso séhs ziti,
thaz thú thih so girústes, in theru síbuntun giréstes.
(I,1)

(In Gottes lieblichem Gebot laß deine Füße wandern, / laß dir keine Zeit dazu entgehn: das heißt schöne Verse gemacht. / Dichte dies immer genau so in diesen sechs Zeiten, / daß du dich so rüstest und in der siebenten ruhst.)

Otfrid verwendet hier, aufgrund von Stellen des 118. Psalms, einen verbreiteten Topos der Gleichsetzung von Versgang und Lebenswandel. Es handelt sich dabei um mehr als um bloße erbauliche Metaphorik: Die Kunst hat unmittelbar Heilsbedeutung, wenn sie wie hier als Gottesdienst begriffen ist, sich von göttlicher Gnade gehalten weiß und als menschliches Wort nur vom göttlichen Wort her zu begreifen ist. Darüber hinaus gibt nun aber Otfrid dem Gedanken eine neue Wendung: Er begründet nun durch ihn das Recht der Muttersprache. Vom frommen Vollzug des Lebens her muß jede Sprache wahr und schön werden und jede Dichtung gottunmittelbar. So wird die fränkische „barbaries", die auch Otfrid zunächst beklagt, vom höheren Wort eingeholt und wesenlos gemacht – gerade dank ihrer demütigen „slihti" (sermo humilis). Gott ist der Herr aller Sprachen. Diese tiefsinnige Begründung eines volkssprachlichen Evangeliums, ja dann auch einer frommen Laiendichtung, wird künftig immer wieder unternommen werden: in der Mystik, bei Luther, bei Böhme.

Die Volkssprache ist damit nicht nur als Mittel zum Zweck entschuldigt, sondern eigentlich notwendig und wertvoll geworden. Und so ist denn auch der Weg frei zu dem berühmten Lobpreis des Frankenvolkes: Die Franken sind kühn und mächtig, reich an Bodenschätzen, klug und verständig, vom Geschlecht Alexanders des Großen, unbesiegbar, ihrem eigenen Könige treu, denn sie sind „gotes thegana", eifrig um Gottes Wort bemüht. Wieder wird damit das *Evangelienbuch* zugleich als Sache des Reichs gesehen, wie in der Widmung an König Ludwig.

„Sehs ziti": die Bezeichnung führt unmittelbar aus der

religiösen Betrachtung zu einem versgeschichtlichen Problem, d. h. zu Otfrids entscheidender formaler Neuerung, seinem Endreimvers. Für unsern Blick ist seither die germanische Stabreimtradition im Deutschen versunken; hier erscheint zum ersten Mal systematisch die neue Form, die für ein Jahrtausend deutscher Dichtung verbindlich wird. Der Endreim ist wohl auch in deutscher Sprache nicht aus dem Nichts entstanden; er gehört zur lateinischen Formenwelt (Rhetorik, Hymnik), dient oft schon im Stabreimzusammenhang als eine Art rhetorischer Schmuck, wie umgekehrt später der Stabreim, gerade auch noch bei Otfrid, als Mittel rhetorischer Intensivierung willkommen bleibt. Als eigentliches Vorbild des Verses gilt der Vers des Ambrosianischen Hymnus (z. B. „vexilla regis prodeunt, / fulget crucis mysterium“), der bald auch, zumal bei irischen Dichtern, den Endreim (Homoioteleuton) als Schmuck verwendet. Für diese Provenienz spricht der stark liturgische Charakter des Evangelienwerks und der Bau der Strophen aus 2 × 2 Kurzversen ohne spezielles Langzeilenprofil. Wenn Otfrid selbst von „sehs ziti“ spricht, kann er seinen Vers wegen der Kadenz als Sechsheber verstanden oder an Hexameter oder Senar gedacht haben; der Hexameter war ja der Vers der von ihm genannten Bibelepiker Juvencus und Arator. In jedem Fall bewahrt er aus dem Deutschen eine gewisse Freiheit der Silbenzahl und der Akzentverteilung.

Otfrids binnengereimte Langzeile läßt sich, durch gewisse Wandlungen hindurch und unter allerlei Vorbehalten, als der Vers der geistlichen und dann noch der ritterlich-höfischen Erzähldichtung („ritterliches Reimpaar“) verstehen und ist überhaupt, als Vierheberpaar mit seinen verschiedenen Kadenzmöglichkeiten, so etwas wie der deutsche Elementarvers geblieben.

Sein ästhetisches Ideal hat Otfrid anhand der Kunst der Griechen und Römer umschrieben, mit der es die fränkische nicht aufnehmen könne: Gradheit und Ebenheit, elfenbeinartige Fügung, Feinheit, Süße, Reinheit, Maß. Auch der Endreimvers kommt diesem Ideal entgegen: Wenn der Stabreim die sinntragenden Wörter zu Gipfeln heraustreibt, um den die Füllungssilben herumbranden, und damit die Aussage heftig macht, ist der Endreim zunächst ein sinnunabhängiges Lautspiel, das die Zeilen harmonisch verbindet, vielleicht auch die Wörter in Gleichlauf und Gegensatz aufeinander bezieht und jedenfalls ein eigenes metrisch-musikalisches Ordnungsnetz bildet – ähnlich wie der spirituelle Textsinn eine eigene Schicht bildet. Der einzelne Vers fügt sich dieser Ordnung weniger durch die Dynamik der Tonstärke als durch die gemessene Länge, die zeitliche Proportion. Er beruht in eigentlichem Sinn auf Maß und der göttlichen Ordnung. So kann der Endreimvers nicht nur nach seiner geschichtlichen Herkunft, sondern auch nach seinem poetischen Sinn als christlicher Vers verstanden werden, als Vers des Maßes und der Liebe. Es besteht denn auch heute kein Zweifel mehr, daß Otfrids *Evangelienbuch* zum rezitativischen Gesang, zum Vortrag im geistlichen Cantus lectionis bestimmt war, vor allem im Refektorium, ohne daß damit eine private Lektüre ausgeschlossen wäre.

Ob Otfrid selbst seinem Stilideal Genüge getan hat, ist eine andere Frage. Man hat seine langwierig-kreisende Erzählweise und umständliche Gedankenentwicklung oft getadelt. Er bietet weniger Variation, wie sie zum Stabreimstil gehört, als Wiederholung. Gegenüber dem Bogen- und Hakenstil wirkt Otfrids Zeilenstil, d. h. Zusammenfall von Satz und Vers, schlichter, maßvoller. Man glaubt festzustellen, daß die neue Technik dem Dichter selbst besonders in den ersten Teilen des Werks Mühe gemacht hat; er scheint oft zu Flickversen, unscharfen Formeln, ja reimeshalber selbst zu grammatischen Unklarheiten zu greifen. Doch darf man diesen Stil mit dem Wesen der klösterlichen Meditation zusammenbringen, die als ruminatio, Wiederkäuen, aufgefaßt wurde, und da wäre der Wunsch nach Spannung und Tempo fehl am Platz.

Im Zeichen des neuen Versideals und der dichtenden Frömmigkeit stehen aber auch die seelischen Bereiche, die Otfrid in seinem Werk erschlossen hat. Wenn schon der *Heliand* eine erstaunliche Fähigkeit besitzt, menschliches Verhalten und seelische Regungen zu beschreiben, so gewinnt dieses Vermögen in Otfrids klösterlicher Frömmigkeit einen vertieften Sinn. Die Pflege und Reflexion des Gefühls begleitet die geistliche Meditation. Obwohl auch Otfrid männliche, ja kriegerische Töne durchaus nicht fremd sind, so liebt er doch die Schilderung inniger Empfindungen der Freude, des Leides, der Sehnsucht, des Heimwehs, der Mutterliebe, er hat Sinn für einen freundlichen und herzlichen Umgang der Menschen untereinander. Es erscheinen bereits hier nun liebevoll und intim ausgemalte Szenen, wie man sie später als kennzeichnend für altdeutsche Frömmigkeit empfindet, vor allem etwa die Verkündigung oder das Kind in der Krippe. In eingelegten Klagen spricht sich das Gefühlsleben vor allem der Frauen aus, so etwa in der Osterszene, da Maria Magdalena das Grab leer gefunden hat:

„Mág mih", quad si zi in tho, „lés! gilusten wéinonnes,
  sér joh léid ubar wan ist mir hárto gidan;
Háben ih zi klágonne joh léidalih zi ságenne,
  ni wéiz ih, lés! in gáhe, war ih iz ánafahe.
Thaz sér thaz thar ruarit míh, theist léidon allen úngilih,
  iz ubarstígit noti allo wídarmuati;
Mir ist sér ubar sér, ni ubarwíntu ih iz mér,
  ni wán es untar manne íamer dróst giwinne!
Sie éigun mir ginómanan liabon drúhtin minan,
  thaz min líaba herza, bi thiu rúarit mih thiu smérza."

(V,7)

(„Mich mag wohl“, sagte sie zu ihnen, „ach! Lust zu weinen ankommen, / Schmerz und Leid, undenkbares, ist mir hart angetan worden. / Ich habe zu klagen und leidvoll zu sagen, / nicht weiß ich, ach, so plötzlich, wo ich damit beginne. / Der Schmerz, der mich da trifft, ist ungleich allen [andern] Leiden, / er übersteigt durchaus alles Unglück. / Mir ist Schmerz über Schmerz, nicht überwinde ich ihn mehr, / ich glaube nicht, daß ich auf der Welt je darüber getröstet werde. / Sie haben mir meinen lieben Herrn genommen, / mein Herzliebstes, darum trifft mich das Weh.“)

Magdalena verkündigt als erste den Auferstandenen. Otfrid entnimmt dazu Alkuins Johannes-Kommentar den Gedanken, daß damit, durch eine Frau, der Sündenfall Evas wiedergutgemacht worden, und er schließt mit der berühmten Bitte: „Ni sit irbolgan wibe!“ (Habt keinen Zorn mehr auf die Frau!) Der Frau als der Trägerin und Vermittlerin solcher Gefühlsfrömmigkeit gilt Otfrids Verehrung. Vielleicht ist es auch nicht zufällig, daß eine „veneranda matrona“ das Werk so dringend gewünscht hat. Und man könnte sagen, Otfrid bezeichne eine Etappe in der Entwicklung des christlich getönten Frauenkults, der schon in der merowingischen Hofdichtung erscheint (Venantius Fortunatus), dann aber, geistlich und weltlich, im Hochmittelalter aufblüht.

## 4. Kleinere Gedichte

Wir wissen nicht, ob Otfrid Vorgänger gehabt hat, und wir erkennen ebensowenig eine direkte Nachwirkung. Nur in unbedeutenden Spuren kann man aus späterer Zeit die Kenntnis seines Werks belegen. Der Endreimvers hat sich mit oder ohne Otfrid rasch durchgesetzt. Da schon um 880 Endreimgedichte ganz anderen Stils begegnen und die große Buchepik Otfrids als solche keine Nachfolge gefunden hat, so muß der Übergang zum neuen Vers aufgrund von mächtigen Tendenzen und

Ansätzen auch außerhalb Otfrids auf breiter Front vor sich gegangen sein. Die Verwendung der Volkssprache war zudem bei erbaulichen Großwerken vielleicht weniger dringlich als bei kleineren, wirklich dem Volk zugedachten christlichen Gedichten: also Behandlung einzelner Bibelstellen oder kurze Texte liturgischer Funktion. Ein paar wenige Beispiele dafür sind erhalten, gemeinsam ist ihnen der knappe und gerade darum eindrucksvolle Stil, ohne Variationen, Wiederholungen und Übergänge, also weitab von der Breite der Evangelienharmonien.

*Christus und die Samariterin* ist eine nicht ganz vollständig erhaltene, fast wörtliche Umdichtung der Szene Johannes 4,6–19 aus der Zeit um 900, in der vorliegenden Abschrift (Reichenau?) fränkisch-alemannisch gemischt. Die Eingangsformel „Lesen wir thaz ..." ist eine zeitgemäße Umformung der alten Formel von *Hildebrandslied, Wessobrunner Gebet* und *Heliand*: „So gifragen ik ..."; sie führt nach kurzer Umschreibung der Situation zum klar gebauten Dialog Jesu mit der Samaritana, dem Gespräch um den Brunnen lebendigen Wassers. Zu welchem Zweck, welchem Anlaß die Dichtung gedacht war, ist schwer auszumachen. Die Szene trägt sich ja erzählerisch kaum selber; sie formuliert eine Lehre, hier aber mit Mitteln, die weder predigthaft noch lyrisch sind, vielmehr balladenhaft wirken. Anderseits ist nicht festzustellen, daß dieser ernste, schöne Text etwa einem größeren Zusammenhang, einer Bibeldichtung wirklich volkstümlichen Gepräges, angehört hätte.

Näher liegt die Versübersetzung von Psalmen, die als biblisches Liederbuch für Gottesdienst und Unterricht eine zentrale Rolle spielen. Zumal seit den Erlassen Karls des Großen gehört die Kenntnis und Lektüre der Psalmen zu den Pflichten nicht nur der Geistlichen. Zu den verschiedenen Interlinearversionen der Psalmen in ober- und niederdeutscher Sprache tritt jetzt – etwa 930, bairisch – eine hervorragende Nachdichtung des *138. Psalms*:

Wellet ir gihoren  Daviden den guoton,
den sinen touginon sin?  er gruozte sinen trohtin . . .

(Wollt ihr hören David den edlen, / seinen geheimen Sinn? Er grüßt seinen Herrn . . .)

Der Dichter hat in souveräner Weise und getragen vom Original den gebethaft-lyrischen Ton getroffen, in wirklicher Nachdichtung, und eröffnet damit überaus würdig die Jahrtausendtradition deutscher Psalmenpoesie.

Das *Petruslied* schließlich scheint volkstümlich-liturgischen Charakter zu haben und läßt sich als ältestes deutsches Kirchenlied bezeichnen (bairisch, um 900 notiert). Es sind drei einfache otfridsche Reimpaarstrophen mit fast rein alternierenden Versen – einer („daz er uns firtanen giuuerdo ginaden“) ist vielleicht zufällig mit einem Otfrid-Vers identisch. Jeder Strophe folgt ein Kyrie-Refrain, d. h. wohl der Ruf, mit dem das Volk auf die Strophe des Vorsängers antwortet. Dieses Kyrie ist noch jahrhundertelang kennzeichnend für das schlichte geistliche Volkslied, wie es im Mittelalter nur bei wenigen Gelegenheiten (Kreuzfahrt, Prozession, vor der Schlacht) seinen Platz hatte. Das althochdeutsche *Petruslied* dürfte ein Prozessionslied sein, worauf auch der marschmäßige Rhythmus deutet. Die ersten zwei Strophen nennen Petrus als den Bevollmächtigten der Erlösung und der Himmelspforte, die dritte enthält den eigentlichen Gebetsanruf:

Pittemes den gotes trut  alla samant uparlut,
daz er uns firtanen  giuuerdo ginaden.
Kirie eleyson,  Criste eleison.

(Bitten wir den Freund Gottes alle miteinander laut, / daß er uns Sündern gnädig sein wolle. / Herr erbarme dich, Christus erbarme dich.)

Ein Kyriegesang, wie er hier in archaischer Form vorliegt, ist ungefähr zur gleichen Zeit als Schlachtlied im *Ludwigslied* erwähnt. Es wäre denkbar, daß es solche einfachen Gebilde, bei denen der Hymnenvers das natürliche Vorbild ist, vor Otfrid schon gegeben hat.

# IV. CHRISTLICHE HELDEN- UND HEILIGEN-DICHTUNG

## 1. Das „Ludwigslied“

Der althochdeutsche Endreimvers erweist sich in den besprochenen Denkmälern als Zeichen der endgültigen Taufe der einheimischen germanischen Formensprache. Es ist anzunehmen, daß er bald auch die Stabreimform der fortlebenden Heldendichtung obsolet gemacht hat. Jedenfalls begegnet uns später auch die Heldenepik in selbstverständlichen Endreimversen. Diese können zwar nicht direkt auf den Otfrid-Vers zurückgeführt werden, scheinen aber auf eine verwandte Form – Langzeilen, die nicht *in* sich, sondern paarweise *unter* sich reimen – zurückzugehen, wie sie noch spätmittelalterlich in Volksballaden archaische Verwendung findet. Wichtiger ist die Frage, ob nicht auch auf gehaltlicher Ebene eine Verchristlichung denkbar ist, d. h., ob es beispielsweise eine christliche Heldendichtung gab, oder ob außerhalb der biblischen und dogmatischen Dichtung eine volkstümliche Behandlung christlicher Themen möglich war, oder wie sich sonst klösterliche Kunstübung zur weltlichen Volkstradition verhielt.

In der Tat läßt sich eine eigenständige christlich-heroische Poesie wenigstens an einem Beispiel belegen, dem *Ludwigslied.* An Rang und literarhistorischer Bedeutung ist es das eigentliche christliche Gegenstück zum „germanischen“ *Hildebrandslied.* Der Text steht in einer Handschrift aus Valenciennes, in der unmittelbar vorangehend auch das älteste französische Denkmal, die *Eulalia-Sequenz,* von derselben Hand eingetragen ist, gegen Ende des 9. Jahrhunderts. Das Lied gilt dem Sieg des westfränkischen Königs Ludwig III. über die Normannen bei Saucourt am 3. August 881. Es ist wohl bald nach der Schlacht zu Ehren des Siegers entstanden, spätestens innerhalb eines Jahres, da der junge König bereits am 5. August 882 starb. Der „Rithmus teutonicus“ hebt mit der verheißungsvollen Formel an:

Einan kuning uueiz ih, Heizsit her Hluduig,
Ther gerno gode thionot: ...

Rein berichtend, streng und knapp, aber ausdrucksvoll und abgewogen, in sorgfältiger Dosierung von Hypotaxe und Parataxe, direkter Rede und erzählender Wiedergabe wird das Leben des jungen Helden skizziert: Als Kind ward er vaterlos, doch Gott hat sich seiner als Erzieher (magaczogo) angenommen, gab ihm mit seinem Bruder Karlmann zusammen den Stuhl hier in Franken. Um ihn zu versuchen, ob er so jung Mühsal dulden möchte, ließ Gott heidnische Männer über See kommen und das Frankenvolk an seine Sünden mahnen. „Uuas erbolgan Krist: Leidhor, thes ingald iz.“ (Christus war ergrimmt: ach, dafür büßte es.) Doch erbarmte er sich, rief Ludwig, der ferne war, zu Hilfe seinem (Gottes) Volk. Ludwig ging mit Gottes Erlaubnis, erhob die Kriegsfahne, ritt nach Franken, den Feinden entgegen. Die auf ihn warteten, dankten Gott. Er spendete seinen Gesellen und Kampfgefährten Trost und Ermahnung zum Kampf und ritt mit Schild und Speer kühn den Nordleuten entgegen:

Ther kuning reit kuono, Sang lioth frano,
Ioh alle saman sungun „Kyrrieleison“.

(Der König ritt kühn, sang ein Lied heilig, / und alle zusammen sangen: „Herr, erbarme dich!“ – Vgl. S. 88.)

Der Kampf ward begonnen, keiner focht so schnell und kühn wie Ludwig. Er ward sieghaft, Gottes Macht sei Lob und allen Heiligen Dank.

Uuolar abur Hluduig, Kuning unser salig!
So garo soser hio uuas, So uuar soses thurft uuas.
Gihalde inan truhtin Bi sinan ergrehtin.

(Wohl abermals, Ludwig, unser glückhafter König! / So bereit wie er je war, wo immer man seiner bedurfte. / Es erhalte ihn der Herr bei seiner Gnade!)

Man hat das Lied immer wieder als Beleg eines germanischen Preisliedes nehmen wollen, einer Gattung also, die im Norden vor allem bei den Skalden eine reiche Entwicklung erfuhr, für den Süden aber neben dem Heldenlied als zweite anspruchsvolle Kunstform nur postuliert werden kann. So hat man manche Züge als altertümlich-germanisch angesprochen, nach dem Rat schon Jacob Grimms, das Lied lasse sich besser verstehen, wenn man „die christlichen Vorstellungen beseitigt und heidnische an deren Stelle schiebt“. Der Beweis muß als mißglückt gelten. Weder das Erzieher-Verhältnis Gottes zu seinem König noch der Gedanke der Versuchung („Mannheitsprobe“), noch die ethisch-gesellschaftlichen Vorstellungen, noch der Preis der Heldenkühnheit, noch die Mitleidlosigkeit in der Schilderung des Kampfs lassen sich speziell für germanisch-heidnischen Geist in Anspruch nehmen. Wohl aber läßt sich all dies meist sogar wörtlich auf Vorbilder des Alten Testaments beziehen, auf das Verhältnis des zornigen Gottes zu seinem Volk und seinen Helden, mit denen er auf ganz selbstverständliche Weise spricht. Kampffreude und schonungsloser Triumph über die Feinde sind dem Alten Testament nicht fremd, und selbst die grimmig-ironische Bezeichnung des tödlichen Kampfs als Spiel („Spilodun ther Vrankon“) ist nicht nur durch eine altnordische Kenning belegt, sondern auch biblisch (2. Sam. 2,14). Für den Bereich der irdischen Macht ist das Bild des Herrschers im ganzen frühen Mittelalter nach den Königen des Alten Testaments, David vor allem, geformt. Und die Vorherrschaft kriegerisch-rechtlichen Denkens selbst im Verhältnis zu Gott ist allgemein bezeichnend für die Jahrhunderte vor dem gotischen Wandel zu innerlicher, persönlicher Ethik.

Schließlich ist es gewiß ein Fürstenpreis, doch im Gegensatz zu den skaldischen Lobliedern als Erzählung eines strengen biographischen und geschichtlichen Zusammenhangs, in welchem die Aktualität des Moments erst eigentlich sichtbar werden kann. Die gewonnene Schlacht erscheint im Horizont der Heilsgeschichte, für den Fürsten wie für das Volk. Gerade ein Vergleich mit dem *Hildebrandslied* kann die vollkommen andere Art des germanischen Heldentums deutlich machen. Während dieses ganz auf sich allein gestellt ist, Vollzug des Schicksals und fragloser Untergang, so wird jetzt Geschichte vollzogen für Gott, die Menschen, den Helden selbst, und das irdische Geschehen hat Hintergrund und Zukunft.

So ist von einem christlichen Heldenlied zu sprechen. Damit ist ein Typus gemeint, der a priori für die Karolingerzeit zu erwarten ist, d. h., seitdem mit dem fränkischen Reichsbewußtsein weltliches Kriegertum eine kirchliche, christliche Legitimation bekommen hat. Entgegen frühchristlicher Haltung kann ja selbst das Mönchstum kriegerische Züge annehmen und umgekehrt das Kriegertum einen christlichen Auftrag erhalten. Es ist dieselbe Adelsgesellschaft, die beides trägt. Das Wort vom miles christianus wurde mehr als eine bloße Metapher, Christus selbst erscheint ja auch vorwiegend als Kämpfer für das Heil, als Triumphator und Weltherrscher. Die Wandlungen des Bildes vom Gottesstreiter – als Mönch, Heidenkämpfer, Ritter, Heiliger – sind ein zentrales Thema der mittelalterlichen Literatur, vorab der Legende und des Romans. Auf der Stufe des *Ludwigsliedes* herrscht eine altertümliche Einheit von Fürst und Krieger unter dem religiösen Auftrag. Himmel und

Erde sind nahe beieinander, der geistliche Bereich ist nicht jenseitig, sondern hat reale Präsenz, der geschichtliche Vorgang ist unmittelbar Strafe oder Lohn. Wie sehr übrigens das *Ludwigslied* mit der politischen Ideologie der zeitgenössischen Urkunden und Chroniken übereinstimmt, hat die Forschung mehrfach erwiesen.

Gattungsverwandt sind denn auch ein paar lateinische Lieder der Karolingerzeit, die mit ihren rhythmischen (d. h. dynamisch akzentuierten) Versen den archaisch-knappen und schlagkräftigen Charakter des *Ludwigsliedes* teilen, aber nicht seinen Rang erreichen. Verwandt im Aufbau, Tonfall und einzelnen Motiven ist vor allem das Lied auf die Avarenschlacht Pippins (796); etwas ferner steht das Lied eines gewissen Angilbert auf die Bruderschlacht von Fontanetum (841). Für deutsche Entsprechungen solcher erzählender Lieder zur Feier eines Sieges kann man schließlich auch die Bemerkung des sogenannten Poeta Saxo heranziehen (eines Mönchs in Corvey, der ein großes Geschichtsgedicht auf Karl verfaßt hat), es habe carmina vulgaria gegeben, welche die Väter und Vorväter Karls des Großen gepriesen hätten, Pippin, Karl, Chlodwig, Theuderich, Karlmann, Clotachar. Solche historische Lieder, Preislieder, Zeitlieder oder wie man sie nennen will, gehören zweifellos zu einem andern Typus als die Heldenlieder von Siegfried oder Dietrich.

Gattungsgeschichtlich wird aber das *Ludwigslied* wohl am interessantesten von späteren Entwicklungen aus. Erzähllieder über Gotteskämpfer gegen hereinbrechende Heiden, geschichtliche Prüfungen durch Schwäche und Verrat, die Wiederherstellung des Reiches, in alttestamentarischer Einheit von religiösem und nationalem Bewußtsein – all das liegt sonst nur noch in der altfranzösischen Heldendichtung vor, den sogenannten Chansons de geste. Die heroische Dichtung Frankreichs hat ihren stofflichen Schwerpunkt im Karolingerreich und ist christlich geprägt. Auch wenn uns diese Chansons de geste erst um 1100 und bereits in epischer Großform entgegentreten – mit der alles überragenden *Chanson de Roland* –, so müssen doch während Jahrhunderten kleinere Lieder vorausgegangen sein. Es ist nicht zufällig, daß sogar die Schlacht von Saucourt noch im Stoff der ältesten Chanson erscheint, *Isembart et Gormont*, allerdings kontaminiert mit andern historischen Reminiszenzen und mit Sarazenen statt der Normannen.

Das im Deutschen gänzlich isolierte *Ludwigslied* ist ohne Zweifel im westfränkischen Reich, wahrscheinlich am Hofe selbst, entstanden und auch auf später französischem Boden aufgezeichnet worden. Es ist somit sozusagen die älteste Chanson de geste. Und wahrscheinlich ist es zugleich ein letzter Zeuge für das Leben deutscher Sprache oder für die Zweisprachigkeit der Oberschicht am westfränkischen Hof. Daß in Deutschland selbst diese christliche Heldendichtung kaum mehr direkt belegt ist und offenbar neben der unvermindert vitalen Heldensage aus der Zeit der Völkerwanderung nicht aufkam, mag verschiedene Gründe haben: eine zunächst weniger nachhaltige Christianisierung und das Fehlen eines Feindes, der wie die Normannen und Sarazenen zugleich Gegner des Reichs und des Glaubens gewesen wäre.

Nun ist das *Ludwigslied* noch kein Gedicht heroischer Erinnerung und Sage, auch wenn ein solches Zeitlied oder Gelegenheitslied durchaus während längerer Zeit lebendig bleiben und sein Inhalt so zur Sage werden kann. Daß nun solche Lieder auf geschichtliche Ereignisse, auf bestimmte geschichtliche Persönlichkeiten oder auf sagenhaft gewordene Vorgänge im Umlauf waren, „im Volk“ gesungen wurden, dafür mehren sich seit dem 10. Jahrhundert die Zeugnisse.

## 2. „Georgslied“ und „Galluslied“

Zunächst bleiben wir bei spezifisch christlichen Erzählliedern des 9. Jahrhunderts. Mit einem *Georgslied* tritt zum erstenmal die Legende als Erzählstoff deutscher Lieder auf. Die Legende ist außerhalb der biblischen Geschichte die legitimste und ursprünglichste Form einer christlichen Erzählung. Sie bestätigt unmittelbar die Nachfolge Christi durch den Heiligen, und sie berichtet von Gottes fortwirkender Wundermächtigkeit. Da der Heilige Gegenstand liturgischer Verehrung ist – je nach den Patrozinien der einzelnen Kirchen und je nach ihren Altären, sowie nach dem Heiligenkalender des Kirchenjahrs –, ist auch die Kenntnis der Geschichte des Heiligen und seiner Wunder unabdingbar. Die gegebene volkssprachliche Form ist zunächst das Lied, die Entsprechung des Hymnus. Anderseits stellt die Legendenüberlieferung insgesamt eine derart vielfältige, reiche und farbige Erzählliteratur dar, daß daraus eine unerschöpfliche Quelle dichterischer Produktion in allen Gattungen werden konnte. Sie erweist sich auch als der Weg, auf dem viele weltliche Erzählstoffe und -motive aus Antike und Orient ins Mittelalter kamen und von da aus umgekehrt wieder säkularisiert werden konnten.

Der „Held“ der Legende ist der Heilige, ihr eigentlicher Vorgang der Einbruch der göttlichen Allmacht in die irdische Wirklichkeit: das Wunder. Raum und Zeit aber sind die von Welt- und Heilsgeschichte, im Gegensatz zur „Sage“ in der Heldendichtung oder zur Märchenwelt des höfischen Romans. Soweit sich die Legende nicht im einzelnen Mirakel erschöpft, tendiert sie zur Vita, d. h. zur persönlichen Lebensgeschichte, und sie wird damit auch wichtig für die Deutung des weltlichen Lebens als eines sinnvollen und unumkehrbaren biographischen Zusammenhangs.

Das althochdeutsche *Georgslied* ist im 10. Jahrhundert

fragmentarisch und in einer nicht mehr verstandenen verschlüsselten Orthographie auf die letzten Seiten der Heidelberger Otfrid-Handschrift (P) eingetragen worden. Man bringt es – etwas voreilig – zusammen mit dem Georgs-Kult auf der Reichenau und insbesondere der Einweihung der St.-Georgs-Kirche (896) in Oberzell, die heute noch steht. Vielleicht ist der Ursprung fränkisch und nicht alemannisch. Es berichtet sprunghaft-gedrängt die wichtigsten Stationen der frühmittelalterlichen Georgsvita (welche den Drachentöter Georg noch nicht kennt): Graf Georg tritt vor einer mächtigen Versammlung auf, er gibt das Reich der Welt für den Himmel hin, wird eingekerkert, vollzieht Wunderheilungen, wird vergeblich auf Befehl des erbosten Kaisers dreimal, immer grausamer und radikaler, ums Leben gebracht, um immer wieder aufzuerstehen, er bekehrt die Kaiserin und überwindet den Heidengott, den Höllenhund Abolin ... Die zentralen Episoden gehören zum Legendentypus vom unzerstörbaren Leben, vom heiligen Steh-auf-Mann; dreimal lautet der triumphale Refrain:

Daz weiz ih, daz ist alawar, uf irstuont sih Gorio dar:
uf irstuont sih Gorio dar, wola predigot er sar.

(Das weiß ich, das ist ganz wahr: auferstand Georg da, / auferstand Georg da, wohl predigte er da.)

Das Wunder massivster Art wird in der schlagkräftigsten Form vorgetragen, balladenhaft springend, mit stampfendem Rhythmus, Parallelismen und strengem Zeilenstil. Man muß hier von Volkstümlichkeit sprechen mindestens im Sinne von Primitivität, und man wird auch annehmen dürfen, daß die barbarische Heiterkeit des Refrains keinen Widerspruch zur frommen Gläubigkeit der Hörer bildet. Eine elementare Komik ist in der geistlichen Volksdichtung immer wieder anzutreffen. Selbst Hrotsvit von Gandersheim in ihren lateinischen Legendendramen wußte sich ihrer zu bedienen. Das Lied ist vermutlich den zuhörenden Laien (vornehmen oder geringen Standes) vorgesungen worden, der Refrain vom Chor; man hat allerdings auch schon an Volksgesang gedacht. Der Stil liegt jedenfalls weit ab von der Heldendichtung, der Bibelepik und selbst dem strengen und klaren Ernst des *Ludwigsliedes.* Es deutet auf die Existenz einer Balladendichtung (im heutigen Wortsinn), unter Einfluß der Hymnik, aber auch der weltlichen Rhythmendichtung der Karolingerzeit; sie ist in dieser Zeit freilich schwer faßbar.

Durchaus parallel zu sehen ist ein *Lobgesang auf den heiligen Gallus,* der von dem St. Galler Mönch Ratpert (gest. gegen 890) deutsch gedichtet war. Ekkehard IV., der Verfasser der berühmten St. Galler Klosterchronik, hat ihn ins Lateinische übertragen, um seine schöne Melodie zu Ehren kommen zu lassen. Diese lateinische Fassung, die wir heute allein besitzen, scheint Vers und Stil ziemlich genau wiederzugeben. Daß schon der deutsche Text etwas würdiger war als das *Georgslied,* ist bei dem gelehrten Leiter der Klosterschule wohl anzunehmen. Auch hier ist die Vita des Heiligen, nach lateinischer Prosavorlage, von seiner Ausfahrt aus Irland bis zu seinem Tod und Begräbnis knapp und handfest erzählt. Beispielsweise füttert der Heilige den Bären, der ihm beim Bau der Zelle geholfen hat, und verbannt ihn dann aus dem Walde wie folgt:

Panem Gallus bestiae   mirandae dat modestiae.
Mox ut hunc voravit,   in fugam festinavit
Iussa silvis cedere   hic nullum posthac laedere.
Diacon iacebat   soporans et videbat,
Qua virtute Gallus   pollet Dei famulus.

(Brot gibt Gallus der Bestie für ihre erstaunliche Artigkeit. / Sobald sie dies verschlungen, floh sie eilends, / da ihr befohlen, den Wald zu meiden und hier keinem mehr ein Leid anzutun. / Der Begleiter, der im Schlaf gelegen, sah, / über welche Macht Gallus verfügt, der Diener Gottes.)

## 3. „Waltharius“

Wenn sich hier in der Legende ein Element des Erzählerisch-Unterhaltsamen meldet, so läßt sich fragen, wie sich umgekehrt die ursprünglich außerchristliche Erzählkunst – die Heldendichtung – einem christlichen Zeitalter integrieren könnte. Es ist das einzigartige Unternehmen des lateinischen *Waltharius*-Epos, in aller Bewußtheit zu versuchen, die Heldendichtung zu taufen und ihr eine neue literarische Verbindlichkeit zu geben. Dieser Versuch konnte, in voller und klarer Spannung, nur darin bestehen, einen germanischen Heldenstoff im Stil Vergils in lateinischen Hexametern zu behandeln, das eine im andern sich brechen zu lassen. Das führt zu einem neuartigen erzählerischen Abenteuer.

Das kostbare Werk, in 12 Handschriften ganz oder teilweise erhalten und in mindestens ebenso vielen weiteren Exemplaren bezeugt, muß weitherum beliebt gewesen sein. Verfasserschaft und Entstehungszeit des kleinen Epos sind heiß umstritten. In seinen *Casus Sancti Galli* berichtet Ekkehard IV. (gest. um 1060), sein Klosterbruder Ekkehard I. (um 900–973) habe in jungen Jahren zu Schulzwecken das Leben des Waltharius Starkhand metrisch beschrieben, doch habe er, Ekkehard IV., das unvollkommene Werk später überarbeitet. So galt der *Waltharius* als ein St. Galler Werk aus der Zeit um 930. Einem Teil der Handschriften ist nun ein geschraubter Prolog beigegeben, in welchem ein gewisser Geraldus das Werk, „aus eindringlicher Beschäftigung heraus“, dem erhabenen Bischof Erckambaldus zur Kurzweil überreicht. Hat ein Geraldus das Werk Ekkehards versandt, oder ist Geraldus selbst der Dichter? Dies vielleicht auch deshalb, weil das Werk keineswegs als Schülerarbeit wirkt, keine Uneinheitlichkeit zeigt, nicht eigentlich eine Vita darstellt und seinen Helden nicht unmittelbar als Starkhand, manu fortis, bezeichnet?

Einen Gerald gab es nun in St. Gallen gleichzeitig mit Ekkehard I., aber auch anderswo, und als Adressaten kommen drei hochgestellte Erckambalde in Straßburg, Lothringen oder Eichstätt in Frage. Je nach Wahl und zusätzlichen Argumenten variiert auch die Datierung – man müßte unter Umständen bis auf die Zeit von 860 zurück. Geistes- und gattungsgeschichtliche Erwägungen würden allerdings eher auf die ottonische Zeit schließen lassen. Die Frage ist offen.

Am Hofe des Hunnenkönigs leben als Geiseln drei vornehme junge Vertreter westlicher Länder, die Attila tributpflichtig gemacht hatte: Hagen, ein vornehmer Franke vom Rhein, die Prinzessin Hiltgunt von Burgund und Walther von Aquitanien (dem einstigen westgotischen Reich in Südwestfrankreich und Spanien). Hagen ist entflohen und nach Worms zu König Gunther zurückgekehrt. Auch Walther gelingt es nach einem Siegesfest am Hunnenhof, zusammen mit Hiltgunt und einem schätzebeladenen Pferd nach Westen zu fliehen (V. 1–418, Vorgeschichte). Nach vierzig Tagen kommen sie über den Rhein bis Worms. Gunther will dem Recken seine Schätze und auch das Mädchen abjagen und verfolgt die beiden. Es kommt im Wasgenwald – sprachlich, aber nicht sachlich entspricht dies den Vogesen – zum Kampf: Elf Streiter, die Gunther gegen Walther aussendet, werden in homerisch geschilderten Kämpfen überwunden (V. 419–1129, Hauptteil). Nachtruhe des Helden und des Mädchens in der durch Verhau gesicherten Felsenenge; die Weiterziehenden werden am andern Tag von Gunther und Hagen überfallen. In diesem Kampf verliert Gunther ein Bein, Hagen ein Auge, Walther eine Hand. Die verstümmelten Helden setzen sich ins Gras, versöhnen sich unter rauhen Scherzen und lassen sich von Hiltgunt laben und verbinden. Walther zieht mit Hiltgunt in seine Heimat, feiert Hochzeit mit ihr und regiert nach dem Tode seines Vaters glücklich während dreißig Jahren (V. 1130–1456, Höhepunkt und Schluß).

Der Stoff ist auch bekannt aus zwei altenglischen Fragmenten heroisch-epischen Stils wahrscheinlich des 10. Jahrhunderts (*Waldere*), aus altnordischen und mittelhochdeutschen Fassungen und einer polnischen Quelle; er ist ein Stück germanischer Heldensage, in welcher ein wohl westgotischer Held im Zusammenhang der uns aus dem *Nibelungenlied* bekannten Figuren und Verhältnisse erscheint, nur daß die Burgunden in Angleichung an den späteren Zustand zu Franken gemacht worden sind. Der Dichter muß als Vorlage ein alemannisches Lied oder schon kleines Epos benützt haben. Wieweit innerlich jüngere, „spielmännische" Züge schon im deutschen Lied zu finden waren, ist unklar; ein ursprünglich tragisches Ende als Folge von Hagens Konflikt zwischen Freundschafts- und Lehenstreue ist unwahrscheinlich. Faßbar ist allein der Typus „Flucht eines Brautpaars mit Schätzen", der international von der Helena-Geschichte bis zur altnordischen Saga vorkommt. Die Brautgewinnung dieser Art ist später das zentrale Motiv der sogenannten Spielmannsdichtung, vor der Zeit höfisch-romanhaften Minnerittertums.

Bestimmt vom lateinischen Dichter stammt alles, was mit der Umsetzung ins Hexameterepos zusammenhängt: die Verwandlung in eine völlig andere, antikische Welt mit dem ganzen Formel-, Begriffs- und Bildapparat epischer Tradition, oft in mosaikhaftem Spiel mit Zitaten aus Vergil, Statius und Prudentius. Entscheidender ist die neue epische Disposition des Ganzen, die dem heroischen Vorgang neuen Sinn und neue Zusammenhänge gibt. Die Einleitung mit dem reizenden Einsatz:

Tertia pars orbis, fratres, Europa vocatur

(Ein Drittel vom Erdkreis, ihr Brüder, heißt Europa)

gibt sorgfältig, fast etwas pedantisch, den geographischen Rahmen und eine historische Begründung der Situation, in einer auch sonst gezeigten Technik, aus weitem Horizont auf ein nahe Vergegenwärtigtes zuzukommen. Die Vorgeschichte des Heldenpaars wird weithin erst vom Epiker ausgestaltet worden sein: die ehrenhafte Stellung der beiden am Hunnenhof, die Aussprache, die moralisch nicht unbedenkliche Flucht, die komisch-ohnmächtige Wut und der Katzenjammer des Königs Attila, der von dem Gelage noch mitgenommen ist. Die kunstvoll-ausgedehnte Variation der zwölf Kämpfe mit immer neuen Techniken und Verläufen gehört zu den klassischen Aufgaben des Epikers, in unserem Fall vielleicht zu der rhetorischen Schulaufgabe, die dem Dichter gestellt war. Zu den neuen Maßnahmen gehört wohl auch die Abtrennung des Hauptkampfs, gegen Hagen und Gunther; der Dichter gewann damit auch die zauberhafte Szenenfolge von Abend und Nacht, eine klassische Retardation, die Raum, Besinnung und Spannung schafft. Am Ende aber steht die den Ernst des Ganzen kraß in Frage stellende Schlußszene und, fast schon märchenhaft, der kurze Ausblick in die glückliche Zukunft.

Die Episierung bedeutet hier somit auch das Hervortreten einer biographischen Linie, wie sie die meisten ritterlichen Romane dann kennzeichnet. Der *Waltharius* ist freilich nicht die Erzählung von einer ritterlichen Ausfahrt auf Abenteuer, vielmehr noch ein Nostos, eine langwierige Rückkehr aus dem Exzentrischen ins Angestammte und Eigene, getrieben vom „amor patriae dulcis“ – wie einst die *Odyssee* oder die Heimkehr des germanischen Recken im *Hildebrandslied*. Untersucht man nun allerdings das ethische Verhalten der Helden und die Verrechnung von Verdienst und Schicksal, dann stellt sich eine gewisse Verlegenheit ein. Ein heroisches Ideal ist hier offensichtlich in Auseinandersetzung mit christlichen Maßstäben geraten, Mönchstum und Kriegertum scheinen sich schlecht zu vertragen. Hagens tragischer Konflikt, den man im Blick auf *Nibelungen-* und *Hildebrandslied* gern als epischen Kern anspricht, wird vom Dichter recht widerspruchsvoll behandelt. Die Hauptursache der Katastrophe wird – ganz unheroisch – in Gunthers und auch Walthers unseliger „fames habendi" gesehen, und über dieses Thema muß ausgerechnet Hagen eine Rede halten. Daß Walther am Hunnenhof nicht nur den wohlmeinenden König betrunken macht und nebst der Braut auch noch die goldenen Spangen mitgehen läßt, hat man immer als unfein empfunden. Walther hält, wie es sich gehört, einmal eine Ruhm- und Trutzrede gegen seine Feinde, nimmt dann aber das „verbum superbum" sogleich kniefällig zurück. Gunther, an sich keineswegs besonders kühn, wird immer wieder wegen superbia gerügt. An Attila werden die Folgen der Gastrimargia, der Völlerei, drastisch dargestellt. So scheint der Dichter allerlei klösterliche Tugend- und Lasterbegriffe – etwa nach Cassian und Gregor – in die Heldenwelt zu spiegeln, zum Verdruß der „germanisch" gesinnten Leser, oder er scheint mindestens das Benehmen seiner Figuren nicht allzu ernst zu nehmen. Die verschiedenen Kämpfe werden mit einer bedenklichen Lust am Variieren und Detaillieren verschiedener Arten des Verwundens und Tötens ausgeführt, vor allem beim Kampf der letzten drei Franken, die dem Helden vereint mit einer lächerlichen Harpune zu Leibe rücken und in ein merkwürdiges Seilziehen verstrickt werden. Den Gipfel bildet natürlich der Überfall von zweien auf einen am Schluß und die Schlächterei mit den Gliedmaßen, die dann als Ehrenzeichen im Grase liegen, darunter der tremulus ocellus Hagens und – welche Ironie auf Waltharius manu fortis! – die Hand Walthers. Darauf dann die makabren Spottreden der drei Helden, wo die Groteske, ja die Parodie erreicht wird.

An Ahnungslosigkeit des Dichters über kriegerischen Anstand mag man nicht recht glauben, denn er stammte ja vermutlich aus vornehmen Kreisen, und seine Stoffwahl zeigt gerade, woran er im Grund Freude hat. Das Komisch-Groteske kann nicht einfach als Entartung angesprochen werden, dazu kann und weiß der mönchische Dichter zu viel. Es ist offenbar gerade die Spannung zwischen den Bereichen, das Spiel der wechselnden Distanzierung, welche das Abenteuer dieser Erzählung ausmacht. Die Heldenwelt ist relativiert und wird doch zugleich zum Gegenstand eines satirisch-moralischen Interesses. Die Komik bleibt nicht Selbstzweck, sondern steht im Dienste eines echten erzählerischen Humors. All das deutet auf den kommenden Roman voraus.

Inbegriff des ritterlichen Lebens und Sinn des Abenteuers wird im höfischen Roman die Liebe sein. Davon ist im *Waltharius* noch kaum die Rede. Dennoch zeigt sich, im Vergleich insbesondere mit den *Waldere*-Fragmenten, wieviel der Dichter in der Gestalt der sponsa, der Hiltgunt, bereits an neuen Möglichkeiten verkörpert hat. Die Züge des mädchenhaft Scheuen und dann doch wieder Fraulichen, die Hiltgunt trägt, belegen ein neues menschliches Ideal (zwar kaum auf seiten des Helden, aber doch des Dichters). Hiltgunt ist nicht mehr die heroisch-kriegerische Frau wie offenbar im *Waldere*, auch nicht mehr der bloße Gegenstand, der mit List oder Gewalt gewonnen und verteidigt wird. Sie hat „mores eximii" und „industria operum", ist sorgliche Hüterin im Haushalt des Hunnenhofs, zurückhaltend, schamhaft, ja ängstlich, wie es dem „sexus fragilis" geziemt, und ihrem „dominus" treu ergeben. Aber es ist immerhin sie, für die und vor der Walther seine Heldentaten vollbringt, und er ehrt sie durch seine Keuschheit. Und manches wartet im Hintergrund, was für uns besondern Zauber besitzt und wiederum romanhaft anmutet: die landschaftlich-stimmungshaften Werte, bei der Flucht durch

Wald und Einöde im Dunkel der Nacht, beim Rauschen des Windes und der Zweige, oder die nächtliche Szene zwischen den Kämpfen, da Hiltgunt über dem müden Kämpfer wacht und sich mit Singen (eines geistlichen Liedes?) die Augen offenhält. Beidemal ist mit den Mitteln akustischer Vorstellung in ein Ungewisses hinaus Raum geschaffen. Beim *Waltharius*-Dichter bildet sich ein neues erzählerisches Bewußtsein zwischen Retrospektive und neuen Möglichkeiten. Eine solche notwendig spannungsreich-humoristische Kunst kann sich erst als „Ludus“ (Geraldus-Prolog), als Schulaufgabe (Ekkehard IV.), als schriller Gesang einer jungen Zikade (Schluß) verstehen – und entschuldigen. Unübertrefflich ist dies nochmals angedeutet, wenn der übliche fromme Schlußwunsch fast schelmisch mit der Nennung des weltlichen Themas in einen einzigen Vers gedrängt ist, als Einheit im Gegensatz:

Haec est Waltharii poesis, vos salvet Iesus.

(Das ist die Dichtung von Walther, Euch aber erlöse Jesus.)

Ob Ähnliches je wiederholt worden ist, wissen wir nicht. Da ist nur die dubiose Nachricht in der *Klage*, einer elegischen Fortsetzung des *Nibelungenliedes*, der Bischof Pilgrim von Passau (971–991) habe durch seinen Schreiber Konrad den Untergang der Nibelungen, den er von einem Augenzeugen (!) gehört, in lateinischer Sprache aufzeichnen lassen. Das riecht nach Quellenfiktion, so willkommen eine solche Parallele wäre. Nach der Jahrtausendwende ist jedenfalls kaum mehr ein solches lateinisches Heldenepos zu erwarten – weil nun sowohl die deutsche wie die lateinische Epik selbständige Formen entwickeln.

## V. NOTKER DER DEUTSCHE

Ein Jahrhundert nach Otfrid und fast zwei Jahrhunderte nach dem Isidor-Übersetzer ist die deutsche Sprache für die Gebildeten noch immer eine zweifelhafte Größe. Ja vielleicht jetzt mehr als je. Je mehr sich im Reich der Ottonen wieder ein kulturelles Selbstgefühl regte und die Pflege klassischer Studien selbständiger und breiter wurde, um so weniger war die Volkssprache gefragt, ganz besonders in geistlicher Prosa. „Barbarica lingua" nennt Ekkehard IV., der behagliche Erzähler von den großen Zeiten des führenden Klosters St. Gallen, das Deutsche noch im tiefen 11. Jahrhundert mit größter Selbstverständlichkeit. Er war es, der Ratperts *Galluslied* ins Lateinische rettete, und der einzige deutsche Satz seiner Chronik sind die „barbarischen" Schreie, welche der Teufel ausstößt („Au wê, mir wê!"), wie er von Notker dem Stammler in der Kirche verprügelt wird. Dennoch feiert Ekkehard seinen verehrten Lehrer, den dritten Notker, auch Notker Labeo (Großlippe) oder Teutonicus genannt, gerade wegen seiner Verdienste um die deutsche Sprache. In seinen *Benediktionen* billigt er ihm zu, er habe als erster die barbarische Sprache geschrieben und schmackhaft gemacht: „Primus barbaricam scribens faciensque saporam."

Als erster! Notker selbst sah es nicht anders, er nennt sein Übertragungs- und Kommentarwerk eine „beinahe unerhörte" Unternehmung. Er ist damit auch fast allein geblieben für lange Zeit, mindestens mit seiner besonderen Methode. Notker zeigt am Ende der althochdeutschen Epoche zugleich eine letzte und eine noch ganz ursprüngliche Eroberung der deutschen Sprache. Es geschieht wieder nicht eigentlich um ihrer selbst willen, sondern zum bessern Verständnis des Lateinischen – eben des Bibelworts und der kirchlichen Schriften. Wieder ergibt sich im Rücken dieser Bemühung ein überraschender Gewinn. Noch nie ist die deutsche Sprache derart zum Gegenstand der methodischen Reflexion geworden, noch nie ist jemand so liebevoll mit ihr umgegangen. Notker der Deutsche gehört in die Literatur-, ja in die Dichtungsgeschichte, weil er dort angesetzt hat, wo die Sprache selbst, im Sinne Herders, mit ihrer Laut-, Wort- und Satzbildung einen dichterischen Charakter trägt.

Notker war einer von den vier Neffen Ekkehards I., die dieser dem Kloster zugeführt hatte und die alle bedeutende Männer wurden: Ekkehard II., der „Hofmann“, Ekkehard III. und der spätere Abt Burchard, Angehörige einer vornehmen Thurgauer Sippe. Notkers Eintritt ins Kloster mag um 960 erfolgt sein; denn als er am 29. Juni des Jahres 1022 an der Pest starb, da blickte er auf ein langes Wirken in der Klosterschule und ein mächtiges literarisches Werk zurück. Der Zauber, die von den Brüdern gerühmte „benignitas“ von Notkers Persönlichkeit ist uns noch aus diesem Werk vernehmlich, einem Werk der Schule, der Erziehung und der humanistischen Wissenschaft.

„Propter caritatem discipulorum“ (aus Liebe zu den Schülern) hat er nach einer Formulierung Ekkehards seine deutschen Bücher verfaßt – da ist auch hier noch der Abstieg in die Sprache der Ungebildeten als ein Werk der Liebe verstanden. In seinem berühmten Brief an den Bischof Hugo von Sitten, in dem Notker Rechenschaft über seine Arbeit ablegt, bekennt er, daß er sich gerne den Sieben Freien Künsten um ihrer selbst willen gewidmet hätte, doch sei es ihm nicht vergönnt, sie anders zu treiben denn als „instrumenta“ zum vordringlichen Studium der „kirchlichen Bücher“. Auch diese Wissenschaft und diese Schule versteht sich nur als Mittel zum religiösen Zweck, ähnlich wie das Deutsche nur Mittel zur lateinischen Sprache der Bibel und ihrer Erklärer ist.

Der genannte Brief gibt eine einzigartige wissenschaftliche Selbstbiographie. Nach dieser Übersicht hat sich Notker zuerst dem Hauptwerk des Boethius zugewandt, der *Consolatio Philosophiae.* Dieses antike Trostbuch eines Christen, nämlich des hohen Beamten Boethius am Hofe des Kaisers Theoderich, im Gefängnis vor der Hinrichtung (524) verfaßt, ist denkwürdig nicht nur durch diese Umstände seiner Entstehung, die ihm eine so hohe Glaubwürdigkeit verliehen. Es ist zugleich eine letzte Blüte antiker Ethik in der hochgemuten Haltung des auf Tugend, Vernunft und überhaupt die unvergänglichen Güter bauenden Weisen. Im platonisch-stoischen Gespräch mit der Jungfrau Philosophia vollzieht sich die Erhebung zur Erkenntnis des wahren Glücks, zur Ideenschau und Ergebung ins verhängte Geschick. Es ist eine Art philosophisch-ethischer Vorschule des Christentums. Dazu kam, daß durch die eingefügten Gedichte in verschiedenen Formen auch die Poesie ihre Stelle in den höchsten Zusammenhängen erhielt und die *Consolatio* zugleich ein poetisches Musterbuch wurde. Das Mittelalter hat jedenfalls dieses und andere Werke der „anima santa", wie Dante ihren Verfasser nennt, dankbar als eigentliches Vermächtnis des Altertums übernommen und insbesondere das Trostbuch zum Gegenstand und Mittel des Unterrichts gemacht.

Eine ähnliche, etwas weniger begreifliche Rolle spielt das Werk des Martianus Capella (Anfang 5. Jahrhundert). Seine *Hochzeit Merkurs mit der Philologie* war als Handbuch gedacht, als ein Kompendium der „Artes", der Sieben Freien Künste. Dieses spätantik-frühchristliche Unterrichtssystem, mit dem sich auch Augustin befaßte und das dann vor allem von Cassiodor erläutert und dem Mittelalter überliefert wurde, umfaßte vorwiegend formal bildende Fächer: Sprache, Poesie und Logik im sogenannten Trivium, die mathematischen Fächer von Arithmetik, Geometrie, Astronomie und Musik im

Quadrivium. Diese sieben Wissensbereiche sind bei Martianus Capella nun als die sieben Hochzeitsgaben geschildert, die der in den Himmel erhobenen Jungfrau Philologia vor der versammelten Gesellschaft der Götter überreicht werden. Die ersten zwei Bücher des Werks, die Notker wahrscheinlich allein übersetzt hat, bieten die eigentliche allegorische Einleitung: Hochzeitsvorbereitungen und Hochzeit, die sieben weiteren Bücher gelten dann je einer Ars. Das Werk, dunkel, gelehrt, schwierig geschrieben, mit gesuchten Allegorisierungen und poetischen Einlagen, wurde nicht nur wegen seiner wissenschaftlichen Systematik hochgeschätzt, sondern wieder als Fundgrube für Rhetorik, poetische Technik und Mythologie. Als Grundwerk des frühmittelalterlichen Studiums erfuhr es mehrfache Kommentierungen, so durch keinen Geringern als Johannes Scotus Eriugena. Notker selbst benützt speziell dessen Nachfolger Remigius von Auxerre.

Anschließend verzeichnet Notker einige poetische Werke, deren Bearbeitung verloren ist: *Cato* (eine hochbeliebte kleine Sammlung antiker Lebensweisheit in Distichen, aus dem 3. Jahrhundert), Vergils *Bucolica* und die *Andria* des Terenz. Daß Terenz trotz moralischer Bedenken – wie sie dann Hrotsvit von Gandersheim zum Ausdruck bringt – als Klassiker geschätzt und in den Schulen gelesen wurde, zeigt auch die Existenz verschiedener lateinischer Terenz-Stücke in der St. Galler Bibliothek des 10. Jahrhunderts. Es folgen zwei logische Schriften des Aristoteles, übertragen aus der lateinischen Übersetzung und Kommentierung durch Boethius, und ferner eine kleine mathematische Schrift des Boethius (?), alles wieder erhalten. Dazu kommen noch einige kleinere Schriften in lateinischer Sprache zur Logik und vor allem zur Rhetorik; diese sind insbesondere wichtig, weil Notker im rein lateinischen Text gelegentlich mit deutschen Beispielen arbeitet und auf diese Weise ein paar viel diskutierte Sprichwörter oder Verszitate überliefert hat.

Notkers Hauptwerk entstammt aber seiner schließlichen Rückwendung zur geistlichen Literatur: Es ist sein vollständig erhaltener *Psalter*, den er vor allem mit Hilfe Augustins bearbeitet hat. Ob eine verlorene Schrift *De Trinitate*, die Notker erwähnt, sich auf eine Vorlage von Boethius oder – eher – Augustin bezieht, ist unklar. Verloren ist aus dieser letzten Zeit vor allem ein *Hiob*, das ist wohl Gregors des Großen vielbenützter, umfangreicher Hiob-Kommentar, dessen deutsche Wiedergabe durch Notker – ein „opus mirandum" nennt sie Ekkehard IV. – am Tage seines Todes vollendet worden ist.

Diese Zusammenstellung gibt offenbar ein repräsentatives Bild der wichtigsten Studien an einer Klosterschule der ottonischen Zeit. Die Artes bestimmen das Bild, doch stehen sie durchaus im Dienst der „Divina", und alles wirkt wie eine letzte Verlängerung der christlichen Spätantike – in der großartig inselhaften Welt dieser zugleich feudalen und asketisch-frommen Benediktinerabteien.

Faszinierend wird aus Notkers Werken der Stil des Unterrichts deutlich, denn sie sind offensichtlich eine Art Verkürzung des Lehrvortrags oder des Lehrgesprächs. Notker bietet satzweise zuerst den lateinischen Text der Vorlage (der gelegentlich durch leichte syntaktische Umstellung etwas faßlicher gemacht worden ist), läßt die deutsche Übersetzung folgen, worauf er dann die oft ausführliche Kommentierung gibt, auf Deutsch mit vielen lateinischen Wendungen. Diese „Mischsprache", in der das Latein nun wieder als bekannt vorausgesetzt wird, entspricht offenbar der tatsächlichen Unterrichtssprache. Es ließe sich sagen, die Methode Notkers sei eine Art Glossierung, die zu selbständiger Übersetzung gediehen und auf Satz und Sinn übertragen ist. Sie wirkt heute wenig übersichtlich, vermittelt uns aber in erstaunlicher Intimität den Geist, das Klima der klösterlichen Schulstunden. Entscheidend ist dabei der gleichmäßig frische, hellhörige, anschmiegsame Umgang mit dem Text der Vorlage und dem Instrument der eigenen Sprache – das immer wieder Bewunderung weckende Sprachgefühl und Sprachinteresse Notkers.

Es beginnt – ähnlich wie bei Otfrid – mit höchster Sorgfalt der Orthographie und der Akzentsetzung. Notker achtet auf die phonetischen Werte der Laute im Satz und läßt dementsprechend – das ist das berühmte „Notkersche Anlautgesetz“ – bei denselben Wörtern anlautendes *b, d* und *g* mit *p, t, k* wechseln, je nachdem, ob der vorangegangene Wortauslaut stimmhaft oder stimmlos war; am Satzanfang aber steht immer *p, t, k*. So horcht er auf den Satz als Ganzes. Er unterscheidet durch Akut oder Zirkumflex die Kürze oder Länge der Haupttonsilben und bezeichnet oft auch die Länge der Nebensilben. Solche individualisierenden Prinzipien entzücken die heutigen Sprachwissenschaftler, aber sie waren kaum geeignet als Grundlage einer gemeinsprachlichen Regelung, die über das eigene Kloster hinaus hätte verbindlich sein können. Eine solche hat er offenbar gar nicht angestrebt. Am auffälligsten ist Notkers Kunst im Bereich des Wortschatzes, seine Fähigkeit, jedem lateinischen Wort der Vorlage ein genaues Äquivalent zu geben – wiederum ein individuelles Vorgehen, das nie mechanisch ist, aber auch zu keiner praktisch-eindeutigen Terminologie führt. Vor allem interessiert natürlich die Wiedergabe der Abstrakta, auch wenn es oft schwer zu beurteilen ist, wieweit hier originelle Neubildungen vorliegen und welche Traditionen hier vor und nach Notker im Spiele sind. Aber in der Fülle seines deutschen Wortschatzes beweist Notker seine beispiellose sprachbildende Kraft. Ingeborg Schröbler hat anhand der *Consolatio*-Bearbeitung gezeigt, daß Notker eine vollkommene Übersicht über das lateinische wie das deutsche Sprachmaterial gehabt haben muß, bevor er mit seiner Übersetzung begann, denn er folgt einem konsequenten Bedeutungssystem. Er gibt z. B. den Begriff cognitio (Erkenntnisvermögen) wieder mit dem deutschen Wort „sin"; wo bei Boethius cognitio „Erkenntnis, Wissen" meint, setzt Notker „bechenneda"; die niedere Stufe der Sinneswahrnehmung, lat. sensus, würde an sich auch mit „sin" wiederzugeben sein, doch vermeidet Notker konsequent dieses Wort und schreibt „ûzerer sin" oder das Fremdwort „sensus". Die Vorstellungskraft ist „der innero sin" – all dies nur ein kleiner Ausschnitt aus einem weiten wohlorganisierten Wortfeld. Für ein und dasselbe lateinische Wort causa braucht Notker in genauester Nuancierung eine Fülle verschiedener Wiedergaben, aber je konsequent mit der Sonderbedeutung: machunga, urhab, wurcheda, stureda, errecheda, scundeda, chraft, urspring, sculd. Bei neugebildeten Abstraktbedeutungen kann dabei der sinnlich-metaphorische Anteil in ursprünglicher Kraft aufscheinen: „fiuriner weltstuol" für igneus mundus (Empyreum, als Wohnsitz Gottes), für aeternus cursus oder infinitus motus der Gestirne „disiu unerdrozena fart".

Schwieriger ist die Frage, wieweit Notkers Deutsch in Wortstellung und Syntax sich vom Latein gelöst hat. Im allgemeinen bringt er die deutsche Wortstellung zur Geltung, verwendet aber latinisierende Partizipialkonstruktionen, den Akkusativ mit Infinitiv und den absoluten Ablativ, und zwar weitgehend auch ohne lateinische Vorlage. Diese Möglichkeiten sind bis ins 16. Jahrhundert immer wieder praktiziert worden. Daß Notkers Satzbau auch dem Rhythmus sorgfältige Beachtung schenkt, ist selbstverständlich wie bei allen Prosaisten des Mittelalters, die eine rhetorische Schulung genossen haben.

Notkers eigener dichterischer Sinn tritt in den Dienst der übersetzten Autoren. Um so kostbarer wirkt auch bei ihm der gelegentliche persönliche Überschuß, wo der Übersetzer sich zu größerem Reichtum und Leben hat mitnehmen lassen, wie etwa in folgender bekannter Wiedergabe einer Gedichtstelle des Boethius (in der Notker bereits die Prosa-Wortfolge hergestellt hat):

Lecturus violas, numquam cum inhorruit campus stridens saevis aquilonibus. petas purpureum nemus. i. violarium.

Úbe du óuh plûomôn uuéllêst, sô daz félt kestrûbet sî fóne cháltemo únde ál rûtôntemo nórduuínde so negáng ze blûomgárten dâr rôsâ únde ríngelen únde uiolae uuáhsent tîe den gárten brûnent. (I,28)

(Möchtest du aber Blumen, wenn das Feld erstarrt ist von kaltem und alles niederwerfendem Nordwind, so geh nicht zum Blumengarten, wo Rose und Ringelblumen und Veilchen wachsen, die den Garten schmücken.)

Die Freude, Wärme und Schönheit der Notkerschen Sprachwelt hat wenig erkennbare Nachwirkung gefunden. Nur das Psalmenwerk ist, wie die vielen Handschriften beweisen, weitergetragen worden. Im allgemeinen ist Notkers den Artes verpflichteter frommer Humanismus schon bei seinem Tode überholt gewesen. Bald darauf wird in seinem Kloster – zum Kummer Ekkehards IV. – ein neuer Stil einziehen, und es erscheint mit der Zeit der Klosterreformen, der Frühscholastik, der romanischen Kunst unter der Herrschaft der Salier eine neue Epoche entschiedener mittelalterlicher Eigenständigkeit.

# SALISCHE UND FRÜHE STAUFISCHE ZEIT

# I. DIE NEUE FRÖMMIGKEIT

Die Abgrenzung literarischer Epochen wird stets nur relativ und provisorisch sein können. Daß aber die Mitte des 11. Jahrhunderts eine gewisse Grenze und Wende zweier Zeitalter bedeutet, wird einhellig von den verschiedensten Kulturbereichen her festgestellt. Für die deutsche Literaturgeschichte liegt der unmittelbarste Anlaß darin, daß um 1060 eine kontinuierliche Dichtung deutscher Sprache einsetzt, nachdem seit Notkers Tod – und mit Ausnahme von Notkers Werk sogar seit anderthalb Jahrhunderten – die deutschsprachige Überlieferung fast völlig verstummt war. Da spielt wohl die Ungunst der Überlieferung mit, aber sicher nicht nur sie allein. Wenn man von der nur zu postulierenden weltlichen Dichtung in mündlicher Form absieht, dann hat es im 10. und frühen 11. Jahrhundert noch immer und erst recht den Anschein, als ob es nie eine Bildung und Literatur deutscher Sprache geben würde. Wie immer man die große Lücke deutet – größere Selbstverständlichkeit des Lateins und geringeres Bedürfnis, für die vornehmen Laien die deutsche Sprache heranzuziehen, oder beklagenswerter Niedergang der karolingischen Errungenschaften im Feld einer volkssprachlichen Kultur –, die Tatsache dieses Bruchs bleibt schwer verständlich. Jetzt aber beginnt gleichzeitig in verschiedenen Bereichen eine neue geistliche Literatur deutscher Sprache und damit eigentlich erst eine zusammenhängende deutsche Literaturgeschichte.

Auch die Sprachgestalt hat sich inzwischen verändert. Man nennt sie nun „Frühmittelhochdeutsch"; sie wird charakterisiert durch die fortschreitende und schließlich vollendete Abschwächung der vollen Endsilbenvokale; sie ist mundartlich und orthographisch noch stark zerklüftet und damit nach vorn auch abzugrenzen gegen die unter oberdeutscher Führung sprachlich stärker vereinheitlichte Literatur der mittelhochdeutschen Klassik. Doch ist „frühmittelhochdeutsche Literatur" auch eine literarisch-geistig profilierte Größe: Abgesehen von der nicht erhaltenen volkstümlich-mündlichen Dichtung ist es Literatur geistlichen Charakters von geistlichen Verfassern, zu denen sich im 12. Jahrhundert auch einige fromme Laien gesellen.

Wenn man schließlich die Epoche auch als Zeit der Salier bezeichnet, so folgt man damit einer nicht unpraktischen Methode der Periodenbezeichnung. Zwar erscheinen, genau besehen, die literarischen Denkmäler erst unter dem dritten Salier, Heinrich IV., und reicht anderseits der Epochenstil bis in die Zeit Barbarossas, besonders im welfischen Bereich. Aber zweifellos steht der Name der salischen Dynastie doch zu einem guten Teil für den neuen Geist und die neue Lage, wie sie uns in der deutschen Literatur faßbar werden.

Man kann die neue Lage charakterisieren durch die endgültige Lösung der abendländischen Kirche von Byzanz (1054), die freiwillige oder gezwungene neue Selbständigkeit im Bewußtsein des Abendlandes. Von nun an beginnt das eigentliche Mittelalter, sofern man die karolingische und ottonische Welt in mancher Hinsicht noch als eine Verlängerung der Spätantike auffassen könnte. Indem zugleich von der Kirche wie vom Imperium aus sich die christlich-abendländische Herrschaft straffen und organisieren will, bricht – mit dem Papstwahldekret von 1059 – der Investiturstreit aus; die Gregorianische Reform, unterstützt von den monastischen Reformbewegungen von Cluny, Gorze und schließlich Hirsau, und dazu die neuen Ordensgründungen (vor allem die der Zisterzienser 1098) bedeuten eine Disziplinierung der Kirche im Äußern und eine radikalere Frömmigkeit im Innern. Aber auch das Imperium ist ein christliches und stellt die Laienherrschaft unter eine geistliche Verantwortung, z. B. mit dem Gedanken des Gottesfriedens. Der christliche Laie, die weltliche Herrschaft, schließlich der ritterliche Stand gewinnen von diesem Auftrag her eine neue Legitimation. Es steht hier nicht mehr Weltflucht gegen Weltliebe; die Kirche des „letzten Zeitalters" kann sich nicht anders denn als geheiligt-machtvoll denken – gerade auch Cluny! –, als auch weltliche Präsenz göttlicher Gnade und Herrlichkeit, und die „Welt" kann sich selbst nur als eine christliche gelten lassen. Das Drama des Investiturstreits und seiner Folgen ist nicht die Auseinandersetzung gegnerischer Mächte schlechthin, sondern zweier Mächte, die auf dem Weg zum selben Ziel aufeinanderstoßen. Die Kreuzzüge, die in der Idee die Einheit von weltlicher und geistlicher Macht zum Ausdruck bringen, scheitern gerade an dieser unrealisierbaren Identität und öffnen damit faktisch das alte Binneneuropa auf eine neue, problemreiche Welt hin.

Die geistliche Dichtung der Zeit steht durchaus im Zeichen dieser Gegenwart und Dringlichkeit des Heils. Sie entstammt einerseits der klösterlichen Frömmigkeit, der Meditation des Schriftwortes, anderseits der Repräsentation des Heils und der Heilsgeschichte in machtvoll-sakraler Gegenwart. Und im Hintergrund spürbar sind bereits die religiösen Aufbrüche, die das 12. und 13. Jahrhundert bestimmen werden: die von der bloßen patristischen Tradition unabhängige denkerische Bewältigung des Glaubens in der Scholastik und die unmittelbare Gnadenerfahrung mystischer Frömmigkeit. Das Publikum der frühmittelhochdeutschen Geistlichendichtung (wie übrigens das der verlorenen Heldendichtung) ist neben den Klosterinsassen selbst ein vornehmes Laienpublikum, das nicht nur als Objekt der Mission, sondern selber mündig das Heil in seiner Sprache vernehmen will. Als Zwischenglieder spielen eine bedeutende Rolle die Laienbrüder (Conversi), die vor allem durch die Hirsauer Reform und dann in den neuen Orden die Träger einer auf das deutsche Wort angewiesenen Frömmigkeit sind. Doch darf man auch an das vornehme Publikum eines geistlichen oder weltlichen Hofes denken, das bereit ist, sich auch den Vortrag geistlicher Dichtung über heils- und weltgeschichtliche Themen gefallen zu lassen. Unter Umständen ist es aber auch bereits die neue Weltlichkeit eines selbstbewußten Adels, die – in der Dialektik der Geschichte – verschärfte Mahnungen zur Buße provoziert.

Stilistisch zeigt diese Kunst einen durchaus eigenen Charakter. Die in karolingischer Zeit häufige behagliche Breite des Meditativen ist – im ganzen – einer knappen, konzentrierten, große Bereiche des Glaubens oder der Heilsgeschichte zeichenhaft zusammenfassenden Kunst gewichen, in der das einzelne Wort, der einzelne Vers, die Strophe mit sakralem Ernst geladen scheint und sich blockhaft kompakt eins ans andere reiht, statisch, parataktisch – das Ewige im zeitlichen Wort eingegangen und gegenwärtig. Immer wieder fühlt man sich dabei versucht, an den romanischen Baustil zu denken, der ja im kunstgeschichtlichen Bereich die Epoche kennzeichnet: Im Rundbogen, der vollkommen einfachen Form, ist der Ausgleich von schwerer Last und freiem Tragen vollzogen; die Bauteile ordnen sich in massiger Statik nebeneinander; der Innenraum ist machtvoll gewölbt, höhlenhaft und zugleich die Wohnung des Göttlichen – die Arche oder das Himmlische Jerusalem –, anders als in der Gotik, wo das Heilige als ein Jenseitiges, Transzendentes erscheint. Entsprechend ist das Göttliche auf Erden als Macht und Ordnung des Rechts erfahren, die Beziehung zu Gott als Rechtsverhältnis; und es ließe sich vereinfachend sagen, daß die frühmittelhochdeutsche Epoche im Zeichen eines alttestamentarischen Gottesbildes steht und erst im Laufe des 12. Jahrhunderts sich die Strenge löst und das Bild des neutestamentlichen Reichs der

Liebe mächtiger wird. Wie sich in der frühmittelhochdeutschen Dichtung, ähnlich wie in der Spätromanik, diese ruhende Energie löst und in Bewegung kommt, auf eine neue Zukunft hin – dieses Erwachen der frühen Gotik gehört dann zu den atemberaubenden Momenten der Geistesgeschichte.

## 1. Zwei Hohelied-Kommentare

Die frühmittelhochdeutsche Überlieferung enthält im wesentlichen nur zwei Prosawerke, beides Erläuterungen des Hohenliedes. Sie gelten damit jenem biblischen Andachtstext, der nach den Psalmen die meisten mittelalterlichen Kommentare gefunden hat, als eine geheiligte Dichtung, in deren Überschwang und Bilderreichtum schon das Judentum viel mehr erkannt hat als nur einen Zyklus blühender Liebeslyrik. Wo immer das Heil als ein Geschehen göttlicher Liebe und Gnade begriffen und wo immer dafür ein leidenschaftlich-hymnischer und sinnenhaft-konkreter Ausdruck gesucht wurde, war man bereit, diese althebräische Liebeslyrik auf das geistliche Glück des Menschen und der ganzen Menschheit zu beziehen. Es war das hohe Lied der Inkarnation, der Vermählung Gottes mit dem Menschen. Und umgekehrt sah man keine Profanation darin, mittels der Sprache des Hohenliedes auch ein recht irdisches Liebesglück vom Urgeschehen der göttlichen Liebe her zu verstehen und getragen sein zu lassen. Der Minnesang ist ohne die Bilder und Motive des Hohenlieds nicht denkbar. So hat das Hohelied unabsehbar gewirkt, wo es galt, das geistliche Geschehen im irdischen zu verkörpern und das irdische auf das geistliche zu beziehen.

Die schon im Judentum und dann in der Patristik, vor allem seit Origenes entwickelte geistliche Deutung des Hohenliedes kann ganz verschieden akzentuiert sein, auch wenn die Übergänge oft gleitend sind: Die Liebe des Bräutigams zur Braut kann ganz objektiv das Verhältnis Gottes zu seinem Volk, Christi zu seiner Kirche bedeuten; als erwählte Braut kann Maria hervortreten, aber dann auch die einzelne menschliche Seele, mit welcher Gott sich vermählt, in welcher er als Sohn geboren wird. Schon der älteste deutsche Hohelied-Kommentar spricht von den „guoten sela", „edelen sela", „heiligon sela", womit die Seelen als Glieder der Kirche, der communio sanctorum gemeint sind; doch kann sich schon früh auch die einzelne Seele als adlige Braut Christi denken. Wo der Gläubige sich als Glied der Kirche fühlt, wo Maria die Vertreterin der begnadeten Menschheit oder der Kirche ist, da können sich die Unterschiede verwischen und brauchen sich die Deutungen nicht zu widersprechen.

In unserem Zeitraum erscheinen nun zwei deutsche Kommentare; es sind zugleich die bedeutendsten Prosawerke innerhalb einer fast ganz aus Versgut bestehenden frühmittelhochdeutschen Literatur. Das Hohelied-Werk Willirams und das *St. Trudperter Hohelied* eines unbekannten Verfassers gehören beide derselben ehrwürdigen Tradition spätantik-mittelalterlicher Kommentare an, und doch verkörpern sie, mit etwa hundert Jahren Abstand, zwei völlig gegensätzliche Haltungen der Frömmigkeit und Methoden der Interpretation. Die beiden Werke umfassen so wie eine Klammer die geistliche Dichtung der Epoche: Williram noch dem Frühmittelalter und der patristischen Lehre verpflichtet, das St. Trudperter Werk bereits einer lyrisch-persönlichen Frömmigkeit zugewandt, als das sogenannte erste Buch deutscher Mystik und als ein frühes Zeugnis der werdenden Gotik.

Über Williram von Ebersberg weiß man durch seine eigenen Äußerungen, durch chronikalische und urkundliche Zeugnisse recht gut Bescheid. Er ist als fränkischer Adliger, in dessen Familie sich hohe Kirchenfürsten befanden, um 1020 im Kloster Fulda geschult worden, kam als Scolasticus, Schulleiter, nach St. Michael in Bamberg und wurde 1048 Abt des kleinen Klosters Ebersberg in Oberbayern, welches er – nach seinen Worten in einem Widmungsgedicht an den jungen Heinrich IV. – als Exil empfand. In hohem Alter ist er hier 1085 gestorben. Die Nachwelt hat ihm seinen vergeblichen Ehrgeiz angekreidet, aber auch seine großen Verdienste um die Verwaltung seines Klosters hervorgehoben.

Sein Hohelied-Werk muß um 1065 entstanden sein. Ein interessanter Prolog begründet das Unternehmen als Wendung von den Schulwissenschaften zu den „studia ecclesiastica“, die er nach französischem Vorbild, nämlich Lanfrancs, auch in seiner Heimat wieder in Aufschwung bringen will. Man kann darin den Ausdruck eines reformerischen Impulses sehen; anderseits wirkt Williram in der etwas selbstgefälligen Art, in der er sich über sein Werk äußert, und mit dessen mehr gelehrtem als religiös ergriffenem Stil wie ein Vertreter der älteren Schule. Ob Williram von Notkers Psalmenwerk beeinflußt ist, wie es die ganz ähnliche Methode der Übersetzung und Kommentierung nahelegt (de Boor), ist eine noch offene Frage. Auch dieses neue Bibelwerk – es ist die erste volkssprachliche Bearbeitung des Hohenliedes im Abendland überhaupt – ist wie die karolingischen Evangelienharmonien der höchsten Stelle des Reichs zugedacht. Auch wenn die Widmung an den jungen Heinrich IV. und die Klage um den Tod Heinrichs III. offenbar ohne persönlichen Erfolg blieben, so wurde doch das Buch selbst zum weitaus verbreitetsten frühmittelhochdeutschen Werk, das in über 20 Handschriften erhalten und in 5 verlorenen bezeugt ist. Freilich war es nicht immer der deutsche Text, der das Werk kostbar machte, da gerade der deutsche Teil in einigen Fällen fehlt.

Denn es handelt sich um ein Gesamtwerk zugleich der Belehrung, der Erbauung und der künstlerischen „delectatio“, keines freilich ohne das andere gedacht. Die ältesten Handschriften zeigen eine Aufteilung der Seiten in drei Spalten: Eine schmale Mittelkolonne enthält den *Vulgata*-Text, links findet sich eine breite Spalte mit einer lateinischen Paraphrasierung und freien Erläuterung des Texts in gereimten Hexametern, und rechts, symmetrisch dazu, steht die Übersetzung des Hohelied-Texts samt deutscher Kommentierung, so zwar, daß ähnlich wie bei Notker die deutschen Sätze mit lateinischen Wörtern und Satzteilen gespickt sind. Verse und „teutonica (prosa, expositio)“ sollen so den Leib des heiligen Worts „umgürten“. Eine der ältesten Handschriften trennt die drei Kolonnen durch gemalte Säulen und setzt über die seitlichen Texte Bogen, über den mittleren eine Art Giebel: So entsteht, nach Marie-Luise Dittrich, der Eindruck einer dreischiffigen Kirche. Der Ecclesia gilt ja auch das Hohelied in Willirams Deutung. Die deutsche Übersetzung und Kommentierung ist dabei offenbar nicht so sehr für den lateinunkundigen Laien bestimmt als eine Weise des Umgangs mit dem Wort Gottes, eine sachliche Erläuterung, die dann in den Versen zu einer poetisch-erbaulichen Umschreibung erweitert wird. Beides bleibt offenbar aufeinander angewiesen, die deutsche Fassung ist nur die prosaische Vorstufe zur lateinischen Dichtung; ein frommes Spiel mit dem Text, über welches sich Williram in seinem Widmungsgedicht selber nicht ohne Befriedigung äußert. Die Methode, denselben Text einmal poetisch, einmal prosaisch zu fassen, hat in der geistlichen Dichtung eine Tradition seit der Spätantike – und gerade auch in Fulda bei Hraban. Die lateinischen Verse sind im übrigen Willirams persönlichste Leistung. Im deutschen Teil schließt er sich eng seinen Vorgängern an, speziell Haimo (von Auxerre?), und er hält es ausdrücklich für eine Empfehlung seines Unternehmens, daß er inhaltlich nichts Eigenes und damit Unzuverlässiges beigefügt habe.

Wenn Williram in alldem eher ein rückwärtsgewandtes Gesicht zeigt und sein Werk als ein Zeugnis klösterlicher Literaturfrömmigkeit erscheint, so lassen sich doch auch manche Züge auf die neue Zeit beziehen. Dahin gehört wohl die Konsequenz, mit der die mysteria divina des Hohenliedes ganz in der objektiven Heilstatsache der Kirche und ihrer Organisation gesehen werden; die Allegorese zielt nicht auf eine gefühlsmäßige Beteiligung des Lesers, sondern auf die überpersönliche, ganz Macht und Herrlichkeit gewordene Gemeinschaft der Gläubigen, eine eigentliche Lehre von der Kirche, von deren Geheimnissen und hierarchischen Ordnungen. Durch Zwischentitel (wie bei Haimo?), „Vox Ecclesiae“, „Vox Christi“, „Vox Synagogae“, hat Williram nach Möglichkeit diese Deutung verfestigt und dem Ganzen eine durchgehende dialogische Gliederung gegeben. Die gepriesenen Schönheiten der Sulamitin, Lippen, Hals, Hüften, die Zwillingsbrüste, werden nach ihren verschiedenen Eigenschaften auf die doctores der Kirche hin ausgelegt, d. h. die Prediger; sie sind die Vermittler zwischen Christus und Volk, die Ernährer mit der Milch der einfachen Predigt usw. Und der Ruf des Bräutigams

Zoige mir din antluzze! Din stimma schelle in minen oron,
uuanta din stimma ist suoze unte din antlüzze scone . . .

gilt der vita activa als Ergebnis und Ablösung der vita contemplativa: „Du möchtest gerne auf dem Bett der Kontemplation ruhen, das kann nicht sein. Nach der Contemplatio sollst du hervorgehn ad fratrum utilitatem et ad publicam actionem (zum Nutzen der Brüder und zu öffentlichem Handeln) und sollst aller deiner Worte und aller deiner Werke Absicht auf mich wenden“ (44, 47). Äußere und innere Kirche sind hier als die eine heilige

Wesenheit gesehen. Das ist doch wohl Geist der Reformzeit und eines ausgesprochenen Klerikalismus; wohl in diesem Sinne hat sich Williram mit seinem Werk ja auch an den Herrn des Reiches gewandt.

Trotz dieser eindrucksvollen sakralen Objektivität des Hohelied-Verständnisses ist es nicht gleichgültig, daß bei Williram zum erstenmal die unerhörte Liebessprache, die süße Stimme des Hohenliedes auf deutsch lautgeworden ist. Williram hat in Abschriften und neuen Bearbeitungen – die jüngste Handschrift stammt von 1483 – eine breite Wirkung ausgeübt. Sein Werk liegt auch dem großartigsten Hohelied-Kommentar der Folgezeit zugrunde, dem *St. Trudperter Hohenlied.*

Denn erst mit dem 12. Jahrhundert, der Periode des allgemeinen geistigen Aufbruchs, kommt die große Zeit der Hohelied-Kommentare: Friedrich Ohly zählt gegen 30 verschiedene Werke allein aus diesem Zeitraum. Am Anfang steht der Kommentar des benediktinischen Theologen und Dichters Rupert von Deutz (um 1070–1129), der sich in kühner Wendung auf die eigene, nur dem Heiligen Geist verpflichtete Einsicht beruft und zum erstenmal seit der Patristik in der Braut des Hohenliedes wieder, vor allem andern, das Bild der Jungfrau Maria erkennt. Die Erfüllung aber bringt die Zisterziensermystik Bernhards von Clairvaux, in dessen mächtigem Predigtzyklus vor allem das mystische Ereignis der Liebe zwischen der Seele und dem himmlischen Bräutigam gefeiert wird. Damit ist für Jahrhunderte der geistlichen Erbauungsliteratur, aber auch der analogisch erfahrenen weltlichen Liebe und Liebesdichtung ein überwältigender Gefühls- und Formenbereich erschlossen worden. Und nicht zufällig ist nun eben die schönste deutsche Prosa des 12. Jahrhunderts – stellenweise eine eigentliche Prosadichtung – ein Hohelied-Kommentar.

Das *St. Trudperter Hohelied* – der Name

bezieht sich auf den Aufbewahrungsort der wichtigsten Handschrift, ein Benediktinerkloster bei Freiburg i. B. – bleibt für ein Jahrhundert ohne seinesgleichen, in den noch schweren archaischen Sprachformen regt sich zauberhaft eine neue, mystische Gefühlsinnigkeit. Zeit und Ort der Entstehung sind immer noch ungewiß. Die Sprache ist alemannisch-bairisch gemischt; während Menhardt an ein alemannisches Original denkt, erwägt Ohly (vom Gehalt her) eine Entstehung im steirischen Kloster Admont. Üblicherweise setzt man 1160 als ungefähre Entstehungszeit an.

Der St. Trudperter Kommentator geht – das ist sehr aufschlußreich – von Williram aus; er benützt die Textworte im wesentlichen nach der deutschen Übersetzung durch Williram, aber interpretiert sie in ganz neuer Weise, im Geiste Ruperts, Hugos von St. Victor und wohl auch Bernhards. Das Neue hängt aber z. T. auch mit dem veränderten Zweck zusammen: Der Kommentar ist eine predigthaft erläuternde, an eine zuhörende Gemeinde benediktinischer Nonnen gerichtete Exegese. „Wir wellen kosen uon deme oberosten liebe, der meisten gnade ... wir geistlichen mennisken ...“ (1,1) – im „wir“, in der gemeinsamen Erbauung von Seelsorger und Hörerinnen, in der menschlichen Nähe der Unterweisung gedeiht der lyrische oder leise rhetorische Ton, der bewegte Wechsel erläuternder Paraphrasierung, theologischer Belehrung mit dem „heiligen Jubel des wonnevollen Brautgesangs“ (6,28). Schon von diesem besonderen Zweck des Kommentars her ist begreiflich, daß nun die persönliche Deutung der „Braut“ in den Vordergrund tritt: Diese Braut ist die Christenheit, danach die Gottesmutter „und ein eigelich reinu sele“ (43,2). Die reine Seele aber – das sind vor allem die „Gottesbräute“, als welche sich in Nachfolge Marias die Nonnen verstehen. Das Buch „ist eine Lehre der minniglichen Gotteserkenntnis“. „In diesem Buch sollen die Bräute des allmächtigen Gottes ihren Spiegel haben und sollen umsichtiglich beobachten ihr und ihrer Nächsten Antlitz, wie sie ihrem Bräutigam gefallen“ (145,14 ff.). Es wird eingeleitet durch einen höchst kunstvoll aufgebauten Prolog über die Gaben des Heiligen Geistes, der als Erlöser des innern Menschen im Ergreifen der verschiedenen Seelenkräfte zur Einung mit Gott führt. Unter diesem Vorzeichen des Gehaltenseins im Geist kann nun die erotische Sprache des Hohelied-Texts voll nachvollzogen werden im Überschwang, ja der Leidenschaft ihrer sinnenhaften Bilder. Es wird hier nicht mehr ein alttestamentliches Liebeslied ins Spirituelle „übersetzt“, vielmehr scheinen die sinnlichen Bilder von vornherein eingeholt und zum bloßen Abglanz gemacht durch die Erfahrung einer innerlichen, ewigen Minne und Süße. Hart fällt gelegentlich denn auch der Blick von diesem innern Glück der edlen Seelen zurück auf das „aiterhafte hore“ (giftiger Kot) und den „kradem der unsaligen welte“ (Lärm der unseligen Welt, 6,26).

Kum genuhtsamer tropfe des ewigin touwes daz du gefutest daz turre gelende mines innern menniskin. ganc durch den sin des ungehorenten torn. kum durch den munt des unsprekintin stummin. kum durch den nebil des uinstern ellendis daz din lop si von dannan daz daz unferwarte sanc ge durch den uerwarthen munth. (6,28)

(Komm, überreicher Tropfen des ewigen Taus, daß du feuchtest das dürre Gelände meines innern Menschen. Geh durch den Sinn des gehörlosen Toren, komm durch den Mund des sprachlosen Stummen, komm durch den Nebel des finstern Elends, daß dir Lob daraus werde, daß das unverschlossene Lied geh durch den verschlossenen Mund.)

Die Entdeckung des innern Menschen, der „weide der inren sinne“ (6,7), ist die unerhörte Leistung dieser Prosa. Fast rückhaltlos werden schon die Regungen der Freude („mandunge“), aber ebenso des Leids und der Tränen, des „inneclichen wainens“ ausgekostet (145,10), in einer eigentlichen Reflexion der Gefühle. Ihre letzte Rechtfertigung ist der Ausruf: „waz ist bezzer zi minnenne den selbe diu minna?“ (2,16).

Gotisch-bewegte Gefühlsmystik solcher Art erscheint erst wieder um 1200 in der analogischen Abwandlung durch den weltlichen Liebesroman (*Tristan*); unmittelbar fortgeführt und gesteigert zur Form einer rückhaltlosen persönlichen Niederschrift wird die Hohelied-Frömmigkeit im *Fließenden Licht* der Mechthild von Magdeburg.

## 2. Gebet und Predigt

Neben solchen Werken einer großgedachten Erbauungsprosa sind alle übrigen Dokumente in ungebundener Form von bescheidenem Rang, „Gebrauchsprosa“ und aus lateinischer Vorlage übersetzt. Das gilt selbst für die individuellste Schöpfung unter den wenigen Gebetstexten der althochdeutschen und frühmittelhochdeutschen Zeit: *Otlohs Gebet.* Otloh ist als lateinischer Autor und als Träger eines persönlichen Schicksals, über das er selbst detailliert berichtet, eine der interessantesten Figuren des 11. Jahrhunderts in Deutschland (um 1010–70). Zunächst Weltgeistlicher, hat er eine Bekehrung zu strengem geistlichen Leben erfahren – er war Freund des späteren Abtes Wilhelm von Hirsau – und trat ins Kloster St. Emmeram in Regensburg ein. In seiner fruchtbaren Schriftstellerei in Vers und Prosa (christliche Glaubens- und Lebenslehre, Heiligenviten, ein *Buch der Visionen,* Gedichte, eine Sammlung von Proverbien) tritt die Person des Autors in einer für die Zeit ganz ungewöhnlichen Weise subjektiv und individuell hervor; zumal sein *Liber de tentatione cuiusdam monachi* (*Liber de tentationibus*) ist ein Stück Selbstbiographie, das durchaus am Anfang der hochmittelalterlichen Wiederentdeckung des persönlichen Ich steht. Es ist das Zeugnis einer neuen Umgetriebenheit, eines von Versuchungen, Glaubensängsten,

Zweifeln geplagten Seelenlebens, auch dann ungewöhnlich, wenn die Selbstdarstellung nicht nur bekenntnishaft, sondern auch vorbildhaft gemeint und ihrerseits nach geläufigen Topoi stilisiert ist (Vorbild ist vor allem Hieronymus). Die Bekehrung ist thematisiert als Abkehr von den „heidnischen“ Autoren; sie folgt damit spätantiken Mustern und ist dennoch für die Zeit um 1060 offenbar aktuell und bezeichnend. Die „cluniazensische“ Erschütterung treibt hier zugleich ein neues Selbstbewußtsein hervor.

Die deutsche Literaturgeschichte wird von diesem ganzen interessanten Werk nur mit dem einen Gebetstext betroffen. Von zwei lateinischen Gebeten Otlohs – das eine in Prosa, das andere in Hexametern – gibt es je vier verschiedene Fassungen, eine davon ist kürzend und vereinfachend von Otloh selbst in deutsche Prosa übersetzt worden. Wieder ist die deutsche Sprache offenbar nur aus dem Bedürfnis frommer Formvariation heraus zur Verwendung gelangt. Der Text ist sorgfältig stilisiert: Er enthält in sieben Sätzen sieben Bitten für das geistliche Heil des Verfassers, dann eine katalogartige Anrufung der heiligen Fürbitter und schließlich Bitten für die verschiedensten Gruppen von Mitmenschen: Konvent, Obrigkeit, Verwandte, die toten Brüder usw., bis zum Schluß der Beter sich selbst und alle seine Mühsal und allen seinen Eifer der Gnade Gottes anheimgibt – der letzte Satz kehrt nicht zufällig in den sakralen Ernst des Latein zurück mit einer Abwandlung des Christuswortes: „In manus tuas, domine, commendo spiritum et corpus meum“ (in deine Hände, Herr, befehle ich meinen Geist und Leib). Im Stofflichen enthält das Gebet keine persönlichen Erwähnungen, doch wirkt es eindringlich und einmalig in der Skrupulanz und Genauigkeit, mit der die Bitten zusammengetragen sind, daß auch ja keine Sünde, kein Fürbitter oder der Fürbitte Bedürftiger vergessen werde. Die einzige Erweiterung im deutschen Text ist eine Ergänzung des Heiligenkatalogs.

Noch immer nicht genau faßbar ist im 11. Jahrhundert eine andere Form der deutschen kirchlichen Prosa: die Predigt. Das ist z. T. durch die Ungunst der Überlieferung, zum andern aber doch wohl auch durch den faktischen Mangel einer anspruchsvolleren deutschen Predigt begründet. Die Ermahnungen Karls des Großen zur Predigtverkündigung mögen sich teils gar nicht, teils nur in bescheidenen Formen einer einfachen Erläuterung der kirchlichen Grundtexte ausgewirkt haben. Anderseits muß es dennoch eine gewisse Tradition der volkssprachlichen Rede auch auf geistlichem Gebiet und damit einen gewissen Bestand an Wortschatz und rhetorischen Formen gegeben haben, sei es zuhanden eines klösterlichen oder eines profanen Publikums. Doch hielt man sich wohl weitgehend an die klassischen patristischen Vorbilder (Augustin, Gregor, Beda), wie sie in den zahlreich vorhandenen Homiliaren zusammengestellt waren; und dann wurden wohl die deutschen Fassungen und Erläuterungen nicht eigens aufgezeichnet. Neue Predigtsammlungen, die aufgrund dieser Vorbilder entstanden, waren ebenfalls lateinisch, z. B. das Predigtwerk Hrabans. Abgesehen von der Predigt Augustins, die in den *Monseer Fragmenten* doch wohl mehr im Sinne eines Lesetraktats althochdeutsch wiedergegeben war, sowie von einem altsächsischen Predigtfragment nach Beda, aus dem 10. Jahrhundert, sind es erst die *Wessobrunner Predigten*, die wieder auf eine intensive Pflege des deutschen Predigtwortlautes schließen lassen. Es handelt sich um Bruchstücke von drei verschiedenen, wohl irgendwie zusammenhängenden Sammlungen, die in der ersten Hälfte des 11. Jahrhunderts im Kloster Wessobrunn geschrieben wurden; von den elf zugrunde liegenden Predigten ist nur eine ganz erhalten, für fast alle sind lateinische Vorlagen nachweisbar. – Mit dem Aufbruch des 12. Jahrhunderts ändert sich dann das Bild: da erscheint eine recht große Zahl deutscher Homiliare, allerdings viele davon nur in kleinen Bruchstücken erhalten, und meistens keine originalen Werke deutscher Prediger. Die wichtigste Sammlung, noch der ersten Jahrhunderthälfte angehörend, ist die *Benediktbeurener Predigtsammlung*, wegen des engen Bezugs zur lateinischen Sammlung des Honorius Augustodunensis meist als *Speculum ecclesiae* bezeichnet – rund 70 Stücke verschiedenen Umfangs zu den Festen des Kirchenjahres oder allgemeinen Inhalts; zu den älteren, klassischen Vorlagen kommen hier nun auch moderne lateinische Quellen aus Frankreich dazu. Eine kleinere Sammlung von Musterpredigten wohl durchaus nach lateinischen Vorlagen ist das *Predigtbuch* des Priesters Konrad, wohl um 1170 im südbayrischen Raum zusammengestellt und z. T. noch bis ins späte 14. Jahrhundert abgeschrieben.

Die großen selbständigen Sammlungen deutscher Sprache, in denen sich ein einheitlicher, neuer Geist zeigt, entstehen offenbar erst im 13. Jahrhundert, und zwar in der Welt der neuen, der Predigt besonders zugewandten Orden zuerst der Zisterzienser und dann der Franziskaner; erst da wird die deutsche Verkündigung zu einem religiös und sprachlich ursprünglichen und notwendigen Organ der Mitteilung und des Ausdrucks (s. St. Georgener Prediger und Berthold von Regensburg); die großartigste Erfüllung aber bringen dann die großen dominikanischen Prediger der deutschen Mystik.

## 3. Tierkunde, Weltkunde

Neben die Bibel tritt das ebenfalls allegorisch lesbare Buch der Natur. Vor allem das Tierreich wird schon früh auch in deutschen Texten auf die Heilsgeschichte hin entschlüsselt. In dem kleinen Lehrbuch des *Physiolo-*

gus („der Naturkundige", ursprünglich Aristoteles gemeint) begegnet eine spätgriechische Zusammenstellung von kurzen Tiercharakteristiken mit christlicher Deutung. Das Werklein ist in zahlreichen Bearbeitungen und Übersetzungen im Vorderen Orient und im Abendland (lateinisch maßgebend u. a. die *Dicta Chrysostomi,* um 1000) verbreitet. Der älteste deutsche Text ist der alemannische *Physiologus* des späteren 11. Jahrhunderts, eine gekürzte und unvollständige Sammlung von 12 Kapitelchen; aus dem 12. Jahrhundert stammt der *Jüngere Physiologus,* der bezeichnenderweise zwischen *Wiener Genesis* und *Exodus* als eine Art Exkurs zur Schöpfungsgeschichte überliefert ist (mit 28 Tieren, bairisch-österreichisch), und dieser wurde die Grundlage einer Reimbearbeitung (Millstätter Handschrift). Geschildert wird die „natura", und das heißt zugleich: die geistliche Bedeutung von fabulösen und exotischen, aber auch von bekannten einheimischen Tieren (z. B. Einhorn und Phönix; Sirene, Onozentaurus, Antilope; Adler, Hirsch, Ameise, Igel, Bläßhuhn). Dieses Bestiarium bildet ein später allgegenwärtiges Bildalphabet zur Verwendung in der Predigt, in Moralbüchern, in der weltlichen Dichtung und vor allem in der bildenden Kunst. Dabei ist die Grenze zwischen geglaubter Naturkunde und erbaulicher Konvention schwer zu ziehen. Jedenfalls können z. T. dieselben Tiere zugleich auch in anderer, weltlicher Verwendung in Tierfabel und -epik erscheinen.

*Merigarto* (die vom Meer umschlossene Erde) nennt man Bruchstücke einer versifizierten Schöpfungsbeschreibung (gut 200 Verse, bairisch-ostfränkisch, um 1090). Sie handeln in primitiven Versen von Gewässern: dem Roten Meer, dem Lebermeer, der Insel Thule und einigen wunderbaren Quellen – auch hier noch ein unartikuliertes Staunen über die Merkwürdigkeiten einer noch kaum und nur über dubiose Traditionen bekannten Welt.

# II. BIBELDICHTUNG, HEILSDICHTUNG (2)

## 1. Die Bibel

Es ist fast selbstverständlich, daß die Erzähldichtung, soweit sie buchepisches Ausmaß erreicht, immer noch und wiederum der biblischen Geschichte gilt. Nichts vergleicht sich dem Wunder Gottes, ihm wendet sich die „minneclîche zala“ zu – so begründet der älteste und eindrucksvollste frühmittelhochdeutsche Bibeldichter sein Unternehmen. So überlegen gedachte und durchkomponierte Werke wie die beiden großen Evangeliendichtungen des Frühmittelalters werden uns allerdings nicht mehr begegnen. Die neuen Werke sind in mancher Hinsicht primitiver, in der äußeren Form, der Erzählweise, der Planung, aber sie erscheinen in vielfältigen Formen und Stillagen, haben den Vorzug der Frische, der Knappheit und stehen offenbar auch in verschiedenen neuen Funktionen. Das monastische, theologisch-meditative Element tritt zurück, unbekümmerter wird ein anspruchsloses Publikum angesprochen, belehrend, erläuternd und auch unterhaltend. Die Verfasser reden zu einem Laienpublikum, das sich deutlicher zu konstituieren beginnt: Oft hat man wohl an den Stand der Laienbrüder zu denken, die durch Herkunft und Bildung weltlich, durch Interesse und Verpflichtung geistlich und somit die nächsten eigentlichen Empfänger eines volkstümlich erschlossenen Gotteswortes sind. Vor allem aber tritt nun auch eine adlige, frühritterliche Gesellschaft in Erscheinung, ein Publikum von „herren“: Die Dichter sind in diesem Fall wohl meistens Weltgeistliche, doch kommen nun auch gelegentlich fromme und gebildete Laien hinzu.

Der Vers bleibt das selbstverständliche Medium eines volkssprachlichen Bibeltexts, als einprägsame Form mündlicher Vermittlung, als wünschbarer Schmuck des göttlichen Worts und wohl nicht zuletzt auch als Konkurrenz zur weltlichen Kunst. Die binnengereimte Langzeile Otfrids ist im Begriff, den metrisch schwieriger bestimmbaren Kurzzeilenpaaren zu weichen. Die für die gesamte frühmittelhochdeutsche Dichtung vor allem von Friedrich Maurer untersuchte Frage – Langzeilen oder Kurzzeilen? – wird nur von Fall zu Fall und von der Musikgeschichte zu entscheiden und z. T. auch bloß ein definitorisches Problem sein; erkennbar ist im Grunde nur das Auftreten von Enjambements bzw. „Reimbrechung" und damit die Auflösung des Reimpaars als sprachlicher Einheit. Ebenso wird die Frage, wieweit sich Zeilengruppen zu regelmäßigen „Strophen" oder Abschnitten gleicher oder wechselnder Zeilenzahl – im Sinn auch kompositioneller Einheiten – ausgliedern lassen, von Text zu Text und von Forscher zu Forscher verschieden beurteilt. Es kann hier nur in deutlichen Fällen auf diese formgeschichtliche Problematik eingegangen werden.

Die Forschung hat durch sorgfältige Quellenvergleiche immer wieder zeigen können, wie weltlich-mündliche Traditionen mit bestimmten Formeln, Motiven, Wertungen, Lieblingsvorstellungen aller Art in der deutschen Bibelerzählung sich auswirken. Das ist nicht nur wichtig für die Rekonstruktion einer verlorenen Helden- und Spielmannsdichtung dieser Zeit, sondern vor allem zur Einsicht in die lebendige Funktion dieser geistlichen Kunst: Spiegel, Vorbild, Orientierung zu sein für das aktuelle geistig-soziale Leben. Was an Zeitkolorit in naiver Weise hineinprojiziert scheint in die heilige Geschichte, das ist zugleich – und vielleicht legitimer – anzusprechen als der Versuch, vom Gotteswort her das eigene Stück Welt zu durchdringen. „Verweltlichung" bedeutet hier, richtig verstanden, eine neue Etappe der christlichen Verkündigung in der Volkssprache.

Es ist nun wohl auch nicht zufällig, daß ein erster Komplex solcher Bibelepik den ersten alttestamentarischen Büchern gilt. An der Spitze der neuen Epik, wie sie vor allem in Österreich gepflegt und aufgezeichnet wurde, steht die *Altdeutsche Genesis* (zusammen mit einer späteren Bearbeitung als *Wien-Millstätter Genesis* bezeichnet), in den 1060er Jahren entstanden, sei es in Kärnten, wie man meistens annimmt, sei es mehr im Westen, etwa gar im Mittelfränkischen, wie man durch Rekonstruktion schadhafter Reimstellen glaubt vermuten zu können (Henschel). Diese Ausdichtung des ersten Buches Mose beginnt mit der Erschaffung der Engel und schließt mit einem Ausblick auf die Erlösung und die letzten Dinge; mit ihren Josephsgeschichten eröffnet sie die unabsehbare Joseph-Tradition in deutscher Sprache. Sie ist in 3 Sammelhandschriften des 12. Jahrhunderts überliefert, von denen die Wiener Handschrift den ältesten Text, die jüngere Millstätter (gegen 1200?) eine sprachlich-formale Modernisierung und die Vorauer schließlich nur den „Joseph“ bietet. Ein halbes Jahrhundert jünger ist die in denselben Wiener bzw. Millstätter Handschriften überlieferte *Exodus* (um 1120), und schließlich finden sich in der Vorauer Handschrift noch die *Bücher Mose* (1130–40), bestehend aus einer neuen Genesis-Nachdichtung geringeren Rangs, in die der Joseph-Teil der *Wiener Genesis* unverändert aufgenommen wurde, samt einer Fortsetzung mit zusammenfassender Auswahl der Ereignisse bis zum Tod Moses, einem vielleicht zufällig hereingekommenen Marienlob und einer Darstellung der Geschichte von Balaam (Bileam) und seinem Esel, die mit ihren burlesken Zügen ihrerseits aus dem Rahmen zu fallen scheint. Auch dieses Vorauer Werk ist wohl in Österreich verfaßt, kaum von einem einzigen Dichter, aber vielleicht als Gemeinschaftswerk innerhalb eines Klosters. Zieht man dazu noch in Betracht, daß bei aller Selbständigkeit eine

Kenntnis der älteren Genesis- und Exodus-Dichtungen nachweisbar ist, so ergibt sich das eindrückliche Bild einer regional und überlieferungsmäßig zusammenhängenden Arbeit an einem volkssprachlichen Bibelwerk Alten Testaments. Dabei geht es hier immer darum, über eine bloß auswählende Nacherzählung hinaus aufgrund einschlägiger Kommentare auch den geistlichen Sinn zu erschließen.

Schöpfungsgeschichte, Patriarchenzeit, heroische Epoche des Gottesvolkes – da hat ein Grundbestand christlich-jüdischen Erzählgutes zum erstenmal deutsche Gestalt gefunden. Der althochdeutschen Evangeliendichtung tritt somit jetzt die frühmittelhochdeutsche Genesis- und Exodus-Epik gegenüber mit ihrer ganzen Fülle an Information über die natürliche Schöpfung und die Geschichte der Menschheit. Gewiß hat die Genesis schon ihren spätlateinischen Dichter (Avitus, vom Verfasser der *Wiener Genesis* benützt) und auch schon ihren altsächsischen und angelsächsischen Bearbeiter gefunden; schon Caedmon erhielt dazu den Auftrag. Die heilsgeschichtliche Bedeutung der ersten biblischen Bücher liegt zudem auf der Hand: Die Genesis liefert im Kirchenjahr die Lektionen der Fastenzeit vor Ostern, als Vorbereitung für den Erlösungstag; Schöpfungsgeschichte und Sündenfall sind Voraussetzung für die Erlösungsbotschaft des Neuen Testaments, und die innere typologische Beziehung, die zwischen der Verheißung des Alten und der Erfüllung des Neuen Bundes angesetzt wird, ist überall und allezeit gegenwärtig. In der Gestalt Josephs etwa – um nur das bekannteste Beispiel zu nennen – erscheint nicht nur der Held einer grundlegenden menschlichen Schicksals- und Bildungsgeschichte, sondern ebenso die Präfiguration des Erlösers. In diesem geistlichen Sinn ist die altdeutsche *Genesis*-Dichtung auch durch den Bericht über die Erschaffung der Engel und den langen Ausblick auf die spätere Heilsgeschichte in der allegorischen Auslegung des Segens Jakobs ergänzt und abgerundet. Aber Genesis und Exodus sind doch wohl auch der Ort, wo eine freiere Entfaltung weltlichen Stoffes möglich ist. Denn sie sind die Darstellungen der irdischen Schöpfung in Raum und Zeit, der ursprünglichen Natur und der vorbildhaften Geschichte, sie geben den Rahmen und den Grund für alles Kreatürliche, das darstellbar, das erzählbar ist.

Die *Genesis*-Dichtung zeigt eine solche Aktualisierung vor allem auch darin, daß sie die Vorstellungswelt des zeitgenössischen Grundherrentums in die Schilderung der Patriarchenzeit einströmen läßt, auch einen ausgesprochenen Sinn für vornehme, schickliche Formen des sozialen, rechtlichen und kriegerischen Lebens entwikkelt. Anderseits tritt zurück, was in der Vorlage nur die geographisch-geschichtliche Wirklichkeit des jüdischen Volks betrifft. Zu dieser Verschiebung des Standpunkts kommt eine Art Umbau des Bibeltexts durch die zeitbestimmte epische Technik, über die der Dichter verfügt. Vom verfügbaren liedepischen Stil her ist die Erzählung verknappend, abstrahierend, auch ist der lehrhaft-leitende Begriff wichtiger als irgendeine szenische Ausmalung. Anderseits bringen die Breite der Vorlage, das Vorbild des Avitus und ganz allgemein das buchepische Ziel eine Art Gegenbewegung mit sich, die sich in Aufschwellungen und Einschüben äußert. So ist z. B. der Bericht von der Erschaffung des Menschen durch detaillierte technische Schilderung des göttlichen Verfahrens und eine kleine volkstümlich-erbauliche Anatomie erweitert (z. T. nach Avitus). Der Garten des Paradieses, der locus voluptatis, wird zum Wunschtraum eines Baum- und Kräutergartens bäuerlich-konkreter Art und führt zu einem Exkurs in die Botanik:

Zinamin unt zitawar,
galgan unt pheffer,
balsamo unt wirouch,

timiam wahset der ouch,
mirrun also uile,
so man da lesen wil,
crocus unt ringele,
tille ioch chonele,
mit deme fenechele
diu suoze lauendele,
peonia diu guota,
saluaia unt ruta,
nardus unt balsamita,
der stanch wahset so wita ...
(487 ff.)

(Zimt und Zitwer, / Galgant und Pfeffer, / Balsam und Weihrauch, / Thymian wächst da auch, / Myrrhe, soviel / man da pflücken will, / Krokus und Ringelblumen, / Dill und auch Quendel, / beim Fenchel der süße Lavendel, / die schöne Päonie, / Salbei und Raute, / Narde und Balsamite, / der Duft reicht so weit ...)

Und obwohl die Not und Mühsal der Ureltern und ihrer Söhne betont wird, ist beifällig und sachverständig geschildert, wie wacker und munter Kain rodet, den Acker bebaut und sich der Arbeit freut (1154 f.). Das ist Anpassung an die Alltagswelt des Publikums – umgekehrt aber erkennt sich dieses Publikum auch erst in dem biblischen Spiegel und gewinnt darin Zuversicht und Wissen.

Daß erst recht die geschichtlichen Partien des Alten Testaments, zumal die Exodus, grundlegend sind für das Selbstverständnis und die politisch-soziale Ideologie nicht nur der karolingischen, sondern erst recht der salischen Zeit, ist aus den verschiedensten Belegen bekannt. Das Alte Testament ist das Grundbuch der Weltgeschichte. Geschichte als Geschichte des Volkes Gottes und seiner Führer; ihr Gehorsam oder ihr Hader gegen Gott; der rechtlich-gesetzliche Charakter der Frömmigkeit; der Krieger als Gottesstreiter; das Verhältnis zu Gott als ein Verhältnis von Dienst und Lohn – mit alldem ist die Welt des Alten Testaments Prototyp des vorhöfischen, des „romanischen“ Mittelalters. Kaum unterscheidbar treffen sich darin die verbindliche Wirkung eines biblischen Vorbilds mit den sozialen Gegebenheiten deutsch-germanischer Art – es besteht offenbar auch eine kulturmorphologische Affinität zwischen der heroischen Epoche des Judentums und der des christlichen Abendlandes. Es scheint, daß die *Altdeutsche Exodus*, die „mine herren“, also wohl ein adliges Laienpublikum anspricht, in besonderem Maß zeitgeschichtliche Sicht zum Ausdruck bringt. Wenn Dennis Howard Green mit seinem Vergleich zwischen Text und biblischer Vorlage recht hat, dann zielt die zunächst buchstäblich-schlichte Erzählung von dem Auszug aus Ägypten und dem Durchzug durchs Rote Meer nicht nur wie üblich auf die Erlösung von den Sünden durch Christi Blut und das Wasser der Taufe und steht nicht nur in Beziehung zur Osterliturgie (Moses als Präfiguration Christi); die Verstärkung der ritterlich-militärischen Assoziationen legt den Gedanken an den ersten Kreuzzug nahe, an die Auseinandersetzung mit den Sarazenen, die Überfahrt ins Heilige Land. Wenn ausdrücklich am Schluß die Heimfahrt ins Himmlische Jerusalem genannt ist, so wäre zugleich das palästinensische gemeint: „nu ist komen durch daz mere / daz vil salige here“ (3313 f.). Der Kreuzzug an sich findet ja bereits die entsprechende ideologische Begründung. Ein verschlüsseltes „Kreuzfahrerepos“ wird man damit allerdings kaum ansetzen wollen; doch genügt es nicht, das auffällig gesteigerte „moderne“, ritterliche Element in Wortschatz und Szenerie nur als Captatio benevolentiae des Publikums zu verstehen. Die Aktualisierung ist eine notwendige Folge des typologisch-analogischen Denkens, dieses ist das grundlegende Mittel des Geschichtsverstehens.

Aus demselben Grund geht die Bibeldichtung auch

immer wieder hinüber in die Erzählung der Weltgeschichte, ohne daß zunächst von einer Verweltlichung der Interessen zu sprechen wäre. Seit dem Beginn des 12. Jahrhunderts wenden sich deutsche Erzähler dem Ziel umfassender Darstellungen zu, in denen die Geschichte des Reiches Gottes der Rahmen und Ausgangspunkt auch für die ganze Fülle irdischen Geschehens wird. In wechselndem Maß verselbständigt sich eine volkssprachliche Legenden- und Geschichtsdichtung, und es werden damit, mit dem Geschichtenbuch der allgemeinen Geschichte, Stoffbereiche erschlossen, die für Jahrhunderte als legitimste Erzählgegenstände beliebt bleiben.

Dieser neue Horizont öffnet sich für uns in einem rätselhaften Werk, das von der Literarhistorie bisher „sträflich vernachlässigt" (F. Maurer) worden ist: Die *Mittelfränkische Reimbibel*, die erst vor hundert Jahren wieder aufzutauchen begann, ist heute faßbar als eine Serie von Fragmenten, die sich aus 3 Handschriften an fünf Aufbewahrungsorten gewinnen ließen, zusammen gegen 750 Reimpaare. Die Erzählung erstreckt sich auf die Genesis (von der Schöpfung über Sündenfall und Noah zu Jakobs Söhnen), bringt die sehr lädierte Geschichte Susannas, aus dem Neuen Testament Johannes und die Jugendgeschichte Jesu und einzelne Wundertaten, dann ausführlicher und zusammenhängender erhalten Veronika (Veronilla), Taten und Martyrien der Apostel, Tod Mariae, die Geschichten um Helena, Cosdras und Eraclius und schließlich Angaben über die Zweiteilung des Paradieses und der Hölle anhand der Erzählung vom reichen Mann und armen Lazarus. Der Plan als Ganzes, Umfang und Maßstab sind nicht mehr erkennbar. Sicher scheint nur, daß schon bald nach 1100 eine anspruchsvolle Gesamtdarstellung der Heils- und frühen Kirchengeschichte unternommen war, daß sie von ihrer mittelfränkischen Herkunft aus auch im Süden

Fuß faßte und in einiger Hinsicht vorwegnahm, was eine Generation später die *Kaiserchronik* leistete. Es bleibt der Eindruck einer roh gefügten Kompilation aus verschiedenen legendarischen Quellen, in primitiver sprachlicher und metrischer Technik, mit einem schwer verständlichen Ungleichgewicht zwischen der großen Rahmenkonzeption und der Zufälligkeit des freudig erzählten Details.

Wenn in dieser Überlieferungslinie die Bibel als Geschichtsbuch dient und als Basis einer neuen Geschichtsdichtung, so bleibt zugleich die Möglichkeit neuer Bibeldichtung aus unmittelbarer, frommer Ergriffenheit heraus, also einer neuen Evangeliendichtung. So spricht ein Geist ganz anderer Art aus der neutestamentlichen Dichtung der Frau Ava, einem ergreifenden Dokument persönlicher Frömmigkeit, die sich im Nacherzählen des Lebens Jesu und der Darstellung des Erlösungsgeschehens überhaupt ihren Ausdruck sucht. Es handelt sich um eine durchdachte Komposition, deren einheitliche Verfasserschaft heute gesichert scheint, im Gesamtumfang eines kleinen Epos von über 1600 Reimpaaren (Langzeilen?); diese lassen sich in strophenartige Abschnitte gliedern, so daß man auch an die Möglichkeit rezitativischen Gesangsvortrags denken darf. Drei Viertel des Umfangs gelten dem Leben Jesu, von der Verkündigung bis zu Himmelfahrt, Pfingsten und der Ausfahrt der Apostel; angeschlossen ist hier ein Überblick über die sieben Gaben des Heiligen Geistes. Den Eingang bildet, als Vorgeschichte, Johannes der Täufer, den Abschluß zwei Kapitel über Antichrist und Jüngstes Gericht. Am Schluß nennt sich die Verfasserin – es ist der älteste bekannte Name einer Dichterin deutscher Sprache –: Ava bittet die Leser – darum muß sie sich nennen – um die Fürbitte für ihre zwei Söhne, mit denen sie in großer „mandunge“ (Freude, Friede) gelebt und von denen der eine bereits diese Welt verlassen habe. Ava ist vermutlich eine 1127 verstorbene „Inclusa“ aus der Nähe des Klosters Melk a. d. Donau, eine wohl vornehme Witwe, die sich am Lebensabend in eine Eremitenzelle zurückgezogen hatte. Vielleicht, daß ihre Söhne bei dem Werk behilflich waren.

Diese Dichtung lebt ganz aus der Vergegenwärtigung des evangelischen Christus, dessen geschichtlich-irdischen Wandel, dessen Passion sie in innigem Mitlieben und Mitleiden auf schlichteste Weise berichtet, weitgehend angelehnt an die Perikopenfolge des Kirchenjahres. Wie im *St. Trudperter Hohenlied* – mit dem eine „enge zeitliche und örtliche Verwandtschaft“ (Kienast) nachweisbar ist – ist es eine Nachfolge Christi in Gefühl und Empfindung, in einer neuen, mystisch getönten Erschlossenheit der Seele. Die meist knappe, sachliche Schilderung kann leise lyrischen Klang annehmen, zumal bei den Osterszenen mit dem Auftritt der Marien, in deren Leid sich die Bewegung der frommen Seele spiegelt:

> Owi, Maria Magdalena, wie gestunte du ie da,
> da du dinen herren guoten sahe hangen unde bluoten,
> unde du sahe an sinem libe di gestochen wunden!
> wie mohtest du vertragen die laitlichen chlage
> siner trut muoter Sancte Marien der guoten!
> wie manigen zaher sie gaben ze dem selben male
> diniu chiusken ougen, min vil liebiu frouwe . . .
>
> (L. J. 1692 ff.)

(Ach, Maria Magdalena, wie standest du dort, / wo du deinen guten Herrn hangen und bluten sahst, / und du sahst an seinem Leib die gestochenen Wunden! / Wie vermochtest du zu ertragen die schmerzliche Klage / seiner geliebten Mutter, der guten Sankt Maria! / Wie manche Träne vergossen sie damals, / deine reinen Augen, meine sehr liebe Herrin . . .)

Die lehrhaften Elemente, d. h. nicht nur eine theologische Erläuterung oder allegorische Exegese, auch die

Lehren im biblischen Text selbst, sogar die Bergpredigt, treten völlig zurück zugunsten des reinen, gesammelten Nachvollzugs der faktischen heiligen Geschichte. Dazu gehört auch das kommende Geschehen, das genauso objektiv vergegenwärtigt ist wie das Vergangene: das Ende aller Dinge, das Bild des erhöhten Christus als Weltenrichters, die Höllenpein und das Glück der Seligen. Mit ruhiger Sicherheit strebt auch dieses Gedicht nach der letzten, alleinigen Wirklichkeit, wo die Gotteserben im ewigen Licht erst ganz „edele unde fri“ werden (J. G. 360). Die demütige Hingabe, die gesammelte Andacht der meist überaus einfachen Verse und Sätze wirkt bezwingend: Hier ist Bibeldichtung, nun aus Laienmund und spontanem Antrieb, in einem neuen Sinn „sacra poesis“.

so beginne wir minnen   di inren sinne,
vernunst unde ratio   diu edele meditatio.
damit erchenne wir Crist,   daz er iz allez ist.
(J. G. 330 ff.)

(So beginnen wir zu lieben die innern Sinne, / Vernunft und Ratio, die edle Meditatio. / Damit erkennen wir Christus, daß er es ganz ist.)

In diesem Sinne ist sie Vorwegnahme des Heils, Heilsvollzug selbst. Dies gilt auch dann, wenn einmal mit der mahnenden Anrede „lieben mine herren“ (L. J. 297) an ein vornehmes weltliches Publikum gedacht ist. Und die Unmittelbarkeit, mit der die fromme Frau den biblischen Stoff ergriffen hat, schließt nicht aus, daß sie allein oder mit Hilfe der Söhne offenbar auch lateinische Kommentare gekannt hat. Im übrigen ist ihr Bild der Heilsgeschichte in selbstverständlicher Weise angereichert um die Motivik der kirchlichen Tradition (z. B. Ochs und Esel an der Krippe), wie sie die volkstümliche Vorstellung aus der bildenden Kunst und vor allem auch aus dem beginnenden geistlichen Spiel bezog. In Avas

Erzählung von der Passion, von Ostern und vom Jüngsten Gericht finden sich jedenfalls außerbiblische Züge, die sich aus den noch ausschließlich lateinischen Feiern und von frühen Spielen belegen lassen (z. B. der weiße und der rote Engel am Grab), und es zeigt sich eine szenische Anschauung, die sich aus der Vertrautheit mit solchen Darstellungen am besten erklärt. Die biblische Erzählung ist nicht weniger als das geistliche Drama eine wiederholende, real vollziehende Teilnahme am Heilsgeschehen.

So weit haben wir es mit repräsentativen bibelepischen Großwerken zu tun, an denen die Spannweite der Ziele und vor allem auch der religiösen Haltungen im Wandel vom 11. zum 12. Jahrhundert deutlich werden kann. Doch zugleich begegnet uns eine Reihe anderer Werke geringeren Umfangs, die – bei der Zufälligkeit ihrer meist fragmentarischen Bewahrung – auf eine einst beträchtliche Fülle schließen lassen. Schon bei den bisher genannten Werken ist die Einheit des Plans gelegentlich ungewiß, liegt äußere Kompilation, ein Gemeinschaftswerk oder eine bloße Sammlung des Abschreibers vor (wofür die große *Vorauer Sammelhandschrift* aus der zweiten Hälfte des 12. Jahrhunderts das eindrucksvollste Beispiel ist, als die reichste Quelle frühmittelhochdeutscher Geistlichendichtung überhaupt). So erstaunt auch nicht die scheinbare Willkür, mit der nun auch einzelne biblische Bücher oder Themen zum Gegenstand gemacht worden sind.

So erfuhr das Buch Judith eine ausführliche erläuternde Nacherzählung, die *Jüngere Judith* (Österreich um 1140). Der Anfang des Buchs *Tobias* (1,1) erscheint bearbeitet in einem Fragment moselfränkischer Herkunft, das darum interessiert, weil es vom Verfasser des ältesten deutschen Alexander-Epos, dem Pfaffen Lamprecht, stammt und damit eine Personalunion von Erbauungs- und Geschichtsdichtung belegt (um 1130?). Ein kurzes rheinfränkisches Bruchstück, um 1160, gilt den *Makkabäern.* Aus dem neutestamentlichen Bereich erinnert der zerstümmelte *Friedberger Christ und Antichrist* – Verbindung von Leben Jesu und Eschatologie – an das Programm der vielleicht etwas jüngeren Frau Ava. *Christi Geburt* allein ist in einem verwandten Fragment rheinischer Sprache enthalten, Johannes der Täufer wiederum, mit dessen Darstellung Ava ihr Werk eröffnet, ist Gegenstand zweier ungefähr gleichzeitiger Dichtungen (um 1130), des *Johannes Baptista* aus Baumgartenberg (Österreich) und des *Johannes* eines Kärntner Autors, der sich als Priester Adelbrecht vorstellt, wobei jener mehr theologischen, dieser mehr legendarischen Charakter hat.

Lehrhaft-dogmatische Behandlung eines einzeln herausgegriffenen Themas erscheint in den sehr spärlichen Fragmenten über *Esau und Jakob* und die *Zehn Gebote,* vom selben Verfasser und vielleicht aus demselben Werk, mitteldeutsch aus dem späten 12. Jahrhundert, ferner in der aus Kärnten stammenden *Babylonischen Gefangenschaft* (um 1140). Schließlich ist der *Rheinauer Paulus* der Schluß einer Dichtung, in der die Bekehrung des Paulus zum Anhalt einer ausgedehnten Sündenklage (vgl. *Millstätter Sündenklage*) dient.

Von besonderem literaturgeschichtlichen Interesse sind nun aber zwei Fälle, in denen ein biblisch-legendarisches Erzählthema eine offensichtlich liedepische, „balladenhafte“, und das heißt auch: in speziellem Sinn „volkstümliche“ Behandlung erfuhr, beide von der Vorauer Handschrift mitgeteilt und vielleicht aus derselben fränkischen Quelle bezogen. Aus dem ersten Drittel des 12. Jahrhunderts stammt das *Lob Salomos.* Es sind 129 Reimpaare, eine vollständig erhaltene Strophendichtung über die Weisheit und den Reichtum Salomos, seinen Tempelbau und die Ausstattung des Tempels, seinen Hof und den Besuch der Königin von Saba, mit einleitender hymnenhafter Anrufung der Inclita lux mundi und am Schluß mit geistlicher Auslegung und Gebet. Nicht dem Bibeltext, vielmehr einer jüdischen Legende entstammt die Erzählung, wie Salomo einen Drachen betrunken macht und damit eine wunderbare Schnur gewinnt, mit welcher sich der für den Tempelbau nötige Marmelstein mühelos schneiden läßt (vgl. 3 Reg. 6,7). In dieser Episode vermutet man eine spezielle Vorlage (unnötigerweise gar eine Interpolation); denn hier dringt nun, ganz abgesehen vom kurios-unterhaltsamen Inhalt, Balladenstil durch: Auflösung in direkte Reden, knapper, sprunghafter Bericht, formelhafte Epitheta und Wiederholung.

Salmon der was richi, er ded so wislichi.
er hiz daz luit zu gan eini cisternam
vulli meddis unde winis, dis allir bezzistin lidis.
do er iz alliz uz gitranc, ich weiz, er in slaffinti bant.
daz was ein michil gotis craft, daz imo der wurm zu sprach.
Der vreissami drachi zi Salmoni sprach er:
„herro, nu virla mich, so biwisin ich dich
einir vili michilin erin zi dinim munsteri ..."

(Maurer I,322)

(Salomon war mächtig, er handelte so klug. / Er hieß seine Leute hingehn, eine Zisterne / füllen mit Met und Wein, mit allerbestem Getränk. / Als er [der Drache] es alles ausgetrunken, wahrhaftig, er [Salomon] band ihn schlafend. / Das war ein großes Wunder Gottes, daß der Wurm zu ihm sprach. / Der schreckliche Drache, zu Salomon sprach er: / „Herr, nun laß mich frei, so erweise ich dir / ein großes Geschenk für dein Münster ...")

Die *Ältere Judith* oder *Judith-Ballade* („Ein herzogi hiz Holoferni, / der streit widir goti gerni ...") verstärkt vollends das populäre Element durch dialogische Wiedergabe, Eindeutschungen in Motiven und Namen, formelhafte Wiederholungen. Wir greifen hier kostbare Zeugnisse einer mündlichen Gattung, die bisher wohl erst in *Georgs-* und *Galluslied* sich angekündigt hat. Ob sie „nach dem Vorbild des weltlichen epischen Liedes“ geschaffen sind (de Boor) und damit Rückschlüsse auf deutsche weltliche Formen erlauben, ob solche „geistliche Spielmannsdichtung“ (Ehrismann) nicht ebensosehr im Gefolge barbarisch-lateinischer Übung steht oder ob es schließlich eine gewisse überzeitliche Typik der Volksballade gibt, ist schwer zu entscheiden, schon weil weltliche und geistliche, deutsche und lateinische Übung seit Jahrhunderten in enger Symbiose stehen.

## 2. Der christliche Glaube

Zwischen Bibeldichtung und „dogmatischer“ Dichtung ist nur eine fließende Grenze, die sich zudem überkreuzt mit den Grenzen zwischen buchepischer, liedepischer und schließlich hymnischer Form. Im folgenden ist der bloße inhaltliche Gesichtspunkt maßgebend; es werden Werke zusammengestellt, in denen der Glaube als System und Lehre Gegenstand verschiedenartiger dichterischer Formung wurde.

Im wichtigsten Fall – dem einzigartigen E z z o l i e d – begegnet die bislang in deutscher Sprache kaum belegbare Gattung des Hymnus. Das *Ezzolied* entspricht in Thema und Haltung durchaus dem lateinischen Vorbild, in der metrischen Form aber kann man es wohl noch zur Langzeilenkunst geistlicher oder eventuell auch weltlicher Art rechnen, sofern die zahlreichen Alliterationsbindungen mit einheimisch-mündlicher Tradition in Zusammenhang gebracht werden dürfen. Die hohe Würde des *Ezzoliedes* beruht auf seinem Alter (um 1060) und seiner in mancher späteren Dichtung vermutbaren Nachwirkung – man hat in ihm schon das eigentliche Gründerwerk der neuen, nun nicht mehr abreißenden mittelhochdeutschen Dichtung gesehen (Ehrismann) –, vor allem aber auf der Kraft und dem Glanz der konkreten dichterischen Leistung selbst, in welcher der Geist frühsalischer Kunst groß und rein zum Ausdruck kommt. Eine ungewöhnliche Bestätigung ist es, daß die Zeitgenossen selbst das Entstehen dieses Werks als etwas Unerhörtes empfunden haben. Zwei sich ergänzenden, wenn auch nicht widerspruchsfreien Nachrichten, einer später dem Lied vorangestellten Titelstrophe und einer Stelle in der Vita des Passauer Bischofs Altmann, läßt sich folgendes entnehmen: Bischof Gunther von Bamberg, großer Reichsfürst der Zeit, Förderer der Wissenschaften, aber auch als Liebhaber deutscher Heldendichtung und langen Schlafens getadelt, läßt aus Anlaß der Regulierung der Bambergischen Kanoniker um 1060 seine Pfaffen ein gutes Lied machen; Ezzo (angeblich Scolasticus) verfaßte den Text, Wille fand die Weise; das Lied wurde später auf der großen bewaffneten Pilgerfahrt gesungen, die unter Führung Gunthers und anderer Bischöfe „aus Schrecken über die drohende Ankunft des Jüngsten Gerichts“ 1064/65 ins Heilige Land unternommen wurde; Gunther starb auf der Rückreise in Ungarn. Die ursprüngliche Fassung dieses Liedes ist nur mit 7 Strophen des Anfangs in einer Straßburger Handschrift erhalten, das Ganze nur in einer bearbeiteten und erweiterten Fassung mit 34 Strophen in der Vorauer Handschrift. Die Pluszeilen und Plusstrophen des Vorauer Texts sind daher nur für den Anfang sicher bestimmbar, für eine Restaurierung des Rests dagegen gibt es die verschiedensten Vorschläge, die je nach den verwendeten inhaltlichen, stilistischen, metrischen oder kompositionellen Gesichtspunkten bis zur Reduktion auf die Hälfte des Ganzen gehen. Die Rekonstruktion durch Friedrich Maurer ist dagegen erfreulich zurückhaltend und bewahrt insgesamt 26 Strophen. Vorsicht ist ja geboten, denn der Bearbeiter schöpft aus demselben Formel- und Bilderschatz wie die Vorlage, und bei der asyndetischblockhaften und doch auch wieder exkursfreudigen frühmittelhochdeutschen Technik sind Bruchstellen schwer erkennbar. Die Quellenforschung erweist sich bisher als Zusammensetzspiel allenthalben bezeugter Vorstellungen der kirchlichen Tradition.

Das *Ezzolied* ist ein kühnes, großgeschautes Konzentrat der Heilsgeschichte. Es hebt an vom Principium (anegenge) in der Trinität und führt über Schöpfung, Sündenfall und die nur durch die Sterne der Patriarchen und Propheten erleuchtete Sündennacht zum Aufgang des Morgensterns Johannes Baptista. Die Sonne Christus geht auf, in Wundern, Passion und Auferstehung erfüllt sich das Erlösungswerk. Die Betrachtung der geheimnisvollen Zusammenhänge zwischen dem alten und dem neuen Bunde münden in eine hymnische Anrufung der crux benedicta, der crux salvatoris, so daß man von diesen Schlußstrophen her das Lied als Kreuzhymnus, ja als Kreuzzugsdichtung vor der Zeit ansprechen kann:

O crux salvatoris, tu unser segelgerte bist.
tisiu werlt elliu ist taz mere, min trehtin segel unte vere,
diu rehten werh unser segelseil, diu rihtent uns ti vart heim.
der segel ist ter ware geloubo, der hilfet uns ter wole zuo.
der heilige atem ist ter wint, ter vuoret unsih an den rehten sint.
himelriche ist unser heimuot, ta sulen wir lenden, gote lop.
(Str. 33, Echtheit umstritten)

(O Kreuz des Erlösers, du bist unsere Segelstange. / Diese ganze Welt ist das Meer, mein Herr Segel und Boot, / die guten Werke unser Segelseil, die richten unsere Fahrt nach Hause. / Das Segel ist der wahre Glaube, der hilft uns wohl dabei. / Der Heilige Geist ist der Wind, der führt uns auf den rechten Weg. / Das Himmelreich ist unsere Heimat, da werden wir landen, Gott sei gelobt.)

Das Ganze ist in sich verfestigt und verdichtet durch die figurativen Beziehungen innerhalb des Heilsgeschehens und die durchgehenden Motive wie das Gegenüber von Licht und Finsternis oder das Wirken des heiligen Atems. Das Heilswerk wird somit nicht eigentlich erzählt, vielmehr feierlich als ein jetzt überschaubares Wunderwerk angerufen und genannt. Die lateinischen Formeln, häufig als zu erschließendes Thema an den Strophenanfang gesetzt, tragen wie Edelsteine im deutschen Text den Glanz des Sakralen, die feierlichen Bilder laden zum Nachvollzug der symbolischen Zusammenhänge ein. Die meist parataktische, vorwiegend asyndetische Rede zielt nicht auf eine logische oder kausale Kontinuität; auch die kunstlos wiederholten Einsätze mit „Do" („Do irscein ...", „Do wart ...", „Do quamen ...") geben nicht so sehr die Sukzession eines zeitlichen Geschehens als die Reihe der erfüllten, von Ewigkeit her gesetzten Heilsakte. Alles ist wie von einer unerschütterlichen Sicherheit getragen: „unser urlose ist getan" (Str. 34), wir sind auf der Fahrt zu unserm Erbland, der ewigen Heimat. Die Glaubensgewißheit triumphiert über den Erbfeind, das Jüngste Gericht findet keine Darstellung. Der Dichter spricht im Namen der Gemeinschaft des Gottesvolks, der ganzen geretteten Welt: „wir alle" ist ein durchgehendes Leitwort. Und diese Gemeinschaft des Gottesvolks, des „Spiritalis Israel" (Str. 30), sieht sich kriegerisch unter ihrem „herzoge" zum Kampf gegen den „alten viant", den Teufel, aufbrechen – „den wec sul wir mit wige varen" –, um das Land zu erobern (Str. 30). Das ist der alttestamentlich bestimmte militia-Begriff. Und wieder wird damit – das paßt zum Bericht der Altmann-Vita über die Kreuzfahrt – kaum unterschieden zwischen alttestamentlichem Vorbild, christlicher Erfüllung und aktueller kriegerischer Zeitsituation; auch die Meerfahrt ist nicht nur Gleichnis. Diese realsymbolische Einheit der verschiedenen Ebenen geht bis in die Formulierung hinein:

Ten tiefel unt allez sin here den verswalh taz rote toufmere

(Den Teufel und sein ganzes Heer – den verschlang das Rote Meer der Taufe)

heißt es (Str. 28) vom Sieg über Pharao, der Erlösung durch Christi Blut und der Taufe. Gerade diese Realeinheit verbietet es auch, beim *Ezzolied* von „weltflüchtiger“, d. h. irgendwie zwiespältiger Haltung zu sprechen, so sehr der Blick auf die ewige Heimat gerichtet ist und der Kampf gegen Sünde, Tod und Teufel stets gegenwärtig bleibt. Hier liegt zugleich der aristokratische Charakter dieser in keiner Weise moralisierenden „waren rede“ hohen Stils, die überzeugend an „iu herren“ gerichtet ist.

Dem *Ezzolied* nahe vergleichbar in Form, Inhalt und Umfang (161 Langzeilen in 32 fünf- oder sechszeiligen Strophen) ist eine wesentlich jüngere rheinfränkische (?) Dichtung, ebenfalls der Vorauer Handschrift, die heute den etwas irreführenden modernen Titel *Summa theologiae* trägt. Auch hier faßt ein Dichter die gesamte Heilsgeschichte von der Trinität bis zum Ende aller Dinge ins Auge, doch ist diese Abfolge nur Anhalt einer überaus gedrängten und beziehungsreichen Glaubenslehre, deren systematische Erörterung die Heilsgeschichte als solche vor- und zurückgreifend überwebt. Was rein berichtend wäre, wie die Geschichten des Alten Testaments oder das Leben Jesu, kann somit fehlen. Ins Zentrum rückt die Rolle des Menschen im Heilsplan: der Mensch als imago trinitatis im Sinn der Augustinischen Lehre, erschaffen als Haupt und Ziel der Schöpfung zum Ersatz der gestürzten Engel, seine Teilhabe an der Schöpfung, deren mikrokosmisches Abbild er ist (das Thema hat auch der Vorauer Bearbeiter ins *Ezzolied* eingefügt), der Erlöser als zweiter Adam, der den Sündenfall wiedergutmacht, das richtige Verhalten des Menschen im Dienst an Gott durch den Geist der Liebe, mit

Hilfe der Sakramente, im Beherrschen des Leibs durch die Seele – „Gotis brut, du seli adil vrowi“! – und im Ausblick aufs Jüngste Gericht. In der Mitte einer vermutlich symmetrischen Komposition stehen nun, als Orientierungsort des Ganzen, vier Strophen über das Kreuz und seine Symbolik. Der Unterschied zum *Ezzolied* beruht kaum auf der späteren Entstehungszeit (Anfang 12. Jahrhundert) und sicher nicht auf dem Aufstieg der scholastischen Theologie in der Zwischenzeit. Diese deutsche Summa ist in der ganzen Dichte und Vielfalt ihrer theologischen Vorstellungen durchaus aus den traditionellen Gewährsleuten erklärbar und verfolgt bei aller Reflexion nicht eine rationale, sondern eine symbolisch-analogische Systematik im bisherigen Sinn. So z. B. in der Lehre von der Reinheit und reinigenden Kraft des Wassers in Sündenfall, Sintflut, Christi Seitenwunde und Sakrament (das Thema begegnet wieder an berühmter Stelle in Wolframs Erzählung von Feirefiz' Taufe):

unsich wolt er voni den meinin an dir douffi gireinin.
di erdi giwusc du sinvluot, di undi giwihiti der heilant undi sin bluot,
daz gimiscit von sinir sitin ran, mit dem er unsich irlosti und heim giwan.
(Str. 23)

(Uns wollte er von den Sünden in der Taufe reinigen. / Die Erde wusch die Sintflut, die Wellen weihte der Heiland und sein Blut, / das gemischt von seiner Seite rann, womit er uns erlöste und heimholte.)

Entscheidend dem *Ezzolied* gegenüber ist vielmehr die andere Zielsetzung. Mit Ausnahme der gebetartigen Schlußstrophe handelt es sich um lehrhaften, ja teilweise auch moralischen Vortrag von Gedanken, wie er breiter in einer Predigt erfolgen kann. Die repräsentative Leistung des Dichters ist die genaue, beziehungsreich durchdachte Kondensation solchen Gutes zu einem geistlichen Vademecum – wohl auch hier für vornehme, gebildete Laien.

Einen völlig anderen Charakter zeigt schließlich das *Anegenge*: gattungsmäßig als ein breites, ausführlich argumentierendes und ermahnendes theologisches Lehrgedicht, und geschichtlich als Ausdruck einer nun intellektuelleren, rationaler fragenden und diskutierenden, letzten Endes scholastisch anmutenden Haltung. Die Handschrift stammt aus dem 14. Jahrhundert, das wohl ebenfalls österreichische Original ist vermutlich ins letzte Drittel des 12. Jahrhunderts zu setzen, d. h., es verläßt bereits den Bereich des eigentlich frühmittelhochdeutschen Stils. Es ist ein recht wortreich räsonierendes Buchwerk von über 1600 fortlaufenden Reimpaaren, die nun bereits von der Technik der Brechung beherrscht sind und mit langen Perioden fertig werden können. Nochmals tritt das erzählerische Element zurück zugunsten der theologischen Erörterung des Erlösungswerks von der Erschaffung der Engel bis zu Christi Himmelfahrt, immer wieder im Licht der Trinitätsproblematik. Der Dichter hat bei der Forschung keine gute Presse; es wird ihm nicht nur die Überheblichkeit und Anmaßung vorgeworfen, mit der er Gottes Wesen und Ratschluß „genzlichen sagen“ will, sondern auch die hochmütige Herablassung, mit der er „die tumben“ belehrt und ihnen zugleich mitteilt, sie würden es doch nicht verstehen und sollten sich mit dem Glauben begnügen (52). Er formuliere heikle Fragen wie die nach dem ewigen Schicksal der ungetauften Kinder oder nach dem Sinn eines von Gott ja vorherzusehenden Sündenfalls – und wisse sie doch selbst nur mangelhaft zu beantworten, mit buntgemischtem „Wissen aus zweiter oder dritter Hand“. Solche Vorwürfe sind mangels vergleichbarer Werke nicht leicht zu verantworten. Gerade mit der Unvergleichbarkeit seines kühnen Unternehmens, dem Laien eine schwierige theologische Problematik auch auf deutsch nahezubringen, hat der Dichter vorläufig Anspruch auf Respekt.

Geistliche Dichtung in ihrer ursprünglichen Funktion geschieht zur Ehre Gottes und dem gläubigen Menschen zur Hilfe. Wo in Bibeldichtung und Glaubenslehre die Heilsnot, die Erlösungsbedürftigkeit des einzelnen Menschen in den Vordergrund tritt, zumal im Zusammenhang mit der Aussicht auf Gericht, Himmel und Hölle, da liegt ein Übergang zu kirchlich-liturgischen Formen nahe. Umgekehrt kann von den lateinischen Prosaformen solcher Gebrauchstexte (Gebet, Glaubensbekenntnis, Beichte) der Übergang zu freier versmäßig-volkssprachlicher Gestaltung erfolgen, kann sich darüber hinaus wieder die ausführliche Schilderung dessen ergeben, was den einzelnen Menschen oder die Menschheit insgesamt erwartet. Aus Sündenbekenntnis und Beichtgebet heraus entstehen vor allem zwei auch in anderm Zusammenhang erscheinende Typen geistlicher Dichtung: die sogenannte Sündenklage und die Jenseitsschilderung.

Die Sündenklage ist eine freie, oft litaneiartige oder meditative Ausgestaltung des Sündenbekenntnisses, bestimmt von der elegischen Spannung zwischen der Anrufung der göttlichen Größe und Allmacht und der reuevollen Schilderung der menschlichen Sünden. Dabei begreift sich der einzelne ein in die Gemeinschaft und den enzyklopädischen Katalog der möglichen Verfehlungen; diese Sündenklage ist ja wohl zur Lektion in der klösterlichen Gemeinschaft oder einer gottesdienstlichen Feier und nicht nur zur privaten Lektüre gedacht. Verwandt mögen, vom geistlichen Spiel her, die Klagen Magdalenas sein. Neben dem *Rheinauer Paulus* und einer gereimten *Beichte* in einem Fragment zu Uppsala (1150) sind vor allem zwei umfangreiche Sündenklagen aus der Millstätter bzw. der Vorauer Handschrift zu nennen. Die *Millstätter Sündenklage* (1110–30) ist eine archaisch-schöne Komposition aus über 400

Reimpaaren mit bereits entwickelter Technik der Reimbrechung, nach dem kirchlichen Beichtformular bestehend aus den Anrufungen Gottes, dem Sündenbekenntnis und den Berufungen auf Gottes Gnade anhand vor allem der biblischen Vorbilder. Die Unfaßlichkeit von Gottes Wesen wird in einer langen Reihe von Gegensatzpaaren umschrieben, seine Allgegenwärtigkeit im Hinblick auf das Gericht in schlichten Bildern beschrieben, die später in der Spruchdichtung Hergers ähnlich wiederkehren:

Dir sint, ⟨herre, i⟩nchunde alle meres grunde,
dei ⟨beche al⟩ joch die sewe, die buhele joch die lewer.
vliuhe ich an daz meres ort, da vindet mich daz din wort,
oder in daz apgrunde, wie sciere ez mich da vindet.

Der walt deheinen boum hat, du newizzest wol, wa er stat,
joch daz vinstir tan, da nemach sich dehein man
niender inne verbergen: diu holir in der erde
joch die veltsteine die weist du, trohtin, eine. (111 ff.)

(Dir sind, Herr, bekannt alle Meeresgründe, / die Bäche und die Seen, die Berge und die Hügel. / Fliehe ich ans Ende des Meers, so findet mich da dein Wort, / oder in den Abgrund, wie bald findet es mich da. // Der Wald hat keinen Baum, von dem du nicht weißt, wo er steht, / und der finstere Tann, da kann sich niemand / irgend drin verbergen: die Höhlen in der Erde / und die Feldsteine, die weißt du, Herr, allein.)

Anders als in *Otlohs Gebet* ist hier das Kernstück, das Sündenbekenntnis, nicht nach sachlicher Systematik, sondern nach den verschiedenen schuldigen Gliedmaßen des Menschen geordnet – eine fast spielerische Neuerung, nach dem Vorbild weltlicher Moral-Disputationen zwischen Körperteilen und im Sinn einer Art feudalistisch begriffener Ordnung des menschlichen Organismus. Die im Aufbau vergleichbare *Vorauer Klage* hält sich in der Aufzählung der Sünden ans normale Schema; bezeichnend aber für ihre jüngere Entstehungszeit (Mitte 12. Jahrhundert) ist nicht nur die größere Lockerung in Versbau und Syntax, sondern vor allem die fast ausschließliche Hinwendung des ersten Teils zur Gottesmutter, ein eindrückliches Zeugnis für den Aufstieg der Marienverehrung. Um einiges jünger ist schließlich ein Werk etwas größeren Umfangs, eine von ihrem mönchischen Verfasser, einem Gottesknecht Heinrich, ausdrücklich als „letanie“ bezeichnete Dichtung: *Heinrichs Litanei*, nun eine nach lateinischen Mustern versifizierte Allerheiligenlitanei, deren einzelne Heiligen-Anrufungen zu eigenen Gebeten ausgeformt sind; auch hier tritt nach der Trinität Maria hervor:

liehteu magituomis gimme
der engil ůrstinne,
phalnze des himilis,
gimahile des ewigin chunigis ...
(Maurer III,5,1 ff.)

(Heller Edelstein der Jungfräulichkeit, / der Engel Fürstin, / Pfalz des Himmels, / Gemahl des ewigen Königs ...)

Man kann dieses Werk neben die Sündenklagen stellen, obwohl das systematische Sündenverzeichnis fehlt – Bekenntnis und bewegte Selbstanklage durchziehen das ganze, nach den heiligen Personen gruppenweise geordnete Gebet.

Im *Muspilli* schon, dann in den Bibeldichtungen seit Otfrid ist die Schilderung des Jenseits Tradition. Im Tympanon des Kathedralenportals, durch welches man in die irdische Gottesburg eingeht, erhebt sich der Weltenrichter zwischen Seligen und Verdammten; das Gegenüber von Himmel und Höllenrachen bestimmt das geistliche Spiel. Bei Otfrid oder im *Ezzolied* fällt alles Gewicht auf die Schilderung der ewigen Seligkeit, „himilriches suazi“, in welche die Gläubigen zuversichtlich hinstreben aus dem Tränental oder dem Meer irdischer Bedrängnis. Das regnum coeleste hat sein Gegenteil im regnum terrenum. Von der Situation von Beichte und Sündenklage her heißt die Alternative dagegen Himmel und Hölle. Und es scheint, daß, abgesehen von diesen verschiedenen Gattungsfunktionen, im 11. und 12. Jahrhundert ein angstvolleres Bedenken der Höllenpein um sich greift – kaum wegen des viel bemühten Reformgeistes, vielmehr weil durch das Schwinden archaischer Geborgenheit in Gottesvolk und Gottesburg immer stärker das „Ewige“ als ein Transzendentes, nicht mehr sakral Gegenwärtiges empfunden wird.

Im Anhang eines deutschen Textes von Credo und Beichte aus Bamberg, und wahrscheinlich vom selben Verfasser stammend, begegnet uns eine Schilderung von *Himmel und Hölle* (um 1070/80), die sozusagen den Beichtenden nochmals vor das Entweder-Oder stellt. Sie bedient sich der seltenen Form rhythmischer Prosa, wobei der parataktische Ablauf der kurzen Satzglieder allerdings an eine Versfolge gemahnen kann. Bezeichnend ist die Gewichtsverteilung und der stilistische Unterschied in den beiden schlicht hintereinandergesetzten Beschreibungen von Himmel und Hölle. Die „himilisge gotes burg“ (1), vom Gottesglanz erleuchtet, erstrahlt in Perlen und Edelsteinen, durchscheinendem Glas und Straßen aus rotleuchtendem Gold, im Jubelgesang der Engel und in den Wohlgerüchen kostbarer Gewürze. Aber dieser gewaltige Kirchenbau des Himmlischen Jerusalems ist zugleich ein Geistiges: Die Goldstraßen meinen die Herrschaft der teuren Minne, die Edelsteine die „Fürsthelden Gottes“, das Glas die durchscheinenden Tugenden der Gotteserben, das Quaderwerk deutet auf die vier Evangelien. Die Hölle ist ausschließlich geschildert in der fast endlos wirkenden Aufzählung unverbunden hingestellter, meist substantivischer Prädikate:

beches gerouche, der sterkiste svevelstank, verwazzenlich genibile, des todes scategruoba, alles truobisales waga, der verswelehente loug, die wallenten stredema viuriner dunste, egilich vinster, diu iemer ewente brunst, diu vreissamen dotbant, diu betwungeniste phragina, claga, wuoft ane trost . . .

(MSD XXX,121 ff.)

(Peches Rauch, der stärkste Schwefelgestank, verfluchtes Genebel, des Todes Schattengrube, aller Trübsal Fluten, die verschwelende Lohe, die wallenden Strudel feuriger Dünste, schreckliche Finsternis, der immer ewig dauernde Brand, die fürchterlichen Todesbande, des Zwangs Schranke, Klage, Jammer ohne Trost . . .)

Es ist, wie wenn in dieser bloßen Anreihung und geistigen Undurchdringlichkeit die Hölle unmittelbar in ihrer gestaltlosen Negativität erschiene. In den sich häufenden nominalen Neuprägungen wirkt ebenso wie in der Wahl dichterischer Prosa das Vorbild lateinischer Rhetorik.

Nach so großartig strenger Fassung des Themas müssen spätere Schilderungen dieser Art, so sehr sie mit denselben Motiven arbeiten, enttäuschend wirken. Ein umfangreiches bairisches Gedicht aus der Zeit um 1140, das *Himmlische Jerusalem*, baut die Allegorie der Himmelsburg zu einer pedantischen geistlichen Darstellung der zwölf Pforten und der übrigen baulichen Einrichtung aus, und vor allem die zwölf Edelsteine an der Stadtmauer geben den Vorwand zu einem ausgedehnten geistlichen Lapidarium. Solche Interessen werden schließlich auch im *Himmelreich* gepflegt, einer bairischen Dichtung um 1180, die aber darüber hinaus höchst originelle und phantasievolle Züge zeigt. Schon die Versform ist durchaus ungewöhnlich, Langzeilenreimpaare mit großen Freiheiten, gelegentlich auch mit dem Schmuck von Binnenreimen oder Reimen zwischen den Halbversen; man deutet sie grundsätzlich im Sinn der „weltlichen" Langzeile (Kürenberg, Nibelungenzeile). Einem schönen Einleitungsgebet zum allmächtigen Schöpfergott folgt die Unterscheidung der drei Reiche: Himmelreich, Firmament und Erde (terra morientium), alles überwölbt vom Regenbogen („den man oft sieht, wenn den Himmel die dunkeln und dicken Regenwolken überzogen haben"), welchem eine ausgedehnte physikalische und allegorische Deutung gewidmet wird. Die vor allem die Johannes-Offenbarung breiter ausschöpfende Himmelsschilderung weiß dann die Freuden der Seligen nicht zuletzt durch das märchenhafte Fehlen allen irdisch-bürgerlichen Ungemachs zu veranschaulichen: Hungrige und Durstige werden gelabt, arm und reich sind nicht mehr unterschieden, Hitze und Frost verschont uns, man muß keine Scheite ins Feuer legen, die Nöte der Bekleidung im Wandel des Wetters fallen dahin, die hüllenlosen Seelen bedürfen weder Seife noch Lauge zum Bad. Wenn sich somit unterhaltsam-erbauliche und anekdotische Züge melden, so herrscht daneben doch gebethafter oder visionärer Ernst – die Mischung ist das Zeichen für die neue Unruhe, das neue Bedürfnis einer persönlichen Aneignung des sakralen Vorstellungsgutes.

Wie die Legende, die Allegorie, die Visionsliteratur die Bereiche von Himmel und Hölle zum Gegenstand auch erzählerischer Eroberung in Paradieses- und Höllenfahrten machen können, wird sich immer wieder zeigen.

## 3. Bußdichtung

Alle geistliche Dichtung enthält ein Element der Buße. In Hymnus, Gebet und Betrachtung von Gottes Größe ist das Bewußtsein menschlicher Schwäche mitgegeben; Sündenklagen oder selbst Höllenschilderungen erscheinen gerade im Zusammenhang der bisher besprochenen Typen. Ein anderes ist es, wenn der Dichter zum Prediger im Sinn eines sittlichen Mahners wird; er spricht dann nicht mehr im Namen der Gläubigen zu Gott und über Gott, sondern tritt seinen Zuhörern mahnend und eifernd und besserwissend gegenüber, Gott nun gleichsam den Rücken zuwendend. Die geistliche Funktion des Dichters geht damit über in eine sittliche, soziale – darin kann eine neue Bedeutung und Würde liegen.

Das älteste, strengste Bußgedicht dieser Art ist in derselben Straßburger Handschrift wie die ältere Fassung des *Ezzolieds* auf uns gekommen. Das *Memento mori* ist diesem an Rang und geschichtlicher Bedeutung vergleichbar. Die 19 scharf profilierten Strophen von je vier Langzeilen enthalten vermutlich einen Textverlust in der 8./9. Strophe und sind wohl am Schluß überarbeitet. Hier wird als Verfasser „ein Noker“ genannt: „daz machot al ein Noker“. Wer der alemannische Dichter gewesen, ob er wirklich Notker hieß, welchen Notker der Schreiber meinte, ist ungewiß; die These, es sei ein „Abt Noggerus“ von Zwiefalten, steht auf schwachen Füßen. Die Entstehungszeit wird man gegen das Ende des 11. Jahrhunderts hinabrücken müssen.

Nu denchent, wib unde man, war ir sulint werdan.
ir minnont tisa brodemi unde wanint iemer hie sin.

(Nun denkt daran, Frauen und Männer, wohin ihr gelangen sollt. / Ihr habt diese Gebrechlichkeit im Sinn und wähnt, für immer hier zu sein.)

Mit unvergleichlicher Härte wird eine doch wohl vornehme weltliche Gesellschaft angesprochen, um ihr die Zerbrechlichkeit, die Nichtigkeit (wencheit) des Erdenlebens zu Gemüt zu führen. Fast hohnvoll tönt es: Das Paradies ist weit von hier, kein Mensch ist von dort zurückgekehrt, um Nachricht zu bringen, ihr müßt eure eigenen Boten dorthin sein, wenn ihr Heil finden wollt. Der Mensch vergeht so rasch wie ein Wimpernzucken (ictus oculi, 1. Kor. 15,51 f.). Obwohl alle Menschen vom selben Manne stammen, habt ihr die Liebe versäumt, seid in arm und reich zerfallen. Der Arme erlangt kein Recht, wenn er es nicht teuer kauft; so müssen alle zur Hölle fahren. Der Tod ist wie ein Dieb (die Bibel meint mit dem Bild vom Dieb in der Nacht den „Tag des Herrn“!), nur wer rechtzeitig das Seine dahingibt, kann auf den Himmel hoffen. Es kommt alles auf die „selbwala“, den freien Willen des Menschen an, ob er sich dem Trug des „vil ubelen Mundus“ entzieht. Erst in den zwei fraglichen Schlußstrophen bezieht sich der Dichter in ein Wir ein, vorher wendet sich die Standrede ausschließlich an die zweite Person oder redet allgemeiner von der dritten.

Die Wucht dieses Gedichts beruht auf der klaren, gedrängten Komposition, in der die aus Bibel und Predigtliteratur bekannten Motive neu und verstärkt wirken. Es ist fraglich, wie weit über die besondere Funktion der Bußpredigt hinaus das Gedicht als Dokument besonderer Weltflüchtigkeit gelten kann. Die Tyrannei des Mundus wird ausschließlich im Streben nach Macht, Besitz und Ehre gesehen; das Gedicht ist Gesellschaftskritik an den Reichen, vielleicht nimmt es auch speziell die Praxis der Simonie zum Ziel seiner Angriffe. Die Aufforderung zum rechtzeitigen Dahingeben des Reichtums – doch wohl im Sinn von Lukas 6,24 – ist anderseits im Mund eines Mönches zudem nicht frei vom Verdacht, pro domo gesprochen zu sein. Auch wenn konkrete Bezüge zu den salischen Bestrebungen um den Gottesfrieden, eben zugunsten der aufs Recht angewiesenen „Armen“, kaum nachweisbar sind, so gehört das Werk doch unverkennbar in eine Zeit, in der die Versittlichung der ritterlich-feudalen Gesellschaft zur aktuellen Aufgabe wird. Das *Memento mori* zeugt nicht nur von radikaler mönchischer Haltung, sondern ebenso vom wachsenden Widerstand der weltlichen Gesellschaft mit ihren Rechtsansprüchen und ihrem persönlichen Glücksverlangen. Es erhellt die Notwendigkeit einer neuen ritterlichen Ethik und Frömmigkeit, wie sie gleichzeitig die Kreuzfahrerdichtung Ezzos, aber auch etwa der *Ruodlieb*-Roman herausstellen.

Diese Situation wird auch darin erkennbar, daß im 12. Jahrhundert geistliche Dichtung solcher Art zunehmend auch von Dichtern weltlicher Herkunft gepflegt werden kann (Hauck, Rupp): Gerade vornehme Laien, als Conversi oder nicht, können sich mit ihrem geistlichen Wissen selber an ihre Standesgenossen wenden. Es ist nicht einmal ganz sicher, ob nicht auch der *Memento mori*-Dichter zu dieser Schicht gehört. Deutlicher wird diese soziale und geistige Welt mit der Frau Ava und nun vor allem auch mit dem etwas jüngeren Armen Hartmann und seiner *Rede vom heiligen Glauben.* Als „arm" bezeichnet sich der Verfasser im Sinn von demütig, sündig, erlösungsbedürftig; sein Werk ist ein Traktat von ursprünglich 3800 Kurzversen, von denen 400 verloren sind. Es ist die erste Großdichtung dieser Art, im mitteldeutschen Sprachgebiet um 1150 entstanden, sorgfältig und umsichtig konzipiert. Anhand des Credos, gruppiert nach den drei göttlichen Personen und hier wieder insbesondere nach Räten des Heiligen Geistes, ist die Stellung des sündigen Menschen vor Gott, seine Not, seine Buße, seine Hoffnung behandelt. Bußdichtung ist das Werk insofern, als es ganz von der Contemptus-Mundi-Thematik beherrscht ist, eine lange Sündenklage enthält und auch in erzählerisch ausgestalteten Berufungen auf das Vorbild ausgewählter Heiliger dem Beichtschema verpflichtet scheint. Anderseits ist Hartmann kein ausschließlicher Bußprediger, weder nach der Gattung noch nach dem Ton, und er bezieht sich selbst in einer fast beflissenen Weise immer wieder ein in die Zahl der armen Sünder („ich und andere tumben", 29); er hat wohl sein Werk nicht zuletzt auch für seine eigene Erbauung und Errettung verfaßt. Sein wortreicher, metrisch gewandter Vortrag, der eine gewisse Inständigkeit und Wärme erreichen kann, arbeitet mit vielen formelhaften Elementen, Wiederholungen und Parallelismen, verschmäht auch nicht das gelehrte Kolorit reichlicher lateinischer Brocken. Die Mahnung zur Weltabkehr – im Rahmen des vierten Rates des Heiligen Geistes entwickelt – richtet sich auch hier vor allem von seiten des armen Lazarus gegen den Reichen, sein Streben nach Ehre, weltlichem Gut und Wohlleben, welches eine berühmte malerische Schilderung erfährt (nicht ohne lateinische Anregungen). Da sind die Freuden der Tafel und des Kellers („met unde win, moraz unde lutertrank“), abends das feine Bettzeug und im Arm die schöne Frau:

so frowet sich din lib,
din herze in diner bruste
der manigen wolluste,
da du daz fleisc mite phezzis,
dine sele da mite lezzis.
(2485 ff.)

(So freust du dich, / das Herz in deiner Brust / der mannigfachen Wollüste, / mit denen du dein Fleisch kitzelst, / deine Seele verletzest.)

Und später erscheint, als Gegenbild, „mancher Mensch“, der den Rat des Geistes befolgt hat, allein in den finstern Wald ging, sich Gott ergab und um der Liebe willen Hunger und Durst, Blöße und Frost erduldet:

da wonet er in den holren,
in bergen unde in telren.
er trinket wazzer und izzet crut
unde wirt gote vil trut.
(3142 ff.)

(Da wohnt er in den Höhlen, / in Bergen und Tälern. / Er trinkt Wasser und ißt Kräuter / und wird Gott sehr lieb.)

Eine gleichzeitige, aber noch liedhafte Reimpredigt ist die *Wahrheit* (Vorauer Handschrift um 1150), deren

„minnichliche“ Warnung zur Umkehr sich insbesondere gegen die modische Haar- und Kleidertracht wendet. Interessanter in unserm Zusammenhang sind zwei größere Dichtungen derselben Zeit (Millstätter Handschrift), *Vom Recht* und *Die Hochzeit*, von denen die zweite vermutlich vom Verfasser der ersten überarbeitet worden ist. Die Einsicht, daß „der reiche Mann vergeht“, führt hier, ähnlich wie im *Memento mori*, doch ohne dessen Weltabkehr, zum Lobpreis des Rechts (als Treue, Gerechtigkeit, Wahrhaftigkeit) für die Lebensordnung zwischen Meister und Knecht, Dorfgenossen, Eheleuten, Priestern und Laien (*Vom Recht*), und aus der genrehaft ausgemalten Parabel von der Hochzeit zwischen einem edlen Herrn vom Gebirge und einem reichen Fräulein aus dem Tal wird eine geistlich-allegorische Deutung des Erlösungswerks entwickelt, nach dem Vorbild der Hohelied-Allegorese. So wird hinter der menschlichen Rechtsordnung und der Liebe zu ihr der erlösende Wille Gottes sichtbar gemacht (*Die Hochzeit*).

Die schärfste und kühnste asketische Zeitkritik aber liefern zwei untereinander eng verwandte Gedichte, die in einer Wiener Handschrift (um 1300) stehen, aus der zweiten Hälfte des 12. Jahrhunderts stammen und einem Heinrich von Melk zugeschrieben werden. In der *Erinnerung an den Tod* (*Von des todes gehugede*, 1042 Verse) nennt sich ein Heinrich als Verfasser, wohl ein vornehmer Laienbruder, ob aus Melk, bleibt Vermutung. Das unvollständige zweite Werk *Priesterleben* (746 Verse) stammt möglicherweise von einem andern Verfasser (Neuser).

Die *Erinnerung* ist eine allgemeine Anprangerung der Geistlichen (Priester und Mönche) sowie der Laien, reich und arm, Mann und Weib – „omnes declinaverunt“ (Ps. 13,3): in die Sünden der Hoffart, Habsucht und Unkeuschheit. Und damit sie des Todes eingedenk werden, entwirft der Dichter grausame Bilder menschlicher Vergänglichkeit und Verwesung und malt die Schrecken der Hölle aus; nur am Schluß spricht er für die, die das ewige Paradies im Gemüt haben, und für sich selbst die Hoffnung aufs Himmelreich aus. Spezieller adressiert ist das unvollständige Gedicht *Priesterleben* – eine gewaltige Invektive gegen die Weltgeistlichen, die dem Wohlleben und der Unkeuschheit ergeben und damit auch der Hoffart, der Habsucht und der Simonie schuldig sind; eine Erörterung von Priesterzölibat und Ehe mündet in einen erneuten Angriff auf die „irren wip" (Dirnen) der Pfaffen.

Dicht und knapp, mit erstaunlicher Beherrschung der theologischen Argumente wie der stilistischen Mittel wird in diesen Gedichten das Heerhorn zum Gericht geblasen (*Priesterleben* 25, Ezech. 33,2 ff.); es sind frühe Kapuzinerpredigten voller Ausrufe, rhetorischer Fragen, schlagkräftiger Bilder, Vergleiche und Kraftwörter, mehrfach unter Vergegenwärtigung der behandelten Personen in direkter Rede und ganzen, kleinen Szenen. Mit Hohn, ja mit verstecktem Haß wird die blinde Hoffart der Zeitgenossen geschildert, der Pfaffen:

und möcht iemen mit herlicher spise
daz himelrich beherten
unt mit wolgistraelten baerten
unt mit hoh gescornem hare,
so waeren sie alle häilich zware!

(*Erinnerung* 220 ff.)

(Und könnte sich jemand mit herrlicher Speise / das Himmelreich sichern / und mit wohlgekämmten Bärten / und mit hochgeschornem Haar, / so wären sie tatsächlich alle heilig!)

und der Ritter:

Nu ginc dar, wip wolgetan,
unt scowe dinen lieben man
unt nim vil vlizichlichen war

wie sin antlutze si gevar,
wie sin sceitel si gerichtet,
wie sin har si geslichtet;
scowe vil ernstliche,
ob er gebar iht vroelichen,
als er offenlichen unt tougen
gegen dir spilte mit den ougen:
nu sich, wa sint siniu muozige wart
da er mit der frowen hohvart
lobet unt seite;
nu sich in wie getaner heite
diu zunge lige in sinem munde
damit er die trutliet chunde
behagenlichen singen . . .

(*Erinnerung* 597 ff.)

(Nun komm her, schöne Frau, / und betrachte deinen lieben Mann / und nimm genau wahr, / wie sein Antlitz aussieht, / wie sein Scheitel gerichtet, / sein Haar geordnet sei; / sieh ernsthaft zu, / ob er sich irgendwie fröhlich gebärde, / wie er offen und heimlich / dir [einst] mit den Augen winkte. / Nun sieh, wo sind seine müßigen Worte, / mit denen er der Dame Hoffart / lobend verkündete; / nun sieh, in welcher Art / die Zunge in seinem Mund liegt, / mit der er die Liebesliedchen / wohlgefällig zu singen wußte . . .)

Von Gottes Liebe und Gnade ist kaum die Rede. Die Sünde des Fleisches tritt aufdringlich in den Vordergrund. Eindrucksvoll ist der Kampf für evangelische Armut der Priester und für ihre Aufgabe, „spiegelglas, lucerne unt liehtvaz" (*Priesterleben* 127) der Laien zu sein, doch die feudale Ständeordnung wird nicht angetastet. Mit der Frauenschelte werden darum speziell die niedern Weiber bedacht, die Taglöhnerinnen und Bäuerinnen mit ihrer Hoffart (*Erinnerung* 319 ff.), wogegen beim ritterlichen Stande die Frauen geschont werden sollen und nur auf die Herren eingegangen wird.

Ein gewisses Entsetzen über den düstern Fanatismus dieser Gedichte kennzeichnet die Äußerungen der Literarhistoriker, ob sie sie nun als „letztes großes Rückzugsgefecht der cluniazensischen Lebensrichtung" kennzeichnen (de Boor) oder gar als „Denkmal der leerlaufenden christlichen Impotenz" (Erb) beschimpfen. Solche bittere Vanitas-Dichtung ist an sich seit dem Prediger Salomo nichts Neues. Ihre Problematik und zugleich Größe liegt wohl eher darin, wie die Bußpredigt hier den Bereich einer neuen Gattung, der Satire, betritt. Es ist das paradoxe Schicksal mancher Kapuzinerprediger und Satiriker, daß ihr vom Haß geschärfter Blick gerade jene Wirklichkeit gestaltet, die sie bekämpfen wollen. Die literarische Leistung liegt darum nicht zuletzt in den scharf gesehenen genrehaften, dialogisch-szenischen Bildern dieser ersten deutschen Satiren, die an einen großen lateinischen Vorgänger im 11. Jahrhundert, den Deutschen Amarcius, erinnern. Da ist der Pfaffe, der sich nach gutem Mahle dem Wein und nachher der Freundin widmet, während an der Tür ein wegemüder Gast vom Diener mit Ausreden weggewiesen wird (*Priesterleben* 65 ff.), oder die schöne Frau, die vor der Leiche ihres Geliebten steht (*Erinnerung* 597 ff.), oder der Sohn am Grabe des reichen Vaters (*Erinnerung* 663 ff.). Zugleich erscheint hier – wenn eine frühe Datierung stimmt – erstmals genau und lebensvoll die neue ritterlich-höfische Kultur und sogar auch schon ihre lächerliche Imitation durch die Dörper (tagewurche und gebiurinne) unter Verwendung des neuen Vokabulars wie z. B. höfisch, vroelichen, tougen, mit den ougen spiln, wip wolgetan, gemeitheit; und was hier als Hurerei erscheint, wird bald Hohe Minne sein; die trutliet würden dann auf die stolzen, aber keineswegs sündenschweren Strophen der zeitgenössischen donauländischen Ritterlyrik zielen.

Vergleichbar in der Absicht, einem weltlich-ritterlichen Publikum zur „bezzerunge" und zur Buße zu helfen, ist ein Werk europäischer Verbreitung, das vor allem auch in Deutschland bis ins 16. Jahrhundert hinein abgeschrieben und gelesen worden ist: die lateinische Prosa der *Visio Tnugdali* (oder *Tundali*), ein Stück Visionsliteratur mit legendenhaft-biographischem Rahmen. Es ist die erschreckende Schilderung einer Höllen- und Himmelreise, die ein irischer Mönch, Bruder Marcus, für eine Äbtissin des Regensburger St.-Paul-Klosters kurz nach der Jahrhundertmitte verfaßt hat. Der Text wurde in Deutschland die Grundlage einer (fragmentarischen) mittelfränkischen und gegen Ende des Jahrhunderts einer mittelhochdeutschen Versbearbeitung durch einen bayrischen Chorherrn Alber(o), die nur in einer Wiener Handschrift erhalten ist. Tundalus, wird darin berichtet, war ein irischer Ritter, der im Jahr 1149 drei Tage im Scheintod lag und in dieser Zeit in der Hölle die verschiedensten Qualen der Verdammten kennenlernte und z. T. am eigenen Leib erfuhr, im Himmel Fürsprache fand und schließlich wieder zur Erde entlassen wurde, um ein geistliches Leben zu beginnen und dort zur Buße zu mahnen. Die Vision leistet eine topographisch und pönalistisch bereits sehr weit gediehene Ausgestaltung des Jenseits, mit z. T. krudester Phantasie. Ein Purgatorium ist noch nicht eigentlich entwickelt, doch ein Infernum superius mit ähnlicher Funktion. Die *Tnugdalus-Vision* hat eine bedeutende Stelle in der Gattung der biographisch entwickelten Jenseits- und Höllenfahrten, die bis auf Homer und das Alte Testament zurückgeht, besonders in Irland gepflegt wurde und dann bei Dante ihren synthetischen Abschluß findet. Die beiden deutschen Texte, zu denen noch mittelhochdeutsche Fragmente einer *Visio Sancti Pauli* kommen (um 1150, aufgrund spätgriechisch-syrisch-lateinischer Tradition), sind da nur bescheidene Zeugen.

Bei der Jenseitsreise des Tnugdalus geht es nun allerdings nicht nur um geistliche Warnung an die neue, ritterliche Adresse, sondern wohl auch um die Befriedigung einer gewissen Sensationslust, nicht viel anders als bei den Orientfahrten des Herzogs Ernst oder Alexanders. Eine Art Bindeglied bildet die Legende von Brandan, der nicht zufällig als himmlischer Fürbitter des Ritters Tnugdalus erscheint.

## 4. Mariendichtung

Die geistliche Dichtung der frühmittelhochdeutschen Zeit bewegt sich zwischen archaisch-sakraler Vergegenwärtigung des Heilsgeschehens und einer zunehmend persönlich-empfindungsmäßigen oder dann lehrhaft-reflektierenden Haltung. In diesem Zusammenhang erhält die wachsende Marienverehrung und die frühe Mariendichtung ihre bestimmte Funktion. Die dogmatische Ausgestaltung der Marienlehre und damit die Grundlegung liturgischer Verehrung ist an sich im wesentlichen bereits das Werk der Patristik. In den neutestamentlichen Apokryphen liegt auch schon ein umfassendes Leben Mariae vor. Das sogenannte Protevangelium Jakobs, das zunächst vor allem in der Ostkirche eine große Rolle spielte, und das Pseudo-Matthäus-Evangelium sind die wichtigste Grundlage der späteren Mariendarstellung in Dichtung und bildender Kunst geworden. Die Gottesmutter und Gottesbraut, die Erbsündenlose, die Verkörperung der Jungfräulichkeit und die Himmelskönigin – in diesen Eigenschaften faßt sich alles zusammen, was an heimlicher Not und Sehnsucht in Gläubigen lebt: das Bild einer vollkommenen Reinheit, ja immer mehr auch Schönheit oder gar Lieblichkeit menschlichen Wesens, die seelische Ergänzung des kriegerischen oder rationalen Mannes durch die weibliche Seelenhälfte in der Einheit von Mädchen und Mutter, die persönliche Vertraute des einzelnen Menschen wie zugleich die Verkörperung der Kirche als Gemeinschaft. Die Bedeutung einer höchsten Fürbitterin wird um so größer, je mehr das alttestamentarische Gerechtigkeitsdenken einer Frömmigkeit der

Liebe und des Erbarmens weicht und je mehr der fromme Mensch – die Nonne, der ungebildete Laie – es wagt, auf die Rechtfertigung durch einen innerlich erfahrenen Glauben zu hoffen. Die neuen Mönchsorden der Zisterzienser und Prämonstratenser haben ihrerseits die Marienverehrung stark gefördert.

Die Gestalt der Maria hat natürlich im Rahmen der Evangeliendichtung seit Otfrid ihre bedeutende Stelle, und sie tritt speziell hervor im Rahmen der Hohelied-Allegorese, insbesondere soweit sie wie das *St. Trudperter Hohelied* für Nonnen bestimmt ist. Die Vorauer Handschrift enthält ein Marienlob; eine besondere Teilnahme spricht aus Frau Avas Darstellung der Geschichte Marias (Verkündigung und Golgatha). Doch das sind erzählerische oder belehrende Texte. Symptomatischer ist, wie nun im 12. Jahrhundert eine Gruppe eigentlicher Marienlieder erscheint und unter ihnen Gedichte, die wir erstmals im modernen Sinne als lyrisch-hymnisch bezeichnen können; sie entstehen zur Zeit der frühesten weltlichen Liebesdichtung – völlig unabhängig voneinander. Es sind diese Marienlieder, in denen der ungeheure Besitz der lateinischen Kirchenlieddichtung (Hymnen oder Sequenzen) zuerst und für lange Zeit ausschließlich in der Volkssprache nachgebildet wurde; es ist, wie wenn nur hier, im Schutz der menschlichsten unter den göttlichen Personen, die Schranken der Sakralsprache überwunden worden wären. Die sonst erscheinenden Legenden- oder Prozessionslieder (auch *Ezzo*) sind von vornherein für die wenigen Gelegenheiten des religiösen Laiengesangs, also nicht eigentlich liturgisch, gedacht. Sieht man von dem überaus hypothetischen *Marienhymnus* ab, den Richard Kienast durch Streichen von angeblichen „Interpolationen“ aus Frau Avas Leben Jesu hat wiedergewinnen wollen, so ist der älteste und strengste, zugleich strahlendste Vertreter das *Melker Marienlied* (Österreich, die Datierungen schwanken zwischen

1130 und 1160), ein Hymnus von 14 gleichgebauten Strophen, in Wir-Form (als Chorgesang gedacht?); jede Strophe umschreibt in drei Reimpaaren eine Reihe von Prädikaten, Bildern für die Gottesmutter aus dem Katalog der klassischen mariologischen Symbole, in strenger Nennung, ohne Reflexion oder Lehre, mit vollen Vokalklängen und mit dem Glanz der lateinischen Stichwörter, je in den refrainartigen Anruf mündend:

Cedrus in Libano, rosa in Jericho,
du irwelte mirre, du der waezest also verre.
du bist uber engil al, du besuontest den Even val,
Santa Maria.

Eva braht uns zwiscen tot, der eine ie noch richsenot.
du bist daz ander wib, diu uns brachte den lib.
der tiufel geriet daz mort, Gabrihel chunte dir daz gotes wort,
Sancta Maria.

Chuniginne des himeles, porte des paradyses,
du irweltez gotes hus, sacrarium sancti spiritus,
du wis uns allen wegente ze jungiste an dem ente,
Sancta Maria. (Str. 11,12,14)

(Zeder von Libanon, Rose von Jericho, / erlesene Myrrhe, du duftest da so weithin. / Du bist über alle Engel, du machtest Evas Fall wieder gut, / Sancta Maria. // Eva brachte uns zwiefachen Tod, der eine herrscht noch immer. / Du bist die andere Frau, die uns das Leben gebracht hat. / Der Teufel riet die Übeltat, Gabriel verkündete dir das Gotteswort, / Sancta Maria. // Königin des Himmels, Pforte des Paradieses, / du erlesenes Haus Gottes, Tempel des heiligen Geistes, / sei uns allen hilfreich zuletzt am Ende, / Sancta Maria.)

Die andern drei Texte sind vermutlich alle Versuche, die Sequenzenform nachzubilden (also die antiphonisch gebaute Komposition aus je zwei gedoppelten Gesätzen [Faszikeln] mit je verschiedener Seitenzahl und verschiedener Silbenzahl der Zeilen samt unpaarigem Anfangs- und Schlußglied, wie sie seit dem klassischen Minnesang im deutschen Leich einen Formverwandten findet). Die volkssprachliche Nachbildung ist darum erschwert, weil die deutsche Metrik nicht entsprechend silbenzählend ist und vor allem nicht auf den taktierten, gereimten Vers verzichten will. So ist die Bauform des *Arnsteiner Marienlieds* (*-leichs, -sequenz?*) umstritten, zumal weil diese umfangreichere, nur fragmentarisch erhaltene Dichtung (rheinfränkisch, um 1150) neben hymnischen auch didaktische Züge zeigt und so auch als „unsanglich" betrachtet werden kann (Fromm). Deutlich sequenzenhaft ist die *Mariensequenz aus St. Lambrecht* (ursprünglich *aus Seckau*), ein kurzes Fragment ungefähr derselben Zeit, am Anfang eine Übertragung des *Ave praeclara maris stella*, der wohl bekanntesten, Hermann dem Lahmen von der Reichenau zugeschriebenen Mariensequenz. Das jüngste, nun reife und vollkommene Stück ist die *Mariensequenz von Muri* (Aargau), ebenfalls zunächst in Anlehnung an das genannte Vorbild entstanden und dessen Melodie unterlegt. Erst 1963 kam im Kloster Engelberg eine zweite vollständige alte Aufzeichnung dieses Liedes ans Licht, die nun mit den Neumen der lateinischen Sequenz versehen ist. Die Datierung innerhalb der zweiten Jahrhunderthälfte ist strittig. Das Lied gehört zu den Kostbarkeiten der religiösen Dichtung. Die feierlich-liturgische Anrufung verbindet sich mit Betrachtung und Gebet, und es ist nun die einzelne Seele, die zur Gottesmutter spricht. Die marianische Symbolik tritt zugunsten menschlicher Vergegenwärtigung zurück, so in der Darstellung einer eigentlichen Galaktotrophusa:

Din wirdecheit diu nist niet cleine
ja truoge du magit vil reine
daz lebende brot,
daz was got selbe, der sinin munt zuo dinen brustin bot,

und dine bruste in sine hende vie:
owe kuniginne, waz gnaden got an dir bigie!

(Deine Würde ist nicht gering, / trugst du doch, reine Jungfrau, / das lebendige Brot, / das war Gott selber, der seinen Mund zu deinen Brüsten hob / und deine Brüste in seine Hände nahm: ach, Königin, welche Gnade hat dir Gott erwiesen!)

Der Schluß ist ein einzigartiges Gebet um die Fürbitte der Gottesmutter bei ihrem Sohn um wahren Frieden, Sündenvergebung und Trost im Tode.

Neben diesen liedhaften Mariendichtungen mit letztlich biblischer und theologischer Grundlage erscheint gleichzeitig eine andere, freiere Form: die selbständige Erzählung eines erbaulichen Marienlebens. In der Marienvita ist das biblische Wissen ergänzt um die apokryphe Tradition, vor allem durch die Geschichte der Eltern, Joachim und Anna, und Marias Jugend. Eine weitere Form, die volkssprachlich zunächst nicht in Erscheinung tritt, sind die zyklisch gesammelten und beliebig vermehrbaren Marienlegenden und Marienmirakel. Dem frühmittelhochdeutschen Geist gehört gerade noch das Werk an, das ein süddeutscher (Augsburger?) Priester Wernher nach eigener Angabe im Jahr 1172 verfaßt hat, eine wohlüberlegte großepische Komposition eines *Marienlebens,* in drei „Liedern“, d.h. Abschnitten: Joachim und Anna bis zur Geburt Mariae, Jugend bis zur Heimsuchung, von da bis zur Rückkehr aus Ägypten; der abschließende Ausblick auf die Heilsgeschichte bis zum Jüngsten Gericht ist vielleicht nachträglicher Zusatz. Die drei Abschnitte stützen sich ausdrücklich auf Pseudo-Matthäus; ein Priester Manigolt war mit Rat und Tat bei der Abfassung behilflich. Es scheint, daß die Auswahl im Hinblick auf die wichtigsten Marienfeste getroffen wurde: Geburt, Empfängnis und Weihnacht. Die Erzählungen werden eingerahmt von erbaulich betrachtenden oder mehr lyrischen Partien, in denen nun auch die marianische Symbolik wiederkehrt. Das Werk, das „in sant Marien minne / der ewigen chuniginne“ geschrieben ist, bleibt so in der liturgischen Verehrung verankert. Ja es soll noch eine handgreiflichere Heilsfunktion haben: Wenn eine Frau in Kindsnöten das Werk bei sich in Obhut hält, so wird die Jungfrau nicht zulassen, daß das Kind krumm oder blind geboren werde oder, wenn es schon stirbt, ewig verlorengehe; darum sollen auch – nach dem Geheiß Gottes und Sankt Marien – alle frommen Frauen die drei „buochel“ abschreiben und in ihrem Umkreis verbreiten (3028 ff.). Im Rahmen dieser Zielsetzung erweist sich der Dichter nun erstaunlich gewandt und besonnen, nie formelhaft, mit feiner Beachtung kleiner menschlicher Züge erzählend und anschaulich ausgestaltend. Er gehört zu den gewinnendsten Dichtern seiner Zeit. Erst ein Menschenalter später beginnt dann der reiche, im Spätmittelalter erst recht anschwellende Strom der Mariendichtung verschiedenster Formen.

## III. GESCHICHTSDICHTUNG UND LEGENDE

### 1. Die Geschichte als Erzählstoff

Die Bibeldichtung behandelt nicht nur Ausschnitte aus der Geschichte von Gottes Heilswerk, sie führt von selbst zu einer allgemeineren Geschichts- und Legendendichtung hinüber. Das Alte Testament enthält ein zentrales Stück Weltgeschichte nach irdischen Machthabern und Machtordnungen, es ist ein Bilderbuch von moralisch-erbaulichen Exempeln und unterrichtet über die Ursprünge und Frühzeit der Menschheit. Das Leben Jesu gibt nicht nur einen Blick auf die letzten Dinge frei; es wird schon früh mit den Überlieferungen der kirchlichen Tradition angereichert, und es schließen sich die Erzählungen über das Leben Mariae, der Apostel und ersten Märtyrer an. Das *Ezzolied* spricht von der Nacht der irdischen Geschichte, die nur durch die Sterne der Patriarchen und Propheten erhellt war, bis sie durch die Sonne Christi überwunden, die Zeit durch die Offenbarung erfüllt wurde. Auch wenn die Weltgeschichte voll Verwirrung und Vergänglichkeit ist, so hat sie doch ihre Würde und ihr Geheimnis: Sie untersteht Gottes Willen, ist ein Teil seiner Schöpfungsordnung so gut wie die Natur. Seit dem Erscheinen Christi wird sie mit den Märtyrern und Bekennern, mit ihren wunderbaren Taten und Lebensläufen zum kontinuierlichen Zeugnis von Gottes Gegenwart und von der Zukunft des Reiches Gottes. Im gläubigen Rückblick erhält auch die weltliche Geschichte ahnungsweise Sinn und Ordnung.

Wo immer vom 9. bis 18. Jahrhundert gegen die seelenverderbenden Lügen der volkssprachlichen Dichter, ihre „scophelichen wort“, gegen die weltliche Erzählung protestiert wird, da geschieht es im Namen der „Wahrheit“, und es werden als Ersatz und eigentlicher

Erzählstoff die wirklich geschehenen Wundertaten Gottes in Geschichte und Legende empfohlen. Wenn das 9. Jahrhundert die großen deutschen Bibeldichtungen entstehen sah, so tritt nun die Geschichts- und Legendendichtung als wichtigste Gattung der salisch-romanischen Epoche hinzu; sie sieht wie keine andere die Möglichkeit einer sakralen Einheit von Macht und Glauben, himmlischem und irdischem Bereich, und sie wagt es, in monumentalen Vereinfachungen dem vornehmen Laien den weltgeschichtlichen Ort seines Wirkens zwischen Anfang und Ende, Himmel und Hölle darzustellen. „Geschichtsdichtung" fassen wir dabei als Ober- und Rahmenbegriff; die „Legende", als Erzählung einzelner Wunderereignisse oder frommer Lebensläufe, kann mindestens zunächst der Geschichtsdichtung subsumiert werden, oder sie erscheint zyklisch im Rahmen weltgeschichtlicher Chronistik. Wo der geschichtliche Held zugleich Herrscher und Heiliger ist, da kann der Unterschied der Gattungen verschwinden. Dies ist gerade im frühsten und kühnsten Denkmal der Fall, dem *Annolied.*

„Geschichtlich" ist dem christlichen Blick letzten Endes alles erzählbare Geschehen. Es geht nicht nur um eine geistliche Konkurrenz zur weltlichen Epik – diese selbst kann als Geschichtsdichtung gelesen werden. Mindestens die antike Epik – die Geschichten um Troja, um die Gründung Roms, um Alexander den Großen und selbst Ovids *Metamorphosen* – wurde als historische Nachricht verstanden. Zwischen dokumentarischem Bericht und erzählerischer Fiktion wird ja bis ins moderne wissenschaftliche Zeitalter hinein nur selten scharf unterschieden. Sachprosa, Lehrdichtung, Geschichtsschreibung, Epos und Legende liegen ursprünglich nahe beisammen, und selbst der Roman ringt sich im späteren 12. Jahrhundert erst stufenweise als Gattung eigenen Rechts aus der Geschichtserzählung los. Darin äußert sich keineswegs nur ein Mangel an kritischem Geist; die verschiedenen Gattungen sind durch denselben Wahrheits- und Wirklichkeitsbegriff einander verbunden: Die bedeutete Wahrheit ist realer als das zufällige Einzelfaktum. Geschichte als „Widerschein des göttlichen Waltens“ (Adalbert Stifter) darzustellen ist noch das Ziel des religiösen Geschichtsromans im 19. Jahrhundert.

Die frühmittelhochdeutsche Dichtung zeigt die Geschichte als begrenzte, endliche Schöpfung, wie sie dem gläubigen Blick als ein Kosmos überschaubar wird. Dieser endliche „Raum“ wird als einmaliger, gerichteter, unwiederholbarer Verlauf abgeschritten. Die Geschichte ist universal, nur als Weltgeschichte denkbar; die in ihr angelegte Ordnung ist die des universalen Reichs. Nun ist freilich diese Welt unter das Gesetz der Sünde und des Todes, der Vergänglichkeit und Verwirrung gekommen, ihre Ordnung darum nur teilweise erkennbar. Für dieses Ineinander von Schöpfungsordnung und Verwirrung hat Augustin die große Formel gefunden. Die beiden civitates, eine himmlische und eine irdische Gemeinschaft oder Herrschaft, bilden im Gegensatz zueinander und doch in Analogie und Gleichlauf die Weltgeschichte. Die civitas coelestis ist nicht nur das absolute Jenseits, sondern auch – zumal in unserem Zeitalter – eine irdisch verkörperte, die Geschichte erst ermöglichende und tragende Macht. Die civitas terrena ist anderseits keineswegs die pure Herrschaft des Bösen, sondern enthält bei aller Hinfälligkeit ein Prinzip der Ordnung. So kann von einer civitas permixta gesprochen werden, die nun freilich seit der Menschwerdung Christi der endgültigen Scheidung entgegengeht. So lassen sich auch Heilsgeschichte und Weltgeschichte nicht genau unterscheiden, und nur sehr bedingt lassen sich Kirche und Reich auf die beiden civitates beziehen. Es handelt sich eher um zwei konkurrierende als grundsätzlich einander feindliche Ordnungen. Das oft verwirrende Problem löst sich in dem theologischen Geheimnis, daß Gottes Vorsehung auch das Böse vorweggenommen und zugelassen hat.

Jene Ordnung der Zeit ist im Großen erkennbar. In geschichtlicher Analogie zum Sechstagewerk unterscheidet Augustin und mit ihm die volkssprachliche Geschichtsdichtung (so das *Ezzolied*) sechs Weltalter, von denen das letzte von Christi Geburt bis zum Weltende reicht und vom ewigen Sabbat gefolgt sein wird. Der weltliche Aspekt ist aufgrund des Daniel-Traums von den vier großen Tieren (Dan. 7) nach der Deutung durch Hieronymus, Augustin u. a. im Schema einer Abfolge von vier Weltreichen gefaßt. Das letzte, Römische Reich, durch Gottes Menschwerdung legitimiert und erfüllt, ist als Realität bis ins Hochmittelalter geglaubt, als Begriff und Name erst am Anfang des 19. Jahrhunderts aufgegeben worden. Diesem Römischen Reich ist so auch die Geschichte des christlichen Reichs und die Auseinandersetzung mit Juden- und Heidentum seit Konstantin, bei Karl dem Großen und in den aktuellen Kreuzzügen einzuordnen.

Die Protagonisten sind Kaiser, in denen das Reich verkörpert ist, und die Heiligen. Es ist nicht der heroische Kämpfer der Heldensage und noch nicht der ritterliche Abenteurer des kommenden Romans, sondern der in den Ordnungen und gefährlichen Entscheidungen der Geschichte stehende Mensch, der den Heilsplan abschreitet und den Konflikt der beiden civitates in sich austrägt. Das geschichtliche Geschehen an sich und im einzelnen zu deuten ist dem irdischen Blick verwehrt. Der Dichter hat sich dabei vor zwei Gefahren in acht zu nehmen: vor einer antiken astrologischen Lehre des blinden Schicksals und der Wiederkehr des Gleichen wie auch vor der verzweifelten Meinung, die Geschichte sei nur Willkür und Zufall. Die großen Linien des Heilsgeschehens zu verbürgen, die moralisch-religiöse Entscheidungssituation des Menschen zu zeigen, das Eingreifen Gottes in Wunderzeichen und geheimnisvoller Führung ahnen zu lassen – das ist die Aufgabe des Geschichtsdichters. Daraus erklärt sich, daß der Sinn für geschichtliche Individualität und für die Korrektheit des Faktischen weithin fehlt, dafür die Neigung zum Anekdotischen und Legendenhaften und zur Schwarz-Weiß-Zeichnung herrscht. Hintergrund bleibt in jedem Fall die reiche lateinische Geschichtsliteratur (Chroniken, Epen, Viten, Legenden).

## 2. Das „Annolied" und die „Kaiserchronik". Legenden

Die geschichtliche Dichtung in der Volkssprache wird durch das *Annolied* eröffnet, eine der glänzendsten und beziehungsreichsten mittelhochdeutschen Dichtungen überhaupt; dem *Ezzolied* – von dem es möglicherweise Anregungen empfangen hat – ist es vergleichbar im umfassenden Thema und mit seinem Stil symbolischer Abbreviatur. Den vollständigen Text bietet nur der Druck, den Martin Opitz 1639 nach einer inzwischen verlorenen Handschrift veranstaltet hat, als die erste gelehrte Edition einer altdeutschen Dichtung; 1745 gab der Wiederentdecker des deutschen Mittelalters, Johann Jakob Bodmer, Opitzens Text mit neuem Kommentar heraus, wiederum ein denkwürdiges Werk früher Germanistik. Die Datierung – um 1080 oder nach 1105 – hängt ab von der Beurteilung des Verhältnisses zu den verwandten Texten und dieser unter sich: es sind die *Annalen* des Lamprecht von Hersfeld (gegen 1080), die neuerdings gefundenen Fragmente einer *Vita Annonis* des Abtes Reginhard (etwa 1080–85), die *Gesta Treverorum* (1101) und eine weitere Vita (um 1105).

Das Werk gilt dem Erzbischof Anno von Köln, der als früherer Ratgeber Heinrichs III. sich im Staatsstreich von Kaiserswerth 1062 mit Gewalt der Person des unmündigen Heinrich IV. und damit der Reichsregierung bemächtigte, später nach schweren Auseinandersetzungen mit der Stadt Köln sich in das von ihm gegründete Kloster Siegburg zurückzog, hier 1075 starb und 1183 kanonisiert wurde. Er war einer der großen fürstlichen Bischöfe des Reichs, wie etwa Gunther von Bamberg oder sein Rivale Adalbert von Bremen, im Urteil der Historiker ebenso machtgierig, leidenschaftlich, stolz und herrisch wie auch wieder fromm und demütig in Bußübungen, in der Fürsorge für Arme und Kranke. Gerade diese vielleicht nur dem neuzeitlichen Urteil so widerspruchsvolle Gestalt wird dem Dichter zum Schlüssel der Heils- und Weltgeschichte, wie diese ihrerseits das Leben Annos erst deutlich macht. So kommt es, in der erstaunlichen Knappheit von nur 439 Reimpaaren (in 49 Strophen wechselnder Länge organisiert) zu einem umfassenden Abriß der Geschichte, vom Engelsturz und der Schöpfung bis zum Weltende, in eins mit der Annolegende, die, im engern Sinn verstanden, nur etwa ein Drittel des Werks ausmacht.

Der Prolog blickt zurück auf die „alten dinge“, von denen wir oft gehört haben (es sind die „alten maeren“, wie sie zu Beginn des *Nibelungenliedes* erwähnt sind, oder, mit Horaz, die „res gestae regumque ducumque et tristia bella“); doch nun sei Zeit, ans Ende zu denken, an unsere ewige Bestimmung. Anno ist ein Zeichen von Christi Verheißung. An der Welt Anbeginn teilte Gott sein Werk in zwei Teile: Körper und Geist, und die zwei mischte er in einer „dritten Welt“ (der Ausdruck stammt aus Johannes Scotus Eriugena), dem Menschen, der nun auch der mikrokosmische Inbegriff aller Kreatur ist. Vom Sündenfall Lucifers und Adams geht der Dichter über die fünf zur Hölle gefahrenen Weltalter zum sechsten, in dem Gottes Sohn sein Erlösungswerk vollzog; von den Aposteln und Märtyrern gelangt er zu den fränkischen und insbesondere kölnischen Heiligen, unter denen, in der schönsten Stadt deutschen Landes, Anno als frömmster Mann in Macht und Weisheit leuchtete (I–VII). Nun beginnt der Überblick nochmals von vorn, vom ersten Städtebauer und Kriegsherr Ninus über die vier Reiche nach der Prophetie Daniels zur breit ausgestalteten Geschichte Caesars, den vier deutschen Stämmen und den römischen Städtegründungen mit Köln. Unter Augustus erfolgt Christi Geburt, die Stiftung eines neuen Königreiches; die Bekehrung der Franken führt zu den 33 Kölner Bischöfen, von denen sieben Heilige waren (VIII–XXXIII). Nun erst, am Kölner Schnittpunkt der beiden Linien, beginnt die Erzählung von Anno, der Herrlichkeit und Frömmigkeit seines Waltens – „selicliche diz riche alliz stunt“ (XXXVII) –, den Rückschlägen und Prüfungen im Aufstand der Kölner und den Wirren des Reichs, dem Lebensüberdruß des Fürsten, seiner Vision des offenen Himmels, dem Tod – und schließlich folgen, am warnenden Beispiel eines bestraften Ungläubigen ausgeführt, die postumen Wunder. Den Schluß bildet wieder der Blick nach vorn „ci demi sconin paradysi lante“ (XXXIV–XLIX).

Der doppelte Einsatz und die Rundung von Ewigkeit zu Ewigkeit lassen den Zeitverlauf fast wie einen überschaubaren Raum erscheinen, in dessen Mitte Köln und Anno stehen und mit diesen das „Nu“ des Dichters und Lesers: „Nu ist cit daz wir denken / wie wir selve sülin enden“ (I). Anno erscheint nun in der Tat als „dritte Welt“, in welcher der augustinische Gegensatz der civitates verkörpert und zugleich aufgehoben scheint:

Duo gieng her mit liut crefte
Alsi diu sunni duoht in den liufte
Diu in zuschin erden unti himili geit
Beiden halbin schinit.

(XXXIV)

(Da ging er mit der Macht seiner Leute / wie die Sonne in der Luft, / die zwischen Erde und Himmel geht / [und] nach beiden Seiten leuchtet.)

So geht der heilige Bischof und Fürst vor Gott und den Menschen, als Lamm und Löwe (XXXV). Darum ist es auch möglich, die Geschichte als Kosmos zu sehen. „Omnis creatura in homine est“ (Johannes Scotus Eriugena) – der Satz macht den Menschen nicht nur zum physisch-natürlichen Mikrokosmus, sondern auch zum Mikrokosmus der Geschichte. Das ist der Grund für die erstaunliche Verschmelzung von Weltgeschichte und Vita, die der *Annolied*-Dichter vollzieht; innerhalb der Vita selbst durchdringen sich Geschichtsschreibung und Legende. Faktisch steht dahinter der Anspruch und die Wirklichkeit der großen Reichsbischöfe, Reich und Kirche, Macht und Glauben zugleich zu verkörpern, zumal da Anno ja als Herr des Reiches gesehen wird. Das ist nicht mehr augustinisch, und es ist auch nicht Geist der Gregorianischen Reform. Wenn der Dichter dabei die geschichtliche Figur Annos durchaus idealisiert und seine Schwächen nur andeutet, ist dies nicht so sehr politische Tendenz oder siegburgische Propaganda für die Heiligsprechung als vielmehr Ausdruck der großen Geschichtskonzeption. Für diese – insbesondere auch die legendarische Weltgeschichtsschreibung im Zusammenhang einer Stadtgeschichte, Bistumsgeschichte oder Heiligenvita – gibt es zeitgenössische lateinische Parallelen (Knab), auch noch Veldekes *Servatius* gehört wohl dazu. Unvergleichlich ist die Knappheit und Konsequenz, mit der hier die Geschichtsbetrachtung zum strengen dichterischen Andachtswerk gerinnt, in der Wir-Form, beispielhaft, zum eigenen Bedenken und zum Lob Gottes. Die einzelnen Motive enthalten zeichenhaft mehr, als sie aussagen, auch wo sie zunächst anekdotisch scheinen mögen. Die Strophen sind meist in sich gerundete Bauteile, mit dem eigentlichen Vorgang oder der wichtigen Aussage in der Mitte, oft mit einem sentenziösen oder gedanklich zusammenfassenden Schluß, in welchem zugleich das Stichwort erscheint, das dann zu Beginn des nächsten Abschnitts aufgenommen wird. Kein anderes mittelhochdeutsches Werk ist so deutlich zahlenmäßig und zahlensymbolisch geordnet, mindestens bei den Strophen, weniger eindeutig bei den Versen. Daß vom 7. Kölner Heiligen in der 7., vom 33. Bischof in der 33. Strophe gesprochen wird, ist kaum Zufall, die Zahlen 7 und vor allem 4 bestimmen mehrfach das Bild der Geschichte wie den Bau des Gedichts, das derart zu einem symbolischen Geheimnisgebilde wird. Die wechselnd langen Strophen erlauben auch eine wechselnde Intensität und Ausführlichkeit des Berichts; auf die aktuelle Mitte hin nimmt der Gehalt an konkretem Geschichtsstoff zu. Hier sind dann auch gedrängte epische Schilderungen möglich, die mit ihrem pathetischen Alliterationsstil und einzelnen Formeln an heldenepische Tradition anklingen:

Oy wi di wifini clungin,
Da di marin cisamine sprungin,
Herehorn duzzin,
Becche blütis vluzzin,
Derde diruntini diuniti,
Di helli in gegini gliunti,
Da di heristin in der werilte
Suohtin sich mit suertin.

(XXVII)

(Hei, wie die Waffen klangen, / als die Gewaltigen gegeneinander sprangen, / Heerhörner dröhnten, / Blutbäche flossen, / die Erde drunter donnerte, / die Hölle ihnen entgegen glühte, / da die Herrlichsten in der Welt / sich mit den Schwertern suchten.)

Das ist kein „Rückfall“ in weltliche Heldendichtung.

Man kann ebenso an ein geistliches Heldenlied (*Ludwigslied, Rolandslied*) denken; und kriegerische Machtentfaltung braucht dem Ideal des *Annolieds* nicht zu widersprechen, solange man es nicht „dualistisch" mißversteht. Die christliche Geschichtsdichtung adelt auch den weltlichen Kampf; weltliche Macht kann zum Auftrag, ja zum Gnadenerweis werden. Damit steht der gelehrte geistliche Dichter durchaus auf der Seite seines adligen Publikums, der Landesherren („Lantheirrin", XXXIX), denen Anno als Spiegel vorgehalten wird (XXXIV).

Die bedeutendsten Erzählwerke des 12. Jahrhunderts bis zu Veldeke und weiter erwachsen im Rahmen der vom *Annolied* entworfenen Weltreichsgeschichte; sie stellen einzelne Epochen daraus dar oder suchen sich doch durch Bezug auf die Geschichte zu legitimieren. Was im *Annolied* noch streng, knapp und zeichenhaft, als Lied, gebunden ist, wird für das Römische Reich ein gutes Menschenalter später in der *Kaiserchronik* erzählerisch, kompendienhaft entfaltet. Das mächtige Buchwerk ist der großartige Versuch, die Geschichte des Reichs von der Gründung Roms und speziell von Caesar an bis zur Gegenwart durch eine Sammlung der verschiedensten Überlieferungen darzustellen, als systematische Zusammenfassung des offiziellen abendländischen Erzählstoffs überhaupt. So ist das Unternehmen auch vom Publikum aufgefaßt worden. Die *Kaiserchronik* war im 12./13. Jahrhundert in ganz Deutschland verbreitet, wurde im 13. Jahrhundert zweimal überarbeitet und im 14. in Prosa umgesetzt. Sie wird von Dichtern des Hoch- und Spätmittelalters ebenso benützt wie von Chronisten, und sie ist damit ein Schlüsselwerk für die volkstümlichen Geschichtsvorstellungen seit dem 12. Jahrhundert geworden.

Bis heute ist kein gattungsmäßiges Vorbild nachgewiesen, wohl aber auf Schritt und Tritt die verschiedensten lateinischen Quellen chronikalischer, novellistischer, legendarischer Art, dazu deutsche Geschichts- und Legendendichtungen (darunter Teile des *Annolieds*) und wohl auch sagenhafte, mündliche Tradition und nicht zuletzt eigene Erfindung, wo es der Plan des Ganzen verlangte. Mit 17283 Versen bricht das Werk mitten im Satz ab, bei der Erzählung, wie der „Abbat Bernhart“ König Konrad und die Fürsten zum Kreuzzug mahnt (1147). Das ist gleichzeitig oder nur wenig später geschrieben, der Beginn des Unternehmens lag aber wohl einige Zeit zurück. Entstehungsort ist sicher Regensburg, Auftraggeber vermutlich der welfische Hof, der Verfasser oder Redaktor zweifellos ein Geistlicher. Durch die Forschungen Ohlys ist deutlich geworden, daß das Werk keineswegs eine rohe Kompilation darstellt, auch wo offenbar vorgeformte Texte benützt werden, vielmehr einem durchdachten Plan folgt und ideell strukturiert ist. Wenn dabei umfangreiche Erzählungen, ja kleine Romaneinlagen neben kurzen chronistischen Notizen stehen und das Hauptgewicht auf den ausgeführten Kaisergeschichten des antiken Reichs liegt, so braucht dies noch kein Einwand gegen eine geschlossene Konzeption zu sein. Der Exkurs hat in mittelalterlicher Kompositionstechnik allgemein einen großen Spielraum, und die Einheit kann durch das Mittel typologischer Entsprechungen, Zahlenverhältnisse, Leitmotive usw. gewährleistet sein.

Die „Wahrheit“ der *Kaiserchronik* liegt völlig in dem heilsgeschichtlich-moralischen Gerüst, welches die ganze Geschichtenfülle trägt. In „des almechtigen gotes minnen“ ist das Buch gedichtet, um Weisheit, Ehre und Nutzen der Seele zu befördern, im Gegensatz zu den übermütigen Lügen, mit denen manche zu dieser Zeit ihre „scophelichen wort“ zusammenfügen. Deutlicher als im *Annolied* ist da eine „spielmännische“, insbesondere auch heroische Dichtung anvisiert; ein heftiger Ausfall gegen Dietrich von Bern paßt dazu: Er wird zwar, anläßlich der Rabenschlacht, mit traditionellem Stil als „held guot" gefeiert, aber später vom Teufel geholt und in dem „berg ze Vulkân" versenkt, um dort bis zum Jüngsten Tag zu brennen – weil er den Papst abgesetzt hat. Die Wahrheit des Dichters beruht der Heldenepik gegenüber auf der christlichen Sicht des Geschehens als Geschichte. Wir haben keinen Grund, den Wahrheitsanspruch des Dichters nur als heuchlerisch-geistlichen Topos zu nehmen.

Äußerlich besteht die Ordnung in der Abfolge der Kaiser, der heidnischen und christlichen des alten Rom, dann seit Karl der christlich-deutschen, wobei Anzahl und Reihenfolge – auch zwei rein sagenhafte Kaiser gehören dazu – nach dem Prinzip typologischer Entsprechungen und Gegensätze gewählt sind. Auch heidnische Kaiser können gut sein, und der moralische Gegensatz bestimmt auch das Auf und Ab der christlichen Kaiser. Weder Augustins Epochengliederung noch seine Zweistaatenlehre spielt hier eine Rolle, vielmehr wird ähnlich wie im *Annolied* alles an der Idee eines christlichen Reiches auf Erden gemessen, in welchem weltliche und geistliche Macht, Kaiser und Papst, Reich und Kirche eins werden. Bei aller scharfen Ablehnung etwa Heinrichs IV. nimmt der Dichter keineswegs die Partei Gregors und einer kirchlichen Suprematie. Er denkt, gleichsam überpolitisch, an eine Friedenseinheit, die ihm vor allem im Zusammenwirken von Karl dem Großen und Papst Leo (die als leibliche Brüder vorgestellt sind) oder auch schon von Konstantin und Papst Sylvester verwirklicht scheint. Und dazu gehört allgemeiner eine notwendige Einheit von Gotteshuld und Weltehre, sofern eben die Ehre des christlichen Reiches Gottes Ehre ist und auf den einzelnen Kaiser zurückstrahlt. Von Karl heißt es: „er diget (betete) umbe di sele. / des behielt er ouch alle werltlich ere" (14 366 f.). „Ehre" ist ein unteilbarer Begriff.

Entscheidend und breit ausgeführt ist der Übergang Roms zum christlichen Glauben. Dazu dient zunächst die Tradition des apokryphen Petrus-Romans, der Gelegenheit gibt, in zwei großen Disputationen die Wahrheiten des Glaubens gegen das heidnische Altertum zu erläutern. Im Streitgespräch überwindet Petrus seinen Gegner, den Gaukler Simon (Simon Magus), des Teufels Mann, der Unsterblichkeit und wie Faust Allwissenheit beansprucht (2477 ff.) und später dann, kurz vor dem Martyrium des Petrus, unter Nero, eine Himmelfahrt unternimmt und auf das Gebet des Apostels hin schändlich zu Tode stürzt (4243 ff.): ein verzerrter Vertreter humanistisch-antiker Überheblichkeit, Ahnherr aller Teufelspaktierer und Ketzer. Unmittelbar das Problem der Geschichtsdeutung betrifft ein zweiter großer Disput, über die „wilsaelde", d. h. über den astrologischen Schicksalsglauben, das nur von der Geburtsstunde bestimmte Geschick und die ewige Wiederkehr des Gleichen. Dieser antiken Geschichtslehre wird mit scharfsinnigen Argumenten (verschiedenes Schicksal von Zwillingen, gleiches Schicksal verschiedener Menschen bei einem Schiffsuntergang) entgegnet, zugunsten des christlichen Glaubens an die Freiheit des menschlichen Willens, die Gnade Gottes und die überzeitliche Heimat:

wile unde stunde
walzent allumbe,
si megent uns lihte entrinnen;
woltest du diner sele gewinnen
ain ewige haimuot, . . .
diu dir niemer mähte entwichen,
so taetestu wislichen.

(3641 ff.)

(Zeit und Stunde / wälzen sich im Kreis, / sie können uns leicht entrinnen; / möchtest du deiner Seele / eine ewige Heimat gewinnen, / . . . / die dir nie mehr entgehen könnte, / so würdest du weise handeln.)

Und nochmals wird ein umfassendes Glaubensgespräch veranstaltet im Rahmen der Sylvester-Legende. Die Disputation des Papsts und der 1100 Krummstäbe gegen die Spitzen der Synagoge wird besiegelt durch das Wunder der Erweckung eines toten Stiers (10 323) – diese Episode wird, ergreifend genug, an entscheidender Stelle von Wolframs *Parzival* zitiert, als Pfand für die mögliche Erlösung auch des Zweiflers Parzival.

Das Wunder ist ein unabdingbares Element der Geschichte, die Legende auch hier nicht prinzipiell von der Geschichtsdichtung unterscheidbar, um so mehr, als hier das Wunder dem Reich zugute kommt. Dennoch hebt sich, in der großen Komposition, die Legendenerzählung als geschlossene Kunstform mehrfach heraus und erscheint in engem Zusammenhang mit novellistisch-romanhaften Überlieferungen der Spätantike. Auch dies ist begreiflich, denn zwischen vorchristlichen Tugendhelden und Heiligen, zwischen wunderbarem Vorfall und Wunder herrscht das Verhältnis von Ahnung und Erfüllung. Um das wichtigste Beispiel der *Kaiserchronik* zu nennen: Zwischen der tugendhaften Lukrezia und den zu Unrecht verfolgten tugendhaften Christinnen (Crescentia, Mächthild, d. h. die Gattin Faustinians, Richgard, d. h. die Frau Karls des Dicken) ist grundsätzlich kein Unterschied. Das überaus beliebte Thema, das später in der Genoveva-Geschichte seine bekannteste Ausformung erfährt, hat seine antiken, ja orientalischen Vorformen.

Von besonderem Interesse ist die *Crescentialegende*. Sie ist in späteren Bearbeitungen auch selbständig überliefert, lag vielleicht dem Redaktor der *Kaiserchronik* schon vor oder wurde von ihm selbst schon als in sich geschlossenes Werk verfaßt; es ist die schönste, in ihrem frühmittelhochdeutschen Erzählstil strengste Legende der Zeit, ein Meisterwerk im beträchtlichen Umfang von rund 1500 Versen. Als Gattin eines römischen Kaisers wird Crescentia von ihrem Schwager belästigt und, da sie ihn abweist, der Untreue bezichtigt, worauf sie der Kaiser im Tiber ertränken läßt. Von einem Fischer wunderbar gerettet, wird sie unerkannt Dienerin an einem Herzoghof, erfährt hier – in strenger Technik des Motivreims – eine neue Nachstellung, diesmal durch den Vicedominus; von neuem Wassertod rettet sie St. Peter, der ihr die Gabe verleiht, jeden kranken Sünder, der vor ihr öffentlich bekennt, zu heilen. Kraft dieser Wundergabe heilt sie der Reihe nach die aussätzigen Sünder: den Vicedominus, den Herzog, den Schwager, den Gatten. Mit großen Wiedererkennungsszenen und dem Gang des versöhnten Kaiserpaars ins Kloster endet das Werk. Es ist hinreißend in der klaren Gliederung und einfachen Realsymbolik (Sünde *ist* Aussatz), es wird rasch und szenisch klar erzählt, fast leidenschaftlich sich steigernd in den Selbstentäußerungen der Heiligen, ihrem Zug zur himmlischen Glorie. Aber es ist nicht die Passion des Glaubens, sondern die der verfolgten Keuschheit, die hier zur gänzlich unkanonischen Gnadengabe der Absolution an eine Frau führt. Das Ganze ist zugleich eine rührende Familiengeschichte nach dem alten System der Trennungen und Wiedererkennungen, die in der Legende an sich wenig zu suchen haben. Die Motivik weist denn auch auf die Welt des hellenistisch-spätgriechischen Romans. Ob die *Pseudoklementinischen Rekognitionen* – ein durch einen angeblichen Bischof Clemens von Rom verfaßter Romankomplex des 4. Jahrhunderts – und eventuell der noch im Mittelalter gelesene *Apollonius*-Roman eingewirkt haben, ist strittig. In derselben *Kaiserchronik* geht jedenfalls die *Faustinianlegende* – die mit ihren lehrhaften Einlagen rund ein Sechstel des ganzen Werks bestreitet – auf die *Pseudoklementinen* zurück; es ist die weitverzweigte Familiengeschichte um den sagenhaften Kaiser Faustinian, Bruder des Claudius, den Apostel Petrus und den späteren Papst Clemens.

Seit den frühchristlichen Apostel- und Märtyrerakten ist die Legende ein Sammelbecken antiker, weltliterarischer Erzählmotive. Die Legende ist der wichtigste Weg antiken Roman- und Novellengutes ins christliche Mittelalter. Sie arbeitet ihrerseits dem mittelalterlichen Roman vor, mit dem sie die heilsmäßig-biographische Linie (Vita) mit den drei Etappen von Vorleben, Prüfung und Triumph und schließlich die Möglichkeit lehrhafter Problematisierung teilt. Dabei kann eine volkstümliche von einer höfischen Linie unterschieden werden.

Die Legende hat aber auch an sich ihre große Zukunft in der Volkssprache noch vor sich, in den mit höfischer Verskunst präsentierten Legendenerzählungen des 13. Jahrhunderts und in späteren großen Sammlungen – drängt doch die Legende schließlich zu zyklischen Formen, für welche die *Legenda aurea* dann das große lateinische Vorbild wurde.

Neben den legendarischen Partien der *Kaiserchronik* sind aus den mittleren Jahrzehnten des 12. Jahrhunderts nur wenige, meist bruchstückhafte selbständige Legenden erhalten, alle ohne besonderen Rang. Die durch ihre unmittelbar biblisch-heilsgeschichtliche Verbindung wichtige *Veronikalegende* hat nicht nur in der *Kaiserchronik* und schon in der *Mittelfränkischen Reimbibel* ihre Aufnahme erfahren; ein niederrheinischer Dichter der zweiten Jahrhunderthälfte, der sich der Wilde Mann nennt, hat neben zwei didaktischen Gedichten auch eine *Veronika-Vespasianus-Legende* verfaßt. Die Sylvester-Geschichte der *Kaiserchronik* hat als *Trierer Sylvester* sehr rasch eine selbständige mitteldeutsche Umdichtung erfahren. Ferner erscheinen Legendentexte über Aegidius, Andreas, Albanus, Patricius, Veit, die später überaus populäre Margareta, schließlich Juliane. Als Gattung interessant ist die sogenannte Gegenlegende (Antilegende), in der *Kaiserchronik* durch Simon Magus, anderwärts durch Judas oder Ahasver vertreten; dazu gehört aus der Zeit von 1170 bis 1180 eine fragmentarische hessische Fassung der *Pilatuslegende*, die auch in die Zusammenhänge der Veronikalegende führt.

Eine Erwähnung an dieser Stelle verdient *Sankt Brandan*. Das mittelfränkische Original einer deutschen Brandanlegende aus der Mitte des 12. Jahrhunderts ist zwar verloren, aber aus verschiedenen Bearbeitungen des 13. bis 15. Jahrhunderts rekonstruierbar. Der heilige Missionar und Abt Brendan wurde früh zum Helden irischer Schiffererzählungen. Auf einer lateinischen *Navigatio Brandani* (um 1050) – Fahrt des Heiligen nach der Insel der Seligen – beruhen zahlreiche Texte der europäischen Volkssprachen. Abweichend davon wird in der genannten deutschen Tradition Brandan von Gott auf eine neun Jahre währende Meerfahrt geschickt, weil er nicht an die seltsamen Wunder der Schöpfung glauben wollte, von denen er in einem Buche gelesen. Die Fahrt beschert sie ihm in phantastischer Fülle: Riesenfisch und Meerweib, alle möglichen Fabelwesen, seltsame Inseln, Lebermeer und Magnetberg, Aufenthaltsorte von Büßern und Seligen. Bekehrt wendet sich der mönchische Odysseus wieder nach Hause zurück. Die geographische Exkursion führt zugleich zu den Stationen des Heils, Diesseits und Jenseits gehen ineinander über. Die Odyssee wird zur Läuterungsfahrt. Dennoch weist diese Ausweitung der Legende zur Reisegeschichte und ihr großer Erfolg auf eine Curiositas hin, die wie im *Alexanderroman* und im *Herzog Ernst* auf die Weite des Irdischen gerichtet ist und das Wunder zum Abenteuer werden läßt.

### 3. „Alexanderlied“ und „Rolandslied“

Ungefähr gleichzeitig mit der umfassenden Chronik vom römisch-christlichen Reich erscheint in der deutschen Volkssprache auch die beherrschende Gestalt des dritten der Danielischen Weltreiche: Alexander der Große. Der griechische Welteroberer hat im Osten und Westen nie aufgehört, die Phantasie zu beschäftigen, und er ist auch außerhalb einer strengen welthistorischen Konzeption eine der vielfältigsten, häufigsten Bezugsfiguren des ganzen mittelalterlichen Denkens, Dichtens und Bildens. Alexanders Leute, die Mazedonier, werden schon von Otfrid und wieder vom *Anno*-Dichter als Vorfahren deutscher Stämme betrachtet. Die überaus komplizierte Entwicklungsgeschichte der antiken und danach der mittelalterlichen Alexander-Literatur historischer, sagenhafter, romanhaft-phantastischer Art läßt ganz verschiedene Aspekte hervortreten, und das Nebeneinander französischer und lateinischer Einwirkungen auf die deutsche Dichtung führt auch chronologisch zu einer gewissen Überschneidung der Auffassungen, ja zu inneren Widersprüchen. Alexander ist jedenfalls in der französischen wie der deutschen Epik der erste heidnisch-weltliche Held, und er bleibt über Jahrhunderte in immer neuen Darstellungen in allen Sprachen lebendig. Aus Deutschland allein gibt es bis zum 15. Jahrhundert gegen ein Dutzend Alexander-Dichtungen. Zunächst ist Alexander ein großer Protagonist der Weltgeschichte, wird aber allgemeiner zum Inbegriff menschlicher Größe, ja zum Übermenschen fast jenseits moralischer Bewertbarkeit, zugleich aber um so deutlicher auch der Inbegriff der Vergänglichkeit dieser Größe. Alexander ist nicht nur der große Kriegsheld und soweit irgendeinem Namen der Heldendichtung vergleichbar, er wird durch den Orientzug zum Abenteurer und Entdecker orientalischer Weltwunder bis hin zur Pforte des Paradieses, und in allem ist sein Leben beispielhaft für den Fürsten, nicht zuletzt auch darin, daß sein Lehrer Aristoteles heißt; zum Heldenepos, Geschichtswerk, Reiseroman tritt der Fürstenspiegel.

All dies ist schon in der antiken Alexander-Literatur

beisammen, vor allem dem *Pseudo-Kallisthenes*, einem im Vorderen Orient in nachchristlicher Zeit entstandenen historischen Roman. Im 4. Jahrhundert gab es davon eine lateinische Bearbeitung durch Julius Valerius, und vor allem wichtig wurde eine solche durch den Archipresbyter Leo von Neapel (10. Jahrhundert), die später in verschiedenen Erweiterungen als *Historia* (*Alexandri magni*) *de proeliis* kursierte. Dazu kommen noch Episodenwerke, vor allem das beliebte *Iter ad paradisum* (4. Jahrhundert?) und zusätzliche Nachrichten durch Historiker und Geographen.

Das älteste deutsche Alexander-Werk stammt vom selben Pfaffen Lamprecht, der in moselfränkischer Sprache eine predigthafte Dichtung über den Anfang des Buches Tobias hinterlassen hat. Die rund 1500 Verse seines *Alexanderliedes* (um 1150) stehen in der Vorauer Handschrift, ebenfalls in alttestamentlichem Zusammenhang, nach Salomon, den Jünglingen im Feuerofen, Judith, und der Dichter bezieht sich am Anfang ausdrücklich auf das Buch der Makkabäer; mit dieser Legitimation stellt sich das Werk als Geschichtsdichtung zur Ergänzung des biblischen Wissens dar, auch wenn es faktisch ins Romanhafte hinüberleitet. Dafür greift Lamprecht nun immerhin als erster bekannter Epiker auf ein franko-provenzalisches Vorbild zurück, einen Alberich von Bisinzo (Pisançon in der Dauphiné), von dem die 105 Anfangsverse erhalten sind. Lamprechts Werk schildert Alexanders Jugend und den Perserkrieg bis zur Perserschlacht in Mesopotamien, in welcher – gegen die Geschichte und die ganze Überlieferung – Darius erschlagen wird, worauf ein überstürzt wirkender Epilog die Erzählung schließt. Gerade die Beziehung auf Makkabäer 1,1 könnte diese Teilbehandlung des Stoffs erklären; Alexander interessiert hier noch nicht als der orientalische Wundermann. Dann hätten wohl auch Alberich und seine ersten französischen Bearbeiter nicht mehr geboten, Lamprechts Werk wäre ein gewolltes Teilstück, dem ein Abschreiber ein Notdach aufgesetzt hätte. Anderseits spricht Lamprecht mit Alberich von der Vanitas aller irdischen Dinge im Sinne von „Salemones pûch", und dies würde, auf Alexander bezogen, den Gedanken an das ganze Leben des Helden voraussetzen. Wesentlich mehr als das Erhaltene hat aber Lamprecht so oder so kaum gedichtet; die späteren deutschen Bearbeitungen, die ein Ganzes bieten, haben für die Fortsetzung offensichtlich keinen Lamprechtschen Text mehr benützt, sondern vermutlich direkt lateinische Quellen. Auch bei seinem begrenzten Thema billigt man Lamprechts schwerfälliger, archaischer Nachdichtung wenig Gelingen zu; doch darf wohl ein Widerspruch zwischen der biblischen Vanitas-Lehre und dem Interesse für den Ausbildungsgang (sechs Lehrer, darunter Aristoteles) – die erste „pädagogische Provinz" in einer deutschen Dichtung – einerseits und der inneren Beteiligung an den heroisch-wilden Szenen der Belagerung von Tyrus auf der andern Seite nicht übertrieben werden. „louc er so leuge ich" – so betont Lamprecht von vornherein das Alibi einem Stoff und heidnischen Helden gegenüber, die für ihn objektiv gegeben, aber keineswegs vorbildlich sind.

Der *Alexander* Lamprechts ist nun aufgenommen in zwei späteren Werken, die das ganze Leben des Eroberers enthalten und vor allem den Zug nach Indien, ans Weltende und zum irdischen Paradies, die Rückkehr und den Tod des Weltherrschers mit allem Aufwand phantastischer Ethnologie und moralisch-erbaulicher Betrachtung berichten; zugrunde liegt eine Fassung der *Historia de proeliis,* die aber um weitere lateinische Quellen ergänzt war. Es handelt sich um den *Basler Alexander* und den *Straßburger Alexander,* zwei stilistisch sehr verschiedene Bearbeitungen eines verlorenen deutschen Urtexts, der seinerseits Lamprechts Torso fortgesetzt und ergänzt hatte. Die Basler Handschrift stammt erst aus dem 15. Jahrhundert, zeigt einen entstellten und mißhandelten Text, grundsätzlich aber den alten Bestand, wogegen der Straßburger Text (um 1170, rheinisch-hessisch) eine in stilistischer Hinsicht moderne höfische Bearbeitung von Rang darstellt.

Im ganzen hat die Alexander-Dichtung mit der Vielfalt ihrer Interessen und dem Mangel einer verbindlichen ideellen Linie Übergangscharakter und jedenfalls das Zeug zu einem „Volksbuch" während Jahrhunderten. Ihre Bedeutung um die Mitte des 12. Jahrhunderts liegt in der Präsentation einer Vorstellungswelt jenseits aller Grenzen des Abendlandes und weithin außerhalb der Reichsgeschichte, frei von den Rücksichten auf offizielle christliche Ordnungen. Auch wenn Alexander das „Reich" vertritt und die orientalische Wunderwelt, die er entdeckt, zu Gottes Schöpfungswundern gehört, so fasziniert hier doch das Phantastisch-Märchenhafte, das Unerhörte. Daß es in höherem Maß als heute für wirklich genommen wurde, ändert an der abenteuerlichen Öffnung der Horizonte nichts. Aufgrund einer zusätzlichen Quelle zur *Historia de proeliis*, Alexanders Brief an Aristoteles, lesen wir eine berauschende Schilderung von gefährlichen, merkwürdigen Tieren – vom Skorpion bis zum Elefanten und Affenmenschen –, hören über Wunderpflanzen und Wundervögel, so auch über den Phönix; der Erzähler führt Alexander und seine Leute in die überschwengliche Idylle bei den lieblich-willigen Blumenmädchen, die im Sommer aus Blumenkelchen hervorgehen und im Herbst dahinwelken; es folgt die üppige Einkehr bei der Königin Candacis, der Besuch bei den Amazonen. Nur im *Basler Alexander* finden sich die dem Mittelalter besonders teuren Episoden, die den Weltherrscher auch zum Eroberer des Luftreichs mit einem Greifenwagen und der Meerestiefe mit einer Taucherglocke machen – Erkenntnisdrang und Hybris wie bei Simon Magus und später bei Faust. Doch sind solche Abenteuer für den Helden weder notwendig, noch tragen sie bestimmte Frucht – sie bleiben wie der Held selber „wunterlich", bloß zum Erstaunen. Je mehr wir uns dem Ende der Welt, der Erdnabe und Himmelsachse, nähern, um so fragwürdiger wird denn auch Alexanders Größe. Schon der Königin Candacis unterliegt er in wenig rühmlicher Weise, und vollends die Reise zum Paradies wird zu einem Unternehmen reiner Hybris. Sie muß vor den Mauern Edens abgebrochen werden, und im Demutsstein, mit dem Alexander zurückkehrt, wird schließlich klar: „Ir waret unwise, / daz ir daz paradise / wandet irvehten" (7185 ff.). „Tumpheit", „hochmuot", vor allem „girecheit" (Gier) werden zu den eigentlichen Stichwörtern, und wenn auch Alexander darauf in sich geht und zwölf Jahre lang weise und „guoter mazen" regiert, so findet er doch seinen unschönen Tod an Gift und behält von seinem Weltreich nichts als die sieben Fuß Erde seines Grabs.

Die Ansätze zum kommenden Ritterroman sind im ganzen aber nicht zu übersehen: ein weltlicher Held im Glanz der Waffen und der Abenteuer, in verzauberter Landschaft, auf Wunderschlössern (Candacis erinnert an die Fee eines Artusromans), umgeben von Kostbarkeiten, auf dem Weg zu immer weiter gestecktem Ziel. Die Straßburger Fassung hat mit ihrer sprachlich-metrischen Verfeinerung und ihrem Organ für höfische Schicklichkeit vermutlich im Kreis von Eilhart und Veldeke gewirkt, auch wenn die Richtung der Beziehungen umstritten ist. Darüber hinaus lassen sich direkte Anregungen für einzelnes belegen, so vielleicht für Wolframs Bild des Grals. Der Alexanderroman bleibt aktuell; lateinisch erfährt er die Erhöhung zum makellosen, neoklassischen Epos in der *Alexandreis* des Walther von Châtillon, deutsch die große Ausgestaltung durch Rudolf von Ems, und es folgen, um nur noch das Wichtigste zu nennen, im späten 14. Jahrhundert der *Große Alexander* und schließlich die Prosafassungen, alles unbeschadet der Tatsache, daß inzwischen Marco Polo schon längst die Grenzen der Erde bis nach China erweitert hatte.

In der *Kaiserchronik* ist Karl der Große, als Gründer des Heiligen Reiches Deutscher Nation, die vollkommenste Verkörperung der Idee des christlichen Kriegs- und Friedensfürsten, der eigentliche Mittelpunkt der Reichsgeschichte. Seine Gestalt war in der französischen Heldensage unreflektiert lebendig geblieben, in Frankreich und Deutschland aber immer wieder auch von der politischen Ideologie umworben worden. Sein Name wurde ins Feld geführt für ein mächtiges französisches Königtum, für den Kampf gegen die Heiden im Kreuzzug, für ein Weltreich deutscher Nation – wie schon Otto III. ließ Friedrich Barbarossa die Gebeine des Kaisers exhumieren, und der staufische Gegenpapst Paschalis III. sprach ihn 1165 heilig. In die Zeit solcher neuen Glorie Karls des Großen fällt das ohne Zweifel monumentalste Werk der deutschen Geschichtsepik, das deutsche *Rolandslied.* Es wurde um 1170 in Regensburg geschrieben, von einem Pfaffen Konrad im Dienste des Herzogs von Bayern, Heinrichs des Löwen. Dessen Interesse an dem Stoff, den ihm seine Gattin Mathilde, Tochter Heinrichs II. von England und der Alienor von Aquitanien, vermittelt hatte, lag im Wunsch, die eigene Abkunft von Karl und den eigenen imperialen Herrscherrang zu demonstrieren. Eine so späte Datierung war bis zu Kartschokes Nachweisen immer wieder angezweifelt worden – das Werk schien allzu altertümlich für diese Zeit. Kommt man von *Alexanderlied* und *Kaiserchronik* her oder denkt man gar an die fast gleichzeitigen frühhöfischen Romane, so erscheint das Werk in der Tat von unwahrscheinlicher Simplizität, Wucht und Klarheit im Sprachstil, in der Idee, im Aufbau. Es war in seiner Zeit reaktionär, huldigte über alle konkrete geschichtlich-politische Problematik der Zeit hinweg dem Traum eines heldenhaft-christlich-feudalen Kaisertums und Reichs, das es so längst nicht mehr gab. Fast nur hier tritt in Deutschland eine christliche Heldenepik in Erscheinung, wie sie im althochdeutschen *Ludwigslied* sich angekündigt hatte, dann aber offenbar nur in den französischen Chansons de geste mit ihrer karolingischen Heldenwelt sich entwickeln konnte. Das deutsche *Rolandslied* ist denn auch nichts anderes als ein Ableger des französischen Nationalepos, nach eigener Angabe Konrads zuerst lateinisch, danach erst deutsch bearbeitet. Dieser lateinische Filter ist wohl symptomatisch: Noch ist die Übertragung aus dem Französischen nicht selbstverständlich, und vor allem wird das französische Epos durch diese Bearbeitung ideell überprägt und umorientiert. Das großartig wilde, kriegerische und doch wieder lyrische und hinreißend gläubige Nationalgedicht wird zu einem heilsgeschichtlichen Gedicht von Reich und Christenheit; der Kampf ums Gottesreich, die Kreuzzugsidee tritt deutlicher hervor; die Nachdichtung verbreitert, distanziert, ist gleichmäßiger und überschaubarer. Der Vergleich ist allerdings nicht ohne weiteres möglich, da Konrads Vorlage mit keiner der erhaltenen Fassungen der Chanson identisch war.

Durch das Zurücktreten der naiveren und spontaneren Züge und die schärfere ideelle Struktur wirkt die deutsche Dichtung nicht weniger archaisch als ihr so viel älteres Vorbild, ja sogar härter und spröder. Sie stellt gerade in ihrer Verspätung das reinste Beispiel strengen „romanischen" Literaturstils dar. Im ganzen wie im einzelnen liegt der Schwerpunkt in der Mitte; wie Bogen an Bogen fügen sich die szenisch oder im Gedankenablauf gerundeten Bauteile aneinander, die Parataxe bestimmt den Satzbau, das symmetrische Gegenüber der heidnischen und der christlichen Position, die Szenenfolge und die innere Ordnung – alles ist Ausdruck einer im ganzen ruhenden, „räumlich"-statisch, nicht in logischen oder kausalen Abläufen sich darstellenden Welt.

Die „wârheit" will der Dichter schreiben „von eineme tûrlichem man, / wie er daz gotes rîche gewan: / daz ist Karl der cheiser". Doch ist dieser Held des Werks derart der Repräsentant eines ins Überzeitliche gehenden Reichs, daß er zwar am Anfang handelnd in Erscheinung tritt – auf Gottes Befehl zieht er gegen die Heiden in Spanien und ordnet hier in Krieg und Verhandlung das Reich, um Roland als Statthalter zurückzulassen – und wieder am Schluß als der Rächer in der Schlacht und der Richter über den Verräter erscheint. Doch das eigentliche Schicksal des geschichtlichen Helden wird vollzogen durch die Paladine, Olivier, Turpin und vor allem Roland, in der großen Vernichtungsschlacht von Runzeval, welcher die zentrale Partie des Werkes gilt. Karl der Kaiser, Hort der Macht und Gerechtigkeit, nimmt zwar, vor allem am Verrate leidend, an der Geschichte teil, aber reicht ins Zeitlose; seine Funktion ist von ungeheurer Statik, im Kontrast zu den Untergängen und Aufschwüngen der heroischen Protagonisten. Episch-archaisch ist die ungebrochene Einheit der Helden mit sich selbst, mit ihrem schicksalhaften Auftrag. Wichtiger aber als ein Zusammenhang mit germanischer Heroik ist dabei der alles durchziehende Bezug zum Überzeitlichen, bei aller Geschlossenheit des Agierens die stete Offenheit dieser ewigen Dimension:

Si waren helde vil guot,
der keiser was mit in wol behuot.
Si waren kuske unde reine,
den lip furten si veile
durch willin der sele.
Sine gerten nichtis mere,
wan durch got irsterbin,
daz himilriche mit der martire irwerben.

(75 ff.)

(Sie waren gewaltige Helden, / der Kaiser war mit ihnen wohl versehen. / Sie waren zuchtvoll und rein. / Den Leib führten sie feil / um der Seele willen. / Sie begehrten nichts mehr, / als für Gott den Tod zu finden, / das Himmelreich mit dem Martyrium zu erwerben.)

Allerdings ist dieser Himmel so nah über der Erde, daß die Grenzen verschwimmen. Wie selbstverständlich reicht der sterbende Roland seinen Handschuh dem himmlischen Lehnsherrn, der ihn durch seinen „vrone bote" entgegennimmt (6891). Religiöses und feudales Dienst-Lohn-Verhältnis sind identisch. Turpin ist Kriegsheld und Bischof zugleich – das Verhältnis des Reichs zur Kirche ist kein Problem; im Gegensatz zur *Kaiserchronik* bleiben Figur und Amt des Papstes in der Welt des *Rolandsliedes* überhaupt beiseite: Zwischen Held und Heiligem, Heldenlied und Legende schwindet der Unterschied; der Krieger ist Gottesstreiter, im Tod erreicht er die Glorie des Märtyrers. Nach dem Muster eines kirchlichen Hymnus feiert Turpin vor der Schlacht den kommenden Tod:

„Wir werden hiute geboren
zu der ewigen wunne:
hiute werden wir der engel kunne,
hiute sculen wir frolichen varen,
hiute werden wir liutere westerparn; ...
wir werden hiute enphangen
mit dem engelsange
zu den himilischen eren.
Hiute gesehe wir unseren herren:
da piren wir iemir mere fro."
Si sungen: gloria in excelsis deo.

(5264 ff.)

(„Wir werden heute / zur ewigen Freude geboren: / heute werden wir den Engeln verwandt, / heute sollen wir fröhlich dahinfahren, / heute werden wir reine Taufkinder; / ... / wir werden heute / mit Engelgesang / zu den himmlischen Ehren empfangen. / Heute erblicken wir unsern Herrn: / da sind wir für immer froh." / Sie sangen: Gloria in excelsis Deo.)

Der Verkehr zwischen Gott und seinen Getreuen geht fast selbstverständlich über die Grenze von Erde und Himmel hinweg, wie nur je in der Geschichte des Gottesvolkes im Alten Testament. Immer wieder ist auf alttestamentliche Prototypen verwiesen; Karl ist mit Salomon und David verglichen, und die Reihe wird im Epilog ausgedehnt auf den Auftraggeber des Werks, Herzog Heinrich. Darübergeprägt aber ist das neutestamentliche Vorbild: Karl und die zwölf Paladine, unter denen einer der Judas ist; der Tod Rolands ist nach dem Tod Christi stilisiert.

Ein individuelleres menschliches Interesse kann nur außerhalb dieser strengen heilsgeschichtlichen Typologie Platz greifen. Wie so oft in der Epik wird der Sünder, hier der Verräter Genelun, mit differenzierteren Mitteln als die Helden, nämlich in seinem Schwanken, seiner Schwäche gezeichnet; und wie eine Oase in dieser Welt wirken die zwei Frauenfiguren: die bekehrte Heidenkönigin Brechmunda und Rolands Braut Alda, deren jungfräulicher Tod an gebrochenem Herzen zur grausamen Bestrafung Geneluns kontrastiert.

Die Karlsepik bleibt seit dem *Rolandslied* ein Element des deutschen Erzählgutes. Der Stricker lieferte eine höfische Überarbeitung; der *Karlmeinet* ist im Anfang des 14. Jahrhunderts eine große Kompilation zu einer umfassenden Lebensgeschichte; Chroniken und Volksbücher schließen sich an.

# IV. NEUE WELTLICHE ERZÄHLFORMEN IM LATEINISCHEN

Bibel und Glaubenslehre, Weltgeschichte und Legende sind zwar, strenggenommen, die einzigen legitimen Erzählgegenstände, doch läßt sich damit natürlich die wachsende Neigung (und auch Notwendigkeit) einer „weltlichen“ Erzählung nicht unterdrücken. Auch wenn davon in unserem Zeitraum in deutscher Sprache und in selbständiger Form wenig erscheint – abgesehen von der mündlichen Heldendichtung –, so kennt doch die mittellateinische Literatur aus antiken und orientalischen Quellen eine reiche Fülle internationalen Guts von Schwänken, Fabeln, Anekdoten, novellistischen und legendarischen Geschichten in verschiedenster Form. Davon kann uns hier freilich nur das interessieren, was in den kommenden Epochen, und zwar zuerst einmal im Hochmittelalter, für den Aufbau einer volkssprachlichen Erzählkunst wichtig wird, und vor allem, was durch eine gewisse Grundsätzlichkeit der ideellen Haltung und durch die Tendenz zur anspruchsvolleren Großform einen konstruktiven Beitrag zur besonderen Formenwelt des Mittelalters liefert. Wir meinen damit eine Erzählkunst, die in aktuellen Bezug zur Gesellschaft und zum Geist ihrer Zeit getreten ist und damit bei aller absichtslosen „Weltlichkeit“ ihre wichtige Funktion in einer christlichen Kultur besitzt, als Auseinandersetzung mit den natürlichen menschlichen Gegebenheiten außerhalb des sakral-heilsgeschichtlichen Bereichs. In diesem Sinn erscheinen im lateinischen 11. Jahrhundert größere Formen moralisch-satirischer oder lehrhafter Erzählung, in denen teils die Vorstufe, teils das Gegenbild zu den großen volkssprachlichen Romanen des ritterlich-höfischen Idealismus zu erkennen ist. Wir verfolgen damit ein Stück weiter die Suche des Mittelalters nach einer zeitgemäßen Erzählwelt, nachdem weder die germanische Heldensage noch ihre humoristische Brechung (*Waltharius*), noch eine christliche Variante in der Chanson de geste, noch die großen Geschichtsdichtungen eine echte Lösung bringen konnten.

## 1. Tierepik

Zu den eigentümlichsten literarischen Erfindungen des Mittelalters gehört nun jene in lateinischen, französischen und deutschen Werken über Jahrhunderte hin lebendige, geschlossene Welt der Tierepik, in der sich so etwas wie eine eigene Mythologie mit festen Helden, stereotypen Eigenschaften, Geschehnissen und Schauplätzen darstellt, der selbständige Versuch einer repräsentativen Großerzählung, in der das weltliche Thema durch die Transposition ins Tierreich zugleich lächerlich entwertet ist (als Anti-Heldendichtung, die noch bei Goethe den Hexameter liebt) und doch zugleich eine unterhaltsame, verzauberte Welt eröffnet wird.

Von der sozusagen mythologischen Geschlossenheit der Tierdichtung war Jacob Grimm fasziniert, wenn er sie als „notwendige", urtümliche, einheimische „Volkspoesie" verstand, „gebunden ... an einen unerfundenen und unerfindbaren Stoff". Diese romantische Auffassung nahm die „Tierfabel" in den ganz verschiedenen Formen von Tiermärchen, -sage, -epos oder äsopischer Fabel einheitlich als Zeugnis eines ursprünglichen Zustandes der Menschheit, wo die Brücke zwischen Mensch und Tier noch breit, die Verwandlung des einen ins andre naheliegend und die Sprache eines jeden dem andern verständlich war. Gewiß liegt diese primitive Schicht noch oft zutage. Die Bereiche des Aberglaubens, des Sprichwort- und Metaphernschatzes, der Buchornamentik, der Plastik, des Wappenwesens, der Legende zeigen die mächtige Rolle des Tiers im seelisch-geistigen Haushalt des Mittelalters. Wir wissen auch von einer ganz unbeschwerten Tierliebe und Tierfreude, die dem alltäglichen Gefährten, Diener und Opfer in Haus und Hof, Jagd und Krieg gegolten hat. Auch im biblisch-christlichen Weltbild ist die Beziehung des Menschen zum tierischen Geschöpf ein wichtiger Aspekt seiner eigenen Heilsgeschichte; der Herr habe selbst, sagte Karl Müllenhoff, die Geistlichen auf die Tierfabel als Erzählmöglichkeit hingewiesen. In der Bibel ist das Tier seltsam zwielichtig: einerseits der ältere Bruder des Menschen, der die Schöpfungsordnung gewahrt hat, gottnaher, unschuldiger Vermittler einer dem Menschen verlornen Macht, in der Legende der Helfer des Heiligen, mit Ochs und Esel anwesend zu Bethlehem, geheimnisvoll gegenwärtig bei Jesus in der Wüste (Mk. 1,13); anderseits ist der Mensch dem Tier zum Herrn gesetzt und ist dieses mit aller Kreatur in den Fall des Menschen verwickelt; es kann gerade zum Zeichen dämonischer Gefallenheit und Bedrohung werden – so ist vor allem die Tierdarstellung der romanischen Plastik aus Liebe, Faszination und Schrecken gemischt. Im *Physiologus* wird die Tierwelt schließlich zum Symbolalphabet heilsgeschichtlicher Wahrheiten.

Die eigentliche Leistung des Tierepos wird nun aber weder von jener Grimmschen Auffassung als Volksmythus getroffen, noch ist die Symbolkraft christlicher Vorstellungen dabei besonders beteiligt. Wenn es auch auf dem Hintergrund der mannigfachen Beschäftigung der mittelalterlichen Phantasie mit dem Tier zu sehen ist, so ist das Tierepos doch eine höchst literarische Schöpfung, aus antikem Erbe, d. h. der äsopischen Tierfabel heraus entwickelt. Und diese war nicht einfach Tiergeschichte oder eine Geschichte mit Tieren, sondern bereits die Tarnung einer moralischen oder politischen Absicht, auch wenn die Gestalten der Fabel – Fuchs, Löwe, Bär usw. – ein gewisses Eigenleben gewannen. Der hinterhältig-spielerische Tarncharakter eignet auch dem Tierepos; wie die äsopische Fabel – angeblich von einem Sklaven erfunden – bleibt es meist außerhalb des Religiösen und im moralisch-politischen Bereich und behält einen satirischen, entlarvenden Charakter, eine Weltsicht von unten, komisch-heiter, noch öfter aber desillusionierend bis zum Destruktiven. Doch gerade dadurch wird sie so bedeutend im Gattungsgefüge der hochmittelalterlichen Erzählung.

Ansätze zur literarischen Ausgestaltung, Allegorisierung oder Politisierung der äsopischen Tierfabel sind schon in einer literarisch-geselligen „Tiermaskerade“ am Hof Karls des Großen und dann in ein paar Gedichten des 9. und 10. Jahrhunderts festzustellen („Widder“ des Sedulius; „Metrum Leonis“). Der entscheidende Schritt zur Großform aber erfolgt erst gegen die Mitte des 11. Jahrhunderts in dem vielschichtigen Dichtwerk der *Ecbasis captivi*. „Der Ausbruch eines Gefangenen“, per tropologiam, d. h. allegorisch dargestellt, ist das Thema dieses überaus reizvollen und rätselhaften, satirischen und verspielten Textes, der heute auf 1043–46 (oder: vor 1039, Knapp) datiert wird; sein Autor stellt sich vor als bartloser Jüngling und mit dem Klosterleben zerfallener Mönch aus der Stadt Toul; der Dichter war wahrscheinlich deutscher Muttersprache und bezieht sich jedenfalls auf die politischen Verhältnisse des deutschen Reichs unter Konrad II. und Heinrich III. Lothringen erscheint hier als Heimat des Tierepos, das auch späterhin in den deutsch-französischen Grenzgebieten vom Elsaß bis zu den Niederlanden zu Hause ist.

Als Publikum und zugleich wichtigstes ironisch-satirisches Objekt erscheint die klösterliche Gemeinschaft, vielleicht aus Anlaß einer – allerdings überaus aufwendigen! – österlichen Unterhaltung (Gompf). Schon der Aufbau dieses kleinen Epos aus 1229 Leoninern ist überaus kompliziert. Wie die Zwiebelschalen ordnen sich Rahmengeschichten um eine Innenfabel, den eigentlichen tierepischen Kern. Durch weitere Einlagen – etwa den durch Amsel und Nachtigall am Hof des Löwen vorgetragenen, schmerzerregenden Gesang über Leben und Leiden Christi –, durch Illusionszerstörungen, Anspielungen auf gelehrtes Wissen sowie auf persönliche und politische Zustände der Gegenwart wird das Bild erst recht verwirrt, um so mehr als der Text weithin mosaikartig aus antiken Zitaten zusammengesetzt ist (250 Verse stammen aus Horaz, andere aus Prudenz und den lateinischen Bibelepikern) und in der Fülle seiner ironischen und selbstironischen Brechungen den Leser befremdet. Eine horazische Satire, ein Mischgedicht, will das Werk ausdrücklich sein; als ludus, nenia, carmen nugatorium sucht es sich zu entschuldigen, und als harmlose Schülerarbeit wird, ähnlich wie beim *Waltharius,* ein literarisches Wagnis getarnt.

Einzigartig ist die autobiographische Einkleidung: Ein junger Mönch in einem Kloster, das ihm wie ein Kerker erscheint, verfaßt zur Selbstkasteiung, Besinnung und Buße diese dichterische Arbeit. Er bedenkt sein unbefriedigendes Leben, die Versuchung, zu vagieren oder in die Freiheit zu fliehen, die vertane Zeit, die Möglichkeit einer Umkehr. Und so erzählt er, nachdem er verschiedene andere Kunstformen verworfen hat, die Geschichte eines Kalbes, das mutwillig in die Freiheit floh, in die Klauen des Wolfes geriet und beinah gefressen worden wäre, hätten es nicht die treuen Mitbewohner seines Stalls noch rechtzeitig befreit und zur Mutter zurückgebracht. Ob diese Ecbasis (die Rahmengeschichte) ein abschreckendes Beispiel oder die verschlüsselte Darstellung eines wirklichen Vorganges war (der Autor also selbst das Kalb), wissen wir nicht. Die Suche aber nach der Ausdrucksform, unter dem Druck einer persönlichen Not, eines Willens zu Selbstheilung und Selbsterkenntnis, überzeugt; der Blitz dieses Bewußtwerdens, der „autobiographische Moment“, ist unvergeßlich ins Bild gefaßt: Der Gefangene schaut durchs Fenster ins Freie, wo die Leute in Kornfeld und Weinberg gemeinsam, nützlich und freudig arbeiten, und wird seiner selbst damit als „truncus sterilis“ (unfruchtbarer Stamm), als „miser vitulus“ (jämmerliches Kalb) gewahr. Im Blick in die Welt erkennt der Erzähler sich selbst. Einen Augenblick lang ist ein autobiographischer Antrieb der weltlichen Großerzählung, die vor ihrer Entwicklung zu ganz neuen Formen steht, sichtbar.

Diesem Aufbruch entspricht das Thema. Es geht in der Tat um ein „Abenteuer“ des Kalbes, eine ersehnte und gewagte Begegnung mit der Freiheit, um eine echte Ausfahrt, wie sie dann, im Grunde nicht viel anders, die Helden der Artusromane vollziehen. Damit gehört die *Ecbasis* auch in die Vorgeschichte des Romans, und das gilt, auch wenn das Abenteuer schließlich als gefährliche Verirrung, als bloßer Seitensprung verurteilt wird.

Die Geschichte des Kalbes dient nun aber als Rahmen für eine umfänglichere Innengeschichte. Der Wolf erzählt, während seine Burg von den Genossen des Kalbs unter Beratung durch den Fuchs belagert wird, die Vorgeschichte ebendieser Burg; d. i. die bleibende Kernfabel der mittelalterlichen Tierepik: die Heilung des kranken Löwen durch die Haut des Wolfes auf Anraten des Fuchses (eines Vorfahren des Fuchses der Außenfabel). Da sie am Hof des Königs der Tiere spielt, eignet sie sich zum Mittel, möglichst viele weitere Tierfiguren und Episoden heranzuziehen. Und diese Welt erhält Struktur, indem sie nach menschlichem Vorbild ihre Ordnungen der Sitten und Zeremonien, des geselligen, politischen und religiösen Lebens erhält. Vor allem die Innenfabel gilt damit nicht so sehr einem Geschehen als einem breit und behaglich entfalteten, drollig-komplizierten Hof-, Rechts- und vor allem Klosterleben.

Die Weltordnung, wie sie sich hier zeigt, ist allerdings erschreckend: Sie besteht aus Heuchelei, Intrige, gefräßiger Dummheit, Tücke und Brutalität. Und dies ist um so abstoßender, als mindestens teilweise an einen geistlichen Hof gedacht ist, Wolf und Fuchs sich als Mönche geben und der Vortrag geistlicher Gesänge eine große Rolle spielt. Menschliche Einrichtungen und Haltungen werden als tierisch entlarvt – das ist doch wohl das Fazit dieses gelehrten Scherzes. Weltliche Erzählung ist satirisch, bevor sie dann im ritterlichen Roman idealistische Gesellschaftsbilder entwirft. Und es bleibt prinzipiell die Funktion der Tierepik, desillusionistischer Gegentypus zur höfischen Erzählung zu sein.

Die spätere Geschichte des Tierepos sei bereits hier skizziert. Die volle gestraffte Form eines klassischen Epos erreicht die Tierdichtung – deren volkstümliche Formen zunächst unfaßbar bleiben – ein Jahrhundert später in den 7 Büchern des großartigen *Ysengrimus* (um 1148?) Der Verfasser, der Magister Nivardus aus Gent, steht auf der Höhe der Bildung seines kühnen Jahrhunderts, mit dem Blick auf die französische und deutsche (flämische) Kultur, aus deren Überlieferungen er auch für seine Dichtung schöpft. Stofflich verfügt er offenbar bereits über einen reichen Fundus an „Tiersage“, an einer nun auch in den stehenden Eigennamen verfestigten Tiermythologie. Die Komposition ist symmetrisch: Die drei mittleren Bücher spielen am Hof des Löwen, wo auch nach Vergilischem Muster ein Teil der Vorgeschichte nachgeholt wird, und zwar wiederum mit einer Einlage. Der Dichter macht die Auseinandersetzung von Fuchs und Wolf konsequenter zum Leitgedanken, den Wolf selber zum Helden, so daß die Episodenreihe eine Art Vita Isengrimi darstellt, der aus einem Scheinmönch und Einsiedler zum alten, grauen Ausgestoßenen der Tierwelt wird und eine düstere Größe gewinnt. In einer vom Dichter vermutlich selbst erfundenen Schlußszene findet der Held seinen schauerlichen Untergang durch eine Herde von Wildschweinen bzw. Nonnen unter der Führung der riesenhaften alten Sau Salaura. Man hat nach einer späteren Bezeichnung von „Isengrimes nôt" gesprochen, und in der Tat mag man hier den travestierten Schluß eines tragischen Heldenepos erkennen. Totenklage und Grabschrift fehlen sowenig wie in der *Ecbasis.*

Bei der überlegenen Straffung und Objektivierung des Werks sind allerdings das autobiographische Element und die religiöse Allegorie verschwunden. Die Tierwelt hat autonome erzählerische Würde erhalten. Das heißt aber auch, daß das Tierepos nun nur noch eine verlorene, völlig vertierte Menschenwelt zeichnet. Der *Ysengrimus* ist eine an ironischer, höhnischer Schärfe unüberbietbare Satire auf die kirchlichen Mächte der Zeit, vor allem das Mönchstum, aber auch die Geistlichen überhaupt, die Bischöfe und selbst den Papst. Auf der zunächst humoristisch-allegorischen Erzählung vom Wolfsmönch, dem Wolf im Schafspelz, wird das Tierepos zu einer einzigen rabiaten antigeistlichen Invektive – zum Vergnügen zynischer Geistlicher selbst oder gebildeter Laien (der Fuchs wird als Laie gezeichnet).

Doch ist nun kaum zu erkennen, in wessen Namen dieser Angriff eigentlich erfolgt. Die beinahe einzige Stelle, die man früher als ein persönliches, positives Bekenntnis auffassen konnte – das warme Lob zweier mit Namen genannter Äbte der Zeit –, hat sich ebenfalls als blutiger Hohn herausgestellt. Die Tötung des alten Recken durch die Wildschweinherde ist als Messe gegeben, mit Gesang und Glockengeläute, stiller Beichte und Friedenskuß, Introitus, Epistel und Stufengebet – eine einzige Orgie des Hohns und der Grausamkeit. Das Klima der Erzählung ist Ironie, Sarkasmus und elegante Niedertracht. Der Dichter selbst wie seine Geschöpfe bedienen sich in Schilderung und Argumentation einer geradezu qualvoll-unerbittlichen Dialektik. Die Dialoge werden zu bösartig geschliffenen Wortkämpfen. Drohung, Gier, Mordlust entfalten sich dabei in sentenziösen und zeremoniösen Formen, es gibt keine Gemeinheit, für die der Sprecher nicht eine wohltönende und verbindliche Argumentation vorbrächte: „Et nihil est quod non mentis acumen alat" – Nichts ist, was nicht die Schärfe des Geistes nähren könnte. Da wird – in der Renaissance des 12. Jahrhunderts – das Tierepos zur Tarnform, in der sich das Abenteuer einer gebildeten Ruchlosigkeit und einer höheren Libertinage künstlerisch ausdrückt. Alles läuft auf einen pessimistischen Schicksalsglauben hinaus. Eine blinde, bösartig-tückische Fortuna regiert (III,1–30):

Posse perire vetat, velle perire facit.

(Sie verbietet uns unterzugehn, zwingt uns aber, untergehn zu wollen.)

Die lateinischen Geschichts- und Huldigungsepen der Zeit wird man sich wiederum als Gegenbilder denken dürfen.

Die volkssprachlichen Formen, die in der zweiten Hälfte des 12. Jahrhunderts nun faßbar werden, müssen nach dem *Ysengrimus* einen Abstieg bedeuten. In Nordfrankreich erscheint Tierepik – ein Zeichen ihrer lebendigen Verbreitung – in einzelnen „branches", d. h. selbständigen Episoden, die dann im 13. Jahrhundert eine lockere Verkettung zum *Roman de Renart* erfuhren. Aufgrund einer nicht mehr genau eruierbaren Vorlage hat aber ein deutscher Dichter aus dem Elsaß – vermutlich zur Zeit Heinrichs VI. – den eigentlichen Schritt zum Roman vollzogen, Heinrich der Glichezaere (der „Gleisner", wie er wohl irgendwie nach seinem Helden genannt wird) mit seinem über 2000 Verse umfassenden *Reinhart Fuchs* (alte Fragmente und zwei Handschriften einer späteren Bearbeitung des deutschen Texts). Die beträchtlichen Abweichungen von den französischen Branchen lassen sich als bewußte und systematische Änderungen der deutschen Dichtung verstehen. Heinrich bietet eine bewußte Komposition: vier mißglückte Streiche des schlauen Reinhart mit kleineren Tieren, dann erst die breite Folge der Abenteuer mit Isegrim, gipfelnd in Krankheit und Heilung des Löwen und im Triumph des Fuchses. Eindeutig ist dieser der Held geworden, anstelle des doch irgendwie noch heroischen Wolfs ist es der skrupellose Schelm. Aber der wird noch nicht wie später dann ohne weiteres bejaht oder gar mit der Koseform „Reinke" belegt. Die Satire ist grimmig, sie zeigt den Triumph des Bösen, der Untreue – über andere Bosheit und andere Untreue. Episoden wie die Heiligsprechung des Huhns, das von Reinhart totgebissen wurde, mit der Travestie eines Kanonisationsverfahrens, oder wie die ausdrückliche Verhöhnung des höfischen Minnedienstes in der Szene, da Reinhart die Gattin Isegrims öffentlich schändet, mag man noch im Sinne der französischen Vorlagen als bloße Frivolitäten auffassen. Es sind aber vor allem die neuen, selbständigen Schlußepisoden, in denen sich die Aggressivität des deutschen Dichters ungehemmt zeigt. Nicht nur, daß der Hofstaat des Löwen an sich in seiner Dummheit und Korruptheit entlarvt und zum erstenmal der Herrscher selbst, der an einer Ameise im Ohr erkrankt ist, lächerlich erscheint: der triumphierende Fuchs liquidiert am Schluß nicht nur den Wolf, sondern läßt auch die meisten andern Tiere schinden oder verstümmeln. Der Elefant wird König in Böhmen, wo man ihn aber verprügelt, und ähnlich ergeht es dem Kamel, welches zur Äbtissin des Klosters Erstein im Elsaß ernannt wird. Zu guter Letzt wird der König selbst von Reinhart durch Gift getötet:

Er kerte sich zu der wende,
do nam der kunic sin ende:
sin houbet im endreu spielt,
inneune sich sin zunge vielt.
(2241 ff.)

(Er kehrte sich zur Wand, / da nahm der König sein Ende: / Sein Kopf zerbrach in drei Stücke, / seine Zunge zerteilte sich in neun.)

Hier sind bestimmte Adressen gemeint, und zwar offenbar die staufische Herrschaft. Es geschähe dies im Namen eines reaktionären Hochadels und zugleich gegen skrupellose soziale Aufsteiger wie eben Reinhart (Schwab, Kühnel). Systematisch geht jedoch das recht rohe Werk kaum vor. Immerhin besitzt der *Reinhart Fuchs* einen bedeutenden literaturgeschichtlichen Stellenwert. Gleichzeitig mit den frühen Werken einer höfischen Erzählkunst meldet sich, bei einem Dichter unbekannten Standes, eine reaktionäre Gegenwelt, ein Stil des groben, illusionslosen Realismus. Das ist noch vorhöfisch – man kann an Heinrich von Melk denken –, und zugleich arbeitet es in vielem der nachhöfischen Haltung vor, spätmittelalterlichem Geiste mit seiner Vorliebe für die entlarvende Komik des Vitalen.

Die letzte Erfüllung – von Goethes Wiederaufnahme abgesehen – wird im mittelniederdeutschen *Reinke de vos* vom Ende des 15. Jahrhunderts zu besprechen sein, einem behaglichen Panorama verbürgerlichter und sozusagen vermenschlichter Tierwelt, die nun mehr im Zeichen des Humors als der Satire oder gar der Allegorie steht. Die Tiersatiren des 16. Jahrhunderts aber stehen in anderer Tradition oder nähren sich wieder direkt aus der Fabel, die im Spätmittelalter lebendiger als je wiederaufgeblüht ist.

## 2. Der erste Roman

Es gibt kein anderes Werk, das den literarischen Aufbruch in Deutschland nach der Mitte des 11. Jahrhunderts deutlicher markiert als der *Ruodlieb* – der älteste Roman des Mittelalters, ein Werk freier Erfindung. Es ist wiederum eine „Ecbasis“, aber nun das positive Unternehmen, durch ein erzählerisches Abenteuer hindurch, einem neuen weltlichen Ideal zugewandt, zum Aufbau eines vorbildlichen Daseins zu gelangen.

Für die Forschung ist es wieder ein verzweifelter Fall: zerstückelte Fragmente aus dem Kloster Tegernsee, dazu ergänzend das kurze Bruchstück einer Abschrift aus St. Florian, insgesamt über 2300 leoninische Verse, davon ein Teil unvollständig. Wieviel noch existiert hat, ist unbekannt, die Reihenfolge der Stücke z. T. strittig, ebenso die Frage einer Nachwirkung. Die Tegernseer Handschrift ist wohl die Urschrift des Dichters, aus der zweiten Jahrhunderthälfte.

Mehr als hundert Jahre vor den ersten höfischen Romanen wird hier die Geschichte von der Laufbahn eines jungen miles erzählt, eines (adligen) Ritters, der nach dem Tod des Vaters vielen Herren vergeblich gedient hat und nun Hof und Mutter verläßt, um in der Fremde sein Glück zu suchen. Ein klassischer Auszug des Ritters, jedoch noch nicht freiwillig. Am Hof eines mächtigen und edlen Königs macht er sich nützlich und beliebt durch allerlei Künste (Jagd, Schach, Musik) und vor allem als Diplomat beim Abschluß eines klugen und großherzigen Friedens seines Herrn mit einem überwundenen „kleinern“ König. Zum Dank und Abschied erhält er Geschenke und dazu zwölf Ratschläge auf den Lebensweg – eine Mischung aus grundsätzlichen Lehren und praktisch-volkstümlichen Maximen: keinem Rothaar zu trauen, keine Saatfelder zu betreten, in keinem Haus zu nächtigen, wo ein alter Gastgeber eine junge

Frau besitzt, keine trächtige Stute auszuleihen, nicht die Eigenmagd zu heiraten, in jedem Gotteshaus am Weg zu beten usf. Ein Teil mindestens der entsprechenden Situationen tritt im folgenden prompt ein, so auf der Heimreise die Begegnung mit einem bösen Rothaarigen, der im Dorf, wo man übernachtet, eine schlimme Ehebruchsgeschichte mit der jungen Frau eines alten Mannes anzettelt. Später sind wir auf einer Burg, wo Ruodlieb – so heißt schließlich der Ritter – zusammen mit einem Neffen eine verwandte Dame und deren Tochter besucht und wo sich eine Reihe reizender geselliger Szenen abspielt. Dann die Heimkehr zur Mutter, Bewirtung, Auspacken der Geschenke. Und nun scheint eine zweite Handlung anzulaufen: die Suche der passenden Braut. Leider erweist sich, daß eine vom Familienrat empfohlene Kandidatin ein bedenkliches Vorleben hat, und so überbringt ihr der Bote anstelle der Brautgeschenke das Strumpfband, das sie bei einem Kleriker verloren hatte. Doch eine letzte Serie von Bildern führt den Helden dem großen Glück entgegen; Ruodliebs Mutter sieht im prophetischen Traum ihren Sohn im Kampf mit Bären und Wildschweinen, dann sieghaft im Wipfel einer Linde, des Lebensbaums, umgeben von Bewaffneten, während eine Taube geflogen kommt und ihm eine Krone aufsetzt. Schließlich lesen wir, wie ihm ein Zwerg prophezeit, er werde zwei Könige, Immunch und dessen Sohn Hartunch, im Kampf überwinden, deren Goldschatz gewinnen und dazu die Erbin ihres Reichs, die pulcherrima virgo Heriburg. Hier tragen die Figuren nun endlich Namen.

In dieser überaus dichten, mit heiterm Gleichmut, in hart versifizierter mittellateinischer Umgangssprache vorgetragenen Folge von Bildern und Ereignissen ist uns fast alles neu und rätselhaft und nur aus einer Vielzahl benützter Traditionen erklärbar. Die Grundkonzeption wird später wiederkehren im Artusroman, vieles auch in der Jugendgeschichte Tristans: Der vaterlose Held muß die Mutter verlassen, Mann werden, durch seine ritterliche Ausfahrt im Abenteuer der Welt begegnen und sich selber finden. Der Held ist dabei die mannequinhafte Figur, der typische Tugendbold noch der neuzeitlichen Entwicklungsromane, der möglichst viel an Erfahrung zu speichern und an Können vorzutragen hat. Wie in den klassischen Artusromanen sind dabei offenbar zwei Fahrten, zwei Abenteuerkreise zu unterscheiden: die erste Runde, die den Aufstieg und Eintritt in die Gesellschaft bringt, vielleicht auch ein bloß scheinhaftes Glück, die zweite Runde dann die eigentliche Bewährung, ja die Überwindung jenes bloßen gesellschaftlichen Konformismus. An den *Parzival* erinnert dabei das kompositionelle Motiv der Ratschläge als schematischer Grundriß für das Fortschreiten der Handlung. Der Auszug des Jungen, der anhand solcher Ratschläge oder Gaben die ihm gestellten Prüfungen mit fast automatischer Sicherheit besteht und am Schluß eine Königstochter bekommt – das ist verbreitete Märchenmotivik; doch ist sie hier in den Dienst ideell gesteuerter Romandichtung genommen, nicht anders als später im Artusroman. Nur können wir dieses mittelalterliche Märchen an sich kaum fassen, da es schon immer irgendwie überlagert oder problematisiert begegnet. Der Schluß wiederum – Traum der Mutter, Zwerg, Hortgewinnung, Königstochter, die Namen – führt mindestens zum Teil in die Welt der Heldensage. Auch diese Tradition ist aber – ob nun eine Ruodliebsage anzusetzen wäre oder nicht – nur beschränkt, in bestimmter Funktion benützt: sie bezeichnet die Rückkehr ins große epische Dasein.

Und die romanhafte Verwertung solcher Motive an sich? Da muß der Blick zurückgehen zu den ältesten Phasen des europäischen Romans in Hellenismus und Spätantike. Wir sind auf seine Nachwirkung in den legendarisch verkappten Erzählungen der *Kaiserchronik* gestoßen (Crescentia u. a.). Für den *Ruodlieb*-Dichter kommen zwei Werke als Anreger in Frage: eine Fassung des *Alexanderromans* und vor allem der im Mittelalter geschätzte *Apollonius von Tyrus,* der im 10. Jahrhundert teilweise in Verse gebracht wurde und in Tegernsee zu unserer Zeit nachweislich bekannt war. Hier lassen sich schmale motivische Parallelen wahrscheinlich machen: so der überraschenderweise als afrikanisch bezeichnete Schauplatz (der sonst eher oberbayrisch anmutet), die große Bedeutung des unterhaltenden Details von allerlei Merkwürdigkeiten, die unbeirrbare Vorbildlichkeit des Helden in Moral und geselligen Kunstfertigkeiten.

So steht, grob gesehen, der *Ruodlieb* auf dem Wege, der vom Märchen (eventuell unter Mitwirkung antiker Romanformen) zum Ritterroman führt. Für die motivische und ideelle Ausstaffierung im einzelnen ist mit mannigfachen Anregungen aus Bibel und Legende, Lehrdichtung, Satire und Hofpoesie zu rechnen.

Wesentlich ist der neue konstruktive Wille, die Entfaltung eines persönlichen und gesellschaftlichen Ideals in einer neuen, offenen Form. Noch handelt es sich um keine exklusive Standesethik wie im höfischen Roman, wohl aber um den Einbezug weltlichen Ritterdienstes in die umfassende sittliche, geistliche Ordnung. So kann denn auch ein umfassendes Bild zeitgeschichtlichen Lebens gegeben werden: der landjunkerliche Hof der Eltern, das Gut der Verwandten, das Dorf mit seinen bäuerlichen Typen und seinem Rechtsleben, der Königshof und seine Gesellschaft in Krieg, Jagd, Unterhaltung, Diplomatie, alles geregelt nach genau beobachteten Bräuchen und Zeremonien. Es gibt überhaupt keine andere Schilderung der Zeit, die vergleichbar wäre. Daß das alles vorbildhaft stilisiert, nach literarischen Mustern und gelehrten Reminiszenzen überformt ist, tut der „Wirklichkeitstreue“, der Freude an bunter, weltlicher Vielfalt keinen Abbruch. Ein ähnlicher „Realismus“ (der ja auch nur eine literarische Form ist) ist erst wieder im 13. Jahrhundert möglich, wenn auch unter anderem Vorzeichen. Der Bildungsroman der ritterlichen Klassik scheint dagegen nur in der entrückten Phantasiewelt der Artusepik möglich zu sein.

Der sozialgeschichtliche Hintergrund ist nicht leicht zu fassen. Ruodlieb, der Held, vertritt zweifellos eine sich aus dem agrarischen Bereich lösende Schicht des Adels, die im Dienst des Königs zu Ehren kommt. Das Bündnis von Königtum und niederm Adel liegt auf der politischen Linie der Salier, Konrads II. und vor allem Heinrichs III. Zum Geist des salischen Hofes gehört auch die Politik des Gottesfriedens, die Bemühung um die Unterdrückung der privaten Fehden, wie sie vom *Ruodlieb*-Dichter vor Augen geführt werden. Auch andere Indizien legen nahe, daß der *Ruodlieb*-Dichter, auch wenn er ein Tegernseer Mönch war, den kaiserlichen Hof im Auge hatte oder für ihn schrieb.

Man kann dennoch den *Ruodlieb* als ein Werk benediktinischen Geistes ansprechen. Er ist dies einmal allgemein mit dem maßvollen und genauen Sinn für die Vielfalt des Geschöpflichen, der sich in den locker und behaglich aneinandergereihten Episoden kundtut. Immer wieder erscheinen dabei kleine Tierszenen (zahme Dohlen und Stare, Tanzbären, ein kluger Hund, das Pferd, eine kleine exotische Menagerie), nie symbolisch oder satirisch gedacht, sondern als eine Art ornamentaler Fries, der den schöpfungsfrommen Helden in der Begleitung seiner ihm mannigfach verbundenen Mitkreaturen zeigt. Ein Entscheidendes kommt hinzu: die seit Odo von Cluny feststellbaren Bestrebungen „auf Erziehung und Verchristlichung des weltlichen Adels“ (W. Braun). Der „miles christianus“ ist nicht mehr eine bloße Metapher für den geistlichen Streiter, sondern meint nun auch den wirklichen Ritter, sofern er wie hier zum Träger der christlichen Tugenden der pietas, der virtus oder der clementia geworden ist. In Odos Geraldusvita wie später dann in der Georgs- oder Wilhelmslegende kann der Ritter als solcher, ohne äußere Weltabkehr, zum Diener Gottes und zum Heiligen werden. Der Adel hat sich als Tugendadel zu legitimieren – was im Aufstieg des Helden vorgeführt wird. Der Dienstgedanke lebt auch aus christlichem Ethos, das Kriegertum tritt zurück. Anderseits bleibt die Sphäre des Klosters und der Kirche fast völlig aus dem Bilderbuch des *Ruodlieb* fern. Würde sie hier störend und stillos wirken, oder ist sie einfach vor dem Ausbruch des Investiturstreits kein Problem?

Im Vergleich mit den späteren Romanen wirkt der *Ruodlieb* überaus maßvoll, heiter und geheimnislos, ohne die phantastischen Lockungen und das innere Gefälle des späteren Artusromans. Und dazu gehört wohl auch der größte Unterschied: das Fehlen des Minnegedankens im *Ruodlieb*. Die Liebe ist weder Antrieb noch Ziel, noch überhaupt Problem. Der Eheschluß ist ein wohl zu überlegender ökonomischer Akt. Die Liebe als innerste Sehnsucht, als Medium der Weltbegegnung und Selbsterfahrung ist um 1050 noch nicht entdeckt. Für die weibliche Welt steht maßgebend noch die Gestalt der Mutter, von welcher der Ritter auszieht, zu der er vorübergehend heimkehrt, die den prophetischen Traum träumt, die nicht wie Herzeloide beim Auszug Parzivals sterben muß. Daneben, außerhalb des tugendhaften Helden, ist allerdings das erotische Thema mit vergnüglichem Interesse behandelt, aber keineswegs im Sinn höfischer Minne. Mehrere Frauengestalten – die junge Sünderin im Dorf, auf dem Schloß der Verwandten die herilis, das junge Fräulein, das in raschem Einverständnis sich dem Neffen Ruodliebs verlobt, schließlich die Geliebte des Klerikers. Von dem Brautpaar auf dem Schloß verabschiedet sich der Dichter mit den etwas skeptischen Worten: Ob sie glücklich geworden, was geht es mich an? Man könnte in der Reihe dieser Frauengestalten allerdings auch Vorläuferinnen der freien und aktiven Frauen erkennen, wie sie vor dem eigentlichen Minnesang die früheste deutsche Liebeslyrik zeigt, als eine erste Form der ritterlichen Konzeption der Liebe. Vielleicht, daß etwas davon am Schluß mit Heriburg deutlicher geworden wäre.

# V. VOM ZEITLIED ZUM HISTORISCHEN UND LEGENDARISCHEN ROMAN

## 1. Heldenlied, Zeitlied, historisches Lied

Das althochdeutsche *Ludwigslied* fasziniert als ein Stück christlicher Heldendichtung; bald nach dem besungenen Ereignis entstanden, ist es zugleich „Zeitlied“ und erfüllt, im Dienste des Gefeierten, eine politische Funktion. Das Fortleben eines solchen Erzählliedes wäre denkbar, und wie die alte Heldendichtung meist einen geschichtlichen Kern besitzt, muß überhaupt in der christlich-mittelalterlichen Welt eine „Helden“-Sage, eine „Helden“-Dichtung aufgrund auch der neueren Ereignisse möglich sein. Um diese Gattung von der Heldendichtung aus germanischer und karolingischer Zeit zu unterscheiden, ist aufgrund eines einmaligen alten Belegs der Terminus „Sagelied“ geprägt worden. Faktisch sind uns solche Lieder fast ganz verloren, doch kann ihre Existenz mit Sicherheit aus zahlreichen chronikalischen Zeugnissen und eventuell Bearbeitungen sowie auch in Analogie zu den historischen Liedern des Spätmittelalters erwiesen werden. Dieses weltliche Erzähllied geschichtlich-politischen Charakters, nach welchem wir somit fragen, wird schließlich wie das Heldenlied auch als Keimzelle größerer epischer Formen zu sehen sein.

Das einzige erhaltene, aber wohl nicht gerade typische Beispiel ist das lateinisch-deutsche Mischgedicht aus der berühmten Sammlung der Cambridger Lieder (11. Jahrhundert), *De Heinrico* genannt, 8 Strophen zu drei oder vier knappen Otfrid-Zeilen, die im Anvers lateinisch sind, mit dem Abvers aber den Gedanken deutsch fortsetzen. (Solche Mischformen, scherzhafte künstlerische Auswertung faktischer geistlicher Schul- und Umgangssprache, bilden später eine gewisse Tradition in der Vagantenlyrik.) Der Bayernherzog Heinrich wird vom Kaiser Otto empfangen, sie begrüßen sich feierlich, besuchen den Gottesdienst, und Heinrich wird von nun an Ottos erster, hochgeehrter Ratgeber. Von den verschiedenen in Frage kommenden Begegnungen steht im Vordergrund das Treffen Ottos III. mit Heinrich dem Zänker von Bayern an einem Hoftag des Jahres 995. Das Lied hat offenbar ein bestimmtes politisches Ziel im Dienst Heinrichs und ist kaum von der konkreten Situation losgelöst denkbar. Anderseits gilt es einem Thema, das sich in der mittelalterlichen Reichsgeschichte in verschiedenen Formen immer wieder ergab: Auseinandersetzung der Fürsten (speziell Welfen) mit dem Reich oder zwischen kaiserlichen Vätern und ihren abtrünnigen Brüdern, Söhnen, Stiefsöhnen. Literarisch erscheint es im *Herzog Ernst,* in einer anekdotisch geformten Einlage über den unbotmäßigen Bayernherzog Adelger in der *Kaiserchronik* (6624 ff.) oder auch noch in der Novelle des Konrad von Würzburg über *Heinrich von Kempten.* Die persönliche Antipathie des Hörers gilt da überall dem Kaiser, aber seine schließliche Rührung doch der Versöhnung im Zeichen des Reiches.

Doch auch über andere Personen und Ereignisse sind länger nachlebende Lieder bezeugt: über Adalbert von Bamberg, der vom Erzbischof und Reichsverweser Hatto von Mainz 906 umgebracht wurde, über die tapferen Bischöfe Ulrich von Augsburg (gest. 973) und Benno von Osnabrück (gest. 1092) oder, mehr anekdotisch-balladesk, über den populären Churzibolt, d. h. den Grafen Kuno von Niederlahngau (gest. 948). Man wird hier mit der ganzen Spannweite von anspruchsvoller Tendenzdichtung bis zum rein Unterhaltsamen, vom Zeitstoff bis zur „Sage“ rechnen müssen; als mögliche Träger solcher Überlieferung wird man berufsmäßige Spielleute nicht ausschließen, auch wenn gerade *De Heinrico* mit seinem Latein auf einen geistlichen Verfasser weist. Seit der Karolingerzeit sind immer und immer wieder Spielleute als Vermittler und wohl auch Dichter einer weltlich-mündlichen Kunst belegt. Gerade ein analphabetisches Publikum bedarf des berufsmäßigen Sängers, der von Fall zu Fall natürlich in verschiedenen Funktionen, mit verschiedenem Rang auftritt und gegenüber den Geistlichen und ihrer Dichtung nicht exklusiv und scharf abgrenzbar ist.

## 2. „Herzog Ernst" und „König Rother"

Faßbar werden uns solche Traditionen erst gesteigert und verwandelt in einem Werk epischer Großform, das man bereits als heroisch-politischen Roman bezeichnen kann. *Herzog Ernst* – das ist ein ganzer Komplex erschließbarer und erhaltener, liedhafter und epischer, poetischer und prosaischer, lateinischer und deutscher Werke, die unter sich zusammenhängen; es ist eine der langlebigsten Dichtungen des deutschen Mittelalters. Die älteste greifbare Fassung sind Fragmente einer mittelfränkischen Dichtung (A, spätestens 1187); das Ganze erscheint erst in der dehnenden, modernisierenden Bearbeitung B (um 1210), wozu später noch tiefer eingreifende Fassungen des 13. und 14. Jahrhunderts kommen, ferner ein strophisches Lied, eine deutsche Prosa, die mehrfach gedruckt wurde, und vor allem auch drei lateinische Versionen in Vers und Prosa. Alles Erhaltene geht irgendwie auf A zurück, doch schließt dies eine lateinische Vorlage von A (Mitte 12. Jahrhundert?) nicht aus, und hinter dieser wären wieder deutsche Lieder und gelehrte lateinische Quellen zu vermuten.

Die deutsche „Kernfabel" erzählt von der Empörung des Herzogs Ernst von Bayern gegen seinen kaiserlichen Stiefvater Otto, der Ächtung und der Wiederversöhnung am Weihnachtsfest in Bamberg. In der Fabel und den Namen haben sich offensichtlich zwei geschichtliche

Vorgänge verschmolzen: die Empörung Liudolfs von Schwaben gegen seinen Vater Otto I. (953) und die tragisch endende Auflehnung Ernsts von Schwaben und seines Freundes Wernher von Kyburg gegen seinen Stiefvater Konrad II. (1027); Gedanken an neuere Konflikte ähnlicher Art mochten hinzukommen. Was in nicht mehr faßbaren Zeitliedern oder „Helden“-Liedern über diese Empörer überliefert war, wurde vermutlich schon in einer lateinischen Vorlage von A – in bezeichnendem Ineinander von volkstümlicher und geistlich-gelehrter Kunst – zur politischen Reichsdichtung und weiter zum Abenteuerroman entwickelt. Der geächtete Ernst unternimmt mit seinen Getreuen eine Kreuzfahrt und wird sogleich in die orientalische Wunderwelt verschlagen, wie sie uns aus den Geschichten Sindbads, aus antikem Reiseroman und phantastischer Kosmographie vertraut ist: in die Wunderstadt der Kranichschnäbler, zum Magnetberg, zu Plattfüßen, Langohren, Pygmäen und Riesen (die Quellenverhältnisse sind im einzelnen noch ungeklärt). Der Heimgekehrte versöhnt sich mit dem Kaiser, der Diamant aus dem Magnetberg ziert jetzt als berühmter Solitär die Kaiserkrone. Die Einheit und Größe des Reichs wird gerade aus dem Abenteuer der Empörung und der Fremde zurückgewonnen. Von „heldes noeten“, von „arbeit“ derer, „die in fremden richen / dicke sorclichen / varent durch vermezzenheit“ (um ihre Kühnheit zu beweisen), ist die Rede, aber mit neuer Wendung auch von der aktiven Abenteuerlust des Ritters:

mich lustet vil sere
daz ich hin wider kere
und die burc baz (besser) besehe,
swaz halt mir darinne geschehe.
(2485 ff.)

Was bei Alexander noch Welteroberung im Dienst des Reichs ist, erfolgt hier außerhalb des Reichs, ja gegen dieses. Doch anstelle der Phantastik des kommenden Artusromans steht hier noch die geographische Wunderwelt der Schöpfung. Es fehlt vollkommen das Thema der Minne, und die höfische Pracht des Orients wird im Grunde mit Skepsis betrachtet. Die Emanzipation, die Aventiure wird zurückgebogen in die Ordnung des Reichs; der Roman durchstößt den heilsgeschichtlichen Rahmen noch nicht, auch wenn er in gewissem Sinn weltlich, politisch geworden ist.

Erstaunlich, wie da in einem ältern Werk, dem einzigartigen *König Rother* (um 1160?; eine Handschrift 12. Jahrhundert, Fragmente dreier weiterer Handschriften), die Bindungen sich bereits stärker gelöst haben, so daß freier und unbekümmerter mit verschiedenartigem motivlichen und gedanklichen Erbe geschaltet wird. Es ist nicht zufällig wohl ein rheinischer Dichter, doch muß er – in unserer Fassung – für ein bayrisches Adelspublikum gewirkt haben. Er erzählt in altertümlich-schlichten, aber keineswegs stereotypen Versen auf knappem Raum seine heitere und spannende, an Gestalten und Vorfällen, Stimmungen und Peripetien reiche Geschichte. Weit und bunt ist der Schauplatz: Er reicht von Bari, der Residenz des als christlich-römischen Kaisers gedachten Rother, über Byzanz, wo der grausame und mißgünstige Konstantin herrscht, bis zu den Völkern Ymelots von Babylon, der das oströmische Reich im Rücken bedroht. So ist, gegenüber dem frühmittelalterlichen Binneneuropa, die offene, aktuelle, moderne Welt gegeben und zugleich wieder die Mittelmeerwelt des antiken Romans, im Hin und Her zwischen Westen und Osten. Dennoch ist auch hier das Reich als letzte Instanz festgehalten: Rother will, um die Erbfolge zu sichern, heiraten und wirbt um die schöne Prinzessin von Konstantinopel (sie ist trotz allem noch keines Namens würdig). Doch die Boten werden ins Gefängnis geworfen. Da bricht Rother mit wenig Begleitern, unter dem

Namen Dietrich, „in recken wis“ nach Byzanz auf, tritt in die Dienste Konstantins und entführt schließlich mit List und Tapferkeit die Geliebte. Doch dieser ersten Runde folgt eine zweite: Nachdem Konstantin durch trügerische Kaufleute die junge Königin zurückgeraubt hat, fährt Rother mit mächtigem Heer ein zweites Mal nach Konstantinopel, wo er eben zurecht kommt, unter dramatischen Umständen den Kaiser von seinem babylonischen Feinde Ymelot zu befreien und die Gattin zurückzugewinnen; mit Byzanz versöhnt, kehrt er zurück, bei der Landung schenkt sie ihm einen Sohn, Pippin. Wieder tritt der geschichtliche Rahmen hervor: Rother ordnet sein Reich (dem 72 Königreiche zugehören), sein Sohn feiert später in Aachen die Schwertleite und übernimmt die Herrschaft, um sie dereinst seinem Sohn, Karl dem Großen, zu übergeben, während Rother und seine Frau ins Kloster gehen. So bedarf die Erzählung offenbar noch der Legitimation als geistliche Geschichts- und Reichsdichtung. Ob darüber hinaus, hinter solcher „Verfremdung“ ins Vorkarolingische, noch zeitpolitische Anregungen und Tendenzen stehen (die Werbung Rogers II. von Sizilien um eine byzantinische Prinzessin, Anliegen des bayrischen Adels, der durch Übernahme einer Reihe von Namen geehrt wird), ist umstritten, ebenso, wie sich dabei die staufische Karls-Ideologie zu den welfischen Belangen verhält. Es könnte sich nur um zusätzliche Assoziationen handeln, sofern man wenigstens im Kern einen echten Heldensagenstoff ansetzt. Und darum kommt man wohl nicht herum. Die *Thidrekssaga* enthält eine Erzählung von der Werbung des Königs Osantrix von Wilkinaland, die eng verwandt mit dem ersten *Rother*-Teil, aber wohl nicht von diesem abhängig ist; und weiter zurück kommt immer noch in Frage die von Paulus Diaconus erzählte Geschichte von der Werbung des Langobardenkönigs Authari um eine bayrische Prinzessin, wobei später für den Namen Authari der bekanntere des großen Königs Rothari eingetreten wäre.

Das ideelle Gerüst des *Rother* wird man also nicht strapazieren dürfen. Was dominiert, ist die bunte, bewegte Erzählung: die Geschichte einer Brautgewinnung, wie sie in Märchen und Heldendichtung, Ballade und Roman allgemein beliebt ist, in verschiedenen und schwer trennbaren Typen der friedlichen Werbung bzw. der Entführung durch List oder Gewalt oder heimliche Flucht. Es ist die Liebeserzählung, wie sie einer noch rein episch-objektivierenden Stufe entspricht und wo das Liebesgeschehen nur faßbar ist als Auseinandersetzung von Macht, Ehre und Bewegung im Raum, ohne sagbare Innerlichkeit. Der hohe Reiz des *Rother* ist freilich, wie hier Heroisches – das sich vor allem noch im Motiv der Treue zwischen Herrn und Gefolgsleuten (als sogenannte Dienstmannensage) entfaltet – sich wandelt zu spielmännischer Freude an List, Verkleidung, Namentausch, Komik; zugleich wächst der Sinn für verfeinerte höfische Formen, zusammen mit westlichem Überlegenheitsgefühl über das düstere Byzanz, und nicht zuletzt wird ein intim Menschliches möglich. Dies vor allem in der berühmten Szene der Schuhprobe. Rother-Dietrich ist ins Gemach der Prinzessin bestellt worden:

Der herre zo den uvten gesaz,
vil schone sin geberre was.
Vffe sin bein saze sie den uot;
iz ne wart nie urowe baz geschot.
(2189 ff.)

Das Gespräch führt dazu, daß sich Rother entdecken darf:

Nu laz ich alle mine dinc
an godes genade ande din.
Ia stent dine voze
in Rotheris schoze.
(2251 ff.)

(Der Herr setzte sich ihr zu Füßen, / mit schöner Gebärde. / Auf sein Bein setzte sie ihren Fuß; / nie ward eine Dame besser beschuht. // Nun überlasse ich mich ganz / Gottes und deiner Gnade: / Ja, deine Füße stehen / auf Rothers Schoß.)

Die Brautwerbergeschichte ist im *Rother* gedoppelt, im Gegensatz zur einfachen Osantrix-Handlung, aber in Verwandtschaft zu *Salman und Morolf*. Solche Lust an der Wiederholung und Variation bedeutet nicht ein beschränktes Erfindungsvermögen bei unbeschränkter Erzählfreude, sie entspricht vielmehr dem analogischen und typologischen Ordnungsdenken; in strengerer und durchdachterer Methode bestimmt sie auch die Struktur des höfischen Romans (*Tristan*, Artusroman).

Wesentliches Element des munter-spannenden Erzählens ist schließlich die Komik, die sich aus Anlaß von Rothers riesenhaften Gefolgsleuten und ihrem ungeschlachten Benehmen am Hof zu Konstantinopel breit entwickelt, zugleich aber auch zur Charakteristik der Personen und der Atmosphäre ausgenützt wird. Das ist spielmännisch, wie immer man weltliche Berufsdichter und Geistliche an Entstehung und Vortrag des Werks beteiligen mag. Auch motivisch ist den Spielleuten vom Dichter große Sympathie gewidmet, Rother selbst tritt als Meister des Saitenspiels auf. Im ganzen aber ist schwer zu sagen, was man in diesem Werk als unernsten spielmännischen Synkretismus aus heroischen, historischen und schwankhaften Elementen ansprechen muß und wieweit gerade durch solche Mischung und Spannung einem höfischen Roman vorgearbeitet wird.

## 3. Legendenromane

Ein neuer Aspekt öffnet sich in einer Reihe von unterhaltenden Erzählungen spielmännischen Stils, welche nicht heroischen oder reichsgeschichtlich-politischen Stoffen gelten, sondern Legendarisches in gewagter Weise mit spielmännisch-phantastischen Brautwerber-Geschichten kreuzen; sie scheinen sich auch gegenseitig beeinflußt zu haben und nicht nur gattungsmäßig verwandt zu sein. Der von de Boor geprägte Name „Legendenromane“ ist wohl als vorläufige Etikette passender und konkreter als die hergebrachte – oft auch noch für *Ernst* und *Rother* verwendete – Bezeichnung „Spielmannsepik“. Die Verlegenheit der Forschung diesen drei Werken oder Werkgruppen gegenüber (*Oswald, Orendel* und *Salomon und Markolf*) ist groß, denn sie sind alle erst in Fassungen des 15. Jahrhunderts überliefert, und ihre ursprüngliche Gestalt läßt sich nicht wiederherstellen und nur schwer datieren, und doch lassen sie das ganze Problem „spielmännischer“ Dichtung akut werden. Es bleibt offen, wieweit hier „Dichtungen ohne Grundsatz“ vorliegen und wieweit kühne, problematische Versuche in einer bestimmten literatur- und geistesgeschichtlichen Konstellation (so Curschmann). Im allgemeinen siedelt man die ursprünglichen Fassungen zwischen geistlicher Geschichtsdichtung und höfischem Roman an und verteilt sie in den Zeitraum zwischen 1160 und 1190.

Oswald (*Münchener Oswald*, wogegen eine kürzere, spätmittelalterliche Fassung, der *Wiener Oswald*, starke Abweichungen zeigt): Der fromme englische Königssohn Oswald begehrt auf Anraten eines Engels die heidnische Königstochter Pamige zur Frau; als werbender Bote bei dem grausamen Heidenkönig dient ein wunderbarer Rabe, der seinen Auftrag unter abenteuerlichsten Zwischenfällen ausrichtet; Oswald macht sich selber mit 72 000 Kriegern auf und kann schließlich Pamige entführen; der Heidenkönig wird in gewaltiger Schlacht besiegt und darauf getauft; Oswald kehrt nach Hause; durch eine Erscheinung Christi gemahnt, läßt er seine Gattin fortan unberührt, beide gewinnen bald, von Engeln geleitet, das Himmelreich. – Das Geschehen hat mit der offiziellen Legende des auch auf dem Festland volkstümlichen Heiligen Oswald nur am Rande zu tun.

*Orendel:* Zunächst die biblische Vorgeschichte des nahtlosen Grauen Rocks Christi (der berühmten Trierer Reliquie); Orendel, Sohn des Königs von Trier, zieht aus, um Bride, Prinzessin von Jerusalem, zu gewinnen; nach langer Seefahrt, Seeschlacht und Sturm wird er zu einem Fischer verschlagen; im Bauch eines gefangenen Wals findet sich der Graue Rock; sieghaftes Auftreten Orendels bei einem Turnier in Jerusalem; die gelungene Ehe mit Bride wird auf himmlischen Befehl nicht vollzogen; Rückkehr nach Trier; darauf erneuter Auszug zu großen Heidenkämpfen und Wiedereroberung des Heiligen Grabes; das Paar geht ins Kloster.

*Salomon und Markolf* (*Salman und Morolf*): Ein strophisches Gedicht aufgrund jüdischer Salomonlegende, wobei Salomon aber als christlicher König von Jerusalem erscheint. Salman besitzt eine schöne Frau, Salme, eine getaufte heidnische Prinzessin. Fore, ein Heidenkönig, begehrt sie, verliert aber eine gewaltige Schlacht; doch Salme läßt sich betören und folgt ihm. Salmans Bruder Morolf, der eigentliche Held der Geschichte, teils edler Ritter, teils verschlagener, ja dämonischer Intrigant und Possenreißer, geht als Kundschafter ins Heidenland unter grotesken Listen und Abenteuern; mit Heeresmacht holt Salman seine Frau Salme zurück. Nach sieben Jahren wiederum Entführung Salmes, jetzt durch König Priscian; wiederum Rückgewinnung durch Morolf, der schließlich Salme im Bad tötet, worauf Salman eine glückliche Ehe mit Fores Schwester schließt. Die strophische Form („Morolfstrophe") gibt dem Werk seinen volksepisch-balladenhaften Charakter und damit einen gewissen Reiz. (Ein späteres Spruchgedicht stellt in Disputationen und Schwänken Salomon und Markolf einander gegenüber, den lächerlichen Weisen dem zynisch-unflätigen Realisten. Dieser

Text steht, nach lateinischer Vorlage, in der internationalen Tradition salomonischer Spruchliteratur, die bis tief ins 16. Jahrhundert hinein ihre Bearbeitungen als Prosa, Spruchreihe oder Fasnachtspiel – Folz, Sachs, Bletz – fand.)

Gemeinsam ist den drei Dichtungen der weite mittelmeerische Schauplatz – wie in *Ernst* und *Rother*, der Faustinianlegende der *Kaiserchronik* und weiter zurück im antiken Roman (der *Apollonius von Tyrus* hat wohl direkt auf *Orendel* eingewirkt). Die aus den weitgespannten Brautwerbe- und Entführungsaktionen hervorgehenden Kämpfe werden in die Kreuzzugswelt des 12. Jahrhunderts projiziert und zu Kämpfen zwischen Christen und Heiden gemacht. Das Brautwerbe-Schema erfährt dabei verschiedene Varianten: In Bride wird die Braut zur tatkräftigen Helferin, in Salme ist sie die bedenkenlose, schwache Ungetreue, ähnlich wie einst Helena. Kühn ist damit in *Oswald* und *Orendel* (die wohl auch ihren Ursprung und Zweck in einem bestimmten Heiligenkult haben) christliche Legendenstimmung vermischt, wobei Wunder, Zauberei und phantastisches Abenteuer schwer zu scheiden sind. Dennoch wird man das erbauliche Element ernst nehmen dürfen. Mit selbstverständlicher Zuversicht umfaßt und durchdringt es die neue Weltlichkeit, die sich in der *Kaiserchronik* nur unterschwellig gemeldet hatte. Der literarische Rang der ursprünglichen Schöpfungen ist kaum mehr zu bestimmen. Das Erhaltene hat die Kennzeichen „niederen Geschmacks“ (Ehrismann), ist voll Wiederholungen und Formeln, widersprüchlich, oft roh und sprunghaft. Dies braucht für die Fassungen des 12. Jahrhunderts nicht zu gelten, oder man darf in ihnen mindestens interessante Versuche vermuten, Subliterarisches in geistliche Konzeptionen einzubauen und dabei nicht zuletzt den Frauen und der Ehe oder Minne ihren Platz zu bestimmen. Eine vornehme Zukunft war solcher

Mischung nicht beschieden. Die höfische Gesellschaft bildete sich ihre eigenen Bildwelten aus, sie erst schuf einen Roman im vollen Sinne. Was sie allenfalls weiterhin liebt, ist die Szenerie von Mittelmeer und orientalischer Minne, wie z. B. in den Gahmuret-Feirefiz-Episoden von Wolframs *Parzival.*

## 4. „Graf Rudolf“

Der erste Vorbote eines ritterlichen Romans – noch im alten mediterranen Rahmen – ist der *Graf Rudolf*, Fragmente eines mitteldeutschen (niederrheinisch-maasländischen?) Werks aus der Zeit um 1170, eventuell später bis gegen 1185. Die Quelle war eine verlorene Chanson de geste, eine Nachwirkung ist nirgends feststellbar. Ein Graf Rudolf von Arras beteiligt sich an einem Kreuzzug, tritt dann in die Dienste des Sultans, gewinnt eine heidnische Prinzessin, die sich auf den Namen Irmengart taufen läßt; Trennung, Wiedervereinigung am Hof zu Konstantinopel, Flucht (?) des Paars durch den nächtlichen Wald. Ein ernsthaftes Zeitbild, aus der faktischen Kreuzfahrerwelt, ohne alles spielmännische oder geistliche Gehaben, wohl von einem Ritter knapp und nicht ohne Anmut erzählt. Was den Dichter vor allem interessiert, ist das Bild eines vorbildlichen jungen Ritters in kriegerischer oder in höfisch-schöner Umgebung, mit edlen Formen und den Tugenden der Treue, der Milde, der Tapferkeit; beim Vergleich des kämpfenden Ritters mit einem Falken denkt man an Parallelen des frühen Minnesangs:

wizzet ir wie der valke tud,
deme got hat bescheret
da er den lip mite generet (womit er das Leben fristet) . . .
daz herze ist ime so stolz . . . (F[b])

Eine kleine Ritterlehre ist auch hier schon enthalten. Bei aller Frömmigkeit überbrückt ritterliches Einverständnis die Kluft zu den Heiden und ermöglicht dem Helden, ehrenvoll auch auf seiten des Gegners zu kämpfen. Die heidnische Braut erscheint damit in neuem Licht. Erstmals entfaltet sich das Phänomen höfischer Liebe, wenn auch noch nach dem altertümlichen, leidenschaftlichen Typus:

Der greve hup uf unde sprach.
siner vrowen er do jach
warumme er wart so rot.
„vrowe, harte groze not
lid ich umme uwere minne.
alle mine sinne
han ich an uch gelazen.
ich minne uch ane maze
daz ich dar abe was na tot.
uwer minne tut mir groze not!"

(E)

(Der Graf begann zu sprechen. / Seiner Herrin verriet er, / warum er so rot geworden. / „Herrin, sehr große Not / leide ich aus Liebe zu Euch. / Mein ganzer Sinn / steht nach Euch. / Ich liebe Euch grenzenlos, / daß ich fast gestorben wäre. / Die Liebe zu Euch macht mir große Not!")

Aus dem Brautwerbe-Schema löst sich die Liebesgeschichte, aus dem Krieger- das Rittertum. Höchstes Maß ist das festliche „hochgezite" des Kaisers von Rom: man kann den *Graf Rudolf* als staufisches Werk ansprechen. In der Verbindung von Kreuzfahrerchanson und Liebesroman erinnert er von ferne schon an Wolframs *Willehalm*.

# DIE RITTERLICH-HÖFISCHE DICHTUNG DER STAUFERZEIT

# I. DER ANTIKISCHE ROMAN

## 1. Mittelhochdeutsche Klassik

Die stets als „klassisch", als „Blütezeit" empfundene Epoche der deutschen Dichtung des Mittelalters hat sich lange vorbereitet; ihr faktischer Beginn ist verhältnismäßig leicht und eindeutig zu bestimmen. Denn was uns seit den 1170er Jahren begegnet, ist in der Tat eine literarische Welt, die sich nach Sprache, Gattungsformen, Stoffen, nach Dichterpersönlichkeiten und Publikum von allem Vorangehenden klar abhebt. Sie vollendet sich in knapp zwei Generationen, ein unerhört kurzes Aufleuchten, dem ein Nachglühen von Jahrhunderten folgt. Erstmals tritt eine Schicht vornehmer Laien als Literatur-, ja Kulturträger auf, wobei sie eine autonome Ideologie entwickelt und in einer neuen dichterischen Bilder- und Gedankensprache zu ihrer eigenen Weltlichkeit steht, ja sich selber in festlichem Hochgefühl feiert. Wir sahen schon im *Ruodlieb* den Ansatz dazu. Das 12. Jahrhundert bringt, nicht zuletzt im Zusammenhang mit den Kreuzzügen, eine übernationale Elite hervor, neben der die Geistlichen ihr Bildungsmonopol teilweise verlieren, städtisches Bürgertum und Bauern aber noch kaum ein eigenes Kulturbewußtsein zeigen und jedenfalls im höfischen Blick nur als „vilâne" (vgl. frz. „vilain"!) oder gar nicht erscheinen. Mit „ritterlich" bezeichnen wir den allgemeineren, auch ideellen, mit „höfisch" den spezielleren gesellschaftlich-ästhetischen Aspekt des Phänomens.

Es sind sehr komplexe soziale, wirtschaftliche und politische Vorgänge, welche zu der neuen höfischen Gesellschaft und ihrer Standeskultur führen. Sicher scheint, daß es zunächst wenige große Höfe sind, an denen ein breiteres weltliches Publikum die Voraussetzung für die Pflege einer ideologisch neuartigen Dichtung bildet. Es ist anzunehmen, daß es sich dabei um die Integration einer neuen oder zahlenmäßig stärkeren Schicht von Leuten handelt, die in militärischer oder wirtschaftlicher Abhängigkeit oder in irgendeinem Beamtenverhältnis zum feudalen Herrn stehen und ein Interesse daran haben, an dem neuen vornehmen Selbstbewußtsein teilzunehmen und ihm Ausdruck zu verleihen. Man hat lange vom Dienstadel gesprochen und die aufsteigende Ministerialität zum eigentlichen Träger der höfischen Kunst machen wollen (Kluckhohn, E. Köhler). Nun sind die Verhältnisse zeitlich und regional verschieden und darüber hinaus auch terminologisch verworren. Es gibt arme und sehr reiche Ministeriale, arme und reiche freie Herren; es gibt hohen und niederen Adel, es gibt die gesellschaftliche oder die juristische Zugehörigkeit zu einem Stand. Das Wort „Ritter" (eigentlich „Reiter") und „Rittertum", das eine integrierte neue Gesellschaft zu treffen scheint, ist mehrdeutig. Es zielt mehr auf einen „Erziehungs- und Bildungsgedanken" als auf einen faktischen Stand (Bumke), und in diesem Sinne ist ja auch immer wieder der Begriff des Adels nicht nur vom Geblüt, sondern vom Ethos her begründet worden; der Begriff des Dienstes schließlich meint nicht nur ein rechtliches Verhältnis, sondern hat auch moralische und religiöse Implikationen – dies um so mehr, als mittelalterliches Analogiedenken die Bereiche unmerklich ineinander übergehen läßt.

Die Dichter selbst sind standesmäßig schwer auf einen Nenner zu bringen. Von den Liederdichtern der Manessischen Handschrift sind nur 10 bis 15 Prozent mit einiger Sicherheit als Ministeriale zu bestimmen (Bumke). Den Minnesang hat man sich *anfänglich* als selbstgeübte Kunst hoher Herren vorzustellen; für andere Gattungen der Lyrik und für die Erzählung ist vorwiegend mit „Berufsdichtern" zu rechnen, ohne daß deren Stand dabei eine Rolle spielt. Dies wiederum hängt damit zusammen, daß – wie immer auch sozialgeschichtlich mit verursacht – eine Literatur, ein Stil, eine Denkart unabhängig vom Stand ihres Trägers werden. Gewiß bleibt die höfische Literatur für Jahrhunderte maßgebend, weil sie den Interessen einer adlig-höfischen Gesellschaft entspricht; ebensosehr aber ist eine – von wem immer – geschaffene dichterische Welt bis zu einem hohen Grade autonom, an sich wie in ihrer weiteren Entwicklung, und darum werden oder sind von vornherein Begriffe wie „adlig“, „ritterlich“, „höfisch“ auch standesunabhängige Wertbegriffe. Schon bei der Entstehung begegnen sich beispielsweise klerikale und ritterliche Hofleute in ihren Interessen; vielleicht sind gerade Klassiker der höfischen Dichtung wie Chrestien oder Gottfried Geistliche gewesen. Nur so konnten die höfischen Ideale denn auch für die Bürger des Spätmittelalters weithin verbindlich bleiben.

Diese an den weltlichen Höfen des Kaisers, der Fürsten und auch kleinerer Herren gepflegte Kunst führt wohl zum erstenmal überhaupt zu einer volkssprachlichen Literatur im vollen Sinne, in Frankreich wie dann in Deutschland. Erstmals stellt sich Literatur als ein Organismus dar; die Dichter beziehen sich aufeinander, stehen auch z. T. in persönlicher Bekanntschaft, und es gibt – nach einem rheinisch-mitteldeutschen Vorspiel dann unter oberdeutscher Führung – nun auch bis zu einem gewissen Grad eine literarische Hochsprache über den Mundarten; es entsteht ein gewisser Kanon der großen Dichter und Werke, der über Jahrhunderte hin verbindlich blieb.

„Von Hohenstaufens Haus ... entsprang aus finstrer Nacht der ungewohnte Strahl“ – so hat der spätere Wiederentdecker dieser Dichtung, Johann Jakob Bodmer, schon 1734 gemeint: als staufisch ist die höfische Literaturblüte immer wieder angesprochen worden.

Doch ist es schwierig, darin mehr als eine chronologische Bestimmung gelten zu lassen. Nur im Bereich der Lyrik läßt sich mehrfach von staufischer Hofkunst reden, und umgekehrt erweisen sich die literarischen Interessen des Welfenhofs als konservativ. Doch die Abhängigkeit der deutschen von der romanischen Literatur verbietet es, allzu direkt von staufischer Dichtung zu sprechen; daß im Westen und Süden Deutschlands und im Umkreis der regierenden Dynastie eine größere Beziehung zur modernen internationalen Kunst besteht, ist im übrigen gegeben.

Hinter dem literarischen Ereignis steht eine weit umfassendere Bewegung, vor allem in Frankreich und insbesondere dem englisch-französischen Reich der Anjou-Plantagenet: die „Renaissance des 12. Jahrhunderts". Sie ist zunächst nur als ein Aufbruch aller vitalen Kräfte zu bezeichnen. Es ist eine unmittelbarere Frömmigkeit im neuen Orden der Zisterzienser (Bernhard von Clairvaux), aber auch in einer Vielfalt von spiritualistischen Bewegungen häretischer Art, und es ist der Aufschwung der Theologie und Philosophie der Frühscholastik mit ihren neuen dialektischen Methoden (Abaelard). Es ist eine Wiedergeburt der Antike, philosophisch in der Aneignung der Aristotelischen Schriften durch Vermittlung der jüdischen und arabischen Philosophie – literarisch in erneuertem Verständnis der klassischen Autoren, allen voran Ovids und Vergils, und allgemein im bewußten Versuch einer Bereinigung des Verhältnisses zur Antike in Verwandtschaft und Gegensatz. In der Schule von Chartres wird die Vorstellung geprägt, daß das christliche Hochmittelalter auf den Schultern des antiken Riesen stehe, ein Zwerg, aber weiterblickend, und somit sich als christliche Erfüllung der antiken Verheißung verstehen dürfe. Schließlich am sinnfälligsten die neue Formensprache der Gotik, die wie die dichterische Form des Romans von Nordfrankreich aus die Welt erobert. Überall anstelle etablierter Autoritäten und sakraler Präsenz des Heils eine leise, manchmal auch stürmische Unruhe und Bewegung, auf ein Ziel, ein Jenseitiges hin, Aufbruch eines neu entdeckten „Innern“, die Erfahrung eines Unterwegsseins, eine Suche, ein Wille zur Selbstverantwortung auch auf die Gefahr der Unsicherheit und des Irrtums hin. In alldem erwächst die ritterlich-höfische Dichtung, für Laien und meist auch von Laien verfaßt, zwar ein sehr schmaler Bereich begrenzter Motive und Formen und oft wohl, in ihrer phantastischen Idealität, ohne unmittelbare Beziehung zu einer vielleicht recht rohen Wirklichkeit, aber dennoch von weiter Repräsentanz und Strahlungskraft. Darin leitet sich das Rittertum selbst von der Antike her und schafft sich zugleich seine Symbole aus unerhörtem keltischen Märchenstoff.

„. . . aus finstrer Nacht der ungewohnte Strahl“ – man pflegt meist die ideale, humane Schönheitswelt der höfischen Dichtung als weltliche Emanzipation von der Finsternis des geistlich-asketischen Mittelalters aufzufassen. Und man spricht von einer hochmittelalterlichen „Synthese“, sofern die neue Weltlichkeit sich mit den christlichen Forderungen notgedrungen zu versöhnen sucht, in einem Ausgleich von Weltehre und Gotteshuld. Dafür kann man sich auf stehende Formeln der Zeit berufen. Dennoch geht es keineswegs um eine Synthese von Gegensätzen oder gar um irgendeinen Kompromiß, vielmehr um die Durchdringung eines neuen Weltbereichs durch den alten, nie angetasteten Glauben, oder doch um den Versuch, das menschliche Ich auch in seiner neuen Weltlichkeit als Gottes Geschöpf zu verstehen und sein irdisches Handeln in einer erweiterten christlichen und sogar außerchristlichen Menschheit zu begründen. Eine Weltentsagung des Ritters, der „Moniage“, ist freilich nicht mehr nötig – miles christianus zu sein ist schon seit dem *Ruodlieb* auch im buchstäblichen Sinne möglich, ja es gibt selbst den ritterlichen Heiligen (vor allem Georg in der hochmittelalterlichen Gestalt). So ist die Emanzipation, umgekehrt gesehen, zugleich ein missionarischer Vorgang, und die mannigfachen Versuche christlicher Interpretation des ritterlichen Lebens bilden den roten Faden in der Entwicklung des höfischen Romans. Es bleibt freilich ein Wagnis, ein Versuch, der gelingen oder scheitern kann. Denn gerade die Unsicherheit, das Wagnis, die Suche ist zur – ritterlichen – Voraussetzung des Glaubens geworden; die Gnade ist nicht das greifbar Präsente, sondern das Transzendente.

Die höfische Dichtung ist durchaus idealistisch; im Sinne des mittelalterlichen Ideenrealismus liegt ihr das Wirkliche im Allgemeinen, Geistigen, und sie bietet, vermutlich in starkem Kontrast zu der Alltagswirklichkeit, ein durchaus traumhaftes Bild und Vorbild des höfischen Daseins. Auch wenn das Erwachen zur seelischen Freiheit, zum Dasein aus spontanem, gnadenhaftem Innern zu ihren Grundmotiven gehört, so sucht sie doch keineswegs ein modern „Individuelles“, sondern arbeitet figurenhaft, denkt in Typen und typologischen Verhältnissen. Es geht nicht um ein Einmalig-Stoffliches in Menschen und Vorgängen, sondern um die Forma, die Idee, die sich dann auch als Schönheit, ja als Abglanz der göttlichen Herrlichkeit äußern kann. Die Schönheit des Irdischen, für die eine ritterlich-höfische Welt stehen darf, lebt nicht aus sich selber, sondern läßt in Maß und Zahl die göttliche Ordnung und in ihrer Diaphanie das göttliche Licht erscheinen.

Originalität ist nicht der Ehrgeiz der Dichter, schon gar nicht der deutschen, die sich mit wenigen Ausnahmen darauf beschränken, die romanischen Vorbilder zu deuten, etwa die „meine“ des vorgegebenen „maere“ im bescheidenen Nachvollzug wiederzugeben. Und nicht zu vergessen ist dabei auch das Klima gesellig festlicher Heiterkeit, in welchem sich das Spiel vollzieht und wo der Dichter sich zugleich seiner selbst bewußt wird.

Als die große dichterische Metapher für das, was den Menschen frei setzt, was ihn vollenden, ins Ganze binden und beglücken – aber auch zerstören – kann, erscheint die Liebe – die „Minne“ in ihren verschiedenen, spannungsreichen Möglichkeiten, als bestürzendes, noch kaum verstandenes Ereignis, als Abglanz oder riskante Analogie geistlicher Liebe, als anagogisch-erzieherische Macht, als mystischer Liebestod. Die beiden großen Neuschöpfungen, in denen eine weltliche Dichtung der europäischen Volkssprachen überhaupt begründet wird, sind der höfische Roman – die literarisch gewordene Form der ritterlichen Suche und des Abenteuerwegs in Kampf und Liebe – und die Minnelyrik als emporführende Huldigung des Ritters an die Frau, an das Prinzip des Weiblichen, durch welches erst der kämpferische Mann zum vollendeten Menschen wird. In beiden Gattungen aber vollzieht sich eine heimliche Anverwandlung und Fortführung christlicher Strukturen.

## 2. Heinrich von Veldeke

„er inpfete daz erste rîs / in tiutischer zungen“ – mit diesen Worten preist Gottfried von Straßburg um 1210 „von Veldeken Heinrich“, und er beruft sich dabei auf die besten älteren und jüngeren Zeitgenossen. Auch wenn er vor allem an den Minnesang denkt, so hat sich an diesem Urteil auch für den Roman bis heute nicht viel geändert. Veldeke ist mit seinen seit 1170 entstehenden Werken der erste im eigentlichen Sinn höfische Dichter, der durch seine Verskunst, seine Behandlung des neuen höfischen Minnethemas und seine Schilderungen schöner ritterlicher Formen Epoche machte. Er ist ein ritterlicher Laie, der aber über eine beträchtliche Bildung verfügt, Latein und Französisch beherrscht und offenbar auch in weltlichen Dingen (Recht, Baukunst, Kriegskunst) ungewöhnlich versiert war. Aus der Gegend von Maastricht stammend, steht er im Dienstverhältnis zu dem Grafengeschlecht von Loon; später zeigen sich Beziehungen zu einer Gräfin von Kleve, und in den 1180er Jahren erscheint er am thüringischen Landgrafenhof. Er verwendet in seinem Werk die heimische „limburgische" Sprache, nach den grundlegenden Forschungen Theodor Frings' und Gabriele Schiebs bereits eine gepflegte Literatursprache, die auf einen älteren rheinisch-mitteldeutschen Literaturzusammenhang hinweist und jedenfalls über Köln hinaus bis nach Thüringen hinein verständlich war. Zugleich aber ist Veldeke offenbar dank seiner Nähe zur führenden flämisch-brabantischen und weiter nordfranzösischen ritterlichen Kultur zum Vermittler der modernen Formen von Minnelyrik und Roman geworden. *Eneas*-Roman und Minnelyrik sind nur in oberdeutscher Umsetzung erhalten, ein Zeichen dafür, daß sie nicht allzuschwer übertragbar waren und daß es bald die neue, oberdeutsch bestimmte „Literatursprache" war, hinter welcher die rheinisch-mitteldeutsche zurücktrat. Veldekes Altlimburgisch bieten uns nur ein paar hundert Verse seines *Servatius*, der als Ganzes nur in spätmittelalterlicher limburgischer Gestalt vorliegt.

Die *Servatiuslegende* ist vielleicht, doch nicht nachweisbar, das ältere seiner beiden Erzählwerke, für eine Gräfin Agnes von Loon und für einen Herrn Hessel, Custos des Servatius-Münsters, geschrieben, als Huldigung an den Maastrichter Heiligen, dessen Kult auf seinem Höhepunkt stand und später auch nach Süddeutschland sich verbreitete. So scheint auch der erste höfische Klassiker noch von der geistlichen Erzählung auszugehen und hat nach lateinischen Vorlagen gearbeitet. Es handelt sich um eine bereits mit vielen Historien und Mirakeln angereicherte Vita: Servatius stammt aus der Familie Jesu, ist Glaubensbote in Gallien und den Niederlanden, Bischof von Tongern, als Gefangener bei den Hunnen bekehrt er vorübergehend Attila, er stirbt nach triumphaler Rückkehr in Maastricht. Ein zweiter Teil des Werks gilt den postumen Wundern des Heiligen und der peripetienreichen Geschichte seiner Reliquien und ihrer Verehrung. In seiner Verbindung von Heilsgeschichte, Reichsgeschichte und lokaler Legende ist das Werk durchaus dem Kölner *Annolied* vergleichbar: der Heilige als Werkzeug Gottes in der Welt, in archaischer Einheit von Heiligkeit und Macht. Nur daß jetzt die mirakel- und anekdotenhaften Züge eine gewisse Inflation erfahren haben und daß die Belange des Maastrichter Domkapitels unverblümter zur Geltung kommen. Durchaus neu ist aber wohl der moderne Erzählton: die gesellig-menschliche Nähe zwischen Erzähler und Publikum, die behutsame, maßvolle, aber immer bewegte Kunst, die Möglichkeiten von Reim und Versfüllung einzusetzen, die Spannung zwischen Satz und Vers mühelos zu meistern. Der an sich kurzatmige Vierheber wird dadurch als „ritterliches Reimpaar", nach französischem Vorbild, zur geschmeidigen, liebenswürdig-eleganten Form der Erzählung schlechthin.

Der *Servatius* hat zwar – neben einer lateinischen Quelle – noch im 12. Jahrhundert einen oberdeutschen *Servatius* angeregt, aber sonst keine faßbare literarische Wirkung getan. Der entscheidende Anstoß kam vom *Eneas,* dem früh begonnenen, weltlich-antikischen Roman nach französischer Vorlage, der aber erst nach 1184 in Thüringen im Dienste der Grafen Hermann I. und Friedrich abgeschlossen wurde (das unvollendete Original war bei einer fürstlichen Hochzeit in Kleve 1173 abhanden gekommen und dem Dichter während neun Jahren entzogen gewesen). Erhalten sind 5 unvollständige Handschriften, dazu 6 fragmentarische. Im *Roman d'Eneas* ergriff Veldeke ein Werk von hoher und weitreichender Bedeutung. Es war vielleicht das erste Werk einer neuen, selbstbewußt-höfischen Dichtung, der erste „Roman“, vermutlich am anglo-normannischen Hof Heinrichs II. und Alienors von Poitou gegen 1160 entstanden; es bildete mit den ungefähr gleichzeitigen Romanen um Theben und Troja eine zusammengehörige Gruppe antikischer Erzählwerke. Vergils *Aeneis*, die Grundlage des *Eneas*-Romans, war mehr als nur eine Dichtung: das Gründungsepos des noch immer bestehenden Römischen Reichs (erst recht dann für den deutschen Dichter im Dienst staufisch gesinnter Fürsten), Bild einer hohen, im Natürlichen vollendeten weltlichen Ordnung durch einen Dichter, dessen Größe in der ahnungsvollen Vorwegnahme der christlichen Ära lag. Die mittelalterliche *Aeneis* des Franzosen bedeutete dennoch eine unbefangene, gegenwartsbezogene Umdichtung, eine christliche und ritterlich erfüllte *Aeneis*, ausgestattet mit den idealen Bildern des Rittertums in Waffenkampf, höfischer Repräsentation und nicht zuletzt mit dem neuen „berühmten Gefühl“ der weltlichen Liebe. Aus der von den Göttern gelenkten Ausfahrt und unbeirrbaren Verwirklichung des großen geschichtlichen Ziels wird der von der Vorsehung gelenkte, doch zugleich abenteuerliche Weg eines Ritters; aus dem Epos, das einer hohen Bestimmung, einer Idee, einer Zukunft gilt, treten die Gattungsmerkmale des Romans deutlicher hervor. Daß dabei zwischen antiker Mythologie und christlichem Glauben Schwierigkeiten und Widersprüche entstehen konnten, mochte als Spannung, als Spiel der Durchblicke einen zusätzlichen Reiz bedeuten. Allegorische Vergil-Auslegung hatte dem vorausgearbeitet.

Der deutsche Dichter hat seine Vorlage mit einer gewissen Freiheit bearbeitet und dazu wohl auch Vergil zugezogen. Er ist im großen ganzen auf dem Weg des Franzosen weitergegangen, indem er die höfischen Züge verstärkt, die Darstellungen seelischer Prozesse (Dido) verfeinert, die mythologischen Vorstellungen weiter abgebaut hat; anderseits ist Veldeke weniger gewandt und unmittelbar als sein Vorbild. Von der deutschen Tradition aus gesehen, fügt sich der *Eneas* der welt- und heilsgeschichtlichen Dichtung an – das ist durch einen geschichtlichen Ausblick am Schluß unterstrichen –, führt aber nun doch in die große Welt der neuen Gesellschaft und ihre Ideale. Nicht zufällig, wenn auch vielleicht erst später eingefügt, erscheinen bei Veldeke die beiden „Stauferpartien": Die Hochzeit von Eneas und Lavinia wird dem unerhörten Mainzer Hoffest Barbarossas von 1184 verglichen (13 221 ff.), und das Grab des Pallas in Rom wird vom Staufenkaiser anläßlich seines ersten Zuges nach Lamparten wiederaufgefunden (8375 ff.); das Werk dient, wie immer man die politische Gesinnung Veldekes beurteilen mag, festlicher, hoher Gegenwart. Damit ging die *Eneit* weit hinaus über den *Straßburger Alexander,* der ebenfalls antikischen Erzählstoff im höfischen Sinn überformte. Zahlreiche Berührungen zwischen den beiden Werken erweisen die Verwandtschaft des Unternehmens, doch bleibt umstritten, in welcher Richtung der Einfluß erfolgte.

Die bedeutendste Neuerung, die der deutsche Dichter noch stärker ausgebaut hat und die das Werk erst ganz zum Roman macht, ist die Liebesgeschichte von Eneas und Lavinia; sie wurde zum großen Gegenstück der Dido-Episode, als glückliche, vom Geschick und von Eneas selber bejahte Erfüllung gegenüber der zerstörerischen, weil letztlich einseitigen und von den Göttern mißbilligten Leidenschaft Didos. Auch die Lavinia-Liebe ist noch kaum höfische Minne, sie ist mit ovidischen Mitteln geschildert, in breiter Phänomenologie ihrer Symptome, und zugleich Anlaß neuer rhetorischer Formen in dem oft nachgeahmten stichomythieartigen Gespräch zwischen Lavinia und ihrer Mutter über das

Wesen der Minne. Zusammen mit den von Veldeke besonders geliebten und erweiterten Schilderungen der kriegerischen Vorgänge, der höfischen Umgangsformen und Zeremonien, der kostbaren Gegenstände und Bauten, aber auch mit seinem Sinn für intimere seelische Regungen, ergibt sich im Ganzen ein eigentliches höfisch-geschichtliches Bilder- und Lehrbuch. In religiöser Hinsicht wird eine Problematik des neuen Daseins noch kaum manifest, denn noch bewegt sich der Erzähler in einer von vornherein legitimierten klassischen und zugleich heilsgeschichtlichen Welt, und das fast refrainartige „het muste du also wesen“ gilt ihm als genügende Begründung des Geschehens; göttlicher Wille bleibt sich in antik-mythologischer, fatalistischer oder christlich-providentieller Art wesentlich gleich; das objektive Geschehen ist wichtiger als die Ökonomie einer persönlichen Moral.

## 3. Trojaroman. Metamorphosen

Veldekes *Eneit* hat die Bedeutung eines Bekenntnisses und einer neuen Gesinnung: Der Anspruch auf Stilhöhe verlangt den klassisch-römischen Stoff; ritterlich-höfisches Gesellschafts- und Minneideal will sich am legitimsten Vorbild bewähren. Auch wenn man diese antikische Neigung nicht überbewerten darf und ihr Zusammenhang mit der Renaissance des 12. Jahrhunderts nur mittelbar ist, so war sie doch offenbar bewußt, und sie läßt sich bis zu einem gewissen Grad als mitteldeutsches (thüringisches) Literaturprogramm belegen, in Entsprechung zu der vermutlich unter Heinrich und Alienor am anglo-normannischen Hof entstandenen Gruppe antikischer Werke (*Eneas, Roman de Thèbes, Roman de Troie,* Episoden aus Ovid).

Der Landgraf Hermann gab nach Vollendung der *Eneit* einem „gelehrten Schulmann“, Herbort von

Fritzlar, den Auftrag zu einem deutschen *Trojaroman,* nach Benoît de Sainte-More; und „zu seinen Zeiten ... und in seinem Land“ entstand eine Übersetzung von Ovids *Metamorphosen* durch Albrecht von Halberstadt. Beide Werke zeigen auch stilistisch den Einfluß Veldekes, für beide ist die Chronologie umstritten: 1190, sozusagen im Anschluß an die *Eneit,* oder dann, in einer gewissen Verspätung zum Zeitgeschmack, um 1210. Ohne deutsche Nachfolge blieb der Thebenroman, wenn man von Statius' Einfluß auf den *Waltharius* absieht.

Die Popularität des Troja-Stoffs beruht keineswegs auf dem Ruhm Homers, dessen Name im deutschen Mittelalter fast nur noch ein Gerücht war; vielmehr war es die Vorgeschichte verschiedener europäischer Völker, die ihre Herkunft auf die Priamos-Söhne zurückführten. So leiten sich die Franken seit der frühen Karolingerzeit von Troja her („Hagano trojanus“ im *Waltharius*!), und das *Annolied* bezeichnet die „trojanischen Franken“ darum auch als alte Vettern der Römer. Daß auch das Rittertum in den Kämpfen vor Troja entstanden sei, lehrt Chrestien de Troyes und noch genauer der deutsche Bearbeiter des *Moriz von Craun.* Die „Trojanersage“ wird dabei vor allem aus den spätantiken Darstellungen des Dares Phrygius und, ergänzend, des Dictys Cretensis bezogen, die sich beide als Augenzeugen geben und somit die Würde von Geschichtsschreibern haben. Neue Fassungen, poetische Bearbeitungen gibt es mittellateinisch und in den meisten Volkssprachen. Im Deutschen sind vielleicht schon für das 12. Jahrhundert Troja-Dichtungen anzusetzen; später als Herborts Werk entstehen dann im 13. und 14. Jahrhundert die mächtigen Kompendien von Konrads von Würzburg Troja-Werk und des *Göttweiger Trojanerkriegs* und noch später ein Volksbuch. Gesamtmittelalterlich läßt sich sagen, daß der Troja-Stoff noch mehr als die *Aeneis* zur allgemeinen Bildung gehört, und zwar auch ohne Herbort, von dessen Nachwirkung – wir haben nur eine Handschrift – wir nichts vernehmen.

Der Landgraf selbst dürfte vom Ergebnis seines Auftrags kaum ganz befriedigt gewesen sein. Denn Herbort geht in erster Linie mit stofflich-geschichtlichem Interesse ans Werk, nicht viel anders als die Geschichtsdichter des 12. und die Reimchronisten des 13. Jahrhunderts. Seine Verstechnik ist unmodern, seine Darstellung eher roh und massiv (Schlachtschilderungen!), sein gelegentlich humorvoller Realismus allerdings vielleicht wirklichkeitsgetreuer als die neue Hofkunst der Veldeke und Hartmann. Die von Benoît de Sainte-More romantisierend ausgebauten Liebesepisoden übernimmt er schlecht und recht, samt etwas Veldekescher Minnedidaktik; dabei interessiert er sich, in Abweichung von der Tradition, besonders für Achill und seine problematische Liebe zu Polyxena – in allen Fällen aber bleibt ihm die Minne im frühhöfischen Sinn dunkles Schicksal und eher eine Gefährdung als eine Förderung des Helden.

Die griechische Mythologie, schon von Benoît eher zurückgedrängt, macht Herbort gelegentlich zu schaffen: Sie kann ja, gerade wo der Erzählstoff als objektivgeschichtlich aufgefaßt wird, nicht einfach als freie Dichtung oder bloßer Wahn begriffen werden, und der Ausweg allegorischer Deutung ist nicht immer möglich. Wenn sich Veldeke hier zurückhält oder unklar bleibt, so muß Herbort etwa ausdrücklich betonen, daß beim Orakel von Delphi „der tufel sathanas / sin gespenste vn sin getwas (Gespenst, Geist) / vz eime bilde sprach“. Die Aneignung antiker Epik ist also damit nicht unbedenklich.

Diese Problematik besteht prinzipiell auch bei der Übernahme von Ovids *Metamorphosen,* der „Bibel der Heiden“, wie Alfons X. von Kastilien sagte. Daß sie ebenfalls zum Bewußtsein der Gebildeten gehörten, geht aus vielen mythologischen Anspielungen selbst in der deutschen Literatur seit der Jahrhundertwende hervor. Sie als Ganzes einzudeutschen, dazu noch – mangels einer zusammenhängenden französischen Vorlage – direkt aus dem Urtext und ohne Romantisierung, war kein selbstverständliches Unternehmen. Gerne wüßte man deutlicher, wie Albrecht von Halberstadt – vielleicht Chorherr des Stifts zu Jechaburg, niederdeutscher Muttersprache, aber mitteldeutsch schreibend – sich hier beholfen hat. Doch ist das Original nicht rekonstruierbar. Sein Werk ist vollständig nur in einer starken Überarbeitung durch den Colmarer Schreiber Jörg Wickram, Meistersinger und Schriftsteller, von 1544 erhalten, und der strahlende Ovid trägt hier vollends kärglichste Meistersingergestalt; vom ursprünglichen Text sind nur fünf kurze Fragmente erhalten und der von Wickram fehlerhaft abgedruckte Prolog. Es scheint, daß Albrecht sich mit einer Art Alibi-Erklärung im Prolog begnügt – es handle sich um Geschichten aus den ersten Weltaltern vor Abraham, in denen der Teufel herrschte und Gott sich verbarg –, im übrigen aber Ovid ohne viel Umstände deutsch versifiziert hat. Auch dies ein Werk außerhalb der neuen höfischen Richtung, mehr gelehrten Interesses und ohne nachweisliche Wirkung.

## II. LIEBESROMAN UND LIEBESNOVELLE

### 1. Minne als Thema der Erzählung

„Durch got, was ist minne", fragt in Veldekes *Eneit* (9799) Lavinia ihre Mutter, und sie erhält zur Antwort: „sie ist von anegenge / gewaldic uber die werlt al / Und yemer me wesen sal, bis an den suntac (Jüngsten Tag)". Da wird die Sensation des neuen Themas unmittelbar deutlich. Das Phänomen der Liebe wird eigenständig und zentral für ein Menschentum und eine Gesellschaft, die sich als weltlich begreifen und so etwas wie ihr eigenes Mysterium entdecken. Wie immer man die geistes- und sozialgeschichtlichen Wurzeln der hochmittelalterlichen Minnebewegung – eines eigentlichen Minnekults – einschätzt, jedenfalls wird die Liebe entdeckt als menschliche Grenzerfahrung, in der höchste Lebenssteigerung und höchste Bedrohung zugleich erfolgen; sie wird Medium der menschlichen Begegnung in einer offenbar galanten, erotisierten Gesellschaft, sie wird zur moralischen und – als Dienst – zur sozialen Aufgabe.

„Minne" wird das Thema einer ganz neuen, ja unerhörten lyrischen Gattung, im Minnesang, und sie wird zu einem Hauptthema der weltlichen Erzählung. Was diese höfische Liebe ist, kann auf keine Formel gebracht werden, nicht nur, weil sie in vieler Hinsicht gerade für das Irrationale steht, sondern vor allem auch, weil es bei diesen Konzeptionen der Liebe um eine Auseinandersetzung geht, die niemals zu einem Abschluß kommt, sondern immer neue Lösungen sucht und jeweils auch aus dem geistlichen Bereich (Mystik, Marienverehrung) neue Impulse erhält. Sagen läßt sich vielleicht nur, daß auch bei den strengsten Versuchen der Sublimierung und der Diskussion von Eros, Caritas und Ehe die Geschlechtsliebe als Natur- und Schicksalsmacht mit größter Selbstverständlichkeit vorausgesetzt und bejaht ist – also gerade eine Sphäre, die nach dem traditionellen kirchlichen Augustinismus als sündig schlechthin gilt.

Schon in der *Kaiserchronik* zeigt sich eine charakteristische Form der Liebeserzählung, nämlich legendarisch verkappte Romane oder Novellen von der unschuldig verfolgten Frau: Das erotische Motiv ist dem Verfolger angelastet, die Heldin selbst erweckt zwar Leidenschaften und ist ihr Opfer, aber bleibt rührend, treu und fromm, und nur die historische Forschung weist ihr Muster im weltlichen hellenistischen Roman nach. Diesem Typ gehört auch noch – um 1200 – die Geschichte von *Morant und Galie* zu: Kaiser Karls Gattin wird von Verleumdern des Ehebruchs mit dem Ritter Morant beschuldigt, aber in der Folge eines gottesgerichtlichen Zweikampfs als unschuldig erkannt. Die davon erhaltenen Fragmente, nach verlorener französischer Vorlage, einer Karls-Geste, können nach einer späteren Bearbeitung ergänzt werden; sie gehören offenbar in den niederrheinisch-mitteldeutschen Literaturzusammenhang, in welchem uns unter der Führung Veldekes und des *Straßburger Alexander* eine frühe Gruppe weltlicher Erzählungen begegnet.

Unmittelbar und klar begegnet das Minnemotiv in der antikisch-thüringischen Erzählwelt, mit ovidischen Farben ein elementares, fragwürdiges, störendes, aufreizendes Ereignis, aber zu guter Letzt doch ausbalanciert und gebunden durch das Ganze der heroisch-geschichtlichen Handlung, in der das Erotische nur ein Element und selbst mit der Ausgestaltung der Lavinia-Figur noch kaum bewältigt ist.

Näher rücken wir dem neuen Phänomen im Moment, da nun das Liebesmotiv selbsttragend wird, wo die Erzählung nichts anderes als den zerstörenden oder erhebenden Einbruch des elementaren Geschehens der Minne darstellen will. Das kann, solange diese nicht integriert werden kann oder soll, vielleicht am adäquatesten in der Form der Kurzerzählung, ja der Novelle geschehen: das Aufscheinenlassen einer absoluten, kaum zu verstehenden Wirklichkeit im unerhörten Ereignis. Oder wo solche Minne Gegenstand des weiträumigen Liebesromans wird, da bleibt doch der Roman gern eine Episodenkette lockeren Baus. In reinster und frühster Form fassen wir diese neue Kurzerzählung wohl in den Lais der Marie de France (1160–70), wo nun – ein Neues gegenüber Ovids natürlicher Sinnlichkeit – das Geschehen der Liebe in eine bretonische Sagen- und Märchenwelt verzaubert und in einen fast magischen Geheimniszustand erhoben ist – ohne daß doch die Züge höfischer Gegenwart verschwänden. Feenliebe und Verwandlung ins Tier, Entrückung, Eifersucht, Kühnheit – die Liebe überschreitet unerklärlich und bedingungslos die menschlichen Grenzen und führt meistens zum Tod, der doch damit selbst am Wunder und am Geheimnis teilhat. Im Deutschen haben weder die Lais der Marie de France noch die anderer Dichter Nachfolge gefunden. Dagegen erscheinen hier erstaunlich früh zwei Stoffe großen Stils, in denen das Wunder der Minne und im Grunde nichts anderes gefeiert wird und die wie in den andern europäischen Sprachen mehrfach in neuen Fassungen lebendig bleiben: *Flore* und *Tristan*. Auch mit diesen beiden deutschen Liebesromanen befinden wir uns räumlich und zeitlich noch im Zusammenhang der frühhöfischen Kunst, wie sie uns bereits beschäftigt hat.

## 2. „Flore“, „Tristrant“, „Moriz von Craun“

*Flore und Blancheflur* (Blume und Weißblume) ist die Geschichte eines jugendlichen Liebespaares: Ein arabischer Königssohn und eine christliche Sklaventochter sind am selben Tag geboren, verlieben sich als Kinder, werden getrennt, finden sich wieder im Harem zu

Babylon, werden vom Kalifen zum Tod verurteilt und schließlich aus Rührung losgesprochen und verheiratet. Die Erzählung scheint im Ursprung orientalisch, ist aber zugleich dem antiken Liebesroman verpflichtet – Trennung und endliches Sichwiederfinden eines edlen Paares etwa nach dem Schema von Heliodors *Aithiopika*, Kindererotik wie in Longos' *Daphnis und Chloe*. Der mittelmeerische Handlungsraum und die sentimentale Haltung gehört zu beidem. Es ist fast grotesk, daß ausgerechnet eine derart späte und fragwürdig verfeinerte Story in kunstlos-archaischer Form am Anfang der deutschen Liebeserzählung steht: mit ein paar ebenso wichtigen wie kärglichen Fragmenten aus Trier, nach verlorener französischer Vorlage um 1160 oder 1170 in mittelfränkischer oder limburgischer Sprache entstanden: der sogenannte *Trierer Floyris*. Der Dichter muß fasziniert gewesen sein vom bloßen Stoff einer Minne, die als Liebe zwischen Kindern doppelt überwältigend schien und doch mit ihrem legendenhaft-wunderbaren Charakter noch einigermaßen unverbindlich blieb. Diese konfliktlose Liebe ist weder im individuellen noch im sozialen Sinn als konstruktives Element aufgefaßt. Die Erzählung bleibt praktisch außerhalb des höfischen Gedankens. Sie ist immerhin neben dem lateinischen *Apollonius von Tyrus* das unmittelbarste Beispiel für das Nachleben des antiken Romans im Mittelalter. Der Stoff hat international noch eine große Zukunft. Im Deutschen war es ein Alemanne, Konrad Fleck (um 1220?), der nach anderer französischer Quelle die süße, zierlich-sentimentale Leichtheit des Romans „kongenialer" und mit den schmeichlerischeren Mitteln der nachklassischen Verskunst wiedergab. Flecks Werk (2 späte Handschriften, 2 Fragmente) hatte dennoch wenig Erfolg. Dagegen entstanden später noch eine mittelniederländische und eine mittelniederdeutsche Fassung.

Ungleich gewichtiger und unheimlicher ist aber in

dieser Zeit das Erscheinen der *Tristan*-Dichtung und damit jenes abendländischen Liebesromans, der wie kein zweiter die Absolutheit und Totalität der Liebe feiert und ihre Gewalt gerade aus ihrer Nähe zum Tod, zur Krankheit, ja vielleicht zum Verbrechen sichtbar macht – „le grand mythe européen de l'adultère" (Denis de Rougemont) und ein Stoff von mächtiger repräsentativer Kraft auch für die Weltliteratur, denn seine Verflechtungen reichen von Irland bis nach Persien, von Cornwall bis Rom und zu den Arabern. Tristrant und Isalde nennen sich die Helden der frühen deutschen Fassung, die das Werk eines Eilhart von Oberg (wahrscheinlich der Ort westlich von Braunschweig) darstellt. Die Entstehungszeit ist nur vermutungsweise auf 1170 oder 1180 anzusetzen, je nach der Beurteilung der noch ungelösten Prioritätsfrage im Verhältnis zu Heinrich von Veldeke (der übrigens das berühmte Paar in einem Lied kritisch-humoristisch zitiert) und je nach der Chronologie der französischen Werke. Ob man den Dichter aus dem Braunschweigischen nach Thüringen, ins Rheinland oder gar ins Limburgische kommen lassen darf, um ihn der Veldeke-Gruppe anschließen zu können, bleibt umstritten. Für den nahe liegenden Braunschweiger Hof sprächen Heinrichs des Löwen englische Verwandtschaft (am Hof Alienors entstand der französische *Tristan* des Thomas, allerdings moderneren Stils); anderseits glaubt man Heinrich und seiner Gattin das Interesse für einen Liebesroman absprechen zu müssen. Auch Eilharts Werk ist nur zu einem kleinen Teil in alter (bereits sprachlich überarbeiteter) Form erhalten; die Handschriften des Ganzen gehen auf eine jüngere Fassung des 13. Jahrhunderts zurück. Eilharts Werk war bis ins Volksbuch hinein lebendig und erfolgreich, maßgebend schon deshalb, weil Gottfrieds höfische Neudichtung unvollendet blieb. Es ist wieder ein verzweifelter Fall: Soweit sich die Qualitäten des Dichters aus den alten Fragmenten überhaupt zureichend abschätzen lassen, verfügt er offenbar nur über eine bescheidene, altertümliche Technik des Verses und der Erzählung. Und doch übertrug er ein weitgespanntes Werk, das in seinen Elementen bereits eine lange Geschichte hinter sich hatte, so die verschiedensten geistigen Schichten und Stilformen in sich vereinigte und einen Stoff darbot, den auch ein ganz Großer, Gottfried von Straßburg, nicht zu Ende bringen sollte.

Eilharts verlorene Vorlage kann unter Zuhilfenahme dreier anderer daraus abzuleitender Texte (Béroul I, Thomas von Britannien, französischer *Prosa-Tristan*) rekonstruiert werden, wobei Eilhart selbst sich als der treuste Gewährsmann erweist. Diese sogenannte Estoire – vielleicht auch als Gruppe von Werken, als bestimmte Entwicklungsstufe aufzufassen – wäre nach der Jahrhundertmitte anzusetzen. Diese schon sehr komplexe *Tristan*-Dichtung nach der Herkunft ihrer Motive, nach ihren sachlich-logischen Erzählzusammenhängen und nach ihren Stilebenen (altertümlich-heroisch, schwankhaft-spielmännisch, empfindsam-höfisch) zu analysieren, um zu weiteren Vorstufen zurückzudringen, das war lange Zeit die Hauptbeschäftigung der *Tristan*-Forschung. Doch haben auch in sich schlüssige genealogische Modelle keine Beweiskraft für den konkreten Fall einer derart weitverzweigten und vielfältig angereicherten Tradition; hinter einen französischen *Ur-Tristan* kommen wir nicht zurück.

Man sucht zunächst einen 1. Teil abzugrenzen: Der junge, elternlose Tristrant, der am Hof seines Oheims Marke in Cornwall lebt, unternimmt zwei Meerfahrten ins Ungewisse und kommt nach Irland, das erstemal, um sich von seiner Wunde aus dem Kampf mit dem irischen Riesen Morolt zu heilen, das zweitemal, um für Marke die Königstochter Isalde zu werben; durch den versehentlich eingenommenen Liebestrank werden Tristrant und Isalde miteinander in unlösbarer Liebe verbunden, und es folgt die Kette von List und Trug, z. T. schwankhafter Art, mit denen der mißtrauische Marke und die Neider am Hof getäuscht und die Ehre des Paars verteidigt werden soll, bis zur Entdeckung und Flucht in die rauhe Einsamkeit des Waldes. – Als 2. Teil bleibt die Erzählung von der Rückkehr (der Trank hat an Kraft eingebüßt), der Verbannung Tristrants und vor allem seiner zweiten Liebe, d. h. der Ehe mit der namensgleichen Isalde „mit den weißen Händen", dann weitere Abenteuer, die z. T. wieder an den Hof Markes führen, und schließlich die letzte, tödliche Täuschung: Tristrant, auf den Tod verwundet, erwartet die blonde Isalde, doch meldet die weißhandige – „tumlîchen" – die Ankunft eines schwarzen Segels statt des weißen. Tristrant stirbt, die wahre Geliebte kann nur noch an seiner Leiche zusammenbrechen; der gerührte König Marke bestattet das Paar, auf dem Grab werden sich Rosenstrauch und Weinrebe unlöslich verschlingen.

Man hat Teil 2 – „Isolde mit den weißen Händen" – als eine peinliche Verdoppelung empfunden, obwohl gerade diese problematische Ehe um der bloßen Namensgleichheit willen die Verlorenheit Tristans erst vollendet – in genauer Analogie zur ehelichen Bindung der blonden Isolde selbst. Man versteht denn auch meistens diesen 2. Teil als nachträgliche Fortsetzung – eben das Werk des Estoire-Dichters –, die sich auch durch den nur lockeren Bau, einige Wiederholungen, das Hervortreten spielmännischer und sentimentaler Züge als innerlich jünger erweisen würde. Im 1. Teil stäke dann ein heroischer Kern, nach dem Morolt-Kampf etwa die tragisch-unfreiwillige Liebe eines Helden zur Frau seines Herrn, die er, um seine Ehre zu retten, sterbend in der Umarmung erstickt („Waldtod"); diesem keltischen Kern gegenüber müssen für den 2. Teil arabische (Doppelliebe) und antike (schwarzes und weißes Segel) Ursprünge angenommen werden; auch das (nachträglich?) so zentral gewordene Motiv des Liebestranks, ohne das die *Tristan*-Erzählung nicht mehr denkbar ist, scheint nicht keltisch zu sein.

Aber manches verbindet die beiden Teile. So die Doppelungstechnik (zwei Fahrten nach Irland, bereits zwei irische Isolden, zwei Minnegrotten usw.), die in ursprünglicher Erzählung ein legitimes Mittel ist, ein Thema durch Analogie, Variation und Steigerung auszubilden, statt es gedanklich zu reflektieren (vgl. auch z. B. *König Rother, Salman und Morolf*). Umgekehrt enthält auch der 2. Teil archaische Motive (das „kühne Wasser“) und der 1. Teil spielmännisch-schwankhafte, so daß eine Scheidung nicht leicht ist. Und schließlich findet sich der Gesamtverlauf – in großen Zügen und manchen Details – bereits in dem persisch-georgischen Epos von *Wis und Ramin* (11./12. Jahrhundert): das ehebrecherische Verhältnis des Helden zur Königin, eine Serie von Listen und Zwischenfällen, die schwankende Rolle des betrogenen Gatten, die unterschobene Bettgenossin, die Flucht in die Wüste, die Ehe mit einer zweiten Frau, das Feuerordal (das allerdings nur bei Thomas erscheint, sonst durch einen bloßen Reinigungseid ersetzt ist). Auch wenn damit noch kein persischer Ursprung des *Tristan*-Romans behauptet ist, so werden doch die Motivkombinationen zur Vorgeschichte des Tristan-Stoffes und insbesondere auch das Postulat eines keltischen *Ur-Tristan* fragwürdig. Das ändert freilich nichts daran, daß in unsern *Tristan*-Fassungen das keltische Kolorit, die keltische Topographie, der Zauber und die Melancholie einer fernen Meerwelt vom Romangeschehen untrennbar sind, als ein umfassendes Alibi für eine so dunkle und unerhörte Fabel. So gehört der Tristan-Stoff eben doch zur Matière de Bretagne; die gelegentliche Verbindung zum Artus-Stoff ist aber sekundär.

Wie der Dichter Eilhart selbst nun das Geschehen interpretiert, ist eine andere Frage. Er beläßt es ganz im

Objektiven, auf den Sinn der Überlieferung vertrauend, scheinbar ohne moralische oder religiöse Skrupel, unter selbstverständlicher Parteinahme für das Heldenpaar, oft mit massiven Verwünschungen gegen dessen Widersacher. Das Phänomen der magischen Minne, die zu Verwirrung, Trug und Tod führt und doch ihre Träger adelt, wird als ein Seltsames und Unerhörtes schlicht hingestellt, die Problematik bleibt im Stoff geborgen. Der Trank ist Entschuldigung genug. Schon die Frage, ob der Minnetrank Ursache oder Symbol sei, geht an der selbstverständlichen Identität von Innen und Außen vorbei. Daran ändert auch nichts der Ansatz zu höfischem Minne-Räsonnement, der in Isaldes Monolog erscheint. Das Romanproblem aber könnte dahin abstrahiert werden, daß die Liebe als Lebensmacht erfahren und gerechtfertigt wird, aber die höfische Ordnung sprengt und damit zum Untergang führt. Es ist noch nicht – wie dann im Minnesang – möglich, in der Dienstliebe den paradoxen, schwebenden Ausgleich von Gesellschaft und Leidenschaft zu finden.

Eine völlig veränderte Szene bietet die Kurzerzählung (gegen 1800 Verse) von *Moriz von Craun*, nach verlorener französischer (kaum lateinischer) Vorlage wohl erst 1220–30 entstanden: eine eigenartig zwielichtige Liebesnovelle, die den kodifizierten höfischen Minnedienst voraussetzt, um ihn zugleich fragwürdig zu machen. Der vorbildliche Ritter Moriz von Craun dient der Gräfin von Beamunt lange Zeit; auf ihren Wunsch veranstaltet er vor ihrem Schloß ein gewaltiges Turnier. Wie er endlich den versprochenen Minnelohn erhalten soll, schläft der vom Kampf ermattete Ritter in der Kemenate der Dame ein; diese, empört, nimmt ihr Versprechen zurück und begibt sich mit ihrem Gatten zur Ruhe. Der Ritter aber, aufgewacht und seinerseits zornig, bricht ins Schlafgemach ein, der erschreckte Herr von Beamunt glaubt ein Gespenst zu sehen, stößt sich sein Schienbein an und fällt in Ohnmacht, während Moriz sich selbst seinen Lohn verschafft und darauf die Dame für immer verläßt. Sie aber trauert ihm ihr Leben lang nach. – Ein Stück höfischer Minnekasuistik, etwa nach den Vorschriften des Andreas Capellanus: Treuer Dienst hat Anspruch auf Lohn; die Dame benimmt sich treulos, der Ritter zwar verständlich, aber am Ende unschön. Die hochgespannte, ja überspannte Minnedienstgeschichte kippt in eine Groteske um; doch das Ende ist elegisch: Die Schlußszene zeigt die Dame, traurig trotz Vogelsang und Sommerpracht, auf der Zinne der Burg, in der Klage über ihr selbstverschuldetes „tôtlîchez leben". Damit wird – besonders wohl vom deutschen Dichter – sowohl die rein höfische wie die erotisch-schwankhafte Sphäre der Minne in einer Haltung echten Gefühls überhöht – man fühlt sich an Sehnsuchtsszenen des Kürenbergers, aber auch Wolframs (*Titurel*) erinnert.

Die französische Quelle stützte sich vermutlich auf eine Schwankerzählung, ein „fablel" mit versöhnlichem Ausgang, das aber offenbar in satirischem Sinn und unter grober Änderung des Ausgangs auf lebende Zeitgenossen übertragen wurde, nämlich auf Morisses II. von Craon, einen vornehmen Vasallen Heinrichs II., und eine ihm benachbarte Vize-Gräfin von Beaumont: Es ist die Aktualisierung eines Schwankes oder Exemplums, wie sie, nur in ganz anderer Richtung, auch in Hartmanns *Armem Heinrich* begegnen wird. Das Ganze ist nun aber – z. T. auch durch den deutschen Dichter – breit ausgebaut durch eine lange Einleitung über die Translatio des Rittertums von Troja über Griechenland nach Rom (wo es von Nero verraten wird) und Frankreich (kürzer in Chrestiens *Cligès*) sowie durch eine Beschreibung des phantastischen Turnierschiffs, mit welchem Moriz vor dem Schloß seiner Herrin angerollt kommt – eine technisch-modische Sensation, die offenbar bis zu einem gewissen Grad novellistischen Selbstzweck hat. Ob bei dieser Schichtung lehrhafter, persönlich-tendenziöser und schwankhafter Elemente, schon in der Vorlage, nun beim deutschen Dichter noch eine durchgehende Konzeption feststellbar ist, bleibt fraglich. Sie läge höchstens in einer Desillusion auf der ganzen Linie, beim Ritter, der Dame, dem Leser. Durch die verschiedenartige Beleuchtung des erotischen Themas wird die Minne jedenfalls an sich problematisch; in höfische Ideologie vollzieht sich der Einbruch einer massiven Wirklichkeit, im Versagen der Helden wird sie auf gefährliche oder komische Weise ungenügend. Völlig fern bleiben naturgemäß die konventionellen moralischen oder religiösen Kategorien: Die Minne behält ihr absolutes Recht auch in dem frivolen Dreiecksverhältnis. Der *Moriz von Craun* ist ein erster deutscher Versuch der Liebesnovelle, nicht mehr im keltischen Wunderbereich eines Lais, sondern schon eher im Sinn der unterhaltsamen, leicht niederträchtigen, „realistischen" Kurzerzählung des 13. Jahrhunderts.

## 3. Gottfried von Straßburg

Die gesamte mittelalterliche Liebesdichtung verblaßt vor dem einen, unvollendeten Roman Gottfrieds von Straßburg, der zusammen und gleichzeitig mit Wolframs *Parzival* die unbegreifliche Erfüllung der mittelhochdeutschen Erzählkunst, den kurzen klassischen Moment des deutschen Hochmittelalters bringt. Ungewiß bleibt, wer dieser Straßburger „meister" gewesen ist: sicher kein Ritter, eher ein Kleriker als ein bürgerlicher Laie, hochgebildet in Latein und Französisch, juristisch bewandert und von raffiniertem Geschmack. Ungewiß auch, ob er für einen weltlichen oder einen geistlichen – dann wohl den bischöflichen – Hof geschrieben hat. Außer zwei Spruchstrophen in der Manessischen Handschrift ist von ihm kein weiteres Werk bekannt. Die Entstehung des *Tristan* muß ungefähr in die Jahre von 1205 bis 1210 fallen. Aus welchen Gründen der Roman unvollendet blieb – er bricht kurz nach Beginn der Isolde-Weißhand-Geschichte unvermittelt ab –, ist nicht ersichtlich. Ursache war wohl eher der Tod oder sonst ein äußerer Anlaß als eine ausweglose innere Situation, in die der Dichter an dieser Stelle gekommen wäre; zum mindesten enthielte diese These das schwerwiegende Urteil, daß sich der Dichter mit seinem Werk verstiegen habe.

Es ist erstaunlich und gibt im Hinblick auf mittelalterliche Dichtung überhaupt zu denken, daß Gottfried seiner anglo-normannischen Vorlage genau folgt und nur durch kleine motivische Korrekturen, durch Akzentverschiebungen, durch die Art der Formulierung und zusätzliche Reflexionen sein eigenes Werk verwirklicht – ein Triumph ohnegleichen der Form über den Stoff. Diese Vorlage ist der Roman eines Thomas von Britannien, der wohl am englischen Hof aufgrund der Estoire und gelegentlicher Nebenquellen eine höfisch verfeinerte Dichtung schuf, in der nun der Stoff nicht nur stärkere motivische Eingriffe erfuhr, sondern vor allem auch unter neue aristokratische Maßstäbe rückte. Im Namen der Minne werden Tristan und Isolde zu höfischen Helden, ihre Liebe wird idealisiert, das Waldleben idyllisch, das Interesse des Dichters verlagert sich auf die Analyse der seelischen Vorgänge und Konflikte im Rahmen der neuen galanten Gesellschaftsethik. Gottfried hat sich zu Thomas als dem „meister der âventiure" bekannt, und man darf darum auch in Gottfrieds Tristan-Interpretation zunächst einmal eine Fortsetzung und Steigerung der Tendenz des Thomas sehen. Der französische Text ist freilich nur in etwa 3400 Versen erhalten, die zudem zum größten Teil die von Gottfried nicht mehr ausgeführten Partien betreffen; doch kann der Inhalt aus Gottfried selbst, einer englischen und einer altnordischen

Fassung sowie verschiedenen Einzelzeugnissen rekonstruiert werden.

Doch halten wir uns an Gottfried. Nach der Methode des neuen höfischen Romans wird das Hauptgeschehen durch eine Vorgeschichte präludiert und damit in ihrem Sinn verdeutlicht: Die Trauer, die der Held Tristan im Namen trägt, ist Erbteil der Eltern; er ist die Frucht einer leidenschaftlichen Liebe, die sich am Rand des Todes vollzieht und selbst zugleich als Minnetod und Himmelreich umschrieben wird (1182, 1372 Ranke). Ausführlich geschildert ist die Erziehung des verwaisten Tristan: Als Wunderkind zeigt er früh die erstaunlichsten Fertigkeiten, von der Beherrschung fremder Sprachen über die Kenntnis der Bücher, das Schachspiel, die Musik bis zu Jagd und Waffenkampf, und er erregt damit allgemeine Bewunderung am Hof seines Oheims, des Königs Marke. Tristan soll also, gerade auch bei Gottfried, als der ideale Hofmann erscheinen. Es folgt, nach dem Morolt-Kampf, die erste Irlandfahrt: Als Spielmann Tantris verkleidet, findet er in Dublin Aufnahme und Heilung durch die weise Königin Isolde, deren gleichnamige Tochter er – wie einst Abaelard bei Heloise – seine Künste lehrt. Die Schönheit der jungen blonden Isolde wird überschwenglich gepriesen und dem Gesang der Sirenen verglichen (8085). Zweite Fahrt, zur Werbung für Marke: Tristan (nach siegreichem Kampf mit einem Drachen) wird von seiner einstigen Schülerin als der Spielmann Tantris und als Mörder ihres Oheims erkannt und dennoch aus Gründen ihrer „süezen wîpheit“ verschont: hintergründig ist wieder Schicksal am Werk. Der Liebestrank macht es manifest: Tristans „erbevogetîn“ (11765), „diu gespenstege minne“ mit ihrer „blinden süeze“ (11793, 11808) ergreift von ihm Besitz, beide haben ihren Tod getrunken.

Und nun beginnt, vom Dichter halb bewundernd, halb kritisch verfolgt, das Spiel der Intrigen und Listen:

der Betrug der Brautnacht, der Mordanschlag auf die treue und zugleich unselige Dienerin Brangaene, die mehrfache Übertölpelung Markes. Die Serie kulminiert in der neu von Thomas eingesetzten Episode des Gottesgerichts: Anstelle des bloßen zweideutigen Reinigungseids steht jetzt die Feuerprobe. Eine ungeheure Aufwertung der Tristan-Liebe: das Wunder tritt ein, Gott selbst läßt sich in seiner „hövescheit“ offenbar zugunsten der edlen Betrügerin herbei, Gottfried aber verliert sarkastische Worte über den „vil tugenthaften Krist“, der „wintschaffen“ (windig, anpassungsfähig) wie ein Ärmel sei. Es folgt schließlich doch die Verbannung, aber das Waldleben ist nun zum Höhepunkt des Romans und seines Minnekults geworden. In überwältigender, paradiesischer Landschaft, in der marmornen Rundkirche der Minnegrotte leben die Liebenden, ohne Nahrung, nur vom Spiel ihrer Minne. Aber nach erneuter Täuschung Markes und kurzer Rückkehr zum Hof kommt die Trennung: Isoldes Sehnsuchtsmonolog scheint zu einem Aufschwung selbstverleugnender Liebe zu kommen: „daz ich mîn unde sîn entwese / durch daz er mir und ime genese“ (daß ich meiner und seiner entbehre, / damit er mir und ihm gerettet werde, 18 599 f.). Tristan aber, in Arundele, wird vom Isolde-Weißhand-Abenteuer ereilt, „verirret“ durch den bloßen Namen und doch irgendwie zu seiner höheren sentimentalen Ehre. Nach seinen klagenden und räsonierenden (angeblich ichsüchtigen) Monologen bricht das Werk ab:

> Ich alte (bringe ins Alter) in wunderlîcher klage
> mîne jâre und mîne tage.

Was ist diese ebenso wunderbare wie bedenkliche Tristan-Minne? Sie ist Leidenschaft durchaus sinnlicher Art, mit allen Zügen der „ger“ (Begierde), der Verfallenheit, ja der Sünde – mit Treubruch, Betrug und Tod mindestens in ihren Konsequenzen. Sie ist aber bewirkt durch eine Schönheit, die als sinnenhafte Qualität sirenenhaft betört und doch erhebt und vom Dichter mit den schmeichlerischsten Tönen und Farben und Vergleichen (von Helena bis zur Braut des Hohenliedes und Maria) evoziert wird. Isolde, „der minnen vederspil" (Jagdfalke der Minne), ist in ihrer Schönheit die Verkörperung edelsten, ästhetisch-raffinierten höfischen Geistes:

si sanc in maneges herzen muot
offenlîchen unde tougen
durch ôren und durch ougen.
ir sanc dens offenlîche tete
beide anderswâ und an der stete,
daz was ir süeze singen,
ir senftez seiten clingen,
daz lûte und offenlîche
durch der ôren künicrîche
hin nider in diu herzen clanc.
sô was der tougenlîche sanc
ir wunderlîchiu schoene,
diu mit ir muotgedoene
verholne unde tougen
durch diu venster der ougen
in vil manic edele herze sleich
und daz zouber dar în streich,
daz die gedanke zehant
vienc unde vahende bant
mit sene und mit seneder nôt.

(8112 ff.)

(Sie sang ins Gemüt manches Herzens hinein, / offen und heimlich, / durch Ohren und durch Augen. / Der Gesang, den sie offen tat, / anderswo und hier, / war ihr süßes Singen, / ihr sanftes Saitenklingen, / das hell und offen / durch das Königreich der Ohren / in die Herzen hinabklang. / Doch war der heimliche Gesang / ihre wunderbare Schönheit, / die mit ihrer innern Musik / verhohlen und heimlich / durch die Fenster der Augen / in manches edle Herz drang / und jenen Zauber hineinstrich, / der die Gedanken auf der Stelle / fing und fangend fesselte / mit Liebe und Not der Sehnsucht.)

Soweit läßt sich an die Welt des Minnesangs denken, etwa an die ebenso ästhetische tödliche Zauberliebe Morungens. Aber in ihrer Gegenseitigkeit, in ihrer Totalität, als Blindheit, „wîselôsiu ger“ gehört sie zum älteren Typ schicksalhaft-absoluter Art, im Gegensatz zu einer persönlich und sozial verpflichteten Dienstliebe des konventionellen Minnesangs oder des Artusromans. Sie hat ihre Entsprechung im klassischen Altertum: Isolde wird der „sunne von Mycêne“, Helena, verglichen – und vorgezogen, im Waldleben lesen die Liebenden von Dido und von einer Reihe unglücklicher „senedaere“ aus Ovid. Gottfrieds „gotinne Minne“ hat Züge der Venus; er liebt überhaupt antikische Reminiszenzen.

Vollends hat diese Liebe natürlich auch nichts zu tun mit der Idee der Ehe – schon Heloise will lieber eine Dirne als die Gattin Abaelards genannt sein, und beim Kaplan Andreas wird die Unvereinbarkeit von Liebe und Ehe in aller Form statuiert. Gottfried würde die Ehe wohl auch zu dem „amor mercenarius“ (Bernhard) rechnen, der „um kouf gemeine“ ist, wogegen er „diu vrîe, diu eine“, die bedingungslose Minne preist. Darum spielt auch Marke, obwohl er moralisch wie juristisch im Recht ist, eine so trübe Rolle. Nur die aristokratische Gesellschaft der „edlen Herzen“ vermag, nach Gottfrieds Prolog, diese feinste Blüte des tödlichen Spiels zu verstehen und Glück und Leid, Leben und Tod der Minne als eines zu sehen (womit sich der Dichter wohl nicht an einen bestimmten esoterischen Kreis wendet, sondern an eine Elite unter denen, die höfisch sein wollen).

Nun ist aber dieser Lobpreis der Tristan-Minne nicht mehr entschuldbar durch die Magie des Tranks und auch nicht durch eine sozusagen naive Frivolität oder gar Ruchlosigkeit der Gesellschaft, wie das vielleicht noch bei Thomas der Fall ist. Gerade die räsonierende und psychologisierende Entfaltung des Stoffs läßt keine Verharmlosung des moralischen Problems zu. Tristan begeht nun einmal doppelten Treubruch an Herrn und Oheim, Isoldes Status ist bestenfalls Bigamie. Gottfried verfolgt mit höchstem Interesse, das zwischen empfindsamer Teilnahme und diskreter Ironie schillert, den seelisch-moralischen Weg seiner Helden, aber nicht im Namen irgendeiner Wertordnung, sondern um erst recht die Verwirrung und Vertauschung der Ordnungen festzustellen, ja zu feiern. Marke, Tristan, Isolde kämpfen gegen sich selbst, widerstreben ihrem eigenen Willen, stehen im Zweifel, handeln widerspruchsvoll, verlieren sich:

wâ mag ich mich nu vinden?
wâ mac ich mich nu suochen, wâ?
nu bin ich hie und bin ouch dâ
und enbin doch weder dâ noch hie.
wer wart ouch sus verirret ie?
wer wart ie sus zerteilet mê?
(18 532 ff.)

Die Täuschungsmotivik, von der die ganze Fabel lebt, erstreckt sich auch auf das innere Leben und das Handeln selbst. Die fragwürdige Liebe zu der weißhandigen Isolde bezeichnet nur den äußersten Grad dieser Verwirrung, in der schon wegen eines Lautreizes die Identität der Person sich auflöst. Die Vertauschung der Vorzeichen wird immer wieder deutlich: Begriffe wie Treue, Ehre, Maße, Saelde werden in ihrer Anwendung widerspruchsvoll, zur höheren Ehre des „lieben Leids" der Minne,

daz solhiu wunder stellet:
daz honegende gellet,
daz süezende siuret,
daz touwende viuret,
daz senftende smerzet,
daz elliu herze entherzet
und al die werlt verkêret.
(11 883 ff.)

(das solche Wunder bewirkt: / Honig vergällt, / Süßes säuert, / Tau zu Feuer, / Wohltat zu Schmerz macht, / alle Herzen entherzt / und jedermann umkehrt.)

Gegensatzpaare werden arienhaft durcheinandergewirbelt und im Wortspiel aufgelöst. Im musikalisch-spielerischen Sprachkleid des Romans, in seinem virtuosen, aber stets eleganten und klaren Redeschmuck, der doch ein so dunkles Geschehen bedeckt, scheint sich die Ästhetisierung und „Entwirklichung“ (Schwietering) aller Ordnungsbegriffe direkt abzubilden.

Damit stellt sich, zuletzt, die Frage nach dem religiösen Horizont des Dichters. Dies um so dringender, als zur Verblüffung des Lesers der ganze unheilige Roman vielfältig religiös überformt ist, und zwar längst nicht nur durch unvermeidbare biblische oder liturgische Assoziationen eines Geistlichen. Auch die seinerzeit von de Boor versuchte Parallelisierung der *Tristan*-Handlung mit einem Legendenschema (Tristan und Isolde als Minneheilige) wäre noch eine verhältnismäßig unverbindliche Analogie. Es ist aber eine Provokation, wenn dies alles kulminiert in der wesentlich Gottfriedschen Erfindung der Minnegrotte: eine hochfeierliche Rundkirche mit detaillierter Allegorie der Bauteile, das Kristallbett anstelle des Altars in der Mitte, die Ernährung der Liebenden nur durch das Sakrament der Minne, das sie sich spenden – und entsprechend die ganze Erzählung als Kommunionsfeier in der Gemeinde der edlen Herzen, für die Tristan und Isolde als Märtyrer gelitten haben und gestorben sind:

Ir leben, ir tôt sint unser brôt.
sus lebet ir leben, sus lebet ir tôt,
sus lebent si noch und sint doch tôt,
und ist ir tôt der lebenden brôt.

(237 ff.)

Julius Schwietering hat gezeigt, wie sich in Gottfrieds Vokabular und seiner Minnelehre überhaupt die Hohelied-Mystik der Zeit spiegelt und oft fast wörtlich Wendungen aus Bernhards Hohelied-Predigten erscheinen. Bernhardinische Mystik ist übertragen auf das Phänomen einer grenzenlosen weltlichen Liebe („amo quia amo; amo ut amem" – „ich liebe weil ich liebe; ich liebe, um zu lieben"), um diese zu verinnerlichen und in ihrer Absolutheit zu zeigen. Der Gedanke des Minnetodes („utinam hac morte frequenter cadam" – „so wolte ich gerne werben umb ein êweclîchez sterben" [12502], an sich schon ovidisch, *Amores* 2,10,29 ff.) ist ins Zweideutige verschärft; die Verwirrung aller Ordnungen durch die göttliche Minne („confundis ordinem, dissimulas usum, modum ignoras" – „du verwirrst die Ordnung, kümmerst dich um keine Regel, kennst kein Maß"); die Lehre, daß nur die selber Liebenden das Geheimnis verstehen – all das ist bernhardinisch.

Solche Übertragung geistlicher Kategorien auf die gerade auch in der Minnegrotte mit ihrer eingemischten Sexualsymbolik weltliche Liebe bleibt bedenklich, ja kann blasphemisch berühren. Anderseits bedeutet ihre mystische Verabsolutierung den Vorstoß zu einer eigenen Ethik – etwa im Sinn der Abaelardischen Gesinnungsethik gegenüber konventioneller Handlungsethik (H. Fromm) –, und mindestens Isolde erreicht in ihrem Bekenntnis zur „andâht" von „triuwe" und „minne" gerade in der Trennung (18326) eine neue Stufe hoher und reiner Minne; Handeln und Schicksal der Liebenden haben ihre eigene Ehre. Eine Transzendierung der weltlichen Liebe ist diese Verabsolutierung nicht; der Dichter will in der Tat mit der höfischen Welt (der edelen herzen) „verderben oder genesen" (66). Die Unendlichkeit des Todes, in welche das Tristan-Schicksal mündet, ist kein Jenseits, sondern eine innere Unendlichkeit der Welt. Daß Gott hier ausschließlich „im Hinblick auf seine

Immanenz" erscheine (Mieth), dürfte eine etwas fragwürdige Beschönigung sein.

Gottfried Webers Versuch, die scheinbar unlösliche Ambivalenz des Romans mit einer Nähe des Dichters zum katharischen Dualismus zu erklären, hat sich nicht durchgesetzt. Gerade das dualistische Gegenüber von Sinnen- und Seelenliebe, von Zwang und Freiheit, Sünde und Tugend ist ja verwischt. Es interessiert gerade die Zweideutigkeit, vielleicht ein Jenseits von Gut und Böse. Tristans Untergang ist ja auch nicht mehr tragischer, sondern empfindsam-mystischer Art. Die Koinzidenz wird im erborgten Klima der Mystik versucht, im „muotgedoene" der alles durchziehenden musikalischen Stimmung und in der adligen Schönheit eines Leid und Tod miteinbeziehenden Lebens. Es bleibt bei einer letzten Steigerung und raffiniertesten Analyse der Idee absoluter Liebe, wie sie nur am Triumph über konventionelle Moral und Gesellschaftsordnung, ja über das äußere Lebensglück der Liebenden selbst demonstriert werden kann. Das ist das Abenteuer dieses Romans – der in mancher Hinsicht verfeinert, krisenhaft und spät ist und doch ein für allemal als Prototyp für die großen Liebesnovellen und Liebesromane bis in die Neuzeit hinein erscheint.

## III. DER ARTUSROMAN UND DIE RITTERLICHE LEGENDE

### 1. Die neue Gattung

Während der eigentliche Liebesroman die Minne in ihrer Unbedingtheit (und sei es auch: Tödlichkeit) darstellt, im Grunde entwicklungslos, zwanghaft und endgültig, wird im übrigen höfischen Roman – wie auch meistens im Minnesang – versucht, den Konflikt zu überwinden und die Minne für die Veredlung des einzelnen wie der Gemeinschaft in Dienst zu nehmen. Der Artusroman im eigentlichen Sinn, wie ihn Chrestien de Troyes für uns begründet hat, macht damit den Ritter zum Objekt erzählerischer Pädagogik und läßt ihn – im Zeichen der Minne – modellhaft einen zur Vollendung und zur Freiheit führenden Weg beschreiten. Es geschieht in einer völlig einzigartigen, unverwechselbaren Vorstellungswelt; König Artus, Herr eines Friedensreiches oder genauer: nur eines Hofes, Primus inter pares einer Tafelrunde, einer höfischen Idealgesellschaft, die im Grunde nur mit Jagd und Festefeiern beschäftigt ist, beinahe zeitlos, während jeweils einer ihrer Ritter aufgerufen ist, seinen Abenteuerweg der Kämpfe und der Minne zu gehen, um zu guter Letzt vollendet wieder am Hof einzukehren. Weniger also ein Stoff als ein Rahmen, der von Roman zu Roman neben den bekannten Helden neue hervortreten läßt. Die gleichen, typischen Schauplätze (der Märchenwald mit seinem Dickicht, seinen Lichtungen, mit Flüssen und Schlössern) kehren wieder, typische Ereignisse (Zweikämpfe mit Rittern, Kämpfe mit Unholden, zu bestehende Prüfungen, Befreiungstaten, seltsame Begegnungen) und typische Figuren (die Botin, der Zwerg, gefangene Frauen, hilflose Jungfrauen). Diese geschlossene Erzählwelt hat auch in neueren Abwandlungen (z. B. *Amadis*) bis in die Neuzeit hinein fasziniert und ist selbst von Cervantes nicht nur parodiert, sondern im Grunde noch über sich hinaus geführt worden.

In großem Gegensatz zum *Ruodlieb* und seiner vielfältigen Alltagswelt ist der Artusroman der Inbegriff eines Märchenromans oder gar „roman-évasion" und damit das Schulbeispiel auch für die romantische Theorie, daß Dichtung aus dem Märchen geboren sei, und er ist umgekehrt das Mittel, wieder einen idealistischen Märchenzustand zu erreichen. „Mit der Zeit muß die Geschichte Märchen werden", sagt Novalis. Und in der Tat bedeutet der Artusroman die Befreiung der Erzähler von aller geschichtlichen Bindung, sei es eines nationalen Mythus wie in der Heldendichtung, sei es überhaupt der reale, verpflichtende Alltag, zu dem ja auch die politische und wirtschaftliche, die bürgerliche, bäuerliche und geistliche Welt gehören. Man kann diesen Vorgang der Enthistorisierung gerade auch an der Entwicklung des Artusromans selbst verfolgen.

Denn zuerst war ja König Artus eine geschichtliche Figur des alten Britannien, und das Vorstellungsmaterial, soweit es echter keltischer Herkunft ist, war echte Sage, geglaubter Mythus. Schon bei Geoffrey von Monmouth, dessen *Historia regum Britanniae* die älteste erkennbare Gestalt der Artussage bietet, ist diese keltische Welt romantisiert und fabulös geworden, im Dienst des anglonormannischen Hofes und seiner ritterlichen Ideale. Da wird Artus zum mächtigen, ruhmreichen Herrscher eines gewaltigen Reiches, eine Art Gegenfigur zu Karl dem Großen. Noch weiter geht Wace in seinem volkssprachlichen *Brut,* der nun zuerst die Vorstellung von der Tafelrunde zeigt, in Parallele zum Kreis von Karls Paladinen oder zur Abendmahlsrunde Jesu. Auf welche schriftlichen (und mündlichen?) Quellen sich Chrestien stützt, wieweit er selbst der eigentliche Erfinder des

Artusromans ist und in welchem Umfang er außerkeltisches Gut beimischt, bleibt umstritten, sicher aber wird erst bei ihm der Artus-Stoff völlig märchenhaft; erst recht für die deutschen Nachahmer und Leser ist er unverbindlich-exotisch geworden und frei verfügbar. Das „Märchenhafte“ liegt also weniger an der Motivik aus einer Welt von Magie, Traum oder Wunschdenken als an ihrer Verwendung, ja es scheint geradezu erst im Roman zu entstehen. Es leistet dem Romandichter das große Alibi, das ihm erlaubt, Kategorien der Alltagswirklichkeit, auch moralische, außer Funktion zu setzen, dafür aber die Möglichkeit gibt, ungehemmt ein ideelles Programm zu entwickeln, die höfische Welt zu idealisieren und zu verzaubern, ja vielleicht auch auf bildhafte Art Dinge zu formulieren, die bewußt oder unbewußt sonst nicht sagbar wären. Der Held der Erzählung wird zur modellhaften Figur, an der ein solches Programm durchgeführt werden kann, der Artusroman ist prinzipiell „Bildungsroman“. Dabei spielt eine entscheidende Rolle die Minne als bewegendes pädagogisches Prinzip. Die Selbstwerdung erfolgt in Interaktion mit der Gesellschaft und kommt dieser zugute; der Ritter legitimiert sich mit Abenteuer und Minne am Artushof.

Daß am Aufbau der arturischen Idealwelt bestimmte gesellschaftliche und politische Vorgänge beteiligt sind, steht außer Zweifel. Nur ist es schwierig, sie dingfest zu machen. Erich Köhler macht einerseits den Kleinadel verantwortlich, der durch König und Hochadel und deren Bestreben nach Territorialisierung der Macht sowie auch durch das Aufkommen der Städte bedrängt ist und nun seine Interessen im Bild des Artusritters idealistisch verklärt; anderseits ist der Hochadel bereit, gegenüber dem zentralistischen Königtum zusammen mit dem Kleinadel ein überständisches Ritterideal (mit schwachem Königtum) zu vertreten. In Deutschland war die Lage anders, die Adelsgesellschaft noch stärker hierarchisch gegliedert. Auch hier aber setzt sich – entscheidend mit Hartmann, „dienstman ze Ouwe" – ein solches, nun sofort stärker religiös geprägtes Rittertum durch; auch hier strebt eine aufsteigende Schicht danach, am Lebensstil großer Höfe teilzunehmen. Damit ist nicht eine „Erklärung" gegeben, sondern nur ein gesellschaftlicher Kontext angedeutet. Die dichterische Einbildungskraft greift jedenfalls tiefer und allgemeiner, und ihr Werk wird ablösbar und autonom.

Die neue, so folgenreiche Erzählform hat noch keinen Namen. Ihr Sinn ist aber wohl am besten getroffen im Begriff des Abenteuers, der âventiure – Wolfram beschwört ja sogar die „Frau Aventiure" als eine Art Muse seiner Erzählung. Ein modischer Begriff, der als „adventura" nicht viel anderes besagt als „Zufall, Vorfall, Vorgang", gewinnt eine besondere Nuance in der Anwendung auf die phantastisch-fremdartige Motivik des Romans. Was in der Legende das Wunder, in der Novelle die unerhörte Begebenheit, im Epos das Schicksal ist, das ist hier „âventiure". Es ist das Wunderbare, Abenteuerliche, Phantastische zunächst in einem mehr stofflichen Sinn, genauer aber das, was vom Helden nicht gewirkt oder erduldet, vielmehr „bestanden" wird. Es kommt auf den Helden zu aus dem Offenen und Unberechenbaren, Gefahr und adventhafte Verheißung wird von ihm als Herausforderung angenommen und verantwortet. So ist es ein Vorgang der Weltbegegnung und – soweit verantwortet – Selbstbegegnung. Weist der Märchenvorgang eine gewisse Automatik des Ablaufs auf, so wird das Abenteuer zum Medium, in welchem sich die zum Wagnis gewordene Existenz vollzieht und sukzessive aufbaut. Dabei ist das Abenteuer nicht nur adventura, es muß auch gesucht werden, ja es wird überhaupt erst dem dafür Bereiten, dem Suchenden zum Abenteuer. Der Roman ist jene Form der Erzählung, die nicht ein Vorgegebenes wiederholend vollzieht, sondern die in der Bewegung, in der Offenheit, in der „Queste“ selbst ein Neues und Unsagbares sich ereignen läßt. Der Held, der auf dieses Leben der Aventiure zugeordnet ist, ist in seiner innersten Qualität nur eines: offen, spontan bereit, alles Hohe zu tun, und sich doch auch wieder alles schenken zu lassen, ein Mensch des Adels, der edelsten Möglichkeiten. Um dieses ritterlichen Sinns willen wird aus der Welt dieser Romane alles ausgeschlossen, was alltäglich, vergänglich, häßlich und sündhaft wäre, also alles Faktisch-Reale im Sinn christlicher Weltauffassung – freilich nur, um in märchenhafter Symbolik dennoch die entscheidenden Fragen des Menschseins zu stellen.

Die Sinngebung des Abenteuers durch den Erzähler kann auf verschiedenen Ebenen erfolgen. Am leichtesten greifbar ist das lehrhafte Programm, das den Artusroman zum Hof- und Ritterspiegel macht, als Demonstration all jener Tugenden, die den Ritter auszeichnen und zum vollwertigen Glied der Gesellschaft machen.

> Swer an rehte güete
> wendet sîn gemüete,
> dem volget saelde und êre.
>
> (*Iwein* 1 ff.)

Beim mittelhochdeutschen Sprachstand und dem auf sichtbare Repräsentation ausgerichteten höfischen Denken haben diese Begriffe eine gewaltige Spannweite, die alle Bestimmungen außerhalb konkreter Textstellen und ihre Vereinigung zu einem „Tugendsystem“ fragwürdig macht. Die „güete“ reicht von äußerer Macht und Geltung bis zur sublimsten inneren Erschlossenheit, „saelde“ von Glück und Schönheit bis zur Gnade, „êre“ vom gesellschaftlichen Ansehen bis zur Ehre vor sich selbst und vor Gott. Tapferkeit, Mannheit, Unverzagtheit sind militärische Tugenden und zugleich Beständigkeit und Bereitschaft, alles auf sich zu nehmen, was kommen mag. „zuht“ oder „kiusche“ beginnen beim höfischen Benehmen und weisen zurück auf Bescheidenheit und innere Würde. „milte", Freigebigkeit, ist in der Welt der feudalen Dienst- und Lohn-Verhältnisse fast ein rechtlich-wirtschaftlicher Begriff und geht doch hinüber zur christlichen „erbärmde". Immer wieder zentral ist die „triuwe": gesellschaftlich als Treue gegen den Dienstherrn, den Freund, die Dame, aber auf dem gemeinsamen Grund einer Erschlossenheit des innersten menschlichen Wesens, als Verläßlichkeit und Einheit der Person, zuletzt aber als ein Stehen in Gott, der „selbe ein triuwe" ist (*Parzival*). Eine ähnliche Schlüsselstellung hat schließlich die „mâze", die unendlich viel mehr bedeutet als den banalen goldenen Mittelweg, nämlich Selbstdisziplin, Sinn für das Richtige und Rechte, für den Ausgleich der Kräfte und damit auch Voraussetzung des schönen Lebens (*Iwein* 9).

Prinzipiell eignen diese Tugenden dem Romanhelden von vornherein, aber er hat sie im eigentlichen Grund zu lernen, aus äußerer Anwendung zur ebenso bewußten wie spontanen Haltung zu bringen und so „wîse" zu werden. Ein Mittel zur Veranschaulichung dieses Prozesses, das vor allem Chrestien eingeführt hat, ist der vielberedete „Doppelweg" – nach einer märchenhaft-problemlosen Abenteuerfahrt tritt die Krise ein, damit auf einer zweiten Fahrt die eigentliche Problembewältigung, der Gang nach innen, erfolgen kann. „Spielmännische" Doppelungstechnik wird zur ideellen Stufung entwickelt. Eine spezielle Problematik entsteht, wenn es zwischen verschiedenen Geboten zum Konflikt kommt. Es sind die oft kasuistischen Fragen der höfischen Ethik: Ausgleich des eigenen Glücks mit dem der Gesellschaft, Verhältnis der Minne zur Ehe, das Verhältnis von Dienst und Lohn, von selbstherrlichem Abenteuer und Verpflichtung gegenüber dem Nächsten. In der Behandlung solcher Fragen stößt jedoch der Roman immer wieder auf eine tiefere Schicht. In der innersten Fassung der

Tugendbegriffe und in der ursprünglichen Idee des Abenteuers selbst erscheint das Thema der menschlichen Selbstwerdung, der Suche des eigenen Wesens, der Selbsterkenntnis und Selbstidentifikation in einem letzten Sinn. Hier findet die Bildersprache des Artusromans erstaunliche Formulierungen, von der Namen- oder Vatersuche zur Herausstellung der „Art“, von den Phänomenen des Selbstverlusts, des „zwîvels“, der Schuld bis zur Rechtfertigung des schuldigen Menschen vor Gott, im Grund seiner Seele. So werden in letzter Instanz religiöse Strukturen deutlich, und der Artusroman tritt vor die Geschichte der christlichen Frömmigkeit im 12. Jahrhundert.

Die Bewegung des Romans ist, nach seinem ganzen Wesen, primär eine Bewegung der Emanzipation, wenn nicht eines Ausbruchs in Bezirke außerhalb christlich-kirchlicher Ordnung. Dafür ist der Tristanroman das große Beispiel. Aber es ist auch nicht leicht zu nehmen, wenn nach tendenziöser Tradition König Artus ins Höllenfeuer versetzt wird (Thomasin). Der Artusroman steht im Dienste einer neuen Weltlichkeit und einer neuen Gesellschaft, die gerade insofern ihres Lebens sich freut und schön zu leben versucht, als sie mit Hilfe des Märchens die Vergänglichkeit und Sündhaftigkeit alles Menschlichen für einmal zu überspringen versucht. Auch der Vorstoß ins Reich des Elementaren, ja Irrationalen und die Suche nach Lebensgesetzen außerhalb kirchlicher Ethik ist ein verfängliches Abenteuer.

Nun ist aber die Idee des Romans und des Abenteuers im tiefsten Sinne doch christlichen Ursprungs – denn bereits der christliche Glaube setzt den Menschen in Unruhe, Bewegung und Erwartung auf ein Ziel hin, sieht jeden menschlichen Zustand als etwas zu Überwindendes an und faßt den Glauben als Bereitschaft, die Erfüllung des eigenen Wesens im göttlichen Willen zu suchen. Das Abenteuer ist zugleich ein Schritt ins Profane wie der

Weg zu sich selbst und zu Gott, und das ganze Unternehmen der großen ritterlichen Romandichter ist zugleich der Versuch, das Reich Gottes in die Welt hinauszutragen oder in der Welt wiederzufinden – der Abenteuerweg kann zur via christiana (Matth. 7,13) werden. Wo, wie in Wolframs *Parzival*, das Abenteuer unmittelbar das Verhältnis zu Gott betrifft, da wird der Artusroman im religiösen Roman aufgehoben. Aber auch wo das nicht der Fall ist, scheinen im Artusroman christliche Strukturen durch – in der Analogie einzelner Szenen, in der Funktion einzelner Figuren (z. B. der Held als Erlöser), in der Analogie des ganzen Aufbaus zur Heilsgeschichte. Diese analogische Ausrichtung des Artusromans auf die christliche Heilslehre, die zu den wichtigsten Erkenntnissen der neueren Forschung gehört, ist gerade erst möglich, indem direkte kirchliche Vorstellungen und Motive aus dem Märchenbereich des Romans ausgeschaltet bleiben.

Wo die religiöse Problematik dennoch expliziter zur Darstellung kommt, da kann innerhalb der Artuswelt eine neue, höhere Ebene erscheinen: die Welt des Grals. Und daß die Begegnung ritterlicher und christlich-kirchlicher Forderungen auch ganz unmittelbar versucht werden kann, das belegen Hartmanns „ritterliche Legenden".

Schon die umschriebene, für den Artusroman bezeichnende Schichtung zeigt, wie kompliziert sich der Bau des neuen Romans, vor allem im Vergleich zum heroischen Epos, darstellt. Es sind verschiedene Wirklichkeitsschichten im Spiel – höfische Gegenwart, Märchen, Mythus, Heilsgeschichte –, und zwischen ihnen erfolgen die gewagtesten Übergänge: das eigentliche Abenteuer des Erzählers selbst. Der Stoff hat seine eigene Logik und seinen traditionellen Verlauf, zu denen die neue Sinngebung in Gegensatz treten kann. Über das Verhältnis von „matiere" und „sen" hat sich Chrestien bereits Gedanken gemacht. Man darf von einem bewußten Spiel mit verschiedenen Sinnebenen sprechen, und der Interpret wird in Analogie zum Bibelverständnis mit einer Art mehrfachen Schriftsinns rechnen müssen. Erst recht ist eine gewisse Mehrdeutigkeit anzusetzen, soweit der mittelalterliche Dichter, zumal der deutsche, sich keineswegs als Schöpfer seines Werks versteht, sondern als Deuter und Vermittler, ohne persönlichen Ehrgeiz und ohne den neuzeitlichen Zwang zu einer persönlichen Verantwortung für das Erzählte.

Dennoch ist es nun wesentlich für die neue Gattung des Romans, daß der Dichter nicht mehr der anonyme Vermittler ist wie, noch in dieser Zeit, der Heldenepiker, sondern daß er einen Namen trägt und, vor allem, als Erzähler wirklich hervortritt. Er wird, wie versteckt auch immer, zum Subjekt seiner Geschichte, wächst langsam hinein in die Rolle dessen, dem das Erzählen zum Abenteuer wird, das er auf eigene Rechnung zu bestehen hat. Sofern die Erzählung mindestens ursprünglich im höfischen Gesellschaftskreis vorgetragen wird, ist der Dichter Unterhalter, und man wird sein Werk im einzelnen nicht immer allzu sehr pressen dürfen. Über diese gleichsam gesellschaftliche Funktion seines Unernsts hinaus gibt es aber auch einen erzählerischen Humor, der für den Roman dieser Art konstitutiv ist. Die offene, vielschichtige, sich selbst dauernd übersteigende Form des Romans bedarf eines Mittels, das immer wieder die Grenzen zu öffnen gestattet, neue Beziehungen stiften, das einzelne relativieren kann. Der Humor stellt immer wieder die Spontaneität des Erzählers und seiner erzählten Welt her, er ist während der ganzen Erzählung das Versprechen der umfassenden Heiterkeit und Freiheit, die sich am Schluß herstellen wird. (Das Gesagte gilt allerdings kaum für den Liebesroman, schon gar nicht für den humorlosen, dafür ironischen Gottfried.)

## 2. Hartmann von Aue: „Büchlein“, „Erec“, „Iwein“

Der Begründer eines deutschen Artusromans, und man kann sagen: der Schöpfer der maßgebenden, mâze-vollen höfischen Erzählung ist Hartmann, älterer Zeitgenosse Gottfrieds und Wolframs, die ihm beide gehuldigt haben, so sehr sie selbst sich untereinander befehdeten. Die Größe und der Zauber von Hartmanns Dichtungen liegt keineswegs auf der Hand. Doch hinter der diskreten Liebenswürdigkeit und Anmut dieses Werks zeigt sich näherem Zusehen ein durchaus nicht naiver Geist von hoher Ursprünglichkeit, ja Kühnheit; schon die Vielfalt seines in allen Gattungen bahnbrechenden Werks belegt dies: Lieder, eine Minnelehre, Artusromane und ritterliche Legenden. Es paßt zu seiner Diskretion, daß über Person, Herkunft und Datierung dieses Klassikers nichts Genaueres bekannt ist, als was er selbst mitteilt oder was sich aus seinem Werk ergibt. Er ist „dienstman ze Ouwe“, ein Ministerialadliger mit gelehrter Schulung, aus dem alten Herzogtum Schwaben, mit kaum merklich alemannisch gefärbter Sprache, womit sich der Schwerpunkt der klassischen mittelhochdeutschen Literatur aus dem mitteldeutschen in den oberdeutschen Bereich verlagert. Unklar bleibt, ob „Ouwe“ der Name des eigenen Geschlechts, des Dienstherrn oder gar beides in einem war. Ouwe ist bis heute nicht lokalisiert. Von den verschiedenen Möglichkeiten steht heute Aue bei Freiburg i. B. wieder im Vordergrund, im Zusammenhang mit der gut gestützten These, Hartmann habe für den Hof der Herzöge von Zähringen gedichtet (Mertens). Das Wappen in der Manessischen Handschrift – drei Adlerköpfe – müßte dann als Abwandlung des Zähringer Wappens – ein ganzer Adler – verstanden werden. An sich ist es nur belegt für die Herren von Wespersbühl (Kanton Zürich), die Lehensträger der Abtei Reichenau und der Grafen von Kyburg waren, die ihrerseits, als Erbmarschälle der

Reichenau, Vögte im Thurgau und Verwandte der Zähringer, als Mäzene in Frage kämen. In seinen Liedern erwähnt Hartmann den Tod eines Dienstherrn als Anlaß seiner Kreuznahme. Wer dieser Herr war, auf welchen Kreuzzug sich Hartmann begab – 1189 oder 1197 –, ist umstritten. Die Werke Hartmanns werden dagegen aufgrund kombinierter Erwägungen ziemlich einhellig in der Reihenfolge *Büchlein – Erec – Gregorius – Armer Heinrich – Iwein* angesetzt (wobei die ersten etwa 1000 Verse des *Iwein* vielleicht schon gleich nach dem *Erec* entstanden sind); dabei wäre der *Erec* bald nach 1180, der *Iwein* um 1205 entstanden. Für Hartmanns Leben kommt man damit auf die Jahre: frühestens 1160 bis ungefähr 1210.

Wenn zwischen die beiden Artusromane die beiden Legendendichtungen treten, so braucht man dafür weder eine „gegenhöfische Wendung" (Wapnewski) noch gar „eine tiefe innere Krise" (de Boor) – nämlich infolge des Todes des Herrn – und dann, mit dem *Iwein,* wieder einen Rückfall anzusetzen; denn so groß ist der Gegensatz zwischen Artusroman und höfischer Legende keineswegs.

Zwischen den Minneliedern und den Erzählungen steht gattungsmäßig Hartmanns ältestes Werk, das *Büchlein,* richtiger *Klage* zu nennen (complainte, planctus), um 1180 zweifellos ein Stück modernster französischer oder provenzalischer Minnedidaktik, das der junge Dichter (er stellt sich als „jungelinc" vor) nach verlorener Vorlage in gegen 2000 Versen übertragen hat. Es scheint seiner Art zu entsprechen, daß Hartmanns Werk derart programmatisch beginnt, ehe der Artusroman die erzählerische Anwendung bringt. Der Dichter ist von der Minne bezwungen, und nun halten sein Herz (Inbegriff auch der „sinne") und sein Leib unter sich ein Streitgespräch, welchem der beiden die Schuld daran zufalle und warum. Nach langen Erörterungen erkennen die Partner ihre Zusammengehörigkeit, und das Herz formuliert zuhanden des Leibes die eigentliche Minnelehre: Sie stellt sich allegorisch dar als ein Kräuterzauber aus Gottes Apotheke, in dem die bekannten ritterlichen Tugenden (zuht, triuwe, kiusche, manheit usw.) als Ingredienzien eines nun eben nicht mehr magischen Liebestrankes erscheinen. Es folgt in kunstvoller Reimtechnik ein leidenschaftlicher Schlußappell an die Dame: Klage, Treueversicherung, Bitte um Erhörung. Das Ganze ist also eine Minneepistel, ein Liebesgruß in der beliebten Form eines Streitgesprächs (conflictus, altercatio) mit spezieller allegorischer Einlage und angehängtem Schlußgedicht, wortreich und infolge des allegorischen Systemzwangs wenig geeignet, daraus ein psychologisches oder ethisches Begriffssystem zu abstrahieren. Aber eines ist klar: Minne ist Anlaß und Medium eines weltlichen Heilswegs, der die ganze sittliche Person beansprucht und durch „arebeit“ zur „saelde“ führt, zum Wohlgefallen der Welt wie auch Gottes.

Als Hartmann, frühestens zu Beginn der 1180er Jahre, mit seinem *Erec* den ersten deutschen Artusroman schuf – er ist merkwürdigerweise nur in der späten Ambraser Handschrift erhalten –, da lag die Vorlage, Chrestiens *Erec,* wohl bereits seit mindestens zehn Jahren vor. Doch sie war der erste Artusroman überhaupt, als „belle conjointure“ aus den Geschichten und Motiven älterer bretonischer (?) Erzähler gefügt, als maßgebendes Modell der neuen Gattung. Hartmann zeigt nun allerdings, im Gegensatz zu seiner späteren Technik im *Iwein,* starke Abweichungen von Chrestiens Text, und es ist unklar, wieweit dafür Hartmann selbst, wieweit eine französische Überarbeitung Chrestiens oder gar eine niederländische Zwischenstufe (P. Tilvis) verantwortlich ist. Mindestens für einzelnes ist mit Nebenquellen zu rechnen. Im übrigen ist Hartmann, das läßt sich dennoch feststellen, ruhiger, spannungsloser, lehrhafter, steifer als sein Vorbild, er hält allerlei Erläuterungen und Exkurse für nötig.

Eine typische „erste Runde“ erzählt, wie der junge Ritter Erec am Artushof in Gegenwart der Königin von einem vorbeireitenden Zwerg mit der Geißel ins Gesicht geschlagen wird – die „Herausforderung“ könnte nicht krasser sein –, wie er sich aufmacht, die Schande zu rächen, die schöne Enite, Tochter eines armen Grafen, zur Dame gewinnt und für sie im Sieg über den hoffärtigen Herrn des Zwergs den Schönheitspreis, einen Sperber, erobert. Nach der Hochzeit am Artushof übernimmt Erec von seinem Vater die Herrschaft des Landes.

Dem scheinbar spielend erreichten Glück folgt die Krise: Erec „verliegt sich“, im Glück maßloser Minne versäumt er seine Pflicht als Herr des Hofes und gefährdet die Ehre der Gesellschaft. Durch ein Selbstgespräch Enites gewarnt, bricht er unvermittelt auf zu dem großen, eigentlichen Auszug, wobei Enite schweigend voranreiten, ja in der Folge als Pferdeknecht dienen muß. In zwei analogen Reihen vollziehen sich durch einen Besuch am Artushof getrennt die Abenteuer, Serien von sich steigernden Zweikämpfen. Alles überwölbt am Schluß der große Kampf mit Mabonagrin (eine Parallele zum Sperberkampf des 1. Teils): einem riesenhaften Ritter, der im Wundergarten „Joie de la court“ (hoves fröide) seiner Geliebten dient und in Erwartung eines mächtigeren Gegners achtzig Ritter erschlagen und deren trauernde Witwen auf der benachbarten Burg eingesperrt hat. Erec besiegt ihn und bricht damit den Bann einer gesellschaftsfeindlich gewordenen Minne: Er schenkt Mabonagrin und seiner Freundin und damit dem Hof die wahre Freude zurück. Mit dieser mächtigen Schlußepisode erhebt sich die Erzählung zusammenfassend ins durchsichtig Allegorische, ähnlich und wohl nicht zufällig, wie es ihr Pendant, die Grottenepisode im *Tristan,* tut.

Das „Problem" dieses klar und schlank gebauten und doch so frisch und phantasievoll erzählten Werks ist zweifellos zunächst der Ausgleich der Minne, des Minneglücks, mit den Anforderungen des Rittertums und insbesondere der Gesellschaft. „Ze sêre minnen" – das gefährdet den Adel des einzelnen und zerstört die Ordnung des gemeinsamen höfischen Daseins. Darum der erneute Aufbruch zur Aventiure. In der Reihe dieser Abenteuer selbst scheint sich eine Stufung zu zeigen vom bloß privaten Kämpfertum zur Hilfeleistung für andere, ja zur Erlösung der Gesellschaft selbst: Das Abenteuer tritt in den Dienst des Nächsten. Wie Erec in der ersten Runde seinen Aufstieg aus dem Zustand der Demütigung, Armut und Ratlosigkeit vollzog, so muß er auch jetzt durch den Nullpunkt: Erec ist auf den Tod verwundet, erst die Klagen der treuen Enite erwecken ihn wieder zum Leben. Und er muß sogar selbst besiegt werden – von seinem unerkannten Freund Guivreiz; der ritterliche Kämpfer muß auch lernen, sich das Leben schenken zu lassen.

Das Verliegen Erecs ist ein Verliegen in der Ehe. Man hat daher im Roman auch schon eine Auseinandersetzung zwischen höfischer Minne und Ehe sehen wollen. Das ist wohl ein Problem zweiter Ordnung. Wo die Minne nicht, wie im *Tristan,* wesenhaft Ehebruchscharakter hat, muß sie erzählerisch zu einem Ende, der Heirat, führen, wogegen das Minnelied im Dienstverhältnis verharren kann und nicht problematisch werden muß. Doch erfährt zweifellos in der zweiten Abenteuerfahrt die Beziehung Erecs und Enites eine Vertiefung, die über bloße höfische Minne wie über die herkömmliche Ehe hinausgeht. Die Ehe wird durch den Gedanken der Minne und ihrer ritterlichen Bewährung veredelt, und die Minne wird zu einer Bindung jenseits von Dienst und Lohn.

Und Enite? Sie ist die rührende Dulderin, die unverrückbar Treue, die Warnerin auch gegen das Verbot. Man spricht von der Treueprobe, die sie zu bestehen habe (und kann dafür eine Stelle Hartmanns anführen), ja von einer Schuld und Mitschuld, die von ihr abzubüßen sei, und entsprechend denkt man entstehungsgeschichtlich an zwei Motivreihen, die sich hier überkreuzt hätten. Das ist wohl irreführend. Denn Enite hat nichts zu sein als Inbegriff und Ziel von Erecs bestem Streben. Im Bildungsroman hat die Frau, im Gegensatz zum reinen Liebesroman, den Charakter einer Seelenführerin. Und sie ist damit nur begrenzt eine Gestalt eigenen Rechts, vielmehr weitgehend nur das Innerste und Edelste des Helden selbst. Erecs unbegreifliches Verhalten gegen die unschuldige Gattin versteht sich nur daraus, daß er sich selbst in ihr unter Strafe stellt und sie doch, als sein besseres Ich, voranreiten läßt.

Am Schluß, im Rückblick rückt Hartmann den Weg seines Helden ganz unter den Willen Gottes und gibt eine klassische Formulierung ritterlich-frommer „Wesenssuche“:

dô sprach der künec Êrec:
„ich weste wol, der saelden wec
gienge in der werlde eteswâ,
rehte enweste ich aber wâ,
wan daz ich in suochende reit
in grôzer ungewisheit,
unz daz ich in nû vunden hân.
got hât wol ze mir getân ...

(8520 ff.)

(Da sprach der König Erec: / Ich wußte wohl, der Weg zum Glück / ginge irgendwo in der Welt, / wußte aber nicht recht, wo: / so konnte ich nur reiten / und ihn in großer Ungewißheit suchen, / bis ich ihn nun gefunden habe. / Gott hat wohl an mir gehandelt ...)

Als der deutsche *Erec* entstand, lag wohl auch Chrestiens *Yvain* bereits vor. Hartmanns deutsche Nachdichtung – künstlerisch souverän trotz engem Anschluß an Chrestien – wurde aber erst 15 bis 20 Jahre später (bis gegen 1205) abgeschlossen. Wie schon die hohe Zahl von 25 Handschriften erweist, galt dem deutschen Mittelalter der *Iwein* als vollendetstes Werk Hartmanns, sein eigentliches Vermächtnis. Die Germanistik hat erst in neuerer Zeit, dann freilich mit überzeugenden Argumenten, sich diesem Urteil angeschlossen.

Auf den ersten Blick gibt sich der *Iwein,* die Geschichte des Löwenritters, wie ein symmetrisch gebautes Pendant zum *Erec.* Wenn sich Erec verliegt, so verfährt sich Iwein, und wieder muß in zweiter Abenteuerrunde der Ausgleich zwischen Rittertum und Minne gesucht werden. Aber Entscheidendes ist nun anders. Iwein macht sich auf, um das gefährliche Quellenabenteuer zu bestehen, er tut den sturmerweckenden Guß, besiegt, verfolgt und erschlägt den königlichen Hüter des Brunnens, wird aber im Torweg von dessen Burg gefangen. Die schöne Burgherrin und nun Witwe, Laudine, läßt sich auf Vermittlung durch ihre kluge Zofe Lunete herbei, den gefangenen Sieger in neuer Liebe zu heiraten. Der Artushof zieht heran und wird festlich empfangen. Unter Hinweis auf Erec warnt Gawein, der vollkommene Artusritter, seinen Freund Iwein vor dem Verliegen und Verbauern, worauf Iwein für ein Jahr Urlaub nimmt und dem Artushof folgt. Im festlichen Turnieren vergeht das Jahr, Iwein wird es inne, Scham, Sehnsucht und Reue werden übermächtig, Lunete kommt als Botin mit dem feierlichen Fluch Laudines, Iwein verliert den Verstand und lebt nun wie ein Tier im Walde. Von einer vorbeireitenden Gräfin und ihren zwei Jungfrauen wird Iwein eines Tages entdeckt und durch eine Zaubersalbe geheilt. Und nun folgt die Reihe der eigentlichen, kunstvoll verschlungenen Abenteuer, die alle Befreiungstaten sind. Iwein befreit die Gräfin von einem Belagerer; einen Löwen, der ihm von nun an als Helfer folgt, von einem

Drachen; Lunete selber, die in Ungnade gefallen; die Söhne eines Burgherrn vom Riesen Harpin; dreihundert Damen von zwei Riesen; und er hilft einer Grafentochter in einem Erbstreit gegen ihre Schwester, dies in einem entscheidungslosen Schlußkampf mit dem Helfer der Gegenpartei, der sich als Freund, Gawein, herausstellt. Durch einen klugen Rat der Lunete erfolgt schließlich auch die Versöhnung mit der geliebten Laudine. Saelde und Ehre (die Wörter fallen am Anfang und am Ende des Werks) erfüllen sich.

Die Umkehr des kasuistischen Problems scheint nicht einfach der Symmetrie halber zu erfolgen. Laudine, zumal zusammen mit ihrer listigen Helferin Lunete, ist nicht die edle, demütige Enite. Ihr haftet, in ihrem Zorn, auch in ihrer raschen Liebe, etwas Unheimliches an, noch etwas von der Quellenfee, die sie in früheren Stufen des Stoffs gewesen sein mag. Das Quellabenteuer, das sich leitmotivisch durch den Roman zieht, entfesselt Mächte, die elementar und unberechenbar sind. Sein tiefenpsychologischer Sinn liegt auf der Hand. Laudine verkörpert bei aller höfischen Überformung eine Art Gegenreich zum Artushof, sie kommt auch selbst nie dorthin. Auch wenn die Artuswelt maßgebend bleibt, so ist sie doch jetzt nicht mehr unproblematisch. Die Rittertaten des geheilten Iwein sind ausschließlich Helfer- und Befreiungstaten – mehr noch: sie sind z. T. nur möglich durch die Hilfe des Löwen oder Lunetes. Stärkeres Gewicht fällt auf die Motivik der zu erwerbenden „rehten güete“ (V. 1) und damit der Selbstwerdung; die Aventiure geht nun tiefer. Die Krise erfolgt nicht als Strafe für eine – an sich minimale – Schuld, sondern ist Symptom und Heilung eines grundsätzlichen Ungenügens. Die Vertierung des Helden gewinnt den Charakter einer eigentlichen Hadesfahrt, einer symbolischen Heilprozedur. „Der Mensch erkannte es nicht, als er in Ehren stand, darum ward er den unvernünftigen Tieren gleich“, sagt der Psalmist (48,13, von Bernhard von Clairvaux zitiert zu Hohel. 1,7; vgl. auch Dan. 4,30). Das Wiedererwachen trägt österliche Züge: drei Frauen mit Salbengefäßen, eine davon verschwendet die Salbe wie Magdalena.

Ein überraschend reiches Vokabular umschreibt die Vorgänge der „ungewizzenheit", des Verlusts der eigenen „hulde", der Selbstentfremdung, des Sichselbstansehens – das weist z. T. wörtlich hin auf die bernhardinische Frömmigkeit, in der die Selbsterkenntnis und Selbsterfahrung als Weg der Gotteserfahrung umschrieben ist, aufgrund alter augustinischer Tradition. Die Frucht der Selbsterkenntnis ist Demut: „Humilitas est virtus qua homo verissima sui cognitione ipse vilescit" (Bernhard, *De gradibus humilitatis*). Humilitas und Caritas sind die Tugenden des von seinem Löwen begleiteten Iwein.

Deutlicher als bei Chrestien treten die religiösen Strukturen hervor, kaum je expressis verbis, vielmehr mit unvergleichlicher Anmut verborgen in der Märchenanalogie der Erzählung. So sehr, daß man lange den *Iwein* problemloser Unterhaltungskunst zugerechnet hat. Und auch dann wäre das „Fest des Erzählens", das sich Hartmann bereitet und das schon Chrestien wundervoll mit der rahmenhaften Erzählszenerie am Artushof eröffnet, keine Kleinigkeit. Die stets maßvolle, mit den rhythmischen und klanglichen Möglichkeiten des Verses wechselnde Diktion zeigt eine überlegene Grazie, ja einen verhaltenen – und gewöhnlich viel zu wenig gesehenen – Humor, eine Schwerelosigkeit, die dem frommen Geist des Dichters nicht widerspricht.

## 3. Hartmann von Aue: „Gregorius", „Armer Heinrich"

Hartmanns Artusromane umschließen zeitlich zwei Werke, in denen das in der Artusdichtung latente religiöse Thema unmittelbar herausgestellt wird, und zwar mit einer abenteuerlichen Kombination weltlich-ritterlicher und geistlich-legendarischer Erzählform. Diese „ritterlichen Legenden“ sind der seit dem *Ruodlieb* expliziteste Versuch, den Ritter als Stand und Lebensform christlich zu legitimieren.

Hartmanns *Gregorius* fußt auf einer französischen *Vie du pape Grégoire*, wobei allerdings wiederum unklar ist, wieweit Hartmanns Abweichungen von der nächststehenden französischen Fassung ihm selbst oder einer unbekannten Bearbeitung zuzuschreiben sind. Die entscheidende Leistung gehört sicher dem Franzosen; sie ist auch in den verschiedensten andern Sprachen nachgebildet worden, während Hartmanns Version zu mehreren lateinischen Übertragungen, einer deutschen Prosa und schließlich auch zu Thomas Manns massiv-parodistischem *Erwählten* geführt hat.

Nun ist Gregor weder ein anerkannter Heiliger noch ein geschichtlicher Papst gewesen, und so steht die Legende auch in einer weitverzweigten Tradition, zu der nicht nur der antike Ödipus-Stoff, die Andreas- und die Judaslegende gehören (mit Vatermord und Mutterinzest), sondern auch die Legenden von Albanus und Vergogna (mit doppeltem Inzestmotiv, ohne Vatermord), ganz abgesehen von einer Reihe verbindender novellistischer oder legendarischer Wandermotive. Die vom *Grégoire*-Dichter als einzigem durchgeführte Verritterlichung der Geschichte hat nun vollends das Ergebnis, daß die Grundstruktur gattungsmäßig ebenso auf die Legende wie auf den Artusroman zurückgeführt werden kann. Die reizende Kinderminne, die Aussetzung des Neugebornen, Lehrgang und Auszug des jungen Ritters, die Befreiung der Dame in ihrer Burg am Meer, das Wiederfinden der Mutter – das sind alles Motive des höfischen Romans. Gregor, das Geschwisterkind, als Findelkind im Kloster erzogen, ist der ideale Ritter, der seine Herkunft, genauer: sich selbst „erfahren“ will („von wannen ich sî oder wer“), er ist tapfer, maßvoll, beständig, voll Vertrauen auf Gott. Wie bei Erec oder Iwein erfolgt, nach der glücklichen Heirat, die Katastrophe. Legendarisch thematisiert ist die ungeheure Buße des „guoten sündaeres“ auf dem Stein; man denkt an Iwein im Walde:

Der arme was zewâre
erwahsen von dem hâre,
verwalken zuo der swarte
an houbet und an barte . . .
(3423 ff.)

(Der Arme war tatsächlich / vom Haar zugewachsen, / verfilzt bis auf die Haut, / an Kopf und Bart . . .)

Gregorius ist im juristischen Sinne sowenig schuldig wie Erec oder Iwein, alle drei nehmen die (im einen Fall höfisch-diskrete, im andern legendarisch-krasse) Verfehlung auf sich, weil sie in ihr die menschliche Sündhaftigkeit überhaupt erfahren. Folgt die wunderbare Erhöhung des Sünders zum Papst, dem nun „diu mâze was gegeben / vons heiligen geistes lêre“, und der glückliche Anagnorismos mit der Frau, die „sîn muoter, sîn base, sîn wîp“ war.

„Demontage der höfischen Werte-Welt“ (Wapnewski)? Hartmanns Sündenbekenntnis im Prolog, seine Zunge habe viel gesprochen, „daz nach der werlde lône stât“, darf als gattungsmäßige Demutsformel nicht allzu grundsätzlich genommen werden. Gewiß: des Gregorius ritterliche „gir zer werlde“ wird als superbia in Frage gestellt, und die Minne wird im Fall der Eltern als Teufels Rat bezeichnet. Anderseits wird der Entschluß zur Ehe mit einem Lob „êlîcher hîrât“ begleitet und erfolgt in Gott! Gregors Plädoyer für das Rittertum gegenüber dem Abt hat viele Argumente für sich, er bleibt vorbildlich und verfällt nicht dem Zweifel, der vom Prolog als einzige untilgbare Sünde bezeichnet wird. Seine Schuld wird durch die Buße doch zur glücklichen Schuld, und die Wahl zum Papst ist das Ende der Weltentsagung, ist märchenhafte Erhöhung. Und im Grunde wird ja wohl nicht nur das Rittertum problematisch, sondern auch das – ausdrücklich – von Gott gelenkte Geschick des Helden, d. h. Gottes Vorsehung selbst. Die letzte Auskunft lautet milde in ritterlicher wie in christlicher Hinsicht: als Evangelium der mâze, als Einsicht in die rätselhafte Verkettung von Schuld und Gnade, Wagnis und Lebenserfüllung, als Vertrauen auf Gottes grenzenlose Vergebung.

Mit letzter Verdichtung und Schlichtheit – wenn auch nicht ohne rätselhaften Rest – löst der *Arme Heinrich* das Problem einer geistlich-ritterlichen Erzählung. Die anderthalbtausend Verse kulminieren in einem einzigen Vorgang seelischer Art und umspannen doch ein ganzes Ritterleben in seinem sorgfältig-realen Zeitkolorit. Hartmann, Dienstmann zu Aue, nennt sich der Verfasser, sein Held aber Herr Heinrich von Aue, von Stand fürstengleich. Wieso die Namensgleichheit? Erzählt Hartmann von einem Vorfahren seines Dienstherrn, oder meint er gar ein Glied der eigenen Familie? Da die Erzählung die gänzlich unstandesgemäße Heirat des Helden berichtet und somit, nach Beyerle, dem Dienstherrn keine Ehre brächte, könnte man sie als eigene Familientradition verstehen, welche die Standesminderung eines einst vornehmen Geschlechts auf schöne Art zu erklären sucht. Auch diese Deutung als ein Stück Familienchronik des Dichters ist wenig überzeugend. Die Geschichte selbst, eine von vielen Aussatzsagen oder -legenden, begegnet in zwei kurzen lateinischen Prosa-Exempla des 14./15. Jahrhunderts, doch ist die Priorität unsicher, auch wenn Hartmann offensichtlich eine lateinische Vorlage benützt.

Herr Heinrich von Aue ist der Ausbund aller ritterlichen Tugenden an Gut und Geburt, an Ehre und Gesinnung. Aber die „werltlîche süeze“ nimmt plötzlich ein Ende, er wird vom Aussatz befallen. Anders als Hiob verflucht er den Tag seiner Geburt; er sucht vergeblich ärztliche Hilfe in Montpellier und Salerno: nur das Herzblut eines Mädchens würde ihn retten können. Da geht er in sich, verschenkt seine Güter und zieht sich auf ein Gereute, den Waldhof eines seiner Pächter, zurück. Dessen kindliches Töchterchen, dem Herrn rührend ergeben, will sich für ihn opfern und überzeugt in langen Reden ihre erschreckten Eltern wie auch schließlich Herrn Heinrich von dem Plan. Bei dem berühmten Arzt in Salerno, wo die Operation stattfinden soll, wird Heinrich beim Anblick (durch den Türspalt!) des entblößten Mädchens von einer „niuwen güete“ ergriffen, verzichtet zum großen Zorn des Mädchens auf das Opfer, beide machen sich auf den Heimweg. Da erkennt Gott die Treue der beiden und macht Heinrich gesund. Er wird reicher als je an Gut und Ehren und heiratet das Mädchen – „nû ist si vrî als ich dâ bin“ –, mit dem er ein langes süezes leben führen wird.

Bei allen Tugenden war Heinrich ein „werlttôre“. Der Aussatz, der ihn schlägt, ist die Krankheit schlechthin, fast die Sünde selbst. Hier kommt der Sturz vollends ohne äußere Verfehlung, enthüllt nur den menschlichen Sündenzustand an sich. Das Hiob-Schicksal führt aber nun zu keiner Weltentsagung, eher zu dem Idyll auf dem Hofe des Meiers. Die Heilung – in andern Ausformungen des Aussatzmotivs wird das Blutopfer vollzogen und durch göttliches Wunder das Mädchen wieder zum Leben erweckt – ist hier ganz ins Innere verlegt, schlicht und großartig als der zentrale Moment der Selbsterkenntnis:

nû sach er sî an unde sich
und gewan einen niuwen muot ...

und verkêrte vil drâte (sehr rasch)
sîn altez gemüete
in eine niuwe güete.

(1234 ff.)

Diese Umkehr *ist* das Wunder, sie bedeutet bereits die Befreiung von der Miselsucht. Die „rehte güete“ ist das unübersetzbare Schlüsselwort auch des *Iwein*.

Aber es ist – welch „höfische“ Kühnheit! – die Schönheit des nackten Mädchens, die den Ritter umstimmt, und er wird wieder in die Süße der Welt entlassen – und sei es auch in eine Mesalliance. Das Mädchen selber muß auf sein Martyrium und den vorzeitigen Himmel verzichten. Nicht ohne heimlichen Humor auch hier verfolgt der Dichter die geistliche Rhetorik des Mädchens und tadelt sein schlechtes Benehmen in Salerno: die Tugend der mâze gilt auch im geistlichen Bereich. Das Ganze ist gewiß eine Kritik am Hochmut („hôhen muot“), aber auch erst wieder die Rechtfertigung eines frommen Weltlebens, auf welches der Ritter wie die junge Glaubensheldin lächelnd verwiesen werden, und die Forderung eines Adels der Gesinnung.

Nach dem *Armen Heinrich*, dessen scheinbar naiven Ton man nicht mißverstehen darf, hat sich der Erzähler von neuem das Recht zum Artusroman gewonnen, zum nachdenklichen Märchenton des *Iwein*.

## 4. „Lanzelet“, „Wigalois“

Der Artusroman erscheint in Deutschland wie in Frankreich zuerst in hochliterarischer, ideell durchdrungener Gestalt. Aber es gibt nun auch einzelne Vertreter der Gattung, in denen, wie man zu sagen pflegt, die „reine Stofflichkeit“ herrscht oder „ein wirres Abenteuerwesen“, ohne Probleme, ohne innere Entwicklung des Helden, und so wird denn in den Literaturgeschichten eine

Rubrik „niederer Artusroman“ oder „höfischer Unterhaltungsroman“ (de Boor) geführt. Werke solcher Art haben aber für uns ein eigenes Interesse: Vielleicht tritt hier gerade eine unreflektierte, ursprüngliche, wenn auch krude Funktion der Artusmotivik hervor, und zudem können sie wichtige Zeugnisse für die Vorgeschichte des Artusromans liefern. Dabei ist allerdings oft unklar, was *noch* primitiv und was *wiederum* primitiv ist.

Der *Lanzelet* des Ulrich von Zazikhoven (heute Zezikon im Kanton Thurgau) ist die älteste Bearbeitung des vor allem in den romanischen Ländern überaus beliebten Lancelotromans. Der deutsche Verfasser ist wahrscheinlich mit einem Kaplan und Leutpriester des (Zezikon benachbarten) Dorfes Lommis identisch, der 1214 als Zeuge auf einer gräflich-toggenburgischen Urkunde erscheint; er hat seine Vorlage von einem vornehmen Engländer erhalten, Huc von Morville, der 1194 als eine der Geiseln für Richard Löwenherz nach Deutschland kam und vielleicht sogar einer der Mörder des Thomas Becket, 1170 in Canterbury, gewesen war. Die Fäden dieser nobeln Beziehung hätten über die Toggenburger oder über die Abtei Reichenau (Hartmann!) laufen können. Die Entstehung der Arbeit kann von 1194 an bis gegen 1205 vermutet werden; der Erfolg war beträchtlich, Ulrich wird später mehrfach ehrenvoll erwähnt. Die Bedeutung der Lancelot-Gestalt als der kühnsten und reifsten Blüte der Artusromantik liegt darin, daß sie im höfischen Bereich einen Typ des amour-passion vertritt, der in mystisch-outrierter Form selbst die Forderungen ritterlicher Ehre und Sitte zu opfern bereit ist und damit in die Nähe der Tristan-Liebe gerät; Lancelot ist der Liebhaber von Artus’ Gattin Guenievre, die geraubt war, durch ihn befreit wird und ihn zu erhören hat. Chrestien hat in seinem *Karrenritter* den Stoff wahrscheinlich nur widerwillig und jedenfalls nicht zu Ende behandelt. Ulrich berührt sich nun allerdings nur im letzten Drittel seines Werks teilweise mit Chrestien (Entführung und Befreiung Ginovers, aber ohne Ehebruchmotiv). Ob sich Ulrichs Vorlage auf eine direkte keltische Vorlage stützt oder nur aus dem Werk Chrestiens geschöpft ist als eine sekundäre Klitterung oder gar ein neues „Modell“ des Artusromans (K. Ruh), bleibt die Frage.

Lanzelet wird von einer Meerfee erzogen und zieht nun aus, um Namen und Vater zu erfahren. In einer Folge von siegreichen Kämpfen und Minneverhältnissen (in dritter Station die Gattin Iblis) vollziehen sich Aufstieg und Integration in die Artusgesellschaft. Ein 2. Teil – ohne Krise und ohne Überhöhung des 1. Teils – bestätigt die höfisch-ritterliche Existenz im Unternehmen der Ginover-Befreiung und – nach Überstehen einer „Minnehaft“ bei der Königin von Pluris – in der Rückkehr zu Iblis. Aussagekräftig bleiben in der lockeren Abenteuerkette typische Motive des Märchenromans: Namens- und Vatersuche, die rasch bereite Geliebte, deren Gatten oder Vater der Held erschlagen hat, der Kuß des Drachens, der eine verzauberte Jungfrau ist usw. In den Minnebeziehungen des „wîpsaelegen“ Helden scheint weniger eine höfische Libertinage zu walten als vielmehr die Exemplifikation verschiedener Casus im Sinne des Traktats des Kaplans Andreas. Dichterischer Rang wächst dadurch dem Roman kaum zu.

Schon eher ist dies der Fall bei *Wigalois* (Gui Galois), dem „Ritter mit dem Rade“, einer liebenswürdigen Dichtung des Ritters Wirnt von Grafenberg (nordöstlich von Nürnberg). Das überaus erfolgreiche Werk ist, wenn Friedrich Neumann recht hat, zwischen 1210 und 1215 am Hof des Grafen von Andechs entstanden, und zwar, wie Wirnt mitteilt, aufgrund mündlicher Erzählung durch einen Knappen – ein wichtiger Beleg zum Problem höfischer Überlieferung. Für einen 1. Teil des Romans bestehen indirekte Zusammenhänge mit dem *Bel inconnu* des *Renaut de Beaujeu.* Für den Rest nahm man bisher eine durch die späte Prosa des „Chevalier du Papegau" vertretene Quelle an (Saran), doch denkt man neuerdings an mündliches französisches Erzählmaterial, das von Wirnt selbständig, unter Einfluß des Gattungstypus (Hartmann, *Parzival*), integriert worden wäre (Cormeau).

Wigalois ist ein Gawein-Sohn (wir hören die Vorgeschichte), der sich aus fernem Lande – dem Feenreich seiner Mutter – aufmacht, um den Vater zu suchen; am Artushof fordert ihn eine geheimnisvolle Botin heraus, es folgt die lange Serie von Abenteuern, die auch hier zu einer tiefsten Gefährdung führen als Voraussetzung des Hauptabenteuers. Nach dieser Erfahrung der Ohnmacht – der Ritter liegt nachts, nach dem Kampf mit einem Drachen, bewußtlos und seiner Rüstung beraubt am Ufer eines Sees – gelingt schließlich die Hauptleistung: die Überwindung des riesigen, heidnisch-teuflischen Roaz und damit die Befreiung des Reichs der schönen Larie. Folgt die Gewinnung eines zweiten Reichs, das am Lebermeer (Roten Meer) gelegen ist, die Hochzeit mit Larie, Begegnung mit dem Vater Gawein, neuer Krieg, Besuch am Artushof, Heimkehr. Es ist eine Fülle seltsamer Abenteuer, aber immerhin auch hier geordnet um die typische Laufbahn des Ritters, der die verschiedenen Stationen seiner Selbstwerdung zu passieren hat und zugleich als Befreier auftritt. Der Kampf mit Roaz im Innern eines mit den kompliziertesten Vorkehrungen versehenen dunklen Zauberschlosses hat geradezu den Charakter einer Hadesfahrt und führt zur Entzauberung eines ganzen Reiches. Diese Abenteuer werden vom Helden nicht reflektiert, er führt das noch durchaus positiv erfahrene Glücksrad der Fortuna im Wappen und geht kaum angefochten seinem Ziele zu. Es kommt auch hier zu keiner Krise, keiner Problematik, keinem Doppelweg, genauer: der Individuationsweg ist nur in Bildvorstellungen sozusagen formal und allgemein entworfen.

Zur eigentlichen Artusmotivik hinzu kommt, eine typische Auflösungserscheinung, nun auch manches Legendenhafte (Fegefeuermotive, Engel) und gegen den Schluß Geographisch-Geschichtliches; der Erzähler strebt zu einer umfassenden Wirklichkeit zurück. Er liebt es, das Geschehen in moralisierenden Exkursen zu kommentieren. Interessanter aber ist, wie er trotz eines meist eher trockenen Tons eine neuartige Lust am Atmosphärischen zeigt: Die Artus-Landschaft wird in ihren Stimmungsreizen entdeckt, mit Waldesdickicht, Mondlicht, Wind und Wolken, mit neuer Raumtiefe, die durch geheimnisvolle Rufe oder Wahrnehmungen durch den Wald oder über eine Wasserfläche hin realisiert wird. Wenn die ideelle Substanz schwindet, sind solche Sensationen eine neue dichterische Errungenschaft. Die Aventiure – ein Lieblingswort Wirnts – wird als Zauber, süßer Schrecken, Verheißung sinnenhaft empfunden, und der Held kann sagen:

> ... ich die selben vreise (Schrecken)
> mir ze fröiden hân erwelt ...
> iz wirt mir ein vil süeziu nôt.
>
> (4346 ff.)

Bereits hier wird der ritterliche Roman „romanhaft“, d. h. romantisch.

# IV. DER RELIGIÖSE ROMAN: WOLFRAM VON ESCHENBACH

## 1. Der Dichter

Niemand macht heute Wolfram von Eschenbach den höchsten Rang unter den Dichtern des deutschen Mittelalters streitig. Sein Werk war mit rund 80 erhaltenen handschriftlichen Zeugen jedes seiner zwei Romane das erfolgreichste eines ritterlichen Erzählers überhaupt, es ist von unverwechselbarer Ursprünglichkeit und umfaßt nach Thema und Idee die sublimsten Möglichkeiten ritterlicher Laiendichtung. Das läßt sich schon gattungsmäßig ausdrücken: Der *Parzival* gewinnt dem Artusroman die letzte – religiöse – Dimension hinzu, und der *Willehalm* führt die Problematik im Raum einer christlichen Helden- und Geschichtsdichtung fort. Wolfram verläßt damit den engeren Rahmen der volkssprachlichen Gattungen und ihrer Spielregeln und leistet als Laiendichter einen erstaunlich selbständigen Beitrag zur geistigen Lage seiner Zeit.

Als Ritter und keineswegs zuerst als Dichter will sich Wolfram verstanden und gewürdigt wissen. Sein „hûs“ ist mit größter Wahrscheinlichkeit an der Stelle des heutigen, spätmittelalterlichen Städtchens Eschenbach (Wolframseschenbach) östlich von Ansbach zu suchen, denn er erwähnt die Namen verschiedener Örtlichkeiten der Gegend. Er redet scherzhaft-freundschaftlich von „mîn herre, der grâve von Wertheim“, er hat das 5. Buch des *Parzival* auf der Wildenburg im Odenwald vorgetragen, huldigt in gewagter Weise der Markgräfin von Haidstein (Cham) im Bayerischen Wald, nennt sich einen Bayern (obwohl die fränkische Heimat nicht zu Bayern zu rechnen war), zeigt spezielle Kenntnis der Steiermark – und hat schließlich den *Willehalm* im Auftrag des Landgrafen von Thüringen verfaßt. Man denkt sich, im Rahmen dieser örtlichen und dynastischen Beziehungen, einen ärmern Ministerialadligen, der um so selbstbewußter auf sein „Schildes Amt" und seine ritterliche Gesinnung pocht. Seine Werke sind bei der Annahme längerer Entstehungszeit schwer zu datieren: Die in einem Belagerungskrieg durch den Landgrafen 1203 zerstörten Erfurter Weingärten werden im 7. Buch des *Parzival* als immer noch notleidend erwähnt; man datiert den *Parzival* ungefähr auf die Jahre 1200 bis 1210; die Arbeit am *Willehalm* läßt sich auf die Zeit von 1212 bis nach 1217 (Tod Hermanns von Thüringen) ansetzen. Etwas später oder gleichzeitig – kaum schon neben dem *Parzival* – entstanden die *Titurel*-Fragmente. Undatierbar bleiben die 8 Lieder. Die runden Lebensdaten lauten somit um 1170 bis um 1220. Die Frage von Wolframs Bildung ist ebenso vertrackt wie die seiner Quellen. Wolfram verfügt über einen Reichtum der verschiedenartigsten literarischen und wissenschaftlichen Kenntnisse, aber wendet sich gegen Buchgelehrsamkeit, ja behauptet, keinen Buchstaben zu kennen – und zeigt auch in der Tat, im schärfsten Gegensatz zu Gottfrieds lateinischer Schulung, kaum literarisch-formale Bildung; er beruft sich für sich selbst nie auf Lektüre, stets nur aufs Hören. Auch wenn sein Analphabetentum cum grano salis zu nehmen ist – teils Tatsache, teils Demutsbezeugung, teils ritterliche Verachtung alles Schulmäßigen –, so bleibt doch das Bild eines großartigen Autodidakten, eines selbständigen und eigenwilligen Laien, darin durchaus vergleichbar mit Grimmelshausen, dessen *Simplicissimus* wohl ohne den *Parzival* nicht denkbar ist.

## 2. „Parzival"

Der *Parzival* ist eines jener wenigen Lebensbücher, in denen nicht nur die ganze Existenz des Erzählers – bis in

Autobiographisches hinein – investiert ist, wo vielmehr auch der geistige Gehalt einer Epoche umfassend zum Ausdruck kommt. Die Gattung des Romans enthüllt hier ihren Zug zur Totalität und entfaltet, in mehrsträhniger und mehrschichtiger Handlung, ein Modell des Menschenwesens im Rahmen der natürlichen wie der geschichtlichen Schöpfung und vollzieht – als Gralsroman – eine Bewegung des Transzendierens.

Um den weiträumigen Bau des *Parzival*, der mit seinen 25000 Versen alle bisherigen Maße übertrifft, besser zu überblicken, bedient man sich der von Lachmann stammenden Einteilung in 16 Bücher (sie beruht auf den Initialen der besten, d. h. St. Galler Handschrift, unter Vernachlässigung von 8 weiteren Initialen, welche einige Bücher nochmals unterteilen würden). Sie fallen mit Handlungsabschnitten, mit Schauplätzen oder dem Auftritt von jeweiligen Hauptfiguren zusammen. Halten wir uns zunächst an die wichtigsten durchgehenden Handlungsträger.

Des „maeres herre“ ist nach Wolframs Willen Parzival, der aber nur in den Büchern III–VI, IX, XIV–XVI in Erscheinung tritt. Sein Weg führt den „törschen knaben“ aus dem Walde, wo er von seiner Mutter abseits der ritterlichen Welt erzogen werden sollte, über verschiedene Begegnungen zum Artushof und von da, nach siegreichem Kampf mit dem roten Ritter Ither (und nun in dessen Rüstung), zur Lehre bei dem alten Ritter Gurnemanz und schließlich zur Befreiung und Heirat der Königin Condwiramurs (III, IV). Nach erneutem Aufbruch gelangt Parzival zur geheimnisvollen Gralsburg, wo er einer feierlich-traurigen Liturgie beiwohnt und von wo er verstoßen wird, da er in Beherzigung eines Rats des Gurnemanz eine Frage unterlassen hat, die von ihm erwartet war (V). Nach der Einkehr am Artushof erscheint die Gralsbotin Cundrie und verflucht ihn; Parzival bricht mit Gott und macht sich zu einer neuen

Fahrt auf, um den Gral wieder zu suchen (VI). Nach viereinhalb Jahren erst erfolgt die Einkehr bei dem Einsiedler Trevrizent, die Belehrung, die Reue und Versöhnung mit Gott (IX). Und nochmals verschwindet Parzival, bis er in zwei großen abgebrochenen Kämpfen Gawan, dem Freund und Artusritter schlechthin, und Feirefiz, seinem aus dem Orient herbeigekommenen Halbbruder, begegnet. Es folgt die Berufung zum Gralskönig und die Wiedervereinigung mit Condwiramurs (XIV–XVI). – Soweit also ein artusmäßiger Abenteuerweg mit Katastrophe nach der ersten Runde, mit Verlust und Wiederfinden der Geliebten, nur reicher ausgeführt, mit einer Mehrzahl von Frauen, die die Stationen seines Wegs bezeichnen. Und dies hängt wieder mit der Verlängerung des Ritterschicksals nach rückwärts und vorwärts zusammen: Das Waldleben gibt die Möglichkeit, den Helden von vieldeutiger tumpheit zur wîsheit emporsteigen zu lassen. Entscheidend neu ist jedoch, daß der Artusheld damit auch einen neuen Bereich betritt, ja daß sein ganzes Leben letztlich auf das höhere Reich des Grals, eine religiöse Instanz, bezogen ist.

Nun schlingt sich durch die Parzival-Handlung ein zweiter Roman, dessen Umfang sogar die Parzival-Erzählung übertrifft, die Geschichte Gawans (VII, VIII, X–XIV), der nun die eigentliche Vertretung des Artusrittertums übernimmt. Auch Gawan hat seine Minneerziehung zu absolvieren, die ihn nach der kindlichen Obilot zu der wenig zurückhaltenden Antikonie und schließlich zu Minnedienst und Heirat der schwierigen Orgeluse (l'orgueilleuse) bringt. Auch Gawan ist vor dem Artushof einer Schuld bezichtigt worden und ist zur Gralssuche aufgebrochen, findet seine Bewährung aber ohne Rückschlag in einem andern Wunderschloß (Schastel marveile), das wie eine leichtsinnige Parallele zur Gralsburg wirkt. Er hat auch sonst Erlebnisse, die wie Parodien zu einzelnen Parzival-Abenteuern wirken; wenn

z. B. Parzival der klagenden Sigune begegnet, die unter einer Linde sitzend ihren toten Liebhaber im Schoße hält, so trifft auch Gawan eine Dame in dieser Lage (504 f.), doch kann er ihren Ritter wieder zum Leben zurückführen. Man kann das Nebeneinander der beiden Geschichten als „Doppelroman“ bezeichnen; doch handelt es sich nicht nur um eine äußere, durch Motivanalogien versteifte Verbindung. Gawan und Parzival lösen sich mit ihren Abenteuern ab, „sie spielen sich ihre Rollen zu“ (Bumke). Ja man kann sagen, sie beziehen sich in mancher Hinsicht auf dasselbe Subjekt, das in verschiedenen Rollen erscheint, etwa äußerlich als Gawan, innerlich-problematisch als Parzival. Gawan ist wie ein uneigentliches Alter ego, eine Artusmaske des Gralsritters Parzival. Mit der Begegnung im Zweikampf (XIV) fällt das Gegenüber dahin. In Gawan wird das Artusrittertum an Gewicht leichter, oft bis zum Unterhaltsam-Dekorativen, auch wenn gerade dieses heitere, sichere und selbstverständliche Artusrittertum ein menschlicher Gewinn sein mag (W. Mohr). Entscheidend bleibt, wie die Artuswelt durch die Gralswelt relativiert und überwunden ist.

Ein drittes Geschehen überwölbt das Ganze: Buch I und II erzählen von Parzivals Vater, dem Anjou-Fürsten Gahmuret, der im Orient mit der schönen Mohrenkönigin Belakane einen Sohn zeugt – den gefleckten Feirefiz –, um darauf im Westen Herzeloyde zu ehelichen. Diese bringt Parzival zur Welt, nachdem Gahmuret, neuerdings auf Orientfahrt getrieben, im Dienst des Kalifen von Bagdad gefallen ist (I, II). Erst als dann (XV) die Begegnung Parzivals mit dem mächtigen edlen Heiden und Halbbruder erfolgt ist, wird er zum Gral berufen. Gahmurets Schicksal zwischen den zwei Frauen, zwischen Weiß und Schwarz, Osten und Westen ist ein kontrastierendes Präludium, stellt das Individuationsthema, das im Hauptroman zur Klärung kommt.

Zugleich öffnet sich damit der weltweite Raum der aktuellen Geschichte.

Auch andere Schicksale begleiten den Haupt- wie den Nebenhelden. Wichtig vor allem die Figur der Sigune, die zu vier Malen an Parzivals Weg erscheint, ihren toten Geliebten Schionatulander beklagend, in unverbrüchlicher Treue und Trauer bis zum Tod. Die Sigune-Handlung bezeichnet den äußersten Gegensatz zur fröhlichen Gawan-Geschichte; mit dieser zusammen rahmt sie den leidvollen Glücksweg Parzivals kontrastreich ein. Wie sich nun schon hier das einzelne Schicksal in eine Familiengeschichte einfügt, so wird sukzessive das ganze große Personal des Romans in ein gewaltiges doppeltes Sippengefüge eingeordnet: die väterliche Mazadan-Sippe (Artus, Gahmuret, Gawan, Ither, Orgeluse u. a.) und die mütterliche Gralssippe (König Anfortas und seine Schwester Herzeloyde, Sigune, Condwiramurs u. a.). Beide vereinigen sich in Parzival. Darin wird nicht nur Parzivals hohe Bestimmung, seine „Art“, sein Adel deutlich, sondern das ganze Geschehen spiegelt eine umfassende ritterliche Geschichte und Heilsgeschichte. Diese tritt in dem Maß hervor, in dem sich Parzival selber findet.

Angesichts dieser großen Roman-Montage, die ja schließlich mit vorgefundenen Elementen baut, stellt sich zunächst die Frage der Quellen. Den Grundstock hat ohne Zweifel „von Troys meister Christjân“ mit seinem *Perceval* oder *Conte del graal* geliefert, dem unvollendeten religiösen Spätwerk, das in so großartiger Weise die selbstgeschaffene Artuswelt wieder aufzulösen und durch eine neue Geheimwelt zu überhöhen beginnt. In großen Zügen entspricht *Parzival* III bis Mitte XIII dem Werk Chrestiens, teils sehr genau, daneben in völlig freier Art ändernd. Zu der bei Wolfram neuen Gahmuret-Feirefiz-Handlung bestehen für den Anfang, nur zum Teil für den Schluß, Entsprechungen mit französischen Fortsetzungen Chrestiens; freilich ist weder die Geschichte des Chrestien-Textes klargestellt noch die Möglichkeit, daß Wolfram eine unbekannte Fassung bzw. Fortsetzung Chrestiens benützt hätte. Was das ganze Werk betrifft, so bestehen die stärksten Abweichungen Wolframs in Zahl und Namen der Personen (am auffälligsten Condwiramurs statt Blancheflor), ferner in seinem neuen Verwandtschaftssystem und vor allem in dem mächtigen Ausbau der Gralsmotivik. Nun beruft sich Wolfram vom VIII. Buch an, gegen Chrestien polemisierend, auf einen Kyot, der die Wahrheit über Parzival und den Gral gesprochen habe. Lange wurde dies als Quellenfiktion verstanden, denn diese Mitteilungen tönen phantastisch und widerspruchsvoll; Wolfram hätte damit versucht, Gottfrieds von Straßburg Vorwürfe, er sei ein „wildenaere der maere“ und habe seinen Stoff „ûz swarzen buochen“, zu widerlegen. Dieser Fiktionstheorie gegenüber haben die „Kyotisten“ in neuerer Zeit vermehrten Zulauf erhalten. Wolfram erwähnt vor allem im Zusammenhang der Gralsvorstellungen Namen und Dinge, die er nicht erfunden und nicht durchschaut haben kann.

Auf alle Fälle: auch eine zusammenhängende Quelle Kyot für den ganzen Roman (er wird mitten in der Gawan-Geschichte und als Gewährsmann für einen gleichgültigen Namen umständlich eingeführt!) würde die Benützung abweichender Chrestien-Fassungen und einer größern Zahl von Nebenquellen nicht ausschließen. Wolfram scheint sehr sorgfältig Details seiner Quellen zu benützen und bei seiner Bearbeitung so wenig wie möglich umkommen zu lassen. Umgekehrt zeigt er sich aber offensichtlich immer wieder als kühner, manchmal sogar leichtsinniger Erfinder, der mit den Erwartungen seiner Hörer spielt. Manches scheint aus Veldeke und Hartmann zu stammen. Wenn Gahmuret und seine Familie, also auch Parzival, als Angevine, Anjou-Fürsten, im

Zusammenhang mit dem mächtigen anglo-normannischen Königshaus erscheinen, so möchte man eine französische Quelle dafür annehmen – doch anderseits bringt er sie mit den Herren von Anschau in der Steiermark zusammen und leitet den Namen von Gahmurets Vater Gandin von der steirischen Stadt Gandine (Haidin) her. Der Aufbau des Ganzen zeigt eine derart eigenwillige und tiefsinnige Planung, zentrale Wolframsche Gedanken wie die über das Heidentum oder die Ehe sind derart einmalig und zugleich mit der Handlung verwoben, die Auseinandersetzung mit den Vorlagen scheint in jedem Fall derart aktiv zu sein – daß unwahrscheinlich bleibt, Wolfram stütze sich nur auf die eine Quelle Kyot und habe hier schon alles vorgefunden. Man kommt nicht weiter als zu der paradoxen Einheit von „wilder" Selbständigkeit („âne der buoche stiure") und weitreichender Quellentreue, und das heißt doch wohl: kühne Quellenkombination.

Die völlig unverwechselbare erzählerische Textur von Wolframs Werk zeigt dieses Verhalten auch im einzelnen. Wenn Chrestien eine ruhige, geschlossene Vergegenwärtigung der Szene leistet, so läßt sich Wolfram von den verschiedensten Assoziationen tragen, die den sachlich-logischen Ablauf unterbrechen, ihn freilich auch in größeren, überraschenden Zusammenhängen zeigen. Eine eigenwillige Zickzackbewegung des Erzählablaufs ist die Folge (Gottfried verhöhnt Wolfram entsprechend als „des hasen geselle"), oft aber auch eine kunst- und geistvolle Simultanführung zweier Vorstellungsreihen (der verirrte Parzival und der Falke, der sich verflogen hat, im Walde, 282,1 ff.). Die neuen Assoziationen gehen nicht nur aus einer erstaunlichen Präsenz des ganzen Erzählzusammenhangs hervor, sondern sind oft willkürliche Seitensprünge – meist im engen Zusammenhang mit den Forderungen des Reimverses: der Reim bringt oft ein ungewöhnliches Wort herbei, und dieses führt zu einer neuen Vorstellungsreihe. Satz und Vers fordern sich gegenseitig heraus, häufig unter Preisgabe der normalen syntaktischen Ordnung. Der Dichter geniert sich nicht, zu kühnsten Verkürzungen oder Umschreibungen zu greifen, und kann sich in gesuchteste Metaphorik versteigen: „bî der küneginne rîche / saz sîn munt gar âne wort" (188,20f.); „er brach durch blates stimme ein zwîc" (120,13); „ein tjost im sterben niht erlouc" (ein Speerkampf konnte ihn nicht um das Sterben betrügen, 27,30); „ein berendiu fruht al niuwe / ist trûrens ûf diu wîp gesaet. / ûz dîner wunden jâmer waet" (eine stets neu tragende Frucht / der Trauer ist über die Frauen gesät. / Aus deiner Wunde weht Jammer, 160,24ff.). Ein oft gewalttätiges, oft spielerisches Umspringen mit den Möglichkeiten der Sprache führt zu dem „krumben" Stil, der dann – im Sinne des rhetorischen Asianismus – als wolframsche Manier nachgeahmt werden konnte.

Dieses Spiel verlangt nicht nur Geistesgegenwart vom Leser, sondern kann zu bewußten Illusionszerstörungen führen, sofern sich dabei die Subjektivität des Erzählers vordrängt. Wirkung und Mittel solcher Sprunghaftigkeit ist oft eine massive Komik, aber stets im Dienste einer Erzählhaltung, die man als Humor im weitesten Sinn bezeichnen kann. Humor bewirkt Relativierung im Dienst neuer Bezüge, Auflösung zugunsten neuer Synthese, ist dynamisches Raumschaffen, Öffnung auf neue Wirklichkeiten hin. Dieser auf den weitesten, letztlich religiösen Horizont gerichtete Humor wächst aus der Mitte der neuen Gattung des Romans hervor. Er bedeutet zugleich, daß sich in ungeahntem Maß die Subjektivität des Erzählers befreit; der Erzähler – als wesentliche Dimension des Werks verstanden – konstituiert sich im Prozeß der Illusionsaufhebungen und Synthesen, er meldet sich in persönlichen Kommentaren, im Einmischen des Publikums (etwa Angriffen auf eine unbekannte Dame, Ende II), in selbstironischen Bemerkungen. In solchem geselligen Scherz aber schließen sich Erzähler, Erzählung und Publikum zu neuer Gemeinschaft zusammen, freier und menschlicher als in Gottfrieds Gemeinde der edlen Herzen. Wenn hier das Erzählen selber die Züge eines Abenteuers annimmt – „Frouw Aventiure" nennt Wolfram seine Muse –, so entspricht das durchaus dem Thema und dem Sinn des Werkes selbst. Denn dieses zeigt ja, als „Bildungsroman", das Zusichselberkommen seines Helden. Darum hat auch Georg Misch den *Parzival* unter dem Gesichtspunkt der Autobiographie darstellen können.

Der Held hat wie Lancelot oder Wigalois oder Gregorius seinen Namen und seine Art zu erfahren, und er erfährt sich stufenweise als Mitglied einer Familie, einer Sippe, ja der Menschheit, deren dunkle Hälfte ihm in der Gestalt des Halbbruders gewaltig entgegen kommt. Und so ist Parzival auch von vornherein nicht eine bloße Privatperson, sondern in mancher Hinsicht der Mensch überhaupt auf seinem Glücks- und Heilsweg. Er wird im Verlauf seiner Abenteuer aus dem unbedachten ritterlichen Streiter zu einem Helfer seiner Mitmenschen, ja als Gralskönig, mehr noch als Iwein, zu einem erlösten Erlöser. Der Aufstieg geht vom Stand der unerschlossenen „tumpheit" über Abenteuer, Katastrophe, Schuld zur bewährten, wissenden „wîsheit". Und hierfür hat nun mindestens schon Chrestien das verbreitete Märchenschema des glückhaften Dümmlings verwendet. Es erlaubt, den Abenteuerweg konkreter zu fassen, und vor allem wird die Zwiespältigkeit der ersten Abenteuerserie humoristisch deutlich: Alle Begegnungen des angehenden Ritters bedeuten märchenhaften Aufstieg und zugleich unbewußte Verschuldung. Erst das Unterlassen der Frage am Gral klinkt die Märchenautomatik aus und macht das Versagen manifest. Aber das Motiv der glückhaften Torheit hat noch einen sublimeren Sinn: Es gibt, als Ziel, eine docta ignorantia, eine demütig wissende tumpheit; jede geistliche Selbsterkenntnis ist Erkenntnis des eigenen Ungenügens. Was in Hartmanns Erzählungen vorgebildet ist, wird bei Wolfram vollendet. Die Märchenhaftigkeit wird Zeichen der Gnade, die ritterlichen Tugenden der triuwe, staete, unverzagtheit haben vor einer höheren Instanz zu bestehen.

Parzivals Wesens- und Heilssuche thematisiert sich in zwei Bereichen: einmal, wie in allen Artusromanen, im Bereich der Minne als entscheidender, stellvertretender Lebensmacht, dann aber vor allem im religiösen Bereich des Grals. In Parzivals Devise „Condwiramurs und der Gral“ sind die beiden Lebensziele, die in mannigfacher Weise aufeinander bezogen sind, fast leitmotivisch formuliert.

Die Minne hat hier nun freilich eine großartige Entfaltung ihrer Erscheinungen und Funktionen gefunden. Man kann den Roman weithin als eine Initiation in das Reich des Weiblichen auffassen, von der Schuld an der Mutter und vom natürlich Geschlechtlichen über den Minnedienst bis zur Ehe und zur Gottesliebe. Der erotische Witz geistert durch Wolframs ganzes Werk, gerade auch bei Parzival und bis in die Gralswelt hinauf. Ritterliche Minne lehrt Gurnemanz, und ihre entschwerten Formen werden von Gawan praktiziert. Schon Gurnemanz aber findet für den „wîbes orden“ Worte, die weit über die übliche galante Ideologie hinausgehen:

man und wîp diu sint al ein,
als diu sunn diu hiute schein
und ouch der name der heizet tac.
der enwederz sich gescheiden mac:
si blüent ûz eime kerne gar.
(173,1 ff.)

(Mann und Frau sind ganz eins, / wie die Sonne, die heut schien, / und der Begriff des Tages. / Keines läßt sich vom andern scheiden: / sie blühen aus einem Kern.)

Erst in der Einheit von Mann und Frau liegt das Ganze, die Erfüllung, der Mensch als imago dei (Eph. 5,31). In der befreiten Condwiramurs findet Parzival die Geliebte und Gattin; das trinoctium castitatis (202), das er ganz spontan übt, zeigt das Element der kiusche, das der wahren Ehe innewohnt. In der Szene mit den drei Blutstropfen im Schnee wird die Bindung mystisch vertieft, und die Condwiramurs-Liebe rettet Parzival denn auch in der Zeit des Abfalls von Gott. Sie hält ihn in der triuwe. Trevrizent nennt die „rehte ê" geradezu eine Verheißung des unverlierbaren Heils (468,1 ff.). Die Berufung zum Gral und die Wiederkunft der Condwiramurs fallen zusammen – gerade auch hier nicht ohne leibliche Wiedervereinigung. Wenn Wolfram derart die Ehe zum Zeichen und Vollzug menschlicher Ganzheit zwischen Mann und Frau, Körper und Seele, Mensch und Gott macht, so geht dieser Laiendichter offenbar völlig selbständig der kirchlichen Ehetheorie um Jahrhunderte voraus. Was sich bei Parzival vollendet, geschieht aber nicht minder bei Sigune: Sie bereut, daß sie ihrem Geliebten nicht „minne gap", und steigert ihre Treue bis zur Vereinigung im gedenkenden Gebet und endlich im Tod.

In der Treue zu stehen heißt für Parzival wie für Sigune: in Gott sein, der „selbe ein triuwe" ist. Mit fast ritterlicher Argumentation überzeugt Trevrizent in einem der wunderbarsten Abschnitte (466) seinen Gast Parzival, daß der Mensch dem Gruß von Gottes Liebe folgen soll, um Gott die Scham zu ersparen, und bringt ihn zu Umkehr und neuer „güete". Gott ist der „wâre minnaere" und „ein durliuhtec lieht", das Licht der Herrlichkeit, das immer wieder auf Parzivals und anderer edler Menschen Antlitz liegt. Dennoch wird Parzival schuldig, versagt am Gral, wohin er als unbewußter Erbe berufen wird, indem er vielleicht aus höfischer Diskretion die gebotene Frage unterläßt.

Was ist Parzivals Schuld? Was Trevrizent nennt, sind unbewußte Sünden: der Tod der Mutter, die Tötung eines Verwandten (Ither), das Unterlassen der Frage – von Trevrizent nun plötzlich in letzter Linie genannt. Wie bei Erec, Iwein, Gregorius geht es nicht um die Verfehlung an sich, die nur symptomatisch sein mag, sondern um den menschlichen Sündenstand schlechthin. Daß Gott dies zuläßt, bleibt ein Mysterium, das nur in der Einsicht und dem Vertrauen auf Gottes Liebe – am Karfreitag – demütig anerkannt werden kann. Parzival, von Cundrie vor der Artusgesellschaft verflucht, vermag es nicht einzusehen, er lehnt sich auf, verfällt dem „zwîvel", d. h. dem Zweifel an Gottes Güte. Dennoch das verzweifelte Suchen des Grals, obwohl er, wie noch der Einsiedler sagt, sich nicht erjagen läßt. Aber Trevrizent hat unrecht. Gerade der zwîvel, ja die Schuld überhaupt wird im Grunde zum Heilsweg. Parzival hat, wie der erstaunte Einsiedler meint, Gott die Gnade „aberzürnt" (798,3 gegen 463,1). Gegen alle normale kirchliche Lehre, auch gegen Hartmanns Warnung vor dem Zweifel als der „mortgalle ze dem êwigen valle" (*Gregorius*-Prolog), gelangt Parzival durch den Zweifel hindurch, als ein Liebender und demütig Gewordener, zum Gral. Das Abenteuer ist auch im höchsten Bereich gerechtfertigt worden, der Gedanke der felix culpa (464!) aufs kühnste gefaßt.

Der Gral: er steht für das höchste Ziel menschlichen Strebens und zugleich für die Wirklichkeit des Heils, edelstes Erbteil und unzugängliches Geheimnis – höchste Ahnung des Hochmittelalters, ein Rätsel auch der Forschung bis heute. Schon die Etymologie des Worts – wahrscheinlich die französische Bezeichnung einer bestimmten Art von Schüssel – ist unklar.

Man wird grundsätzlich zwischen der sehr komplexen Genesis der Gralsmotivik, ihrer bewußten Bedeutung in Wolframs Werk und schließlich ihren faktischen Symbolfunktionen in diesem Werk unterscheiden müssen. Daß Wolfram eine christliche Vorstellungswelt meint, ist klar: Es ist das Heiligtum eines geistlichen Ritterordens, dem Karfreitagsgeschehen zugeordnet, in seiner Liturgie z. T. dem Abendmahl nachgebildet, mit christlichen Symbolen ausgestattet (Lanze, Fischerkönig), für Parzival erreichbar auf dem Weg christlicher Reue und Buße, wie sie ihm in der innersten, atemlos stillen Zone des bewegten Werks (IX) vom Einsiedler nahegebracht wird. Parzivals Weg führt von Karfreitag bis Ostern bei Trevrizent zur Gralsberufung an Pfingsten; das Gralsgeschehen ist dem österlichen Geschehen eingefügt (Tax). In anderer Weise verchristlicht gegenüber Chrestien die (jüngere) französische Gralsdichtung das Motiv: Der Gralsroman Roberts de Boron gibt die Geschichte des Abendmahlskelchs Christi und strukturiert sie im Sinn joachitischer Enderwartung, die dann in der Prosa-Queste des Lancelot-Gral-Zyklus ins Mystisch-Ekstatische gesteigert ist. Doch ist nun gerade bei Wolfram die christliche Vorstellungswelt mehr als bei Chrestien mit märchenhaft-phantastischen Elementen ausgestattet; man fragt sich: Was soll eine Mischung aus Eucharistie und Tischleindeckdich, eine Art Messe ohne Priester, aber mit einer Prozession fürstlicher Jungfrauen? Man hat da zunächst eine Stilfrage zu bedenken: Die Artusromanwelt hat ihre eigene, sozusagen aus dem Christlich-Kirchlichen ins Märchenhafte übersetzte ritterliche Mythologie. Vielleicht gebietet das gerade die Scheu vor romanhafter Verwendung sakramentaler Vorstellungen, sicher aber die Vorsicht, wo der Dichter in eigener Sprache reden will. Nur zur Variation und Verkleidung christlicher Heilslehre ist die mächtige Gralsmythologie ja kaum erfunden worden. Unter der christlichen Überformung melden sich, bewußt oder nicht, Bilder ganz andern Ursprungs und von einer Tragweite, die über den kirchlichen Rahmen hinausgeht – sozusagen als Versuch einer dichterisch-bildhaften „Gnosis“.

Wolfram hat wohl das wenigste von dem, was gegenüber Chrestien anders oder neu ist, selber erfunden, auch wenn er es frei kompiliert haben mag. Manches ist ihm selbst nicht durchsichtig, und er kann aus der Not die Tugend eines neuen Geheimnisses machen (Fischerkönig, „ein dinc hiez der Grâl“, der Name „lapsit [lapis?] exillis“, Phönix). Man hält die Grundlage meist für keltisch: die Gralsburg als Jenseitsschloß, der Gral als Speisespender. Wichtig sind aber auch orientalische Bezüge, für welche die buntesten Nachweise versucht worden sind: die alchimistische und astrologische Literatur (Gral als Stein der Weisen), die spätgriechische Hermetik, die jüdische Schechinah (das Wohnen Gottes in den Auserwählten), ein persisches Weltmittelpunktsheiligtum, das irdische oder himmlische Königreich Jerusalem. Und immer wieder verweist man auf Motive der manichäisch-katharischen Gnosis (Schwarz-Weiß-Symbolik, Motiv der neutralen Engel). Überall verstrickt sich das Gralsproblem sofort wieder in die Kyot-Frage, wobei zwischen umfassenden Parzival-Gral-Romanen und zusätzlichen traktatartigen Gralsquellen immer noch unterschieden werden kann.

Für eine Interpretation Wolframs läßt sich vorläufig nur der Schluß ziehen, daß der Gral zu einem Universalsymbol geworden ist, das die verschiedenste Seelen-, Lebens-, Himmels- und Kosmossymbolik angereichert hat, und sich allenfalls feste Überlieferung immer wieder mit spontaner „archetypischer“ Mythenbildung verbindet. Der gerade bei Wolfram innige christliche Charakter darf wohl nicht nur als eine fragwürdige Überformung außerchristlicher Elemente aufgefaßt werden, sondern umgekehrt als Versuch christlicher Interpretation einer im 12. Jahrhundert gewaltig erweiterten Welt- und Selbsterfahrung. Kyot habe, sagt Wolfram (453 f.), heidnisch geschriebene Nachrichten aus Toledo dank seiner Taufe lesen können; dieses Wissen stamme von einem gewissen Flegetanis, der von Juden und Heiden abstammte, selber allerdings ein Kalb anbetete, aber die Sterne zu lesen verstand („mit der sternen umbereise vart / ist geprüevet aller menschlîch art“). Kyot schließlich habe alles mit Hilfe lateinischer Chroniken um die Anjou- und Gralsrittergeschichte ergänzt. Ob echte oder fiktive Quellenberufung – wesentlich scheint, wie das Gralswissen zwischen und über den Weltreligionen erscheint. Der Gral hat besondere Beziehungen zum Osten. Schon die indische Geliebte des Feirefiz hat zum Gral Beziehungen gesucht (519), Feirefiz und sein Sohn, der Priesterkönig Johannes, werden im Osten das Christentum verbreiten: Was schon mit Gahmurets unglücklicher Liebe zu der schwarzen, naturaliter christlichen Heidenkönigin anhebt, findet darin seine Konsequenz. Der Gral, Gegenstand zunächst eines Geheimkults, wird Träger endzeitlicher Heilserwartung. Das Elsterngleichnis des Prologs, das sich auf den glückhaften Zweifler Parzival bezog, wird geschichtlich real im gefleckten Feirefiz, dem getauften Heiden und späteren Gralskönig. In der Verheißung Cundries (782,18 ff.) ist geradezu eine Weltmonarchie im Rahmen kosmischer Ordnung prophezeit. So findet die ritterliche Suche des Romans ihr letztes Ziel in der halb gläubig, halb utopisch erwarteten Erfüllung der Zukunft, der Endzeit.

Ergreifend aber ist, wie das unerhörte Werk schließt mit der demütigen Gebärde des Dichters, der nichts anderes als den Dank einer gütigen Frau erwartet:

ist daz durh ein wîp geschehen
diu muoz mir süezer worte jehen.

(Und wie ich für eine Frau gedichtet habe, / so möge sie mir mit freundlichen Worten danken.)

## 3. „Titurel"

ôwê werlt, wie tuostu sô?...
du gîst den liuten herzesêr
unt riwebaeres kumbers mêr
dan der freud. wie stêt dîn lôn!
sus endet sich dîns maeres dôn.
(*Parzival* 475,13 ff.)

(O weh, Welt, warum tust du so? / ... / Du gibst den Leuten Herzeleid / und trauervollen Kummer mehr / als Freude. Wie steht's um deinen Lohn! / So endet das Lied deiner Geschichte.)

Trevrizent spricht diese Worte. Auch im großen Bau des *Parzival* ertönt, als Kehrseite des konstruktiven Humors, die elegische Klage, die Überwindung des Vergänglichen in der schönen Trauer, ja in der Reflexion des Gefühls. Dafür steht vor allem der Lebensweg Sigunes, die als Klagende und Büßende, bis in den Tod Liebende Parzival begleitet, in Analogie und Kontrast. Wolframs Plan, Sigune und ihren Geliebten Schionatulander zum Gegenstand einer neuen eigenen Dichtung zu machen, läßt rückblickend erkennen, wie wichtig dieser – wahrscheinlich von Wolfram selbst ausgestaltete – Sigunen-Roman im *Parzival* war. Ob die zwei schlecht überlieferten Fragmente des neuen Werks – *Titurel* nach dem ersten vorkommenden Namen genannt – vor, neben oder nach dem *Willehalm* entstanden sind, bleibt offen. Da es sich um einen echten Torso handelt und auch kaum auszudenken ist, wie daraus ein ganzes Werk hätte werden können, steht man wohl vor dem ebenso befremdlichen wie grandiosen Versuch einer von Wolfram frei erfundenen Dichtung – schon dies in der deutschen höfischen Erzählung bisher ohne Beispiel. Er beruht wahrscheinlich ganz auf dem Material des *Parzival*: Da dieser allerdings in den Sigune-Episoden stark von Chrestien abweicht und im Zusammenhang unverständliche

Andeutungen enthält („ein brackenseil gap im den pîn“, 141,16), ist eine andere Quelle (Kyot?) nicht ganz auszuschließen. Über die spätere Ausdichtung der Fragmente zu dem mächtigen *Jüngeren Titurel* und dessen Quellen ist unten zu reden.

Die beiden Fragmente (rund 130 und rund 40 Strophen) handeln von der Vorgeschichte dessen, was der *Parzival* berichtet: (1) Genealogie des Gralsgeschlechts seit Titurel; Jugend und Minne Sigunes und Schionatulanders; ihre Gespräche und Minnegeständnisse; Schionatulanders Abschied, mit Gahmuret Zug nach Bagdad; (2) (Schionatulander muß zurückgekehrt sein): die Liebenden im Wald; ein fremder Bracke mit kostbarer Leine, den Schionatulander eingefangen hat, entspringt wieder und soll, auf Wunsch Sigunes und als Bedingung ihrer Minne, wieder eingeholt werden; in den Abenteuern und Kämpfen um das Brackenseil wird Schionatulander durch Orilus fallen: hier schließt Parzival an. Art und Umfang des geplanten Ganzen zu bestimmen scheint unmöglich, nicht einmal die Gattung läßt sich umschreiben. Wolfram verwendet in Anlehnung an Nibelungen- und Kudrunstrophe eine neue ausladende Vierzeilerstrophe (8-10-6-10 Takte mit ausschließlich klingenden Schlüssen und z. T. variabler Zäsur). Das deutet auf Gesangsvortrag hin. Der Text dieser Minnedichtung hat stark lyrisch-reflektierenden Charakter. Er setzt das Geschehen weithin als bekannt voraus oder erwähnt es nebenbei und andeutend; alles Gewicht fällt dagegen auf Gespräche, Monologe, Zustandsschilderungen, Betrachtungen des Dichters. Jeder Ansatz einer Erzählbewegung scheint immer wieder zu versanden, klagendes Vorauswissen des Geschehens – das ja zum Tode führt – nimmt dem äußern Ablauf Gewicht und Spannung. Jede Zeile, jede Strophe scheint für sich zu verklingen.

Das Wiederaufgreifen eines Erzählstoffs durch den Dichter selbst und in anderer Perspektive ist sonst kaum belegbar. Höchstens in der *Nibelungen-Klage* ließe sich, wenn auch in umgekehrter Richtung, ein ähnlicher Formwechsel im Sinn klagender Reflexion und statischer Erzählung erkennen. Die Klage ist im Heldenepos wie im geistlichen Bereich eine Gattung eigenen Rechts. In der erzählerischen Selbstreflexion Wolframs führt sie zu einem einzigartigen Extremstil.

Das Thema selbst ist in extremem Aspekt gefaßt: Liebe von Kindern, „die noch ze tump sint ze solher angest“ (48), wehrlos dieser unendlichen Macht zum Opfer fallen, aber das Ritual des höfischen Minnedienstes mit bitterem Ernst und preziöser Unschuld zu vollziehen suchen, in Minnekrankheit, verzehrender Sehnsucht und trauernder Askese.

Diu minne hât begriffen daz smal und daz breite.
minne hât ûf erde hûs: ze himel ist reine für got ir geleite.
minne ist allenthalben wan ze helle.
diu starke minne erlamet an ir krefte, ist zwîvel mit wanke ir geselle.
(51)

(Die Minne hat Schmal und Breit umgriffen. / Minne haust auf der Erde, zum Himmel führt sie rein vor Gottes Antlitz. / Minne ist überall außer der Hölle. / Die starke Minne erlahmt an Kraft, wenn sich ihr schwankender Unglaube gesellt.)

Sie ist absolut, wie die Tristan-Liebe, aber es gibt nur eine Liebe, und sie hat nichts mit der Hölle zu tun; sie vermag zu Gott zu führen (vgl. Condwiramurs?), nicht etwa weil sie im Fall Sigunes „magetlîch“ ist (gerade dies rechnet sich Sigune als Schuld an!), sondern weil sie auch als entsagende universal und tödlich sein kann. Die feierliche Einleitung stellt das Ganze in die Geschichte der Gralsfamilie, doch spielt der Gral im Leben des Paares keine Rolle, es sei denn, daß die Zugehörigkeit zur Gralsfamilie gerade die Leidensfähigkeit verbürgt.

Die Klage, die den Ton des „Maere“ bestimmt, äußert

sich, wie schon in den Totenklagen des *Parzival,* mit dem Aufgebot hoher und kühner Sprachfiguren lautlicher, wortmäßiger und syntaktischer Art. Hochgespannt ist die Diktion schon vom Vers her, voller Alliterationen, Anaphern und vor allem Annominationen, in denen – nicht unähnlich dem *Tristan* – die Wortbegriffe umkreist und spielerisch oder gequält aufgelöst werden, in einer Art Selbstreflexion der Sprache:

*Sigûn* diu *sige*haft ûf dem *wa*l, dâ man *we*lt magede k*iu*sche unde ir *süe*ze.
Diu dir hât ane *gesiget*, du *s*olt *sige*nunft erstrîten ...

(105 f.)

(Sigune, sieghaft auf dem Wal [Schlachtfeld], wo man Zucht und Lieblichkeit der Jungfrauen wählt, / die hat dich besiegt, du sollst den Sieg erkämpfen ...)

Manieristische Verkürzungen und Dehnungen des Ausdrucks tragen bei zu dem melancholischen Wortprunk, der oft auch dann nicht abbricht, wenn der Dichter Banales berichtet, einen Scherz versucht (80) oder eine freundlich-idyllische Szene beschreibt wie Schionatulanders Fischfang im Walde. Das ist ein Auseinanderfallen von Form und Inhalt, das unserer klassizistischen Ästhetik schwer begreiflich ist, aber gerade etwa beim mittelalterlichen Verhältnis zwischen Wort und Ton nichts Ungewöhnliches hat.

In der Lücke zwischen den zwei *Titurel*-Fragmenten hat man sich ein Stück Gahmuret-Roman zu denken und damit auch mittelmeerische Kreuzzugswelt. Dieses Kriegertum, das schon im *Parzival* mit der Artuswelt wenig mehr zu tun hat, tritt nun im *Willehalm* ganz in den Vordergrund.

## 4. „Willehalm“

Im Auftrag des Landgrafen Hermann begann Wolfram nach 1212 seine Bearbeitung der französischen Wilhelms-Geste und wandte sich damit, fern von der Märchensymbolik des Artusromans, einem christlich-heroischen und das heißt: geschichtlichen, ja politischen Stoffe zu; er hat das Werk noch über den Tod des Gönners (1217) hinaus verfolgt, doch brachte er es nicht mehr ganz zum Abschluß.

Der geschichtliche Graf Wilhelm von Toulouse kämpfte mehrfach gegen die aus Spanien einfallenden Sarazenen und sicherte damit Karl dem Großen die spanische Mark (801). 806 zog er sich in das von ihm gestiftete Kloster Gellone zurück. Er wurde 1066 heiliggesprochen, und der Kult dieses heiligen Kriegers und ritterlichen Heiligen dehnte sich vor allem im 12. Jahrhundert aus. Mit der historischen und legendarischen Erinnerung an Wilhelm verbanden sich andere karolingische Überlieferungen, nicht zuletzt die Sage von großen Sarazenenschlachten, deren Überreste man in dem großen römisch-christlichen Friedhof (Elysii campus, Aliscamps, Aliscans) von Arles mit seinen zahlreichen Sarkophagen erblickte. Eine alte *Chançun de Willame* (oder *Archamplied*) wurde schon im 12. Jahrhundert um einen ganzen Wilhelm-Zyklus erweitert und erfuhr selber in der zweiten Hälfte des Jahrhunderts eine Ausgestaltung in der *Bataille d'Aliscans.* Diese wurde in einer nicht genau rekonstruierbaren Fassung Wolframs eigentliche Vorlage. Seine Abweichungen von *Aliscans* sind größtenteils Wolframs eigenes Werk, wobei im einzelnen dennoch der Einfluß der besondern Vorlage und von Nebenquellen in Rechnung zu stellen ist. Unbezweifelbar ist, daß Wolfram die Überlieferung selbständig abgerundet und vor allem die zentrale Stellung Willehalms und insbesondere seiner Gattin Gyburg (der Name ist geschichtlich) verstärkt hat; die höfisch-ritterliche Schicht wurde ausgestaltet und vertieft, zugleich aber das Ganze problematisiert und dadurch völlig neu interpretiert: in religiöser Hinsicht (Problematik der Heidenkämpfe) wie als Minne- und Eheroman.

So hat das Werk nun einen monumental-einfachen Bau: Zwei gewaltige Schlachten Willehalms und seiner Hilfstruppen gegen die vom Meer her rhoneaufwärts dringenden Sarazenen unter Terramer; die erste, nur kurz erzählt, endet mit der Vernichtung des Christenheers, nur Willehalm entkommt nach Orange (I, II); die zweite, an welcher nun das Reichsheer teilnimmt, führt zum Sieg (VII–IX). Der eigentliche Held der ersten Schlacht ist der junge Neffe Willehalms, Vivianz, der als Märtyrer den Tod findet; die Aristie der zweiten Schlacht gehört Rennewart, dem unerkannten Bruder der Markgräfin Gyburg, der am Schluß der Erzählung vermißt und beklagt wird. Der Mittelteil spielt in Willehalms, von Gyburg mannhaft verteidigter, Festung Orange (II, V, VI), von wo aus Willehalm an den Hof seines Schwagers Loys, König von Frankreich (bzw. Herr des Reiches) nach Munleon (Laon) reitet, um dort nach größeren Schwierigkeiten Hilfe zu erhalten (III, IV).

Von *Aliscans* aus gesehen bedeutet Wolframs Werk die Romantisierung eines Heldenepos; kommt man vom *Parzival,* so zeigt sich die grundsätzliche Wendung des Dichters zur konkreten Geschichte und Heilsgeschichte mit ihren nicht mehr märchenhaft zu lösenden Problemen. Die französische Heldensage, die Chanson de geste, hat ja, vom *Ludwigslied* und der deutschen Nachdichtung des *Rolandsliedes* abgesehen, in Deutschland kaum Eingang und keine Entsprechung gefunden. Wolfram begreift sie auf dem Umweg über den Artusroman und im Rückgriff auf die frühmittelhochdeutsche Geschichtsdichtung. Er macht aus der Wilhelm-Geste nicht zuletzt auch ein Stück Reichsdichtung (wie schon der Pfaffe Konrad), wie sie mit den Kreuzzugsproblemen seit 1215 (Kreuzzugsgelübde Friedrichs II.) neue Aktualität erhalten hatte.

Im Prolog zum *Willehalm* kommt der neue, unmittelbare Ernst von Wolframs Unternehmen zum Ausdruck. Der mit seiner Laientheologie kühnste Dichter des deutschen Hochmittelalters wendet sich hier an die Trinität, beruft sich auf die Menschheit Gottes als Bürgschaft der eigenen Erlöstheit („du bist Krist, sô bin ich Kristen“), hebt den Blick zur Weite der kosmischen Schöpfung und senkt ihn zur Demut des eigenen Schaffens, das sich nur auf den Geist berufen kann. Der Held der zu erzählenden Geschichte aber wird selbst gebethaft als der Heilige angeredet, als der Fürst und Fürbitter. Die „süeze rede“ der Erzählung, die „wâr doch wunderlîch“ ist, versteht sich als ein Stück Gottesdienst im Blick auf den vorbildlichen leidensstarken Ritter und (später) Heiligen.

Das Geheimnis des Heidentums kann hier nicht mehr wie bei Belakane und Feirefiz anhand eines märchenhaften Einzelfalles dargestellt werden; es erscheint qualvoll, widerspruchsvoll und real in der Gestalt großer Völkerschlachten, in denen christliche Ritter ihre im Rittertum vielleicht vollendeteren Gegner wie Vieh erschlagen (450,17), ohne daß im Konflikt zwischen Glaubenskampf, ritterlicher Haltung und christlicher Erbarmung ein Ausweg deutlich wäre. Wolfram hat den Konflikt zunächst verschärft, indem der Glaubenskrieger zugleich Minneritter wird, so daß sich geradezu „zwei Minne-Heere“ (Bumke) einander gegenüberstehen. Sie kämpfen

ûf erde hie durh wîbe lôn
und ze himel durh der engel dôn.
(17,1)

(auf Erden hier um Frauenlohn, / am Himmel für den Gesang der Engel.)

Vivianz fällt als Märtyrer, und er wird vom Erzähler in einer der großen, fast ausschweifenden Sterbe- und Klageszenen gefeiert. Im Schmerz und Zorn über diesen Tod erschlägt Willehalm den edlen Perser Arofel, obwohl ihm dieser ein gewaltiges Lösegeld geboten. Aber beide Helden stehen im Dienst der Minne, und vom Heiden heißt es:

noch solden kristenlîchiu wîp
klagen sîn ungetouften lîp.
(81,21 f.)

(Noch immer sollten christliche Frauen / ihn, den Ungetauften, beweinen.)

Ritterliche Minne, edles Menschentum geht über die Glaubensgrenze hinweg. Das wird dadurch am schärfsten ausgedrückt, daß Gyburg eine getaufte Heidin ist, die ihren Gatten – Sohn Terramers – zugunsten Willehalms und der Taufe verlassen hat und somit den Krieg unmittelbar entfesselte. Sie wird bei Wolfram zur persönlichsten Trägerin des Konflikts, mit ihrer Schuld und ihrer neuen Einsicht. Unerschütterlich verteidigt sie die christliche Festung und betreut ihren kampfmüden Gatten. Schließlich läßt sie der Dichter jene unerhörte „Toleranzrede“ an die versammelten römischen Fürsten vor dem Auszug zur zweiten Schlacht halten: als „tumbez wîp“ bittet sie für den Fall dieses Sieges, Gottes Schöpfung zu schonen. Dieses einzigartige Laienbekenntnis christlicher Humanität arbeitet zunächst mit theologischen Argumenten: Adam, Elias und Enoch, die Heiligen Drei Könige waren Heiden, wir alle waren Heiden im Mutterleib, der Mensch ist als edelstes Geschöpf Gottes bestimmt, den Platz der gefallenen Engel einzunehmen, Gottes Barmherzigkeit waltet auch über den Ungläubigen. Gyburg verlangt christliche Liebe zum Feind, und sie schließt, sich als Schuldige und zugleich als Opfer des ganzen Leides bekennend, mit einem rührenden Argumentum ad hominem:

> ich trag al ein die schulde,
> durh des hoehsten gotes hulde,
> ein teil ouch durh den markîs ...
> (310,17 ff.)

(Ich trage allein die Schuld – / um der Gnade Gottes willen, / allerdings auch wegen des Markgrafen ...)

Wieder sind Schuld und Gnade geheimnisvoll verstrickt, wieder lassen sich Glaube und Minne kaum trennen.

Und diese Minne ist wie im *Parzival* in erstaunlicher Einfachheit als Ehe verstanden; Gyburg ist „amîe“ und Gattin zugleich. Mitten zwischen die beiden Schlachten legt Wolfram eine Schlafzimmerszene wie zur Bürgschaft eines unverlierbaren Halts; und dabei geht eins kühn ins andere über, wenn Gyburg, den Kopf ihres eingeschlummerten Gatten „ûf der winstern brust“, ein Gebet zum Altissimus richtet (100).

Das christliche Heer erringt den Sieg. Das Werk bricht ab mit einer großen symbolischen Ehrung der toten Gegner: Ein gefangener Heidenkönig wird freigelassen und soll unter christlichem Geleit die Leichen der vornehmen Gefallenen ins Heidenland überführen, um sie dort „schône nâch ir ê“ (schön nach ihrem Brauch, 465) zu bestatten. Das ist in einem Kreuzzugsepos eine ungewöhnliche Überwindung der üblichen Ideologie, tiefer, anders, christlicher, als es bald darauf die realpolitische Liquidation der Kreuzzugsidee durch Friedrich II. mit seinem Zug von 1227 werden sollte. Das Problem an sich ist damit freilich noch nicht gelöst. Die Helden, Willehalm vor allem, bleiben in der fast tragischen Situation zurück und haben dabei, wie der Dichter im Prolog betont, zeitliches und ewiges Leben aufs Spiel zu setzen (3,4 f.). Nur sein Glaube und seine Bereitschaft zur Buße können Willehalm retten, ja schließlich – dies dann ganz außerhalb des Romans – zum Heiligen werden lassen. Seine Schuld erkennt er im Rückblick insbesondere in jener Tötung Arofels, um Vivianz zu rächen (204); seine Wandlung liegt in der Überwindung seines „zorns“ (Höhepunkt die Szene am Hof zu Munleun, 147–155); eine mehr als symptomatische „Schuld“ Willehalms ist aber schwerlich auszumachen.

Offen bleibt das Schicksal Rennewarts. Der heidnische Sklave, heimlicher Königssohn, wächst als Küchenjunge am französischen Hofe auf; er kämpft, von Willehalm in seinem ritterlichen Wesen erkannt, auf seiten der Christen, aber weigert sich, die Taufe anzunehmen – er bezieht damit auf seine Weise Stellung zum unlösbaren Problem. Der Abschluß hätte doch wohl das Wiederauftauchen des vermißten Rennewart gebracht, seine Identifikation als Bruder Gyburgs, seine Taufe und Heirat mit der Prinzessin Alize. Mit seinen roh-burlesken Späßen steht er im Kontrast zu Willehalm, ist er eine Variante zu Parzival – aus ungeschlachtem Äußern heraus identifiziert er schließlich sich selbst, seinen „art“ in Minne und Glauben.

Die Erzählkunst Wolframs erreicht im *Willehalm* ihren reifsten Altersstil. Die darzustellenden Schlachten verlangen einen andern Aufwand als die Einzelaventiuren; Wolfram instrumentiert sie, z. T. mit altertümlichem Wortschatz, reich und prunkvoll, im Andringen immer neuer Scharen, immer neuer Protagonisten, im Zusammenprall sagenhafter sarazenischer Pracht mit den christlichen Helden, die das Kreuz auf des Reiches Fahne geheftet haben (332), mit dem Aufwand an kostbaren Rüstungen und Pferden, an Bannern, an Kriegsrufen und Posaunen. Und er vermag auch, im Zurückblicken des entkommenen Willehalm auf das Schlachtfeld (58,1 ff.), die Szene im Tiefenblick zusammenzufassen: Berg und Tal sind mit Heidenschaft bedeckt, wie wenn über einem großen Wald nichts als Banner blühten. Zauberhaft die

Vorstellung des über die Gräber der ersten Schlacht zurückströmenden Heers:

al über die sarcsteine,
dâ die gehêrten lâgen,
die ze himele ruowe pflâgen,
mit swerten an den furt gement
wart manc esklîr, . . .

(437,20 ff.)

(Über die Sarkophage weg, / wo die Verherrlichten lagen, / die im Himmel der Ruhe pflogen, / ward mancher Heidenfürst / mit Schwertern zur Furt getrieben . . .)

Oder schließlich der Abend der Schlacht mit der kühnen gegenläufigen Bewegung und Lautsymbolik:

nu was diu sunne an dem tage
harte sêr ze tal gesigen,
manc getouftiu sêl hin ûf gestigen:
ez begunde et nâhen der naht.

(447,8 ff.)

(Nun war die Sonne mit ihrem Licht / schon stark gesunken / und manche getaufte Seele hinaufgestiegen: / man kam der Nacht näher.)

Im Ganzen bleibt auch hier wie im *Titurel* der Cantus firmus die Klage, als die angemessenste Haltung dem Dunkel der Geschichte gegenüber. „Jâmer ist unser urhap, / mit jâmer kom wir in daz grap“ (280,17 f.). Das Leidenkönnen ist die eigentliche Stärke Willehalms, mit der er im Innern die Würde eines Märtyrers trägt: „sînen jâmer sult ir prîsen“ (52,1). Als eine Klage scheint Wolfram selbst seine Erzählung zu charakterisieren (4,26). So haben sich die Gewichte gegenüber dem *Parzival* auch hier verschoben, und mit dieser elegischen Trauer rückt Wolframs Dichtung auf ihre Weise in dieselbe Desillusion, die sich um diese Zeit bei Walther von der Vogelweide, bei Gottfried, in der *Nibelungen-Klage* zeigt.

# V. DER BEGINN EINER WELTLICHEN LYRIK

## 1. Vorritterliche Lyrik

Neben dem Roman ist die zweite große Schöpfung des höfischen Hochmittelalters die volkssprachliche Lyrik, als Grund und Anfang einer nun nicht mehr abreißenden europäischen Tradition. Diese neue Lyrik ist, von wenigen Ausnahmen abgesehen, identisch mit weltlicher Liebesdichtung, mit dem sogenannten Minnesang. Bei der Geschlossenheit dieses Phänomens erübrigt es sich, über eine gattungsmäßige Bestimmung des Begriffs „Lyrik“ zu reflektieren. Moderne Definitionen des „Lyrischen“ wären hier vielleicht nur irreführend, sofern sie sozusagen eine Entelechie zur Innerlichkeit, zur spontanen Gefühlsäußerung, zum Musikalisch-Stimmungshaften oder zum hermetischen Kleinkunstwerk insinuieren. Als durchgehendes Gattungsmerkmal könnte man – für die hochmittelalterliche Phase – zunächst nur eine gewisse Kürze, die Tendenz vom Bericht zur Reflexion und die unabdingbare Gesungenheit dieser Gedichte gelten lassen. Im übrigen leben sie durchaus im Vortrag in der Gesellschaft (was ihnen zusammen mit inhaltlichen Beziehungen zu den Mitgliedern dieses Publikums geradezu mimisch-dramatische Funktionen mitteilen kann); der Anteil eines spontanen und subjektiven Ausdrucks scheint hinter dem Spiel geselliger und artistischer Konventionen zu verschwinden, und die lyrische Stimmung weicht immer wieder intellektueller Begrifflichkeit und Didaxe. Gerade die Bindung an den musikalischen Vortrag bedeutet die Freiheit des Worts zu einer im neuzeitlichen Sinn ganz unlyrischen Haltung. Die Ordnungen von Wort und Ton brauchen sich nicht gegenseitig symbolisch auszudrücken, beide sind auf ihre Weise Ausdruck objektiver Ordnung und finden sich in dieser

Objektivität. Diese wieder wird bei aller Tendenz zum Monolog aktuell gegenwärtig in der Ordnung der Gesellschaft, als festliches Ritual zwischenmenschlicher Beziehungen, von denen das Gedicht spricht, die es im Vortrag begründet und vollzieht. Sofern das Minnelied ein Element des Minnedienstes überhaupt ist, bedeutet es nicht nur Kunst, sondern ist Funktion eines sozialen, pädagogischen, ja rechtlichen Geschehens.

Diese neue Lyrik ist prinzipiell weltlich – profan in der Sprache wie in der Gesellschaft, die sie trägt. Dies um so deutlicher, als es eine geistliche Lieddichtung deutscher Sprache trotz der bedeutenden frühmittelhochdeutschen Ansätze genuin nicht gibt oder nur in bescheidenem Maß als Nachahmung der lateinischen Hymnik geben kann. Es gehört zum Ergreifendsten, wie die ritterliche Lyrik ihre geistlichen Gehalte selber aus der weltlichen Dichtung neu zurückgewinnt (etwa im Kreuzlied oder der Weltklage). Genau wie im Roman kommt auch im Minnesang eine weltliche Gesellschaft zu sich selbst, sucht sich in ihrer eigenen Bedeutung zu verstehen und zu legitimieren – abenteuerlich auch hier im Versuch, das geltende kirchliche Wertsystem auf eine neue Wirklichkeit hin zu erweitern oder gar zu verändern.

Diese Lyrik ist primär Liebeslyrik und gilt, über alle kirchlich gesetzten Grenzen hinaus, einer Geschlechterliebe, die sie selbständig zu rechtfertigen und zu feiern unternimmt, in analogischer oder dialektischer Auseinandersetzung mit den Vorstellungen christlicher Caritas, im Einbau in das neue gesellschaftliche Wertsystem oder schließlich auch hier in der schlichten Anerkennung ihrer rätselhaften Absolutheit. Dennoch ist es sicher auch hier nicht ratsam, das neue, zentrale Phänomen der „höfischen Liebe“, diese seltsame Ideologie des Minnedienstes, als etwas durchaus Festes und Exklusives zu nehmen, dessen Ursprung in irgendeinem ketzerischen Sündenfall oder einem einmaligen revolutionären Durchbruch entdeckt werden könnte. Das neuhochdeutsche Wort „Minne“ ist eine romantische Entlehnung aus dem Mittelalter, hat in den andern Sprachen kein Äquivalent und insinuiert zu Unrecht einen scharf abgegrenzten Begriff. Es empfiehlt sich zwar vielleicht, die Vielheit der Erscheinungen an einem solchen Modell höfischer Liebe zu messen, aber nur sofern der Blick frei bleibt für die Bewegungen und Diskussionen, in denen sich die Minnetheorie ständig befindet. Es gehört ja zur Rechtfertigung der Minne, gerade der weltlichen, daß sie letzten Endes als die eine und unteilbare erfahren wird und damit a priori, direkt oder analogisch, auf den Amor Dei bezogen bleibt oder doch nur im Hinblick auf diesen relativiert werden kann. So wird auch, wie in der Erzählung, die Konzeption und Theorie der Liebe jeweils durch die Gegebenheiten der Gattung, der Situation, des dichterischen Temperaments immer neu modifiziert. Dies schließlich um so mehr, als die Liebe der Troubadours und der Minnesänger zwar durchaus eine Schöpfung und ein Lebensgehalt des volkssprachlichen Laientums ist, aber sich dennoch immer wieder im großen Kontext der lateinischen (antiken und mittellateinischen) Liebesdichtung in ihren frivolen wie in ihren kirchlichen Formen sieht und sich daraus bereichern oder auch im Kontrast inspirieren läßt.

Es gilt somit zunächst die neue Lyrik vom Hintergrund der möglichen volkssprachlichen Gedichtformen überhaupt abzuheben, insbesondere auch einer eventuellen vorritterlichen, vorhöfischen Liebesdichtung. Anschließend wird die Entstehung des Minnesangs unter Einfluß des romanischen Vorbilds und in der Auseinandersetzung mit lateinischer Liebesdichtung zu verfolgen sein.

Was an weltlichen Gedichtformen noch um die Mitte des 12. Jahrhunderts vorliegt, ist wenig genug und unterscheidet sich kaum vom althochdeutschen Bestand. An

„höheren" Gattungen sind immer noch Heldenlied bzw. Zeitlied anzusetzen, soweit sie nicht epische Ausdehnung erfahren oder – wie man aus der späteren Überlieferung schließen darf – spielmännisch-balladenhafte Form angenommen haben. Immer noch mag die schon von Tacitus erwähnte Totenklage in brauchmäßig-primitiven Formen gelebt haben; darauf deutet die sogar steigende Bedeutung der Totenklagen in der Heldendichtung und z. T. im höfischen Roman, sowie dann, kaum vor 1200, die neue Form der Marienklage. Im Bereich der sogenannten Klein- und Gebrauchslyrik sind die Zauber- und Segenssprüche, Ansätze des Kinderlieds, des Spottlieds (hier die wichtigen St. Galler Spottverse auf das familiäre Mißgeschick eines gewissen Liubene, um 900) zu nennen sowie ein gereimtes Sprichwort aus Notkers Rhetorik. Über solche gnomisch-didaktischen „Sprüche", in denen einfache Lebensregeln oder -erfahrungen in konzentrierter Form – zunächst wohl nicht sangbar – gefaßt werden, ist gleich zu reden. Das alles ist wenig im Verhältnis zu den häufigen Erwähnungen von „saeculares cantilenae", „cantica rustica", „psalmi plebeii", „psalmi vulgares" in den althochdeutschen Glossen (die dafür ein deutsches Äquivalent, „winileod", anführen), wenig auch gegen Otfrids Absicht, den „cantus obscoenus laicorum" mit seinem Werk zu vertreiben, wenig gegen die „huorliet" und „scantsang" im *Bamberger Beichtformular*, schließlich gegen Karls des Großen Kapitulare vom 23. März 789, das den geistlichen Frauen verbietet, „winileodos scribere vel mittere (zu schreiben oder zu schicken)". Im einzelnen mögen das stereotype Begriffe sein oder sich auf Helden- und Zeitlied bzw. die genannten Kleinformen beziehen, doch Karls des Großen Verbot scheint mit dem volkssprachlichen Begriff doch etwas Konkretes, und zwar eher Anrüchiges zu meinen; um so mehr als das Wort „wineliedel" überraschend bei Neidhart wieder auftaucht zur Bezeichnung volksmäßiger Tanzlieder. Beim Terminus „winelied" hat man denn wohl auch trotz allem an bescheidene Verse erotischen Inhalts zu denken, die noch ganz im Formelhaften oder Brauchmäßigen gebunden wären. Das kann immerhin durch zwei Textchen solcher „Gemeinschaftslyrik" erotischen Inhalts veranschaulicht werden. Die *Carmina Burana* enthalten ein neckisches „Reigenliedchen", das prinzipiell archaisch aussieht, auch wenn es zeitlich kaum eingeschränkt werden muß:

> Swaz hie gât umbe, daz sint allez megede,
> die wellent ân man allen disen sumer gân.
>
> (167 a)

(Was hier im Kreis geht, sind alles Mädchen, / die diesen Sommer hindurch ohne Mann sein wollen.)

Von Mädchen zu singende Tanzverse, doch wohl als eine Art Provokation der (zunächst?) zuschauenden Burschen zu verstehen. – Das *Tanzliedchen von Kölbigk* (Anhalt), das von den Chroniken im Zusammenhang mit einem mirakulösen Fall von Tanzwut auf das Jahr 1021 gesetzt wird, ist wenigstens in nuce erzählend und balladenhaft auch im ursprünglichen Wortsinn. Was sich aus den nur lateinisch überlieferten Versen zurückübersetzen läßt, nämlich:

> Es ritt Herr Bovo durch den grünen Wald,
> er führte mit sich Merswind die schöne.
> Was stehn wir, warum nicht gehn wir?

ist ein Langzeilenpaar, 4 x, 4 a, / 4 x, 4 a, das zum erstenmal die Reimstellung nicht Otfrids, sondern eben der weltlichen Langzeilen (Nibelungenverse, Balladen, früher Minnesang) zeigt, mit einem den Tanz anfeuernden Refrain. Der Inhalt zeigt das erotische Thema in der – wie in der Erzählung – primären Form der Brautgewinnung; die Namen, die den am Tanz beteiligten Personen zu gehören scheinen, hätten dann immer wieder ausgewechselt werden können. Auch von hier aus ist aber der Sprung zu den ältesten ritterlichen Liebesliedern noch beträchtlich.

Die ritterlich-höfische Lyrik findet ihren eigentlichen Ausdruck im Minnesang. Aber gleichzeitig wird auch ein Typus des nichterotischen Lieds faßbar, der ständisch weniger gebunden scheint und weltlich-laienmäßig ist in seinen Trägern und seinem Publikum, wobei eine Verbindung mit ritterlicher Kunstübung durchaus möglich bleibt: Es ist das gnomisch-didaktische Lied, das allgemeine moralische oder religiöse Themen behandelt, aber auch konkreten Tendenzen dienen kann mit Lobpreis oder Tadel persönlichen wie dann auch politischen Charakters. Wir nennen sie mit einer ebenso dubiosen wie unentbehrlichen modernen Bezeichnung „Spruchdichtung"; ein Spruch in diesem Sinn ist ein nichterotisches, laienmäßiges Lied, das aber in Thema und geistiger Haltung immer wieder mit der Welt des einfacheren, nur gesprochenen Spruchs (im landläufigen Sinn) zusammenhängt. Ein Beispiel, aus einer Zürcher Handschrift des 12. Jahrhunderts:

Tief furt truobe und schône wîphuore,
sweme dar wirt ze gâch den gerûit iz sâ.
(MSD 49,2)

(Eine tiefe Furt, die trüb ist, und Hurerei mit schönen Frauen, / wer dahin zu eilig strebt, hat es bald zu bereuen.)

Dieser moralische Spruch, kaum zum Singen gedacht, zeigt archaischen Bau (zwei Otfrid-Zeilen, Assonanzen), ist massiv im Ausdruck; er appelliert weniger ans moralische Gewissen als an das realistische Interesse des einzelnen, vor Illusionen warnend – ein Spruch, wie er in allen Volkskulturen denkbar ist, auch etwa unter den Sprüchen Salomos stehen könnte.

In den Minnesanghandschriften A und C begegnet

eine ähnliche Ermahnung, nun offensichtlich liedhaft und mit andern Strophen zyklisch verbunden:

Swel man ein guot wîp hât
und zeiner anderer gât,
der bezeichent daz swîn.
wie möhte ez iemer erger sîn?
ez lât den lûtern brunnen
und leit sich in den trüeben phuol.
den site hât vil manec man gewunnen.
(29,27)

(Wer eine gute Frau hat / und zu einer andern geht, / ist wie ein Schwein. / Wie könnte dieses schlimmer sein? / Es verläßt den klaren Brunnen / und legt sich in den trüben Pfuhl. / Diese Art hat heute mancher angenommen.)

Sachlich sind wir auch hier fern von der Welt höfischer Galanterie. Doch die Strophe (6 Zeilen, vor der letzten der für die Frühzeit typische Einschub einer Waise, reiner Reim) ist moderner, kunstvoller; das Lied ist zum Singen gedacht; die letzte Zeile ist aktuelle Zeitkritik, vergleichbar etwa den gleichzeitigen Sittenpredigten Heinrichs von Melk. Der Verfasser der Strophe ist ein Anonymus, dessen 28 gleichgebaute Strophen mit 23 andern, nochmals jüngern, unter dem Namen Spervogel überliefert sind. Für den „Älteren" oder „anonymen" Spervogel braucht man heute, aufgrund einer vermutlichen Selbstnennung in einer seiner Strophen, meist den Namen Herger.

Herger stellt sich vor als alter, heimatloser Fahrender, der die Hörer zur „milte" mahnt; als Berufsdichter, zweifellos Laie, formuliert er illusionslose Erfahrungsweisheit, sprichwort- und sentenzenartig, mehrfach unter Verwendung der Tierfabel. Er preist die milte vornehmer Gönner, von denen einige identifiziert werden können, und mißt sie an den großherzigen Gestalten der Heldendichtung wie Fruote von Dänemark, Rüdiger von Bechlaren. Den Verstorbenen singt er damit eine Totenklage, mit der noch bei Walther anklingenden Formel: „*Mich riuwet* (ich beklage) Fruot von über mer, / und von Hûsen Walther“ (25,20) (der bis 1173 bezeugte Vater des Minnesängers Friedrich von Hausen). Einige Strophen von besonders klarem, altertümlichem Glanz erinnern an Themen der frühmittelhochdeutschen Geistlichendichtung: Weihnacht und Ostern, Himmel und Hölle, dann am Schluß der Reihe mit gebethafter Anrufung in alliterierenden Wendungen:

Wurze des waldes
und grieze des goldes
und elliu apgründe
diu sint dir, Hêrre, in künde:
diu stênt in dîner hende.
allez himeleschez her
daz enmöht dich niht volloben an ein ende.
(30,27)

(Die Wurzeln im Wald / und das Gold im Sand / und alle Abgründe, / die sind dir, Herr, bekannt: / die stehn in deiner Hand. / Das ganze himmlische Heer / vermöchte dein Lob nicht ganz zu vollenden.)

In den wenigen Strophen begegnet eine erstaunliche Verschiedenartigkeit der Themen. Herger dichtet offenbar für ein adliges Laienpublikum, dessen „êre“ er gelten läßt, aber ohne eine Spur höfischer Ideologie. Seine Quellen sind „volkstümliche“ Weisheit, aber auch lateinische Tradition (Fabel, Hymnik).

Die Handschriften, vielleicht schon der Dichter, ordnen die Strophen sinnvoll aufgrund inhaltlicher Zusammengehörigkeit oder von formalen Verknüpfungen in zyklischen Zusammenhang; man pflegt danach fünf Fünfergruppen (Pentaden) und eine restliche Triade zu unterscheiden. Die einzelne Strophe ist meist in sich geschlossen, als einzelnes „Lied“ denkbar, dennoch in wechselnder Intensität der Bindung Glied einer Gruppe oder gar eines eigentlichen mehrstrophigen Liedzusammenhangs. Dieser formale Tatbestand ist offenbar auch für die spätere „Spruchdichtung“ bezeichnend. Wenn das klassische Minnelied meistens einen gedanklich stringenten Aufbau in einer nicht wiederholbaren Strophenform (Ton) zeigt, bewahrt sich das gnomisch-didaktische Gedicht die relative Selbständigkeit der Einzelstrophe, deren Form aber wiederholbar ist in vielfältiger, variabler Form von Verknüpfung.

Hergers Verse sind eine kostbare, altertümliche Laienlyrik am Übergang zu einer exklusiveren Kunstübung. Mit ihrem sachlich weiten Horizont, ihrer Nähe zur volkstümlichen Überlieferung (Heldendichtung, Geistlichendichtung, Erfahrungsweisheit) und in dem zwischenständischen Charakter des Fahrenden bleibt diese Spruchdichtung eine Art Ergänzung der höfischen Lyrik, und sie wird ihre großen Zeiten gerade in nachhöfischer Zeit bekommen.

Der sogenannte Jüngere Spervogel kann zeigen, wie die Entwicklung zunächst verläuft. Dieser Dichter, dessen Datierung vor oder neben Walther unsicher ist, zeigt z. T. die gleichen Themata, mit Ausnahme der geistlichen, jedoch in reicherer, gedanklicherer Form, und er arbeitet nun auch mit Vorstellungen der höfischen Welt, ja gehört wohl selbst der ritterlichen Gesellschaft an. Darin ist er durchaus vergleichbar dem eigentlichen Begründer einer anspruchsvollen Spruchdichtung, Walther von der Vogelweide, der zugleich höfischer Minnesinger und moralisch-politischer Spruchdichter, ja zugleich Mitglied der höfischen Gesellschaft und Fahrender sein wird.

## 2. Kürenberg. Vor- und Frühformen des Minnesangs

Heinrich von Melk spricht in bösen Worten von den „trûtliet", welche die Ritter „behagenlîchen" singen, und er deutet damit auf eine frühe, ständisch offenbar bereits ausgeformte Liebesdichtung. Das Gemeinte kann wahrscheinlich dank der Gunst der Überlieferung hier einmal genau belegt werden, zeitlich und örtlich. Die Manesse-Handschrift bewahrt, als einzige, unter dem Namen Der von Kürenberc 15 nach Art und Rang unverwechselbar zusammengehörige Strophen eines Typus vorhöfischer Lyrik, wie sie auch im europäischen Zusammenhang einzigartig ist. Der Name ist nicht ganz gesichert, er kann aus der Erwähnung von „Kürenberges wîse" (8,5) erst vom manessischen Sammler erschlossen worden sein. Unter den in Frage kommenden Orts- und Familiennamen (bei Linz, bei Melk, im Breisgau) haben die österreichischen den Vorrang, denn wir kommen mit ihnen in die Nähe anderer donauländischer Liederdichter verwandten Stils, in die Nähe des Heinrich von Melk und nicht zuletzt des *Nibelungenliedes,* mit dem der Kürenberger die Strophenform und einige sprachliche Wendungen teilt.

Von den 15 Strophen sind zweimal zwei zu einem doppelstrophigen Liedchen zusammenzunehmen, 7 sind Frauen (Mädchen) in den Mund gelegt. Ritterliche Bilder sind aufgerufen: Burg, Roß und Eisengewand, Falke, Federspiel; z. T. ganze Szenen: die Frau abends spät auf der Zinne der Burg, der Liebhaber vor der schlafenden Frau, der Abschied des Ritters, das Verhalten der Geliebten in der Gesellschaft – niemals ein Naturmotiv. Von Sehnsucht oder Scham, offenem Bekenntnis oder heimlichem Einvernehmen, von Provokation, Werbung oder Weigerung ist die Rede, in einer erstaunlichen Fülle von Varianten der Situation und der menschlichen Haltung. Am berühmtesten und umstrittensten ist das „Falkenlied" (8,33), doch wohl die Klage einer Frau um ihren – jüngeren – Geliebten im Bild des entflogenen Falken. Es ist Rollenlyrik; der Dichter spricht aus einer Figur, einem szenischen Rahmen oder verbirgt – mit ähnlicher Funktion – seine persönliche Aussage in einer allgemeinen Sentenz. Diese statische Lyrik ist weder balladenhaft erzählend noch lehrhaft reflektierend, das Ich faßt sich – übrigens ähnlich wie der Ältere Spervogel – in einem objektiven Stück Welt, einem unpersönlichen Befund. Insbesondere die Wichtigkeit der Frauenstrophe – ein merkwürdiges Kennzeichen der älteren Lyrik überhaupt – beruht wohl darauf, daß hier nicht ein Minnediener von sich zu seiner Dame spricht oder zu sprechen wagt, sondern daß ein Liebender seine Liebe objektiviert, d. h. der Frau insinuiert, indem er diese zu ihm oder über ihn reden läßt und sich sogar die Möglichkeit wahrt, sich selbst zu verweigern.

„Ich stuont mir nehtint spâte an einer zinne:
dô hôrte ich einen rîter vil wol singen
in Kürenberges wîse al ûz der menigîn:
er muoz mir diu lant rûmen alder ich geniete mich sîn."
(8,1)

Nu brinc mir her vil balde mîn ros, mîn îsengewant,
wan ich muoz einer frouwen rûmen diu lant.
diu wil mich des betwingen, daz ich ir holt sî.
si muoz der mîner minne iemer darbende sîn.
(9,29)

(„Ich stand gestern abend spät auf der Zinne: / Da hört ich einen Ritter sehr schön singen / in Kürenbergs Weise mitten aus der Menge – / er muß mir das Land räumen, oder ich will ihn mir nehmen." // Nun bring mir her sogleich mein Roß, mein Eisenkleid, / denn ich muß einer Dame das Land räumen. / Die will mich dazu zwingen, daß ich ihr hold sei. / Sie wird meine Liebe immer entbehren müssen.)

Der parataktischen Statik des Stils entspricht die hier vorliegende Form des sogenannten Wechsels: zwei Monologe von Mann und Frau zum selben Thema, kein Gespräch der Figuren unter sich, sondern je zum Publikum. Den Kürenberger kennzeichnet die klare, bildstarke, einfache Anschaulichkeit, doch ist es hochstilisierte Kunstform einer aristokratischen Gesellschaft. Sie bleibt diesseits des höfischen Minnedienstes, sofern die beiden Geschlechter sich in freier, gleichberechtigter Forderung gegenübertreten, wobei insbesondere die Frau aktiv erscheint; neben der fordernden Herrin steht allerdings auch die klagende Frau und das Mädchen. Daß die Geliebte ein „megetin" sei, wird einmal geradezu als der Grund der Werbung genannt; in beiden Fällen handelt es sich nicht um die Dame des Minnedienstes, eher um weibliche Gestalten, wie sie in der Heldendichtung begegnen. Eine gewisse Institutionalisierung kündigt sich immerhin an: Die Merker, die Verleumder, werden erwähnt, „hübesch" (höfisch) ist ein Wertbegriff, ein Spiel mit Andeutungen, Scherzen, Herausforderungen ist im Gang.

Die Frage, ob die Strophe primär lyrisch oder episch sei, erübrigt sich wohl mit der Feststellung, daß die Epik (Heldenlied, Epos) gesungen ist und die Lyrik aus epischer Situation herausspricht. Als metrische Keimzelle für beides wäre das Langzeilenpaar (4 x, 4 a / 4 x, 4 a) anzusetzen, das zuerst im *Kölbigker Liedchen,* aber auch noch im spätmittelalterlichen Volkslied erscheint. Ob als eine Art Übergangsform eine Liebesballade schon für diese Zeit anzusetzen ist, bleibt offen; sie wäre hier auf die reine Rollenhaftigkeit, auf die reine Situation als Vorwand lyrischer Aussage abgestellt. Es gibt zwar, aus einer Handschrift von 1454, die *Kerensteinballade*, die man schon ins 12. Jahrhundert zurückdatiert hat; ein Ritter wirbt durch einen Boten um die Tochter des Burgherrn von Kerenstein, trifft sich mit ihr nächtlich unter der Linde und nimmt sie am Morgen als seine Frau mit sich, während der Turmwächter sein schönes Morgenlied über das Recht der Liebenden singt. Die Ballade enthält in Kürenbergstrophen, in volkstümlich-ritterlichen Bildern (Tagelied- bzw. Pasturellensituation; Burg, Roß, Linde, Wächterlied) eine Brautraubgeschichte, fern von höfischem Dienst; doch ist bei aller Altertümlichkeit der einzelnen Formen und Motive das Ganze doch schon eine anspruchsvolle Komposition, und einzelne Wendungen sind abgeschliffen. Die *Kerensteinballade* kennzeichnet aber im ganzen doch eine Stilschicht, die von vorhöfischer Zeit unter dem Höfischen hindurch ins Spätmittelalter reicht.

Der Kürenberger erscheint mit seiner Kunst nicht allein. Sein Stil begegnet, oft formal differenziert und z.T. mit neuen Motiven, in einer Reihe anonymer Gedichte sowie vor allem in einigen archaischen Langzeilenstrophen, die zusammen mit zahlreichen jüngeren Liedern unter dem Namen Dietmar von Aist erscheinen (davon einzelnes, außerhalb der Handschrift C, auch unter andern Namen). Da zudem verschiedene Angehörige des Geschlechts (nach dem Flüßchen Aist, das unterhalb von Linz in die Donau mündet) in Frage kommen, ist eine Unterscheidung von „echt“ oder „unecht“ problematisch. Bedeutend hier vor allem ein anderes „Falkenlied“ – „Ez stuont ein frouwe alleine / und warte uber heide / und warte ir liebes“ – und das allerdings nicht völlig gesicherte kleine „Tagelied“, das als ältester deutscher Vertreter der Gattung gilt (37,4; 39,18). Dieses Genre – Abschiedsgespräch der Liebenden am Morgen nach gemeinsamer Nacht, meist dialogisch mit verbindendem Erzähltext – gehört zu dem „objektiven“ Stil der Frühzeit und der entsprechenden Motivik einer gegenseitigen, erfüllten Liebe; es wird aber auch in der Zeit des klassischen Dienstliedes nicht aufgegeben, vielmehr erst recht in seinen Möglichkeiten ausgestaltet. Daß das deutsche Tagelied, vor allem mit seiner bezeichnenden dritten Figur des mit den Liebenden im Bunde stehenden Burgwächters, aus der provenzalischen „alba“ stammt, wird meistens angenommen; nach Herbert Kolb könnte es mit der Wächterfigur und damit in einer bereits konkreten Ausformung (aufgrund einer schon karolingisch vorgeschriebenen Burg- und Hofbewachung) auch einheimisch sein.

Am schönsten aber ist wohl Dietmars berühmter „Wechsel“ – die künstlerisch volle Verwirklichung seines monologischen Charakters, als Aussage zweier einsamer Menschen, die sich sehnsüchtig ihres Beisammenseins erinnern, mit der Steigerung der Intensität des Ausdrucks von der Mannes- zur Frauenstrophe:

Ûf der linden obene  dâ sanc ein kleinez vogellîn.
vor dem walde wart ez lût:  dô huop sich aber daz herze mîn
an eine stat dâ'z ê dâ was.  ich sach dâ rôsebluomen stân:
die manent mich der gedanke vil  die ich hin zeiner frouwen hân.

„Ez dunket mich wol tûsent jâr  daz ich an liebes arme lac.
sunder âne mîne schulde  fremedet er mich manegen tac.
sît ich bluomen niht ensach  noch hôrte kleiner vogele sanc,
sît was mir mîn fröide kurz  und ouch der jâmer alzelanc.“

(34,3)

(Oben auf der Linde, da sang ein kleiner Vogel. / Vor dem Wald ward er laut: da hob sich wieder mein Herz / an eine Stelle, wo es einst gewesen war. Ich sah die Rosenblüten stehn: / die erinnern mich der Gedanken, die ich zu einer Frau hin habe. // „Es scheinen mir wohl tausend Jahr, daß ich am Arm des Liebsten lag. / Ohne alle meine Schuld entzieht er sich mir schon manchen Tag. / Seit ich Blumen nicht mehr sah noch kleiner Vögel Gesang hörte, / seitdem war meine Freude kurz, dafür mein Jammer allzulang.“)

Die hier im vollen Wortsinn er-innerte Szene am Waldrand, mit Lindenbaum, Rosen und Vogelgesang –

hier blüht nun die Naturmotivik auf – läßt an Kerenstein denken und an die Situation der „Pasturelle“, eines zweiten Genre objectif, das neben dem Tagelied lebendig bleibt.

Das Bild der donauländischen Lyrik rundet sich mit den wenigen Strophen der beiden Regensburger Burggrafen aus dem Geschlecht der Rietenburger, von denen der eine als Burggraf von Regensburg, der stilgeschichtlich jüngere als Burggraf von Rietenburg geführt wird. Hier, vor allem aber dann donauaufwärts bei Meinloh von Sevelingen (Söflingen bei Ulm), zeigt sich deutlich die Ablösung des frühen Stils durch eine neue Form der Minne und des Minneliedes unter romanischem Einfluß.

### 3. Lieder der Völker? Lateinische Lyrik?

Auch wenn diese frühe ritterliche Lyrik als einmalige geschichtliche Schöpfung erscheint, so ist dennoch die Frage nach ihren Vorgängern erlaubt. Weder der Anschluß an die episch-heroische Welt des *Nibelungenlieds* noch der an die kleine Gebrauchslyrik der obengenannten Tanzstrophen ist ohne weiteres möglich. Dagegen erlaubt ein Blick auf die Lieder anderer Völker in ähnlichem Entwicklungsstand genauere Vermutungen. Frankreich und die Provence geben hier wenig her. Doch ist seit Theodor Frings und seit der erstaunlichen Entdeckung der „altspanischen Mädchenlieder“ (durch S. M. Stern seit 1948) der alte Pfad der Romantik (Frings) wieder gangbar gemacht und die Herdersche Vorstellung der „Lieder der Völker“ wieder rehabilitiert worden.

Es handelt sich um die „kharjas“ (oder „jaryas“), ursprünglich selbständige spanische Liebesverse, die als Abschlußstrophe an arabische oder vor allem hebräische Gedichte, an die „Muwaschschachas“ („Gürtelgedichte“, wegen der Reimordnung), angehängt sind. Sie stammen aus dem muslimischen Spanien schon des 11. Jahrhunderts. Es ist eine volksmäßige Kleinlyrik, die nicht nur als Voraussetzung der späteren spanischen und portugiesischen Liebeslyrik erscheint, sondern überhaupt die älteste europäische Liebeslyrik darstellt und zusammen mit Kürenberg und seinesgleichen eine Schicht vorhöfischer Liebesdichtung vertritt. Es sind Mädchenstrophen, meist klagend-sehnsüchtiger Art, aus der Situation des Abschieds, der Einsamkeit, der Erwartung, der leidenschaftlichen Werbung. Die Strophen wären, „dem Volksmund abgelauscht", von gebildeten arabisch und hebräisch sprechenden Dichtern in ihr Kunstlied eingebaut worden.

Es ist wieder rollenhafte Kleinlyrik, szenisch in Ansätzen zu Tagelied- und Pasturellenmotiv, überall mögliche „Urformen", die dann durch sukzessive „Durchschichtung" ausgebildet und sozial ausgegliedert werden konnten. Vergleichbares Gut wird von Frings aus der ganzen Welt beigebracht, Mädchenlieder von Portugal bis China, vom Hohenlied bis zu Sappho. Es steht nichts im Wege, solche Kunst auch für Deutschland anzusetzen, wo ihr die donauländische Lyrik, von der ritterlichen Stilisierung abgesehen, besonders nahesteht, wo die zahlreichen Zeugnisse für die Existenz solcher Volkslieder (wineliet?) vorliegen und wo aus dem späteren Minnesang und Volkslied manches der Art erschlossen werden kann.

Nun aber kompliziert sich das Bild für das europäische Mittelalter noch um eine zweite Komponente: die allgegenwärtige lateinische Tradition, sei es der Antike, sei es neuer mittellateinischer Formen. Und gerade hier zeigt sich besonders verwirrend die enge Wechselwirkung und Symbiose zwischen volkssprachlich-populärer und geistlich-lateinischer Welt. Ein Beispiel: Die Frauenklage des Kürenbergers:

Swenn ich stân aleine in mînem hemde,
und ich gedenke an dich, ritter edele,
so erblüet sich mîn varwe als der rôse an dem dorne tuot.
und gewinnet daz herze vil manigen trûrigen muot.

(8,17)

(Wenn ich allein steh in meinem Hemde / und ich an dich denke, edler Ritter, / so blüht meine Farbe auf wie die Rose am Dorn, / und das Herz kommt auf manchen traurigen Gedanken.)

scheint durchaus vergleichbar dem Schluß einer Mädchen-(Nonnen-?)klage der Cambridger Handschrift, aus dem 11. Jahrhundert (südfranzösisch?):

*Cum mihi sola sedeo et haec revolvens palleo,*
si forte caput sublevo, nec audio nec video.

Tu saltim, Veris gratia, exaudi et considera
frondes, flores et gramina: *nam mea languet anima.*

(40)

(Wenn ich einsam sitze und dies überlege, werde ich bleich, / wenn ich zufällig den Kopf hebe, vergeht mir Hören und Sehen. // Wenigstens um des Frühlings willen erhöre mich und betrachte / Laub, Blumen und Gras, denn mein Herz ist krank vor Sehnsucht.)

Verwandt damit das Bild der unruhig Ausschau haltenden oder suchenden Liebenden, fragmentarisch schon in den Cambridger Liedern (Zusatzstrophe des Modus Liebinc):

Nam languens amore tuo
consurrexi diluculo
perrexique pedes nuda
per nives [?] et frigora
atque maria rimabar maesta,
si forte ventivola
vela cernerem
aut frontem navis conspicerem.

(14)

(Denn in Sehnsucht nach dir / stand ich auf frühmorgens, / drang mit bloßen Füßen / durch Schnee und Eis / und durchspähte das traurige Meer, / ob ich vielleicht geschwellte / Segel bemerke / oder den Bug eines Schiffes erblicke.)

Ähnlich die Braut des Hohenliedes (3,1 ff.), und ritterlich überformt die Frau auf der Zinne oder dem Söller der Burg, beim Kürenberger, in Dietmars „Falkenlied“ und noch in den Langzeilen des *Titurel*:

Ich hân ⟨nach liebem vriunde⟩ vil âbende al mîn schouwen
ûz venstren uber heide, ûf strâze und gein den liehten ouwen . . .
Ich var ûf einem wilden wâge (Flut) eine wîle:
da warte (spähe) ich verre, mêre danne über drîzec mîle . . .
(117 f.)

Und ein ähnliches Bild begegnet im *Moriz von Craun* (1697 ff.). Hier scheint es sinnlos, die Frage nach einem Ursprünglicheren zu stellen. Die enge Nachbarschaft volkssprachlicher und lateinischer Tradition wird unmittelbar beleuchtet durch die beiden bedeutendsten Sammlungen mittelalterlicher Liebeslyrik. Unter den Liedern der Cambridger Handschrift (11. Jahrhundert), die bis ins 10. Jahrhundert zurückgehen können und die teilweise aus dem Rheinland stammen, steht nicht nur die obenerwähnte „Mädchenklage“ und die „Invitatio“ eines Klerikers (?) an ein Bauernmädchen (das Worte des Hohenliedes verwendet!) zur Liebe, sondern auch das lateinisch-deutsche Mischgedicht, das als ältestes deutsches Liebeslied gilt, heute allerdings weitgehend zerstört ist: ein Gespräch des Liebhabers mit einer Nonne (suavissima nunna?), die zur weltlichen Liebe überredet werden soll, aber, mindestens zunächst, auf ihrer himmlischen Brautschaft beharrt. Auch hier scheint sich Volksmäßiges mit geistlichen Gegebenheiten zu verbinden. Vor allem aber enthält die Benediktbeurener Handschrift (*Carmina Burana*, vor der Mitte des 13. Jahrhunderts), die wichtigste Sammlung weltlicher lateinischer Lyrik, zahlreiche deutsche Strophen. Diese sind meist im Sinn metrischer Entsprechungen den lateinischen Liedern beigefügt; sie stammen z. T. von späteren Autoren oder sind ad hoc zusammengesetzt, stellen aber z. T. auch älteres, vorhöfisches Gut dar, wie z. B. das obengenannte Reigenliedchen. Bei solcher Symbiose stellt sich unabweislich die Frage nach dem Zusammenhang der volkssprachlichen mit der lateinischen Lyrik.

In der lateinischen Liebeslyrik des Mittelalters kann man wohl grundsätzlich drei verschiedene Bereiche unterscheiden, die sich freilich immer wieder neu mischen und durchdringen.

Das ist erstens einmal das antike Gut Ovids und der andern Liebesdichter. Es ist im ganzen einer recht irdischen Liebe verpflichtet, aber bringt bei aller Sinnenhaftigkeit oder Frivolität doch immer wieder den gesamten Menschen ins Spiel, kennt die Liebe als Leidenschaft und göttliche Ergriffenheit, als sehnsüchtige Empfindung und als Dienst für die Geliebte, und sie hat von vornherein die Legitimation des klassischen Vorbilds.

Wichtiger ist zweitens eine durchgehende mittelalterliche Tradition des lateinischen Huldigungs-, Preis-, Freundschafts- und Dankgedichts, wo von Anfang an antikische und christliche Elemente zusammentreten und wo hinter dem Schleier eines anspruchsvollen gelehrten, höfischen oder klösterlichen Spiels allerlei erotische Gefühle und Motive mit eingeübt werden. Allen voran steht hier Venantius Fortunatus, am Merowingerhof des 6. Jahrhunderts, in seinem poetischen Verkehr mit Hof und Adel und insbesondere seinen Huldigungen an vornehme weltliche oder geistliche Damen wie die heilige Königin Radegunde. Reto Bezzola hat versucht, die Überlieferung solcher Hofdichtung von der Spätantike bis ins Hochmittelalter als geschlossenen Zusammenhang darzustellen.

Ein intimeres Geplänkel gelehrter Geistlicher und adliger Damen aus Welt oder Kloster wird in einer Regensburger Handschrift des 11. Jahrhunderts deutlich. Hier erscheint allgemeiner als Usus und Klima, was dann später in der Affäre von Abaelard und Heloise spektakulär geworden ist. Lateinische Verse werden dem verehrten Lehrer zur Korrektur zugesandt, Geschenke mit kleinen Begleitgedichtchen überreicht, Freundschafts- und Liebesbeteuerungen ausgetauscht, Rendezvous in Aussicht genommen, Klagen über Nebenbuhlerinnen geführt – zögernd und scherzhaft, ein rührendes und reizendes Rollenspiel, zugleich auch mit Versuchen einer Veredlung und Vergeistigung der Liebe im Sinn wahrer virtus und probitas, so daß Peter Dronke sagen kann, „that a number of cultivated, witty and tender young women in an eleventh-century convent in south Germany imposed on the clercs who frequented their society the values of ‚amour courtois'". Eine allgemeinere, anspruchsvollere Form solchen literarisch-erotischen Umgangs ist der lateinische Briefwechsel, stets mit dem Alibi stilistischer Übung und entsprechenden rhetorischen Überschwangs entschuldigt. Wichtig ist da vor allem die Tegernseer Sammlung von Liebesbriefen in kunstvoller Reimprosa und gelegentlichen Versen (12. Jahrhundert), wo nun mit erstaunlichem Aufwand „amicitia" und „amor" exaltiert werden. Es sind teils Werbungen des Mannes um die zurückhaltende Adressatin, vor allem aber große Liebesklagen der schreibenden Dame(n) selbst; am Schluß eines solchen Briefs wird, rührend genug, die berühmte deutsche Liebesformel „Dû bist mîn, ich bin dîn" usw. zitiert. Daß hier überall nicht nur Reminiszenzen aus der antiken oder volkssprachlichen Lyrik erscheinen, sondern auch Geistlich-Biblisches ins Weltliche übersetzt wird, das zeigt schon Venantius Fortunatus, wenn er eine Nonne ihre Liebe zu Christus nicht nur mit Worten des Hohenliedes, sondern auch eines Ovidischen Heroenbriefes formulieren läßt (Munari, S. 7). Und im 12. Jahrhundert überträgt das Huldigungsgedicht einer Zürcher Handschrift das Lob Gottes aus der Schöpfung auf die Geliebte:

omnis factura Christi – sol, sidera, luna,
colles et montes, valles, mare, flumina, fontes,
tempestas, pluviae, nubes ventique, procellae,
cauma, pruina, gelu, glacies, nix, fulgura, rupes,
prata, nemus, frondes, arbustum, gramina, flores –
exclamando: vale! mecum predulce sonate . . .

(Dronke I,249)

(Du ganze Schöpfung Christi – Sonne, Sterne, Mond, / Hügel und Berge, Täler, Meer, Flüsse, Quellen, / Sturm, Regen, Wolken und Winde, Stürme, / Hitze, Reif, Frost, Eis, Schnee, Blitze, Felsen, / Wiesen, Wald, Laub, Strauch, Gras, Blumen – ruft „Heil“ und preist [sie] mit mir aufs lieblichste . . .)

Wenn hier somit überall Ansätze zu einer gesteigerten, anspruchsvoll-literarischen Liebe sichtbar werden, so fehlt doch noch die spezifisch-ritterliche Funktion des Dienstes. Und vor allem ist die hier genannte gelehrte Dichtung meist nicht liedhaft, so daß sie gattungsmäßig nicht unmittelbar Grundlage eines volkssprachlichen Minnelieds sein könnte; ein Einfluß könnte nur Motive und die allgemeine Konzeption betreffen.

Es gibt nun aber drittens eine ausgesprochen liedhafte lateinische Lyrik in rhythmischen, d. h. akzentuierenden und reimenden Versen, deren Maße und Melodien ohne weiteres übertragbar waren und die dem Laienpublikum viel näher lag. Das ist die sogenannte Vagantendichtung, die freilich im einzelnen sowenig wie die Spielmannsdichtung genau faßbar ist: Die Bezeichnung meint das eine Mal mehr den Stand des Dichters, das andere Mal mehr einen Stil. Im Kern ist darunter die Dichtung frei lebender Kleriker oder Studenten verstanden, die vor allem seit dem Aufschwung der Hochschulen im 12.

Jahrhundert zahlreich als Fahrende ihr Brot suchen und einer emanzipierten Weltauffassung huldigen, in welcher sich die echte Lebenslust einer Zeit des Aufbruchs mit antikischem Gehaben und juveniler Gesinnung verbinden. Im klassischen Fall des Archipoeta erscheint der „Vagant" immerhin als Hofdichter des Kanzlers Reinald von Dassel und damit des Kaisers Barbarossa selber. Hier handelt es sich um Lieder im frischesten, geselligen Sinn. Eine ovidische Verherrlichung der Venus

Veneris in thalamos ducunt omnes viae
(Archipoeta, CB 191)

geht Hand in Hand mit dem Kult des Bacchus (einer der eindrucksvollsten Unterschiede zur höfischen Lyrik, aus welcher die später so unverwüstlichen Motive der Weinpoesie ausgeschlossen bleiben). Beliebter Typus des frivolen Erotikons ist die erzählend-dialogische Pasturelle – zwei lateinisch-deutsche Mischgedichte dieser Art stehen in den *Carmina Burana.* Bei Walther wird sich dann die Veredlung des Genus durch die Aufnahme in einen erweiterten ritterlichen Stil verfolgen lassen. Primär ist aber gerade die ungehemmte Erotik bezeichnend für die Vagantendichtung, im Gegensatz zu der so schlicht und verhalten wirkenden volkssprachlichen Liebesdichtung und insbesondere zu dem Idealismus des höfischen Minnesangs. Insofern können Vagantendichtung und Ritterdichtung als zwei verschiedene literarische Formen des 12. Jahrhunderts betrachtet werden, die sich nebeneinander je in eigener sozialer Umgebung und Funktion entfalten. Ja es kommt geradezu zu einer Wettbewerbssituation zwischen Kleriker und Ritter; jedenfalls wird diese Alternative zum Topos. Heinrich von Melk spricht von den anmaßenden Pfaffen, welche allein mit den schönen Frauen spielen wollen und die Laien fortschicken; die Klerikergeliebte eines Tegernseer Korrespondenten wird vor einem Ritter „wie vor einem Monstrum" gewarnt, und in dem berühmten Streitgespräch (*Phyllis und Flora*) um den Vorrang ritterlicher oder klerikaler Geliebter fällt das Wort, das wie eine literarhistorische Feststellung klingt: „factus est per clericum miles cythereus" (erst durch den Kleriker ist der Ritter zum Ritter der Venus geworden). Das war schon damals eine einseitige Aussage. Jedenfalls tritt der Minnesang, als Organ des Dienstes und in seiner idealistischen Stilisierung, als Kunst einer andern Schicht und unter andern Voraussetzungen auf. Das beherrschende Vorbild des deutschen höfischen Liebeslieds ist in seinen klassischen Formen durchaus die Kunst der Troubadours und der Trouvères.

## 4. Die höfische Minne: das romanische Vorbild

Genau wie der höfische Roman ist der Minnesang – als ein bestimmtes literarisches System mit seinem geregelten Arsenal von Formen, Motiven und Wertbegriffen – primär eine romanische Schöpfung, die fast plötzlich, etwa seit 1170 in Deutschland nachgebildet wird, oft im Werk desselben Dichters noch scharf abgrenzbar gegen andere Formen der Liebeslyrik, im Ganzen aber als das beherrschende Vorbild. Diese provenzalische Troubadourlyrik erscheint schon rätselhaft früh und in ihrer vollen Spannweite bei Wilhelm IX. von Poitiers um 1100, zeigt sich dann in der zweiten Jahrhunderthälfte als geschlossene und reiche literarische Kultur des südfranzösischen Adels, wirkt direkt und über den nordfranzösischen Ableger, die Trouvères, auf die deutsche ritterliche Dichtung, fand in England, in Italien (hier in unmittelbarem sprachlichem Anschluß in der Kunstsprache des staufischen Hofs in Unteritalien) und in Spanien Entsprechung und Fortbildung, schließlich immer neue verwandelte Formen im europäischen Petrarkismus – während die provenzalische Dichtung selbst schon im Lauf des 13. Jahrhunderts zugrunde ging. Nach Ortega y

Gasset ist auch die Liebe eine „Institution", eine geschichtliche Erfindung, und dementsprechend entzieht sich die höfische Liebesdichtung in ihrer Plötzlichkeit, in der Einmaligkeit ihrer Konzeption einer entwicklungsgeschichtlichen Erklärung. Anderseits zeigt die jahrhundertelange Nachwirkung dieses provenzalischen Ereignisses, daß diese höfische Liebe mehr als eine Mode war, vielmehr aus der Mitte des menschlichen Wesens kam und unabhängig von den Umständen ihrer Entstehung und Pflege wahr bleiben konnte.

Nach diesen sozialen Umständen ist wieder zuerst zu fragen (vgl. S. 237 f. zum Roman). Der deutsche Minnesang ist am Anfang gerade von hohen Herren, nicht zuletzt am kaiserlichen Hof eingeführt und gepflegt worden. Galanter Frauen*dienst* im Munde eines mächtigen Herrn wirkt dann wie eine spielerisch-snobistische Umkehr der realen Verhältnisse in Macht und Liebe. Die These, es habe der „Stand" der Ministerialen mit der Entwicklung der neuen Ideologie zugleich seine Interessen als Teilhaber einer neuen gesamtritterlichen Gesellschaft legitimieren wollen, ist fragwürdig, jedenfalls für Deutschland, wo die romanische Erfindung als etwas Fremdes übernommen und abstrakter geübt wird. Zwar mochte dem niedern Adel und irgendwelchen Dienstleuten mit einer sublimierten Idee ritterlicher Liebe gedient sein, doch ist – innerhalb der höfischen Welt – die Frage des Standes nicht entscheidend, vielmehr die des Könnens, beim Fürsten wie beim Berufsdichter. Es handelt sich um Kunst, um ein Abwandeln von Fiktion und Rollenspiel – „sie schwebt in dieser Welt wie eine Seifenblase" (Hugo Kuhn) –, ohne den Charakter sozialer Aktion, aber mit dem Gewinn abgelöster, tradierbarer menschlicher Erfahrungen.

Modellhaft läßt sich diese neue Liebesdichtung wie folgt umschreiben. Das Lied ist Ausdruck eines Dienstes, den der Dichter in der Rolle des liebenden Ritters seiner Dame, d. h. seiner Herrin (im übertragenen, vielleicht auch im konkreten Sinne) leistet, aussichtslos, aber mit dem Ertrag persönlicher Vervollkommnung wie auch einer Veredelung und Beglückung der höfischen Gesellschaft, vor welcher der Dichter oder sein Vertreter das Lied vorträgt. Der Minnedienst gilt der Herrin des Hofes und damit normalerweise einer verheirateten Frau – was kaum je ausgesprochen wird, doch zugleich der verbotene Reiz wie auch die Bedingung der Unerfüllbarkeit ist, d. h. den Minnedienst im Rahmen eines galanten Spiels zurückhält. Voraussetzung ist die Existenz eines Hofes, an welchem die Gefolgsleute, die Krieger und Beamten, die jungen Leute im Pagendienst den Damen des Hauses gegenüber in der Mehrzahl und in Abhängigkeit sind und eine erotisierte Atmosphäre bewirken; der Dienst am Herrn findet Ausdruck im Minnedienst an der Dame. Die galante und die gesellschaftliche Liturgie können schließlich religiöse Formulierung finden.

Die Lage ist vielfältig paradox. Die Minne ist aussichtsloser Dienst und verlangt doch, im Sinne der feudalen Ordnung, ihren Lohn; der Liebende verlangt Gegenliebe und darf doch nicht wünschen, die Tugend der Herrin in Frage zu stellen. Der lyrische Dienst vollzieht sich in strengen Konventionen, die der Liebende doch dauernd durchbrechen möchte, um eine direkte Sprache zu reden. Das Lied soll die Gesellschaft erfreuen und kann doch nur traurige Sehnsucht ausdrücken. Je mehr der Dichter die Dame feiert, um so mehr entfernt er sie gerade dadurch von sich, steigert sie zur Idee des Weiblichen, ins Anonyme, ja zum bloßen Vorwand, so daß es letztlich offenbleiben kann, ob sie überhaupt existiert, ob sie nicht die höfische Gesellschaft, den Dienstherrn oder Gott selber vertritt. Der Minnedichter bleibt mit sich allein, sein Lied wird Reflexion, Analyse und Abwandlung des Minneproblems in Empfindung und Lehre, eine auf der Stelle tretende Dialektik der Minne, die sich nur immer die Voraussetzung ihrer eigenen Möglichkeit schaffen muß. Daß hier philosophische und rhetorisch-schulmäßige Disputation die gedankliche Technik liefern können, liegt auf der Hand.

Aber alles Spiel mit Konventionen und Fiktionen enthält eben doch die hinreißende Erfahrung eines Neuen: des möglichen Adels, der innern Vollendung, der Selbstgewißheit und des Glücks, die in der richtig verstandenen Frauenliebe – und im gelungenen Lied! – liegen. Die umfassendste Paradoxie ist die Zusammengehörigkeit einer körperlichen Liebe, die als Anlaß und Ziel nie preisgegeben wird, und einer dauernden Sublimierung und Vergeistigung bis hin zu den von der Dame erwarteten religiösen Gaben der Gnade, der Huld – eine asketische Sinnlichkeit, die peinlich sein kann, aber in der dauernden Bewegung des Transzendierens, in der Suche der wahren Minne, im Gang nach innen ihren unvergleichlichen Zauber besitzt. Was im Roman als Geschehen entfaltet werden kann, das bleibt in der Lyrik als Spannung, als Ahnung und Glücksmoment in der Schwebe. Ein Geschehen vollzieht sich allerdings auch hier, sofern über die einzelnen Gedichte hinaus eine Bewegung in Gang kommt, in der, vom eigentlichen Minnelied aus, neue Bereiche erschlossen werden, ins Allgemein-Menschliche, Natürliche, Religiöse hin; zum Minnesang gehört wie zum höfischen Roman die Tendenz und die Kraft, sich selbst zu überwinden.

Zunächst überrascht freilich der hohe Grad von Norm und Konvention, die geringe Zahl fester Motive und Begriffe (Dienst und Lohn, Freude und Trauer, Hoher Mut, Fernliebe, Wahnliebe, Krankheit und Tödlichkeit der Liebe, Schüchternheit des Liebhabers, Abwehr der Neider und Merker usw.). Aber auf dieser schmalen Basis wird um so kühner und intensiver gebaut, in einer – möchte man sagen – barbarisch raffinierten Formkultur.

Obwohl die deutschen Dichter von andern sprachlich-metrischen Voraussetzungen ausgehen und oft andern Impulsen gehorchen, haben sie die romanischen Formen im großen und ganzen übernommen oder den eigenen Möglichkeiten angepaßt. Die unmittelbarste Brücke bildete wohl die Melodie, der Ton (mittelhochdeutsch als die Einheit des metrisch-musikalischen Baus verstanden). Die Gleichheit des Baus deutscher Lieder mit provenzalischen oder französischen braucht allerdings eine Kontrafaktur noch nicht zu beweisen, solange nicht auch der Text selbst verwandt ist; da aber in klassischer Zeit jedes Lied einen neuen „Ton" verlangt, ist eine Übernahme romanischer Melodien auf breiter Front doch wahrscheinlich. Im Vordergrund steht das vielstrophige Liebeslied, die eigentliche Kanzone, deren Strophe normalerweise dreiteilig (stollig) gebaut ist: Der „Aufgesang" besteht aus zwei metrisch gleichgebauten Versgruppen, für welche die Melodie wiederholt wird, worauf der gewöhnlich kunstvollere „Abgesang" folgt. Die Dreiteiligkeit kann durch Umstellung der Elemente, Übergreifen des Reims usw. kompliziert werden; daneben erscheinen aber auch Strophenformen aus zwei oder drei gleichen Versgruppen. Im provenzalischen „Sirventes" (Dienst-Lied) begegnet eine gewisse Entsprechung zum deutschen „Spruchlied", nur daß dieses meistens bei einer älteren und einheimischen Gattungsform, der Einstrophigkeit, bzw. der relativen Selbständigkeit der Strophe in einer Gruppe, stehenbleibt. Wichtig wird vor allem auch die anspruchsvolle lyrische Gattung des sogenannten Leichs (germ. laik- „Tanz, Spiel"; frz.-prov. entspricht teilweise die Bezeichnung lai, aus anderer Wurzel), eine durchkomponierte Großform, im Bau der Sequenz verwandt, nur stets aus Reimversen, eine Folge formverschiedener Gruppen, von sogenannten Versikeln, wobei die Doppelung der Gruppen eine wichtige Rolle spielt. – Anspruchsvoll ist überall die Vers- und

Reimtechnik im einzelnen, ein reiches und differenziertes Formenspiel, wie es vor allem die Romantiker entzückt hat: die obligatorische Reinheit des Reims, kunstvolle Häufungen und Verschränkungen des Reims, Anfangsreime, Vorreime, Reimresponsionen zwischen den Strophen usw. Da bis auf ein Lied Walthers für den älteren Minnesang keine Melodien direkt überliefert sind und die musikalische Notierung umstritten ist, ist auch die metrische Wiederherstellung und Deutung der Texte nicht einfach. Die grundlegenden deutschen Liedersammlungen des 13. und frühen 14. Jahrhunderts (A: kleine Heidelberger, B: Weingartner, C: große Heidelberger oder Manessische Handschrift) geben die Texte, die in mündlichem Vortrag lebten, sozusagen sekundär und behelfsmäßig wieder, von den Entstellungen durch die Überlieferung ganz abgesehen.

# VI. KLASSIKER DES MINNESANGS

## 1. Der staufische Kreis

In den Jahren 1170 bis 1190 verfolgen wir das Eindringen der romanischen Kunst auf breiter Front, von Westen her, und zwar vom Limburgischen im Norden über Mittel- und Oberrhein bis zum schweizerischen Mittelland, oft in unmittelbarer Nachbildung. Als geschlossenste Gruppe erscheint dabei eine Reihe von Dichtern, die in Beziehung zum staufischen Hof Barbarossas und Heinrichs VI. erscheinen, insbesondere in Italien und auf dem Kreuzzug von 1189/90, damit also gerade die neue Kunst im weitesten und großartigsten Horizont zeigen. Wenn der Grundstock der Manessischen Liederhandschrift die Dichter nach ihrem dynastischen Rang anordnet und das Werk eines Kaisers voranstellt, so deutet auch dies auf den ernst zu nehmenden feudalistischen Charakter des Minnesangs hin. Auch wenn die höfische Dichtung nur zum Teil als „staufisch" zu bezeichnen ist, so gravitiert sie doch naturgemäß zur führenden Macht der Zeit.

Daß der Kaiser Heinrich, der mit drei Gedichten die Manessische Sammlung eröffnet, in der Tat Heinrich VI. sei, wird heute trotz begreiflicher Skepsis allgemein angenommen; denn die Texte lassen sich nur dann voll verstehen; und Heinrich ist kein Einzelfall: Von Friedrich II., Friedrich von Antiochien, König Enzio sind Gedichte aus der sizilianischen Schule, von Konradin wieder zwei deutsche erhalten. Um Barbarossa, Friedrich II., Heinrich VI., Heinrich VII. sind Minnesänger hohen Adels mit vielen erhaltenen Werken und urkundlichen Erwähnungen bezeugt. Es ist aristokratische Kunst im strengsten Sinn, auch wenn gerade bei Heinrich noch atypische Züge sich zeigen. Zwei seiner drei Lieder sind altertümlich mit ihren je zwei Langzeilenstrophen, das eine ein Wechsel – gegenseitig bezeugtes Liebesglück –, das andere ein Abschiedsgespräch aus der Tageliedsituation. Das dritte Lied ist vierstrophig und bildet mit seinen „gemischten Daktylen“ wohl in freier Weise den romanischen Zehnsilbler nach; es ist eine monologische Huldigung an die Geliebte, aus der Ferne; nur dieses ist allenfalls als Dienstlied zu verstehen mit seiner klagenden Versicherung des „senden kumbers“, der beständigen Treue bis zum Tod. Kühn und kaiserlich aber ist in allen drei Stücken die Anspielung auf die Krone, die der Liebende trägt und deren Macht und Reichtum für ihn doch vom Glück der Minne abhängt. Ein altes Motiv – etwa: nicht für ein Königreich will der Liebende auf sein Glück verzichten, oder: er gäbe ein Königreich für die Geliebte – wird aus der Situation neu und konkret. Anderseits kann er auch noch auf den Dienst verzichten, unverblümt sagen:

wol dir geselle guote, deich ie bi dir gelac
(5,17)

(Wohl dir, Gefährtin, gute, daß ich je bei dir lag)

und damit wieder ein altes, mehrfach mittellateinisch bezeugtes Bild aktivieren:

du zierest mîne sinne   und bist mir dar zuo holt:
nu merke et wie ich daz meine:
als edelez gesteine,   swâ man daz leit in daz golt.

(Du verschönst meinen Sinn und bist mir hold dazu: / Nun sieh, wie ich es meine: / wie edles Gestein, wo man's ins Gold faßt.)

Die nächste Parallele findet sich in den Regensburger Versen:

Sicut christallo   iacinctus fulget in albo,
Fulges mente mea,   mihi tempore quoque serena.
(Dronke II,426)

(Wie der Hyacinth im weißen Kristall leuchtet, / so leuchtest du in meinem Sinn, hell mir zu jeder Zeit.)

Der reinste, adligste Dichter des neuen Stils in diesem Kreis ist Friedrich von Hausen, Sohn des von Herger gepriesenen Walther von Hausen. Sein Stammsitz war vermutlich Rheinhausen bei Mannheim. Er erscheint urkundlich seit 1171 in der Nähe des Erzbischofs von Mainz, Reichslegaten in Italien, 1186 in wichtigen Urkunden im Gefolge Heinrichs VI. in Italien, 1187 mit Friedrich I. in Nordfrankreich zur Begegnung mit König Philipp August, beteiligt sich am Kreuzzug und fällt am 6. Mai 1190 im Gefecht von Philomelium in Kleinasien – nach den Chroniken als „miles probissimus (hervorragender Soldat)“, einer der „familiares et secretarii“ des Kaisers, der ihm wenige Wochen darauf im Tode folgt. Hausens Lieder vertreten mit Ausnahme weniger Strophen (darunter noch eines bescheidenen Wechsels) die strengste hohe Minne, in Motiven und Formen angeregt durch Bernart von Ventadorn, Folquet von Marseille und Conon de Béthune (Kreuzlied 47,9). Die Lieder, kunstvoll in der anspruchsvollen Reimtechnik (Durchreimung) und dem gedanklichen Räsonnement, klagen aus der „swaere“ des vergeblichen Dienstes an einer Dame, die Lohn und Gnade versagt, reflektieren über das Rätsel der Minne, in der gerade die eigene „staete“ das Leid verursacht, wo die Liebe der Feindin gilt, die „huote“ dem Dichter verhaßt und doch im Interesse der Dame wünschbar ist, wo Herz und Leib nicht mehr zusammengehen können. Eine Lyrik der Distanz von höchster Würde und Strenge, in der nicht das kleinste Naturmotivchen grünt. Von selbst kommt solche Minne zum Konflikt mit dem Dienst an Gott. Der

Ritter hat Gott lange vergessen – doch warum hat Gott sie so schön geschaffen? In drei Kreuzliedern, in denen die Haltung der Distanz plötzlich real erscheint, wird das Verhältnis von Gottesliebe und Frauenliebe in verschiedenen Abwandlungen durchdacht: im spielerischen Gedanken, das Minneleid sei in seiner Schwere selbst schon religiöses Verdienst; im Versuch einer Stufung,

den wil ich iemer vor in allen haben
und in dâ nâch ein holdez herze tragen

(47,8)

([Gott] will ich höher stellen als alle [Frauen], / dann aber diesen mein Herz offen halten)

in der Einsicht, daß gerade die Dame den Kreuzzug billigen muß und so der Kreuzzug vom minnenden Ritter verlangt ist; und schließlich – aus dem unlösbaren Zwiespalt zwischen dem Herzen, das zur Dame strebt, und dem ritterlichen Leib und männlichen Ich, das die Fahrt ins Heilige Land unternimmt – der harte Entschluß zur Absage an die Dame (47,9). Es steht nichts im Wege, die Dame als Fiktion, als virtuelles Ziel weltlichen Strebens überhaupt zu nehmen. Aus der reinen Dialektik des Minneliedes entsteht im Kreuzlied das ritterliche religiöse Gedicht, unabhängig von geistlicher Tradition. Und zugleich erscheint darin bei diesen staufischen Dichtern ein Lebensgehalt, ritterliche Lyrik wird in ihrer konkreten Funktion bis ins Biographische hinein unmittelbar.

Beziehungen zum staufischen Hof, Teilnahme am Barbarossa-Zug, landschaftliche Nähe oder stilistische Verwandtschaft erlauben es, einige andere Dichter zu dieser „staufischen“ Gruppe zu rechnen, wenn auch unter manchen Unsicherheiten der Chronologie, der Biographie, der Identifikation von Werk oder Dichter. Ein Ulrich von Gutenburg – aus dem Elsaß (oder der Pfalz?) – erscheint in italienischen Urkunden Barbarossas und

Heinrichs VI. 1172 bis 1186. Ein Leich und sechs Minnestrophen (diese in einem Ton Blondel de Nesles), die B und C unter diesem Namen überliefern, zeigen manche Anklänge an Hausen; gelegentlich scheint Veldeke im Hintergrund zu stehen. Vor allem der große Minneleich – wohl das älteste Beispiel dieser speziellen Gattung – verfügt über eine leichte, beredte, manchmal schon geblümte Diktion; aber seine Bezugnahmen auf berühmte Liebespaare aus dem Flore-, Alexander- und Äneasroman deuten doch auf frühere Zeit.

Deutlicher ist die frische, herrenmäßige Figur Berngers von Horheim (vielleicht Harheim bei Frankfurt), im Gefolge Philipps von Schwaben in Italien zweimal urkundlich bezeugt (?). In einem seiner sechs Lieder klagt der Dichter in kraftvollen Daktylen über die Trennung von der Geliebten durch das Aufgebot zu einer Heerfahrt nach Unteritalien (1190 oder 1194?), empfiehlt die Geliebte Gott und allen Engeln und spricht wie Hausen über die Trennung von Herz und Leib:

Nû muoz ich varn und doch bî ir belîben,
von der ich niemer gescheiden enmac.
si sol mir sîn vor al anderen wîben
in mînem herzen beidiu naht unde tac.
als ich gedenke wie ich ir wîlent pflac,
owê daz Püllle sô verre ie gelac!
daz wil mich leider von fröiden vertrîben.

(114,35)

(Nun muß ich ziehn und doch bei ihr bleiben, / von der ich mich nicht trennen kann. / Sie soll mir, vor allen andern Frauen, / Tag und Nacht in meinem Herzen sein. / Denk ich daran, wie ich einst bei ihr war – / ach, daß Apulien so weit weg liegt! – / das wird mich um alle Freude bringen.)

Hier ist ähnlich wie bei Heinrich VI. und trotz Hausen der unmittelbare, unproblematische Ton bezeichnend; die Liebesklage wird einmal in der Form eines komisch-verzweifelten Lügenliedes ironisch vorgetragen, und wie schon Veldeke (nur jetzt genau nach dem französischen Vorbild) spielt Bernger scherzhaft seine spontane gegen die zwanghafte Minne Tristrants aus:

Nû enbeiz ich doch des trankes nie
dâ von Tristran in kumber kam:
noch herzeclîcher minne ich sie
dan er Îsalden dêst mîn wân . . .
(112,1)

(Nun habe ich doch nie vom Trank genossen, / durch den Tristan in Not kam: / noch herzlicher liebe ich sie / als er Isolde, glaube ich . . .)

Ebenfalls rheinfränkischer Herkunft ist der Freiherr Bligger von Steinach (Neckarsteinach), im Gefolge Heinrichs VI. nach Apulien 1194 bezeugt, vielleicht auch schon Teilnehmer am Kreuzzug. Von ihm stammen zwei Lieder der „swaere“ und ein Spruch über die wahre Milde – geringe Reste eines auch erzählerischen Œuvres, das Gottfried von Straßburg in höchsten Tönen gepriesen hat.

Schließlich Heinrich von Rugge (nach der Burg Ruck bei Blaubeuren, vielleicht Dienstmann der Pfalzgrafen von Tübingen), dessen Name zwischen 1175 und 1178 einmal bezeugt ist, dessen sicherstes Werk aber ins Jahr 1190 fällt. In seinen Liedern, die mit der Überlieferung Reinmars vermengt sind, ist er schwer faßbar, eindeutig dagegen in seinem Kreuzleich, den er nach dem Tod Barbarossas als Aufruf zur Unterstützung des bedrängten Kreuzheers verfaßte. Die auf ihre Weise großartige, strenge Mahnung gibt sich als „wîses mannes wort von tumbes mannes munde“, d. h. aus dem Mund eines demütigen Laien, aber durchaus mit den Argumenten der geistlichen Kreuzpredigt. Die Seelen Friedrichs und manchen guten Pilgers leuchten nun vor Gott – wir sollen denselben Thron erkaufen, „sît got sô süezen market gît". Im Zeichen des Memento mori und nicht mit höfischer Argumentation wendet er sich an „die stolzen helde", das Kreuz zu nehmen; und gegen die, die da meinen,

wir sun hie heime vil sanfte belîben,
die zît wol vertrîben vil schône mit wîben
(98,30)

(Wir wollen behaglich hier zu Hause bleiben / und die Zeit schön mit Frauen verbringen)

läßt er die wîp selber ihre Verachtung äußern. Konservative Gesinnung spricht sich hier in einer neuen romanischen Form, aber klar und einfach aus.

## 2. Veldeke und Fenis

Die sozusagen zentrale staufische Gruppe wird im Norden und im Süden je flankiert durch einen Vermittler und Bahnbrecher eigener Art. Vor allem Heinrich von Veldeke ist in seiner nordwestlichen Randstellung und seiner limburgischen Sondersprache eine spezielle und ebenso originelle Erscheinung, unabhängig zunächst von der Troubadourlyrik und fern vom Stil der donauländischen Kunst. Er hat vermutlich schon früh in seiner maasländischen Heimat, um 1170, einen neuen Minnesang gepflegt, nach französischen Vorbildern und, wenn Theodor Frings recht hat, gestützt auf heimatlich-volkstümliche Formen der Tanzlyrik und des Spruchs. Hinzu kommt wohl auch die den volksmäßigen Formen stets verbundene Vagantenlyrik mit ihrer Natur- und Lebensfreude. Es ist anzunehmen, daß Veldeke auch später, vor niederrheinischem und thüringischem Publikum, die Pflege des Liedes nicht aufgab, ganz abgesehen von dem Gedicht 62,11, in welchem er vor der Dame mit seinen grauen Haaren kokettiert. So kann Frings, der die ausschließlich hochdeutsch überlieferten Texte rekonstruiert hat, in Veldekes Lyrik und ihrer Entwicklung die Entwicklung der frühen deutschen Lyrik überhaupt gespiegelt sehen. Es wäre ein Fortgang vom einstrophigen Liedchen zum kunstvolleren Strophenlied, ein Weg zur hohen Minne, zur höfischen Idee. Französische Anregung wäre formal von Anfang an wirksam gewesen, am Ende wohl auch Berührung mit Provenzalen. „Staufische" Orientierung kann für die Familie von Veldekes Maastrichter Gönnern vermutet werden; die Stauferpartien der *Eneit* (Mainzer Hoffest Barbarossas 1184) machen das Bild deutlicher.

Nicht die schöne, gemessene Trauer der Hausenschen Minne mit ihren christlichen Implikationen, vielmehr eine gesellige höfische Heiterkeit, ein spielerisches, scherzhaftes Minnewesen ist die befreiende und beglückende Entdeckung Veldekes. Charakteristisch im ganzen bleiben für ihn die kurzen, leichten, klaren und eleganten Formen, mit dem Stichwort der „bliscaft" (Fröhlichkeit), der Freude als höchstem Wert, mit der Anlehnung an jahreszeitliche Motivik in kleinen, genau gesehenen Naturbildchen, mit einer scherzhaft-provokativen Art seines Minnedienstes, auch wo es um hohe Minne geht:

des fürhte ich die guote   als daz kint die ruote
(Frings: des vorhte ich die gude   alse dat kint di rude)

und schließlich die Neigung zur pointierten Sentenz und damit die Nähe zu spruchhaften Formen mit ihrer treffsicheren Bildlichkeit, z. B.:

Men darf den bôsen nîwet vlûken:
hen wirt dicke unsachte wê,
want sî warden ende lûken
alse dê sprenket in den snê.
des sîn sî vele dî mêre gevê.
doch ne darf es nîman rûken,
want sî sûken   peren up den bûken.

(Frings 65,5)

(Die Bösen [Neider, Verräter] soll man nicht verfluchen, / es geht ihnen oft übel, / denn sie passen auf und lauern / wie einer, der im Schnee Vogelschlingen stellt [d. h. zur Unzeit]. / Darum werden sie um so gehässiger. / Doch soll sich niemand drum kümmern, / denn sie suchen Birnen auf den Buchen [d. h. am falschen Ort].)

Im Südwesten des deutschen Sprachgebiets erscheint ein anderer Sonderfall: Rudolf von Fenis, Graf von Neuenburg (Fenis, heute Fénil/Vinelz, am Westende des Bieler Sees, ist der Stammsitz des Hauses), bei dem wir nun den engsten Anschluß des gesamten deutschen Minnesangs an provenzalische Vorbilder treffen. Der Graf Rudolf (II., gestorben 1196), in dessen Herrschaft, zum Königreich Burgund gehörend, neben der deutschen die franko-provenzalische Mundart gesprochen wurde, war wohl selbst zweisprachig – und gehörte zwei Literaturen zu. Von seinen sieben Liedern verwenden sechs je einen Ton, der auch provenzalisch nachweisbar ist, und für vier sind textliche Vorbilder aus dem Werk Peire Vidals und vor allem Folquets von Marseille (der auch bei Hausen begegnet) bekannt. Die Entlehnungen betreffen aber nicht ganze Lieder. Fenis setzt entlehntes Gut neu zusammen, so daß beispielsweise das Lied 81,30 in drei der fünf Strophen Anregungen aus drei verschiedenen Gedichten Folquets zeigt und der Ton aus einer andern provenzalischen Quelle stammt. Der deutsche Dichter spielt also frei mit dem Motiv- und Formenbestand, variiert, bereichert ihn, nimmt sozusagen an der zeitgenössischen Diskussion der Troubadours teil (die jüngste datierbare Vorlage stammt von 1190/91). Bei aller Abschwächung und Umbiegung einzelner Gedanken entsteht ein neues musikalisches Ganzes von eigenartig schwebendem Reiz, eine in sich zurücklaufende Klage über den „wân“, das verlorene Spiel, die Ausweglosigkeit des Dienstes, in großen, mehrheitlich daktylischen Kanzonenstrophen mit durchgehendem Reimsystem, das auch über die Strophen hinweggreift und zusammen mit der Wiederaufnahme von Stichwörtern das Liedganze strukturiert. Vielleicht läßt sich sogar die Gesamtheit des Überlieferten als zusammengehöriger Zyklus verstehen. Mit solcher weitentwickelten Kunst gehört – von Deutschland aus gesehen – Rudolf von Fenis zu den Pionieren, und er bleibt jedenfalls eine der nobelsten Figuren des Minnesangs.

## 3. Hartmann von Aue, Albrecht von Johannsdorf, Reinmar

Es entspricht der maßvollen und diskreten Künstlerschaft Hartmanns von Aue, daß seine Rolle in der Geschichte des Minnesangs lange Zeit unterschätzt worden ist; Mangel an „Empfindung" und „lyrischer Begabung" (Burdach) sind ihm immer wieder vorgeworfen worden; erst Carl von Kraus hat erwiesen, daß bei den zahlreichen Anklängen zwischen dem Klassiker Reinmar und Hartmann diesem die Priorität gebührt. Es sind 14 bis 16 unbestritten echte Lieder überliefert mit erstaunlicher Vielfalt der Töne und der motivischen Wendungen; sie sind weniger geistreich im Sinne der Minnedialektik, als daß sie kühn und oft humorvoll das Minnethema in größere Zusammenhänge rücken. Obwohl Hartmann das Freudenlied ebenfalls kennt, dominiert doch auch bei ihm die Klage, ja er steigert sie zu neuer Konsequenz und nimmt nun auch die Schuld am Unglück moralisch auf sich:

si lônde mir, als ich si dûhte wert,
michn sleht niht anders wan mîn selbes swert.
(206,1)

(Sie lohnte mir in dem Maß, als ich es ihr wert schien: / mich schlägt nichts anderes als mein eigenes Schwert.)

Sehr schöne Frauenstrophen übertragen den paradoxen Gedanken der Entsagungsminne auch auf die Frau: Minne üben heißt auf sie verzichten (216,12). Umgekehrt spielt Hartmann aber auch wieder mit der Möglichkeit, „anderswâ" zu dienen, ja er versteigt sich zu einem burschikosen Bekenntnis zur „nideren" Minne: Statt mit „ritterlîchen vrouwen", die seiner Werbung nur mit scheelem Blick begegnen, will er die Zeit lieber mit willfährigen „armen wîben" vertreiben (216,29). Es liegt nahe, daß Hartmanns frommes Analogiedenken seinen reinsten Ausdruck im Kreuzlied gewinnt, sei es, daß er den halben Lohn der Fahrt der Dame zuwenden will, sei es in der erstaunlichen persönlichen Motivation, daß der Tod seines Dienstherrn die Fahrt veranlaßt habe und diese nun zur Hälfte dem Herrn zugute kommen soll (211,20; 210,23). In prachtvoller Vollendung aber spielt die Kanzone 218,5 – eines der ganz großen, großgesinnten Stücke im Bestand mittelhochdeutscher Lyrik – die irdische Minne in eine geistliche hinüber, in Überhöhung der alten Minneparadoxie: „ez ist geminnet der sich dur die minne ellenden muoz" (geliebt ist, wer um der Liebe willen entsagt, d. h. in die Fremde geht, 218,17). Die Datierung dieser Kreuzlieder – 1189/90 oder 1197 – gehört samt ihren textkritischen, chronologischen und biographischen Konsequenzen noch immer zu den ungelösten Fragen.

Schwierig ist es bei der Intensität und dem Tempo der literarischen Vorgänge in diesen Jahren auch, die literaturgeschichtliche und zeitliche Stellung Albrechts von Johannsdorf zu bestimmen: Er gehört zu einem Ministerialengeschlecht des Bistums Passau; sein Name ist von 1185 bis 1209 bezeugt. Fünf seiner zwölf Töne schlagen das Thema des Kreuzzugs an – ob 1189/90, wie meist angenommen wird, oder erst 1197, ist wiederum unklar. Bei allem Reden von Dienst, hohem Mut und Gnade behält Johannsdorfs Minne einen menschlichherzlichen Zug, ja sie gelangt im Grunde wie von selbst zur Aufhebung des Dienstgedankens in einer erstaunlichen Innigkeit und Schlichtheit, etwa mit den folgenden Versen einer Frauenstrophe:

Swâ zwei herzeliep gevriundent sich
unde ir beider minne ein triuwe wirt,
die sol niemen scheiden, dunket mich,
al die wîle unz si der tôt verbirt . . .
(91,29)

(Wo zwei Herzliebste sich freund werden / und ihrer beider Liebe *eine* Treue wird – / die soll niemand scheiden, dünkt mich, / solange sie der Tod verschont . . .)

Das verweist zusammen mit Indizien anderer Lieder auf alte donauländische Tradition und entspricht doch zugleich auch dem späteren Geist Walthers und seiner „Überwindung" des reinmarischen Minnesangs. Eine direkte Beziehung zu Walther wäre schon äußerlich in Passau oder Wien gegeben. Dasselbe Lied zeigt übrigens bei aller scheinbaren Einfachheit der Aussage kunstvolle Responsionen und mühelose, sensible Rhythmik. Ideologische Entspannung des Minnesangs ist jederzeit möglich, die höfische Liebe ist auch hier nichts Exklusives und Isoliertes. Entsprechend stehen die Kreuzlieder Johannsdorfs nicht (mehr) in der Dialektik Hausens oder Hartmanns, sondern verbinden die Treue zur Geliebten in menschlicher Selbstverständlichkeit mit der frommen Unternehmung des Kreuzfahrers. Rechte Minne kann keine Sünde sein, die Schicksale des Mannes wie der Frau ruhen in der Hand Gottes:

heiliger got, wis (sei) genaedic uns beiden!
(87,12)

Seine fromme menschliche Lauterkeit macht Johannsdorf zu einem der zugänglichsten Lyriker des klassischen Zeitalters; anders ist es bei Reinmar, der ungefähr gleichzeitig und nicht weit von Johannsdorf die stilreinste, konsequenteste Gestalt des hohen Minnesangs zeigt, in äußerster intellektueller und empfindsamer Verfeinerung, die man oft als Eintönigkeit oder gar „graue Scholastik“ verschrien hat. Nach der Handschrift C „Reinmar der Alte“ genannt, von Gottfried von Straßburg als „die Nachtigall von Hagenau“ (im Elsaß?) gepriesen, begegnet uns der Dichter ausschließlich am Wiener Hof (nach G. Schweikle allerdings auch bei den Staufern) von den achtziger Jahren bis in die ersten Jahre des neuen Jahrhunderts, offenbar als Berufsdichter. Zu datieren ist nur die wunderbare Totenklage auf Herzog Leopold V. (gest. 31. Dezember 1194), die Reinmar der Witwe in den Mund gelegt hat. Mit dem großen Ruhm des Dichters hängt zusammen, daß die Überlieferung seines Werks reich und weitverzweigt, aber in den Zuschreibungen auch unsicher ist. Einiges hat sich mit der Überlieferung Rugges vermischt, manches erscheint unter den Namen Dietmars, Gedruts, Walthers u. a. Umgekehrt ist ihm wohl manches stilistisch Verwandte oder Nachgeahmte unterschoben worden – die sogenannten Pseudo-Reinmare. Die strengste Auswahl des Echten bilden die gut 30 Gedichte, die Carl von Kraus aufgrund minuziöser Untersuchungen hat gelten lassen, gegenüber rund 40 weiteren unechten Stücken. Mit Ausnahme dreier früher Lieder würde es sich, nach v. Kraus, um einen thematisch und zugleich entstehungsmäßig-chronologisch zu verstehenden „Zyklus“ handeln, in welchem der Dichter einen eigentlichen Roman unglücklicher Liebe durchgespielt hätte. Neuerdings hat Friedrich Maurer ein gutes Dutzend weiterer Gedichte als echt erklärt, wodurch das oft als monoton empfundene Bild Reinmars wesentlich reicher wird. Maurers Kritik an der Überspannung der Zyklusidee ist überzeugend. Gewiß ist die Verzahnung der einzelnen Lieder unter sich – durch Entfaltung der Themen, durch Bezugnahmen, Selbstzitate, formale Verweisungen – ein neues und wichtiges Phänomen, nur möglich bei einer hochkultivierten und konstanten Hofgesellschaft, wie man sie für den Babenberger-Hof dieser Zeit ansetzen darf. Hier greift ja auch der „Zyklus“ über den einzelnen Dichter Reinmar hinaus, sofern der junge Walther von der Vogelweide sich einmischt und beide Dichter sich eine lyrische Fehde um das Problem des korrektesten und schönsten Frauenlobes liefern; gerade diese Fehde ist das sicherste Stück eines Reinmarischen Zyklus. Anderseits ist die Vorstellung, daß praktisch das ganze Werk eines Lyrikers unter einer einheitlichen, durchgehenden Fiktion entstanden und dazu noch einigermaßen geschlossen erhalten sei, überaus fragwürdig. Es ist von vornherein schwer zu entscheiden, was ein echter Zyklus, was eine lose Zusammenstellung für einen „Konzertabend“, was einfach eine sekundäre sinnvolle Reihung durch den modernen Herausgeber sein soll und vor allem: wieweit jene Verzahnungen nicht überhaupt von selbst aus der Variation eines überaus beschränkten Motiv- und Formenbestandes hervorgehen. Mindestens führt die Benützung des Zyklusgedankens zur Beurteilung der Echtheitsfrage zwangsläufig rasch zu Zirkelschlüssen.

Der bezeichnende Ton Reinmars bleibt trotz einer Reihe von Freudenliedern in jedem Fall die Klage, das „trûren“, die „swaere“, die lebenslange Vergeblichkeit des Dienstes, von dem nur der subjektive Ertrag ritterlicher Selbstveredlung erwartet werden darf. Die Begründungen dafür sind wieder gerade die Tugend, der Adel der Dame, die auch hier in wundervollen Frauenstrophen zu Worte kommt, aber auch die eigene Unvollkommenheit des Dichters (wie bei Hartmann), die sich nicht zuletzt in Wunschphantasien von Küssen, „bîligen“ und „langer naht“ unziemlich äußert. Das wieder gibt Anlaß nicht nur – immer in Reinmars Gedichten selbst – zum Hohn von Neidern und insbesondere eines Konkurrenten wie Walther, sondern auch zu (vorgegebenen?) Maßnahmen von seiten der Dame, nämlich einem Zutritts- und einem Redeverbot (d. h. Singverbot) – es sind immer neue Fassungen der paradoxalen Situation des Dichters, der aus seiner Trauer zur Freude des Hofes singen soll und die Dame um so mehr von sich entfernt, je mehr er sich ihr nähern will, was aber auch wieder zur Fortsetzung des vorbildlichen Dienstes nötig ist. So kann er in der Tat klagen: „sus gât mîn dienest wunderlîche hin". Damit ist Reinmars Kunst nun vollends auf das Problem ihrer eigenen Möglichkeit zurückverwiesen, Dichtung wird zur Reflexion auf sich selbst. Die Frage, wie „das leit schône ze tragen" sei, wird zur Frage des Dichtenkönnens, die höfische „zuht" versteht sich formal, ästhetisch. Das Ergebnis ist ein zauberhaftes elegisches Schweben und Kreisen, zwischen leiser Begehrlichkeit und Askese, im genauen, eleganten Umschreiben der intellektuellen und seelischen Spannung. Es geschieht unter diszipliniertestem Verzicht auf kräftigere, farbige Motive und Effekte (jede Naturmotivik fehlt), und ebenso sind aufdringlichere Reimkünste vermieden. Vers und Satz spielen souverän in Spannung und Gleichlauf zusammen, fast immer in kunstvollen, aber klar gebauten stolligen Tönen, ohne Daktylen und Durchreimung. Wie die lyrische Kunst bei Reinmar und dann auch bei Morungen ihrer selbst bewußt und somit autonom wird, so tritt auch die Idee des Minnedienstes als solche rein hervor, vor allem in der Auseinandersetzung mit Walther. Die Dame, zunächst als ein konkretes Wesen fingiert und sogar auf Kosten der andern Damen – welch ein Fauxpas! – gelobt, weicht nun dem allgemeinen Begriff der Frau, dem Prinzip des Weiblichen. So vor allem in dem berühmten Vers des großen Preisliedes 165,10, den Walther in seinem Nachruf als Inbegriff der edeln Kunst Reinmars zitiert: „sô wol dir, wîp, wie reine ein nam!" (Wohl dir: Frau – welch reines Wort [Begriff]!) Damit ist freilich ein Grad der Abstraktion und Spiritualisierung erreicht, der nicht mehr überboten werden kann. Walther hat die Konsequenzen daraus gezogen.

## 4. Heinrich von Morungen, Wolfram von Eschenbach

Ungefähr gleichzeitig mit Reinmar zeigt Heinrich von Morungen eine unverwechselbar eigene Klassik des hohen Minnesangs mit einem Werk, das dem modernen lyrischen Empfinden im gesamten Minnesang am unmittelbarsten bewundernswert scheint. Morungen ist als thüringischer Ministeriale im Dienst des Markgrafen Dietrich von Meißen – eines Schwiegersohns des Landgrafen Hermann – bezeugt und tritt damit als erster ostmitteldeutscher Minnesänger neben den Kreis der thüringischen Epiker. Als „miles emeritus" übermacht er gegen 1220 eine Rente dem Leipziger Thomas-Kloster, wo er bald darauf wohl auch gestorben ist und begraben wurde. Seine 33 erhaltenen Gedichte, die fast alle einen hohen Vollendungsgrad zeigen, fallen vermutlich in die 1190er Jahre. Anregungen aus älterer Lyrik (Veldeke, Hausen) sind nur spärlich belegbar, um so beherrschender ein direkter provenzalischer Einfluß; Nachwirkungen sind bei Walther und im späteren 13. Jahrhundert manche vorhanden, aber mehr in Einzelheiten als im Gesamtstil.

Hoher Minnesang sind auch Morungens Lieder im vollsten Sinn, doch tritt die ideologische und ethische Motivation zugunsten rein „ästhetischer" Fassung zurück: Minne ist Berücktsein durch die Schönheit der Herrin, Dienst ist Schauen, Verlorensein im Anblick dieser Schönheit. Aber gerade dieser völlig ins Schauen gesammelte, gebannte Blick entrückt, verwandelt und transzendiert die Frau vollends ins Unerreichbare – wieder eine Variante der Paradoxie der Minne. Schon die neuartige Faszination durch den roten Mund, die lichten oder spielenden Augen, die weiße Kehle wirkt isolierend und symbolisierend. Ganz entrückt wird das „Wunder“ der Angebeteten durch die für Morungen bezeichnenden Gestirnsvergleiche: Sonne, Mond, lichter Morgenstern, durch Wolken leuchtend, darüber hinaus überhaupt der „schîn“, das zauberhafte, strahlende Leuchten ihrer Augen, ihrer Gestalt, zugleich als ein Leuchten im Innern des Herzens erfahren. Die dem Minnedienst widersprechende sinnenhafte Gattung des Tagelieds wird unerhört verwandelt: Morungen gibt es (143,22) als Wechsel, verlegt also die Situation in die Erinnerung der Getrennten und läßt um so kühner – zum erstenmal – den „lîp“ der Geliebten aufleuchten: „wîzer danne ein snê“ und wie der Schein des hellen Mondes – kühl und geisterhaft entfernt. So nimmt die Minne des einsamen, vergeblichen Sängers visionäre Züge an, und diese wieder können zwanghaft-dämonisch werden. Als „Vênus hêre“, als Elbenfrau, deren Liebe nach drei Nächten tötet, wird die Geliebte angesprochen. In einem durch seine Bildverschiebung noch immer etwas rätselhaften Gedicht (145,1) erscheint der „wân“ der Minne als Traumvision der Geliebten, doch wird das Bild dann hinüberverwandelt ins Gleichnis vom Kind, das sich im Spiegel erblickt und diesen zerbricht, wie es sich greifen will; und schließlich ist beides auf den Narziß-Mythus bezogen:

> sam ein kint, daz wîsheit unversunnen
> sînen schaten ersach in einem brunnen
> und den minnen muose unz an sînen tôt.
> (145,17)

(wie jenes Kind, das, noch nicht klug geworden, / seinen Abglanz in einer Quelle sah / und ihn lieben mußte bis zu seinem Tod.)

Hier wird – nach anonymem provenzalischen Vorbild, auch nach Bernart von Ventadorn – eine Grundfigur der höfischen Minne sichtbar: Die Geliebte wird zum Spiegel (insbesondere auch mit ihren Augen), die Liebe zur Selbstreflexion; das kann die irrige, tödliche Verherrlichung des Liebenden in sich selbst sein, aber auch der Weg der gefährlichen Bewußtwerdung, der Selbstsuche und Selbstentdeckung, nicht anders als in den höfischen Romanen. In der Lyrik Morungens nimmt dieses Narziß-Motiv einen besondern, extremen Sinn an: Es deutet auf eine Dichtung, die nichts anderes zu ihrer Begründung hat als sich selbst.

Wie bei Reinmar ist vom Widersinn eines von der Dame (oder der Gesellschaft) geforderten freudigen Singens aus der Trauer oder von einem Singen gegen das Gebot der Dame die Rede. Des Sängers Beruf ist, zu singen – im äußerlich-konkreten Sinn seines höfischen Auftrags und doch zugleich als letzte Selbstbegründung: „wan ich durch sanc bin zer werlde geborn" (denn ich bin um der Kunst willen geboren, 133,13). So findet auch das alte platonische Motiv des Schwanengesangs bei Morungen seine Überhöhung: man wird den unglücklichen Dichter noch um sein Leid beneiden (138,17).

Die ästhetische Wendung dieser Minnekunst, ihre Nähe zu antikischen Bildern, ihr Spielen mit der Motivik der Dämonie oder der Mystik, der Ausweg der tödlichen Liebe in die Absolutheit der Kunst – all das scheint Morungen dem etwas jüngeren Gottfried von Straßburg anzunähern. Doch sind die Unterschiede wesentlich. Morungens Minne bleibt Dienst, bleibt Anschauung, und gerade die auch bei Morungen starke religiöse Stilisierung hält eine echte Transzendenz offen. Das in dieser Hinsicht entscheidende Gedicht 147,1 spricht zwar die Geliebte als süße Mörderin an und scheint mit dem Gedanken mystischen Liebestods zu spielen, aber es vollzieht den Übergang und droht, in unerhörter Mischung des Sublimen mit dem Galanten, mit seiner unsterblichen Seele auch im Jenseits der Seele der Dame zu dienen. Da wird die Frau zur Seelenführerin, jeder

Zwiespalt zwischen himmlischer und irdischer Liebe wird vor dem „reinen wîbe“ wesenlos. So sind auch die zahlreichen andern religiösen Wendungen – das Brennen der Liebe wie Höllenbrand, die mystische Empfängnis der Geliebten im Herzen, Minnedienst als Gottesdienst, das Vokabular von Sünde und Gnade – vielleicht kühn, aber ohne blasphemische Widerhaken. Auch Morungen ist ein eminenter Formkünstler wie Gottfried, doch ohne die Gefahr eines geschliffenen Kunstgewerbes. Seine erstaunliche Formenphantasie, die Durchbildung des Liedes, der Strophe, der Zeile durch eine unwahrscheinliche Kunst des Reims, der Vorklänge und innern Echos, der Responsionen und Gegensätze, ist niemals nur dekorativ, sondern stets geistvoll, seelenhaft bewegt in einer souveränen Rhythmik. Und es fehlt bei aller Pracht und allem Pathos der Bilder nicht die leise Reservatio des Scherzhaften, des Spiels, eben der Kunst.

Noch bleibt unter den „Klassikern“ des Lieds Wolfram zu erwähnen. Von den 8 überlieferten Liedern, zweifellos Resten eines größern Bestandes, haben die meisten nicht ihresgleichen an Kraft der Rhythmik und der Bilder, die kühn bis zum Heftigen und Gewalttätigen sein kann und jedenfalls den Lyriker Wolfram dem Erzähler als ebenbürtig erweist. Von den drei Werbeliedern scheinen eins oder zwei mit Reminiszenzen aus Reinmar und Walther parodistisch zu spielen (W. 6, W. 7). Das hindert nicht die hinreißende Nachbildung von Frühling und Liebe in einer bewegten Überblendung von Vergleich und Verglichenem:

> vogel die hellen und die besten
> al des meigen zît si wegent mit gesange ir kint.
> dô slief niht diu nahtegal ...

(Die Vögel, die hellen und die besten, / wiegen die ganze Maienzeit hindurch im Lied ihre Kinder. / Damals schlief die Nachtigall nicht...)

(wogegen sie jetzt, nach der Höhe des Sommers, in Herbst und Winter, schweigt; gemeint sind wohl die konventionellen Minnesänger, eventuell Walther). Dagegen soll die freie Kunst des Dichters Wolfram nicht bloß von der Jahreszeit abhängen:

Nû wache aber ich und singe ûf berge und in dem tal.

(Doch nun bin *ich* wach und singe in Berg und Tal.)

Wolframs Ruhm aber sind seine fünf Tagelieder. Diese Gattung erscheint vor Wolfram nur in den – rückblikkend gesehen – atypischen Beispielen von Morungen und Dietmar; sie wird hier, für uns zum ersten Mal, in ihrer hochartistischen Form sichtbar: mit dem Liebespaar in letzter Umarmung, mit dem Abschiedsgespräch und mit dem dritten Spieler, dem Wächter, der den Tag verkündet oder zum Aufbruch mahnt und völlig unwirklich vom Turm der Burg herab mit dem heimlichen Paar in der Kammer lyrische Reden führt. Dieser die Erzählung und den Dialog mischende Typ ist hier zur verpflichtenden Konvention geronnen, als fremdartiger Einschluß in der normalen Dienstlyrik, als Vorwegnahme von deren imaginiertem Ziel. Was vorher lag – einfachere, „volkstümliche" Formen, mit dem weckenden Vogel anstelle des Wächters? –, ist unbekannt (vgl. S. 339).

Wolframs energischer Zugriff verrät sich etwa in der halb großartig mythisierenden, halb artistischen Schilderung des einbrechenden Morgens mit ihrer intensiven lautlich-rhythmischen Ausprägung:

Sîne klâwen durch die wolken sint geslagen,
er stîget ûf mit grôzer kraft,
ich sich in grâwen tegelîch, als er wil tagen,
den tac . . . (W. 3)

(Seine Klauen haben durch die Wolken geschlagen, / er steigt auf mit großer Macht, / ich seh ihn hell werden, taggleich, wie er tagen will, / den Tag . . .)

Die Bedrängnis der Abschiedssituation ist expressiv gesteigert in der Simultanführung der Verläufe des andringenden Morgens, der Wächtermahnung, der Abschiedsumarmung oder im raschen Wechsel der Perspektive zwischen Bericht, Warnung, Klage, Dialog der Beteiligten; die Kühnheit der erotischen Bilder und der rhythmisch-musikalischen Linie tragen das Ihre dazu bei. Daß die Tagelieder zusammen einen Zyklus, eine „Vortragsfolge" bilden, ist auf verschiedene Weise behauptet worden. Doch bleibt dies hier erst recht Spekulation über eine an sich schon vage Größe. Unter den Variationen des Tagelieds fehlt allerdings nicht eine Pointe, in der Wolfram nicht nur einen Liedzyklus, sondern eine ganze Gattungstradition abzuschließen scheint: Das Lied W. 5 ist nur noch die Rede des Dichters zum Wächter, dieser möge mit seiner Klage schweigen; denn die wahre Minne sei nicht die „verhohlene" des Tageliedes, sondern die unverborgene Liebe zwischen Ehegatten – zum „offen süeze wirtes wîp". Mag dies auch zunächst mehr eine geistvolle Variante des Themas als eine endgültige Palinodie sein, der Zusammenhang mit dem Ehepreis der großen Romane ist unübersehbar, und für Wolfram bleibt der Gedanke verbindlich. Rückblickend gesehen, ist die Folge der Tagelieder bestimmt durch eine Problematisierung der Wächterfigur und schließlich eine Absage an die Tagelied-Situation (Wapnewski).

# VII. WALTHER VON DER VOGELWEIDE

## 1. Die Person

Nicht nur für Deutschland bringt Walther die Vollendung hochmittelalterlicher Lyrik in der Volkssprache, eine Vollendung freilich, die zugleich eine Überwindung und Weitung bedeutet und so, vor allem im Spätwerk, auch den Herbst des Minnesangs einleitet. Walthers Größe beruht nicht nur auf seinem künstlerischen Rang oder auf dem Einfluß und der repräsentativen Bedeutung, die er als Anwalt des staufischen Kaisertums unstreitig besaß. Sie liegt, literarhistorisch gesehen, vor allem in der Zusammenfassung und Integration der verschiedenen Traditionen zu einem neuen, persönlich verantworteten Ganzen: Minnelied und Fahrendenspruch, ritterliche und vagantische Kunst, Höfisches und Volksmäßiges, geistliche und weltliche Formen sind spannungsreich vereint im Œuvre eines von neuartigem Selbstbewußtsein geprägten Mannes. Gesellschaftliche Standesdichtung und fahrendes Berufsdichtertum befreien sich gegenseitig – so müssen wir es wenigstens heute sehen – zur Dichtung als dem Organ eines vollen Menschenlebens. So sehr sich Walther im Dienste der höfischen Gesellschaft und der politischen Ordnung fühlt und seinen Auftrag mehr darin sieht, Freude, Ehre und höfische Zucht zu verbreiten als irgendein absolutes Künstlertum zu verwirklichen, so hat sein Werk in der erstaunlichen Fülle seiner Formen und Anliegen doch eine neue, bewegte Folgerichtigkeit, eine spannende Geschichte; diese läßt sich darstellen als Auseinandersetzung zwischen den von ihm übernommenen und zusammengefaßten Erbschaften.

Jenes Selbstbewußtsein ist mehr als ein zufälliger Charakterzug. Es ist die Bekundung einer Persönlichkeit, die in den verschiedenen Rollen, durch die „personae" der verschiedenen Dichtungsformen hindurch sich findet und bestätigt. Zeichen dieser Dissoziation und Integration ist ähnlich wie bei Wolfram ein aktives Vermögen von Humor oder Ironie, eine Fähigkeit der Distanzierung und Selbstdistanzierung, der sich fortschreitend neue Horizonte öffnen und die den Weg zum Selbst ermöglicht. Kein Autor des deutschen Mittelalters scheint uns so rund und vertraut zu sein wie Walther – und das hat denn auch vor allem im 19. Jahrhundert zu den gefährlichsten Anbiederungen verlockt. Dennoch bleibt hier manches rätselhaft: die Existenz eines Dichters, der so großgesinnt auftritt und doch in seinen Kampfstrophen oder den – wenn auch noch so geistvollen – Bettelsprüchen seine Würde zu verlieren scheint; auch die Mischung von Virtuosentum und Bekenntnischarakter seiner Verse kann oft genug befremden, Gattungszwang und Persönliches scheinen sich zu widersprechen.

Weder Heimat noch Stand Walthers sind beglaubigt. Welcher der verschiedenen Vogelweiderhöfe in Franken, Frankfurt, Österreich, Südtirol, ja selbst der Schweiz in Anspruch zu nehmen ist, steht dahin; der Name – Familienname, Herkunftsbezeichnung, Fahrendenname? – ist undurchsichtig; nicht einmal die Ritterbürtigkeit des zwischen höfischem Minnedienst und Fahrendendichtung schwankenden Sängers ist gesichert; bei aller leidenschaftlichen Berufung auf den Geist höfischen Rittertums fehlt, ganz anders als bei Wolfram, ein Bekenntnis zu den kriegerischen Tugenden des „schildes ambet". Die Zeit der Geburt kann auf ungefähr 1170 errechnet werden. Sicher ist nur, daß Walther in Österreich „singen unde sagen" gelernt hat, am Wiener Hof, und daß ihm lebenslang als höchste und eigentlichste seiner Aufgaben der höfische Minnesang gegolten hat. Das Jahr 1198 setzt einer ersten Periode ein Ende: Nach dem Tod des Gönners, Herzog Friedrichs von Österreich, beginnt ein „Wanderleben"; es bedeutet wohl unmittelbar die Aufnahme der Spruchdichtung – unmittelbar im Dienste der Krone! – und eine Erweiterung der Minnelyrik um neue Dimensionen, zumal – seit 1203 – wiederholte Aufenthalte am österreichischen Hof anzusetzen sind. Am Tag nach St. Martin 1203 erhielt der „Cantor Waltherus de Vogelweide" vom Bischof von Passau, Wolfger von Erla, „5 Solidi Longi" für einen Pelzrock – eine ehrenvolle Gabe. (Es ist das einzige urkundliche Zeugnis über den Dichter.) Ein entscheidendes Datum ist 1220 – die endlich erfolgte Schenkung eines „Lehens" (Zinsgutes), wohl in Würzburg, durch Friedrich II. und damit wohl auch der Übergang zu einer religiös bestimmten Altersdichtung. Gegen 1230 muß Walther gestorben sein („uns ist unsers sanges meister an die vart / den man ê von der Vogelweide nande", singt um diese Zeit Ulrich von Singenberg). Sein Werk gliedert sich zwanglos in die beiden Bereiche der Minne- und Spruchdichtung; gattungsmäßig dazwischen steht die späte Lyrik; nur erwähnt sei hier der isoliert stehende religiöse Leich, den man in die mittlere Zeit setzt.

## 2. Die Minnelieder

Walthers Frühzeit steht im Zeichen der klagenden Minnereflexion Reinmars. Man weist ihr einige Lieder zu, die diesen Stil sorgfältig-konventionell, mit einfachen, etwas kurzatmigen Formen variieren, darunter eines oder zwei Botenlieder. Sehr früh aber mischen sich offenbar kräftigere Töne ein, so etwa das Freudenlied 109,1, mit Morungenschen Motiven und Lautspielen, oder der die Dame durch deren angebliches Geständnis provozierende Wechsel 119,17. Zugleich hebt, spätestens mit einer eigentlichen Reinmar-Parodie in Strophenform und Motivaufnahme (111,23), die berühmte Fehde an;

vielleicht ist es Reinmar gewesen, der sie eröffnet hat. Walther aber schaltet sich jedenfalls, scherzhaft oder schnöde, offensiv in den „Zyklus“ Reinmars ein und sucht in Zusammenspiel oder Konkurrenz eine neue Position zu gewinnen. Gegen das reflektierende Dienstlied und seine enge, sterile Gesellschaftlichkeit wird ein neuer Minnebegriff immer deutlicher ins Feld geführt: eine Minne der Gegenseitigkeit, des Spontanen, des Herzens, der natürlichen Freude an der verehrten und geliebten Frau – dies freilich auch jetzt keineswegs privat gemeint, sondern als Prinzip eines ins Freie und Menschliche erweiterten höfischen Lebens.

Man schreibt den Durchbruch dazu der 1198 beginnenden Wanderschaft und damit der Begegnung mit anderm Publikum, andern Traditionen zu. Eine konsequente Linie der Entwicklung wird man allerdings kaum ins einzelne zeichnen können, da je nach den verschiedenen Gelegenheiten verschiedene Stile nebeneinander denkbar sind. So spinnt sich die Reinmar-Fehde in weiteren Liedgruppen fort. Sie bleibt zunächst der Suche des idealen Frauenpreises gewidmet, d. h. auch konkret: des angemessensten, grundsätzlichsten Preisliedes, und dafür bleibt der Wiener Hof, an welchen Walther mehrfach, zunächst 1203, zurückgekehrt ist, der eigentliche Ort. Wenn schon Reinmar sich durchfindet zum Lobpreis des „reinen Namens“ wîp, so feiert nun Walther im sogenannten Preislied aus der Situation des von weiten Reisen zwischen Rhein, Elbe und Ungarn zurückgekehrten Sängers triumphierend das Glück in der höfischen Gesellschaft der Heimat:

tugent und reine minne,
swer die suochen wil,
der sol komen in unser lant: da ist wünne vil:
lange müeze ich lebe dar inne!

(56,14)

(Wer Adel und reine Minne / finden will, / der komme in unser Land: da ist Herrlichkeit: / lange möge ich darin leben!)

Man darf vielleicht einen leisen humoristisch-ironischen Ton im Lob der „tiuschen man“ und der engelgleichen deutschen wîp nicht ganz übersehen, zumal von der Geleitstrophe her; auch ist das Gedicht wohl eine Antwort auf ein entsprechendes Nationallob der Provence durch Peire Vidal, und es wirbt um Gunst und Lohn des Hofes – dennoch bezeichnet es den klassischen Moment des reinen Hochgefühls der Minne, der Minnegesellschaft an heimatlichen Höfen.

Anderseits sucht die Kritik am konventionellen Minnebegriff in der Reinmar-Fehde neue Auswege. Es scheint, daß eine dritte Phase der Fehde mit einem gewissen Knalleffekt ihr Ende fand, nämlich mit dem „sumerlaten“-Lied (72,31), wo Walthers Frauenpreis in ungeduldigen Hohn umschlägt. „Stirbet si, sô bin ich tôt“, hatte Reinmar gesungen (158,28); Walther aber dreht um: „stirb ab ich, sô ist si tôt (73,16) – der Künstler ist es genau besehen, welcher der Dame und mit ihr der höfischen Gesellschaft erst zu ihrer Schönheit und Ehre verhilft; und in kühnem Fauxpas zieht Walther – unter Benützung von Motiven Reinmars wie Morungens – die Konsequenz: Die Dame wird während dieses vergeblichen Dienstes keineswegs jünger, und dem Nachfolger des Dichters wird es dann angezeigt sein, ihrer „alten hût“ mit „sumerlaten“, kräftigen jungen Ruten, zu Leibe zu rücken. Frauenpreis wird zur Schmähung: damit wurden wohl die Spielregeln und Fiktionen des Dienstes allzu gröblich verletzt.

Daß, vielleicht schon früh (v. Kraus), der „hôhe sanc“ auch rein ästhetisch-erotische Formen annehmen kann, belegt ein Lied auf das „wunderwol gemachet wîp“ (53,25), das vom Vorbild des Mittellateins bzw. Morungens bestimmt ist. Die Deskription der Frauengestalt als eines strahlenden Bildwerks des göttlichen Schöpfers steigert sich zu einer Vision der reinen Nacktheit – in anderm Sinne wieder ein klassischer Moment.

Wichtiger ist, wie die Weitung des höfischen Horizonts irgendwann einmal zwischen 1198 und 1205 oder gar erst später den konventionellen Gegenstand des lyrischen Dienstes umprägt und ersetzt. Wenn schon der Begriff „wîp" über den der „frouwe" erhöht wird, so kann das zunächst negativ heißen:

ich wil mîn lop kêren
an wîp die kunnen danken:
waz hân ich von den überhêren?
(49,22)

(Ich will mein Loblied / an Frauen wenden, die zu danken wissen. / Was habe ich von den Übernobeln?)

In positiver Wendung kann das bedeuten, daß das Ewigweibliche nicht mehr im Idol der Herrin, sondern im geliebten und liebenden Mädchen gefeiert werden kann. Anstelle eines auf „guot" und „schoene" gerichteten Dienstes äußerer Art tritt das Verhältnis der „herzeliebe"; die Verehrung der unerreichbaren Dame weicht der gegenseitigen, vielleicht sogar „niederen", glücklich-herzlichen Mädchenliebe. Die naturgemäß nicht genau zu umgrenzende, nicht sehr große Zahl der sogenannten Mädchenlieder bleibt Walthers erstaunlichster Beitrag zur Minnelyrik, nicht denkbar ohne die – teilweise nachweisbaren – vagantischen Vorbilder, vielleicht auch „volkstümlicher", ständisch nicht akzentuierter Liebesdichtung, aber eben durchaus als Eroberung höfischer Kunst, von welcher ebenso kühn wie taktvoll jene Motivik anverwandelt wird. Unnachahmlich verbindet sich ein schlichtes Bekenntnis zum „herzelieben frowelîn" („kleine Herrin", d. h. wohl niederen Standes) in seinen einfachen Viererzeilen, die doch mit einem so inständigen Achttakter schließen:

Herzeliebez frowelîn,
got gebe dir hiute und iemer guot.
kund ich baz gedenken dîn (könnte ich dir Besseres wünschen),
des hete ich willeclîchen muot.
waz mac ich dir sagen mê,
wan daz dir nieman holder ist? owê, dâ von ist mir vil wê.
(49,25)

mit einer ausgewachsenen Theorie der neuen Konzeption: Es geht nicht um Minne nach Besitz und Schönheit, sondern um „liebe“ (Glück), die allein die Geliebte schön machen kann, um „triuwe“ und „staetekeit“ als Tugenden einer solchen Liebe, der ein einfacher Glasring kostbarer ist als königliches Gold und die daher über den Vorwurf, ihr Lied „ze nider“ (oder: „sô nider“) zu richten, erhaben ist. Eine Reihe von Liedern umspielt das Thema innig oder scherzhaft mit den Motiven idyllischer Frühlings- und Sommernatur, wie sie vorzugsweise zum mittellateinischen Liebesgedicht gehören. Im Genre objectif pasturellenhafter Szenerie kommt diese Mädchenlyrik zur abgelöstesten, zauberhaftesten Gestalt. „Under der linden“ (39,11) nimmt frühe, vielleicht vorritterliche (Dietmar 34,3) und zugleich vagantische Töne auf, indem es das beglückte Mädchen selber sprechen läßt, in unvergleichlich schwebendem Verhüllen und Andeuten, ergriffen, jubelnd, schamhaft und neckisch zugleich, wobei der Naturlaut des Vogelrufs – tandaradei – in der Mädchenrede selber als Refrain wiederkehrt. In welchem Maß ein solches Gedicht „nur“ Poesie, hochartifiziell ist, kommt kaum zu Bewußtsein. Das vergleichbare Pendant ist 74,20: Hier ist die Szene völlig entrückt, als Traumerfahrung des Dichters erzählt und in ein ländliches Tanzlied verwoben. Nur rollenhaft, spielerisch, traumhaft, wenn man will: rein literarisch vollzieht sich solche Überwindung der Dienstideologie. Wie differenziert, wie zart diese Verwendung des pastoralen Motivs erfolgt, zeigt schon ein Blick auf Neidhart, der nur wenige Jahre später mit seiner grell-parodistischen Kunst die höfische Minne heillos kompromittiert.

Die Mädchenlieder bleiben wohl ein Zwischenspiel, das weder die vorangehende höfische Lyrik ein für allemal überwinden sollte, noch auch vom Dichter programmatisch in einer „Wendung zu neuer hoher Minne" überwunden werden mußte. Walthers pointierte Unterscheidung von niederer, hoher und ebener Minne (46,32) mit ihrer scheinbaren Selbstanklage „ich was vil nâch ze nidere tôt" (47,2) und ihrem Ruf nach mâze darf nicht dazu verführen, solche Phasen säuberlich zu scheiden. Dennoch bleibt natürlich das letzte Wort Walthers eine Liebe, in welcher die hohe Idee der Minne und des reinen Namens der Frau weder ins unwahr Verstiegene noch ins genrehaft Anspruchslose entartet, wo vielmehr „friundîn unde frowe in *einer* waete" erscheinen (63,20), wo im Antlitz der Geliebten die spirituellen Züge, die Verkörperung höfischer, menschlicher Ideale deutlicher hervortreten und wo auch in Klage und selbstironischem Scherz der alternde Dichter den allegorischen Charakter seines Minne- und Hofdienstes unverhüllter zum Ausdruck bringt. Noch übt er, auch spät, klassischen Minnesang, nun freilich detachiert, virtuos und selbstbewußt, so wenn er in 74,10 im Kreis seiner „hêrren unde friunt" den eigenen Namen samt dem seiner Geliebten in der heroischen Sphäre spiegelt, in der gleichsam mutwilligen Coda der letzten Strophe:

Hêrren unde friunt, nû helfent an der zît:
daz ist ein ende, ez ist alsô:
in behabe mînen minneclîchen strît,
ja enwirde ich niemer rehte frô:
mînes herzen tiefiu wunde
diu muoz iemer offen stên, si enküsse mich mit friundes munde.
mînes herzen tiefiu wunde
diu muoz iemer offen stên, sie enheiles ûf und ûz von grunde.

mînes herzen tiefiu wunde,
diu muoz iemer offen stên, sin werde heil von Hiltegunde.

(Herren, Freunde, helft, solange es Zeit ist. / Es ist und bleibt so: / wenn ich meinen Liebesstreit nicht gewinne, / werde ich nie mehr recht fröhlich. / Meines Herzens tiefe Wunde, / die muß immer offen stehn, küßt sie mich nicht mit liebendem Mund. / Meines Herzens tiefe Wunde, / die muß immer offen stehn, heilt sie sie nicht von Grund auf. / Meines Herzens tiefe Wunde, / die muß immer offen stehn, sie werde denn geheilt von Hiltgunt.)

Aber zugleich wird deutlich, daß die Frau die ganze höfische Welt verkörpert, die immer wieder zur Ordnung gerufen und ermahnt, deren Niedergang mit immer neuen Wendungen beklagt wird. Noch wird sie ängstlich-inständig um freundlichen Gruß, Treue und Lohn gebeten (59,37), doch kündigen sich hier schon, wohl noch in der hohen Zeit Walthers, dicht unter der Oberfläche, mögliche religiöse Konsequenzen an.

## 3. Spruchlieder

Walthers souveränes Spiel mit den strengen Minnekonventionen ist kaum denkbar ohne die gleichzeitige Weitung und Befreiung, zu welcher er als Fahrender gelangt. Eine Befreiung nach unten zunächst, sofern er in eine altertümlichere, unhöfische Tradition eintritt, die Kunst unverhüllt muß um Brot gehen lassen. Aber er nützt in unerhörter Weise die Chancen; aus der exklusiven Gesellschaft wird aktuelle Öffentlichkeit, der Dienst betrifft nun „Reich und Krone“, die Liedkunst wird politisch. Diese Funktion des Spruchdichters ist neu in der Volkssprache; als politischer Dichter im Sinn des Stauferreiches übernimmt Walther ein Amt, das eine Generation früher, unter Barbarossa, der Archipoeta lateinisch ausgeübt hatte. Die Nähe lateinischer Tradition zeigt sich ja auch hier weniger in der Ritterdichtung als in der „volkstümlichen“ Kunst des Fahrenden. Verwirrend bleibt, wie sich traditonelle Aufgaben und Formen der Spruchdichtung mit den neuen, kühnen Möglichkeiten verbinden. „Gehren“ (d. h. Betteln in kunstvoll verhüllter oder pointierter Form), Lobpreis des milden Gönners, moralische und religiöse Paränese, Invektive gegen private oder politische Gegner verbinden sich mit großgedachter Programmatik und Weltdeutung und führen immer wieder zu zweckfreiem, persönlichstem Ausdruck.

Die Abgrenzung der erst modern unterschiedenen Spruchdichtung gegen das Minnelied wird damit erst recht schwierig. Entbehrlich ist sie deswegen nicht, trotz Friedrich Maurers Versuch, die formgleichen Strophen zu geschlossenen Kompositionen zu verketten und nur mehr von politischen Liedern zu reden. Es handelt sich um etwa 16 verschiedene, meist anspruchsvoll gebaute Strophenformen, zu denen je 1 bis 18 Strophen (18: „Unmutston“) gehören bzw. erhalten sind. Diese Strophenreihen übersteigen an sich schon die Länge eines normalen Liedes, und sie sind inhaltlich meist recht disparat. Anderseits gibt es deutliche Fälle inhaltlicher Zusammengehörigkeit und durchgehender Gedankenfolge, vor allem aber auch Gruppenbildung durch formale Mittel (Leitwörter, Reime usw.). Mehrfach ist nachweisbar, daß Strophen gleicher Form mit zeitlichem Abstand mehrerer Jahre entstanden, aber dennoch unter Umständen zu einem Gruppenganzen komponiert sind (Reichssprüche). Im Gegensatz zum unwiederholbaren Minnelied-Ton ist also der Spruchton wiederholbar, ja offenbar ein Autorsignum, das ja wohl gerade bei tendenziöser Dichtung dieser Art wichtig ist. Im übrigen aber dürften alle Möglichkeiten nebeneinanderstehen: einstrophiges Lied, Kette oder Zyklus, wechselnde Adhoc-Komposition. Was zu Herger gesagt wurde, gilt also wohl im großen ganzen auch für Walther.

Erstaunlich, mit welcher Grundsätzlichkeit und großen Gebärde diese politische Dichtung (für uns) einsetzt: Die drei Reichssprüche (Metrum: je 100 Takte), 1198 (Str. 2 und wohl auch 1) und 1201 (Str. 3) entstanden, entwerfen aus der fast rituellen Haltung des Denkers oder Propheten („Ich saz ûf eime steine") ein Bild der gestörten Menschenordnung; aus der moralischen Forderung, das Streben nach Gut, Ehre und Gottes Huld in Einklang zu bringen, und dem Gegensatz der fried- und rechtlosen Menschenwelt zur kosmischen Ordnung des Naturreichs folgt der Appell an Philipp von Schwaben, die Krone zu ergreifen und die allzu mächtigen Fürsten einerseits, die armen künege anderseits hinter sich zu lassen; die spätere 3. Strophe wendet sich gegen das Verderben der Kirche, in den Wehruf eines visionären Klausners mündend. So tritt Walther, im Sommer 1198, im Thronstreit zwischen Philipp von Schwaben und Otto IV. auf die Seite des jungen Staufers und wendet sich, 1201, gegen Innozenz III., wie dieser Otto anerkennt. Schon damals oder bald darauf kann Walther, im Rückblick auf eine traurige Zwischenzeit nach dem Weggang von Wien, triumphieren:

> Ich bin wol ze fiure (Herdfeuer) komen.
> mich hât daz rîche und ouch diu krône an sich genomen.

In zwei Strophen des „ersten Philippstons" feiert er unvergleichlich Glanz und Würde des Gekrönten (18,29) und – an Weihnachten 1199 – den Magdeburger Aufzug des Königs vor seiner byzantinischen Gattin und dem Geleit der Fürsten; das Weihnachtsfest in der Stadt der Jungfrau (Magdeburg) gibt die Beziehung auf den Besuch der wîsen – der Heiligen Drei Könige – beim Herrn der Welt; die Dreieinigkeit von Kaiser, Kaisersbruder und Kaiserssohn und die mariologischen Epitheta der Kaiserin Maria bedeuten höchste symbolische Beglaubigung. Die dichte, strahlende, rhythmisch feierliche Strophe – zweiteilig: je zweimal eine gedoppelte Terzinengruppe –

gibt einen Begriff von den Möglichkeiten der neuen Kunst Walthers:

Ez gienc, eins tages als unser hêrre wart geborn
von einer maget dier im ze muoter hât erkorn,
ze Megdeburc der künec Philippes schône.
dâ gienc eins keisers bruoder und eins keisers kint
in einer wât, swie doch die namen drîge sint:
er truoc des rîches zepter und die krône.
er trat vil lîse, im was niht gâch:
im sleich ein hôchgeborniu küneginne nâch,
rôs âne dorn, ein tûbe sunder gallen.
diu zuht was niender anderswâ:
die Düringe und die Sahsen dienten alsô dâ,
daz ez den wîsen muoste wol gevallen.

(19,5)

(Es schritt am Tag, da unser Herr geboren ward / von einer Jungfrau, die er sich zur Mutter erkoren, / zu Magdeburg König Philippus herrlich. / Da schritt ein Kaiserbruder und ein Kaisersohn / im selben Kleid, obwohl es drei Personen sind. / Er trug des Reiches Zepter und die Krone. / Er trat gemessen auf, er eilte nicht: / ihm folgte eine hochgeborene Königin, / eine Rose ohne Dorn, eine Taube sonder Falsch. / So edles Wesen gab es nirgends sonst: / die Thüringer und Sachsen leisteten so den Dienst, / daß es den drei Weisen wohl gefallen hätte.)

Hart steht dagegen eine recht unverfrorene Mahnung zur milte – ausgerechnet Saladin und Richard Löwenherz, Erbfeinde sozusagen, werden als Vorbild empfohlen (19,17), und in einem „zweiten Philippston“ von etwa 1207 wandelt Walther mit blutigem Hohn und drohend das Thema vom versäbelten Spießbraten ab (17,11). Bald darauf wurde Philipp ermordet. Otto IV., der in der Folge allgemein anerkannt wurde, wird nun von Walther in drei Strophen feierlich als Herr des Reiches angesprochen; der Dichter führt sich dabei kühn als Künder göttlicher Botschaft (frônebote) ein, verrät aber zugleich den Namen seines irdischen Auftraggebers, des Markgrafen von Meißen. Drei weitere Strophen dieses Ottentons richten sich gegen den Papst, der im Jahre 1210 Otto gebannt hatte. Wahrscheinlich erfolgt diese Huldigung an Otto auf dem Hoftag vom März 1212. Schon im folgenden Jahr, vielleicht auch erst später, vollzieht Walther den Übergang zu Friedrich II., der im Herbst 1212 nach Deutschland gekommen und im Dezember gekrönt worden war. Einige Sprüche eines neuen „König-Friedrichs-Tons“ formulieren, teils in entwaffnendem Geständnis der eigenen moralischen Schwäche (26,3), teils mit aggressivem Hohn über des (körperlich) langen Otto kurzgeratene Milde den neuen Frontwechsel. Für eine moralische Bewertung dieses Verhaltens weiß man zu wenig von der politischen Konstellation, weiß man nicht, wieweit es dem Dichter mehr um das Reich als um die jeweilige Person des Kaisers ging; und das oft peinliche Gehren erscheint verständlicher, soweit die unablässig beschworene milte eine Herrentugend darstellt, die unabdingbar zum Feudalsystem gehört, wenn dieses funktionieren soll.

In diese Jahre fallen auch die nun maßlos werdenden antipäpstlichen Sprüche des „Unmutstons“ (33,1–34,33): gegen die Simonie des vom Teufel zauberisch beratenen Papstes, gegen den neuen Judas, die päpstlichen Opferstöcke, die das deutsche Silber in den welschen Schrein der römischen Prasser leiten, gegen die Pfaffen als Irrlehrer – alles im Namen der armen deutschen Laien und ihres von Zerstörung bedrohten Reiches. Es sind vor allem diese Strophen, die Walther vor dem Hintergrund des deutschen Kulturkampfes im 19. Jahrhundert zum nationalen Heros werden ließen. Immerhin kommt in diesem – wie immer veranlaßten – Kampf gegen die römische Kurie primär oder sekundär ein Frömmigkeitsideal der Nachfolge Christi in Armut und Demut zur Geltung, eine Laienfrömmigkeit, wie sie sich vor allem auch in der visionären Gestalt des Klausners ausdrückt, die in mancher Hinsicht an die Funktion Trevrizents in Wolframs *Parzival* erinnern kann.

Walthers Dienst an Friedrichs Politik und seine geistvollen Bittsprüche, in denen er sich bezeichnenderweise sehnsüchtig auf seinen Minnesang bezieht:

Zâhiu wiech danne sunge von den vogellînen,
von der heide und von den bluomen, als ich wîlent sanc!
(28,1)

(Hei, wie ich dann von den Vögelchen sänge, / von der Heide und von den Blumen wie einst!)

trugen ihm schließlich, 1220, als Friedrich Deutschland verließ, den Lohn ein: das begeistert begrüßte „lêhen“. Die spätere Zeit zeigt Walther bei verschiedenen Gelegenheiten erneut an Friedrichs politischer Propaganda beteiligt, vor allem im Zusammenhang mit den Auseinandersetzungen um den Kreuzzug und vermutlich mit der Unbotmäßigkeit des jungen Heinrich (VII.) 1228 (Kaiser-Friedrichs-Ton, Engelbrechtston, Rügeton).

Neben und durch diese Spruchdichtung im Dienste des Reichs schlingt sich eine Fülle von Spruchliedern, die Walther in oft kritischen Beziehungen zu größeren und kleineren Höfen zeigen, von Thüringen bis Wien, vom Reichsverweser, dem Erzbischof Engelbrecht von Köln, bis zum Patriarchen von Aquileja und dem Herzog Bernhard von Kärnten. Auch hier mischen sich politische Belange mit weithin gattungsmäßig bestimmtem Gehren, mit Lobpreis und Invektive; auch hier eine bewundernswert breite Palette von geistreich verrätselten Anspielungen, Niedertracht und Tiefsinn, Selbstironie, Noblesse (Nachruf auf Reinmar 82,24!) und echtem Pathos. Der Dichter der Reichssprüche ist sich auch nicht zu gut zu giftigem persönlichem Kleinkrieg wie in den Atze-Sprüchen, und es fehlt auch nicht die schlichtgebaute Strophe der allgemeinen Lebensweisheit, wie sie zum hergebrachten Amt des Fahrenden gehört.

## 4. Religiöse Lieder

Walthers Spätdichtung entzieht sich teilweise der üblichen Unterscheidung von Minnelied und Spruch. Das beruht nicht so sehr auf der Fragwürdigkeit dieser Kategorien als auf der Reife eines persönlich gewordenen dichterischen Vermögens, das die Grenzen überspielt und kühn die verschiedenen Bereiche sich transzendieren und berühren läßt, vor allem auch: Geistliches und Weltliches neu in Beziehung setzt und als Ganzes zu verantworten sucht.

Schon in der Wortbedeutung von „welt" ist ein solcher Übergang angelegt. Wenn Walthers Minnedienst immer deutlicher seinen grundsätzlichen, im Grund metaphorischen Charakter hervortreten läßt – als Dienst an der idealen Gesellschaft und ihrer Wertordnung –, so wandelt sich diese Gesellschaft mit der laudatio temporis acti oder der Kritik überhaupt fast unversehens in die Frau Welt. Noch geht es (21,10; 59,37) um eine Rückkehr der „alten êre", aber schon wird auch der „Welt" mit dem Abschied gedroht, da sich der Verfall als ein grundsätzlicher zeigt; schon kommen eschatologische Töne herein (schon im Wiener Hofton): „wol ûf, hie ist ze vil gelegen" (21,25). Das steigert sich unnachahmlich zu dem zögernd-bedauernden und doch entschlossenen Abschiedsgespräch mit der Frau Welt (100,24) und kann wie in dem virtuos-melancholischen Reimspiel von 122,24 zur radikalen Weltabsage und Sündenklage werden:

Ein meister las,  troum unde spiegelglas,
daz si zem winde  bî der staete sîn gezalt.
loup unde gras,  daz ie mîn fröide was,
swiech nû erwinde,  iz dunket mich alsô gestalt;
dar zuo die bluomen manicvalt,
diu heide rôt, der grüene walt.
der vogele sanc ein trûric ende hât.
dar zuo der linde  süeze und linde:
sô wê dir, Werlt, wie dirz gebende stât!

(Ein Meister hat gesagt, daß Traum und Spiegelglas / dem Wind an Beständigkeit zu vergleichen seien. / Laub und Gras, die stets meine Freude waren, / wie immer ich mich ihnen zuwende, sie kommen mir ebenso vor. / Dazu die Blumen, die mannigfaltigen, / die rote Heide, der grüne Wald, / der Vogelgesang hat ein trauriges Ende, / dazu Süße und Zartheit der Linde. / Nun weh dir, Welt, wie dir dein Kopfputz steht! – Echtheit angefochten; Zl. 1 Beziehung auf Wolframs *Parzival*-Prolog?)

In großartiger Direktheit aber, mit persönlichster Weltklage und doch ohne Verrat an den alten Idealen, wendet sich der Dichter in den 5 Sprüchen (oder Liedstrophen) seines „Alterstons“ an die höfische Welt (66,21): Vierzig Jahre oder mehr hat er der Gesellschaft von Minne gesungen und hat Anrecht auf ihre Huld, auf die ihm gemäße Würde. Doch durchschaut er zugleich der Welt Lohn und bereitet sich, von dem schönen Bilde (seinem Leib) Abschied zu nehmen, die irdische Minne mit der „staeten minne“ zu vertauschen, dennoch in der Hoffnung, im Himmel den Lohn für seinen unverzagten irdischen Dienst zu empfangen. Was hier an Andeutungen und Zwischentönen, zugleich in souveräner Einfachheit, Kraft und schmerzlicher Ironie, selbstbewußt und doch illusionslos hingesagt ist, ist reifster Altersstil.

Auch von anderer Seite aus wird das geistliche Thema aufgenommen, nämlich vom Kreuzlied her, das ja seit Friedrich von Hausen den Übergang ins geistliche Lied vollzieht, nicht als Preisgabe, sondern Erfüllung der ritterlichen Idee. Der äußere Anlaß des – wohl fünften – Kreuzzugs ließ zwei Lieder von rein geistlichem Gepräge, nach dem Vorbild lateinischer Hymnen, entstehen; das einfach gebaute, dogmatisch-strenge und doch innige Palästinalied (14,38), aus der Rolle eines Pilgers oder Kreuzfahrers gesprochen, und das gebethaft-hymnische Gemeinschaftslied eines Kreuzheers (76,22) mit dem hinreißenden Rhythmus einer kunstvoll reimenden Strophe aus 20 Vierhebern (aaab, cccb, ddde, fffe, ggge). Dennoch bedeutet hier erst die sogenannte Elegie (124,1) aus dem Herbst 1227 die Erfüllung der Form, beispiellos in der verschwebenden Berührung der motivischen Sphären und der ritterlichen Kraft ihrer mächtigen Strophen aus 12 Nibelungenzeilen und dem „ouwê“ des Refrains: Herbstklage des Minnelieds, Gesellschaftsrüge des seiner Welt fremd gewordenen Dichters, Ahnung der Endzeit durchdringen sich im Erlebnis des Aufwachens aus dem vergänglichen Traum schönen Lebens, in der elegischen Sehnsucht zurück und zugleich im tapferen Entschluß, den ritterlichen Weg der „lieben reise über sê“ und zur ewigen Seligkeit zu wählen. Der eventuelle äußere Auftrag – Werbung für den Kreuzzug – ist hier derart aus der privat-menschlichen Erfahrung, aus dem Anliegen höfischer Zeitkritik und Weltklage (Herbst des Minnesangs, Herbst des Jahres, Herbst der Welt) abgeleitet, daß im Transparentwerden der Motive aufeinander die Ganzheit eines persönlichen und zeitgeschichtlichen Bewußtseins zum Ausdruck kommt. Walthers Kunst der Übergänge, der Mehrdeutigkeit erweist sich hier, in der elegischen Haltung, als ein Mittel der Integration eines menschlichen Selbst in Gesellschaft und Geschichte seiner Zeit. Auch wenn sich dieses Gedicht nicht als eines der letzten Zeugnisse Walthers neben 66,21 datieren ließe, wäre man überzeugt, hier die Summe eines Lebens zu vernehmen und das Ende einer hohen Zeit zu spüren. Walther bleibt damit, im schwebenden Ausgleich, der Klassiker, nachdem sich bereits andere, harmlosere oder ruchlosere, Entwicklungen des Minnesangs angebahnt haben: Neidhart, der Kreis der spätstaufischen Sänger.

# VIII. DAS HELDENEPOS: „NIBELUNGENLIED“ UND „KUDRUN“

## 1. „Nibelungenlied“ und „Klage“

Die größte dichterische Überraschung der klassischen Zeit ist das machtvolle Wiedererscheinen der heroischen Dichtung, deren subliterarische Existenz seit dem *Hildebrandslied* nur erschlossen werden kann und die eigentlich, nach jahrhundertelanger Einübung in christliche, historische, höfisch-romanhafte Formen, längst als überwunden erscheinen könnte. Ist diese „Wiedergeburt“ – die ja nun eine ganze Tradition heroischer, volksmäßiger Epik einleitet – ein atavistischer Rückfall, ein reaktionäres, provinzielles Phänomen, ein optischer Zufall wegen unserer Überlieferungslage oder gar der Fortgang zu Neuem, ja eine Überwindung der als oberflächlich, optimistisch und unwirklich empfundenen höfischen Romankunst (so Gottfried Weber)? Die Frage ist um so verwirrender, als das Werk rangmäßig alle andere Heldendichtung überragt und wie ein erratischer Block in der Landschaft steht. Johann Jakob Bodmers Suche und Entdeckung des großen mittelalterlichen Epos erfolgte aufgrund eines Postulats, das er in genauer Analogie zu Thomas Blackwells Homer-Studien (1735) für das Mittelalter aufgestellt hatte; er fand denn auch im *Nibelungenlied* das überragende „iliadische Gedicht“ deutscher Sprache und deutete es bis ins Detail im Vergleich Homers. Auch als die Romantik das deutsche National- und Volksepos daraus machte, blieb es, im europäischen Rahmen, das einzig vergleichbare Gegenstück zur *Ilias,* ja das Schulbeispiel für reine Epik, und die Nibelungenforschung steht seither in enger Parallele zum Schicksal der homerischen Frage. In beiden Fällen steht man, am fruchtbaren Moment des Übergangs zur

Schriftkultur, vor dem Großepos, dem Buchepos eines offenbar kühn redigierenden Dichters eines abschließenden Werks, dessen Material aber eine jahrhundertelange und bis ins einzelne ausgeformte, ja ausgeformelte Tradition verrät. Die Verlegenheit vor dem Phänomen des *Nibelungenlieds* ist durch dieses Ineinander von altehrwürdigem Sagengeschiebe mit all seinen Überschichtungen und Verwerfungen und von überlegenem Kunstwerk begründet. Kunstvolle Komposition und Partien hohen dichterischen Ranges erscheinen versetzt mit dem „Brei dürftigster Manier" (Hugo Kuhn). Entsprechend stehen sich eine historisch-stoffgeschichtliche Forschung und die Versuche direkter „werkimmanenter" Deutung gegenüber.

Eher still geworden ist es um die prinzipiell noch ungelösten textkritischen Fragen, vor allem was das gegenseitige Verhältnis der drei wichtigsten Handschriften A, B und C (alle 13. Jahrhundert; die hohe Zahl von 31 weiteren vollständigen oder fragmentarischen Handschriften kommt hinzu) betrifft. Im allgemeinen gilt die St. Galler Handschrift B als durchschnittlich besser als die Hohenems-Münchener Handschrift A und vor allem die Donaueschinger Handschrift C, die eine bewußt höfisierende Bearbeitung darstellt. Alle drei Handschriften haben bereits eine schriftliche Vorlage. Ein Stammbaum der Überlieferung läßt sich nicht erstellen, ein Archetypus – der noch keineswegs „das Original" wäre – nicht rekonstruieren; vielleicht ist im Hinblick auf die mündliche Überlieferung und „die große Zahl der beteiligten Sänger" (H. Brackert) der Begriff eines Originals überhaupt gegenstandslos. Die Abweichungen sind allerdings nicht so groß (im Strophenbestand Differenzen von höchstens 5 Prozent), daß nicht doch von einem klar umrissenen Werk geredet werden müßte – der Schöpfung eines Dichters um 1200, den man vor allem am Passauer Bischofshof vermutet. Daß nicht nur einzelne Schichten des jetzigen Werks (in Stoff, Form, Wortschatz) von langer Hand vorgeformt sind, sondern auch ganze Teile vor allem in der zweiten Hälfte mehr oder weniger kompakt in dieses endgültige Werk eingeschmolzen wurden, ist in Anbetracht der unterschiedlichen Dichte und Qualität gewiß.

Die Anonymität des Verfassers ist insofern gattungsbedingt und bei allen Heldenepen die Regel, als sich der einzelne Dichter primär mit Recht als der Träger einer objektiven Tradition des Stoffes, des Stils und wohl auch der Existenzform des „Sängers“ vorkommen mußte und auch das Publikum von ihm ein Vertrautes, einen gemeinsamen Besitz und keineswegs ein Romanhaft-Fremdes entgegennahm. Im Nibelungendichter einen Spielmann zu sehen ist heute aus der Mode gekommen; aber wohl zu Unrecht, wenn man darin nichts anderes als den mehr oder weniger berufsmäßigen, in Wortschatz und Motiven, Formeln und Reimwörtern einer mündlichen Tradition eingeschulten Träger von „Erbpoesie“ sieht. Ob man dann im letzten Dichter einen Kleriker (wie meistens) oder einen Ritter oder einen bürgerlichen „Fahrenden“ erkennen will, tut nicht mehr viel zur Sache. Das Publikum war auch hier sicher zunächst höfisch-aristokratisch, gerade auch, wenn nach altem Herkommen (vgl. S. 149) ein geistlicher Hof in Frage kommt.

Unmittelbarste Anhaltspunkte für die Besonderheit der Gattung und damit auch die Vorgeschichte gibt die Form, die Nibelungenstrophe. Sie besteht – im Gegensatz zu den fortlaufenden höfischen Vierheber-Reimpaaren – aus Langzeilen, wobei ein älteres Grundelement, das endreimende Langzeilenpaar (4 ×, 4 a / 4 ×, 4 a) zum Vierzeiler verdoppelt und durch Kadenzunterschied stark profiliert wurde: auf drei klingend, stumpf gebaute Zeilen („wan rîter unde frouwen   weinen man dô sach“) folgt die vierte Zeile klingend, voll als überaus stark profilierter Strophenschluß: „Hie hât daz maere ein ende: daz ist der Nibelunge nôt." Die paarige Langzeilenstrophe erscheint später noch lange im Volkslied. Die Viererstrophe aber liegt, mit gewissen archaischen Freiheiten, die in unserem Nibelungentext nur noch sporadisch als ältere Schicht durchdringen, auch in der lyrischen Kürenbergerstrophe vor, und sie weist damit in eine Ursprungssphäre zurück, aus der einerseits das statische, aber noch szenische, lyrische Lied, anderseits die strophische Erzählung sich entfalten konnte. Daß man, wie schon vermutet worden ist, an einen Einfluß der lateinischen Vagantenstrophe zu denken hat, ist unwahrscheinlich. Nicht nur die Versgeschichte, auch der Vergleich mit der internationalen Volksepik zwingt zur Annahme, daß der Vortrag der heroischen Dichtung noch bei unserem *Nibelungenlied* musikalisch war, sei es in mehr rezitativischem Vortrag, sei es mit ausgeprägter Strophenmelodie. Die Rekonstruktion – entweder Wiederholung einer Zweizeilermelodie ohne Rücksicht auf die volle Halbzeile oder dreimal die gleiche Zeilenmelodie plus variierende Schlußzeile – bleibt hypothetisch. Immerhin darf man sich die Wirkung dieses Vortrags vorstellen: Der ausgeprägte, harte Rhythmus, der stark akzentuierte Strophenschluß, der schon vom Text her jeweils eine Wiederholung, Zusammenfassung oder Vorausdeutung bringt, die Wiederholungen in den Formeln und Reimwörtern des Textes und die ständige Wiederkehr der Zeilen- bzw. Strophenmelodie ergeben den Effekt einer leicht betäubenden Monotonie, in der die so bezeichnende Mischung aus heroischem Hochgefühl und elegischer Stimmung gedeiht.

Die gattungsmäßige Eigenständigkeit der Heldendichtung, die Konstanz der archaischen Überlieferung erweist sich aber vor allem im Stoff. Wenn das Werk in seinem ersten Teil (Aventiure 1–19) am Hof eines Burgundenkönigs Gunther in Worms spielt und im zweiten

(20–39) den Untergang der Burgunden durch die Hunnen erzählt, so spiegelt sich darin – hinweg über dreiviertel Jahrtausend mündlicher Überlieferung – der Untergang des burgundischen Reichs des Königs Gundahari im Kampf gegen die im römischen Sold stehenden Hunnen. Unsicher ist, ob sich in der Gestalt Kriemhilts, der burgundischen Gattin des Hunnenkönigs Etzel, und in ihrer blutigen Rache die Erinnerung an den Tod Attilas an der Seite einer Germanin, Hildiko, verbirgt (453); dieses Faktum wäre zunächst als Blutrache für den Tod der Brüder im Zusammenhang eines Streits um einen Hort gedeutet worden, wie sich dies im alten *Atlilied* der *Edda* darstellt; später erst, im Blick auf die Siegfried-Geschichte, wäre daraus eine Rache an den Brüdern für den Tod des ersten Gatten Siegfried geworden. Älter als der Hortstreit könnte ein Erbstreit sein, in welchem (nach Kézas Ungarnchronik, 13. Jahrhundert) Attilas Witwe Kriemhilt mit ihren Söhnen und Brüdern gegen die Attila-Söhne erster Ehe kämpft (K. Wais). Kriemhilt ist jetzt jedenfalls die durchgehende Figur, welche die Einheit des *Nibelungenlieds* entscheidend verbürgt: Das Epos ist von da aus gesehen die Geschichte Kriemhilts, deren erste Ehe, am Rhein, durch die Ermordung Siegfrieds zerstört und deren zweite, mit dem Hunnenfürsten, die Rache an den Mördern des ersten Gatten ermöglicht. Daß die beiden Sagenkreise – die Geschichte um Kriemhilt, Siegfried und Brünhilt und die Geschichte um den Untergang der Burgunden am Hunnenhof – einander früh induziert haben, ist anzunehmen. Ob sie, wie meistens seit Heusler vermutet wird, erst in unserem Text zum geschlossenen Gebilde verfugt worden sind, ist ungewiß; das Hauptargument dafür ist die geringere Konsistenz, die anscheinend künstlich erweiterte und heterogene Gestalt des 1. Teils, der Handlung am Hof in Worms.

Es ist schwer zu sagen, wer eigentlich die Hauptperson

dieser Siegfried-Brünhilt-Kriemhilt-Handlung ist, und es kommen hier vor allem auch andere Erzähl- und Bewußtseinsschichten zur Geltung. So kommt Siegfried zunächst aus anderm als dem real-geschichtlichen Bereich: Er ist der strahlende Held mit übernatürlichen Körperkräften (die er vor allem in zwei recht burlesken Episoden zur Geltung bringt, im Wettkampf mit Brünhilt auf Isenstein, in der massiven Hilfe zu Gunthers Hochzeitsnacht), mit Märchengaben wie Tarnkappe, Goldschatz, Unverwundbarkeit ausgestattet, sorglos und bedenkenlos sich in sein Verhängnis verwickelnd. Mythisch-märchenhafte Vorereignisse, die kaum mehr ins geschichtlich-höfische Bild passen, sind zu bloßen Reminiszenzen zurückgedrängt: Drachenkampf, Hortgewinnung. Eine Zurückführung auf germanischen Natur- und Göttermythus (der früh sterbende Göttersohn, so noch Franz Rolf Schröder) scheint allerdings allzu romantisch. Näher liegen auch bei Siegfried historische Ursprünge: weniger der ebenfalls unter Romantik-Verdacht stehende Cherusker Arminius (Höfler) als der merowingische König Sigibert, Gatte der Brunhild, der 575 auf Betreiben seiner Schwägerin Fredegund ermordet wurde; die Namen wären allerdings dann vertauscht bzw. ersetzt worden, doch das merowingische Hofklima von Intrige, Eifersucht, Verrat und Mord liegt nicht fern, ja liefert später noch ein anderes mögliches Vorbild (Hugo Kuhn, de Boor).

Vielleicht ist aber gar nicht Siegfried, vielmehr Brünhilt die Hauptperson? Nennen wir die ältesten Stufen Brünhildlied oder Siegfriedlied? Brünhilt ist die walkürenhafte, unbezwingliche Königin von Isenstein, die durch Siegfrieds getarnte Hilfe an Gunther betrogen und überwunden, von Kriemhilt Kebse gescholten wird und zur Wahrung ihrer Ehre Siegfried durch Hagen aus dem Weg räumen lassen muß. Auch sie reicht aus andern Sphären in die burgundische Welt herein, doch hat sie auch, im Gegensatz zu Siegfried, die hohe Würde einer im tiefsten beleidigten, machtvollen Frau, Medea vergleichbar; sie ist von dem betrogen, der ihr eigentlich bestimmt war. Die nordische Dichtung erzählt in diesem Sinne – primär oder sekundär – von einer „Vorverlobung" Brünhilds mit Sigurd, vom Flammenritt durch die Waberlohe anstelle der Kampfspiele, und sie läßt sie nach ihrer Rachetat von eigener Hand sterben. Im *Nibelungenlied* fällt sie mit der Verschiebung des Schauplatzes vom 20. Abschnitt an aus Abschied und Traktanden, ja sie wird auch schon vorher Kriemhilt gegenüber eher abgewertet, wohl im Zusammenhang mit der Konzeption eines „Kriemhiltromans".

Da ist nun vieles unklar, locker gefügt, heterogen in Stoff und Stil. Als „Verputz" wirkt die breite Schilderung höfischen Lebens, mit viel Aufzügen und Empfängen, Aufwand an Gold und Edelsteinen, kostbaren Waffen und Gewändern – entschuldbar durch die Funktion, ein helles, festliches Gegenbild zu der zunehmenden Fahrt ins Dunkel zu geben, verständlich auch aus der Freude eines anspruchsloseren Publikums an solcher Schwelgerei. Trotz dieser Ansprüche ist das Bild genau besehen oft nicht nur archaisch, sondern barbarisch. Das absichtliche Auftreten „in recken wîs" bemäntelt nur dürftig ein primitives Geschehen: die eigenhändige Schiffahrt nach Isenstein, Siegfrieds Auftritt in Worms: „ich will an iu ertwingen, swaz ir muget hân (110)" – eine seltsame Einleitung zu Minnedienst und Werbung. Wie rasch nicht nur der grimmige Hagen, sondern mehrfach gerade der „lichte" Siegfried zu List und Betrug bereit sind, gehört ins Bild. Falschheit, List, Tücke stehen neben den heroisch-aristokratischen Idealen, immerhin wird die untriuwe vom Dichter festgestellt. Auch die possenhaft brutalen Wettkampf- und Schlafzimmerszenen, in denen sich Primitives (Panzer: Märchenhaftes?) mit „Spielmännischem" zu mischen scheint, hielt der Dichter für tragbar. Ganz selbstverständlich bekennt Kriemhilt, sie sei von Siegfried wegen ihrer Reden zu Brünhilt heftig „zerblowen" worden (894). Anderseits gibt es Szenen von höchster künstlerischer Kraft: Eine erstaunliche Szenenregie (Hugo Kuhn) beherrscht den Zank der Königinnen oder – am unvergeßlichsten – Siegfrieds Tod. Die Technik der „Teichoskopie" ermöglicht mehrmals bühnenartige Vergegenwärtigung. Der gemeinsame Nenner liegt in der vollkommenen, im Grunde problemlosen Identität dieser episch-heroischen Welt, in welcher Leidenschaft und Schicksal, inneres Geschehen und Gebärde oder Vorgang im Raum zusammenfallen. Das zeigte sich schon am *Hildebrandslied*. Die Königinnen kämpfen um den Vorrang, den Vortritt vor dem Kirchentor, ihre Reden haben physisch-räumliche Konsequenz. Der Tod Siegfrieds wird Kriemhilt kundgetan, indem die Leiche vor die Tür gelegt wird, Kriemhilts Trauerklage läßt die Halle erdröhnen. Fast alle Reden sind „handelnd", nicht gedanklicher Kommentar. Die heroische Existenz – „ze Wormez bî dem Rîne si wonten mit ir kraft" (6) – steht und fällt mit ihrer Macht, ja sozusagen mit der Verdrängung an Raum. Die Personen sind darum gegenüber den zeichenhaft-modellhaften Figuren der höfischen Romane von so kompakter Überzeugungskraft, wie sie von Bodmer bis Gottfried Weber bewundert worden ist. Sie sind Machtzentren, „übermüete" wie Siegfried, grimmig wie Hagen, gefährdet wie Gunther; ihr Zusammenstoß, ihr daraus resultierender Untergang ist nur eine Frage der Zeit. Darum sind auch die psychologischen und moralischen Motivationen wenig schlüssig. Siegfrieds Werbung tritt unversehens und unverhohlen als Herausforderung, als Machtanspruch auf; ob die beiden Königinnen um ihre rechtliche Stellung oder ihre Ehre kämpfen oder ob sie schlicht eifersüchtig sind, bleibt im Grund unentschieden: sie kämpfen um ihre Existenz, ihre Macht.

Siegfried schließlich muß um der Ehre des Königs Gunther und seiner Gattin willen aus dem Weg geräumt werden – zugleich wird es motiviert mit dem Machtgewinn Gunthers an liut unde lant (870, der Triumph 993).

Goethe nennt die „Nibelungen so furchtbar, weil es eine Dichtung ohne Reflex ist und die Helden wie eherne Wesen nur durch und für sich existieren“. Nach einer moralisch-weltanschaulichen Deutung des Geschehens fürs Ganze oder für die einzelne Person zu fragen wäre in dieser Welt ohne Transzendenz fehl am Platz. Das Schicksal hat sich erfüllt, die Größe Siegfrieds und Brünhilds ist zu ihrer tödlichen Konsequenz gekommen. Von Tragik zu sprechen, zögert man. Was bleibt, ist die gewaltige Klage (17. Aventiure), zugleich der Ruhm, der sich im Vortrag der heroischen Dichtung selbst ständig erneuert.

Für Brünhilt und Siegfried ist mit dem Ende des „ersten Teils“ der Kreis geschlossen. Kriemhilts Schicksal dagegen findet seine Fortsetzung in der „Rache“ des zweiten Teils, genauer: Kriemhilts Siegfried-Ehe ist nur die nötige Voraussetzung ihrer eigentlichen Aristie im zweiten Teil, denn bisher ist ihr Schicksal nicht zentral gewesen, trotz der Retuschen unseres Gesamtdichters.

In „Chriemhilden Rache“, mit Bodmer zu sprechen, herrscht nun eine ganz andere Geschlossenheit des Verlaufs, der Komposition, des Stils. Das mag schon aus dem einheitlich-heroischen, großartig-einfachen Geschehen hervorgehen, ist aber sicher ebenso die künstlerische Leistung des Dichters, der diesen zweiten Teil entscheidend disponierte. Ob dies der letzte Dichter von 1200 war oder ob er sich hier wesentlich auf ein geschlossenes Substrat stützte – die von Heusler postulierte *Ältere Not,* ein kürzeres Epos von 1160/70 –, das ist heute wieder strittig; ebenso bleibt fraglich, ob eine solche Vorlage nur den Burgundenuntergang oder vielleicht doch schon das

Ganze enthielt (Wais). Die neue Handlung beginnt, Jahre nach Siegfrieds Tod, weit im Osten: Der verwitwete König Attila (Etzel) entschließt sich, um Kriemhilt zu werben. Im mehrfachen Hin und Her über eine geographisch genau vergegenwärtigte Route (Werbefahrt Rüdigers nach Worms, Reise Kriemhilts nach Etzelenburg, Einladung der Burgunden durch die Boten Wärbel und Swämmel) wird die Brücke geschlagen und das gewaltige Geschehen ins Rollen gebracht: Zug der Burgunden an den Hunnenhof und dort ihr völliger Untergang.

Bewundernswert ist die Kunst der Dosierung, in der die Handlung gesteigert und retardiert, schließlich unerbittlich zur Katastrophe gebracht wird. Genau durchdacht ist das Spiel der Vorgeplänkel und Provokationen, die epische Gerechtigkeit, die jedem Helden den ihm angemessenen Gegner und seinen richtigen Platz in der Liturgie des Verderbens anweist. Glanzvoll stehen die heiteren Episoden der Werbung und der Reise, vor allem die festlich-scherzhaften Szenen zu Bechlaren, im Kontrast zum heraufziehenden Dunkel und Grauen. Fast theatralisch ist die Szenerie der heldischen Kämpfe aufgebaut: Saal und Freitreppe davor, die Verteidiger gegen die jeweiligen Angreifer, Saalbrand, 1000 Tote werden herausgeworfen, die blutsaufenden Helden:

> daz ist in solher hitze noch bezzer danne wîn.
> (2114)

Alles ist auf das Gegenüber von Kriemhilt und ihrem Todfeind Hagen zugespitzt, ein von Anfang an nur diesen beiden bewußtes Drama auf Leben und Tod, das im Grunde Selbstzweck wird: Neben die Motivation als Gattenrache tritt die wohl altertümlichere als Kampf um den Hort. In völlig unritterlichen, grausamen Auftritten nimmt „das Lied ein Ende“: Fesselung Hagens und Gunthers durch Dietrich, Gunther wird enthauptet,

Hagen durch Kriemhilt mit Siegfrieds Schwert erschlagen, Kriemhilt durch den entsetzten Hildebrand umgebracht:

> ze stücken was gehouwen dô daz edele wîp.
> Dietrîch und Etzel weinen dô began,
> si klagten inneclîche beide mâge (Verwandte) unde man.
> (2377)

Nur noch die zugleich mit dem Blut zunehmend fließenden Tränen können dem grausigen Geschehen antworten.

Nur zwei Gestalten scheinen außerhalb dieser Raserei zu stehen und sind immer wieder auf ihre Stellung hin befragt worden: Rüdiger, der ins Verderben gerissen wird, und Dietrich, der nicht als Kämpfer, sondern als eine Art Richter erscheint. Der edle, treue, freundliche Rüdiger gerät in den tragischen Zwiespalt zwischen Vasallentreue und Freundestreue, wendet sich vergeblich an Gott um Hilfe, bietet seinem Herrn vergeblich an, er wolle „ûf den füezen in daz ellende gân“, entschließt sich zum Kampf und kann nur noch symbolisch, in der großartigen Geste der Schildgabe an den Gegner Hagen, im Untergang seine – nun auch innerlich zu verstehende – Ehre wahren. Hier ist wenigstens geistig die Automatik der heroischen Welt gesprengt, ein Aufblick möglich geworden, ohne daß dies freilich am faktischen Ablauf etwas ändert; eine reale Alternative wird nicht sichtbar. Dietrich, der mächtigste aller germanischen Sagenhelden, erscheint, um ein Maß und eine Grenze zu setzen. Auch er scheitert freilich, verliert alle seine Leute und wird von Kriemhilt überspielt, kann das Leben der letzten Burgunden nicht retten. Aber er bleibt Inbegriff der Besonnenheit, des Rechts, Garantie eines Heldentums ohne Übermut, Haß und Lüge.

Man möchte den Dichter gern um eine Aussage pressen: Was meint er, um 1200, in der hohen Zeit eines christlichen Mittelalters, mit solcher Erzählung? Das Epos kann, als solches, keine Antwort geben. Es kann keine Probleme exponieren oder gar lösen. Das *Nibelungenlied* ist, trotz de Boor, kein „höfischer Heldenroman". Die breite Ausgestaltung höfisch-ritterlicher Szenen und die Rücksichtnahme auf zeitgenössische Rechts- und Moralvorstellungen bleiben trotz allem aufgesetzt, werden nicht zum aktiven Prinzip. Rüdiger und Dietrich könnte man allerdings zu den Vertretern einer – christlichen – Instanz machen, von der aus ein Urteil über das ganze Geschehen fällt, der Versuch einer Überwindung von den Rändern her unternommen wird. Schon Friedrich Hebbel hat den Berner in dieser Rolle gesehen, als Vertreter des neuen christlichen Äons. Aber das bleibt nicht viel mehr als eine Ahnung. Die Konsequenz wäre, das ganze Werk gegen den Strom zu lesen, als ein gewaltiges abschreckendes Panorama eines hybriden, sich selbst zerstörenden Heldentums. Gottfried Weber ist so weit gegangen, nicht nur eine Kritik an altem Heldentum hier zu sehen, vielmehr läßt er den Dichter im Bilde der alten Helden seine Kritik und Desillusion gegenüber dem zeitgenössischen höfischen Rittertum anbringen, gegen den oberflächlichen Optimismus des hochmittelalterlichen Menschenbildes. Diese These stellt die Dinge wohl auf den Kopf, zumal der Dichter auch bei Weber keine Alternative hat. Daß ein österreichischer Dichter und sein Publikum um 1200 das Bedürfnis nach einer kräftigeren Kost als dem modisch-idealistischen Artusroman verspüren, ist zunächst eher eine reaktionäre als eine fortschrittlich-kritische Haltung. Und vor allem gibt sich der Dichter eben doch fraglos der wilden Welt seines Werkes hin: Er ist hingerissen von der Herrlichkeit der Kämpfe, die er mit lustvollen Metaphern wie „hochgezîte", „videl" statt Schwert, mit Hey-Rufen ausstattet, er zählt mit lustvollem Grauen (1936: „wunder bî ungevüege") die Toten, begeistert sich bei allen Vorbehalten an der „übermüete“, ja der Todeslust der Helden (1783), auch etwa seines Lieblings Volker, der immerhin durch seine rein provokative Tötung des eitlen Hunnen die Kämpfe unmittelbar auslöst. Nur aus positiver Beteiligung konnte die düstere Größe Hagens und seines hellsichtig-trotzigen Amor fati gelingen.

Das *Nibelungenlied* ist also nur äußerlich integriert in das kulturelle Ganze der deutschen Klassik des Hochmittelalters, ja es hat vielleicht die Heldendichtung erst zu ihrer Konsequenz gesteigert. Dies war in dieser Fülle nur möglich mit der epischen Großform; insofern freilich hat das neue Werk nicht mehr die unmittelbare soziale Funktion des alten Heldenliedes, sondern sozusagen literarischen Charakter – und insofern, in der bewußten literarischen Erfüllung einer Gattungsintention, ist es ein Werk der Zeit.

Schon die Handschrift C – genauer die durch sie vertretene Fassung *C – zeigt das Bestreben, das Geschehen im Sinn zeitgemäßer höfischer und christlicher Moral zu durchdringen und zu deuten. Das ist wahrscheinlich bereits der Einfluß einer Dichtung, die schon den ältesten erschließbaren Aufzeichnungen des *Nibelungenlieds* als eine Art Fortsetzung beigegeben war: die *Klage*. Wann diese, viereinhalb Tausend ritterliche Reimpaare zählende, Elegie auf den Nibelungenuntergang verfaßt wurde, bleibt umstritten und ist je nach der Beurteilung der Entstehungs- und Überlieferungsfrage des Liedes zu entscheiden. Da, wenn nicht alles täuscht, die *Klage* bereits *C beeinflußt hat (und umgekehrt in den *C-Handschriften selber in der Richtung von C bearbeitet worden ist), ist die Datierung von *C maßgebend – „vor 1205“ oder „nach 1220“ sind die beiden Ansätze, die vertreten werden. Wolfram scheint *C bereits im *Parzival*, um 1204 zu kennen, anderseits zeigt die *Klage* ihrerseits wieder Wolframsche Anklänge. Trotz des entstehenden chronologischen Gedränges nimmt man wohl am besten eine enge Zeitgenossenschaft von *B, *C, den entsprechenden *Klage*-Redaktionen und Wolfram an: eine eigentliche Diskussion um den Untergang der Nibelungen, am Beginn des Jahrhunderts.

Die *Klage* unternimmt den kühnen Versuch, die Katastrophe der Burgunden sozusagen zu liquidieren. Es geschieht äußerlich in einer recht dünnen Erzählung vom Auffinden der Toten, ihrer Bestattung und dem Überbringen der Nachricht an die Höfe von Bechlaren, Passau und Worms, schließlich vom Tod Gotelinds und Utes, von der Heimkehr Dietrichs in sein Reich. Innerlich ist es eine Überwindung in der meditierenden Rückschau und der immer neu ausbrechenden gewaltigen Klage der zurückgebliebenen Personen. In der Klage wird das unermeßliche Leid, der „ungelückes hort" (909) ausgesagt und bewältigt, den toten Helden die geschuldete Preisung gezollt. Schwierig zu sagen, wie hier alte rituelle Totenklage aus der heroischen Welt (und Dichtung) übergeht in die tränenreiche Lyrik einer elegischen Spätzeit. Trotz des großen qualitativen Abstandes darf man die *Klage* doch wohl zusammensehen mit Wolframs Spätwerk; der *Willehalm* nennt sich eine „klage", der *Titurel* zeigt eine ähnliche literarische Form, in der weniger erzählt als meditiert und kommentiert wird, im Anschluß an ein bereits weitgehend vorausgesetztes Geschehen. Der gute Bischof Pilgrim von Passau ließ, so berichtet die *Klage*, die „groeziste geschiht, diu zer werlde ie geschach" (3790 f. und 4675 ff.) aufschreiben – es wäre die umstrittene lateinische Nibelungias des 10. Jahrhunderts gewesen. Entscheidend ist somit, daß der Nibelungenuntergang nicht mehr als heroisches Geschehen, sondern als geschichtliche Katastrophe gesehen ist, und zwar unter den Gesetzen einer christlichen Weltordnung: Sie ist die Folge von „übermuot", „haz" und „nît" (1399 u. a.), vor allem von seiten Hagens, der nun einmal „vâlant“ (1394) heißt. Kriemhilt aber wird verständnisvoll entlastet:

Swer diz maere merken (verstehen) kan,
der sagt unschuldec ir lîp.
wan daz daz edel wîp
tet nâch ir triwe
ir râche in grôzer riwe (Leid) . . .
(195 ff.)

Viel eher jedenfalls als im *Nibelungenlied* selber kommt hier christliche Interpretation zur Geltung, wenn auch hier noch dem gewaltigen Vorgang im Grunde nur eine fassungslose Reverenz erwiesen werden kann.

## 2. „Kudrun“

Wo man zeitlich und gattungsmäßig das zweite Großwerk der deutschen Heldendichtung einzuordnen hat, ist eine ungelöste Frage. Wir stellen diesen „extremsten Außenseiter“ (Hugo Kuhn) nach alter Übung mit dem *Nibelungenlied* zusammen, gerade um dessen Stellung deutlicher abzugrenzen.

Die *Kudrun* enthält stoffliche Elemente, die zurück bis ins 5. oder gar 4. Jahrhundert datiert werden können, also in die allerälteste Schicht germanischer Sage hinein. Und es wäre, wiederum einzigartig, wikingische, ostgermanische Lieddichtung im Gegensatz zur südgermanischen Heroik der Völkerwanderung. Vorhanden ist aber einzig und allein eine Aufzeichnung in der Ambraser Handschrift des frühen 16. Jahrhunderts, ein Epos von 1700 Strophen, dessen textliche Wiederherstellung prekär ist; die Entstehungszeit muß zwischen dem *Nibelungenlied* und der Mitte des 13. Jahrhunderts liegen und wird einigermaßen willkürlich meist ins vierte Jahrzehnt gesetzt, aus sprachlichen Gründen in die bayrisch-österreichische Nähe des *Nibelungenlieds*.

Abgesehen von einigen Motiven und Namen, die in andern Werken erscheinen, und von dem fragmentarischen Gedicht von *Dukus Horant* des 14. Jahrhunderts läßt sich keine Werktradition des Kudrun-Stoffs feststellen. Ob neuzeitliche Volksballaden („Die schöne Meererin", „Südeli"-Typus) in genetischem Zusammenhang mit der *Kudrun* stehen und wie dieser zu deuten wäre, ist kontrovers.

Die *Kudrun* ist äußerlich durch das *Nibelungenlied* bestimmt, das in zahlreichen Wendungen – auch Namen! – anklingt und dessen Strophe offenbar in der *Kudrun* zu einem weicheren Gebilde (4 kl, 4 st a / 4 kl, 4 st a / 4 kl, 4 ***kl*** *b* / 4 kl, 6 ***kl*** *b*) entwickelt ist:

Ez wuohs in Irlande ein rîcher (mächtiger) künic hêr;
geheizen was er Sigebant, sîn vater der hiez Gêr,
sîn muoter diu hiez Uote und was ein küneginne.
durch ir hôhe tugende sô gezam dem rîchen wol ir minne.

(1; vgl. *Nibelungenlied* 20)

Im einzelnen wird freilich auch hier schwer zu bestimmen sein, was unmittelbares Vorbild und was gemeinsames Stil- und Formelgut ist; daß es sich aber immer wieder um direkte „Kopie" handelt, ist kaum bestreitbar. Ein Problem für sich sind die (als Rest einer Vorstufe?) gelegentlich vorkommenden Nibelungenstrophen.

Entscheidend anders aber präsentiert sich der Gehalt. Der heroische Geist, wie man ihn aus *Hildebrandslied, Nibelungenlied* und *Edda* idealiter abstrahiert, erscheint zwar in den großen Kampfhandlungen und ihren Protagonisten, vor allem den gewaltigen alten Rauschebärten Hagen und Wate, aber nicht mehr in Thema und Tendenz des zentralen Geschehens. Anstelle des trotzigen Schicksalspathos von „Chriemhilden Rache" steht eine Komposition aus Brautgewinnungsgeschichten, die über alle Hindernisse und Rückschläge hinweg zum Erfolg und zur Versöhnung führen. Anstelle einer genau lokalisierten Handlung mit glaubhaftem geschichtlichen Hintergrund, also einer als „eigen“ empfundenen Sage, tritt hier mit der Meeresszenerie eine vom südostdeutschen Dichter geographisch kaum realisierte Landschaft sozusagen romantischen Charakters auf, in der sich Ostsee-, Nordsee- und Mittelmeerelemente merkwürdig mischen und doch für uns eine einzigartige, charakteristische Atmosphäre von Meerluft und nordischen Stränden ergeben. Was der Dichter erzählt, scheint für ihn kaum mehr verbindliche Sage zu sein. So gehört, vom jetzigen Habitus aus zu urteilen, die *Kudrun* mehr zur romanhaften Spielmannsdichtung als zur Heldenepik, sie wirkt innerlich jünger, weicher, distanzierter als das *Nibelungenlied.* Vielleicht aber gilt das nur von dem genannten germanischen Idealtypus aus: Brauterwerbungsgeschichten – wie sie ja auch die Handlung des *Nibelungenlieds* voraussetzt – sind internationales Gut, allgegenwärtig, nicht weniger ursprünglich als das tragische Völkerwanderungslied, und fast obligatorisch, wo es sich um Liebeserzählung der archaisch-epischen Stufe handelt. Und das glückhafte Ende gehört wohl natürlich und ursprünglich zu ihr, auch wenn man versucht hat, der ursprünglichen Hilde-Geschichte einen tragischen Verlauf zu geben (nach einem Zeugnis des Pfaffen Lamprecht, V. 1321 ff., fällt Hagen durch Wate im Kampf um die Braut; Hetel wäre schon vorher gefallen). Im übrigen liegen gerade für den Hilde-Teil die Beziehungen zur Spielmannsepik auf der Hand – der *König Rother* ist hier offenbar als Vorbild benützt. Aus dem somit versöhnlichen Geist des Dichters braucht darum noch nicht unmittelbar eine christliche Tendenz, ein christliches „Problembewußtsein“ zu sprechen – sowenig wie man gezwungen ist, für die älteste Walther-Sage durchaus einen tragischen Ausgang anzusetzen. Die sorglosere, lockere Art des *Kudrun*-Dichters ist wohl nicht ausschließlich ein Zeichen der Spätzeit, sondern einfach des bescheideneren Niveaus und der größeren Nähe zum volkstümlichen Vortrag. Aber auch hier ist grundsätzlich wieder der letzte Dichter oder Redaktor zu unterscheiden von eventuellen Vorgängern mit dichterer Substanz, und je nachdem lauten die Urteile auf „Mittelmäßigkeit" (Stackmann) oder „Anspruch auf Unsterblichkeit" (de Boor).

Die jetzige Dichtung ist eine über drei Generationen (Hagen, Hilde und Kudrun) verteilte Komposition, die heterogenes Gut immerhin recht souverän organisiert hat.

(1) Jung und aufgesetzt wirkt vor allem die erste Vorgeschichte (Aventiure 1–4). Hagen, der siebenjährige Königssohn von Irland, wird von Greifen entführt, doch gelingt es ihm zu entfliehen, in der Wildnis bei drei ebenfalls geraubten Königstöchtern sein Auskommen zu finden, später die Greifen zu erschlagen und die Prinzessinnen nach Hause zu führen; er heiratet eine von ihnen, Hilde von Indien, die ihm eine Tochter desselben Namens schenkt. – Das ist eine den Jung-Siegfried-Abenteuern vergleichbare, locker aus orientalisch-märchenhaften Motiven (*Herzog Ernst*) geklitterte Einleitung.

Enger komponiert, durch Motivvariation und den deutlicheren gemeinsamen Schauplatz von Ost- und Nordsee verbunden sind die zweite Vorgeschichte (von Hilde, der jüngeren, Aventiure 5–8) und die Hauptgeschichte (von deren Tochter Kudrun, Aventiure 9–32). Es sind vor allem Variationen der Brauterwerbungs-Motivik:

(2) Der dänische König Hetel von Hegelingen wirbt um Hilde von Irland, deren Vater allen Werbern den Kopf abschlägt. Hetels Boten – der mächtige Kämpfer Wate von Stürmen, Frute von Dänemark und der sangeskundige Horant – geben sich als von Hetel Vertriebene und zugleich als Kaufleute aus; sie setzen sich mit Hilde

ins Einvernehmen und entführen sie. Auf dem Strand von Waleis entbrennt der Kampf mit den Verfolgern, vor allem zwischen Hagen, Hetel und Wate – doch nach schweren Verwundungen kommt es zur Versöhnung und zur glücklichen Heirat Hetels mit Hilde.

(3) Reich entfaltet erscheint dieses einfache Schema in der Hauptgeschichte von Kudrun, der Tochter Hetels und Hildes. Diese wird vergeblich von den Königen Sivrid, Hartmut und Herwig umworben, bis es Herwig gelingt, die Verlobung zu feiern. Doch Hartmut und dessen Vater Ludwig entführen die Braut. Auf dem Wülpensand findet die große Schlacht mit den Verfolgern statt, Hetel fällt. Am Hof Hartmuts in Ormanie soll Kudrun vor allem durch üble Behandlung seitens der Königinmutter Gerlind gezwungen werden, in die Ehe mit Hartmut einzuwilligen. Nach vierzehn Jahren entehrender Magdarbeit, die Kudrun vor allem als Wäscherin am Strand zu leisten hat, erfolgt die Befreiung durch Herwig und Hildes Bruder Ortwin und ihr Heer; die „Wölfin" Gerlind wird von Wate getötet; auf die Aussöhnung mit Hartmut erfolgt die Heirat Kudruns mit Herwig sowie drei andere königliche Hochzeiten, darunter die Hartmuts mit der treuen Begleiterin Kudruns, Hiltburg.

Offensichtlich sind hier analoge Motive und Chargen auf zwei Generationen verteilt. Dabei erweist sich eigentümlicherweise der kurze Hilde-Teil, jetzt nur noch Vorgeschichte, als der faßbare Kern alter Tradition; in Zeugnissen des 12. Jahrhunderts sind Horant und Frute offenbar populäre Helden; die große Schlacht auf dem Wülpensand wird beim Pfaffen Lamprecht auf Hilde bezogen. Man kann aufgrund der Namen sowie der Zeugnisse eine Hildesage ansetzen, die aus der Ostsee-Welt stammt und dann offenbar später in den Niederlanden (Scheldemündung) angesiedelt war (10./11. Jahrhundert), bevor sie nach dem Südosten kam. Es ist der klarste regelwidrige Fall einer Sagenwanderung von Norden nach Süden.

Strittig ist nun freilich die Genese der Kudrun-Geschichte. Liegt ihr eine unabhängige alte Sagen- und Liedtradition zugrunde (so u. a. Wisniewski), die ans Küstengebiet der Nordsee zu setzen wäre, oder handelt es sich um eine sekundäre, wesentlich aus der Hildesage entwickelte Schöpfung? Und wenn dies der Fall wäre, fragt sich, ob diese erst die Leistung unseres späten *Kudrun*-Dichters aus dem 13. Jahrhundert wäre oder ob schon im früheren 12. Jahrhundert im Zug der Episierung die beiden Fabeln kombiniert worden wären. Da eine Neuschöpfung dieses Umfangs ganz ungewöhnlich wäre und der jetzige Dichter eher „mittelmäßig" wirkt, wird man die Substanz der Kudrun-Geschichte wohl eher älter sein lassen. Der Kern der Fabel, oder doch ihre Hauptfaszination, liegt in der Bilderfolge der Wäscherinnen am Meer: die unbeugsam-geduldige, nicht nur aschenbrödelhafte Haltung der entehrten Königstochter, die wunderbare Ankündigung der Rettung durch Engel in Gestalt von Wasservögeln, die Wiedererkennung mit Bräutigam und Bruder, die trotzig befreiende Gebärde Kudruns, die Gerlinds Wäsche ins Meer wirft, die Rache seitens der Befreier – dies alles ist unvergeßlich in der kühnen Mischung aus heroischem Duldertum, Härte und Sentiment; da mag man sich einen Moment lang, in nordischer Variante, an Szenen um Nausikaa, Iphigenie oder Penelope erinnert fühlen. Zugleich aber ist dies sprachlich-erzählerisch im einzelnen nicht (mehr?) voll verwirklicht.

Dô sprach diu Hilden tohter: „dar zuo bin ich ze hêr,
daz ich Gêrlinde wasche immer mêr.
dienest alsô swachez (niedriger) sol mir nû versmâhen.
mich kusten zwêne künige und ruochten (mochten) mich mit armen umbevâhen.

Nu wil ich disiu kleider tragen zuo der fluot.
si suln des wol geniezen“, sprach diu maget guot,
„daz ich mac gelîchen einer küniginne.
ich wirfe si ûf die ünde (Wellen), daz si frîlîche vliezen von hinnen.“

(1268, 1271)

So bleibt die *Kudrun* zwar kein Heldenepos, aber doch – wenn der alte bequeme Ausdruck gestattet ist – ein Volksepos ehrwürdiger Herkunft, nicht mehr auf einzelne dichterische Schöpfungen reduzierbar und genetisch nicht in einem Stammbaum darzustellen, aber doch ein weiträumiges Gebilde, das eine Tradition ahnen läßt, in der sich stehende Elemente der Volksdichtung baukastenartig in neuen Varianten und Kombinationen zusammenfügten. Und gerade die Konzeption von einer exklusiv-germanisch-heroisch-tragischen Dichtung wird durch die Weitung ins Wikingische und weiter ins Internationale heilsam eingeschränkt.

# WANDLUNGEN VOM HOCH- ZUM SPÄTMITTELALTER

# I. DIE EPOCHE

Wie jede Klassik war auch die höfische Klassik um 1200 mit ihrem schwebenden Ausgleich von einzelnem und Gemeinschaft, von überzeitlichen und weltlichen Zielen in Maß und Schönheit nur von kurzer Dauer, ein Übergang oder vielleicht die Exklusivität einer dünnen Schicht, während ein breiterer Traditionsstrom etwa der geistlichen, der lehrhaften, der spielmännischen oder heroischen Dichtung wenig beirrt fortdauerte. Unmittelbarer als etwa durch äußere politisch-soziale Ereignisse und Wandlungen – Verlagerung der staufischen Reichsresidenz nach Italien, Bildung eines stärkeren städtischen Bürgertums, Niedergang des höfisch-ritterlichen Selbstbewußtseins seit den Albigenserkriegen – ergab sich wohl die veränderte Stimmung, die veränderte literarische Welt aus der natürlichen Unmöglichkeit, den immer irgendwie gnadenhaften klassischen Moment zu perpetuieren. Ein Erwachen aus dem schönen Traum, das Bewußtsein einer Krise, die Wendung zur Elegie und zur Klage oder doch zur Skepsis zeigt sich im Spätwerk Wolframs und Walthers und in Gottfrieds *Tristan*. Während die großen Meister dieses Neue selbst noch in ihr reifes Werk integrieren konnten, blieb für viele nur das eigene Ungenügen und damit die Retrospektive auf die sofort als klassisch empfundene, zum Kanon gewordene hohe Zeit. Von Epigonentum wird man allerdings nur sprechen können, soweit die Nachahmung nur die Würde einer ehrfürchtigen und dankbaren Rückorientiertheit auf eine höfische Klassik hat und nicht bewußt oder unvermerkt die fortgesetzte Tradition in neue Funktionen hineingenommen ist.

Erstaunlich bleibt die Prägekraft der ritterlichen Ideale und Ideologien über die kommenden Jahrhunderte auch für ganz andere Gesellschaftswelten als die, in denen und für die sie entstanden waren – es ist durchaus nicht unbedingt ein Absinken, wenn das städtische Bürgertum, wenn das „Volk“ die ritterlichen Erzählstoffe, die ritterliche Idee der Minne, die Praxis des Liebeslieds übernimmt –, die einmal geschaffene, objektivierte Form ist keineswegs an ihren sozialen Unterbau gebunden. Wenn das 13. Jahrhundert den epochalen Übergang der höfischen Kultur in eine „bürgerliche“ einleitet (bzw. bürgerlicher Geist auch die Haltung des Adels bestimmt), so bedeutet dies in mancher Hinsicht einen neuen Erfolg höfischer Kunst, eine neue Stufe der Bildung von „Literatur“ in der Volkssprache, eine weitere Durchdringung bisheriger Illitterati mit dem literarischen Wort.

Freilich ist sofort beizufügen, was dies zugleich für Wesen und Funktion der Dichtung, der Literatur bedeutet. Es ist erstens ein Prozeß der Formalisierung der literarischen Aussage. Es ist ein literarisches Arsenal von Motiven und Formen und Techniken verfügbar geworden, die durch den wiederholten Gebrauch an Aussagekraft verlieren, spielerisch werden, das Interesse auf die Form sich konzentrieren lassen, zu Manierismen aller Art verlocken. Die artistische Verfeinerung ins Spielerische oder Gesuchte oder Esoterische ist eine bezeichnende Möglichkeit des spätmittelalterlichen Stils.

Zweitens bedeutet die nachklassische Lage mit ihrer allgemeinen Verfügbarkeit verschiedener Traditionen die Begünstigung eines eigentlichen Berufsdichtertums, das in einer gewissen Loslösung von den unmittelbaren sozialen Funktionen der Literatur auf Bestellung jedem Interessenten das Seine zu liefern vermag. Dichtung wird zum Handwerk, für eine romantische Poetik ein Greuel, unter Umständen aber eine sehr ehrenwerte, fruchtbare, erweiterte Funktion des Dichters im geselligen und kulturellen Leben, zumal eben dieses spätmittelalterlichen Bürgertums.

Und mit dieser berufsmäßigen Objektivierung der dichterischen Tätigkeit hängt auch ein Drittes zusammen: die Neigung zur Lehrhaftigkeit, zur moralischen und sozialen Information und Erziehung, im Sinne eben nicht mehr der ästhetisch-höfischen Gesellschaftskultur und ihrer adligen Persönlichkeiten, sondern eines handfesteren Gemeinwesens und seiner praktischeren Bedürfnisse. In beidem – Beruflichkeit und Lehrhaftigkeit – kommt gegenüber den Idealen höfischer Diskretion und schöner Lebensart eine neue Pedanterie zum Zug, oder der begründete oder vorgegebene Anspruch auf Gelehrtheit, das überlegene Wissen des Dichters. An die Stelle französischer Gesellschaftskunst tritt wieder stärker das lateinische Schrifttum als Begleiter und Quelle der deutschen Literatur, die nun in juristischer, religiöser und wissenschaftlicher Prosa an Rundheit und Ganzheit gewinnt. Im Zusammenhang damit steht auch eine typisch spätmittelalterliche Tendenz zur Vollständigkeit – das geht vom mechanischen Fertigstellen der großen dichterischen Fragmente (*Tristan, Titurel*) über enzyklopädisch werdende Artusromane zur moralischen und philosophischen Summe oder zur umfassenden Gesellschaftsallegorie (z. B. den Schachbüchern).

In allem aber – auch entsprechend der politischen Entwicklung – eine gewisse Verselbständigung der deutschen Literatur und der Literatur in deutschen Landen, eine vermehrt autochthone, wenn nicht kultivierte, so doch originelle Produktion mit einer ausschließlicheren binnendeutschen Überlieferung.

So sehr man aber auch die neue Literatur des beginnenden Spätmittelalters im umschriebenen Sinn rechtfertigen kann, Bedenken im Hinblick auf die sinkende Qualität bleiben. Und dies wohl nicht nur wegen der Unüberwindlichkeit unserer klassischen Ästhetik. Gewiß: wir sind heute nicht geneigt, das literarisch Interessante, Problematische dem vollendet „Schönen“ nachzustellen, weil es vielleicht unmittelbarer, wahrer ist. Doch findet sich eindeutiges Ungenügen, wo sich Abgegriffenes, Leergelaufenes, Unbewältigtes häuft. Im übrigen ist ein krisenhafter Zustand nicht abzuleugnen, eine Krise, die wir im Sinn unseres durchgehenden literaturgeschichtlichen Motivs der Inkarnation als eine Störung zwischen Wort und faktischer Wirklichkeit ansprechen können. Wo das Wort leere Hülle, entleerte Hülse geworden ist, ist anderseits der Stoff, das „Fleisch" nur noch als krasse, unbewältigte, drohende Wirklichkeit vorhanden. Wie nun allerdings gerade aus dieser Spannung – etwa in der Novelle oder in der Artistik des rein spielerisch gewordenen Wortes – eine neue künstlerische Entdeckung wachsen kann, wird zu zeigen sein. Im philosophischen Wirklichkeitsverständnis entspricht der genannten Krise der Niedergang des Ideenrealismus, der Verlust der Wirklichkeit des Geistes – doch konnte gerade der Nominalismus die Begegnung mit einer neuen Fülle des Wirklichen herbeiführen: der Geist weht auch hier, wo er will.

Nirgends freilich wird das Sprachproblem deutlicher und schöpferischer gelöst als in der Literatur der mystischen Frömmigkeit, die fast unbegreiflich neben so vieler mediokrer epigonaler, bürgerlicher Literatur steht. Sie ist offenbar Zeichen einer verstärkten Individualisierung des religiösen Lebens in einer Zeit der Widersprüche und Wandlungen, in der die Selbstverständlichkeit von geistgefüllten objektiven Ordnungen verlorengeht. Gerade hier aber kann in ursprünglichster Weise Unsagbares sagbar gemacht werden; in der Paradoxie der Sprache treffen sich Göttliches und Menschliches und tragen zu einem unverlierbaren Wortschatz und Erfahrungsbereich des Seelischen und Geistigen Entscheidendes bei.

Wenn wir das Spätmittelalter und vor allem das 13. Jahrhundert sicher nicht zu Unrecht als Epoche der Gotik bezeichnen, so sei dies doch mit aller Vorsicht getan. Denn nicht nur ist auch in der Kunstgeschichte die „Gotik“ ein vielgestaltiger und nicht ausschließlich herrschender Stil, in der Literatur wird man erst recht nur einzelne Bereiche mit dem kunstgeschichtlichen Phänomen in Beziehung setzen. Die Parallele paßt zunächst im Hinblick auf den maßgebenden Träger – das städtische Bürgertum –; sie trifft zu schon für die edle gotische Linie von der verführerischen Isolde bis zum melancholischen Lancelot, für eine zierliche oder dunkel-verspielte Artistik der Sprache und Form (Konrad von Würzburg, *Jüngerer Titurel*) und vor allem für die transzendierende Dynamik der Sprache in der Mystik vor allem Eckharts.

## II. WANDLUNGEN DES MINNESANGS

### 1. Neidhart

Am deutlichsten und einfachsten läßt sich das Schicksal der hohen höfischen Konzeption im Minnesang verfolgen. Es ist erstaunlich, wie rasch sich hier, bei dieser aus wenigen Elementen bestehenden, auf schmaler Basis errichteten Schöpfung des Hochmittelalters, die Krise zeigt. Wenn schon Walther mit seinen Mädchenliedern, mit der Ausweitung höfischer Kunst auf Spruch und geistliches Lied die konventionelle Bindung sprengt, so wird diese fast gleichzeitig, wohl noch in Walthers hoher Zeit, um 1210, gleichsam von innen heraus in Frage gestellt. Neidhart war es, der am kühnsten den klassischen Stil Walthers ins „Moderne", Interessante und Zweideutige verkehrt hat. Er ist, wenn auch wohl mißverstanden, doch zum erfolgreichsten nachklassischen Lyriker geworden; sein Name wird zum Mythus, seine charakteristische Kunst wird für sich gesammelt, ergänzt und imitiert, seine Motivik erobert die Schwankerzählung, das Fastnachtspiel und das Epos. Die Dörperdichtung, die Neidhart begründet, wird zu einem festen Bestand der Tradition und zu einer der bezeichnendsten Ausdrucksformen des deutschen Spätmittelalters.

Neidhart war wohl ein Vertreter des niederen bayrischen Adels, der frühestens 1230 vom bayrischen Herzoghof (?) zu Friedrich dem Streitbaren von Österreich hinübergewechselt ist, wo er „wol behûset" wurde (73,11); hier ist er bis 1237 aufgrund eigener Anspielungen zu verfolgen. Zwei seiner Lieder bezeugen die Teilnahme an einer Kreuzfahrt. Ob der Zuname „von Reuental" ein selbstironischer sprechender Name ist („Sorgental" oder gar: „Hölle"), eine Herkunftsbezeichnung oder – am wahrscheinlichsten (Beyschlag) – der Name eines zeitweilig innegehabten bayrischen Lehensgutes, ist unklar. Die Frage ist verhängt mit der eigenartigen Selbstironisierung, die der Dichter pflegt, und mit der Allegorisierung, die seine Motive erfahren; selbst der Name „Neidhart", auch als Umschreibung des Teufels gebraucht, ist von solchem Verdacht nicht ganz frei.

Rätselhaft, aber bezeichnend für die mittelalterliche Objektivität der literarischen Formen bleibt, wie die kühnen Mutationen des Minnesangs, die Neidhart bringt, sich sofort gattungsmäßig bei ihm selbst verfestigen und zur Maske erstarren, der er sich nicht entziehen will oder kann. Sein Werk sondert sich scharf in die beiden Gruppen der sogenannten Sommerlieder und Winterlieder, die mindestens eine Zeitlang nebeneinander gepflegt wurden. Sie sind ihrerseits wieder aus stehenden Elementen heterogenen Charakters komponiert oder besser: montiert, so daß die innere Einheit und Geschlossenheit der Lieder oft fraglich wird – erst recht natürlich im Zusammenhang mit den „unechten" Strophen, die sich in großer Zahl angehängt haben.

Die „Sommerlieder" bedienen sich einfacher, unstollig gebauter Strophen, sind formal leichte Reigenlieder, die mit einem konventionellen Natureingang einsetzen, um dann die konkrete Frühlingslust in einem szenischen Gespräch zwischen einem lebenslustigen Bauernmädchen und seiner eventuell erst recht liebestollen Mutter oder zwischen zwei Gespielinnen in zunehmend krasser Form darzustellen. Gegenstand dieser naturhaften Minne ist der Dichter selbst, der ritterliche Sänger, der ins Dorf kommt, zum Tanz aufspielt und hier seine Eroberungen macht. Vermutlich werden dabei auch musikalisch volksliedhafte oder vagantische Formen aufgenommen, aber zweifellos in emporstilisierter Form. Diese Sommerlieder setzen wie Walthers Mädchenlieder die Pasturelle und allgemeiner eine vagantische Liebeslyrik voraus; doch kehren sie die Perspektive um. Indem sie das Mädchen, ja die Alte selbst karikieren, liebestoll und angriffslustig werden lassen, bieten sie einen Kontrast zur normalen höfischen Haltung, der sich zunehmend durch Scheltworte, Prügelszenen, Obszönitäten verstärkt. Das Ergebnis ist offenbar eine Parodie auf die höfische Minne durch ihre Verkehrung ins Dörperliche, im Sinn einer entlarvenden Verhöhnung der Ritter wie zugleich einer Bloßstellung bäuerlicher Roheit. Es war eine kräftige Neuheit für das höfische Publikum, halb Ausdruck einer massiveren Vitalität und Frühlingsfreude, halb Selbstpersiflage.

Aggressiver und hintergründiger sind die „Winterlieder", die in ihren meist breiteren, rhythmisch weiter ausgreifenden stolligen Formen das Dorfthema substantieller zeigen, in stärkerer Spannung zur Position des ritterlichen Dichters. Auf einen kurzen Natureingang folgen Verse höfisch-konventioneller Minne und darauf in entlarvendem Kontrast wilde bäuerliche Szenen aus der winterlichen Tanzstube des Dorfes. Hier agiert nun der Dichter selber mit, läßt die getelinge, die rohen und hoffärtigen jungen Bauern, als Tänzer und Nebenbuhler auftreten und gerät zugleich selbst in der Werbung um seine Dorfgeliebte in die Defensive. Hier beginnt sich eine echte soziale Satire zu entwickeln, Abwehr eines selbstbewußt werdenden Bauerntums im Namen der bedrohten Ritter – aber zugleich mit dem literarischen Lustgewinn einer neuen Stofflichkeit, die in den Schilderungen der Bauern, ihrer Tracht, ihres Aufzugs, ihres Benehmens vor allem auch in Liebesdingen und in grotesken Katalogen von Namen sowie im Gebrauch von Idiotismen wahre Orgien feiert:

Ir hüete, ir röcke, ir gürtel die sint zinzerlîch,
ir swert gelîche lanc, ir schuoch unz ûf daz knie ergât gemâl:
also truogen sîs den sumer ûf den kirichtagen.
üppiclîches muotes sint si ellenclîch,
daz si waenent, sî sîn künftic von der Treisem hin ze tal.

wie moht mîn vrou Süezel Limezûnen daz vertragen,
daz er an ir hende spranc
den reien? von der tschoyen
sîn houpt er zoedeclîchen swanc
gein ir zem turloyen. (30,IX)

(Ihre Hüte, Röcke, Gürtel, die sind niedlich, / ihre Schwerter lang eins wie das andere, ihr Schuh, bemalt, reicht bis zum Knie: / so trugen sie sie im Sommer auf den Kirchweihen. / Üppiges Mutes sind sie alle, / daß sie meinen, man erwarte sie von der Traisen abwärts [im ganzen Tullnerfeld?]. / Wie konnte meine Herrin Süßel dem Limezun das hingehn lassen, / daß er an ihrer Hand / den Reigen sprang? Vor Lust / schwenkte er seinen Kopf zu widerwärtig / ihr entgegen beim Turloyen [Refrain?].)

Hier mischen sich bestimmte Anspielungen doch wohl mit einer nur fingierten „naturalistischen“ Konkretheit – ein aufregender Einbruch ins genormte Vokabular des Minnesangs, und darüber hinaus eine mächtige sprachliche Eroberung. Und tiefer geht hier auch die Selbstverhöhnung des Ritters, des Dichters, der sich als eine Art Provokateur einmischt und doch den Nebenbuhlern gegenüber ohnmächtig bleibt. Symbol dafür wird der immer wieder erwähnte Raub von Frideruns Spiegel durch den Dörper Engelmar – der Vorfall wird fast unvermittelt zum Zeichen einer heillosen Störung des weltlichen Glücks emporgesteigert:

Schouwet an mîn hâr,
daz gevar ist als ein îs!
daz grâwet mir (des ist niht rât),
wande mir von getelingen niwan leit geschach.
jener Engelmâr,
von des schulden bin ich grîs,
der hiute noch den spiegel hât,
den er dörper Vriderûnen von der sîten brach.
von der zît
immer sît
warp ich nimmer mêre,
ich enhiete ein iteniuwez herzenleit.

daz ist mînes leiden herzen sêre
von der liebe, die mîn herze sînem liebe treit.
(32,V)

(Schaut mein Haar an, / das sieht aus wie Eis: / das wird mir grau, rettungslos, / denn mir widerfuhr von Bauernburschen nichts als Leid. / Jener Engelmar – / seinetwegen bin ich grau –, / der noch heut den Spiegel hat, / den er, Lümmel, Friderun von der Seite riß. / Von da an / immer seither / war ich nie / ohne immer neues Herzeleid. / Das ist meines unseligen Herzens Not, / von der Liebe, die mein Herz zu seiner Liebsten hegt.)

Direkt und unheimlich dringt hier die Klage durch: „swaz ich nû gesinge, / daz sint klageliet“ (34,IV). Die Liebesklage wird auch hier zur Klage über die Frau Welt, über den Niedergang der Gesellschaft, über das Alter, über Vergeblichkeit des eigenen Tuns: „daz ist ein gemeiniu klage, / diu mich vröuden wendet: / daz ist an mînem lesten tage / leider unverendet“ (30,I). Heftiger, nicht mehr lösbar ist die alte Paradoxie des Sängers – daß ihm sein Singen vergeblich und sinnlos erscheint und er dies doch nicht anders als im Gesang, den er der Gesellschaft schuldet, sagen kann. Es bleibt bei der harten Dissonanz, der Aussage des Bruchs selbst. So ist auch die große Weltklage Nr. 30, wenn Bertau recht hat, keine Überwindung oder gar elegische Verklärung mehr wie bei Walther, sondern vielmehr endet sie in einer desillusionierten Rückkehr zum alten Thema. Es gibt hier auch keine Bekehrung mehr, bei allem Willen, vom „üppiclîchen sange“ (III) abzustehen und die Seele zu retten. Daß Neidharts Kunst, welche die Spannung, den Kontrast selbst zum Prinzip macht, ohne ihn zu harmonisieren, dennoch einen künstlerischen Triumph bedeutet, geht wohl nicht nur aus ihrem gewaltigen Erfolg hervor – er liegt wohl auch in der Aufrichtigkeit, mit der die Minnelyrik hier an ihre Grenze und in ein neues Sprachfeld hinübergeführt worden ist; wie alle parodistische Kunst bleibt sie tief problematisch – aber als Kunst.

Neben und nach Neidhart vollziehen sich freilich auch weniger spektakuläre Wandlungen; ja es kann der Minnesang in seinen sozialen und sittlichen Aufgaben unvermindert ernst genommen sein; es werden ohne Arg neue Pointen ersonnen, neue Variationen versucht. Die Fülle der überlieferten Liebeslyrik des Spätmittelalters bildet bis gegen die Mitte des 14. Jahrhunderts hin, und das heißt auch, bis zum Abschluß der großen Sammelhandschriften, einen einigermaßen geschlossenen Überlieferungskomplex. Ihn übersichtlich zu organisieren ist allerdings schwierig. Die Überlieferung ist einseitig beherrscht durch die Manessische Handschrift mit ihrem südwestdeutsch-schweizerischen Hintergrund. Regionale Gruppen sind grundsätzlich nicht leicht zu bilden, sofern die Dichter ihren Ort verändert oder sich an entfernten Vorbildern orientiert haben. Stilistische „Schulen" sind beim Eklektizismus mancher Dichter oft nur unscharf zu unterscheiden, zumal wo vom musikalischen Aspekt abstrahiert werden muß. Gattungsgeschichtliche Verläufe sind nur bei prononcierten Formen wie dem Leich oder motivisch ausgeprägten Typen wie dem Tagelied klar zu verfolgen. Von den insgesamt etwa 170 Minne- und Spruchdichtern, die bis 1350 gezählt werden können – viel Anonymes und „Unechtes" kommt hinzu –, muß im folgenden eine enge Auswahl getroffen werden.

## 2. Die spätstaufischen Dichter

Ein letztes Aufblühen wirklicher Hofkunst im staufischen Bereich und zugleich eine bezeichnende „Wende" dieses Minnesangs läßt sich seit 1220 bei einigen staufischen Dichtern verfolgen. Man hat gerne den Hof König Heinrichs (VII.), der von 1220 bis zu dessen Absetzung 1235 Mittelpunkt der staufischen Verwaltung in Deutschland war, dafür in Anspruch genommen.

Burkhard von Hohenfels erscheint 1216 bei Friedrich II., 1222–27 bei Heinrich. Gottfried von Neifen, aus freiherrlicher Familie (Hohenneuffen bei Urach), Sohn des königlichen Protonotars, ist 1235 Heinrichs Parteigänger, dann allerdings bis 1255 ohne nachweisliche Beziehung zum staufischen Hof. Schenk Ulrich von Winterstetten, aus bewährtem staufischen Ministerialengeschlecht, ist erst von 1241 bis 1280 bezeugt, nach Bumke kommt auch ein 1239 unter diesem Namen erscheinender „Unterministerialer" in Frage. Schon aus zeitlichen Gründen ist also kein geschlossener „Kreis" um den lebenslustigen Heinrich anzunehmen. Dennoch kann die Gruppe dieser schwäbischen Dichter lokal und stilistisch zusammengesehen und auf den weiteren Zusammenhang der staufischen Tradition zurückgeführt werden.

„fröide und frîheit / ist der werlde für geleit" – dieser Refrain bezeichnet den Grundton von Burkhards 18 Liedern: Höfische Minne schafft Fröhlichkeit; hoher Mut, freier Mut ist weniger sittliche Haltung als natürliche Stimmung, die sich im hinreißenden Tanzlied ländlicher – aber nicht dörperlicher – Szenerie am schönsten äußert:

Wir sun den winder in stuben enpfâhen,
wol ûf ir kinder, ze tanz sun wir gâhen!
volgent ir mir,
sô sun wir smieren (lächeln) und zwinken und zwieren
(äugeln) nâch lieplîcher gir.
(I,1)

Nicht weniger schwungvoll sind die andern Stücke, die mit Vorliebe sich eines flüssigen trochäischen Vierhebers bedienen. Neidhartisches kann in den ländlichen Szenen und zwei Mädchendialogen anklingen, aber stets ohne die parodistische Absicht. Burkhards noblere Kunst gefällt sich dagegen vor allem in einer neuen Ornamentierung der Sprache; er läßt die „vil süeze minne“ aus dem Herzen blühen, metaphorisiert, ja allegorisiert den Minnedienst in Bildern des Tierreichs oder der Jagd, in nuce bereits wie die großen Minneallegorien des 14. Jahrhunderts; er läßt gelehrte Elemente einfließen – so in einer kleinen meteorologischen Theorie im Zusammenhang eines Natureingangs (XI) – und blümt seinen Text mit neuen Wörtern und preziösen Wendungen, die an den späten Wolfram erinnern und doch ganz andern Geistes sind: z. B. „fröidenfrühtic lachen“, „ir ougen swanc gap fröiden kleit“. Gelehrte oder gesuchte Diktion, die später oft zur gequälten Manier wird, ist hier noch freudig, spielerisch, noch gehalten von höfisch-gesellschaftlichem Umgang, auch wenn dies nicht mehr hohen Stil und strenge Haltung bedeutet.

In der Richtung einer derart entspannten, lebenslustig-eleganten Kunst ging Gottfried von Neifen mit weitreichendem Erfolg weiter. Die „Inhaltsleere“ der Lieder Neifens ist „auch für mittelalterliche Verhältnisse ein Extrem“ (Hugo Kuhn). Vielleicht ist gerade die nun völlig entschwerte, in müheloser Wiederholung eines schlichten Vokabulars der Minne, der Freude, der lichten Augen, des roten Munds, von Sommerlust und Winterleid sich wiegende Kunst als glückhafte Eroberung empfunden worden. Sie ist gewiß oberflächlich, aber ermöglicht darin, in freudig-anmutiger Helle der Stimmung, in glatter Rhythmik und vor allem im Geläut ihrer Klangspiele und fast seriellen Wortwiederholungen einen eigenartigen impressionistischen Zauber:

Rôter mund, nû lache
daz mir sorge swinde;
rôter munt, nû lache, daz mir sendez leit zergê.
lachen dû mir mache,
daz ich fröide vinde;
rôter munt, nû lache, daz mîn herze frô bestê.

sît dîn lachen mir gît hôchgemüete,
neinâ, rôter munt, sô lache mir durch dîne güete
lachelîche, roeselechte: wes bedörfte ich mê?
(IV,3)

Zu diesen heiteren Liedern, die vermutlich von der gleichzeitigen französischen Kunst angeregt sind (Kuhn), kommt noch eine Reihe pasturellenartiger Stücke in knapper „volkstümlich"-balladenartiger Form und z. T. kräftiger Anzüglichkeit, die unabhängig von Neidhart sein können („Flachsschwingerin", „Wiegenlied", „Büttnerballade"). Hier stellt sich freilich die Echtheitsfrage besonders dringlich. Wir haben den ganzen Neifen, 51 Lieder, nur in der Sammlung C, von denen v. Kraus nicht weniger als 22 gestrichen hat, darunter vor allem die letztgenannten.

Eine noch spätere Stufe des Formalismus vertreten Ulrich von Winterstettens Gedichte – 40 Strophenlieder und 5 Leiche –, eine wiederum nur von C überlieferte Sammlung schwäbischer Kunst. Mit Ausnahme einiger szenischer Dialoge satirisch-parodistischer Art im Gefolge Neidharts oder Neifens sind die Texte inhaltlich sehr konventionell; ja die Minne-Aussage ist offenbar nur noch Vorwand für ein virtuos-energisches Spiel mit den Reimen der meist kurzen Verse und Versikel, das den sprachlich-rhythmischen Zusammenhang völlig zerteilt und unerheblich macht, z. B.:

werdiu minne, twinc ir sinne, daz si mich
lieplich meine, diu vil reine minneclich ...
(XXXIX)

Das gilt vor allem auch für die nun nicht nur bei Winterstetten zahlreich erscheinenden weltlichen Leiche, an denen sich formal-musikalische Kunst besonders entfalten kann. Es sind z. B. Tanzleiche, wie auch die nun meist mit Refrain versehenen Strophenlieder offenbar als

Begleitung zum Tanz gedacht sind. „Wan si gelfent sînen sanc / tag unde naht in dirre gazzen“ – so läßt Winterstetten eine Alte zu ihrer Tochter sagen, die durch „Schenkenlieder“ von Sinnen gebracht sei (IV). Das mag selbstironische Angeberei des Dichters sein, oder das Kompliment eines Untergebenen – es deutet auf die Möglichkeit einer durch die Melodie begründeten, neuartigen Volkstümlichkeit dieser Kunst, bis zum Gassenhauer.

Dem spätstaufischen Kreis läßt sich biographisch und in mancher Hinsicht auch literarisch der Tannhäuser anschließen. Trotz verstärkter Züge eines Berufsdichtertums sieht man in diesem Manne einen Ministerialen, vielleicht aus der Nähe von Nürnberg, dessen Leben wenig zu tun hat mit der Sage vom Venus-Geliebten, die sich später an den Namen Tannhäuser schloß. In einem auf etwa 1265 datierbaren Leich aus der Spätzeit des Dichters findet sich eine eigentliche Elegie auf den Untergang der milden Staufer, ihres Reichs und der höfischen Freude, auf Friedrich II. und seine Söhne Heinrich VII. und Konrad IV.; mindestens mit den letztern sind unmittelbare Beziehungen anzusetzen. Ein völlig desillusioniertes Kreuzlied belegt die Teilnahme an Friedrichs Zug von 1227/28. Später hat der Dichter von Friedrich dem Streitbaren Besitz bei Wien erhalten; er beklagt den Tod des Herzogs und eine neue Armut und Heimatlosigkeit nach 1246, wobei er traurig „Tannhusaere“ auf „swaere“ und „klagebaere“ reimt. An Walther von der Vogelweide erinnern nicht nur manche literarischen Reminiszenzen, sondern vor allem auch die Doppelexistenz als höfischer Sänger und fahrender, gehrender Spruchdichter. Verstärkt treten dabei die Züge einer ironisch-qualvollen Selbstpreisgabe hervor. Die 6 (weltlichen) Leiche des Tannhäuser haben formale Beziehungen zu Winterstetten; eigentümlich ist in den 4 Tanzleichen die inhaltliche Trennung eines ersten, einleitenden Teils (mit einem Lobpreis des Fürsten, einem Katalog berühmter Schönheiten, einer Aufzählung geographischer oder literarischer Merkwürdigkeiten) von einem zweiten Teil, der ganz in der Funktion des ländlichen Tanzvergnügens steht und brauchmäßig schließt:

Nû singe ich aber hei!
heia, nû hei.
Nû ist dem videlaere   sîn videlboge enzwei.

Auch in den strophischen Liedern erscheinen zugriffige Schilderungen der erotischen Reize des Mädchens („sumertöckel"); daneben aber erfüllt sich diese Tendenz zur Konkretion vor allem in den für die spätere Spruchdichtung bezeichnenden Reihungen von Wissenselementen (im Kreuzlied z. B. der exotische Namenkatalog all der Winde, die das Schiff des Kreuzfahrers geschüttelt haben), die sozusagen unassimiliert in das formalistisch leer gewordene Lied einströmen; hier machen sie allerdings noch den Eindruck von selbsterfahrenem Gut. Die Freude an den exotischen Namen verbindet sich mit dem Typus von einer Art sammelnder Merkdichtung; witzig ausgewertet wird dieser Reiz auch einmal in einer richtigen Mischsprache (III):

Ein riviere ich dâ gesach:
durch den fores gienc ein bach
ze tal übr ein planiure.
ich sleich ir nâch, unz ich si vant, die schoenen creatiure:
bi dem fontâne saz diu klâre, süeze von faitiure.

Der Tannhäuser belegt mit solchen Wissens- und Sprachspielen sowie mit der autobiographischen Konkretion seiner Aussagen Tendenzen, die sich von Lichtenstein über Hadlaub bis zu Oswald von Wolkenstein oder bei der späteren Spruch- und Meisterdichtung verfolgen lassen.

## 3. Der „Frauendienst" Ulrichs von Lichtenstein

Wie sich ein krisenhaft gewordener Minnesang in der Spannung zwischen Idee und Wirklichkeit persönlich zu bestätigen sucht, zeigt das hochinteressante Werk Ulrichs von Lichtenstein, der bedeutendsten Figur einer kleineren Gruppe steirischer Lyriker, unter denen sich auch Ulrichs Schwiegersohn Herrand von Wildonie befindet. Der Minnedienst wird auf das individuelle Leben bezogen, als persönliche Leistung und Erfahrung dargestellt. Die Lieder beanspruchen Dokumentarwert im Rahmen eines Œuvres, das chronologisch gesammelt und dessen Ablauf einer erzählbaren Geschichte zugrunde gelegt wird. Ulrich von Lichtenstein (1198 bis 1275), aus bedeutendem Ministerialengeschlecht, ist höfisch auferzogen, verwaltet einen beträchtlichen Besitz, steht in Beziehung zu den führenden Herren des deutschen Ostens und Südostens, bekleidet die Würden eines Truchsessen, Landesrichters und Landesmarschalls der Steiermark, tut sich hervor in großen Turnierfahrten und Kriegszügen; auch Rückschläge, wie zweimal eine lange Gefangenschaft, blieben ihm nicht erspart. Seine 58 Lieder (davon nur ein Leich) lassen davon zunächst gar nichts ahnen. Es sind gewandte, formenreiche, aber klare und im Grund schlichte Übungen nach den klassischen Vorbildern, vor allem Reinmar und Walther: jahrelanger Dienst an einer spröden und launischen Dame, Lieder der Klage, dann auch der Freude (hier ist Neifen zuständig), Anwandlungen des Zorns, allgemeine Betrachtungen – unter Ausschluß der Richtung Neidharts.

Nun sind diese Lieder nicht nur in C, sondern auch in der einzigen Handschrift eines sogenannten *Frauendienstes* überliefert: hier stehen sie im Zusammenhang einer Großerzählung des sechsfachen Umfangs, die den „autobiographischen" Rahmen liefert. Diese Erzählstrophen, nüchtern mechanische Achtzeiler aus männlichen Vierheberreimpaaren, berichten nun die erstaunlichsten Dinge: die ritterliche Erziehung bis zur Ritterweihe in Wien, die frühen Minneversuche des Pagen, den verzweifelten Dienst an der launischen Dame, Turnierfahrten, vor allem die große Venusfahrt – der Dichter, im Kostüm der Frau Venus, reitet mit Gefolge zwischen Venedig und Böhmen von Turnier zu Turnier. Dazwischen vernehmen wir die berüchtigten Episoden: Der Dichter läßt sich, um der Dame besser zu gefallen, seine Hasenscharte operieren; er hackt sich einen krummen Finger ab und stellt ihn der Dame zu; dann das lächerlich mißglückte Stelldichein: der Liebhaber hat sich als aussätziger Bettler verkleidet vor der Burg der Dame einzufinden (also eine Episode des *Tristan* zu wiederholen) und peinliche Dinge zu erleben. Später dann, wegen einer nicht näher bezeichneten Untat der Herrin, die zornige Kündigung des Dienstes, eine erholsame Existenz als „vrouwen vrîer man" (1376) und darauf die Huldigung an eine neue, freundlichere Dame. Schließlich folgen ernstere Ereignisse, Beteiligung an der Schlacht an der Leitha gegen die Ungarn 1246, Gefangenschaft durch ungetreue Dienstleute und Befreiung. Nach weiteren Betrachtungen schließt das Buch mit einer Reverenz vor Gott und den Damen:

Ich weiz wol, daz ez missestât,
daz mîn munt von mir selben hât
getihtet ritterlîche tât:
dô moht ôt ichs niht haben rât;
wan michs betwanc vil grôziu nôt,
daz mirz diu vrouwe mîn gebôt.
swaz si gebiutet, des sol ich
mit triuwen immer flîzzen mich.

(1849)

Die öffentlichen Ereignisse sind genau datierbar (1212 bis 1248).

Für das Ganze drängen sich zwei Feststellungen auf. Erstens: Es muß ein hoher Grad faktischer, aber bereits nach literarischen Mustern gestalteter Lebenswirklichkeit vorliegen, damit die übertreibende Erzählung verstanden und in der spielerisch-humoristischen Dialektik zwischen Wirklichkeit und Spiel durchschaut werden kann. Die Stilisierung des Lebens wie der Erzählung davon besteht in der Auswahl der minnedienstlich-ritterlichen Aspekte, womit das Werk ein erzählerisch-lyrisches Lehr- und Unterhaltungsbuch wird. Die Schwierigkeit für uns liegt darin, daß das „Spielelement" der Kultur zugleich einen hohen Grad verbindlicher Wirklichkeit hat, ähnlich wie gewisse Formen des modernen Sports. Zweitens: Die „autobiographische" Aussage ist nur erst im Rahmen solcher halb literarischer, halb gelebter Rollen möglich. Das Bewußtsein davon gibt der Selbstbekundung einen humoristisch, ja selbstironisch gebrochenen Charakter. Von Neidhart über Ulrich und Hadlaub zu Oswald von Wolkenstein zeigt sich die Demonstration eines neuen, robusten Ichs immer wieder in der Gestalt von Selbstironie, ja Selbstparodie. Noch sind überindividuelle, konventionelle Lyrik und stoffhaltig-chronikalische Erzählung getrennt: Der *Frauendienst,* am eigentlichen Anfang einer deutschen Selbstbiographie, zeigt auch darin die enormen Schwierigkeiten einer autobiographischen Integration.

## 4. Schweizer Minnesänger: das Beispiel einer Landschaft

Aus keiner Region sind die Lyriker des 13. Jahrhunderts so gut und so zahlreich belegt wie aus der heutigen deutschen Schweiz, sei es, weil hier wirklich eine besonders intensive Kultur des Minnesangs blühte, sei es, weil hier um 1300 die großen Sammler von Liederbüchern das einheimische Gut besonders berücksichtigten. Von den

170 bekannten Namen mittelhochdeutscher Minne- und Spruchdichter bis 1350 erscheinen in der Ausgabe der Schweizer Minnesänger von Karl Bartsch deren 32; das ist ein hoher Prozentsatz, auch wenn die Zahl noch reduziert werden müßte, da für eine Reihe von Dichtern (etwa ein Viertel) die schweizerische Herkunft nicht ganz gesichert ist; anderseits wäre Konrad von Würzburg heranzuziehen, und vielleicht kommt auch Rudolf von Rotenburg noch hinzu. Alle sind in C überliefert, meistens sogar ausschließlich; abgesehen von Rudolf von Neuenburg sind es durchweg nachklassische Dichter. Der älteste ist wohl der St. Gallische Truchseß Ulrich von Singenberg (1219–28 bezeugt), der Inbegriff eines liebenswürdigen, vornehmen Walther-Epigonen; die jüngsten Vertreter reichen noch tief ins 14. Jahrhundert (so Hadlaub und Rost von Sarnen); aber die dichteste Streuung zeigt die zweite Hälfte des 13. Jahrhunderts. Im Ganzen erscheint als Hintergrund ein enges Netz der lokalen und dynastisch-feudalen Beziehungen zwischen diesen Dichtern an weltlichen und geistlichen Höfen, in Burgen und Städten. Die bedeutendsten Herren, die sich hier noch dem Minnesang widmen, sind ein Graf Kraft von Toggenburg (Mitte 13. Jahrhundert) und der Graf Werner von Homberg (um 1284–1320), der mit den Rapperswilern und Habsburgern verwandt ist, dem Kaiser Heinrich VII. nahesteht und sich als großer Kriegsheld auf Feldzügen nach Litauen und Italien hervorgetan hat. Über Freiherren (Walther von Klingen) und Ministeriale geht die soziale Leiter bis zu den bürgerlichen Meistern: vor allem den Zürchern Heinrich Teschler und Johannes Hadlaub.

Scharf profilierte Neuerer oder auch nur Könner hohen Rangs sind keine dabei, wenn man Konrad von Würzburg ausnimmt. Im Gesamten ergibt sich das Bild einer im besten Sinn gesellig-liebhabermäßigen Pflege der vornehmen minnesängerischen Übung, wie sie von den Klassikern begründet worden ist; stellenweise kommen die Anregungen Neidharts oder Neifens hinzu. Im allgemeinen herrscht das Dienstlied in Klage und Freude, sehr oft mit dem obligaten Natureingang; immer wieder wird auch das Tagelied, seltener die Weltklage gepflegt. Im Text weist sich der Dichter gern durch neue intensivere Pointen aus, die naturgemäß in der Richtung einer gewissen Vergegenständlichung gehen: Der Toggenburger feiert wortspielerisch den Rosenmund seiner Dame, der Homberger doppelt nach: ihr Mund brennt wie feuriger Zunder, sie hat offenbar eine rote Rose gegessen (6); der Kilchher ze Sarnen läßt sein Herz im Leibe „wepfen“, wie wenn es ein Nest voller Vögelchen gefunden hätte; die Reize der Geliebten werden detailliert, zum Rosenmund kommen die Wangengrübchen (Otte zem Turne I). Energischer rüttelt der kriegerische Graf von Homberg an den Gitterstäben der Tradition, wenn er, unfein genug, den Gatten der Dame, der nicht einmal auf reinem Stroh zu liegen verdiene, zum Teufel wünscht. Aber gerade bei ihm erscheint nochmals, spät und groß, das Thema des Abschieds, der Ferne des in den Krieg, zu den Heiden oder nach Italien, ziehenden kaiserlichen Gefolgsmanns, wie einst bei den Sängern um Barbarossa und Heinrich VI. Auch hier liegt nahe, daß der Ernst der minnesängerischen Übung in derbe Komik, Ironie und Parodie umkippt – Beispiele liefert etwa der Taler. Wenn die gelegentliche neidhartische oder neifensche Szenerie meist eher idyllisch zu verstehen ist (z. B. Goeli), so bedeutet die Dichtung Steinmars eine drastische Travestie der höfischen Ideale (Steinmar: vielleicht Berthold Steinmar, Dienstmann Walthers von Klingen, um 1280). Sein Herbst- und Schlemmerlied eröffnet eine neue kühne Gattung, in der sich – nach lateinisch-vagantischen Vorbildern – der arme Märtyrer der Minne entschließt, „ins Luder zu treten“ und sich den pantagruelisch ausgemalten Freuden von Trunk und Fraß zuzuwenden. Somit nehmen auch die Minnewünsche massivere Formen an, so in einer pompösen Minneklage mit dem grotesk abgewandelten Refrain: „daz si mich niht zuo zir ûf den strousack lât!“ Und das Tagelied wird resolut auf Knecht und Magd übertragen.

Die interessanteste Gestalt, liebenswürdiger Erbe dieser verschiedenen Überlieferungen und zugleich von sozusagen naiver Originalität ist Johannes Hadlaub, ein Zürcher Bürger, der 1302 als Käufer eines Hauses erscheint und den liedersammelnden Manessen und ihrem Kreis in Freundschaft oder Dienst verbunden war (gest. vor 1340). Die Manessische Handschrift widmet ihm nicht nur als einzigem ein doppeltes Bild, sondern bringt auch die hohe Zahl von 54 Liedern, die in den Jahrzehnten um 1300 entstanden sein müssen. Ein Gedicht mit höchst anschaulicher Darstellung der Sorgen eines Ehemanns und Hausvaters (7) – die mit den noch viel größeren eines unglücklichen Minners verglichen werden – darf wohl nicht auf Hadlaubs vielleicht recht komfortable Verhältnisse bezogen werden. Selbst bei der treuherzigen Beflissenheit dieses „Meisters“, der sich in den verschiedensten Formen, auch Leichen und Tageliedern, ergeht, wird die zeittypische Kunst des Kontrasts deutlich. Bestimmend ist allgemein das Nebeneinander und Gegeneinander der „senden swaere“, des „ach, ich minne gar ze hôh“, der „tief rede von der minne“ und anderseits einer von Neidhart und vor allem von Steinmar herkommenden saftigen Ernte- und Herbstlyrik; spezieller aber kann der Kontrast in ein und demselben Gedicht ausgespielt werden, etwa mit dem Umschlag ideologischer Minne in schnöd entlarvende Metaphorik: „Minner herze viht ze ganzer staete – / als in einem sacke ein swîn“; umgekehrt mündet die groteske Schilderung der Haussorge oder eine Schlachtfest-Orgie in Minnehuldigung und Minneklage (17,18). Einmalig und historisch bedeutsam sind aber vor allem die paar Lieder, welche den Minnedienst des schüchternen jungen Mannes um ein vornehmes Mädchen im Kreis der höfischen Zürcher Gesellschaft schildern, und zwar genrehaft-anekdotisch erzählend und sorgfältig die Namen der Beteiligten nennend. Der Minnesänger sucht sich ähnlich wie bei Lichtenstein, aber nun im Lied selbst, historisch zu objektivieren und autobiographisch zu beglaubigen, die zufällige individuelle Episode tritt an die Stelle der statischen Idee. Es sind die berühmten Erzählungen, wie der Dichter der verehrten Dame nach der Frühmette unbemerkt einen Brief ansteckt (1), wie er sie bei einem Spaziergang vor der Stadt oder beim Küssen eines kleinen Kindes beobachtet (6,4), wie sich die Herren und Damen der Gesellschaft für ihn bei der störrischen jungen Dame einsetzen, sie ihn aber nur in die Hand beißt (der Maler der Handschrift läßt zarter nur das Hündlein der Dame beißen) und ihm das Nadelbein als erzwungenes Geschenk hinwirft (2). Das sind reizende Szenen eines späten Minnespiels, das offenbar von der Gesellschaft selber weniger mehr geübt als vielmehr an den Kindern gegen deren Willen als Schauvergnügen inszeniert wird. Unschätzbar werden diese Schilderungen nun erst recht durch die genaue Nennung der Personen: der Bischof von Konstanz (Heinrich von Klingenberg, 1293 gewählt, in einer einzelnen Strophe zusätzlich gefeiert, kann selbst „wîse unde wort“), die Fürstin von Zürich (d.h. die Äbtissin des Fraumünsters), die Äbte von Einsiedeln und Petershausen, ein halbes Dutzend Grafen und Freiherren der Ostschweiz und der Zürcher Herr Rüdiger Manesse: „edel frouwen, hôhe pfaffen, ritter guot“. Es ist die nobelste Gesellschaft des Landes in dieser Zeit der 1290er Jahre und offensichtlich der Kreis, in welchem der Grund zur Liedersammlung der Manessischen Handschrift gelegt wurde. Ein besonderes Lied (8) preist Rüdiger und seinen Sohn Johannes, den Custos (des Großmünsterstifts, gest. 1297), wegen ihrer erfolgreichen Bemühungen um die Sammlung der „liederbuoch“:

wâ vund man sament sô manic liet?
man vunde ir niet im künicrîche
als in Zürich an buochen stât.

(Wo fände man so viele Lieder beisammen? / Man fände sie nirgends im Königreich / außer dem, was in Zürich aufgeschrieben ist.)

Damit kann aus zeitlichen Gründen noch nicht die später – wohl in Zürich, mit Nachträgen bis gegen 1340 – hergestellte Manessische Handschrift gemeint sein, wohl aber deren Vorstufen, mit denen auch die in Konstanz geschriebene, sehr viel bescheidenere Weingartner Handschrift zusammenhängt. Mit diesem Lob eines bereits literarisch-retrospektiven Interesses am Minnesang durch den Minnesang selbst hebt sich die Tradition letzten Endes selber auf, in einer allerdings festlichen Weise.

Ein Teil der Herren, die im Bereich des Schweizer Minnesangs und insbesondere bei Hadlaub erscheinen, ist einem dunkeln Geschick entgegengegangen. Die Verfolgung der Mörder König Albrechts und der Untergang von Herzog Leopolds Heer bei Morgarten (1315) haben auch den ostschweizerischen Adel betroffen. Bald nach Vollendung der ritterlichen Prachthandschrift hat die Stadt Zürich, das „nobile Turegum“ (Otto von Freising), eine bürgerliche Zunftverfassung erhalten (1336), und 1351 ist sie dem Bund der Innerschweizer Bauern beigetreten. Das letzte Lebenszeichen schweizerischen Minnesangs ist die melancholische Notiz späterer Chroniken, daß der von der Stadt 1350–52 gefangengesetzte Graf Hans von Habsburg-Rapperswil in seinem Kerker das Lied „Ich weiß ein blaues Blümelein“ gedichtet habe – es ist die späte Wiederholung eines Motivs aus dem

Schicksal der gefangenen Staufersöhne oder des Richard Löwenherz, nach dem Wortlaut zugleich bereits ein Zeugnis für den Übergang des Minnesangs ins Volkslied.

## 5. Fahrende und Meister (Spruchdichtung)

Minnedichtung und Spruch sind formal, inhaltlich und sozial zwar im Ganzen deutlich unterscheidbar, doch im einzelnen schwer zu trennen, zumal nachdem Walther beide Bereiche in Personalunion verkörpert und dem Spruch eine neue, höfisch-politische Funktion geschaffen hat. Je mehr die Kunst berufsmäßig wird, je mehr auch mit einem ausgebildeten, lernbaren Bestand verfügbarer Formen gewirtschaftet werden kann und soll, um so eher gibt sich die Möglichkeit von Grenzüberschreitungen. Es gibt adlige Herren, von denen ausschließlich politische oder geistlich-moralische Sprüche überliefert sind (so die beiden Schweizer von Wengen und Johann von Ringgenberg, auch vielleicht Reinmar von Zweter). Normaler ist das Umgekehrte: die Minnedichtung ist frei verfügbar und ist meistens auch bei den Spruchdichtern und Fahrenden gepflegt. Dazu kam unter Umständen noch ein Repertoire erzählender Dichtung: Der Marner beklagt sich jedenfalls über ein Publikum, das durcheinander nach Heldendichtung von Rother bis zu Dietrich und Ecke und nach Minnesang verlangt und mit nichts zufrieden ist (XV,14).

Nichtadlige Herkunft ist denn auch, vor allem in späterer Zeit, für die Spruchdichter meistens anzunehmen, soweit nicht der „Fahrende“ einen eigenen Stand außerhalb der Stände verkörpert, in dem sich verarmte Adlige, wandernde Kleriker und „bürgerliche“ Laien sehr unterschiedlicher Bildung begegnen. Aber jedenfalls ist ihr Kunstideal kein höfisches, vielmehr ein „meisterliches“. Hadlaub spricht von „meistersanc“ und meint damit auch die ganze ritterliche Lyrik; Jacob Grimm hat ihn dabei beim Wort zu nehmen versucht. Das Wort bezieht sich allerdings hier noch allgemein auf Kunst als ein Können und Wissen sui generis, das zu lernen und beruflich zu üben ist. Diesen Charakter hat freilich jede mittelalterliche „ars“, selbst das sittliche Vermögen ist ein Wissen. Indem aber der lebendige Geist ritterlicher Gesellschaftsexistenz aus der Kunstübung zurücktritt, bleibt dem Dichter ausschließlich die Berufung auf sein Meistertum; er entwickelt eine oft pompöse Berufsideologie und insistiert auf dem göttlichen Ursprung der Kunst. Dies wohl weniger im Sinn persönlicher Inspiration denn im Sinn einer objektiven, gottgeschaffenen Einrichtung. Es beginnt der traditionalistische Kult klassischer Meister mit der Ausbildung von sogenannten Minnesingersagen (Morungen, Tannhäuser, Heinrich von Ofterdingen, Klingsor) oder anspruchsvollen literarischen Fiktionen wie dem berühmten *Sängerkrieg auf der Wartburg* (einem heterogenen Gedichtkomplex frühestens aus der Jahrhundertmitte; er enthält vor allem das „Fürstenlob“, einen grimmigen Sängerstreit mit dem Einsatz des Lebens um das Lob des Herzogs von Österreich gegen das Lob des Landgrafen Hermann, und dann den „Rätselstreit“ zwischen Wolfram und Klingsor). Demütiger epigonischer Retrospektive (Konrads von Würzburg „Klage der Kunst“; Friedrich von Sonnenburg, HMS III,I,17ff.; Kanzler, KLD II,9) widerspricht aber keineswegs der häufige Ausbruch unverfrorensten Selbstbewußtseins und Standesanspruchs: „ûz kessels grunde gât min kunst“ – so stellt sich Frauenlob gegen die klassischen Meister, und der genannte Sonnenburg erklärt den für ehrlos und ewig verloren, der die Künstler darben läßt (a. a. O).

Es ist klar, daß damit, deutlicher und einseitiger als im zeitgenössischen Minnesang, das virtuose und insbesondere auch „gelehrte“ Element überhandnimmt. Der Dichter demonstriert seine überlegene Kunst materiell durch gesuchte oder sonst verblüffende Wendungen, durch Verfremdungen und Verrätselungen aller Art, gelehrte Andeutungen und Fremdwörter, naturkundliche, kosmologische und vor allem theologische Gegenstände (wie Jungfrauengeburt, Trinität, Schöpfung). Ähnlich wie im 17. Jahrhundert wird das Wissen, ein im Grunde bescheidener Bestand von Wissenselementen, als repräsentatives Material im Gedicht eingesetzt, ein Versuch, konkret die objektive Wahrheit der Kunst zu zelebrieren. Mit Lyrik im neueren Sinne hat das kaum mehr zu tun, doch muß gerade hier, bei diesen frostigen Montagen, eine vielleicht großartige musikalische Fassung hinzugedacht werden, mit kühnem Rhythmus und hochgotischen Verzierungen. Wort und Ton verbinden sich nicht zu einem expressiv-symbolischen Ganzen, aber haben ihren Bezug doch in der gemeinsamen geheimnisvollen Ordnung der Schöpfung. Neben der hauptsächlichen Möglichkeit des kunstvoll verschlüsselten Spruchs und seiner Steigerung zur dunklen Manier steht, vor allem in den Formen des Minneliedes, die Möglichkeit einer rein lautlich-rhythmischen Virtuosität (Konrad von Würzburg), in der uns am ehesten das musikalische Element in der Sprache selbst faßbar geworden ist.

Daß mit der unmittelbaren, aktuellen Funktion des Spruchs als Paränese die politische Dichtung seit der Jahrhundertwende zurücktritt, ist begreiflich, um so unerfreulicher macht sich der Kleinkrieg der Dichter um ihre Existenz bemerkbar; auch wenn die Aggression auf den Rivalen, die persönliche oder literarische Fehde schon bei Walther sozusagen zum Repertoire gehört und gattungsmäßig entschuldigt ist, nimmt sie in der Konsequenz – etwa in den Sprüchen Gedruts, Geltars oder im Streit um Reinmar von Zweter, den Marner etc. – häßliche Formen an, läßt hinter den Prätentionen des Fahrenden und Gehrenden eine peinliche Wirklichkeit erkennen. Jedenfalls wird die klare Beschimpfung literaturfähig: „ein affe, ein snudel (Rotzjunge), ein gouch, ein rint / bistû den ich dâ meine / ... dû sanges lügenaere, / dîn kunst ist kranker wan ein huon“ (Meister Kelin, HMS III,I,8). Auch Witziges kann darunter sein wie der ironische Angriff Reinmars des Fiedlers auf Lütolt von Seven, der, ob Gott will oder nicht, besser als alle sein gewaltiges Angebot von Formen („tageliet, klageliet, hügeliet, zügeliet, tanzliet, leich er kan, / er singet kriuzliet, twingliet, schimpfliet, lobeliet, rüegliet als ein man“, KLD III,1) zum besten gibt. Im übrigen ist es heute auch hier schwierig, den bittern Ernst vom literarischen Spaß zu trennen.

Sonst gelten die alten Aufgaben des Spruchdichters: Lob und Huldigung für den Gönner oder seine Partei, die moralische und soziale Ermahnung – meist im Sinn eines Eintretens für Ordnung und Recht –, allgemeine Sittenlehre und Erfahrungsweisheit und vor allem immer wieder das Lob Gottes, der Trinität, der Schöpfung und Erlösung. Fast als eigentliche und vielleicht echteste Domäne des Spruchdichters erscheint der Lobpreis der Gottesmutter; in der Anrufung der Mutter und Jungfrau, der Himmelskönigin und Fürbitterin wird er zum Organ der tiefen Erlösungssehnsucht einer krisenhaft und angstvoll werdenden Zeit. Als traditionelle, aber nun gesteigerte Darbietungsformen erscheinen die Fabel, das Rätsel, das Priamel, eine gesuchte Metaphorik, rhetorische Figuren wie Hyperbel, Adynaton, Paradox und Wortspiele aller Art.

Bis 1350 lassen sich etwa 40 Dichter zählen, deren Lieder wesentlich zur Spruchdichtung zu rechnen sind; manche Namen sind dabei unsicher, manche nur mit wenigen Stücken bezeugt, manche Zuschreibungen fraglich. Die Hauptquelle ist neben C die Jenaer Handschrift, mitteldeutsch aus der Mitte des 14. Jahrhunderts, in einzigartiger Weise mit Melodien versehen (J); dazu kommt eine wichtige Heidelberger Handschrift des gleichen Jahrhunderts (D). Die berühmte Kolmarer Handschrift (cgm 4997) des 15. Jahrhunderts zeigt dagegen trotz älterer Bestände bereits den Charakter einer Meistersingersammlung. Im folgenden können nur wenige, bedeutendere Vertreter genannt werden.

Als der würdigste Nachfolger Walthers gilt Reinmar von Zweter, der uns auch dank Gustav Roethes grundlegender Ausgabe am zugänglichsten ist. Man sieht in ihm einen Ritter (der Name Zweter ist undurchsichtig), der die gehrende Existenz eines Fahrenden führt: „von Rîne sô bin ich geborn, / in Ôsterrîche erwahsen, Bêheim hân ich mir erkorn", sagt er von sich (Str. 150); in den ersten seiner zahlreichen politischen Sprüche wendet er sich, noch gleichzeitig mit Walther, gegen Gregor IX. und die Bannung Friedrichs; bis 1230 ist er am Hof des österreichischen Herzogs, 1235 bis etwa 1240 bei König Wenzel von Böhmen, dann wieder im Westen bei verschiedenen Herren; seinen Tod setzt man vor 1260. Feierlich spricht er mehrfach Friedrich II. bei seinem Erscheinen in Deutschland 1235 als Retter des Reiches an, um jedoch später (1240) die ganze göttliche Macht zum Widerstand gegen ihn aufzurufen (Str. 143); die Forschung versucht vergeblich, dies moralisch zu erklären, und findet es „erschütternd" (de Boor), wie die Reichsidee bei Reinmar versinke. Andere Sprüche, Spruchreihen gelten den sinkenden Idealen der höfischen Zeit: rechte Minne, Maße, Milte, und vor allem die Ehre als umfassender moralischer, sozialer und religiöser Begriff. Daß Reinmar dabei auch eine durchaus handfeste Ehemoral vertritt, zeigen die Ehesprüche, z. B.:

Ein Adam, der ein Êven hât,
diu im gebieten mac, daz er daz tuot durch si und lât,
der Adam ist der Êven michels mêr dan Êve Adâmes si.
(101)

(Ein Adam, der eine Eva hat, / die ihm sein Tun und Lassen befehlen kann, / dieser Adam gehört mehr der Eva / als Eva dem Adam.)

Schön, würdig, klar und gemessen sind z. T. auch die religiösen Sprüche, vor allem die an Maria; spruchsängerisch forcierte Metaphorik dringt aber auch schon hier ein, wenn einmal als das wahre Minnebett das Gebet zu Maria empfohlen wird:

ir güete wirt sîn materaz,
so wirt ob im ir güete sîn declachen (Bettdecke).
(20)

Das gesamte sichere Werk Reinmars besteht, abgesehen von einem Leich, aus 229 Strophen desselben zwölfzeiligen stolligen Frau-Ehren-Tons, wie ihn schon C und dann die Meistersinger nannten. Was diese völlig extreme Konstanz des Spruchtons bedeutet, eine wirkliche musikalische Armut oder einen Hinweis auf Variation der Vortragsmelodie allein, bleibt rätselhaft, erst recht, wenn der Marner ausgerechnet Reinmar als Tönedieb (Plagiator) beschimpft (XI,3).

Bruder Wernher ist vielleicht trotz seines Namens ein Laie, der wie Reinmar vor allem in Österreich, aber auch in Bayern, Schwaben und am Rhein gesungen hat; seine gegen 80 Sprüche in 8 (?) Tönen fallen in die Jahre um 1220 bis nach der Jahrhundertmitte und weisen in vielen Wendungen sowie in ihrer vollen und klaren Form auf das Vorbild Walthers zurück. Wie Reinmar wendet er sich gegen den Papst, und er setzt sich ein für Heinrich (VII.) und Konrad IV. Kaiser und Papst, Kaiser und Fürsten sind auch seine Probleme, verallgemeinert in den auch pro domo gemeinten Betrachtungen über Reichtum und Armut, Alter und Jugend, Ehre und Schande. „Ewig scheltend" hat ihn Roethe übertreibend genannt. Sein Ton ist hart, oft unwirsch, etwa im Tadel der geizigen rheinischen Herren: „si sint so milte sam ein grozer starker schafe hunt“ (HMS III,III,5). Doch ist er ein Mann von Rang und Profil, der sich im Rahmen seiner Fahrenden-Existenz wenig vergibt. Seine Weltklagen, die gebethaften Sprüche von Reue, ja von Weltangst sind im Sinne dieses ernsten Stils überzeugender Ausdruck einer Zeitstimmung des Niedergangs, der Enttäuschung, ja der Bitterkeit. Höfische Träume sind ausgeträumt: „diu tageweide diu wil hin, der abent siget vaste zuo“ (der Tageslauf geht zu Ende, der Abend sinkt rasch herein, HMS III,II,3).

Origineller, beweglicher, reicher ist der Marner, ein in persönlichen gegenseitigen Invektiven von Rivalen mehrfach genannter, aber später auch hochgepriesener „klassischer“ Fahrender schwäbischen Ursprungs, der von Kärnten bis zum Rhein anzutreffen ist. Seine Gedichte sind datierbar von etwa 1230 bis 1267; um 1270 beklagt Rumelant von Sachsen die Ermordung des alten Marner:

schentlicher mort, der wart noch nie begangen
an einem kranken, blinden alten manne.
(HMS III,I,9)

Der Name (Ruderer, Seefahrer) ist nicht gedeutet, die Herkunft ungewiß. Der Dichter ist (geistlich?) gebildet – es finden sich in seinem Œuvre eine Reihe lateinischer Gedichte, darunter eine Komposition über die Sieben Freien Künste. Doch führt hier der Fahrende auch Minnelieder im Neifen-Stil in seinem Programm. Die Sprüche zeigen eine abwechslungsreiche Palette: kunstvolle Klagen über eigene Armut und den Geiz der Herren, moralische und religiöse Betrachtungen, Klagen über den Verfall der Kirche. Ausgeprägter erscheinen beim Marner die typisch spruchdichterischen Formen: ein „Lügenmärchen“ (XIV,12), priamelhafte Reihungen, gelehrtes Wissen, Tiermetaphorik, Tierfabel:

ohsen krône zimt niht wol, noch in des zagen hant guot swert,
münches tanzen, nunnen hübescheit und affen zagel,
des meien rîfe und in dem ougsten starker hagel
mir selten wol behaget
ûz rîchen mundes lüge, und swâ den bern ein eichorn jaget.
(XV,12)

(Trägt ein Ochs die Krone und die Hand des Feiglings ein Schwert, das ziemt sich schlecht, / Mönchstanz, Nonnen-Hübschheit und des Affen Schwanz, / im Mai Reif und im August starker Hagel / behagen mir nicht, / [sowenig wie] die Lüge aus dem Mund eines Reichen und wenn den Bären ein Eichhorn jagt.)

Das Interregnum spiegelt sich in seinen späten Zeitklagen. Der letzte datierbare Spruch ist eine mahnende Begrüßung Konradins anläßlich seines Zuges nach Italien 1267 – ein melancholischer Abschluß staufischer Reichsdichtung.

Spätere Reichsgeschichte, nun weithin ein binnendeutsches Geschehen, erscheint – Frauenlob ausgenommen – nur noch sporadisch in der Spruchdichtung, vor allem gelegentlich um die Gestalt Rudolfs von Habsburg und seine Auseinandersetzung mit Ottokar von Böhmen. Überragend sind hier nur die bösartig-glänzenden Invektiven, die ein Schulmeister (Berufs- oder Fahrendenname?) von Esslingen gegen den König richtet. Drastisch wird dessen Geiz gebrandmarkt in einem Nieder-mit-ihm-Gedicht mit dem Beginn:

Wol ab, der küng, der gît iu niht;
wolab, er lât iuch bî im frezzen, hânt ir iht.
(KLD I)

(Pfui, der König gibt euch nichts, / pfui, er läßt euch bei sich [nur] fressen, wenn ihr etwas habt.)

Er stellt schnöde Betrachtungen über den habsburgischen Reichsadler an oder schildert, wie der König vergeblich mit Gott ums Himmelreich balgt, dann aber erfolgreicher mit dem Teufel um die Hölle konkurriert: „sie kriegent, wer der wirser (üblere) sî“ (KLD III). Das ist immerhin Publizistik mit Witz und Rasse. Der Wilde Alexander – ein Fahrendenname wohl etwa in der Bedeutung „weitschweifender Weltfahrer“ –, ein Alemanne aus dem späteren 13. Jahrhundert, führt unter den Spruchdichtern eine abseitige, aber faszinierende Stimme. Sein wenig umfangreiches Werk umfaßt die verschiedensten Formen: einen einfach gebauten stolligen Spruchton mit 24 Strophen wechselnden weltlichen und geistlichen Inhalts, darunter nur noch einen politischen Spruch, der in kühn kombinierter Tiermetaphorik die Ereignisse der Jahre 1285–87 (oder 1247–52?) zu nennen scheint (KLD II,4), dann einen weltlichen Leich, zwei Minnelieder, einen Minnespruch, ein prachtvolles dreistrophiges Weihnachtslied – die selten reine Nachbildung lateinischer Hymnik:

Herre got, dir sungen schône
hiute naht vor dîme trône
Cherubin unde Seraphin . . .

(I)

Schließlich zwei berühmte allegorische Lieder, die zur Reue und Wachsamkeit in drohender Endzeit mahnen. Das eine ist die zauberhafte „Kindheitsballade“, Weltklage als subjektiv wirkende Erzählung vom Kindheitsvergnügen in Wiese und Wald, das doch unheimlich gestört und abgebrochen wird durch die Warnungen eines „waltwîsers“ oder „waltwîsen“, die das Gedicht allegorisch durchsichtig werden lassen und dann ins Gleichnis von den zehn Jungfrauen hinüberführen (V); aus den Elementen zweier Vergil-Verse (*Eklogen* 3,92 f.) und ihrer traditionellen christlichen Deutung ist dabei ein neuer Bildzusammenhang entwickelt. Die energische Rhythmik des Wilden Alexander, der mit expressiven

Tonbeugungen arbeitet, seine klangliche Dichte und vor allem die eigenwillige Bildverfremdung zeigen sich in erster Linie in dem Zion-Spruch mit dem unerhörten Einsatz:

Sîôn, trûre:
dîn burcmûre
hât von schûre
und von winde manigen stôz.
dû nâch weine
dem ortsteine,
der al eine
dîne wende zesamene slôz . . .
(IV)

(Zion, traure, / deine Stadtmauer / erleidet von Hagel / und Wind manchen Stoß. / Weine du nach / dem Eckstein, / der deine Wände allein / zusammengehalten hat . . .)

Offen bleibt, ob hier nur das geistliche Zion (die Christenheit) aufgerufen wird oder auch der faktische Verlust Jerusalems oder des Heiligen Landes mitgemeint ist. Der dunkle, chiffrierende Stil des Wilden Alexander wird zum adäquaten Ausdruck endzeitlicher Stimmung.

Wie sich die provozierend verrätselte Spruchdichtung des Fahrenden mit einer souveränen Meisterschaft in der einst höfischen Gattung des Minnelieds verbinden kann, zeigt vor allem Konrad von Würzburg, dessen Könnertum auch im lyrischen Bereich unerreicht ist. Auch er pflegt den moralischen, persönlichen und religiösen Spruch und kann hier (z. B. 32,226) erlesene naturkundliche Reminiszenzen aufbieten und metaphorisch verwirrend durcheinanderflechten, nur um das banale Thema des Gehrenden vom „rîchen edelen schalk“ (d. h. dem reichen Geizkragen) abzuwandeln, in einem „gelehrten“ Gebilde, das wie ein Rebus zu entziffern ist. Doch vor allem sind es seine strophischen Lieder, in denen die Reduzierung der Aussage bis zur völligen Leere die Sprache des Meisters zu einer unerhörten klanglich-rhythmischen Virtuosität freigibt. Diese formalistische Entwicklung ist ja vor allem bei einer um ihre Funktion gekommenen Minnedichtung begründet. Wie die wenigen Vorstellungsbilder des hier fast zum eigentlichen Thema erweiterten Natureingangs sich in einem makellosen, wohllautenden Spiel der Klänge und rhythmischen Linien auflösen, das ist von einer gewichtlosen und vielleicht gerade darum auch etwas schwermütigen Schönheit:

Jârlanc vrîjet sich diu grüene linde
loubes unde blüete guot;
wunder güete bluot des meien ê der werlte bar.
gerner ich durch liehte bluomen linde
hiure in touwes flüete wuot,
danne ich wüete fluot des rîfen nû mit füezen bar.
mir tuont wê die küelen scharphen winde.
swint, vertânez winterleit!
dur daz mînem muote sorge swinde.
wint mîn herze ie kûme leit,
wande er kleiner vogellîne fröide nider leit.

(13)

(Von nun ist die grüne Linde / ledig Laubes und der schönen Blüte; / Wunderschönheit brachte des Maien Blüte einst der Welt. / Lieber ginge ich dieses Jahr nach hellen, zarten Blumen / durch die Flut des Taus, / als daß ich die Flut des Reifs mit bloßen Füßen nun durchschreite. / Mir tun weh die kühlen, scharfen Winde. / Schwinde, schlimmes Winterleid! / daß die Sorge mir aus dem Gemüte schwinde. / Wind hat mein Herz stets ungern gelitten, / weil er kleiner Vöglein Freude zugrunde richtet.)

Eine fast atemberaubende Reimkunst lädt das Gedicht mit einer Fülle innerer Echos und Korrespondenzen, ohne Gewalttätigkeit bei mühelosem Gang der Verse. Die Strophe zeigt ausgewogenen Stollenbau mit Vierer-, Sechser- und Achterzeilen in wechselnder Kadenz, mit angereimtem, auch metrisch entsprechendem Abgesang. Der rührende, aber nicht identische!, Reim wird systematisch durchgeführt (z. B. mhd. leit: „Leid", „litt", „legt"), in Verbindung mit grammatischem Reim (blüete/bluot), mit Alliterationen, Assonanzen, Halbreimen, Vorreimen. Vor allem verblüffen die kunstvollen Überkreuzungen (Schüttelreime) blüete/guot: güete/fluot: flüete/wuot: wüete/fluot usw. Dabei dehnt sich dieses Reimnetz auch noch auf die folgenden Strophen aus. Das ist haarscharf an der Grenze des Erträglichen, oft vielleicht auch jenseits davon; aber es ist dennoch ein Sprachtriumph ohnegleichen, gotisch-scholastische Variations- und Permutationskunst.

Im Werk Heinrichs von Meißen, wegen seines großen Marienleichs Frauenlob genannt, erfüllt sich bis auf weiteres die Kunst der „Meister". Was an artistischer Kühnheit, an prätentiöser Dunkelheit, an manieristischer Sprachquälerei und zugleich hoher Ahnung in den Spruchdichtern des 13. Jahrhunderts lebt, das kommt bei Frauenlob zu letzter Konsequenz. Das Problematische dieser Kunst gewinnt hier die deutlichste, überzeugendste Form und findet damit auf seine Art eine echte dichterische Lösung. Zugleich bezeichnet Frauenlob, der nach späterer Überlieferung in Mainz die erste Singschule begründet haben soll und von den Meistersingern als Ahnherr verehrt wurde, den Übergang zu einer neuen Tradition – auch wenn der Meistersang mit seinem Schul- und Zunftbetrieb erst viel später und auf einer sozial wie rangmäßig bescheideneren Stufe erscheint und sich von Frauenlobs Verwegenheit grundsätzlich unterscheidet.

Frauenlob ist wohl „bürgerlicher" Herkunft, in Meißen ausgebildet und frühreif hervorgetreten; er erscheint vor 1278 bei König Rudolf, dann am böhmischen Hof, bei einer Reihe von Herren Nord- und Mitteldeutschlands, in Schlesien, Kärnten und Tirol und verbringt seine letzten Lebensjahre in Mainz in der Nähe des Erzbischofs Peter von Aspelt, des früheren Leibarztes König Rudolfs und dann böhmischen Kanzlers. Auch seine Sprüche, in denen das persönliche Bitten und Gehren fehlt, belegen das Bild eines höfischen „Fahrenden". Frauenlob starb im November 1318 in Mainz; ein ungewöhnliches Grabmal am Dom und die chronikalische Nachricht von einem feierlichen Begräbnis scheinen seine hohe Geltung zu bestätigen. Das reich überlieferte Werk zählt neben einem Dutzend strophischer Lieder mehrere hundert Spruchstrophen in verhältnismäßig wenigen Tönen, oft in Dreiergruppen komponiert, und dazu drei Leiche, die heute seinen eigentlichen Ruhm bestimmen.

In den Sprüchen erscheint die ganze Breite spruchdichterlicher Verpflichtungen: der höfische Lobspruch, die politische und moralische Ermahnung, Betrachtungen über Frauen und Minne und vor allem die Geheimnisse des Glaubens. Stark tritt die Sorge um Fürsten, Adel und Hof hervor, ihre Ehre, ihre Tugenden und Pflichten, doch auch um den Platz der Pfaffen und der Bauern und weiter die Stellung des Menschen überhaupt im Kosmos einer großen sozialen Ordnung, die sich hier in typisch spätmittelalterlicher Art entfaltet. Der Minnedienst wird allgemeiner, ideeller auf das letztlich allegorische Wesen des Ewigweiblichen gerichtet, als den Inbegriff der göttlichen Schöpfung und des menschlichen Lebensglücks, wobei dafür ohne scharfe Grenze auch die Gottesmutter Maria oder dann (im Minneleich 4,2 unter Berufung auf Alanus von Lille) die Vrouwe Natura eintreten kann. Hier, im Blick auf die Ordnung und das Schöpfungswunder von Natur und Geschichte findet auch das gelehrte Element seinen Platz; es ist auch hier trotz beträchtlicher theologischer Bildung kaum als Wissenschaft zu verstehen, vielmehr als dichterisches Zeichen des Geheimnisses, als Anspruch des Künstlers auf Wahrheit.

Manche dieser Sprüche sind durchaus unauffällig, bedienen sich eines schlichteren, verständlichen Stils. Andere wieder schrauben sich nun in den verblüffendsten Aufwand geblümten Redens und dunkler Worthäufung hinein, zumal wo es um den Preis der Kunst, des Dichters geht:

> Gevîolierte blüete kunst,
> dîns brunnen dunst
> unt dîn geroeset flammenrîche brunst
> diu hâte wurzelhaftez obez
> gewidemet: in dem boume künste rîches lobes
> hielt wipfels gunst
> sîn list, durchliljet kurc.
>
> (VIII,26)

(Veilchenhafte Blütenkunst, / deiner Quelle Hauch / und dein rosig flammenreicher Brand, / die hatten tiefwurzelnde Frucht / erhöht: im Baume künstereichen Ruhms / hielt Gipfelrang / sein Können, lilienhaft erlesen.)

Diese Huldigung gilt dem verstorbenen „Kuonrât, helt von Wirzeburc", und sie bezeichnet einen klaren Stilzusammenhang – doch bleibt ein Unterschied zwischen Konrads gelassen-reifer Virtuosität und Frauenlobs erregter, wuchernder Manier.

Marienleich, Minneleich und Kreuzleich sind die anspruchsvollen, extremen Hauptwerke, die als „gewaltig lange und gewaltig großartige Stücke" nach dem Urteil der Fachleute auch in ihrer melodischen Kunst nicht ihresgleichen haben (Bertau). Ob sie in ihrer zeitlichen Abfolge auch, wie Bertau will, Aufstieg und Durchbruch einer genialen autonomen Kunst und darauf dann die resignierende Rückkehr zu einer lehrhaften, gemeinschaftlichen mittelalterlichen Kunst darstellen, muß hier offenbleiben. Das Marienlob ist dadurch ins Objektive gesteigert, daß die Gepriesene, in der Antwort auf den Anruf des Dichters, in überströmendem Monolog sich selber preist; in unerhörter Fülle werden die mariologischen Bilder und Prädikate gehäuft; die Hohelied-Allegorie wird einerseits zu gewagtesten erotischen Sensationen getrieben, anderseits erscheint Maria als Himmelskönigin und Erhalterin der Welt, triumphal, rauschhaft:

ich binz, aller himele mezzen:
swaz ir snelle hât besezzen,
wie gestecket in die firme
sint die sterne, daz ich tirme,
die sich werrent mit der irre;
înguz, wandel, naehe, virre
ich hân gehset allen spêren,
beide ir hemmen und ir kêren,
wîte, lenge, tiufe, hoehe
winkelmaezec. mîner lust sich niht empfloehe:
zal der dinge mit den sachen ligen in der hügede mîn.
(I,17)

(Ich bin's, aller Himmel Maß: / Was ihre Schnelligkeit ereilt hat, / wie ins Firmament gesteckt / sind die Sterne, das setze ich fest, / die sich mit der Irrfahrt wirren; / Einfluß, Wandel, Nähe, Ferne, / allen Sphären habe ich ihre Achse gesetzt, / ihr Hemmen und ihre Umkehr, / Weite, Länge, Tiefe, Höhe / nach dem Winkelmaß. Nichts entflöhe meiner Lust: / die Zahl der Dinge liegt mit den Ursachen in meinem Geist.)

Der Minneleich singt den Lobpreis der Frau im Bilde der Natura-Allegorie des „Alânus", ja feiert sie als Trinität (von meit, wîp und frouwe) und schließlich im Wirbel der abschließenden rhetorischen Fragen als Maria, „durch die man alle vrouwen êret". Der Vortrag erhebt sich stellenweise durchaus ins Hermetische, in erstaunlich kalkulierter Orgie der Sprache, so daß vollends nun die selbstgenügsame Akrobatik der Wörter und Formen sich vor jeden auszusagenden Inhalt schiebt. Der Dichter verstrickt sich in die Wortklänge und Assoziationen, die Raritäten des Vokabulars, kühne Neubildungen, Rätselmetaphern, rhetorische Figuren aller Art und läßt dadurch sein prunkvolles Werk, ja die eigene dichterische Person selber selbstherrlich werden.

Man kann beim heutigen Stand der Frauenlob-Forschung das Phänomen dieses Dichters kaum zureichend würdigen, und jedes Urteil wird von der grundsätzlichen Einschätzung eines so exzentrischen Manierismus abhängig sein. Frauenlob – „der künste koch", der „ûz kezzels grunde" schöpfen will, ist aber zweifellos nicht ein bloßes Kuriosum und ein verfrühtes Genie, sondern bleibt eine stellvertretende geschichtliche Figur: Dichterische Sprache ist hier nominalistisch, bis zu einem gewissen Grade autonom geworden; je nervöser und verspielter sie sich an ästhetische Reize und Experimente verliert, um so weniger kann sie eine geheime Sucht und Sehnsucht nach dem Namenlosen hinter dem inflatorischen Aufwand der Worte verleugnen – Frauenlob ist ein genauer Zeitgenosse des Meisters Eckhart.

## III. SITTENLEHRE: DIDAKTISCHE DICHTUNG

Wenn gnomische Dichtung in einfachen Formen zu jeder ursprünglichen Kultur gehört, so ist eine umfangreichere Lehrdichtung gerade auch für spätere und späte Phasen der Entwicklung bezeichnend, in denen nicht nur pragmatische Lebenserfahrung, sondern systematisierendes Denken und gelehrtes Wissen zum Zuge kommen. Neben der dichterischen Behandlung der Glaubensinhalte gewinnen die eigentlichen Fragen der Moral, „wie man zer welte solte leben“ (Walther), zunehmendes Gewicht, zumal diese Welt in einer ritterlichen oder auch höfisch-klerikal bestimmten Gesellschaft maßgebende Form gewonnen hatte. Darum verbinden sich in dieser Didaktik auf wechselnde Weise allgemein-menschliche Erfahrungsweisheit und biblische Lehre mit gelehrter Moralphilosophie antiken Ursprungs, ritterlicher Gesellschaftsethik oder satirischer Behandlung des allgemeinen Weltlaufs. Entsprechend vielfältig sind die Formen: Neben der sanglichen Spruchdichtung mit althergebrachter Gnomik, Streitgesprächen, Rätselketten usw. (vgl. z. B. den *Wartburgkrieg*) finden sich längere Lehrgedichte in Reimpaarversen wie die beliebten Minnelehren (zuerst in Hartmanns *Büchlein*) oder wie satirische Moral- und Bußgedichte (früh vertreten durch Heinrich von Melk). Dazu kommt die Erzählung, seien es lehrhafte Einlagen im höfischen Roman (so die „pädagogischen Provinzen“ im *Alexanderlied*, im *Tristan*, im *Parzival*), seien es Kurzerzählungen (Märe, Bîspel, Novelle) satirischen oder moralisierenden Charakters. Und schließlich erscheinen große lehrhafte Moralwerke verschiedenen Typs mit enzyklopädischem Anspruch.

Dabei gelten stets zwei mittelalterliche Voraussetzungen: daß die Tugend ein rationales „Wissen“ und darum lehr- und lernbar ist, und daß sie wie alles Wahre und

Gute würdiger Gegenstand dichterischer Darlegung und Erbauung sein kann, um so mehr, wenn sie anschaulich oder in reizvoller Form angeboten wird.

Ansätze und Übergänge werden zunächst markiert durch ein Werk wie den Winsbeke – ein ostfränkischer Herr von Windesbach (?) verfaßt um 1210–20 ein Lehrgespräch mit seinem Sohn in 56 Spruchstrophen über ein gottgefälliges und zugleich in der Welt ehrenhaftes Verhalten; dieser ursprüngliche Kern ist später durch stärker geistlich bestimmte Strophenreihen und die Ermahnungen einer Winsbekin an ihre Tochter erweitert worden. Etwas jünger sind drei heterogene Fragmente schlechter Erhaltung, in denen ein König Tirol und sein Sohn Fridebrant auftreten – eine dialogische Rätselfolge, ein Lehrgedicht seitens des Vaters und, unabhängig davon, Bruchstücke einer in gleichen schlichten Strophen verfaßten Erzählung um die beiden Figuren. Das Lehrgespräch zwischen Vater und Sohn (Lehrer und Schüler) war klassisch vorgebildet in den spätantiken *Disticha Catonis,* einer unter den Namen des älteren Cato gestellten pädagogischen Spruchsammlung, die in verschiedenen Formen zum Programm des mittelalterlichen Unterrichts gehörte und im 13. Jahrhundert auch eine deutsche Bearbeitung fand. Ebenso sind ein *Supplementum Catonis* und der *Facetus* (samt *Ars amatoria*) übertragen worden. Aus der größeren Zahl solcher Erziehungslehren oder Anstandsregeln (Hofzucht, Tischzucht) geringeren Umfangs verdient als ritterlicher Jugendspiegel der *Jüngling* eines Meisters Konrad von Haslau (Österreich, um 1280) Erwähnung. Die wichtigere und beliebtere Gattung der Minnereden oder Minnelehren findet vor allem im 14. Jahrhundert ihre allegorische Großform.

Eine bedeutende Sammlung von 15 Lehrgedichten, die – nach Maßgabe der darin erwähnten politischen Ereignisse – zwischen 1283 und 1299 in Österreich entstanden sind und ganz verschiedenen Umfang (50–1500 Verse) haben, geht unter dem unzutreffenden Namen Seifried Helbling; der Name des wirklichen Verfassers, der unter dem kleinen Adel Niederösterreichs zu suchen ist, bleibt verschollen. Der Hauptteil der Sammlung verwendet als Rahmen Gespräche zwischen dem Dichter und seinem Knappen, aber in wechselnder Situation und mit erzählerischen oder dramatischen Mitteln ausgestaltet; andere Einkleidungen liefern der Brief oder die Form der Allegorie. Durch solche Mittel der Veranschaulichung und durchwegs durch Schilderung konkreten Details und Bezug auf die geschichtlich-politischen Vorgänge in Österreich gewinnt die Zeitsatire Reiz und Farbe; sie ruft eine „realistische“ Wirklichkeit hervor, die auch abgesehen von der ideellen Tendenz Eigenwert hat – für den Dichter wie den Hörer. Die Klage ergeht über den Verfall des ritterlichen Lebens, an dessen große Zeit unter den Babenberger-Herzögen sich der Dichter erinnert, über Roheit und Betrug im Benehmen der „wintschaffenen“ Zeitgenossen, über vielfältige Entartungen des sozialen Lebens. Mit der neuen habsburgischen Macht hat er sich aber schließlich ausgesöhnt. Die Kritik erfolgt wie in der Spruchdichtung Hergers oder Walthers aus der Sicht des alten Mannes, der sich den ewigen Werten zuwendet, nicht zuletzt in der Anrufung der Gottesmutter. Zur selbständigen und eigenwilligen Haltung des Zeitkritikers paßt die Härte seiner kunstlosen Verse nicht schlecht.

Repräsentativer sind nun drei Werke des Jahrhunderts, die auf verschiedene Weise die Großform einer umfassenden Moral- und Lebenslehre verwirklicht haben, alle im Allerweltsvers des fortlaufenden Vierheberreimpaars. Von besonderem Anspruch ist das umfangreiche und runde, aus der ganzen Sorge eines engagierten Zeitgenossen erwachsene Lehrgedicht des Thomasin von Zerklaere, eines Adligen (de Cerclaria, Cerchiari) aus der Stadt Cividale in Friaul. Er hat zum Hof des Patriarchen von Aquileja (damals der frühere Passauer Bischof Wolfger) und damit auch der Markgrafschaft Friaul gehört, mindestens später im Rang eines Domherrn. Thomasin war nach Geburt und Bildung ein „Welscher" und offenbar auch in der provenzalischen Literatur bewandert; er schrieb sein Buch, das er als *Welschen Gast* bezeichnete, wohl zunächst für das deutschsprechende Publikum seiner Umgebung, und er erreichte jedenfalls mit heute rund 20 erhaltenen Handschriften vom 13. bis zum späten 15. Jahrhundert ein lebhaftes Echo in Deutschland.

Reizvoll kommentiert der Dichter laufend seine in winterlicher Klausur (1215/16) entstehende Arbeit und zieht eigene Erfahrungen aus Politik und Moral heran. Er steht offenbar von Amts wegen im spannungsreichen Kräftefeld kirchlicher und weltlicher, päpstlicher und kaiserlicher Politik und sucht klug und gerecht eine maßvolle Linie zu halten, nicht ohne dabei die einseitige antipäpstliche Spruchdichtung Walthers von der Vogelweide als verhängnisvoll zu beklagen. Den im engern Sinn höfischen Belangen widmet er, einleitend, den ersten der 10 Teile, zuhanden der adligen Jugend, von Ritter- und Minnelehre bis zur Tischzucht, und er gibt ihnen damit ihr relatives Recht, auch wenn er mit einer fast Hartmannschen Wendung den innerlichen Charakter echter Virtus betont:

niemen ist edel niwan der man
der sîn herze und sîn gemüete
hât gekêrt an rehte güete.
(3860)

Es folgt die allgemeine Lehre von den Tugenden und Lastern, von den Gütern und Übeln, zwischen denen der Mensch seinen Weg zur saelde zu gehen hat, nicht zuletzt auch gestützt auf Können und Einsicht, wie sie die Sieben Freien Künste, ferner Physica und Divinitas vermitteln (Wissenschaftslehre im 6. Teil). Grundbegriff Thomasins ist die „staete“ – basierend auf dem göttlichen Gesetz und dem „orden“ der Schöpfung, den nur der Mensch übertritt, und sich entfaltend als Beständigkeit, als Treue und vor allem auch als mâze, d. h. als ein der staete angemessenes Verhalten, dann auch als bescheidenheit (discretio, Unterscheidungsvermögen, Zurückhaltung) und schließlich als recht und milte. Durch die entsprechenden Laster wird das Spektrum nach der Gegenseite erweitert. Es gelingt kaum, diese Ethik in einem strengen Tugendsystem zu fassen. Thomasin arrangiert seinen Stoff gut mittelalterlich nach wechselnden Schemata, ganz abgesehen von der an sich vagen und weiten mittelhochdeutschen Begrifflichkeit und abgesehen von der Vielfalt der hier zusammenkommenden Traditionen. Denn Thomasin benützt die verschiedensten antiken und christlichen Quellen, über die üblichen Schulautoren hinaus, und greift auch zu zeitgenössischen Werken. So ist der *Welsche Gast* ein überaus eindrucksvolles Denkmal – allerdings mehr aufgrund seiner Umsicht und seiner staete als seiner doch ziemlich beschränkten sprachlichen Meisterschaft.

An Gehalt ungleich reicher und vielfältiger, in der Form pointierter und charaktervoller ist Freidanks *Bescheidenheit* – ein Schatz an Sittenlehre, der – ein halbes Hundert Handschriften bezeugt es – dem deutschen Mittelalter bis tief ins 16. Jahrhundert hinein teuer war und noch heute eine Fundgrube für die Spruch- und Sprichwörterforschung sowie für den Liebhaber herzhafter Formulierungen ist. Das Werk, das den ebenso intellektuellen wie moralischen Begriff des richtigen Urteilsvermögens im Titel trägt, ist nicht eine geschlossene Darstellung, sondern als Sammlung von (Sprech-)Sprüchen vermutlich im Lauf längerer Zeit zusammengetragen und auch nie zum Abschluß gekommen – denn die Überlieferung bietet sehr verschiedene Anordnungen des

Materials. Ob „Freidank" der sprechende Name eines Fahrenden war („der mit den freien Gedanken") oder der angestammte Name des aus Schwaben stammenden Dichters, bleibt offen; schon die Zeitgenossen haben das erste vermutet, wenn sie „Frigedanc" zitierten; der Dichter muß bald nach 1230 (er berichtet noch von seinen eigenen Erfahrungen im Heiligen Land, in das er auf dem Kreuzzug von 1228/29 kam) gestorben sein, vielleicht im Kloster Kaisheim, dessen Jahrbücher 1233 melden: „Fridancus magister moritur". Eine Sammlung von Sprüchen, Sentenzen, Sprichwörtern, kurzen Betrachtungen zu Menschen und Weltlauf, alles in den gleichen knappen Reimpaaren gefaßt, die teils einzeln, teils in größeren Folgen erscheinen und durch gemeinsames Stichwort sich zu Gruppen und Ketten verbinden. Das Verfahren ist solcher vom Konkreten ausgehenden und sozusagen pragmatisch auftretenden Erfahrungsweisheit angemessen. Das allgemeine Ethos ist die Haltung des „erfahrenen" zwischenständischen Fahrenden und Meisters (magister); damit steht Freidank durchaus auch in der Tradition der Spruchlyriker wie Herger und Walther, mit dem er sich gelegentlich berührt. Diese Spruchweisheit, so volkstümlich sie in ihren treffenden, unverblümten, knappen Formulierungen ist, hat aber zugleich nach Form und Geist ihre internationalen Quellen oder doch Entsprechungen; Altgermanisches und Alttestamentliches, antike und christliche Illusionslosigkeit sind oft schwer unterscheidbar. Der offenbar lateinisch gebildete Fahrende oder „Halbkleriker" (F. Neumann) Freidank hat seine Quellen somit wohl auch direkt in der Bibel, in antiken und mittellateinischen Sammlungen, abgesehen von allfälliger volkssprachlicher Tradition mündlicher und schriftlicher Art. Dabei ist der Übergang vom lebendigen Sprichwort (z. B. „Der Hunger ist der beste Koch", 124,17) zur sprichwortartigen Neuprägung, zur literarischen Sentenz und zum längeren Gedicht natürlich fließend. Großartig bleibt, wie sich hier nun in klarer, schlagender Volks- und Laiensprache so etwas wie ein allgemeines menschliches Grundwissen zusammengefunden hat.

Auch hier ruht die moralische Einsicht völlig im Glauben.

Got hêrre, gip mir, daz ich dich
müeze erkennen unde mich.

(180,8 f.)

„bescheidenheit“ (discretio) als höchste Tugend ist Erkennen und Anerkennen der eigenen Nichtigkeit vor Gott. Drastisch erscheint die natürliche Schwäche des Menschen:

swie schoene der mensche ûzen ist,
er ist doch inne ein boeser mist.

(21,25 f.)

Und die Unfaßlichkeit der Seele und ihres Schicksals:

hie enweiz ich selbe, wer ich bin.
got gît die sêle, der nem s'ouch hin.

(17,27 f.)

Der unbestechliche Blick auf das Menschliche bedeutet aber keineswegs Weltflucht: Gott und die Welt gilt es auch hier zusammen ins reine zu bringen (31). Die Wirklichkeit der Tugenden und noch mehr der Laster entfaltet sich in der scharf, aber auch wieder nachsichtig beobachteten Fülle der zwischenmenschlichen Beziehungen und in der Ordnung der Stände, wobei die ritterliche Ideologie keine Sonderstellung mehr hat. Politisch und satirisch wird Freidank in seinen Abschnitten über das Leben in Rom und Akers (Akkon) – Mittelpunkte der Welt, an denen in kulturgeschichtlich einzigartiger Schilderung die Hinfälligkeit („wâ sint si nû, der Rôme was?“, 148,21) und zugleich Hoffart, Betrug, Schande jeder Art hervortreten: „ze Rôme ist alles rehtes kraft / und alles valsches meisterschaft“ (153,8). Und Akkon, der eigentliche „tôdes grunt“, Ort des Verrats, der Geldgier und der Bosheit, bleibt doch zugleich der Zugang zum Heiligen Land auch im übertragenen Sinn:

Akers ist des lîbes rôst
und doch dâbî der sêle trôst.
(163,25 f.)

So bedenklich sich für Freidank, am Rande des Hochmittelalters, die geschichtliche Menschenwelt darstellt, so fest ist sie doch in seiner Frömmigkeit und fast zeitlosen Sicherheit des Wirklichen gehalten. Freidank blieb für Jahrhunderte die Verkörperung einer unbeirrbaren, redlichen, freimütigen und nüchternen Lebensweisheit.

Einen dritten Typus, die breite „bürgerliche“ Moralenzyklopädie, stellt Hugos von Trimberg *Renner* dar. Hugo, um 1230 im Bistum Würzburg geboren, war jahrzehntelang Lehrer und Leiter einer Stiftsschule in einer Vorstadt Bambergs und Verfasser mehrerer lateinischer und deutscher Schriften. Von seinen deutschen Werken ist nur das größte erhalten (gegen 25 000 Verse), in welchem sich der Dichter wie von einem Renner (Reitpferd) über Stock und Stein querfeldein tragen läßt. Das mächtige Werk, an dem er noch 1313 gearbeitet hat, ist im Groben geordnet nach dem gregorianischen Schema der sieben Laster (Todsünden), und es steht schon damit mehr im Zeichen einer Moralpredigt als einer positiven Tugendlehre. Leitmotivisch tritt dazu die Vorstellung vom allegorischen Tugendbaum – hier ein blühender, dann früchtetragender Birnbaum, dessen Früchte an verschiedenen Orten hinfallen und verderben oder Nutzen stiften. Im einzelnen freilich folgt die Anordnung weithin freier Assoziation oder willkürlicher Häufung. Durch zahlreiche Einlagen – Sentenzen,

Exempelerzählungen, Tierfabeln, Anekdoten, Beispiele aus Natur und Geschichte, ins Genrehafte ausgeführte Schilderungen menschlichen Verhaltens – wird der Gedankengang des Werks ganz unübersichtlich. Es ist schwer zu sagen, wieweit dabei innerhalb des universalen Rahmens pure Formlosigkeit regiert und wieweit sich hier die mittelalterliche Technik des Exkurses (digressio) als reizvolles und überraschendes Kunstmittel versteht. Dem Dichter geht es nicht mehr so sehr um die politische als um die bunte soziale Welt des Spätmittelalters, die er in der Ordnung der Stände, der Berufe, Altersstufen und Geschlechter entfaltet – ein Thema, das fortan in Predigt, Lehrgedicht und Schauspiel unermüdlich abgewandelt wird.

Swer wider sînen orden strebet
Und niht nach gotes willen lebet,
Wizzet der ist ein endecrist:
Waz ir denne leider ûf erden ist!
(4485 ff.)

Im Vordergrund stehen die drei Stände der Geistlichen, des Adels und der Bauern; das Bürgertum erscheint kaum im Sinn einer selbstbewußten Einheit, aber in der Fülle seiner beruflichen Aufgliederung und vor allem auch ausführlich mit einem sozusagen bürgerlichen Laster, das aber, nicht zuletzt nach der Meinung des Dichters, auch Geistliche und Ritter korrumpiert hat: die gîtigkeit, die Habgier (vgl. 4385 ff.). Selbständige Wertbereiche der höfischen Welt, wie die Minne oder das Waffenhandwerk, werden kaum mehr als solche anerkannt, und entsprechende Skepsis gilt den Lügen der Dichter in Artusroman und Heldenepik. „Bürgerlich" kann der *Renner* aber wohl vor allem auch heißen im Sinne einer vielfältig lehrhaft und selbstsicher durchdrungenen Ordnungswelt, die vom Schulmeister wortreich und behaglich dargestellt ist. Der unterhaltsame

Sittenspiegel zeugt von einer recht unproblematischen Lebenssicherheit. Das gilt, auch wenn die Unterscheidung von Gut und Böse selbstverständlich auch hier durchaus im Blick auf die Ewigkeit und das kommende Weltende erfolgt und so etwas wie ein pädagogisch bedingter Dualismus herrscht. Die Popularität des *Renners* bis tief in die Neuzeit hinein beruht wohl darauf, daß hier der Leser ein anspruchsloses und unterhaltendes Panorama besaß, mit dem er sich seiner eigenen moralischen und sozialen Stellung versicherte (rund 60 Handschriften und Bruchstücke, Druck 1549).

## IV. WANDLUNGEN DER GROSSERZÄHLUNG

Bis ins 14. Jahrhundert hinein hat die geschichtliche, legendarische oder romanhafte Großerzählung, wie sie vom 12. Jahrhundert ausgebildet und dann zu beispielhafter, „klassischer" Form gebracht worden war, lebhafte Nachfrage. Die Fülle zu gliedern, aber auch bei den eingeebneten Niveauunterschieden und der Unsicherheit der Maßstäbe die Werke zu werten, ist schwierig; wir versuchen eine Kombination gattungsmäßiger mit chronologischer Ordnung der Werke, nehmen aber den bedeutenden Fall eines vielgestaltigen Gesamtœuvres (Rudolf von Ems) für sich heraus.

Es handelt sich zunächst, nach Publikum und Ideologie, um Werke für eine höfische Laienwelt, auch wenn sich nun unter den Bestellern und Lesern deutlicher auch Stadtadel und bürgerliches Patriziat finden. Stofflich kommt manches aus vorhöfischer Erzähltradition noch und wieder zur Geltung, doch ist das stilistische Vorbild der höfischen Klassik meistens verbindlich, oft genug auch im Sinn unmittelbarer und bewußter Imitation; doch auch der Bestand der arturisch-ritterlichen Dichtung wird erweitert, ergänzt und neugeformt. Wenn der in verschiedenen Graden sich zeigende neue Charakter immer wieder als „bürgerlich" bezeichnet werden kann, so meint dies zunächst eher eine geistig-stilistische als eine soziologische Bestimmung. Entscheidend ist dabei ein unmerklicher Verlust an Transzendenz und strenger ideeller Führung des Erzählgeschehens – zugunsten einer größeren Konkretion, einer aufdringlicheren und undurchdringlicheren „Wirklichkeit". Der Erzähler wird, in verschiedener Mischung, zum Lehrer, zum Handwerker, zum Unterhalter. Soweit einzelne Autoren deutlicher hervortreten, verfügen sie, mehr oder weniger von Berufs wegen, über ein größeres und vielfältigeres

Repertoire, wie ja nun überhaupt an deutschen, französischen und lateinischen Beständen so viel wie noch nie verfügbar und verwendbar geworden ist. Kompilation verschiedenartiger Motive, Handlungstypen, Gattungen wird häufig, Kompilation auch zu großen Sammelwerken. Der Geist ritterlicher Aventiure tritt zurück, oder besser: er verliert sich einerseits im gewichtlos Märchenhaften oder Phantastischen, oder es kommen anderseits neue Sicherungen der Existenz ins Spiel: Lehre, Wissen, „Stoff", bunte Episodik, enzyklopädische Tendenz. Der Roman hat die Neigung, sich wieder ins Historische oder Legendarische, d. h. die Wiedergabe faktischer oder kirchlicher Realität zu verwandeln. Das Lehr- und Bildgut der Kirche ist jedenfalls mehr als je auch im Bewußtsein und im Bücherschrank des Laien allgegenwärtig. Die Erzählform, die der neuen Lage aber vielleicht am meisten entspricht, ist die kurze Geschichte, weil sie dem Wirklichen nicht in Konstruktionen und Synthesen nachgeht, sondern in der undurchdringlichen, aber gerade dadurch schlagenden Konkretheit des Einzelfalls. Die Sprachform schwankt denn auch in diesem Jahrhundert zwischen den Extremen eines dunkeln Manierismus und einer knappen, treffsicheren Direktheit.

## 1. Geschichts- und Geschichtenerzähler

Geschichte – das ist zunächst immer noch Weltgeschichte und insbesondere römische Reichsgeschichte, und vorab sind es die großen symbolischen Höhepunkte Troja, Aeneas, Alexander, Karl der Große, welche Gegenstand des historisch-literarischen Interesses bleiben. Während die Gründung Roms in der deutschen *Aeneis* des Heinrich von Veldeke ihre klassische Romantisierung für das deutsche Mittelalter gefunden hatte, wurde das vorhöfische Werk um Karl den Großen, Konrads *Rolandslied,* bald nicht mehr als zeitgemäß empfunden. Der Stricker, der uns noch als Verfasser eines Artusromans und vor allem als epochemachender Erzähler neuartiger Kurzgeschichten begegnen wird, hat zu Beginn seines Schaffens, 1220 ungefähr, eine Modernisierung des *Rolandsliedes* vorgelegt, die dann in zahlreichen Handschriften der eigentliche Träger der populären Karls-Überlieferung wurde und das echte Lied verdrängte. Das Werk entstand vielleicht im Zusammenhang mit der Wiederaufnahme des staufischen Karlskults in Aachen (1215) oder dessen Begründung in Zürich (1233); entsprechende deutsche Reichsgesinnung drückt sich in manchen Wendungen aus. Die Überarbeitung der Vorlage ist weithin formal, sprachlich-metrisch, aber auch in der Darstellung glättend und mäßigend, verritterlichend, ergänzend, rationaler, womit die Strenge und Härte des alten Blockstils natürlich schwindet. Die Hinzufügung einer kurzen Jugendgeschichte und manche Ergänzungen im Detail – nach unbestimmten Quellen – zeigen die Tendenz zum biographischen, legendarisch-romanhaften Werk über Karl (statt Roland).

Ein Jahrhundert später (die Datierungen schwanken vom Anfang bis zur Mitte des Jahrhunderts) entsteht der *Karlmeinet* (Carolus magnitus, der kleine Karl der Große), eine Riesenkompilation von 35000 Versen, bestehend aus der romanhaften Jugendgeschichte („Karl und Galie“, d. h. Flucht des jungen Karl nach Spanien, siegreiche Rückkehr, Heirat mit der heidnisch-spanischen Prinzessin Galie), dann dem Text von „Morant und Galie“, ferner einer legendarisch-novellistischen Erzählung („Karl und Elegast“), der Ronceval-Schlacht nach der Fassung des Strickers sowie historischen Verbindungs- und Abschlußpartien nach lateinischer Chronistik. Das mittelfränkische Werk ist im Raum von Köln und Aachen entstanden; wieweit niederländische Vermittlung im Spiel war, ist strittig. Die weitere Karls-Literatur mit Chroniken und vor allem Legenden

(*Legenda aurea*, *Passional*), aber auch mit lokalen Überlieferungen sagenhafter Art, wo an verschiedenen Orten Oberdeutschlands das Gedächtnis des heiligen Karl fortlebte, ist hier nicht weiter zu verfolgen. Daß im übrigen auch Dichtungen zur jüngeren Reichsgeschichte lebendig blieben, beweist eine neue, höfische Fassung des *Herzog Ernst* (D, mitteldeutsch um 1280), welche man (H. F. Rosenfeld) schon dem Prager Hofdichter Ulrich von Etzenbach zugeschrieben hat.

Reicher ist das Fortleben der Alexander-Geschichte, die ja von den großen geschichtlichen Stoffen zuerst ihre deutsche Bearbeitung gefunden hatte. Sie hat in mannigfachen Aspekten auch die volkssprachlichen Leser weiterhin fasziniert – Alexander war ja nicht nur der Krieger und Herrscher, sondern auch der Inbegriff der Vergänglichkeit menschlicher Größe und der Held eines Reiseromans bis an die Grenzen der Welt.

Während Lamprecht in der Gestalt der späteren Bearbeitungen und Erweiterungen fortexistierte, entstanden weitere Werke aufgrund auch anderer Quellen. Verloren und nicht mehr bestimmbar sind die Dichtungen zweier Gewährsleute, die Rudolf von Ems nennt, eines Berchtolt von Herboltsheim (vor 1218) und eines Biterolf. Das Werk des Rudolf von Ems selbst (um 1235–50) ist trotz mehr als 21 000 Versen nur etwas über die Hälfte gediehen und Fragment geblieben. Rudolf hat sich lange bemüht,

wie ich diu maere vunde
wie der tugentrîche
Alexander wunderlîche
wunders ûf der erde hie
mit wunderlîcher kraft begie.
(70 ff.)

Im „wunder“ und in der „wârheit“ sucht er aber vor allem reales, weltgeschichtliches Geschehen; der legitime

Erzählstoff ist ihm ein quellenmäßig belegbares Stück Historie, und im übrigen begreift er den „tugentrîchen“ Alexander eindeutig als Vorbild und Erfüllung aller ritterlichen und fürstlichen Qualitäten. Bezeichnend für diese Haltung ist die Benützung ergänzender Quellen, vor allem des römischen Historikers Quintus Curtius Rufus; für die Fürstenunterweisung (V. 1423–1830) kommt dazu das vergilisch heroisierende Epos Walthers von Châtillon (*Alexandreis*, 1182), das auch in Deutschland hochgeschätzt war. Daß Rudolf nicht mehr zu den orientalischen Abenteuern kam, läßt seinen Willen zur authentischen Geschichte und zum Fürstenspiegel erst recht hervortreten.

Die *Alexandreis* bildet die Hauptquelle und das Vorbild Ulrichs von Etzenbach, der in den Jahren 1271–86 die mächtigste deutsche Alexander-Dichtung schuf (28 000 Verse). Das Werk ist für König Ottokar II. von Böhmen und nach dessen Tod „ze êren“ Wenzels II. geschrieben, eine höfische Ausmalung und in mancher Hinsicht auch wieder Romantisierung des Stoffs, aber durchaus im Hinblick auf die aktuelle, reale höfische Wirklichkeit seiner Gönner und Herren am böhmischen Hof, ähnlich wie sein späterer Roman von *Wilhelm von Wenden* (vgl. S. 475).

Alexander bleibt auch später populär: Eine neue Nachdichtung der *Historia de proeliis* verfaßt um die Mitte des 14. Jahrhunderts in Österreich ein gewisser Seifrit; um 1390 entsteht der (Wernigeroder) *Große Alexander* (Alexander der Große) nach einer lateinischen Versifikation der *Historia* durch Quilichinus von Spoleto, worauf im 15. Jahrhundert verschiedene Prosafassungen folgen, darunter der große Erfolg des Johannes Hartlieb.

Daß die Geschichten um Troja, die als Nachrichten vom Ursprung der Römer oder anderer abendländischer Völker oder von der heroischen Zeit des Rittertums interessierten, bei Herbort von Fritzlar keine gültige Darstellung gefunden hatten, wurde bereits erwähnt. Es war dann Konrad von Würzburg, der sich des Stoffes annahm, doch hinterließ er seinen *Trojanerkrieg* unvollendet 1287. Seine neue, fast uferlose Bearbeitung (40 000 Verse) – aufgrund der französischen Vorlage schon Herborts, mit Ergänzungen nach Ovid und Statius – wurde zu Ende geführt von andern und lange gelesen. Konrad leistete mit seiner glänzenden Verskunst die bislang noch kaum vorhandene höfische Fassung, unter stofflicher Erweiterung vor allem der Vorgeschichte, mit lehrhaften oder dekorativen Ausmalungen aller Art und mit besonderem Sinn für die Psychologie der Minne.

Der ebenfalls umfangreiche, nur in einer einzigen Göttweiger Handschrift des 15. Jahrhunderts überlieferte Trojanerkrieg stammt von einem primitiven alemannischen (schweizerischen?) Dichter frühestens aus der Zeit um 1300, der sich mit Wolfram von Eschenbach identifiziert, nach nicht genau bestimmbaren lateinischen Quellen arbeitet und im übrigen seine homerischen Vorgänge mit Motiven aus der Artusdichtung versetzt. Er beginnt sein Werk erfrischend direkt und volkstümlich – es geht um den bösen Traum der Hekuba:

Ecuba vil sorgen pflag,
Da si bi hertze liebe lag
An Priamo, ierem werden man.
Gros wunder tuwingen do began
Das wunderschönne süsse wib ...

Das 15. Jahrhundert bringt auch hier eine Reihe von Prosabearbeitungen (Volksbücher) des nach wie vor unentbehrlichen Stoffes.

Neben solchen in einem unmittelbaren Sinn als Welt- und Heilsgeschichte verstandenen Stoffen hatte schon die *Kaiserchronik* oft nur als Rahmen, als heilsgeschichtliche Legitimation für die verschiedenartigsten novellistischen, romanhaften oder legendarischen Geschichten gedient; nicht viel anders, aber in sehr viel gelockerterer Form stellte die lateinische Sammlung der *Gesta Romanorum* Novellen, Anekdoten, Exempla unter dem Sammelbegriff römischer Reichsgeschichten zusammen (älteste Handschrift 1342, doch einige Zeit früher vermutlich in England entstanden). Wenn irgendwo, kommen wir hier wie in der *Kaiserchronik* in die Tradition eines abendländischen Erzählgutes antiken und antikorientalischen Ursprungs, nicht zuletzt auch des spätgriechischen Romans, dessen Elemente sich früh hatten christianisieren, ja zur legendarischen Verwendung umfunktionieren lassen. Wie schon im 12. Jahrhundert, so sind wir auch im 13. in einem Bereich, der nicht von Hause aus höfischen (arturischen) oder streng geschichtlichen Charakter hat; doch führen von hier dennoch die Linien zu den verschiedensten Erzählformen: zum spielmännischen Legendenroman, zu höfischem Roman, Geschichtsdichtung und Legende. Als gemeinsamen Nenner könnte man den mittelmeerischen Schauplatz und die moralisch oder religiös erbauliche Tendenz bezeichnen.

Die *Kaiserchronik* erzählt vom Sieg des oströmischen Kaisers Heraklius über den Perserkönig Cosdras (Chosrau II., den letzten Sassaniden) und von der Rückeroberung des aus Jerusalem geraubten heiligen Kreuzes. Ein thüringischer (?) „gelêrter man", Meister Otte, widmet diesem *Eraclius* eine fromme und schlichte Erzählung, frei nach dem Französischen des Gautier von Arras. Wenn der schöne Gebetsprolog an Gott und den Heiligen Geist, der an Wolframs *Willehalm*-Prolog erinnert, wirklich ursprünglich ist, so fällt die Entstehung nach 1217, doch ist die übliche Datierung 1203–10. Im vorliegenden Roman geht es nur am Schluß um die Kreuzgewinnung und den Sieg über Cosdras; vorher vernehmen wir die wunderbare Kindheitsgeschichte des

Helden im Stil eines Legendenromans und eine gewagt-rührende Liebes- und Ehebruchsangelegenheit der Kaiserin Athenais.

Vergleichbar ist der fragmentarische Roman von *Athis und Prophilias*, um 1215 nach einer französischen *Estoire d'Athènes* frei gearbeitet, in rhetorisch geschulter Sprache. Zugrunde liegt eine ursprünglich orientalische Erzählung von rührender Freundschaft: Der Athener Athis überläßt seine eigene Frau dem Freunde Prophilias aus Rom, der von tödlicher Liebeskrankheit zu ihr ergriffen ist; zur Vergeltung rettet Prophilias den Athis vor einem falschen Mordverdacht und dem Tode. Schließlich folgt die Geschichte von Gayte, die dem Athis angetraute Schwester des Prophilias, und von Kämpfen um Theseus von Athen. Locker komponierte Elemente auch hier, wie im *Eraclius*, aber ebenso gläubig bezogen auf den Hintergrund antiker Geschichte.

Die *Gute Frau*, in der ersten Jahrhunderthälfte von einem Alemannen nach einer vielleicht mündlich übermittelten französischen Quelle verfaßt, verbindet eine ritterliche Minnegeschichte mit der Legende von freiwilliger Weltentsagung des Ritters und seiner edlen Frau (Eustachius), sowie mit der romanhaften Motivik von getrennten und wiedervereinigten Familiengliedern; das Ganze wird am Anfang und am Schluß vorgestellt als ein Stück Frühgeschichte des Geschlechts „von künec Karle". Abgesehen von der ritterlichen Einleitung repräsentiert diese Mischung einen trivialen Typus, der von der christlichen Spätantike an über Chrestiens von Troyes *Wilhelm von England* bis zum Volksbuch des 16. Jahrhunderts (*Magelone*) und noch zu Grimmelshausen (*Dietwalt und Amelinde*) lebendig war.

Jünger, aber zeitlich, lokal und quellenmäßig nicht genau bestimmbar ist der Roman von *Mai und Beaflor*. Hier ist, wie in der Crescentialegende der *Kaiserchronik*, die unschuldig verfolgte edle Frau und

Gattin – die Tochter des Königs von Rom – die Heldin einer dramatisch-bewegten und bewegenden Familiengeschichte mit Happy-End.

Im 13. Jahrhundert bedeutet wohl jede Modernisierung eines älteren Erzählstoffs den Versuch, ihn ritterlicher oder gar höfischer zu machen; diese Aktualisierung und Anverwandlung ans geltende Ideal betrifft nicht nur die Helden der Sage, des Romans und der Geschichtsdichtung, sondern auch der Legende. Wenn schon Hartmann und Wolfram (*Willehalm*) „ritterliche Legenden" schufen, so war es gerade der Sinn dieses Unternehmens, die innere Spannung oder Widersprüchlichkeit von höfischem Ritter und Heiligem zu exponieren und zu lösen. In den Jahren 1231–36 hat der oberpfälzische Dichter Reinbot von Durne (Dürne) im Auftrag des bayrischen Herzogs Otto II. das Leben des *Heiligen Georg* ausführlich erzählt. Auch er spricht im Prolog zunächst von der Aufgabe, „werdeclîchez leben" auf Erden mit dem Streben nach der Himmelskrone zu vereinen, doch entfaltet er das Problem kaum. Er erzählt nach französischer (?) Vorlage die ritterlich-kriegerischen Verdienste des Markgrafen Georg von Palästina im Kampf mit den Sarazenen und das komplizierte Martyrium Georgs unter Kaiser Diokletian, im besondern durch den Heidenkönig Dacian, dessen Frau er zum Christentum bekehrt hat: im Umriß gleich wie schon das althochdeutsche *Georgslied*, also auch hier ohne das Motiv des Drachentöters. Hartmann und Wolfram liefern die Sprache und manches Motiv, aber nicht viel mehr. Es ist schwer zu sagen, wieweit hier erbauliche Oberflächlichkeit vorliegt etwa im Sinn der spielmännischen Legendenromane, wieweit der christliche Ritter und der höfische Heilige seit einer Generation selbstverständlich geworden sind – Georg verbürgt als eigentlicher Ritterheiliger von vornherein diese Fraglosigkeit.

Erst zu Beginn des 14. Jahrhunderts tritt der spätantike

Roman unmittelbar in direkter deutscher Bearbeitung auf und wird damit die erstaunliche Kontinuität einer oft unterirdisch verlaufenden Tradition der griechisch-lateinischen Trivialerzählung deutlich. Die *Historia* von *Apollonius von Tyrus*, die im Zusammenhang mit *Ruodlieb* zu nennen war, hatte im Mittelalter lateinische Fassungen in Vers und Prosa gefunden, aufgrund der allein erhaltenen alten lateinischen Prosa. Der Wiener Arzt Heinrich von (Wiener) Neustadt (urkundlich 1312 genannt), ein vielfältig interessierter und belesener Mann, hat neben einer größeren geistlichen Dichtung einen deutschen *Apollonius von Tyrland* im stattlichen Umfang von über 20000 Versen hinterlassen. Wenn schon der alte Roman, den er im ersten und letzten Teil wiedergibt, das bunte Repertoire einer unfreiwilligen Abenteuerfahrt, Episoden mit Räubern, Scheintod, Freudenhaus und andern erotischen Gefahren, mit Täuschungen und überraschendem Sichwiederfinden und selbst die Beförderung des Helden zum römischen Kaiser bringt, so hat Heinrich von Neustadt den Mittelteil mit einer großen Menge verschiedenartiger Episoden aus andern Quellen (Samuel Singer hat sogar byzantinische Erzählungen vermutet) oder aus eigener Erfindung bestritten. Diese Fülle findet zwar zur Not Platz in einer biographischen Erlebniskette des Haupthelden, besitzt aber ihre Raison schließlich doch nur im Aufreihen und Häufen des „Stofflichen“ und der sozusagen ornamentalen Variation der Motive – man verfehlt den Reiz eines solchen Werks, wenn man an ihm ideelle Führung und Integration vermißt. Heinrich schreibt im Sinn dieser extravertierten Haltung einen handfesten, anschaulichen Stil voller eingefügter Informationen und Reminiszenzen. Man hat ihm zugleich „Lüsternheit“ und „starke Religiosität“ attestiert (Singer), was sich im Rahmen dieser bürgerlich-fraglosen Wirklichkeit nicht zu widersprechen braucht.

Etwas älter ist ein weiteres Werk dieser Gruppe, das unmittelbar der *Guten Frau* entspricht: der *Wilhelm von Wenden* ist das zweite Werk des böhmischen Hofdichters Ulrich von Etzenbach, um 1290 nach unbekannter Vorlage entstanden. Der heidnische Herrscher, vom Namen Christi berührt, bricht mit seiner Frau Bene zur Pilgerfahrt auf; nach der Zerstreuung seiner Familie und vielen Episoden im Heiligen Land, wo Wilhelm getauft wird und gegen die Heiden kämpft, folgt der große Anagnorismos, neues Glück auf dem Thron und am Schluß der Gang ins Kloster. Neu ist der unmittelbar deutliche Bezug des Werks auf seine höfischen Adressaten, nämlich auf König Wenzel II. und seine Gemahlin Guta (Bene), die sich in der Geschichte um Wilhelm, den Bekehrer des Wendenlandes (Böhmen), gespiegelt finden sollen, vielleicht sogar samt bestimmten politischen Bestrebungen. Die ritterliche Legende wird, im Ausgleich höfischer und christlicher Ideale, zum Fürstenspiegel und historisch-politischen Roman.

## 2. Schicksale des höfischen Romans

Die Werke der eigentlichen ritterlichen „Romantik" büßen seit dem dritten und vierten Jahrzehnt an Verbindlichkeit ein – die Matière de Bretagne ist nun verfügbar wie andere Erzählwelten auch, sie hat sozusagen den geistigen Abenteuerwert eingebüßt, und so können sich stärker die historisierenden, heroischen oder geistlichen Tendenzen anderer Gattungen einmischen. Während – für unser Urteil jedenfalls – das ideelle Element und die persönliche Verantwortung des Dichters zurücktreten, sucht man zunächst das Inventar zu vervollständigen, indem man Unvollendetes fertigstellt, Überkommenes modernisiert und beliebte Stoffe nach vorwärts oder rückwärts zyklisch ausdehnt (aufgrund der jeweils erreichbaren französischen Vorlagen oder aufgrund eigener Kombination), und schließlich kann man auch versuchen, in eigener Regie zu wirtschaften.

Zunächst die Auseinandersetzung mit den klassischen Werken Gottfrieds und Wolframs. Auf Aufforderung des Schenken Konrad von Winterstetten, der zum „spätstaufischen Kreis" König Heinrichs VII. gehört, und unter dem Beifall Rudolfs von Ems hat Ulrich von Türheim (aus der Nähe von Augsburg) es um 1230–35 unternommen, Gottfrieds großes Fragment zu ergänzen, das heißt im wesentlichen: die verhängnisvolle Geschichte von Tristans Ehe mit der zweiten Isolde zu erzählen. Er tat dies auch kurz und bündig (3700 Verse), indem er Eilhart benützte und unter Kürzung um einige Episoden auf Gottfried abstimmte; das Liebespaar feiert er nur distanziert als Opfer des Liebestranks, er bekundet seine Sympathie mit der betrogenen Gattin, verweilt etwas bei den verfänglichen Szenen und beeilt sich im übrigen, alles dem erlösenden Gott anheimzustellen: König Marke stiftet zu Ehren des armen Paares verzeihungsvoll ein reiches Kloster, in dessen Münster das Wunder von Rose und Weinrebe einen prächtigen architektonischen Rahmen findet. Anspruchsvoller und mit über 30 erhaltenen Handschriften erfolgreicher war später Ulrichs *Rennewart* – nach Jacob Grimm ein „unbeschreiblich langweiliges Gedicht" von 36 500 Versen. Anschließend an Wolframs *Willehalm* wird aufgrund französischer Gesten, die Thematik des Hauptwerks variierend, das Schicksal Rennewarts und seiner Gattin Alise, dann ihres Sohnes Malifer und schließlich gar noch ihres Enkels Johannes erzählt, sozusagen im Rahmen einer Familiengeschichte; am Schluß treten auch Willehalm und Kyburg nochmals hervor, das ins Kloster gehende heiligmäßige Paar, dessen Fürbittekraft speziell für Ritter ausführlich empfohlen wird. Neben diesem Moniage, dem auch Rennewart anheimfällt, herrscht wieder der massive alte Stil im Umgang mit den Heiden. Malifer meint zu seinem Sohn:

wir suln noch vil gestriten
mit den vervluohten heiden.
ez wirt noch von uns beiden
ertoetet manec Sarrazin.
(33 072 ff.)

Wolframs *Willehalm* bedurfte aber auch einer Vorgeschichte, denn Wolfram hatte sich auf das Werk eines Zyklus gestützt, das handlungsmäßig in sich nur notdürftig geschlossen war. Der Kärntner Ulrich von dem Türlin, wohl bürgerlicher Herkunft, hat nach der Jahrhundertmitte, aus engster Kenntnis Wolframs heraus, die Frühgeschichte Willehalms am Kaiserhof, seine Gefangenschaft bei den Heiden und seine Entführung der Königin Arabele-Gyburg erzählt, wobei er sich offenbar ganz nur auf die im *Willehalm* gegebenen Hinweise stützte. Die Widmung einer Bearbeitung des Werks an König Ottokar von Böhmen weist auf einen eigentlichen Schwerpunkt dieser späten ritterlichen Literaturpflege in Böhmen hin (vgl. Ulrich von Etzenbach und Heinrich von Freiberg). Wie sehr das Bedürfnis nach zyklischer Folge herrschte, zeigt die Tatsache, daß das Werk handschriftlich auch zusammen mit dem *Willehalm* Wolframs und dem *Rennewart* des Ulrich von Türheim überliefert und schließlich in einer einheitlichen Prosa des 15. Jahrhunderts bearbeitet wird; daneben geht es auch in Weltchroniken über.

Daß des Türheimers *Tristan* auch den späteren Generationen nicht genügte, kann die zweite „Fortsetzung“ zeigen, die Gottfrieds Werk nun um 1290 erfuhr. Heinrich von Freiberg (in Sachsen), bürgerlicher Herkunft, auch als Verfasser mindestens zweier weiterer, kleinerer Werke am böhmischen Hof hervortretend, hat die Isolde-Weißhand-Geschichte mit Hilfe Eilharts und auch Ulrichs von Türheim nochmals und ausführlicher erzählt. Es geschieht nun sehr hübsch und liebenswert, im gewandten, lebhaften Stil spätritterlicher Gotik, mit Sinn für galante, bildhafte, erbauliche Seiten des Stoffs. Um eine Wiederaufnahme Gottfriedischer Hintergründigkeit kann es auch hier nicht mehr gehen. Daß der stark zyklisch-novellenhaft geartete Tristan-Stoff wie einst bei Marie de France auch jetzt noch episodische Seitentriebe hervorbrachte, beweist eine wenig erfolgreiche Erzählung von *Tristan als Mönch* (um 1260?, de Boor), die in 2 Handschriften das Corpus Gottfried–Ulrich ergänzt.

Größere Entwicklungsmöglichkeiten als die Chansons de geste oder der *Tristan*-Roman boten natürlich die eigentlichen Artusromane. Chrestien und einige seiner Zeitgenossen, vor allem aber auch Fortsetzer und Kompilatoren schufen eine schon bald inflationäre Welt abenteuerlichen Ritterwesens, die international und für Jahrhunderte, mit *Amadis* und den Epen Ariosts bis tief in die Neuzeit hinein, lebendig war. Daß ihre gewichtlose Phantastik jeder Verwilderung Vorschub leisten konnte, ist kaum zu bestreiten, doch mag man dieser leicht beweglichen Zauberwelt auch dort, wo die „tragende Idee" verschwunden ist, echte Funktionen zubilligen.

Von Chrestiens Werken selber harrt in Deutschland der Lancelot-Stoff vorläufig noch auf seine Stunde, trotz Ulrich von Zezikon. Der *Cligés* fand zwar deutsche Bearbeitungen, doch sind sie verloren: so ein *Clîes* des *Flore*-Dichters Konrad Fleck ganz und ein Frühwerk des Ulrich von Türheim bis auf einen kärglichen Rest.

Im Vordergrund stand zunächst, von Hartmanns *Iwein* und Wolframs *Parzival* her den Deutschen geläufig, die Figur Gawans; wie verwirrend die Lage war, geht aus der Tatsache hervor, daß Chrestiens kühner Doppelroman (*Perceval*) unvollendet blieb und verschiedene Fortsetzungen fand, wobei ja auch das Quellenrätsel von

Wolframs deutscher Vollendung noch ungelöst ist. So bietet das Unternehmen eines gewissen Heinrich von dem Türlin, der zwischen 1215 und 1230 ein umfangreiches Artus- und Gawan-Werk dichtete, mindestens stofflich großes Interesse. Heinrich – wohl ein Verwandter des *Willehalm*-Dichters – bezeichnet seinen neuen Großroman als eine Krone, die er zu Ehren der edlen Frauen geschmiedet und mit vielen Edelsteinen geschmückt habe: *Der âventiure Crône.* Es ist ein handfest verfertigtes Gebilde aus einer Artus-Handlung (Artus und der Entführer seiner Gattin Ginover, eine Art Replik zu Partien des *Lancelot*) und dann vor allem einem verwickelten Gawein-Roman, wobei Gawein als idealer Kämpfer und Frauenritter unter vielem anderm auch zweimal zum Gral gelangt. Das „exemplar", auf das sich Heinrich beruft, scheint in Wirklichkeit aus einer Reihe französischer und deutscher Werke zu bestehen, die er in direkter Bearbeitung oder in freier Analogie oder in persönlicher Kompilation zusammengefügt hat, zu einer schwer überblickbaren Folge, samt Wiederholungen und Widersprüchen. Indem die Aventiure ganz aus ihrer ideellen oder allgemein-symbolischen Funktion herausgelöst ist, wird sie selbstgenügsames Material für dekorative Reihungen und Verschlingungen eines im Grunde uferlosen oder bestenfalls märchenhaften Erzählens. Irrende Ritter und kühne oder klagende Frauen und Jungfrauen, Riesen und Zwerge, Unholde aller Art, Feen und Zauberer stehen in einem Geschehen von Kampf und Minne, Festen, Jagd und Turnier, Raub, Notzucht, Keuschheitsproben usw. und haben es immer wieder mit Zaubergegenständen zu tun, so „daz ez übel ze gloubene ist" (8512). Man könnte entschuldigend sagen, der Leser vollziehe in diesem Gewirr der inkommensurablen Ereignisse tatsächlich nichts anderes als eben die Existenz des Chevalier errant. Anstelle des Abenteuers, das zuerst und zuletzt ein Mittel der Selbstbegegnung war, tritt, wie schon im *Wigalois* angedeutet, die Fortuna (Saelde) und ihr Rad – Gawein besucht sie in ihrem strahlenden Palast (15660 ff.), und ihr ist auch Artus unterworfen. Nachdem in der Einleitung vom Tode dieses Maienkönigs die Rede war, heißt es trist:

> nu sitzet eine ûf dem rade
> âne erben frouwe Fortûne.
> (298 f.)

Es scheint damit von vornherein, als ob alles die bloße Repristination eines Vergangenen sei, Literatur über Literatur. Immerhin hat Heinrich von dem Türlin das Verdienst, daß er auf seine ungenierte, ja gelegentlich frivole (oder gar karikierende?) Art, mit Sachinteresse und Humor (etwa um die Gestalt Keies) das höfische Gut auf bürgerliche Weise sagbar gemacht hat – obwohl die Herren und Damen, denen er seine *Crône* widmet, vermutlich ein echtes höfisches Publikum (am Herzoghof in Kärnten) gewesen sind. Furore gemacht hat das Werk, nach der eher schmalen Überlieferung zu schließen, kaum.

Wie ungefähr gleichzeitig (um 1220) die Spielregeln des Artusromans aufgelöst oder mißverstanden werden können, zeigt der *Daniel vom blühenden Tal* des Strikkers. Wohl kurz nach seinem *Karl* hat dieser später, in eigener Form, hervorragende Erzähler aus den verschiedensten Anleihen und Reminiszenzen seine Geschichte selber zusammengedichtet. Dieses ungewöhnliche Originalwerk gilt einem Königssohn Daniel, der von Keie, Gawein und Parcival in die Tafelrunde eingeführt wird und dann als Protagonist des Heereszuges auftritt, den Artus gegen einen König Matur von Cluse unternimmt; dieser haust in seinem unzugänglichen Reiche und hatte durch einen Abgesandten, einen auf einem Elefanten daherreitenden Riesen, den König Artus zur Unterwerfung aufgefordert. In die Grundstruktur und geläufige

Motivik des Artusromans (Vorbild sind vor allem Hartmann, dann Wirnt, Ulrich von Zazikhoven) werden die Elemente vorhöfischer Tradition eingemischt: die Massenkämpfe nach dem Vorbild des *Rolandsliedes,* Wunder und Zauber im Stil des *Alexanderlieds* und der Legendenromane, die unritterliche Verwendung der List als Kampfmittel; die höfische Minne tritt als Agens zurück, der biblische Name des Helden selbst ist schon ein Stilbruch. Wie de Boor betont hat, faßt man hier schon früh die Konstanz vorhöfischer Erzähltradition, wie sie bewußt den Artus-Typ aufnimmt und zugleich sprengt.

Das Fortspielen der Artusdichtung im 13. Jahrhundert, durch Bearbeitung, Kompilation und Imitation meist einheimischer Vorbilder, belegen der Pleier (1260–80: *Garel von dem blühenden Tal* – eine Art Gegendarstellung zu Strickers *Daniel*; *Meleranz* – stofflich interessant als Geschichte von der Liebe des Ritters zu einer Elbin; *Tandareis und Flordibel*), dann Konrad von Stoffeln (?) mit seinem *Gauriel von Muntabel* (stofflich mit dem *Meleranz* verwandt), der Niedersachse Berthold von Holle (1250–70) mit *Demantin* und *Crane* (Fragment) und schließlich der anonyme *Wigamur* – übrigens alles nun wieder kürzere und handlichere Werke.

Chrestiens *Perceval* bleibt in der Vollendung durch Wolfram dem deutschen Hörer und Leser gegenwärtig wie kaum ein anderes Werk und erreicht in dieser ursprünglichen Form auch noch das Zeitalter des Drucks (Mentelin, Straßburg 1477). Die Erzählmasse der französischen Ergänzungen und Fortsetzungen findet erst spät und teilweise eine deutsche Übernahme, die nun fast schon den Charakter eines Kuriosums hat. Im Auftrag eines elsässischen Grafen von Rappoltstein übertragen 1331–36 die beiden Straßburger Goldschmiede und Bürger Philipp Colin und Claus Wisse mit Hilfe eines jüdischen Dolmetschers Samson Pine eine französische Sammelhandschrift mit weiteren Parzival- und vor allem Gawan-Abenteuern, um diese neuen 36 000 Verse zwischen die Bücher XIV und XV des Wolfram-Textes einzuschieben, den „nüwen Parzeval" in den alten, wie sie sagen. Erstaunlich, wie weit schon hier der höfische Stil abgebaut ist und wie noch im alten Rahmen ein treuherziges, mit holperigen Versen, Flickwörtern und regionaler Sprachform arbeitendes Erzählen bereits den Tonfall der kommenden zwei Jahrhunderte vorwegzunehmen scheint:

> Des entwürtete Parzefal wolgemuot,
> er sprach: „lieber herre guot,
> sit ir min öheim sint, des ir jehet,
> so verlobe ich gotte und dunket mich recht,
> daz niemer crone kummet uf daz houbet min
> noch enwelle kein künig ouch sin,
> alle die wile men üch lebendig siht.
> mich gelustet uwers landes niht ..."
>
> (36 175 ff.)

So nimmt Parzival beim zweiten (eingeschobenen) Gralsbesuch Abschied von Anfortas.

### 3. Rudolf von Ems

Auf der Höhe des Jahrhunderts wird die mittelhochdeutsche Großerzählung maßgebend vertreten durch Rudolf von Ems. Seine Schaffenszeit (um 1220 bis 1254?) fällt mit der Zeit der letzten Staufergeneration Heinrichs VII. und Konrads IV., in deren Nähe er gezogen wurde, zusammen. Rudolf fühlt sich als Schüler der großen Meister, vor allem Gottfrieds, dessen Verskunst er bewundert, und sein überaus umfangreiches Œuvre führt den höfischen Roman ebenso wie die Geschichtserzählung und die geistlich-legendenhafte Unterweisung fort.

Ich ger ir aller lêre:
mîn kunst hât meister mêre
dan ir ie würde her an mich ...
wan ich mich niht gelîchen
mac den künsterîchen.

(*Alexander* 3083 ff.)

(Ich will von ihnen allen lernen: / Meine Kunst hat mehr Meister, / als es bis zu mir gab [d. h., als frühere Dichter Meister hatten] / ... / denn ich kann mich / mit den großen Künstlern nicht vergleichen.)

Und dieses vielberufene epigonische Bewußtsein, das mehr ist als eine bloße Demutsformel und dessen hohe menschliche Würde man nicht verkennen sollte, führt bis zum Gefühl der Vergeblichkeit oder Ohnmacht in Zeiten des Niedergangs:

elliu unser arbeit
ist nû an wildiu wort gedign
diu vor uns wâren ie verswign
und selten iemer sint vernomn,
an diu wellen wir nû komn.

(3182 ff.)

(All unsre Mühe / ist nun zu merkwürdigen Worten gediehen, / die vor uns nie laut wurden / und nie mehr vernommen werden, / zu denen kommen wir nun.)

Man hat erst neuerdings – vor allem Helmut Brackert – wieder gesehen, wie sich trotz allem Blick zurück ein positiv Neues begibt: In den alten Formen wird das Phantastische oder Abenteuerliche abgebaut und durch Elemente zeitgemäßer Wirklichkeit ersetzt. Unmittelbarer dient jetzt die Erzählung einer aktuellen Hof- und Fürstenlehre, und das Bilder- und Lehrbuch der Geschichte nimmt chronikalische Züge an. Die zarten Umrisse höfischer Poesie werden zwar lehrhaft nachgezogen, und die höfische Welt der Dichtung verliert an

Leuchtkraft, aber sie gewinnt an ernster, greifbarer Realität, in der nun zwischen geistlichem und weltlichem Aspekt kaum mehr unterschieden wird. Um lêre, um wârheit, d. h. um faktische Verbindlichkeit in moralischer und religiöser Hinsicht geht es in Rudolfs Kunst. Sie scheint mit ihrer höfischen Funktion noch einmal in der Mitte der Dinge zu stehen und unternimmt mit Geduld, Gleichmut und Wissen ein Werk umfassender Sicherung, um dann unvollendet, vielleicht im Zusammenhang mit dem Tode des jungen Königs Konrad IV., abzubrechen. Ein Hauch spätzeitlicher Melancholie umgibt für uns am Ende doch die Arbeit dieses ernsten und soliden ritterlichen Dichters.

Rudolf entstammt einem Geschlecht von Ministerialen der Herren von Montfort, das sich ursprünglich wohl nach Ems/Domat oberhalb Churs nannte, dann aber seinen Sitz in Hohenems im vorarlbergischen Rheintal hatte. Seine beträchtliche lateinische Bildung muß er sich in einer Klosterschule, vielleicht in St. Gallen oder Chur, geholt haben. Sein erstes Werk, der *Gute Gerhard,* ist einem Rudolf von Steinach gewidmet, der wahrscheinlich zu St. Gallen Dienstmann war. *Barlaam und Josaphat* entsteht im Auftrag von Abt und Konvent des Klosters Kappel im heutigen Kanton Zürich; der *Wilhelm von Orlens,* der während einer Arbeitspause an der großen Alexander-Dichtung (ein Auftrag seitens Heinrichs VII. ist nicht beweisbar) entstand, nennt als Auftraggeber Konrad von Winterstetten (gest. 1243), den hohen staufischen Beamten und Mäzen auch Ulrichs von Türheim, und hier sind auch einige weitere Mitglieder des süddeutsch-staufischen Adels genannt; die *Weltchronik* ist ein Auftrag von höchster Stelle, von König Konrad IV., und diesem jungen Herrscher (gest. 1254) ist sie auch inhaltlich zugedacht. So wächst offensichtlich der Dichter aus einem zunächst engern Bereich in ein bedeutendes Wirkungsfeld hinein. Der *Gute Gerhard* ist in 2, die *Weltchronik* in weit über 80 Handschriften bezeugt, und dies hat offenbar auch den Sinn einer Entwicklung.

Die Rahmenerzählung des *Guten Gerhard*: Kaiser Otto, Stifter des Bistums Magdeburg, rühmt sich vor Gott seiner frommen Werke und möchte schon eine Vorwegnahme seines himmlischen Lohns erleben – da weist der Engel des Herrn den Werkgerechten zu einem Kaufmann in Köln, der in ganz anderem Maße, demütig, im Buch der Lebenden stehe. Aus dem Munde dieses „Guten Gerhard" erfährt der Kaiser nun (Binnengeschichte) dessen echte Großtaten: Er hat als Kaufmann in Marokko versklavte Christen, worunter eine norwegische Prinzessin, die dem englischen Königssohn verlobt war, freigekauft; er hat die Königstochter seinem Sohn verheiraten wollen, aber nach dem rührenden Wiedererscheinen des totgeglaubten Bräutigams darauf verzichtet und selbst die Krone von England, die ihm angeboten, demütig ausgeschlagen. Kaiser Otto geht in sich und tut Buße. Die Binnenerzählung (V. 1126–6630) macht in verblüffender Weise einen Kaufmann zum Helden und schildert dessen kölnisch-niederrheinische Welt mit geschichtlich und geographisch fundierten Einzelzügen, von den realen politischen Verhältnissen der verselbständigten Bürger in der Stadt Köln über die Termini technici des Handels bis zu den Handelsrouten und den Sprachproblemen reisender Kaufleute. (Vieles davon wird schon zu einer unbekannten lateinischen Vorlage gehören, die aber kaum jene von Friedrich Sengle postulierte „Patrizierdichtung" zugunsten eines umstrittenen Kölner Kaufmanns der Zeit, Gerhard Unmaze, sein wird.) Anderseits ist der Kaufmann und seine Tugend im Grunde durchaus mit höfischen Kategorien gemessen, und das Ganze ist dann doch wieder so ins Erbauliche stilisiert (z. B. das ganz unrealistische Angebot der Königskrone seitens der englischen Großen), daß man nicht von einer Kaufmannsdichtung sprechen kann. Gerhard ist mit seiner unkaufmännischen Selbstlosigkeit zwar ein guot gewordener, erlöster Kaufmann, aber primär doch Gegenbild und Mahnbild für den eigentlichen Helden, Kaiser Otto; die erbauliche Geschichte von Selbstruhm und Demütigung des Herrschers ist ein Stück Fürstenmahnung und hat im Grunde die einfache Struktur eines Exemplums zum Thema der wahren güete, über welches sich Rudolf im Prolog in reichen Wortvarianten ergeht. Der *Gute Gerhard* erinnert somit eng an die ritterlichen Legenden Hartmanns, vor allem den *Armen Heinrich*, dessen Zartheit und sublime Ironie er allerdings nicht erreicht.

Eine Fürstenunterweisung ist dem Rahmen nach auch *Barlaam und Josaphat*, nach lateinischer, ursprünglich griechischer Fassung (Pseudo-Johannes von Damaskus, um 630) eines letzten Endes indischen Stoffes, von Rudolf gegen 1230 frei bearbeitet. Schon vorher hatte der Freisinger Bischof Otto eine getreue deutsche Versübersetzung (den *Laubacher Barlaam*) verfaßt. Dabei handelt es sich um nichts anderes als die ursprüngliche Legende von Buddha (Bodisattwa = Josaphat), deren orientalisches Kolorit paradoxerweise dazu diente, einer christlichen Glaubenslehre dichterische Anziehungskraft zu verleihen. Der verwöhnte indische Königssohn Josaphat erlebt auf seinen Ausfahrten erstaunt, daß es Alter, Krankheit und Armut gibt, und wird nun von einem gottgesandten christlichen Eremiten Barlaam in langen geistlichen Zwiegesprächen und Unterweisungen zum Glauben bekehrt. Der heidnische Vater sucht den Sohn durch Drohung, falsche Vorspiegelung und sinnliche Verführung zurückzugewinnen, wird aber schließlich selber bekehrt. Josaphat verzichtet nach dem Tod des Vaters auf die Herrschaft und führt in der Einöde ein Büßerleben bis zum eigenen Ende. Stofflich ist das Werk in erzählerischem Rahmen eine Art Enzyklopädie und Apologie des christlichen Glaubens, ähnlich wie schon die *Kaiserchronik* in großen Lehrdisputationen die Auseinandersetzung mit den Weltreligionen vorgetragen hatte. Rudolf schuf damit ein Werk der Weltflucht, mit legendenhaftem Überschwang, wie es dem Wunsch der Kappeler samenunge entsprach – kaum ein persönliches Bekenntnis asketischer Umkehr, trotz der topischen Revokation früherer Dichtung im Prolog. In jedem Fall war es auch eine umfassende und erzählerisch ansprechende Glaubenslehre für den Laien. Davon zeugt wohl auch die Beliebtheit des Buches im Spätmittelalter.

Es ist jedenfalls nicht ein „arger Rückfall“ (de Boor), wenn Rudolf später, nach einem ersten Teil des *Alexander*, nach 1235, gerade auch einen weltlich interessierten Auftraggeber aufs sachkundigste zu bedienen weiß, nämlich den Schenken Konrad von Winterstetten am staufischen Hof. Auf dessen Wunsch hat er die Geschichte des *Wilhelm von Orlens* nach französischer Quelle „berihtet und in thüsche ... getichtet / Durch siner vrouwen werden gruoz“, aber auch zum Besten aller andern edlen Damen und überhaupt aller tugendbegierigen Personen (15 615 ff.). Der Fürstensohn Wilhelm von Orlens, dessen Eltern im Krieg gegen den benachbarten Herzog von Hennegau und Brabant früh gestorben sind, kommt als Knabe an den englischen Hof, wo er in der Prinzessin Amelye eine Gespielin und die – derzeit siebenjährige – Dame seines Herzens findet. Im Zuge von Entführung und Gefangenschaft, nach Turnier- und Kriegstaten in verschiedenen Ländern wird das Paar schließlich wieder vereint, Wilhelm wird Herzog der Normandie und König von England, ein Vorfahr Gottfrieds von Bouillon, des Befreiers des Heiligen Grabs. Der Roman ist, unter Verwendung von zahlreichen motivischen Versatzstücken, vor allem auch des Tristan-Stoffs, als eine Art Fürstenbiographie angelegt und hat den Sinn beinahe eines Lehrbuchs des richtigen höfischen Verhaltens, vom Minnedienst und der Hofetikette bis zum Waffenhandwerk in Sport und Krieg, vom Briefschreiben bis zur politischen Verhandlung, von der Finanzverwaltung und dem Recht bis zur feinen Küche, mit reizenden Genrebildern aus dem höfisch-modischen Leben, nicht zuletzt etwa um die an Flore oder Titurel erinnernde preziöse Kinderminne. Wilhelms Karriere spiegelt offenbar im Groben die Geschichte Wilhelms des Eroberers. Die elterliche Vorgeschichte dazu hat – nach Brackert – ihre Entsprechungen in Grenzfehden von Hennegau und Brabant aus neuerer Zeit; Rudolf hätte hiefür eine zweite Quelle benützt. Deutlicher als etwa bei den rätselhaften Anjou-Bezügen des *Parzival* zeigt sich hier die offenbar bewußte Technik eines historisierenden Romans mit seiner Stilisierung und Verfremdung realer geschichtlicher Vorgänge ins Romanhafte und umgekehrt seinen beziehungsreichen Ausblicken auf geschichtlich-politische Gegenwart. Dazu scheint hier besonders auch die höfische Alltagswelt, wie sie den Hofbeamten Konrad beschäftigte, berücksichtigt; das Zeitkolorit bildet einen eigenen, aktuellen Reiz. „Rainer tugende wîser rât / von edeles herzen lêre“ ist auch hier in jeder Hinsicht das Ziel.

Die für Rudolf wohl alles in allem entscheidende Wendung vom bloßen Roman oder auch der Legende zur authentischen Geschichte bringen der *Alexander* und wahrscheinlich gleichzeitig die *Weltchronik* – zwei unvollendet gebliebene Riesenwerke. Geschichte als Heilsgeschichte und, in ihrem weltlichen Aspekt, als Weltreichsgeschichte: das ist der umfassende Zusammenhang, in dem jedes geschichtliche Faktum von Augustin bis Bossuet erschien und durch den es mehr als bloß faktische Bedeutung erhielt. Die Welt- und Kaiserchronik Rudolfs ist nun aber in ganz anderem Maß stoffhaltig und gelehrt als die frühmittelhochdeutsche Geschichtsdichtung. Historisches Erkennenwollen, ja historische Neugier ist nun, natürlich in mittelalterlichem Sinne, stärker beteiligt; die Geschichte gewinnt an Intensität und chronikalischer Konkretion, schon darum, weil dem gelehrten Dichter die lateinischen Quellen – jetzt vor allem die *Historia scholastica* des Petrus Comestor – reichlicher und unmittelbarer zufließen. Dem auch hier maßgebenden heilsgeschichtlichen System – die augustinische Lehre von den sechs Weltaltern – ist die irdische Geschichte, die „von der hohin kraft irdinscher herschaft“ (21 671) berichtet, untrennbar eingeschrieben, und die Zuordnung der Weltgeschichte auf den hohen Auftraggeber, König Konrad hin, gibt dem gewaltigen Unternehmen Rudolfs einen dringlichen Sinn: die Legitimation des staufischen Anspruchs auf Weltherrschaft. Darüber hinaus soll das Lehrbuch der Geschichte dem kommenden Kaiser Wissen über seinen Ort in der Welt vermitteln. Das Werk sei geschaffen, daß es sei „ein eweclih memorial“ und auch

etelih urdrúzig mal
im selben mite verstieze,
swenne er im lesen hieze
wie dú dinc in dien landen
sint an uns her gestanden
mit manegis wundirs underscheit,
das keiserlichir werdeckeit
und kúniglichir herschaft
in jugent, in uf gender kraft
wol ze hoerenne gezimet.

(21 698 ff.)

(ihm damit manche verdrießliche Stunde / vertreibe, / wenn er sich vorlesen lasse, / wie die Dinge in den Ländern / sich bis zu unserer Zeit verhielten / mit manchen merkwürdigen Ereignissen, / was kaiserlicher Herrlichkeit / und königlicher Hoheit / in ihrer Jugend, ihrer aufsteigenden Macht / wohl zu hören geziemt.)

Auch die Gestalt Alexanders ist durchaus idealisierend und vorbildhaft entwickelt, eben auf ihren geschichtlichen Sinn hin; nochmals steht dabei die „saelde" auf seiten des „wisen" und „staeten", ist die Fortuna dem wahren Herrscher günstig. Für die mächtige Demonstration einer solchen moralisch und figural interpretierenden Weltchronik, wie sie Rudolf von Ems bis hin zu Salomo (im fünften Weltalter) ausführt und wie sie dann andere fortsetzten oder neu begannen, hat neuere Poetik kein Verständnis mehr. Die Zeitgenossen und ihre Nachfahren haben aber doch wohl diesem Werk so gewaltigen Erfolg bereitet wie kaum einem andern Buch der Volkssprache, weil sie der angestrebten Einheit von Dichtung, Lehre und Wissen, dieser Summe vom ewigen Heil und dem Ablauf der irdischen Ordnungen dankbar und verständig begegneten. Rudolf hat sein „eweclih memorial" (21 697) einem jungen Herrscher errichtet, der kurz darauf starb und dessen Weltreich immer fragwürdiger wurde; aber gerade vor diesem dunkeln geschichtlichen Hintergrund gewinnt Rudolfs Chronik die Würde eines echten, großartigen Fragments.

## 4. Neuer Formwille der literarischen Hochgotik

Im späteren 13. Jahrhundert zeigt wie die Lyrik auch die Erzählung Erscheinungen eines neuen Pathos, vielleicht eines neuen Durchbruchs. Bei aller Retrospektive auf die höfische Klassik und aller Imitation der Vorbilder lockt wieder ein literarisches Abenteuer. Es vollzieht sich weniger in stofflichen oder ideellen Neuerungen als in einer exzessiven Beschäftigung mit der Form, die selber zum Problem wird; die künstlerischen Mittel werden reflektiert und in ihrer Bedeutung geradezu selbständig. Das ist das Kennzeichen eines spätzeitlichen Stils, ja eines ausgesprochenen Manierismus. Die neue Virtuosität der späten Romandichter des 13. Jahrhunderts kann sich dabei mehr nach der Seite eines preziösen Kunstgewerbes neigen, in Fortführung des Gottfried-Stiles, oder mehr zum Dunkel-Hermetischen nach der Art Wolframs. Ein völlig neues und noch einsames Phänomen ist der Prosaroman.

Konrad von Würzburg ist nicht nur als Lyriker der eigentliche Meister einer betont virtuosen Sprachinszenierung. Seine Stärke liegt zwar, nach einem gut begründbaren Urteil, vor allem in der erzählerischen Kurzform, doch hat er neben dem bereits erwähnten Riesenfragment seines *Trojanerkriegs* auch zwei bedeutende Romane hinterlassen. Hier sehen wir auch, wie der bürgerliche Dichter (um 1225/30 wahrscheinlich in Würzburg geboren, 1287 als Hausbesitzer in Basel gestorben) zuhanden geistlicher oder großbürgerlicher Auftraggeber arbeitet – in Basel wie vorher in Straßburg und vielleicht auch am Niederrhein. Er gehört zu einer städtischen Kultur, die sich dankbar des bewunderten höfischen Erbes erfreut, das sie nun mit dem zur Stadt in nähere Beziehung getretenen Adel teilt. Das ist in den Bischofsstädten am Rhein – wo nun auch die neuen Kathedralbauten wesentlich von den Bürgerschaften getragen sind – wohl auch auf vornehmere und modernere Weise möglich als im Falle der Zürcher Entsprechung im Kreise um die Manesse und Hadlaub.

Der kurze Legendenroman von *Engelhard* (6500 Verse, nur aus einem Druck von 1573 rekonstruierbar!) beruht auf einer wahrscheinlich sehr frei verwendeten lateinischen Quelle. Die Geschichte hingebender Freundestreue ist um das Motiv der wunderbaren Heilung vom Aussatz erweitert, so daß jeder der beiden Freunde mit seiner Großmut zum Zuge kommt: Engelhard, ein junger Ritter, ist in heimlicher Liebe der dänischen Königstochter verbunden, soll sich im gottesgerichtlichen Zweikampf von diesem Verdacht reinigen und läßt sich nun von dem unschuldigen Freund und Doppelgänger Dietrich erfolgreich vertreten; Engelhard seinerseits heilt später den vom Aussatz befallenen Freund mit dem Blut der eigenen Kinder, worauf diese von Gott wieder zum Leben erweckt werden. Märchen, Legende, ritterliche Galanterie gehen mühelos ineinander über. Weder der – wie im *Tristan* – erschlichene Sieg im Gottesurteil noch die Tötung der eigenen Kinder werden dem Dichter zum Problem. Dafür werden schwelgerisch, in Steigerung von Gottfrieds oft unmittelbarem Vorbild, alle optischen und akustischen Reize beschworen, und die Beschreibungen der weiblichen Schönheit, des blühenden Baumgartens, des ritterlichen Waffenkampfes wachsen sich zu eigentlichen Arien aus. Erlesene Metaphern und Vergleiche bevorzugen die Vorstellung des Kostbaren und Artifiziellen. So wird etwa das althergebrachte Bild vom Wohnen der Geliebten im Herzen des Liebenden nochmals in spielerischer Präzision und Preziosität weiter ausgeführt und vergegenständlicht (und ad absurdum geführt):

swer dô gespalten haete enzwei
ir beider herzen als ein ei,
ez waere bî den stunden
in iegelîchem funden
des anderen figûre
mit golde und mit lasûre
gebildet und gebuochstabet.
(3459 ff.)

(Wer da beider Herzen entzweigespalten hätte / wie ein Ei – / es hätte sich / in jedem / des andern Gestalt gefunden, / mit Gold und Lasur / gebildet und mit Inschrift versehen.)

Erst recht gilt das vom späteren Roman *Partonopier und Meliur* (1277), der auch thematisch direkt den Zauber der höfischen Vorstellungswelt beschwört. Es geschah auf den Wunsch eines führenden Basler Stadtadligen und mehrfach Bürgermeisters, Peter Schaler, dessen „ritters muot“ von Konrad gepriesen wird (180), und mit dem Beistand zweier anderer Basler Bürger, von denen der eine beim Verständnis der französischen Vorlage half.

Diese ist der Roman von *Partonopeus von Blois*, aus der Zeit Chrestiens. Der junge Partonopier wird durch geheime Macht auf ein wunderbares Schiff gelockt und in ein fernes Inselreich entführt, wo er, in allem höfischen Raffinement, sich in Liebe der Landesherrin verbindet, die sich ihm jedoch nur im Dunkeln naht; er verspricht ihr, sie nie leibhaft sehen zu wollen. Nach Jahresfrist überkommt ihn Heimweh, die Verwandten und nicht zuletzt auch der konsultierte „erzebischof von Paris“ verdächtigen seine Liebe als Umgang mit einem dämonischen Wesen. So kehrt Partonopier zurück und bricht mit Hilfe einer geheimen Laterne sein Versprechen. Damit ist die Katastrophe da, er wird aus der Seligkeit verstoßen und kann erst nach langen Ritterfahrten und einem Turniersieg die Huld der Dame wiedergewinnen. Das Motiv von der Liebe des Sterblichen zu einem mythischen Wesen ist seit dem Märchen von Amor und Psyche der abendländischen Erzählung geläufig (Mahrten-Ehe), besonders auch in der speziellen Form der Melusinen- oder Undinensage. In zwei Fassungen begegnet es bei Marie de France, und vergleichbar ist die sogenannte Schwanrittersage, die Konrad selber in einem Fragment sowie der Dichter des *Lohengrin* erzählen. Im ritterlichen Zusammenhang wirkt die geheimnisvolle Geliebte wie die Verkörperung der Aventiure schlechthin: Ferne und Zauber, höchste Gefahr und höchstes Glück im Überschreiten der von Sippe und Kirche gesetzten Grenzen; das märchenhafte Glück wird zerstört, wenn ein letztes Tabu durch menschliche Schwäche, täppische Neugier oder Zweifel verletzt wird. Das Feenglück mag zwar grundsätzlich utopisch sein – noch bei Konrad bedeutet es ein echtes und noch einmal errungenes Traumziel. Man hat es dem Dichter verübelt, daß er dem Motiv den eigentlichen magischen Zauber genommen und den ganzen Feenapparat rationalisiert habe. Seine Meliur ist in der Tat keine Fee mehr, sondern eine höfische, ja christliche Dame wie eine andere, ihre Magie beruht bloß darauf, daß sie ein ordentliches Studium der nigromanzi absolviert hat und damit nun allerlei inszenieren kann. Gerade diese Entzauberung ist aber der Versuch, eines Höfischen wirklich habhaft zu werden. Der glückhafte Schluß, der hier noch einmal möglich ist, weicht in späteren Fassungen (Egenolf von Staufenberg, Thüring von Ringoltingen) einer elegischen Wendung, das Glück ist endgültig verspielt. Konrads eigener „Zauber" jedoch liegt sozusagen an der Oberfläche, scheint in die Form eingegangen. „Süezer klanc", „hovezuht" und „gespraechiu zunge" sind die Ziele seiner Kunst (10), die mit kostbaren Bildern, mit Wohlklang, kühnen Reimen und Enjambements und vor allem immer wieder mit Assoziationen von Licht und Kristall, Gold und Edelstein, Süße und Blüten einen rieselnden Zierat über die breitgedehnte Handlung spinnt.

Ebenfalls ein Phänomen des hochgotischen Manierismus – d. h. einer Verselbständigung formaler Elemente, die zum Träger des dichterischen Anspruchs werden und eine fragwürdig und unsicher gewordene Welt überspielen wollen – ist der *Jüngere Titurel*, dessen Dichter ungefähr gleichzeitig mit dem Würzburger sich nun des Wolfram-Erbes bemächtigt, um mit ihm in unerhörter Weise zu wuchern (um 1260–75). Als Dichter nennt sich im Werk ein Albrecht; ob es Albrecht von Scharfenberg ist, dem später in Ulrich Füetrers Abenteuerbuch der *Titurel* zugeschrieben wird, nebst zwei weiteren dort bearbeiteten Werken (*Merlin* und *Seifried von Ardemont*), ist fraglich. Den klerikalen Stand Albrechts belegen seine Kirchlichkeit und seine Bildung, bayerische oder ostmitteldeutsche Herkunft die Sprache. Seine Gönner, wahrscheinlich der Markgraf Heinrich von Meißen und seine Söhne, ließen ihn vor Abschluß des Werks im Stich. Zwei verschiedene Zeugnisse des 15. Jahrhunderts preisen das Werk als göttliche

Adelslehre und „haubt ob teutschen puechen", und nach der Zahl der überkommenen Handschriften muß es in der Tat eines der berühmtesten Bücher gewesen sein; zusammen mit Wolframs *Parzival* wird es schon 1477 gedruckt; bis zu Lachmann galt es als Werk Wolframs. Der Dichter führt sich tatsächlich als Wolfram ein und hält die Rolle durch bis zur Nennung des eigenen Namens in Strophe 5883. Das ist nicht Fälschung (auch wenn sie geglaubt wurde), sondern eine Huldigung und ein literarisches Rollenspiel des Fortsetzers, der sich schließlich dann eben doch zu erkennen gibt.

Albrecht hat bei den rätselhaften 170 Strophen des Wolframschen *Titurel* eingesetzt und diesen kühnen und versuchsmäßigen Seitentrieb des *Parzival* wiederum in die Parzival-Gralshandlung zurückgebogen und auswachsen lassen zu dem Gesamtwerk von rund 6300 Langzeilenstrophen. Den großen Mittelteil bildet die Geschichte Schionatulanders und Sigunes, von der schwermütigen Kinderminne über die Suche des Brakkenseils bis zum Tode des Helden im Kampf mit Orilus (*Parzival* 138 ff.). Voran geht die Geschichte des Grals, der Gralsfamilie sowie Gahmurets, und es folgt, in Zusammenfassung und Erweiterung von Wolframs Darstellung, die Geschichte von Parzival und schließlich der Bericht von der Überführung des Grals nach Indien ins Reich des Priesterkönigs Johannes, über den auch Wolfram bereits Andeutungen aufwies. Das Riesenwerk ist klar aufgebaut, doch bleibt die Einheit, von der alles überwachsenden Form einmal abgesehen, stark additiv, um so mehr, als die auf ein Ziel angelegte Struktur des Artusromans hier einer statisch kreisenden Folge von immer gleichen, idealen Elementen gewichen ist.

Ein ungeheures Ganzes will das Werk umfassen. Wenn schon Wolfram, aufgrund Chrestiens, Gralsreich und Artuswelt gegeneinandergestellt und in einem eigentlichen Doppelroman verbunden hat, und wenn er in den Gahmuret-Büchern bereits die geschichtliche Mittelmeer- und Kreuzzugswirklichkeit hinzufügte, so baut Albrecht diese Kombination systematisch aus, aber so, daß er die ursprünglich gegeneinander gestuften und gespannten Bereiche ausgleicht. Die Gralsfamilie stammt nun aus Troja, wird also dadurch historisiert; mit den romanhaften ritterlichen Zweikämpfen mischen sich die geschichtlichen Schlachten der Kreuzzüge, zu denen Wolframs *Willehalm* ausgiebig herangezogen wird. Der Gral, bei Wolfram immerhin das gewagte Symbol einer selbstverantworteten, eigenständigen Frömmigkeit, erhält stärker kirchlichen Charakter und wird als „aller tugend exempel" ins Moralische verschoben. Wolframs Gralsburg ist zum Tempel geworden, zu einer ungeheuren Rotunde, die mit den Errungenschaften byzantinischer (iranischer?) Technik zum Abbild und Mittelpunkt der ganzen kosmischen Schöpfung gestaltet ist, zu einer visionären Architektur, die stets einem hohen kunstgeschichtlichen Interesse begegnet ist.

Albrecht hat sein Buch ganz und gar mit Reminiszenzen aus Wolframs drei Werken durchtränkt und ferner zahlreiche deutsche, lateinische und französische (Gral) Quellen herangezogen. Den Grundcharakter seiner Dichtung aber liefert die Form: die Titurelstrophe, die Albrecht von Wolfram übernommen, aber durch Einführung gereimter Zäsuren (4 a, 4 b / 4 a, 6 b / 6 c / 4 x, 6 c) besonders schwierig gemacht hat. Ein Beispiel (aus der Erzählung von Schionatulanders letztem Kampf):

Waz hilfet alliu witze, und wil gelücke wenken?
der talfîn jenz und ditze (vrou Âventiur, dar an sult ir gedenken)
wol kund an sinne rîcher witze lêre.
ist witze wirde rîche, iedoch sô hilfet saelde michels mêre.
(5060)

(Was hilft alle Einsicht, wenn sich das Glück wenden will? /

Der Dauphin verstand sich auf dieses und jenes [denkt daran, Frau Aventiure], / aufgrund der Lehre sinnreicher Einsicht. / Ist Einsicht zwar reich an Würde, so hilft doch das Glück sehr viel mehr.)

Diese schwerblütige, nur mit klingenden Schlüssen und oft mit schwebender Betonung arbeitende, sangbare Strophe – die häufig nachgeahmt worden ist – beherrscht alles: Sie hemmt mit ihren Einschnitten und Kadenzen den Fortgang des Erzählens, sie begünstigt den reflektierenden, kommentierenden, lehrhaften Charakter des Vortrags, der immer wieder den Hörer nicht episch an einem Geschehen teilnehmen läßt, sondern ihn vor das Faktum eines unwiederbringlich Geschehenen stellt. Das verstärkt den elegisch-fatalen Zug, den Albrecht schon aus Wolfram bezogen, aber nun im Großwerk systematisiert hat. Die auch bei Wolfram exzessiv gebrauchten Mittel der Umschreibung, der Dehnung, des Spiels mit Annominationen und Lautresponsionen, der Verrätselung und des Schmucks mit seltsamen oder kostbaren Wörtern und Bildern tragen das Ihre zum Prunk der Dichtung bei. Der Hörer ist gezwungen, die geheimnisvolle Schale zu durchdringen, um zum Kern der Lehre zu gelangen. Dieser Kern, das ist durchs ganze Werk die ritterliche Tugend, ist „wirde", „prîs", „êre", „lop" des ritterlichen und frommen Menschen, der sich in triuwe und kiusche der Minne wie im schön und tapfer ertragenen Untergang bewährt. Es ist kaum mehr der Geist wolframischen Abenteuers und seiner Verheißung, sondern eine schließlich monotone Melancholie im starren Festhalten der ritterlichen Ideale, ohne Humor und ohne Mystik. In Albrechts literarischem Gralstempel, so staunenswert er ist, kommt ritterliches Leben zum Stocken, wird aufgehoben in jedem Sinn.

Der ungeheure Auswuchs des stofflichen wie stilistischen Wolfram-Erbes im *Jüngeren Titurel* hat ein viel bescheideneres Gegenstück im *Lohengrin* gefunden.

In diesem Werk, das unter dem deutlichen Einfluß des *Titurel* steht, aber spätestens 1289 entstanden ist, wird die Geschichte des Parzival-Sohnes, wie sie Wolfram am Schluß seines Werkes in wenigen Versen skizziert, episch ausgestaltet: Der Gralsritter Lohengrin wird in einem Schwanen-Nachen der bedrängten Herzogin von Brabant zu Hilfe gesandt, er vermählt sich mit ihr, aber muß sie wieder verlassen, als sie entgegen dem Verbot nach dem Namen ihres Gatten fragt. Es ist die „Schwanrittersage“, die, wohl kurz vorher, Konrad von Würzburg direkt nach französischer Vorlage in einer Kurzerzählung bearbeitet hatte. Der *Lohengrin*-Dichter stützt sich nun aber unmittelbar auf eine Partie des *Wartburgkrieges,* jener konglomeratartigen Spruchdichtung, wo „Wolfram“ im Rätselkampf mit dem Zauberer Klingsor steht und wo er die Lohengrin-Geschichte erwähnt. Diese Rahmensituation ist offenbar vom *Lohengrin*-Dichter als „Prolog und Exposition“ (Th. Cramer) übernommen worden und damit auch die Rolle Wolframs. Die anschließende Erzählung verwendet ebenfalls die Singspruch-Strophe des *Wartburgkrieges* und gibt damit ein weiteres Beispiel für die gattungsmäßig so problematische Form der höfischen Strophenepik. Hatte sich Wolfram einer Weiterbildung der Nibelungenstrophe bedient, so handelt es sich jetzt um einen anspruchsvollen zehnzeiligen Spruchton („Klingsors schwarzer Ton“) mit einem härteren, weniger lyrischen Effekt. Wenn Richard Wagner in seiner Oper die romantischen Möglichkeiten des Stoffs ausgenützt hat, so hat seine Quelle, eben der *Lohengrin,* umgekehrt viel Gewicht auf Realien gelegt, auf korrekte und reiche Schilderung höfischen Lebens und vor allem auf eine historisch-politische Fundierung, für die er die *Sächsische Weltchronik* heranzog. Er hat das Geschehen in der Geschichte der Sachsenkaiser, speziell Heinrichs I., angesiedelt und die Bedeutung des deutschen Kaisertums und die Herrlichkeit des

Reichs nach Möglichkeit zur Geltung gebracht. Das geschah vermutlich aus der Erfahrung des Interregnums und aus den Problemen des soeben, auch durch eine neue Dynastie, wieder zu ordnenden Reichs heraus. Es ist damit das Anliegen des Dichters, die Idee des Grals und des Gralsrittertums erneut in der Wirklichkeit zu verankern.

Im umfassenden aristokratischen Anspruch, in der Selbständigkeit der Form und als Selbstreflexion spätzeitlicher ritterlicher Existenz ist dem *Titurel* Albrechts ein anderes Werk vergleichbar, das erst in den letzten Jahrzehnten eigentlich entdeckt wurde: der *Prosa-Lancelot*. Dieses Riesenwerk, das endlich der bedeutendsten, edelsten Figur des mittelalterlichen Romans neben Parzival und Tristan auch im Deutschen Heimatrecht zu verschaffen versucht (ganz unabhängig von dem fragwürdigen *Lanzelet* Ulrichs von Zazikhoven), gehört zu den einmaligen Leistungen des dichterischen Mittelalters, auch wenn es im deutschen Publikum kein sehr großes Echo fand und jedenfalls mit seiner entscheidend neuen Form für 150 bis 200 Jahre isoliert blieb. Darum sind auch Art und Zeit der Entstehung dieser ersten deutschen Erzählprosa noch immer kontrovers. Das Werk liegt am vollständigsten und besten in einer Heidelberger Handschrift von etwa 1430 vor (P), deren – rheinfränkisch-südfränkischer – Text aber durchaus älter ist. Zwei Fragmente zum 1. Teil, ein hochdeutsches (A) und ein ripuarisches (M), gehören sicher dem 13. Jahrhundert an, doch ist deren Datierung und Deutung umstritten. Die Entstehung des ganzen Werks wird heute im Rheinland vermutet. Mindestens der 1. Teil wäre nach mittelniederländischer Vorlage schon vor (oder, nach andern, wesentlich nach) der Jahrhundertmitte entstanden, ein neuer Beleg für die bedeutende Rolle niederländischer Vermittlung moderner höfischer Kunst (vgl. Veldeke); die andern zwei Teile beruhen vielleicht unmittelbar auf der französischen Vorlage und können sogar erst zu Beginn des 14. Jahrhunderts entstanden sein. Die Frage wird kompliziert dadurch, daß der französische Roman – um 1225 – selbst eine mit seinen Reihungen und Redaktionen komplexe Größe ist und der deutschen Fassung P nicht genau entspricht. Vom Zusammenhang der deutschen Literaturgeschichte her wäre eine Spätdatierung des deutschen Werks, das mit einer bereits hochentwickelten Form und reifem Gehalt unvermittelt auftritt, einleuchtender, doch gelten diese Merkmale auch weithin für die französische Dichtung selbst und liegt für uns die frühe Geschichte der deutschen Erzählprosa ohnehin im dunkeln.

*Lancelot*: Nachdem Ulrich von Zazikhoven mit seiner Sonderquelle nur einen Seitentrieb des Stoffes getroffen und Chrestiens unvollendeter *Lancelot* (*Roman de la charrette*) keine deutsche Bearbeitung gefunden hatte, blieb diese reifste Frucht der literarischen Artuswelt der deutschen Dichtung zunächst fremd, während in den romanischen Ländern Lancelot bis hin zu Ariost und Cervantes – von Dantes Francesca-und-Paolo-Episode zu schweigen – zu den maßgebenden Gestalten gehörte. Unter den in Frankreich seit der Jahrhundertwende aufkommenden Prosaromanen ist der Lancelot-Komplex das mächtigste und wohl auch erfolgreichste Unternehmen gewesen. Ein „Lancelot propre“ erscheint hier in kompositorischer Verknüpfung mit neuen Grals- und Artusreichromanen; das fünfteilige Großwerk umfaßt schließlich die Vorgeschichte des Grals (nach Robert de Boron), Merlin und die Gründung der Tafelrunde, Lancelot, die Gralssuche (Queste) von Lancelots Sohn Galaad und den Tod Artus'. In diesem gewaltigen Entwurf wird die Märchen- und Legendenwelt von Artus und dem Gral zu einem großen geschichtlich-heilsgeschichtlichen Ablauf gebracht. Dieser führt zu einer Götterdämmerung des schuldig werdenden Artusrittertums; Gral und Gralssuche werden ins Mystische gesteigert: Galaad ist eine eigentliche Erlösergestalt, der Gral wird ins Jenseits entrückt; anderseits findet die Artusherrlichkeit unter dem Walten der Fortuna, in Schuld, Verrat und Krieg ihren Untergang. Lancelot wird am Schluß Eremit. Gegenüber dem messianischen Sohn Galaad hat er das dunkle Schicksal in tragischer Zwiespältigkeit auszutragen. Die deutsche Prosa (P) bringt von dem fünfteiligen Zyklus nur die drei letzten Teile (also ohne Gralsgeschichte und Merlin), und zwar mit einer größeren Lücke nach der Erzählung von Lancelots Herkunft („vom See“) und Jugend. Es sind in der Ausgabe Reinhold Kluges immerhin 2300 Quartseiten.

Prosa: das heißt hier nicht „Prosaauflösung“ höfischer Epik in eine handlichere, anspruchslosere Form wie später, wohl aber zunächst für uns die Befreiung vom obligaten gereimten Kurzvers, der metrisch und syntaktisch kurzatmig ist, leicht mechanisch werden kann und der Typisierung und Formelhaftigkeit des Erzählten Vorschub leistet, dennoch aber bis ins 16. Jahrhundert hinein als handfeste, ohrenfällige, bequeme Normalform dient. Demgegenüber ist erzählende Prosa vielmehr ein recht schwieriges und anspruchsvolles Unterfangen; das zeigen noch lange die immer neuen Versuche, an lateinischem oder französischem Vorbild einen solchen Prosastil zu entwickeln. Denn Prosa ist so gut eine Kunstform wie der Vers, ganz besonders für die an akustische Vermittlung gewöhnte mittelalterliche Literatur. Es geht um die Pflege rhetorischer Formen, vorab des Rhythmus, der im Zusammenspiel mit einer reicher und logisch genauer werdenden Syntax steht, wie sie der Vers kaum erlaubt; es geht um eine verfeinerte, beweglichere Stilisierung des Details gerade auch bei der Schilderung seelischer Regungen, und um die Sicherung eines ruhigen und doch gespannten Gangs der Erzählung über größere Strecken und weiter verzweigte Handlungen hin. Die

*Lancelot*-Prosa im Französischen wie im Deutschen entfaltet diese Kunst mühelos und mit sanfter Magie, wie sie dem Thema entspricht; man hat sie als bewundernswerte Leistung keineswegs populärer, vielmehr aristokratischer Art zu verstehen. Diese Prosa setzt wohl auch im Deutschen eine größere Übung voraus, denn sie steht in einem Zusammenhang, der später sowohl in der mystischen Erzählung (Seuse-Vita) wie dann auch in den besseren „Volksbüchern" spürbar wird. Älteres ist nur wenig zu fassen: das primitive Lehrgespräch des *Lucidarius* (das in einem – gereimten! – Vorwort die Wahl der Prosa mit deren größerer Sachlichkeit verteidigt oder besser entschuldigt), dann die ebenfalls eher trockene Form der frühen Prosachronistik der *Sächsischen Weltchronik*, und vor allem wird man an die Predigt und den geistlichen Traktat denken können, die dem vermutlich geistlichen Stand des *Lancelot*-Übersetzers naheliegen mußten. Dies wird mit dem gelegentlichen Anklingen legendarisch-biblischer Sprache und geistlicher Rhetorik deutlich. So etwa in dem von Kurt Ruh herausgehobenen Liebesgespräch Lancelots und seiner Königin und Dame Ginover, wo sich der sensibel-verhaltene Dialog zu größerer Intensität steigert:

„Ich han uch geminnet, frau", sprach er, „von dem tag das ich uch von erst sah." „Wie geschah das?" sprach sie. „Ir datens mir, frauw", sprach er, „da ir mich uwern amis machtent und uwer munt so gutlich wiedder mich sprach." „Wie machte ich mynen amis von uch?" sprach sie. „Ich kam fur uch, frauw", sprach er, „da ich urlob genomen hett zu mym herren dem konig, und nam urlob zu uch; ich sprach das ich uwer ritter were war ich mich bekehrt (wohin immer ich mich wenden würde), und bevalh uch gott. Da sprachent ir zu mir: ‚Got múßent ir bevolhen sin, schoner súßer amis!' Das wort enkam mir nummer sitherre ußer mynem herczen; das was ein wort, das mich noch byderbe sol machen ob got wil. Ich enkam auch nymer sitherre in so groß angst, mir gedecht desselben wortes. Das wort hat mich getrost zu allen mynen noten, das wort hat mich beschirmet in allen mynen nöten vor allen mynen finden, das wort hat mich ußer allen mynen sorgen bracht, es hatt mich sat gemacht so ich hungerig was, es hatt mich ußer großen armuten bracht und hat mich fast rich gemacht." „So wart das wort zu guter zitt gesprochen", sprach die koniginn, „und got der michs sprechen hieß der múß des wortes ummer gelobet syn ..." (I,294)

Lancelot verkörpert schon bei Chrestien, in einem gewissen Gegensatz zu Tristan, die höfische Minne zur Herrin mit Anspruch auf Lohn, ebenso absolut wie die Tristan-Minne, doch ohne deren dämonisch-ruchlose Züge. Lancelot und Ginover weisen es von sich, ihre Liebe nur als Zwang eines Zaubertranks zu verstehen, und sie wissen denn auch, daß sie Sünde ist und Sühne verlangen wird. Es ergibt sich eine Haltung ritterlicher Unbedingtheit, aber auch der Nachdenklichkeit, der sentimentalen Melancholie, der schönen Schwermut, die bis zum Preziösen gehen kann. Der hohe Mut kämpferischen Rittertums ist einer weicheren Haltung des Duldens gewichen, die geradezu den religiösen Charakter einer Passion annehmen kann. Darin zeigt sich wieder, über ein Jahrhundert hinweg, die Nähe zum Seelenroman der Mystik.

Doch das Geschick Lancelots vollzieht sich in einem fast unabsehbaren, vielfältigen und verschachtelten Geschehen, das – wie Uwe Ruberg gezeigt hat – völlig souverän und in neuartiger Dichte entwickelt ist. Es begibt sich in einem konkreter gewordenen Raum, der mit Anschaulichkeit, Perspektive, Atmosphäre, Stimmung präsent werden kann, und in einem Zeitkontinuum, das nicht nur mit den Stationen von Tages- und Jahreszeit, von Kalender und Kirchenjahr genau registriert wird, sondern auch fühlbar wird in seinem unaufhaltsamen Strömen und Verrinnen, in seiner heilsgeschichtlichen Richtung auf die letzten Dinge hin. Die Suche (Queste), zu der schließlich alle aufgebrochen sind, ist der eigentliche Habitus der Existenz in der fließend gewordenen Zeit, und man könnte sagen, diese Suche habe schließlich das Abenteuer aufgelöst im Strom ihrer eschatologischen Bewegung.

Aus dem geringen Widerhall des deutschen Lancelot muß man wohl schließen, daß die deutschen Hörer und Leser für den Rang und den Anspruch dieses nobelsten, reifsten Werkes ritterlichen Spätgefühls kein Organ hatten – das gehört mit zur Melancholie des *Lancelot.* Die nüchterne Kurzfassung (Prosa), die Ulrich Füetrer (1470–80) aus dem Werk herstellte, ändert daran wenig.

## 5. Höfische Romane um 1300

Unterdessen bleiben die formalen und inhaltlichen Errungenschaften der Klassiker und vor allem Rudolfs und Konrads verfügbar und werden mit mehr oder weniger Eleganz benützt. Abgesehen von den bereits angeführten Autoren wie Heinrich von Neustadt oder Ulrich von Etzenbach, treten noch ein paar wenige Versromane hervor, bevor dann im 14. Jahrhundert modernere Gattungen erscheinen oder dann die Prosadichtungen des 15. Jahrhunderts im Zusammenhang mit einem allgemeinen Revirement ritterlicher Mode einheimische oder fremde Stoffe aufs neue verbreiten. Die hier noch zu buchenden drei Werke mögen an sich sehr verschieden sein, finden sich aber, und das ist wohl bezeichnend, in der Abkehr von der arturischen Romantik, in der reichlichen Benützung der Vorbilder bei eigener, allerdings vorwiegend kompilatorischer Erfindung des Ganzen, im Bestreben, die erzählte Geschichte in den Rahmen historischer Ereignisse und bekannter Schauplätze zu stellen, und schließlich in der Neigung zu ausgedehnter Lehrhaftigkeit. Das allenfalls Epigonische dieser Erzähler – die alle nicht adligen Standes waren – besteht in dieser Abkehr von der Idee des Abenteuers zugunsten einer unter Umständen banausischen Konsolidierung der gesellschaftlichen und moralischen Maßstäbe. Das „Bürgerliche“ liegt dabei nicht so sehr im Stand des Verfassers oder des Publikums als in der Beflissenheit, mit der höfische Ideologie breitgetreten und um ihre Hintergründe, z. T. auch ihre ständische Exklusivität gebracht ist. Daß dabei die eigene Erfindung eher das Kennzeichen epigonischer Illegitimität als einer endlich errungenen Selbständigkeit wird, das gehört zur inneren Widersprüchlichkeit dieser Spätphase.

Dem Erbe Rudolfs von Ems am nächsten steht der umfangreiche Roman *Wilhelm von Österreich*, den ein gewisser Johann von Würzburg im Jahre 1314 abgeschlossen hat. Es ist die gewandt erzählte Geschichte einer wunderbaren Liebe von Kind auf, nach dem Typ von *Flore und Blancheflur* oder von *Wilhelm von Orlens*; sie spielt im Mittelmeerraum der Kreuzzüge, wobei sich mit den Erlebnissen des Helden Reminiszenzen an die österreichischen Herzöge Leopold V. und VI. verbinden. Der Roman, der auf diese Weise in einen geschichtlichen Rahmen gestellt ist, war Herzog Friedrich dem Schönen und seinem Bruder Leopold gewidmet. Gönner des „schrîbaers“ waren ein Graf von Hohenberg-Haigerloch und ein Dieprecht, Bürger zu Esslingen. Daß mit den geschichtlichen Durchblicken raffiniertere Verschlüsselungen und Huldigungen beabsichtigt sind, ist kaum anzunehmen – es genügt die Absicht einer allgemeinen geschichtlichen und geographischen Beglaubigung. „tugende, âventiur, minne, / daz sint cleinode driu“ (314 f.) – der behaglich sentimentalen Entfaltung dieses Programms einer höfischen Sitten- und Minnelehre ist das Werk gewidmet, und es hat mit seinem Heldenpaar Wilhelm und Aglye bei den Zeitgenossen auch Erfolg gehabt, bis hin zu einer Prosaauflösung (1481) und einem Drama des Hans Sachs.

Ähnlich zur Ehre eines Herzoghauses ist der anonyme

und textlich heterogene *Friedrich von Schwaben* gedichtet, den de Boor als „den traurigen Ausklang des ritterlichen Minneromans" bezeichnet (um 1320). Es ist im Kern die verschachtelte Geschichte von der Erlösung einer verzauberten Jungfrau Angelburg durch den Helden Friedrich. Interessant ist die Einarbeitung von Elementen der sonst nur aus dem Norden bekannten Sage von Wieland – Ritterabenteuer, Märchenmotivik und Heldensage mischen sich in merkwürdigem Stilbruch und überaus primitivem Vortrag.

Von größerem Interesse ist der *Reinfried von Braunschweig*, das in der einzigen Handschrift unvollendet abbrechende Romanwerk eines unbekannten Ostschweizers, um 1300 oder später entstanden (27627 Verse). Die Motive zu dieser Ehrung der Welfendynastie bleiben unklar. Die breite, mit allen denkbaren Entlehnungen und moralischen Kommentaren ausgestattete Liebes- und Abenteuergeschichte ist insofern besonders konkret, als sie sagenhafte Überlieferungen um die Kreuzfahrt Herzog Heinrichs des Löwen im Jahre 1172 benützt. Wir fassen hier, ähnlich wie bisher nur im *Herzog Ernst*, die Spuren nicht nur chronikalischer, sondern wohl auch liedhafter Überlieferung von bedeutenden Zeitereignissen; denn Heinrich der Löwe erscheint viel später noch als Held eines volkstümlichen Strophengedichts (um 1470) und eines Prosa-Volksbuchs. Es ist damit eine konservativere Möglichkeit des ritterlichen Romans wieder aufgegriffen. Wie im *Herzog Ernst* und anders auch im Artusroman erfolgt zunächst eine breite erste Runde des Geschehens: die Gewinnung einer dänischen Prinzessin durch den jungen Braunschweiger Herzog, motivisch und formal angelehnt an Konrads von Würzburg *Engelhard*. Nach Jahren kinderloser Ehe dann der Aufbruch zur eigentlichen Bewährungsfahrt im Kampf gegen die Heiden und in der Begegnung mit der ethnographischen Wunderwelt des Ostens, in enger Verwandtschaft zur Herzog-Ernst-Geschichte oder gemeinsamen Quellen. Der Dichter scheint nun allerdings sein Interesse weniger in anschaulicher und geschlossener Erzählung selbst zu finden als vielmehr in den breiten moralischen und insbesondere auch minnepsychologischen Betrachtungen, für welche die Erzählung oft nur wie ein Vorwand wirkt. So ergibt sich ein gewisser Zwiespalt zwischen dem höfisch-heroischen Erzählstoff und der im Grunde „bürgerlichen“ Lehrhaftigkeit mit ihrem Lob der edleren Vergangenheit und ihrer – bis zu den Details der zeitgenössischen Damenmode – eifrigen Zeitkritik.

## V. SPÄTE HELDENDICHTUNG

Während die höfische Erzählung sich ins forciert Exklusive steigert oder zeitgemäßen Ansprüchen kunstreicher Form oder geschichtlicher Verbindlichkeit zu genügen sucht, wird zunehmend eine „volkstümliche" Erzählwelt sichtbar, mit der wir zwar ins Anspruchs- und Grundsatzlose zu geraten scheinen, dafür aber auch in einen Bereich, der mehr oder weniger unterirdisch für Jahrhunderte, ja für ein Jahrtausend mächtig vorhanden war. Mit dem Stichwort „Heldendichtung" fassen wir eine Welt, die bisher inselhaft mit dem *Hildebrandslied*, dem *Waltharius*, mit *Nibelungenlied* und *Kudrun* erschien, vielleicht auch modernere Entsprechungen im Sagelied (*Ludwigslied, Herzog Ernst, Heinrich der Löwe* [?] usw.) hatte. Die Gattungsbezeichnung „Heldendichtung", unter der traditionellerweise eine fest umrissene Gruppe nun auch wieder spätmittelalterlicher Dichtungen verstanden wird, ist nicht unangefochten geblieben, um so weniger, als wir sie nach dem *Nibelungenlied* fast immer nicht in einem abstrahierten Idealtyp fassen, vielmehr in mannigfaltigen stofflich-motivischen oder formalen Mischformen. Wir möchten dennoch an diesem Begriff festhalten und damit auch an der üblichen Zuordnung von Werken zu dieser Gruppe. Folgende gemeinsamen Merkmale treten doch sehr deutlich hervor: (1) eine Lokalisierung in der geschichtlichen Welt der deutschen oder allgemein germanischen Stämme (wobei geschichtliche Figuren oder Ereignisse als objektiver Ausgangspunkt noch faßbar sind oder als solche wenigstens geglaubt werden, sei es, daß dies den Stoff als ganzen betrifft oder, wie vielleicht schon im *Hildebrandslied*, daß diese geschichtlich-heroische Welt nur als Rahmen, als Hintergrund signalisiert ist); (2) die Anonymität einer Dichtung, die nicht wie im Roman oder der Novelle dem einzelnen Autor gehört, sondern einer wie immer zusammengesetzten Gemeinschaft und einer längeren Tradition, bei der auch an ursprünglich mündliche Weitergabe und jedenfalls an einen Stand von Berufsdichtern zu denken ist; (3) die große Variabilität von je verschiedenen „Fassungen" und Schichten einer solchen, primär der Gemeinschaft gehörenden Dichtung; (4) die Möglichkeit, auf die Existenz einer „Sage" zu schließen, sei damit nun die bloße Abstraktion eines traditionellen „Stoffes" gemeint oder gar eine „formlose" Existenz von Erinnerung und Wissen; (5) in unseren meisten Texten eine spezifische Form, nämlich die sangbare und gesungene Strophe, deren Varianten vers- und wohl auch musikgeschichtlich in konkreter Verwandtschaft stehen: die Nibelungenstrophe, der einfachere Hildebrandston, der Ecken- oder Bernerton u. a.; (6) die Sammelüberlieferung in sogenannten Heldenbüchern im späten 15. Jahrhundert; (7) eine Region, der deutsche Südosten, als Schwerpunkt der Überlieferung. Im übrigen gilt freilich die ganze Breite der Möglichkeiten: strenges Heldenlied und volkstümliche Ballade, Kurzepos und größeres Buchwerk. Wie spätmittelalterliche Heldendichtung die Merkmale des Verfalls, der Mischung, des Absinkens ins Triviale, Burleske, Rohe, ja Verworrene zeigt, wird auszuführen sein, anderseits aber auch, wie die Gattung sozial oder mit ihrem Erlebnisgehalt in neue Funktionen hineinwachsen kann. Daß sie uns erst in diesem spätmittelalterlichen Zustand reichlicher faßbar wird, erklärt sich nicht nur aus der Ungunst der Überlieferung für die frühe Zeit, sondern wohl auch daraus, daß es nun eher eine „bürgerliche" Bevölkerung gibt, welche sich der alten Traditionen bemächtigt und sie sogar in einer gewissen Renaissance wieder lebendig macht. Auch der Adel, bis hinauf zu Maximilian, verzichtet aber deswegen nicht auf diese Form von Unterhaltungskunst. Der Verlust an ideeller Transparenz, der Gewinn an Wirklichkeitsdichte, der sich im Schicksal des höfischen Romans feststellen läßt, kommt sozusagen auch einer Wiederaufnahme der Heldendichtung zugute.

Doch zuerst sei das Inventar der hieher zu rechnenden Gedichte aufgenommen.

## 1. Die Texte

Der alte Stoff von Walther, bisher faßbar im lateinischen *Waltharius* und in den altenglischen *Waldere-Fragmenten* sowie einer Reihe von Zeugnissen, erscheint, über mindestens drei Jahrhunderte hinweg, in geringen Resten einer epischen Dichtung aus der ersten Hälfte des 13. Jahrhunderts, die in der metrischen und stilistischen Nachfolge des *Nibelungenliedes* steht.

Aus dem Kreise der *Kudrun*, die ja selbst nur durch den späten Glücksfall der Ambraser Handschrift auf uns gekommen ist, stammt ein erst 1957 bekannt gewordenes, in einer Handschrift aus Kairo in hebräischer Schrift und mitteldeutscher Sprache (Vierzeiler-Strophen) aufgezeichnetes kleines Epos des späten 14. Jahrhunderts: *Dukus Horant* (als Brautwerber der schönen Hilde, Hagens Tochter); dabei sind in die Kudrunsage (sei dies nun unser Epos oder eine andere Überlieferung) Elemente der Dichtung von *König Rother* eingearbeitet.

Der Nibelungenstoff im engern Sinn wird durch die kurze Strophendichtung des *Hürnen Seyfried* (Siegfried mit der Hornhaut) vertreten, roh und wirr erzählte Jung-Siegfried-Abenteuer, wie sie in *Nibelungenlied*, *Edda* und *Thidrekssaga* erscheinen, jetzt aber, z. T. aufgrund unklarer Vorstufen, z. T. in später Erfindung, den Drachentöter und Hortgewinner Siegfried als Befreier der von einem Drachen geraubten Kriemhilt vorführen.

Alles andere läßt sich dem Kreis der Dietrichsage zurechnen, wobei der populär gebliebene oder erst recht gewordene Ostgotenkönig, Recke am Hunnenhof und Kämpfer um sein Reich, samt seinem lombardisch-österreich-tirolischen Lokal (Bern-Verona, Raben-Ravenna, Garte-Garda, Tiroler Gebirge) oft nur als Aufhänger für anderes Erbgut oder neue Erfindung dient. Es ist bemerkenswert, daß ein geschlossener Dietrich-Stoff („Amalungensage") selber kaum existiert oder doch keine maßgebende Form gefunden hat – im Gegensatz zum *Nibelungenlied,* dessen durchgebildete Großform maßgebend blieb und darum mit Ausnahme des *Hürnen Seyfried* bei aller Volkstümlichkeit keine Abwandlungen und Anreicherungen mehr erfuhr.

(1) Die Brücke vom ganz archaischen zum spätmittelalterlich-populären Typus schlagen in verwirrender Weise zwei Lieder, die nur spät und abgelegen erscheinen. Das *Jüngere Hildebrandslied* entstammt wohl grundsätzlich dem 13. Jahrhundert, ist aber erst im 15. und 16. Jahrhundert, dann aber mit großer Verbreitung, faßbar. Der Vater-Sohn-Kampf, dessen tödliches Ende noch der Marner bezeugt, hat zur gleichen Zeit schon in der *Thidrekssaga* ein Happy-End gefunden; das jüngere deutsche Lied ist vollends eine glückhaft-muntere, balladenhafte Heimkehrergeschichte – gewiß eine gewaltige Trivialisierung, doch auch Ausdruck der vernünftigen Einsicht, wie zwanghaft und barbarisch die Motivation im alten Liede war. Ein niederdeutscher Liedtext in zwei Drucken von etwa 1560, im selben „Hildebrandston", erzählt *Ermenrikes dot:* Ermanarich, der Ostgotenkönig des 4. Jahrhunderts, ist hier der grausame Usurpator von Dietrichs Reich (ähnlich wie Odoaker im alten *Hildebrandslied*), wie er auch bereits in der *Edda* als Gestalt einer eigentlichen Iörmunreksage erscheint. Dietrich dringt selbzwölft in die Burg zu Freysack (Friesach in Kärnten, auch als Breisach am Oberrhein gedeutet) ein und erschlägt den König:

De Könink de swech ganz stille, alse de Averweldigen (Überwältigten) doen.
Tohand toech sik her Diderik van dem Bern ein Swert van Golde so rot:
He gaf dem Köning van Armentriken einen weldigliken Slach,
Und dat ok jo sin Hövet vor em up der Erden lach.

So balladenhaft und spielmännisch das ist und so sekundär aus größeren Erzählungen das wieder herkommen mag, es bleibt doch altes Gut und alte Form, eine Konstanz über 1200 Jahre und ganz Europa hinweg.

(2) *Dietrichs Flucht* (von einem Unbekannten, der sich als Heinrich der Vogler vorstellt) und die davon abhängige *Rabenschlacht* (um 1280) behandeln nun in höfisierender und teilweise historisierender Reimpaarform die Ereignisse von Dietrichs Vertreibung, seinem Aufenthalt am Hof des Hunnenkönigs Etzel, seiner dortigen Heirat und seiner Rückkehr nach Bern (mit langer Vorgeschichte über Dietrichs Ahnen); die Ravenna-Schlacht führt die mit Unterstützung Etzels erfolgende Vertreibung Ermenrichs weiter aus, enthält jedoch als eigentliches, tragisches Thema den Untergang der drei jungen kampfbegierigen Söhne Etzels, für deren Wohlergehen Dietrich sich verbürgt hatte. Ähnlich läßt *Alpharts Tod*, ein kürzeres und etwas älteres Strophenepos (Handschrift des 15. Jahrhunderts), den jungen Helden Alphart, Neffen Hildebrands, auf einsamer Feldwache den Tod finden – schillernd mischt sich auch bei diesem Knabenhelden alte Heroik mit jüngerer Empfindsamkeit, balladenhaft mit dem Ende des „kindeschen degens“, der auf grüner Heide kämpft und unter den unehrenhaften Schlägen zweier Gegner, Witeges und Heimes, sterbend in die roten Blumen sinkt.

(3) Zu einer weiteren Gruppe treten ein paar Werke zusammen, in denen Dietrich, vor allem der junge Dietrich, in abenteuerlichen Kämpfen mit Riesen und Zwer-

gen und Drachen erscheint, wo sich also, ähnlich wie in den Jung-Siegfried-Abenteuern, das Heroisch-Geschichtliche ins Sagenhafte oder noch eher Märchenhafte verschiebt. Vielleicht ist das älteste Gedicht dieser Art der *Goldemar*, Fragmente im später sogenannten dreizehnzeiligen Berner Ton: Dietrich reitet zu den Riesen im Gebirge, befreit eine Jungfrau aus dem Gewahrsam des Zwergenkönigs Goldemar und nimmt sie zur Frau. Als Verfasser nennt sich ein Albrecht von Kemenaten (um 1230?); er durchbricht wohl nicht zufällig die Anonymität, denn er unternimmt den bewußten Versuch, rohen Heldenstoff ins Höfische, Aventiurenhafte zu wenden. Er beginnt nämlich mit der Erklärung:

Wir hân von helden vil vernomen,
die ze grôzen strîten sint bekomen
bî hern Dietrîches zîten.
sie begiengen degenheit genuoc,
dô einer ie den andern sluoc.
si wolten niender rîten,
sin waern ze strîten wol bereit ...

nu merkt ir herren, daz ist reht:
von Kemenâten Albrecht
der tihte ditze maere,
wie daz der Berner vil guot
nie gwan gên vrouwen hôhen muot.
wan seit uns daz er waere
gên vrouwen niht ein hovelîch man
(sîn muot stuont im ze strîte),
unz er ein vrouwen wol getân
gesach bî einen zîten:
diu was ein hôchgeloptiu meit,
diu den Berner dô betwanc,
als uns diu âventiure seit.

(1,2)

Rohes Reckentum soll mit höfischer Minne gesänftigt werden. Die Nachgeschichte dieser ja auch schon im

*Nibelungenlied* versuchten Neuerung zeigt aber doch wohl eher, daß damit einer neuen Art von unverbindlichem Synkretismus Vorschub geleistet wurde.

In derselben Berner- oder eben Eckenstrophe gehalten ist das überaus populär gewordene *Eckenlied*, inhaltlich seit der Mitte des 13. Jahrhunderts bezeugt, aber erst spät in verschiedenen Varianten überliefert. Der Riese Ecke, einer von drei heldenhaften Brüdern im Lande Gripiar, zieht aus, um sich mit dem berühmten Berner zu messen, von dem er schließlich getötet wird. Der Name und die Figur Ecke scheinen aus dem Namen von Dietrichs Schwert Eckesachs (Schwert mit der Schneide) entwickelt. Um den Kern von Eckes Ausfahrt haben sich dann allerlei Abenteuer höfisch-romanhafter Herkunft angelagert. *Sigenot*, ein kurzes Gedicht derselben Form (ältere Fassung um 1250), trägt den Namen eines weiteren Riesen, den Dietrich zusammen mit Hildebrand und einem hilfreichen Zwerg überwindet. *Laurin* (oder *Kleiner Rosengarten*) ist eine Reimpaargeschichte aus derselben Zeit – der Zwerg Laurin besitzt in Tirol einen zauberhaften Rosengarten, den er gegen Dietrich und seine Gefährten verteidigen muß, worauf, nach verschiedenen Peripetien, Friede geschlossen wird. Sehr reizvoll ist *Virginal*: ein größeres Werk im Bernerton, das in verschiedenen Fassungen und Schichten der zweiten Hälfte des 13. Jahrhunderts entstammt. Virginal ist eine junge tirolische Zwergenkönigin, die von einem Heidenkönig bedrängt ist und von dem jungen, erstmals ausziehenden Dietrich im Zuge von allerlei Abenteuern mit Riesen und Drachen befreit und geheiratet wird. Hinter der sagenhaft-märchenhaften Überformung steckt der hübsche, spähtöfische Ansatz eines geradezu psychologisierenden Jugend-Heldenromans (Hugo Kuhn). Blutiges Heldentum wird ironisch abgebogen. Schließlich der *Wunderer*: die in 5 Fassungen nur spät überlieferte Geschichte vom menschenfressenden, eine Jungfrau jagenden Wunderer, der in Etzels Hof einbricht und vom jungen Dietrich besiegt wird – kaum eine „tirolische Volkssage" (W. Krogmann), eher eine Travestie und darum auch geeignet zum Fastnachtspiel.

(4) Eine spezielle Möglichkeit, mit den geläufigen Figuren der Heldendichtung zu wirtschaften, wird in zwei Werken ergriffen, die die Helden verschiedener Sagenkreise gegeneinander antreten lassen und damit die zunächst ehrwürdigen Gestalten zu im Grunde unseriösen Konfrontationen und Kombinationen benützen. Der *Große Rosengarten* ist eine über ganz Deutschland verbreitete, in späten Handschriften mit verschiedenen Fassungen überlieferte Dichtung, deren Urform bis vor die Mitte des 12. Jahrhunderts zurückgehen kann. Motivisch ist es eine Kompilation u. a. aus *Laurin*, Dietrich-Epik und (älterem?) Nibelungenstoff. Kriemhilt besitzt in Worms einen von zwölf Rittern (darunter Siegfried, Hagen, Gunther) bewachten Rosengarten; sie fordert Dietrich von Bern (auch Walther von Wasgenstein) heraus, seinerseits mit zwölf Helden zum Kampf gegen die Wächter anzutreten – den Siegern winken Kuß und Rosenkranz. Im Zwölfkampf siegen die Berner, Kriemhilt wird keinen Garten mehr hegen. Das zentrale Thema des Zwölfkampfes, das auch im *Biterolf* und schon – einseitig – im *Waltharius* erscheint, hat turnierartigen oder gar rituellen Charakter (so kämpfen in einem der ältesten deutschen Spieltexte zwölf Ritter des Herrn Mai gegen zwölf des Herbstes), doch scheint es hier nur die bequeme Form zu sein, eine große Zahl von Helden revueartig anzusammeln. Der burleske Schluß des Ganzen, der Auftritt des starken Mönches Ilsan als letzten Kämpfers für Dietrich, bestätigt den pietätlosen, ja gegenüber den burgundischen Helden und Kriemhilt fast parodistischen Charakter des Unternehmens. Der Erfolg des in Hildebrandstrophen lebhaft erzählten, balladenhaften Werkes gab dem Autor recht.

Auch *Biterolf und Dietleib*, eine umfangreiche Reimpaardichtung des 13. Jahrhunderts, aber erst in der Ambraser Handschrift überliefert, führt Dietrich zum Kampf gegen Siegfried und bietet dabei eine große Zahl der Helden aus dem *Nibelungenlied* auf, doch geschieht dies im Rahmen einer ernsthaften höfischen Ausfahrts- und Erziehungsgeschichte: Dietleib, Sohn des Königs Biterolf von Toledo, sucht seinen Vater, findet ihn am Hunnenhof und unternimmt mit ihm und den andern Helden Etzels den großen, siegreichen Feldzug gegen die Könige am Rhein. Daß neben der bekannten Heldendichtung, vor allem *Nibelungenlied* und Walther-Epik, eine (niederdeutsche) Dietleibsage als Hintergrund anzusetzen ist, ist unwahrscheinlich.

(5) Weit über den Kreis heroischer Dichtung hinaus führen die Geschehnisse in dem komplizierten Komplex der Romane von *Ortnit* und *Wolfdietrich*, so daß es überhaupt fraglich und von der Beurteilung ihres Ursprungs abhängig ist, welcher Gattung man sie zuweisen will. Es handelt sich um zwei Epen im Hildebrandston, die inhaltlich nur lose verknüpft sind und von denen das zweite, *Wolfdietrich*, in mehreren ganz verschiedenen Fassungen kursiert hat. Als Entstehungszeit wird die erste Hälfte, ja das erste Viertel des 13. Jahrhunderts angenommen. Ortnit wird uns als mächtiger junger König von Lamparten (Lombardei) mit Residenz in Garda vorgestellt, der Sohn, wie sich zeigt, des im Gebirge hausenden Zwerges Alberich. Unter dessen unsichtbarer Begleitung unternimmt Ortnit eine gefahrvolle Brautwerbefahrt nach Tyrus, um dort gegen gewaltige Schwierigkeiten die Tochter des Heidenkönigs von Jerusalem zu gewinnen; dieser rächt sich durch die Übersendung von Dracheneiern. Im Kampf mit einem der Lindwürmer, die daraus hervorkriechen, findet Ortnit den Tod; rächen wird ihn Wolfdietrich, der Urahn Dietrichs von Bern. Hier öffnet sich wieder die aus *Herzog*

*Ernst, Rother, Salman und Morolf* bekannte Mittelmeerwelt, erscheint eine spielmännische Brautgewinnung; nicht zuletzt handelt es sich aber auch um zeitgeschichtliche Kreuzzugsmotivik, alles vorgeschaltet einem der beliebten Drachenabenteuer. Die Anknüpfung an die Dietrichsage ist äußerlich; in den Namen Ortnit, Ylias (Ortnits Oheim) und Garte (Nov-gorod?) scheinen niederdeutsch vermittelte Reminiszenzen eines russischen Stoffs vorzuliegen, doch die Fabel selbst kommt aus westlicher Anregung; Alberich entspricht dem Auberon des französischen Romans von Huon de Bordeaux.

Der *Wolfdietrich* zeigt ein durchaus ähnliches Bild, nur wesentlich bewegter und phantastischer. Die wohl ursprüngliche Fassung (A) erzählt vom jungen Königssohn von Konstantinopel, Wolfdietrich, der infolge einer Verleumdung von seinem Vater Hugdietrich ausgesetzt, aber von den Wölfen wunderbar geschont wird. Mit Hilfe seines treuen Dienstmanns Berchtung von Meran und dessen sechzehn Söhnen (im *König Rother* war es Berchter mit zwölf Söhnen) kämpft er für sich und die verstoßene Mutter, zuerst erfolgreich gegen den Vater, dessen Gunst er wiedergewinnt, dann nach Hugdietrichs Tod unglücklich gegen seine Brüder. Er sucht Hilfe bei Ortnit von Lamparten (Reiseabenteuer), kann aber nur noch Ortnits Tod am Drachen rächen und die Witwe heiraten. Die wesentlich spätere Fassung (D), in welcher offenbar frühere Varianten summiert sind, erzählt als Vorgeschichte die Brautwerbefahrt Hugdietrichs, die Flucht Wolfdietrichs und Berchtungs vor den feindlichen Brüdern, Abenteuer mit einer Meerjungfrau, den Drachenkampf, einen Kampf mit dem grausamen Heidenfürsten Belian, die Hochzeit mit Ortnits Witwe und nach deren Tod den Gang ins Kloster – eine Kombination aus einheimisch-spielmännischen Elementen und Anregungen aus französischen Chansons de geste und Ritterromanen.

## 2. Entartung und Ursprünglichkeit

Der Marner, ein fahrender Spruchdichter um die Mitte des 13. Jahrhunderts, gibt in einer berühmten Strophe eine Übersicht über sein Repertoire an Heldendichtung, um sich damit zugleich über sein – nach seiner Meinung – undankbares, meisterloses und anspruchsloses Publikum zu beklagen. „Sing ich den Leuten meine Lieder“, heißt es da (XV,14), „so will der erste das, wie Dietrich von Bern auszog, der andre, wo König Rother saß; der dritte will den Reußensturm (= ?), dagegen will der vierte Eckharts Not (kommt in Dietrichs Flucht und Rabenschlacht vor), der fünfte, wen Kriemhilt verriet, dem sechsten wäre lieber, wo der Wilzen Volk hingekommen (Wilcinamånn der *Thidrekssaga*), der siebente möchte Heimes oder Herrn Witeges Sturm, Siegfrieds oder Herrn Eckes Tod. Der achte aber will dann nichts als höfischen Minnesang, dem neunten ist bei all dem langweilig, der zehnte hat keine Meinung. Nû sust nû sô, nû dan nû dar, nû hin nû her, nû dort nû hie. Mancher hätte gern den Nibelungenhort ...“ Man sieht hier, wie es schon zu Marners Zeit beim Vortrag strophischer Heldendichtung zuging, wie sie einen jedermann bekannten Stoffkreis bildet, wie ein fahrender Spruchdichter auch Strophenepik und Minnesang im Repertoire hatte (Strophik eventuell mit Ausnahme des *Rother,* wenn wirklich das Reimpaarwerk gemeint ist). Der Dichter befriedigt damit wohl nicht in erster Linie das Interesse höfischer, anspruchsvollerer Kreise, obwohl natürlich Trivialliteratur keineswegs nur Sache untergeordneter Stände ist. Sein Katalog trifft sich zu einem guten Teil mit dem, was uns, wenn auch vielleicht in anderen Fassungen, erhalten ist, wie etwa die drei getrennt aufgeführten Themen, die in unserem *Nibelungenlied* vereinigt sind. Daraus darf man wohl vermuten, daß die Menge des seit 1250 Verlorenen nicht allzu groß ist.

„Nû sust nû sô, nû dan nû dar" – beim Blick auf die spätere Heldendichtung ist es uns vielleicht so wenig wohl wie dem Marner. Wer Germanisches sucht und ehrwürdige, ernsthafte Sagendichtung, wird sich im wesentlichen mit einzelnen Namen und Motiven begnügen müssen, die zwar auf ältere Herkunft verweisen (für Rekonstruktionen sind *Edda* und *Thidrekssaga* wichtig), aber doch recht frei verfügbar geworden sind. Es handelt sich um Versatzstücke, die nicht nur unter sich im Zusammenhang angestammter Heldensage, sondern auch mit Elementen anderer Provenienz (Roman, Chanson de geste) immer neu kombiniert, korrigiert, parodiert werden können. Dabei geht der Sage das Numinosum, dem Märchen die zauberhafte Helle, dem Roman die gedankliche Führung verloren. Auch die Merkmale des Zersingens – wenn dieser Terminus der Volksliedforschung auch für die Auflösungs- und Verwirrungserscheinungen der Epik verwendet werden darf – bleiben bezeichnend für Degeneration und Trivialisierung.

Neben diesem – geradezu gattungstypischen – Vorgang des Entartens ist nun freilich auch die stets vermutbare Gegenbewegung nicht zu übersehen. Wie an der Wurzel der hochmittelalterlichen Heldenepik das Lied stand, so kann jetzt das Kurzepos oder das balladenhafte Erzähllied nicht nur als Zerfallsprodukt, sondern zugleich als Erneuerung eines Ursprünglichen verstanden werden. *Alpharts Tod* etwa ist in seinem Kern eine eindrucksvolle Neuschöpfung dieser Art (de Boor). Das Zersingen legt einen ursprünglichen Ansatz wieder frei, der dann in einfacher Volksliedform unwahrscheinlich lange erhalten bleibt: *Ermenrich* und *Hildebrand* bis mindestens ins 16. Jahrhundert; die zentrale Szene der *Kudrun* – das am fremden Meeresstrand waschende schöne Mädchen – ist möglicherweise in einem neuzeitlichen *Lied von der schönen Meererin* aus Gottschee erhalten. Die im heroischen Erzähllied vorgeformten Muster können, plötzlich wieder aktuell, dazu dienen, neue geschichtliche Ereignisse zu fassen. Auf erstaunliche Weise geschieht das in den Liedern aus der „heroischen“ Zeit der jungen Eidgenossenschaft im 14. und 15. Jahrhundert. Das Lied auf die Näfelserschlacht (1388, das Lied wohl einige Jahrzehnte später) berichtet in archaischen Nibelungenzeilen die „Glarner nôt“, und zwar mit formelhaften Parallelen, die vom *Ludwigslied* und alten *Hildebrandslied* bis zu *Ermenrich* und dem *Jüngeren Hildebrandslied* reichen. Das Lied auf die Laupenschlacht (1339) verwendet ausdrücklich den Eckenton. Dabei ist allerdings auch hier nicht nur an ungebrochen archaische Tradition zu denken, sondern eher an eine auch volkstümliche „Renaissance“ des Interesses für Heldenstoffe.

## VI. MÄRE UND BÎSPEL

Wenn es im Bereich der spätmittelalterlichen Erzählung eine spontane und zeittypische wie auch erfolgreiche Schöpfung gibt, so ist dies die Kurzerzählung – ein überaus reichhaltiger Gattungskomplex mit sehr unscharfen Rändern (und darum literarhistorisch schwierig zu organisieren), aber doch einer eindeutigen Kernzone. Für diese hat sich, in moderner Definition, die Bezeichnung „Märe" (daz maere) eingebürgert, am strengsten gefaßt durch Hanns Fischer, der darunter nur die eigentliche und „selbstzweckliche" Erzählung in Reimpaaren, mit profanem und profan betrachtetem Inhalt und im Umfang ungefähr zwischen 150 und 2000 Versen versteht und dazu 219 Texte des deutschen Spätmittelalters rechnet (die zahlreichen Varianten mitgezählt). Die Grenze ist aber fließend zu den im allgemeinen kürzeren Formen der Sprechsprüche und „Reden", der Beispielerzählungen, Parabeln und Fabeln, aber auch zu den größeren Erzählformen von Roman und Legende. Halten wir uns zunächst an die eigentlichen, selbständigen Verserzählungen. So äußerlich das Merkmal der Kürze erscheint, so meint es doch – im Vergleich zur anspruchsvollen Großform der klassisch-höfischen Romane – eine neue Art erzählerischer Weltbewältigung überhaupt. Es handelt sich um die zugriffige und pointierte Wiedergabe von merkwürdigen, wunderbaren oder komisch-grotesken Vorfällen, Handlungsabläufen oder auch nur menschlichen Situationen und Charakteren, die Nachdenklichkeit oder Ergriffenheit, meist aber einfach das befreiende, elementare Lachen erwecken wollen. Eine moralische Nutzanwendung kann das Erzählte auswerten, doch kann sie auch unterbleiben oder wirkt als angehängtes Alibi, es sei denn, daß man im mittelalterlichen Rahmen eines unerschütterlichen Schöpfungsvertrauens bereit sei, an eine moralische Essenz auch noch der frivolsten Geschichte zu glauben. Kürze bedeutet gegenüber der Synthese, dem idealistischen Entwurf, dem Totalitätsanspruch der höfischen oder geistlichen Großerzählung die Konzentration auf einen „Fall“ (Vorfall, Zufall, Rechtsfall), der die konventionellen oder idealen Ordnungen durchschlägt, aber in Schrecken, Erhebung und vor allem in komischer Entspannung eine vielleicht undurchdringliche, aber fraglos vorhandene Wirklichkeit enthüllt. Ob das „Unerhörte“ nun in einem sensationellen Mirakel, einem unwahrscheinlichen Vorgang, einem Tabubruch seitens des Erzählers (wie dann vor allem später in der obszönen Enthüllung der Vitalsphäre) besteht, in jedem Fall versucht der Erzähler durch seine konzentrierte und dosierte Kunst, dieses Unerhörte zu bannen und damit in eine neue Ordnung zu fassen; im günstigsten Fall sind wir auf dem Weg zur Novelle im neuzeitlichen Sinn. Bei aller stofflichen Verwandtschaft vor allem in den erotischen Themen unterscheidet sich aber das Märe von der klassischen Novelle durch seine anspruchslosere, behaglich-reimende und meist volkstümlichere Art. Die Prosanovellen und -schwänke, wie sie das 16. Jahrhundert dann bringt, stehen in keinem direkten Zusammenhang mit der Reimpaartradition, sind nicht etwa als „Prosaauflösung“ zu verstehen.

Der Charakter des Unerhörten oder doch Denkwürdigen verbindet das Märe gewiß auch mit dem Wunder der Legende, weniger freilich der biographischen Heiligenvita als der Mirakelgeschichte; diese führt als Sensationsbericht unmerklich aus dem offiziell-kirchlichen in den weltlichen Bereich hinüber. Schließlich ist auch die Grenze gegenüber jenen Gedichten fließend, in denen das Erzählerische auf eine kurze Anekdote oder gar auf eine bloß verbale Pointe (Witz) reduziert ist oder wo in sogenannten Beispielen (bîspel) die Nutzanwendung zur

Hauptsache wird oder wo in „Reden“ und Spruchgedichten reine Lehrdichtung vorliegt.

Wenn man gerne das „bürgerliche“ Märe gegen den „höfischen“ Roman ausspielt, so trifft man damit zwar die Tatsache, daß in den meisten Werken dieser Kleinepik bürgerliche, bäuerliche und geistliche Personen die Helden sind und in ihrem Alltag agieren und daß höfische Ideale – wenn überhaupt – in entarteter oder parodierter Form erscheinen. Nun ist aber inzwischen ja auch die höfische Dichtung zur Lektüre des Bürgers geworden, und umgekehrt sind es im wesentlichen höfische Kreise, die die Sammelhandschriften anlegen ließen, in denen die Mären nebst anderen Kleinformen überliefert sind, und die auch die „Sprecher“ bezahlten, die ihrem Publikum aus eigener oder fremder Erfindung solche Geschichten zum besten gaben. Nur in diesen Kreisen war ein allfälliger Kontrasteffekt zum leer gewordenen höfischen Stil wirkungsvoll, nicht viel anders als bei Neidhart und seiner Schule in der Lyrik. Zwar sind die meisten Märendichter nichtadliger Herkunft, aber es gibt auch hier vornehme Ausnahmen. So läßt sich im ganzen höchstens von einer Verbreiterung der Basis, von einer ständisch unspezifischeren Kunst reden, nicht aber von einer bürgerlichen und gegenhöfischen Kunst.

Es kommt hinzu, daß die neue „Wirklichkeit“, die hier aufscheint und die man gerne als neuen Realismus anspricht, ihrerseits durchaus stilisiert, auf eine begrenzte Zahl von typischen Figuren und Motiven und auch Tabus abgezogen ist, also nicht ohne weiteres etwa als Beleg für kultur- und sittengeschichtliche Zustände verwendet werden kann. Der dennoch sich abzeichnende Wandel, die spätmittelalterliche, nominalistische, „realistische“ oder wie immer zu bezeichnende Mentalität ist nur indirekt soziologisch zu fassen, primär aber nur als Wandlung der erzählerischen Formen und der in ihnen je enthaltenen „Wirklichkeit“.

Was sich in Deutschland als ein geschichtliches Nacheinander, fast als eine Ablösung des (höfischen) Romans durch das sozial breiter verankerte Märe darstellt, sieht in Frankreich etwas anders aus: Hier begegnet die Form des Lai und des selbständigen Episodengedichts im höfischen Bereich z. T. vor und neben dem großen Roman, und das Fabliau, das – von Bédier als „conte à rire" definiert – im wesentlichen dem schwankhaften Märe entspricht, ohne ihm unmittelbare Vorlagen zu liefern, hat seine große Zeit schon eine bis mehrere Generationen vor den deutschen Mären. Vielleicht ist es für Deutschland bezeichnend, daß hier mären- und novellenhafte Stoffe lange Zeit nur eingebunden in eine umfassende literarische und geistige Ordnung erscheinen, im Roman oder in der Chronik (*Kaiserchronik*); das älteste selbständige Beispiel, der *Moriz von Craun*, scheint gerade am Versuch zu scheitern, ein Märe (nämlich einen Minne-Casus) zu einem Ritter- und Liebesroman zu entwikkeln.

Die Quellenfrage ist kaum generell zu beantworten, ganz abgesehen von der noch wenig gediehenen Forschung. Anders als beim Roman haben wir eine weithin anonyme Gattung mit variierbarem und kombinierbarem Material vor uns, das bei vielen Erzählungen jeweils denn auch in einer ganzen Reihe stark abweichender Fassungen erscheint, die in verschiedenen sozialen und lokalen Milieus angesiedelt sind. Wenn für den höfischen Bereich trotz eines Mangels an direkten Belegen französische Vorlagen und Anregungen in Frage kommen, so ist für das ganze Phänomen eher an eine lateinische Grundschicht zu denken – an das lateinische und jedenfalls „national nicht festlegbare Erzählplankton des Mittelalters" (H. Fischer). Wir fassen dieses am ehesten in der Form einer Reihe überaus populärer Sammlungen von meist kurzgefaßten Anekdoten, Schwank- und Mirakelgeschichten, Parabeln und Tierfabeln, die zum großen

Teil von der Funktion her als „Exempla“ („Predigtmärlein“, Beispielerzählungen) zur Veranschaulichung moralischer Tatbestände insbesondere in der Predigt und im Unterricht dienten. Es seien nur drei ganz verschiedene Beispiele genannt. Als „ältestes Novellenbuch des Mittelalters“ in diesem Sinne gilt die weitverbreitete *Disciplina clericalis* (Lebensanweisung für kluge Leute) des Petrus Alphonsi, eines bekehrten jüdischen Rabbi mit muslimischer Bildung in Spanien, ein Schatzkästlein reich kommentierter praktischer Lebensweisheit, in dessen Erzählungen sich am ehesten eine orientalische Tradition im Übergang ins christliche Mittelalter fassen läßt. In Deutschland bieten der *Dialogus miraculorum* des Zisterzienserpriors Caesarius von Heisterbach (um 1180–1240) und dessen unvollendete *Libri miraculorum* eine kaum gebändigte Fülle von sagenhaften, anekdotischen, legendarischen, merkwürdigen Geschichten aller Art, zusammengetragen in der Absicht moralischer und religiöser Unterweisung der Klosternovizen, vor allem mit massiver Abschreckung vor dem Laster. Erst aus dem 14. Jahrhundert (vor 1342) stammen die vermutlich in England entstandenen *Gesta Romanorum*, ein überaus einflußreiches, bis in die Neuzeit als Fundgrube novellistischer Stoffe dienendes Werk, wie der Titel andeutet, im Kern antike oder antikischen Figuren zugeschriebene sagen- und legendenhafte Geschichten, z. T. an die deutsche *Kaiserchronik* erinnernd, z. T. aber auch vermischte exemplarische und sentenziöse Weisheit. Schließlich ist zu sagen, daß natürlich einzelne Stoffe in verschiedenen literarischen Formen ihre langen, selbständigen Überlieferungen haben. Das klassische Beispiel dafür ist der Schwank vom *Schneekind*, der bereits unter den „modi“ der Ottonenzeit erscheint, unter den Mären des Spätmittelalters figuriert wie auch in den späteren Prosaschwänken: das Kind, das die Frau eines auf langer Reise abwesenden

Kaufmanns empfangen haben will, indem sie Schnee gegessen, wird vom Kaufmann anläßlich einer nächsten Reise in die Sklaverei verkauft, worauf er zu Hause erzählt, das Schneekind sei leider an der südlichen Sonne geschmolzen (vgl. Röhrich).

Jede Gruppierung unserer erhaltenen Texte ist einigermaßen willkürlich. Wir halten uns im folgenden an Hanns Fischers Unterscheidung von schwankhaften, höfisch-galanten und moralisch-exemplarischen Mären, können aber natürlich nur wenige Beispiele erwähnen, unter Beschränkung auf unsern Zeitraum bis etwa 1350. Es sei verwiesen auf die hilfreichen Regesten Fischers und die gedruckten Sammlungen, unter denen das *Gesammtabenteuer* Friedrich Heinrich von der Hagens (1850) mit seinen hundert Erzählungen sehr unterschiedlichen Charakters immer noch unentbehrlich ist.

## 1. Mären

Im Bestand der Mären bilden die Erzählungen, die in ritterlich-höfischem Milieu und im Rahmen des Wertsystems von Minnedienst, Abenteuer und Rittertugenden spielen und damit meistens auch einen literarisch anspruchsvollen, ernsten Charakter haben, nur eine kleine Gruppe. Da der Aventiure-Weg des Ritters und seine sozialen und geschichtlichen Aufgaben vor allem Sache des Romans und seiner Problementfaltung sind, so tritt in den Kurzerzählungen, wie übrigens auch schon in den Lais der Marie de France, die Minne in den Vordergrund. Es wurde bereits einmal (S. 253 ff.) vom novellistischen Charakter mancher Liebeserzählungen gesprochen; wo es um die blinde Allmacht der Liebe geht, hat die langwierige Minnepädagogik des Artusromans wenig zu sagen. Vor allem der *Tristan* enthält, innerhalb seiner großen Gesamtkonstruktion, doch bereits entscheidende Elemente novellenhaften, ja schwankhaften Charakters.

Die unsterbliche Dreieckssituation (Frau mit Gatte und Liebhaber), die dubiose Figur des betrogenen Ehemanns, die Kette der oft austauschbaren Episoden von List und Gegenlist – all das berührt geradezu das Wesen des erotischen Schwanks. Nicht weniger gehört aber auch der sentimentale gemeinsame Liebestod zu den typischen Motiven; er bildet den Gegenstand einer ganzen Reihe von Mären (z. B. *Der Schüler zu Paris* in verschiedenen Fassungen) und wurde auch direkt nach Ovid gereimt in den Mären von *Pyramus und Thisbe* und *Hero und Leander*.

In der Schule Gottfrieds gilt Konrads von Würzburg *Herzmäre* als das reinste Beispiel dafür und überhaupt für eine nun isolierte Novellistik höfisch-artistischen Stils. Der Liebhaber einer wohlverheirateten Dame stirbt auf einer Kreuzfahrt, die er zur Ablenkung unternommen hat, aus Minnesehnsucht; nach seinem letzten Wunsch soll sein einbalsamiertes Herz der Geliebten in der Heimat überbracht werden, doch fängt der mißtrauische Gatte den Boten ab, setzt sich ins Bild und gibt das Herz der Gattin als Leckerbissen zu essen; wie sie nachher vernimmt, was für eine Speise dies war, da will sie nichts anderes mehr berühren und stirbt gebrochenen Herzens ihrerseits den Liebestod; bewegend klagt der Dichter, daß solch lautere Minne selten geworden sei. Die Geschichte vom gegessenen Herzen ist in verschiedenen Lais und Troubadourviten und auch in einer deutschen Minnesängerballade zu finden, und sie ist lebendig bis zu Boccaccio und Hans Sachs. Die Drastik des Motivs und die ungehemmte Sentimentalität verbürgen die Beliebtheit der Geschichte. Die Mär Konrads verzichtet auf jede Problematisierung und verlegt sich ganz auf die Entfaltung des empfindsam-grausamen Geschehens. Mit sozusagen bürgerlicher Akkuratheit wird hingegen manches Detail ausgekostet, so etwa die Einbalsamierung des „herze bluotec unde riuwevar“:

Daz soltu denne salben
mit balsem allenthalben,
durch daz ez lange frisch bestê.

Natürlich interessiert auch das kostbare „ledelîn“, in welchem Herz und Ring verschlossen und versiegelt werden, und ähnlich erfährt die gastronomische Zubereitung des „iaemerlîchen trehtelîns“ liebevolle Aufmerksamkeit – ob da nicht leise Ironie und Ruchlosigkeit im Spiel ist, bleibe dahingestellt. Denn Konrad kann ja auch anders.

Mit frommem Augenaufschlag fordert er in einer Allegorie von der Frau Welt (*Der Welt Lohn*) zur Buße und Abkehr vom ritterlichen Weltleben auf oder erzählt drei Heiligenlegenden. Im *Schwanritter* feiert er den gottgesandten Ritter, welcher (wie Lohengrin) der bedrängten Witwe Gottfrieds von Bouillon und ihrer Tochter zu Hilfe kommt. Zu Konrads Artistik gehört schließlich auch, wie er im *Heinrich von Kempten* einen knappen, ehrlichen, massiv-humoristischen Ton trifft, wo es um die Wiedergabe eines – Uhlands würdigen – mannhaften Schwabenstreichs geht. Es ist ein historisch-anekdotisches Märe mit schwankhaften Zügen, das auch die Person des Kaisers „übel unde rôt“ und seine Krone nicht verschont. Heinrich von Kempten erschlägt in gerechtem Zorn am Hofe Kaiser Ottos den Truchsessen und kann sich nur freikämpfen, indem er den Kaiser, der bei seinem Barte Rache geschworen hat, an ebendiesem zu Boden reißt. Nach langer Zeit, auf einer Heerfahrt in Apulien, rettet er dafür dem Kaiser das Leben, in lächerlicher Nacktheit zwar (Heinrich sitzt im Bade, sieht von ferne eine Bedrohung des Kaisers und stürzt nur mit Schild und Schwert ihm zu Hilfe), aber mit dem Erfolg von Verzeihung und Gnade. Das ist, obwohl auf Bestellung eines Straßburger Dompropsts und nach lateinischer Quelle verfaßt, ein Meisterstück „volkstümlicher“

Erzählung, im einzelnen mit fast balladenhaften Zügen. Der Totschlag am Truchseß z. B.:

do greif er einen stecken
als einen grôzen reitel (Knüppel):
er sluog in daz diu scheitel
im zerclahte sam ein ei,
und im der gebel (Schädel, Giebel) spielt enzwei
reht als ein havenschirben,
daz er begunde zwirben
alumbe und umbe sam ein topf (Kreisel).
daz hirne wart im und der kopf
erschellet harte, dünket mich ...

Verfänglicher sind andere Erzählungen des ritterlich-höfischen Bereichs, in denen das Minnethema weniger in sentimentaler als galanter Weise abgewandelt wird. Dafür stehe die in 4 verschiedenen Fassungen überlieferte *Heidin* (alle noch 13. Jahrhundert). Nach dem ältesten Text (A): Ein christlicher Ritter dient in Minne einer verheirateten Heidenkönigin, die ihm schließlich einen Lohn für jahrelange Treue schuldig zu sein glaubt; sie will ihm aber aus Rücksicht auf den Gatten nur die Hälfte ihrer Person, nach freier Wahl über oder unter der Gürtellinie, überlassen. Der Ritter wählt in kluger Taktik die obere Hälfte und gelangt dann nach Überwindung weiterer Schwierigkeiten auch zum Rest; nach erreichtem Ziel zieht er in seine Heimat zurück (in der romanhaft erweiterten Fassung B folgt ihm die bekehrte Heidin). Es handelt sich hier genau um einen jener gewagten Minne-Casus, die bei Andreas Capellanus zu scharfsinniger Behandlung kommen (Trojel S. 206 ff.). Die für die ganze feudale Minneidee zentrale Frage, wieweit treuer Minnedienst schließlich Anspruch auf Lohn seitens der Dame habe (vgl.: *Moriz von Craun*), nimmt hier die Form eines anatomisch-psychologischen Kompromisses an – hinter dem tierischen Ernst der Disputation verbirgt sich galante Groteske.

Von besonderem Reiz, stoff- und geistesgeschichtlich, ist das Märe von *Peter von Staufenberg*, wahrscheinlich von einem Ritter Egenolf von Staufenberg am Anfang des 14. Jahrhunderts erzählt, um einen Ahnherrn des Geschlechts, dessen Stammburg in der badischen Ortenau lag, zu ehren und den Nachfahren ein Beispiel zu geben. Ein vorbildlicher, erfolgreicher Ritter begegnet beim Ausritt in die Kirche am Wegrand einer Dame von größter Schönheit; sie verspricht, ihm jederzeit heimlich anzugehören und ihn auch, wie bisher, zu beschützen und zu fördern, wenn er verschwiegen bleibt und keine Ehe eingeht; andernfalls müsse er nach drei Tagen sterben. Peter genießt fortan Glück und Ruhm, doch drängen ihn Verwandte und Freunde zu einer Heirat, ja der Kaiser will ihm seine Nichte geben. In der Not verrät Peter sein Geheimnis, man warnt ihn vor der heimlichen Geliebten als einer Teufelsbotin, und so läßt er sich auf die Heirat ein. Während des Hochzeitsfestes erscheint an der Decke des Saals das verheißene Zeichen: das wunderschöne Bein der Fee, und nach drei Tagen ist der Ritter tot. (Zur langen Nachgeschichte der „Sage" vgl. Röhrich.) Es ist das Melusinenthema, das im *Partonopier* Konrads von Würzburg noch im Sinn eines hohen Abenteuers, eines erreichbaren, legitimen Glücks selbst gegen geistliche Mahnungen mit gutem Ausgang behandelt ist. Jetzt, als Novellenstoff, führt die Begegnung mit der zauberhaften Geliebten in Konflikt und Untergang. Es bleibt „unerhört", was sich in der unheimlichen Beglückung durch die Fee eigentlich begibt; es bleibt offen, ob die Liebe zu der brav christlich redenden Fee wirklich verdammenswert und ob der Held wirklich schuldig ist; nicht einmal das Motiv des Beins an der Decke wird deutlich. Das unheimliche, zur Sage gewordene Faktum dient immerhin noch zur höheren Ehre der Familie und soll damit auch historisch dingfest gemacht werden, ähnlich wie später in Thürings von Ringoltingen

Melusinenroman. In dieser Erzählung eines an sich unbedeutenden adligen Verfassers wird deutlich, was die Ablösung des Romans durch die Novelle bedeutet: einen Abschied vom hohen Mittelalter.

Der schon in einigen höfischen Mären gelegentlich zu spürende Unernst wird nun frei im schwankhaften Märe, zu welchem der weitaus größte Teil der überlieferten Kurzerzählungen zu rechnen ist. Auf diesem Gebiet ist offenbar auch der Durchbruch zur neuen Form zuerst erfolgt. Jedenfalls erscheint hier der Stricker als frühester Vertreter und vermutlich als Schöpfer des Typus. Seine (nach H. Fischers Definition) 16 Mären, die wohl noch vor 1250 entstanden sind und vorwiegend Schwankcharakter tragen, stellen zwar nur einen kleinen Teil seines weitgespannten Œuvres dar, aber sie verraten in zeitlicher und stilistischer Hinsicht besondere Originalität. Was sich hier zuerst zeigt, kennzeichnet für Jahrhunderte die Vers- und Prosaschwänke. Gehen wir aus von einigen Beispielen, und zwar aus dem hier wiederum zentralen Bereich der Ehegeschichten.

(1) *Der begrabene Ehemann*: Mann und Frau beteuern sich um die Wette ihre Liebe. Da nimmt sie ihn beim Wort und läßt ihn absoluten Glauben in alles schwören, was sie sage. Um den Schwur nicht zu brechen und auch um des lieben Friedens willen gibt er eines Mittags zu, daß es Nacht sei, hat er ein kaltes Bad als warm zu erklären, muß ableugnen, daß er den Pfarrer hat von seiner Frau wegschleichen sehen, und gibt schließlich seine Identität derart auf, daß er sich gefallen läßt, für sterbend und tot erklärt und begraben zu werden; seine schließlichen Protestschreie aus dem Sarg werden vom Pfarrer als Teufelswerk abgetan, das Grab wird rasch zugeschaufelt. Moral: „den schaden muose er des haben / daz er satzte ein tumbez wîp / ze meister über sînen lîp."

(2) *Der Gevatterin Rat*: Ein Bauer, der seiner Frau

überdrüssig ist, prügelt und beschimpft sie, wie er nur kann. Auf den Rat einer Gevatterin wird dem Mann auf dem Feld mitgeteilt, seine Frau sei gestorben; an ihrer Stelle wird ein täuschend bemalter Holzblock begraben, wogegen die Frau, von der Gevatterin schön aufgepäppelt und hergerichtet, dem bald wieder heiratslustigen Bauern als Braut zugeführt wird; er bleibt glücklich mit ihr, obwohl sie sich nach einiger Zeit zu erkennen gibt und er den Spott der Leute nicht mehr loswird. „Man könnte auch heute noch manchen so wohl betrügen."

(3) *Die eingemauerte Frau*: Ein tugendhafter Ritter ehelicht eine Frau, die von Anfang an widerspenstig und aggressiv ist; da auch Faustschlag und Prügel nichts nützen, läßt er sie in einem türlosen Gaden einmauern, von wo sie durch ein Fensterchen dem fröhlichen Leben des Ritters zuschauen muß, während sie nur Hundefutter bekommt. Sie bereut, wird durch Vermittlung des Pfaffen befreit und ist nun weit im Land herum ein Vorbild.

(4) *Das heiße Eisen*: Eine Frau fordert von ihrem Mann, mit dem sie glücklich verheiratet ist, als Beweis seiner Treue, daß er das heiße Eisen trage; ungern unterzieht er sich dem Gottesgericht, doch gelingt es ihm, durch die Manipulation mit einem Holzspan die Hand heil zu bewahren. Auf die Gegenforderung hin bettelt die Frau um Nachlaß für einen, dann zwei und schließlich drei Liebhaber; trotzdem verbrennt sie sich die Hand gründlich. Der zornige Mann verspricht ihr nichts als Laster und Schande.

Die vier Stücke gehören zum Thema der „ehelichen Kraft- und Treueproben", die zusammen mit den allgemeinen Ehebruchs- oder Verführungsgeschichten die dominierende Gruppe der erotischen Schwänke bestreiten. Beim Stricker geht es primär um die innereheliche Auseinandersetzung, der obligate Pfaffe und die Fehltritte der Frau erscheinen nur am Rande (Ausnahme: *Der kluge Knecht*). In äußerstem Gegensatz zu höfischer Galanterie oder auch zur Ehe am Schluß der ritterlichen Romane zeigt sich hier – meistens in bürgerlichem oder bäuerlichem Milieu – die Ehe als Ort des Kampfs der Geschlechter. Das eheliche Glück ist bestenfalls eine Täuschung, es kommt darauf an, welcher Partner den andern übertölpelt. In den ersten zwei Beispielen siegt die vorwitzige, listige Frau (oder ihre Helferin) über den gutmütig-törichten Gatten, in den andern zwei muß die böse oder törichte Frau brutal gezähmt und entlarvt werden. Im vielbeschworenen spätmittelalterlichen „Bild der Frau" scheint das hemmungslos verbuhlte, listige, böse oder auch törichte Wesen zu dominieren, doch hat auch, schon von Roman und Legende her, die „treue Frau" ihre novellistisch-sentimentale Tradition. Man wird den Tatbestand also nicht ohne weiteres auf einen mittelalterlichen Antifeminismus kirchlich-augustinischer Prägung zurückführen dürfen, eher schon auf zeitlose psychologische Wurzeln.

Nichts wäre gefährlicher, als hier Sittenbilder aus der Epoche erkennen zu wollen. Der Großteil dieser Schwänke arbeitet mit einem typisierten Arsenal von Figuren und Handlungselementen, und die Erzähler scheinen sich auch innerhalb des erotischen Bereichs an gewisse Spielregeln zu halten. Gerade die unwahrscheinliche Kraßheit und Handgreiflichkeit im Verhalten der Personen könnte die Bedingung schwankartiger Wirkung sein. Einem „Realismus", wie man ihn gerne in der Verlegung in bäuerliches Milieu, in der knappen Sachlichkeit des Berichts, in Details aus dem Alltagsleben erkennen möchte, widerspricht nur schon die Unwahrscheinlichkeit der Geschehnisse (1) oder der literarische Charakter des Motivs (4). Die Stilisierung der Ehe auf ein Verhältnis von Macht und List läßt sich im übrigen als spezielle Anwendung allgemein-typischer Schwankstruktur auch außerhalb des erotischen Themas verstehen: Überlistung, dem andern einen Streich spielen, geschickter Betrug und Diebstahl sind Urthemen des Schwanks. Die Figur des Meisterdiebs, seit Herodot bekannt, erscheint z. B. in Strickers *Martinsnacht*. Der Sieg des Klügeren, Gerisseneren auch auf Kosten einer gängigen Moral ist allemal für den Hörer ein Anlaß des Gelächters und der wohltuenden Entspannung. Die Sympathie kann daher ebensosehr dem durchtriebenen Frauenzimmer gelten wie dem unerschrockenen Mann, wenn er eine Widerspenstige zähmt. Man braucht den beim Stricker und anderswo so wichtigen Gegensatz von tump und wîse keineswegs mit einer besonderen intellektualistischen Prudentia-Ethik in Verbindung zu bringen. Das „tumbe wîp" des begrabenen Ehemannes ist keineswegs dumm; die Schlußzeilen formulieren eine „Moral", die dem faktischen Triumph der kühnen Bäuerin eher widerspricht.

Die Frage nach den moralischen Grundüberzeugungen des Strickers ist allerdings auch dann nicht ganz müßig, wenn man sein Ehe- und Frauenverständnis psychologischen oder gattungsmäßigen Mechanismen anlastet. Dies gilt vor allem auch im Blick auf seine umfangreiche eigentliche Lehrdichtung. Eine „Haltung, die die Welt durchschaut aber nicht verurteilt, sondern in ihrer Torheit mit verstehender Überlegenheit bloßstellt", formuliert de Boor. In der Tat schlägt durch alle Typik hindurch eine gewisse Illusionslosigkeit und Härte, ja selbst Bitterkeit. Wesentlicher als des Verfassers Mahnung vor meisterlosen Frauen wirkt die knappe Darstellung einer weithin grundlosen Zerstörung des Eheglücks durch Mann und Frau selbst (1 und 4), bedenklich bleibt der Beifall, der einer so brutalen Zähmung der Widerspenstigen durch einen edlen Ritter gezollt wird, oder die geradezu ruchlose Behandlung des Gottesgerichtsmotivs: Was sonst, etwa in Meineid-Sagen, als höchster Frevel gilt, leistet sich der Mann mit seinem Betrug ungestraft (4), irgendein Respekt vor kirchlichen Formen scheint nicht mehr vorhanden (1, 2, 4). Solche Züge, die beim Dichter selbst gar nicht zur Sprache kommen, enthüllen doch wohl im Schutz der Gattungskomik eine elementare, harte Wirklichkeit, die ideell nicht durchdrungen ist. Mit „verstehender Überlegenheit“ hat das nichts zu tun.

Selbst bei einem so harmlos scheinenden Beispiel wie dem *Durstigen Einsiedel* fühlt man sich verunsichert. Ein „luoderaere“ beschließt in einem Moment des Katzenjammers, ein frommer Einsiedler zu werden, und zieht in den Wald. Doch bald wird er reuig, tut sich als Wahrsager auf, der aus Weinkrügen prophezeien könne; aber die Wallfahrt von weinbringenden Frauen zu seiner Klause nimmt bald ab, er ist gezwungen, sich etappenweise wieder dem Dorf zu nähern, wo er denn auch als verachteter Trinker endet. Ein abschreckendes Beispiel, eine Warnung vor „unmâze“, aber zugleich das komische Porträt eines nicht unsympathischen Säufers, vielleicht sogar mit Seitenhieb auf Einsiedler und abergläubische Frauen überhaupt. Das Thema des monumentalen Zechers ist beim Stricker auch sonst zu finden. Auf die Mahnung eines Freundes antwortet der „unbelehrbare Zecher“ mit einem hinreißenden Hymnus auf die alle übrigen Güter ersetzenden Segnungen des Weins. Ähnlich, aber großartiger ist der wohl fälschlich dem Stricker zugeschriebene *Weinschwelg*: ein mit dem Refrain „dô huop er ûf unde tranc“ sich steigerndes, gewaltiges Lob des Weins durch einen Meistertrinker. In solchen Stükken ist das Märe bloße dialogische oder monologische Rede; wir sind auf der Linie, die von der Schlemmerlyrik Steinmars zu den berühmten Trunkenlitaneien Fischarts oder Weckherlins führt.

Herrand von Wildonie, Schwiegersohn Ulrichs von Lichtenstein, ein militärisch und politisch führender Ritter der Steiermark (bezeugt 1248–78), hat neben drei

Minneliedern vier Erzählungen hinterlassen und beweist damit ein adliges Publikum für die Mären, wie auch eine adlige Autorschaft. Zwei dieser Geschichten gehören nicht zum schwankhaften Märe im strengen Sinn. *Die Katze* ist eine Art Tiermärchen: Der hoffärtige Kater verläßt seine Frau, um die seiner würdigste, mächtigste Partnerin zu finden, wird aber von einer Station zur andern verwiesen und landet über Sonne, Wind, Mauer, Maus wieder bei seiner Katze. Der lächerliche Zirkel erfährt eine unerwartete sozialpolitische Auslegung: jeder soll dem Herrn, dem er zugeordnet ist, treu bleiben. *Der nackte Kaiser* ist eine tiefsinnig-exemplarische Geschichte, wie sie in den *Gesta Romanorum* stehen könnte: Ein überheblicher römischer Kaiser – wir erinnern uns der Kaiserbilder im *Guten Gerhard* und im *Heinrich von Kempten* – wird, während er im Bade sitzt, von einem Engel vertreten und damit um Würde und Identität gebracht, bis er nach äußersten Demütigungen sich zur wahren Selbsterkenntnis bekehrt.

Hier interessieren uns vor allem die schwankhaften Mären. *Die getreue Gattin* ist die schöne Frau eines sehr häßlichen Ritters. Wie dieser im Kampf dazu noch ein Auge verliert, da zeigt sie ihm ihre unverbrüchliche Liebe, indem sie in ihre Kemenate geht,

> . . . dâ sî vant
> ein schaere, und stach vil balde dar
> ir selben ûz ein ouge gar,
> daz ez ir über ir wengel ran . . .
>
> (187 ff.)

Wenn hier schon rührende Tugend zur grotesken und grausamen, törichten Konsequenz führt, so gelangen wir mit dem hervorragend erzählten *Betrogenen Gatten* in ein eigentliches Dickicht menschlicher Situationen hinein. Der Liebhaber einer ritterlichen Dame soll vor der Burg des Nachts an einer Schnur ziehen, deren anderes

Ende im Schlafgemach am Fuß der Dame befestigt ist, damit sie, wenn ihr Gatte schläft, zum Stelldichein hinausschleichen kann. Die Schnur verwickelt sich, der Gatte erwacht, stürzt hinaus und greift im Dunkeln den vermuteten Nebenbuhler. Die Frau soll, während er Licht holt, den Unbekannten festhalten; sie läßt ihn laufen und ersetzt ihn durch einen Esel, der sie allerdings störrisch zunächst durch Dornen und Nesseln schleift und ihre Kleider zerfetzt. Der Mann, der nur den Esel zu fassen bekommt, geht ahnungsvoll und zornig zu Bett; die Dame aber schickt an ihrer Stelle eine Gevatterin zu ihm, die denn auch verprügelt und um ihren Haarschmuck gebracht wird, während sich die Liebenden vergnügen. Am Morgen aber liegt zur maßlosen Beschämung des Herrn die Gattin unversehrt neben ihm. Was hier, alles im Dunkeln, in Bett und Dornenhecke an Geraufe, Betrug und Irrtum, List und Brutalität geschieht, ist zunächst nichts als ein etwas angereicherter Dreiecksschwank. Man kann sich an der Komik und den mehrfachen Peripetien beruhigen; der Dichter verzichtet auf eine Moralisation. Aber als Unterhaltung eines vornehmen Publikums, als grobianische Selbstparodie höfischer Minne gelesen, gewinnt dieses Märe doch einen bedenklichen Sinn. Man taucht hier – in der Zeit des Interregnums – in eine dunkle und wilde Zone, und der Selbstverlust, den der gehörnte Hausherr erleidet, wirkt wie ein Symptom für seine Zeit und seine Gesellschaft. Die Geschichte erscheint später, um eine Episode verlängert, in bäuerlichem Milieu (*Der Pfaffe mit der Schnur*), in mehreren Fassungen, ihr entspricht auch die 8. Novelle des 7. Tags bei Boccaccio. Ob die bäuerliche Welt – wegen des Esels – wirklich ursprünglich war, scheint keineswegs sicher. Herrand legt Wert darauf, daß die Geschichte wahr, von seinem Schwiegervater verbürgt, in Friaul geschehen und durch die mißhandelte Gevatterin unter die Leute gebracht worden sei.

Von den zahllosen Schwankmären ist abschließend noch ein durch seine Liebenswürdigkeit, seinen Stoff und seine Herkunft ganz alleinstehendes Stück zu nennen, die Geschichte von *Kobold und Eisbär* (oder früher hübscher *Schrätel und Wasserbär* genannt). Sie scheint fast der einzige vom Norden nach Süden gekommene Erzählstoff zu sein und belegt durch ihre harmlose Heiterkeit, daß es den Erzählern nicht immer um moralische oder amoralische Effekte geht. Ein von einem kleinen, aber unheimlich starken Spukgeist bedrängter dänischer Bauer beherbergt einen Bärenführer, der seinen Eisbären als Geschenk des Königs von Norwegen an den Dänenhof bringt. In nächtlichem Kampf richtet der Bär den „Wicht“ übel zu, während sich der Bärenführer angstvoll im Ofen verkrochen hat, und der Schrat verläßt endgültig den Hof, nachdem er entsetzt vom Bauern erfahren hat, die „große Katze“ habe Junge bekommen. Eine Novität ist der exotische, aber tapfer-gutmütige Wasserbär als Handlungsträger; die Vertreibung eines Dämons durch List und Witz ist in Volkssage und Märchen beliebt, der „geprellte Unhold“ (vgl. Röhrich) ein tröstliches Motiv. Die Eigenart unserer Erzählung liegt darin, wie das Numinose der Sage dem Schwankhaften weicht.

Mit Herrands *Nacktem Kaiser* wurde bereits in eine letzte Gruppe von Mären vorgegriffen, die legendarischen oder allgemeiner exemplarischen Charakter tragen, in sehr verschiedenartigen Formen erscheinen und je mit Mirakel, Exemplum, Sage sich berühren können. Es sind gewöhnlich ernste Mären, in denen das Neue oder Unerhörte eine allgemeinere Nachdenklichkeit erzeugen soll oder wo von vornherein eine moralische oder dogmatische These veranschaulicht wurde, wie das dann knapper im eigentlichen Bîspel der Fall ist. So kann etwa eine schlichte Parabel zu einem breiten Märe ausgewalzt werden, wie in dem hübsch erzählten *Schlegel* eines gewissen Rüdiger von Hinkhoven (Ende 13. Jahrhundert). Der Mann, der unbedachterweise seinen ganzen Besitz vorzeitig an seine undankbaren Kinder verschenkt hat, wird bei ihnen erst wieder ehrenvoll aufgenommen, nachdem er noch eine geheimnisvolle Schatztruhe sehen läßt – in der sich aber, nach seinem Tod, nichts als ein vielsagender Prügel findet. Es ist die Illustration des vierten Gebots oder genauer der Undankbarkeit der Erben, zugleich aber eine genrehafte Familiengeschichte.

In der Karlsruher Sammelhandschrift (um1430) steht eine wohl aus dem 14. Jahrhundert stammende Erzählung von *Jüdin und Priester.* Exemplifiziert werden soll hier, daß der sündige Lebenswandel eines Priesters nach kirchlicher Lehre das von ihm verwaltete Sakrament nicht berührt: „Swie übel nu der priester tuot, / syn messe ist reyne unde guot.“ Das Exempel: Ein Priester und ein Judenmädchen sind in innigem Liebesverhältnis verbunden. Eines Samstags ist der Priester „von der Sünde so kräftiglich ergriffen“, daß er die Freundin gegen ihren Willen veranlaßt, ihren Sabbat zu brechen; sie erduldet dies, aber verlangt nun umgekehrt, daß der Priester in der Nacht vor der Messe mit ihr das Gebot verletzt. Sie mischt sich am Morgen ins Kirchenvolk; da wird ihr das Wunder zuteil, daß sie drei Engel erblickt, die den Priester – nur für die Dauer der Messe – reinwaschen, und daß ihr in der Hostie in der Hand des Priesters ein wunderschönes Jesuskind erscheint. Erschüttert begehrt sie die Taufe, der Priester bereut seine Sünde. Die Erzählung ist uneinheitlich – quellenmäßig, sofern das Hostienwunder mit dem Jesusknaben aus dem *Passional* stammt und mit der eigentlichen These der Erzählung auch nichts zu tun hat; psychologisch und ideell, sofern die Handlung auch sonst nicht ganz schlüssig auf die Veranschaulichung der These beschränkt bleibt. Märenhaft wirkt das Motiv von Zug und Gegenzug zwischen Mann und Frau. Erstaunlich aber ist vor allem eine Art unterschwelliger Toleranz, wenn christliches und jüdisches Glaubensgebot durchaus gleichgestellt sind, wenn das Verhältnis der Liebenden eine echte Verbundenheit ist, wenn für die Fehltritte von Priestern um Verständnis geworben wird und wenn die Jüdin, allein des Mirakels gewürdigt, ihre Sünde als felix culpa erfahren kann. Hier wird ein zunächst sehr tendenziöses Exempel novellistisch erweitert und vermittelt fast unausgesprochen neue Ahnungen und Einsichten.

Völlig einmalig im erzählerischen Rang, in der Komposition, in der Charakteristik der Figuren und Situationen und nicht zuletzt in der geistes- und sozialgeschichtlichen Tragweite ist der berühmte *Helmbrecht* Wernhers des Gärtners, die unerbittliche Abwicklung eines erschreckenden, aktuellen Falls samt moralisch-polemischer Erläuterung. Die beiden erst späten Handschriften nennen je verschiedene Örtlichkeiten zur Beglaubigung und Aktualisierung ihres Geschehens, von dem der Dichter versichert: „Hie wil ich sagen, waz mir geschah, / daz ich mit mînen ougen sah." Danach gehörte das Publikum Wernhers jedenfalls zum bayrisch-österreichischen Grenzgebiet (Innviertel oder Traungau). Der Sinn des Beinamens „Gärtner" ist umstritten, der spürbare Groll eines persönlich Engagierten würde einen landsässigen Ritter als Verfasser nicht ausschließen. Die Entstehungszeit ist bestenfalls auf die Jahre 1250 bis 1280, also praktisch wieder die Zeit des Interregnums, einzugrenzen.

Der Dichter knüpft mit seiner „Dorfgeschichte" an die Dörperlyrik an. Das eigentliche Leitmotiv, die hoffärtige Haube des Helden, die in der Deskription ihres aufgestickten heroischen Szenenschmucks an die Homerische Beschreibung des Achilles-Schildes erinnert, erzähltechnisch aber geradezu dem „Falken" der neuzeitlichen Novellentheorie entspricht, ist einer Strophe Neidharts entnommen; und mit Neidhart gemein ist auch die sorgfältige, im Märe sonst wenig übliche Namengebung. Helmbrecht ist einer jener „getelinge" aus der Lyrik, doch will er nun wirklich, hoffärtig ausstaffiert, Ritter werden. Er begibt sich trotz der Beschwörungen der Eltern auf die Burg eines Raubritters, kommt als erfolgreicher Aufschneider wieder auf den väterlichen Hof, um nun auch seine Schwester Gotelint mitzunehmen und an einen seiner Spießgesellen zu verheiraten (das so treffsichere Motiv der Räuberbraut). Während des Hochzeitsfestes wird die Bande vom Richter und seinen Schergen überwältigt, neun von den zehn Räubern werden gehenkt, Helmbrecht allein verstümmelt und geblendet. Der Bettler und Krüppel wird vom Vater hart vom Hof verwiesen, später von den Bauern aufgegriffen und aufgeknüpft, die stolze Haube samt dem Lockenhaar zerfetzt und zerrissen.

Die Schlußbemerkung richtet sich gegen „selpherrischiu kint", die richterliche Strafe gilt ausdrücklich als Rache für Vater und Mutter (Viertes Gebot); drohende Verse wenden sich gegen die „Helmbrechtel", auf die der Galgen noch wartet (nur in A). Die Grausamkeit der Liquidation, die schließliche Härte des Vaters und seine Mahnung: „dîn ordenunge ist der pfluoc", belegen die heftige Tendenz des Dichters gegen die zeitgenössische Verwirrung der Ständeordnung durch auflüpfische Bauern (wie bei Neidhart) und die – offenbar sich auch aus Bauern rekrutierenden – Raubritter. Da setzt heute natürlich auch eine Interpretation an, die von der „konsequenten Kriminalisierung des Aufstiegswillens der Bauern zugunsten des vom sozialen Abstieg gefährdeten niedern Adels" spricht (u. a. Brackert). Anderseits gibt es auch Argumente dafür, daß sich der Dichter gegen die Territorialisierungsbestrebungen des Landesherrn (Habsburg) wendet und gegen die Tendenz, dafür Bauernknechte ritterlich auszurüsten:

Wê, daz si sîn verwâzen (verflucht),
die da machent îsenknappen
ûz solhen ackertrappen

klagt etwas später der Chronist Ottokar von Steiermark (H. Wenzel).

Die Verteidigung des sozialen Ordo – schon Walther klagt: „sô wê dir tiuschiu zunge, / wie stêt dîn ordenunge!" – ist gewiß ein bezeichnendes spätmittelalterliches Thema, an dem sich in der Zeit der neuen Stadt- und Zunftordnungen Predigt und Lehrgedicht nicht genugtun können. Und so richtet sich die Kritik auch an die zeitgenössischen Ritter, wenn dem gar nicht „ausgebeuteten" alten Meier eine Klage über den Niedergang des einstigen vornehmen und festlichen Hoflebens in den Mund gelegt wird; und der Räuber, auf dessen Burg Helmbrecht als kommender Ritter reitet, gehört ja wohl dem Adel an. Man hat diese fast zu einem Lebensroman des ausziehenden Helden ausgestaltete Novelle denn auch nicht zu Unrecht als die Erzählung von einer sozusagen negativen Abenteuerfahrt aufgefaßt und den Aufbau in Analogie zu den Etappen des Artusromans gesehen (Ruh, v. Reusner). Dann würde sich der *Helmbrecht* als eine Art Antiroman in Kurzform auch gegen die hochmittelalterlichen Ideale selber wenden. Die beziehungsreiche Dichtung entzieht sich jedenfalls allzu einfachen ideologiekritischen und politischen Deutungen.

In dieselbe Problematik weist übrigens schon ein (wohl älteres) Bîspel- oder Redegedicht des Strickers, das nun wirklich revolutionäre Töne anzustimmen scheint: *Die Gäuhühner.* Gemeint sind bäuerliche Zinshühner, allgemeiner die Bewohner des flachen Landes und das personifizierte „Gäu" selbst, das sich mit Erdbeben und Feuer und der Hilfe des Landesherrn gegen adlige Twingburgen wehrt. „Der hiuser ist ze Österriche mê, / die daz göu hât zebrochen." Als mahnendes Beispiel wird das Dorf Kirchling genannt. Es geht gegen ungerechte Adelsherrschaft, weniger im Namen der Bauern als des herzoglichen Landesherrn. Immerhin wird das Thema des Burgenbruchs drohend angeschlagen, das wenig später bei den schweizerischen Eidgenossen faktisch, aber noch lange nicht literarisch, aktuell wird.

## 2. Ein Zyklus

Die Kurzerzählung zielt auf den erstaunlichen Einzelfall. Wo sie sich behaglicher Breite überläßt und mit weiteren Episoden anreichert, da verläßt sie – was kein Werturteil sein muß – das Gesetz, wonach sie angetreten. Die ihr gemäße Form einer Integration in einen größeren Zusammenhang ist die zyklische Reihung; über eine bloß äußerliche Sammlung hinaus, wie wir sie gewöhnlich in bunter Mischung in den Sammelhandschriften antreffen, gibt es die kunstvollere, engere oder lockerere Zyklik, die durch die Konstanz einer oder mehrerer Hauptfiguren, die Beschränkung auf einen Strukturtypus oder einen Schauplatz, durch eine dünne biographische Verbindung, durch einen lehrhaft-dialogischen oder auch handlungs- und situationsmäßigen Rahmen bewerkstelligt werden kann, bis hin zu den kunstvollen Kompositionen der Renaissance-Novellistik oder der orientalischen Märchen.

Sieht man von den dialogisch-kommentierenden Einrahmungen ab, wie man sie in den Legenden-, Mirakel- und Anekdotensammlungen von Gregor dem Großen bis zu Caesarius von Heisterbach oder Petrus Alphonsi trifft, so sind im schwankhaften Bereich am ehesten die Werke der Tierepik vergleichbar. Ein kompliziertes Rahmengebilde ist schon die *Ecbasis Captivi,* ein biographisches Epos der *Ysengrimus,* ein loseres Konglomerat bilden die Branchen des *Renart*-Romans und der *Reinhart Fuchs.* Erstaunlich früh tritt wiederum der Strikker mit einer neuen Schöpfung hervor, mit dem durchkomponierten Schwankbuch vom *Pfaffen Amis*, hinter welchem wohl am ehesten lateinische Anregungen stehen. Die Person des Pfaffen, des Dorfpfarrers oder Mönchs, ist durch Jahrhunderte in den erotischen Schwänken beliebt als der verbuhlte Dritte im Dreieck (gelegentlich auch als der komisch Unaufgeklärte), in der Ambivalenz offenbar des Sakramentsträgers und des erotischen Freibeuters, magischer und zugleich vitaler Ausnahmemensch, der zur Auseinandersetzung im Gelächter reizt. Der englische Pfaffe Amis ist nun allerdings ausschließlich der Held witziger Streiche (verschiedener literarischer Provenienz), in denen es darum geht, törichte Partner bloßzustellen und um ihren Besitz zu bringen. Die Einleitung stellt Amis vor als gelehrten und freigebigen Herrn, der – nach einer witzigen und erfolgreichen Auseinandersetzung mit seinem Bischof – ausziehen muß, um Geld und Gut wiederzugewinnen, wodurch er zum eigentlichen Erfinder von Lügen und Betrügen wird. In England, auf dem Kontinent und schließlich in Konstantinopel verübt er ein Dutzend Streiche, die ihn jeweils zu raschem Ortswechsel nötigen: Er malt angeblich Bilder, die nur von ehelich Erzeugten wahrgenommen werden können, er tut schwindelhafte Wunder, läßt sich als Heiliger verehren, ertrügt sich als Kaufmann Seidenstoffe und Juwelen, bringt sein Gut nach England zurück, führt da ein großes Haus, um dann – und das wird in ein paar Versen abgetan – sich nach dreißig Jahren zu bekehren, Abt eines Grauen Klosters zu werden und ins ewige Leben einzugehen. Die Bekehrung am Schluß ist nur ein schwaches Alibi für einen kleinen Schelmenroman, der den Stricker von einer ungewohnt heiteren und beweglichen Seite zeigt, so daß man auch allfällige satirische Züge – gegen Wundersucht, kirchliche Mißstände, Torheit der Menschen, die Kaufleute als professionelle Betrüger –

nicht allzu tragisch nehmen darf. Ein geschichtliches Urbild des Amis ist von Herbert Kolb in Michael Scotus, Hofastrolog Friedrichs II., vermutet worden.

Der Schwankzyklus – man spricht wohl unnötigerweise von einem „Schwankroman" –, wie er vom Strikker hier geschaffen wurde, hat später noch berühmtere Nachfolger: den *Pfarrer von Kalenberg*, den *Neidhart Fuchs*, den *Eulenspiegel*, um nur im Spätmittelalter zu bleiben.

### 3. Bîspel

Wenn der *Pfaffe Amis* die Aufreihung des Märe zur zyklischen Großform zeigt, so ist nun umgekehrt die Reduktion der Erzählung auf parabelhafte Kürze für den Stricker bezeichnender, mindestens in quantitativer Hinsicht. Unter den 167 Nummern, die man heute, allerdings ohne letzte Sicherheit, zur Strickerschen „Kleindichtung" rechnet, sind die Bîspel (Parabeln) und weiterhin kürzere oder längere Lehrgedichte, Gebete usw. ohne erzählerisches Element weitaus zahlreicher als die Mären. Die Übergänge sind auch hier fließend: Gleichnisse, Fabeln, „Reden", Sprechsprüche eröffnen in bunter Mischung die immer mehr anschwellende Kleindidaktik in unsanglichen Reimversen.

An dieser Stelle beschränken wir uns, ihres erzählerischen Gehalts wegen, auf eine kurze Betrachtung des Typus „bîspel". Es scheint, daß zuerst beim Stricker sich diese „beispielhafte Kurzerzählung in Versen" verselbständigt hat gegenüber der Bindung in größerem enzyklopädischen Zusammenhang, wie ihn etwa Hugos von Trimberg *Renner* noch und wieder zeigt, oder dem Zusammenhang der Predigt. Grundsätzlich ist die „Lehre" im Bîspel nicht wie im Märe ein oft willkürliches oder entbehrliches Anhängsel eines in sich ruhenden Erzählgefüges, vielmehr die ausgeführte Hauptsache, zu der eine knappe, bereits auf den Gleichnischarakter ausgerichtete Erzählung nur den Aufhänger bildet. Diese kann denn auch oft nur einen Tatbestand, eine menschliche Situation, ein Faktum aus Natur oder Geschichte wiedergeben. Ein König hat einen merkwürdigen Diener, der nur dem dient, der ihn streng und schlecht behandelt; das tut der König auch und hat dadurch größten Gewinn an Gut und Ehre; sein Nachfolger verwöhnt dagegen den Diener, ja ehrt ihn so sehr, daß er ihn schließlich sogar zum König einsetzt und damit selber abdankt. Der Diener ist, sagt die Erläuterung dieser fast als Rätsel aufgezogenen Geschichte, der Reichtum (varnde guot), den man nicht schonen, sondern rücksichtslos einsetzen muß, wenn man ihn nicht zum eigenen Herrn machen will (Moelleken Nr. 40). Während hier der Erzählteil schon ganz auf die Moral hin konzipiert ist, sind andere Bîspel, etwa *Der Käfer im Rosenhaus* (Moelleken Nr. 29), liebevoller, fast genrehaft ausgeführt. Ein goldfarbener Käfer hat in einer Rosenknospe eine wunderschöne Wohnung gefunden und legt sich hier glücklich zur Ruhe – bis am andern Tag die Sonne die Knospe öffnet und ein Sturm die Blütenblätter raubt, so daß dem guten Käfer nur noch die Dornen bleiben. So geschieht dem Mann, der bei einer Frau nur auf Schönheit und Jugend schaut und zum „affen“ wird, wenn ihr Tugend und Ehre fehlen. Hier sind wir bereits am Übergang zu eigentlichen Tiergeschichten im Sinne von Tierbeispielen oder Tierfabeln, die beim Stricker sehr beliebt und aus verschiedenen Quellen bezogen worden sind.

Der Reiz dieser in Art und Umfang sehr unterschiedlichen und in den Handschriften unsystematisch versammelten Kleindidaktik von geistlichen und weltlichen, kirchlichen oder bürgerlich-moralisierenden Reimwerken liegt in der freudigen Zuversicht, daß allem und jedem ein tropologischer Sinn oder sonst eine ungeahnte

Bedeutung abgewonnen werden kann. Alles steht mit allem im Zusammenhang, und so punktuell, so pragmatisch und willkürlich der Ansatz ist, so scheint doch alles zuletzt in einem moralisch-geistlich-natürlichen Kosmos aufgehoben, aus dem nichts und niemand herausfällt und wo man sich aus Unterhaltung Belehrung und aus Belehrung wieder Unterhaltung versprechen darf.

# VII. BIBEL-, LEGENDEN- UND GESCHICHTS-DICHTUNG

## 1. Bibeldichtung und biblische Legende

Die gereimte Bibelerzählung mit ihren Erweiterungen in Apokryphen-, Legenden- und Heilsdichtung aller Art ist eine Art Grundstrom der mittelalterlichen, ja der christlichen Erzähltradition. Dieser gegenüber haben die weltlichen Romane und Mären einen dichterisch glänzenderen Auftritt, aber mit kürzerem Atem. Höchstens läßt sich sagen, daß die höfische Vers- und Erzähltechnik nun auch in wechselndem Maß der geistlichen Erzählung zugute kommen kann, um so mehr, als auch Laienerzähler wie Rudolf von Ems oder Konrad von Würzburg, ja schon Hartmann und Veldeke, sich geistlichen Themen zuwenden konnten. Dennoch gilt, daß inhaltlich und in den Überlieferungsgruppen (mit denen auch Funktion und Publikum deutlich werden) auch die Werke des 13. Jahrhunderts weniger die klassische als die frühmittelhochdeutsche Tradition fortsetzen, also in unserem Fall etwa an Frau Ava oder den Priester Wernher anzuschließen sind. Mit dem Verblassen des staufischen Traums, mit Interregnum und Habsburgerreich und dem Ende der Kreuzzüge treten diese Schichten wieder deutlicher hervor.

Die Gattung ist insofern durch eine gewisse Offenheit gekennzeichnet, als sie ihre Inhalte ganz verschieden auswählt und neu zusammenstellt nach nicht immer klaren Gesichtspunkten; der Hörer und Leser hat anderseits mit seiner Kenntnis aus Predigt, Liturgie und Unterricht den großen heilsgeschichtlichen Rahmen stets gegenwärtig. Im Ganzen entfaltet sich hier die bunte und breite Welt kirchlicher und legendarischer Bilderfülle, wie sie sich im Marien- und Heiligenkult, in den liturgischen

Formen, im geistlichen Schauspiel, in Malerei und Plastik entwickelt bis hin zu dem plötzlichen Überdruß und Erstickungsgefühl, das sich dann im inneren und äußeren Bildersturm der Reformation und im humanistischen Ruf „ad fontes!“ entlädt. Zunächst allerdings wird man das literarische Geschehen in diesem Bereich würdigen dürfen als neue Etappe volkssprachlicher Vergegenwärtigung des Glaubens, als Eroberung neuer Ausdrucksmöglichkeiten einer volkstümlichen Frömmigkeit – neben Spiel, Predigt und religiöser Lyrik. Gegenüber der frühmittelhochdeutschen Zeit geht die Tendenz auf ein immer breiteres Ausmalen und Ergänzen, auf Bereicherung und Konkretisierung des frommen Wissens, und die Lust an der Vergegenwärtigung und am Fortspinnen der heiligen Geschichten scheint keine Grenzen zu kennen. Das bedeutet, aufs ganze Spätmittelalter gesehen, daß die distanzierte Sakralität des Berichteten zurücktritt zugunsten einer menschlich-einfühlbaren, unbekümmert veranschaulichenden Auffassung und im Sinn moralisch-vorbildhafter Interpretation. Nicht nur die Reformation, auch die neuere Zeit pflegt in einem gewissen theologischen Rigorismus die Überwucherung des reinen Bibeltextes durch eine Fülle, ja einen Wust von mirakulösen, phantastischen oder auch einfach zudringlichen Ausschmückungen aller Art bei weitgehender Vorenthaltung eines volkssprachlichen Bibeltextes selbst lebhaft zu beklagen. Nun ist sich auch das Mittelalter des Unterschieds zwischen dem biblischen Kanon und der apokryphen oder legendären Überlieferung durchaus bewußt. Daß die volkssprachliche Aneignung der Bibel – von der Predigt abgesehen – wesentlich als Bibel*dichtung* und erst mit dem allgemeinen Aufkommen einer deutschen Prosa – seit dem 14. Jahrhundert – als Bibel*übersetzung* erfolgte, hängt gerade mit der sakralen Unantastbarkeit des Gotteswortes zusammen. Anderseits wollte man auf die para-evangelische und legendarische Überlieferung insofern nicht verzichten, als man ihr eine mögliche Wahrheit nicht voreilig absprechen mochte, ganz abgesehen von der allgemeinen Bereitschaft, Wahrheit im zeichenhaften und nicht nur im nackt-historischen Sinn gelten zu lassen; auch die weltlichen Dichter folgen ja dem Bedürfnis, nichts preiszugeben, was als geformte Überlieferung „wahr“, weil vorhanden ist. Der Autor der populären *Vita Beatae Mariae rhythmica* bemerkt dazu:

Si quis ut apocrifum hoc velit reprobare,
Caveat, ne veritatem presumat condempnare.
(33 f.)

(Wenn einer dies als apokryph verwerfen will, / soll er aufpassen, daß er nicht von vornherein [auch] die Wahrheit verurteilt.)

Und im übrigen gehe es nicht ums „dogmatizare“, sondern um das Lob Gottes und seiner Mutter (8002). Ein ähnlicher Wahrheitsbegriff liegt auch noch den Reimchroniken und der Geschichtsschreibung überhaupt bis tief ins 16. Jahrhundert hinein zugrunde.

Es mag zufällig sein, daß in der Zeit der höfischen Klassiker offenbar nur ein einziger Bibeldichter auftritt, Konrad von Fußesbrunnen, ein Laie aus Niederösterreich, mit seiner *Kindheit Jesu* (bald nach 1200?). Mit seinem schmalen Werk von rund 3000 Versen markiert er den wichtigen Vorgang, der noch durch eine ehrenvolle Nennung bei Rudolf von Ems bestätigt wird: die Anpassung an Versstil und Erzähltechnik der höfischen Dichter, insbesondere Hartmanns. Konrads Quelle ist eine nur erschließbare Version des sogenannten *Pseudo-Matthäus* (eines Komplexes von Kindheitslegenden, der seinerseits eine Bearbeitung des Proto-Evangeliums des Jacobus darstellt). Erzählt wird von der Jugend und der Vermählung Mariae, der Verkündigung, den Auseinandersetzungen um die Jungfrauengeburt, den drei Königen, der Flucht nach Ägypten und der

Rückkehr, den Wundern des Kindes (wie beispielsweise das Herabbeugen des früchtetragenden Baums oder die Belebung der aus Lehm gekneteten sieben Vögelchen). Besonders ausführlich und reizvoll erzählt ist die zweimalige Einkehr der Flüchtigen bei einem bekehrten Räuber – dem späteren Schächer am Kreuz. Diese Episode fehlt in der Normalversion des *Pseudo-Matthäus*. Wie unbefangen dabei höfische Stilelemente eingeblendet werden können, zeigt etwa die Wendung, daß der Räuber den abreisenden Gästen noch ein „petitmangir" (kleines Frühstück) anbietet (1874), das wohl aus der Hofhaltung von Wolframs *Willehalm* stammt (103,24). In lateinischen Zusammenfassungen hat das Werk eine Nachgeschichte.

Ein nach Rang und Umfang bescheideneres Gegenstück ist Konrads von Heimesfurt, eines Bayern, Erzählung von der *Himmelfahrt Mariae* (um 1225). Als Bearbeitung einer lateinischen Vorlage erscheint hier wieder eines jener Themen, die seit dieser Zeit auch ihre skulpturale Wiedergabe im Dienst einfühlender Bildfrömmigkeit finden: der Tod Mariae im Kreis der Apostel, das Erscheinen Christi am Sterbelager, die Wiedererweckung zur Auffahrt und Krönung im Himmel. Konrad – er bezeichnet sich selbst als „pfaffen" und wird von Rudolf von Ems als „her Kuonrât" zitiert – steht im Gefolge des Fußesbrunners. Er hat, mit stärkerem theologisch-lehrhaftem Interesse, auch eine *Urstend* hinterlassen, die Erzählung der Ereignisse von der Passion bis zur Auferstehung, vor allem mit den Erweiterungen des biblischen Berichts, wie sie ihm das apokryphe Evangelium des Nicodemus bot.

Kindheit Jesu und Marienleben sind naturgemäß das beliebteste Feld legendärer Ausgestaltung, zumal im Zusammenhang mit der steigenden Marienverehrung und der zunehmend empfindsamen Darstellung des Jesusknäbleins oder des Mutter-Kind-Verhältnisses. Hier wird in Deutschland die lateinische *Vita (Bea-*

*tae Virginis Mariae et salvatoris) rhythmica* zum eigentlichen Sammel- und wiederum Quellbecken erzählender Mariendichtung. Von einem bayrischen oder österreichischen Dichter spätestens um die Mitte des 13. Jahrhunderts verfaßt, wurde das treffliche Werk in zahlreichen Handschriften rasch verbreitet und in mehreren Nachdichtungen verdeutscht. Schon die rhythmische Form – etwa 8000 Vagantenzeilen einer freieren Bauart anstelle der für die Bibeldichtung sonst obligaten Hexameter – belegt sozusagen eine Übergangsstufe zur Volkssprache. Die 4 Bücher gelten der Herkunft, Jugend und Vermählung Mariae, der Geschichte von der Verkündigung bis zum zwölften Lebensjahr Jesu, von der Jordantaufe bis zum Tod Christi und zur Marienklage, schließlich der Auferstehung und Himmelfahrt Christi sowie dem Tod Mariae und ihrer Himmelfahrt durch die neun Engelchöre hinauf in den Kreis der Heiligen Trinität. Damit ist das Marienleben gleichsam überwölbend in die evangelische Geschichte einbezogen. Lange statuarische Schilderungen von Körpergestalt, Kleidung und Benehmen Mariae und Jesu unterbrechen die rasche Erzählung der biblischen Ereignisse; Idealporträts, in denen selbst das Grübchen im Kinn nicht vergessen ist:

Mentum eius decens erat semicirculatum,
Parumque per medium convalliculatum.
(709 f.)

(Ihr anmutiges Kinn war halbrund / und in der Mitte ein wenig eingetieft.)

Wahrscheinlich hat dieses Werk und seine Bearbeitungen auch einen erheblichen Einfluß auf die Bildprogramme und die Einzelvorstellungen in der kirchlichen Kunst gehabt. Nur um die auch örtlich weite Ausstrahlung der *Vita rhythmica* zu belegen, seien die deutschen Bearbeitungen aufgezählt. Die älteste Übertragung scheint in einer Grazer Handschrift bereits aus der Mitte des Jahrhunderts zu begegnen, nach einer fragmentarischen Vorlage; es folgt eine in mehreren Handschriften erhaltene deutsche Wiedergabe im *Marienleben* eines Walther von Rheinau (der sich aber als von Bremgarten im heutigen Aargau stammend bezeichnet), aus der zweiten Jahrhunderthälfte, dem lateinischen Text treu, aber verbreiternd nachgedichtet; am Anfang des 14. Jahrhunderts das *Marienleben* Bruder Philipps des Karthäusers, als freiere Übertragung zuhanden eines Ordenspublikums von Karthäusern oder Deutschrittern, die ihrerseits fünf verschiedene Bearbeitungen erfuhr und für weitere Kompilationen verwendet wurde; schließlich folgt mit einer recht getreuen Wiedergabe ein Geistlicher, der als der Schweizer Wernher bezeichnet wird und dessen Werk nur in einer Handschrift von 1382 vorliegt. Dazu kommen noch Fragmente einer mittelrheinischen und einer niederrheinischen Fassung.

Die im 13. Jahrhundert nun auch in der Volkssprache fast elementar aufbrechende Marienfrömmigkeit – deren mystisch-theologische und hymnische Grundlagen natürlich schon dem lateinischen 12. Jahrhundert angehören –, findet ihren Ausdruck nicht nur in legendenhaft-erzählerischer Form. Zugleich erfährt das Lob Mariens über die frühmittelhochdeutschen Lieder hinaus die Erweiterung zu neuen hymnischen Großformen, gereimten Lesewerken hohen Anspruchs.

Das gilt vor allem vom *Rheinischen Marienlob*, einer nur einmal überlieferten großartigen Komposition (über 5000 Verse), die offenbar für einen engeren klösterlichen Kreis im Raume Köln (frühes 13. Jahrhundert?) verfaßt wurde (nach R. Wisniewski durch den Prämonstratenser Hermann Josef im Kloster Steinfeld in der Eifel). Es ist eine einzige strömende Anrede an die Gottesmutter, die durchaus in ihrer Glorie als Himmelskönigin vor dem Dichter thront und in ihren – meist dem Hohenlied entstammenden – Titeln, ihren im Rückblick auf Leben und Erlösungswerk Christi geschilderten „Freuden", in ihrer einem jeden der neun Engelchöre gegenüber besonderen Erhabenheit, ihrer himmlischen Schönheit und Glückseligkeit gepriesen wird:

O allerschönst, wie schön du bis,
engein (keine) creatur so schön enis,
an die menscheit (außer der Menschengestalt) dines kindes,
wand du bis die schönest al's gesindes,
dat kumen is ind kumen sal
in des oversten keisers sal.
Vam throne dines keiserriches,
da du, vrow, eweliche riches,
da du so rich bis ind so ho,
da du so schön bis ind so vro,
din barmherzge ougen an uns kere,
die dit ellend bedrücket sere.
allerschönste keiserinne,
duo uns up din mů̉derliche sinne
ind üver uns armen erbarme dich,
můder ind maget süverlich. (5058 ff.)

Wieweit diese im niederdeutsch-niederländischen Bereich unter besondern Bedingungen stehenden Verse metrisch-rhythmisch richtig wiederhergestellt sind, bleibt allerdings offen (de Boor). Die knittelversartigen, durchweg voll gebauten Verse mit großer Füllungsfreiheit treten aber jedenfalls in wirkungsvollen Gegensatz zur eingelegten sequenzförmigen Marienklage, in der der Dichter Maria das einzige Mal selber sprechen läßt:

Hort min klage
in disem dage,
engel ind lüde!
Niet 'n sit mir verre,
siet was mir werre (seht, was mich schmerzt)
al godes brüde! (897 ff.)

Wenn schon das *Rheinische Marienlob* stilistisch an

Gottfried von Straßburg geschult ist, so gilt das erst recht und in einem viel legitimeren Sinn von Konrads von Würzburg *Goldener Schmiede*, einem überaus beliebten, noch Ende des 15. Jahrhunderts abgeschriebenen und einmal sogar auch lateinisch nachgeahmten Werk. Der Dichter will da in der Schmiede seines Herzens ein Gedicht aus Gold schmelzen und ein Geschmeide mit Edelsteinen verfertigen. In 2000 Reimpaarversen, die sich in zwei hymnischen, nur von einer Demutserklärung des Dichters einmal unterbrochenen Wellen folgen, werden pausenlos die klassischen Marienattribute gehäuft, durch gesuchte neue Metaphern vermehrt und gesteigert, mit seltenen, „wilden" Reimen durchsetzt, in ständiger Reimbrechung zu einer unaufhörlich fließenden Wortfolge gereiht, als Goldschmuck, als Ehrenkleid der Jungfrau, als Blumengewinde oder wie immer die metaphorischen Bereiche sich entfalten und vermischen. Es ist ein kostbarer Wortschleier, eine Wortkaskade, die vielleicht die angeredete Gottesmutter mehr verhüllt als offenbart – dennoch ist hier der Ort, wo das sprachliche Kunstgewerbe Konrads zauberhaft und hinreißend wird und eine echte Legitimität bekommt:

er muoz der künste meienrîs
tragen in der brüste sîn,
swer dîner wirde schäpelîn (Kopfputz)
sol blüemen unde flehten,
daz er mit roeselehten
sprüchen ez floriere,
und allenthalben ziere
mit vîolînen (veilchenhaften) worten,
sô daz er an den orten
vor allem valsch ez liuter,
und wilder rîme kriuter
darunder und da'enzwischen
vil schône künne mischen
in der süezen rede bluot (Blust).

(60 ff.)

Der Gedanke ist verlockend, wenn auch nicht beweisbar, daß das Gedicht im Zusammenhang mit dem Bau des Straßburger (Marien-)Münsters, insbesondere der Fertigstellung des Langhauses 1275, zu sehen sei.

Ebenfalls der Gottesmutter gewidmet und wohl zur selben Zeit, nämlich 1275/76, entstanden ist ein ganz anderes, auf seine Weise aber ebenso ausgefallenes Werk gotischer Heilsdichtung, des Brun von Schönebeck *Hoheslied.* Brun von Schönebeck war ein Magdeburger Patrizier, der seinen Mitbürgern in Erinnerung war als Veranstalter und Dichter eines *Gral,* d. h. eines großen Ritterfestes, zu welchem er feierliche Einladungen an die benachbarten Städte sandte. Nach einigen kleineren, nur in Resten erhaltenen Gedichten investierte er in seinem Hohelied-Kommentar (13 000 Verse in einem mitteldeutschen Mischdialekt) ein Höchstmaß an theologisch-erbaulichem Wissen. „Scientia totius scripturae canticis includitur" (das Verständnis der gesamten Schrift steckt im Hohenlied), heißt es bei Honorius Augustodunensis (vgl. Ohly, *Hohelied-Studien,* S. 256), zu dessen vielfältigen und vielgelesenen enzyklopädischen Lehrbüchern auch eine umfassende *Expositio in cantica* (nach 1150) gehörte. Dieses Buch ist die Hauptquelle von Bruns Unternehmung, zu der er sich theologisch beraten ließ. Neuartig ist die durchgehende Umdisposition, die er gegenüber Honorius vornahm. Und hier ist originell, wie er im Sinn einer Zusammenfassung des Sensus historicus das alttestamentliche Liederbuch zunächst zu einer mehr oder weniger schlüssigen Erzählung von Salomo, seiner Geliebten – der Tochter Pharaos –, von seinem Brief an sie mit dem Lobpreis ihrer Schönheit, vom Empfang der Braut und der Hochzeitsfeier benützt. Der um vieles längere Hauptteil bringt die vielschichtige geistliche Auslegung Salomos auf Gott, der Braut auf Maria, die Seele und schließlich die Kirche, dann den Ausblick auf die letzten Dinge, Antichrist und Gericht, schließlich den Aufstieg der Braut zur Seligkeit in fünfzehn Stufen. Die beziehungsfreudige fromme Willkür im Spiel mit den verschiedenen Schriftsinnen, die über Honorius hinaus beigebrachten Zitate von Augustin und Hieronymus bis zu Bernhard, die beigefügten Fabeln und Legenden, der Scharfsinn einer zahlenmäßigen Ordnung in „stucke“, die dann wieder „durchfloret“ wird mit Blumen aus der alten und neuen Schrift – all das wirkt recht verwirrend. Auch wenn der Verfasser sein Werk ins Zeichen einer verstärkten Marienfrömmigkeit stellt und im Aufbau anagogisch vorgeht, so bleibt doch der Eindruck eines dilettantischen gelehrten Sammeleifers und einer umständlichen Reimerei vorherrschend, so ergreifend ein solcher Dienst an Glauben und Lehre sein mag. Denkt man daran, daß einige Jahre vorher in derselben Stadt die Begine Mechthild ihre unerhörte Niederschrift wagte, dann spürt man einen jener Gegensätze und Widersprüche der Mentalität, wie sie das Spätmittelalter oft so rätselhaft machen.

Gegen die fragwürdige Originalität und die Beflissenheit Konrads oder Bruns bedeutet *Die Erlösung*, von einem unbekannten hessischen Dichter wohl bald nach 1300 verfaßt, vielleicht die reinste und echteste Verwirklichung solcher bürgerlichen Bibel- und Heilspoesie (9 Textzeugen). Das erst von Karl Bartsch so benannte Werk gehört zu den nicht allzu zahlreichen Dichtungen des Spätmittelalters, die über alle historische Bedeutung und Interessantheit hinaus einen ruhigen Glanz bewahrt haben. Es geht in diesen 7000 schlanken und ausdrücklich schlichten Versen um das christliche Heilswissen als Ganzes, nach der Art schon des *Ezzoliedes* als Geschichte im strengsten Sinne gefaßt und damit auch erzählbar. In dem umfassenden Bogen von der Schöpfung über den Sündenfall und die Erlösung zum Jüngsten Gericht hat jede menschliche Existenz, jedes Tun und

Geschehen seinen Ort und bei aller Bedrohung durch den ewigen Tod Richtung und Sicherheit. Mit dem gesteigerten Bedürfnis nach frommer Anschauung und erbaulicher Ordnung, welches ja auch durch die Wiederkehr des heiligen Grundgeschehens im Kirchenjahr immer neu geweckt wird, ist in der *Erlösung* sozusagen ein Bilderbogen entstanden, der in klaren, knappen Szenen, Gesprächen und lehrhaften oder lyrischen Einlagen eine bewundernswert disponierte Summa bietet, volkstümlich-predigthaft und doch theologisch fundiert. Dem Preis des Schöpfungswunders folgt die Schilderung des Sündenfalls und dann die mächtige halb apokalyptische, halb allegorische Darstellung der großen Gerichtsverhandlung, die vor dem Thron der Trinität um das Schicksal des gefallenen Menschen durchgeführt wird. Nachdem die Majestas Domini von ihrem – mit erstaunlichem architektonischen Sachverstand geschilderten – edelsteinbesetzten Thron herab die „Fürsten und Herren“, d. h. die himmlischen Heerscharen, nach ihrer Meinung befragt hat und sich ihre vier Töchter Barmherzigkeit und Wahrheit, Gerechtigkeit und Friede (vgl. Ps. 84,11 – der „Streit der vier Töchter Gottes“, in einer Predigt Bernhards behandelt, hat schon frühere deutsche Reimdichtungen angeregt) nicht einigen können, da tritt Gott als Sohn hervor mit seinem Entschluß, zur Sühne des Vergehens selber Mensch zu werden. Auf die Aufzählung der Patriarchen und Propheten und der Heiden von der Sibylle bis zu Vergil mit ihren Vorhersagen der Menschwerdung Gottes folgt das neutestamentliche Geschehen. Der biblische Bericht ist dabei ergänzt durch die bekanntesten Elemente der apokryphen Tradition (z. B. die Höllenfahrt Christi, nach dem Nicodemus-Evangelium, der Antichrist, Mariae Himmelfahrt).

Wie wenig sich hier einfühlsame Wiedergabe und allegorische Transparenz stören, das kann die aus Hohelied-Elementen bestehende Rede Christi zeigen, der am Sterbebett Marias erscheint (vgl. Konrad von Heimesfurt), um sie heimzuholen:

Dâ he die lobelîchen sach,
in lûderkeide er zû ir sprach:
Dû zartez durteldûbelîn,
dû ûzerwelte vrûndîn mîn,
dû lûder schône sunder meil (Makel),
kein vlecke hât an dir nit deil.
Dîn zunge honeg gûzet,
dîn munt mit seime vlûzet
und dîn adelîcher smac (Duft)
uber alle krûder riechen mac.
Sich der winter ist zugân,
iz hât sîn reinen ouch gelân (es hat sein Regen nachgelassen),
die blûmen lobelîch ûfgênt,
die wîngart alle in blûde stênt ...

(6095 ff.)

Die Marienverehrung kommt auch in der *Erlösung* voll zu ihrem Recht, doch bleibt das Werk durchaus auf das Erlösungswerk Christi zentriert. „Wie god wulde ûf erden / geboren mensche werden", das ist die große, immer wiederholte Botschaft und das Wunder, wobei in der Gestalt Christi noch keineswegs nur der menschlich Leidende, sondern stets auch der König und Fürst, die Person der Trinität, der Schöpfer, der Gefolgsherr und Richter erscheint. Wieder wird hier deutlich, wie die Inkarnation auch als Voraussetzung zu verstehen ist für das dichterische Unternehmen, in immer klarerer Konkretion und innigerem Anteil sich das Heilsgeschehen anzueignen.

Schon bei Frau Ava wurde sichtbar, wie sich die biblisch-liturgischen Vorstellungen berühren mit einer Art von Vergegenwärtigung, die sich im Spätmittelalter nun immer farbiger durchsetzt, mit der geistlichen Feier, dem geistlichen Drama. Es gibt in der *Erlösung* Partien, z. B. die Descensus-Szene, die sich in Sache und Wortlaut kaum vom geistlichen Spiel unterscheiden, übrigens auch nicht im Stil der einfachen und doch gelegentlich mit lateinisch-liturgischen Elementen versetzten Verse. Daß das Werk als Vorlage oder Grundlage geistlicher Spiele unmittelbar einflußreich war, ist nachzuweisen – es gibt sogar das Fragment einer Dramatisierung. Wahrscheinlich stützt sich der Dichter aber schon seinerseits auf Anregungen durch deutsche oder lateinische Spiele; das ist schon durch die lokale Nähe zum „rheinischen Osterspiel“, der maßgebenden Spieltradition, gegeben. Einem Hörerkreis vorzutragende geistliche Erzählung mit ihren dialogischen und lyrischen Einlagen und geistliches Theater mit seinem erzählerischen Charakter können sich eng berühren.

Eine große Zahl weiterer Werke der Bibeldichtung mit wechselnder Thematik, wechselnder Mischung von erzählenden und belehrenden Partien, wechselnder Nähe zum biblischen Text oder zur apokryphen Tradition beweist, wie stark nicht nur von seiten eines adligen oder klösterlichen Publikums, sondern auch bei Bürgern und den nur zum Teil gebildeten Mitgliedern geistlicher Ritterorden der Wunsch nach lebendiger und erbaulich gereimter Heilsdichtung war. Da ist der Wiener Arzt Heinrich von Neustadt, der neben seinem weltlichen Roman ein umfangreiches Werk über *Gotes zukunft* verfaßt hat. Thema ist wieder die Kondeszendenz Gottes, das Heilsgeschehen im dreifachen Herabkommen Gottes: in seiner Menschwerdung, in „reinen Herzen und Gedanken“ und am Weltende; der erste Teil besteht aus einer Bearbeitung des *Compendium Anticlaudiani*, eines Auszugs aus der allegorischen Dichtung des Alanus von Lille über die Erschaffung des vollkommenen Menschen (nun auf Maria bezogen). Im übrigen figuriert auch hier die *Vita Mariae rhythmica* unter den Quellen.

Ferner hat, bald nach 1298, ein unbekannter Basler (?)

Geistlicher mit seinem *Saelden hort* eine Evangeliendichtung geschrieben, in der vor allem Gestalt und Leben Johannes des Täufers und der Maria Magdalena – Bußprediger und Büßerin – zuhanden vermutlich eines bürgerlich-weiblichen Publikums dargestellt sind. Das Werk fällt aus dem Rahmen nicht nur durch die unhöfische Roheit seiner Verse und die farbige Provinzialität seines Vokabulars, sondern ebenso durch die Originalität und das Temperament, mit denen einzelne Szenen ausgemalt werden, so geradezu unheimlich der schamlose Tanz der Salome mit dem Haupt des Täufers – „sam Criemehilt dú vertan“ (wie Criemhilt, die verfluchte, 3095).

Dann sind da Gundacker von Judenburg (Steiermark, um 1300) als Verfasser eines *Christi hort* mit stark legendarisch-apokryphem Einschlag, Johannes von Frankenstein (ein Johanniter schlesischer Herkunft, um 1300) mit seinem *Kreuziger* (Kreuzträger), einer Passionserzählung, schließlich zwei Mitglieder des Deutschen Ordens: Heinrich von Hesler (um 1300) mit Versbearbeitungen des Nicodemus-Evangeliums und der Johannes-Apokalypse und Tilo von Kulm (1331) mit einer neutestamentlichen Heilsgeschichte *Von siben ingesigeln* nach lateinischer Vorlage. Hier wird, mit der Deutschordensdichtung, eine literarische Welt mit besonderer geschichtlich-sozialer Voraussetzung sichtbar, die vor allem auch in der Legenden- und Geschichtsdichtung bedeutungsvoll ist.

Der alttestamentliche Bereich der Bibel- und Legendendichtung tritt im ganzen gesehen und im Vergleich mit der frühmittelhochdeutschen Zeit zurück, oder genauer: er ist unter andern Gesichtspunkten aktuell. Eine Ausnahme bildet am ehesten ein an sich anspruchsloses, aber thematisch interessantes Werk eines wahrscheinlich österreichischen Dichters namens Lutwin (Liutwin) mit seiner Bearbeitung der schon frühchristlichen Legende von *Adam und Eva* vom Anfang des 14. Jahrhunderts. Es ist die auch in kürzeren Fassungen erscheinende erbauliche Geschichte um das Leben des ersten Menschenpaares nach der Vertreibung aus dem Paradies: also das fernere Fortkommen von Adam und Eva, ihre Vermehrung, ihr Verhältnis zu den andern Geschöpfen und zu den Boten Gottes, ihr Tod. Abgesehen von dieser naiven Urgeschichte des Menschen und seiner Kultur findet der alttestamentliche Stoff seine Aufnahme in die großen Weltchroniken seit Rudolf von Ems, und sein theologischer Gehalt geht in die bereits genannten Erlösungsdichtungen ein.

Die erzählenden Bücher des Alten Testaments, vor allem die kriegerische Geschichte des Gottesvolks, finden nun aber vor allem dort ein neues Interesse, wo sich kriegerisches, ritterliches Laientum in den Dienst religiöser Aufgaben stellt und sich dabei kaum mehr als abenteuernde Gralsritterschaft, eher als Vollzieher eines politisch-geschichtlichen Auftrags versteht, ganz abgesehen vom Wegfall der Minneidee. Der Orden der Deutschritter, bereits 1191 päpstlich bestätigt, fand im Laufe des 13. Jahrhunderts, im Bestreben nach einer territorialen Grundlage und zugleich einer kreuzzugsartigen Aufgabe, in der Eroberung und Bekehrung der Preußen und z. T. anderer Ostseevölker den Weg zu einem eigenen Ordensstaat, neben dem reichen Besitz in den deutschen Stammlanden. Im Deutschen Orden gibt es nun, seit dem Ende des 13. Jahrhunderts, auch eine karge literarische Kultur, bestehend aus Bibeldichtung, Legenden und Reimchroniken, so daß man von einer eigentlichen Ordensdichtung sprechen kann. Es ist eine Erzähldichtung, in welcher der nicht gebildete, aber durch geistliche Gelübde gebundene ritterliche Laie sich und seinen geschichtlichen Auftrag wiedererkennt. Der Begriff „Ordensdichtung" ist allerdings insofern unscharf, ja entbehrlich, als die Zuweisung verschiedener Werke unsicher und auf Grund verschiedener Kriterien erfolgt: Landschaft, Beziehung des Auftraggebers oder des Autors zum Orden, Publikum. Genannt wurden bereits zwei Autoren zur neutestamentlichen Heilsgeschichte: Heinrich von Hesler und Tilo von Kulm. An Nacherzählungen und z. T. Kommentaren alttestamentlicher Bücher sind zu nennen *Judith* (1254, im Überlieferungszusammenhang mit der späteren Ordensdichtung), *Hester* (Esther), *Esra und Nehemia* und vor allem die umfangreichen *Makkabäer* (um 1323 vielleicht vom Hochmeister Luder von Braunschweig selbst verfaßt), *Daniel* und *Hiob* (1338) und schließlich, um 1340, die zusammenfassenden *Historien der alden ê*, an denen die Literarhistoriker keinen guten Faden lassen.

Von ungleich größerer Bedeutung sind nun aber die beiden Riesenwerke, mit denen im deutschen Spätmittelalter die Heiligenlegende maßgebliche Gestalt fand – wahrscheinlich eben im Bereich des Deutschen Ordens. Doch dazu ist etwas auszuholen.

## 2. Heiligenlegende

Der Begriff der Heiligenlegende ist vom Begriff der apokryphen Schriften oder den Leben-Jesu-, Marien- und Apostel-Legenden schwer abzugrenzen. Tatsächlich greift die Bibeldichtung vom Früh- bis zum Spätmittelalter sehr oft unbefangen hinüber in die Welt der nicht mehr biblisch oder dogmatisch legitimierten Erzählung, vor allem im Bereich der letzten Dinge oder des Frühchristentums. An dieser Stelle ist auszugehen von einer im Spätmittelalter unabsehbar entwickelten Heiligenverehrung und zugehörigen Legendenliteratur – einem gewaltigen, reichen Material, das die Frömmigkeit und die erzählerische Phantasie stärker als je bestimmt, bis es mit der Reformation zunächst zur Ablehnung der eigentlichen Heiligenverehrung, dann aber auch immer radikaler zu einer protestantischen Diskriminierung der „Abgötterei“ des Heiligenkults kam, aus Gründen des Dogmas wie auch eines kritischen Wahrheitsbegriffs. Die Heiligen, seien es nun die Märtyrer der heroischen Frühzeit des Glaubens, denen man den unmittelbaren Eingang ins Himmelreich zuerkannte, seien es die sogenannten Bekenner, die durch ihr heiligmäßiges Leben und ein innerliches Martyrium im Gedächtnis der Gläubigen bleiben, durch die zu ihren Lebzeiten oder später bewirkten Wunder beglaubigt – sie bilden jene „Wolke von Zeugen“, von der der Hebräerbrief spricht. Sie tragen die Kirche, sie verbürgen die Nachfolge Christi im Martyrium, im reinen Lebenswandel und in der Wundermächtigkeit, so daß die Heiligenfiguren und die Legendenwunder immer wieder selbst als Wiederholung biblischer Vorbilder erscheinen. In den Berichten und erbaulichen Erzählungen, die sich da anhäufen, liegt nicht nur eine „christliche Heldendichtung“ oder die „christliche Mythologie“, wie man gelegentlich sagt. Die Welt der Heiligen wandelt sich, erneuert sich stetig und bleibt aktuell, solange sie neue Zeugen einzubeziehen, neue Personen und Vorgänge in Legende zu verwandeln vermag. Durch die Aufnahme eines Teils der Heiligen in die Meßliturgie, darüber hinaus durch die verschiedenartigen Heiligenkalendarien und liturgischen Traditionen ist Tag um Tag bezogen auf die legendarischen Vorbilder und himmlischen Helfer. Aber auch lokale, regionale, nationale, ständische, berufliche Zuordnung bestimmter Heiliger und nicht zuletzt die Bindung jedes einzelnen an seinen Namensheiligen tragen dazu bei, daß jede Situation, jedes Leiden, jedes Anliegen des täglichen Lebens auf zuständige Patrone hin orientiert ist. Wie unvollständig sich dabei die kirchliche Kontrolle – speziell die päpstliche Kanonisation seit dem 11. Jahrhundert – durchsetzen konnte, wie „wilde“, nichtexistente Heilige (z. B. die „Heilige Kümmernis“) oder ein das Magische streifender Heiligenkult die Krise heraufgeführt haben, ist hier nicht auszuführen. Zu Beginn des 14. Jahrhunderts stehen wir erst am Anfang der großen spätmittelalterlichen Flut von Bildern und Geschichten, in denen sich volkstümliche Frömmigkeit und mit ihr bildende Kunst und Literatur bewegen.

Als literarische Möglichkeit war die Legende stets präsent gewesen: im Deutschen seit dem *Georgslied,* im 12. Jahrhundert in zahlreichen einzelnen Heiligenlegenden wie in dem geschichtlich gerahmten Sammelwerk der *Kaiserchronik,* in den politisch-regional gefärbten Dichtungen über Anno oder Servatius (Veldeke), in den Versuchen Hartmanns zu einer höfischen Verinnerlichung, aber auch in Wolframs kriegerisch-problemhaftem Epos vom „herre Sant Willehalm“ und schließlich in den Beispielen einer geschliffenen Kunst der Kurzerzählung, wie sie vor allem Konrad von Würzburg auch der Legende zugute kommen ließ.

Unter den mittelalterlichen Erzählformen hat die Legende fast eine Art Schlüsselstellung. Sie steht in Beziehung zum Roman, soweit vorbildhaftes Leben die Form der Vita annimmt und soweit auch stofflich der spätantike Roman in der Legende nachwirkt, zur Geschichtsdichtung, sofern jedes Heiligendasein ein Teil der Heilsgeschichte ist, zum Märe oder zur Novelle, soweit das unerhörte Ereignis der Kurzgeschichte entweder selbst mirakelhaft sein kann oder an sich eine Art säkularisierter Form des Legendenwunders darstellt. Das wechselnde Maß an faktischer Glaubhaftigkeit, an symbolischer Wahrheit, an erbaulicher Fiktion oder gar tendenziösem Schwindel macht es schwierig, die Funktion einer Legende im einzelnen Fall gerecht zu beurteilen. So wie in einer sakralisierten Welt alles Legende ist (Bausinger), so verliert sie in einer Welt des kritischen Bewußtseins ihre Überzeugungskraft, sinkt sie ab ins nur noch Volkstümliche, nur noch Verdächtige.

Die Legende ist auch dann, wenn sie sich über die Anekdote oder das Mirakel erhebt, insofern eine Kurzform, als sie zwar lehrhaft sein kann, aber ihren Stoff nicht problematisiert. Auch wenn sie meistens die Form der Heiligenbiographie, der Vita, annimmt, so verlaufen doch diese Viten weithin nach vorgegebenen Mustern (z. B. nach dem Schema: sündiges Weltleben, Bekehrung, Martyrium, Wunder nach dem Tode), und der Heilige ist weniger der Held als der Zeuge, weniger der Täter als der Vermittler des Wunders. Der große Heilszusammenhang, in dem die Legende allemal steht, und vor allem auch die Zuordnung der Heiligen zu den Stationen des Kirchenjahrs und des Kalenders führen schon früh zum Typ der enzyklopädischen Sammlung, zu Legendarien, Martyrologien, Passionalien usw. Seit dem 4. Jahrhundert entstehen kalendarisch geordnete Märtyrerverzeichnisse, daraus die eigentlichen Martyrologien; aufs 6. Jahrhundert gehen zurück die Lebensbeschreibungen der Väter, *Vitae patrum,* die bereits in der *Benediktinerregel* als gemeinsame Lektüre nach der Mahlzeit empfohlen werden. Um 600 entstehen die überaus beliebt gewordenen *Dialogi miraculorum* des großen Gregor, die auf ein Gesamtbild der Frühzeit italischen Mönchtums gerichtet sind und als kommentierte, zugleich unterhaltende Sammlung von Wundergeschichten dargeboten werden. Die zahlreichen Legendarien (*Passiones et vitae sanctorum*), zunächst nach thematischen, funktionellen oder lokalen Gesichtspunkten zusammengestellt, drängen schließlich zu größeren und allgemeiner gültigen Sammlungen. Ein solches umfangreiches Sammelbecken liegt in dem Komplex des *Magnum legendarium austriacum* vor. Mit Abstand die beliebteste und wohl in jeder Hinsicht bedeutendste Sammlung ist aber die *Legenda aurea* des Genueser Predigerpaters und Erzbischofs Jacobus a Voragine (von Varazze), in den 1270er Jahren entstanden als erbaulich-erzählerische Sammlung über die Kalenderheiligen nach der Ordnung des Kirchenjahres, nach der ältesten Handschrift in 182 Kapiteln, die in späteren Redaktionen teils ausgeschrieben, teils mit sehr großen Zusätzen erweitert wurden. Die *Legenda aurea* ist im volkstümlichen Erzählstil ihres einfachen Lateins für unseren Gattungsbegriff der Legende ähnlich bestimmend geworden wie später das Werk der Brüder Grimm für das Märchen.

Die maßgebende deutsche Rezeption der lateinischen Sammlungen erfolgte in zwei mächtigen Werken, deren Entstehung man sich zeitlich nebeneinander von etwa 1280 bis gegen 1300 denkt, als die Arbeit ein und desselben anonymen Geistlichen, dessen Sprache mitteldeutsch ist und im Wortschatz auf das Ordensland an der Ostsee deutet. Eine solche Rezeption bedeutet auch jetzt noch Umsetzung in die Verserzählung, deren Technik der Dichter nach den Mustern des 13. Jahrhunderts recht gewandt beherrscht. Das *Väterbuch*, im Umfang von über 41000 Versen (25 Textzeugen) folgt zunächst den *Vitae patrum*, also den Geschichten um die ersten Eremiten und Mönche, wie vor allem Antonius, Paulus, Johannes und ihre vielfältigen Versuchungen und Kämpfe mit dem Teufel, fügt dann aber auch Stücke aus der *Legenda aurea* an und läßt das Ganze in eine Vorschau des Jüngsten Gerichts und des Lebens in Himmel und Hölle ausmünden. Das *Passional*, mit rund 110000 Versen wohl die größte Reimgeburt des deutschen Mittelalters (rund 100 Textzeugen!), bietet in einem 1. Teil legendarisch ausgestaltete Bibeldichtung mit Marienleben und Marienwundern; ein 2. Teil erzählt die Geschichten der Apostel und der Maria Magdalena, und der 3., am umfangreichsten, bringt 75 Heiligenleben in der Anordnung des Kalenders, aufgrund der *Legenda aurea* und einiger ergänzender Quellen.

Im einzelnen ist die Komposition der beiden Werke

und ihre Abstimmung aufeinander nicht durchsichtig. Jedenfalls sind das *Väterbuch* und die ersten Teile des *Passionals* locker gebaute Lesebücher mit Stücken ganz verschiedener Art und Länge, vom bloßen Apophthegma zur Mirakel- oder Beispielerzählung und zur ausgeführten Vita, und immer wieder mit erbaulichen Betrachtungen und Überleitungen versehen. Im ganzen ist es ein großartiger Schatz an kirchlicher und christlich-volkstümlicher Tradition, der hier zum erstenmal in der Volkssprache in seiner Fülle überschaubar wird, wobei die Kontinuität der Heilsgeschichte von den Evangelien bis zur Gegenwart überwältigend zutage tritt, auch wenn sich die Kernzone echter geschichtlicher Überlieferung und kirchlicher Tradition immer wieder in die Randbereiche der erbaulichen Fabel, ja der fragwürdigen frommen Unschuld hinein verliert.

In den *Väterleben* herrscht durchaus die monastische Thematik vor; was der Leser hier an Szenen aus der heroischen Zeit der Wüstenheiligen, der Anachoreten und ersten Coenobiten vernahm, das waren Bilder, denen er noch während Jahrhunderten in den Kirchen farbig und plastisch begegnete. Im Vordergrund steht die Figur des Asketen in seinem beständigen Kampf gegen Versuchungen und Anfechtungen, die gewöhnlich durchaus auf archaische Weise objektiviert als Teufel und Dämonen in ihren wechselnden, verführerischen oder schreckerregenden Verwandlungen erscheinen und den Glaubensmut oder, meistens, Keuschheit und Selbstbeherrschung bedrohen. Man wird im Lauf der ruhig und aus seelsorgerlicher Nähe vorgetragenen Erzählungen heimisch in der ehrwürdigen Thebais, wo die Eremiten zahlreich hausen, ihren Lebensunterhalt durch wunderbare himmlische Hilfe oder auch durch das Flechten und Verkaufen von Korbwerk bestreiten, wo die Jünger von den älteren Vätern unterwiesen werden, wo Engel und wilde Tiere mit den Heiligen auf vertrautem Fuß verkehren. Da kommt viel Genrehaft-Behagliches herein, „cleine wunder" (8821) wie das vom Kohl, der aus dem Gärtchen eines frommen Mannes gestohlen wird, sich aber dann auf keine Weise vom Diebe kochen läßt, oder die sorgfältige Wundbehandlung am Löwen, der zu Hieronymus kommt und nachher allerlei nützliche Dienste verrichtet (27186 ff.). Die übrigen, aus der *Legenda aurea* oder andern Quellen stammenden Geschichten des *Väterbuchs* betreffen dieselbe frühchristliche Zeit, stellen aber stärker novellistisch ausgeformte, umfangreiche Stücke dar. Besonderes Interesse gilt hier den schönen Jungfrauen, die entweder von Anfang an Heilige der Keuschheit sind oder, wie Magdalena, von sündigem Leben bekehrt werden. Da ist Eufrosina, die sich als Bruder Smaragdus in einem Männerkloster verbirgt, aber damit sowohl ihrem treuen Vater Kummer wie ihren Mitbrüdern Anfechtungen verursacht (vgl. Gottfried Kellers *Eugenia*); da sind Pelagia, die als Bruder Pelagius heiligmäßig lebt und stirbt, Maria von Ägypten und Abt Zosimas, eine antiochische Jungfrau ähnlichen Geschicks, schließlich die breit ausladende Legende von Abraham (2900 Verse), dem reichen Jüngling, Eremiten und Heidenbekehrer, der mit frommer List und Umsicht seine sündige Nichte aus dem Freudenhaus entführt und bekehrt – es ist die schon von Hrotsvit dramatisierte Konfrontation des frommen Alten mit der Sünderin. Nicht vergessen sei aber auch die berühmte Legende von den sieben Schläfern von Ephesus, in welcher auf unvergleichlich einfache und konkrete Weise das heilsgeschichtliche Erlebnis des Phänomens Zeit zum Ausdruck kommt.

Das *Passional* hat eine stärkere Verschiedenartigkeit der legendarischen Stile. In Teil I stehen, sozusagen als Krönung des Marienlebens und für die „Marienritter", d. h. den Deutschen Orden, von besonderer Bedeutung „sumlîche gute mêre" (9), nämlich fünfundzwanzig

Marienwunder, deren lateinische Vorlagen bereits große Verbreitung gefunden hatten. Es sind Marienmirakel, die stets durch ihren lieblich-spielerischen Charakter bezaubert haben. In ihrem Mittelpunkt steht bezeichnenderweise oft das wundertätige oder zu verehrende Bild der Gottesmutter, es hat also schon eine Art Reflexion der Verehrung stattgefunden. Maria setzt sich dabei gern über die konventionellen Maßstäbe hinweg, sofern nur der Sünder oder Bittsteller in irgendeiner Form zu ihr Verehrung getragen. Ein Beispiel ist etwa die kurze Erzählung von der Mutter, die vergeblich um die Befreiung ihres in Gefangenschaft geratenen Sohnes betet, darauf dem Muttergottesbild in der Kirche entschlossen das Kind raubt und zu Hause als Pfand verschließt, mit dem Erfolg, daß Maria schleunig den Gefangenen befreit und damit von der dankbaren Mutter das eigene Kind wieder auslöst. Hieher gehört auch die weitverbreitete, schon von Hrotsvit erzählte Legende von Theophilus, dem durch Maria geretteten Teufelsbündler. In diesen Erzählungen nähert sich die schlicht und knapp erzählte Legende dem Märe, von der Art der Geschichte *Von der Jüdin und dem Priester*, oder sogar einem frommen Schwank. Im Hauptteil (III) mit seiner kalendarischen Ordnung treten dagegen die großen, blutigen Martyrien hervor, wie sie die Überlieferung vor allem aus der Zeit der Diokletianischen Verfolgung berichtet. Mit derselben Andacht, die den ergötzlichen Wundern der Anachoreten oder den poetisch-intimen Marienlegenden gilt, sind hier die krassen Einzelheiten des Schindens und Räderns, des Verstümmelns und Brennens wiedergegeben (besonders wild und altertümlich etwa Nr. 42: Christina). Um so eindrucksvoller ist, wie im Rahmen der Kalenderordnung dazwischen nun die neueren und neuesten Heiligen treten, so die neuen Ordensgründer Dominicus und, mit besonderer Liebe, Franciscus, und nicht zuletzt die rasch volkstümlich gewordene Elisabeth von Thüringen.

Auf eine Formel bringen lassen sich *Passional* und *Väterbuch* nicht. Legendenfrömmigkeit schillert in den verschiedensten Spielarten. Unbefangene Wirklichkeitsnähe und „Aberglauben", blutiger Ernst und Heiterkeit (die schon Gregor der Große mit der überströmenden Güte Gottes entschuldigt hat), fromme Unschuld und vielleicht auch untergründige Ironie sind eng benachbart. Da liegt vieles am Gesetz der Gattung. Die Legende ist zwar bestimmt eine der schönsten und reinsten Ausformungen mittelalterlicher Frömmigkeit, aber – denkt man an die höfische Dichtung, an Scholastik und Mystik – auch für die spätere Zeit keineswegs allein repräsentativ.

Daß dem Dichter der beiden großen Sammlungen der Vers noch die selbstverständliche volkssprachliche Form zu sein schien, beleuchtet noch einmal das Problem der praktisch fehlenden Erzählprosa, um so mehr, als der Vers dem fleißigen Autor zwar erlaubte, freier und mit Hilfe vorgeprägten Stils zu erzählen (etwa den Dialog zu beleben, die Aussage metrisch oder durch den Reim zu unterstreichen, sich von Reimwörtern auf neue Assoziationen treiben zu lassen), aber doch auch mit seinen mechanischen Zwängen zu Breite und Formlosigkeit führte statt zu poetischer Gestalt. Immerhin erweist sich die Qualität unseres Autors deutlich im Vergleich mit der etwas jüngeren Sammlung *Buch der Märtyrer,* wo sich der mittelhochdeutsche Vers in seiner hilflosesten Form zeigt. Schon um die Mitte des Jahrhunderts beginnen die Prosafassungen, so mit Hermanns von Fritzlar *Heiligenleben*; gegen Ende des Jahrhunderts entstand als große Prosaauflösung *Der Heiligen Leben,* welche 1471 schließlich im Druck erschien.

Von den zahlreichen Heiligenlegenden, die einzeln bereimt wurden, sollen hier nur noch zwei Sonderfälle herausgegriffen werden: die Legendarisierung einer noch beinah als zeitgenössisch empfundenen Figur und die

Ausweitung der Legende zum geistlichen Kompendium.

Wie die Legendenvita eine unmittelbare Funktion im geschichtlich-politischen Geschehen haben kann, das zeigt vor allem das *Annolied*, aber auch, bei zeitlich schon weit zurückliegenden Stoffen, Veldekes *Servatius* oder Ebernands von Erfurt Doppelvita von Kaiser Heinrich II. und Kunigunde (4752 Verse), um 1220 (?) wohl im Zusammenhang mit der Heiligsprechung der Kaiserin (1200) entstanden. – Einen neuen Typus verkörpert nun die Gestalt Elisabeths von Thüringen, die von 1207 bis 1231 lebte, 1235 kanonisiert wurde und in der *Legenda aurea* bereits vertreten ist: Die ungarische Königstochter, noch als Kind dem thüringischen Landgrafen vermählt, als junge Witwe mit ihren Kindern ins Elend getrieben, durch strenge Selbstkasteiung, Mildtätigkeit, Hingabe an die Kranken und Stiftung eines Spitals in Marburg zu Ehren des heiligen Franz heiligmäßig geworden, als „erste deutsche Tertiarin" jung gestorben – ein solches Leben ist schon selbst eine Legendenvita und mußte als Vorbild einer neuen Frömmigkeit die Zeitgenossen tief beschäftigen. Die umfangreiche lateinische Vita eines Dietrich von Apolda (1289) fand etwas später eine ziemlich treue, aber wenig inspirierte deutsche Versfassung. Hier treten Biographie und Hagiographie nahe zusammen, die Legende ist das legitime Mittel, ein Leben nicht zu stilisieren, sondern im Kern zu ergreifen. Man kommt hier, im Raum franziskanischer Frömmigkeit, bereits in die Nähe der Nonnenviten des 14. Jahrhunderts, von denen eine der schönsten ebenfalls einer ungarischen Prinzessin gelten sollte.

Eine ganz andere Möglichkeit vertritt Hugo von Langensteins *Martina*. Der Verfasser ist wie sein Vater und seine Brüder Mitglied des Deutschen Ordens, dem sie ihre Güter, darunter die Bodenseeinsel Mainau, vermachten. Hugo ist als Ordensbruder in Beuggen und

Priester in Freiburg i. B. (1298) bezeugt, sein Werk wurde 1293 abgeschlossen. Martina ist eine Heilige, die in der *Legenda aurea* nicht vorkommt und auch sonst in Deutschland wenig bekannt war – eine schöne und vornehme römische Jungfrau, die unter Diokletian martyrisiert wurde. Von ihren zwanzig Martern habe er nur elf behandelt, sagt Hugo mehr zu seinem eigenen Bedauern als dem des Lesers. Ihre lateinische Vita wurde ihm von einer frommen Dominikanerin gegeben, die nach jahrelanger geistlicher Not von Gott den Hinweis auf diese Märtyrerin als die nach Maria mächtigste Helferin im Himmel erhalten hatte. Der Dichter benützt die Legende als dünnes Gerüst eines ausschweifenden, im Stile Konrads von Würzburg mit endlosen Reimketten daherkommenden Kompendiums geistlichen Wissens um Heilsgeschichte und Tugenden, Natur und Übernatur, mit 33 000 Versen einer allegorisierenden assoziativen Darstellung, der es vielleicht weniger um Belehrung geht als um eine Leistung subjektiver Andacht und des Gotteslobs. Das Werk ist nur in einer einzigen Handschrift erhalten, doch scheint es immerhin eine gewisse Ausstrahlung gehabt zu haben, angeblich selbst auf Johann von Tepl.

### 3. Reimchroniken, frühe Prosachroniken

Wie eng Bibel-, Legenden- und Geschichtsdichtung miteinander verbunden sind, das haben *Annolied* und *Kaiserchronik* schon gezeigt. Aber auch sonst liegen die verschiedenen Erzählgattungen nahe beisammen. Auch Heldenepen und Romane wurden nicht nur als Erfindung, sondern auch als Bericht gelesen. Die Wahrheit der Geschichtsdichtung war unter Umständen keine andere als die einer sonstwie verbindlichen Erzählung. Der künstlerisch gestaltende Charakter jeder Historiographie ist heute zwar kritischer bestimmt und eingeschränkt, aber dennoch unabdingbar, ob man ihn nun erkenntnistheoretisch rechtfertigt oder als peinlichen Erdenrest empfindet. Nachdem höfische Romantik an Glaubwürdigkeit oder doch an Attraktivität verlor, ist im 13. Jahrhundert, wie immer wieder festzustellen war, eine neue Historisierung der Erzählung eingetreten; die alten Geschichten von Troja, von Alexander und Karl wurden neu bearbeitet, ein neues stoffliches Interesse breiter Laienkreise sucht offenbar das Abenteuer oder doch Unterhaltung und Erbauung im substantiell Geschichtlichen. Die *Weltchronik* Rudolfs von Ems war, in königlichem Auftrag, der eindrucksvollste Griff nach einem geschichtlichen Gesamtbild, die Ausweitung der Bibel- und Heilsdichtung in die Weltgeschichte. Es gehört zu den wichtigsten und noch nicht genügend gewürdigten Phänomenen des literarischen Spätmittelalters und des 16. Jahrhunderts, wie auf allen Ebenen und in allen Formen eine volkssprachliche Geschichtsliteratur aufblüht, von den Weltchroniken über Landes-, Fürsten- und Stadtchroniken bis zur Biographie und Selbstbiographie, ein Geschichtsinteresse, dessen Grund doch wohl ein echtes, fundamentales Bedürfnis nach Selbstidentifikation und damit zugleich nach Orientierung in einer sich wandelnden und unabsehbar andringenden Welt ist. Die Reimchronik ist in unserem Zeitraum noch durchaus herrschend, ja oft der Rahmen für andere Erzählformen. Bei aller möglichen Mechanik der Reimerei darf der Anspruch der Historiographie, allein „wahre" Dichtung zu sein, nicht übersehen werden; der Reimpaarvers ist die normale, lebendig-festliche Art des Vortrags.

Die volkssprachliche Chronistik ist mindestens im Spätmittelalter durchaus nur auf lateinischer Grundlage erwachsen, wobei sich hier neben der herrschenden Prosachronik und Prosavita auch epische Preisdichtung – z. B. über die Staufer – und historisches Versepos finden. Neben der gewaltigen lateinischen Produktion ist die deutsche fast immer unselbständig und auch quantitativ noch eher bescheiden. Wir begnügen uns hier mit einem Inventar und ein paar grundsätzlichen Bemerkungen.

Am eindrucksvollsten sind die weitverzweigten Unternehmungen der Weltchronistik. Älter als das hochdeutsch maßgebende Werk des Rudolf von Ems und in seiner Prosaform eine frühe Ausnahme ist die *Sächsische Weltchronik*, ohne zwingenden Grund Eike von Repgow, dem Autor auch des *Sachsenspiegels*, zugeschrieben, einem bis 1233 bezeugten Laien ritterlichen Standes aus Anhalt; ähnlich wie der Verfasser des *Lucidarius*, der auf ausdrücklichen Wunsch Heinrichs des Löwen „ân rîmen“ abgefaßt werden mußte, steht auch der sächsische Chronist mit seiner Prosaform im Dienst nüchterner Wahrheit. Sein Werk ist, nach lateinischen Quellen gearbeitet, abgesehen von einem kurzen Resümee des Alten Testaments, eine wenig umfangreiche, z. T. annalistische Reichschronik bis zur Gegenwart, in mehreren Fassungen bzw. mit Fortsetzungen überliefert. Wohl etwas jünger als Rudolfs von Ems Chronik und unabhängig von ihr, doch teilweise denselben Quellen verpflichtet, ist die thüringische *Christherre-Chronik* (so nach ihrem Incipit benannt) – auch sie bricht noch im Alten Testament ab. Um 1280 schreibt der Wiener Bürger Jansen Enikel (Enkel des Johannes) seine auf die österreichischen Belange zugeschnittene *Weltchronik*, die ohne eigentlichen politisch-geschichtlichen Ehrgeiz das fabulös-anekdotische Element bevorzugt, unelegant und ungebildet daherkommt, aber eine persönliche Originalität zur Geltung bringt. Schließlich geht unter dem Namen Heinrichs von München, Anfang des 14. Jahrhunderts, eine *Weltchronik*, die quellenmäßig mit der *Christherre-Chronik*, Rudolf von Ems und Jansen Enikel zusammenhängt, auch epische Werke aufnimmt und aus einem ganzen Komplex von stark kompilatorischen Handschriften verschiedener Zusammensetzung besteht.

Der Übergang von der universal zur regional gerichteten Chronik, wie er aus geschichtlichen und sozialen Gründen im Zug der Zeit liegt, läßt sich zweimal beim selben Autor verfolgen. Jansen Enikel hat auch ein unvollendetes *Fürstenbuch,* d. h. eine österreichische Landeschronik, hinterlassen, und von Ottokar von Steiermark („aus der Geul"), dessen *Österreichische Reimchronik* das mächtigste und auch substantiell wesentlichste Beispiel einer gereimten Landeschronik darstellt, wissen wir, daß er auch eine verlorene Weltchronik geschrieben hatte, die bis zum Tode Friedrichs II. reichte. Ottokar, ein Ministeriale der Herren von Liechtenstein (1260/65–1319/21), schrieb dann für die restliche Zeit bis zu seiner Gegenwart, in 100 000 Versen, österreichische Zeitgeschichte im Rahmen der Reichsgeschichte, wozu auch seine berühmte ausführliche Schilderung des Untergangs von Akkon (1291) als einer eigentlichen Zeitenwende gehört. Das gewaltige Material seiner Chronik muß Ottokar selbst und mit Hilfe seiner vornehmen Beziehungen zusammengebracht haben. Wie er zwischen annalistischer Aufzeichnung, thematischer oder geographischer Anordnung des Materials, zwischen Landes- und Reichsperspektive den Weg zu einem Gesamtbild sucht, das zeigt die großen methodischen Probleme einer Darstellung der neueren und neuesten Geschichte. Ottokar erweist sich dabei aber als Schriftsteller, der an guten Autoren geschult war und der es vermochte, ein unabsehbares Material in meisterhafter Weise zu durchdringen. Zu seinem erstaunlichen Wissen kommt seine Kunst, das Erzählte abzurunden, Lücken zu füllen, Reden und Szenen vorzuführen, die moralischen Gewichte mit Schuld und Strafe richtig zu verteilen. Dazu benützt er die Vorbilder der klassischen Erzählliteratur, nicht zuletzt Wolfram.

Alle andern Reimchroniken gelten sehr viel engeren Themen und auch Interessen: Es gibt die Klosterchronik (des Priesters Eberhard kurze Geschichte des Klosters Gandersheim, vor allem seiner Frühzeit, um 1216 entstanden), die Fürstenchronik (eine von einem Braunschweiger Geistlichen zu Ehren der Braunschweiger Dynastie gegen 1300 verfaßte Chronik mittleren Umfangs), die Stadtchronik (vertreten durch die *Kölner Chronik* eines Meisters Gottfried Hagen um 1270, durchaus vom bürgerlichen Standpunkt aus), und am bedeutendsten wieder die Chroniken des Deutschordens, wo es um das Selbstverständnis eines neuartigen ritterlich-missionarischen Staatswesens ging: die anonyme *Livländische Reimchronik*, vor 1300, und des Nikolaus von Jeroschin *Chronik von Preußenland*, nach 1330 auf lateinischer Grundlage entstanden.

Mit dem zweiten Drittel des 14. Jahrhunderts beginnt bereits die Ablösung der Reimchronik durch die historische Prosa. Symptomatisch hiefür sind Christian Kuchimeisters vortreffliche *Nüwe Casus monasterii Sancti Galli* (1335), die deutsche Prosafortsetzung der ehrwürdigen sanktgallischen Klosterhistoriographie durch einen Laien. Auch wenn die großen Reimchroniken, selbst die alte *Kaiserchronik*, weiterhin kopiert und gelesen werden, so lebt die Gattung als solche nur noch in speziellen Fällen fort: Da sind praktisch nur noch die anonyme *Reimchronik des Appenzellerkriegs* (1400–04) und dann einige Chroniken zu Burgunder- und Schwabenkrieg (die *Burgundische Historie* des Straßburgers Hans Erhard Tüsch (1477), die *Reimchroniken des Schwabenkriegs* von Hans Lenz (1499) und Nikolaus Schradin (1500). Hier werden aktuelle historische Vorgänge tendenziös, kunstlos, aber lebhaft berichtet, durchaus wieder in der Nähe des historischen Volkslieds und der herabgekommenen Heldenepik.

Ich han mich des wol bedaht,
diz buoch ne wirt nimmer vollenbracht,
de wile diu werlt stat,
so vile wirt kunstiger (zukünftiger) dat.
(77 ff.)

Solche Verse – aus der Reimvorrede zu der in Prosa verfaßten *Sächsischen Weltchronik* – deuten auf ein ursprüngliches Grundgefühl des mittelalterlichen Chronisten: Er steht, zwischen Weltanfang und Weltende, in einem ungeheuren Ablauf. Sein Buch ist selbst getragen davon und hat, da es die Zukunft nie einholt, bis zum Weltende keinen Abschluß. Die Überlieferung der meisten großen Reimchroniken spiegelt dies insofern, als es sich um Werke handelt, die laufend fortgesetzt werden, die unter sich kompiliert und verschmolzen werden können und vom Autor selbst oder seinen Nachfolgern in verschiedenen Fassungen geschrieben werden. Uferlos, kompilatorisch, fragmentarisch ist der Versuch, die Geschichte als Ganzes aufzuzeichnen, und je mehr am universalen Rahmen festgehalten wird, desto weniger ist eine auswählende Gestaltung möglich. Vom Standpunkt kritischer Wissenschaft aus ist solche Chronistik ein unerquickliches Gemisch aus Abschreiberei, tendenziöser oder moralisierender Erfindung und Ausschmükkung. Zunächst wird man die noch enormen Schwierigkeiten der Informationsbeschaffung in Rechnung stellen müssen: was hier vor allem Ottokar geleistet hat, zwingt zur Bewunderung. Darüber hinaus wird man einen ganz anderen Begriff historischer „Wahrheit“ ansetzen müssen. Nicht nur eine dokumentierbare Faktizität wird gesucht – jedes Geschehen enthält neben der faktischen eine moralische, eine „allegorische“, man könnte wohl auch sagen dichterische Wahrheit. Es gehört zur Methode, eine typologische Stilisierung auf die Heilsgeschichte hin zu versuchen, also etwa eine Schlacht nach vergleichbaren alttestamentlichen Mustern zu schildern oder den Königsmörder Johannes von Österreich (bei Ottokar) als Judas darzustellen. Seit des Thukydides Zeiten hat gerade auch der die Wahrheit suchende Chronist das Recht, Reden und Szenen zu erfinden, in denen diese Wahrheit hypothetisch objektiviert erscheint. Die Überlieferung enthält an sich schon eine Fülle von anekdotischen, legendären, novellenhaften Geschichten, auf die gerade der volkstümliche Erzähler nicht verzichtet (z. B. Jansen Enikel). Aber auch Ottokar scheut sich nicht, bei den höfischen Romanen Anleihen zu machen, Namenkataloge aus dem *Willehalm* zu transferieren oder nach dem Muster des Osterspiels eine Beratung der Teufel – vor der Ermordung König Albrechts – einzufügen. Natürlich gibt es bei solcher, im Drang zur Anschauung einem gewissen Horror vacui unterliegenden Geschichtserzählung alle Grade von zuverlässigkritischer Augenzeugenschaft oder souveräner politischer Durchdringung eines Problems bis zur törichten oder bösartigen Erfindung und zur eigentlichen Fälschung. Daß schon das mittelalterliche Urkundenwesen und somit erst recht die Geschichtsschreibung mit Erfindung und Fälschung völlig durchsetzt sind, deutet durchaus nicht nur auf Torheit und Bosheit oder auf eine schrankenlose Ausnützung des Schreibe- und Lesemonopols durch eine dünne Schicht Gebildeter, sondern vor allem auf eine andere Einstellung dem Dokument gegenüber. Es ist gewiß billig, wenn sich der Verfasser der *Sächsischen Weltchronik* – und andere ähnlich – gern jeweils mit der Formel salviert: „Of dit war si, dat late wir got“; anderseits ist im Rahmen einer festen Heilsgeschichte die Frage, wie es gewesen sei, im Einzelfall von nur relativer Bedeutung und der Symbolcharakter alles Geschehens und alles Berichtens davon in einer noch nicht kritisch „entzauberten Welt“ (Max Weber) wichtiger.

## VIII. VOR- UND FRÜHGESCHICHTE DES DRAMAS

Bibeldichtung und Legende weisen mehrfach auf die Existenz einer Gattung hin, die im 13. und noch im 14. Jahrhundert volkssprachlich nur erst in wenigen Beispielen festzustellen ist, obwohl sie nach den üblichen Kategorien der Poetik zu den Urformen gehören würde: das Drama. Wir stehen vor der Tatsache, daß die dramatische Dichtung der Neuzeit erst seit dem Humanismus des späten 15. Jahrhunderts – in Wiederaufnahme antiker Vorbilder – die heute selbstverständlichen Vorstellungen von literarischem Rang und von dramatischem Wesen erfüllt. Das mittelalterliche Drama, das man vorsichtiger als Spiel zu bezeichnen pflegt, ist nur in geringem Maß unmittelbare Frühform des neueren Dramas; es hat im allgemeinen wenig „dramatische" Züge und bleibt im Bereich eines Spieltexts, während das neuere Drama, gerade auch als Dichtung, oft unabhängig von der Aufführung selbstgenügsam existieren kann. Mit andern Worten: zwar gibt es auch unter den mittelalterlichen Texten, oft gerade wenn sie literarische Ansprüche stellen, reine „Lesedramen", doch ist im ganzen das mittelalterliche Spiel nur zur Aufführung bestimmt, ja der Text ist selbst ein – oft sogar entbehrliches und, wenn lateinisch, vom Zuschauer auch nicht wörtlich verstandenes – Element des „Theaters". Wir befinden uns hier also am Rande der Literaturgeschichte und oft jenseits ihrer Grenze: im Bereich der Liturgie, des Brauchs, der Musik, der Pantomime. Das gilt selbst in zeitlicher und sozialer Hinsicht: Das literarische Drama erscheint im allgemeinen erst spät, und das Spiel ist im volkstümlichen, d. h. geistlich-bürgerlichen Bereich zu Hause, nicht in der sozialen Elite. Es gibt kein höfisches Drama, was im Vergleich zu den schöpferischen Vollendungen in Lyrik und Erzählung immerhin erstaunlich ist, und vielleicht spiegelt die Übernahme des geistlichen Spiels durch das städtische Bürgertum im Spätmittelalter so etwas wie eine Emanzipationsbewegung.

Warum gibt es im Mittelalter kaum ein hohes, literarisches Drama? Man kann hier ganz allgemein verweisen auf den „undramatischen" Charakter des christlichen Glaubens in dem Sinne, daß die heilsgeschichtliche Grundfigur jeden Geschehens und jeder menschlichen Rolle vorgegeben ist und alles Handeln ein Nachvollziehen und Erfüllen bedeutet, nicht ein problematisches oder pathetisches Austragen von Widersprüchen – auch der Märtyrer ist kein Tragödienheld. „Dramatik" oder gar Tragik in einem modernen Sinn wäre am ehesten im Bereich der Heldendichtung zu finden; man hat mit Recht auf den tragischen und zugleich bühnengerechten Charakter des *Nibelungenlieds* verwiesen. Was nun aber, spezieller, das Drama als vergegenwärtigendes Handeln durch Schauspieler und die Objektivierung von Fiktionen auf einem Spielplatz betrifft, so ist nachdrücklich auf das spielhaft-theatralische Element in der ritterlichen Gesellschaft hinzuweisen: ohne Benötigung geformter Sprache im Waffenspiel (Turnier) oder allgemeiner im Zeremonienwesen, mit dem Wort als entscheidendem Träger im Vortrag von Lyrik und Epik. Das Minnelied lebt primär im – vielleicht mimisch unterstützten – Vortrag vor der festlichen Gesellschaft, der Minnedienst selbst ist bis zu einem gewissen Grad ein fiktives Rollenspiel, und die Erzählung mit ihren breiten dialogischen Elementen ist ihrerseits ein Geschehen vor und mit einem Publikum. So ist wohl auch zu verstehen, daß mindestens die höfische Gesellschaft keines weiteren Spectaculums bedurfte. Man war bereit, auch die dramatische Literatur des Altertums, soweit man sie kannte, als Lesedialoge zu verstehen, und kam, aufs Ganze gesehen, erst am Ende des 15. Jahrhunderts zu dem Bedürfnis, sie aufzuführen. Insofern waren Literatur und Theater verschiedene Dinge, und so werden denn auch Gattungsbezeichnungen wie Drama oder Komödie seit der Antike auch für erzählende oder dialogische Werke und ohne Bezug aufs Theater verwendet.

Das Erbe der Antike: man muß auch hier zwischen Drama und Theater unterscheiden. An dramatischer Literatur gehört Terenz zur Schullektüre, seine *Andria* wurde sogar von Notker dem Deutschen übertragen. Plautus war ebenfalls, wenn auch weniger, bekannt, und nur in ganz geringer Verbreitung kam die Tragödie, d. i. Seneca, durch das Mittelalter. Die Situation wird nun aufs interessanteste beleuchtet durch den einzigartigen Versuch der Gandersheimer Stiftsdame Hrotsvit, sich mit Terenz auseinanderzusetzen, ihm einen christlichen Antitypus entgegenzustellen und der „dulcedo sermonis" des Heiden, die sie anerkannte, einen christlichen Inhalt zu geben. Das war, wenn nicht alles täuscht, ein rein literarisches Unternehmen. In ihren sechs Legendendramen, die etwa um 960 entstanden, geht es darum, den lockeren Liebes- und Familiengeschichten des Terenz mit dialogisierten Legenden beizukommen, in denen nun nicht die buhlerische Liebe, sondern die Keuschheit triumphiert, sei es im Vorgang einer Bekehrung, sei es im Martyrium. Daß dabei auch die Komik einzelner Figuren und Situationen durchaus in Geltung bleibt, zeigt nicht nur die Großherzigkeit der ersten deutschen Dichterin, sondern die Zusammengehörigkeit von Ernst und Scherz in einem christlichen Drama überhaupt und bei einem Anti-Terenz im besondern. Hrotsvits Dramen sind aufführbar, aber – vielleicht mit der einen Ausnahme einer szenischen Bearbeitung ihres *Gallicanus* aus dem 12. Jahrhundert – nicht aufgeführt worden. Noch weniger für eine Aufführung gedacht waren die sogenannten Elegienkomödien aus dem französischen 12. und 13. Jahrhundert, welche antikische Erzähl- und Dramenstoffe in stark dialogisierter Form darboten, so beispielsweise die Nacherzählung des Plautinischen *Amphitruo* im *Geta* des Vitalis von Blois.

Was nun das römische Theater betrifft, so ist es als Institution und Beruf im Mittelalter verschwunden: Der Untergang des Reiches und seines Publikums, die christliche Ablehnung des Theaters und wohl auch die Entartung ins Zirkushafte wirken hier zusammen. Immerhin läßt sich annehmen, daß es nie eine völlig theaterlose Zeit gegeben hat, daß sich Traditionen der Pantomime, des musikalisch-rezitatorischen Auftritts, der artistischen Darbietungen aller Art mit den mimi des römischen Theaters in Verbindung bringen lassen. Die kirchlichen Warnungen vor mimi, scurrae, ioculatores, histriones (die nach Isidor von Sevilla in Frauenkleidern die Gesten schamloser Weiber vorführen) sind ja nicht nur ein Topos; einige Vertreter dieses fahrenden Volkes begegnen ganz freundlich im *Ruodlieb.* Doch hat das mit der Geschichte des Dramas nichts zu tun.

Eine andere Frage, die Bedeutung von *Byzanz* für Drama und Theater auch im europäischen Mittelalter, ist für die Literarhistoriker noch weithin Terra incognita. In Byzanz lebt nicht nur spätrömisches Theater, sondern auch die Tradition griechischer Dramatik fort; beides tritt in Auseinandersetzung mit christlichem Geist, unter Umständen mit der Idee eines christlichen Schauspiels, soweit ein solches nicht als verwerflicher Bilderdienst empfunden wird. Bekannt ist der tadelnde Bericht Liutprands von Cremona, der 968/69 anläßlich seiner Gesandtschaft in der Hagia Sophia „ludi scenici“ mit der Himmelfahrt des Elias sah. Es ist anzunehmen, daß von Byzanz aus nicht nur Anregungen allgemeiner mimischer oder liturgischer Art nach dem Westen gingen, sondern auch die Anregung zu eigentlichen, in der Kirche stattfindenden Spielen. Immerhin kann eine Entwicklung des westeuropäischen geistlichen Spiels auch ohne solche Einflüsse rekonstruiert werden.

Auf der Suche nach Ursprüngen richtet man den Blick schließlich auch auf die Traditionen einheimisch-volkstümlicher Art, auf Bräuche oder gar Riten paganer, womöglich germanischer Herkunft, wie sie sich in alten Formen des Tanzes, in Maskenauftritt, Umzug, Kampfspielen usw. ahnen lassen. Von den romantischen Theorien, nach denen nicht nur im späteren Fastnachtspiel, sondern auch in zentralen Szenen des geistlichen Dramas urtümliche Rituale, germanische „Kultspiele" und dergleichen verkappt weiterleben, ist nicht viel übriggeblieben. Was allenfalls urtümlich und archetypisch erscheint, kann sich auch jederzeit neu gebildet haben, zumal in der oft elementar aufbrechenden Welt des Spätmittelalters. Und ein Drama als sprachliche Ausdrucksform wäre damit sowieso noch nicht gegeben.

So läßt sich mit allen Vorbehalten sagen, das mittelalterliche Spiel und Drama und damit auch eine erste Phase der abendländischen dramatischen Literatur sei als etwas ganz Neues und Eigenes entstanden und ab ovo verfolgbar. Es kommt spontan und eindeutig aus der Mitte der religiösen Existenz; man kann es zwingend zurückführen auf zwei konkrete Sätze der Evangelien, in denen die Osterbotschaft in dramatischem Dialog erfahren wird. Gesamthaft gesehen entspringt das nachantike Drama der zentralen Peripetie des Heilsgeschehens, in der der Tod in Leben umschlägt, genauer: ihrem Nachvollzug im Osterritus, im Osterspiel. Alles andere ist Ausfaltung, Ergänzung, Verwandlung, Vermischung, Übertragung, in welchen Prozessen dann allenfalls auch einige Elemente antiker, brauchtümlich-paganer oder höfischer Herkunft beteiligt sein können.

Im Licht dieses Befundes ist nun die Entstehung eines christlichen Dramas ein höchst erregender Vorgang der Literatur- und Geistesgeschichte. Wenn sich schon die volkssprachliche Literatur des christlichen Mittelalters als ein Geschehen der „verlängerten" Inkarnation, einer

Verkörperung des göttlichen Wortes in der Wirklichkeit einer sukzessive erweiterten und veränderten geschichtlichen und sozialen Welt darstellt, so ist im liturgischen und später im theatralischen Geschehen die Verkörperung bis zur Identifikation von Spieler und Gespieltem, von Wort und Geschehen gediehen, wobei sich ebensosehr das Wort in der Handlung verkörpert, wie die Handlung wiederum das menschliche Wort aus sich entläßt. Allerdings bewegt sich ein solches Theater in einer überaus gefährlichen Zone. Dem frommen Streben zur Vergegenwärtigung und zum Einbezug der Welt in den Glauben tritt die rigorose geistliche Kritik in den Weg, von Tertullian bis Rousseau. Gerade auch im entscheidenden 12. Jahrhundert erheben sich Stimmen gegen das Theater oder gegen die Entartung des Gottesdienstes (Gerhoh von Reichersberg, Herrad von Landsberg) zum Spiel. Es mag sein, daß theologischer Widerstand immer wieder die Entfaltung des geistlichen Spiels behindert hat und beiträgt zu dem komplizierten Bild der Entwicklung im einzelnen. Und alles in allem ist es seit der Reformation nicht mehr möglich gewesen, guten Gewissens geistliche Spiele mittelalterlichen Stils aufzuführen. Noch heute ringt die Interpretation mittelalterlicher Spiele um angemessene Kategorien, vor allem bei den weltlich-allzuweltlichen Szenen.

Man sucht denn auch innerhalb der mittelalterlichen Geistlichkeit jene Gruppe für die Entwicklung des geistlichen Spiels verantwortlich zu machen, von der man am ehesten Sinn für Weltlichkeit und gewagtes Spiel erwartet: die Vaganten, die vor allem mit dem 12. Jahrhundert hervortretenden clerici vagantes, die studien- oder erwerbs- oder amtshalber unterwegs befindlichen Intellektuellen. Man kann ihre Beteiligung aus Gründen der Form (Vagantenzeile) wie der Überlieferung (der wichtigsten lateinischen Dramen in der Sammelhandschrift der *Carmina Burana*) wahrscheinlich machen. Anderseits hat man damit nicht sehr viel gewonnen, da der Begriff des Vaganten eine zwar unentbehrliche, aber sehr vage und allgemeine Größe bezeichnet.

Aus dem Gesagten folgt auch, wie schwierig und problematisch es ist, im Rahmen einer Geschichte mittelalterlicher Literatur das Drama darzustellen. Sucht man Literatur, so entzieht sich der Gegenstand in den Bereich der Volkskunde, der Liturgie- und Theaterwissenschaft. Sucht man das Theater, so verliert sich die literaturgeschichtliche Relevanz. Dazu kommen praktische Schwierigkeiten. So klar und geschlossen das Gesamtphänomen ist, so fragwürdig ist die Bestimmung und Deutung der einzelnen Dokumente, die fast immer nur den Wortaspekt des Ganzen festhalten. Die Überlieferung ist zufällig, oft entstellt, die Datierung von Handschrift oder Original wegen des Traditionalismus der Spiele schwierig; die äußere Chronologie entspricht nicht einer gesuchten inneren Logik der Entwicklung: Literarisch anspruchsvolle oder sonst weit entwickelte Formen können am Anfang, Primitives sehr spät erscheinen. Nur im großen ganzen kann der geschichtliche Ablauf als „Entwicklung" gesehen werden. Die allgemeine Richtung geht vom Lateinischen zur Volkssprache, von der liturgischen Feier zum Spiel und Drama, vom geistlichen zum bürgerlichen Träger, vom Kircheninneren zum städtischen Platz, vom musikalischen zum gesprochenen Vortrag, von Frömmigkeit zu Moral und Unterhaltung, vom kurzen zum langen Spiel – wobei aber diese Übergänge keineswegs gleichzeitig oder gar identisch sind und im einzelnen auch reversibel sein können.

Ein letzter Punkt: die Unterscheidung von geistlichem und weltlichem Spiel (meistens in unzulässiger Verallgemeinerung als Fastnachtspiel bezeichnet). Es werden damit zwei sehr verschiedene Größen einander gegenübergestellt: ein großer, früher, umfassender, exklusiver Traditionszusammenhang und ein paar spätere Gruppen verschiedenen Ursprungs und verschiedener Funktion, mit bescheidenen Ansprüchen. Weltlich bedeutet dabei soviel wie nicht-geistlich, nach der Herkunft des Stoffes und dem Rahmen des Ganzen. Man muß sich hüten, dabei in die Nähe der aristotelischen Unterscheidung von tragisch und komisch zu geraten. Das geistliche Spiel ist früh voller komischer Elemente, und diese Mischung ist geradezu wesentlich für ein christliches Spiel. „Die ‚Welt' ist von Anfang an und grundsätzlich in diesem Drama einbeschlossen, und auf das Mehr oder Weniger kommt es grundsätzlich nicht an" (Auerbach). Noch die Jesuiten lassen in ihren Comicotragödien und Tragicocomödien beides durcheinandergehen. Es gibt, wie auch in der Legende, eine göttliche Komödie, einen risus coelestis. Anderseits wird das Fastnachtspiel zunehmend in den Dienst moralischer, satirischer, politischer, schließlich konfessioneller Auseinandersetzung gestellt, und früh gibt es auch Mischformen. Eine Art dritter Typus ist in später Zeit die sogenannte Moralität, lehrhafte, aus einem Gleichnis oder einer Allegorie entwickelte Dramen; für das deutsche Mittelalter ist der Terminus jedoch entbehrlich.

Im folgenden kann es nur darum gehen, einige Grundlinien zu ziehen, anhand der literarisch oder geschichtlich bedeutenden Texte.

## 1. Liturgie und lateinisches Spiel

Der christliche Gottesdienst – Messe und Offizium (klösterliches Stundengebet) – enthält, soweit er Vergegenwärtigung und Nachvollzug des Heilsgeschehens ist, bereits wesenhaft Elemente symbolischer Art; so erscheint schon in der frühmittelalterlichen Osterliturgie eine depositio und eine elevatio crucis oder hostiae, d. h. eine symbolische Grablegung und Erhebung Christi. Auch liegt mindestens in der liturgischen Lesung des einschlägigen Evangelientextes ein erzählend-vergegenwärtigendes Element. Der eigentliche Ausgangspunkt darstellender Handlung liegt in den sogenannten Tropen, d. i. Texten, die den zunächst wortlosen Melismen des liturgischen Gesangs an bestimmten Stellen unterlegt wurden und ähnlich wie die ausgebildetere Form der Sequenz zum dialogischen Wechselgesang bestimmt waren. In der Ostermesse begegnet seit dem 10. Jahrhundert als Ausgestaltung der Schlußsilbe des Halleluja im Introitus der sogenannte Ostertropus, das responsorisch gesungene Gespräch der drei Frauen mit dem Engel am leeren Grab des Auferstandenen, aus Evangelienworten zusammengestellt. Seine Normalform, die vielleicht zuerst in Oberitalien geschaffen wurde, begegnet in einer St. Galler Handschrift des 10. Jahrhunderts (unserer zweitältesten Überlieferung des Tropus):

Interrogatio (Frage des Engels):
Quem quaeritis in sepulchro, Christicolae (Wen sucht ihr im Grab, ihr Christen)?
Responsio (Antwort der Frauen):
Iesum Nazarenum crucifixum, o coelicolae (Jesus von Nazareth, den Gekreuzigten, ihr Himmlischen).
(Verkündung durch den Engel):
Non est hic, surrexit sicut predixerat. Ite, nuntiate quia surrexit de sepulchro (Er ist nicht hier, er ist auferstanden, wie er vorausgesagt hatte. Geht, verkündet, daß er vom Grab auferstanden ist).

Schrecken des leeren Grabs, überwältigende Frohbotschaft: Die Szene und die Sätze, die dies umschreiben, sind das Urdrama des christlichen Europa. Damit es sich textlich ausdehnen und verwirklichen konnte, bedurfte es der kaum näher begründbaren Übertragung dieses Tropus ins Offizium des Ostermorgens (Matutin). In einer für alle englischen Klöster verbindlichen *Regularis concordia* aus der Zeit von 965 bis 975 ist, vielleicht zum erstenmal, aus dem Tropus eine sehr ausführlich beschriebene Handlung geworden, in der Klosterbrüder mit Schreiten, Gebärden, Requisiten usw. das Geschehen des Grabbesuchs, der Visitatio sepulcri, agieren und mimen. Ob man diesen Teil der Osterliturgie, der in mehreren Hunderten von Fassungen aus dem ganzen mittelalterlichen Europa überliefert ist, als Feier oder bereits als Spiel oder gar als Drama bezeichnen will, ist wesentlich eine Definitionsfrage. Jedenfalls konnte diese Osterhandlung nun in verschiedener Weise nach den Evangelien ergänzt und verselbständigt, schließlich vor allem in den Volkssprachen zu eigentlichen, theatralischen Oster- und Passionsspielen erweitert werden. Als wohl älteste Zutaten erscheinen der Apostellauf (Petrus und Johannes eilen zum Grabe, Joh. 20,3–10, nur für Deutschland seit dem 12. Jahrhundert belegt) und das Erscheinen der dominica persona selbst in der Begegnung Christi mit Maria Magdalena („Gärtnerszene", Joh. 20,14–17), ebenfalls seit dem 12. Jahrhundert für Frankreich und Deutschland nachzuweisen. Mit Magdalena, die mit der Sünderin von Lukas 7,36 gleichgesetzt und damit stellvertretend für den aus Sünde erlösten Menschen wurde, tritt eine Figur mit einem Schicksal ins geistliche Drama, die eine große theatralische Zukunft hatte.

Zu diesen Kernszenen können nun weitere Ausgestaltungen treten, die das österliche Geschehen zusammenhängend und immer realistischer oder genrehafter darstellen und ausmalen, damit allerdings den Rahmen der „Feier" durchaus zugunsten eines erbaulich-unterhaltsamen „Spiels" sprengen: Es sind vor allem die Szenen, die sich um die Wächter des Grabes (ihre Anstellung durch Juden und Pilatus, ihr Feilschen um Lohn, ihr Bramarbasieren, ihr klägliches Erschrecken), um den Salbenkrämer und seine Leute, die Höllenfahrt Christi und die Befreiung der Altväter mit den damit gegebenen Teufelsauftritten entwickeln. Das sind Möglichkeiten, die vor allem das volkssprachliche Spiel ausschöpft.

Lateinische Spiele von Ostern und Passion sind wenig zahlreich vorhanden, aus Deutschland nur je zwei Texte aus dem 13. Jahrhundert, also kaum viel älter als entsprechende deutsche Spiele. Es sind der aus Klosterneuburg stammende *Ordo paschalis* und das textlich eng verwandte Fragment eines *Ludus ... dominicae resurrectionis* in der Handschrift der *Carmina Burana.* Hier sind die durchaus zu singenden Szenen um Pilatus, die Priester, die Soldaten, den Specionarius, die Apostel, die Marien und insbesondere Magdalena, die Höllenfahrt zusammengestellt aus biblischer Prosa, Hymnenstrophen und vor allem neuen gereimten Zehnsilblerstrophen, etwa im Stil des folgenden Vierzeilers aus der Klage der Magdalena:

Dolor crescit, tremunt precordia
de magistri pii absencia,
qui salvavit me plenam viciis,
pulsis a me septem demoniis.

(Der Schmerz nimmt zu, und es erbebt die Brust / um des Meisters, des gütigen, Verlust, / errettet hat er mich aus Sündenschmach, / vertrieben aus mir den Teufel siebenfach. – Text Klosterneuburg, Übertragung C. Fischer.)

Die beiden Passionsspiele stehen ebenfalls in der Benediktbeurener Handschrift: ein *Ludus breviter de passione* – eine textlich extrem kurze Darstellung der Ereignisse vom Passahmahl bis zur Grablegung, unter Verwendung der zu sprechenden Bibelprosa, gedacht als Vorgeschichte des Osterspiels – und ein ausführlicher *Ludus de passione,* eine überaus lebhafte Komposition aus Sprechprosa und Liedern aus Vagantenzeilen; sie reicht von der Berufung der Jünger wieder bis zur Bestattung, unter breiter Darstellung vor allem der Geschichte Magdalenas mit Weltleben, Salbenkauf zu eigenen kosmetischen Zwecken, Bekehrung und Klage. Hier zeigt sich im weltlich-theatralischen Interesse möglicherweise vagantische Verfasserschaft und damit ein Hinweis auf wichtige Träger des neuen geistlichen Spiels. Von besonderer Bedeutung ist in diesem *Benediktbeurener Passionsspiel* das Auftreten deutscher Partien. Wenn der Ansatz um 1220 richtig ist, so stehen wir hier bereits einer vollen Symbiose lateinischer und volkssprachlicher Spielentwicklung gegenüber. Überaus reizvoll gehen die beiden Sprachebenen durcheinander, wobei das Deutsche paraphrasiert und fortführt:

Modo vadat Maria (Magdalena) cum puellis ad mercatorem cantando:
Michi confer, venditor, species emendas
Pro multa pecunia tibi iam reddenda,
Si quid habes insuper odoramentorum;
nam volo perungere corpus hoc decorum.
Mercator cantet:
Ecce merces optime! conspice nitorem!
(27 ff.)

(Nun trete Maria [Magdalena] mit den Mädchen zum Salbenkrämer und singe: Gib mir, Krämer, Spezereien zu kaufen, / Für viel Geld, das ich dir nun gebe, / wenn du dazu etwas an wohlriechenden Stoffen hast. / Denn ich will diesen schönen Leib einsalben. // Der Krämer singe: Hier die besten Waren! Sieh die Pracht!)

Maria Magdalena:
Chramer, gip die varwe mier, div min wengel roete,
da mit ich die iungen man an ir danch der minnen liebe noete.
(35 ff.)

Die Entstehung des Weihnachtszyklus bestätigt die Einheit und Konstanz des geistlichen Spiels in seiner liturgisch-theologischen Konzeption. Ein Weihnachtstropus ist genau nach dem Vorbild des Ostertropus, vielleicht erst ein Jahrhundert später, gebildet worden und hat sich ebenso in der Matutin zu Feier und Spiel entfaltet. Es ist eine Visitatio auch hier, nun durch die Hirten an der Krippe, die wie das Grab durch den Altar oder durch einen eigenen Aufbau vorgestellt ist, dann dieselbe Frage: „quem quaeritis", nun seitens der aus dem Protevangelium Iacobi bezogenen obstetrices (Hebammen), und ebenfalls die Verkündung der Frohbotschaft. Neben und nach diesem officium pastorum erscheinen nun andere Szenengruppen, in loserer Weise verbunden, wobei es offenbleibt, wieweit sie selbständig an andern Festtagen des Weihnachtszyklus (Tag der unschuldigen Kinder, Dreikönigstag) entstanden sind oder wieweit sie als thematische Ausdehnung der Krippenszene sich verstehen lassen; der Ordo prophetarum (eine bereits in einer Predigt Augustins behandelte Revue der alttestamentlichen Propheten des kommenden Messias), das Officium stellae (Erscheinen der Magier, Herodes) und der Ordo Rachelis (Klage der Rahel um die erschlagenen Kinder, in einer gewissen Analogie zu den Marien- und Magdalenenklagen des Osterkreises). Lateinische und deutsche Texte und erst recht Spieltraditionen sind hier spärlicher als im österlichen Bereich. In Deutschland, aus Freising, ist erst aus dem 11. oder 12. Jahrhundert ein immerhin bereits entwickelter Text vorhanden, *Ordo Rachelis* überschrieben, aber in seinen 99 Versen bereits viel umfassender: Verkündigung an die Hirten, Krippenszene, Auszug nach Ägypten, Herodes-Spiel mit den Magiern, Kindermord, Rahelsklage. Ein anderer Freisinger Text derselben Zeit ist ein *Officium stellae*, das die böse Figur des Herodes in den Mittelpunkt stellt, aber andeutungsweise auch die übrige Weihnachtsgeschichte umfaßt. Innerhalb der lateinischen Entwicklung ist die vollkommenste Stufe erreicht im *Benediktbeurener Weihnachtsspiel* (ebenfalls aus den *Carmina Burana*). Es ist ein umfangreiches Werk individueller Prägung in evangelischer Prosa und Versen verschiedenen Typs. Neben solchen Synthesen bleiben aber die Elemente auch einzeln als Spieltradition lebendig, lateinisch wie deutsch.

Im allgemeinen gilt, daß mit der großen „Renaissance" des 12. Jahrhunderts das geistliche Drama erst eigentlich entsteht und in lateinischer Sprache eine gewisse literarische Souveränität erreicht. Es begegnen vor allem in Frankreich nun Spieltexte, die auch außerhalb des Oster- und Weihnachtszyklus biblische und legendarische Stoffe dramatisieren, und darunter sind auch schon volkssprachliche Texte hohen Rangs. Es gibt aus dem französischen 12. und frühen 13. Jahrhundert lateinische Spiele über die Auferweckung des Lazarus, die Bekehrung des Paulus, die Auferstehung, das Gleichnis von den Zehn Jungfrauen („Sponsus"), und aus dem Alten Testament über Daniel. Zum Teil enthalten diese Stücke bereits französische Einsprengsel; dazu kommt, als klassische Eröffnung des volkssprachlichen Spiels, das französische *Adamsspiel.*

Deutscher Herkunft ist vor allem ein Vorauer Fragment über *Isaak und Rebecca*, aus dem Ende des 12. Jahrhunderts, ohne liturgische Elemente, gedanklich durchaus bezogen auf die Heilsgeschichte durch eine Allegorese Esau–Israel, Jakob–Christentum; trotz genauester Bühnenanweisungen war der Text möglicherweise nicht zur Aufführung bestimmt. Der später nicht unwichtige Bereich der Legende ist durch eine Reihe von Nikolaus-Spielen vertreten, zwei davon aus Hildesheim (mit einer Variante aus Fleury), dazu ein Fragment aus Einsiedeln und altfranzösische Fassungen. Nikolaus gilt als der populärste Heilige des Mittelalters; die Spiele haben stark hymnischen Charakter und finden ihren Platz wohl in der Liturgie des Nikolausfestes. Sie behandeln einzelne Episoden der Legende: die drei Töchter, die drei Schüler.

An der Spitze einer nicht allzu zahlreichen Reihe eschatologischer Spiele – Antichrist und Weltgericht –

steht ein einsames Werk, als einmalige, vielleicht gezielte Schöpfung in mancher Hinsicht das bedeutendste Drama des Mittelalters: der *Tegernseer Antichrist.* In diesem kühnen und pathetischen Stück werden Wesen und Möglichkeiten des mittelalterlichen Theaters vielleicht am reinsten deutlich: der liturgische Stil prozessionalen und musikalischen Handelns auch bei einem weithin „weltlichen" Thema, Entfaltung einer reichen mittellateinischen Vers- und Strophenkunst im Zusammenspiel mit einer auf weite Strecken stummen, pantomimischen Handlung, völlige Einheit des ideellen und des konkreten Geschehens im Auftritt typischer und allegorischer Gestalten und in der analogischen und symmetrischen Durchbildung, ohne antikische Reminiszenzen, alles auf einer Simultanbühne, in welcher nun wirklich die Totalität der Welt in Raum und Geschichte anschaubar wird, als Spiel einer in den Horizont der Endzeit gestellten Gegenwart objektivstes, radikales Theater.

Die Handschrift stammt aus der Zeit um 1200, die Entstehung selbst wird meistens auf etwa 1160 in Tegernsee angesetzt, weil um diese Zeit die Polemik des Propstes Gerhoh von Reichersberg ein Antichristspiel erwähnt. Der Stoff war vor allem seit dem *Libellus de Antichristo* eines Touler Mönchs Adso (10. Jahrhundert) geläufig. Es ist die auf Bibelstellen gestützte Theorie, daß im letzten der Weltreiche, also dem römischen, das Weltende und das Gericht sich vorbereiten durch die Inkarnation des Bösen, einen Gegenchristus, der von Babylon aus die Welt erobern und beherrschen werde bis zum Sturz durch einen Donnerschlag Gottes. Dieses Geschehen aus der letzten Zeit irdischer Geschichte wird nun in einem staufisch-deutschen Sinn aktualisiert und konkretisiert: es ist der rex teutonicus, der in seiner Eigenschaft als imperator Romanorum die Könige der Franken (Franzosen), der Griechen und Heiden überwindet und damit die Weltherrschaft vollendet; es sind

Ideen und Ideologien, wie sie aus dem Kreis um Barbarossa bei Otto von Freising, Reinald von Dassel, dem Archipoeta und dem Verfasser eines Barbarossa-Epos, Gunther von Pairis, begegnen.

Das Spiel entwickelt sich somit in zwei großen gegenläufigen, z. T. wörtlich analogen Handlungen: Nach dem unter feierlichem, demonstrativem Gesang erfolgenden Einzug der Hauptgestalten (Gentilitas und der König von Babylon, Synagoge, Ecclesia, Papst, Kaiser, schließlich die Könige von Jerusalem, Frankreich und Griechenland, je mit großem Gefolge) entspinnt sich die erste Handlung, die Unterwerfung der Könige:

Salutem mandat imperator Romanorum
dilecto suo inclito regi Francorum.
Tuae discretioni notum scimus esse,
quod romano iuri tu debeas subesse . . .

(Es grüßt der Kaiser der Römer / seinen ruhmreichen König der Franken. / Wir wissen, daß Deiner Weisheit bekannt ist, / daß du römischem Recht unterliegst . . .)

worauf entweder der freiwillige Anschluß oder, bei Frankreich, die Eroberung manu militari in stummer Handlung erfolgt. Nachdem auch die Heiden besiegt sind, ist die Mission des Weltherrschers erfüllt; er legt seine Insignien im Tempel zu Jerusalem nieder und kehrt auf seinen deutschen Thron zurück. Nun die Gegenhandlung: Nach Wettgesängen von Gentilitas, Ecclesia und Synagoge, in strenger Entsprechung zu den Einzugsliedern, kommen von Babylon her die Heuchler, die Hypokriten, als Vorboten, dann der Antichrist selbst; er verjagt die Ecclesia aus dem Tempel und gewinnt nacheinander die Könige, den deutschen erst nach tapferer Gegenwehr und mit Hilfe betrügerischer Wunder. Nachdem als letzte Warner Enoch und Elias – wie sie schon das *Muspilli* erwähnt – erschienen und als Märtyrer umgekommen sind, läßt sich der triumphierende

Antichrist als Gott anbeten, wird aber im Moment, da er von „pax et securitas" (1. Thess. 5,3) redet, von Gott vernichtet. Alles kehrt zur lobsingenden Ecclesia zurück.

Das Tegernseer Spiel hat keine nachweisliche Nachfolge gefunden. Das eschatologische Thema wird erst in der Volkssprache wieder aufgegriffen und neu konzipiert, sei es anhand der Zehnjungfrauen-Parabel, sei es als Spiel von Antichrist und Weltgericht, sei es sogar in komischer Wendung als *Des Entkrist Vasnacht.*

## 2. Anfänge des deutschen geistlichen Spiels

Gleichzeitig etwa mit den Vollendungen des lateinischen Spiels und mit dem Aufblühen einer ritterlichen Literatur der Volkssprache wird zuerst in Frankreich, mit dem üblichen Abstand dann auch in Deutschland der Übergang zu einem volkssprachlichen geistlichen Drama deutlich: der so wichtige Schritt des göttlichen Wortes auf die Bühne des mündig werdenden Bürgers. In den lateinischen Stücken kann sich gelegentlich bereits in einzelnen Wörtern oder längeren Einschiebseln das Neue ankündigen. In Deutschland ist es zuerst der Refrain der Soldaten im *Klosterneuburger Osterspiel*: „*schowa* propter insidias" (Obacht vor Anschlägen!); zu durchgehender Zweisprachigkeit tendiert das *Benediktbeurener Passionsspiel.* Es gibt nun aber auch die andere, schon früh, wenn nicht überhaupt zuerst erfolgte Methode einer rein volkssprachlichen Schöpfung aus einem Guß und mit den neuen formalen Mitteln der gesprochenen Erzähldichtung. Das älteste französische Drama, das *Adamsspiel* aus der zweiten Hälfte des 12. Jahrhunderts, ist in diesem Sinn eine einmalige, als Vorgeschichte zu Propheten- und Weihnachtsspiel zu verstehende Dichtung vom Sündenfall und Abels Tod in Sprechversen, nämlich Achtsilblerpaaren und an feierlicheren Stellen Zehnsilblerstrophen. Ähnlich allein nach Art und Rang steht der Text, der als „das älteste Drama in deutscher Sprache" gilt, das *Osterspiel von Muri* aus der Mitte des 13. Jahrhunderts.

Der Text konnte aus Pergamentstreifen, die in zwei Bucheinbänden der Klosterbibliothek von Muri (Aargau) verarbeitet waren, zurückgewonnen werden, Fragmente einer „Soufflierrolle", die ursprünglich zwei Meter lang und doppelseitig und zweispaltig beschrieben war, zusammen mehr als die Hälfte eines auf 1100 bis 1200 Verse geschätzten Werks, das sprachlich ungefähr dem weiteren Bereich Muris entspricht. Als Spielort kommen ein Kirchenraum, ein Stadtplatz, ein Burg- oder Klosterhof in Frage.

Das Szenar umfaßt die Verhandlungen des Pilatus mit Juden und Wächtern, die Wacht am Grabe, die offenbar wortlos vor sich gehende Auferstehung des Herrn, Krämerszenen, Höllenfahrt Christi und Erlösung der Altväter, dann als alten Mittelpunkt die Visitatio, schließlich die Gärtnerszene und eine unverhältnismäßig lange, lyrisch-gebethafte Rede Magdalenas zum Auferstandenen. Mit Ausnahme des vielleicht verlorenen Apostellaufs ist das der Kernbestand der lateinischen und volkssprachlichen Osterspiele, ausgebreitet auf einer Bühne, die vermutlich in der Mitte das Grab, zu den Seiten Himmel und Hölle und dazwischen den Hof des Pilatus und den Marktplatz des Salbenkrämers umfaßte. Einzigartig ist nun aber die durchgehende Verwendung des erzählenden Reimpaarverses in der Tradition etwa eines Hartmann von Aue oder Rudolf von Ems. Nur zweimal ist am Rande der Anfang eines lateinischen Hymnus vermerkt, wozu auch ein Schlußlied gekommen wäre. In einer bemerkenswert gewandten und doch schlichten Weise rückt der durchgehende Sprechvers die Episoden zusammen, verschmilzt behutsam die Seelenlagen des Erschreckenden, Feierlichen, Empfindsamen, Scherzhaften, im Ton der Belehrung, Erbauung, Unterhaltung. Ein ruhiges, dem Alltagsgeschehen nahes Agieren wird möglich; Kostüme, Requisiten und Theatereffekte (vermutlich bei der Auferstehungsszene) schaffen eine verhältnismäßig geschlossene Illusion. Und wie in den menschlichen Haltungen spiegelt sich das Erlösungsgeschehen auch in den verschiedenen ständischen Bereichen der zeitgenössischen Umwelt: Hof, Soldaten, Bürger. Da sind die Wächter, die blind und eigensüchtig in Streit geraten über der Auferstehung, da ist der nicht unsympathische, aber ahnungslose Landpfleger, der Krämer, der beim Ganzen seine Geschäfte macht und auf die verliebte Eitelkeit der jungen Leute spekuliert, die höfische Gesellschaft, die mit ein paar Anzüglichkeiten zum Thema Minne hereingeholt wird, schließlich die direkt, z. T. mit Namen angeredeten Zuschauer. Die geistliche Erbauung kommt nicht zuletzt in der innigen Rede der Magdalena zu ihrem Recht (zu dieser Hauptrolle ist am Rand einmal der Name Antonius als Sprecher vermerkt, wohl ein junger Bürger oder Klosterbruder):

so we wirt mir niemer me,
so do ih din ungemah,
here, an dem chrüce sah.
da wider bin ih aber vro,
sit mir ist gelungen so,
daz du, suozer Ihesus Christ,
von deme tode erstanden bist
vnd mir diu selde ist beshehen
daz dih, here, hant gesehen
vil selichlihe togen (in seligem Geheimnis)
min sündigen ogen.
aller sundere trost,
hilf mir daz ich werde erlost ...

(VII, 39 ff.)

Da wird der ganze Ertrag des Spiels zusammengefaßt. Nachdem es den Schritt hinaus in die Anschauung des täglichen Lebens getan hat, holt es nun gleichsam alle Weltlichkeit und alles theatralische Behagen wieder zurück in Not und Glück des einzelnen Menschen vor Gott. Hier wird besonders deutlich, wie sehr Magdalena die eigentliche dramatische Gegenspielerin Christi ist.

Wir können keine direkte Nachwirkung des Spiels von Muri in den so zahlreichen Osterspielen der späteren Zeit belegen. Nur einmal, im ältesten deutschen Weihnachtsspiel, begegnet in räumlicher Nähe und in sprachlicher Verwandtschaft dieselbe Konzeption: im *St. Galler Weihnachtsspiel* (oder *Spiel von der Kindheit Jesu*), dessen Entstehung auf die Jahre 1265 bis 1280 eingegrenzt werden kann. Das Szenar entspricht ungefähr dem des *Benediktbeurener Weihnachtsspiels*: Prophetenauftritt, Heirat Josephs, Verkündigung und Heimsuchung, Hirten, Herodes und die Drei Könige, Flucht nach Ägypten, Kindermord und Rahelsklage. Hier sind es nun im Vergleich zum Spiel von Muri ausschließlicher erzählende und räsonierende Reimpaarverse ohne jeden Hinweis auf eine Aufführung, die auch vom Text her nicht recht sprechbar scheint. Es ist nicht ausgeschlossen, daß es sich hier um ein Lesedrama handelt, sei es von Anfang an, sei es als Bearbeitung eines ursprünglichen Spieltextes. Das liebenswürdige und würdige, aber spannungslose St. Galler Spiel zeigt erst recht die Qualitäten des Spiels von Muri auf.

Alle andern Oster-, Passions- und Weihnachtsspiele verfahren anders als die beiden Schweizer Texte: Die alten lateinisch-liturgischen Elemente werden beibehalten, die Volkssprache drängt sich übersetzend, erläuternd, ausmalend dazwischen und wird auf diese Weise schließlich herrschend. Das ist keineswegs ein primitiveres Vorgehen, vielmehr werden dadurch Dimensionen bewahrt, die zum dramatisch-theatralischen und vielleicht auch theologischen Reichtum eines Spiels beitragen können.

Die spätmittelalterlichen Texte und Spieltraditionen dieser Art sind außerordentlich verwickelt. Aufbewahrungs- und Entstehungsort liegen oft weitab voneinander, in verschiedenartigsten Texten begegnen die erstaunlichsten Parallelen. Das geistliche Spiel ist eine Art paraliturgischer Literatur und zeigt bei aller Freizügigkeit der Einzelmotive große Konservativität. Ob man aus der Fülle der – zentralen – Osterspiel-Überlieferungen auf eine einzige, konkrete Eröffnungstat, ein bestimmtes „rheinisches Osterspiel“ (Rueff) schließen kann, ist eine heute wieder oft verneinte Frage. Wir beschränken uns hier auf die Nennung der wichtigsten Beispiele des 13. und 14. Jahrhunderts.

Das älteste und klarste Beispiel für die zweisprachige Technik ist das nur 188 Zeilen zählende *Trierer Osterspiel*, spät überliefert, aber wohl noch im 13. Jahrhundert entstanden. Es besteht nur aus Visitatio (samt dem alten Tropus) und Gärtnerszene und ist vielleicht noch zur Aufführung vor einem speziellen Aufbau des Grabes in der Kirche bestimmt. Den gesungenen lateinischen Strophen oder Prosen folgen jeweils rhickmi (Rhythmi), breitere Paraphrasen in verschieden langen deutschen Versen; der Rahmen bleibt also der eines „religiösen Singspiels“. Der deutsche Text bringt nun stellenweise bereits einen neuen, volkstümlichen, ja scherzhaften Ton herein. So fragt Christus als Gärtner die den Herrn suchende Magdalena, nachdem er das biblische „Mulier, quid ploras, quem quaeris?“ gesungen hat, geradezu neckisch:

Ist dyt gueder frauwen recht,
das sy hy geyt scherczen als eyn knecht
als frue in dysseme gartten,
als ab sy eyn jungelynges were warten?

(Schickt sich das für eine anständige Frau, / sich wie ein Bursche hier zu vergnügen, / so früh in diesem Garten, / wie wenn sie auf einen jungen Mann warten würde?)

Die „species hortolani", von der das Johannes-Evangelium spricht, wird naiv isoliert und ernstgenommen, der Salvator spielt nun wirklich die Rolle des Gärtners und redet wie ein Parkaufseher.

Stärker ist dann in anderen, jüngeren Spielen der liturgische Rahmen mit weltlich-volkstümlichen Zutaten gefüllt, und schließlich scheinen diese zur Hauptsache zu werden. Bis zu einem gewissen Grade wird in dem Gegeneinander der beiden Stile, Sprachen, Vortragsarten und Wirklichkeitsschichten eine echte dramatische Spannung deutlich, ein typisch spätmittelalterliches Arbeiten mit Kontrasten, und es ist heute schwer zu entscheiden, was ein wohl zu verstehendes, echtes Ineinander von sublimitas und humilitas ist und damit Ausdruck einer ungefährdeten Frömmigkeit, oder wo die zeittypische Freude an Parodie und Selbstparodie durchbricht, oder wo schließlich nur noch ordinär geredet wird.

Das *Innsbrucker Osterspiel*, thüringischer Herkunft, 1391 aufgezeichnet, verwandt mit einem *Wiener Osterspiel* (mitteldeutsch) und mit einem Stück der aus Kärnten stammenden Erlauer Sammlung (*Erlau III*), zeigt die alten sechs Szenen des Osterspiels nun gewaltig in parodistisch-komischer Richtung entwickelt. Die lateinischen Gesangspartien sind noch da, aber ganz überwuchert von den oft sogar unflätigen Reden eines stark erweiterten Personals. Der Einstrom ist vor allem an zwei Stellen erfolgt. Zunächst in den Szenen um den Salbenkrämer mit seinem Knecht und wiederum dessen Knechten, mit Frau und Tochter, wobei vor allem die Gestalt des Knechtes Rubin die Rolle eines bösartigen Spaßmachers übernimmt, der sich maßlos mit dem Publikum anbiedert. Dann in den Teufelsszenen, die sich aus dem Descensus Christi entwickeln ließen; die durch Christus geleerte Hölle muß wieder bevölkert werden, Satan bringt im Auftrag Luzifers neue Seelen herbei, die je ihre Geständnisse von sich geben: Bäcker, Schuster,

Kaplan, Bierschenk, Fleischer, Schroter (Zuschneider) und Helser (Buhler, den Luzifer lieber nicht in der Hölle hätte) werden in die Hölle spediert, womit eine der in der Zeit so beliebten Berufs- und Ständerevuen auch im geistlichen Spiel Platz findet.

Von besonderem Interesse ist die *Frankfurter Dirigierrolle* aus dem frühen 14. Jahrhundert. Sie enthält nur Bühnenanweisungen, die Figuren und die Anfänge ihrer lateinisch-deutschen Reden und stellt eine Art Drehbuch für ein bereits zwei Tage dauerndes Spiel im Freien dar. Der Text nennt sich „Passionsspiel“, und er belegt nicht nur die auch schon im Lateinischen festzustellende Aufreihung der Themen zu langen Ketten, sondern auch den Beginn einer der wichtigsten unter den großen lokalen Spieltraditionen, auf die noch zurückzukommen ist. Zu diesem Komplex gehört auch ein *St. Galler Passionsspiel* mittelrheinischer Herkunft.

Aus dem Weihnachtszyklus sind für unseren Zeitraum nur wenige deutsche Texte überliefert. Ein sehr kurzer lateinisch-deutscher Text aus dem schon genannten *Erlauer Spielbuch* (*Erlau I*) ist ein Krippenspiel, in welchem aus dem feierlichen Officium pastorum ein aufs Komische angelegter „Vagantenscherz“ (Michael) geworden ist. Etwas ernsthafter und breiter, andeutungsweise mit dem ganzen Stoff der Weihnachtsgeschichte befaßt ist ein sogenanntes Magierspiel derselben Handschrift (*Erlau II*) aus späterer Zeit.

Auch die übrigen Themen sind spärlich belegt. Sieht man vom Fragment eines *Dorotheenspiels* aus Schlesien ab, so tritt hier nur ein einziges und einzigartiges Spiel hervor: das berühmte thüringische *Zehnjungfrauenspiel*. Überliefert ist dieses einzige Parabelspiel des deutschen Mittelalters (das man ebensogut zu den eschatologischen Spielen rechnen kann) in 2 Fassungen: A, 1350–70 aufgezeichnet, und B von 1428. Entstanden ist das Stück aber für eine Aufführung vom 4. Mai 1321 in

Eisenach. Ein Zusammenhang mit dem lateinisch-französischen Sponsus aus Limoges ist nicht nachweisbar, es sei denn, auf Umwegen, die Idee der Themenwahl. Wie geläufig und bedeutungsgeladen im übrigen das Gleichnis war, zeigen die bildlichen Darstellungen der beiden Jungfrauengruppen, der Kirche und der Synagoge und des Jüngsten Gerichts an manchen Kathedralportalen. Das deutsche Spiel ruht zunächst ganz auf den feierlichen lateinischen Wechselgesängen der beiden Gruppen, d. h. letztlich auf Evangelientexten und kirchlichen Hymnen. Wie die „Dominica persona“ erscheint, fordern Engel die klugen Jungfrauen zur Teilnahme am Feste auf; diese bereiten ihre Lampen, wogegen sich die törichten entschließen, vorläufig sich noch nicht an den Rat zu kehren und sich „magno gaudio“ bei Ballspiel, Spielsteinen und einem großen „convivium“ vergnügen. Diese z. T. revueartig gereihten Reden erfolgen in deutschen Knittelversen, ebenso dann auch die Reden Christi, der Maria und der Teufel. Wie die törichten sich schließlich auch zur Seligkeit melden wollen, werden sie ausgeschlossen. Auch die inständige Fürbitte der Gottesmutter an ihren Sohn hilft nichts: Himmel und Erde werden vergehn, aber Gottes Wort bleibt in Ewigkeit. Unerhört der Schluß: die deutschen Klagegesänge (deren Strophenmaß an die populäre Nibelungenstrophe erinnert) mit dem erschreckenden Nachhall der überzähligen letzten Zeile, bei der man die Fatuae gleichsam in die ewige Pein versinken hört:

Quinta:
  Vrunt vnde moge,
  ie endorft vch muowe nicht:
spende vnde gabe,
  daz ist vns gar eyn wicht.
waz man vns gutis noch tuot,
  daz ist gar vorlorn.
der tot baz hulfe den eyn selgerete.

wy han vordinet gotis czorn.
Alie respondent:
Des sy wy ewiclichen vorlorn.

(Freunde und Verwandte, / ihr braucht euch nicht zu mühen: / [geistliche] Spenden und Gaben / sind nichts für uns. / Was man noch Gutes für uns tut, / ist vergeblich. / Der Tod [das Nichtsein] hülfe uns mehr als Seelgerät [fromme Spenden]. / Wir haben Gottes Zorn verdient. // Die andern antworten: Darum sind wir ewig verloren.)

Die Erschütterung, die dieses oratorienhafte Spiel hohen, ernsten Stils (der sechsmal kürzere Sponsus verzichtet nicht auf die Attraktion einer Krämerszene, die das Thüringer Spiel nicht kennt oder verschmäht hat) bewirkt haben mochte, klingt nach in einer chronikalischen Nachricht, daß der Landgraf Friedrich, der unter den Zuschauern saß, sich empört habe über die Vergeblichkeit von Mariae Fürbitte, vom Schlag getroffen worden und an dessen Folgen nach einiger Zeit gestorben sei. Eine antimarianische Haltung des Dichters, der ja den Gleichnistext schließlich auch nicht ändern konnte, braucht man nicht anzunehmen. Immerhin hat er diese Szene offenbar doch aus einem gewissen theologischen Rigorismus heraus eingeführt oder nicht weggelassen und auch die bittere Schlußwendung gegen das „Seelgerät“ gewagt.

## 3. Anfänge des weltlichen Spiels

Texte eines profanen Theaterspiels sind in Deutschland vor der Mitte des 14. Jahrhunderts nicht nachzuweisen, und die ersten Stücke dieser Art haben gerade nicht den brauchtümlich-archaischen Charakter, den wir für das spätere Fastnachtspiel gerne voraussetzen. Weltliche, komische Szenen sind früh, seit dem Apostellauf, im Rahmen der geistlichen Spiele anzutreffen. Auch wo sich in einzelnen Fällen die Salbenkrämerhandlung oder das

Magdalenenspiel verselbständigt und wo gelegentlich auch Legendenstoffe ins Komische gewendet werden, bleibt doch der geistliche Bezug grundsätzlich erhalten, ja ist für die komisch-parodistische Kontrastwirkung vielleicht nötig.

Der merkwürdigste Fall einer Umfunktionierung eines geistlichen Spiels zu einer Art satirischer Komödie und vielleicht das älteste Fastnachtspiel ist *Des Entkrist Vasnacht*. Ob dieses Paradox eines komischen Antichristspiels ursprünglich so konzipiert war oder, da die Handschrift eine bairische Fassung des 15. Jahrhunderts darstellt, erst durch die fastnächtliche Bearbeitung eines seriöseren Antichristspiels, etwa in Nürnberg, zustande kam, ist umstritten (E. Simon gegen F. Christ-Kutter). Deutlich ist der Kern: Das Stück bezweckte, in den politischen Händeln zwischen der Stadt Zürich und Österreich 1353/54 dem Kaiser Karl IV., der als Vermittler auftrat und in der Folge 1354 die Stadt vergeblich belagerte, den rechten Weg zu weisen und besonders seine geistlichen Ratgeber schlechtzumachen. Wie im Tegernseer Spiel wird der Kaiser vom Entkrist mit falschen Wundern versucht, treten Elias und Enoch auf, wird die Vision der Endzeit politisch ausgemünzt. Hinter dem Antichrist hat man Cola di Rienzo, den römischen Volkstribun, der an den Hof Karls IV. geflohen war, sehen wollen. Anstelle der schwachen Könige des Tegernseer Ludus treten geistliche Würdenträger auf: Bischof Gugelweit (dem ein nicht existierendes Bistum Luzern vom Entkrist angeboten wird), der trinkfreudige Abt Gödlein Waltschlauch und Abt Schludrich mit dem (geld-)geilen Rachen. Fastnächtlich, mindestens im erhaltenen Text, ist, abgesehen vom Titel, der Auftritt eines „Fraßes", d. i. Fressers, einer bei Steinmar und im Märe vorkommenden komisch-vitalen Figur, und eines „Ausschreiers", der den „schimpf" beschließt. Das rohe und teilweise unklare Stück hat immerhin für sich, daß es seit zweihundert Jahren und noch für längere Zeit das einzige Antichristdrama und zugleich das einzige politische Drama ist.

Ein eigentliches Profanspiel begegnet im 14. Jahrhundert nur erst in spärlichen zwei Beispielen, die im Vergleich zum späteren komischen Spiel durchaus atypisch sind. Das in einer Churer, aus Zürich stammenden Handschrift des späten 15. Jahrhunderts überlieferte *Spiel von Herbst und Mai* muß im Original wenn nicht dem 13., so doch dem 14. Jahrhundert zugewiesen werden. Die schöne Gotelind, Tochter des Herrn Mai, läßt sich freiwillig vom reichen und gefräßigen Herrn Herbst entführen; zwölf Ritter des Maies und zwölf des Herbstes, die sich streng revuehaft je mit einem Vierzeiler vorstellen und komisch-sprechende Namen tragen, kämpfen – in stummer Szene – um das Mädchen. Der Sieg gehört den Freuden des Herbstes: „Hie win vnd wurst vnd weck!" Die Namen und z. T. das Thema weisen zurück auf Neidhart, Steinmar, den *Helmbrecht* und Rudolf von Ems. Die strenge Reihung und Symmetrie und das stumme Kampfspiel könnten für ein urtümliches Jahreszeitenspiel sprechen; wobei allerdings primär ein Kampf zwischen Winter und Frühling anzusetzen wäre. Der Brauch an sich kann aus älteren und jüngeren Zeugnissen wahrscheinlich gemacht werden. Man wird trotz anderer Vermutungen in *Herbst und Mai* doch wohl einen Spieltext sehen müssen, auch wenn ein fastnächtlicher Termin unsicher ist. Als von außen kommende Anregung kann die literarisch-rhetorische Form des Streitgedichts gedient haben; schon aus dem Frühmittelalter stammt ein *Conflictus veris et hiemis*.

Wenn irgendeine Figur der klassischen Dichtung sich zur populären dramatischen Bearbeitung empfahl, so war es der „Bauernfeind" Neidhart, in dessen Dichtung die Maskierung, die Parodie und die Ständesatire zutiefst wesentlich sind und wo, innerhalb höfischer Kunst, tanz- und spielmäßige Anlagen stecken. Aus St. Paul in Kärnten stammt, aus der Mitte des 14. Jahrhunderts, die 58 Verse umfassende Dramatisierung des beliebtesten unter den Neidhart-Schwänken, zu deren Held der Dichter in der Erinnerung geworden war (*St. Pauler Neidhartspiel*). Der Ritter Neidhart findet im Frühling das erste Veilchen, bedeckt es mit seinem Hut und holt die Damen und Herren des Hofes, um es feierlich pflücken zu lassen. Inzwischen hat ein Bauer unter den Hut seine Notdurft verrichtet. Der Zorn der von Neidhart scheinbar beleidigten Damen ist groß, es kommt zum Kampf oder, wohl richtiger, zu einer abschließenden Schlägerei zwischen Rittern und Bauern. In einem späteren *Großen Neidhartspiel* (15. Jahrhundert, im Gegensatz zu einem ebenfalls späten „kleinen" und „mittleren") ist der auch in bildlichen Darstellungen beliebte Veilchenschwank nur eine Episode in einer ganzen Reihe von Schwänken, wozu sogar noch ein Teufelsspiel kommt. Da wird der Kampf zwischen Bauern und Rittern grundsätzlich, langwierig und brutal zu Lasten der erstern durchgeführt. Man ist versucht, hier alles nur Wünschbare zu ahnen: Frühlingsbrauchtum, Fruchtbarkeitsritus (Bauer und Bauerndreck), Tanzspiel und Kampfspiel. Auch wenn man außerliterarische Vorformen dieser Art annehmen wollte, so liegt doch konkret nichts anderes vor als die Dramatisierung einer Schwankerzählung; höchstens daß sich Auswahl und Gestaltung nach urtümlichen Mustern gerichtet haben können.

Gemeinsam ist den drei angeführten Spieltexten (*Entkrist, Herbst und Mai, Neidhart*), mit denen praktisch das deutsche weltliche Spiel beginnt, die Benützung höfischer Reminiszenzen aus Lyrik und Kurzerzählung, die primitiven Formen von Revue, Kampfspiel, eventuell Tanz, die Beschwörung der Vitalsphäre, wobei aber in keinem Fall schon eine fastnächtliche Übung gesichert ist. Diese wird praktisch erst mit dem 15. Jahrhundert in teilweise langen Traditionen sichtbar. Daß gerade die Frühphase literarischen Anregungen folgt, läßt vermuten, daß die archetypischen Elemente sekundär sind und nicht den eigentlichen „Ursprung“ bilden.

# IX. GEISTLICHE PROSA: SEELSORGE, MYSTISCHE FRÖMMIGKEIT, SPEKULATION

Es besteht ein gewisser Konsens, daß die Literatur des deutschen Mittelalters zwei große Erfüllungen findet: die höfische Klassik ums Jahr 1200 und die geistliche Prosa des 13. und 14. Jahrhunderts, insbesondere die „deutsche Mystik“ mit der unvergleichlichen Abfolge der großen Namen Mechthild, Eckhart, Tauler, Seuse. Wenn sich die deutsche Literarhistorie mit einer gewissen Ausschließlichkeit um diese Prosa (Predigt, Traktat, biographisches Zeugnis) kümmert und anderes, wie die scholastische oder sonst lehrhafte Prosa, vernachlässigt, so läßt sich dies begründen. Gegenüber einer gewöhnlichen Sachprosa liegt hier die schöpferische Leistung auf der Hand, inhaltlich wie formal. Es ereignet sich eine „deutsche Theologie“, es erfolgen Entdeckungen im Bereich des seelischen wie des natürlichen Lebens, eine Ausdehnung des Vokabulars sowohl ins Konkreteste wie ins Abstrakteste, eine Geschmeidigkeit der Sprache, der nichts mehr schwerzufallen scheint, neue literarische Gattungen, die Ausbildung eines Stils, der diesmal eindeutiger als im Fall der höfischen Klassik der zeitgenössischen bildenden Kunst zu entsprechen scheint: eine im großartigsten Sinn gotische Prosa.

Form und Inhalt sind untrennbar, insbesondere dort, wo das inhaltliche Anliegen unmittelbar von seiner sprachlichen Faßbarkeit abhängt, ja selbst als ein drängendes Sprachproblem erfahren ist. Dennoch lassen sich natürlich zum praktischen Zweck zwei große Bewegungen unterscheiden, die sich treffen mußten, um das umschriebene Ereignis zu ermöglichen: die Ausbildung einer deutschen Prosa überhaupt, auch in weiteren Bereichen, und die Geschichte der Frömmigkeit, je im Zusammenhang mit der Bildung eines neuen oder doch erweiterten Publikums.

Die höfische und schon vorher die geistlich-volkssprachliche Literatur ist fast ausschließlich an den Vers gebunden. Das beruht wohl einerseits auf ihrer Mündlichkeit, d. h. der mnemotechnischen Funktion des Verses, anderseits auf dem Anspruch auf „schöne" Form im Sinn geistlicher Devotion oder höfisch-ästhetischer Haltung. Auch die Prosa ist allerdings, zumal im Mittelalter, als Kunst begriffen, beispielsweise also den rhythmisch-ornamentalen Gesetzen der Rhetorik unterstellt, nicht zuletzt, weil auch sie, um allenfalls ein illiterates Publikum zu erreichen oder auch dem für sich laut lesenden Konsumenten zu entsprechen, zum Hören bestimmt ist. Das gilt insbesondere für die Predigtliteratur, aber auch für die Urkunden. Dennoch ist die Prosa, in der allein kompliziertere gedankliche Strukturen ausgebildet werden können, in ungleich höherem Maß als der Vers – zumal der kurzatmige Allerweltsvers des geistlichen und ritterlichen Reimpaars – auf die schriftliche Fixierung angewiesen, stützt sich auf eine mächtigere Buchliteratur und ist ihrerseits literarisches Produkt. Denn auch die deutschen Predigtsammlungen sind meist keine bloßen Aufzeichnungen mündlicher Rede, sondern Grundlage und wieder Ausarbeitung derselben, also Schrifttum. Das heißt zugleich, daß die Entwicklung einer volkssprachlichen Prosa nur in engem Zusammenhang mit der lateinischen Literatur zu sehen ist, als Übersetzung und Nachbildung im einzelnen wie im ganzen, in Begrifflichkeit, Wortschatz und Syntax. Dieser enge Anschluß liegt bei den frühen Ausnahmewerken – den beiden Hohelied-Kommentaren – auf der Hand, doch auch die weltliche Lancelot-Prosa, die oft an den Tonfall der späteren Mystik erinnert, hat ihre Buchvorlage.

Wenn wir seit dem 8. Jahrhundert eine Tradition der Übersetzungsprosa biblischer, liturgischer und katechetischer Texte verfolgen können, so setzt eine einigermaßen eigenständige volkssprachliche Prosa mit größerer

Verbreitung ein breiteres Publikum voraus. Es sind vor allem die neuen Orden, die mit ihren aufblühenden Frauenklöstern und Tertiariern (asketischen Laienvereinigungen) ein intensives, von Theologen geleitetes spirituelles Leben pflegen. Die neuartige missionarische Tätigkeit der Bettelorden erreicht die verschiedensten Stände. Es ist mit frommen Laien – nicht zuletzt auch Adligen – zu rechnen, die ein spontanes Interesse an geistlicher Literatur haben, zur Erbauung, zur Unterweisung, zur Teilnahme mit eigenen Niederschriften. Die lebhaftesten Impulse erfolgen natürlich dort, wo sich der Hörer nicht mehr mit der Entgegennahme der in traditioneller Lehre und Liturgie formulierten, priesterlich vermittelten Wahrheiten begnügt, vielmehr das Bedürfnis nach individueller, direkter Erfahrung, nach eigener Reflexion und Aufzeichnung hat. Umgekehrt stellt sich der Kirche im 13. Jahrhundert die dringende Aufgabe, sich mit den neuen spiritualistischen, ketzerischen Strömungen auseinanderzusetzen und die neue Frömmigkeit unter Kontrolle zu bringen. So sehr man heute dank der Arbeit von Wolfgang Stammler und Kurt Ruh weiß, daß das sogenannte mystische Schrifttum in einen breiten Strom auch scholastischer oder volkstümlich-kirchlicher Prosa eingebettet ist, so bleibt doch wohl die Mystik jene Zone, in der die bedeutendsten, fruchtbarsten Leistungen zu finden sind, der ursprünglichste Anlaß eines neuen Redens, reichhaltig auch in der Vielfalt der benützten Formen.

## 1. Predigt und Traktat im 13. Jahrhundert

Die unmittelbarste Gelegenheit und die kontinuierlichste Tradition geistlicher Prosa bietet die Predigt. Das Gebot Karls des Großen, die Homilien der Väter „in rusticam theotiscam linguam“ zu übersetzen, hatte allerdings für eine volkssprachliche Predigtliteratur keine große praktische Bedeutung. Auch lateinisch blieb die Predigt vorwiegend Auslegung der Perikopen und damit der Liturgie ein- und untergeordnet. Im 12., vor allem aber im 13. Jahrhundert wird sie nicht nur in den Klöstern zum ausführlicheren und selbständigeren Mittel der Belehrung und Erbauung. Neben die traditionelle Exegese tritt der auch deutsch sich oft zum Traktat auswachsende Sermo. Es gibt neue Gelegenheiten der Predigt außerhalb der Kirche und des Klosters, etwa Kreuz- und Ketzerpredigten, volkstümliche Bußpredigten. Der Wanderprediger erreicht, als neuartiges Organ der Verbreitung, unter Umständen große Volksmengen. Scholastisches Denken fordert vor allem im Sermon schärfere logische Ausgestaltung, die Artes praedicandi geben Anleitung zum klaren Aufbau und anziehenden Schmuck der Rede, geistliche und rhetorische Theorie in einem. Vor allem treten nun neben traditionelle Sammlungen übersetzter Predigten Kompilationen moderneren Charakters und schließlich auch umfangreiche Sammlungen von Predigten berühmter Redner mit eigenem Stil.

Das Bild der Überlieferung ist außerordentlich bunt und kaum überschaubar. Kleinere und größere Sammlungen lateinischer oder – meist nach lateinischer Vorlage gearbeiteter – deutscher Texte bilden über Jahrhunderte ein Netz der verschiedensten Kompilationen und Filiationen.

Ein wichtiges Beispiel für den älteren Typ einer deutschen Sammlung, in der Elemente verschiedener alter und neuer Herkunft durch einen kompilierenden Redaktor vereinigt wurden, ist der (nach dem – sekundären – Aufenthalt der ältesten Handschrift so genannte) *St. Georgener Prediger*, in zahlreichen Handschriften verschiedenen Umfangs aus etwa zwei Jahrhunderten und aus dem ganzen deutschen Sprachgebiet überliefert. Im Kernbestand sind es Klosterpredigten für Nonnen, aus der zweiten Hälfte des 13. Jahrhunderts. Der bei den

Zitaten führende Name ist Bernhard, zisterziensische Mystik kann als das bindende Element, das der Redaktor hinzubrachte, bezeichnet werden. Der große Abt von Clairvaux (um 1090–1153) ist eine der maßgebenden Figuren seines Jahrhunderts, ebenso durch seinen politischen Einfluß auf die Mächte der Zeit (Kreuzzug, Beendung des Schismas) wie als Bußprediger und Kämpfer gegen die emanzipierte Philosophie (Abaelard) oder antirömische Bewegungen (Arnold von Brescia, selber ein gewaltiger Prediger). Vor allem aber bestimmt er das geistliche Leben der Zeit durch die Asketik seines Ordens und durch seine Erbauungstheologie, die den Weg zu Gott durch Selbstdemütigung, Betrachtung des Leidens Christi und eine auf freiem Willen beruhende, über Betrachtung zur Schauung aufsteigende Liebe versteht. Diese Liebesmystik bedient sich kühn und groß der erotischen Bildwelt des Hohenliedes (*Sermones in cantica*). Mit ihrer nun ausschließlicher auf die einzelne Seele bezogenen Metaphorik bedeutet sie eine ungeheure Psychologisierung – zugleich Verinnerlichung und Versinnlichung – der Gnadenerfahrung. Welche Quellen damit auch für die weltliche Dichtung erschlossen wurden, ist schon beim Roman – im *Tristan* Gottfrieds wie auch in der Selbsterfahrungsethik des Artusromans – deutlich geworden. Sie beherrscht vor allem die Frauenmystik des 13. Jahrhunderts und erst recht wieder der Spätzeit. Im *St. Georgener Prediger* erscheint der mystische Impuls nur gelegentlich als ein zusätzliches, überformendes Element. Dafür zwei Beispiele, die zugleich das Selbstverständnis des mittelalterlichen Predigers betreffen.

Das 60. Stück in Rieders Ausgabe ist eine – ihrerseits in zwei Varianten erscheinende – Fassung des überaus verbreiteten Traktats vom Palmbaum (Cant. 7,8 f.). Der Baum ist uraltes, archetypisches Bild für Wachstum und Vervollkommnung im Leben der Geschlechter, der Kirche oder des einzelnen, er ist auch wieder mit dem Kreuz als Lebensbaum gleichgesetzt und auf die Paradieses-bäume bezogen. Er bildet mit seinen Stufen und Verästelungen auch ein Schema für die Disposition einer Predigt: „praedicare est arborisare“, heißt es gelegentlich. Der Palmbaum unseres Traktats hat sieben Äste, auf jedem Ast wächst eine Blume mit besonderem Duft, besonderer Farbe und Schönheit, und sitzt je ein Vögelchen mit besonderem Gesang. „Dirr balm bôm ist ain ieglich mentsch daz saelig ist, daz únsers herren gottes balme bôm ist und im suessen sang singet und im schoen bluomen bringet“ (S. 260). Das wird nun systematisch durchexerziert auf das geistliche Leben hin, das sich schon nach Augustin auf sieben Stufen vervollkommnet; nach der „mystischen“ Fassung in einem Teil der Handschriften steigt die Seele bis hinauf zur ekstatischen Hochzeit mit dem himmlischen Geliebten. Da kommen bernhardinische Motive herein, die aber mit längeren Anleihen aus dem St. Trudperter Kommentar ausgeführt sind.

Nr. 57, „Von dem Wort Gottes“ (Col. 3,16), berührt mehrfach die Geheimnisse der johanneischen Logoslehre, wie sie bei Eckhart zentral werden, unterscheidet auch das Wort Gottes, das Gott selbst ist, vom Wort des Predigers, das von Gott und doch nicht Gott ist, wendet sich dann aber zur gemütvollen Veranschaulichung: „daz dir der prediger in geschnide und gemale, daz solt du bachen“ (S. 240), und entwickelt eine Darstellung der klösterlichen Tugenden, mit denen fleischliche und geistige Sünden vertrieben und das Haus der Seele als Wohnung für Gottes Wort bereitet werden soll.

In der späten Handschrift A von 1387, die Rieders Ausgabe zugrunde liegt, findet sich eine Reihe von Predigten des berühmtesten deutschen Redners der Zeit, Berthold von Regensburg. Damit weist wenigstens eine „Kompilationsvariante“ (Frühwald) des *St. Georgener Predigers* auf den Bereich der franziskanischen Seelsorge, nachdem der Schluß Rieders, wir hätten im *St. Georgener Prediger* Bertholds verlorene Klosterpredigten insgesamt, als voreilig erwiesen worden ist. Nach und neben der zisterziensischen Frömmigkeit wirkt nun die für Jahrhunderte bestimmende Ausstrahlung der Bettelorden, und zwar zuerst der Franziskaner, die bereits 1221 in Augsburg eine deutsche Niederlassung gegründet hatten. Eine spezifische Minoritenliteratur ist zwar erst etwa um die Jahrhundertmitte faßbar. Wie vor allem Kurt Ruh gezeigt hat, gehören zu ihr große, z. T. noch unerschlossene Bestände, die bis tief ins 15. Jahrhundert hinein lebendig waren und jedenfalls neben der Dominikanermystik, welche bisher fast alles Interesse beansprucht hat, nicht übersehen werden dürfen.

Das Bild der Franziskanerliteratur zeigt verschiedene Aspekte und Phasen. Die Minderbrüder widmen sich vor allem der eigentlichen Volksmission, ihre Predigt gilt bewußt dem einfachen Mann und zielt, unter der Drohung nahender Endzeit, auf Buße und reines Leben im Alltag. Daneben aber verlangt das geistliche Leben im Kloster und bei den dem Orden verbundenen Laien seine Pflege durch eine asketisch-mystische Erbauungsliteratur praktischer Art, wozu noch die eigentliche Ordensliteratur (Legende, Ordensregel usw.) kommt. Es entfaltet sich nun aber auch eine spezifische franziskanische Theologie, die ihren großen Lehrer in Bonaventura (1221–74), dem Doctor seraphicus, findet. Deutsche Bonaventura-Bearbeitungen treten aber erst in Handschriften des späteren 14. und vor allem des 15. Jahrhunderts in Erscheinung und übrigens gerade auch in nicht-franziskanischer Rezeption. Ein einziger bedeutender Autorname steht – wie es scheint noch vor dem Einfluß Bonaventuras – für die lateinische und deutsche klösterliche Literatur des 13. Jahrhunderts: David von Augsburg. Schließlich ist anzumerken, daß in der deutschen Franziskanerliteratur wenig von „der reinen, selig-frommen

Inbrunst des ‚Poverello' von Assisi" und „deren brennender Hingabe an die Kreatur" (Kurt Ruh) zu finden ist, daß es vielmehr die spätere Dominikanermystik eines Heinrich Seuse ist, in der diese Frömmigkeit der Fioretti sich auszuwirken scheint. So treten uns im 13. Jahrhundert zwei scheinbar ganz verschiedene Autoren in der Volkssprache entgegen, der volkstümliche Landprediger und der frühe Lehrer asketisch-mystischen Lebens; sie bilden die Mitte eines von Augsburg und Regensburg ausgehenden Schrifttums in deutscher Prosa.

Der große, ja klassische Volksprediger ist Berthold von Regensburg (gest. 1272). Durch viele historische Zeugnisse, besonders ausführlich durch die Chronik des Johannes von Winterthur, ist sein Auftreten als Wanderprediger etwa seit 1240 belegt, für Deutschland, die Schweiz, Mähren, Böhmen, Schlesien, Steiermark; seit 1263 predigt er in päpstlichem Auftrag gegen die Ketzer (Waldenser). Es werden enorme Zahlen von Zuhörern berichtet; wunderbare Begleiterscheinungen, eine Stimme scharf wie ein Schwert und leuchtend wie eine Fackel, der Geist der Prophetie – eines zweiten Elias – werden ihm nachgerühmt, er tritt als Mahner und Schiedsrichter in öffentlichen wie in privaten Konflikten auf. Von Berthold stammen drei Sammlungen lateinischer Landpredigten, die *Rusticani,* die er durch ein Vorwort autorisiert hat; sie geben kaum die tatsächlich gehaltenen Predigten direkt wieder, sind vielmehr mit ihren vielen Bibel- und Väterzitaten und liturgischen Bezügen literarisch-theologische Lesetexte. Bis heute sind allein die meisten *deutschen* Predigten herausgegeben, die in verschiedenen Überlieferungsgruppen wie auch in teilweise anonymer Einzelüberlieferung vorliegen. Nach der Bestandsaufnahme Dieter Richters sind es rund 100 echte Stücke, identifizierbar nach den lateinischen Predigten, die in verschiedenen Graden der Abhängigkeit als Vorlage benützt wurden. Darunter ist auch eine kleine Anzahl von Klosterpredigten. Der ganze Komplex ist wahrscheinlich heterogen; die Handschriften erscheinen nicht vor dem 14. Jahrhundert, doch läßt sich die Entstehung einer ältesten Gruppe auf 1264 datieren. Drei bedeutende Sammelhandschriften, allerdings der späteren Zeit, sind von weltlichen Adeligen in Auftrag gegeben worden (Richter 218). Entscheidend ist nun aber, daß bei all diesen Lesepredigten die Mündlichkeit und Direktheit dennoch im Text wirksam ist, weil sie als Stil vom Bearbeiter nachgeahmt, ja vielleicht gesteigert wurde. So ist in einer andern Art von Authentizität als bei den lateinischen Schriften doch eine inspirierte, unverwechselbare Prosa entstanden, ein Predigerdeutsch, das zu den lebendigsten Leistungen des deutschen Mittelalters gehört.

Die Jahre, in denen der berühmte Bettelmönch durch die Lande zog, entsprechen ungefähr der Zeit des Interregnums. Aus den Predigten und ihrem Echo spricht eine politische und moralische Krisenstimmung, ja das Bewußtsein kommender Endzeit. Der Landprediger fordert leidenschaftlich zur Umkehr, zur Buße, zum Rechttun auf, zur Vorbereitung auf das Jüngste Gericht und das Ende aller Dinge, er kündigt an, daß für die Gläubigen der Weg des Martyriums wieder aufgetan werde (XII). Moralischer Niedergang, Lüge, Heuchelei und nicht zuletzt der wuchernde Irrglaube sind die Vorzeichen. Berthold kann einer gemäßigten Form der von Joachim von Fiore verkündeten Eschatologie zugerechnet werden, die mit ihrer Erwartung eines letzten Zeitalters um 1260 im strengen, spiritualistischen Flügel des Franziskanerordens vertreten wurde. Der Prediger sieht sich selbst auf der Bühne der Endzeit, ja er warnt vor einem kommenden Doppelgänger seiner selbst, einem falschen Propheten, der – in Analogie zum Antichrist – des Predigers Worte fälschen werde. Im Gegensatz zu aller religiösen Verinnerlichung ist Bertholds Glaube völlig auf die Heilsgeschichte bezogen, geschichtlich im konkretesten Sinn. Der Prediger warnt den Hörer vor spekulativem Grübeln im Glauben, „also daz in vil gewundert unde ze tiefe darinne rumpelt mit gedanken, wie daz sîn gemüge"; er mahnt zur Einfalt, zur Übung der christlichen Tugenden im Alltag, zur ehrlichen Wahrnehmung eines jeden Amtes. Er erläutert die Formen der kirchlichen Gnadenvermittlung (Beichte, Messe), weist aber auch hin auf das Buch der Natur, das neben dem Buch der Bücher zeichenhafte Lehren für den Laien bietet.

Wir nehmen ein Beispiel aus der Predigt von den fünf Pfunden (Matth. 25,14–30), in der eine lange Revue der Handwerke und ihrer spezifischen Formen des Betrugs entwickelt wird:

Sô ist der ein trügener an sînem koufe, der gît wazzer für wîn, der verkouft luft für brôt und machet ez mit gerwen, daz ez innen hol wirt: sô er waenet, er habe ein broseme drinne, sô ist ez hol und ist ein laeriu rinde. Sô gît der siuwîn für bergîn (barc „verschnittenes Schwein, Mastschwein") fleisch; daz mac ein frouwe in eime kintbette oder einez in eime âderlâzen oder in anderre krankeit ezzen, daz er den tôt dâvon nimet; oder unzîtic kalpfleisch. Dû trügener, dû mörder, dû wirst schuldic an den liuten! Sô hât der unrehtez gewiht in sînem krâme, der habet sus die wâge einhalp, sô daz si gein dem koufschatze sleht, unde jenez waenet ez habe, sô enhât ez niht; unde wendet sie mit der hant rehte. Wie sol ich dich trügenheit lêren? Sô kanst dû ir selber ze vil der trügenheit. Sô hât der ein unrehtez elmez; sô hât der daz wahs gevelschet, der daz olei. Wê dir, manteler, dû kanst ouch dînem amte niemer rehte getuon! Dû machest einen alten hadern, der fûl ist und ungenaeme unde dâ mite man billîcher eine want verstieze, wan ez zuo anders iht nütze sî: daz vernâdelt er und machet ez dicke mit sterke und gît ez einem armen knehte ze koufe. Der hât vil lîhte ein halbez iâr dar umbe gedienet, und als erz angeleit, sô wert ez in niht vier wochen, ê daz er aber ein anderz muoz koufen ... (II)

Es folgen Bauern, Kleinhändler, Müller, Schuhmacher, Zapfenzieher, und schließlich werden die Herrschenden angerufen: „Ir hêrschaft! lât ez iuch erbarmen, daz sich got über iuch erbarme.“ Sie sollen zum Rechten sehen, wenn sie sich nicht selbst verdammen wollen. Der Prediger will die Mißstände geißeln, der Wille zur Konkretheit führt ihn zur detaillierten Schilderung der verschiedenen betrügerischen Praktiken. Eins folgt aus dem andern (das unzeitige Kalbfleisch wird nachgetragen, der Käufer des schlechten Mantels ist ein armer Knecht usw.), schließlich entsteht eine jener Berufs- und Ständerevuen, wie sie die satirische Literatur des Hoch- und Spätmittelalters zu entwerfen liebt. In direkter Anrempelung des Sünders und dann wieder der andern Zuhörer werden diese wie der Autor selbst ins Geschehen einbezogen, wird das Wort zur Aktion.

Aber diese neue Wirklichkeit meldet sich nicht von selbst, sondern ist Entdeckung durch Sprache, ist Sprachleistung. Auch dieser „Realismus“ ist Stil, nicht weniger als die idealistisch filtrierte Wirklichkeit der höfischen Romane. Sofern er die Schicht sprachlich-literarischer Konventionen und Abstraktionen durchstößt, ist es ein christlicher Realismus – das Pathos des Predigers nährt sich aus der religiösen Not der Zeit, es will die widerständige, unschöne, selbstherrliche irdische Welt in den Griff bekommen und denunzieren. Unvermerkt wird freilich das Anschauliche unterhaltend, ja kontraproduktiv. Der Prediger muß sich selbstironisch zur Ordnung rufen, er will ja keine Detailkenntnis im Betrügen lehren. Wenn er Salomons sagenhaften Reichtum vor Augen führt, so soll es nur darum gehen, auch dessen Vergänglichkeit eindrucksvoll zu machen. Das Pathos arbeitet mit den Mitteln der komischen Entlarvung und Karikierung, es bringt ein neues, bisher unliterarisches Vokabular ins Spiel. Die „wol anderthalbhundert ketzerîe“, vor denen Berthold warnt, werden in einem langen Katalog grotesker Namen aufgezählt. Die Insistenz der Schilderung entdeckt geradezu paradoxerweise immer neues, fragloses, interessantes Wirkliches, das sich als solches behauptet: als Leben. In diesem Umschlag liegt die literarische Leistung aller großen Satire, freilich auch ihre tragikomische Selbstaufhebung.

Es wird berichtet, daß Berthold von Regensburg auf seinen Reisen von einem älteren Bruder begleitet wurde, der vielleicht sein Lehrer war und im selben Jahr wie er starb: David von Augsburg. Mit ihm wird die nach innen, auf das geistliche Leben des Klosterinsassen, aber auch des frommen Laien gerichtete Seite des Minoritentums deutlich. Das *lateinische* Hauptwerk dieses großen Novizenmeisters und geistlichen Lehrers wurde die klassische Anleitung der Klosternovizen, überliefert in ungezählten Handschriften und Frühdrucken aus ganz Europa, nicht zufällig oft dem höheren Ruhm Bonaventuras zugerechnet: *De exterioris et interioris hominis compositione.* Es sind drei Traktate über die seit alters unterschiedenen drei Grade des asketisch-mystischen Weges: das anfangende, zunehmende und vollkommene Leben. Als eine Art Auszug aus diesem Werk stellt sich die bedeutendste der David zugeschriebenen *deutschen* Schriften dar, die *Sieben Vorregeln der Tugend,* die unbestritten als authentisch gelten (während eine ganze Reihe anderer Traktate in verschiedener Weise als echt oder „davidisch" oder unecht betrachtet werden). Man hat die *Vorregeln* „ein ganz hervorragendes Stück deutscher Prosa" genannt (K. Ruh). In ruhiger, anschaulich-inniger Art wird das „tugentlîche leben" gelehrt, wobei tugent zu begreifen ist als „eins verstanden gemüetes rehtiu ordenunge nach dem oberistem guote". Die Regeln dieses geistlichen Weges, der als „ûfklimmen eines berges" bezeichnet wird, sind zunächst scheinbar moralischer Art: rasche Bereitschaft zu allen guten Arbeiten,

Vermeiden unnützer Gedanken und böser Begierde, sparsamer Genuß irdischer Dinge, Friedfertigkeit. Mit den drei letzten Regeln wird das religiöse Ziel dieser „rehten ordenunge“ deutlicher: der gute Mensch sei jederzeit „in einem güetlîchen ernste, als der sich senet nâch liebe (nach einem Geliebten)“, er sei demütig, und er habe allezeit Gott vor Augen. Hier nimmt die Sehnsucht mystische Züge an:

Uns ist als den, die in einem engen tällîn erzogen sint und nie wîte gesâhen: die wundert wie den wîten landen sî, dâ man ze ende niht gesehen kan von der wîte. Wir sîn in dirre erde tunc (Dung) gewahsen und wizzen niht, daz diu erde das kleineste stücke ist der werlde under den elementen. Sô ist disiu gesihtlîchiu werlt vil kleiner und untiwerer denne diu geistlîche werlt, wan dâ ist diu wîsheit inne, dâ sich die lûtern geiste inne erswingen süln und erwîtern und denne über sich vliegen in die hoehe, diu niht endes hât, dâ inne elliu dinc gezilt sind und beslozzen, daz ist got selbe, aller dinge sache und anegenge und ende. Dâ ruowet diu sêle inne ... (Pfeiffer I,324)

So wird überaus schlicht und inständig, im stillen, gütigen Zuspruch des Seelenführers der „gute Mensch“ zur Anschauung Gottes geleitet, mit klarer Einteilung jedes Themas in seine Stücke nach Art der Predigt, mit Exempeln aus der Schrift und Vergleichen aus dem täglichen Leben, in langen Ketten einfacher Sätze, die den Hörer behutsam mit sich zu ziehen scheinen. In der Tat darf die verborgene Kunst dieser humanen Prosa neben der extravertierten Sprache Bertholds, neben den Lyrismen der Frauenmystik und der Gedankendynamik Meister Eckharts nicht geringgeachtet werden.

## 2. Ältere Frauenmystik

Im großen Aufbruch des 12. Jahrhunderts erhält die Frau eine neue, in mancher Hinsicht zentrale Stellung. Das gilt keineswegs nur für den Minnekult der weltlich-höfischen Dichtung oder die Projektion der Erlösungswünsche auf die jungfräuliche Mutter Gottes, vielmehr bereits für die Frömmigkeit der Frauen selber. Die Nonnen oder die Reklusen – man denke an Frau Ava – können grundsätzlich als illiterat und als Laien gelten, zugleich aber werden sie als Religiosen zu Vermittlerinnen einer geistlichen Erfahrung und Praxis, die unmittelbarere, kühnere Ausdrucksformen sucht als die von gelehrten Geistlichen getragene Monastik und frühe Scholastik. Sie sind damit zugleich immer mehr zum Medium wie auch zum Publikum einer volkssprachlichen Prosaliteratur geworden, die recht eigentlich für sie und durch sie entstand. Da sie mindestens in den ersten Generationen nach Herkunft und Erziehung dem Adel angehören, so ist auch dadurch eine gewisse Analogie zu ihrer Rolle in der weltlichen Dichtung gegeben.

Um die Mitte des 12. Jahrhunderts verkörpert die heilige Hildegard von Bingen mächtig wie keine vor und nach ihr eine urtümliche, autoritative Art von Frauenmystik, ein singuläres Phänomen nach dem Charakter, dem Umfang und dem Einfluß ihres persönlichen und literarischen Wirkens. Sie bedeutet mit ihrem in hartem Latein, sicher mit Hilfe von Beratern und Sekretärinnen verfaßten spontanen Werk eine Art Gegenfigur zu ihren großen Zeitgenossen Bernhard oder Abaelard. Um 1098 geboren als Tochter eines Adligen, kam sie jung ins Kloster Disibodenberg an der Nahe, um später ihre Neugründungen Rupertsberg bei Bingen und dann Eibingen bei Rüdesheim zu leiten, wo sie 1179 starb. Als Benediktinerin vertritt sie eine aristokratischere Welt als die neu aufkommenden Orden.

Man kann sie der Mystik nur zurechnen, sofern sie als einzelne Frau in eigener Verantwortung das Wort ergreift, nicht als subjektives Ich, sondern durchaus als ein ganz auf die Objektivität der natürlichen und geschichtlichen Welt gerichtetes Organ Gottes, dazu berufen in Angst, Schrecken und Begnadung, unter Anfällen von Krankheiten neurotischen Charakters. Sie tritt fast alttestamentlich als Prophetin auf, welche eine Verbindung mit Gott nicht in innerlichem Liebesglück, nicht in irgendeiner ethischen oder spekulativen Transzendenz erstrebt; ihre Visionen betreffen nicht die Erfahrung Gottes in der zugleich sich selbst erfahrenden Seele, sondern das göttliche Geheimnis in der kosmisch-heilsgeschichtlichen Aktualität – ihre Visionen sind Lehrvisionen. Die Prophetin ist zutiefst ergriffen von der Geschichte, in der sie steht und in die sie aktiv mit Briefen und auf Reisen, vor allem aber mit einem geradezu enzyklopädischen Werk eingreift, unter dem Zwang einer durchaus eschatologisch erfahrenen Situation. Als „prophetissa teutonica" wurde sie von ihren Zeitgenossen anerkannt und als Autorität aufgesucht. Das Letzte ist für sie nicht der namenlose mystische Gottesgrund, sondern Schöpfung, Gericht und Erlösung. Da es – etwas überspitzt gesagt – um die Geschichte Gottes mit sich selbst geht, gibt es nichts Irdisches, was nicht unter der Macht eines feurigen Lichts aufbricht auf die letzten Dinge hin. Das wiederum bewirkt, daß in einer derart apokalyptischen Geschichts- und Naturlehre jedes Ding und jedes Ereignis nicht nur nach üblicher Weise zeichenhaft ist, sondern symbolisch im ursprünglichen Wortsinn eines Zusammenfalls von Bild und Bedeutung, als Bilderdenken und Bilderreden, wie es vielleicht ähnlich viel später bei Jakob Böhme erscheint. Die Prophetin ist visionär, ekstatisch entrückt in die Weite von Raum und Zeit, das Licht, das sie schaut, die Formen der Liturgie, an die sie sich gelegentlich anlehnt, das Corpus mysticum der Kirche und die Tugenden sind keine Abstraktionen, sondern reale Macht.

Daß die Seherin dabei – in ihrem heilsgeschichtlichen

Werk *Scivias* (Wisse die Wege) oder in ihrer Kosmologie *De operatione Dei* – weithin aus einem Grundstrom ehrwürdig archetypischer Bildvorstellungen schöpft, ist selbstverständlich, wie ja überhaupt die christliche Mystik bei aller Unmittelbarkeit ihre hohe Tradition besitzt. Grundlegend ist da etwa die Vorstellung von Makrokosmos und Mikrokosmos in ihrem gegenseitigen realen Bezug. Die Bilder, die einigen Codices beigegeben sind und vielleicht auf Hildegard selbst zurückgehen, sind denn auch Symbolbilder, zu deren Deutung nicht nur das mittelalterliche Wissen um Natur und Geschichte heranzuziehen ist, sondern ebensosehr die Einsichten moderner Tiefenpsychologie. Die Schilderung ihrer Visionen in einem Brief von 1175 an einen ihrer Jünger, den Abt Wibert von Gembloux, gehört zu den Grunddokumenten des prophetisch-mystischen Phänomens überhaupt und belegt nicht zuletzt die scharfe geistige Präsenz der Visionärin:

Meine Seele steigt – wie Gott will – in dieser Schau empor bis in die Höhe des Firmaments ... Ich sehe aber diese Dinge nicht mit den äußeren Augen und höre sie nicht mit den äußeren Ohren, auch nehme ich sie nicht mit den Gedanken meines Herzens wahr noch durch irgendwelche Vermittlung meiner fünf Sinne. Ich sehe sie vielmehr einzig in meiner Seele, mit offenen leiblichen Augen, so daß ich dabei niemals die Bewußtlosigkeit einer Ekstase erleide, sondern wachend schaue ich dies, bei Tag und Nacht.

... Die Worte in dieser Schau klingen nicht wie die aus Menschenmund, sondern sie sind wie eine blitzende Flamme und wie eine im reinen Äther sich bewegende Wolke.

(Briefwechsel, S. 227)

Gegenüber Hildegard mit ihrem geschichtlich-politischen Auftreten – eine mächtige Korrespondenz, deren Echtheit allerdings nicht überall feststeht, verbindet sie mit Päpsten, Kirchenfürsten und Äbten der Zeit, nicht zuletzt auch mit Bernhard – wirkt fast alle spätere Frauenmystik privat, verinnerlicht und einfühlbar, auch wenn damit neue Bereiche erschlossen werden. Auch Elisabeth von Schönau (Rheinhessen, um 1129–64), die mit ihren von ihrem Bruder aufgezeichneten Visionen und mit ihrem Briefwechsel einen ähnlichen Stil benediktinischer Mystik vertritt, reicht nicht an Hildegard heran.

In deutscher Sprache tritt nun freilich ein Jahrhundert später eine Frau hervor, die in ihrer visionären Gewalt, in der Einmaligkeit und Spontaneität ihrer Offenbarungen mit ihr vergleichbar ist: Mechthild von Magdeburg (um 1210 – um 1282). Der göttliche Auftrag, in dem sie lebt, bezieht sich enger auf die eigentliche Heils- und Kirchengeschichte, auf den geistlichen Kosmos der Heiligen, der Apostel, der Priester und Ordensleute (wobei sie für die zeitgenössische Entartung der Geistlichen oft sehr harte Worte findet). Und vor allem betrifft er unmittelbarer, affektiver, ein persönliches Glaubensleben im Überwältigtsein von Gottes Liebe. Es ist nun, ein Jahrhundert nach Bernhard und doch wieder ganz elementar: Liebesmystik, Brautmystik, immer wieder in der Bildwelt des Hohenliedes.

Vielleicht aus vornehmer Familie stammend, hat sich Mechthild mit etwa zwanzig Jahren nach Magdeburg begeben, wo sie nur einen einzigen Menschen kannte, und dort um die dreißig Jahre als Begine, Mitglied einer Vereinigung frommer Frauen, in Armut und Schmach, in Entfremdung und Kasteiung gelebt. Wie ihre Beginenschwestern stand sie unter dominikanischer Seelsorge; der Bruder Heinrich von Halle hat die auf losen Blättern von ihr etwa seit der Jahrhundertmitte niedergeschriebenen Revelationen in sechs Büchern redigiert, wozu später noch ein siebentes kam. Erst 1271 zog sie sich ins zisterziensische, aber dominikanisch betreute Kloster Helfta bei Eisleben zurück, das in diesen Jahren ein Mittelpunkt religiösen Lebens war – Gertrud die Große und Mechthild von Hackeborn sind hier die etwas jüngeren Verfasserinnen lateinischer Offenbarungen. Mechthilds niederdeutsch abgefaßtes Werk, das sie selbst *Das fließende Licht der Gottheit* nannte, ist uns nur in einer oberdeutschen Übersetzung erhalten (Heinrich von Nördlingen, um 1344); schon früher entstanden war eine lateinische Übertragung, die ihrerseits wieder eine Rückübersetzung ins Deutsche erfuhr.

Ein Jahrhundert nach dem St. Trudperter Kommentar, der einer lateinischen Vorlage verpflichtet war, bedeutet das *Fließende Licht* für uns den eigentlichen Durchbruch spontanen mystischen Ausdrucks in der Volkssprache, das wohl großartigste Dokument des Mündigwerdens einer oft oppositionellen Laienfrömmigkeit aus der Unruhe und Unsicherheit des beginnenden Spätmittelalters. An Mechthilds Werk läßt sich geradezu eine mystische Sprachtheologie ablesen, wie sie ein neues Reden und Schreiben bestimmte und legitimierte. „Eia, herre got, wer hat dis buoch gemachet. Ich han es gemachet an miner vnmaht, wan ich mich an miner gabe nút enthalten mag ... Nu gebristet mir túsches, des latines kan ich nit" (3,30). Der Widerspruch triumphierenden Ermächtigtseins und hilfloser Ohnmacht entspricht dem Widerspruch von Mechthilds Existenz zwischen visionärem Überschwang und völliger Selbsthingabe, ja Verlorenheit in dem, was sie „gotzfrömdunge" nannte. In dieser Spannung sind die Aufzeichnungen zu sehen, eine zunächst unsystematische Sammlung von gebethaft-lyrischen, lehrhaft-erzählenden und oft dialogisierten Texten, auf lange Partien als Reimprosa, gelegentlich auch metrisiert, auf jeden Fall frei, affektiv und bildhaft. So fällt zunächst auf die kraftvolle Metaphorik: Die Offenbarungen hört sie „in einer hovesprache, die man in dirre kuchin nit vernimet" (4); sie dankt Gott, daß „du in den vnfletigen pfuol hast ein guldin hus gebuwen" (53); von der himmlischen Hochzeit heißt es: „so got sin abentessen wil haben, so sol man stuolen den brúten gegen irme brútegome" (60), oder „wer von minne stirbet, den sol man in gotte begraben" (7). Das ist keine Symbolik, sondern eigenwillige Anschaulichkeit. Wo es Erfahrungen oder Gedankengänge wiederzugeben gilt, da entwikkelt die Dichterin ausführliche allegorische Situationen und Abläufe, eine Allegoriendichtung, die sich von spätantiker Lehrdichtung herleitet und vor allem im kommenden 14. Jahrhundert ihre große literarische Zeit haben wird. Die vielen gerade auch aus der höfischen Dichtung stammenden Formelemente sind aber eingeschmolzen in ein Reden, das sich ganz und gar aus der Selbstoffenbarung Gottes hervorgehn fühlt, in einer dynamischen, „fließenden" Wirklichkeit Gottes als Liebe, von der auch die mögliche Erkenntnis nur ein Teilaspekt ist.

Das „Sprachereignis" Mechthild ist nun durchaus christologisch begründet: in der Menschwerdung Gottes. Diese wird im alten allegorischen Sinn mit den Bildern des Hohenliedes als Liebesvereinigung mit Maria geschildert, aber zugleich ist doch in neuer Direktheit des Ausdrucks auch die einzelne Seele gemeint: „dú ganze helige drivaltekeit ... saste sich in das offen herze ires allerreinosten vleisches und vereinete sich mit allem dem das er an ir vant, also das ir vleisch sin vleisch wart" (148). Das ist nicht nur Gleichnis und biblischer Bericht, sondern läßt erkennen, wie konkret die Fleischwerdung, der Abstieg Gottes in den Menschen, gemeint ist. Die auch im Menschen nun überfließende Minne „wandelet dur die sinne und stúrmet mit ganzen tugenden vf die sele. Diewile das die mine wahset an der sele, so stiget si mit girekeit vf zuo gotte und breitet sich alvliessende gegen das wunder das ir gemuszet (das über sie kommt). Si smelzet sich dur die sele in die sinne; so muos der lichamen ovch sin teil gewinnen, also das er wirt gezogen an allen dingen" (131). Das ist bei aller Verachtung der irdischen Welt, „dieser Küche", keine Mystik der Entwerdung und Gelassenheit, kein platonisierender Aufstieg ins Ewige, vielmehr ein heftiges Beteiligtsein und Antworten der Seele wie der Sinne kraft der Menschwerdung Gottes; denn diese hat auch „dem lichamen sin wirdekeit" verliehen (206). Und die Sprache senkt sich nicht nur ein ins Anschauliche, sondern ist in ihrem antwortenden Lobgesang – hierin ähnlich wie bei Hildegard – eine Synästhesie, ein Zusammenraffen aller Sinne: „Ich enkan noch mag nit schriben, ich sehe es mit den ougen miner sele und höre es mit den oren mines ewigen geistes und bevinde es in allen liden mines lichamen die kraft des heiligen geistes" (107). Bei allem Bewußtsein, daß die Worte „menschlichen luten" müssen, wird doch die Sprache geadelt zur Dichtung, in welcher mit Bild und Klang und Gedanke sich Gott selber loben läßt, in Anrufungen, wie sie wohl nicht nur die deutsche Sprache bis dahin nicht gekannt hat:

O du brennender berg, o du vserwelte sunne! o du voller mane, o du grundeloser brunne! o du unreichhaftiu hôhi, o du klarheit ane masse! o wisheit ane grunt! o barmherzikeit ane hinderunge! o sterki ane widersatzunge! O Crone aller eren! dich lobet der minste den du ie geschûffe! (8)

Nun ist die göttliche Minne stürmisch, „mortlich ane masse und underlas" (15), so daß der Mensch das Glück der „gebruchunge" (fruitio dei) nicht ertragen kann und das Spiel lassen muß, wenn es am besten ist (5). Da die Minne selber als „sinkende" Liebe, als Herablassung Gottes ins Elend des Irdischen begriffen ist, führt sie zugleich immer tiefer in Not und Pein, bis zu dem bei so vielen Mystikerinnen beschriebenen Stand der „gotzfrömdunge", der Gottverlassenheit, die doch zugleich als eine äußerste Form des Nach- und Mitvollzugs der Passion und damit als Geschehen der Liebe begriffen bleibt. So kennt Mechthild nicht nur die Visionen des hochzeitlichen Fests im aufgetanen Himmel, sondern ebenso die bis zur Höllenqual sich steigernde Erfahrung einer verzweifelten Finsternis der Seele. Und das heißt auch, sprachlich, die den modernen Leser immer wieder erschreckende Grausamkeit von Mechthilds Schilderungen der Hölle und des Fegefeuers, die wohl vor Dante ihresgleichen suchen. Ihre nur noch sinnliche Konkretheit ist sozusagen die letzte Konsequenz der Selbstentäußerung sowohl Gottes wie des Menschen, der sich, wie Mechthild von sich selbst sagt, unter dem Schwanz des Teufels sieht. Die Höllenfahrt ist ein Aspekt der Auferstehung. Es ist eine wilde, wahrhaft ursprüngliche Welt, die in Mechthild begegnet – in ihrem Rang und ihrer Unmittelbarkeit unvergleichlich, so sehr die Liebesmystik wiederum eine ehrwürdige Tradition hat und im folgenden Jahrhundert eine geradezu populäre Form des frommen Lebens wird.

Um Mechthilds geschichtlichen Hintergrund klarer zu sehen, müßte man über die Beziehung ihrer niederdeutschen Offenbarungen zu den ältesten Texten der niederländischen Mystik mehr wissen. Hier kann nur hingewiesen werden auf Hadewijch (wahrscheinlich aus Antwerpen), die mit ihren 14 Visionen, ihren geistlichen Briefen und strophischen Gedichten möglicherweise noch älter als Mechthild ist (vielleicht um 1220–40). Vergleichbar ist nicht nur der Typus visionär-ekstatischer Liebesmystik und ihre literarische, höfisch beeinflußte Ausdrucksform, sondern wohl auch eine adlige Herkunft und das Leben als Begine. Klar im Bereich der bernhardinischen Mystik sind wir in dem ungefähr gleichzeitigen niederländischen Traktat der Zisterziensernonne Beatrijs van Nazareth (südwestlich von Gent) über die sieben Stufen der Liebe (*Seven manieren van minne*).

## 3. Meister Eckhart

Wenn die ältere Frauenmystik – und in fragwürdigerer Form die spätere Mystik der Frauenklöster überhaupt – das Heilsgeschehen in einer umfassenden Ergriffenheit erfahren hat, in Vision, Prophetie, Ekstase, Leiden, Dichtung aus allen Sinnen heraus, so ist in ihr natürlich auch ein Element theologisch-theoretischer Tradition wirksam, nicht zuletzt auch darum, weil es schließlich gelehrte und geschulte Dominikanerseelsorger waren, die das geistliche Leben der Frauenklöster betreuten. Dennoch bleiben wir damit weithin im Bereich praktischer Frömmigkeit, die sich in bestimmten Techniken des meditativen Lebens ausformt und sich in persönlichen Erfahrungen und bildhaften, ja allegorischen Darstellungen äußert, somit also sich im Bereich ethischer und psychologischer Kategorien hält. Die Mystik der Dominikanerprediger selbst ist grundsätzlich anders, schon weil sie nicht Offenbarung, sondern Belehrung, systematisch fundierte Anleitung zum religiösen Leben sein will. Im Lauf des 13. Jahrhunderts wird diese mystische Theologie – der Dominikaner vor allem – nun auch in der Volkssprache mit den Mitteln des scholastischen (aristotelischen) Begriffsapparates systematischer, philosophisch-intellektueller vorgetragen, als es etwa noch bei dem „undialektischen" Bernhard der Fall war. Wenn unter Mystik nach einer geläufigen Definition eine „cognitio Dei experimentalis" (erfahrungshaftes Erkennen Gottes) zu verstehen ist, so gewinnt nun bei dieser cognitio die Vernunft, der intellectus, zentrale Bedeutung als vornehmstes Organ des Erfahrens und Begreifens. Und es kann gerade darum gehen, auf Kosten alles Sinnlich-Bildhaften das Vernunftvermögen in höchster Reinheit und Allgemeinheit für die Erfahrung auszubilden, bis zu jenem Punkt, wo der höchste oder innerste Grad dieses Abstraktionsvermögens als eigentliches

Wesen des Menschen sich mit dem Wesen Gottes berührt. Die Philosophia perennis, von Thomas von Aquino ausformuliert, ist an sich keineswegs mystisch, aber sie bildet doch die mögliche Voraussetzung für eine spezifisch-begriffliche Fassung mystischen Lebens, dann jedenfalls, wenn, mit Eckhart zu reden, der „lesemeister" zum „lebemeister" wird und das Thema der Gotteserfahrung ganz im Vordergrund steht. Wesentlich ist dabei – neben der Rolle spekulativer Vernunft im Erfahrungsprozeß – der ontologische Ansatz dieser Philosophie: Sie versucht, Gott als reines Sein zu begreifen und von diesem Grund aus alle abgeleiteten Seinsformen zu bestimmen, also auch das Gnadenereignis seinsphilosophisch zu formulieren.

Die Geltung der thomistischen Lehre ist freilich keineswegs exklusiv. Vor allem sind es nach wie vor Augustin, dann die Viktoriner und die von neuem aktuell werdenden Neuplatoniker, vor allem Proklus und Pseudo-Dionysius, welche die Terminologie und Methode der Dominikanermystik beeinflussen. Wenn man von Dietrich von Freiberg (um 1250 – gegen 1320) absieht, der in einem vielgestaltigen gelehrten Werk auch mystische Schriften, alle lateinisch, hinterlassen hat, so bringt erst eine ein wenig jüngere Generation den Durchbruch und Höhepunkt spekulativer Mystik, nun eben nicht zufällig mit einem mächtigen volkssprachlichen Werk, mit den Predigten und Traktaten Meister Eckharts. Die Bezeichnung „deutsche Mystik" besteht für Eckhart und seine großen Nachfolger Tauler und Seuse sicher zu Recht im räumlichen und sprachlichen Sinn – die Volkssprache ist unmittelbar die Voraussetzung des neuen Redens, des neuen Denkstils und auch der unabsehbaren Verbreitung des Werks. Eckhart hier vor allem unter dem literarisch-sprachlichen Aspekt zu sehen ist wenigstens insofern erlaubt, als sein ganzes lateinisches und deutsches Werk nicht so sehr systematisch-philosophischen Aufbau zeigt, vielmehr seine Funktion vor allem im praktisch-seelsorgerlichen Handeln hat und vielleicht nur davon her auch dogmatisch angemessen zu verstehen ist. Auftrag und Not eines wahren, eigentlichen, wirklichen Redens ist wohl auch hier das zentrale Problem; ja es läßt sich bis zu einem gewissen Grade sagen, es gelte zuerst den Stil, dann erst den dogmatischen Inhalt zu würdigen. Die dogmatisch-kirchliche Brisanz von Eckharts Lehre soll damit keineswegs unterschätzt sein – sie ist zu sehen im Kontext einer Zeit des tiefen politischen und gesellschaftlichen Umbruchs mit ihren Ketzerbewegungen und Freikirchen, ihren neuen Formen der Laienfrömmigkeit, den Versuchen der Kirche, die Bewegungen zu assimilieren – etwa durch die neuen Orden – oder zu bekämpfen – mit dem Mittel der päpstlichen Inquisition seit 1232.

Eckhart von Hochheim (Thüringen) ist um 1260 geboren; die oft angenommene adlige Herkunft ist nicht beweisbar. Als junger Predigermönch studiert er die Artes in Paris, besucht die Ordensschule in Köln, wird nach erneutem Pariser Aufenthalt Prior des Erfurter Klosters und Vikar des Ordens für Thüringen, erwirbt sich 1302 in Paris den Magistergrad, bekleidet hohe Ämter in der deutschen Ordensverwaltung, lehrt 1311 in Paris und dann an den Schulen in Straßburg und Köln. Die überaus eindrucksvolle Laufbahn wird abgebrochen durch einen Inquisitionsprozeß, den der Erzbischof von Köln mit rechtlich fragwürdiger Legitimation 1326 gegen Eckhart anstrengt. Der Prozeß führt schließlich 1329 an der Kurie in Avignon zur Verurteilung von 28 Artikeln des lateinischen und deutschen Werks als häretisch oder häresieverdächtig. Zwischen Juli 1327 und Ende April 1328 war Eckhart gestorben. Die Prozeßakten und eine lateinische Rechtfertigungsschrift des Magisters sind die grundlegenden Dokumente für die Fragen der Echtheit der Schriften wie für deren theologische Beurteilung.

Daß Eckhart 1327 öffentlich jeden Irrtum im Glauben, wenn er ihn begangen haben sollte (also mit Vorbehalt), widerrief und, wie die päpstliche Bulle erwähnt, später einen Widerruf der inkriminierten Sätze leistete, war ein Zurückweichen vermutlich nicht aus Schwäche, sondern aus der ernst zu nehmenden Überzeugung, daß seine auch noch so kühne Redeweise, richtig verstanden, gar nichts Irriges meinen konnte – oder er übte damit nichts anderes als jenen Gehorsam der Selbstaufgabe, über den er in den *Reden der Unterscheidung* gehandelt hat. Wenn in der Folgezeit Eckharts Name weithin aus den Handschriften verschwindet, so wurde sein Werk doch von einer Reihe glänzender Schüler weitergetragen und in einer großen Zahl von Handschriften überliefert. Es hat in einer nie abgebrochenen Tradition bis heute immer neu fasziniert, als eine der „lautersten" (um ein Lieblingswort Eckharts zu brauchen) und edelsten Verkörperungen gotischer Frömmigkeit und Ausdruckskraft.

Das lateinische Werk ist in seinen wesentlichen Teilen nur in 4 Handschriften (je teilweise) überliefert und hat offenbar längst nicht so sehr wie das deutsche gewirkt. Immerhin gibt es die entscheidende Ausnahme: die beste Handschrift wurde im Auftrag des Nikolaus von Kues geschrieben, auf dessen Philosophie Eckhart wesentlichen Einfluß hatte. Das als Opus tripartitum angelegte Werk ist wahrscheinlich nie fertig geworden. Neben einem Vorwort zum Ganzen liegen vor die Einleitung zum 1. Teil („Propositiones", Lehrsätze) und die Kommentare zu Genesis, Exodus, Weisheit und Johannes-Evangelium („Expositiones", Schriftauslegungen), die nebst einer Sammlung von Predigten den erhaltenen 3. Teil bilden, wogegen vom 2., den „Quästiones" (Untersuchungen zu Problemen der *Summa* des Thomas), nichts vorhanden ist. Hinzu kommt im wesentlichen nur die Rechtfertigungsschrift. So läßt sich schon vom lateinischen Werk sagen, was vom deutschen erst recht bestätigt wird: es will primär nicht ein philosophisches System sein, sondern geht aus dem Umgang mit dem Bibelwort hervor und steht im Dienste der Verkündigung und der Seelsorge.

An dem wohl frühesten Werk des Meisters, den *Reden der underscheidunge* (Reden der Unterweisung) läßt sich unmittelbar ablesen, wie die Frage des frommen, insbesondere des klösterlichen Lebens, also eine religiöse Ethik, den Anfang bildet und erst sekundär zu einer provokativ formulierten Metaphysik führt. Die Reden, „in collationibus", d. h. als abendliche Tischreden mit „geistlichen kinden" wohl in Erfurt vor 1298 gehalten, sind eine lose Folge von Betrachtungen zu Grundfragen geistlichen Lebens: Gehorsam und Gelassenheit, Gebet und Kommunion, Wille und Sünde, Hoffnung und Rechtfertigung. Aus einem „gedachten" soll ein „wesenhafter" Gott werden, Heiligkeit nicht aus einem Tun, sondern einem Sein hervorgehen – ein Werk ist nicht an sich gut, sondern nur, sofern es aus dem Gutsein des Handelnden kommt. Im Gebet versammelt sich der ganze Mensch auf sein Innerstes, Wesenhaftes hin. Das bedeutet eine Annäherung an Gott durch das „wesen", wobei dieser Prozeß der Verwesentlichung nach alter asketischer Lehre als ein Entwerden, als ein Rückzug des Menschen aus allen seinen äußerlichen Bestimmungen und Zufälligkeiten ins „ledige Gemüt" verstanden wird. Hier ist Gott allezeit zu finden, ja „des menschen inwendicheit" wird geradezu zu einem Organ Gottes – die Seele ist mit Gott näher vereint als mit dem Körper. Das ganz freie Gemüt vermag alle Dinge, wie Gott selbst. Gerade deshalb aber kann und soll das menschliche Tun „brechen in die würklichkeit", sofern es vom Sein her geheiligt ist. „Dér mensche treget got in allen sînen werken und in allen steten, und alliu des menschen werk diu würket got lûterlîchen" (V,201 f.). Dem Entwerden entspricht im Gegensatz zu irgendeiner quietistischen

Mystik eine nun vollmächtige Rückwendung ins tägliche Tun. Mit souveräner Nüchternheit mißtraut Eckhart dem „iubilus“, der Verzückung, dem Wunder, indem er diese Begleiterscheinungen vor allem der Frauenmystik für letztlich nur äußerlich, dem Bereich der Sinne zugehörig hält – dies aber „ist alwegen daz beste niht“. Das alles trägt Eckhart in zauberhaft schlichter, intimer Rede vor. Zwischen den Zeilen scheint sich zu verwirklichen, was er hier mit seinem berühmten Satz aussagt: der spreche am schönsten von Gott, der aus der Fülle des inneren Reichtums schweigen könne. Doch ist die Einkehr des Schweigens immer wieder nur die Voraussetzung eines Verkündigenmüssens, das sich schon in diesen Reden in seinem hinreißenden Stil zeigt.

Swâ der mensche in gehôrsame des sînen ûzgât und sich des sînen erwiget (das Seine aufgibt), dâ an dem selben muoz got von nôt wider îngân; wan sô einez im selben niht enwil, dem muoz got wellen glîcher wîs als im selber ... darumbe muoz mir got wellen, und versûmet er mich an dem teile, sô versûmet er sich selber. Alsô in allen dingen, dâ ich mir niht enwil, dâ wil mir got. Nû merke! Waz wil er mir, dâ ich mir niht enwil? Dâ ich mich ane lâze, dâ muoz er mir von nôt wellen allez, daz er im selben wil, noch minner noch mêr, und mit der selben wîse, dâ er im mit wil. Und entaete got des niht, in der wârheit, diu got ist, sô enwaere got niht gereht noch enwaere got, daz sîn natiurlich wesen ist. (V,187 f.)

Das ist wahrhaft provozierend: Der Redner spielt immer intensiver mit der Vorstellung, Gott zwingen zu können, daß er „von nôt“ etwas tun müsse, ja daß Gott nicht Gott wäre, wenn er nicht seinem Wesen folgen müßte. Eine noch kühner tönende Konsequenz formuliert der Satz, der in der Bulle als häretisch angeführt ist (und der in gewisser Hinsicht an Mechthilds Verständnis der Gottverlassenheit und der Hölle erinnert): „Wahrlich, hätte der, um den es recht bestellt wäre, die Gewalt zu wünschen, er würde nicht wünschen wollen, daß ihm die Neigung zur Sünde verginge ..." (V,214).

Auch in diesen noch wesentlich ethischen, d. h. auf den Willen bezogenen Gedankengängen kommt doch bereits mit den Formulierungen vom „gewesenden" Gott und von der Notwendigkeit, mit der Gott in den ledigen Menschen einziehen muß, der ontologische herein, also der schon platonisch-neuplatonische Versuch, die Beziehung von Gott und Mensch auf einen, wie immer gestuften und vermittelten, Seinszusammenhang hin zu sehen und irdisches Sein auf seinen ewigen Seinsgrund zu beziehen. Die platonische Ideenlehre in der Umprägung des mittelalterlichen Realismus verbindet sich dabei mit der Logos-Lehre des Johannes-Evangeliums: Der Logos, der Inbegriff der Ideen, ist Gottes Sohn (davon spricht Eckhart in seinem Genesis-Kommentar). Konzentriert zeigt dies der Anfang des *Buchs der göttlichen Tröstung*. Dieser bedeutendste Traktat Eckharts ist 1308 oder 1315 für die Königin Agnes von Ungarn verfaßt worden, um sie in ihrem Leid zu trösten, und steht in der seit Boethius lebendigen Tradition der Consolationsliteratur.

Von dem êrsten sol man wizzen, daz der wîse und wîsheit, wâre und wârheit, gerehte und gerehticheit, guote und güete sich einander anesehent und alsô ze einander haltent: diu güete enist noch geschaffen noch gemachet noch geborn; mêr si ist gebernde und gebirt den guoten, und der guote, als verre sô er guot ist, ist ungemachet und ungeschaffen und doch geborn kint und sun der güete. (V,9)

Hier werden die sogenannten perfectiones generales Weisheit, Wahrheit, Gerechtigkeit, Güte in ihrer zeitlosen, wesenhaften Ungeschaffenheit auf ihre kreatürlichen Träger bezogen, und dieses Verhältnis wird zugleich dem Verhältnis von Vater und Sohn gleichgesetzt. In dem Nebensatz „als verre so er guot ist" deutet sich Eckharts

Analogielehre an: Kreatürliches „Sein“ ist nur „denkbar als radikal empfangenes, oder besser: je neu zu empfangendes Sein“ (Haas).

So wird dem leidenden Menschen vor Augen geführt, daß er „in dem natürlichen lieht der vernünftigen sêle ... gewâren trôst alles sînes leides“ findet und „leit âne leit“ tragen kann. Im vernünftigen, geistigen Wesen seiner Seele findet er den Anschluß an das göttliche Wesen. In noch kühneren Gleichnissen wird vom Prozeß des Ledigwerdens gesprochen („îtel sîn machet wazzer den berg ûfklimmen“) und vom Seelenfunken, der zum Feuer aufbrennt und das Holz zu sich verwandelt. Die dem Trostbuch angeschlossene Predigt (Traktat) *Von dem edeln menschen* und ausführlicher dann die deutschen Predigten fassen diese schon dionysische Lehre vom Seelenfunken (Synteresis) in immer neuen Umschreibungen als Samen, Hut, Abgrund, bürgelîn, tröpfelîn, zwîc, brunnen der Seele, um den Ort zu bezeichnen, wo sich die Einung mit Gott vollzieht. Der Sermon vom edeln Menschen gehört neben einigen Stellen von Wolframs *Parzival* zu den schönsten Ausprägungen mittelalterlicher Humanität, im Zusammensehen von Nichtigkeit (homo humus) und Adel des Menschen.

Es sind die *Predigten*, die – wohl meist der späteren Zeit Eckharts entstammend – nun überhaupt am reichsten und kühnsten Eckharts Lehre entfalten und am ehesten erlauben, so etwas wie ein System zu abstrahieren. Allerdings ist zu sagen, daß diese Predigten in allen Formen der Aufzeichnung und der Authentizität überliefert sind: als Nachschriften, Auszüge, Entwürfe, Bearbeitungen, Zuschreibungen, so daß sich echt und unecht nur graduell unterscheiden lassen und auch im einzelnen die Wahl der richtigen Lesart schwer zu treffen ist. Josef Quint zählt aufgrund von Zeugnissen und inhaltlichen Parallelen 59 Predigten als „relativ bestbezeugte“, wozu aber eine wesentlich höhere Zahl von Predigten kommt, deren Echtheit weniger belegbar oder schließlich fragwürdig ist. Das ganze Korpus bezeugt eine überaus intensive und wirksame Predigertätigkeit in Frauenklöstern wie vor dem allgemeinen Kirchenvolk, wobei ein ungewöhnlich entwickeltes geistliches Verständnis des Publikums Voraussetzung ist.

In „großartiger Eintönigkeit" (Quint), aber auch in immer neuen Wendungen, in fesselnder Dichte und Inständigkeit wird der Kreis des mystischen Geschehens abgeschritten: vom Geheimnis Gottes über die Schöpfung zur menschlichen Seele, die wieder in ihren Ursprung zurückzukehren sucht. Im innertrinitarischen Leben tritt Gottvater dem Sohn, d. h. dem johanneischen Logos als dem Inbegriff aller Ideen (Urbilder) ewig gegenüber und ist mit ihm im Heiligen Geist verbunden. Die drei Personen der Dreifaltigkeit sind allerdings nur „Namen", als „einvaltec ein" (Pr. 2) ist Gott weder Vater noch Sohn noch Geist – „und ist doch ein waz und enist noch diz noch daz". Von Gott als dem namenlos Einen läßt sich nicht einmal mehr sagen, daß er ist; er wirkt „in unwesenne" – womit Eckhart ausdrücklich Gott ein Sein nicht absprechen, sondern erhöhen möchte (Pr. 9). Gott ist zugleich der Grund seines Seins, in ihm fallen Existenz und Essenz (Dasein und Sosein) zusammen gemäß Exodus 3,14: „sum qui sum". In diesem Sinn kann Gott auch als „vernünftekeit" bestimmt werden, da er sich im Erkennen seiner selbst ewig verwirklicht, reiner spontaner Ursprung ist. Alles geschöpfliche Sein ist abgeleitet, ist nicht sich selbst, da es seinen Grund in Gott, im Logos hat. Über ihren Seinsgrund sind die Kreaturen und vor allem der vernünftige Mensch wesensmäßig mit Gott verbunden oder gar in ihm (Pr. 9).

Das sind z. T. traditionelle Formulierungen. Wenn nun allerdings Zeit und Ort, wîse und eigenschaft, die Kennzeichen alles Kreatürlichen, gleichsam dauernd weggedacht werden können, so versinken Natur und

Geschichte im Unwesentlichen und wird der Schöpfungsbegriff fraglich, die Zeit wird aufgehoben im „êwigen nû" (Pr. 9). Auch mit dem alten Begriff der unaufhörlichen Schöpfung (ohne eine creatio continua müßte die Welt augenblicklich ins Nichts fallen) wird nicht verhindert, daß Zeit und Ewigkeit letztlich zusammenfallen (vgl. dazu Pr. 10). Ähnliches läßt sich von der Sünde, dem Sündenfall als Station der Heilsgeschichte sagen: auch sie wird schließlich unwirklich. Hier, in dieser zuversichtlichen Helle und Richtung nach oben liegt wohl der größte Unterschied zu Mechthild und ihren Höllenvisionen. „Man sol uns an dem liehte / kunden kristen gelouben und Kristes ammet", heißt es in der Schilderung des Gralstempels im *Jüngeren Titurel* – die Dunkelheit einer Krypta soll es nicht geben.

Von aller „eigenschaft" (Eigentum, Eigenheit, Eigenschaft) ledig zu werden und in dieser Gelassenheit Gott sich zu verbinden, das ist der mystische Weg. Eckhart faßt dies als Geburt des Sohnes, als Gottesgeburt im Seelengrunde. Der Vater gebiert den Sohn in jeder einzelnen Seele, das Wort spricht sich in ihr. „Widersprechende werden im ewigen wort" oder wenigstens ein „bîwort" zu werden ist das Ziel. Man kann dies als individuelle Analogie zum trinitarischen Geschehen fassen, doch ist es zugleich im letzten eine Identität, die Seele ist in den trinitarischen Prozeß einbezogen.

Hier ist nun freilich der Ansatz zu den Vorwürfen der Häresie oder gar des mystischen Pantheismus. Die Frage spitzt sich zu im Problem des Seelengrundes – wird der Seele und damit dem Menschen ein göttlicher „Teil" zugeschrieben, oder ist damit nur die Möglichkeit einwohnender Gnade gemeint, wieweit werden die heilsgeschichtlichen Glaubenssätze eingeebnet?

Daß die von der Bulle Johannes' XXII. bezeichneten 17 Sätze, mindestens im Wortlaut („pro ut sonant") häretisch sind, läßt sich kaum bezweifeln. Bedenkt man aber, wie sehr sie aus dem Kontext herausgerissen und nur in der Dynamik eines Redegeschehens, nicht als Lehrsätze zu verstehen sind, so wird der Streit bis zu einem gewissen Grade gegenstandslos. Oder er reduziert sich auf den Vorwurf extremer Einseitigkeit und Verwegenheit, mit denen Eckhart sprach. Eckhart arbeitet mit der seit den Neuplatonikern verwendeten Methode der apophatischen, d. h. laufend jede Bestimmung wieder aufhebenden und übersteigenden Redeweise. Dazu kommen andere Versuche, mit sprachlichen Mitteln die Sprache selbst aufzusprengen: die Verwendung des Paradoxes, der Hyperbel, des kühnen Vergleichs, der Häufung wechselnder Bezeichnungen. Der Prediger arbeitet mit einem erst in den Anfängen stehenden deutschen Abstraktwortschatz, dessen Termini mehrdeutig und mißverständlich sind und doch gerade darum jene Dynamisierung ermöglichen. Das Unternehmen, spekulativ die Grenzen des Kreatürlichen zu überwinden und überhaupt die Anschauungsformen von Raum und Zeit denkerisch zu überlisten (nach der augustinischen Unterscheidung also: von der immer „ektypischen" Erkenntnis – der Abenderkenntnis – zur archetypischen Vernunft, der Morgenerkenntnis, vorzudringen [Pr. 10]), wird man an sich kaum verurteilen können.

Es ist eine zuversichtliche, kühne, schlanke, drängende und doch in ihrer Lauterkeit demütige Sprache, die Eckhart zum Mitmenschen spricht und mit der er ihn zur Rede der Redenden, zum Licht der Lichter, zum Wesen der Wesenden führen will. Gerade darum hat sie letzten Endes keine andere Rechtfertigung und Überzeugungskraft als das zugleich hilflose und sieghafte Argument des Glaubens: „Möhtet ir gemerken mit mînem herzen, ir verstüendet wol waz ich spriche, wan ez ist wâr und die wârheit sprichet ez selbe" (Pr. 2).

Reizvoll zu sehen ist, wie Eckharts Geist nicht nur in seinen Schriften und Predigten und durch bedeutende theologische Jünger fortgewirkt hat, sondern auch in andern literarischen Formen sich ausprägte und dichterische Gestalt fand. Der Meister wird darin gleichsam wieder ins Geheimnisvolle, Andächtig-Volkstümliche zurückgenommen, das Numinose mystischer Lehre meldet sich wieder.

In einer Reihe von Handschriften sind verschiedene bîspil (Exempla) überliefert, die in erzählender oder dialogischer Form Eckhartische Grundgedanken veranschaulichen. Besonders schön unter diesen „Eckhart-Legenden“ ist das „Gute Gespräch einer guten Schwester mit Meister Eckhart“. Eine „tohter“ kommt zum Kloster und begehrt Meister Eckhart zu sprechen. Nach ihrem Namen befragt, antwortet sie: „ich enwais!“ Denn: „bekenn ich mich, so bekant ich alle creatur“. Da sie nicht in ihrer „ersten lawterkait“ steht, so ist sie weder Mädchen noch Frau, nicht Mann oder Weib, nicht Herr, nicht Knecht, nicht Magd: „ich bin ein dink als ein ander dingk vnd lawff nv da hyn“. Eckhart aber wendet sich zu seinen Brüdern: „Ich habe den lautersten Menschen gesehen, den ich je in der Zeit gefunden habe.“ Der Meister erfährt hier Belehrung von seiten einer nicht näher erklärten (überirdischen?) Erscheinung einer „Tochter“, wobei doch die Szenerie der Klosterpforte genrehaft das ganze umschließt (Spamer 152).

Eine ganz andere, bis ins 17. Jahrhundert hinein lebendige Form ist die Konzentration mystischer Lehre in Spruch- und Liedform, wobei ähnlich wie in der Spruchdichtung der Fahrenden das spekulative Geheimnis in rätselhaft-einprägsame Formeln gefaßt und in liturgisch-meditative Praxis hereingenommen wird. Die aus dem thüringischen Kreis Eckharts stammende Sequenz *Granum sinapis* (Senfkorn) drückt schon im Titel diese Funktion aus. In 8 Strophen gereiht, z. T. als Anrede an Gott, z. T. an den Hörer oder den Redenden selbst, erscheinen die ehrwürdigen paradoxalen Formeln, wird der mystische Kreis abgeschritten vom „begin, der ie begin gebar" und der Trinität, vom Abgrund der Seele jenseits von Zeit, Ort und Bild, vom Berg und der Wüste, vom finstern Licht bis schließlich zur praktischen Aufforderung:

O sêle mîn,
genk ûz, got în!
sink al mîn icht
in gotis nicht,
sink in dî grundelôze vlût!
vlî ich von dir,
du kumst zcu mir.
vorlîs ich mich,
sô vind ich dich:
ô uberweselîches gût.

Daß dieses zauberhafte Lied umgekehrt einen unbekannten Verfasser zu einem umfangreichen lateinischen Kommentar veranlaßt hat und auch deutsche Kommentierungen hervorrief, zeigt doch wohl die volkssprachliche Spontaneität der deutschen Mystik und die enge Verbindung praktischer und spekulativer Frömmigkeit.

## 4. Tauler

Ausschließlicher als der Magister Eckhart hat sich in der folgenden Generation Johannes Tauler dem Auftrag der Predigtmission verschrieben. Seine Wirkung war um so tiefer und breiter, als er dem Verständnis seiner Zuhörer mehr entgegenkam, mit psychologischem Einfühlungsvermögen, mit ruhiger Eindringlichkeit mahnend und tröstend und überaus anschaulich die Fragen des richtigen frommen Lebens erläuternd. Tauler teilt die Grundgedanken der spekulativen Mystik und kann als Eckharts „Schüler" bezeichnet werden, obwohl eine persönliche Begegnung nicht nachzuweisen ist. Doch ist er dogmatisch vorsichtiger als Eckhart, meidet provozierende Aussagen und konzentriert sich ganz auf den ethisch-asketischen Aspekt. Tauler ist um 1300 in Straßburg aus begüterter Bürgerfamilie geboren, hier jung bei den Dominikanern eingetreten und hat bis zu seinem Tod vor allem in Straßburg gewirkt, als Lektor seines Klosters und als Prediger in den zahlreichen Frauenkonventen und Beginenhäusern seiner Umgebung. Abgesehen von einigen Jahren, die er in Basel verbrachte (seit 1339), sind nur kürzere Aufenthalte in Köln, Paris und im Kloster Medingen bezeugt.

Lateinische Schriften hat Tauler nicht hinterlassen; gut überliefert und vielleicht von Tauler selbst autorisiert ist eine Sammlung von rund 80 deutschen Predigten. Eine große Zahl weiterer Predigten sowie einige Traktate, die in Druckausgaben vom Ende des 15. bis ins 17. Jahrhundert unter seinem Namen erscheinen, sind nicht authentisch. Der große Prediger ist jedenfalls mit echten und zweifelhaften Texten stets gegenwärtig geblieben, er wurde von Luther geschätzt und ist in beiden Konfessionen immer wieder gelesen worden. Im Rahmen der sogenannten Gottesfreundliteratur ist er schon früh einer frommen Mystifikation zum Opfer gefallen, die erst im 19. Jahrhundert aufgeklärt wurde. Über einige „geistliche Volkslieder“, die unter Taulers Namen liefen, ist das letzte Wort noch nicht gesprochen; eines von ihnen, das noch in den heutigen katholischen und protestantischen Kirchenliederbüchern vorhandene „Es kumpt ein Schiff geladen ...“, läßt sich in die unmittelbare zeitliche und örtliche Nähe Taulers, das Straßburger Frauenkloster St. Nikolaus, zurückverfolgen und enthält Taulersches Gedankengut; ursprünglich ein mystisches Lied – das Schiff als der Seelengrund und das Vehikel Gottes – ist später als Marien-, Advents- oder Weihnachtslied bearbeitet und entschärft worden.

Auch Tauler spricht in seinen Predigten vom „luter würken“ Gottvaters, von der ewigen Geburt des Sohns und von ihrem „unsprechelichen umbevange" im Heiligen Geist (156). Auch bei ihm ist die Rede von der Rückkehr des Menschen in sein göttliches Urbild, von der Gelassenheit, vom Rückgang in die innerste Wesenhaftigkeit, vom Aufgeben aller Eigenschaft, alles Willens, aller „wîse" (Art und Weise). Besondere Bedeutung gewinnt dabei der „weseliche ker", das Gnadenereignis als Wende, Durchbruch, Bekehrung – vielleicht daß dies in der späteren Legende von „Taulers Bekehrung" biographisch konkretisiert wurde. Von Eckhart scheidet sich Tauler mit einer feinen, aber scharfen Trennlinie in der Lehre vom Seelengrund, indem er im Sinne des augustinischen „abditum mentis" den geschaffenen Abgrund der Seele vom ungeschaffenen Abgrund Gottes unterscheidet – „das geschaffen nút" vom „ungeschaffen nút" (176) – und als Ort der gnadenhaften Einwohnung Gottes in der Seele bestimmt (vgl. Ps. 41,8).

Die wite die sich in dem grunde do wiset, die enhat weder bilde noch forme noch wise; es enhat weder hie noch do; denn es ist ein grundelos abgrúnde swebende in im selber sunder grunt, als die wasser wallent und flogierent (hin- und herschwanken): iezent sinkent si in ein abgrúnde und schinent als do kein wasser ensi; úber ein kleine stunde rúschet es her us als ob es alle ding ertrenken welle. Dis gat in ein abgrúnde; in diesem ist eigenlich Gotz wonunge verre me denne in dem himel oder in allen creaturen. (331)

Hier ist die Vereinung nicht mehr als ein ontologisch sozusagen notwendiger Vorgang gesehen, sondern als ein unberechenbares Hervorrauschen Gottes im Seelengrund. Und bezeichnend ist vor allem, wie das Bild nicht mehr wie bei Eckhart zur präzisen Verdeutlichung des Gedankens eingesetzt wird; vielmehr malt es aus, fesselt an sich, wird dichterisch. Wichtig für Tauler ist der Begriff der überformunge (z. B. 244), die der Geist Gottes dem menschlichen Geist „aus freier Güte" verleihen kann. Das mystische Geschehen bleibt trotz allem ein

Gegenüber von Mensch und Gott. Die gnadenhafte „Gleichheit“ wird zugleich als absolute „Ungleichheit“ erfahren. Diese Erfahrung ist „unsprechelich“. Umgekehrt liegt in der Erkenntnis des menschlichen Nichts in seinem mystischen Doppelsinn die Möglichkeit der Gnade. So behält auch die Sünde, als Nichtanerkennung dieses Nichts, bei Tauler ihren schweren Ernst, und der mystische Weg bleibt an die Passion und die Erlösungstat Christi gebunden: „úber das bilde unsers herren Jhesu Christi enmag nieman kummen“ (71). Was Eckhart gelegentlich zu überspringen scheint, ist bei Tauler stets noch zu bewältigen als Aufgabe eines asketischen Lebens, im kirchlichen Rahmen und im konkreten Alltag.

Taulers Ethik findet ihre eigentliche Mitte in der Anweisung zur Selbsterkenntnis und Selbstkontrolle als inwendiges „warnemen sin selbs“ (Haas 90 f.). Es ist der alte augustinische Weg nach innen, vorwiegend ins Ethisch-Asketische ausgeformt und veranschaulicht: Er führt durch alle greulichen Häute hindurch, die den Menschen umgeben wie Zwiebelhäute, aber dick, groß und schwarz sind wie Ochsenleder oder Bärenfelle, dreißig oder vierzig an der Zahl (195). Das Medium dieser Selbsterfahrung und Gotteserfahrung ist auch jetzt die „Vernünftigkeit“, obwohl Tauler die hergebrachte tisputacie, ob Erkenntnis oder Minne höher sei, auf sich beruhen lassen will (349). Und jedenfalls lehnt auch Tauler eine überschwengliche Liebesfrömmigkeit mit verblüffend spöttischen Worten ab, als den Sinnen zugehörig und bestenfalls eine erste Stufe: Diese „Leute“ – man könnte an die spätere Nonnenmystik, vielleicht aber auch an Seuse denken – „kunnen als vil gedenken an den suͤssen menschen Christum, wie er geborn wart und wie sin leben und sin liden und sin tot was, und das flússet mit grosser lust und mit trehenen durch si reht als ein schif durch den Rin“ (247), doch sei das mehr Lust und Wohlsein als die wahre göttliche Minne.

Wichtig und folgenreich wird vielmehr – und da führt Tauler Eckharts *Reden der Unterscheidung* weiter – die Heiligung des alltäglichen Lebens in jedem auch noch so bescheidenen Handwerk, in jedem Stand, auch in Ehe und Familie (243). „Wäre ich nicht ein Priester und im Kloster, ich nähme es für eine große Sache, Schuhe zu machen, und das möchte ich vorbildlich tun und wollte gern mein Brot mit meinen Händen verdienen" (177). Oft haben, die geistlich scheinen, ein weltliches und die Weltlichen ein geistliches Herz (244). So soll man den auswendigen Menschen üben mit „arbeit, hende und fůsse und rúgge und sol alles meinen wider in den grunt" (343); auf dieses In-den-Grund-zurück-Meinen kommt alles an. Das mutet an wie eine Vorahnung reformatorischer Arbeitsethik: Arbeit verliert die Bedeutung bloßer Mühsal, und die Armut auch des Laien erhält ihre Würde.

Wie die Mahnung zur Selbsterkenntnis in den Anweisungen des Seelsorgers an seine „kinder" ausgeführt ist, das ist ein Stück differenzierter Psychologie, genauer: eine neue Fähigkeit, menschliche Seelenzustände und Empfindungen sprachlich zu fassen. Mit großem Ernst, mit Geduld und immer wieder Trost werden die Schwierigkeiten gerade des frommen Menschen geschildert: Angst und Schwäche, Heißmütigkeit und Verbitterung, Eigenwilligkeit, Ungelassenheit, Mißgunst und neben vielem andern auch die Schwermut und Hypochondrie: „swere wort und ... swere gelas (Benehmen) und antlit und nement in selber iren friden und irem nechsten" (260). Gewiß wirkt in solchen Beschreibungen ein altes monastisches Wissen und alte seelsorgerliche Erfahrung nach. Dennoch rückt mit der Heiligung auch des bürgerlichen Lebens schärfer und reicher auch dessen seelischer Alltag in den Blick.

## 5. Seuse

Gegenüber der klaren, gewinnenden Gestalt des Predigers Tauler bietet Heinrich Seuse (lat. Suso) ein verwirrendes, ja rätselhaftes Bild. Vielfältiger in den Äußerungen seiner Frömmigkeit, die von der Spekulation und der Vision bis zur krassen Blut- und Wundenmystik reicht, zugleich fragwürdiger in seinem Übergang zu literarisch-dichterischer Gestaltung und insbesondere zu einer fast schockierenden Selbstdarstellung, kontrovers daher sowohl was seine Theologie wie auch den Rang und die Echtheit seiner Werke betrifft. Die Diskussion der letzten Jahrzehnte hat indessen nicht nur die Befremdlichkeit, sondern auch den originalen, ja genialen Charakter seiner Schriften herausgearbeitet – womit das Phänomen an sich allerdings noch nicht erklärt ist.

In einem Dutzend – z. T. illustrierter – Handschriften sind die vier wichtigsten Werke Seuses zusammen überliefert, durch einen etwas verdächtigen Prolog als „Exemplar", d. h. authentischer Text deklariert. In dieser Sammelausgabe finden sich *Der Súse* (nämlich eine autobiographische Vita), das *Büchlein der Wahrheit,* das *Büchlein der Weisheit* und eine kleine Briefsammlung. Diese Werke sind auch einzeln überliefert, vor allem das *Büchlein der ewigen Weisheit,* das als das meistverbreitete Erbauungsbuch des Spätmittelalters in Deutschland gilt. Außerhalb des „Exemplars" stehen das lateinische *Horologium sapientiae* (die erweiternde Bearbeitung des Weisheitsbuches, die in die meisten europäischen Sprachen übersetzt wurde), ein *Großes Briefbuch* und einiges Zweifelhafte. Alle deutschen Schriften wurden auch lateinisch übertragen, Druckausgaben kamen früh hinzu.

Die Lebensdaten des Autors müssen im wesentlichen seinen Schriften entnommen werden. Er ist wahrscheinlich 1295 in Konstanz geboren aus einem Geschlecht

v. Berg (soll aber aus Abneigung gegen den Vater den Namen seiner Mutter angenommen haben), kommt sehr früh zu den Konstanzer Dominikanern, studiert in Köln, ist seit etwa 1330 Lektor seines Konvents (Insel-Kloster in Konstanz), verläßt während der Wirren des Interdikts (1339–46) Konstanz, um dann, vermutlich nach kurzer Rückkehr und in der Folge persönlicher Anfeindungen, zu den Predigern nach Ulm zu gehen, wo er 1366 gestorben ist.

Unmittelbarer als bei Tauler ist im *Bůchli der wârheit* der Anschluß an Eckhart und zugleich die Auseinandersetzung mit ihm sichtbar. Es ist nach Denifle die schwierigste Schrift der spekulativen deutschen Mystik und jedenfalls das grundlegende theologische Frühwerk, entstanden bald nach des Meisters Tod. Die Schrift gibt sich als katechetischer Dialog zwischen der „Wahrheit" und ihrem „Jünger" und behandelt das zentrale Thema: den Ursprung allen Seins im grundlosen, einen Wesen und die Rückkehr des gelassenen Menschen in diesen seinen Beginn. Obwohl es oft mit Eckhart-Zitaten geschieht, wird dabei der Unterschied zwischen dem in sich gekehrten, zum Sohn Gottes gewordenen Menschen und dem menschgewordenen Gottessohn Christus festgehalten und präzisiert. Die Menschwerdung Gottes ist der einzige, exemplarische Fall einer vollkommenen Einung (Haas 168), wogegen der „wiedergeborene" Mensch niemals so völlig zu „Nichts" wird, daß nicht ein Unterschied seiner „zeitlichen Gewordenheit" bliebe. So wie Christus individuelle, nicht generelle Menschennatur annahm, ist auch die ekstatische Unio der Seele mit Gott ein Wahr-Nehmen der eigenen Identität im Seinsgrunde, ein Sichselbsterkennen – in gnadenhafter Entsprechung zu Gott, dessen Wesen mit Eckhart bestimmt wird als „lebendiu, wesendiu, istigiu vernünftikeit, daz sich selber verstât und ist und lebt selber in im selber und ist das selb" (329; Eckhart I,142). Eine derart vertiefte Christologie soll bewahren vor „valscher vrîheit“, zu der offenbar die Eckhartische Metaphysik verleiten kann, wie das Böse sich gern hinter dem Guten verbirgt (327). In einer allegorischen Vision erscheint das „namelos wilde“, die Verkörperung unbestimmt ausschweifender Frömmigkeit, die sich mit ihrer Lehre von lediger Freiheit auf „einen hohen Meister“ (Eckhart) beruft, aber vom „Jünger“ nun über den Unterschied von Geschaffen und Ungeschaffen und über die wahre, geordnete Freiheit belehrt wird (352 ff.). Die Stelle muß sich richten gegen die sogenannten Brüder und Schwestern vom freien Geiste, lose und wechselnde sektiererische Gemeinschaften und Wanderprediger, eventuell auch Beginen und Begarden. Sie sollen den vollkommenen Menschen als sündenfrei erklärt, ihm ein Leben nach „allem sinem muotwillen“ gestattet, ja z. T. die Auferstehung Christi geleugnet haben. Hier wird, wie schon bei Berthold von Regensburg, der Blick plötzlich frei auf eine in den Umschichtungen des Spätmittelalters und insbesondere unter dem Einfluß der Mystik entfesselte, ja entartete Laienfrömmigkeit.

Es ist nun, wie wenn die beiden andern Hauptwerke Seuses nichts anderes unternähmen als den Versuch, den Weg individueller Konkretion des frommen Menschen und seines Vorbilds Christus weiterzugehen bis zum Extrem: mystisches Leben ganz zu verstehen als Vergegenwärtigung und Nachvollzug der Passion Christi und ineins damit als fortschreitende Selbsterkenntnis und Selbstwerdung des leidenden eigenen Ich.

Das *Ander bůchli* (der ewigen Weisheit) ist im wesentlichen eine Anleitung zur Nachfolge Christi im Leiden: „Meine Menschheit ist der Weg, mein Leiden ist das Tor“. Das Erbauungs- und Exerzitienbuch ist wiederum, wenn auch reicher illustriert, dialogisch gehalten: Gespräche zwischen menschlicher und göttlicher Person, zwischen dem Diener der Weisheit und dieser selbst, dazu für das praktische Gebetsleben zahlenmäßig geordnete Betrachtungen, Anrufungen und venien (Prostrationen). Die Weisheit: schon das angeblich Salomonische Buch der Weisheit im Alten Testament macht die Weisheit nicht nur zur Personifikation einer Tugend, sondern zu einem göttlichen Wesen, das eingeweiht ist in Gottes Wissen, neben und vor seinem Thron, die Schöpfung durchwaltend und ordnend, die himmlische Braut Salomos. Sie ist damit einerseits auf den Logos bezogen, in welchem sich Gott selber erkennt und weiß, anderseits – sozusagen in umgekehrter Analogie – mit der Braut des Hohenliedes vergleichbar. In der Tradition, die Seuse hier aufgreift, steht somit die Weisheit für Christus, sofern erst Christus die Wahrheit verbürgt und erschließt, zugleich aber kann sie sich mit der Bildwelt der Brautmystik verbinden, die ihrerseits als Minnedienst höfisch überprägt werden konnte. Damit taucht nun, und das gilt für die ganze spätmittelalterliche praktische Mystik, auch Bernhard und seine Liebesmystik wieder auf – im großen Unterschied zur ontologischen Interpretation des Weisheitsbuches durch Eckhart. Verwirrend für ein puritanisches Urteil kommt hinzu, daß sich Seuse liebend auf die Person, ja den Leib des leidenden Christus richtet, in kühner Vermischung von überschwenglicher Erotik und Nachvollzug der Marter: „Die Betrachtung meiner Marter soll nicht geschehen in einem eilenden Darüberhinfahren, ... sondern mit herzlicher Minne und einem klagenden Überdenken" (257).

Was vorliegt, ist ein klassischer Text spätmittelalterlicher, aber erst recht wieder barocker und pietistischer Blut- und Wundenverehrung, virtuos inszeniert in der strömenden Folge seiner Klagen und Belehrungen, mit Gebeten und hymnischen Anreden, mit dem Spiel von Frage und Antwort und Mitteilungen des Minnedieners über seine persönlichen Verzückungen. Das autobiographische Element ist schon hier wesentlich.

O du so reht lútzeliger spiegel aller gnaden, in dem die himelschen geiste ir ǒgen ermeient und erwitterent, wan hetti ich din gemintes antlút in der tǒtlichen wise, unz daz ich es mit mins herzen trehnen wol durchgusse, unz daz ich dú schǒnen ogen, die lichten wangen, den zartten mund so erbleichet und ertǒdet durschoweti, daz ich min herz mit inneklicher klag ob im wol erkǔlti! (208)

Einer solchen Sprache scheint nichts mehr unmöglich zu sein: schmeichlerisch, süß, minniglich, melodisch, in strömenden Bildern appelliert der Dichter an alle Sinne und Empfindungen, die er doch überwinden und abtöten will. Der entstellten Lieblichkeit des Heilandantlitzes entspricht ja überhaupt, daß er sich mit raffiniertesten Mitteln schönen Wohllauts über das Schreckliche und Häßliche ergeht, in einer Gratwanderung – mit Bernhard zu sprechen – der „formosa deformitas et deformis formositas“, im dauernden Umschlagen der Wunden in Rosen, des gefühligen Selbstgenusses in harte Askese. Der Selbstgenuß, die übersteigerte Empfindsamkeit: das ist ungefähr das, was Tauler gleichzeitig getadelt hat. Dahinter steht natürlich auch die Welt der Andachtsbilder – Schmerzensmann, Vesperbild, Johannesgruppe, kreuztragender Christus –, wie sie gerade im Bodenseeraum so einfühlsam entwickelt wurden, allerdings zurückhaltender und spröder trotz allem als die Seusesche Prosa, die auf ihre Weise den weichen oder schönen Stil vorwegnimmt.

Die Selbstbezogenheit der Empfindung, die Bewußtheit des Redens, die Exemplifikation mit der eigenen asketisch-mystischen Erfahrung, all dies findet seine konsequenteste Ausprägung in der eigentlichen Autobiographie. Die Personalisierung äußert sich schon in der Ausgabe eines „Exemplars“; es wird eröffnet durch das Buch „daz da haisset der Súse“. Nach den noch stark rollenhaften und partiellen Ansätzen einer weltlichen Minne-Autobiographie bei Ulrich von Lichtenstein und

Hadlaub ist es zum erstenmal in deutscher Sprache, und unvergleichbar noch für Jahrhunderte, eine Selbstdarstellung, ja Selbstenthüllung aus dem individuellen Lebensstoff, mit dem ganzen Aufgebot des süßen Stils und der Motivik hagiographischer Tradition. Die im Grunde seit Augustin nie mehr so grundsätzlich unternommene Darstellung der eigenen Vita spiritualis bedarf nun allerdings in doppelter Hinsicht einer Abschirmung und Legitimation: Die Autorschaft wird primär nicht dem Helden zugeschrieben, und das Werk mündet in einen traktatartigen Schlußteil, der den anekdotisch-romanhaften Hauptteil relativiert.

Die Vorrede berichtet eine mysteriös anmutende Entstehungsgeschichte: Eine geistliche Tochter (niemand anders als die Nonne Elsbet Stagel im Kloster Töß bei Winterthur) hatte Seuse gebeten, er möge ihr zum Trost in ihrem Leiden von seinen eigenen Erfahrungen – „usser eigenr empfindunge“ – erzählen; ihre Aufzeichnungen davon ließ sich Seuse geben, um sie zu verbrennen; ein nachträglich erhaltenes Stück habe er nun aber auf himmlischen Befehl hin bestehen lassen, ja nach dem Tod der geistlichen Freundin mit einiger guter Lehre ergänzt. Das sind z. T. Topoi demütiger Entschuldigung eines unsicheren literarischen Unternehmens, vielleicht auch ein echter Versuch der Distanzierung. Verschiedene Stilschichten lassen sich nun aber kaum unterscheiden und auch keine Lücken erkennen. Anderseits ist beim ganzen Exemplar mit einer späteren Überarbeitung oder wenigstens Ergänzung zu rechnen. Soweit bleibt die Frage der Authentizität vom Prolog aus offen.

Was wir besitzen, ist eine locker gefügte Biographie in Er-Form, nach den Stufen des geistlich-mystischen Weges geordnet. Nach fünf gnadenlosen Jahren im Kloster erfährt der Achtzehnjährige den „êrsten kêr“. Nach den „vorstriten eins anfangenden menschen“ wird er in die „gemahelschaft“ der ewigen Weisheit aufgenommen, der er fortan einen breit ausgeschmückten geistlichen Minnedienst widmet (wobei anstelle der Weisheit auch Maria treten kann). Daneben kasteit und peinigt er sich mit ausgesuchten und exakt beschriebenen Mitteln (Geißeln, Nagelkreuz auf dem bloßen Rücken, Fasten und Abtötungen aller Art) bis zur völligen Erschöpfung in seinem vierzigsten Jahr. Nun erfolgt die Wendung zur Schule rechter Gelassenheit, nämlich zur inneren Passion und zur Sorge für das Heil des Nächsten. Dazu gehören nicht nur die Zeiten gänzlicher Gottverlassenheit, sondern Bedrohungen und vor allem der Verlust der persönlichen Ehre durch übelste Verleumdungen. Die Vita wird fast zum Hintertreppenroman: Der Diener der Weisheit wird der Ketzerei, des Diebstahls, der Brunnenvergiftung, des Betrugs, der Unzucht und anschließender Vaterschaft beschuldigt (Kap. 1–45). Das ist vorgetragen in reich instrumentiertem Wechsel von Ich- und Er-Bericht, als erbauliches Gespräch, als Exempel, Legende, Hymnik, Vision, wieder im Wechsel der Aspekte als Braut-, Weisheits- und Passionsmystik. Die letzten Kapitel (46–53) bringen nun eben das genannte zweite Alibi: die Unterweisung der geistlichen Tochter Elsbet Stagel über die hohen und höchsten Fragen, hinein bis ins Geheimnis der Trinität und die Verzückung: „Wafen, ich swimm in der gotheit als ein adler in dem lufte" (180).

Kein Zweifel: die Biographie ist als Andachts- und Unterweisungsbuch konzipiert und ausgerichtet auf den überhöhenden Schluß. Die Vita soll „in glichnusgebender wise" mit wirklichen Geschehnissen belehren, wie ja auch gute Werke mehr ausrichten könnten als bloße Worte (Vorrede zum Exemplar). Damit setzt sich das Werk nun aber der Frage aus, die überraschend klar im Schlußkapitel über „diss buoches meinunge" denn auch gestellt wird: Wie kann man „bildlos gebilden und wiselos bewisen das úber alle sinne und úber menschlich vernunft ist?“ (191). Die berühmte Antwort lautet: „daz man bild mit bilden ustribe“. Nur über die Konkretion des faktischen, sinnlichen Individuums (Bild) kann der Aufstieg ins Bildlose erfolgen. Zwischen Gott und Mensch vermittelt zunächst der menschgewordene Christus, dann aber auch die Menschlichkeit seines „Dieners“. Dies ist die theologische Rechtfertigung für die Wendung zur kreatürlichen Vorstellungswelt und vor allem zur Erfahrung seiner selbst.

Das blitzartige Ereignis der Selbstidentifikation erfolgt in der unvergeßlichen Szene mit dem Fußtuch (58). Dem Diener, der eines Wintertags traurig und frierend in seiner Zelle sitzt, wird durch eine Stimme das kommende Leiden angekündigt: „tuo uf der celle venster und luog und lern!“ Da sieht er einen Hund im Klosterhof mit einem zerschlissenen Fußtuch spielen und es hin- und herzerren. So wird es ihm ergehen in seiner Brüder Munde. In diesem „autobiographischen Moment“ (der literarisch mit Augustins Erlebnis „Tolle, lege!“ zusammenhängt) wird ein Ich seiner selbst und seines Schicksals gewahr. Wie epochal diese Wendung ist, zeigt ein Blick auf die später langsam einsetzende bürgerliche Selbstbiographie, die sich nur mühsam aus Reisenotizen, Haushaltrechnungen, Familien- und Städtechroniken usw. herausringt. Da Selbsterkenntnis an sich nur über Außenerkenntnis erfolgen kann, wird auch verständlicher, wenn sich bei Seuse das Rollen-Ich des Andachtsbuches und das faktische Ich schwer unterscheiden lassen. Jedes Leben, und schon gar ein mittelalterliches, scheint von vornherein auf Rollen hin stilisiert, zumal wenn der Bericht davon exemplarisch sein will und Erfahrung mit visionären Gleichnissen mischt. Der Unterschied zu vermeintlich „echteren“ Biographien ist nur graduell.

Im *Seuse* überprägen sich die Rollen und ihre literarisch tradierten Muster oft ununterscheidbar. Die seit der

Patristik gepflegte Heiligen- und insbesondere Mönchsvita folgt von jeher typischen und topischen Stationen und Motiven. Sie ist auch in den Viten der Bettelorden lebhaft fortgesetzt worden. Ob – nach der Vermutung Kurt Ruhs – der in den Franziskuslegenden erscheinende spielerisch-poetische Stil (wozu auch das Motiv von der Heirat der Frau Armut gehört) auf die Seusesche Dominikanerliteratur gewirkt hat oder nur eine zeitgeschichtliche Parallele bildet, bleibe dahingestellt. An Seuses Vita bezaubert hat vor allem die poetische Stilisierung des geistlichen Lebens als Minnedienst in einer Art erzählerischer Kontrafaktur, wie sie das Spätmittelalter liebt. Es kann aber auch der ritterlich-romanhafte Aspekt hervortreten: Der Diener erkennt sich als aventiurer, in modischer Neuprägung des alten Begriffs der Militia Christi. Das Tertium comparationis zwischen Roman und Autobiographie liegt im übrigen im Thema der Selbstwerdung.

„bild mit bilden ustriben": beide Seiten der Paradoxie sind ernst zu nehmen. Was den Leser, wohl nicht nur heute, vor allem fesselt, ist aber das Bild: klösterliche Szenen in der Kirche, in der Zelle, bei Tisch, die nächtliche Plage des Ungeziefers, die Nonnen beim Ackerbau, das rheinumflossene Kloster am See, das Marktschiff, die Maibräuche der jungen Leute in Schwaben. Das kann genrehaft sein, ja novellistisch, aber auch grausam bei der exakten Darstellung der Marter und zugleich empfindsam bis zum Selbstmitleid – dies wieder im entscheidenden Moment der Identifikation: der Diener hat sich selbst gegeißelt, blickt über seinen blutigen Körper und sieht sich selbst als den gegeißelten Christus. „Er ward von erbermde úber sich selb als reht herzklich weinende" (43).

Wenn solche Empfindsamkeit und dazu der lyrische Tonfall dieser Prosa als akuter Ausdruck des Sich-selber-Erkennens verstanden werden kann, so wird dies nochmals überhöht in der Selbstreflexion der Sprache. Sie weiß, daß „die in der lauteren Gnade empfangenen und durch einen lebenden Mund ausfließenden Worte ... erkalten und erbleichen wie abgebrochene Rosen, wenn sie aufs tote Pergament kommen" (199). Intendiert ist sozusagen ein übersprachliches Saitenspiel, von dem immer wieder die Rede ist – als süßes, stilles Getön in der Seele (17) oder als Jenseitsmusik, wie sie von der antiken Sphärenmusik und den Engelchören bis zu Mechthilds stürmischen Auditionen bekannt ist. Damit wird wiederum die Gegenbewegung zur konkretisierend-sinnlichen Tendenz deutlich. In der liebenden Empfindung des Dieners wird die ganze Schöpfung – alle Kreatur in Himmel- und Erdreich bis zum Sonnenstäubchen und Wassertröpflein – hereingenommen in den umfassenden Lobgesang, der endet „in einem ganzen abker von uns und von allen creaturen" (*Sursum corda* 29).

Es ist trotzdem nicht leicht, die gegen Seuses Stil erhobenen Einwände (die sich etwa bei Walter Muschg bis zu Beschimpfungen steigern) zu entkräften. Bleibt nicht das Bildlose nur Vorwand für die Entfaltung selbstverliebter, sentimental überzüchteter Frömmigkeit, liegt nicht im „Stimmungszauber" und der verspielten Manier ein Verrat am Geist echter Mystik und echter Dichtung vor? Ist die Vita nicht doch das unerträgliche, apokryphe Werk eines wenn auch virtuosen Erbauungsautors, hinter dem der „echte" Seuse versunken wäre? Die Antwort kann auch hier nur lauten: Ein so reiches und epochales Buch ist als bloße Mystifikation oder gar Fälschung undenkbar; was daran fragwürdig und fremd scheint, gehört zu seinem Wagnis und kann nur Anlaß sein, hergebrachte Kategorien von Frömmigkeit oder Dichtung zu überprüfen.

## 6. Schwesternleben

Auch wenn Seuses Werk an Umfang, Rang und Form unvergleichlich ist, so zeigt doch schon die für die Entstehung offenbar wichtige Verbindung mit Elsbet Stagel, daß es nur auf dem Hintergrund einer mächtigen, reifen klösterlichen Frömmigkeit, insbesondere der Dominikanerinnen, denkbar ist. Die großen Visionärinnen des 12. und 13. Jahrhunderts stehen am Anfang einer Tradition, die erst in der ersten Hälfte des 14. Jahrhunderts ihre größte Verbreitung fand, so sehr, daß man nun von einer Volkstümlichkeit mystischen Lebens sprechen kann. Die Volkssprache wird denn auch als unmittelbares Organ der göttlichen Eingebung empfunden; schon im (vielleicht späteren) Prolog von Seuses Weisheitsbuch wird gesagt, er schreibe seine Offenbarungen „ze tútsche" nieder, weil er sie auch so empfangen habe, und eine der Tösser Schwestern vom Ende des 13. Jahrhunderts hört den himmlischen Gesang als „unmåssekliche sůsse túsche wort" (St. 72). Ein Verlust an Niveau und Ursprünglichkeit zeigt sich nun aber gerade in der Literarisierung, in der gattungsmäßigen Ausbildung und Aufzeichnung mystischer Lebensläufe: in den sogenannten Schwesternleben. Wie die Seuse-Vita zeigt, sind Biographie und Autobiographie schwer trennbar. Auch die Viten besonders begnadeter Schwestern eines Klosters können sich teilweise auf selber niedergeschriebene Offenbarungen stützen. In der Mehrzahl der Fälle aber erscheinen sie durchaus objektiviert und in Sammlungen retrospektiv-historischer Art, als biographische Reminiszenzen, im günstigen Fall als runde Lebensbilder bedeutender Schwestern eines bestimmten Klosters – gesammelt als Vorbilder aus der heroischen Zeit zum Ansporn der gegenwärtigen Schwestern und natürlich auch zum Erweis der speziellen Gnaden, die ein Kloster erfahren hat. Insofern handelt es sich um Klosterchroniken und speziell Chroniken ihres spirituellen Lebens.

Es existieren solche Sammlungen aus acht Klöstern vor allem Oberdeutschlands. Ihre Erinnerungen beziehen sich teilweise noch auf Personen und Ereignisse des 13. Jahrhunderts, die Niederschriften aber, die oft in verschiedenen Etappen und durch verschiedene Verfasserinnen erfolgen, sind frühestens zu Beginn und spätestens nach der Mitte des 14. Jahrhunderts anzusetzen. Es handelt sich – nach der ungefähr chronologischen Reihenfolge Walter Blanks – um folgende Sammlungen:

Unterlinden (Colmar): 39 lateinische Viten.

Adelhausen (Freiburg i. B.): eine gegen 1350 verfaßte deutsche Bearbeitung einer verlorenen lateinischen Vorlage.

Töß (bei Winterthur): um 1340 und später in mehreren Etappen entstanden, mit insgesamt 39 Viten sehr verschiedenen Umfangs, höchstens teilweise Seuses geistlicher Freundin Elsbet Stagel, der Tochter eines Zürcher Ratsherrn, zuzuschreiben.

Ötenbach (Zürich): eine Klosterchronik, die in eine kleinere Reihe von Biographien mündet.

St. Katharinental (bei Dießenhofen): meist kürzere Notizen über 54 Schwestern dieses auch für die Buchmalerei und die Andachtsbilder mystischer Haltung bedeutenden Klosters.

Kirchberg (bei Sulz in Württemberg).

Weiler (bei Esslingen).

Engeltal (östlich von Nürnberg): das *Büchlein von der Genaden Uberlast* mit über 50 kurzen Viten, verfaßt von der Priorin Christina Ebner (1277–1356), die auch eigene Offenbarungen hinterließ und im Ruf der Heiligkeit stand.

Der Gesamteindruck ist ergreifend und erschreckend zugleich: Was hier an Hunderten von Schicksalen deutlich wird, ist eine Welt der liebenden Hingabe und

Entsagung, einer bis zur Verirrung gesteigerten Selbstpeinigung, von Jenseitsschau und Halluzination. Es ist eine auf Askese und Kontemplation konzentrierte Frömmigkeit, hinter deren legendarischer Fassade man immer wieder unmittelbar die unerhörten Opfer und Seelennöte erkennt, auch das beständige Ringen um den Bestand einer im Innersten bereits zweifelhaft gewordenen Zucht. Man glaubt heute die psychologischen Mechanismen hinter den oft naiv wirkenden Mitteilungen zu erkennen und scheut sich doch mit Recht, damit das Phänomen abzutun. Der Zustrom zu den Frauenklöstern mag seine sozialen und wirtschaftlichen Aspekte (Frauenüberschuß, Versorgung) haben. Neben den Fällen, da schon Kinder ins Kloster gesteckt werden oder Witwen eintreten, begegnet auch die freiwillige Auflösung einer Ehe und der Eintritt beider Partner ins geistliche Leben. Nur selten geht es um spekulativ fundierte oder überhaupt theologisch interessierte Religiosität, auch wenn gelegentlich große Meister genannt werden, ja als Besucher erscheinen, so auch Meister Eckhart. Es geht fast immer um Praxis, d. h. asketische Übung bis zur ausgeklügelten Technik der „Disziplin", deren Wortsinn konkret verstanden wird, die man sich „nimmt": Schweigen, Fasten, Venien zu Hunderten und Tausenden, Geißelung, Sich-Einschnüren oder -Fesseln, Nagelkreuz usw. Als Entsprechung und Resultat dann die „Gnaden" der Ekstase (auch diese gelegentlich ganz konkret als Elevationsphänomen erfahren), der Visionen, der Stigmatisation, der Wunder zu Lebzeiten oder nach dem Tode. Auch wenn das Gesamtbild durchaus von Krankheit und Leiden – der lebenslange siechtuom, ja die völlige Starre als Passion und zugleich Gnadensymptom – geprägt ist, so gibt es doch gelegentlich auch die fröhlich-franziskanisch-einfältige Existenz wie z. B. in der hübschen Tösser Vita der Mezzi Sidwibrin. Und so überschwenglich, ja phantastisch die Wunder vorgetragen werden, so kann doch gelegentlich auch die Frage offengelassen werden, ob eine begnadete Schwester ihre Vision nur geträumt hat oder ob sie wirklich „in Gott entschlafen war“.

Bei allen sozusagen unbeabsichtigten Einblicken in den klösterlichen Alltag, den uns diese Viten gewähren, stehen sie mit ihrer Asketik und ihren Wundern weithin im Zeichen der Legendenliteratur seit den *Vitae patrum* des frühen Mönchstums oder den Dialogen Gregors des Großen. Die Typik der Legende und vor allem ihres oft isolierten Elements, des Mirakels, also die unverhohlene Übertragung der Motive vom einen Text auf den andern, ist kein Einwand gegen die „Echtheit“ der Schwesternleben. Es geht ja gerade um die Bewährung des Einzellebens an den Mustern, um ihr Verständnis als hagiographische Wiederholung, und zudem ist ja das religiöse Leben von vornherein auf den Nachvollzug dieser Muster ausgerichtet.

In der Art, wie die kleinen Lebensbilder und hier meist nur eine Kette von Mirakeln oder Anekdoten aufgezeichnet und gesammelt werden, läßt sich nun freilich auch der Charakter bürgerlich-behaglichen Registrierens nicht verkennen. Hoher Stil höfischer oder archaischer Art ist selten mehr zu ahnen, es dominiert eine schlichte, oft auch hilflose chronikalische Manier. Unheimliches und Ergreifendes mischt sich mit psychologisch allzu Durchsichtigem, mit spielerischen, ja auch grotesken Zügen, wobei zwischen wirklicher Naivität, Klatsch und Klosterhumor schwer zu unterscheiden ist – das Ergötzliche hat ja schon seit je seinen Platz in der Legende. Nur in wenigen größeren Beispielen kann es zu einer wirklich gestalteten dichterischen Leistung kommen. So stellt die Lebensgeschichte der *Königin Elsbet* am Schluß der Tößer Sammlung eine Perle früher Prosaerzählung dar, auch wenn sich darin nach Entstehung und Überlieferung zwei Schichten unterscheiden lassen (Grubmüller).

Sie berichtet anschaulich von einem Frauenschicksal, das im Glanz großer Höfe begann und in der Namenlosigkeit einer fremden Klosterzelle endete. Elisabeth (1292/1294–1337) war die erbberechtigte Tochter des Königs Andreas von Ungarn und einer Piasten-Prinzessin; sie verlor früh die Mutter und 1301 den Vater, der sich in zweiter Ehe mit Agnes, der Tochter des deutschen Königs Albrecht I., verheiratet hatte. Elisabeth und ihre Stiefmutter werden vom ungarischen Erbe ausgeschlossen; nach der Ermordung Albrechts 1308 residiert Agnes in dem von ihr gestifteten Kloster Königsfelden, während Elisabeth – die ursprünglich dem König von Böhmen, dann einem Herzog von Österreich verlobt war – ins Kloster Töß gesteckt wurde, zum großen Stolz der Schwestern, als „wirdig schatz" des Konvents. Die Härte der Stiefmutter, die letzte Reise der Prinzessin in die Welt nach Baden und Einsiedeln, die Seelennot und Armut der jungen Schwester, das letzte Ringen um den Willen Gottes und den Verzicht, wie der geliebte Herzog vor der Klosterpforte erscheint, um sie zurückzuholen, ihre Liebenswürdigkeit, ihre schweren Leiden, ihre Wunderheilungen, ihr früher Tod und eine Erscheinung vor ihrer Mutter – das ist, wie immer legendarisch überformt und novellistisch ausgestaltet, ein echtes Dokument, das vielleicht mehr verrät, als es wahrhaben will. Daß der Dulderin ihre „Muhme", die heilige Elisabeth von Thüringen, erscheint und neben Gott zu ihrer alleinigen Hilfe und Zuversicht wird, deutet wieder die Prägung des Lebens durch ein Muster an und weist auch auf eine unabsehbare gelebte Asketik und Mystik hin, die sich außerhalb der Sprache und der hagiographischen Literatur vollzog.

# SPÄTMITTELALTER

# I. GEISTLICHE LITERATUR

## 1. Gottesfreunde

In Seuses Vita läßt sich verfolgen, wie sich im Verhältnis von Priester und Beichtkind ein neues Klima der Seelsorge, der Selbstbeobachtung, der Belehrung und Offenbarung entwickelt, wie im Dialog mystische Erfahrungen, seelische Regungen, ja schließlich ganz persönliche Gelegenheitsdinge aussagbar werden. Von jeher war der Briefwechsel, sei er nun spontaner oder literarisch überformter Art, ein wichtiges Instrument der geistlichen Kultur und der Sublimierung des klösterlichen Lebens gewesen. Dies ist nun erst recht im Bereich der Mystik der Fall und hier vor allem in späterer Zeit, da sich die Zungen lösen, die Gefühle reichlicher strömen, die Kommunikation leichter vonstatten geht; zahlreiche Geistliche sind für ihre Studien, als Prediger und Beichtväter, zur Visitation der Klöster, zum Besuch eines Kapitels unterwegs. Wenn die Mystikerbriefe, deren Tradition und Bedeutung durch Wilhelm Oehls Auswahl imposant belegt worden ist, ursprünglich meist den Charakter offizieller Briefe oder Sendschreiben hatten (z. B. bei Hildegard), so wird später in der Volkssprache der Ton vertraulicher, die Substanz vielleicht auch dünner, die Aussage privater und alltäglicher. Noch Seuses Briefbuch ist in der überlieferten Form auf geistliche Lehre beschränkt, auch wo Adressaten angesprochen werden.

In welch reichem Netz der Beziehungen, der Freundschaften, Verwandtschaften, der persönlichen oder auch zeitgeschichtlichen Umstände, im Verhältnis gegenseitiger Betreuung und Mitteilung spätere mystische Frömmigkeit gedeiht, das zeigt die Korrespondenz von Margareta Ebner und Heinrich von Nördlingen –

sie gilt als der älteste erhaltene Briefwechsel in deutscher Sprache. Margareta, mit der Nürnberger Ebnerin wahrscheinlich nicht verwandt, war im Kloster Medingen (nördlich von Dillingen) seit 1312 von schweren Leiden und Gesichten heimgesucht; seit 1332 ist der Weltpriester Heinrich von Nördlingen ihr Seelenführer und zugleich ihr Schüler und Verehrer, auf dessen Wunsch hin sie das – offenbar auf älteren Notizen beruhende – Buch ihrer „Offenbarungen" (1312–48) verfaßt hat: ihre Leiden, ihre asketischen Übungen, ihr visionäres Nachvollziehen des Lebens Christi, vor allem der Kindheit und des Kreuzes. Heinrich war zur Zeit der ersten Bekanntschaft Priester in Nördlingen, unternahm 1335 bis 1337 eine Reise nach Avignon, mußte wie Seuse und Tauler wegen des Interdikts die Heimat verlassen, blieb als erfolgreicher Prediger etwa zehn Jahre in Basel, war aber in kirchenpolitischer oder seelsorgerlicher Mission viel auf Reisen. In Nördlingen wie dann vor allem in Basel ist er der Mittelpunkt eines frommen Kreises von adligen und bürgerlichen Damen und Herren, von Laien und Klosterleuten, ähnlich wie eine Zeitlang Tauler. Von Heinrich stammt die unersetzliche oberdeutsche Übersetzung von Mechthilds *Fließendem Licht*, die durch eine Basler Bekannte, Margareta zum goldenen Ring, zu den Waldschwestern nach Einsiedeln gesandt wurde. Heinrichs fast schwärmerische Briefe an Margareta Ebner bilden den Hauptteil ihrer Briefsammlung, in der u. a. auch Tauler, der Abt von Kaisheim, die Basler Margareta vertreten sind. Während ein wirklich theologischer Gehalt fehlt, mischt sich in diesen spontanen Briefen um so wunderlicher ein wortreicher, aber zugleich etwas hilfloser geistlicher Überschwang mit Alltäglichkeiten. Die Not der Zeit (Ludwig der Bayer, der große Tod der Jahre 1348–50) kommt zur Sprache, daneben allerlei Familienangelegenheiten; wir verfolgen den Austausch von Büchern, vor allem aber auch von Andenken und andern Gaben, von kostbaren Reliquien bis zu Spezereien und einem Käslein. Zwischen dem Gewölk mystischer Minneseligkeit fällt der Blick in eine oft recht bürgerliche Realität.

Was sich schon im *Seusen* und in der allgemeinen Viten- und Visionenliteratur ankündigt, findet sich gleichsam ad absurdum geführt im Komplex der sogenannten Gottesfreundliteratur. Hier ist der Übergang von der Mystik in die Mystifikation und von der autobiographischen Selbsterfahrung in die phantastische Erfindung pro domo vollzogen, wobei nun irgendwelche Laien die mystische Vorstellungswelt an sich ziehen und zugleich ins Mysteriöse auflösen. Als „Gottesfreund" konnte sich jeder fromme Mensch bezeichnen. Nun taucht aber im späteren 14. Jahrhundert in einer Vielzahl erbaulicher Schriften die Idee von einer geheimnisvollen Verbindung bestimmter Gottesfreunde unter sich auf; als deren Mittelpunkt erscheint ein „Gottesfreund aus dem Oberland", wobei „Oberland" das schweizerische Bergland meinen kann, zugleich aber volkstümliche Metapher für das Reich Gottes ist.

In den frühen Druckausgaben von Taulers Predigten ist eine *Historia Tauleri* vorangestellt, die Geschichte von der Bekehrung eines berühmten Predigers (womit eben Tauler gemeint ist) durch einen anonymen Besucher; der pharisäische Prediger wird durch die wahre Frömmigkeit des Unbekannten erschüttert und geht in sich; er verzichtet lange Zeit auf das Predigen, insbesondere in lateinischer Sprache, um dann erst langsam wieder zum großen Verkündiger zu werden. Dieser namenlose Gottesfreund aus dem Oberland taucht nun in ähnlichen Rollen auch in andern Schriften auf, die gesamthaft und in mehreren Exemplaren aus dem Stift „zum Grünen Wörth" in Straßburg stammen. Dieses „Grüne Wörth" war ursprünglich ein verödetes Benediktinerkloster gewesen, das im Jahr 1367 von einem reichen Straßburger Kaufmann Rulman Merswin (Hieronymus Delphinus) übernommen, umgebaut und durch geschickte Verträge zwar nominell dem Johanniterorden unterstellt, faktisch aber der Verfügung dreier „Pfleger" – alles Kaufleute – übergeben wurde und als ein in mystischem Geist geleitetes, noch im 15. Jahrhundert blühendes Altersheim vornehmer Straßburger diente. Jener Rulman Merswin hatte sich selbst hier zurückgezogen und war 1382 gestorben. Die in seinem Nachlaß erhaltenen, z. T. schon vorher verbreiteten Schriften sind langfädige Traktate und Sendschreiben, teilweise von der Hand Merswins selbst, teilweise angeblich von dem geheimnisvollen Gottesfreund geschrieben. Sie geben geistliche Unterweisung und berichten von Offenbarungen und legendären Ereignissen verschiedener frommer Zeitgenossen, vor allem aber von Merswins eigener geistlicher Entwicklung (*Vier anfangende Jahre*), d. h. seiner Abkehr von der Welt, seinen geistlichen Übungen, seinen Beichtgesprächen mit Tauler. Entscheidend wurde danach auch hier das Erscheinen des oberländischen Gottesfreunds, der nun als heimlicher Korrespondent Merswins sein eigenes Leben und das einer Reihe von Genossen schildert (*Fünfmannenbuch*), die Schicksale des „Grünen Wörth" mitbestimmt, von seinen geistlichen Brüdern und seiner Sorge um die Zeitläufte berichtet. Es scheint, daß die Gestalt des Gottesfreundes kein geringes Echo bei den Zeitgenossen fand und viele Hoffnungen auf sich zog – obwohl sie heute als rein literarische Fiktion voller Unglaublichkeiten und Widersprüche entlarvt ist. Ob es nun Merswin selber oder sein Adlatus, ein gewisser Nikolaus von Löwen, war, der diese Erdichtungen oder „Fälschungen" im Interesse ihrer Stiftung oder im Sinn utopischer Erbauungsdichtung verfaßt hat, bleibt ungewiß.

So geschwätzig und durchsichtig diese literarische Machenschaft heute erscheint, ist doch der Stellenwert des Phänomens beträchtlich. Es sind Laien, die hier ihr geistliches Dasein selber inszenieren und die wahre Bekehrung gerade gegenüber einer so unbescholtenen Gestalt wie dem Ordensprediger Tauler ausspielen. In die Person des Gottesfreundes projiziert sich eine aktuelle Erwartung, die das Heil aus der Anonymität eines in den Bergen hausenden Eremiten und Propheten erhofft. Ja darüber hinaus ist die Rede von einer geheimen Bruderschaft, die sich im Gebirge trifft, durch ihr Gebet das schreckliche Gericht noch einmal abwenden kann und durch ihre Sendboten oder durch eine angebliche Romreise des Gottesfreundes zu Papst Gregor XI. selber ins Weltgeschehen eingreift. Das *Neunfelsenbuch* ist eine Art Allegorie der christlichen Menschheitsgeschichte. Die Rahmenvision entbehrt nicht der Größe: Von einem „gar gros wunderliche hoch gebirge“, auf dessen Hochfläche sich ein großes reines Wasser befindet, stürzen kaskadenartig die Fluten und in ihnen zahllose Fische herab, in die Flußläufe und bis ins Meer; worauf dann die Fische zurückzukehren suchen, in immer geringerer Zahl sich ihrem Ursprung nähern, hinauf über die neun Felswände und -terrassen, die wie ein alpiner Läuterungsberg sich vor uns erheben. Das ist der Rahmen für eine überaus breite nach den geistlichen und weltlichen Ständen geordnete Schilderung des Verfalls, der „sünde und aller der cristenheit gebreste“, aber auch für die Mahnung, den gewaltigen mystischen Berg wieder hinanzuklimmen. Die Idee der geheimen Bruderschaft aber, die den Untergang noch etwas aufhalten kann, mag nicht nur in der Realität mancher Orden, Gemeinschaften und Sekten ihre Stütze haben; sie gehört jedenfalls zu einer literarischen Tradition: von den Gralsrittern über Eberlins von Günzburg *Bundesgenossen* bis zu den Rosenkreuzern und Goethes Gesellschaft vom Turm.

Die erstaunlichste Legitimation der an sich dubiosen Straßburger Publizisten ist jene Gestalt, in der, nach

Walter Muschg, „der Gottesfreund im Oberland doch noch Fleisch und Blut geworden“ scheint: der Unterwaldner Eremit Niklaus von Flüe (1417–87). Als Fünfzigjähriger hat dieser Mann seine große Familie verlassen und den Weg nach Norden (Straßburg?) genommen, wurde aber bei Liestal durch ein Gesicht zur Umkehr veranlaßt und lebte dann neunzehn Jahre in seinem Ranft (Schlucht), abgeschieden und doch als moralisch-politischer Ratgeber inmitten seiner Leute, seines Landes tätig. Von seinen urtümlichen, schwerverständlichen Visionen berichten die zahlreichen, z. T. hochgestellten Besucher. Er selbst ist kein Schriftsteller, sein „Buch“ ist ein zur Meditation dienendes Symbolbild: das Rad der Trinität mit der ungeteilten Gottheit als Nabe. Bruder Klaus hat, im vollen Licht der Geschichte wie nur je eine der großen Mystikerinnen, ins politische Geschehen eingegriffen und durch seinen persönlichen Einfluß auf die Verhandlungen der zerstrittenen eidgenössischen Orte den Frieden und den Bestand des Bundes gesichert.

## 2. Niederländische und deutsche Nachfolge Christi

Schon mit Mechthild von Magdeburg und ihrer Schwester Hadewijch hat sich eine niederdeutsch-niederländische Landschaft mystischer Frömmigkeit abgezeichnet. Erst recht ist nun im 14. und 15. Jahrhundert mindestens der niederländische Kontext auch der hochdeutschen Erbauungsprosa in Rechnung zu stellen. Das kann hier nur in knappster Form angedeutet werden.

Am Unterlauf von Rhein, Maas und Schelde hat sich nicht nur eine ritterlich-höfische Kultur entwickelt, die schon im Hochmittelalter auch in Oberdeutschland als führend empfunden wurde; hier gibt es auch verhältnismäßig früh ein durch Handel und Industrie getragenes Bürgertum, das zugleich mit der höfischen Spätblüte auch in seinen künstlerischen und religiösen Äußerungen den reifsten Herbst des Mittelalters darstellt. Im geistlichen Bereich ist an die Ausstrahlung Kölns in die Niederlande zu denken; über Eckharts, Taulers, Seuses Aufenthalte am Niederrhein sind wir unterrichtet. Außer Frage steht eine intensive Auseinandersetzung mit dem Erbe Eckharts. Jan van Ruusbroec (1293–1381), Kaplan in Brüssel und dann Gründer einer Gemeinschaft nach der Regel der Augustinerchorherren, in Groenendaal, wird zur zentralen Gestalt niederländischer Mystik, nicht nur mit seinen ausschließlich in der Volkssprache verfaßten Schriften, sondern ebenso mit der Demut, Milde und Weisheit seiner Person: „doctor ecstaticus" wurde sein Titel. Seine Lehre von der Einswerdung ist eine Systematisierung des alten dreigestuften geistlichen Wegs der Seele; sie trägt eckhartische Züge, aber erstrebt mit Bernhard und Bonaventura ein Einswerden in Liebe und durch Gnade (Christus) und formuliert im Titel des Hauptwerks doch mit der Metaphorik des Hohenliedes: *Die gheestelike Brulocht* (*Von der Zierde der geistlichen Hochzeit*). Dieses Werk wird 1350 zu den Gottesfreunden nach Straßburg gebracht und, wenn auch recht unbeholfen und laienhaft, alsbald ins Oberdeutsche übersetzt und weiter verbreitet (vgl. Marquard von Lindau); die Nachricht belegt am unmittelbarsten die Rückwirkung der niederländischen Mystik am Oberrhein.

Ruusbroecs bedeutendster Schüler in dem vielbesuchten Stift Groenendaal wird Geert Groote (1340–84), durch dessen Bußpredigten eine eigentliche Reformbewegung entsteht. Diese führt, vor allem durch die Hilfe Florens Radewijns', auch zu neuen organisatorischen Formen: Die „Brüder oder Schwestern vom gemeinsamen Leben" und später die sogenannte Windesheimer Kongregation sind nun – auch in Mittel- und Westdeutschland – „pietistische" Gemeinschaften von Laien, die Träger der sogenannten Devotio moderna.

Der neue Spiritualismus übt bei völliger Kirchentreue scharfe Kritik an der Veräußerlichung der Kirche und den Mißständen der Zeit, nicht zuletzt auch an gewissen Entartungen der Bettelorden, und er bleibt ein lange nachwirkendes Element der vorreformatorischen Ära. Von besonderem Interesse ist, daß Groote und Radewijns an der neuen, glänzenden Karls-Universität in Prag studiert haben und daß damit wohl auch Beziehungen zur böhmischen Erneuerungsbewegung bestehen, die vor allem im Rahmen der Gründung neuer Stifte von Augustinerchorherren und Augustinereremiten sich äußert.

Mindestens teilweise auf Geert Groote zurück geht das berühmte lateinische Büchlein von der *Imitatio Christi*, das unter dem Namen des Thomas von Kempen (1379/80–1471), eines fruchtbaren theologischen Schriftstellers (in diesem Falle vermutlich in der Funktion eines Kompilators), immer wieder ins Deutsche und in alle Weltsprachen übersetzt worden ist. Auch hier ein Weg nach innen und zur Bescheidung, theologisch und politisch ungefährlich. Wieweit solche moderne Frömmigkeit im erasmischen Humanismus eine Fortsetzung gefunden hat, ist im Ausmaß umstritten, grundsätzlich aber bestehen Verbindungen.

Ein Werk schließlich, das auf seine Weise ebenfalls in die Auseinandersetzungen des 16. Jahrhunderts hineingewirkt hat, ist der sogenannte Franckforter, noch einmal ein umfangreicher Traktat, der in seiner Geschlossenheit und in der Ruhe und Umsicht seiner Argumentation zu den klassischen Werken der deutschen Mystik gehört. Luther hat 1516 einen Teil, 1518 den ganzen Text der Schrift unter dem Titel *Eyn deutsch Theologia* (Nachdrucke: *Theologia Teutsch*) herausgegeben. Die Abweichungen dieser Drucke von einer erst im 19. Jahrhundert entdeckten Handschrift sind keine Eingriffe Luthers, sondern gehören der Vorlage, die inzwischen durch neue Handschriftenfunde als alter Text erwiesen worden ist. Damit ist Luther von der Verantwortung für den von ihm einfach abgedruckten Wortlaut gewissermaßen entlastet. Daß er anderseits zweimal den unveränderten Text herausgab und als reine, solide, gesunde evangelische Theologie empfahl, bezeugt die Bedeutung der Mystik für die Wurzeln lutherischer Theologie. Dies um so eher, als der Luther-Druck 190 Ausgaben in 11 Sprachen nach sich gezogen hat und so ein Element des protestantischen Erbes wurde. Luthers Titel ließ sich denn auch mit nationalem Unterton verstehen, obwohl damit nicht mehr, allerdings auch nicht weniger als eine Theologie in der Sprache des Volkes gemeint war. Die Autorschaft ist unsicher: nach der Vorrede war es ein Priester des Frankfurter Deutschordenshauses (nach R. Haubst ein Heidelberger Theologe namens Johannes von Frankfurt [Lagenator]). Er schrieb wahrscheinlich gegen Ende des 14. Jahrhunderts. Wenn als spezielles Thema genannt und ausgeführt ist, „wa mit man erkennen muge die warhaftigen gerechten gotesfrunde und ouch die ungerechten valschen frien geiste", so erinnert dies an die Abgrenzungsversuche Seuses, hat aber in der Zeit zunehmender Laienreligiosität erst recht einen aktuellen Sinn. Der Zauber des Werks liegt in der Ruhe, der Weisheit, dem Maß, mit welchen hier das Wesen des durch Christus aus Adam neugewordenen Menschen, seine Heiligung und Rechtfertigung erläutert werden. Die Terminologie ist noch einmal die alte dionysisch-eckhartische: Es geht darum, weiselos, willenlos, lieblos, begierlos und erkenntnislos zu werden – aber das ist nun richtig zu verstehen als die Einsicht, daß der Mensch nichts aus sich selbst, doch alles aus Christus ist. In der Frage, ob Erkenntnis oder Liebe den Vorrang hätten, meint der Autor (cap. 42) vermittelnd, es sei wohl wahr, daß jede Liebe von einem Licht oder einer Erkenntnis geleitet und belehrt werden müsse, aber wenn der Erkenntnis nicht die Liebe folge, „so wird nicht darus“ (cap. 41). Der Verfasser braucht im übrigen stets das Worte liebe, nicht minne, und scheint damit auch auf die ganze hohl gewordene Hohelied-Metaphorik zu verzichten. Er warnt mit Tauler vor den Leuten, die „den bilden etwan zu fru urloub geben“ und fliegen wollen, ehe sie Federn haben (cap. 13). Mit Ausnahme eines gelegentlichen vorsmacks (praelibatio) ist der kreatürliche Mensch auf sein irdisches Leben angewiesen und hier allerdings auf die wahre Freiheit durch den Mittler Christus. Das bedeutet ein Leben in Armut, Demut, Gehorsam, Selbstverleugnung, einen Umgang mit Christi Leben bis in den Tod. Die Christologie des Frankfurters ist mehr als eine bloß einfühlende Nachfolge Christi und deutet doch wohl voraus auf die reformatorische Glaubenslehre. Allerdings zeigt hier wie in der Devotio moderna der Rückzug in die Innerlichkeit, in den innern Frieden, die schlichte und demütige Hingabe an Gottes Willen einen quietistischen Zug und bleibt soweit spätmittelalterlich.

Bei der ganzen mystisch-spiritualistischen Strömung hat man aber auch immer an den Kontext zu denken. Es ist das von Huizinga meisterhaft geschilderte Phänomen, wie in der spätmittelalterlichen Frömmigkeit, gerade weil sie alle Bereiche des Lebens so selbstverständlich durchdrang, eine hochkultivierte Innerlichkeit unmittelbar neben einer ganz ins Magisch-Bildhafte veräußerlichten Religion (Reliquien, Heiligenkult, Wallfahrten, Ablässe, Hexenverfolgung usw.) und natürlich immer auch neben frivolster Weltlichkeit gedieh.

### 3. Geistliche Lehr- und Erbauungsprosa

Am Rand und außerhalb der eigentlich mystischen Überlieferung gedeiht eine geistliche Prosa, die zu überblicken und zu klassifizieren heute noch kaum möglich ist. Literarische Einzelleistungen oder gar Durchbrüche werden seltener erkennbar in einem zähen Geschiebe von Sammlungen, Bearbeitungen, Anthologien und Kompilationen, und die Grenzen zu einer das Bild dominierenden Übersetzungsliteratur sind durchlässig. Was im folgenden an originalem geistlichem Schrifttum der Volkssprache genannt wird, bildet nur eine vom Zufall der Überlieferung, der vorhandenen Druckausgaben und des Kanons der Handbücher geprägte kleine Auswahl.

Im ganzen mag gelten, daß der praktische Gebrauchszweck (Belehrung, Erbauung) im Vordergrund steht, daß die theologischen Traditionen sich vermischen, daß die literarhistorische Relevanz bloßer Sach- und Trivialliteratur zunehmend fragwürdig wird angesichts von Phänomenen, die primär der Sozial- und Frömmigkeitsgeschichte gehören.

Gerade auch bei den verschiedenen Traditionen mystischer Literatur, wo am ehesten spontane, notwendige Schöpfungen gegeben sind, finden sich mannigfache Übergänge. Bernhard und die Franziskaner treten wieder in den Vordergrund, das spekulative Interesse schwindet. Absinkendes Bild- und Gedankengut trifft auf eine ursprüngliche Volksfrömmigkeit. Immerhin gibt es Ausnahmen, welche die Regel bestätigen: Als seltene Belege einer wissenschaftlich „mündig gewordenen Scholastik“ (Ruh) deutscher Sprache erscheinen neuerdings zwei spekulative Dialoge zur Gnadenlehre und Schöpfungstheologie: ein *Gratia-Dei-Traktat* (MTU 14) und ein *In-Principio-Traktat* (noch nicht ediert), beide wohl vom selben dominikanischen Autor des früheren 14. Jahrhunderts, echte um ihr Problem bemühte Gespräche.

Ein schönes Beispiel für den Vorgang der Trivialisierung, ja eines gewissen Synkretismus mystischer, allgemein-kirchlicher und volkstümlicher Frömmigkeit ist der Engelberger Prediger, zugleich ein weiterer Beleg für das geistliche Leben in dem nun geographisch zu verstehenden Oberland, im Süden der durch Straßburg, Basel, Dießenhofen, Konstanz bestimmten mystischen Zone. Es handelt sich zunächst um eine für das Benediktinerinnenkloster Engelberg (seit 1615 in Sarnen) hergestellte und abgeschriebene Sammlung von 39 Predigten, die mit Ausnahme zweier Stücke offensichtlich vom selben Verfasser stammen, wozu in andern Handschriften mindestens sechzehn weitere Predigten desselben Stils kommen. Auszumachen ist nur, daß der Anonymus ein Welt- oder Ordenspriester war, der um 1350 in den Frauenkonventen der heutigen deutschen Schweiz als Prediger und Seelsorger wirkte. Er spricht einmal von den Menschen, die „uf disen bergen erzogen sint" und viel roher seien als die in den Städten und Klöstern (Sa 11), während er zugleich meint, das Wort Gottes werde seinen Zuhörerinnen nachgetragen „vil subtilklicher vnd minnenclicher denne die ze Strasburg in der stat sint vnd enmitten darunder sint" – nachgetragen nämlich durch Prediger, durch Gottesfreunde, Sendung lieblicher Bücher und allemal durch den Geist Gottes. Wenn der unverwechselbare Grundton einer milden Intensität an Tauler erinnert, so ist doch keiner der großen Dominikaner genannt, dafür immer wieder „der lieb sant Bernhard", dann Augustin, Gregor, Dionysius, Bonaventura u. a. Das Hauptthema ist der Aufstieg der Seele zu Gott in Gehorsam, Demut und Liebe, ohne Ekstatik, in der geistlichen Übung des klösterlichen Alltags. Spekulative Terminologie ist immer wieder da, ja das Reden von der Entwerdung, von der Gottesgeburt im Seelengrund, der Istigkeit, dem Meer oder der Wüste der Gottheit geht erstaunlich leicht von den Lippen. Aber es ist nur ein Element unter andern: der stets präsenten biblischen Geschichte, der Liturgie und Legende, dem *Physiologus* und dem ganzen Arsenal christlicher Symbolik. Ebenso wie vom Seelengrund wird gemütvoll von den zwölf Jungfrauen erzählt, die je zu zweien das kleine Christkind besorgen mit Windelwaschen, Wickeln, Baden, Tränken und Schlafenlegen, alles allegorisch für die zwölf Tugenden, mit denen Jesus in unserer minnenden Seele empfangen werden soll (Sb 22). Jede Predigt ordnet ihr Thema nach einem pedantisch unterteilten System von Stücken, Punkten, Stufen, Staffeln, Graden, Meinungen usw. und bildet damit ein sauber ausgedachtes, spielerisch aufgebautes Andachtswerk, vergleichbar einem gotischen Altar mit seinem ganzen Zierat, seinen Flügeln, Nischen, Statuenreihen und seinem Bildprogramm. Diese Freude an der zahlenmäßigen Disposition, typisch für das gesamte Spätmittelalter, wirkt wie der volkstümliche Rest des hohen Ordnungsdenkens der Scholastik. Wesentlich am Engelberger Prediger, der alles auf das biblische Gotteswort bezogen sein läßt, ist jedoch nicht, wie er mystisches Gut allenfalls trivialisiert, sondern wie es hier mühelos eingegangen ist in ein Jahrtausend monastischer Exegese und Meditation.

Marquard von Lindau ist 1373 als Lektor in Straßburg nachweisbar, dann 1389 bis zu seinem Tod 1392 als Provinzial der Franziskaner in Oberdeutschland. Ein altes Werkverzeichnis nennt 29 lateinische oder deutsche Traktate, dazu kommen deutsche Predigten. Am bekanntesten scheinen die Traktate über die *Zehn Gebote* und über die *Eucharistie* gewesen zu sein, die auch lateinisch kursierten. Es sind wiederum Lehrgespräche zwischen „Meister" und „Jünger", in denen kirchliche Lehre aufgrund von Bibel und Tradition ausführlich erläutert wird. Obwohl Marquard in seinem – bis heute allein neu edierten – Eucharistie-Traktat Eckhart zitiert, Tauler benützt (Straßburg!) und vor allem ein längeres Stück aus Ruusbroecs *Zierde der geistlichen Hochzeit* herübernimmt, steht er wesentlich in seiner franziskanischen Tradition, ja ist einer von deren bedeutendsten Popularisatoren. Er bewegt sich mit Vorliebe im Vokabular der geistlichen Minne, doch geht es vor allem um die Verehrung und den richtigen Gebrauch des Sakraments, um solide kirchliche Unterweisung.

Otto von Passau, 1362–84 im Basler Franziskanerkonvent bezeugt, griff mit seinen *Vierundzwanzig Alten* zu einem damals beliebten, wenn auch umstrittenen Thema: das Motiv der Johannes-Apokalypse 4,4, das zu einer Art Heiligenkult geführt hatte und übrigens auch in einer wichtigen Predigt Meister Eckharts benützt wird, dient als kompositionelle Ordnung, um vierundzwanzig Themen des Glaubenslebens abzuhandeln (Reue, Beichte, Buße, Abendmahl usw.). Es ist ein weithin aus Meisterzitaten zusammengestellter Wegweiser für die minnende Seele, aber praktisch unter Ausschluß eigentlicher Mystikerstellen. Es wurde im 15., ja noch im 16. Jahrhundert ein überaus beliebtes Handbuch.

Welche entscheidende Rolle der Versenkung in die Passion Christi in der praktischen Mystik der Bernhard, Franziskus oder Seuse, aber auch in der Bibeldichtung und im geistlichen Drama zukam, ist bereits mehrfach betont worden. Zu den beliebtesten Passionstraktaten gehörte – mit 133 nachgewiesenen Handschriften – das Werk eines Mannes, den einige Handschriften als Heinrich von St. Gallen, Meister zu Prag, bezeichnen und dem auch andere Schriften zugelegt werden (bis 1397 nachweisbar). Sein *Extendit-manum-Traktat* ist eine kompilierende Übersetzung traditioneller Passionsschriften: eine genaue Nacherzählung des Passionsgeschehens (wie wir sie ähnlich auch in der gereimten Bibeldichtung haben), aber angereichert mit detailliertesten Beschreibungen, in denen die ganze legendarische, ikonographische und exegetische Tradition seit der Patristik zu finden ist. Verglichen mit dem süßen oberdeutschen Stil von Seuses Passionsbetrachtung erscheint hier eine ganz andere Manier: ein ins Harte, Krasse gesteigerter Realismus der Schilderung, ohne mystischen Charakter, durchaus ähnlich zeitgenössischer Tafelmalerei.

Aber der grausame Naturalismus wird aufgefangen nicht nur in der allegorischen Ausdeutung, sondern vor allem in der durchgehaltenen Rhetorik, die einen bewußten, neuen Stilwillen verrät. Mehrgliedrigkeit, Inversionen, Parallelismen, Pflege der Satzkadenz, stärkere Anlehnung an die lateinische Syntax – all das ist nicht mehr treuherzig oder lieblich, erinnert vielmehr, nach Kurt Ruh, an den anspruchsvollen Musterstil der böhmischen Kanzlei der Frührenaissance:

> Die slege der hamer, das ofrecken des herren und das sweymen (Sicherheben) sines heiligen lichnams sach allis Maria, alse Origenes spricht obir das ewangelium: „Stabant iuxta crucem Ihesu“ in der personen der iuncfrowen: Ich wil sten und wil sehen, wie man minen son slan wirt an der sule. Ich wil sten und wil sehen, wie man minen son dornach wirt cronen und wie man wirt das orteil obir in geben, wy man in wirt us vuren, wie man in wirt nagiln of das crucze, wie man in wirt erheben in die luft. Ich wil sten und wil sehen, wie sich min kint wirt stellen in der luft, wen im wirt swindeln in dem gehirne. Ich wil sten und wil beiten, bis das die Juden von im werden gen: so wil ich czu im treten und wil im sehen under sine ougen und wil warten, ab ich dennoch trost moge von im empfan. (S. 65)

Eine mit Marquard von Lindau vergleichbare, aber bedeutendere Gestalt ist Heinrich von Langenstein (auch als Heinrich von Hessen der Ältere bezeichnet, 1325–97), Pariser Magister der Artes und der Theologie, Kirchenpolitiker, Universalgelehrter fast schon modernen Typs, seit 1384 an der neuen theologischen Fakultät der Universität Wien. Von seinem überaus großen Werk ist weitaus das meiste lateinisch, aber teilweise von andern ins Deutsche übertragen (so der Traktat *De discretione spirituum*). Weite Verbreitung, auch im Druck, fand ein deutsches Originalwerk, die *Erchantnuzz der sund*: ein Beichtspiegel und eine Behandlung der sieben Hauptsünden, geschrieben für Herzog Albrecht III. Bei Heinrich von Langenstein und seinen

Schülern oder Kollegen Nikolaus von Dinkelsbühl – einem ebenso berühmten Prediger und Gelehrten – und Leopold Stainreuter – einem bedeutenden Übersetzer und Historiker – wird in der Habsburger Residenzstadt Wien eine geistlich-akademisch-höfische Kultur sichtbar, die sich durchaus als Gegenstück zum Prag der Luxemburger verstehen läßt; in beiden Fällen handelt es sich um künftige Zentren des Humanismus.

## 4. Geistliche Übersetzungsprosa

Die eigentliche Schule einer geistlichen Prosa der Volkssprache bleibt die Übersetzung, wie sie in allen Varianten der Übersetzungstechnik und in allen Graden der Qualität überaus reich gepflegt wird. Ein immer breiteres Publikum wird nun in der Volkssprache geistlich versorgt, eine Elite auch mit anspruchsvolleren Texten. Die Prosa – und damit wohl auch z. T. die private Lektüre – löst nun endgültig den Versvortrag ab. Als Gebrauchsprosa hat sie gewöhnlich auch keinen besonderen literarischen Ehrgeiz an den Tag zu legen.

Die Auswahl ist vorherrschend bestimmt von den praktischen Bedürfnissen der Erbauung und der Belehrung, und das bedeutet auch, daß es sich selten um die Wiedergabe von Originalwerken der großen patristisch-scholastischen Theologen handelt, vielmehr von Bearbeitungen, Florilegien, Auszügen usw. Das wohl bedeutendste, am weitesten verbreitete Handbuch scholastisch-kirchlicher Lehre war das *Compendium theologicae veritatis* des Straßburger Dominikanerpriors Hugo Ripelin (2. Hälfte 13. Jahrhundert). Neben zahllosen lateinischen Handschriften und später Drucken sind mehrere deutsche Bearbeitungen in insgesamt 55 Textzeugen erhalten.

Vom größten Scholastiker deutscher Herkunft, Albertus Magnus (1193–1280) – Philosoph, Kirchenfürst, Prediger, Gelehrter, „nostri temporis stupor et miraculum" –, hat es anscheinend kein deutsches Originalwerk gegeben, und nur eine einzige lateinische Schrift ist übersetzt worden, der auch für die kirchliche Praxis wichtige *Doppeltraktat über Messe und Eucharistie*. Er wurde sowohl in einzelnen Stücken übersetzt, so bei Marquard von Lindau, fand aber auch 1360–80, also etwa hundert Jahre nach seiner Entstehung, in Straßburg eine kürzende Gesamtübertragung, die in einer einzigen Handschrift überliefert ist. Nun war allerdings Alberts des Großen Wirkung bald hinter der seines Schülers Thomas von Aquin zurückgetreten. Doch auch Thomas-Übertragungen blieben sehr vereinzelt. Neben verschiedenen Teilstücken, Zitaten, Bearbeitungen von Einzelstellen ist das wichtigste Dokument eine Auswahlübersetzung der *Summa theologica* sowie einiger ergänzender Stellen aus dem übrigen Werk, in einer Handschrift des 14. Jahrhunderts. Diese Übertragung ist nicht nur eine Ausnahme, sondern geradezu ein Kuriosum: Es geht dem Übersetzer ausgerechnet um die schwierigsten, spekulativsten Partien, und zwar scheint er dabei zu der Sprache der ja auch dominikanischen deutschen Mystik keine Beziehung zu haben, ja sich überhaupt auch nicht an ein bestimmbares Publikum zu wenden. Wieweit die hier begegnende Sprache in ihrem philosophischen Wortschatz und ihrer Konstruktion ad hoc neu geschaffen ist, in enger Anlehnung ans Latein, oder wieweit schon eine gewisse scholastische Übersetzungstradition (etwa auch aus dem mündlichen Unterricht) dahintersteht, ist schwer auszumachen.

Nu ist daz eigen ⟨werk des⟩ wirkenden verstans machenne verstentlichü gesteltnüsse mit der tate, sü abziehende von der fantasiunge.

Propria autem operatio intellectus agentis est facere species intelligibiles actu, abstrahendo eas a phantasmatibus.

(S. 78 f.)

Die Probe soll nur die unwahrscheinlichen Schwierigkeiten belegen, die eine im Lateinischen etablierte Fachterminologie bietet, wenn sie der Übersetzer mit deutschem Äquivalent („gesteltnüsse“: species; „wirken, tun“: agere), als Lehnübersetzung („abziehen“: abstrahere), als Fremd- und Lehnwort („fantasiunge“: phantasmata, fremder Stamm mit deutschem Suffix) wiedergeben will. Wenn Kurt Ruh recht hat, wäre der Text ein einsamer Versuch, und jedenfalls ist er ein Beleg dafür, daß in der Geschichte der mittelhochdeutschen Prosa während Jahrhunderten immer wieder fast von vorne begonnen werden muß.

Aber auch das der Frömmigkeit der Laien und Klosterfrauen viel näher liegende Werk des großen Bernhard hat zwar nach dem Zurücktreten der Dominikanermystik im 14. und 15. Jahrhundert eine unabsehbare Wirkung ausgeübt, wurde allenthalben zitiert und benützt, aber geschlossene Übersetzungen und damit auch profilierte sprachliche Leistungen sind vereinzelt geblieben. Bernhards *Hoheliedpredigten* liegen in einer deutschen Auswahl vor, die wohl erst nach 1450 für eine Münchener Frauengemeinschaft verfaßt wurde, von einem auch für andere Werke nachweisbaren Übersetzer (MTU 36). Breiter ist die Überlieferung franziskanischer Texte. Neben einer Zusammenstellung von echten und zugeschriebenen deutschen Schriften Davids von Augsburg in einem *Baumgarten geistlicher Herzen,* noch dem 13. Jahrhundert zugehörig, ist das Werk Bonaventuras mit dem späteren 14. Jahrhundert zu wachsender Bedeutung gelangt. Nachdem es schon Seuse und vor allem die Devotio moderna wesentlich beeinflußt hat, erscheint es im 15. Jahrhundert in deutschen Übertragungen. Die zentrale Schrift *De triplici via,* eine kleine „summa mystica“ (Ruh) über den dreifachen Weg der Reinigung, der Erleuchtung und der Vollkommenheit, findet da eine eindrucksvolle schwäbische Übertragung; sie ist durch ihren Willen zur knappen, genauen Wiedergabe gekennzeichnet, latinisierend bis etwa zur Unterdrückung des Artikels („begierd uppigkait“: concupiscentia vanitatis), auf nominale Begrifflichkeit gerichtet, ohne Spur des mystischen Redeflusses weichen Stils. Ähnliches gilt auch für einen späteren Übersetzer anderer Werke Bonaventuras, des *Soliloquium* und des *Itinerarium mentis in deum*: der Basler Karthäuser Ludwig Moser (aus Zürich stammend, gest. 1510), auch sonst als Übersetzer tätig, scheint sein Deutsch ganz dem Lateinischen anverwandeln zu wollen, „getruwlich on alle verenderung“, wie er in seiner 1506/07 gedruckten Sammlung von Übersetzungen nach Bonaventura, Pseudo-Bonaventura, Augustin und Bernhard sagt. Daß ein Franziskanertheologe umgekehrt auch eine Via mystica ohne Zitation Bonaventuras oder der Scholastik aus einer großen Zahl älterer Autoren zusammenstellen kann, das belegt ein überaus erfolgreiches Werk *De septem itineribus aeternitatis* eines gewissen Rudolf von Biberach (14. Jahrhundert); neben einer niederdeutschen gibt es eine oberdeutsche Übersetzung *Die siben strasse*, deren einzige erhaltene Handschrift aus dem Basler Kreis der Gottesfreunde stammt, als eine – nach Kurt Ruh – vorzügliche Leistung.

Eine späte Vertreterin der Frauenmystik ist die bald nach ihrem Tod heiliggesprochene Birgitta von Schweden (1303–73), die durch ihre vor allem auf das Leben und Leiden Christi bezogenen Visionen, ihr Auftreten gegen die Mißstände der Kirche, ihre Reisen (Rom, Jerusalem) und ihre Ordensgründung zu den großen Religiosen des Spätmittelalters gehört. Ihre *Revelationes*, lateinische Redaktionen ihrer schwedisch diktierten Gesichte, und dazu andere – authentische oder ihr nur zugeschriebene – Schriften fanden auch im Süden Interesse (Bayern zählte drei Birgitten-Klöster). Den Höhepunkt der volkssprachlichen Rezeption bildet eine

1502 mit Unterstützung Maximilians I. gedruckte Fassung des *Buchs der himlischen offenbarungen.*

Als ein typisches Beispiel für die Populartheologie des 15. Jahrhunderts kann schließlich die ums Jahr 1400 entstandene Übersetzung einer *Spiritualis philosophia* gelten unter dem Titel *Ler von der aygen erkanntnuzz.* In einer 19 Kapitel umfassenden Stufenfolge, die von der Betrachtung über das Schweigen, die Selbsterforschung, die Demut usw. zum Heil führt, wird noch einmal das seit Augustin zentrale Thema des Wegs nach innen gelehrt, wiederum in enger Anlehnung an die lateinische Vorlage, was hier mehr als Unsicherheit denn als Stilbewußtsein zu werten ist. Das Original wurde wohl zu Unrecht dem als religiöser Autor sonst wohlbekannten Benediktiner Johannes von Kastl (Oberpfalz) zugeschrieben.

Im Rahmen dieser knappen Literaturgeschichte muß die große Masse der geistlichen Gebrauchsprosa – Gebete, kurze Traktate, Liturgisches, Ordensregeln, Legenden, Exempla, Katechetisches wie Erläuterungen zu den Zehn Geboten oder den Sakramenten, Buß- und Beichtspiegel usw. – übergangen werden. Nur *ein* Thema ist unabdingbar: die Aneignung der Bibel durch die volkssprachliche Prosa.

Das biblische Wort war seit je gegenwärtig in den im liturgischen Gottesdienst vorgetragenen Epistel- und Evangelientexten (Perikopen); diese wurden in verschiedener Weise zusammengestellt, vollständig und kalendarisch geordnet in den sogenannten Plenarien. Sie werden seit dem 13. Jahrhundert auch übersetzt und ergaben eine volkssprachliche Tradition, die bis in die Luthersche Übersetzung hineinwirkt. Einzelne biblische Bücher – vor allem Psalter und Hoheslied – wurden samt Kommentar von den Monsee-Wiener Fragmenten bis zu Notker und Williram übersetzt, ebenso die grundlegende Evangelienharmonie des Tatian. Allgegenwärtig blieb die

Bibeldichtung als Epik oder geistliches Spiel. Mindestens das Alte Testament ging in Weltchroniken und Historienbibeln ein; seit dem 13. Jahrhundert erscheinen die sogenannten Armenbibeln, eine illustrierte Auswahl von Bibelpartien vor allem im Hinblick auf die typologische Konkordanz zwischen Altem und Neuem Bund. Mit dem Gefühl, daß die Versform überholt sei, wuchs gleichzeitig das Bedürfnis nach einem vollständigen und unmittelbaren Gotteswort vor allem in den frommen Laienkreisen. Schon im 12. Jahrhundert entstand die provenzalische Waldenserbibel, im frühen 13. Jahrhundert eine französische Vollbibel. Eine tschechische aus dem 13. Jahrhundert wurde unter Karl IV. zusammengestellt; die englische Bibel wurde von Wiclif und seinen Mitarbeitern im Sinne ihres neuen Biblizismus geschaffen.

Wenn von der Königin Agnes von Ungarn (1281 bis 1364), die in ihrer aargauischen Klostergründung Königsfelden residierte, berichtet wird, „sie hett ein bibel, diu was zu dewtsch gemacht", mit dem Zusatz, sie habe sich jedoch einfältig am evangelischen Text gehalten, so deutet dies immerhin auf das Ungewöhnliche eines solchen Besitzes noch um diese Zeit hin, und tatsächlich war der unmittelbare Zugang des Laien zum biblischen Text von der Kirche nicht immer gern gesehen. Aber es fehlte vor der Reformation doch auch das Pathos einer aus der Volkssprache inspirierten Bibel. Der durch die kirchliche Tradition kanonisierten *Vulgata* kommt allein der Charakter des sakralen Originals zu. Die vorlutherische Geschichte der deutschen Bibel ist also kaum die Geschichte einer revolutionären Bewegung, auch wenn es zum Teil Randgruppen (Waldenser, andere Laienbewegungen, Deutscher Orden) waren, von denen Anstöße ausgingen. Sie bietet vielmehr das Bild einer aus vielen Rinnsalen langsam zusammenfließenden Strömung. Aus den verschiedenen Zweigen oder Kreisen volkssprachlicher Bibelübersetzung trat schließlich eine einzige Fassung hervor, die 1466 durch den Druck bei Johann Mentel in Straßburg maßgebend wurde. Sie beruht auf einer im 14. Jahrhundert entstandenen Übertragung, die für das Alte Testament durch eine Wolfenbütteler Handschrift, für das Neue durch die berühmten Codices von Tepl bzw. Freiberg vertreten ist. Die Mentelbibel ist samt ihren Revisionen durch die Drucker Günther Zainer (Augsburg 1476) und Anton Koberger (Nürnberg 1483), mit insgesamt 14 hochdeutschen und 3 niederdeutschen Ausgaben, *die* deutsche Bibel vor Luther geworden. Dies gilt, obwohl der Wortlaut bereits beim ersten Druck um rund hundert Jahre veraltet war. Die spätmittelalterliche Bibelübersetzung ist im allgemeinen nahe am Text, oft treuherzig und hilflos, ja im neueren Urteil sogar „entsetzlich prosaisch" (W. Walther), belastet mit der ganzen Hypothek alten und heterogenen Herkommens und der nach Grammatik und Wortschatz völligen sprachlichen Zersplitterung. Anderseits erhebt sie keinen Anspruch auf eigene kanonische Geltung und Autorität, weder in philologischer noch in theologischer, noch in nationaler Hinsicht. Sie versteht sich als Hilfsmittel und nicht als letzte Instanz. Dennoch ist es heute kaum mehr möglich, nicht von der Lutherbibel aus zu urteilen, in welcher – zusammen mit der neuen Schriftsprache – der deutsche Wortlaut eine spirituelle, sprachliche und stilistische Verbindlichkeit ganz neuer Art erhalten sollte.

## 5. Volkstümliche Devotionalpoesie

Wenn sich schon bei den deutschen Predigten und Traktaten Auswahl und Darstellung oft auf den praktischen Gebrauch ausrichten, so gibt es auch Formen noch anspruchsloserer Popularerbauung. Dahin gehören einmal die Versifikation mystischer Lehre, dann aber auch die verschiedenen Arten literarischer Einkleidung, speziell in ausgeführten Allegorien, die bis ins Spielerische oder „Geschmacklose" gehen können. Was sich auf hohem Rang schon bei Seuse abzeichnet oder in den um die großen Prediger Eckhart und Tauler gewobenen Legenden, Exempeln und Sprüchen, kann weiter profaniert und verbürgerlicht werden, kann vollends versinken im bunten Bilderkram einer Frömmigkeit, von der schwer zu sagen ist, wieweit sie roh und primitiv oder wieweit sie schlicht und unschuldig ist – das Dilemma, das alle Trivialliteratur bereitet. (Geistliche Lyrik nehmen wir hier noch aus.)

Ein früher Versifikator franziskanischen Gutes ist Lamprecht von Regensburg, ein weltlicher Knappe, der sich zu frommem Leben bekehrte. Er bereimte schlecht und recht die *Franziskus-Vita* des Thomas von Celano, um 1240, also bereits wenige Jahre nach deren Entstehung (nur eine einzige Handschrift erhalten). Nachdem Lamprecht ins Kloster eingetreten war und weitere geistliche Schulung empfangen hatte, verfaßte er selbständiger und mit größerem Erfolg eine umfangreiche Versfassung der *Filia Syon.* So nannte sich ein zeitgenössischer lateinischer Prosatraktat bernhardinischer Richtung, der in allegorischen Formen den Aufstieg der liebenden Seele zu Gott beschreibt: Cognitio gibt der liebenden Sionstochter keinen Trost, aber Fides und Spes treten auf, holen die Sapientia, diese die Caritas und die Oratio, worauf die von Liebespfeilen getroffene und von Christi Blutstropfen trunkene Seele mit dem himmlischen Bräutigam vereinigt wird. Diese Vorlage hat Lamprecht mit zusätzlich-belehrender Ausstattung auf 4300 Verse gebracht, nicht ohne Reminiszenzen an sein eigenes Weltleben und an die höfische Dichtung. Die lateinische Vorlage hat ihrerseits noch im 13. Jahrhundert eine weitere Versbearbeitung, im 14. und 15. Jahrhundert dazu noch drei Prosabearbeitungen erfahren. Über die Faszination, die seit der Spätantike (Martianus Capella, Prudentius) von allegorischer Lehrdichtung und ihrem Schweben zwischen bewußter Verbildlichung (Fiktion) und gedanklicher Systematik ausging, wird anläßlich der weltlichen Allegorie noch zu reden sein. Ein sehr viel kürzeres Beispiel ist etwa das in zahlreichen Fassungen kursierende Gedicht *Der Seele Kranz*. Dieser besteht aus den Blumen, d. h. Tugenden, die am Wege zum Himmelstor wachsen und vom aufsteigenden Menschen zu einem Kranz geflochten werden. Ob die Urfassung dieses zum beliebten Kreis der Baum-, Blumen-, Gartensymbolik gehörenden Stücks wirklich noch dem 12. Jahrhundert angehört, bleibe hier offen.

Der zisterziensische Mönch von Heilsbronn, wie er sich aus Bescheidenheit ohne weiteren Namen nennt, begnügt sich mit den auch in der Predigt herrschenden Stück- und Stufenprogrammen. Sein *Buch der sieben Grade des Gebets* – das die in der Nähe lebende Margareta Ebner 1346 kennt – legt den Weg der Minne zur Unio mystica als eine Folge von verschiedenen Phasen des Gebetslebens ins Streckbett seiner wenig inspirierten Verse: Der höchste Grad, die erst nach dem Tode mögliche unmittelbare Schau Gottes, verhält sich zu allem vorangegangenen Liebesglück wie eine ganze Haut zu einem Riemen (was eine Erinnerung an den Freidank zu sein scheint). Vermutlich hat das Werk zusammen mit einem verwandten deutschen Prosatraktat eine gemeinsame Quelle. Der Heilsbronner Mönch hat wahrscheinlich schon vor seinen *Sieben Graden* selber einen Prosatraktat verfaßt: *Die sechs Namen des Fronleichnams.* In einer Versvorrede zu dieser erfolgreichen Schrift muß er die Prosaform noch eigens begründen: „wann swelch getiht man reimet, / Wort zu worten leimet, / Da irret oft der worter glanz / Daz der sin nicht gar ist ganz.“ Der vom späten 12. bis ins 15. Jahrhundert begegnende Topos belegt auch hier das Formproblem popularisierender Lehre, das der Mönch in seinem späteren Werk dann doch wieder anders entschieden hat.

Die *Geistliche Gemahelschaft* ist ein umfangreiches Verswerk, das ein Franziskaner namens Konrad um die Mitte des 14. Jahrhunderts verfaßt hat, und zwar vermutlich für den Wiener Hof, für den später ja auch Heinrich von Langenstein arbeitete. Größere Verbreitung als Konrads Versfassung fanden im 15. Jahrhundert wiederum Prosafassungen. Aus beträchtlicher Kenntnis (Albertus Magnus, Alexander von Hales, Bonaventura, *Filia Syon* u. a.) wird nach altem Muster die geistliche Brautschaft allegorisch ausgemalt von der Verlobung (Taufe) bis zur Hochzeit (gnadenhaft im irdischen Leben, endgültig nach dem Tode); die Gottesboten werden ausgesandt und treffen sieben Jungfrauen, von denen nur die siebente weise ist und dem Rufe des himmlischen Bräutigams folgt. Furcht, geistliche Zucht, Gerechtigkeit, Reue, Beichte und Buße treten auf und vor allem die Frau Weisheit, die im großen Mittelteil des Werks persönlich die sieben Erscheinungsformen des göttlichen Wortes erläutert. Nach Gesprächen von Glaube und Hoffnung, Furcht und Gerechtigkeit erscheint die Minne mit ihrem Hofstaat, und die Braut wird dem Gemahl zugeführt. Ein letzter Teil gilt der Schilderung des Jenseits mit den vierzehn Gaben der Seligen. Das alles ist in schöner, oft auch rhythmisch eindrucksvoller Weise würdig und wohlkomponiert vorgetragen: „von der gåistleich aynung wil ich reden durich pezzrung“, lautet die etwas moralisierend tönende Devise des Autors.

Es ist nicht verwunderlich, daß im geistlichen Kramladen des Spätmittelalters auch das Bild von Christus als Kaufmann (Matth. 13,45) anschaulich ausgeführt wird. Die Legende von *Christus und den sieben Laden* verkörpert den Typus eines allegorisch aufzählenden Exemplums; sie ist in verschiedenen illustrierten Prosafassungen beliebt gewesen: Ein Einsiedler möchte in die Welt und in seine frühere Kaufmannschaft zurück, da begegnet ihm ein Kaufmann, Christus, der ihn mit der Erläuterung seiner in sieben Laden versorgten geistlichen Ware eines besseren belehrt.

Das repräsentativste Beispiel für eine späte, populär, ja vulgär gewordene Liebesmystik (der auch eine Reihe kleinerer Strophengedichte gilt) ist das große dialogische Bilderbogengedicht von *Christus und der minnenden Seele*, nach älterem Typus im 15. Jahrhundert in der Bodenseegegend entstanden. In über 2000 Versen, die in 21 je mit einem Bild versehene Abschnitte sich gliedern, wird die geistliche Liebesgeschichte in dramatischen Gesprächen zwischen Christus und seiner Braut handfest vorgeführt. Christus weckt die Schlafende, verlangt ihre Entsagung, blendet und lähmt sie, warnt vor dem Ehebruch, entblößt sie (von zeitlichen Gütern und Ehren), hängt sie auf, macht sie trunken, lädt sie nach spielerischem Versteckspiel zum Tanz. Am Anfang schildert Christus etwa 70 Verse lang das Elend, das die Seele bei einem weltlichen Mann erwarten würde, um sie zugunsten seiner selbst von solchen Gelüsten abzuschrecken:

hettist ain weltlichen man,
mit dem müstist tag und nacht úbel zit han
Und villicht ain kind oder zway
Und darzü müyung mangerlay
Und ettwen schlahen und roffen.
So man sölt das brot koffen,
So wär ain pfennig in dem hus nicht;
Wisse dass es mengem beschicht!
Villicht keme denn der man
Umb mitternacht gan
Von dem win
Trunkner und völler denn ain schwin;
So hebt sich denn ain schweren und ain schelten . . .
(23 ff.)

Das ist Mystik in Knittelversen, nicht ohne weiteres das Zeugnis schamloser Roheit, vielmehr auch ein Stück spätmittelalterlicher Kontrafaktur und Parodie. Wenn sich derart Spiritualität und Naturalismus gegenseitig brechen, zeigt sich in aller Entartung doch auch, wie massiv und unerschütterlich solche Frömmigkeit sein kann.

## II. DIDAKTIK, SATIRE, PARODIE

### 1. Reimrede

Als eigentliches Kennzeichen der spätmittelalterlichen Literatur hat man immer wieder das Überhandnehmen der lehrhaften Dichtung bezeichnet: In allen denkbaren Formen fiktionaler oder unmittelbarer Aussage wird Wissen, Lehre, Ermahnung, Reflexion versifiziert, verbreitet und gesammelt. Nun ist ein lehrhaftes Ziel von mittelalterlicher Dichtung überhaupt kaum je wegzudenken, selbstverständlich in der geistlichen Dichtung, grundsätzlich aber auch in den weltlichen Formen von Roman und Märe sowie in der Lyrik, insbesondere Spruchdichtung. Schon die frühmittelhochdeutsche Reimpaardichtung samt den satirischen Werken Heinrichs von Melk kann man als „Rede“, als Verspredigt bezeichnen, wobei die unsangliche Form des fortlaufenden Reimpaars sozusagen „prosaischen“ Charakter hat. Früh kommt auch systematisch-moralische Lehrdichtung hinzu, mit dem *Welschen Gast* oder, als Übersetzung, mit Werner von Elmendorfs *Moralium dogma philosophorum.* Die eigentliche Wende zu einer allgegenwärtigen, nun auch von Laien produzierten und getragenen Versdidaktik markiert der Stricker, bei dem zwar das erzählerische Interesse noch stark ist, der aber mit seinen Beispielreden eine nun massenhaft werdende Kleindidaktik vertritt. Neben ein höfisches Publikum, das sich seinerseits in seinen Interessen wandelt, treten immer mehr nichtadlige, ländliche und vor allem städtische Laien, die ein ganz ursprüngliches Bedürfnis nach Belehrung in den Dingen des Glaubens, der Lebensführung, der sozialen Ordnung und des Wissens überhaupt entwickeln und im Anhören oder gar Lesen einer entsprechenden populären Versdidaktik befriedigen.

Diese Didaktik kann sich direkt äußern oder allerlei wechselnde Mittel der Veranschaulichung und der Attraktion verwenden: Einbezug von Parabeln und Exempeln, Personifikation von abstrakten Begriffen, allegorische Verschlüsselung (die aber erst recht zum Übersetzen in den Klartext zwingt), schließlich auch formale Reize, sei es in der Art der Darbietung (Dialog, Streitgespräch, Rätsel, Brief, Klage usw.) oder – eher ausnahmsweise – kunstvolle Strophik. Man tut sich in der Germanistik schwer mit dem Versuch, in dieser didaktischen Literatur des Spätmittelalters Gattungstypen zu unterscheiden und terminologische Ordnung zu schaffen. Es will dies nicht recht gelingen, weil gerade eine gewisse Formlosigkeit und Beweglichkeit bezeichnend sind und weil weder sozial noch überlieferungsmäßig klare Gruppen bestehen. Man geht am besten per exclusionem vor: Nach Ausschluß der wenigen Großwerke (die fast immer Sonderfälle sind) und nach Abzug der sanglichen Kleinformen (Lied und Spruch) sowie der Erzählung (Roman und Märe) bleibt ein Typus didaktischer Sprechdichtung in der Allerweltsform des Reimpaars, im begrenzten Umfang von einigen zehn bis einigen hundert Versen, in denen ein „Sprecher“ unter Betonung seiner persönlichen Erfahrung und Verantwortung, also meistens in Ichform, räsonierend ein Stück Glaubens- oder Lebenslehre, sozialer oder eventuell auch politischer Ermahnung vorträgt – vor einem Laienpublikum „bürgerlichen“ oder auch höfischen Charakters. Diese Reden („Reimreden“), diese „Reimsprecherkunst“ leben zunächst im mündlichen Vortrag, teilweise wohl sogar in mündlicher Überlieferung, doch haben sie eine Tendenz zur Reihung und Sammlung in zahlreichen wechselnd zusammengestellten Handschriften, die dem vermögenden Besitzer als „Hausbuch guter Lebensregeln“ dienen mochten.

Die thematisch unterscheidbaren Untergruppen haben

verschiedenes Gewicht und führen auch wieder zu andern Formtraditionen hinüber. Die politisch-moralische Satire, wie sie schon beim Stricker und beim Seifried Helbling begegnet, tritt zurück; auch die „Ehrenrede“ oder Totenklage auf bedeutende Zeitgenossen oder Gönner hat begrenzte Bedeutung; in beiden Fällen besteht Nähe zum Liedspruch. Den bedeutendsten Sonderzweig bilden die Minnereden, die wieder eine Affinität zum Minnesang zeigen. Die allgemeinen religiösen oder moralischen Reden können in mancher Hinsicht wieder auf die sangliche Spruchdichtung oder dann die Prosapredigt verweisen.

Was nun hier zunächst unter Reimrede verstanden wird – kunstlose, aber unermüdliche, gesprochene kleine Didaktik in Reimpaaren – ist am faßbarsten vertreten (bzw. als Typus abstrahiert) von einem gewissen Heinrich dem Teichner. „Also sprach der Teichnaer“ – mit diesem jeweils abschließenden Vers sind nicht weniger als 747 solcher Reimpaarreden firmiert und in Sammelhandschriften (deren 14 liegen vor, z. T. schon aus der Lebenszeit des Dichters) angehäuft. Der Teichner muß ein österreichischer „Fahrender“ gewesen sein, der mindestens zeitweise in Wien lebte und dessen Œuvre sich auf die Jahre 1350 bis 1365 eingrenzen läßt. Sein Corpus ist freilich nicht völlig bestimmbar, da die Schlußzeile auch übernommen werden konnte, um so mehr, als man „Teichner“ gelegentlich auch als Appellativum für diese Art Dichter überhaupt verstand. In trokkener, harter, humorloser Versifikation wird alles behandelt, was an Glaubensartikeln, Lebensweisheiten und sozialen Grundsätzen ein spätmittelalterliches Laiendasein beschäftigen konnte. Die wichtigste Handschrift (A, Wien) umspannt mit ihren 463 Stücken über die Trinität und die letzten Dinge, über Tugenden und vor allem Laster, über Ehe und üble Weiber, Klosterzucht, Richter und Hofleben, arm und reich und zahllose Einzelweisheiten ein überaus eindrucksvolles Kompendium. Die Kunstlosigkeit wird vom Dichter selbst zum Prinzip erhoben: Er ist gegen Gesangsvortrag, der nur verwirre, gegen formales Spiel, gegen das Erzählen von âventiure, er verknappt um der Sache willen überkommene Stilformen. Eine angemessene Würdigung dieser Reimsprecherkunst kann, mit Eberhard Lämmert, nur aus ihrer sozialen Funktion und Mission heraus erfolgen, als „soziale Dienstleistung in hohem Grade". Insofern ist sie ein laikales Pendant zur Predigt, was sich auch thematisch und strukturell aufweisen läßt. Interessant im Hinblick auf das Selbstbewußtsein solcher Laienlehre ist ein Vergleich, mit dem der Teichner die unsichtbare Präsenz Gottes, besonders in der Wandlung der Hostie, verdeutlicht:

> Got ist uns verporgen vor
> ze geleicher weis mit verspartem tor
> als latein verspierren (verschließen) chan
> dautschew wort, wie nahen ich stan,
> daz ich nicht erchenn deu wort,
> ob ichs dautsch reden hort,
> daz ichs pey ainem wort erchant.
> also hat sich got verbant
> in die menschait, als latein
> dautschen worten nympt den schein.
>
> (Nr. 7)

Das deutsche Wort ist im unverständlichen Latein verborgen und doch gegenwärtig wie Gott in der Menschheit (Christi) und in der Schöpfung – mit dem Respekt vor dem geheimnisvollen Latein verbindet sich die Berufung auf die Wahrheit der Volkssprache.

Unter den zeitgenössischen Reimsprechern, deren Werke gelegentlich auch mit denen des Teichners überliefert werden, ist unmittelbar zu fassen Heinrich Kaufringer (von Landsberg oder Umgebung, um 1400?), der neben seinen Mären auch ein halbes Dutzend geistliche und weltliche Reden hinterlassen hat, welche die Kenntnis des Teichners verraten. Einen eigentlichen Nachruf auf den Teichner, der als „slehter lai" in seiner Zucht, Weisheit und guten Lehre gepriesen wird, hat Peter Suchenwirt gedichtet (Pr. XIX), ein österreichischer Reimsprecher und, wie schon sein Name ausdrückt, Fahrender ganz anderen Stils und mit vorwiegend höfischen Beziehungen; neben seinen Lob- und Wappengedichten hat er aber auch im Stil des Teichners einige religiöse und moralische Reden zu den Themen von Spielsucht und Habgier verfaßt.

## 2. Minnereden

Nach ihrer Form und Darbietungsart kann man die sogenannten Minnereden als thematische Untergruppe der Reimreden betrachten; auch beim Teichner finden sich zahlreiche Beispiele, sofern er sich mit dem richtigen Verhalten zwischen Mann und Frau beschäftigt, über den Sittenverfall klagt, Prahlerei und Modetorheiten aufs Korn nimmt, die Tugenden der Frau und vor allem die gute Ehe preist. Mit der Idee und Praxis des höfischen Minnedienstes hat das allerdings nicht mehr viel zu tun. Nun ist es aber gerade die höfische Literatur, die sich an den Ideen von Minne und Frauendienst entwickelte, das ganze spannungsreiche, vielfältig problematische Thema „Liebe, Minne, Ehe" in Bewegung brachte und damit auch der Didaktik ein weites Feld eröffnete. In diesem Sinn sind die spätmittelalterlichen Minnereden – Tilo Brandis zählt in seinem Katalog deren 520, wobei allerdings der Begriff weit gefaßt ist und die niederdeutschen und niederländischen Stücke mitgezählt werden – ein Literaturtypus für sich. Es kommt hinzu, daß dieser Typus schon vom Thema her besonderen Bestimmungen unterliegt. Es geht hier nicht einfach um Grundsätze, sondern um die Lehre eines Weges, eines Verfahrens: sei es, daß schlicht doziert wird, wie man eine Frau verführt, sei es, daß der Weg der Vervollkommnung des Liebenden oder des Menschen überhaupt, also eine Ars amandi in höherem Sinne, zur Debatte steht. Das erotische wie das pädagogische Programm bringen ein prozeßhaftes Element herein, das den Typus, bei aller Abstraktheit, den erzählenden Formen annähern kann. Ein zweites ist der von Anfang an idealistisch-fiktive Charakter höfischer Minne, deren Didaktik im Bereich antiker Tradition, christlicher Forderungen und vitaler Wirklichkeit ein gefährliches Unternehmen ist. Dessen ist sie sich stets bewußt, und so bleibt die hier zelebrierte ideale Weltlichkeit gern im Bereich des Spiels, der Vorbehalte, des Wagnisses, und es kommt kaum zum Ernst einer Sittenpredigt oder eines Glaubensartikels. Um so eher ist das Thema zur unterhaltenden Diskussion geeignet, ist sozusagen Pseudo-Didaktik und kann sich immer wieder in Parodie oder Obszönität selbst dementieren.

Für morphologische Definitionen gibt es natürlich auch hier Schwierigkeiten. So kann man die wenigen Großwerke, die besondere Ansprüche an die metrische Form und die durchgehende allegorische Inszenierung stellen, mit zu den Minnereden rechnen oder, wie es hier geschehen soll, gesondert behandeln. Auch der Obertitel „Ars amandi“ dürfte nicht alles decken, obwohl damit die echt mittelalterliche Grundüberzeugung, daß auch die Liebe eine Kunst und ein Wissen sei, getroffen wird.

„Minne“ ist auch in der Erzählung von Anfang an Theorie, und die höfische Lyrik ist sogar wesentlich nicht Aussage der Minne, sondern Reflexion über sie. Mit Ausnahme von Hartmanns *Büchlein* beschränkt sich die deutsche Minnelehre der klassischen Zeit ganz auf diese angewandten Formen. Die minnetheoretische Einlage – als Exkurs des Dichters, als Gespräch seiner

Figuren oder gar als ganze allegorisierte Partie – ist seit Eilhart, Veldeke und Gottfried beliebt. Ja der spätere Roman hat bei Rudolf von Ems oder Johann von Würzburg erst recht den Charakter eines pädagogischen Lehr- und Bilderbuchs der Hof- und Minnekultur. Maßgebende Großwerke der Minnetheorie erscheinen in Deutschland mindestens zunächst nicht, wogegen in Frankreich zwei Werke weltliterarischer Bedeutung das Bild beherrschen. In seinem lateinischen Prosawerk *De amore* bietet der Kaplan Andreas eine scharfsinnig-hinterhältige Systematik und Kasuistik der Liebe, aus der Nähe Chrestiens und der großen Höfe von England und Frankreich (1184–86?). Und vor allem entsteht dann, in der Volkssprache, das große, ja vielleicht einzige Muster einer wirklich dichterischen Allegorie: der zauberhafte *Rosenroman* des Guillaume de Lorris (um 1230) samt seiner ironisch-satirischen Fortsetzung durch Jean de Meun (gegen 1280). Der *Rosenroman* hat nur eine niederländische Bearbeitung gefunden, Andreas Capellanus eine direkte deutsche Rezeption erst im 15. Jahrhundert.

Die Verselbständigung einer deutschen Minnerede – nach Hartmann – erscheint vielleicht wiederum zuerst beim Stricker. Die Datierung seiner *Frauenehre* von gegen 2000 Versen ist unsicher; die Distanz dieses Werks von der höfischen Klassik ist nicht nur sozial, sondern auch zeitlich begründet, wenn er eine Restauration des wahren Minnedienstes fordert und das Lob der Frauen als Inbegriff der tugent und aller Ehre und Freude doziert. Ungefähr gleichzeitig hat Ulrich von Lichtenstein nicht nur mit seinem *Frauendienst* die konkretisierende „autobiographische" Wendung vollzogen, sondern auch die Verselbständigung der Theorie. Sein *Frauenbuch* von 1257 ist ein Streitgespräch zwischen Ritter und Dame über die Minne und deren gegenwärtige Entartung, worauf der Dichter die Diskussion mit einem

Lobpreis der Frauen zu Ende bringt (2166 Verse). Von besonderem Reiz ist schließlich ein drittes Werk dieser frühen Gruppe, die *Minnelehre* eines Johannes von Konstanz (2500 Verse). Diese um 1300 entstandene Dichtung gehört wohl in den gleichen geistigen und gesellschaftlichen Rahmen, in welchem die große Inventarisierung des Minnesangs unternommen wurde. Der Verfasser war vermutlich der Bruder eines Heinrich von Konstanz, Propsts des kleinen Augustinerstifts auf dem Zürichberg. Der Text erscheint u. a. in der Weingartner Liederhandschrift. Die Geschichte einer Werbung ist das Dispositionsschema, grundsätzlich wie im *Rosenroman* und in zahllosen Minnereden sonst. Der Dichter erzählt modellhaft von sich, dem „iungelinc", der von der Minnekrankheit zu „aller frouwen crone", nämlich einer „megede" am Hof, ergriffen ist. In diesem Zustand erfährt er eine umfangreiche Traumvision, die ihn offensichtlich als gebildeten Kleriker ausweist. In einem paradiesischen Liebesgarten begegnet er dem kleinen, nackten Cupido, es erscheint dessen Mutter, die Frau Minne, auf einem schönen, von Tauben gezogenen „wegelin", er wird von ihr mit einem Pfeil ins Herz geschossen, belehrt und beraten. Auf diesen artigen Konstanzer oder Zürcher Triumph der Venus folgt ein Briefwechsel des Dichters mit der jungen Dame, die sich langsam und sukzessive zu einem Stelldichein und schließlich programmgemäß zum „umbevanc" überreden läßt. Das gemahnt an Minnemotivik aus Veldeke oder Gottfried und ist antikisch-ovidische Tradition – jedenfalls, trotz höfischen Vokabulars, keine Dienstminne. Ausdrücklich wird vor der Liebe zu bereits verheirateten Damen gewarnt, und das Mädchen denkt ängstlich, was „väterlin" und „liebiu muoter" sagen würden. Auch das Mittel der Korrespondenz mag an Hadlaub erinnern. Der Liebesbrief wird eine häufige Form der Minnerede, sei es nach dem Vorbild lateinischer Liebesbriefsteller oder in Anlehnung an das Botenmotiv der Minnelyrik, ganz abgesehen natürlich von wirklicher Praxis dieser Art.

Von nun an erweist sich die Minnerede für anderthalb Jahrhunderte als eine nicht umzubringende, trotz aller Vielfalt monotone Gattung, deren anhaltende Faszination nur daraus erklärbar ist, daß unter dem Stichwort „Minne“ der Inbegriff menschlichen Strebens und menschlicher Bildung gesucht wird. Es ist ein erstaunliches Spiel mit den Restbeständen einer hohen Zeit, darum auch sehr häufig durchsetzt mit der Klage um den Verlust wahrer Minnetugenden. Genereller Ritter- oder Frauenpreis wechselt mit der Rüge übler Weiber oder Liebhaber. Wechselnd ist der Ernst, mit dem eine mehr idealistische oder mehr ovidisch-frivole Theorie vorgetragen wird. Und wie die Minne emphatisch in religiöse Zusammenhänge gesteigert werden kann, so gibt es auch immer wieder die parodistische Umkehrung der Tendenz ins Dörperliche oder Obszöne.

Für die volkssprachliche Explikation der Minneethik mit ihren Tugenden und Lastern kommt, mindestens in den kleineren Gedichten, eine systematisch-moralphilosophische Darlegung kaum in Frage. Um so wichtiger und beliebter ist die Technik der Personifikation: Wie schon im Minnesang und in der Spruchdichtung Frau Minne oder Frau Maße oder Frau Unvuoge erscheinen, so liegt nun der Erschaffung einer ganzen konfusen Population von solchen existenz- und konturlosen Ad-hoc-Gestalten nichts mehr im Wege, und je nach Ehrgeiz des Dichters können diese in größere allegorische Handlungen einbezogen werden.

Wir müssen hier auf eine Aufzählung der vielen, oft anonymen kleineren Texte und ihrer Sammlungen verzichten und beschränken uns auf einige größere Werke der Minnedidaktik, in denen versucht wird, das Potential allegorischer Technik auszuschöpfen, zu kunstvolleren Kompositionen zu gelangen und eine gewisse Enzyklopädik zu erreichen, Werke, die ihrerseits in den späteren Minnereden wieder Schule gemacht haben.

### 3. Große Minneallegorien

Ein literaturkundiger, wenn nicht gelehrter Anonymus, vermutlich aus dem Bistum Würzburg, hat um 1340 die *Minneburg* verfaßt, ein erfolgreiches Werk, das in zwei Versbearbeitungen und einer späteren Prosaumschrift vorliegt und vielleicht das anspruchsvollste allegorische Konglomerat der deutschen Minnedidaktik darstellt. Nach einem lyrischen Prolog geschraubten Stils wird in rund 5500 Versen folgendes vorgetragen: An einem heißen Sommertag geht der Dichter spazieren, gelangt in ein hohes Gebirge und dann mittels eines Floßes in eine anmutige Landschaft. Hier steht die kostbar und bedeutungsvoll ausgestattete Minneburg, meisterlicher gebaut als Troja, Munsalvaesche oder der Tempel Salomons, und darin eine Wundersäule, in der sich ein männliches Bildnis aus Glas und ein weibliches aus Stahl befinden; die Gestalten neigen sich zueinander, und im Tausch der Blicke wird das Kind „Minne" gezeugt; Mann und Frau verkörpern zugleich die obersten Seelenkräfte Verstand und Wille (eine ungewöhnliche Metaphysizierung des Themas). Ein alter Meister in Alexandrien gibt dem Erzähler Auskunft über die Minneburg und unterrichtet das Kind über die Minne. In diese Lehre schaltet der Dichter die persönliche Anwendung, d. h. eigene Betrachtungen und Klagen zuhanden seiner Dame, ein. Nun unternimmt die Minne (das Kind) mit einem Gesinde von Leidenschaften einen Feldzug und belagert eine von den Tugenden verteidigte Burg namens Freudenberg. Die Aktion endet mit einem Vergleich der Gegner, mit der Hochzeit mit der Burgherrin und der Geburt einer neuen Minne (Widerminne, Gegenliebe), während die Burg vergeblich von Kläffern umlagert wird. Ein letzter, lose angeschlossener Teil führt ein großes Minnegericht vor, wo unglückliche oder betrogene Liebende, unter ihnen auch der Dichter, ihre Klagen vorbringen.

Was dem ersten Blick nur als Kuriosum erscheinen mag, steht in einer wohlbegründeten Tradition von tausend Jahren. Grundlegende Bücher des Mittelalters, Prudentius vor allem mit seinem christlichen Epos vom Kampf personifizierter Tugenden und Laster, aber auch Martianus Capella mit seiner Bildungsallegorie gehören dazu, und im Hochmittelalter haben Alanus von Lille und der *Rosenroman* neue Maße gesetzt. Allegorie liegt dort nahe, wo es hinter der anschaubaren Wirklichkeit eine andere, eigentliche gibt – die theologische Hermeneutik hat die Entzifferung des geistigen Sinns der Schrift und der äußeren Wirklichkeit zur hohen Kunst entwickelt – und wo nun umgekehrt versucht werden kann, geistige Sachverhalte künstlich zugleich zu veranschaulichen und im Uneigentlichen zu verrätseln – was nicht zuletzt unter der Anweisung der lateinischen Rhetorik geschehen kann. Der Reiz liegt in der Parallelführung der beiden Ebenen, die aber gelegentlich auch vermischt und verwirrt werden, liegt im Schweben zwischen Verfremdung und Zwang zur Entschlüsselung, im Gegeneinander von Phantastik und rationaler Lehre. Die Mehrdeutigkeit – z. B. daß die Burg in unserem Werk die reine Frau, das Wesen der Minne, die Geliebte des Dichters und die Tugenden bedeutet, umgekehrt aber auch die Frau wieder verschieden verkörpert werden kann – ist offenbar ein geschätztes Raffinement und keineswegs nur Konfusion. Die *Minneburg* ist besonders kompliziert schon im Aufbau. Das tragende Gerüst, die Erzählung von der Entstehung der Minne und dem Erlangen des Minneziels, wird durch lange lehrhafte Partien und durch Exkurse des Dichters selbst, also durch Minnereden im engern Sinn (Klage, Lobpreis, Werbung), unterbrochen.

Der Autor operiert somit auf verschiedenen Ebenen. Es scheint, daß ihm auch die geistliche Allegorese vertraut ist, und dem entspricht es, wenn er in seinen Prologstrophen die irdische Liebe kühn in den christlichen Heilszusammenhang rückt. Dazu kommt, vor allem in den eingeschalteten Partien, eine ausgesprochen preziöse, dunkel-verschnörkelte Diktion nach der Manier Konrads von Würzburg, Frauenlobs, des *Jüngeren Titurel*:

Ach got, wie ist verselket (versenkt),
Vermuoret und verkelket (vermauert und übertüncht)
In mich der mynnen kunder (Wundertier)!
Die mynne hat nuwe wunder
Mir in daz hertze gestiftet.
Ich forcht mir sy vergiftet
Min freudenricher wandel,
Daz ich fur freuden mandel
Werde eßen leides zeidelbast.
Ir mynnenclicher sußer glast
Mich in dem hertzen kitzelt,
Daz mir min freude verhutzelt
Ist und auch gar verdorret. (2306 ff.)

Ähnlichen manieristischen Stil zeigt ein gewisser Meister Egen von Bamberg, der in der *Minneburg* mehrfach als Vorbild erwähnt wird und von dem in der Tat einige kürzere Minnereden vorliegen.

Was die Titelmetaphorik betrifft, so findet sich das castrum amoris schon bei Ovid, und ebenso alt und ehrwürdig und immer neu entdeckt ist die Auffassung der Liebe als Krieg und Belagerung. Auch darf man wohl an die mystische Analogie, das Bürglein der Seele, die Seelenburg erinnern. Im übrigen gehört die Vorstellung zu der die Allegorien beherrschenden Bild- und Symbolwelt von Bauwerken (Burg, Palast, Kloster, Kirche, mit Gärten und idealer Landschaft) sowie der zugehörigen Institutionen (Orden, Sekte, Konzil, Turnier). Was schon in Hartmanns „Hoves fröide“, in Minnegrotte, Gralsburg und Gralstempel erscheint, kann sich in der Minnedidaktik selbständig entwickeln.

Zu diesen Allegorien gehört auch das *Kloster der Minne* (alemannisch-bairisch, Mitte 14. Jahrhundert, 1890 Verse). Auf dem üblichen Eröffnungsspaziergang begegnet der Dichter einer Sendbotin der Königin Minne, die ihn zu einem seltsamen Konvent in wunderbarer Landschaft weist: In einer unendlich weiten Anlage, mit zwölf Toren wie das himmlische Jerusalem, findet er viele vornehme Damen und Herren, die in klösterlicher Ordnung ein „lustlichez“ Leben führen, wohnt einem großen Turnier bei und wird von einer reizenden Begleiterin (die er kennt) über alles informiert. Wer nun in dieser Dichtung, etwa im Gedanken an das *Liebeskonzil im Kloster Remiremont* (lateinisch, 12. Jahrhundert) oder an Rabelais und die Abtei Thélème, eine frivole Parodie oder Satire erwartet, sieht sich enttäuscht: Die Organisation des Hof- und Minnelebens in geistlichen Formen zielt vielmehr ähnlich wie die *Minneburg* auf die letztliche Identität von Minne- und Gottesdienst, oder der Dichter ist doch zu diskret, vielleicht auch zu naiv, um das Thema erotisch auszuspielen. Wenn die Herrin des Ganzen, die Frau Minne, überhaupt nicht in Erscheinung tritt und das Kloster nicht im einzelnen durchallegorisiert wird, so erweist sich das Werklein eher als eine liebenswürdige Utopie. Die Ansicht, diese sei von der ursprünglichen Ordnung des von Ludwig dem Bayern gestifteten Klosters Ettal inspiriert (Männerkonvent mit einem Annex für Ehepaare und Witwen), läßt sich kaum halten. Im übrigen hat dann ein viel jüngeres Werk, das *Weltliche Klösterlein* (1472), dem Thema eine verwandte, aber nur noch scherzhaft-pikante Behandlung zukommen lassen.

Ungefähr gleichzeitig mit der Burg- und Klostermetaphorik erhielt ein anderer Bereich hohe allegorische

Würde und Popularität: die Jagd. An sich mag es unschön und männlich brutal berühren, wenn die Werbung um eine Dame als Jagd auf ein Wild verstanden wird. Auch daß bereits Ovid die Metapher kennt, macht sie nicht feiner. Doch ist zu bedenken, welche Rolle das Weidwerk als aristokratisches Vorrecht, als Kunst und Vergnügen spielt, daß es sich in unserem Fall um eine Such-Jagd handelt und daß um die jagdliche, ritterliche Suche Wolframs *Titurel*-Strophen kreisen. Wir treten jedenfalls in einen Bildzusammenhang von langer Geschichte und vielen Dimensionen ein. Hadamar von Laber, der Angehörige eines oberpfälzischen, mit dem Hof Ludwigs des Bayern eng verbundenen Adelsgeschlechts, hat mit seiner *Jagd* (meist gegen 1340 datiert) ein ausgesprochen anspruchsvolles Werk geschaffen und dazu wohl nicht zufällig die Titurelstrophe gewählt – in starkem Gegensatz zu fast allen vorangehenden Minnelehren. Der Dichter zieht aus, um ein edles Wild zu stellen, mit dem Leithund „Herze“ als Begleiter und einem Troß von Knechten und Hunden, die sich Glück, Lust, Liebe, Gnade, Freude, Wille, Harre (Geduld) usw. nennen. Umständlich wird im Walde des „schalks“ (Gefahren der Minne) die Jagd organisiert. Die Einkreisung gelingt, aber Herze reißt sich los und wird von dem aufbrechenden Wild verwundet. Auch ein zweiter Versuch schlägt fehl, die Hunde werden von Wölfen (Merkern) vertrieben, am Schluß ist der Jäger allein mit Harre auf der erfolglosen Suche:

Harre lie do schinen
als er e dicke erzeiget
wie groz er was in pinen.
Daz houbt er aber nach der ferte neiget.
Er iaget hin an Fröuden und an Wunnen,
an Trost und ane Helfe,
der hunde was im aller do zerųnnen.

(564)

Die allegorische Erzählung wird wiederum durch Klagen des Dichters, Gespräche und Reflexionen vielfach unterbrochen und verunklärt. Die detaillierte Allegorie zwingt zur Auflösung und darf doch nicht gepreßt werden. Nobel und höfisch ist der Grundgedanke: Das Wild entkommt, weil der Jäger zögert, den Hund Ende einzusetzen; die Ehre der Dame soll nicht angetastet werden, das Harren der Liebe hat seinen Lohn in sich.

Hadamars vielfältige Nachwirkungen sind hier nicht aufzuzählen. Von dem unverminderten Interesse aller Schichten an der Gattung der Minnedidaktik überhaupt sollen hier nur noch drei identifizierbare Autoren mit ihren Namen zeugen. Ein Meister Altswert (Name eines Fahrenden aus dem Elsaß, 2. Hälfte 14. Jahrhundert) huldigt mit vier Minnereden einer wohl bürgerlichen Geliebten, die er in der Topik auch noch des volkstümlichen Liebesliedes mit der Initiale – G – anspricht. In seinem *Der Tugenden Schatz* sind wir am strahlenden Hof der Frau Venus. Eberhard von Cersne (Kanonikus in Minden, 1404) hat in seinen umfangreichen *Minneregeln* erstmals den Kaplan Andreas ausgiebig benützt. Der württembergische Adlige Hermann von Sachsenheim (gest. 1458) verfaßte in hohem Alter und konservativer Gesinnung unter anderm drei allegorische Minnelehren und dazu eine grobe, pasturellenartige Selbstparodie (*Die Grasmetze*). Die personifizierende und allegorisierende Dichtungstechnik ist noch lange aktuell: zum umfassenden Mittel der Selbstdarstellung verwendet sie noch und wieder Kaiser Maximilian in seinem *Teuerdank*.

## 4. Ständedidaktik

Die Minnelehre behält den Charakter einer höfischen Spezialität, auch wenn ihr Thema über die ursprünglichen Grenzen sachlicher und gesellschaftlicher Art erweitert wird. So gibt es denn daneben die Bemühung um eine umfassende, für jedermann und jederzeit gültige Morallehre. Seit Thomasin und Freidank und erst recht mit Hugo von Trimberg entfaltet sich eine moralische Enzyklopädik, die sich eine Fülle von Kleinformen unterordnet und bereits ins Uferlose zu geraten droht. Mit wachsender Bedeutung der Städte und ihres bunter werdenden gesellschaftlichen und wirtschaftlichen Lebens, mit dem Aufstieg und der zunehmenden Selbstbesinnung auch der dörflich-bäuerlichen Existenz wächst allenthalben das Bedürfnis nach anschaulichen Modellen des sozialen Gefüges, nach Reflexion dessen, was sich in spätmittelalterlicher Wirklichkeit vollzieht. Das bedeutet in den meisten Fällen natürlich nicht eine politische, juristische oder gar soziologische Argumentation; auch ein kämpferisches Engagement, wie es sich bei Wernher dem Gärtner, gelegentlich beim Stricker und bei Seifried Helbling zeigt, bleibt selten. Meistens geht es darum, das Zusammenleben der Menschen im Ganzen einer umfassenden Ordnung, die Verteilung ihrer Aufgaben, Pflichten und Rechte im Rahmen einer allgemeinen wie spezifischen Lehre von den Tugenden und Lastern darzustellen. Man denkt nicht in Klassen, sondern in Ständen, was immer das heißen mag.

„Got hât driu leben geschaffen, gebûre, ritter, phaffen“, sagt Freidank. Das Ordo-Denken, das sich in der Scholastik am schärfsten ausprägte, betrifft die gesamte Kreatur und in ihr, freilich durch ständige Insubordination bedroht, auch die menschliche Gesellschaft. Das alte Schema der genannten drei Stände – Nährstand, Wehrstand, Lehrstand – wird zwar theoretisch kaum in Frage gestellt, entspricht aber den faktischen Verhältnissen längst nicht mehr. Einen „Stand“ von Rittern gibt es höchstens in der idealistischen höfischen Dichtung, de facto meint das Wort immer noch oft nur den berittenen Soldaten, der etwa mit dem Feudalherrn nur in einer verblassenden Idee etwas zu tun hat. „Bürger" sind zunächst alle Burg- und Stadtbewohner und jedenfalls in dem genannten Ternar nicht unterzubringen; wo sich der Begriff im modernen Sinn ausprägt, sind sofort die oft großen Klassenunterschiede zwischen (Fern-)Handel und Handwerk zu bedenken. Jedenfalls geht es in der Didaktik meistens darum, die Ständeordnung zu differenzieren nach Funktionen, Privilegien und vor allem Berufen. Der Ordo-Gedanke wird nicht preisgegeben, aber sozusagen konkretisiert und detailliert. In der städtischen Wirklichkeit geschieht dies durch die überall seit dem späten 13. Jahrhundert erscheinenden Zunft- und Regimentsordnungen; in der moralischen Literatur mit ihrem oft abstrakten oder allegorischen Systemzwang werden Ständerevuen in allen möglichen Formen überaus beliebt: katalogartige Aufreihungen oder auch Auftritte der nach Stand, Beruf, Alter, Geschlecht oder sonstwie unterscheidbaren gesellschaftlichen Gruppen. Wir begegnen ihnen in der Predigt, im Lehrgedicht, im Drama. Diese Revuen verbinden in ihrer schlichten Freude an der Aufzählung und Reihung den bunten spätmittelalterlichen Partikularismus mit der unerschütterten Idee der solidarischen Zugehörigkeit des einzelnen zu einem Ganzen.

Etwa zur gleichen Zeit mit den Minneallegorien und den städtischen Zunftordnungen erscheint in der Literatur eine neue, überaus erfolgreiche Rahmenvorstellung, mit der eine sozial gegliederte Morallehre entwickelt werden konnte, die zugleich unterhaltend und wenigstens zum Schein systematisch war: das Bild, die Allegorie vom Schachspiel (schachzabel). Seit dem *Ruodlieb*-Roman ist das Schachspiel auch in Deutschland bezeugt: als Spiel der Könige, mit seinem ehrwürdigen orientalischen Ursprung, mit seiner Verbindung von Geheimnis und Scharfsinn hat es von jeher symbolische Interpretation erfahren, als Kriegsspiel, aber zunehmend auch als

Abbild der gesellschaftlichen Ordnung. Schon die den mittelalterlichen Schachbüchern beigegebene Entstehungsgeschichte des Spiels läßt es erfunden sein zur Belehrung und Besserung eines mißratenen Königssohnes. Trotz gelegentlicher kirchlicher Anfeindung gewinnt das Spiel im 12. und vor allem im 13. Jahrhundert weitere Verbreitung und schließlich seine literarische Interpretation. Ein spanisches *Buch vom Schach-, Würfel- und Brettspiel*, das König Alfons der Weise 1283 schreiben ließ, ist aufgrund arabischer Quellen noch eine rein sachliche Anleitung zu den verschiedenen Spielarten. Maßgebend für ganz Europa wurde aber eine lateinische Schach*allegorie*: das Prosawerk eines gelehrten oberitalienischen Dominikaners, Iacobus de Cessolis, der gegen Ende des 13. Jahrhunderts in einem französischen Kloster lebte: *De moribus et de officiis nobilium super ludo scaccorum*, ein Sittenspiegel insbesondere für Fürsten, den der Verfasser ursprünglich als Predigtserie geplant hatte. Damit wurde eine ganze Literaturgattung begründet, die noch bei den Neulateinern Hieronymus Vida und Jakob Balde vertreten ist.

Eine erste – kürzende – deutsche Versbearbeitung des de Cessolis entstand schon um 1300 durch einen Heinrich von Beringen, vermutlich einen Augsburger Kanonikus. Unabhängig von diesem nur in einer einzigen Handschrift überlieferten, gut geschriebenen Werk entstand ein anderes *Schachzabelbuch*, das viel ausführlicher war und für die ganze folgende Tradition maßgebend wurde: das 1337 vollendete Werk des Konrad von Ammenhausen, Benediktinermönch und Leutpriester im Städtchen Stein am Rhein. Mit seinen über 19 000 Versen ist es eine stark erweiternde und sozusagen verbürgerlichende Bearbeitung derselben Vorlage. Nach der Ordnung der Spielfiguren werden die Stände abgehandelt: nach dem Königspaar die weltlichen Herrscher, nach den „Alten“ (Läufern) die Richter, nach den „Rittern“ (Springern) die Ritter, nach den „Rochen“ (Türmen) die Landvögte und überhaupt hohen Beamten, und dann nach den acht „Venden“ (Fußsoldaten, „Bauern“) 1. die Bauern, 2. die Bauhandwerker, 3. das mit Haut und Haar (circa pellem) befaßte Gewerbe, das von den Wollwebern über die Metzger und Bartscherer bis zu den Schreibern reicht, 4. die Kaufleute und Geldwechsler, 5. die Ärzte und Apotheker, 6. die Wirte, 7. die Stadthüter und Amtsleute und 8. die Verschwender, Spieler und Läufer (Boten) – auch die Nichtsnutze haben ihren Platz, ihre Funktion. Zu jedem Stand werden die einschlägigen Tugenden und Laster aufgezählt und mit Beispielen, Anekdoten, Exkursen aller Art, oft aus eigener Erfahrung, illustriert. Diesem Hauptteil voran geht die Geschichte der Entstehung des Spiels in Chaldäa, und es folgen ihm die Bedeutungen des Spielbretts, der Stellung und des Gangs der Figuren – alles zusammen ein Bild der Stadt Babylon, eines Reiches, ja der Welt überhaupt. Die geistliche Hierarchie ist dabei praktisch ausgeklammert: Das Spiel betrifft die profane Welt, der gegenüber der Verfasser bei mehreren Gelegenheiten die geistlichen Privilegien im Rechts- und Steuerwesen zu verteidigen weiß.

Konrad, vermutlich ein Bauernsohn vom thurgauischen Seerücken, scheint wenig zu wissen von den großen geistigen Ereignissen in seiner Nachbarschaft – weder von der höfischen Literatur und ihrer Pflege in Konstanz und Zürich noch von der mystischen Frömmigkeit in den Nachbarklöstern zeigt sich die geringste Spur. Auch das gehört zum spätmittelalterlichen Partikularismus. Der Benediktiner und Pfarrer predigt die sittliche Praxis im täglichen Leben, mit speziellem Sinn für Recht, Rechtlichkeit und Treue, welche das Zusammenspiel der gesellschaftlichen Gruppen erst ermöglichen. Er tut dies offen, aufmerksam, pragmatisch und behaglich, weiß aber auch gelegentlich: es wird nicht viel helfen (7400). Wenn er von den Rittern spricht, so sind ihm das weniger die Hofleute als die milites, über die er mit antiken Exempeln argumentiert; er fordert entsprechend der ständischen Aufgabenteilung vor allem den Schutz der Schwachen durch sie (nicht ohne einen Ausfall gegen die Raubritter seiner Zeit) und denkt dabei nach den „gotzhüsern" und der „pfaffheit" speziell an die Bauern:

ir schirm sol ouch sîn bereit
witwen, weisen und dâbî
swas andrer antwerchlüte (Handwerker) sî,
und sunderlich, swer bûwes pfligt (wer Landwirtschaft treibt),
sîd an den bûlüten ligt
der mêrteil aller welt genuht (volles Genügen):
si bûwent ûs der erde vruht,
der alle die lüte müessen leben.

(7386 ff.)

Später bezeichnet er die gerechten Bauern sogar als „ein krôn ob andern antwerklüten" (10266 f.). Er empfiehlt ihnen immerhin die gewissenhafte Entrichtung des Zehnten, Solidarität mit den Nächsten und Arbeitsfleiß, wobei er sich nicht versagt, alle Zweige der Landwirtschaft samt Bodenseefischerei genauestens zu explizieren. Darin zeigt sich neben der alten Idee des Menschen als Adam und Ackermann wohl auch das eigene Herkommen. Auch der Bürger erscheint nun bei Konrad als geläufiger Begriff (4917); selbst die bei Thomasin und Freidank theologisch noch scheel angesehenen Kaufleute und Geldwechsler haben ihre Geltung, sofern sie ehrlich und treu sind. Trotz eines gewissen Mißtrauens gegen die Städte und ihre politischen Bestrebungen (Städtebünde) betont der Dichter doch, daß nun die Untertanen allzu harter Herren in eine freie Stadt fliehen und dort Frieden finden können.

Konrads liebenswürdiges und reichhaltiges Werk ist viel gelesen (24 Handschriften) und mehrfach für Bearbeitungen benützt worden. So hat noch 1507 der Konstanzer Arzt Jakob Mennel einen kurzen Auszug in Versen hergestellt. Die ursprüngliche Nähe des Schachbuchs zur Predigt schlägt hingegen wieder durch in dem Prosatraktat, den ein Straßburger Dominikaner, der sich Meister Ingold nennt, unter dem Titel *Das goldene Spiel* etwa 1430–50 verfaßte. Es ist zur Hälfte eine Schachallegorie, der dann anhand von sechs anderen Spielen je eine spezifische Ermahnung beigefügt wird: sieben Spiele, sieben Todsünden.

Ein auf seine Art bedeutendes und originelles Werk aus der räumlichen Nähe Konrads ist *Des tüfels segi* – die in 4 Fassungen (7050–13 660 Verse) überlieferte Ständerevue eines seeschwäbischen Anonymus aus der Zeit um 1420 (Anspielungen auf das Konzil). Die allegorische Rahmenvorstellung ist der Seelenfang des Teufels mit der segi (mhd. segi, segene, aus lat. sagena), dem besonders im Bodensee verwendeten großen Schleppnetz, unter Mithilfe seiner sieben Knechte, den sieben Todsünden, in unheiliger Analogie zu Matthäus 13,47. Der Teufel selbst berichtet darüber, von einem Einsiedler in der Reihe der Stände nach den Listen und Tücken seines Menschenfangs befragt. Am Schluß erscheint Christus und ermächtigt den Teufel, die Sünder in die Hölle zu bringen. Das letzte Wort behält der Teufel:

> Hiemit ker ich mit den minen hin
> In die bittern helle pin. Amen.

Das primitive, aber machtvolle Werk ist weit weniger konstruktiv als Konrads Sozialgemälde. Die Ständerevue ist im wesentlichen als Sündenkatalog nach Art der Beichtspiegel angelegt, im Ergebnis eine Straf- und Drohpredigt, die ihrerseits wieder an die Teufelsszenen einzelner Osterspiele oder an die Totentänze erinnern kann. Im Mund des Teufels ist eine solche Predigt allerdings nicht ganz überzeugend. Er enthüllt sich zwar gezwungenermaßen, aber fällt dann doch immer wieder aus seiner Rolle und spielt selbst den Prediger. Dem Leser bleibt die gefährliche Möglichkeit, sich allzusehr in den Teufel einzufühlen. Dieser ist zwar der Beauftragte Gottes, aber doch kaum als Sprachrohr des Predigers geeignet.

Schon von der Anlage her gilt hier eine radikale Haltung: Städtisches Bürgertum ist zwar jetzt eine selbstverständliche Wirklichkeit, aber die Kaufleute sind fast alle des Teufels. Die landflüchtigen Bauern finden keine Gnade (12 355 ff.). Der Stände-Ordo hat verbindlichen Charakter. Man kann darin zeitgeschichtliche Reflexe sehen und an den wenig späteren rabiaten bauernfeindlichen Dialog des Zürcher Frühhumanisten Felix Hemmerlin erinnern, der allerdings mehr politisch als religiös motiviert ist. Vor allem ist nun auch die Geistlichkeit nicht mehr vom Strafgericht ausgenommen. Die Hierarchie wird von den Päpsten (hoffart, gitikeit und übermuot) über den ganzen Klerus herab, von Äbten und Mönchen, Äbtissinnen und Nonnen bis zu den Waldschwestern, Beginen, Klausnerinnen und Vorklausnerinnen detailliert durchgenommen – unter heftigsten Vorwürfen wie Habsucht, Gleisnerei und Unzucht, wobei sich die Anklage stellenweise zu eigentlicher Ablehnung des Klosterlebens und der Geistlichkeit überhaupt auswächst:

> Nieman sich an die gaistlichen ker!
> Kain gewissne hand si um kain sach,
> Ir gemüt ist unrain, boes, nidig und swach.
>
> (5063 ff.)

Dies sagt der Teufel und meint wohl der Dichter, der an solchen Stellen den Übergang der alten, ausgeleierten Reimpaardichtung zum ausdrucksvollen Knittelvers erkennen läßt. Viel kürzer werden die Ritter abgetan – sie vernachlässigen ihre Standespflichten und sind wegen

Hoffart, Räuberei, Gewalttat und „ussrot der e wiben" (außerhalb der Ehe sich beweiben) meistenteils „des tiufels kind". Nur die eigentlichen Asketen, Einsiedler und freiwillig Armen kommen fast ungeschoren weg. Darum hat man im Dichter einen Mann vermutet, der zwar in enger Beziehung zur Geistlichkeit stand, vielleicht selbst Kleriker war, aber mit seiner radikalen Haltung oder gar mit persönlichem Asketentum sich außerhalb der Institutionen fühlen konnte.

Es bietet besonderes Interesse, neben solchen Enzyklopädien nun auch einen *Ritterspiegel* zu finden, also die spezielle Darstellung des in mancher Hinsicht – ideell und in Wirklichkeit – problematisch gewordenen Elitestandes. Johannes Rothe, Weltgeistlicher bürgerlicher Herkunft, Jurist, Historiker, Leiter der Stiftsschule St. Marien zu Eisenach (um 1360–1434), hat neben einer thüringischen Chronik (deren Prosa er in einer Reimvorrede noch entschuldigen zu müssen glaubt) und Dichtungen über die Passion, über Elisabeth von Thüringen und über die Tugend der Keuschheit für seine adligen Freunde sein kleines Lehrbuch des Rittertums geschrieben (4100 Verse in Kreuzreimen, um 1415). Die Lehre erfolgt aus bürgerlicher und gelehrter Perspektive, also auch hier von außen, aber in Sorge um das Schicksal eines dem Verfasser vertrauten Standes. Denn einen Stand im alten Sinne sieht auch er in den Rittern (wobei „miles" die Bezeichnung des Soldaten wie des Adligen ist), deren Aufgabe das Führen der Waffen zum gemeinen Nutzen ist und auf die allgemeinen menschlichen Tugenden bezogen bleibt; argumentiert wird mit der Bibel (Altes Testament), mit antiken und christlichen Autoren, wobei für die Kriegskunst insbesondere Vegetius herangezogen wird. Alle Stände freilich sind im Blick des Geistlichen der Vergänglichkeit unterworfen, vor der alle Menschen gleich sind. Diese ordo-gemäße Legitimation betrifft nicht den „licham", sondern Herz und Blut, d. h. den

Geist, und sie kann durch Untugend (wie hochvart, hure und worffelspil) jederzeit verlorengehen; Adel und Freiheit beruhen auf der Tugend (1545, 2061). So hält Rothe denn auch daran fest, daß der Ausgleich der moralischen und der sozialen Stellung immer wieder erfolgt: Rechte Eigenleute werden tüchtige Bauern, ihre Kinder ziehen in die Städte, reiten an die Höfe, können Lehensträger und in vierter Generation zum Ritter geschlagen werden (409 ff.); sie sind für sich und ihre Nachkommen adlig, wenn sie mannhaft und unverdrossen bleiben. Auch wenn dies theologisch und juristisch korrekt sein kann, bleibt es doch recht theoretisch. Konkreter sind die differenzierten Ratschläge, wie sich arme Ritter behelfen können: Ein weniges an standesgemäßem Handel und Geldausleihen ist ihnen erlaubt, dagegen kein Handwerk außer Landwirtschaft und Herstellung von Waffen (Büchsen und Bolzen) (2175 ff.). Scharfen Tadel erfahren wieder die Raubritter, die „ritter obir kuwedreck" (943). Was die eigentliche höfische Erziehung anlangt, so ist ein wenig von Hofzucht (Leibesübungen, Schachspiel, Bedienen bei Tisch) die Rede, nicht aber von Minnedienst und Jagd. Dafür wird das Erlernen von Lesen und Schreiben und der Sieben Künste empfohlen. Breite Erläuterung finden dagegen das Wappenwesen, die Ausrüstung und die äußeren Vorrechte des Ritters. Rothes nur in einer einzigen Handschrift überlieferter *Ritterspiegel* ist offenbar ohne Echo geblieben. Uns zeigt er die Schwierigkeiten eines gesellschaftlichen Selbstverständnisses zwischen biblisch-antiken Autoritäten, höfischer Ideologie und Wirklichkeit.

## 5. Geistliche Allegorie

Daß auch die geistliche Lehrdichtung sich der allegorischen Einkleidung bedient, ist um so selbstverständlicher, als die weltliche Allegorie ja erst aufgrund der geistlichen und als Parodie zu dieser entstehen konnte. So allgegenwärtig die allegorische Veranschaulichung und Ordnung geistlicher und geistiger Sachverhalte in der Predigt und allgemein in der geistlichen Literatur sind, so sind durchgehaltene Allegorien großen Stils aufwendig und selten. Das einzige Werk, das hier genannt werden kann, ist die *Pilgerfahrt des träumenden Mönchs*, entstanden als Übersetzung aus dem Französischen – was im geistlichen Bereich ebenfalls selten, in diesem Fall aber bezeichnend ist. *Le pelerinage de vie humaine* ist 1330/31 entstanden als Arbeit eines Zisterziensermönchs, Guillaume de Deguileville, der sich selbst auf den *Roman de la rose* als sein Vorbild beruft. Es handelt sich also um eine Art Rück-Kontrafaktur, womit man auch wieder zur altchristlichen Allegorie nach der Art des Prudentius zurückgeführt ist.

Das französische Werk war ein großer Erfolg und wurde in mehrere Sprachen übersetzt. In Deutschland entstanden nicht weniger als drei verschiedene Fassungen, die allerdings alle ohne eigentlichen Nachhall blieben: Am Anfang des 15. Jahrhunderts entsteht eine rheinfränkische Versübertragung (Handschrift in Berleburg); unabhängig davon 1444 eine ebenfalls metrische, aber wesentlich gewandtere Fassung (Entstehung und Handschrift in Köln); schließlich aufgrund der Berleburger Fassung eine Prosa (2 Handschriften des späteren 15. Jahrhunderts). Der Mensch unterwegs, als Homo viator, im Weltlichen der Ritter auf der Suche – dieser Grundgedanke des christlichen geschichtlichen Menschenbildes ist hier als konsequente und genaue Allegorie ausgeführt. Der Verfasser sieht in einer Traumvision das himmlische Jerusalem und macht sich als Pilger dorthin auf. Seine Ausrüstung und seine geistliche Vorbereitung werden detailliert auf die Glaubensartikel und die kirchlichen Heilsmittel hin ausgeführt. Er ist auf seiner Wallfahrt begleitet von der „Gnade" und der „Redelichkeit"

(Köln: „recht verstentenisse“), begegnet vielen andern Wesen (Natur, Weisheit, Tugenden und Laster usw.), geht seinen Weg durch manche Gefährdungen und gelangt zu Alter und Krankheit, bis ihn ein altes Weib („la mort“, in der Kölner Fassung der Sensenmann) überfällt – in diesem Moment wacht der Dichter auf. Die Heilsgeschichte ist im individuellen und sozusagen alltäglichen Nachvollzug dargestellt und führt denn auch nicht über den Tod hinaus. Es ist der einzelne Mensch, der hier seinen Heilsweg geht. Die Allegorie ermöglicht, wenn auch noch abstrakt und schematisch, den Lebensgang des Menschen zu erzählen, mit dem Tod als Ende – nicht mit einem Märchenschloß, einer gepflückten Rose, einer eroberten Minneburg –, freilich auf dem Weg zur ewigen Stadt. Damit war die Möglichkeit einer auch autobiographischen Vertiefung angelegt, wie sie in später Deszendenz von Guillaume de Deguileville eines der berühmtesten englischen Bücher brachte: *The Pilgrim's Progress* des John Bunyan (1675).

## 6. Die Fabel

Die „äsopische“ Fabel – d. h. die als bîspel, Parabel, ausdeutbare kurze Erzählung unter Tieren, gelegentlich auch unter Pflanzen, Körperteilen und andern Naturphänomenen (der Berg, das Podagra) – ist im Bereich der didaktischen und im weiteren Sinn allegorischen Literatur eine relativ klar umreißbare Gattung von hoher Konstanz durch das ganze Mittelalter, überaus beliebt dann wieder im 16. und im 18. Jahrhundert, in welchem sie als eigentliches Konzentrat der Poesie gefeiert wurde (wenngleich mit sehr verschiedenen Begründungen). Die mittelalterliche Überlieferung ist immer wieder in einzelnen Beispielen oder Anspielungen faßbar; in der Hauptsache ist sie durch zwei mannigfach verzweigte Traditionen vertreten:

(1) Des Phädrus zu Beginn unserer Zeitrechnung entstandene Bearbeitung des äsopischen Corpus in Senaren wurde – seit dem frühen 10. Jahrhundert faßbar – in Prosa umgesetzt im sogenannten *Romulus* und diese Prosa im 12. Jahrhundert wiederum versifiziert in Distichen in dem sogenannten Anonymus Neveleti (nach Isaak Nevelet, der 1610 in Heidelberg eine *Mythologia aesopica* publizierte), der mit dem Werk des englischen Hofkaplans G(u)alterus Anglicus identifiziert wird. Dies blieb fortan die verbreitetste Sammlung.

(2) Die gegen 400 n. Chr. entstandene Distichenfassung des Avianus blieb als Schullektüre direkt lebendig oder wurde in Prosa oder – von verschiedenen Autoren – in Versen auf neue Weise erzählt, als *Novus Avianus.*

Dazu kommen zahlreiche kleinere Kompilationen und Einzelstücke im Zusammenhang von Predigt, Rhetorik, Morallehre usw. Die Fabel zeigt auch später eine bezeichnende Affinität zum geistlich-volkstümlichen Bereich, während sie im höfischen Idealstil praktisch nichts zu suchen hat. Dies gilt jedenfalls für Deutschland, während am englischen Hof durch Marie de France ein großer volkssprachlicher Äsop nach einer verlorenen Vorlage entsteht (um 1180).

Das Wesen der Fabel ist lehrhaft, ja satirisch. Sie belehrt durch Entlarvung, indem sie menschliches Verhalten im tierischen spiegelt. Sie verkleidet und verfremdet zunächst wie die Allegorie, doch anstelle der Personifikation geistiger Mächte tritt eine belustigende Bestiifikation des (allzu) Menschlichen. Das kann unter Umständen einen politisch-aggressiven Sinn haben – die Fabel als Form notwendiger Tarnung –, doch läßt sich dies durchaus nicht verallgemeinern und daraus auch nicht die Entstehung der Fabel ableiten. Der Reiz der Fabel als einer dichterischen Form ist doch wohl auch tiefer begründet als nur durch ihre Tendenz. Der konstante Kern der äsopischen Tradition umfaßt eine begrenzte Zahl von Tierfiguren mit ihren festen Charakteren und bildet damit so etwas wie eine Mythologie, mit der dichterisch gespielt, die ergänzt, gewandelt, verschieden gedeutet werden kann. Diese Mythologie ist noch heute in unseren vorwissenschaftlichen und im Sprachschatz verankerten Vorstellungen vom Charakter der Tiere (Hund, Schaf, Wolf, Fuchs, Katze) durchaus vorhanden und ansprechbar. Es bleibt offen, wie sich Tierfabel, Tiermärchen, Tierepik genetisch zueinander verhalten. Bedenkt man die Nähe des Mittelalters zum Tier (Haustier, Vieh, Jagdtier) und zur Kreatur überhaupt und die Bedeutung tierischer Symbolik im geistlichen Bereich (*Physiologus*) wie auch in der weltlichen Verwendung (Heraldik), so erstaunt erst recht, wie konstant und im wesentlichen voneinander getrennt die Traditionen geblieben sind. Äsop und *Physiologus* haben wenig miteinander zu tun. Die Tierfabel erzählt, wenn auch noch so kurz, Geschichten mit moralischem Sinn, der *Physiologus* deutet feste Eigenschaften auf die Heilslehre hin aus. Die Fabel bleibt im weltlichen Bereich, lehrt Lebensweisheit meist handfester, praktischer Art – daher auch ihre Nähe zum Spruch und zum Sprichwort. Weltliche Moral hat hier auch insofern ein gewisses Eigenleben, als in ihr antike Tradition der Tugendlehre oder außerchristlich-urtümliche Lebensweisheit fortgeführt werden kann.

In deutscher Sprache begegnet die Fabel zuerst in der Spruchdichtung Hergers – schon hier nur angedeutet und verrätselt wie später meist in dieser Gattung. In der eigentlichen Erzählform vorgetragen wird die Fabel zuerst beim Stricker, der in seinen Bîspeln das Tierleben häufig heranzieht, meist parabelhaft knapp und am Erzählerischen wenig interessiert, d. h. von der Lehre und nicht von der Fabelwelt aus konzipierend. Ein ins Märchenhafte gehendes Tier-Märe erzählt Herrand von Wildonie, Fabeln als Einlage zahlreich Hugo von Trimberg.

Welches die erste deutsche Fabelsammlung war, ist unsicher. Die mittelniederdeutsche Sammlung eines Gerhard von Minden (*Wolfenbütteler Äsop*, 125 Fabeln in Reimpaaren) wird von einer darauf beruhenden Magdeburger Sammlung (*Magdeburger Äsop* des 15. Jahrhunderts) auf das Jahr 1370 datiert. Da ein Dekan Gerhard von Minden nicht um 1370, wohl aber 1260–78 bezeugt ist, nimmt man mit dem Herausgeber Albert Leitzmann meistens einen Lesefehler in der Magdeburger Handschrift an („dre“ statt „*zwe“) und hätte dann einen neuen Zeugen für das frühe und besondere Interesse der Niederländer und Niederdeutschen an der Tierdichtung.

Für die spätere Fabeltradition entscheidend war aber sicher die hochdeutsche Sammlung von genau 100 Reimpaarfabeln, die der Berner Dominikaner Ulrich Boner, bezeugt 1324–50 als Angehöriger eines Berner Ratsgeschlechts, schrieb und unter den Titel *Der Edelstein* stellte (um die Jahrhundertmitte). Die Mehrzahl dieser Fabeln stammt aus dem Anonymus Neveleti, ein kleinerer Teil aus Avian und das restliche Viertel aus verschiedenen lateinischen Quellen. Das Werk fand zahlreiche Abschriften, gehörte 1461 unter die ersten gedruckten Bücher, wurde von Johann Georg Scherz teilweise, dann von Johann Jakob Breitinger zum größten Teil herausgegeben und erfuhr die Ehre, wissenschaftlich von Pionieren der Germanistik wie Lessing, Oberlin, Eschenburg, Benecke, Jakob Grimm, Lachmann, Pfeiffer behandelt zu werden. Nicht zuletzt an diesem Werk entzündete sich der Gegensatz einer Ästhetik des Wunderbaren und einer des Rationalen. Es ist in der Tat ein klassisches Fabelwerk, frisch und klar erzählt, maßvoll in der Verteilung von Geschichte und Lehre, klug und behaglich, in sich verfugt durch die Anordnung, die verwandte Themen sich folgen läßt, vor allem gegen den Schluß hin auch überführend in rein menschliche Exempla.

Mit dem Anonymus stellt Boner eine Fabel über die Fabel als Titelstück voran: Der Hahn findet auf dem Mist einen Edelstein und wirft ihn weg, da er, wie er ausführlich räsoniert, nichts mit ihm anfangen kann und lieber ein Haferkorn hätte. Nur der Kluge weiß mit den Edelsteinen der folgenden Fabeln (bischaft) umzugehen. Boners Vortrag ist dennoch einfach, solide und gesund und steht, wie Gervinus lobte, im Gegensatz zu „den verschrobenen Gnomologen", d. h. den geheimnistuerischen Spruchdichtern der Zeit. Boners Moralisation ist weniger eine satirische Sittenpredigt als vielmehr heitere, natürliche Feststellung. Seine Fabeln sind kein Beleg für die soziologische Entstehungstheorie der Fabel, sie haben mit getarnter Subversion gar nichts zu tun, so sehr sie die neue Ära bürgerlicher Freude an der Fabel eröffnen. Boner gehört wohl der städtischen Aristokratie an, und er widmet sein Werk dem Freiherrn Johann I. von Ringgenberg, einem Minnesänger und bedeutenden Politiker im Süden Berns. Es ist entstanden in den bewegten Jahrzehnten, in denen die Stadt ihre für Jahrhunderte erfolgreiche Expansion betrieb und ihre Macht begründete. Man glaubt ein Echo dieser Kraft zu hören, wenn Boner eine auffällige Vorliebe für die Wörter „vri" und „vriheit" bekundet und ihren Sinn gerne vor Augen führt. Die 25. Fabel (aus Phädrus) erzählt von den Fröschen, die meinten, nicht ohne einen König leben zu können, und auch nicht zufrieden waren, als Jupiter, an den sie sich gewandt hatten, ärgerlich ihnen einen „tremel" (Holzklotz) in den Teich „schoß" (beide Wörter berndeutsch noch heute). Schließlich schickt er ihnen einen Storch, der alle erreichbaren Frösche verschlingt. Die Moral heißt in der Vorlage: „Alterius non sit, qui suus esse potest." Bei Boner:

wer her mag sin, der si niht knecht!
wer hat des in benüegen sol,
der hab genuog! so vert er wol.

wer sin selbes müge wesen,
der volge mir, wil er genesen;
wil er ruowe und er behan,
der eigen sich enkeinem man,
und habe sinen vrien muot.

(25,52 ff.)

In dieser kaltblütigen politischen Maxime von Freiheit, Ruhe, Ehre steckt offenbar ein echtes Pathos. Das Lob des freien Mutes um jeden Preis wiederholt sich mehrfach. In der 58. Fabel will selbst eine Witwe „ein vriges leben han" und lehnt einen zweiten Mann ab (das Argument stammt von Boner). Freidanks beruflicher Stolz des Fahrenden auf zollfreie Gedanken oder des Burkhard von Hohenfels höfisches Bekenntnis zu vröide und vrîheit erscheint hier sehr viel konkreter wieder auf der Ebene eines Bürgers der jungen, mächtigen Stadt Bern. Wenn Boners *Edelstein* für mehr als ein Jahrhundert maßgebend bleibt, so kommt doch die eigentliche hohe Zeit der Fabel erst mit den neuen Funktionen, die sie in Humanismus und Reformation erhält.

## 7. Wittenwilers „Ring"

Trotz der Beliebtheit der Tierfabel hat im Hochdeutschen das Tierepos nach dem *Reinhart Fuchs* keine spätmittelalterliche Nachgeschichte. Ständesatire, Ständekomik rankt sich vielmehr um einen anderen und komplizierteren Träger allegorischer Verfremdung: nämlich den Bauern. Er ist hier nicht der ehrenwerte Nährstand, nicht der nur gehaßte Emporkömmling, nicht der symbolische Ackermann und nicht der „frume edle pur" der politischen Lieder der Eidgenossen – er ist das zunächst literarische, vieldeutige Geschöpf Neidharts, eine Figur, die mit ihrem Schöpfer zusammen zu einer Art von spätmittelalterlichem Mythus wird, nicht weniger als der Fuchs Reinhart, mit dem er schließlich sogar verschmilzt. Im *Helmbrecht* wird die Welt Neidharts konkret zum politischen und moralischen Problem. In den allerdings erst gegen Ende des 15. Jahrhunderts gesammelten Neidhart-Schwänken ist der Bauernfeind, der jetzt *Neidhart Fuchs* heißt, zum Helden ungezählter Streiche geworden, die er nicht nur den Bauern spielt. In den Neidhartspielen wird einer dieser Schwänke fastnächtlich dramatisiert. Das sind nur einige Facetten von der Nachwirkung des Lyrikers. Neidharts geniale Erfindung, zugleich Verhöhnung des Bauern und literarische Eroberung von dessen Welt, damit zugleich Apologie und Selbstparodie höfischer Ideale und ihres Dichters, entsprach zutiefst dem in Analogien, Typologien, Kontrafakturen denkenden Mittelalter und stieß in der Volkssprache vielleicht zum erstenmal zu der Möglichkeit vor, Dichtung aus ihrem Gegenteil, Poesie aus Satire zu entwickeln, freilich als abenteuerliche Gratwanderung und vor dem Hintergrund einer Weltklage. Die Bauernsatire kann sich allerdings in mancher Weise vom ritterlichen Gegenpol lösen. Der Bauer kann zum Untermenschen überhaupt, ja zum unheimlich-grotesken Wesen gesteigert werden und damit genauso dem Städter oder jedem andern Menschen als Gegenbild dienen. Zutiefst aber bleibt die spätere Dörperdichtung, wo sie ihren Rang behält, zwielichtig und schillernd. Anstelle der sozusagen naiven, klar deutbaren Fabel tritt eine fatale Verschlingung von Lehre und Ironie, von Groteske und Didaxe – was freilich im mittelalterlichen Sinn auch wieder als eine ideale Verschmelzung von utile und dulce verstanden werden kann.

Im *Ring* des Heinrich Wittenwiler ist in einer ebenso kühnen wie rätselhaften Weise unternommen, in einer neidhartischen Bauerngeschichte eine Enzyklopädie (daher der Titel) des Wissens und der Lebenslehre zu geben. Und er vermag dieses Versprechen auf seine Weise auch in den verhältnismäßig wenigen 9700 Versen zu erfüllen. Das Werk ist ein völliges Unikum. Die einzige Handschrift (eine Abschrift offenbar aus der Nähe des Dichters) war vielleicht überhaupt das einzige Exemplar, das es gab. Es läßt sich keine Wirkung nachweisen, es wurde erst 1851 bekannt und erst seit der Neuausgabe und Erschließung durch Heinrich Wießner 1931 als ein Haupt- und Schlüsselwerk des Spätmittelalters entdeckt. Als Verfasser kommt entweder ein 1436 mit 90 Jahren verstorbener Stadtweibel des kleinen toggenburgischen Städtchens Lichtensteig oder, viel wahrscheinlicher, ein Rechtsgelehrter am Konstanzer Bischofshof in Frage. Sie sind wohl nicht miteinander identisch, aber gehören derselben thurgauischen, ursprünglich edlen Familie an. In jedem Fall verfügt der Dichter über genaue Kenntnisse sowohl der Umgebung Lichtensteigs wie der Stadt Konstanz. Als Entstehungszeit nennt man entweder „um 1400“ oder, wenn wirklich Reflexe des Konstanzer Konzils festzustellen sind (Birkhan), „kurz nach 1414“. Die Sprache ist ein Problem für sich: ein ostalemannischer Schriftdialekt als Grundlage, penetrant versetzt mit toggenburgischen und anderseits bairischen (und schwäbischen) Formen und Wörtern. Bei der sehr beträchtlichen literarischen und fachlichen Bildung des Verfassers kann kaum nur eine zufällige Mischung darin gesehen werden, vielmehr ein bewußtes Parodieren verschiedener, speziell bäurischer Mundarten oder der eigenwillige Versuch einer Hochsprache ad hoc. Wir sind ja nun, wie auch die beiden großen Zeitgenossen Oswald von Wolkenstein und Johannes von Tepl zeigen, in eine Epoche der sprachlichen Willkür und Experimentierfreude eingetreten.

In seinem gewagt genug der Dreifaltigkeit und der reinen Mutter und Magd Maria gewidmeten Werk erklärt der Dichter, daß er den Weltlauf und das, „was man tuon und lassen schol, ze ring umb“ darstellen wolle, und um die Lehre eingängiger zu machen, habe er sie mit „der gpauren gschrai gemischet", nicht ohne am Rand das „törpelleben" grün und die ernste Meinung rot anzustreichen. Und von vornherein erklärt er, ein Bauer sei seiner Meinung nach „der unrecht lept und läppisch tuot" und nicht, der vernünftig und treu sich mit Arbeit ernähre. Wenn er, in bezeichnendem Kalauer, seine Helden als „esle pauren" vorstellt, so ist nicht nur das gemeinte „edle" ironisch, es liegt wohl zugleich ein Spott gegen das Epitheton darin, das sich die Eidgenossen zuzulegen begannen.

Das „törpelleben" ist der fastnächtlichen Narrenwelt zugehörig und in der entsprechenden animalischen Komik vorgeführt. Es besteht in der krassen Liebesgeschichte eines tölpelhaften Bauernsohns, Bertschi Triefnas, aus dem Dorf Lappenhausen mit dem grotesk häßlichen Mätzli Rüerenzumpf, wobei die Hochzeitsfeier in einen wilden Krieg zwischen Lappenhausen und dem benachbarten Nissingen ausartet (sind Assoziationen an die Appenzellerkriege im Spiel?); nachdem sich schließlich die halbe Welt am Krieg beteiligt, wird Lappenhausen zerstört, Mätzli kommt um, Bertschi verteidigt sich in einem Heuschober, entkommt und wird Einsiedler im Schwarzwald. Einen Teil dieses Grundplans bezog der Dichter aus einem in mehreren Fassungen vorliegenden Schwankmäre (*Metzen Hochzeit*), doch hat er die hier wie schon bei Neidhart und in den Spielen abschließende Schlägerei zum großen Krieg und zum radikalen Ende fortgesetzt, die Erzählung von einem Bauernturnier mit persönlichem Erscheinen Neidharts vorgeschaltet, das Ganze in einem Seitental des Toggenburgs (Neckertälchen) angesiedelt in einer Scheinlokalisation, wie sie schon bei Neidhart und Wernher gattungstypisch ist, und vor allem: die Lehre eingemischt. Diese betrifft 1. „Hofieren", nämlich Turnier und Minne, 2. Ehe, Kinderzucht, Glauben usw., 3. Kriegskunst – wobei sich aber durchs Ganze hin in Gesprächen und Ermahnungen der Personen unter sich die reichhaltigsten kirchlichen, rechtlichen und praktischen Anweisungen ergeben. So ist der *Ring* eine unerschöpfliche Fundgrube für die Geschichte von Recht und Brauchtum, Sprache und Wortschatz, literarischer Kleinformen wie Metapher, Sprichwort, Sentenz und rhetorischer Traditionen wie Deskription, Brief oder Rede. Dabei verbindet sich gelehrtes Wissen mit dem volkstümlicheren Erbe der Didaktik, der Heldendichtung und der Spiele. Trotz dieser Elemente lehrhafter Art bleibt der epische Charakter durchaus beherrschend, wir haben das neue Phänomen eines großartigen, prallen Bauernepos.

In dem tal ze Grausen
Ein dorff, hiess Lappenhausen,
Was gelegen wunnechleich,
An holtz und wasser überreich ...

Bei diesem Einsatz der Erzählung darf man sich geradezu an den ersten Satz von Gotthelfs erstem Roman erinnern: „Ich bin geboren in der Gemeinde Unverstand in einem Jahr, welches man nicht zählte nach Christus." Und der Schluß ist wie eine Vorwegnahme des Rückzugs eines andern Simplicissimus als Einsiedler in den Schwarzwald.

Die Anwendung der grünen oder roten Linie am Rand ist durchaus nicht immer einleuchtend, teils weil der Dichter selbst damit Ironie treibt, teils weil sich die beiden Ebenen wirklich nicht mehr scheiden lassen. Das Sprachtemperament, der rasche, einfallsreiche Vortrag bewirken eine intensive Vermischung der Sphären. Ironie, Parodie durchzieht alles, in der verkehrten Welt wird alles lächerlich und alles eine Lehre, Ernst und Scherz werden in der Welt der Groteske unheimlich ähnlich. Beim Bauernturnier fallen einige Teilnehmer ins Wasser; der eine, zu sich gekommen, lobt Gott „mit allem Fleiß", daß seine Läuse ertrunken sind (267), der andere fühlt sich nun getauft – was Anlaß zu einer korrekten kirchenrechtlichen Belehrung über Bedingungen und Art der Taufe (Wasser, Blut, Geist) seitens eines dritten gibt, worauf der vierte äußert (womit sich zugleich der Dichter aus der Affäre zieht):

Siha, durch gotz plunder,
Ist daz nit ein wunder,
Daz Chuontz da haim uf sinem mist
Ist worden ein so guot jurist?

(309 ff.)

Und er findet überhaupt mit parodiertem Bairisch (Dualform): „Es mügt wol encher selber spotten“ (ihr könnt euch gut selbst verhöhnen). Nach dem Kampf mit Neidhart gehen die Bauern, von Katzenjammer befallen, zu ihm, um zu beichten – eine seriöse Beichtlehre in fast blasphemischer Travestie. In der Minnegeschichte verbinden sich parodistisch gestelzte Stilproben mit Schamlosigkeiten. Der Liebesbrief, an einem Stein befestigt und in Mätzlis Kammer geworfen, schlägt diesem den Kopf blutig.

Der Hauptteil gilt Eheproblemen, die nun Sache der Sippe sind. Mit dem Bräuigam wird ein eigentliches Eheexamen veranstaltet, wobei eine lange christliche Glaubenslehre dem Bauern Lastersack in den Mund gelegt wird, ferner hygienische Ratschläge, eine Tugendlehre und eine Art Haushaltungskurs vermittelt werden. Das gewaltige Hochzeitsfest bringt Orgien im Fressen und Saufen samt manch andern Naturalia. Ein Bauer erstickt an Fischgräten, seine Seele fährt ins Schlaraffenland, sein Leib wird in den Necker geworfen. Die Groteske erlaubt im übrigen einen sorglosen Umgang mit der psychologischen oder realen Schlüssigkeit der Vorgänge.

Der dritte Teil führt vollends ins Große und Phantastische: Die Kriegsvorbereitungen, die in Lappenhausen töricht oder gar nicht erfolgen, in Nissingen unter dem Bürgermeister Strudel – der einzigen runden, sympathischen Figur – klug und systematisch durchgeführt werden, sind voll angewandter Lehre (auch hier Vegetius). Auf Hilferufe an 72 Städte suchen diese zu vermitteln, bleiben aber, wie die Ritter, dem Kampfe fern. Dafür werden nun Hexen und Zwerge, Riesen und Recken der Heldensage aufgeboten; den Lappenhausern hilft die Heidenschaft, den Nissingern kommen die bereits seit der Schlacht bei Sempach berühmten Eidgenossen zu Hilfe mit ihren geschliffenen „Helmparten" (7959 ff.), „frais (schrecklich) und darzuo übel", was sich auf den „Melkkübel" reimt, den sie hier anstelle des Uri-Stiers im Wappen führen. Der Kampf tobt bis tief in die Nacht. Man watet bis zu den Knöcheln, später bis zu den Knien und am Schluß bis zum Gürtel im Blut. Bertschi kommt zu einer gewissen Größe: Wie die Nissinger, die ihn vergeblich belagern, ihn Heu und Stroh fressen sehen (vgl. Dan. 4,22), fliehen sie, und Bertschi ist gerettet. „Mit sendem gschrai" stimmt er die übliche Heldenklage an:

Owe jämerleicher tag,
Das ich dich ie gelebet hab! ...
Das ich so weisleich was gelert
Und mich so wenig dar an chert.

Er sucht Gottes Minne im Schwarzwald und

Nach disem laid das ewig leben.
Das well uns auch der selbig geben,
Der wasser aus dem stain beschert
Hat und auch ze wein bekert! Amen.

Die zusammenfassende Anspielung auf das Moses-Wunder (4. Mos. 20,8 ff.) und die Hochzeit zu Kana (Joh. 2,9 ff.) als antitypische Entsprechung ist nochmals doppelsinnig: Das Weinwunder, das im kühnen Enjambement sozusagen tröstlich noch herangezogen wird, ist dörperlich stilecht, und doch bedeutet es, im Deutschen seit Otfrid, das Gleichnis des spirituellen Schriftsinns, den man auch im *Ring* suchen soll.

Die „Weisheit“, die für Wittenwiler zentrale Tugend, kann dem Buch kaum in konkreten Erkenntnissen abgewonnen werden, es sei denn die Erfahrung von der Narretei und Vergänglichkeit alles Irdischen. Auch von einer seriösen Bekehrung oder gar „Entwicklung“ Bertschis (U. Gaier) ist bei diesem abrupten Schluß kaum zu reden. Die Weisheit ist – wie dann auch in der Narrenliteratur der Zeit um 1500 und bei Grimmelshausen – eine letzten Endes namenlose Erfahrung aus der krudesten, kompaktesten Wirklichkeit heraus. Und der viel beschworene Pessimismus Wittenwilers, seine „Zerrissenheit“ (Boesch) ist nur die Kehrseite einer vitalen Positivität.

# III. LYRIK

## 1. Spruchdichter und Meistersinger

Nach der großen Kodifikation des Minnesangs zu Beginn des 14. Jahrhunderts tritt dieser als höfische Übung zurück. Das heißt, daß traditionelle Liebeslyrik nun von breiteren Schichten getragen wird. Sie kann einerseits als sogenanntes Gesellschaftslied oder gar Volkslied anonym werden und anderseits doch in gelegentlichen Einzelfällen im Sinn einer Repristination höfischer Kunst persönlichen Ausdruckswert gewinnen. Im ganzen aber wird das Bild der anspruchsvollen Liedkunst von der Spruchdichtung beherrscht – d. h. von einer ständisch seit je neutraleren, lehrhaften und vorwiegend berufsmäßig betriebenen Kunst. Die vor allem durch Frauenlob ausgeprägten Tendenzen bleiben lange bestimmend für eine selbstbewußte, artistisch ornamentierende Lyrik, die sich zwar in ihren formalen Mitteln, ihren Inhalten und Absichten beschreiben, aber oft nur noch schwer nachvollziehen läßt. Grund dafür mag z. T. sein, daß der musikalische Aspekt, der im Vortrag zunehmend wichtiger und selbständiger wird, von der Literaturgeschichte aus schwer zugänglich bleibt. Jedenfalls bereitet der bloße Text mit seinem Anspruch auf handwerkliches und vor allem zugleich gelehrtes Meistertum Schwierigkeiten: In eigenartiger Weise waltet die Leitvorstellung einer wahrhaften, objektiv in unverfälschter Tradition die Lehre von den Schöpfungs- und Heilsordnungen verkündenden Dichtung, und doch inszeniert sich zugleich ein uns heute erratisch vorkommendes Selbstgefühl des Laiendichters. Wie sich jeweils die peinlich genaue Beobachtung artistischer Spielregeln mit dem Pathos der Inspiriertheit oder doch mit der Demonstration origineller Formfindung verbindet, ist noch heute das zentrale Forschungsproblem von Spruchdichtung und Meistersang.

Daß dieser Meistersang, der erst im 16. Jahrhundert sich voll entfaltet, aus der Spruchdichtung hervorgegangen ist, liegt auf der Hand. Dennoch empfiehlt sich terminologisch eine klare Unterscheidung, das heißt vor allem eine restriktive Verwendung des Begriffs „Meistersang". Man sollte – mit Karl Stackmann – das Wort für einen nachweislich schulmäßigen und speziell zünftischen, durch Gesellschaftsordnungen und Kunstregeln („Tabulatur") verfaßten Betrieb reservieren. Nicht jeder Meister ist ein Meistersinger, d. h. ein Angehöriger jener „scharfen und engförmlichen Gesellschaft" (Jacob Grimm). Dabei wird besonders auf den jeweils höfischen oder städtisch-bürgerlichen Ort dieses Singlebens zu achten sein. Die Entwicklung im einzelnen ist für das 14. Jahrhundert schwer bestimmbar. Man wird – wie es etwa das Frauenlob-Bild der Manessischen Handschrift schon um 1340 nahelegt – mit irgendwelchen Singschulen und mit organisiertem Wettsingen, das über eine persönlich-berufliche Rivalität hinausgeht – etwa im Sinne des *Wartburgkriegs* –, zu rechnen haben.

Die lange Zeit von 1310 (Frauenlob in Mainz) bis zu den ersten nachweisbaren Schulgründungen – nicht vor der Mitte des 15. Jahrhunderts – läßt sich nur durch einzelne Namen überbrücken, von denen keiner einer Meistersingerschule angehört hat. Und auch später noch gibt es profilierte einzelne, die höchstens nach ihrem Stil als „meistersingerisch" zu bezeichnen wären und die sich oft auch in andern Gattungen wie Lehrgedicht, Chronik und Drama hervorgetan haben. Von den zwölf alten Meistern, die in wechselnder Zusammenstellung als Gründer des Meistersangs verehrt wurden (Normalreihe nach B. Nagel: Wolfram, Walther, Reinmar, Klingsor, Ofterdingen, Marner, Frauenlob, Regenbogen, Kanzler, Poppe, Stolle, Mügeln) ist ein Teil früh oder sagenhaft, und von den jüngeren ist keiner Meistersinger im engeren Sinn. Im folgenden sind auswahlsweise einige faßbare Figuren des 14. und 15. Jahrhunderts aufgezählt.

Neben und kurz nach dem bedeutenden modernistischen Dichter Frauenlob ist der aus Schwaben stammende Regenbogen ein schlichterer fahrender Meister. Er erscheint in Rivalität oder eher in einem schon beinahe institutionalisierten Wettstreit mit Frauenlob, nämlich in einer lyrischen Disputation der schon längst klassischen Frage nach dem höchsten Namen: vrouwe oder wîp. Wie einst Walther den alten Reinmar, so befehdet, ja beschimpft Regenbogen seinen Konkurrenten, um ihn doch nach dessen Tod (1318) hoch zu preisen. Er stellt sich vor:

Ich Regenboge,
ich was ein smit
uf hertem ane boz,
gewan gar kümberlich min brot ...
(HMS III,346)

Doch brach er aus solcher Armut aus, ergab sich der Kunst und nun „Ich tar (ich darf, oder: ich würde es wagen?) singen vor edeln vürsten und vor keiser rich“. Seine Kunst ist sprachlich und metrisch einfacher, geradliniger als die manch anderer Meister. Sie widmet sich den üblichen Themen des Glaubens, z. T. in erzählerischen Gleichnissen der Ständelehre, der Moral, der Berufung auf die Sieben Freien Künste. Auch hier scheint dem Schwund einer politisch-sozialen Funktion die gesteigerte Selbstdemonstration des wissenden Könners zu entsprechen. Was bei Frauenlob zu einem souveränen L'art pour l'art werden kann, ist bei Regenbogen direktere Art bloßer Selbstbehauptung.

Durch die neuere Forschung ist Heinrich von Mügeln (faßbar in den Jahren 1346–71) als besonders repräsentative und aufschlußreiche Gestalt der Jahrhundertmitte, die auch besondere Verehrung seitens der Nachfolger genoß, herausgestellt worden. An ihr bleibt dennoch sozial- und geistesgeschichtlich manches rätselhaft. Der wohl aus dem meißnischen Dorf Mügeln stammende Dichter erscheint am Prager Hof König Johanns von Böhmen, dann Karls IV., dem er eine große allegorische Lehrdichtung widmet. Wir finden ihn beim Ungarnkönig Ludwig I. und bei Herzog Rudolf IV. von Österreich, also zwei Schwiegersöhnen des Kaisers, und schließlich bei dem österreichischen Adligen Hertnit von Pettau: gewiß ein „Fahrender", aber der nobelsten Art und immerhin lateinisch gebildet. Neben seiner umfangreichen Sammlung von Spruchliedern verfaßte er eine lateinische und eine deutsche Chronik von Ungarn, jene ein Fragment in rhythmischen Versen, diese in Prosa. Dazu kommen eine Übersetzung des Valerius Maximus und des Psalmenkommentars des Nikolaus von Lyra. Am Hof also des in Frankreich aufgewachsenen Luxemburger Kaisers, im Zentrum der frühesten humanistischen Regungen (Universitätsgründung, Kanzleireform, Italienzüge, Verkehr mit italienischen Humanisten, Dombau mit den Porträtbüsten Peter Parlers und später die neue Prosa des Johann von Tepl) erscheint ein durchaus mittelalterlicher Spruchdichter mit einer oft als bürgerlich, ja im negativen Sinn als meistersingerisch empfundenen Kunst – ein Widerspruch, der wohl nicht nur die Folge unserer unzulänglichen Epochenschemata ist, denn man kann ihn, wenn man will, bis in den Charakter Karls IV. hinein verfolgen.

Dem Kaiser und der Gottesmutter zu Ehren ist die große Allegorie *Der meide kranz* (2593 Reimpaarverse) gedichtet, die nach Thema und Stil in die Nähe der Spruchdichtung gehört: Zwölf Künste treten vor den Thron des Herrschers zur Entscheidung, welche von ihnen als Edelstein in der Krone der Jungfrau Maria stehen soll. Es ist, nach einem Zögern Karls zugunsten der Philosophie, die Theologie, die den Preis gewinnt und nun im Haus der Natur von den zwölf Tugenden, die ihrerseits von Gott stammen, gekrönt wird. Die Anregungen zu dieser sozusagen mehrstöckigen Allegorie stammen aus Alanus' von Lille *Anticlaudianus* und aus Heinrich von Neustadt, dessen *Gottes Zukunft* indirekt auf Alanus zurückging. Entscheidend bleibt, wie hier eine Wissenschaftslehre mit einer Tugendlehre und beides mit der Huldigung an den Herrn des Weltreichs und die königliche Jungfrau verbunden ist. Künste, Kunst, Tugend und Ehre gehören zusammen.

Die hier systematisch entfaltete Lehre von den Artes ist auch das Thema einiger Spruchreihen. Die Spruchkunst versteht sich auch hier als feierliche Manifestation gelehrter Einsicht in die objektive Wahrheit des Seins und seiner Geschichte. Nicht daß der Dichter in den verrätselten Strophen über die Trinität, den Gang der Sternsphären, die Dinge der natürlichen Schöpfung, den Inhalt der Offenbarung und das Wesen der Tugend wirklich Neues und Spontanes zu sagen hätte oder auch nur sagen wollte. Es geht – das zeigt gerade die sprachliche Verschlüsselung und Aufschmückung, die „Blümung" – um den lobpreisenden Hinweis auf eine absolute, vorgegebene „wârheit". Der „meister" erhebt den Anspruch, diese mit seiner von Gott stammenden Kunst zu vermitteln, in einem fast priesterlichen Auftrag. Er reklamiert für sich, den Laien, ausdrücklich „wîsheit", Mündigkeit. Das Pochen auf die eigene Berufslegitimation führt oft auch wirklich zu einer Wendung gegen die „pfaffen"; eine solche antiklerikale Tendenz ist auch für den Meistersang immer wieder bezeichnend: Die Teilhabe des Laien am vollmächtigen Wort ist immer deutlicher ein Leitmotiv der volkssprachlichen Literatur.

Obwohl Heinrich von Mügeln Hofdichter ist und sein Werk frei bleibt von Schelt- und Bettelstrophen, so hat sein künstlerisches Selbstgefühl nichts zu tun mit der

Haltung der höfischen Klassiker. Abgesehen von wenigen knappen Tributen, die er dem Minnesang zollt, ist ihm und offenbar auch seinem Publikum die höfisch-ritterliche Ideologie fremd. Sie ist durch das Pathos des Wissens ersetzt. Mehr als andere Spruchdichter zeigt Heinrich im Ansatz auch eine gewisse Systembildung, indem er seine Strophen gleichen Tons zu inhaltlich zusammenhängenden Ketten ordnet. Auch darin liegt aber wohl nicht mehr als eine formale Prätention auf Ganzheit und Rundung. Wie Frauenlob steigert Heinrich die formalen Mittel der Spruchdichtung zu echter Manier, vor allem durch Umschreibungen, insbesondere die fast manischen Genitivumschreibungen mit all ihren Konsequenzen der Bildkontamination und -verkürzung. Noch einfach ist ein preziöses Beispiel aus der Minnelyrik:

Des ich sie vor allem wibe
ewig an mins herzen want
mit der truwe pinsel schribe –
des min sel si ir ein phant.

(Nr. 391)

Schwieriger schon:

Dins adels werk klimm nach der eren solde.

(Nr. 42,8)

(Du sollst, ein Edler mit deinem Handeln, nach dem Lohn der Ehre klettern.)

Dazu kommen Gewalttätigkeiten der Syntax, welche die Beziehungsverhältnisse der Wörter im Satz verrätseln. Solches „Florieren“ versteckt die – im Grunde bekannte – Aussage hinter einem ornamentalen Pomp, der schließlich starr und melancholisch wirken muß.

Ob man in solcher Ausrichtung auf die Artes und die Kunst, in der Betonung des Laienauftrags, in der reichlichen Zitation antiker Überlieferungselemente und im

Fehlen des höfischen Vokabulars bereits moderne, humanistische Züge sehen darf, bleibt fraglich. Im ganzen dominiert das „Mittelalter", oder wenn man will eine frühe Spätgotik. Umgekehrt gesehen: die frühhumanistischen Höfe Prag und Wien gehören noch einer gotischen Welt zu; wie stark Mügelns Einfluß selbst und gerade noch im *Ackermann* ist, bleibt noch zu zeigen.

„Item dedimus I guldein dem Müscatplüt des von Mencz varend man", dieser Eintrag in einem Ausgabenregister des Nürnberger Bürgermeisteramts von 1441 gilt wahrscheinlich einem Spruchdichter, dessen Name Muskatplüt (vielleicht ein Familien- und kein Künstlername) auch sonst zwischen 1414 und 1458 genannt wird: in Nürnberg, am Mainzer Hof und bei Konrad von Weinsberg, wobei die Identität allerdings nicht immer gesichert ist. Die datierbaren, jeweils durch Namensnennung am Schluß „signierten" Lieder Muskatplüts fallen in die Zeit von 1410 bis 1438; die Trierer Handschrift, die 95 von insgesamt 104 ihm zugeschriebenen Liedern enthält, ist auf 1434 datiert. Diese „Gesamtausgabe" zeigt die ursprünglich wohl ostfränkische Mundart ins Moselfränkische übersetzt. Obwohl Muskatplüt wegen seines Stils und seiner Thematik (wie Marienlob, Heilsgeschichte, Sieben Künste usw.) gelegentlich als Meistersinger bezeichnet wird, ist er mit seiner Existenz an Fürstenhöfen und auch vor bürgerlichem Publikum, mit seinem politischen Engagement zugunsten des Konstanzer Konzils, für Albrecht von Österreich, gegen die Hussiten und vor allem auch mit seiner verhältnismäßig schlichten Sprache und Metrik ein fahrender Spruchdichter im herkömmlichen Sinn und ohne nachweisbare Bindung an eine Singschule. Er vertritt den Anspruch eines öffentlichen Lehrers von Recht, Sitte und Glauben auf Anerkennung und Würde, auch wenn gerade das vornehme Publikum offenbar nicht mehr viel davon wissen will:

Ich prube vnd merke, daz manlich sterke
ist worden krang, seyt myn gesang
dem adel ist worden vnwerde.
Etwan do man dichtens began
vur vursten her, do hilt man eer
vur gyriger gebere.
Zwair wocher rauben morden brant
kan nu der adel driben.
ich wulde daz man in alle schand
sulde an yr stirne schriuen,
so sege man doch der eren joch
wer sie nu het verschroten.
zwair hoiffart vnd vnkussche diet daz want nu mit
der adelschafft, der wyrden krafft
ist in nun verboden.

(Nr. 55)

(Ich erkenne und bemerke, daß mannhafte Stärke / schwach geworden ist, da mein Singen / dem Adel nicht mehr paßt. / Einst, als man anfing, vor edlen Fürsten zu dichten, / zog man Ehre / einem gierigen Gebaren vor. / In der Tat: auf Wucher, Raub, Mord, Brand / versteht sich heute der Adel. / Ich möchte, daß man ihnen die ganze Schande / auf ihre Stirne schreiben sollte, / so sähe man doch, wer das Joch der Ehre / nun verstümmelt hat. Ja, Hoffart und unanständiges Volk, das haust nun bei / den Adligen, die Kraft der Würde / ist ihnen nun versagt.)

Dieser „Hofton“, in welchem 70 meist mehrstrophige Lieder komponiert sind (drei andere Töne teilen sich in den Rest), lobt eine bessere Vergangenheit und versteckt das persönliche Gehren in der topischen Klage; die stollige Strophe mit ihren Vier- (bzw. binnenreimenden Zwei-)Taktern ist verhältnismäßig einfach, die Sprache ohne Ornamentik. Nur die religiösen und allegorischen Gedichte kennen eine gewisse Verschlüsselung, aber nur um sie sogleich predigthaft aufzulösen. So wird die Heilsallegorie vom Wort Gottes als Brot in allen technischen Details vom Bestellen des Ackers und der Ernte bis zum Mahlen des Weizens ausgeführt (Nr. 28, 29). Die

Minnelieder singen das Lob der Frau und Jungfrau nicht ohne Analogie zum Marienlob. Sie nähern sich teilweise volksmäßigen Liebesliedern, wobei dann der Moralist auch für eine treue und solide Ehe eintritt:

> ouch frauwe du solt   in haben holt
> din elighen gespontsen,
> ret Muschgapluot, fur alle man ...
>
> (Nr. 35)

Nötigenfalls empfiehlt er dann für widerspenstige Gattinnen auch handfeste Prügel (Nr. 77).

Auf das Vorbild Muskatplüts beruft sich Michel Beheim mit einem Werk durchaus ähnlichen Stils und ähnlicher Funktion. Nur daß Beheim (1416 – um 1475) nun einer der produktivsten Berufsreimer des Spätmittelalters ist. Im württembergischen Sülzbach als Sohn eines Webers geboren, erscheint er wie Muskatplüt im Gefolge seines Grundherrn Konrad von Weinsberg (gest. 1448), dann u. a. beim Markgrafen von Brandenburg, bei König Christian I. zu dessen Krönung 1450 in Trondheim, bei Herzog Albrecht III. von Bayern, am Prager Hof des Königs Ladislaus (Zug nach Belgrad), seit 1459 nennt er sich „unsers allergenadigesten herrn des römschen kaissers teutscher poet und tichter" und ist zuletzt bei Friedrich von der Pfalz. In schwer verständlichem Gegensatz zu diesen vornehmen Adressen steht der handfeste, wenn nicht gar rohe, nach der Form und meistens auch nach der Aussage unverblümte Stil der scheinbar am Laufmeter hervorgebrachten Dichtung. Das mächtige Œuvre umfaßt über 400 z. T. größere Lieder und drei strophische Reimchroniken im Umfang von Tausenden von Strophen der zehnzeiligen „Angstweise" (über die Belagerung Kaiser Friedrichs in Wien, über die Stadt Triest, die Geschichte der Pfalz nach der Prosachronik des Matthias von Kemnat). Man pflegt es zu retten mit dem Hinweis, daß nur das Ganze von Melodie, Metrum und

Text ein Urteil erlaube und daß Michel Beheim mindestens als Komponist bedeutend sei. So richtig das grundsätzlich ist, so stellt es Beheim doch selber dem Benützer seiner Strophenchroniken anheim, ob er sie lesen oder singen wolle; und de facto zeigen die Texte nun das so schwer nachvollziehbare Prinzip des nur silbenzählenden Versbaus, d. h. ein Auseinandertreten von metrischem und natürlichem Akzent und vermutlich ein rein metrisches Skandieren, das als solches mit seinen Tonbeugungen und Enjambements keinen Ausdruckswert anstrebt und auf eine Malträtierung der Sprache hinausläuft. Deutlicher und imposanter noch als bei Muskatplüt tritt immerhin das soziale Amt, die Institution eines solchen fahrenden Hofsängers in Erscheinung: Kaum sehr angesehen und doch offenbar benötigt, steht der Sänger als Lehrer, als Laientheologe und Moralist, als Unterhalter, als historisch-politischer Publizist im Dienste seiner Herren. Er tritt aber auch immer wieder in eigener Sache auf, sei es mit der Erzählung von Reiseerlebnissen, sei es mit persönlichen Invektiven und Apologien seines Berufs. Dabei setzt er alle verfügbaren Formen ein, von Fabel, Exempel, Minnelied, historischem Lied, geistlichem Spruch bis zur Großform der Chronik oder des geistlichen Liederbuchs (*Buch der Liebhabung Gottes,* 22 „kapitel“ mit insgesamt etwa 500 Strophen). Das zeigt eine erstaunliche Universalität der Funktion, wobei für die verschiedensten Bereiche insgesamt elf Töne verwendet werden. Die selbstveranstalteten und z. T. selbstgeschriebenen Sammlungen der Werke sind wie bei anderen Dichtern der Zeit ein Beleg dafür, daß trotz aller Berufsmäßigkeit dieses dichterischen Handwerks doch eine neue Art von Selbstbewußtsein und Selbstdokumentation möglich wird.

Die Reihe der hier genannten Dichter läßt *eine* Frage offen: Wie war das faktische Verhältnis dieser „Vorphase“ zum später institutionalisierten Meistersang, wie sah das Nebeneinander vagierender (auch an Höfen wirkender) und seßhafter (städtischer) Sänger aus? In beiden Fällen handelt es sich um berufsmäßige Laienkunst mit lehrhaftem Charakter und stark handwerklichen oder anspruchsvoll artistischen Zügen. Die Verwandtschaft ist ferner von der Musik her, durch die zum Spruchlied tendierende Auswahl in den Meistersinger-Handschriften und schließlich durch den traditionellen Lobpreis bestimmter vorbildlicher Meister zu belegen. Aber es bleibt problematisch, wie früh sich meisterliche Singschulen in den Städten nachweisen lassen und auf welchem Wege die Anregungen erfolgten. Die berühmte Kolmarer Handschrift (jetzt in München), die um 1450 vermutlich in Mainz entstanden ist, als umfangreichste deutsche Liedersammlung des Mittelalters überhaupt gilt und später im Meistersingerbetrieb mindestens Kolmars eine große Rolle spielt, enthält viel nicht-meistersingerisches Gut und hat nach Horst Brunner eher retrospektiven Charakter. Vor 1480 haben wir keine sicheren Nachrichten über Singschulen. Wenn es sie in irgendeiner Form schon früher gegeben haben wird, so läßt sich zwar ausmalen, wie die Sänger in den Schulen ausgebildet oder in ihnen gelegentlich aufgetreten sind (Nagel), doch bleibt dies alles unklar; die Blütezeit des eigentlichen, zünftischen Meistergesangs hat uns erst später zu beschäftigen.

Soweit es bei der ständigen Diffusion der verschiedenen Stilentwicklungen und Hörerschaften sowie bei dem stets möglichen Rückgriff auf ältere Anregungen überhaupt angeht, lassen sich neben der bisher skizzierten Spruch- und Meistertradition zwei weitere Bereiche unterscheiden: eine sorglosere, aber im Grund lebendigere und noch heute ansprechendere Welt des Volks- und Gesellschaftsliedes und dann einzelne hervorragende Dichter individuellen Gepräges, die mit geschlossenem Werk auftreten. In beiden Fällen handelt es sich weniger um das Fortleben der Spruchdichtung als das des Minnesangs und um die wachsende Bedeutung selbständiger geistlicher Liederdichtung.

## 2. Geistliche und weltliche Liederdichter

Mitten in diese noch ungenügend erhellte Geschichte des spätmittelalterlichen Gesangs führt uns ein Œuvre, das in seinen persönlich-biographischen Zusammenhängen strittig ist, aber für die Liedkunst im höfischen, kirchlichen und volkstümlichen Bereich eine Art Schlüsselstellung besitzt. „Der Mönch“, wie die Verfasserangabe in den Handschriften heißt, nämlich der M ö n c h  v o n  S a l z b u r g, ist der Sammelname für einen Komplex von über 100 geistlichen und weltlichen Liedern, die sich durch diese Bezeichnung, aber auch durch ihren Stil, ihre gruppenmäßige Überlieferung in zahlreichen Handschriften des 15. Jahrhunderts wie auch durch ihre Nachwirkung als besondere Leistung herausheben. Unsicher bleibt, ob es sich nicht um mehr als einen Dichter handeln könnte und wie sie sich identifizieren ließen. Sicher ist nur der Ort dieser Kunst: der Hof des Salzburger Erzbischofs Pilgrim II. (durch Akrosticha sind einige Lieder ihm und andern Mitgliedern seines Kreises gewidmet), der 1365 bis 1396 macht- und prunkvoll regierte und sein Land zur bisher größten Ausdehnung und besonderen Blüte brachte. Um nur eines zu erwähnen: Um 1400 ist die hohe Zeit des besonders in Salzburg gepflegten weichen Stils der Skulptur, insbesondere der Schönen Madonnen in ihrer oft tänzerischen Bewegung und farbigen Lieblichkeit. Es ist mit einer Hofgesellschaft nicht ohne Damen zu rechnen, in der das weltliche Minnelied eine späte, spielerische Pflege findet und wo vor allem eine festliche Musikalität des deutschen geistlichen Lieds in Übertragungen und Neudichtungen entwickelt wird. Die Musik, von der Notierungen für den

Text und die instrumentale Begleitung, z. T. schon mehrstimmig, überliefert sind, ist hier deutlicher als je unabdingbar.

Auch die weltlichen Dichtungen sind Kunstlyrik, später Minnesang etwa im Gefolge der schwäbischen Schule. Die höfische Motivik des Dienstes, des Trauerns, der Merker (Klaffer) ist aufgelockert durch die Vorliebe für Kurzverse mit munteren Reimspielen:

Min herz, pis fro,
tu nicht also
durch ymands dro:
wen fürchtest du?
wer tut dir nu?
sprich frölich: ju!
frisch als ain gräslein aber als ee ...

(M.-R. Nr. 25)

Im berühmten „Kühhorn" wird das Tagelied in Fortsetzung etwa Steinmars zu einem rhythmisch reizvollen Duett von Knecht und Magd im Stroh. Liebe, Treue und Beständigkeit, die man sich versichert, scheinen nicht mehr standesgebunden, es treten neuere Themen auf wie der Abschied, der Brief, der Neujahrsgruß. Die beliebte Deskription der Schönheit des Mädchens (dieren) wetteifert strophenlang mit der Kunst des Faßmalers:

gar klar ist ir har,
recht als gold gefar;
krawsw löcklein liepleich gar
dekken schon der dieren stieren;
die ist völlig vnuerplichen;
smal gestrichen
sint ir pra mit fleis;
falcken augen, wänglein rot vnd weis ...

(Nr. 44)

Wieweit man hier im Hinblick auf das Publikum und auf „Volkstümliches in Anschauung und Fühlen" (RL I,570) von Gesellschaftsliedern sprechen soll, ist eine Definitionsfrage.

Die 49 geistlichen Lieder des Mönchs belegen eine wichtige Etappe in der Geschichte der religiösen Lyrik des Mittelalters. Bis zur Reformation hat das geistliche Lied in der Volkssprache keine „vollwertige liturgische Funktion" (Janota) – wobei allerdings der Liturgiebegriff sehr dehnbar ist. Es ist denkbar im Umkreis der Predigt, als tropische Ausschmückung der Sequenzen, zu bestimmten Zeiten und Tagen. Es bleibt stark an die lateinischen Texte (strophische Hymnen) gebunden, als deren Übertragung zum Verständnis durch Laien, auch zu außerliturgischer Andacht. Dahin gehören ja auch etwa die deutschen Liedtexte des geistlichen Spiels. Ein besonderer Bereich ist die Marienlyrik, wo ja im 12. Jahrhundert auch zuerst deutsche Repliken entstanden waren und die auch beim Mönch mit 20 Liedern die geschlossenste Gruppe bildet. Zentral wird das religiöse Lied eigentlich nur bei kirchlichen Randgruppen: in der Mystik, speziell der Devotio moderna, zur persönlichen Erbauung oder als Gemeinschaftslied. Auch die spezielle Gruppe der Geißlerlieder (während des Marsches oder zum Bußakt, speziell aus dem Pestjahr 1349) gehört hieher. Wenn es somit ein Kirchenlied im strengen Sinne kaum gibt, so bleibt eine spontane, sich erneuernde religiöse Liedkunst die Domäne der Laien, der Spruchdichter vor allem, aber auch der Minnesänger, sofern sie im Kreuzlied, in der Welt- und Totenklage von weltlicher Minnetopik aus zu religiösen Formen gelangen.

So kann es beim Salzburger Mönch nicht verwundern, daß sich seine geistliche Kunst meist als Übersetzung oder Fortsetzung lateinischer Kirchenlieder darstellt und daß die Marienlieder voranstehen. Die lateinischen Reime können, auch wenn sie in der Vorlage einfach sind, in der deutschen Wiedergabe zu gesuchten Wörtern und Reimen führen:

O Maria, stern des meres,
ain wirdikait sunder weres (Zeugen)
und des himelischen heres
ordenung ein überpog (Prinzip).
in gestalt des höchsten himmel
wasch von uns der sünden schimel,
das wir, deines kind[e]s gezimel (Schmuck),
auch sein frei vor veintes trog.

O Maria, stella maris,
Dignitate singularis,
Super omnes ordinaris
  Ordines caelestium.
In supremo sita poli,
Nos commenda tuae proli,
Ne terrores sive doli
  Nos supplantent hostium.
(Nr. 7,XI)

Fünf Lieder gelten Heiligen, der Rest umfaßt Hymnen und Sequenzen auf die Personen der Trinität und die heilsgeschichtlichen Ereignisse von Weihnachten bis Passion und Ostern. Dabei erscheint neben anspruchsvollen Kompositionen auch das volkstümliche, brauchmäßig gebundene, mit verteilten Rollen zu singende Weihnachtslied zum „Kindelwiegen“: „Joseph, lieber nefe mein, / hilf mir wiegen mein kindelein ...“ (Nr. 22).

Die primäre Funktion der Lieder ist nicht ersichtlich. Pilgrim hat im Dom eine Kapelle mit sechs Altären gestiftet und Anordnungen für den Gesang durch Kapläne und Schüler getroffen. Ob dies auch für die deutschen Lieder galt, ob – eventuell daneben – an außerkirchliche Aufführungen vor einer geschlossenen Gesellschaft zu denken ist, bleibt unklar. Die große handschriftliche Verbreitung der Lieder und die Nachwirkung auf Oswald von Wolkenstein und Heinrich von Laufenberg sprechen jedenfalls für eine bedeutende Ausstrahlung gerade auch des geistlichen Salzburger Musiklebens.

Daß Motive und Formen des Minnesangs nicht nur als anonyme Gesellschaftskunst fortleben, sondern gerade um 1400 in erstaunlicher subjektiver Wendung neue Funktionen übernehmen, belegt das wohl nur scheinbar isolierte Auftreten zweier österreichischer Lyriker vornehmen Standes in dieser Zeit: Hugo von Montfort und Oswald von Wolkenstein. Gerade indem die Verbindlichkeit der Minnekultur längst verschwunden ist, kann sie nun Ausdrucks- und Dokumentationsmittel für ganz persönliche Haltungen und Erfahrungen werden. Man könnte an neuen Wein in alten Schläuchen denken, doch würde dieses Bild die Form-Inhalt-Beziehung grob vereinfachen und die rätselhafte Kontinuität im geschichtlichen Wandel verfehlen.

Der Graf Hugo von Montfort-Bregenz und Pfannberg (1357–1423), Inhaber einer bedeutenden Herrschaft im Vorarlberg, die er, der zweimal Verwitwete, durch die erheirateten Güter im Toggenburgischen und vor allem in der Steiermark erweiterte, war seit 1396 Hofmeister des Herzogs Leopold IV. von Österreich, beteiligte sich an Kriegszügen in Preußen und Italien, bekleidete verschiedene hohe Ämter und war als diplomatischer Vermittler, der es sich selbst nicht leicht machte, hoch angesehen. Er hinterließ ein offenbar selbst zusammengestelltes Liederbuch (Heidelberger Handschrift, eine Abschrift des Originals) mit 40 Gedichten, von denen nur zwei auch sonst überliefert sind. Soweit Melodien beigefügt sind, stammen sie nach Hugos eigener Aussage von seinem „getreuen Knecht“ Burk Mangolt aus Bregenz. Diese Trennung von Wort und Ton, wie sie hier erstmals deutlich wird, scheint auf die Priorität des privaten Aussagecharakters hinzuweisen. Die Gedichte sind als Texte konzipiert, dilettantisch im Sinn der Liebhaberei eines hohen Herrn wie auch im Sinn technischer Unbeholfenheit, originell aber in der Wahl mancher Themen, anschaulicher Redensarten und Schilderungen, überhaupt in der selbständigen Handhabung des literarischen Erbes.

Von den Minneliedern sind die meisten als Dienstlieder ausdrücklich an die Braut oder Ehefrau gerichtet. Bezeichnend ist dabei das Vorherrschen des Liebesbriefes, und zwar des echten, geschriebenen Gelegenheitsgedichts, in welchem sogar das Datum gereimt wird:

> Gemacht und geben ze Ensishein
> Nach Crists gebürt drüzehenhundert jar
> In einem stüblin, das was klein,
> Im sechs und nüntzgosten, das ist war ...
>
> (XXIII)

Besonders schön ist eine ganze Reihe von geistlichen Morgen- und Tagliedern – überall wird das tradierte Genre unbefangen gesprengt und von irgendeinem Motiv aus ins Geistliche gewendet, weniger um des kontrafaktorischen Reizes willen, als weil Aufwachen, Besinnung, Reflexion, Abschied geradezu Anlaß und Hauptgegenstand von Hugos Dichten zu sein scheinen, wobei dieses „tichten" sich immer selbst mitbedenkt und als Vergänglich-Eitles in Frage stellt. Dies gilt nicht zuletzt auch von der Gruppe der „reden". Dies sind moralische oder geistliche Betrachtungen in Reimpaaren oder einfachen Viererstrophen, wozu freilich auch eine weit ausholende Weltklage in der Titurelstrophe kommt (XV) mit einer Exemplifikation, die von David und Absalom über „Aristotiles" und „Karolus magnus" bis zu „Artus, Barcifal" und „Tschinachtilander" reicht. Diese Reden können allegorisch sein wie das Gespräch mit der Frau Welt (XXIX) oder, im weitaus längsten Gedicht, der Besuch des Dichters auf der Gralsburg, deren breit ausgeführte Architektursymbolik zugleich ans himmlische Jerusalem erinnert (XXVIII). Sie können aber auch unmittelbar Zeitkritik und Weltklage enthalten, einmal im Rahmen einer Entrückung, die der Dichter in einem Beinhaus erfährt (XXV). Ein langes Gebet spricht vom Verlust der zweiten Gattin, der Gräfin Clementia von Toggenburg, im selben Jahr 1400, da Johann von Tepl seine Margareta verlor – Hugo von Montfort ringt sich nicht weniger ergreifend von Zorn und Zweifel durch zur Ergebung und vom eigenen Schmerz zur Fürbitte für die Verstorbene:

Ich opfer dir min unmuot gross
In din götlich gnad;
An dir so lit min gantzer trost,
Du gist die grechten gab.

Herr got, erbarm dich über der frowen sel
Die ich han in minem muot …

(XXVII)

Die Gesellschaftskunst des Mönchs von Salzburg, die autobiographische Reflexion Hugos von Montfort, die Ironiker und Parodisten des Minnedienstes wie Neidhart und Ulrich von Lichtenstein – auf diesem Hintergrund steht die großartige Erscheinung des letzten ritterlichen Lyrikers, Oswald von Wolkenstein (1376? bis 1445). Oswald kam aus einem bedeutenden südtirolischen Adelsgeschlecht (Stammburg Wolkenstein im Grödnertal). Er verließ seine Heimat mit zehn Jahren, offenbar als Knappe eines fahrenden Ritters, gelangte unter oft abenteuerlichen Umständen zu „Cristen, Kriechen, haiden“ in den Ländern des Mittelmeers, des Nahen Ostens (er spricht von Arabien und Persien), des Schwarzen Meers, dann in die Ostseeländer und Skandinavien (18,44). Er kehrt nach dem Tod des Vaters 1400 nach Tirol zurück, übernimmt seinen Anteil an dem umstrittenen Familienbesitz Hauenstein am Nordhang des Schlern, geht auf eine Pilgerfahrt ins Heilige Land, erscheint am Konstanzer Konzil und tritt hier in die Dienste König Sigismunds. In dessen Auftrag unternimmt er eine Gesandtschaft nach Portugal und erlebt die Eroberung von Ceuta, begleitet Sigismund von Perpignan nach Paris und hat später schließlich eine Reihe von Reisen nach Ungarn, Böhmen, Deutschland und Oberitalien unternommen. Im Lauf der Wirren in Tirol, wo er auf seiten Sigismunds gegen den Landesherrn Friedrich IV. („mit der leeren Tasche") und die mit diesem verbündeten Bauern steht, gerät er 1421 in die Hand des Herzogs und bleibt, mit einer Unterbrechung, bis Ende 1423 in Haft. Er muß Urfehde schwören, kann aber den Erbstreit um Hauenstein 1427 zu seinen Gunsten entscheiden. Verheiratet war Oswald seit 1417 mit der „stolzen Schwäbin" Margarete von Schwangau, die denn auch auf verschiedenen Stilebenen im Lied gefeiert wird. Verhängnisvoll wurde ihm dann eine immer noch dubiose (frühere?) Liebschaft mit der „Hausmannin" (Anna Hausmann, in Brixen?), die im Streit um die Hauensteinschen Güter der Gegenpartei angehörte und – nach Oswalds Schilderung – den Liebhaber zu dem Stelldichein lockte, bei dem er verhaftet wurde. Begraben ließ sich Oswald im Neustift bei Brixen, wo er schon 1407/08 eine Kapelle gestiftet und ein Porträtrelief – Oswald als Kreuzritter mit raffiniert geflochtenem Bart – angebracht hatte. Von seiner Liedersammlung existieren drei Exemplare, zwei davon, mit Noten und dem berühmten Porträt des einäugigen Dichters versehen, sind vom Autor selbst veranstaltet. Daneben gibt es nur eine spärliche Überlieferung einzelner Lieder in andern Sammlungen.

Die Vita kann für die spätere Zeit durch urkundliche Belege und im übrigen durch die von konkretesten und auch wieder bizarren Details strotzende Lyrik gesichert werden. Sie ist, kritisch gesichtet, für ein oft chaotisches, aber zugleich offenes Spätmittelalter und seine überaus mobile Oberschicht wohl nicht ganz so ungewöhnlich. Daß dieses Leben „mit toben, wüten, tichten, singen mangerlai" (18) sich derart intensiv selber darstellt, ist dennoch einzigartig. Was bei Ulrich von Lichtenstein noch der Rahmenhandlung vorbehalten bleibt, durchdringt hier die Dichtung von innen her und scheint sie völlig persönlich zu machen. Erst langsam wurde im Gang der Forschung deutlich, wie sehr dabei das faktische Material durch die Optik der Tradition gefiltert und wie nötig es ist, dazu noch die beständigen ironischen und parodistischen Brechungen, die effektvollen Übertreibungen und versteckten Absichten in Rechnung zu stellen. Mehr als je ist das Verhältnis von „Leben" und „Dichtung" das zentrale Thema und die Crux der Oswald-Forschung.

Vor allem ist hier, abgesehen vom politischen Hintergrund, das Publikum zu beachten. Deutlicher als sonst ist gerade die Selbstbekundung eine gesungene, aufgeführte, man möchte gelegentlich sagen: gestische, getanzte Darbietung vor den „gesellen" – vor der Gemeinschaft adliger Freunde und Verwandter, vor irgendeiner Hofgesellschaft oder Tafelrunde, vor der sich der Lyriker produziert und die er immer wieder mit sich selbst unterhält. Es sind echte, gesungene Lieder, anders als beim Montforter selbstkomponiert, wenn auch oft unter Anlehnung an vorhandene Melodien (Kontrafakturen). Etwa ein Drittel der Texte ist mit mehrstimmigen Sätzen nach französischem und eventuell italienischem Vorbild versehen und mit verschiedenen Instrumenten zu begleiten (9 dieser Sätze sind als Kontrafakte nachgewiesen). Vor allem gilt dies für die „objektiven Genres" (Tagelied, Pastourelle, Liebesdialog, Trinklied, Scheltlied usw.), wo die Duette zu überaus lebhaftem Vortrag und die Refrains zur Beteiligung der Gesellschaft Anlaß geben. Ebenfalls für den Vortrag bestimmt, aber einstimmig, sind die teilweise langen Stücke, die *rede*artig oder in ruhigen Strophen autobiographisch erzählen (Reiselieder) oder politische und religiöse Betrachtungen anstellen (vor allem das großartige Lied Nr. 1).

Auch Oswalds Liedkunst bedient sich noch der mittelalterlichen Typen und Topoi, freilich in ungewohnter Konkretion. Was bei Neidhart ein im Grunde fiktiver Naturalismus war, wird hier zur wirklichen Dokumentation einmaliger Gelegenheiten mit echten, nicht mehr austauschbaren Personen- und Ortsangaben. Das Liebesgespräch waltet zwischen Öslein und Gredlein (Margarete), die topische Deskription der Geliebten wird porträthaft:

Rot, weiss, ain frölich angesicht,
emplösst auss swarzer farbe klaid,
ain klain verdackt der stieren slicht
mit ainem schlaierlin gemait,
durchsichtiklich geschittert ...

(87)

und die parodistische Umkehrung, die hyperbolische Schilderung einer Häßlichen, ist auf eine Kellnerin in Überlingen gemünzt (45). Mit dem seit Hadlaub geläufigen Haussorge-Motiv verschafft Oswald sich Luft für seine schlechte Laune im winterlichen, unwirtlichen Hauenstein und den Ärger über seine lärmigen Kinder und deren scheltend heranbrausende Mutter, die wirtschaftlichen und politischen Sorgen, die Feindschaft zum Landesfürsten. Unvergleichlich dann das Frühlingslied, wo die alte Topik des Mailieds selber wie der Schnee dahinzuschmelzen scheint und urkundlich identifizierbare Menschen, die nahe Landschaft freigibt in Raum, Bewegung und Gespräch, in einem Frühling auf dem eigenen, zäh erkämpften Grund und Boden:

Zergangen ist meins herzen we,
seid das nu fliessen wil der snee
ab Seuser alben und aus Flack,
hort ich den Mosmair sagen.
Erwachet sind der erden tünst,

des meren sich die wasser rünst
von Castellrut in den Isack,
das wil mir wol behagen.
Ich hör die voglin gros und klain
in meinem wald umb Hauenstain
die musigk brechen in der kel
durch scharpfe nötlin schellen ...

(116)

In unheimlich-grotesker Weise wird der bis zu Goethe lebende Topos vom gefangenen Minnesänger aktuell: Die Geliebte, die „Hausmannin", wird wirklich zur schönen Feindin, in deren Gefangenschaft der Dichter leibhaftig gerät, die ihn wirklich foltert und ihm statt des goldenen Kettleins Halseisen umlegt. Auch hier ist freilich ironisch-sarkastisches Rollenspiel und versteckte Absicht nicht auszuschließen: Die Gefangenschaftslieder, in denen sich der Dichter selbst verspottet, haben vielleicht die Funktion, die in Wahrheit von seiten Herzog Friedrichs erlittene Demütigung zu tarnen (A. Schwob).

Die allgemeine „Versinnlichung" (Rupprich) dieser Kunst und ihres Existenzgefühls erfolgt nicht nur auf der Ebene der Vorstellungen (Landschaft, Reiseerlebnisse, vor allem im Bereich einer ungeniertesten Erotik), sondern ergreift die Sprache selbst. Oswald rühmt sich, zehn Sprachen zu kennen, und mischt exotische Namenkataloge und ganze Passagen fremder Laute ein; er bestreitet Zeilen oder gar Strophen aus Vogellauten oder, im Jagdlied Nr. 52, aus Interjektionen; er imitiert Liebesgestammel oder sucht den liebreizenden Mund der Geliebten durch onomatopoetischen Zungenkitzel zu aktualisieren:

Lünzlot, münzlot, klünzlot und zisplot, wisplot freuntlich sprachen ...
sol dein pöschelochter, rotter mund ...

(53)

Solches Aufsprengen der Sprachnormen gedeiht auf dem Boden einer ganz idiomatischen Mundart, ist aber natürlich vor allem auch durch Melodie und Rhythmus provoziert. Insbesondere in den Genre-Liedern und deren mehrstimmig-dramatischem Vortrag geht es nicht so sehr um eine schlüssige Aussage als vielmehr um das Vermitteln einer expressiven Bewegung, die sich hinter Sprache, Ton und Gestik vollzieht. Im Jagdlied (52), das die erotische Hadamar-Allegorie in heftige Aktion umsetzt, ist mit Ausrufen, Imperativen, Kurzzeilen, Dreierreimen die Aufgeregtheit einer Jagdszene vergegenwärtigt:

Wolauff, gesell! wer jagen well,
wiss, das er sein netz recht stell.
psetz die hohen wart!
Los! zü hin all mit laut und schall,
das es den forstern wolgevall,
perg und tal.
nu kall! blaus ab der klingen,
das uns müss wolgelingen!
Hin loufft die stolzen hind.
Wart, wunn und hail!
lass nicht von dem sail,
so machstu wild wolfail.
vertritt die alten spür!
nicht lass für,
geud und meld, mit willen kür!
Se, lapp!
setz von rügg und trapp!
her loufft gail und gsund!
still, ir lieben hund!
danck so hab eur mund.

Der Vorgang wird hier oder auch in den Tageliedern und im Trinklied (84) nicht so sehr beschrieben oder erzählt als gespielt und in rhythmische Bewegung übersetzt. Man möchte bei solchen Vorgängen, die natürlich ohne die musikgeschichtliche Dimension nicht zureichend beschrieben werden können, von einer Überwindung der mittelalterlichen Lyrik von innen heraus sprechen. Freilich wird ein humanistischer, renaissancehafter Stilwille nicht feststellbar. Auch sind ja vom Werk Oswalds wenig nachweisliche Wirkungen ausgegangen. Er bleibt im Grunde inkommensurabel – Spätmittelalter im Grödner Tal wie zu gleicher Zeit beim Wittenwiler im Toggenburg, ebenso elementar wie weltoffen.

Wenn die geistliche Lyrik bei Oswald in der Form laienmäßiger, subjektiv gewendeter Form erscheint, so findet die kirchlich bestimmte Kunst des Mönchs von Salzburg (als geistlichen Dichters) ein wesentlich jüngeres Gegenstück bei Heinrich von Laufenberg, dem Verfasser des wohl umfangreichsten und für das 15. Jahrhundert repräsentativsten Corpus geistlicher Lieder. Eine 1870 verbrannte Straßburger Handschrift trug den Vermerk: „Diß buechelin hat gedichtet her heinrich louffenberg ein priester, ertzpriester vnd dechan der dechanye ze Friburg in brysgowe ... gieng von der welt in Sant Johans orden ze dem grüenen werde ze stroßburg." Die Sammlung enthält auch Gedichte des Mönchs und einiges Fragliche; für Heinrich bleiben rund 90 Lieder mit Datumsangaben von 1413 bis 1458. Heinrichs Familie, vielleicht er selbst, stammte aus dem Städtchen Laufenburg am Hochrhein. Er muß um 1390 geboren sein, hat sich von der „Welt" – in diesem Fall dem Amt des Priesters und Dekans in Freiburg i. B. – nicht zufällig in Rulman Merswins Johanniterstift zurückgezogen und hier bis 1466 gelebt. Neben seinen Gedichten hinterließ er ein astrologisch-medizinisches Lehrbuch in Versen, das *Regimen sanitatis*, dazu zwei umfangreiche, heute verlorene Versbearbeitungen des *Speculum humanae salvationis* (einer überaus verbreiteten christlichen Heilslehre aus dem frühen 14. Jahrhundert) und des *Opus figurarum* des Konrad von Alzey (Marien-Typologie, um 1370).

Laufenbergs geistliche Lyrik gibt sich, aufs Ganze gesehen, nicht als Kunstdichtung, wie sie die Minne- und Meistersinger von ihren weltlichen Voraussetzungen her entwickelt haben, auch wenn, etwa für ein geistliches Tagelied, der Ausdruck „meisterlied“ fällt. Ein individueller Aussagecharakter fehlt – der Dichter nennt sich höchstens um der Fürbitte willen (Ph. Wackernagel II,732). Bestimmend ist die lateinisch-kirchliche Tradition und deren Nähe zu volkstümlicher Frömmigkeit, wie sie sich ähnlich im geistlichen Spiel zeigt. Sie ist denn auch weithin Übersetzung oder Bearbeitung lateinischer Hymnik, zu verstehen kaum als Kirchenlied im strengen Sinn, höchstens am Rande der Liturgie angesiedelt, meistens wohl für engere Gemeinschaften religiösen Lebens (Kloster, Stift, Schule) oder für persönliche Andacht bestimmt. Die lateinischen Hymnen, die sorgfältig, genau und mit bemerkenswertem Sinn auch für Reimkünste wiedergegeben werden, sind z. T. der Sammlung beigefügt. Die Durchdringung kirchlicher und volkssprachlicher Kunst wird reizvoll sichtbar in einer Reihe von Mischgedichten, z. B.:

Sed quid dicam
ich armer iam?
zwor ich mich scham,
wan mir din nam
apparet magna laude;
min cantica,
o maria
piissima
mit su̍ssigkeit exaudi.
(779)

Das ist nicht vagantisches Stilvergnügen, sondern frommes Zeugnis einer Sprachsymbiose während tausend Jahren.

Die Lieder haben keine didaktische Haltung, sondern sind durchaus als Gotteslob und insofern Gottesdienst zu verstehen, entstanden aus der Frömmigkeit einer der

Welt abgekehrten, „minnenden sele", die der Dichter selbst einmal traulich anredet:

> Ach Döchterlin, min sel gemeit!
> (708)

Etwa ein Drittel aller Lieder sind Marienlieder, gelten der im Spätmittelalter über alles gepriesenen und geliebten Mittlerin. Nur im Sinn einer einfühlenden, gemüthaften Frömmigkeit, die immerhin von engeren religiösen Gemeinschaften getragen war, kann bei Laufenberg von Mystik gesprochen werden. So sehr dieses geistliche Lied das spätere protestantische Kirchenlied mitbegründet, so wenig ist der Unterschied zu verkennen. Die berühmten Verse:

> Ich wölt daz ich do heime wer
> vnd aller welte trost enber,
>
> Ich mein doheim in himelrich,
> do ich got schowet ewenclich . . .
> (715)

kommen aus spätmittelalterlicher Innerlichkeit und Weltabwendung. Hier gedeihen denn auch die vor allem aus der Malerei oder dem Drama bekannten Äußerungen „altdeutscher Volksfrömmigkeit", insbesondere die Weihnachtsszenerie mit Krippe und Wiegenlied.

Neben lateinischen Vorlagen benützt die neue geistliche Dichtung in steigendem Maß auch verbreitete weltliche Lieder als Quelle. Die Kontrafaktur, schon im Minnesang, etwa den geistlichen Tagliedern, geübt, wird eine beliebte Technik. Im weiteren Sinne verstehen wir darunter die Aneignung einer bereits bekannten Melodie für einen neuen, insbesondere geistlichen Text, im engeren Sinn die Umdichtung, „Parodie" auch des ursprünglichen weltlichen Wortlauts. Ein Liedanfang wie 704 „Ich weiss ein stolze maget vin" und dazu der Vermerk „In die wisse Diu stolze müllerin" deuten auf ein weltliches (Volks-)Lied als Vorlage hin, wobei nun Maria als geistliche Müllerin erscheint, die die Weizenkörner des Gottesworts zu reinem „simel mel" mahlt, aus welchem das edle Himmelsbrot gebacken wird. Ähnliches gilt vom Liedanfang „Es stot ein lind in himelrich / do blüyend alle este", die Einleitung zu einem Lied von der Verkündigung. Die Kontrafaktur ist nicht nur – wie dann noch für Luther – ein bequemes technisches Mittel zur Gewinnung neuer kirchlicher Lieder und zugleich zum oft erwähnten Kampf gegen weltliche Buhllieder. Sie ist vor allem eine geistvolle Anwendung mittelalterlichen Analogie-Denkens: Weltliche und geistliche Bedeutung treten einander scharf gegenüber und werden zugleich im Sinn einer konstruktiven Par-odie aneinander gebunden.

Die reizvollsten Kontrafakturen stehen allerdings nicht beim Laufenberger, sondern in einer Pfullinger Handschrift des 15. Jahrhunderts: Fastnachts-, Minne-, Mai- oder Badlieder („Woluff im geist gon baden, / ir zarten frowelin", 820), am schönsten vielleicht das als Rätsel aufgezogene Marienlied mit dem Anfang:

Ich han mir ußerkoren
ein mynnekliche meyt,
Die ist gar hoch geboren,
mins herczen ougenweid.
Jo vor vil tusent joren
ist vil von ir geseit.

(831)

## 3. Gesellschaftslied und Volkslied

Beim Mönch von Salzburg wie bei Heinrich von Laufenberg ist die individuelle Leistung eingebettet in einen Strom weithin namenloser Überlieferung und gemeinschaftlich geübten Singens, ob dabei nun an weltliches oder geistliches Publikum zu denken ist. Spätestens um die Mitte des 15. Jahrhunderts wird vor allem im weltlichen Bereich dieses Publikum faßbar als städtisch-bürgerliche Welt, an der sich der Adel weiterhin beteiligen kann, soweit er nicht selber eine Kunst bürgerlichen Stils betreibt. Neben einer persönlich verantworteten höfischen oder meisterlichen Kunst tritt nun deutlicher jene Art von Lied in ihr Recht, die man als Volkslied und als Gesellschaftslied bezeichnet. Die beiden Begriffe sind unter sich wie auch nach außen nicht leicht abzugrenzen. Sie umfassen Verschiedenartiges, je nachdem der Aspekt der Gebrauchsfunktion, des sozialen Orts, des Stils oder der literarischen Herkunft besonders ins Auge gefaßt wird.

Voraussetzung ist eine zunehmende Freude am gemeinschaftlichen Singen und damit eine ausgesprochen soziale Funktion. Das wird deutlich etwa in einigen Sätzen einer 1509 in Mainz erschienenen *Geistlichen Ermahnung zum frommen Leben*:

> Wann zwo oder dri zusammenkommen, so müssen sie singen, und sie singen alle bei der Arbeit in Haus und Feld, bei Gebet und Frömmigkeit, in Freud und Klag, bei Trauer und Gelag ... Zu Gottes Ehre singen und der Heiligen, als es von allem christenlichem Volke in den Kirchen geschieht und an den Sonntagen und Feiertagen nachmittags von den ehrbaren Hausvätern samt ihren Kindern und Hausgesind, das ist sonderlich wohlgetan und stimmt fröhlich das Herz.
>
> (Nach J. Janssen, *Geschichte des deutschen Volkes* I)

Solchem geselligen Singen bei den verschiedensten Gelegenheiten wird nun auch der Lied*stil* entsprechen: Je deutlicher die Merkmale formaler Einfachheit, des Formelhaften, der vielfältigen Variation, des „Zersingens“ von „herrenlosem Gut“ in Jahrzehnten, ja Jahrhunderten der mündlichen Überlieferung werden, um so eindeutiger wird man von „Volkslied“ sprechen. Historisch, textgeschichtlich gesehen aber kann das Volkslied abgesunkenes, umgemodeltes Kunstgut sein, oder es kann auch umgekehrt wieder als Material individueller Kunstlyrik dienen, so daß die Grenzen je nach dem gewählten Kriterium unterschiedlich zu ziehen sind.

Zwischen Kunstlied und Volkslied gibt es nun freilich seit dem Spätmittelalter eine breite Zone der Liedpflege in geselliger Gemeinschaft, offen nach dem Kunstlied wie nach dem Volkslied hin: mit einem Verlegenheitsausdruck als „Gesellschaftslied“ bezeichnet und auch sozial und bildungsmäßig einer gewissen Mittelschicht (Bürger, Beamte, Studenten, städtisch-höfisches Publikum) zugerechnet.

Unschätzbares und auch erst teilweise erschlossenes Material verschiedenster Provenienz und Funktion, aber am ehesten unter dem vermittelnden Begriff der Gesellschaftslyrik zu buchen, beginnt nun reichlich zu fließen. Nachdem zu Ende des 14. Jahrhunderts die *Limburger Chronik* über populäres Liedersingen berichtet und wichtige Proben davon mitteilt, so bringt nun die zweite Hälfte des 15. Jahrhunderts geradezu eine Flut von handschriftlichen Liederbüchern, in denen beliebtes Liedgut der Zeit gesammelt wird. Wir sind damit an der Grenze zwischen mündlicher Überlieferung und schriftlicher Festlegung, zwischen Praxis und Literatur, die ihrerseits wieder die Praxis lenken kann, zwischen Kunstlied und Volkslied, je nach Umwelt, Quellenlage und Geschmack. Hans Rupprich zählt für diese Zeit nicht weniger als 23 Sammelhandschriften auf, wobei in diesen Sammlungen nicht selten neben Liedern auch Lehrhaftes und Erzählendes aufgeschrieben ist. Für die Aufzeichnung geistlicher Gemeinschaftslieder kommen in erster Linie Klöster in Frage; so stammt aus Wienhausen die wichtige Sammlung mystischer Lieder in niederdeutscher Sprache (1470). Im übrigen sind es durchaus bürgerliche (eventuell patrizische) Liebhaber, die sich Sammlungen anlegten oder abschreiben ließen. So ist das *Lochamer Liederbuch* von einem Nürnberger Bürger dieses Namens in Auftrag gegeben worden (nach 1450). Fast gleichzeitig entstand das *Augsburger Liederbuch*. Andere Sammlungen sind von Wien bis Rostock, von München bis Frankfurt erhalten. Am bekanntesten und durch seinen verschiedenartigen, z. T. weit zurückreichenden Inhalt von Bedeutung ist das *Liederbuch der Klara Hätzlerin*. Der Name gehört einer berufsmäßigen Schreiberin aus Augsburg, die das Werk im Auftrag eines Mitbürgers 1471 kopiert hat. Es enthält nach einer Anthologie aus lehrhaften und erzählenden Stücken 133 Lieder ritterlicher (auch Oswald ist vertreten), meisterlicher und volkstümlicher Herkunft, geistliches und vor allem recht weltliches Gut. Noch etwas umfangreicher ist das *Königsteiner Liederbuch*, das in einem Berliner Sammelcodex aus dem Besitz Clemens Brentanos enthalten ist und neuerdings eine sorgfältig kommentierte Ausgabe erfahren hat (Sappler MTU 29). Das Buch ist in der Gegend von Königstein im Taunus etwa 1470–73 in rheinfränkischer Sprache, vielleicht für adlige Interessenten, hergestellt worden. Wir greifen hier überall in eine unendlich verzweigte und unabsehbare Liedtradition, die sich über Jahrhunderte erstrecken kann. Ihre große Zeit kommt erst noch im 16. Jahrhundert.

Was nun das Volkslied im eigentlichen Sinn betrifft, so sei wenigstens an einem Textbeispiel die Eigenart des Stils, der dichterische Reiz und die weitläufige Verflochtenheit angedeutet (für die Melodie gilt Analoges). Im *Königsteiner Liederbuch* steht, als am ehesten volksmäßiges Lied, folgender Text:

I Ich hat mir ein falcken ußderkorn,
der ist mir hin geflogen.
er flüget über berg und tieffe dail,
er flüget dahin gen Schwaben.
er fert dahin,
hin gen Schwaben ist im also gach.

II Ja er nuw inn geen Schwaben kam,
da stunt er nuw alleine.
„Elßlin, lieber pule min,
wer ich bei dir alleine,
so wer mir wol,
so lebt min hertz in freuden."

III Zwischen berg und tieffem tail
da ligt ein genge straßen.
der sin bulen nit haben mag,
der muss in faren laßen.
er fert dahin,
er vert darthin genn Schwaben.

(Nr. 82)

Auffallend ist die lockere, ja inkohärente Fügung. Vermutlich spricht die Liebende von ihrem entflogenen „Falken", wobei durch die Ortsangabe „Schwaben" das Ereignis und die Adresse offenbar aktualisiert werden (Str. I). In Strophe II scheint der Geliebte nun zu antworten, doch gehören das formelhafte Elslein und die ihm gewidmeten Verse nicht in den ursprünglichen Zusammenhang. Die sentenzhaft, im Namen des Dichters, abschließende Strophe bringt ein neues, auch sonst begegnendes Motiv; was die „gängige" (oder falsch für „enge"?) Straße zwischen Berg und Tal bedeutet, wird allerdings nicht klar (Str. III). Anderseits aber sind die Strophen sorgfältig gebunden durch das refrainhafte „Schwaben", I und III durch das Berg-und-Tal-Motiv und dieselbe 5. Zeile, I und II durch die Anapher, II und III durch das Wort „Buhle". Das Ganze ist nach Rede, Gegenrede und Sentenz aufgebaut (sozusagen nach 1., 2. und 3. Person). Bilder, Strophenform, Komposition, Stil sind altertümlich, mit geschlossener Wirkung und dem Zauber des Andeutend-Vielsagenden, den die Romantik so geliebt hat. Und doch weisen die rationale Inkohärenz und das Erscheinen einzelner Versgruppen in vielen andern Kontexten auf typisch volksliedhaftes Zersingen hin. Das einleitende Falkenmotiv hat seine lange Geschichte, auch international. Am Anfang der deutschen Reihe steht für uns, 300 Jahre zurück, das Falkenlied des Kürenbergers. Etwa 100 Jahre zurück liegt ein Falkenlied Heinrichs von Mügeln, das umständlich rationalisiert:

> Ein frouwe sprach: min valke ist mir enphlogen
> so wit in fremde lant ...

und schließt mit dem merkwürdig kleinmütigen Wunsch, anstelle des edlen Falken doch einen (weniger vornehmen und schwierigen) Blaufuß zu haben. – Dieser pedantisch-spruchdichterlichen Fassung steht wieder eine volkstümliche gegenüber in einer Berliner Sammlung von 1574:

> Ich zempt mir einen falken Vill lenger als sieben Jahr,
> Er ist mir wilt geworden, ich muest ihnn fliegen lohnn.
> Er flogh mir also ferne, so fern in frembde lanndt
> Zu einer zart schoener Jungfrawen vf ihr schneweisse handt.
>
> (*Euphorion* 9,40)

Da treffen wir wieder oder immer noch die alte Strophenform des Kürenbergers und sogar einzelne Wendungen, aber die Vorstellungen des munteren Sängers sind von keiner Kenntnis mehr belastet, sonst hätte er nicht an eine siebenjährige Zucht gedacht und nicht die schneeweiße Hand der Dame den scharfen Krallen des Falken ausgesetzt. Das Phänomen einer fast unbegreiflichen Konstanz in der Geschichte mittelalterlichen und insbesondere volkstümlichen Singens ließe sich auch an andern Typen – z. B. dem Tagelied oder der Weltklage – aufweisen.

## 4. Historische Volkslieder

Zum volkstümlichen Lied gehört von alters her das Erzähllied heroisch-sagenhaften oder politisch-geschichtlichen Inhalts, das nun nicht als Gemeinschaftslied, sondern als Vortrag eines mehr oder weniger berufsmäßigen Sängers, allerdings vor einem breiten Publikum, zu denken ist. Es wurde erwähnt, wie die alte Heldendichtung und auch neuere Stoffe (wie der *Herzog Ernst*) neben und nach großepischer Ausgestaltung in kürzeren und längeren Liedern bis ins 16. Jahrhundert fortleben können. Für das späte 13. Jahrhundert gibt das Repertoire des Marners einen guten Querschnitt. Es scheint auch, daß im 15. Jahrhundert bei einem breiteren, meist städtischen Publikum so etwas wie eine geschmacklich anspruchslose Renaissance der Heldendichtung vor sich geht, belegbar durch neue Abschriften, Fassungen, Zitationen, Namengebungen.

Wichtiger ist, daß nun auch neue, aktuelle Ereignisse zum Gegenstand liedhaften Vortrags in den alten Formen werden, ja oft von Liedern geradezu begleitet scheinen. Anders gesagt: das heroische Lied kann, in veränderter Umwelt, ein neues, aktuelles Subjekt erhalten – ein Lied über die Schlacht bei Laupen (1339) trägt im ersten Druck von 1536 den Vermerk „in der wyß wie des Ecken ußfart“. Bürgerliche, bäuerliche Gemeinschaften bekommen in den politischen und militärischen Auseinandersetzungen des Spätmittelalters eine neue Identität, die sich nicht zuletzt mittels solcher Lieder bestätigt. Das können die Dithmarscher Bauern sein (1404, Liliencron 45) oder städtische Bürgerschaften Oberdeutschlands, die einen Feldzug unternehmen, eine Burg erobern (z. B. 77). Am dichtesten schlagen sich die Kämpfe der Eidgenossen gegen Österreich, Burgund, das Reich und untereinander (im sogenannten Alten Zürichkrieg) in Liedern nieder. Hier läßt sich vom 14. Jahrhundert an jedes größere Ereignis mit Liedern belegen, die schon früh auch zu „Liederchroniken“ zusammengestellt wurden. Was ursprünglich den geschichtlichen Vorgang begleitet hat oder unmittelbar darauf von ihm Kunde gab, kann nachher, oft in verschiedenen Fassungen, als Retrospektive lebendig bleiben und im 16. Jahrhundert in gedruckten Flugschriften massenweise verbreitet werden. Was ein aktuelles Lied war (oder nicht selten als solches fingiert wurde), kann ein im engeren Sinn „historisches Volkslied“ werden.

In einzelnen Liedern können sich von der wieder elementaren Funktion her oft geradezu archaische Züge wiederum durchsetzen, so im Lied auf die Schlacht von Näfels (1388), das mit seiner alttestamentarischen Haltung und im Aufbau ans *Ludwigslied* erinnert und in seinen Nibelungenversen, Wort- und Satzformeln Anklänge an die klassische Heldenepik aufweist. In andern Stücken, so zur Schlacht von Sempach oder den Burgunderkriegen, überwiegt der historisch-berichtende Stil, die Ermahnung oder die Herausforderung. Das hängt nun wieder mit dem jeweiligen gattungsgeschichtlichen Kontext zusammen. Gerade wenn es sich um Erinnerungslieder handelt, sind sie volkstümlicher Chronik-Ersatz; sie werden in den großen Prosachroniken zwar oft und gern als Belege aus der Zeit zitiert, umgekehrt können sie aber auch aus dem Chroniktext heraus entwickelt werden – so ist gerade das Näfelserlied fast ein halbes Jahrhundert nach der Schlacht aufgrund urkundlich-chronikalischen Berichts entstanden. Ohnehin fließend ist der Übergang zur Reimchronik oder zur Reimrede. Ein großer Teil der in Liliencrons klassischer Sammlung enthaltenen Texte sind als „Reden“ (vgl. etwa Strickers *Gäuhühner*) oder kurze Reimchroniken aufzufassen. Ebenso kann natürlich auch die Tradition des politischen Spruchs im Spiele sein – anstelle eines Fürsten hält sich eine Stadt einen Lobsänger. Gerade die ältesten der schweizerischen Lieder zeigen einen lehrhaften Zusammenhang, sofern sie Vorgänge und Ermahnungen in der Form von Tier-Beispielen darstellen: Das Lied zum Bündnis von Bern mit Freiburg i. Ü. ist eng verwandt mit einer Fabel Boners, das Lied vom Güminenkrieg braucht das Bild vom Jäger und dem (Berner) Bären. Hier schließt sich dann auch die vor allem im Sempacherlied glänzend eingesetzte heraldische Tiersymbolik an.

Im Lauf des 15. Jahrhunderts treten die Dichter aus ihrer Anonymität heraus und signieren ihre Lieder nach Art der fahrenden Sänger. Allein die schweizerischen Lieder enthalten etwa 40 Namen. Am deutlichsten wird Veit Weber aus Freiburg i. B., der offenbar im Dienst eidgenössischer Städte an den Burgunderkriegen teilnahm und sich in einem seiner Stücke einführt:

> Mit gesang vertrib ich min leben,
> von tichten kan ich nit lan.

Er und seinesgleichen bitten auch um Entgelt, andere scheinen eher Gelegenheitsdichter zu sein, Reisläufer, Handwerker, Schulmeister, Schreiber und andere „gesellen“. Allein aus Luzern sind acht Liederdichter genannt.

Ein interessanter, folgenreicher Fall ist das *Lied von der Entstehung der Eidgenossenschaft*, 1477 nach dem Tod Karls des Kühnen als historischer Rückblick auf den Ursprung des Bundes und die Befreiungsschlachten und als Lobpreis der Verbündeten entstanden. In den ersten neun Strophen aber steckt der Rest eines alten Liedes von Wilhelm Tell, der mit seinem Apfelschuß und seiner Reizrede gegen den Landvogt als „der erst eidgenoß“ gefeiert wird. Diese verstümmelte Fassung der Tellengeschichte ist älter als die chronikalische Tradition und näher dem vermutlich nordischen Ursprung (Saxo Grammaticus’ Dänenchronik). Der Kern, das Streitgespräch vor dem Kampf, ist heroisch, im Typus vergleichbar dem *Hildebrandslied* (A. Heusler: „Doppelseitiges Ereignislied“):

Wilhelm Tell der was ein zornig man,
er sah den landvogt übel an:
Het ich min kind erschossen,
so sag ich dir die warheit guot,
so hat ich das in minem muot,
ich wolt dich ouch han troffen.

(Str. 6a)

Der Einbau der Tellengeschichte in einen stolzen geschichtlichen Rückblick, die Frage nach dem Ursprung des Bundes und dem ersten Eidgenossen, die Antwort darauf durch eine aus dem Norden entliehene „Sage“ – das verrät dagegen humanistische Bemühung. Die Nachwirkung der Tellensage über die fast gleichzeitig einsetzenden Chroniken, über die immer wieder neuen Lieddrucke und über die mehrfache Dramatisierung ist unabsehbar bis zu Schiller, bis heute.

# IV. DAS SPIEL

## 1. Abgrenzungen

Die Geschichte des *spät*mittelalterlichen Spiels läßt sich schwer überblicken. Die amorphe Menge kreuz und quer untereinander verwandter Spieltexte, die Kompilationen und Überschichtungen aller Art, zufällige Einzelüberlieferung neben jahrhundertelangen Spieltraditionen sei es der Texte, sei es der Orte – all das macht eine sachliche wie zeitliche Ordnung schwierig. Hier darzustellen ist zunächst das volkssprachliche geistliche Spiel, wie es im 15. Jahrhundert, von bürgerlich-städtischer Gesellschaft getragen, tief ins 16. Jahrhundert hinein, ja in mancherlei Repristinationen über die Barockzeit hinaus lebendig blieb. Für uns ist es in einer Reihe genau dokumentierter Theater- und Texttraditionen am klarsten faßbar. Dazu kommt nun, praktisch überhaupt erst im 15. Jahrhundert, das weltliche Spiel („Fastnachtspiel"), das inhaltlich, typenmäßig, nach Umfang, Aufführung, Verbreitung und Niveau sehr viel schlichter ist und nur in wenigen Städten als Übung von langer Dauer Bedeutung hat.

Wir setzen die Grenze nach innerer Chronologie dort, wo neue Formen des Theaters wie das humanistische Schuldrama oder neue Funktionen wie das gedruckte Lesedrama erscheinen, wo das Theater neue Aufgaben übernimmt wie z. B. als Medium der politischen und konfessionellen Auseinandersetzung und der moralischen Paränese, wo damit auch die Unterscheidung von weltlich und geistlich – die sowieso nichts mit der Unterscheidung von Komödie und Tragödie zu tun hat – gegenstandslos wird. Im ganzen gilt, daß damit das Spiel zum Drama in einem anspruchsvolleren, literarischen Sinne wird, zum Werk namentlich verantwortlicher

Autoren. Aus dem Spiel als feierlicher Wiederholung und Repräsentation auch der Gesellschaft wird ein gespanntes, problemhaftes oder doch pathetisches einmaliges Stück. Die Simultanbühne geht, mit Zwischenformen, in die Sukzessionsbühne über, die den Betrachter in eine bestimmte raum-zeitliche und sachliche Perspektive drängt. Was damit verlorengeht, haben alle modernen Bemühungen um ein neues episches Theater nicht wiedergewinnen können.

Wenn man die Verflochtenheit der Textüberlieferungen von Tirol und Kärnten bis Niederdeutschland und den Traditionalismus vor allem des geistlichen Spiels (besonders wo es direkte liturgische Wurzeln hat) in Betracht zieht, so kann man innerhalb dieser Traditionen zwei z. T. gegenläufige Entwicklungstendenzen feststellen. Weil das geistliche Spiel keine dramatische Komposition ist, vielmehr eine offene, auch im zeitlichen Ablauf sorglose Vergegenwärtigung allbekannter heilsgeschichtlicher Vorgänge, besteht immer die Möglichkeit einer Auswahl von einzelnen Szenen ad hoc, aus technischen oder künstlerischen Gründen: So bietet das *Erlauer Osterspiel* (*Erlau III*) nur ein breit und derb entwickeltes Salbenkrämerspiel neben der eigentlichen Visitatio. In der Erlauer Sammlung sind ein heiteres Magdalenenspiel mit Ständesatire (*Erlau IV*) und ein Wächterspiel (*Erlau V*) separat überliefert, und nimmt man diese Elemente zusammen, so fehlen zu einem kompletten Osterspiel immer noch Apostellauf und Höllenfahrt. Die vielleicht reifste Schöpfung des deutschen spätmittelalterlichen Spiels, das *Redentiner Osterspiel,* begnügt sich umgekehrt mit Wächterspiel, Auferstehungs- und Höllenfahrtszene und einem langen ständesatirischen Teufelsspiel. Solchem Auswählen und Isolieren steht nun aber eine im großen ganzen herrschende Tendenz zur Anreicherung zu immer größeren Szenenreihen gegenüber: Das Osterspiel – etwa der Luzerner Tradition –

wird Passionsspiel, Leben-Jesu-Spiel und schließlich durch Rückgriff auf die alttestamentlichen Figuren zurück bis zur Schöpfung zum Spiel der Heilsgeschichte insgesamt. Das heißt nun nicht, daß es sich beim späteren Passionsspiel um eine „Entwicklung" aus dem Osterspiel heraus handelt; es scheint vielmehr, daß das Passionsspiel seine eigene Entstehungsgeschichte hat: Es ist später entstanden (13. Jahrhundert), es ist außerliturgisch und gilt der Erlösung als ganzer (Bergmann). Erst sekundär – allerdings schon im Benediktbeurener *Ludus breviter* – wird es zum Vorspann des Osterspiels. Eine eigenartige Mittelstellung nimmt dabei die Marienklage ein – die Klage der Mutter Jesu vor dem Kreuz, monologisch oder meistens dialogisch mit Johannes, kann als selbständig-lyrische Komposition erscheinen, aber auch als Szene des Passionsspiels oder sogar über eine Reihe von Szenen verteilt (*Egerer Fronleichnamsspiel*). Das relativ junge Fronleichnamsspiel hat von der prozessualen Form her seinerseits einen eigenen Ursprung, kann aber kompilatorisch zum stationären Passionsspiel oder überhaupt Heilsspiel werden. So ist die jeweilige Konzeption eines geistlichen Spiels selbstverständlich immer auch mit dem Aufführungstermin zusammenzusehen, und das heißt auch, mit seiner Einbettung ins Kirchenjahr einerseits, in die sozialen und lokalen Gegebenheiten anderseits. Und stets wird sich der Literarhistoriker bewußt sein, daß er auch mit den umfangreichsten Texten nur über einen vielleicht nicht einmal wesentlichen Aspekt des Ganzen verfügt, und daß es sich bei diesem Ganzen um eine Äußerung mehr des religiösen und gesellschaftlichen als des literarischen Lebens handelt.

## 2. Große Spieltraditionen

Wie immer man die heterogene Entwicklung des Passionsspiels und die Rolle des rheinischen Osterspiels in diesem Zusammenhang beurteilt, so ist in jedem Fall der mittelrheinisch-hessische Raum das wichtigste Gravitationszentrum für das Zusammenwachsen großer Passions- oder allgemeinerer Heilsspiele. Das Neue wird textlich vielleicht zuerst faßbar im *St. Galler Passionsspiel* (*Spiel vom Leben Jesu*) in einer Handschrift aus der Mitte des 14. Jahrhunderts. Sprachlich liegt eine Mischung aus rheinischen und alemannischen Elementen vor. Der Urtext gehört wohl an den Mittelrhein – ob dahinter wieder eine alemannische Vorstufe erkennbar ist (Hartl), bleibe dahingestellt. Es ist der Typus eines ganz von guten deutschen Versen getragenen, aber mit lateinischen Gesängen und eventuell auch Bibelrezitationen durchsetzten Spiels. Der Kirchenlehrer Augustin hält einen Vorspruch und begleitet kommentierend das ganze Geschehen: die Hochzeit zu Kana, Johannes den Täufer, Magdalena, Wundertaten, Abendmahl und Passion – noch zurückhaltend wiedergegeben –, dann Ostern mit Wächter- und Auferstehungsszenen, Höllenfahrt und Befreiung der Altväter und schließlich den Besuch der Marien am Grabe. Es sind rund 1600 Verse. Breiter ist die Anlage in der berühmten *Frankfurter Dirigierrolle*, die wohl noch in der ersten Hälfte des 14. Jahrhunderts einer bereits zweitägigen Aufführung der Passion auf dem Frankfurter „Römer" (am zweiten Tag vielleicht im Dom) gedient hat. Es ist das Regiebuch in Rollenform für den Spielleiter, das die szenischen Anweisungen, aber von den Reden nur die Einsätze gibt. Die Komposition aus lateinischen Gesangspartien und deutschem Sprechtext enthält ein Prophetenspiel als erklärende Einleitung und dann die Szenen von Johannes dem Täufer über die Versuchung Jesu, die Berufung der Jünger, Wundertaten, Magdalena, Martha, Lazarus bis zum Passionsgeschehen vom Einzug in Jerusalem bis zur Grablegung – so weit der erste Tag. Es folgt ein vollständiges Osterspiel, die Begegnung mit den Jüngern, die Himmelfahrt und ein Streitgespräch von Synagoge und Kirche am zweiten Tag. Es ist eine umfassende Zusammenstellung verschiedener Elemente mit viel Personal und großem Aufwand, ausführlich, aber rasch voranschreitend und, soweit erkennbar, in durchaus ernstem, würdigem Stil, eine nun aufs Ganze und letztlich auf die völlige Wiederholung des biblischen Geschehens zielende Vergegenwärtigung, wie sie nun für die großen Passionsspiele kennzeichnend wird. Nicht zuletzt die Darstellung der Passion folgt nun dem Willen zu unmittelbarer und detaillierter Demonstration des Leidens, durchaus in Analogie zur zeitgenössischen Passionsfrömmigkeit und zum entsprechenden Realismus der Malerei. Es wurde schon darauf hingewiesen, daß hier wie auch bei späteren Stücken ein Zusammenhang mit der epischen Darstellung in der ebenfalls hessischen *Erlösung* besteht.

Erst eine Handschrift von 1493 bietet nun, mit vollen 4408 Versen, den ganzen Wortlaut des Frankfurter Spiels in einer ebenfalls zweitägigen Fassung. Allerdings liegt eine Entwicklung der Spielübung von anderthalb Jahrhunderten dazwischen. Die Dialoge sind lebendiger geworden, die Darstellung anschaulicher und volkstümlicher, der sakrale Charakter ist weiter abgebaut. Und dennoch hat sich am ganzen Typus wenig geändert.

Inzwischen ist aus der oberhessischen Stadt Friedberg ein Passionsspiel in Prozessionsform durch eine Dirigierrolle von 1465 belegt, das seinerseits zusammen mit Frankfurter Vorlagen auf die *Alsfelder Passionsspiele* eingewirkt hat. Diese sind nun eine dreitägige Veranstaltung, die mindestens für 1501, 1511 und 1517 belegt ist mit einem Text von über 8000 Versen. Ein Teufelsspiel eröffnet die neutestamentlichen Szenen, die von Johannes dem Täufer bis zu Pfingsten und der Verteilung der Apostel reichen.

Zur hessischen Gruppe gehört auch ein *Fritzlarer Spiel*

und eine sehr umfangreiche, lehrhaft durchsetzte *Heidelberger Passion* (Mainz?, Frankfurt?). Vor allem von Bedeutung werden nun die Passionsspiele im Süden, auch sie vielleicht Ableger der mitteldeutschen Tradition. Spätestens für 1453 ist die Aufführung eines Osterspiels in Luzern bezeugt, das anfänglich aus Anlaß eines innerschweizerischen Priesterkapitels mit Hilfe der Stiftsschüler aufgeführt wurde. Seit etwa 1470 erscheint hier eine „Bruderschaft der Bekrönung unseres lieben Herren Jesu Christi" als Trägerin der Spiele – eine gesellschaftlich-bürgerliche Vereinigung, die in der Folge mit Unterstützung des Rats das Spiel zu einer wirklichen Staatsaktion werden ließ. Texte sind erst aus dem späteren 16. Jahrhundert erhalten, doch nimmt man an, die ersten Anregungen seien aus dem hessisch-rheinischen Raum gekommen. Denn die Luzerner Fassung kann mindestens teilweise aus dem Spieltext rekonstruiert werden, der um 1480 in Donaueschingen und, bearbeitet, in Villingen benützt wurde und noch den späteren Luzerner Fassungen z. T. entspricht. Dieses also aus Luzerner Vorlage stammende Schwarzwälder Passionsspiel umfaßt bereits auch zwei Tage (Magdalena, Wirken Jesu, Passion, Ostern bis zur Visitatio).

Die *Luzerner Spiele* des 16. Jahrhunderts sind in einzigartiger Fülle dokumentarisch belegt, und sie wurden damit für die Theatergeschichte zum Schulbeispiel des spätmittelalterlichen Dramas überhaupt. Dies dank der gewaltigen Masse von Texten, Urkunden und andern Aufzeichnungen, die der Stadtschreiber und Spielleiter Renward Cysat (1545–1614) gesammelt hat: über die Einzelheiten der Regie, der Bühne, der Requisiten, der Kosten, mit Namenverzeichnissen und Plänen, kurz über alle nur wünschbaren Details eines zweimal zwölf Stunden dauernden Riesenspiels von je achtundzwanzig „Akten", das in mehrjährigen Abständen jeweils Mittwoch und Donnerstag nach Ostern auf dem Luzerner

Weinmarkt aufgeführt wurde. Die Textausgabe von Wyss stützt sich auf die je in verschiedenem Umfang erhaltenen Texte zu den Aufführungen von 1545, 1571, 1583 und noch 1616. Nach dieser letzten Aufführung haben die Jesuiten mit ihrem Schuldrama das Theaterspiel endgültig den Bürgern aus der Hand genommen.

Die Luzerner sprachen vom Osterspiel, die Literarhistoriker meistens vom Passionsspiel. Faktisch ist es ein Heilsdrama, das mit Schöpfung und Sündenfall beginnt und mit den wichtigsten Figuren (Präfigurationen) das Alte Testament einbezieht. Die Handlung des ersten Tags reicht bis vor den Palmsonntag, der zweite Tag bringt Passion und Ostern bis zur Wiedererscheinung Christi vor den Jüngern; alles ist durchzogen von den Kommentaren der Propheten und Kirchenlehrer. Mit erstaunlichem technischen Aufwand, auf einem prallvoll mit Requisiten, Tribünen und Gerüsten überbauten Platz als Simultanbühne agieren 1597 165 Spieler in 309 verschiedenen Rollen vor Tausenden von Zuschauern auf der „brügi“ und in den Häusern um den Platz.

So sehr das Ganze ein mächtiges Spectaculum, ein „religiöses Staatsfestspiel“ (O. Eberle) vor allem für das Auge darstellt, ist der Text doch mehr als ein gleichgültiges Libretto – ein eindrucksvolles kollektives Literaturwerk, das sich im ganzen maßvoll und würdig abhebt von den Exzessen anderer Spiele. Die biblische Materie wird treuherzig-volkstümlich, mit andächtiger Geduld und barbarischer Behaglichkeit abgehandelt; aber in diesem epischen Theater schlechthin gibt es doch eine Vielfalt stilistischer Möglichkeiten vom Lehrhaften und Ledernen bis zu frommer Innigkeit, vom gemessen Feierlichen zu Komischem und Derbem. So konnte es Gesamtausdruck einer bürgerlichen Gemeinschaft werden, die sich hier selber mit darstellt und deren soziale Ordnung sich auch teilweise im Spiel selbst spiegelt, indem einzelne Rollen Prestige vermitteln oder gar erblich sind. Man kann dabei von Verweltlichung sprechen, doch erfolgt gerade damit eine äußerste Identifikation weltlicher Existenz mit dem biblischen Geschehen.

Wiederum bleibt das Weihnachtsspiel sehr viel bescheidener in der Überlieferung wie im Umfang der Texte. Die große Gesamtkomposition des lateinischen *Benediktbeurener Spiels* wird, allenfalls vom *St. Galler Weihnachtsspiel* abgesehen, nicht mehr angestrebt; noch die beiden *Erlauer Spiele* (*Erlau I* und *II* – ein schlichtes Krippenspiel und ein Magierspiel, das allerdings auch die Verkündung an die Hirten, den Kindermord und die Rahelsklage enthält) aus dem 15. Jahrhundert sind recht einfach und knapp. Wiederum ragt Hessen hervor. Hier sind für das spätere 15. und das frühere 16. Jahrhundert traditionelle Weihnachtsaufführungen mindestens für Frankfurt und Alsfeld bezeugt. Der erhaltene Text, das *Hessische Weihnachtsspiel*, ist um 1500 nach älterer Vorlage (Franziskanerkloster Friedberg um 1460?) aufgezeichnet worden. Es zählt gegen 900 Verse, zu denen allerdings noch eine Fülle lateinischer Gesänge kommt. Dieses hessische Spiel ist der reizende Inbegriff eines altdeutschen Krippenspiels geworden. Aller theologische Ballast ist abgeworfen, alles auf das Geschehen von Bethlehem konzentriert: zuerst die Verkündigung und Josephs Zweifel, die Geburt im „gemeynen hus“ (Armenhaus) zu Bethlehem, dann das eigentliche Krippenspiel mit dem alten Wiegenlied aus dem 14. Jahrhundert:

> Ioseph, lieber newe myn,
> hilff mir wiegen daß kindelin,
> das got dyn loener muße syn
> in dem hymmelrich, der meyde sone Maria!

Dazu überschwengliche Chöre der Engel, der Mädchen (wohl ursprünglich die Töchter Zions), der Cantores, zu denen nach einer humoristischen Episode auf dem Felde noch die lobpreisenden Hirten stoßen, possenhafte Szenen um Joseph, den Wirt, die beiden Kindsmägde, und schließlich ein Teufelsspiel und der Aufbruch nach Ägypten mit der geradezu fastnächtlichen Schlußerklärung Josephs:

mir woln gen zu dem guden bier!

Also kein Magier- und Herodesspiel, keine Prophetenrevue und keine Rahelsklage. Weihnacht ist ganz aufgefaßt als das fröhliche, mit „singen und springen", dem Tanz um die Wiege und allen Späßen zu feiernde Fest. Die liebevoll-realistische Komik in der Zeichnung des Personals (etwa in den Gebeten der Hirten) wie der Umstände überhaupt hindert nicht eine von Musik und Tanz getragene fromme Stimmung des Ganzen. Man könnte geradezu von einem Singspiel sprechen. Gegenüber den offiziellen Bürgerspielen kann man hier im Hinblick auf volkstümlich-kirchliche Bräuche des Kindlwiegens an junge Leute als Träger der Aufführung denken. Für die weiträumige Vermittlung von Spieltexten ist es wiederum kennzeichnend, daß ein nahe verwandtes, etwas umfänglicheres Krippenspiel auch in der Sammlung Vigil Rabers in Tirol auftaucht, das *Sterzinger* oder *Eisacktaler Weihnachtsspiel* – Anton Dörrer denkt an franziskanische Vermittlung und eher an den Weg von Süden nach Norden als umgekehrt.

Tirol ist nun im 15. und 16. Jahrhundert – und in bestimmten Formen weit darüber hinaus – neben Hessen eine Landschaft mit besonders intensiver Kultur des geistlichen (wie auch weltlichen) Spiels. Handel und Bergbau, Verkehrslage und politische Umstände wirken zusammen und geben Tirol zwischen Mittelalter und Neuzeit eine bewegte Geschichte und ein kulturelles Selbstbewußtsein, das sich seitens der städtischen Bürgerschaften in vielfältigen repräsentativen Aufführungen äußerte. Auch hier erscheint ein Spielleiter und Sammler, der ähnlich wie Cysat in Luzern ein reichhaltiges Theaterarchiv hinterlassen hat: Vigil Raber aus Sterzing (Vipiteno am Südhang des Brenner), seines Zeichens Maler und Kunsthandwerker überhaupt (um 1475 bis 1552). Raber hat vor allem in Bozen, aber auch in Sterzing, Brixen, Trient und anderswo Passionsspiele inszeniert oder inszenieren helfen, hat sich in Sterzing auch ums Fastnachtspiel gekümmert und eine Sammlung solcher Spiele angelegt. Zu diesem Sterzinger Material kommt noch eine Menge anderer Zeugnisse und Texte, zusammen ein unentwirrbar scheinendes Geflecht von Überlieferungen, das sich aber dank der Forschungen Wackernells und Dörrers doch einigermaßen ordnen ließ. Es läßt sich so ein mächtiger textlicher Grundstock der Spieltraditionen erkennen: die *Tiroler Passion*. Dies ist ein großes dreiteiliges, dreitägiges Passionsspiel, das sich am deutlichsten und frühsten in Hall i. T. fassen läßt, um 1430, und das später vor allem in Bozen aufwendig ausgestaltet wird. Neben dieser *Tiroler Passion* sind einfachere oder partielle Spiele älterer Tradition vorhanden, nicht zuletzt faßbar in einem Codex, den Benedikt Debs (gest. 1515), ein Bozener Lehrer, Musiker und Spielleiter, hinterlassen hat. Die *Tiroler Passion*, etwa in einem Dutzend Handschriften oder Handschriftengruppen erhalten, ist eine überlegte und konzentrierte Komposition aus drei Spielen für Gründonnerstag, Karfreitag und Ostern, an welchen Tagen je die entsprechenden Ereignisse nach Bibel und Tradition dargestellt wurden. Es sind Teile von etwa gleichem Umfang, zusammen gegen 4000 Verse. Sie reichen von der Exposition in den Verhandlungen des Hohen Rates der Juden bis zu den Osterszenen und einem Teufelsspiel, welches die übliche kleine satirische Ständerevue bringt: die Hölle muß wieder mit neuen verdammten Seelen bevölkert werden. Den Höhepunkt des tirolischen Passionstheaters bildet eine Aufführung von 1514 in Bozen unter maßgebender Beteiligung Vigil Rabers und des Benedikt Debs. Hier wurde das Spiel auf sieben Teile erweitert und damit wohl auf das Maximum der deutsch-mittelalterlichen Möglichkeiten gebracht. Das Prinzip der Kongruenz zwischen biblischen Ereignissen und Spiel wurde durchgehalten: Den drei Spielen wurde ein Palmsonntagsspiel (Einzug Jesu in Jerusalem) vorangestellt, am Karsamstag eine Marienklage eingeschoben, am Ostermontag ein „Bruderspiel" (Gang nach Emmaus) und schließlich, 40 Tage später, ein Himmelfahrtspiel zugefügt. Die Veranstaltung erforderte 110 Rollen mit gegen 300 Spielern; absolute Neuheit ist, daß die weiblichen Rollen mit Ausnahme jener der Gottesmutter und der weiblichen Verdammten von Spielerinnen agiert wurden.

Wenn Oster- und Passionsspiel schon von sich aus eine Tendenz zur stofflichen Ausweitung in die ganze Heilsgeschichte zeigen, so ergab sich mit dem Fest von Fronleichnam unter Umständen eine neue Gelegenheit geistlicher Darstellungen mit universalem Charakter. 1264 war das Fest der Eucharistie päpstlich sanktioniert worden; schon bald war die Prozession, der Umgang mit der Monstranz, sein wesentliches Kennzeichen. Die Fronleichnamsprozessionen konnten zu Umzügen der Bürgerschaft in ihrer ganzen beruflichen und ständischen Ordnung werden, konnten durch Mitführen von Emblemen und Bildern, durch Darstellen „lebender Bilder" zu Heilsgeschichte und Legende theatralischen Charakter annehmen, konnten schließlich durch Aufsagen von Sprüchen und Dialogen zu eigentlichen Prozessionsspielen werden. Im einzelnen sind dabei alle Übergänge von losen Auftritten während des Umgangs bis zu bestimmten Stationen des Umzugs oder eigentlichen Bühnen denkbar. Die älteren geistlichen Spiele, vor allem das Passionsspiel, lieferten dafür Texte; wurden die Szenen der Umgangsspiele wieder an feste Bühnen gebunden, dann handelte es sich praktisch wieder um nichts anderes als um an Fronleichnam aufgeführte Passions- und Heilsspiele.

Wieder liefert Tirol besonders viele und reichhaltige Zeugnisse. So sind schon für 1327 in Brixen, vor allem aber seit 1471 in Bozen solche Spiele bezeugt. Es scheint, daß es lange Zeit einfache Umgänge mit wenig Text, formelhaften Versfolgen waren und daß erst von 1534 an der Bozner „große Umgang“ sozusagen die Bedeutung der Passionsspiele übernahm und dann bis zum Verbot durch Maria Theresia 1751 eine ruhmreiche Tradition erhielt. Die unvollständige Prozessionsordnung von 1543 führt über zwanzig verschiedene, von der Pfarrei, den Zünften und Bruderschaften gestellte Gruppen auf, welche die ganze Heilsgeschichte von Adam und Eva bis zum Jüngsten Gericht und eine ganze Reihe von Heiligen – vor allem Margareta mit dem Lindwurm und den Ritter St. Georg – vorzustellen hatten, teilweise mit eigenen Bühnenszenen. In Umzugsform ist wiederum die gesamte Bürgerschaft in Bewegung gesetzt und in die große Heilsordnung integriert.

Eine ganz ähnliche Struktur zeigt die Fronleichnamsprozession in Freiburg i. B., nicht zufällig, da Freiburg zur selben habsburgisch-tirolischen Herrschaft wie Bozen gehörte. Der Münsterpfarrer und seine Leute sind zuständig für die Marienszenen, die übrigen Episoden der Heilsgeschichte vom Sündenfall bis zum Jüngsten Gericht werden von den zwölf Handwerkerzünften gestellt. Die Texte, von denen die ältesten Bruchstücke aus dem Anfang des 16. Jahrhunderts, ganze Fassungen aber erst seit 1599 erhalten sind, zeigen anfänglich einfache Spruchstrophen, die erst im Lauf der Zeit reicher ausgeführt und dialogisiert werden. Dazu geben auswärtige Vorbilder Anregung, darunter schließlich sogar auch ein reformiertes Passionsspiel des Zürcher Dramatikers Jakob Ruf.

Eine kleine Gruppe für sich bilden schließlich jene

Fronleichnamsspiele, die zwar an Fronleichnam aufgeführt, doch schließlich nicht mehr in Umgangsform, sondern als konsistente Simultanbühnenwerke dargeboten wurden, sich also an sich kaum von den großen Passionen etwa des Luzern-Donaueschinger Typs unterschieden. Die Terminologie der Fachleute ist hier denn auch schwankend.

Aus Künzelsau (Württemberg) stammt eine 1479 datierte Handschrift, das Regiebuch für ein umfassendes Fronleichnamsspiel beträchtlichen Umfangs. Ein rector processionis kommentiert fortlaufend die z. T. nur lose verknüpfte und wortkarge Szenenfolge, nicht zuletzt, um die typologische Entsprechung zwischen Altem und Neuem Testament und die Beziehung auf die Eucharistie hervorzuheben. Die Analyse der Szenen ergibt, daß der Grundstock ein prozessionales Spiel war, das bereits die ganze Heilsgeschichte umfaßte; durch Zusätze wurde es in der Richtung eines Standort-Spiels, wenn auch vermutlich noch auf mehreren Plätzen, fortentwickelt.

Es scheint, daß das *Fronleichnamsspiel von Eger*, das in einem Text aus ungefähr der gleichen Zeit erhalten ist, diesen Weg schon weitergegangen ist bis zu einem geschlossenen Standortspiel, das während dreier Tage auf dem Marktplatz der westböhmischen Stadt aufgeführt wurde; Aufführungen sind für die Zeit von 1443 bis 1519 bezeugt. Wahrscheinlich war es die Aufnahme umfangreicher Passionsszenen, die das ursprüngliche Umgangsspiel stationär werden ließ, ohne daß der Aufführungstermin geändert wurde. Das *Egerer Spiel* gehört mit seinen 8312 Versen zu den mächtigsten Veranstaltungen, in denen sich denn auch die spätmittelalterliche Lust an realistischer bis grausamer Veranschaulichung manifestiert, mit beträchtlichem theatralischen Apparat. Dem noch stark kirchlichen Charakter des *Künzelsauer Spiels* gegenüber bricht damit der weltliche oder doch bürgerliche Zug deutlich durch.

### 3. Vereinzelte geistliche Spiele

Aus der Gruppe der Osterspiele ragt als einzigartige Leistung das *Redentiner Osterspiel* hervor. Es gilt, literarisch, als das bedeutendste Drama des deutschen Mittelalters und zugleich als ein Hauptwerk der mittelniederdeutschen Dichtung. Es ist der Ableger einer Tradition, die im *Innsbrucker Osterspiel* – das aus Thüringen stammt – am ähnlichsten faßbar ist. Der Text findet sich nur in einer unsorgfältigen Abschrift, die das Datum (Hof) Redentin (bei Wismar) 1464 trägt. Das Original mag kurz vorher hier oder in Wismar, kaum in Lübeck, aufgeführt worden sein. Die Souveränität des Dichters – hier ist dieses Wort am Platz – zeigt sich in seiner Beschränkung auf wenige Szenen: Bewachung des Grabes durch „Ritter“ des Pilatus, Auferstehung, Befreiung der Altväter aus der Hölle zum Leidwesen Luzifers und seiner Gesellen, und dann ungefähr in derselben Länge von nochmals tausend Versen ein ausgebautes Teufelsspiel um die Wiedergewinnung schuldiger Seelen für die durch Christus geleerte Hölle. Im Grunde sind es nur zwei Themen: die Erlösungstat Christi in Auferstehung und Höllenfahrt und die Nachstellungen der Teufel auf die heutigen Menschen. Dafür opfert der Verfasser die Szenen um Magdalena und den Krämer und sogar die zentrale Visitatio. Er gibt die erzählende Folge auf und gewinnt damit eine dramatische Verdichtung auch insofern, als er Wächterhandlung, Höllenfahrts- und Teufelsspiel ineinander verschränkt – beispielsweise durch die Erfindung eines die Ereignisse begleitenden Turmwächters – und aus der linearen Reihe ein mehrdimensionales Ganzes macht. Das Osterereignis und seine Folgen rücken in den Mittelpunkt, mit der Gewißheit, daß das breit ausgeführte Ringen der Teufel um die sündigen Seelen letzten Endes vergeblich sein wird:

Eines dinges bün ik wis
Dat got jo weldiger wen der düvel is.
(1912 f.)

Dies sagt der wenn auch sündhafte, so doch unerschrokkene Pfaffe, der Held des letzten Teils: Nachdem Bäkker, Schuhmacher, Schneider, Wirtin, Metzger, Fischhändler und Räuber wegen ihrer bedenklichen Geschäftspraktiken der Hölle überliefert worden sind, weiß er, was zu tun ist, und rückt dem Teufel mit Grobheit und Drohungen, mit Weihwasser und Weihrauch so zu Leibe, daß Luzifer, vor Kummer schwach geworden, sich von seinen Gehilfen in die Hölle zurücktragen lassen muß. Der Scherz, daß der Teufel Angst bekommt, ist aus der Volkssage bekannt und begegnet auch sonst im geistlichen und weltlichen Spiel. Hier aber ist der Pfaffe eine erfrischend runde Figur. Dem Dichter ist es gelungen, die dubios-komische Gestalt des Geistlichen aus Schwankerzählung und Fastnachtspiel ohne Abstriche pro domo umzufunktionieren. Wenn der sacerdos in seinen massiv-witzigen Worten dem Teufel die Hölle heiß macht, so ist er im übrigen nur die Verkörperung des frischen und freien Geistes, der das ganze Werk bestimmt und in überlegener Weise die Ausdrucksmöglichkeiten des freien Knittelverses benützt. Die sichere, positive Energie seines Humors erscheint denn auch in den Reden der Teufel, in der parodistischen Behandlung der bramarbasierenden Grabwächter, in der durchaus sachkundigen Berufssatire. Die Frage, wieweit der Teufelshumor noch abschreckend und wieweit er bloßer Ulk gewesen ist, erübrigt sich, erkennt man die Eindringlichkeit und sichere Führung, mit der gerade die volkstümliche Komik hier waltet: Der Dichter kann sich die Scherze leisten, ohne unglaubwürdig zu werden. Vor allem wird man den überlegenen Ernst bewundern, mit dem die heikelste Szene des Osterspiels, die Auferstehung, wiedergegeben ist, und daraus das Maß auch für das folgende nehmen. Ursprünglich geht die Auferstehung, allenfalls durch Donnerschlag angekündigt, wortlos vor sich; später, auch noch im *Redentiner Spiel,* ertönt der Weckruf, den der Engel Michael über dem Grabe singt in Anlehnung an die Psalmverse 43,23 ff.: „Exsurge, quare obdormis, Domine?“ Darauf folgt nun die deutsche Paraphrase:

Sta up, here, gådes kint,
Deme we underdanich sint!
Sta up, gotlike trost!
Alle schult is nu gelost,
Alle dink werden nun vullenkåmen,
Süntu an dine minscheit hest tu di nåmen
De gotliken klarheit,
De nu lefliken an di steit.
Sta up, here, des begere wi,
De we to allen tiden denen di!
Sta up, here, an dine rouwe,
Alre minschen vrouwe,
Du unde de archa diner hillicheit,
De hir an desseme grave is bereit!
Sta up, minsche unde got,
Du lidest nicht mer pine ofte not!
Sta up van aller pin,
Du bist dinen uterkornen en ewich schin!

(233 ff.)

(Steh auf, Herr, Gottes Sohn, / dem wir untertänig sind! / Steh auf, göttlicher Trost! / Alle Schuld ist nun abgelöst, / alle Dinge werden nun vollendet, / da du, als Mensch, hast zu dir genommen / die göttliche Klarheit, / die nun lieblich an dir steht. / Steh auf, Herr, das begehren wir, / die wir dir zu allen Zeiten dienen! / Steh auf, Herr, zu deiner Ruhe [Ps. 131,8], / aller Menschen Freude, / du und der Schrein deiner Heiligkeit, / der hier in diesem Grabe bereitet ist! / Steh auf, Mensch und Gott, / du leidest nicht mehr Pein oder Not! / Steh auf von aller Pein, / du bist deinen Auserkorenen ein ewiges Leuchten!)

Wie hier im wechselnden Ausschwingen der Verse, in den sorgfältig bemessenen Anaphern machtvoll und zart, menschlich einfühlend und theologisch ausformuliert, in strengem, schlichtem Aufbau und doch mit dem Schmuck eines hohen Bildes für den verklärten Leib (Ps. 131,8) die Osterbotschaft vorbereitet wird, das ist unvergleichlich.

Dem österlichen Überschwang der Erlösung, der sich gerade auch im Aufbrechen der Höllenpforte durch den Auferstandenen bestätigt, widerspricht nicht, daß die Scheidung von Gut und Böse bleibt – sei es, daß sie vom einzelnen gefällt werden muß, sei es, daß sie am Jüngsten Gericht zu erwarten ist. Die großen prozessionalen Summen der Fronleichnamsspiele haben die letzten Dinge gern einbezogen, doch bleibt auch eine selbständige Tradition zu beachten. Vor allem gibt es ein besonderes Weltgerichtsspiel, das in einem runden Dutzend abgeleiteter Fassungen überliefert ist, besonders aus dem süddeutsch-schweizerischen Raum, und sich auf eine verlorene Urfassung noch des 14. Jahrhunderts zurückführen läßt. Die unvollständig erhaltene älteste Fassung ist ein Donaueschinger Text (schweizerischen Ursprungs); eng verwandt damit sind ein *Rheinauer* (1467) und ein *Berner Weltgerichtsspiel* (1465, aus Luzern stammend). Das völlige Fehlen komischer oder genrehafter Züge haben diese Texte gemeinsam mit dem *Eisenacher Zehnjungfrauenspiel*, das mit einigen Verspartien auch eingewirkt hat. Ob man für die Entstehung des Spiels wiederum besondere Zeiten der Weltangst und Bußstimmung (Pest, Geißler) in Anspruch nehmen muß, bleibe offen. Vielleicht duldet das Thema an sich kaum dergleichen, mindestens ursprünglich. Nur die bildende Kunst, vor allem mit den Portalprogrammen der großen spätmittelalterlichen Kirchen, so gerade auch des Berner Münsters (von 1466 an), bietet figurenfreudig den ganzen Apparat eines anschaulich-malerischen Gerichtspanoramas mit Teufeln und Engeln, Propheten, Aposteln, Zehn Jungfrauen und vielen recht bürgerlich dreinschauenden Seelen aller Stände auf. Das Stück, wie man es am vollständigsten im Berner Text liest (1007 Verse), ist dagegen streng, ernst und etwas steif von Anfang bis Ende. Propheten und Kirchenlehrer kündigen das Gericht an; der letzte, Hieronymus, schildert ausführlich die fünfzehn Vorzeichen vor dem Gericht. Erst dann geht die Prophetie in theatralische Wirklichkeit über: Die Engel blasen das Horn zur Auferstehung der Toten und zum Gericht, Christus der Herr erscheint, die Engel tragen die Marterinsignien herbei, die Guten werden von den Bösen geschieden. Maria und die Zwölfboten setzen sich zur Seite des Richters. Vergeblich bitten die Verdammten um Gnade, Christus bleibt unerbittlich und läßt sie durch Luzifer „seilen“ (fesseln). Ganz ähnlich wie im *Eisenacher Spiel* legen sich Maria und Johannes voll Erbarmen ins Mittel. Allein Christus entscheidet:

Werent das alle heligen vnd du
Weineten bluotigen trene nu,
Das möchte sy doch nit vervan,
Sy můssen in die helle gan!
Siczent wider an üwer stat,
Min hercz kein erbermde hatt.
(790 ff.)

Daß diese vom Stoff gebotene Härte nicht nur seinerzeit den Landgrafen von Thüringen, sondern auch schlichtere Zeitgenossen schockierte, beweist später der Luzerner Spielleiter Zacharias Bletz, der 1549 in Kenntnis der alten Texte ein großes zweitägiges Antichrist- und Weltgerichtsspiel anstelle des Passionsspiels zusammenreimte. Er läßt Maria und Johannes schon vor dem eigentlichen Urteil auftreten und ihre Fürbitte erfolgreich tun; beim Urteilsspruch sind sie dann nicht mehr anwesend. Das mag Rücksicht auf protestantische

Zuschauer sein (Reuschel), entspricht aber doch auch der nun läßlicheren Betrachtung der Dinge.

Einen weitverzweigten Zusammenhang für sich bilden die Marienklagen. Nach dem Johannes-Evangelium steht Christi Mutter mit Johannes unter dem Kreuz. Eine szenische Gestaltung der Episode, mit der Klage Mariae und den tröstenden, erläuternden Worten des Johannes, begegnet nun sowohl selbständig – aufführbar oder zum Lesen – wie als Bestandteil der großen Passions- und Fronleichnamsspiele. Im *Ludus breviter* der *Carmina Burana* heißt es summarisch: „Maria planctum faciat quantum melius potest" (Maria soll ihre Klage halten, so gut sie nur kann). Im großen Passionsspiel derselben Sammlung gibt es bereits eine ausgeführte Maria-Johannes-Szene mit lateinischen Gesängen und deutschen Reden der Maria und einer kurzen lateinischen Strophe des Johannes. Unter den Liedern findet sich auch die beliebte Sequenz des Gottfried von Breteuil (gest. 1196):

Planctus ante nescia
planctu lassor anxia,
crucior dolore ...

(Die ich keine Klage kannte, / bin ich nun von Klage erschöpft und voller Angst, / bin vom Schmerz gemartert ...)

die in der Karfreitagsliturgie verwendet wurde. Das ist noch monologische Klage, doch ist auch damit der Schritt zur Rollendichtung, zur szenischen Darbietung bereits getan. Früh erscheint aber auch die dialogische Form mit Reden des Johannes, dann Jesu und der andern Marien, da sie vom Evangelium her nahegelegt ist und auch in der bildlichen Darstellung der Kreuzigungsgruppe seit dem Frühmittelalter gegenwärtig war. Die Szene kann erzählerisch im Rahmen des Marienlebens wiedergegeben werden; im *Rheinischen Marienlob*, einer Lehrdichtung, erscheint die Marienklage als separate Einlage. Der Inhalt der Marienklage selbst kann angereichert werden zu meditativ-traktathaften Mariendichtungen, wie sie z. B. von *Unser frowen klage* vertreten sind, einem vom 13. bis 16. Jahrhundert beliebten Werk nach pseudo-bernhardischer Vorlage; Maria erzählt die Passion, der Dichter kommentiert.

Voraussetzung der Marienklage in all ihren Formen ist die neue Marienfrömmigkeit nachvollziehender Compassio mit ihrer Pflege, ja ihrem „Genuß" eines erschlossenen Gefühlslebens. In der Trauer Mariens wird nicht nur die Passion menschlich einfühlbar gemacht, Maria als Verkörperung der Kirche ist für den Gläubigen das Gefäß, in dem sich das Mit-Leiden objektiv sammelt. Die Passion im Nachvollzug durch Maria ist eine zentrale Möglichkeit spätmittelalterlicher Nachfolge Christi. Nur am Rande sei vermerkt, wie sehr die Klage, der Planctus, auch im außerkirchlichen Bereich von jeher ihre selbständige Gattungswürde und offenbar auch ihre wichtigen seelisch-sozialen Funktionen hatte: die Totenklage in Heldenepik, Roman und Lyrik, die Weltklage, die Liebesklage.

Von den etwa 20 selbständig überlieferten Marienklagen, die hier allein zur Diskussion stehen, sollen nur zwei angeführt werden: das kurze älteste und das spätgotisch-reichste, dichterisch bedeutendste Stück, beide vom „dramatischen" Typus.

Die *Lichtentaler Klage*, bairisch, aus dem 13. Jahrhundert, umfaßt 10 schlanke Liedstrophen, 7 von Maria gesprochen (gesungen?), 3 von Johannes (Str. 4, 7, 10). Klage und Trostargumente mögen etwas nüchtern angereiht sein – in der strengen statischen Form, mit der hier mehr zum Zuhörer als zum Dialogpartner gesprochen wird, bleibt es ein eindrucksvolles Denkmal. Das andere Extrem ist die *Bordesholmer Marienklage*, wieder ein Hauptwerk der mittelniederdeutschen Dichtung (855 Verse, die Singpartien mit Noten versehen). Das Stück ist frühestens 1475/76 in dem Holsteiner Marienkloster Bordesholm aufgeführt worden; nicht zufällig ist der Text zusammen mit Schriften Bernhards überliefert. Eine Spielanleitung gibt die genauen Angaben: am Karfreitag vor dem Mahl, vor dem Chor der Kirche oder bei schönem Wetter draußen, in zweieinhalb Stunden bequem durchzuführen. Es sei kein ludus oder ludibrium – dies offenbar eine Distanzierung von den verweltlichten Spielen –, vielmehr Klagen und Flehen und „pia compassio Mariae virginis gloriosae“. Es soll die Umstehenden zu Weinen und Mit-Leid rühren. Die Personen sind Jesus (von einem frommen Priester zu spielen), die drei Marien (von Jünglingen darzustellen) und Johannes (ein Priester). Unter den Requisiten interessiert ein Holzschwert, das die Schmerzen Mariae kennzeichnet (Luk. 2,35) und ihr jeweilen vom knienden Johannes auf die Brust gesetzt werden soll. Der Prolog, von Johannes gesprochen, erzählt die Passion. Dann aber soll es um das Leid Marias gehen:

helpet huden (heute) sunte Marien wenen!

Was folgt, ist eine musikalisch-lyrische, aus deutschen und lateinischen Gesängen (bekannte Hymnen und Sequenzen, eine Melodie nach dem Palästinalied Walthers von der Vogelweide) und weit ausschwingenden deutschen Sprechversen bestehende Golgatha-Szene. Maria, unterstützt von Johannes, tritt vors Kreuz und bricht in Klagen aus; Christus – der das Kruzifix vor sich hält – singt und spricht seine Worte bis zum „consummatum est“; dreimal stürzt Maria verzweifelt zu Boden, dreimal wird sie, zuletzt von Johannes, aufgehoben und getröstet. Am Schluß ist Johannes wieder der Priester, der sich ans Volk wendet und einen Schlußgottesdienst zelebriert. Im Gegensatz zu den ludibria ist es somit eine echte Feier, ein Oratorium, fast opernhaft in der ausschweifenden Variation der Klagen, anschwellend bis zum Höhepunkt nach dem Tod Christi und dann wieder abklingend mit den Gedanken an die durch die Passion erwirkte Erlösung. Auch die Form variiert kunstvoll, meist mit kürzeren Versen in den Liedern – beispielsweise nach dem Meßtext:

Trut sone myn,
De moder dyn
An desser stunt
Vt herten grunt
Dy byddet ynnichliken:
Giff my dynen dot
In desser not!
Myn herte, brich,
Went ik see dich
Hangen so yamerlyken!
(344 ff.)

oder weiter ausgreifend in ausdrucksvollen Sprechversen, wie in der ersten Rede Christi vom Kreuz:

Myn volk, wo seer hestu dy an my gewraken (hast du mich mißhandelt)!
Ik hebbe dy doch nicht to leyde gedan edder gespraken?
Myn volk, yk vorede (führte) dy ouer dat wylde meer
Vnde vordruckede Pharaonis heer;
Ik reghende dy enghelsch brod
Yn der wo̊stenyge to dyner not:
Darvmme hestu my ghevanghen
Vnde darto an dat crutze gehanghen! (217 ff.)

Die Monotonie der Klage, wie sie der Gattung eigentümlich ist, wird so durch den Reichtum der motivischen und formalen Ornamentik überspielt; dennoch ist wohl ein Äußerstes erreicht, und wie oft in der späten Passionsmystik bleibt schwer zu sagen, wie sich echte ekstatische Versenkung und spielerisches Formulieren verbinden.

Spiele mit legendarischem und mariologischem Gehalt

sind im deutschen 15. Jahrhundert wenig zahlreich und vereinzelt. Wohl am ältesten ist ein erst im 15. Jahrhundert überliefertes *Katharinenspiel* aus Thüringen, die schlichte Dramatisierung der Legende der Märtyrerin, die mit Dorothea zu den „drei heiligen Madeln" gehörte. Ferner sind einzelne Stücke von Alexius, Georg, Oswald und Helena (dies ein umfangreiches Heilig-Kreuz-Spiel) anzuführen. Am bedeutendsten sind wohl drei Werke, deren Motivation in der erlösenden Rolle der Gottesmutter liegt. Eigentlich heilsgeschichtlich-mariologisch ist ein Wolfenbütteler *Spiel vom Sündenfall*, verfaßt von einem Geistlichen namens Arnold Immessen aus Einbeck, etwa 1480 bis 1490: eine lange Revue alttestamentlicher Szenen von der Schöpfung bis zur Erfüllung in der Geburt Mariens, bedeutend durch die Selbständigkeit und Konsequenz der Konzeption. In der *Theophiluslegende*, die in einer niederdeutschen und einer späteren Trierer Fassung erscheint, wird von Maria selbst ein Teufelspäktler wieder gerettet. Und schließlich das *Spiel von Frau Jutten*: die Sage von der schönen Jutta, die sich aus Hochmut und teuflischer Einflüsterung emanzipiert und verkleidet zum Papst wählen läßt, zur Hölle fahren soll, aber dann durch Fürbitte der Maria beim Salvator errettet wird. Verfasser ist ein Geistlicher Dietrich Schernberg, 1483 bis 1502 im thüringischen Mühlhausen bezeugt. Solche nicht zufällig mit dem Autornamen versehene Stücke zeigen, wie nun mit den mannigfachen Elementen des geistlichen Spiels über den ursprünglichen Rahmen hinaus gearbeitet werden kann. Das *Juttenspiel* ist nur im Druck erhalten, den ein antipapistischer Geistlicher 1565 veranstaltete – unfreiwillig gerät es in die konfessionelle Polemik.

## 4. Das weltliche Spiel (Fastnachtspiel)

Im Vergleich zum geistlichen Spiel ist das weltliche eine bescheidene und meistens sogar bemühende Sache. Wir befinden uns da gewöhnlich am Rande von „Literatur". Es geht, mittelalterlich, meistens um primitive, im Grund improvisatorische Auftritte mit wüsten Reden, rudimentären Handlungen, anspruchslosem Publikum. Erst in späteren Zeiten, in den Auseinandersetzungen von Humanismus und Reformation, wird sich zeigen, welche echten dramatischen und auch literarischen Möglichkeiten gerade in den Strukturen des weltlichen Spiels stecken.

Die Bezeichnung „Fastnachtspiel", im weiteren Sinne genommen, betrifft den zeitlichen Bereich, der für die Aufführung weltlicher Spiele praktisch allein in Frage kommt, wenn man von einigen unsicher anzusetzenden Neujahrs- oder Maispielen absieht. Im engern Sinn verstehen wir darunter brauchmäßig verfestigte, im Fastnachtswesen (Maske, Tanz, Komik, Unfug) enger zusammenhängende Spiele, die z. T. in lange währenden Traditionen begegnen – an sich eine europäische Erscheinung, in Deutschland als zusammenhängende Übung nur in wenigen Städten, vor allem Nürnberg, faßbar.

Im mittelalterlichen Kontext gesehen, hat das Fastnachtspiel immer wieder fasziniert, weil hier durch die christlich-kirchliche Ordnung ein Durchbruch archaischer, kollektiver Kultur- und Seelenschichten zu erfolgen scheint, wie immer auch die Kirche die Fastnachtzeit ins Kirchenjahr integriert und dadurch die Emanzipation elementaren Lebens zu kanalisieren versucht hat. Man hat die „rituellen", die „kultischen" Wurzeln des Fastnachtspiels in jahreszeitlichen Begehungen, Fruchtbarkeitszauber, Dämonenbeschwörung usw. erkennen wollen und hat ihm damit die Würde eines urtümlichen Phänomens verliehen, ja vorübergehend das Fastnachtspiel von „Kultspielen der Germanen" hergeleitet. Heute erfolgt eine gewisse Rettung eher mit Kategorien der Soziologie und Psychologie: Die Vitalsphäre, stets unter der Schwelle der Konventionen vorhanden, fordert ihr Recht; man spricht von karnevalischer Existenzform; der Tabubruch wird anerkennend registriert; es wird der Sexualnotstand der Nürnberger Handwerksgesellen bemüht und die neue Selbstrepräsentation des Bürgertums gegenüber der Geistlichkeit und dem Adel betont. Gewiß können solche „Herleitungen" eine gewisse Tiefendimension erschließen und das Phänomen nobilitieren. Aber die überzeugendste Legitimation ist doch wohl literaturgeschichtlicher Art, nämlich die Tatsache, daß im Bereich der Fastnachtspiele ein echtes Neues entstehen konnte, das mehr wurde, als es selbst war: ein weltliches oder doch von Laien verantwortetes aktuelles Theater. Das geistliche Spiel war da vergleichsweise ohne Folgen. Die von Anfang an bestehende Offenheit des Fastnachtspiels erlaubte es, daß aus brauchtümlicher Zote und Narrenfreiheit ein satirisch-moralisches, ein politisches, ein problemhaltiges Spiel werden konnte, eine dramatische Literatur. Aufs Ganze gesehen, ist es allerdings erst die Zeit von Humanismus und Reformation, die dem weltlichen Spiel Rang und neue Funktionen gibt. Wir haben es an dieser Stelle zunächst mit den älteren Formen zu tun und diese nur soweit zu verfolgen, als sie im mittelalterlichen Bereich bleiben.

Die Überlieferung ist ungünstig und einseitig. Von den bereits genannten, durchaus atypischen Belegen des 14. Jahrhunderts abgesehen, tritt das Fastnachtspiel erst etwa um 1430 in Erscheinung (das Wort selbst zuerst 1426). Der Gesamtbestand bis zu Beginn des 16. Jahrhunderts beträgt höchstens etwa 150 z. T. sehr kurze Stücke, davon 132 in Adelbert von Kellers Sammlung (K). Von diesen stammen über hundert aus Nürnberg. Aus Lübeck haben wir die Titel von 73 Spielen bezeugt, aber den Text nur von einem einzigen Stück. Daß in zahlreichen Städten Tirols, Süddeutschlands, der Eidgenossenschaft, des Elsaß gespielt wurde, ist durch Zeugnisse und vereinzelte Texte belegbar – so ist in *Des Entkrist Vasnacht* in Nürnberger Fassung ein Zürcher Spiel enthalten. Typen, Themen, Texte der Spiele sind gewandert. Nürnberg bezieht Anregungen von auswärts, umgekehrt stammt in der Fastnachtspielsammlung Vigil Rabers, die 1510–35 zustande kam und 26 Spiele zählt (Z, herausgegeben von O. Zingerle), etwa die Hälfte aus Nürnberg. Anderseits zeigt sich aber gerade in Tirol altes Gut und eine größere Freiheit der Stoffwahl als in Nürnberg, und einen wesentlich andern Typ überhaupt scheint Lübeck entwickelt zu haben.

Das Nürnberger Spiel, das für uns repräsentativ bleibt, ist im 15. Jahrhundert ein recht formloser Auftritt: Zu einer fastnächtlichen Gesellschaft in einem Wirtshaus dringt eine Gruppe herumziehender Spieler herein mit einem Praecursor (Exclamator, Ausschreier) an der Spitze, der die Spieler und das Stück vorstellt und den Auftritt wieder abschließt, nicht ohne um Entschuldigung der vor sich gegangenen „unzuht“ zu bitten:

Ir herrn, wir haben grop gespunnen;
Doch seit ir weder munch noch nunnen,
So kunt ir auch wol schimpf versten.

(K 29)

Die Produktion selbst dauert wenige Minuten, höchstens eine halbe Stunde, im Durchschnitt etwa 200 Verse; sie ist fast mehr auf Komik und Zote angelegt als auf konsistenten Sinn, für eine Männergesellschaft und ohne Notwendigkeit einer Bühne. In Nürnberg sind die Träger des Spiels vor allem die Handwerksgesellen, an andern Orten treten vornehmere Spielgesellschaften in Erscheinung, die sich dann auch einen größeren Aufwand leisten können. Neben den Spielen gibt es auch andere Fastnachtsveranstaltungen, so in Nürnberg das Schembartlaufen, ein Maskenumzug der Zünfte mit offiziellerem Charakter.

Obwohl fast alle Texte anonym überliefert sind, treten in Nürnberg zwei Spezialisten hervor, Hans Rosenplüt und Hans Folz, von denen man annimmt, daß sie mehr als die Hälfte der Nürnberger Spiele verfaßt haben. Rosenplüt, mit seinem bürgerlichen oder Übernamen „Schneperer“ geheißen, war seit 1444 „Büchsenmeister“ der Stadt; er nahm an den Hussitenkriegen teil, verfaßte zahlreiche Spruchgedichte und Lieder und lebte bis mindestens 1460; von ihm ist nur ein Stück ganz gesichert. Folz kommt 1459 aus Worms nach Nürnberg, nach der Überlieferung im Zusammenhang mit einer Reform des Meistersangs, zu dessen modernen Vertretern er gehört. Seines Zeichens Barbier (Wundarzt), hat er stärker als Rosenplüt, dessen Theater er fortsetzt, meisterlichen Ehrgeiz. Gesichert sind für ihn 10 Stücke. Die Schwierigkeit der Zuweisung zeigt im übrigen, wie gleichgültig die Autorschaft im Grunde ist, da es sich um kollektive Bemühung handelt.

Strukturell lassen sich zwei Typen unterscheiden. Die einfachere Form ist die Revue, das Reihenspiel. Monologische Einzelreden, die man sich auch einzeln, spruchartig vorgetragen denken könnte, werden in gewollter Formwiederholung aneinandergereiht: törichte Bauern, Liebhaber, Narren, Berufs- oder Ständevertreter geben je ihren Spruch zu einem gemeinsamen Thema zum besten (vgl. K 13, 28). Schon *Herbst und Mai* hat diesen Typus schön gezeigt. Der Ausgang kann nach einer solchen Reihe von Scherz-, Obszön- oder Schimpfreden offen sein: die Spieler ziehen, nach einem Trunk, weiter. Auch im einzelnen macht sich der Reihencharakter gern bemerkbar, etwa im Aufzählen von Rätseln, in Priameln, in Namenkatalogen, Schimpftiraden. Aus der Reihe kann sich eine Steigerung oder ein Wettbewerb ergeben;

das gemeinsame Thema koordiniert die Aussagen, die Redenden können aufeinander direkt Bezug nehmen. Die Gestalt eines Richters, eines Königs, eines Arztes, der Frau Venus usw. kann den Wettbewerb leiten und eventuell entscheiden. Das Spiel kann abgebrochen werden, in eine Schlägerei oder Exekution übergehen. Damit kann bereits ein gewisses Geschehen mit Anfang und Ende ablaufen, ein Minimum noch an dramatischer Fiktion. Anspruchsvoller ist es, wenn der Wettbewerb zum Streitgespräch wird, sozusagen zwei Reihen gegeneinander geführt werden, sei es in gegenseitigen Beschimpfungen und Anklagen, sei es in ausführlichen Disputationen zwischen *Alter und neuer E* (Juden und Christen, K 1) oder einem Redekampf wie zwischen *Salomo und Markolf* (K 60). So ist der Übergang zum zweiten und innerlich jüngeren Typ, dem Handlungsspiel, fließend. Dieses, schon im Neidhartspiel vorliegend, schürzt einen Knoten, bringt ein „Problem" zum Austrag, vor allem auch, wenn es sich um dramatisierte Erzählungen handelt. Das Ehegerichtsspiel oder das Arztspiel kann einen Fall diskutieren, ja Charaktere in ihrer Umwelt sichtbar machen. Auch diese Handlungsspiele sind freilich kaum je geschlossen aus einer dramatischen Situation heraus entwickelt, auch sie haben stets etwas Abruptes, Willkürliches, die Fiktion ist dünn und wird durch den Selbstzweck der jeweiligen Rede immer wieder unterbrochen. Nur gesamthaft und in einem logischen Sinn wird man sagen können, das Handlungsspiel entwickle sich folgerichtig aus dem Reihenspiel. In Nürnberg scheint es immerhin der geschichtliche Weg gewesen zu sein: Während Rosenplüt nur Reihenspiele verfaßt, erscheinen bei Folz kompliziertere Formen und anspruchsvollere Gehalte.

Die fastnächtliche Komik besteht nun natürlich nicht nur in der improvisatorisch-närrischen Form des Auftritts und der Verkleidung, sondern auch in der herrschenden Vorstellungswelt, den Inhalten des Spiels. Die Dominanz gehört der Vitalsphäre, dem Sexus und seinen Substitutionen im Bereich der Verdauung. Gerade letzterer ist in unwahrscheinlicher Häufigkeit und Drastik beliebt, eigentlicher Gegenstand im *Spiel vom Dreck* (K 23), zu beinahe wieder akzeptabler Groteske gesteigert im Spiel um einen enormen Diarrhötiker (*Der Scheyssend*, Z 19). Dem Thema des *Nachthungers* jedoch gelten wohl die meisten Spiele. Eine Reihe von Sprechern berichtet von ihren diesbezüglichen übeln oder stolzen Leistungen und Erfahrungen. Eine Bauerntochter ist Objekt einer Reihe sich anpreisender Bewerber (K 12), ein Mann nimmt es mit sieben Weibern auf (K 122). Vor der „Frau mit dem Apfel" oder „Frau Fenus" (*Moriskentanz*, K 14, K 32) rivalisiert eine Reihe erotischer Narren. Zwei ganz kurze Texte reden in unflätiger Weise davon, wie die noch verbliebene Jungfrauschaft bis zur nächsten Fastnacht einzusalzen sei. Die Ehe, insbesondere die Bauernehe und ihre Krisen, wird zum Lieblingsthema: die Anpreisung des Mädchens mit seinem zwei- und eindeutigen Heiratsgut, die Klage der unbefriedigten Frau oder des überforderten Mannes, die Heiratsklage des sitzengelassenen Mädchens – aus dieser Motivik leben die meisten Figuren und Handlungen. Schmutz oder ritueller Tabu-Bruch, das ist die bange Frage; auf jeden Fall waren die Nürnberger keine Aristophanese. Die Phantasie ist beschränkt, vielleicht auch dürfen nur bestimmte Tabus gebrochen werden. Eine gewisse sprachschöpferische Kraft wird man der volkstümlichen Sexualmetaphorik gelegentlich zuerkennen. Aus einer Beschimpfung der Ehegattin:

Du kumet, rosfeil und uberlast,
Du fegenteufel, rollfaß, du schimelkast,
Du leschtrog, harmkrug, lochrete tasch,
Du stinkender eimer, du kunige flasch,
Du anhank, du schelmigs aß,

Du kiteltuch, teufelsslucht und rollfas,
Du merwunder, ungelucksnest, du falldubel,
Du mürfeltier, du herhur, du lasterschubel,
Du kupplerin, geitiger schlunt und nasenrimpf,
Du spulnapf, hebenstreit, wentenschimpf,
Du fiper, nater, du weter, donder und plitz,
Du wulfin, preckin, unhuld, pilbitz!
(K 31)

Diese Welt ist getragen von repräsentativen Figuren. Der Fastnachtsnarr, die Narretei ist zwar ein allgemeiner Nenner des Fastnächtlichen, aber tritt wohl erst später als eigentliche epochale Gestalt hervor, in der sich Dämonisches, Komisches und Tiefsinniges mischen. Zentral ist immer noch, seit Neidharts Zeiten, der Bauer, als Tolpatsch, Aufschneider, Ackertrapp, Knollfink mit seinen komischen sprechenden Namen und seiner Reduktion menschlichen Wesens auf das Animalische, so sehr, daß man hier das Nachwirken von Vegetationsdämonen hat wittern können. Es ist schwer zu entscheiden, wieweit hier – bei einer in den Städten nach wie vor sehr engen Beziehung zur Landwirtschaft – bürgerlich-städtischer Hochmut sich äußert und wieweit nur eine abstrakte Maskenfigur gemeint ist. Der Bauer des Fastnachtspiels hat kaum mehr viel mit der Wirklichkeit gemein; dennoch ist es dann eine der großen literarisch-sozialen Leistungen des frühen 16. Jahrhunderts, die Figur des Bauern ins politisch, moralisch und religiös Positive umzuwerten. Ähnlich zwiespältig, hexenhaft und komisch-schwankhaft erscheint das böse „alte Weib" (K 4) – als bedrohliches Eheweib, als Kupplerin und häßliche Vettel, am urtümlichsten in dem wilden Spiel *Von dreien pösen weiben, die nemen das Vich vor der helle* (K 56). Nach Saufgelage und Schlägerei stehlen die drei Weiber Weinzange, Glattenkling und Harlire dem Teufel das Vieh, das vor der Hölle weidet, und schlagen Luciper in die Flucht. Der Teufel hat seinen angestammten Ort im Osterspiel, auch dort schon befreit man sich von ihm, dem armen Teufel, durch Gelächter. Im Fastnachtspiel kommt er nicht häufig vor, obwohl sein Vertreter, der Entkrist, schon früh in fastnächtlicher Ambivalenz aufgetaucht ist. Eine andere Verkörperung des Bösen erfährt im Spiel von *Tanawäschel* (K 54) eine formelle Exekution; Tanawäschel oder Tanawetzel hieß eine 1414 grassierende Krankheit, der hier in aller Form der Prozeß gemacht wird: sie wird schließlich geköpft (das interessante Spiel stammt erst aus dem Ende des Jahrhunderts, wohl aus Österreich). Einzigartig ist das Unternehmen, eine Schreckgestalt der Zeitgeschichte fastnächtlich zu annektieren und dadurch zu zähmen wie den Teufel und satirisch einzusetzen. *Des Türken Vasnacht* (K 39) von 1456, wahrscheinlich ein Werk Hans Rosenplüts, ist das einzige „politische" Drama des Jahrhunderts geworden. Der türkische Sultan – 1453 war Konstantinopel gefallen – empfängt Abgesandte der christlichen Mächte, die gegen seine Einmischungen protestieren. Doch der Türke gibt sich als Instrument der Rache Gottes für Hoffart, Wucher, Ehebruch, Meineid, Irrglaube, Bestechung, Simonie, neue Zölle und Verachtung der Niederen. Zwei Bürger (Nürnbergs?) treten auf, um dem Türken freies Geleit für seine Mission zu versprechen. Es bleibt erstaunlich, wie hier wenigstens einmal die Not der Zeit gegen alles bloße Brauchtum zu Wort kommt und das Fastnachtspiel zum Instrument einer politischen Tendenz des kleinen, gedrückten Bürgers zu machen scheint.

Von erschreckender Brutalität ist es, wenn vor allem bei Hans Folz der Jude die Funktion des exekutierten Fastnachtsschrecks zu übernehmen hat (K 1, 20). Hier zeigt sich, zur Zeit der großen Judenaustreibungen in Westeuropa, die negative Form eines aktuellen, wenn man will politischen Spiels. Unter dem Vorwand großer theologischer Disputation zwischen Altem und Neuem

Bund wird der Jude verhöhnt und geplagt, als Gegenstand sadistischer Fastnachtsbelustigung.

Überaus populär, besonders in den Spielen der Raberschen Sammlung, ist der Arzt als Fastnachtsfigur, in offensichtlicher Nachfolge der Salbenkrämerszenen des Osterspiels. Auch der Arzt ist eine Anathema-Figur: ein eindrucksvoller Medizinmann und ein lächerlicher Scharlatan, zu dem männiglich wallfahrtet, um das Wasser beschauen zu lassen und zynische Ratschläge zu empfangen. Lustspielhafte Züge kann das annehmen, wenn der Arzt zum bayrisch radebrechenden Italiener wird und mit den mehr als bayrisch redenden Bauern verhandelt, die mit ihren Verdauungsproblemen zu ihm kommen (Z XIX, K 120):

A portas lasaro, scholl ig nit mirabilia schagen!
alsch mir gut elf, kganstu der paster noster icht?

(soll ich nicht Wunder sagen! / So mir Gott helfe, kannst du etwas vom Paternoster?)

Schließlich erscheinen gelegentlich auch die aus der Schwankliteratur bekannten Pfaffen und Mönche in der Rolle potenter Liebhaber und erotischer Experten (K 66, 37), auch sie Machtträger, an denen man sich im Gelächter schadlos hält.

Die dramatischen Handlungen, die sich um solche Figuren entwickeln, sind sehr verschieden weit verdichtet. Die Aufreihung, der Wettbewerb, das Streitgespräch ergeben noch kaum ein wirkliches Spiel, besonders wenn sie offen enden, wenn der Entscheid vertagt wird oder selbst einen närrischen Charakter hat (die schlimmste Strafe für einen Ehebrecher: er bekommt „zwei weiber ze der e“, K 18). Die Illusion wird aufgehoben durch einen Tanz oder eine episodische oder abschließende Schlägerei (K 2, 3, 52, 56). Mindestens ein Viertel aller Spiele hat die Form eines Gerichtsprozesses. Man kann sagen, in der Fiktion des Gerichtsspiels seien Kampf oder

Exekution veredelt, das dramatische Urelement der fastnächtlichen Beschwörung elementarer Mächte wäre domestiziert zur Auseinandersetzung mit Reden und Argumenten, unter Umständen sogar juristischen. Bei den vorherrschenden Ehegerichtssachen ist die Prozeßform allerdings oft nur Vorwand für die bequeme Ausbreitung der turpia naturalia. Der Richter ist meistens nicht viel mehr als eine Bezugsperson für die Redenden. In einigen Fällen kommt es nun allerdings doch zu einer richtigen Verhandlung mit dem ganzen Aufmarsch von Klägern, Zeugen, Beschuldigten und Richtern. Die sogenannte actio de sponsu bringt die Einklagung eines Eheversprechens vor Gericht. Das Thema ist vor allem entwickelt im *Spiel von Rumpolt und Maret* (K 130): Das Küchenlatein der Juristen (aber auch die Sachkenntnis des Autors), Hochmut und Geldgier von Richtern und Advokaten, die bäuerlichen Chargen der Verwandten, Zeugen, Nebenbuhler – alles wird mit lebendigem Humor und mit der Kunst des Kontrasts ins Spiel gebracht, das nach dem unfreiwilligen Selbstverrat des Angeklagten Rumpolt zu einem raschen Happy-End führt. Der Typus war beliebt (vgl. K 115 und Z I, VIII) und hat noch um 1530 in Niklaus Manuels (?) *Elsli Tragdenknaben* eine meisterhafte Neuinterpretation gefunden.

Wenig zahlreich sind in der früheren Zeit die Dramatisierungen schwankhafter Erzählungen (*Mönch Bertolt*, K 66; *Kaiser und Abt*, K 22) oder von Episoden aus Roman und Heldensage. Es sind vorläufig nur einzelne Reminiszenzen, die da den primitiven Gesetzen des Spiels unterworfen werden. *Des Künig von Engelland Hochzeit* (K 100), ein Werk Rosenplüts, borgt Namen aus dem *Wilhelm von Orlens* und läßt eine Reihe von Herolden auftreten, die das Fest ankündigen und ruhmredig-übertriebene Preise für die besten und schlechtesten Turnierritter und die eleganteste Dame versprechen.

Aus einer frivolen Episode des Artusromans stammt der negativ verlaufende Wettbewerb um den Beweis der Keuschheit der Damen der Tafelrunde (*Die Krone*, K 80; *Luneten Mantel,* K 81). Ferner eine trübe Spiegelung der Heldensage: das Fastnachtspiel vom wilden *Wunderer* (K 62). Das *Spiel von Salomo und Markolf* (K 60) greift zu einem beliebten Stoff von Spielmannsepik, Volksbuch und Spruchdichtung: Der unflätige, schlaue Bauer behauptet sich gegen den edeln und weisen König. Wahrscheinlich ist Folz der Verfasser, der geschickt nur kurz den erzählerischen Rahmen andeutet, um alles auf den Redekrieg zu konzentrieren. Man tut dem Stück wohl zuviel Ehre an, wenn man auch hier einen „radikalen Kern" wittert, nämlich auflüpfische Parteinahme des kleinen Mannes gegen die Mächtigen.

## 5. Die Frage der „Moralität"

Wir haben bis jetzt diesen Gattungsbegriff vermieden. In der Tat kann die deutsche Theatergeschichte für das 14. und 15. Jahrhundert praktisch ohne ihn auskommen. Die französische Bezeichnung meint ursprünglich jede moralische Dichtung, wird aber später auf dramatische Spiele eingeschränkt, und zwar auf jene ernsten Spiele, die nicht zum eigentlichen geistlichen Theater gehören, vielmehr ethische und politische Lehren formulieren. Im engsten Sinn handelt es sich um Spiele, in denen allegorische Gestalten oder sonst Personifikationen und Abstraktionen, wie sie in der zeitgenössischen Lehrdichtung beliebt sind, auf der Bühne erscheinen. Solche moralités sind im 15. und 16. Jahrhundert in Frankreich, England und den Niederlanden in großer Zahl gespielt worden. Sie bilden neben Mysterienspiel und Farce eine dritte Möglichkeit: ein ernstes, aber dennoch weltliches, frei gedichtetes Spiel. In Deutschland werden Dramen dieses Typs erst im 16. Jahrhundert von Bedeutung (*Jedermann*).

Gewiß ist ein allegorisches, personifizierendes Element schon immer auch in den deutschen Spielen anzutreffen: im Auftreten von Ecclesia und Synagoge in geistlichem und weltlichem Zusammenhang, im Antichrist und seiner Fastnachtsversion, im Parabelspiel von den Zehn Jungfrauen, im Weltgerichtsspiel. Des *Entkrist* oder des *Türken Vasnacht* kann man als politische Moralitäten bezeichnen, und selbst die Stücke von Folz enthalten solche Elemente. Im ganzen aber wird man gut tun, den Begriff auf den klar ausgeprägten Typus allegorischer Spiele der späteren Zeit zu beschränken, wo auch der Anschluß an die europäischen Vorbilder deutlich vollzogen ist.

Daß aber schon früh Ansätze in dieser Richtung vorhanden sind, zeigen einzelne zufällig erhaltene Texte. In *Basler Fragmenten* von 1434 erscheint ein reicher Gutsherr, der eine Reihe von Pächtern empfängt, die den Zins gestundet und Vorschuß auf die kommende Ernte haben wollen, aber vergeblich über ihre Armut, die hungrigen Kindlein und die schlechten Preise klagen:

Owe Herr, das ist min klag
Die ich alle ḿine stunde sag:
Der win was do ze wolfeil.
Ir sönd úwer sele heil
Bedencken an mir armen,
Land mich úch erbarmen
Und tuond mir doch aweinig reht,
Won ich bin gar ein nǒtig kneht.

Die Antwort des hartherzigen gnädigen Herrn heißt aber nur: „Pfy du bǒser wiht!“ Voraus geht eine Aussendung der Teufel, was auf den Zusammenhang eines Osterspiels deutet; das Thema des Bauern im sozialen Aspekt und die realistisch-sachkundige Auseinandersetzung lassen hingegen an ein Fastnachtspiel denken.

In einer Erfurter Handschrift von 1448 steht – erst neuerdings entdeckt – ein riesiges Spiel (Lesedrama?) von 18 000 Versen, das aus den Parabeln vom Verlorenen Sohn, vom Armen Lazarus und von den Zehn Jungfrauen sowie aus anderer eschatologischer Motivik eine umfassende allegorische Moral- und Heilslehre entwikkelt, nach Art der kunstvoll komponierten Lehrallegorien weltlichen oder geistlichen Inhalts (*Erfurter Moralität*).

Von zahlreichen Spielen ernster, moralischer Natur wissen wir schließlich aus Lübeck, aus den Aufführungslisten der dortigen Zirkelbrüderschaft, die offenbar im Niveau anspruchsvoll war und sich niederländischer Anregungen bediente. Neben komischen Titeln finden wir Historisches und Mythologisches (Alexander, Paris), aber nun auch ausgeführte Allegorien: *Von der Maße*, die der Vater den Sohn lehrte, *Von Treue und Wahrheit*, wie die eine für die andere sterben wollte, *Die fünf Tugenden*, *Das Glücksrad*, *Wie der Glaube gesucht und nicht gefunden wurde*. Ein einziges Spiel ist erhalten, weil es gegen Ende des Jahrhunderts gedruckt wurde: *Henselyn* oder *Van der rechtferdicheyt* (Rechtfertigkeit, Gerechtigkeit, Rechtschaffenheit). Es ist eine weltliche Parabel wie die Ringparabel. Ein Vater verspricht seinen drei Söhnen ein Vermächtnis, das sie aber selber in der Welt suchen müssen: die Gerechtigkeit. Sie beginnen die Suche in Rom, werden aber von einer Adresse zur andern verwiesen: vom Papst zum Kaiser, zu den Fürsten, den Edelleuten, den Soldaten – nur die Bauern wissen noch, daß sie einst bei ihnen gewesen, wie es in der Bibel stehe. Es folgt eine zweite Runde: Kleriker, Trinker und Schlemmer, schöne Frauen und Klosterleute. Am Schluß merken die Brüder: „Vater, nun verstehen wir deine Meinung; Rechtfertigkeit ist in uns selbst verborgen, wer sie will, der findet sie.“ Formell ist es eine satirisch-fastnächtliche Ständerevue, die laufend kommentiert wird durch den Narren Henselyn, der die Brüder begleitet und berät, als ein überlegener Mentor, ein weiser Narr. Der letzte Sinn weist in den Glauben; der Vater ist Gottvater selbst, der seine Kinder mit seinem Testament in die Welt sendet, damit sie zu sich selber finden – fast möchte man sagen: gerechtfertigt werden.

Ja broder, dat is unses vaders testament,
Dat he uns nu leret unde gyft;
Dar umme worde wy van em uth ghesent:
Salich is de, dar rechtferdicheyt in is unde blift.

In diesem kostbaren kleinen Stück läßt sich – fast schon an der Schwelle der Reformation – eine Moralität erkennen, in der sich das Fastnachtspiel selber überwunden hat.

# V. DIE VERSERZÄHLUNG

## 1. Mären

Die unterhaltende Verserzählung genießt auch im 15. Jahrhundert unverminderte Popularität, auch wenn sie lange nicht mehr die Durchschlagskraft ihrer ersten Meister zeigt. Vielleicht ist sie durch die aufkommende Prosaerzählung nun stärker in die Rolle einer hergebracht volkstümlichen Gattung gedrängt. Daran ändert nichts, daß mehrere umfangreiche Sammlungen von Reimpaardichtungen gerade in der ersten Hälfte des 15. Jahrhunderts angelegt worden sind und daß nun auch eine Reihe identifizierbarer Erzählerpersönlichkeiten erscheint, auf die wir uns denn im folgenden auch beschränken können. Der große Karlsruher Sammelkodex Nr. 408 enthält 35 eigentliche Mären, eine Donaueschinger Handschrift Nr. 104 deren 31 – zusammen ein reiches Geschiebe verschiedenen Alters und verschiedener Überarbeitungsstufen. Auch bei den namentlich bekannten Autoren ist die Zuschreibung teilweise ungewiß und meint meistens nicht den eigentlichen Erfinder, sondern den Bearbeiter; die gleichen Geschichten liegen häufig in verschiedenen Varianten vor.

Heinrich Kaufringer nennt sich ein Bürger von Landsberg am Lech, der zu Beginn des Jahrhunderts mindestens 13 in zwei Handschriften gesammelte Mären verfaßte. Es sind fast alles Schwankmären des üblichen Typs: die listig-verbuhlte Frau, der Pfaffe, der leichtgläubige Ehemann, zur Abwechslung auch einmal umgekehrt der Triumph des Mannes über die Frau, des klugen Bauern über den pfäffischen Nebenbuhler. In hartem Versgang, eher schwerfällig werden grobe, wüste Geschichten erzählt. Das einzige „höfische“ Stück (dem Lokal nach), von Kaufringer sicher nicht selbst erfunden, treibt einen Novellenstoff ins eindrucksvoll Moritatenhafte (Stackmann): Eine unschuldige Gräfin, die dem König verlobt ist, wird von einem Ritter entehrt; sie tötet diesen, muß sich aber einem zweiten Mann hingeben, um die Leiche des ersten beseitigen zu können; sie muß auch den zweiten töten und schließlich eine untreue Dienerin im Feuer umkommen lassen, um ihre Ehre und zugleich ihren königlichen Gatten zu retten; die Moral: Gottvertrauen wird belohnt (Euling Nr. XIV).

Eine St. Galler Handschrift enthält 21 Mären eines Schweizer Anonymus, wohl alles Überarbeitungen älterer Vorlagen. Bei den mit Namen versehenen („signierten") 9 Schwankmären Hans Rosenplüts handelt es sich nur um einen Ausschnitt aus dem nur teilweise identifizierbaren Werk eines sehr beweglichen Autors. Erstmals wird eine Personalunion von Fastnachtspielautor und Märenerzähler faßbar. Rosenplüts flüssig erzählte Geschichten scheinen einen besonderen Zug zur Groteske zu haben und damit innerhalb der obszönen Topik eine eigene Qualität zu entwickeln – sei es die Art, wie er die phantastische Unersättlichkeit einer Nymphomanin schildert (*Der Barbier*), sei es das kulturhistorisch reizvolle Kolorit in der Geschichte vom Maler und Bildschnitzer von Würzburg: Der geile Dompropst wird von der treuen Frau des Schnitzers veranlaßt, sich, ausgezogen und farbig bemalt, unkenntlich unter die „götzen" zu reihen, die der Wand entlang stehen; der Künstler scheint sich täuschen zu lassen, möchte nun aber mit dem Beil dem falschen Götzen „ans geschirr":

der probst erschrack, das er erpleicht,
und fur an der wend hin und herwider
und stieß der götzen wol zwelf darnider.
zu der tür auß was im gach.
der maler lief im hinden nach
und schrei: werft ab prucken und steg!
die götzen laufen mir alsamt weg ...

(MTU 12,16b)

Solche Scherze mit den hölzernen Heiligenfiguren sind durchaus nicht vereinzelt, sie begegnen auch beim *Pfarrer von Kalenberg* oder bei Thomas Platter. Bei Hans Folz ist die Palette breiter, aber auch gröber. Neben vielen andern Reimpaardichtungen und neben seinen Meisterliedern hat er 18 Schwankmären hinterlassen, darunter zwei, die erst bei Grimmelshausen recht eigentlich zum Tragen kommen: *Der falsche Messias* (im *Wunderbarlichen Vogel-Nest*) und *Der Schinkendieb als Teufel* (im *Simplicissimus*).

## 2. Zyklisches

Interessanter sind Schwankdichtungen zyklischer Art, in denen ein und derselbe Held die verschiedensten Schwänke und Streiche auf sich vereinigt und so im günstigen Fall ein Profil gewinnt, das ihn zur stellvertretenden Figur einer Epoche machen und jahrhundertelang am Leben erhalten kann.

Im alten Spielmannsgedicht von *Salman und Morolf* sind König Salomo und sein Bruder die Helden eines abenteuerlichen Brautentführungsromans. Erst in dem sogenannten Spruchgedicht von Salomo und Markolf tritt der Gegensatz des weisen, aber letztlich schwachen Königs und des grob-unflätigen Spaßmachers als eigentliches Thema hervor. Dieses Spruchgedicht, in mehreren Handschriften aus der Mitte des Jahrhunderts überliefert, ist wohl um 1400 als Bearbeitung einer sehr verbreiteten lateinischen Prosa entstanden, die ihrerseits englische, französische und italienische Nachfahren hatte. Diese Fassung beginnt mit einem eigentlichen Spruchteil: Marcolfus und seine Frau kommen zu Salomo zu einem Redekampf. In stichomythischer Form werden Salomos gesetzte moralische Sprüche durch grobe, meist unanständige Antworten Markolfs übertrumpft. Es folgt darauf der Schwankteil mit weiteren

Redegefechten und Streichen Markolfs, der schließlich gehenkt werden soll, durch eine List aber erreicht, daß man ihn laufen läßt. „Salmon wisheit lerte, / Marolt daz verkerte", sagt schon Freidank einmal. Der Spruchkampf wird zwar von Markolf mit teilweise ödesten Mitteln und unter billigstem Reimzwang bestritten, aber bringt doch das Gegenüber von zwei gegensätzlichen Arten des Weltverhaltens in eine schlagende Form und rechtfertigt so den Typus des niederträchtig-realistischen, aber vitalen Possenreißers gegenüber dem blassen Moralisten. Die geringe Konsistenz des ganzen Marcolfus-Komplexes hat eine große Popularität nicht verhindert: Abgesehen vom Fastnachtspiel des 15. und 16. Jahrhunderts und von einem Prosavolksbuch, das seit 1487 in zahlreichen Drucken kursiert, erscheint auch ein gewisser Gregor Hayden, der dem bayrischen Landgrafen Friedrich von Leuchtenberg (1459–87 bezeugt) einen deutschen *Markolf* gereimt hat, wieder nach der lateinischen Vorlage. Die noble Adresse ist immerhin bei einem so vulgären Stoff bemerkenswert.

Im Bereich des Schwanks begegnet nun auch die Ausstrahlung der epochalen Lyrik Neidharts mit ihrem von Anfang an erzählerisch-anekdotischen Gehalt. Neidhart hat eine unabsehbare Nachfolge nicht nur in der Lyrik der Pseudo-Neidharte, sondern auch in epischer (Wernher der Gärtner, Wittenwiler) und dramatischer Form gefunden. Die hochproblematische Figur des Bauernfeindes hat die Phantasie jahrhundertelang beschäftigt, vor allem im bayrisch-österreichischen Gebiet. Neidhart wird zum Helden neuer Schwänke, die teils ihm selbst liedhaft in den Mund gelegt werden, teils über ihn erzählt sind. Die zentrale Rolle spielte dabei wieder der auch in Wandmalereien verewigte Veilchenschwank. Anfänge einer zyklischen Reihung von Neidhart-Geschichten lassen sich wohl schon für das 14. Jahrhundert vermuten. Bei der erzählerischen Ausgestaltung ist wichtig, daß nun auch der Hof, für dessen Gesellschaft die Liedkunst ja gedacht war, konkretisiert wird, indem Neidhart zu einer Art Hofnarr des österreichischen Herzogs Otto des Fröhlichen (gest. 1339) in Wien gemacht wird. Man sieht die Figur um hundert Jahre jünger, als sie war. Ein heterogenes Endprodukt dieser Entwicklung ist eine merkwürdige Kompilation, von der nur Drucke (der älteste um 1491) bekannt sind: *Neidhart Fuchs.* Mit Ausnahme eines unbeholfenen Epilogs in Reimpaaren ist dies eine Folge von 36 lose aneinandergereihten Strophengedichten. Sie beginnen meistens mit dem Natureingang der Neidhartischen Frühlingslieder und bringen dann entweder eine Erzählung oder wirkliche Lieder im Stil Neidharts, darunter auch zwei Gedichte Oswalds von Wolkenstein und eins von Hans Hesselloher. Breit ausgeführt ist einleitend der Veilchenschwank als eigentlicher Anlaß der Bauernfehden, bei denen der Meier Engelmar zum großen Gegenspieler wird. Erstaunlich ist, wie die z. T. kunstvollen Lieder nur wegen ihres stofflichen Gehalts verbreitet wurden oder wie allenfalls die Melodien vorausgesetzt werden konnten. Daß der Held als Neidhart *Fuchs* vorgestellt wird – wie Neidhart schon beim Wittenwiler einen Fuchsschwanz und andernorts einen Fuchs im Wappen trägt – ist wohl weniger eine isolierte Anspielung aufs Tierepos als vielmehr auf die Schläue des Fuchses allgemein.

In die Nähe des *Neidhart Fuchs* weist eine weitere zyklische Dichtung von originellerem Charakter: Die Geschichte des *Pfarrers vom Kalenberg,* wiederum nur in Drucken, seit etwa 1473, überliefert. Ein nicht sicher identifizierbarer Philipp Frankfurter zu Wien nennt sich als Verfasser – vielleicht ein 1486 bis 1507 nachweisbarer Wiener Bürger, der theologische Bildung genossen haben muß. Auf sein Werk bezieht sich dann bereits der Epilog des *Neidhart Fuchs.* Vielleicht stammt sogar die Anregung zum *Neidhart* schon aus dem älteren Werk, das bereits seinen Helden am Hof Ottos des Fröhlichen angesiedelt hatte. Der *Kalenberger* ist nun ein reines Erzählwerk in 2180 Reimpaarversen, wie einst der *Pfaffe Amis* um die populäre Figur eines schlauen und resoluten Geistlichen herum gedichtet, wahrscheinlich nicht in freier Erfindung, sondern aus umlaufenden Anekdoten um ein historisches Vorbild zusammengestellt (es gibt auch einzelne Kalenberger Geschichten außerhalb des Frankfurterschen Buches), nun sehr geschickt komponiert als Lebensfolge von der ersten Bekanntschaft mit dem Herzog bis zum Tod, und gruppiert nach den bäurischen, den höfischen und den geistlichen Opfern seiner Streiche. Als Student noch erhält der Held durch ein geschicktes und witziges Stücklein am Hof seine Pfarre. Es folgen die Auseinandersetzungen mit den Bauern seines Dorfes, dann Schwänke mit einem Amtsbruder, dem Bischof, dem Weihbischof und Mitgliedern des Hofes. Das ist nun kunstlos, aber volkstümlich, anschaulich und lebhaft erzählt, in rasch voranschreitenden, etwas mechanischen strengen Knitteln. Neu ist aber – etwa dem *Amis* gegenüber –, daß nun gerade in geistlichen Dingen stärkerer Tobak gereicht wird. Der Pfaffe leistet sich Späße, die ihn nicht nur zum Schwankhelden, sondern zum Vertreter einer karikierten und sich selbst karikierenden Kirche machen und ihm etwas Respektlos-Provokatives geben: Mangels einer Kirchenfahne hißt er seine Hosen an der Stange, dem alten und schwachen Passauer Bischof verordnet er eine „praut“ zur nächtlichen Kur, worauf der gute Mann nicht mehr nur halb, sondern doppelt sieht; statt der kanonischen Vierzigjährigen hält er sich zwei Haushälterinnen zu zwanzig Jahren, am Fasttag veranstaltet er mit dem Bischof ein Essen mit Wildpret und Geflügel, wozu er den Bischof diesmal nicht Brot in Gott, sondern eben die Vögel in Fische wandeln läßt:

Nun sag ich euch, ist nit ein tant,
man pracht wilprat, vogel vnd ant,
die man beraittet het zu essen,
des freittags hetten sie vergessen,
dar an man visch solt haben pracht.
Der pfarrer sprach: ich hab gedacht,
das die vogel do nit verderben,
her, ich wil wol dar auff ersterben,
alß ich mir selber hab gedacht,
herre, ir habt gewalt vnd macht,
das ir got wandelt in ein brat,
darumb so ist hie wenig nat,
das ir die vogel in die visch
verwandelt hie auff dissem tisch,
das sie vnß schmecken in der kel
alß den kinden von Jsrahel
das himelprat in der wüste thet ...
(785 ff.)

Da begreift man die Volkstümlichkeit des *Kalenbergers*: Von Brant bis Luther wird er zitiert, eine niederdeutsche, niederländische, englische Bearbeitung entsteht, später auch eine Imitation, die *Historie Peter Lewen des andern Kalenbergers* (Mitte 16. Jahrhundert). Ein an sich älterer niederdeutscher Held, Eulenspiegel, tritt später in hochdeutscher Prosa hinzu und wird zusammen mit dem *Kalenberger* und der Narrendichtung überhaupt von großer Bedeutung für den Geist der unmittelbar vorreformatorischen Welt.

Wenn es darum geht, den Schelm zum Helden zu machen und das Wesen des Menschen bloßzustellen, kann auch das Tierepos neue Bedeutung gewinnen. Zum alten Reiz der Tierdichtung, die im Menschen das Tier und im Tier den Menschen vor Augen führt – eine Provokation sozusagen nach zwei Seiten, ähnlich wie die parodistische Dichtung Neidharts –, kommt mit dem Fuchs als Protagonisten der Reiz des Schelmenromans hinzu. Wie tief nicht nur die Vertierung, sondern vor allem die Vermenschlichung reicht, geht schon daraus hervor, daß der Eigenname Reinhart als renard zum Appellativum wurde und im Deutschen dafür die Koseform Reinke, Reinecke eintrat. Was in den französischen Renart-Branchen – und damit auch beim Glichezaere – angebahnt war, ist über niederländische Vermittlung im niederdeutschen *Reinke de vos* zum klassischen deutschen Tierepos gediehen: 1498 erschien das Werk (6844 Verse) im Druck, als eine muntere und ausdrucksvolle Übersetzung, teilweise auch Bearbeitung der *Reinaert*-Dichtung eines Hinrek van Alckmer (Druck Antwerpen um 1487, großenteils verloren). Dieser Hinrek, der sich Schulmeister und Zuchtmeister des Herzogs von Lothringen nennt und auf fürstlichen (!) Wunsch ans Werk gegangen war, gibt seinerseits niederländische Dichtungen wieder, in denen offenbar aufgrund französischer Branchen die eigentliche kompositorische Leistung erfolgt war, in einem *Reinaert I* vom Anfang des 13. Jahrhunderts und in dessen Fortsetzung, *Reinaert II*, aus der Zeit um 1375. Von Hinrek persönlich stammt die ebenfalls ins Niederdeutsche übersetzte und erweiterte Glossierung, d. h. moralische Erläuterungen in Prosaeinschüben zwischen den Kapiteln oder Kapitelgruppen, wodurch der geistliche Bearbeiter vergeblich das erzählerische Vergnügen vor ruchlosen Gedanken und falscher Identifikation zu schützen sucht – oder mindestens sich ein Alibi schafft.

Es ist die sozusagen homerische Leistung der *Reinaert*-Dichter, daß sie die lockere Masse der Tiergeschichten zum umfassenden Epos, zur Repräsentation einer ganzen Welt vereinigt haben. Es ist nun wirklich ein Tier-Reich, unter dem König Nobel, der zum Hoftag und Gericht aufbietet, wo sich die Tiere versammeln, ihre Händel austragen, ihre Geschichten erzählen und vor allem ihre Klagen über Reineke vorbringen. Zweimal gelingt es dem Odysseus der Tiere, sich loszuschwindeln, beim dritten Mal siegt er in mörderischem Zweikampf über den Wolf und scheidet hochgeehrt von Hofe. Auch wenn sich da in der Überlieferung Dubletten eingestellt haben, so ist doch nun die ganze Tierheit in ihren Ordnungen, in der reich abgestuften Fülle der Eigenschaften, Funktionen und Namen präsent, eine Weltordnung umfassender Art in vollkommener Analogie zur Gesellschaft des Menschen, inmitten einer voll ausgebauten Szenerie des bäuerlichen und bürgerlichen Daseins, seiner Landschaften und Jahreszeiten. Obwohl noch viel Brutales und Grobianisches mit unterläuft, so bewegen wir uns doch in einer behaglichen Erzählwelt menschlich-bürgerlichen Zuschnitts. In gewissem Sinn ist erst hier Jacob Grimms Vorstellung von einer echten volkstümlichen, märchenhaften Tierepik ganz erfüllt. Aber gerade in der gemütvollen Konsequenz, mit der hier ein moralisches und soziales Ganzes entfaltet ist, liegt es auch, daß – mindestens im Vergleich zu den älteren Werken der Gattung – die bösartig-gezielte Satire zurücktritt, die Erzählung sich selbst genügt als Panorama spätmittelalterlichen Hof-, Bürger- und Bauernlebens, das den menschlichen Zuständen sich notwendig aufs äußerste angenähert hat. Diese Tiere können lesen, sie schreiben sich Briefe, verwenden Waffen und Werkzeuge und leisten sich ein differenziertes Gemütsleben. Damit hebt sich die Tierdichtung im Grunde selber auf, die Tiermaske hat ihre Notwendigkeit, ihre Hintergründigkeit weithin eingebüßt. „Wenn auch hier das Menschengeschlecht sich in seiner ungeheuchelten Tierheit ganz natürlich vorträgt, so geht doch alles, wo nicht musterhaft, doch heiter zu“, sagt Goethe, der den *Reinke* in Gottscheds 1752 erschienener Prosa las und diese seiner Neudichtung zugrunde legte. Obwohl er die Aktualität des Werks hervorhob, beschäftigte er sich damit, um sich von den Zeitläuften abzulenken. Nicht zufällig aber führte er in seiner Neubearbeitung ein verlorengegangenes, aber wesentliches Spannungselement wieder ein: das ironische Pathos der heroisch-hexametrischen Form, wie sie die lateinische Tierepik gezeigt hatte. Der *Reinke* hat unmittelbar im Niederdeutschen, seit einer Übertragung 1544 auch im Hochdeutschen Erfolg gehabt und neben Übersetzungen ins Englische, Dänische und Schwedische sogar eine lateinische Fassung (1567 und 5 weitere Auflagen) erlebt.

### 3. Roman und Epik

Im Lauf des 14. Jahrhunderts tritt der höfische Versroman fast ganz zurück. Eine neue Ära der Ritterbücher beginnt erst mit den Prosaauflösungen und -übersetzungen seit etwa 1430. Auch wenn man die äußere Form nicht unbedingt zum Kriterium machen darf – das zeigte schon der *Lancelot* –, so ist die Versgestalt des Romans doch auch der Ausdruck der Verbindlichkeit der moralischen und sozialen Welt, deren Organ er ist und deren festliche Ordnung er demonstriert. Nun bringt das spätere 15. Jahrhundert, gegenläufig zur allgemeinen Tendenz, nochmals in einzelnen Fällen eine Vorliebe für die klassische Erzählkunst. Sie ist literarischer Ausdruck einer ausgewachsenen ritterlichen Romantik, die sich vor allem in der burgundischen, aber auch – bis zu Maximilian – in der bayrischen und österreichischen Hofkultur äußert. Wir fassen diese gelegentlich fast gespenstische Retrospektive in erneuter Abschreibetätigkeit – klassisches Beispiel dafür ist Maximilians Ambraser Handschrift –, im Sammeln rar werdender Bücher und in Bearbeitungen und Neudichtungen.

Ein unschätzbares Zeugnis für solches Interesse ist der sogenannte *Ehrenbrief* des Jakob Püterich von Reichertshausen, eines Münchener Stadtadligen, der weit herumkam, als Richter und herzoglicher Rat dem Hof verbunden war, sich an Turnieren beteiligte, für Genealogie sich interessierte und höfische Literatur sammelte. Er verfaßte, nicht zufällig in der pompösen Titurelstrophe, im Jahr 1462 ein Huldigungsgedicht von 148 Strophen für die in Rottenburg am Neckar lebende Erzherzogin Mechthild von Österreich, Gattin Albrechts VI., geborne Pfalzgräfin bei Rhein (1418/19–82), eine literarisch interessierte Dame, in deren Umkreis auch Hermann von Sachsenheim, Niklas von Wyle, Johann Hartlieb u. a. erscheinen, wo also neben höfischen auch humanistische Strebungen am Werk sind. Im Rahmen einer umständlichen Ehrerweisung und einer nicht allzu ernst genommenen Minnehuldigung enthält der Brief ein gereimtes Register des bayrischen Adels und dann eine Bücherliste, Auszug aus Püterichs Besitz von 164 Werken, die er der Dame zur Verfügung stellen will, wogegen er aus deren Sammlung teils schon Bücher erhalten hat, teils weitere erhofft. Dabei wird auch die berühmte Heidelberger librei ihres Vaters, des Kurfürsten Ludwig III., erwähnt. Allem voran stellt Püterich den (Jüngeren) *Titurel*, das „haubt ob teutschen puechen", und überhaupt Wolframs Werke, dann folgen *Lohengrin, Tristan, Iwein,* Ulrichs *Lanzilot, Wigileus* und viele jüngere Werke, die z. T. schwer bestimmbar sind. Spielerischer Umgang mit Relikten ritterlichen Wesens verbindet sich mit einer fast modern berührenden Sammelfreude und Handschriftensuche.

Anspruchsvoller, nämlich ein als Dichtung erneuertes Kompendium des höfischen Romans, ist das Ziel Ulrich Füetrers, eines jüngeren Freundes von Jakob Püterich. Füetrer, um 1420 in Landshut geboren, erscheint seit 1453 als Maler (Handwerksmaler, besonders Wappenmaler) mit Aufträgen des Hofes und der Stadt München, mit Beziehungen zur Abtei Tegernsee und zum Hof in Innsbruck, schreibt im Auftrag des Herzogs Albrecht IV. eine Bayernchronik in Prosa und tritt vor allem als höfischer Dichter auf. Sein Hauptwerk ist das *Buch der*

*Abenteuer*; daneben schuf er einen *Prosa-Lanzelot,* den er später selbst in ein großes Verswerk umdichtete. Im Zeitpunkt, da die Prosaerzählung vorzuherrschen schon lange begonnen hat, wendet sich der Hofdichter wieder zur pompösesten Form, der Titurelstrophe, zurück. Was schon im *Jüngeren Titurel* angebahnt war, wird mit dem *Buch der Abenteuer* fortgeführt zu einer Großkomposition des wichtigsten Romangutes: in den Rahmen der Titurel-Handlung werden Auszüge aus dem *Trojanerkrieg* nach Konrad von Würzburg, dem *Parzival,* dem (verlorenen) *Merlin* des Albrecht von Scharfenberg (Prosa?), aus von dem Türlins *Crone* und *Lohengrin* eingearbeitet. Ein zweiter Teil bringt dann die nur lose verbundenen Artusgeschichten von Wigalois, Seifried de Ardemont (wieder nach einem verlorenen Werk des von Füetrer hochgepriesenen Albrecht von Scharfenberg), Meleranz des Pleier, Iwein, Persibein, Poytislier und Flordimar – die drei letzten nach unbekannten, wohl ausschließlich deutschen Quellen des 13. Jahrhunderts kompiliert. Es ist ein prätentiöses Unternehmen der Quantität (5644 Strophen), aber auch der technisch schwierigen Komposition und Konzentration. Das universale Fresko ritterlichen Heldentums soll, auch genealogisch, Herkunft und Horizont des ritterlichen Daseins umschreiben; die Einarbeitung der antikischen Troja-Geschichte gibt dazu auch geschichtlichen Halt und sei kein Umweg (krümme):

Wie sich nun das anfienge, Ob ir des welt gedagen (zuhören),
Vnnd wie es als ergienge, Mit kürtz wolt ich ein wenig dauon sagen.
So mag ettlicher dar zue vileicht sprechen
wartzue die krümen solde, Der abenntewr well ich den rugk ab prechen.

Dem sag ich das mit namen: Ich will den grund hie rueren,
frucht, est vnnd auch den stammen wil ich mit alle auss der wurtzel fueren,

Durch das ir müget frage uil enperen
Von Artus an vnd alter an gar auss der schelf zaig ich eüch recht den keren.
(DTM 57,CXIV)

Indem der Dichter sich selbst immer wieder im Zwiegespräch mit Frau Minne und Frau Aventiure vorführt, wird der Inszenierungscharakter des ganzen Unternehmens deutlich. War einst der Artusroman auch ein Medium, Probleme und Krisen darzustellen, so bleibt es nun bei der Entfaltung farbig-ornamentaler Szenerien; die Kommentare, Huldigungen usw. können an die Grenze von Spiel und Selbstparodie gehen. Ideologie und Mythologie des höfischen Romans sind im Grunde obsolet geworden, äußerlich und starr. Den „Sterbelaut des Mittelalters“ hat man Füetrers Werk poetisch genannt (Hanns Fischer), damit aber dem robusten Unternehmen doch wohl zuviel Ehre erwiesen.

Wenn mindestens in der alten Form die höfische Epik versinkt, so bleibt auf sehr reduziertem Niveau die alte Heldendichtung in Lied und Buchepos offenbar lebenskräftiger, und zwar auf den verschiedensten sozialen Ebenen bei Fürsten und Bauern. Materiell wurde bereits darauf eingegangen. Die Zahl der unverändert abgeschriebenen Dichtungen dieser Art ist im 15. Jahrhundert noch recht beträchtlich. Ein guter Teil der Textzeugen noch des *Nibelungenliedes* stammt aus dieser Zeit. Alles wird dann überragt durch das *Ambraser Heldenbuch* Maximilians (von 1504 bis 1515/16 entstanden); es enthält in bunter Interessenmischung neben höfischen Erzählungen und Novellistik auch sieben Heldendichtungen, darunter das *Nibelungenlied* (d) und als Unikum die *Kudrun*. Im Druck erscheint schon früh, Straßburg 1477, ein *Heldenbuch* mit *Ortnit*, *Wolfdietrich*, *Laurin* und *Rosengarten*; die Ausgabe fand bis 1590 mehrere Neuauflagen und war damit wesentlich erfolgreicher als die gleichzeitig gedruckten *Parzival* und *Titurel.* Unter den verschiedenen Sammelhandschriften ist als eigentliche enzyklopädische Bearbeitung das *Dresdner Heldenbuch* zu nennen, das 1472 von einem jungen Adligen, Kaspar von der Rhön, und einem Mitarbeiter für einen Herzog von Mecklenburg unter starker Kürzung, wenn nicht Verstümmelung der Vorlagen hergestellt wurde.

Die erstaunliche Präsenz der Heldensagenfiguren und mancher zugehöriger Motive im allgemeinen Bewußtsein ist am Beispiel des verhältnismäßig kleinen Bereichs der deutschen Schweiz des 15. und 16. Jahrhunderts dargetan worden (Viktor Schlumpf). So läßt der Wittenwiler in seinem *Ring* den Berner, Hildebrand, Dietleib, Wolfdietrich und Laurin in den Dörperkrieg eingreifen. Anspielungen vor allem auf die Dietrichsage sind bei Chronisten und Liederdichtern nicht selten, ja sie werden in den Auseinandersetzungen der Reformationszeit nicht weniger häufig. Die kämpfenden Eidgenossen selber feiern sich gerne als „helden“ oder „degen“, und allerlei Motive (z. B. Feueratem), Formen und Formeln der Heldendichtung (Nibelungen-, Eckenstrophe) finden sich in ihren historischen Volksliedern, auch wenn sie sich gegenüber Fürsten und Adel gerne selbst als wahren Adel und erwähltes Volk Gottes, kurz als „frume edle puren“ bezeichnen.

# VI. NEUE PROSA

## 1. Fachprosa: Natur und Recht

Im 14. und 15. Jahrhundert bildet sich mehr oder weniger endgültig eine kohärente deutsche Prosaliteratur. Erst damit kann strenggenommen von einer deutschen Literatur als umfassendem Ausdrucks- und Kommunikationssystem gesprochen werden. Das gilt, auch wenn der Humanismus des 16. und noch des 17. Jahrhunderts teilweise wieder ein Zurückweichen des volkssprachlichen Schrifttums vor allem im Bereich der wissenschaftlichen Prosa bringt. Das Deutsche bleibt immerhin Partner in einem nun sehr bewußten Zusammenspiel mit verteilten Rollen, mit verschiedenen Stilfunktionen. Beim Entstehen spätmittelalterlicher Prosa sind zwei Aspekte zu unterscheiden. Einmal handelt es sich um ein Mündigwerden der Laien und ihrer Sprache auf allen Gebieten des Lebens und des Wissens. Wenn bisher vor allem im geistlichen Bereich – für die Unterweisung des Kirchenvolks und insbesondere auch der Frauenklöster – eine bis ins Raffinierte gehende Kultur des prosasprachlichen Ausdrucks möglich war, so geht es jetzt um ein Reden von und für Laien in allen Bereichen gerade auch des weltlichen Lebens, als Wissensprosa und Gebrauchsprosa. Der zweite Aspekt ist die Ablösung der Versform, die für Unterhaltung und Belehrung in der Volkssprache durchaus obligat war, zugunsten des Prosastils – ob nun die Prosa als das sachlich allein angemessene, allein „wahre" und zuverlässige Medium erschien oder ob aus alter lateinischer Übung heraus die Prosa ihrerseits als anspruchsvolle Kunstform begriffen wurde; es gibt sachlich-nüchterne und literarisch-prätentiöse Prosa.

Diese Vorgänge sind natürlich keineswegs kontinuierlich. Es erstaunt immer wieder, wie kühn oder hilflos, souverän oder tastend die Autoren sich in neuer Prosa versuchen, wie manche Ansätze steckenbleiben, wie mühsam oft von neuem begonnen wird, wie stark Theorie und Reflexion beteiligt sind. Es ist selbstverständlich, daß dieses Geschehen eingebettet ist in die bewußte oder unbewußte Bildung überregionaler (und natürlich auch intersozialer) Kanzlei-, Drucker- und Literatursprachen. Von der neu darzustellenden Materie her ist eine mächtige Erweiterung des deutschen Wortschatzes, von der Form her eine logisch-differenzierte Syntax möglich, wenn das Gerüst des Verses und die an ihm hängenden Formeln preisgegeben werden. In jedem Falle aber ist die Entstehung einer Prosaliteratur nicht denkbar ohne die intensive Hilfeleistung des Lateins, das unmittelbar oder indirekt für Begriffsbildung und Satzbau maßgebend wird.

Im Moment, da die Volkssprache alle Lebensbereiche durchdringt, stellt sich die Frage der Literarität unseres Materials. Je breiter die Sach-, Fach- und Gebrauchsprosa in den schriftlichen Aufzeichnungen wird, je mehr sie in die eigengesetzlichen Entwicklungen der Sachbereiche verschlungen ist, desto weniger kann solche Prosa von der „Literaturgeschichte" noch integriert werden. Scharf wird der Umkreis dessen, was zur Literaturgeschichte gehört, nie zu ziehen sein. Nur bei offenen Grenzen kann Literatur als lebendiger Zusammenhang und in lebendiger Funktion erscheinen, nur in der Geschichtsschreibung selbst, kaum in systematischer Unterscheidung kann ausgemacht werden, was zur „Literatur" und zur „Literaturgeschichte" gehören soll. Wir rechnen grundsätzlich dazu alles, was über bloß Fachliches (wenn auch vielleicht gerade auf dessen Kosten) hinausgeht und ins Gesamtmenschliche reicht. Und diese allgemeinere Repräsentanz wird sich an einem gewissen Werkcharakter solcher Texte ablesen lassen, d. h. als besondere sprachliche Leistung deutlich werden.

Gerade im 15. und 16. Jahrhundert hätte man mit einer Beschränkung auf die sogenannte schöne Literatur vorwiegend gesunkenes Kulturgut vor sich und würde die wirklichen Schöpfungen, die in Theologie, Historiographie, Naturkunde oder Politik liegen, verfehlen. In jedem Fall wird der Rang der sprachlich-werkhaften Leistung maßgebend sein. Es ist gewiß sinnvoll, mit Gerhard Eis einmal darauf hinzuweisen, daß die Fachliteratur und nicht die Dichtung im deutschen Mittelalter die großen Bucherfolge erzielte und daß das Hebammenlehrbuch des Eucharius Rößlin (1513) in sämtliche Kultursprachen übersetzt wurde, während die deutschen Klassiker des Mittelalters samt und sonders im Ausland unbeachtet blieben – ein Auswahlkriterium ist damit aber natürlich nicht gegeben.

Der genannte Werkcharakter ist bei der Geschlossenheit des mittelalterlichen Weltbilds und seiner inneren symbolischen Verfugtheit von vornherein zu erwarten. Der „dichterische Sinn“ mittelalterlicher Kosmologie, Natur-, Rechts- und Geschichtskunde liegt insofern auf der Hand. Eines der ältesten und zugleich bewußtesten deutschen Prosawerke, der *Lucidarius* (um 1190), ist in diesem Sinn eine runde Weltkunde in Katechismusform; in trinitätsanalogischer Folge werden dargestellt die Schöpfung, das Reich der Kirche und die jenseitigen Dinge. Heinrich der Löwe, der Auftraggeber, hatte zum Leidwesen seiner Kapläne Prosa gewünscht, im Interesse der „wârheit“ und „als ez ze latîne steit“. Es geht um ein ungewöhnliches, ja kühnes Unternehmen, zu dem der Heilige Geist helfen muß.

Am unmittelbarsten und von jeher zeigt sich das Bedürfnis volkssprachlicher Prosaformulierung im Bereich des Rechts. Mit zunehmender Verdichtung von Handel und Wandel ist es immer wünschbarer, daß die abzuschließenden und zu unterzeichnenden Urkunden auch ohne geistliche Vermittlung verstanden werden können. Der Übergang zu vorwiegend deutscher Urkundensprache vollzieht sich sachlich, regional und sozial mit Unterschieden, aufs Ganze gesehen im späten 13. Jahrhundert. Als Zentren deutscher Urkundenfertigung erscheinen vor allem die Städte und als Interessenten der städtische Adel. Die urkundliche „wârheit" verlangt die Prosa; dennoch läßt sich wohl sagen, daß die literarische Laienkultur des Hochmittelalters gewisse Voraussetzungen für das deutsche Urkundenwesen schafft. Anderseits hat die Urkundenprosa ihre eigene „literarische" Note; in den althergebrachten Formeln liegt, mit Jacob Grimm, eine gewisse „Poesie des Rechts". Die in den volkssprachlichen Urkunden erscheinende Wendung „für die, die es lesen oder hören lesen" weist auf die große Bedeutung der mündlich-akustischen Vermittlung hin, ja es begegnet auch der Brauch des regelmäßigen öffentlichen Vorlesens. So ist gerade die scheinbar trockene Urkundenprosa einer Pflege der rhythmischen Werte, der Satzkadenzen, der rhetorischen Formen überhaupt zugänglich. Schwer faßbar, aber doch in Rechnung zu stellen ist umgekehrt die Einwirkung der Urkundenprosa auf die Ausbildung literarischer Prosa im engern Sinn.

Als „das älteste größere Prosawerk in deutscher Sprache" gilt – mindestens im Sinn des ältesten Originalwerks – ein Rechtsbuch von unabsehbarer Verbreitung: der *Sachsenspiegel.* Dieses älteste deutsche Rechtsbuch wurde von dem Ritter Eike von Repgow (das anhaltische Reppichau) zwischen 1220 und 1235 verfaßt, aus der Praxis und für die Praxis des täglichen Rechts- und Gerichtslebens, zugleich aber aus einem umfassenden Nachdenken über Wesen und Grund des Rechts und seine normative Entwicklung. Der erste und hauptsächliche Teil umfaßt das Landrecht (das Rechtsgut der Sachsen aller Stände), der zweite betrifft das Lehnrecht. Obwohl es sich beim Unternehmen Eikes um die Darstellung eines weithin volkssprachlich lebenden Rechts handelt, war es anscheinend nicht leicht, die Schwelle zur Aufzeichnung auf deutsch und in Prosa zu überwinden. Eike, möglicherweise in der Domschule zu Halberstadt gebildet (er verfügt über Kenntnisse des kanonischen, nicht aber des römischen Rechts), hatte sein Werk zuerst lateinisch geschrieben und übertrug es dann nur widerwillig auf den Wunsch seines Lehnsherrn, des Grafen Hoyer von Falkenstein, in die Volkssprache:

> ungerne he it an quam ...
> do duchte en det to swere,
> dat he't an dudisch gewande

sagt er in der – gereimten! – Vorrede. Im Hintergrund steht eine Adelsgesellschaft mit ihrem durch die höfische Literatur gewachsenen sprachlichen Selbstbewußtsein, und dazu kam eine reiche Erfahrung und ein differenziertes juristisches Interesse. Die Fülle des hier ins Geschriebene tretenden sprachlich-sachlichen Materials beschäftigt die Rechtshistoriker. Der Literatur verbunden ist das Werk vor allem durch die spontane Gesamtschau. Dazu gehört, wie das Landrecht mit einer Art Reichsstaatsrecht (Zweischwertertheorie zum Verhältnis von päpstlicher und kaiserlicher Macht, Lehre von der translatio imperii – der deutsche Kaiser als Nachfolger Caesars –, von der Königswahl usw.) eröffnet wird, vor allem aber wie allenthalben das Recht aus Gott hervorgeht: „Got is selve recht, dar umme is em recht lef." Aus diesem Ethos erfolgt die oft auch geschichtlich argumentierende Durchdringung des Gewohnheitsrechts mit der Suche nach der Norm. Der Größe und Gründlichkeit des Unternehmens entsprach der Erfolg: Rund 200 Handschriften sind erhalten, Übersetzungen ins Mittel- und Oberdeutsche, Niederländische, Polnische, Tschechische und wieder Lateinische belegen seine weit über Niedersachsen, Norddeutschland, ja Gesamtdeutschland hinausreichende Autorität. Der *Sachsenspiegel* wurde Anregung und Grundlage weiterer Verschriftlichung und damit Fortentwicklung des Rechts, so vor allem im *Schwabenspiegel* (Augsburg 1275–80, ebenfalls mit Hunderten von Handschriften) und im *Deutschenspiegel* (wahrscheinlich ebenfalls Augsburg um 1275), wo nun zum Gut des *Sachsenspiegels* auch bereits Einwirkungen des römischen Rechts kommen.

Ein zweites Feld, auf dem – allerdings mehr als hundert Jahre später – ein Durchbruch zu enzyklopädischer Sachprosa erfolgt, ist die Naturkunde. Gewiß gibt es seit dem *Lucidarius* und dem *Physiologus* einige kurze Darstellungen einzelner Bereiche. Den großen Wurf tat wohl erst Konrad von Megenberg (Mainberg bei Schweinfurt?), ein in Erfurt ausgebildeter, in Paris und Wien lehrender Magister, der dann als Domherr in Regensburg lebte und hier 1374 gestorben ist. Er hat unter dem falsch etymologisierenden Namen „de monte puellarum" eine Reihe von lateinischen Werken zur Politik und Moraltheologie geschrieben. Mit seiner *Deutschen Sphära* und seinem *Buch der Natur* schuf er um 1350 zwei überaus beliebte, noch im 16. Jahrhundert wiederholt gedruckte Lehr- und Hausbücher in der Volkssprache. Die *Sphära* ist eine gewandte Übersetzung nach dem Traktat des Engländers Johannes de Sacrobosco (um 1250), eine gedrängte Darstellung des mittelalterlichen astronomischen Weltbildes mit seinen Planetensphären(waltzer) und Tierkreiszeichen. Die umfangreiche Naturkunde folgt in freier Umarbeitung dem *Liber de natura rerum* des Thomas von Chantimpré, eines Schülers Alberts des Großen. Das Werk beschreibt, stellenweise katalogartig, den Menschen und seine Anatomie, die Tiere, die Pflanzen, die Edelsteine, Metalle und Elemente, nicht ohne auch der Meerwunder und exotischen Fabelgeschöpfe zu gedenken. Konrad habe, sagt Franz Pfeiffer, das Buch der Natur zum ersten Male den Laien geöffnet. Die Summe dessen, was Antike und Mittelalter in aristotelischer Tradition wissen, wird hier besonnen und umsichtig aufgezählt, geschildert und gedeutet. Man spürt die Lust des Sagen- und Nennen-Könnens, man bewundert die Sorgfalt und Mühelosigkeit einer rein deutschen Formulierung. Es ist der vertraute vorkopernikanische Kosmos, der hier erschlossen wird, mit dem Menschen als mikrokosmischem Mittelpunkt: „daz seins wesens stük und seines leibes gelider sint gesetzet nâch dem satz der ganzen werlt“, heißt es im ersten Abschnitt. Der Verfasser bringt offenbar kaum neues Wissen, schon gar nicht aus eigener Beobachtung, bei, aber er bezieht gelegentlich kritisch Stellung, spielt auf volkstümliche Meinungen und Bezeichnungen an und versagt sich nicht satirische Bemerkungen zur Zeitlage – dem Naturgeschehen läßt sich auch in dieser Hinsicht Menschliches, Moralisches ablesen.

## 2. Geschichte und Selbsterfahrung

Der vielleicht eindrucksvollste Bereich neuer Prosa ist die Geschichtsschreibung. Das 15. und 16. Jahrhundert sind unvergleichlich geschichtsfreudige, geschichtsbewußte Epochen, in denen ein wesentlicher Teil auch der schriftstellerischen Energien der Chronistik zugute kommt. Wenn bisher von der Historisierung der höfischen Erzählung im 13. Jahrhundert und vom Einbezug des geschichtlichen Geschehens in die Form der Reimchronik die Rede war, so ist nun von der Omnipräsenz spätmittelalterlicher Prosachronistik zu sprechen. Dies kann nur gesamthaft geschehen. Der Anspruch der Prosa auf ehrliche Wahrheit und der Verdacht auf Lügenhaftigkeit des Reims sind den Chronisten besonders geläufig. Prosa versteht sich meistens als der schmucklose Sermo humilis, der allein dem Ernst des Gegenstandes angemessen ist. Prosaauflösungen der alten *Kaiserchronik* und die

*Sächsische Weltchronik* huldigen schon im 13. Jahrhundert diesem Gedanken. Zumal für Übertragungen wird die Prosa vorgezogen. Der Topos der Wahrhaftigkeit meint im übrigen weniger irgendeine unparteiisch-kritische Haltung als eine treuliche Abschrift – diese Chronistik umfaßt, meistens im annalistischen Raster, Großes und Kleines, Erfundenes und urkundlich Belegbares und bildet als Ganzes ein ungeheures Geschiebe und Geflecht von jeweils verschiedenen Fassungen, Rezensionen, Kompilationen, Fortsetzungen usw., wo sich nur etwas Gestalthaftes rundet, wenn ein eigenwilliger Autor, ein überwältigendes Geschehen, ein Augenzeugenbericht den Überlieferungsstrom durchbrechen. Wenn später der Humanismus eine anspruchsvolle Historiographie begünstigt und Geschichtsschreibung als Kunst begreift, so ist damit natürlich meistens noch kein moderner Wahrheitsbegriff oder gar Quellenkritik ins Spiel gebracht.

Überall aber ist Chronistik getragen von einem neuen, aktuellen Interesse, Ausdruck einer lebhaft erfahrenen geschichtlichen Existenz. Sie ist nicht mehr oder nicht mehr nur ein frommes Anschauen der großen Zeitordnungen, vielmehr gilt ein neues Tua res agitur; sie ist Selbstdokumentation, Mittel der Selbstidentifikation, der politischen Auseinandersetzung, aufgezeichnete Erinnerung zum Nachruhm, zur Mahnung, aus dem einfachen Bedürfnis, ein Erlebtes zu fixieren. Das heißt natürlich nichts anderes, als daß der beherrschende Zug in der Entwicklung der spätmittelalterlichen Historiographie die Verschiebung des Interesses von der umfassenden Welt- und Reichschronik im Sinn der augustinisch-hochmittelalterlichen Idee zu kleineren, konkreteren, partikulären Geschichtsträgern darstellt, daß also die Landes- und vor allem die Städtechroniken hervortreten, auch Chroniken von Bünden, Familien, Firmen bis hin zur mühsam und doch großartig sich konstituierenden Selbstbiographie. Und dies wiederum heißt, daß unter den Verfassern die Geistlichen zurücktreten: Die zeittypischen Chroniken stammen von bürgerlichen Laien, beispielsweise Stadtschreibern, Ratsherren oder Schullehrern, sei es im Auftrag des Rats oder aus eigenem Antrieb. Und hier ist denn auch die Volkssprache vom Verfasser wie vom Adressaten her die Regel. Eine der ältesten deutschen Prosachroniken sind die *Nüwen casus monasterii Sancti Galli* (seit 1335) des Christian Kuchimeister – selbst das ehrwürdige Kloster bedurfte zur Fortsetzung seiner berühmten *Casus* eines deutschschreibenden Bürgers aus der Stadt.

Umgekehrt stehen die von großen Höfen veranlaßten Chroniken mindestens anfänglich noch in der gelehrt-lateinischen Tradition. Leopold Stainreuter (um 1340 – um 1400), Wiener Augustiner-Eremit, verfaßte seine erfolgreiche österreichische Landeschronik für Herzog Albrecht III. auf deutsch (wobei eine fabulöse Urgeschichte der österreichischen Fürsten bereits an humanistische Konstruktionen erinnert). Lateinisch ist das große *Chronicon Austriacum,* die österreichische Fürsten- und Landesgeschichte des einflußreichen Wiener Theologen und Gelehrten Thomas Ebendorfer (1388–1464). In Bayern ist es Andreas von Regensburg, ein gelehrter Regensburger Augustiner, der im Auftrag des Herzogs Ludwig von Bayern-Ingolstadt seine lateinische Chronik von den Fürsten zu Bayern schrieb (von 1425 an) und anschließend selber deutsch bearbeitete. Der Faden wird dann aufgenommen von Ulrich Füetrer, der in seiner deutschen Prosachronik die Geschichte der bayrischen Fürsten von den Urzeiten bis zur Gegenwart behandelt.

Diesen dynastisch-territorial orientierten Werken gegenüber sind die Chroniken der Städte, vor allem der Freien Reichsstädte wie Straßburg, Nürnberg und Augsburg als bürgerlich-deutsche Unternehmungen aus anderem Blickwinkel verfaßt. Hier läßt sich verfolgen, wie sich in der Konkretion des städtischen Alltagslebens der universale Reichsgedanke mit kurzsichtig-annalistischem Realismus bricht: Zwischen der universalen und der lokalen Perspektive braucht kein Widerspruch zu bestehen; vielmehr kann sich im Bewußtsein der von den Fürsten bedrohten Städte geradezu das Recht, die Ehre und das Heil des Reiches verdichten.

Aus der Fülle der städtischen Chronistik sei nur weniges herausgehoben. Einflußreich war die Straßburger Chronistik, begründet von Fritsche (Friedrich) Closener, der als Priester und zugleich städtischer Beamter um 1350–62 sein Werk zusammenstellte, und maßgebend fortgeführt von Jakob Twinger von Königshofen, ebenfalls einem bürgerlich-kaiserlich gesinnten Geistlichen, der seit 1386 arbeitete. Seine *Deutsche Chronik*, ausdrücklich für den klugen Laien verfaßt, ordnet wie ihr Vorgänger nach Kaiser- und Papstgeschichte, Bistums- und Stadtgeschichte; ein Abriß der Geschichte seit Michaels Kampf mit Luzifer und der Erschaffung der Welt geht voran, und ein alphabetisches Kompendium der Hauptereignisse schließt das Ganze ab. Twinger hat selbst mehrere Rezensionen seines Werks erstellt, die in zahlreichen Handschriften umliefen und Grundlage, Quelle oder methodisches Vorbild für eine Reihe süddeutscher, rheinischer und schweizerischer Städtechroniken wurden. Diesen Erfolg verdankten sie wohl gerade der Kombination des universalen Rahmens mit einem bunten Inhalt, der weit über den Straßburger Standpunkt hinausführt und mit dem unverwechselbaren, fesselnden Chronikton vorgetragen ist.

Von besonderem Reiz ist die *Limburger Chronik* des Notars und Stadtschreibers Tilemann Elhen von Wolfhagen (1347/48 – nach 1411). Sie notiert in rein annalistischer Reihung ausschließlich selbsterlebte oder -gehörte Memorabilia aus 65 Jahren: politisches und dynastisches Geschehen um Limburg und das Lahntal, Naturereignisse, Persönlichkeiten, Seuchen, Kleidermoden und immer wieder die jeweils gängigen Lieder („Item zu der selben zit da sang unde peif man dit lit: ...") – Geschichte im Bewußtsein eines aufmerksamen Bürgers, der sich selbst völlig ausspart, aber gleichsam als Augenpunkt stets anwesend ist: die Chronik ist eine Art extravertierter Selbstbiographie.

Unmittelbarer in den Alltag persönlich erlebter Geschichte führen die Aufzeichnungen aus den großen Reichsstädten Nürnberg und Augsburg. Erstaunlich früh verzeichnet der Nürnberger Patrizier und Papierfabrikant Ulman Stromer (gest. 1407) die Zeitereignisse in der Stadt und im Reich von 1349 bis 1401 und fügt seit 1360 in einem speziellen „puchel" Familiennachrichten und Persönliches bei: über die Herkunft des Geschlechts, Geburten, Todesfälle; ein Nürnberger Geschlechterverzeichnis und einen Bericht über die Papiermühle. Denselben, aber bereits entwickelten Typus vertritt die Augsburger Chronik des Burkhard Zink (um 1396–1474/75): auch hier anstelle gelehrter Überlieferung der selbsterlebte oder mindestens persönliche Bericht und die Selbstdokumentation in einer eingelegten Autobiographie. Der aus Memmingen stammende Zink kam mit einem andern fahrenden Schüler früh in die Welt hinaus, hielt sich als Lehrer und dann Kaufmann in den schwäbischen Städten, später in Nürnberg und Bamberg auf, erarbeitete sich als Teilhaber einer Handelsfirma in Augsburg eine angesehene Stellung, diente als Gesandter des Rats und bekleidete eine Reihe städtischer Ämter. Seine Chronik umfaßt das Jahrhundert von 1368 bis 1468; der Anfang übernimmt eine ältere Chronik, das folgende beruht auf eigenen Recherchen und Erfahrungen; als dritter Teil folgt die Darstellung des eigenen Lebens und dann als Schlußteil wieder neuere augsburgische Stadtgeschichte. Die Identifikation des eigenen

Lebens mit der Geschichte der Stadt ist hier erstaunlich intensiv und weit gediehen: In fast ausschließlicher Extravertiertheit demonstriert sich das Ich in eins mit seiner Gemeinschaft, nimmt sich wichtig, aber scheint sich noch kaum zu reflektieren. Als „bürgerlich“ mag man bezeichnen, wie der wirtschaftliche Erfolg, wie Lebenskosten und Besitz zum Maß aller Dinge werden, aber auch, wie das Schicksal von Frauen und Kindern trocken, aber genau notiert wird. Zink war viermal verheiratet und hatte sich dazwischen „ains torenden (betrügerischen, betörenden) freulins understanden“. Die Unmittelbarkeit des Berichts, in welchem gleich sachlich und unbefangen über Politisches und die Preise, über Seuchen, Straßenpflasterung oder Judenaustreibungen gehandelt wird, wirkt neu und doch hart und erschreckend.

Daß neben solchen bürgerlich-familiären Aufzeichnungen auch die Weltgeschichte als Ganzes nach wie vor gerade in den Städten im Blick blieb, das belegt die lateinische Weltchronik des Nürnberger Arztes Hartmann Schedel (1440–1514). Sein *Liber Cronicarum* erschien im gleichen Jahr 1493 bereits auch deutsch im Druck und wurde in seiner reichen Ausstattung mit Holzschnitten ein beliebtes Hausbuch und die Quelle weiterer chronikaler Überlieferung.

Von besonderer Bedeutung wurde die historiographische Selbstidentifikation für die junge schweizerische Eidgenossenschaft im Süden. Hier läßt sich unmittelbar verfolgen, wie aus den noch partikulären Chroniken der einzelnen städtischen oder ländlichen Orte in der Folge territorialer Machtentwicklung, im Zug der internen Auseinandersetzungen und vor allem dann mit der heroischen Selbstbehauptung nach außen in den Burgunder- und Schwabenkriegen eine Bundeschronik mit einem ideologisch, ja mythologisch sich darstellenden eidgenössischen Bewußtsein wird. Nur diese Linie innerhalb der überaus reichen Schweizer Chronistik, welche die ganze Breite von volkstümlich-primitiver bis zu humanistisch-gelehrter Darstellung umfaßt, sei hier kurz nachgezeichnet.

Die eindrucksvollste chronistische Tradition entwikkelt sich in Bern, das sich, zwischen Savoyen und Österreich, im Lauf des 14. Jahrhunderts zur führenden territorialen Macht im Südwesten entwickelt hatte und seit 1353 dem eidgenössischen Bund angehörte. 1420 beauftragte die Stadt ihren früheren Schreiber Konrad Justinger (gest. 1438 in Zürich), „geschicht und harkommenheit" der Stadt Bern in einer Chronik darzustellen. Aufgrund der Urkunden „in der stat kisten" sowie unter Benützung älterer Stadtchroniken (*Königshofen, Basler, Konstanzer, Zürcher Chronik*) entstand eine klare, überlegene *Berner Chronik* von der Stadtgründung bis zur Gegenwart; die Frühgeschichte der Innerschweiz wird noch zurückhaltend und in allgemeinen Wendungen als Einschub berichtet. Diebold Schilling der Ältere (um 1430–1486), Schreiber und Ratsmitglied, führt die Justingersche Chronik weiter bis 1483 und kann dabei die hohe Zeit der Burgunderkriege aus eigener Anschauung lebendig machen. Die Schlußfassung wurde vom Rat amtlich zensuriert. Berühmt wurde Schillings Chronik ebenso wie die *Luzerner Chronik* seines Neffen Diebold Schilling des Jüngern durch ihre kulturgeschichtlich überaus reichhaltige Illustrierung – es sind durchgehende Bilderchroniken, in denen die Geschichte erhöhte Anschaulichkeit und volkstümlichen Charakter gewinnt. Den Höhepunkt der Berner Historiographie bildet dann, bereits im Zeichen von Reformation und Humanismus, das hervorragende Werk des Valerius Anshelm, entstanden 1529 bis 1540.

Die zürcherische Chronistik ist ein heterogener Komplex von Nachrichten, die durch verschiedene Verfasser in verschiedener Qualität im Lauf des 15. Jahrhunderts gesammelt und aufgezeichnet wurden – der Krieg mit den Eidgenossen 1439 bis 1446 läßt zunächst noch keine Ausrichtung auf eine Bundesgeschichte zu; die Chronik des konservativen Ratsherrn Gerold Edlibach (1454–1530) betrifft gerade diese Zeit des Alten Zürichkriegs und der im Zeichen des mächtigen Bürgermeisters Hans Waldmann stehenden krisenhaften späteren Entwicklung.

Eine Bundeschronik im eigentlichen Sinn wächst unterdessen in der Innerschweiz heran. Das *Weiße Buch*, ein hell eingebundener Band mit politisch-staatsrechtlichen Urkunden im Obwaldner Landesarchiv zu Sarnen, enthält auch eine kurze Chronik, die spätestens um 1470 vom Obwaldner Landschreiber eingetragen wurde, möglicherweise nach älterer Vorlage. Hier nun erscheinen zum erstenmal die später so berühmten Geschichten der heroischen Zeit, je für die einzelnen Orte als Beleg des Freiheitskampfes: der Mann aus dem Melchi (Melchtal), der im Bad erschlagene Vogt, der Stauffacher in Schwyz, der Rütlischwur, die Geschichte Tells, der Burgenbruch – die ganze, erzählerisch glänzende Befreiungssage mit der beständigen Präsenz der vertrauten Landschaft. Dazu kommen kurze Erwähnungen des sagenhaften Ursprungs der Urner, Schwyzer und Unterwaldner, worüber gleichzeitig eine Chronik *Vom Herkommen der Schwyzer und Oberhasler* phantasievolle Ausführungen bietet. Welchen Ursprung die Geschichten des *Weißen Buches* haben: echte mündliche Überlieferung, alte Lieder, alttestamentliche und altrömische (Livius) Prototypen – ist gänzlich umstritten. Die Tellengeschichte selbst scheint über ein Lied zur Verherrlichung des „ersten Eidgenossen“ aus gelehrter Chronistik zu stammen; die Ähnlichkeiten mit der Geschichte vom Schützen Toko in der Dänenchronik des Saxo Grammaticus sind zwingend; auch eine Analogie zum römischen Tyrannentöter, dem älteren Brutus, mag mitspielen. Daß diese Überlieferung des *Weißen* Buches das Selbstbewußtsein der Eidgenossen für Jahrhunderte in ihren Bann schlug und zeitweise internationale Berühmtheit erlangte, das war nur möglich, weil 1507 aus der Hand des Luzerner Soldaten und Gerichtsschreibers Petermann Etterlin die erste *Kronica von der loblichen Eydtgnoschaft* im Druck erschien, wo diese Innerschweizer Tradition benützt und in den Zusammenhang einer umfassenden Schweizer Geschichte gestellt war – dem Heiligen Römischen Reich zu Ehren auch hier noch. Die Substanz dieser Befreiungsgeschichten wurde durch Etterlin und alle, die ihm direkt und indirekt folgten bis hin zu Schiller, kaum verändert. Sie bildete, zusammen mit der stolzen Kette der alten Schlachten, erzählerisch die eigentliche Attraktion der eidgenössischen Chronistik.

Eine letzte Etappe auf dem Weg eidgenössischer Mythologisierung bildet schließlich die Chronik des Heinrich Brennwald aus Zürich (1478–1551), eine anekdotenreiche, aber erstmals doch auch pragmatisch verknüpfende und sorgfältig fundierte Chronik der Eidgenossenschaft, 1508 bis 1516 entstanden. Jeder eidgenössische Ort erhält die Darstellung seiner Geschichte bis zum Eintritt in den Bund; allem voran ist jedoch die Geschichte der alten Helvetier gestellt: Die Eidgenossen erhalten damit erstmals gemeinsame, humanistisch ehrenvoll beglaubigte Ahnen, als „confoederatio helvetica".

Dem historischen ist das topographisch-geographische Interesse verwandt. Die Reisebücher von Spätmittelalter und früher Neuzeit bilden eine Gattung, in der ähnlich wie in den autobiographisch motivierten Chroniken Welt- und Selbsterfahrung eins werden und Ausdruck suchen. Ist für die frühen Selbstbiographien das persönliche Erlebnis von Aufstieg und Bewährung Anlaß der Niederschrift, so ist es bei den Reisebüchern das einmalige Unternehmen, das als Höhepunkt eines Lebens zur Aufzeichnung drängt; dabei wird Selbsterfahrenes oft unbefangen mit Gehörtem, Gelesenem oder Erfundenem angereichert. Es gab die fremden – ihrerseits durchaus nicht immer stichhaltigen – Reisebücher des Marco Polo und des besonders romanhaften John Mandeville (Iohannes de Montevilla), die beide – Mandeville mehrfach – deutsch bearbeitet und dann auch früh gedruckt wurden. Weder die empirische Aufrichtigkeit noch das erlebende Subjekt sind schon fest etablierte Kriterien.

In besonderen Fällen ist der Anlaß zur Orientfahrt ein militärisches Unternehmen, so im *Reisebuch* des Johannes Schiltberger aus München, der „gerennesweyß", d. h. als Reiter, mit 16 Jahren im Heer König Sigismunds gegen die Türken zieht, bei Nikopolis gefangen wird, dann in die Hände der bei Ankara siegenden Mongolen fällt und insgesamt 33 Jahre im Osten unterwegs ist, bis er 1427 nach Hause kommt. Fortan dient er als Kämmerer dem Herzog Albrecht III. Seine Aufzeichnungen, für die er Mandeville und andere Quellen beizog, wurden achtmal gedruckt. Die übliche Art des Reiseabenteuers ist aber natürlich die Wallfahrt. Im 14. und vor allem 15. Jahrhundert werden die Pilgerfahrten nach Rom, Santiago und vor allem zum Heiligen Grab in großer Zahl von Adligen und vermögenden Bürgern unternommen. Sie führen zu tagebuchartigen oder rückblickend erzählten Niederschriften – zur eigenen Erinnerung, für die Familie, zur Belehrung und Hilfe für andere Reisende. Die Motive zu diesen Pilgerfahrten zu sondern ist sehr schwer. Immer noch lebendig ist das Wissen um das Leben als Pilgerfahrt, die sich dergestalt konkretisieren kann: Das Betreten des Heiligen Landes bedeutet, einen Lebenssinn erfüllt, vielleicht ein Gelübde eingelöst zu haben; Familientradition, Abenteuerlust, kaufmännische Interessen kommen unter Umständen hinzu; Vorstellungen der alten Kreuzfahrergeschichten mögen noch nachwirken. Zeugnisse der Ergriffenheit stehen neben solchen der Desillusion wie schon im Hochmittelalter (ist doch das Wallfahren auch von kirchlicher Seite sehr verschieden beurteilt worden). Notiert werden geistliche und weltliche Merkwürdigkeiten, die erlebten Gefahren und immer wieder – die gehabten Ausgaben. Auch wenn die meist über Venedig und den Seeweg nach Jaffa und Jerusalem erfolgenden Reisen gewerbsmäßig organisiert waren, schriftliche Reiseführer existierten und die Berichte denn auch oft eine gewisse Gleichförmigkeit aufweisen, so blieb die Fahrt zumal für den Binneneuropäer doch ein großes und abenteuerliches Unternehmen. Die Regel bleibt auch hier das Fehlen subjektiver Reflexion in den Niederschriften, die durchgehende Orientierung am „Äußeren" – was natürlich keineswegs das Fehlen eines Innenlebens, nur das Fehlen einer angemessenen Ausdruckskonvention bedeutet.

Die überaus zahlreichen Aufzeichnungen reichen vom kurzen Eintrag in eine Familienchronik bis zum dreibändigen lateinischen Reisehandbuch. Dieses *Evagatorium in terrae sanctae, Arabiae et Egypti peregrinationem* des aus Zürich stammenden Dominikaners Felix Faber (oder Fabri) ist mit seinen anderthalbtausend Druckseiten das weitaus bedeutendste Werk dieser Art. Es beschreibt des Verfassers Reisen von 1480 und 1483, zieht aber auch gelehrtes Material heran und hält sowohl den geistlichen Sinn der Pilgerfahrt aufrecht, wie daß es auch eine Weltkunde des Vorderen Orients vermittelt. Wenn es durch seine Schilderung der „pericula, angustiae et tribulationes diversae" den Mitbrüdern in Ulm mehr Geschmack an ihrer „monastica quies" und „claustri stabilitas" geben will, so zeigt es auch damit die Spannung zwischen Weltinteresse und hergebrachter Frömmigkeit.

Im Ganzen der deutschen Aufzeichnungen kann man ein Zunehmen des erzählerischen Elements im Lauf der

Zeit feststellen, ein wachsendes Interesse für Land und Leute, für Tiere, Pflanzen, Bauwerke, eine wachsende Freude an der orientalischen Szenerie, eine zunehmende „Verweltlichung" überhaupt. Instruktiv ist da das Reisebuch der Nürnberger Familie R i e t e r, deren Mitglieder von 1384 bis zum Beginn des 17. Jahrhunderts auf Palästinafahrt gingen. Das Reisebuch zeigt, wie die Notizen von Peter Rieter (1436) zu Sebald dem Älteren (1464) und Sebald dem Jüngeren (1479) in die Breite gehen.

Daß die Literatur der Chroniken, Reisebeschreibungen und Selbstbiographien ihre volle Entwicklung erst im Zeitenwandel von Humanismus und Reformation finden wird, ist selbstverständlich.

### 3. Kunstprosa aus Böhmen

Den modernsten Beitrag zu einer neuen Prosa leistet seit der Mitte des 14. Jahrhunderts die Hofkultur Kaiser Karls IV. in Prag. Nirgends wie hier wird um diese Zeit bewußt ein maßgebender Prosastil hohen Ranges gesucht und gepflegt, im Anschluß an italienische Vorbilder und weiter zurück an die spätlateinische und mittelalterliche Rhetorik. Was die päpstliche und staufische Kanzlei des Hochmittelalters an erhabenem Kunstprosastil und die frühen Humanisten leichter und eleganter pflegten, wird nun auch für die Muttersprache angestrebt. Symptomatisch ist, schon zu Anfang des Jahrhunderts, Dantes Abhandlung über die „vulgaris eloquentia"; hier war sogar der Primat der Volkssprache über das Latein vertreten und wurde als höchste Form das vulgare illustre unterschieden und an poetischen Beispielen auch für die Prosa gelehrt. Ein hoher Stil, wie ihn Dante als aulicus und curialis definiert, wird auch, lateinisch wie deutsch, am kaiserlichen Hof und seiner Kanzlei in Prag erstrebt. Das Interesse an rhetorisch streng durchgeformter lateinischer und deutscher Sprache entspringt dem Willen, im neuen Zentrum eines neu begriffenen Reiches Stil und Bildung darzutun, nicht zuletzt auch zuhanden der Hofgesellschaft, und dem Bedürfnis, durch die Reform der Kanzleisprache dem schriftlichen Verkehr ein verbindliches Maß zu geben – soweit das auf deutsch bei der Zerklüftung der deutschen Sprachlandschaft überhaupt möglich war. Eine solche Prosa, in der die rhetorische Form nicht nur als Schmuck dient, vielmehr auch Bewegung und Lenkung der Geister will, steht neben Karls Verdiensten um bildende Kunst und Architektur, um Wirtschaft und Verwaltung und schließlich um die Wissenschaft und die 1348 gegründete Prager Universität. Sie widerspricht nur auf den ersten Blick der gleichzeitigen Gönnerschaft Karls für die auf ihre Weise gelehrte und formbewußte Spruchkunst eines Heinrich von Mügeln.

Der Geist dieser böhmischen Spätgotik und Frührenaissance bleibt bei aller Modernität von Karls kluger, wirtschaftlich denkender Politik durchaus religiös bestimmt: Daß der junge Fürst eine lateinische Selbstbiographie verfaßt, ist als Versuch individueller Reflexion neuartig; sie bleibt inhaltlich zugleich dem Vergänglichkeits- und Sündenbewußtsein spätmittelalterlicher Frömmigkeit verpflichtet. Der Versuch, mittelalterlich-weltflüchtige und neuzeitlich-diesseitige Elemente aus der Welt Karls IV. auszusondern und ihr Verhältnis geistesgeschichtlich abzuwägen, liegt nahe, führt aber sehr bald zum Unfug eines Operierens mit sinnlos abstrakten Epochenbegriffen von „Mittelalter“ oder „Renaissance“. Es ist noch die Größe des *Ackermanns aus Böhmen,* wie hier scheinbar widersprüchliche Tendenzen in einem einmaligen Ganzen individuell überhöht werden.

Nirgends wie in den Sprachbemühungen zeigt sich die – immer noch recht partielle – Anregung seitens des frühen italienischen Humanismus. Ihr Träger ist vor allem Johann von Neumarkt (bei Breslau), um

1310 bis 1380, seit 1352 königlicher Protonotar und Hofkanzler in Prag, seit 1353 Bischof von Leitomischl und später von Olmütz. Er hat Karl IV. auf seinem ersten Italienzug 1354/55 begleitet und dort Petrarca, mit dem bereits eine Korrespondenz vorlag, persönlich getroffen, und er stand in Beziehung mit dem römischen „Volkstribunen“ Cola di Rienzo, der 1350 nach Prag geflohen war, dort aber schließlich von Karl konsigniert und später nach Avignon ausgeliefert wurde. Als Kanzler folgte Johann von Neumarkt dem Vorbild des eleganten, souveränen Humanistenlateins der Italiener wie auch ihrem Versuch einer Nachbildung in der Volkssprache. In seiner *Summa cancellariae Caroli IV* gibt Joannes Noviforensis, wie er sich nun nannte, in der alten Tradition der sogenannten Formelbücher – aus Brief- und Urkundenmustern, Formelsammlungen und Stilanweisungen bestehend – das Musterbuch für einen neu geregelten Kanzleistil und dessen Sprache. Ein bestimmender Einfluß dieser Prager Kanzleisprache auf die andern, sprachlich verwandten ostmitteldeutschen Kanzleien (so auch Sachsens) und damit auf die Entwicklung der neuhochdeutschen Schriftsprache wird heute allerdings nicht mehr angesetzt, da man vielmehr an eine komplexe gesamtsprachliche Entwicklung auf verwandter Grundlage denkt. Aber Johanns Unternehmen verliert damit nichts an Rang und stellvertretender Bedeutung. Das gilt vor allem für seine, auch als Muster gedachten, Übersetzungen. Denn auch jetzt und hier wird die Übersetzung wieder zum wichtigsten Mittel, in neue stilistische und literarische Möglichkeiten einzutreten. Der große Erfolg der von Johann von Neumarkt übersetzten, leicht eingängigen Erbauungsbücher ist zweifellos auch ihrem Übersetzungsstil zu verdanken und hat diesem wiederum zum Erfolg verholfen.

Aus Italien hatte Johann von Neumarkt den pseudoaugustinischen *Liber soliloquiorum animae ad Deum* (wohl um 1300 entstanden und für ein Werk Augustins gehalten) mitgebracht. Dieses *Buch der libkozung* hat er auf Wunsch des Kaisers „von wort czu worte" übersetzt und dem Auftraggeber in einer schwungvollen, aus einer einzigen großen Periode bestehenden Dedikation übergeben. Obwohl der sprachenkundige und in den heiligen Schriften geübte Kaiser eine deutsche Fassung nicht nötig gehabt hätte, sagt der Übersetzer, so wollte er eine solche doch anfertigen lassen zum Trost derer, die kein Latein verstünden (und damit sind wohl die Damen und Herren des Hofes gemeint) und zum Lob des allmächtigen Gottes und der Heiligen Dreifaltigkeit (auch dieses Motiv für eine Eindeutschung darf noch immer ernstgenommen werden). Das gebethaft-hymnische Buch – Selbstergründung und Lobpreis Gottes, Demütigung der zu Gott zurückstrebenden menschlichen Kreatur – ist ein überaus beliebter und bezeichnender Text des spätmittelalterlichen Augustinismus, wie er auch der Frömmigkeit des Humanismus zu einem guten Teil entsprechen mag. Er verkündet die Hingabe des frommen Menschen an Gott und gerade darin die Wiederherstellung seiner Würde und Ehre als göttliches Geschöpf und als Erlöster durch den Tod Christi. Das Selbstgespräch vor dem eigentlichen Adressaten, Gott, ermöglicht zugleich hohen rhetorischen Stil und gefühlshaft-reflektierenden Monolog, eine bei allem Anspruch einfach-getragene, in Anaphern, Parallelismen und Mehrgliedrigkeit der Satzteile mehr als in komplizierten syntaktischen Konstruktionen sich ergehende Sprache.

Auf Wunsch der mährischen Markgräfin Elisabeth ließ Johann von Neumarkt später die Übersetzung eines lateinischen *Hieronymus*-Werkes folgen; die Vorlage war eine ebenfalls in Italien entstandene Sammelkomposition zum Leben des Kirchenvaters, der als geheiligter Philologe, Gelehrter und Übersetzer seitens der Humanisten eine besondere Verehrung genoß und dem auch noch

Johann von Tepl ein Offizium mit Votivbild für einen Hieronymus-Altar in einer Kirche zu Eger stiftete. Schließlich übertrug Johann von Neumarkt – wenn Joseph Klappers Zuschreibung an ihn richtig ist – auch den *Stimulus amoris* (*Stachel der Liebe*), ein wiederum beliebtes und mehrfach erweitertes Erbauungsbuch mystisch-augustinischer Richtung, das im Original Bernhard oder Bonaventura zugeschrieben wurde, aber wohl einem Franziskaner vom Ausgang des 13. Jahrhunderts, Jakob von Mailand, zu verdanken ist. Aus dem Kreis mährischer Augustiner-Eremiten lag bereits eine ältere Übersetzung (um 1370) vor, die nun aber stilistisch weit überholt wurde.

„Von wort czu worte" – so heißt von nun an das Stichwort einer Übersetzungsmethode, die mit radikalem philologischen Gewissen, aber oft kühn und gewalttätig die deutsche Wendung dem lateinischen Vorbild nachprägen will. So weit braucht indes Johann nicht zu gehen. Mindestens die Soliloquien erlauben ihm, ohne komplizierten Periodenbau ungezwungen und elegant, unter behutsamer Berücksichtigung der deutschen Wortstellung, einen hohen Grad von Äquivalenz zu erreichen:

Hec sunt tenebre, quibus operior in hac abysso caliginosa
Das sind di schaten, domit ich bedeckt bin in disem vinstern apgrund

carceris huius in quo prostratus iaceo, donec aspiret dies
dicz kerkers, dorinn ich verworfen bin vnd lig, bis der tag erschein

et inclinentur umbre. Fiatque uox in firmamento uirtutis tue,
vnd der schat sich neig. Nu werd ein stymme in der uestenung deiner warheit,

vox domini in virtute, vox domini in magnificencia dicatque . . .
ein stymm des herren in kreften, ein stymme des herren in mehtickeit. Nu mustu, herr, sprechen . . .

(cap. XI)

In diesen Übersetzungen wie vor allem auch in den Anweisungen der Formelbücher spielt eine große Rolle die Pflege des cursus, d. h. der rhythmisch berechneten Kolon- und Satzschlüsse (im Prinzip die zwei letzten Worte). Nachdem die quantitierende Silbenmessung der Antike dem akzentuierenden Sprechen gewichen war, hat das hochmittelalterliche und wieder das humanistische Kanzlei- und Kunstlatein der Wahl und dem Wechsel der verschiedenen Kadenztypen (z. B. „planus" x́x/ xx́x; „velox" x́xx/x́xx́x; „tardus" x́x/xx́xx und „trispondiacus" xx́x/xxx́x) große Aufmerksamkeit geschenkt. Die wechselnd umspielten rhythmischen Elemente dieser Art waren in der Prosa, was das metrische Gerüst in der Versdichtung. Die Umsetzung des Prinzips in die Volkssprache brachte im Deutschen, anders als im Italienischen, begreiflicherweise besondere Schwierigkeiten in Theorie und Praxis, etwa mit dem hier häufigen männlichen Wortschluß. Eine Systematik in den deutschen Texten strikte nachzuweisen oder gar zum Gesichtspunkt der Textwiederherstellung zu machen bleibt darum problematisch.

Ohne die Pionierarbeit Johanns von Neumarkt wäre auch das einsame Gipfelwerk der böhmischen „Frührenaissance" und Wunder der spätmittelalterlichen Prosa überhaupt nicht denkbar: des Johannes von Tepl *Streitgespräch des Ackermanns mit dem Tod.* Johannes von Tepl (nach seinem Geburtsort) oder von Saaz (nach dem Ort seines Wirkens), um 1350 bis 1414, steht als Mitarbeiter in der Prager Kanzlei, als Stadtschreiber der böhmischen Stadt Saaz, wohl seit 1373, und der Prager Neustadt, seit 1411, beruflich in der Nachfolge Johanns von Neumarkt, dessen Bemühung um eine rhetorische Kunstprosa er zur Vollendung führt; er zitiert ausgiebig das *Buch der Liebkosung*, er hat seinerseits eine Reihe von Formelbüchern hinterlassen, er teilt den Bildungsbesitz des Prager Hofes mit zahlreichen Anklängen an

Heinrich von Mügeln und die gelehrte Spruchdichtung. Er ist nun allerdings ein Laie, ein Jurist, der an der Prager oder einer andern Universität (Paris?) ausgebildet wurde und vermutlich den Magistergrad erhielt, in Saaz auch als Schulrektor tätig war, ein angesehener und vermögender Mann, und er schreibt in der neuen zusätzlich angereicherten Prosa ein originales Werk.

Der erst 1933 entdeckte lateinische Begleitbrief, mit welchem Johannes von Tepl sein neues Werk dem Jugendfreund Petrus Rothers (Rothirsch) nach Prag sendet, spricht mit großem Aufwand an Bescheidenheitsformeln von dem „incomptum et agreste ex Teutunico li(n)guagio consertum agregamen“ (dem ungefügen und rohen aus deutscher Redeweise zusammengereihten Gebilde), das er im Gedanken an den Freund und auf dessen Bitten verfaßt habe, als Ährenlese „ex agro rhetoricalis iocunditatis“ (vom Acker rhetorischen Vergnügens). Die „grossa materia“ (das grobe Thema) sei eine „Invektive gegen das Fatum des unausweichlichen Todes“. Entsprechend bringt der Rest des Briefes ausschließlich eine Aufzählung der verwendeten Kunstmittel: Erweiterung und Verknappung des Stoffs, Lob und Tadel, vollendeter und unvollendeter Ausdruck, Homonymie und Synonymie, Rhythmus, Scherz und Ernst, Metaphorik, Ironie, Wort- und Satzfiguren, Tropen und auch sonst alle rhetorischen Zutaten, soweit sie „in hoc idiomate indeclinabili“ (in dieser sperrigen Mundart) überhaupt möglich seien.

In der Tat ist es noch immer neu und unerhört, was hier dem Widerstand der Volkssprache abgerungen und kunstvoll ausgeformt wird, nach Mustern sei es der mittelalterlichen, sei es der humanistischen Manier. Und dies will auch zuerst bedacht sein. Jeder Satz dieses Streitgesprächs mit dem Tode ist eine gedrängte Demonstration von Kunstformen. Im folgenden einfachen Beispiel sind u. a. zu beachten die Laut- und Wortresponsionen, die fast durchgehende zwei- oder dreigliedrige Variation des Ausdrucks, sentenziöse Wendungen, Deutsch-Idiomatisches („schabab“), metaphorisches und gleichnishaftes Reden, Antithetik im Aufbau des ganzen Passus, ausdrucksvolle Rhythmisierung und Proportionierung der Sätze und die Steigerung ihrer Folge:

Frut (frisch) und fro was ich vormals zu aller stunt; kurz und lustsam was mir alle weil, tag und nacht, in geleicher maße freudenreich, wünnereich sie und ich beide; ein jegliches jar was mir ein genadenreiches jar. Nu wirt zu mir gesprochen schabab (kratz ab)! Bei trübem trank, auf dürrem ast, swarz und zerstort beleib ich und heule on underlaß. Also treibt mich der wind, ich swim dahin durch des wilden meres flüß, die tunnen (Wellen) haben überhant genomen, mein anker haftet niergent. Hierumb ich on ende schreien wil: Ir Tot, euch sei verflucht! (III)

Neben solchem Pathos steht in andern Partien eine ins Preziöse gehende Kunst der umschreibend-amplifizierenden Schilderung, die latinisierend ist mit ihren Partizipialkonstruktionen und Genetivketten, zugleich aber durchaus dem geblümten Stil der Spruchdichtung verpflichtet. Aus dem Lobpreis des menschlichen Körpers:

Da ist in der nasen der ruch, durch zwei löcher ein und aus geend, gar sinniglichen verzimert zu behegelicher senftigkeit alles lustsamen und wünnesamen riechens; da ist narung der sele. Da sint in dem munde zene, alles leibfuters malende einsacker; darzu der zungen dünnes blat den leuten zu wissen bringet ganz der leute meinung; auch ist da des smackes allerlei kost lustsame brüfung. (XXV)

Oder schließlich der schwere, anaphorisch häufende, hymnische Prunk des Schlußgebets; daraus der Passus, der die ehrwürdige mystische Formel vom göttlichen Licht und der Finsternis permutiert:

O licht, das da nicht enphehet ander licht; licht, das da verfinstert und verblendet alles auswendiges licht; schein, vor dem verswindet aller ander schein; schein, zu des achtung alle licht sint als finsternüß; licht, zu dem aller schein ein schate ist, dem alle finsternüß licht sein, dem aller schate erscheinet; licht, das von anbeginnen gesprochen hat „Es werde licht!"; feuer, das unerloschen ewig brinnet; anfang und ende – erhöre mich!

(XXXIV)

Wenn nun aber im Begleitbrief nur von einer deutsch-rhetorischen Stilübung die Rede ist und dies vom Werk selbst bestätigt werden kann, so handelt diese „invectio contra fatum mortis inevitabile" dennoch, wenn nicht alles täuscht, von der persönlichsten Erfahrung und Lebensnot, die sich denken läßt: In der Rolle eines Ackermanns (des Menschen schlechthin, des Ackerbauers Adam, des Schreibers als des Pflügers mit der Feder) rechtet der Dichter mit dem Tod, der ihm vor kurzem seine geliebte Frau genommen hat. Der Gegensatz von rhetorischer Formkunst und „Erlebnis" ist freilich hinfällig, bedenkt man, was dem Verfasser und seiner Zeit Rhetorik und Formgebung überhaupt bedeuten, wie intensiv er seine Materie durchdrungen, wie genau die biographischen Angaben sind – und wie wenig sich bei jeder Dichtung das Erlebnis außerhalb des Werks dingfest machen und gar als Qualitätsmaß verwenden läßt. Am Ernst des Dichters oder auch nur am biographischen Anlaß zu zweifeln, liegt jedenfalls kein Grund vor. In sublimer Selbstrechtfertigung des Autors und seines Unternehmens ist der Tod nur darum bereit, sich vor dem Ackermann zu verantworten, weil dieser in Prosa spreche, es ihm also ernst sei:

Du tust dem geleich, als dir ernst sei und dich not swerlich betwinge. Dein klage ist on reimen und on döne, davon wir brüfen, du wellest durch dönens und reimens willen deinem sinn nicht entweichen. (II)

(Zum Topos vgl. S. 818 ff.)

Die persönlichen Daten sind als solche signalisiert und zugleich verrätselt nach einer Manier, die gelegentlich im spätmittelalterlichen Gesellschaftslied verwendet wird: Aus Buchstaben- und Zahlenangaben sowie einem Akrostichon geht hervor, daß der Verfasser, Johannes, Magister artium, Schreiber der Stadt Saaz in Böhmen, nicht lange vor Abfassung des Werks, nämlich am 1. August des Jubeljahrs 1400, seine geliebte Ehefrau, Margaretha, Mutter mehrerer Kinder, durch den Tod verloren hat. Er fordert in der Rolle des Ackermanns den „herrn" Tod unter Klagen und Beschimpfungen zur Rechtfertigung heraus. Die Rahmenvorstellung einer Anklage vor Gericht mit zeitgemäßen juristischen Formen und Argumentationen tritt im Lauf des Disputs zurück vor dem allgemeinen Charakter eines scholastisch-rhetorischen Streitgesprächs (conflictus, altercatio, disputatio). Schließlich ist der Tod bereit, vor den Richterstuhl Gottes zu treten; über beide ergeht Gottes Urteil. Die Verzweiflung und die Klage (Anklage und Wehklage) des Ackermanns haben sich im Lauf der Auseinandersetzung objektiviert; der Prozeß geht um den Menschen, seine Vergänglichkeit und sein Elend, aber auch um seine Würde und Ehre. Der Tod, herausgefordert, gelangt von der persönlichen Verächtlichmachung seines Gegners zu einer Beschimpfung und Verhöhnung des Menschen überhaupt; auf den leidenschaftlichen Lobpreis der tugendhaften Verstorbenen durch den Ackermann, der dazu Wendungen aus der höfischen und volkstümlichen Liebeslyrik sowie der Mariendichtung braucht, antwortet der Tod mit dem Lasterkatalog einer Frauenschelte, wie sie in einem Fastnachtspiel stehen könnte. Noch einmal, im längsten Kapitel (XXXII), beschreibt der Tod zusammenfassend das Elend und die allgemeine Eitelkeit – es ist eine große Weltklage (nach Innozenz III., aber auch einem Typus des Meistersangs), in die er nun selbst, wie aus der Rolle fallend, einzustimmen scheint. Damit ist auch übergeleitet zum berühmten Richterspruch Gottes: „Ihr habt beide wohl gefochten; den zwingt das Leid zu klagen, diesen die Anfechtung des Klägers, die Wahrheit zu sagen." „Darumb: klager habe ere! Der Tot habe sig!" Beide haben ihren Besitz, ihre Herrschaft nur geliehen. Es folgt das unerhörte, alle Anrufungen Gottes häufende und durchspielende Schlußgebet des Ackermanns „für seiner frauen sele". Zur geheiligten Zahl der dreiunddreißig Abschnitte kommt damit vollendend der vierunddreißigste – die Zahl ist zugleich eine Huldigung an das hier besonders benützte *Buch der Liebkosung* und dessen 34. Kapitel „De luce divina".

Im Lob der verstorbenen Geliebten, der edlen Frauen und der reinen Ehe ist der Kläger frei geworden von der Subjektivität seines Leids: Sein Gebet gilt nur noch der Verherrlichung Gottes und dem ewigen Heil der Geliebten. Sein Wunsch lautet nicht, sie wiederzusehen, sondern nur, daß sie Gott schauen möge. Auf das gewaltig instrumentierte Gebet folgt aber noch ein wunderbares Decrescendo, die schlichteste Zusammenfassung in zwei kurzen Absätzen. „Mich reuet Margret, mein auserweltes weib", beginnt der erste, mit dem „Amen" endet der zweite. Wie in Wolframs *Parzival* der mächtige Aufwand des ritterlichen Suchens sich löst in der völlig einfachen, spontanen Mitleidsfrage, so wird hier das simpelste Wort der Trauer (mit dem schon die Totenklagen Hergers und Walthers beginnen) mit der Namensnennung zur Lösung. Gegen alle Anfechtungen des Todes hat sich der Ackermann dieses Menschenrecht der Klage nicht nehmen lassen: „unmenschlichen tete ich, wo ich solich löbliche gabe . . . nicht beweinet" (VII, vgl. IX, XI, XXIII). Und damit sind wohl auch Recht und Sinn seiner Dichtung gemeint. Die Klage bedeutet auch die Ehrung der Frau; großartig der Einfall des Dichters, ihr Ehre und Saelde gerade durch den Mund des Todes zuzusprechen (IV).

Es ist schwierig, die eigentliche „Aussage" der Dichtung und damit ihren geistesgeschichtlichen Ort zu bestimmen. Die Form der Disputation in einem mehr oder weniger angedeuteten forensischen Rahmen erlaubt, ja erfordert, möglichst viele Gesichtspunkte zur Sprache zu bringen und die Argumente der Parteien im Gleichgewicht zu halten. Der Dichter ist natürlich nicht mit dem Ackermann identisch, er kann auch in der Rolle des Todes sprechen, oder genauer: es kommt ihm nicht auf das Recht einer Partei, sondern auf die Gesamtkomposition der Argumente an. Der so modern wirkende Protest (invectio) eines Individuums gegen das Fatum des Todes ist nur Element eines Ganzen, das objektiv und vielfältig vor uns aufgebaut wird. Die Disputation ist kein Drama, die Person des Dichters verschwindet hinter dem großartigen Zierat der Formen.

Auch von den Quellen und eventuellen Vorlagen her ist Johann von Tepl schwer zu fassen – es sei denn eben gerade seine synthetische Vielfalt (die spekulative These Antonin Hrubys von einem *Ur-Ackermann* in der Form eines aristotelisch orientierten Schuldialogs muß hier unerörtert bleiben, auch die Frage, was im Begleitbrief mit „libello *de novo* dictato“ gemeint ist). Konkreter stellt sich die Quellenfrage dar, seit 1961 der tschechische Forscher Karel Doskočil in Prag einen Sammelband aus der zweiten Hälfte des 14. Jahrhunderts entdeckte, der u. a. eine Reihe von Schriften zum Thema Tod enthält und nach einem darin enthaltenen Eintrag einmal von „Johann von Teple“ besessen oder wenigstens benützt worden ist. Neben Traktaten von Seneca, Richard von St. Viktor, Bonaventura und Augustin stehen darin Bernhards Schrift *De contemptu mundi,* die der Dichter für sein 24. Kapitel benützt hat, und vor allem ein *Tractatus de crudelitate mortis.* Dieser, aus 26 lateinischen Reimstrophen bestehend, kann als eigentliche Anregung, ja Vorlage betrachtet werden: Einer Schilderung der Allgewalt des Todes, von dem zuerst in der dritten Person, dann in direkter Anrede gesprochen wird, folgt die Antwort des Todes, in der z. T. wörtlich und in derselben Reihenfolge die gleichen Verteidigungsargumente des Todes erscheinen. Im strengeren Sinne ein Streitgespräch, mit angedeuteter Szenerie, ist ein sehr verbreiteter *Dialogus mortis cum homine* in Vagantenzeilen, der den Gattungshorizont des *Ackermanns* noch näher bestimmt. Inhaltlich wichtig ist ferner, neben andern Seneca-Reminiszenzen, der sehr bekannte Dialog *De remediis fortuitorum* (eine spätantike Bearbeitung), das Gespräch zwischen einem klagenden Witwer – „amisi bonam uxorem" ist sein Refrain – mit einem Partner, der ihm mit rationalen Argumenten die Trauer auszureden versucht; dieser Text ist vor allem im 20. Kapitel benützt. Schließlich bringen auch die spätmittelalterlichen Bilderbogen der Totentänze mit ihren Aufschriften ebenfalls die pointierte Auseinandersetzung des Menschen mit dem personifizierten Tod.

Zu diesem dialogischen Grundtypus kommen die inhaltlichen und formalen Anleihen im einzelnen. Wichtig ist natürlich die Bibel, vor allem das Alte Testament, dazu kommen lateinische geistliche Prosa und Johann von Neumarkt. Außerordentlich stark ist nun aber, wie Arthur Hübner gezeigt hat, die mittelalterlich-deutsche Komponente: immer wieder die Spruchdichtung von Frauenlob bis zu Mügeln mit ihren gelehrten Anspielungen und ihrem florierten Stil, dann die Gesellschafts- und Meisterlyrik, die Mariendichtung, das moralische Lehrgedicht und das Fastnachtspiel. Mit Namensnennungen ist sogar die Heldenepik präsent. Alles hat natürlich im Duktus der neuen Prosa ein ganz anderes Gesicht erhalten, ist kühn in neuen Zusammenhang eingeschmolzen (umgekehrt stellt auch der geblümte Stil kein autochthon deutsches Gewächs dar). Mit einem gewissen Recht kann Hübner sagen, der *Ackermann* stehe zwischen zwei Stilsphären, ja es finde gelegentlich ein Zusammenstoß der beiden Formwelten – deutsches Mittelalter und lateinische Renaissance – statt. Zugleich aber rühmt er den „satten und kräftigen Wortgebrauch", die „Planheit, Durchsichtigkeit, Abgemessenheit" des *Ackermann*-Stils, die neue Anschaulichkeit der Bilder. Auf das Ganze gesehen, das selten so wie hier mehr ist als die Summe seiner Teile, ist eine neue Sprachschöpfung geglückt.

Deshalb ist es trotz des verwirrenden Quellenbefunds erlaubt, abschließend die Frage nach der eigentlichen Position dieser Dichtung gegenüber dem Problem des Seins zum Tode zu stellen. Das Schlußgebet steht außerhalb der dialektischen Auseinandersetzung; es ist auch als rhetorisches Prunkstück zum Nennwert zu nehmen: im Aufschwung des Gotteslobs und des Glaubens ist der Tod und das Leid überwunden. Am meisten sagt dabei vielleicht das aus, was hier fehlt: nämlich jede Betonung der Sündhaftigkeit, des Sündenbewußtseins, des Todes als der Sünde Sold. Der Tod ist ähnlich wie in der Mystik im Unbegreiflichen aufgehoben, vielleicht im Sinne Wilhelms von Ockham als freie Willensverfügung des allmächtigen Gottes. Aber: Menschenrecht und Menschenehre werden wiederhergestellt. Es ist zwar der Ackermann, der das Lob des Menschen verkündet als des „hübschesten ... allerbehendesten und allerfreiesten gotes werkstück", nach seinem Bilde geschaffen, fähig, bis in die Gottheit, ja darüber hinaus zu klimmen (XXV); er ist der Meinung, der Tod beleidige den Schöpfer in seinem edelsten Werk. Aber es paßt dazu, daß auch der Tod selbst nicht mit dem Vorwurf der Sünde operiert, sondern die Eitelkeit alles Menschlichen verhöhnt und seine eigene Existenz mit stoischem Rationalismus (Natura, Fatum, Wesen) erläutert.

In Gottes Urteil erhält der Ackermann seine *Ehre*, er hat wohl gefochten, er hatte Grund zu klagen. Ehre und Saelde (Gottesgunst) werden der verstorbenen Frau selbst vom Tod bescheinigt (IV), Prädikate höfischer Humanität selbst bei einer im übrigen „bürgerlichen"

Auffassung der Frau und Hausfrau. Im *Buch der Liebkosung* (VII, vgl. XX) ist von der „wirdickeit“ und „er“ des Menschen die Rede, als des vernünftigen Wesens, das als Geschöpf nach dem Bild Gottes und als Herr der Schöpfung dank der Fleischwerdung Gottes bestimmt ist, über die Engel erhöht zu werden. Der *Ackermann* klingt daran an; christliche Theologie ist auch jetzt gültig, aber sie scheint welthaltiger, kühner geworden zu sein. Der Prozeß um die menschliche Ehre und Würde ist so direkt und so voll wie in dieser Dichtung bisher kaum geführt worden.

Im selben Jahr 1400, da des Stadtschreibers von Saaz Gattin starb, wurde Wenzel von Böhmen, der Sohn Karls IV., als deutscher König abgesetzt. Nach seinem Tod 1419 fiel Böhmen an seinen Bruder Sigismund, König von Ungarn, deutschen König seit 1410, doch konnte dieser das Land erst kurz vor seinem Tode 1437 in Besitz nehmen. Die Hussitenkriege (1419–36) machten inzwischen der Kultur von Prag und insbesondere ihrem maßgebenden deutschen Anteil für einmal ein Ende. Unter diesen Umständen mußte auch die Wirkung der *Ackermann*-Dichtung leiden. Aus Böhmen ist keine Handschrift erhalten, nur eine für die Textkritik wichtige tschechische Umdichtung (die wohl fälschlich auch schon als Vorlage Johanns von Tepl angesehen wurde): der *Tkadlek* oder *Tkadleček* (*Weber* bzw. *Weberlein*) eines gewissen Ludvík – ein Weber rechtet mit dem personifizierten Unglück um die Untreue seiner Geliebten (1409?). Vor allem in Oberdeutschland hat der *Ackermann* dennoch eine große Verbreitung gefunden. Es liegen 16 Handschriften und 17 alte Drucke vor. Die Differenzen zwischen den verschiedenen Texten wurden bei einer so intensiven Aneignung einer teilweise fremden Sprachform und eines ungewohnten Stils groß. Die Herstellung eines Überlieferungs-Stemmas ist problematisch und umstritten, so daß auch die verschiedenen wissenschaftlichen Ausgaben in ihrem Wortlaut ungewöhnlich stark voneinander abweichen (zitiert wurde hier nach der Ausgabe von Jungbluth 1969).

## 4. Anfänge des Prosaromans

Im Bereich der Erzählung bleibt der Vers erstaunlich lange die obligate Form. Höchstens in der geistlichen Literatur, mit Exemplum und Legende, und vor allem in der Chronistik dringt die Prosa ein, also in den nichthöfischen und als nicht-fiktional empfundenen Gattungen, wo zudem lateinische Prosa im Hintergrund stand. Die weltlich-literarische Erzählung, zumal der ritterliche Roman und die heroisch-historische Erzählung französischen Ursprungs, verharrt länger in der mechanisch-bequem gewordenen Verssprache, länger auch als die französischen Vorbilder im Durchschnitt selbst. Wenn nicht alles täuscht, blieb der deutsche *Prosa-Lancelot* ein einmaliges Ereignis, während in Frankreich sich im 13. Jahrhundert – noch lange neben der Verserzählung – eine kontinuierliche Kunst erzählerischer Prosa bildete, die nun erst ziemlich tief im 15. Jahrhundert in Deutschland wirkliche Nachfolge fand. Diese deutsche Romanprosa entwickelt sich nun aber bereits zu einer Zeit, da – im Durchschnitt nur wenig jünger – eine modernere, literarisch bewußtere Prosakunst erscheint: die um die Novelle gravitierende, nach lateinischen oder italienischen Vorlagen arbeitende Erzählung des frühen Humanismus.

Auch die neue Romanprosa der sogenannten Volksbücher, um die es hier zunächst geht, ist von hoher Bedeutung. Es geht ja um nichts Geringeres als um den Anfang der nun nicht wieder abreißenden Allerweltstradition des neuzeitlichen Romans überhaupt, um die Begründung des beweglichen, leichten, offenen, unruhigen, im Ergebnis alle sozialen Schichten umfassenden und Literatur als soziales Geschehen wie keine andere Form konstituierenden Erzählmediums. Der Prosaroman löst endgültig alles Repräsentativ-Epische ab, umfaßt die ganze Breite von der trivialsten Unterhaltungskunst bis zur Problemdichtung und setzt auch die im höfischen Versroman des Mittelalters noch gebundenen Energien frei. Aufs Ganze der ersten Phase des Prosaromans gesehen läßt sich sagen, daß dieser fern von allem literarisch-rhetorischen Ehrgeiz ist, vielmehr zwanglos mitteilend, stoffbezogen, ein kontinuierliches, rasches, aber anschauliches Erzählen, unbekümmert vergegenwärtigend, aber mit eigenen Formen und Formeln und einem eigenen unverwechselbaren Ton.

Solche Schlichtheit, ein oft fälschlich treuherzig wirkender Stil, der Reiz „altdeutscher" Intimität haben dazu beigetragen, daß sich der Begriff „Volksbuch" für die Prosaerzählung des 15. und 16. Jahrhunderts eingebürgert hat. Er hat viel Verwirrung gestiftet, hat seit der Romantik seine Bedeutung unmerklich verändert und ist jedenfalls, zum Nennwert genommen, für unsern Zweck ungeeignet. Er meinte zunächst eine Literatur, die dank großer sozialer und zeitlicher Verbreitung als umfassender Gemeinbesitz des Volkes erschien, des Volkes im Sinn nationaler Gesamtheit wie auch speziell der tragenden Unterschichten, in denen der Volksgeist besonders lebendig sei. Der Begriff reicht zeitlich über unsere Epoche hinaus, sofern es Görres gerade um die Kontinuität von Jahrhunderten bis zur Gegenwart ging, und er bezeichnet nicht nur den besonders wichtigen Typ des frühen Prosaromans, sondern auch Kurzerzählung, Schwanksammlung, Kalender, Arzneibüchlein usw. Dazu kommt heute das Bedürfnis, zwischen Hochliteratur und Trivialliteratur zu unterscheiden, schichtenspezifische Funktionen festzulegen, nach ästhetischen oder geschichtlichen Qualitäten zu fragen. Von vornherein ist freilich zu sagen, daß der Prosaroman nicht anders als der höfische Vorgänger wesentlich von der sozialen Elite geschaffen und getragen ist. Er kann dann allerdings durch die Erfindung des Buchdrucks mit oder ohne weitere Trivialisierung zur verbreiteten Volksliteratur werden, zu „abgesunkenem Kulturgut". Es gehört aber zum Signum der Epoche, daß das Sozialsystem in Bewegung geraten ist und soziales und literarisches Niveau keineswegs mehr konform sind. Auch die soziale Elite kann vulgär sein, und die Erfahrungen und Träume einer Unterschicht können auch für eine Oberschicht gelten.

Die neue Form ist – und das mag enttäuschen – nicht durch einen klaren schöpferischen Akt entstanden. Die Autorin, die für uns repräsentativ am Anfang steht, ist bei aller imponierenden Umsicht und Tüchtigkeit keine große Begabung, und die ganze Gattung bedarf zu ihrer Würdigung eines differenzierten historischen Wohlwollens. Der frühe Roman ist keine Pionierleistung, soweit man nur auf die Stoffe achtet und nicht auf die spezielleren Probleme der Prosaform. Bis zur Mitte des 16. Jahrhunderts ist der deutsche Roman in stofflicher Hinsicht beinahe nichts anderes als ein Produkt von Zerfall und Zersetzung, ein Ausverkauf der erzählerischen Erbmasse des Mittelalters, wenn auch mit oft bezeichnender Auswahl. Und er ist in Deutschland fast ganz nur die direkte oder indirekte Verwertung französischer Vorlagen, er gilt – etymologisch korrekt – importierten romanischen Stoffen, die als solche schon romanhafte, „romantische" Reize für den deutschen Leser besaßen.

Entstehungsgeschichtlich sind verschiedene Fälle zu unterscheiden: (1) deutsche Prosa nach französischer Prosa- oder Versvorlage (wobei die beiden Schritte der Prosaauflösung und der Übersetzung gleichzeitig erfolgen). (2) Prosa nach deutschen Versvorlagen (deutsche Prosaauflösungen im engern Sinn); dazu kommen (3) in sehr geringer Zahl deutsche Originalwerke. Für Niederdeutschland ist wiederum mit niederländischer Vermittlung zu rechnen. Wir verfolgen hier den Vorgang bis zum Beginn des 16. Jahrhunderts.

(1) Einzelne Fragmente, Nachrichten und unsicher aus späteren Handschriften erschließbare Vorlagen lassen erkennen, daß es schon im 14. Jahrhundert Ansätze eines Prosaromans gab (man kann das Troja-Buch Hans Mairs hieherrechnen) und Prosaauflösungen von Legenden wie *Gregorius* oder *Heinrich und Kunigunde*. Die Gattung war auch im Deutschen längst fällig, als die Gräfin Elisabeth von Nassau-Saarbrücken (um 1390–1456) um 1437 ihr Corpus von vier inhaltlich und überlieferungsmäßig verwandten Romanhistorien in die Welt setzte und damit im großen ganzen ein überaus repräsentatives Werk schuf. Es war originell auch insofern, als sie selbst als Tochter eines Herzogs von Lothringen ganz in französischer Kultur aufgewachsen war und zu deutschen Traditionen keine nachweislichen Beziehungen hatte, aber nun, als Gattin und regierende Witwe eines deutschen Grafen, für ihren deutschen Hof eine angemessene Lektüre bereitstellte. Sie wußte, was galt; sie hatte verwandtschaftliche und politische Beziehungen zu literaturfreudigen französischen Höfen; in Deutschland bestanden engere Bande zur Kurpfalz: Mechthild von der Pfalz, später von Österreich, an deren Hof in Rottenburg am Neckar sich später humanistische und späthöfische Literaturpflege verbanden, war eine Cousine Elisabeths. Ihre Vorlagen erhielt die Gräfin vermutlich von ihrer Mutter, Margarete von Vaudémont und Joinville, einer Enkelin des großen Chroniqueurs, in dritter Ehe Gattin des Herzogs Friedrich von Lothringen.

Es handelt sich um eine Gruppe unter sich verwandter junger Chansons de geste in Versen, die direkt in deutsche Prosa umgesetzt wurden, wahrscheinlich in folgender Reihenfolge:

*Herpin*, nach einer in verschiedenen Fassungen überlieferten Chanson *Lion de Bourges*, einer späten abenteuerreichen Kompilation über die Taten des Sarazenenkämpfers Vicomte de Bourges. 3 Handschriften, eine weitere bezeugt, 4 Drucke im 16. Jahrhundert.

*Sibille*, nach verlorener Vorlage, eine kurze Geschichte vom Typ der zu Unrecht verleumdeten und verfolgten Ehefrau, hier Karls des Großen, verwandt mit der beliebten, schon im 14. Jahrhundert entstandenen und später auch in Prosa gefaßten *Königin von Frankreich* eines gewissen Schondoch. Die einzige Handschrift erst 1977 abgedruckt.

*Loher und Maller*, nach einer nur über mittelniederländische Fragmente rekonstruierbaren Vorlage, die kompilatorische Geschichte eines Freundespaars: Loher, der Frankenkönig Chlothar I., hier zum Sohn Karls des Großen gemacht, geht, nur von seinem treuen Vassallen Maller (Mallart) begleitet, in die Verbannung, heiratet die byzantinische Königstochter, wird entmannt, besiegt seinen mißgünstigen Halbbruder Ludwig, tötet unwissentlich Maller, woran sich die Schicksale von Lohers Sohn samt der Handlung der alten Chanson von *Isembart et Gormont* anschließen. 5 Handschriften, 3 Drucke im 16. Jahrhundert, von Dorothea Schlegel als romantisches Volksbuch bearbeitet.

*Huge Scheppel*, die sagenhafte Geschichte des Hugo Capet, der als Enkel eines Metzgers die Tochter des letzten Karolingers heiratet und die neue Dynastie der französischen Könige begründet. Vorlage ist die erhaltene Chanson von *Hugues Capet*. Nur 1 Handschrift, aber 10 Drucke von 1500 bis 1794.

Daß das Werk der Gräfin sowohl – bei *Loher und Maller* und *Huge Scheppel* – in illustrierten Prachthandschriften niedergelegt wurde wie auch als populärer Lesestoff während Jahrhunderten diente, beleuchtet die Veränderung der literarisch-sozialen Szene. Ähnlich wie in Deutschland um diese Zeit eine neue Zuwendung zur

Heldendichtung erfolgt, verzeichnet Frankreich ein spätes Revirement der Chanson de geste, also einer vorhöfischen Literaturgattung. In der neuen Mode wird diese freilich versetzt mit spielmännischen und abenteuerlichen Motiven und verliert den alten heroisch-sakralen Glanz. Zurück bleibt eine massive, wenn nicht primitive Stofflichkeit, die offenbar gegenüber einer ausgezehrten höfischen Idealität als wohltuend und gesund empfunden wurde. Dazu kam in günstigen Fällen eine gewisse Aktualisierung, zunächst insofern, als sich in der vorherrschenden Motivik der Fehden, Brutalitäten und Niederträchtigkeiten, der Orienterlebnisse, der unzimperlichen Liebesabenteuer bei veräußerlichter Wahrung zeremoniöser Formen unschwer eine konzentrierte Spiegelung der wirklichen Zeitverhältnisse erkennen ließ – wobei nur zu vermuten bleibt, daß sich weniger die Verhältnisse als die Literatur geändert haben.

Am modernsten ist zweifellos der *Huge Scheppel*. Er macht einen sozialen Aufstieg zum Thema, spricht unverblümt vom Geld und den Schulden seines Helden, schildert ihn als unentwegt erfolgreichen Kämpfer oder besser Schlächter in Einzel- und Massenkämpfen und führt zugleich einen Frauenhelden vor, der im ganzen Land herum sich „ermanet" (ermannt) „vnd künlich syn weydespiel getrieben" hat (3 v), und läßt die Bürgerschaft von Paris und den Metzgermeister Simon, Huges reichen Onkel, eine entscheidende Rolle spielen. Das wird illusionslos, aber auch problemlos vorgetragen; auftauchende Bedenken werden rasch beseitigt: „Jst wol in bulschafft grosse dorheit / so ist aber grosse freude vnd wollust da Inne" (2 v).

Die Gräfin erzählt das alles rasch und sachlich nach. Nachdem sie sich anfänglich sehr eng an den Text gehalten, befreit sie sich zu einer selbständigeren Sprache, mildert immerhin fragwürdige Stellen und nimmt einige Kürzungen vor (worin die Drucke dann noch weiter gehen). Der *Huge Scheppel* kann auch stilistisch als gutes Beispiel eines „Volksbuchs" dienen, obwohl er keineswegs als Volkslektüre geschaffen wurde. Es ist der Stil einer bis zur Roheit kompakt und fraglos gewordenen Welt. Die Sätze folgen sich meist parataktisch oder in einfacher Verkettung durch eintöniges „und, darmit, danach, indes" usw. Darin mag die notwendig einfache Syntax des Versstils noch nachwirken, doch entspricht es auch einer Wirklichkeit, in der die Dinge isoliert nebeneinanderstehen, ohne Wertung, Stufung, ideelle Beziehung und Transparenz. Die Personen stellen sich objektiv dar in ihren sachbezogenen Reden und Gedanken, ohne daß der Erzähler explizit einzugreifen pflegt. Auch eine höfisch-zeremonielle Szene ist in dieser eiligen Parataxe gegeben:

(Die Königin spricht:) Got gebe das ich üch des her nach gelonen möge / Da mit name sij yne by der hant / Vnd furte yn hin uff den palas / Vnd waren da Jnne in grossen freuden / vmb das is yne wol erlongen hatte / Marie ire dochter mit yrem stoltzen libe vnd frolicher geberde / wart in irer nature beweget / Vnd begonde hugen heymlich liep zu haben vnd sprach zu ir selbs / Ach were is gottes wille / Das ich einen solichen Jongen gesellen zu manne hett Ich han doch by mynen dagen keynen als schone als er ist nit gesehen In des Alls siy also vff dem palas waren / Da kamen die taffel diener Vnd hiessen wasser nemen Dar nach satzete man sich zü dysche / Die konigynne vnd yre dochter sassen an eynen dische besunder / vnd darnach iglicher nach dem yme geburte / (13 r)

Was die Liebe betrifft, so ist sie auch von seiten der Damen – hier sogar im Wettbewerb von Mutter und Tochter – direkt und ungeniert und ohne ideellen Überbau. Und das ritterliche Handwerk ist blutig wie nur je in der Heldendichtung; die abgehauenen Hände und Füße und die gespaltenen Köpfe werden mit erschrekkender Selbstverständlichkeit rapportiert, wobei allerdings mehrfach, in humoriger Anspielung auf die Herkunft des Helden, von „metzlen“ die Rede ist. Eine Steigerung ist nur durch die Quantität möglich, bei der Zahl der eroberten Damen wie der erschlagenen Gegner.

Dennoch herrscht ein, wenn man will, einnehmender Erzählton, ja der Eindruck treuherzigen Vortrags. Es fehlt ja auch nicht an frommen Floskeln, an Anrufungen von Gottes Gnade und Allmacht, am Aufsagen des Credos, aber auch diese Elemente stehen wie unverbunden neben dem faktischen Vorgang. Und im übrigen ist immer die Autorität der „History“ da, um allfällige Bedenken zu zerstreuen – es handelt sich bei den Chansons ja um historisch gedachte oder vorgegebene Geschichten. Die fraglose Wirklichkeit des Erzählten verhindert offenbar auch, daß mindestens für den deutschen Leser eine Grundfrage zum Austrag kommt: wieweit nämlich eine solche Gründungsgeschichte des französischen Königtums ernst und wieweit ironisch, ja zynisch gemeint ist und verstanden werden soll. Manche Episoden sind reine Burleske, so etwa die der zehn Bastarde im Land herum, die sich spontan versammeln, um ihrem Vater in Paris beizustehen. Vor abgebrühten, wissenden Mitgliedern des französischen Hochadels vorgetragen, mag diese Chanson über den Aufstieg von den Fleischbänken zum Thron als Frivolität, als Hohn oder Selbstparodie (je nach der Adresse) und ihr Naturalismus als neuer Reiz verstanden worden sein. Wie sich die tüchtige Gräfin Elisabeth dazu stellte, ist abgesehen von ihren Milderungen kaum mehr erkennbar, und der Volksbuchleser von drei Jahrhunderten wird die Geschichte aus Frankreich offenen Mundes zur Kenntnis genommen oder sich – gut unterhalten – gar nichts gedacht haben. Für uns wichtig ist der Durchbruch eines handfest-derben, gedrungenen Stils, der ja auch in der zeitgenössischen Malerei und Plastik seine Parallelen hat.

Einen eigentlichen Gegentyp zu den massiven Chansons der Gräfin Elisabeth bildet der Roman von *Pontus und Sidonia*, die sentimentale Variante eines erfolgreichen höfischen Trivialromans. Unabhängig voneinander und ungefähr gleichzeitig haben sich um die Mitte des Jahrhunderts zwei Übersetzer der anonymen, bereits in französischer Prosa um 1400 entstandenen Vorlage angenommen. Die für die Folgezeit maßgebende Übertragung (A) stammt – eine erstaunliche Analogie zur Unternehmung Elisabeths – von der Stuartprinzessin Eleonore von Österreich (1433–80), die 1449 dem Herzog Sigmund von Tirol verheiratet und nach wenigen Jahren imstande war, ihrem Innsbrucker Hof einen französischen Roman in gutem Deutsch zu präsentieren (1453?), unbeschadet ihrer vielfältigen andern literarischen Interessen. Ihre Übersetzung wurde 1483 erstmals gedruckt, erfuhr bis 1769 immer neue Auflagen und wurde 1792 in Reichardts „Bibliothek der Romane" aufgenommen. Eine zweite Bearbeitung durch einen Unbekannten (Rheinfranken?) war zwar mit 5 erhaltenen Handschriften zunächst stärker verbreitet, gelangte aber nicht in den Druck (B).

Der *Pontus* ist in der Grundstruktur ein Liebesroman vom alten griechischen Typ (z. B. *Apollonius von Tyrus*), wie er in vielen Varianten, so in *Flore und Blancheflur* oder im *Wilhelm von Orlens*, höfisch geworden war. Dazu kam die kriegerisch-abenteuerliche Motivik des Kampfs mit den Heiden, hier in Europa selbst, was im Hinblick auf die spanischen Mauren und auf die Türkengefahr Aktualität auch in Deutschland besaß. Der junge galicische Königssohn wird von den einbrechenden Scharen des Sultans von Babylon aus seinem Land vertrieben und gelangt nach Klein-Britannien, wo ihm die schöne Königstochter Sidonia hold wird und er Wunder an Heldentaten gegen die Heiden vollbringt. Eine Verleumdung trennt das Paar, Pontus zieht sich in ein Kloster zurück und fordert darauf als unbekannter Schwarzer Ritter mit den weißen Zähren die halbe Welt zum Zweikampf heraus, schickt ein Jahr lang jeden Samstag einen besiegten Ritter an Sidonia, geht nach England und wird nach vielen Abenteuern mit der Geliebten versöhnt und vereint, bringt den bösen Verleumder gründlich um und herrscht glücklich als König von Galicien und Britannien. Der Drucker verspricht seinen Lesern „viel guoter schöner Lere“ und „Vnterweisungen vnd Geleichnuss“, und tatsächlich herrscht hier, abgesehen von dem neidischen Bösewicht, eitel Tugend und Frömmigkeit. Ausführlich werden des Pontus Qualitäten beschrieben: Er ist reinlich, geht zur Kirche, ist mäßig, mildtätig, zurückhaltend im Schwören, versöhnlich und mutet keiner Jungfrau oder Frau etwas Unehrenhaftes zu (A 125 f., 147). „Vnnd also der ewig gütig Got, der geren erhöret vnnd nicht vergisset den Ruoff seiner lieben Dienere vnnd Freund, der erhöret jr Gepet“ (123). Aber Pontus hat auch den irdischen Vorzug spätgotischer Eleganz: „Schone was er von lybe, breit von schuldern vnd mitten small, schone lange beyne oben an den dieche (Oberschenkel) gesetzt vnd geformet, als ob man yne wuntschen solt“ (B 61). Dessenungeachtet ist er ein gewaltiger und ungehemmter Krieger, Kampfschilderungen entfalten sich auch hier breit und blutig. Während Eleonore der Vorlage eng zu folgen scheint, ist der Anonymus schon eher ein Bearbeiter. Er schwellt den erzählenden Text durch neue, anschauliche Details temperamentvoll an, vor allem aber erweitert er die Liebesgespräche und Klagereden, um hier seinem stilistischen Spieltrieb den Lauf zu lassen und einen „höfisch gedrechselten und geblümten Stil“ (K. Schneider) zu zelebrieren. Damit wird auch, entgegen der üblichen Tendenz, im Volksbuch ein Versuch eigenständiger rhetorischer Kunstprosa unternommen:

Vnd ist is sache, das ir also werdent myn ritter, vnd das ir vch so ferre tornt (wagt) getruwen vnd vwer denckent so mechtich zu sin, mir in getruwem dienst zu verblyben vnd stetich zu verharren, wollent mir das dan zu den heyligen sweren, das ir mir getruwelich also dienen wollent vnd das thun mit eren.

(B 23)

Zu den erfolgreichsten Prosaromanen gehört auch des Thüring von Ringoltingen (um 1410–85) *Melusine*. Dieses Werk, 1456 abgeschlossen, 1474 erstmals und dann immer wieder gedruckt, daneben in 16 Handschriften erhalten, kann zudem einen dritten Typus des neuen Romans belegen. Der Verfasser gehörte einer in Bern reich und mächtig gewordenen Familie an, die aus dem Simmental stammte und wegen ihres Handels mit Milchprodukten ursprünglich „Zigerli“ hieß; Thürings Vater war dreimal, Thüring selbst in den Jahren 1458 bis 1468 viermal Schultheiß. Er äußert sich sehr genau über Motive und Umstände seines Unternehmens. Er hat das „in franckzoyser sprach und welscher zungen“ verfaßte Versepos eines gewissen Couldrette (es gab daneben zum selben Thema auch den Prosaroman eines Jehan d'Arras) „translatiert, schlecht und one rymen nach der substantz“. Es kam ihm auf den Inhalt an, den er denn auch ernsthaft „für ein warheit“ erklärt, für dessen Schauplätze er Augenzeugen nennt und den er ausdrücklich abhebt vom Geschehen der Artusromane, von *Tristan, Sant Wilhelm, Pontus, Wilhelm von Orlens* u. a. Wenn er dennoch erklärt, „kunst und aventür“ seien über alle andern zeitlichen Dinge zu schätzen, so gilt dies, weil ihm Gottes faktische, geschichtliche Wunder abenteuerlicher sind als alles Erfundene. Er erzählt in einer sachlichen, unter Umständen trockenen Prosa, gegenüber der Vorlage tilgt er alles rhetorische Beiwerk, arbeitet das Inhaltliche heraus und versieht es gelegentlich mit Kommentaren. Man darf seine Prosa wohl mit dem Stil der Chronistik zusammensehen; das aufrichtige Sachinteresse gibt ihr eine eigene Inständigkeit. Das Melusinenmärchen („gestörte Mahrtenehe“) ist hier wie im *Peter von Staufenberg* verknüpft mit der Geschichte eines ritterlichen Geschlechts, also romantisiert und historisiert. Die Herren von Lusignan, noch zur Entstehungszeit unseres Werks Inhaber des Königreichs Cypern, führten ein Meerweibchen im Wappen und ließen ihren Aufstieg aufgrund einer etymologischen Theorie (Mère + Lusigne = Mellusigne) in Zusammenhang bringen mit einer glückhaft-abenteuerlichen Ehe ihres Urahns. So bildet die Melusinenhandlung nur den Rahmen: Der arme Grafensohn Raymund begegnet der königlichen „merfaye“, sie bringt ihm höchstes Glück und Reichtum; er bricht seinen Eid und beobachtet eines Samstags seine Gattin im Bade und sieht, daß sie vom Nabel abwärts „ein schamlicher wurm“ ist; Melusine scheidet klagend und muß nun unerlöst bis zum Jüngsten Tag in Pein sein, Raymund endet sein Leben als Einsiedler in Montserrat. Ebenso wichtig sind nun jedoch die Schicksale und Taten der zehn Söhne, die alle mit einem körperlichen Makel geboren sind, aber z. T. große Geschlechter begründen, drei von ihnen ein Königtum. Besonders die Geschichte des Riesenkämpfers Geoffroy ist wieder ein Roman für sich. So ist das Ganze eine Familiengeschichte und ein Beitrag zur Geschichte des europäischen und nahöstlichen Adels. Melusine, die dem Helden bei einem Brunnen erscheint, ist noch weniger als in den andern Fassungen ein dämonischer Naturgeist. Sie ist bei allen magischen Fähigkeiten eine gläubige und fromme Christin, Inbegriff einer Geliebten, Mutter und Königin. Das unerhörte Glück, das sie verheißt, betrifft über das Individuum Raymund hinaus das ganze Geschlecht. Das Melusinenmotiv hat weniger individualpsychologische als soziale Bedeutung. Man kann Melusine auch hier als die Verkörperung aller höfischen Wunschträume schlechthin verstehen. Dieses Wunschglück aber mißlingt und damit auch die Erlösung, die Verwirklichung dieses „halben gespönste“ zum ganzen Menschen. Thüring spricht vom Walten der Fortuna und vom Ende aller menschlichen Glückseligkeit in Leid und Kummer, und er führt mit einem Exemplum aus Ambrosius (Polykrates-Motiv) aus, daß gerade die scheinbar vollendete irdische Glückseligkeit ein Vorzeichen der ewigen Verdammnis sei. Der Übersetzer mochte dabei auch an sich selber denken: jedenfalls verlor Thüring im Lauf seines Lebens sein Vermögen, und sein Geschlecht erlosch im Mannesstamm mit ihm so rasch, wie es aufgestiegen war. Entscheidend ist, wie sich Schuld ins Glück mischt: die scheinbar so glückhafte Verbindung mit Melusine steht von Anfang an unter bedenklichen Vorzeichen. Raymund hat seinen Herrn auf der Jagd versehentlich erschlagen und verheimlicht dies nun – auf Anraten von Melusine selbst. Das ist die im Grund ungelöste Melancholie dieses Romans: Der Glanz hohen Adels ist zwar begehrenswert wie nur je, aber ebenso bewußt und immer mehr aus der Zeitgeschichte beglaubigt ist der Wandel aller Dinge, der Aufstieg und der Niedergang von Geschlechtern und die tiefe Verstrickung in menschliche Schuld. Es bleibt dennoch ein gläubiges Staunen: „Ach got, wie ist din wunder so groß und so manigfaltig, oder wie mag die natur an sich selbs ein solich gestalt haben, das sü eynen man lat werden, der von synem übeltuon und syner mistat sol in großem glück und zittlichen eren erhohet werden“ (40).

Harmloser ist das jüngere, ungeniert schon ins Reformationszeitalter hineinragende Unternehmen eines andern Berners. Wilhelm Ziely (gest. 1542), Angehöriger eines ebenfalls nur kurzlebigen Ratsgeschlechts, hat 1511 zwei bereits in französischer Prosa (1482 und 1489) vorliegende Romane übersetzt, die 1521 und dann noch mehrfach gedruckt wurden: *Olivier und Artus* und *Valentin und Orsus*. Sie sind motivisch miteinander verwandt, beides Geschichten vom Typ der Freundschaftssage, wie ihn etwa Konrads von Würzburg *Engelhard* vertritt: Olivier ist der Sohn des Königs von Kastilien, er flieht vor der Liebe seiner Stiefmutter nach England, kommt um Hab und Gut, erringt sich die Königstochter, wird aus dem nachfolgenden Unglück von seinem Halbbruder Artus gerettet und heilt diesen seinerseits durch das – von Gott rückgängig gemachte – Blutopfer seiner Kinder; Valentin und Orsus sind Zwillingssöhne des Kaisers von Konstantinopel, Orsus wird von einer Bärin im Walde bei Orléans geraubt und wächst als namen- und sprachloser Waldmensch heran. Nach „einem wahren Rattenkönig von verschlungenen Abenteuern" (J. Bächtold), die sich von Portugal und Frankreich über Konstantinopel bis Indien ziehen, beschließen beide ihr Leben als Büßer. Beim *Valentin*-Roman handelt es sich um die jüngere Fassung eines Stoffes, der auch in einer Versfassung in Europa verbreitet war, so in einer mittelniederdeutschen Dichtung aus der ersten Hälfte des 15. Jahrhunderts und einer fragmentarischen mitteldeutschen Fassung, auf der wieder eine frühe Prosaauflösung aus Breslau (Handschrift von 1465) beruht. Ziely möchte mit seiner Arbeit „verdrüßlichen" und „schwermütigen menschen" Erleichterung bringen, bittet aber seine Leser, dem Buch nur so viel Glauben zu schenken, als es der Wahrheit entsprechen möge, jedenfalls nicht so, wie man die Bibel lese. Mit dieser Alibi-Erklärung läßt er die Wunder- und Zaubermotive seiner Romane auf sich beruhen. Er übersetzt freier und volkstümlicher als Thüring, bringt Bilder und Wendungen aus seiner kräftigen Berner Umgangssprache und nähert sich damit stärker dem Stil eines behaglichen „Volksbuchs".

Diesen Erfolgsromanen gegenüber blieb zweifellos manches andere im verborgenen. So ist ein nur kurzes Fragment einer *Cleomades*-Erzählung in Bern erhalten, spätestens auf 1452 zu datieren, nach einem französischen Prosaroman, der seinerseits die Auflösung eines

Versromans des Adenet le Roi (spätes 13. Jahrhundert) war; er handelt von einem spanischen Königssohn Cleomades und seiner ihm geraubten Geliebten Clermunda.

Umgekehrt ist es bemerkenswert, daß manches nicht ins Hochdeutsche gelangte, was im übrigen Europa sehr beliebt war. So wurde 1488 in Antwerpen nach niederländischer Vorlage ein niederdeutscher Liebesroman von *Paris und Vienna* gedruckt mit einem Stoff von großer europäischer Verbreitung: Die Liebe des Ritters Paris zur Tochter des Dauphins siegt über alle im Westen wie im Osten sich stellenden Hindernisse und führt zum rührenden Finale. Entstanden war der Roman im 14. Jahrhundert in der Provence oder in Katalonien und lag bis 1528 bereits in neun verschiedenen Sprachen gedruckt vor.

Spät erst erscheinen andere Werke, die als „Volksbücher" in ganz Europa und in vielen Fassungen verbreitet waren und in Deutschland eine große Zukunft hatten. *Die vier Haimonskinder* (d. h. Söhne des Grafen Haimon in ihren Kämpfen mit Karl dem Großen), ursprünglich eine Chanson de geste des 12. Jahrhunderts (Renaus de Montauban), werden aufgrund niederländischer Vers- und Prosabearbeitungen handschriftlich 1471 in niederdeutschen Versen, 1531 in hochdeutscher Prosa wiedergegeben und 1535 sowie in vielen späteren Ausgaben gedruckt. Den ganz andern Typus des empfindsamen kleinen Liebesromans mit mittelmeerischem Ambiente verkörpert die beliebte *Schöne Magelone*, nach französischer Prosa des 15. Jahrhunderts durch den kursächsischen Hofbeamten Veit Warbeck übersetzt und ebenfalls 1535 erstmals herausgegeben.

(2) Eine verhältnismäßig kleine Gruppe bilden die Prosaauflösungen deutscher Versromane.

*Tristrant und Isalde* (nach Eilhart von Oberg, nur Drucke seit 1484), *Wilhelm von Österreich* (nach Johann von Würzburg, 1 Handschrift, Drucke seit

1481) und *Wigoleis* (nur Drucke seit 1493) sind alle im 16. Jahrhundert lebendig geblieben. Der Rückgriff auf Eilhart ist wohl nicht nur durch die Unvollständigkeit von Gottfrieds Werk, sondern auch durch die stilistische Verwandtschaft zu erklären, in den zwei andern Fällen handelt es sich um innerlich nahe späthöfische Romane. Überaus beliebt bis tief in die Neuzeit hinein blieb ein anderer früh- oder vorhöfischer Stoff in einer Prosa von *Herzog Ernst* (1 Handschrift, Drucke seit ungefähr 1480), atypisch als Übersetzung einer lateinischen Prosa, deren pompöser Stil auf die deutsche Fassung abgefärbt hat; hier ist das geistlich-historische Interesse maßgebend. Anderes blieb ungedruckt: Füetrers *Prosa-Lanzelot*, der allerdings bereits seine Vorlage in der großen mittelhochdeutschen Prosa hatte und dann vom Verfasser selbst mit seiner anspruchsvoll-anachronistischen Versfassung überholt wurde, und vor allem eine Reihe von Prosaauflösungen, die in einer Zürcher Handschrift von 1474/78 erhalten sind, wohl von einem Geistlichen stammen, den höfischen Charakter der Vorlagen abzustreifen suchen und mit ihrer Tendenz zum Zyklus bemerkenswert sind (in der Literatur als *Deutsche Volksbücher aus einer Zürcher Handschrift* oder als *Zürcher Legenden* bezeichnet). Darunter umfaßt das *Buch vom heiligen Karl* (der in Zürich besonders verehrt wurde) eine Nacherzählung von Konrad Flecks *Flore und Blanscheflur* (den angeblichen Großeltern Karls des Großen), Karls Geburt nach unbekannter Quelle, den Krieg in Spanien (Stoff des *Rolandslieds*, ähnlich wie beim Stricker) und weiteres nach einer dem Pseudo-Turpin verwandten Quelle. Das *Buch vom heiligen Wilhelm* ist nach der bereits vorliegenden Trilogie über Willehalm und Rennewart, d. h. nach den Werken Ulrichs von dem Türlin, Wolframs von Eschenbach und Ulrichs von Türheim gearbeitet; hier ist somit echter Wolfram präsent. Es folgen Legenden und Lehrdichtungen, welche das mehr erbauliche als weltlich-gesellschaftliche Interesse des Kompilators bestätigen.

Im ganzen ist festzuhalten, daß von den mittelhochdeutschen Klassikern weder Gottfried noch Wolfram (der aufwendige Druck von *Parzival* und *Willehalm* von 1477 fand keine Nachfolge) noch Hartmann in die Druckliteratur des 16. Jahrhunderts gelangten, sowenig wie sogar das *Nibelungenlied*.

Die genannten Prosawerke lassen sich hier – unter Ausschluß des *Herzog Ernst* – gesamthaft charakterisieren. Die Prosaauflösung nach deutscher Vorlage scheint öfter als die Übersetzung zugleich Bearbeitung zu sein, meistens als Trivialisierung, Einebnung, Kürzung. Was das höfische Erzählwerk ausgezeichnet hatte, der spielerische Dialog mit der Hörerschaft, die Einmischung des Autors, die Reflexion des Erzählten, die arienhaften Einlagen aus Gesprächen und Monologen, das ganze Fluidum von Andeutungen, Exkursen, Scherzen und nicht zuletzt Ironie, wird entscheidend abgebaut zugunsten einer einsinnig-kompakten, schlicht dem Faktischen folgenden Aufzählung. Vielleicht, daß hier der Übergang vom Vortrag in der Gemeinschaft zur Privatlektüre gedruckter Bücher mitspielt. Dem rein stofflich-objektivierenden Interesse entspricht das Verständnis des Erzählten als eines historisch Überlieferten, das vom Erzähler nicht eigens zu verantworten ist. Gegenüber den Vorlagen bringt die Prosa – trotz gelegentlicher erläuternder Zusätze – meist eine Kürzung, weil viel Beiwerk beseitigt, direkte Reden indirekt zusammengefaßt, die Handlung gestrafft wird. Ein wohl extremes Beispiel ist die Behandlung der von Wolfram mit großem Pathos inszenierten Szene von Vivianz' Tod auf dem Schlachtfeld von Alischanz. Aus Wolframs 313 Versen macht das Zürcher Volksbuch 23 Druckzeilen, deren letzte lauten:

(Vivianz:) „Und hastu des gesegnotten brottes by dir, so gib mir es ze niessen, das es myn jungste spiß sig!“ Und do gieng Wilhalm über syn teschen und gab im in dem namen des sacramencz unnsers hern Jhesu Cristi des gesegnotten brocz. Und das noß er mit grosser andacht. Und glich schied sin sele von sym lib. Und gieng ein guotter geschmack von sym lib. Und kan niemancz vol geschriben die grossen clag, die Wilhalm hat umb syner schwester sun. Und nam in also todt fur sich uf sin pferid und wolt in hinwegk füeren.

(S. 141; *Willehalm* 68,23 ff.)

Natürlich darf man bei solcher Austrocknung der Vorlage nicht nur die Verluste sehen. Es wird auch ein neues Erzählen möglich, das in seiner Dichte, seinem Tempo fesseln kann und durch die Nähe des Erzählers am Stoff und am Leser überzeugt. Der Stil des „Volksbuchs“ hat seinen Reiz schließlich immer noch in der inneren Spannung, die zwischen dem fremden, oft phantastischen Geschehen und dem schlicht-naiven Vortrag besteht.

(3) Schließlich die deutschen Eigenschöpfungen. Solange nicht unwahrscheinlicherweise eine Vorlage nachgewiesen werden kann, muß der *Fortunatus* als erster und längere Zeit einziger deutscher Originalroman in Prosa gelten, ein bewußt fiktives und auch dem Leser nicht als „Wahrheit“ aufgedrängtes Werk, das aber gerade damit sich der Aktualität des Alltags annehmen konnte. Das hochwichtige, komplexe Buch ist vermutlich gegen Ende des 15. Jahrhunderts von einem Augsburger oder Nürnberger Bürger (Geistlichen?) geschrieben worden. Es kann am Ende unserer Entwicklungsreihe von Prosaromanen stehen, anderseits ist es der Vorläufer eines neuzeitlich-bürgerlichen, autochthonen Romans, wie er dann, spärlich genug und nur vorübergehend, um die Mitte des 16. Jahrhunderts wieder erscheint. Vom *Fortunatus* haben wir nur die Drucke, zuerst von 1509 und dann Neuauflagen und Bearbeitungen bis zu Görres' Zeiten, insgesamt gegen 40 Ausgaben.

Zugrunde liegt der Typus des „biographischen" Romans, wie er vor allem in den großen der ritterlichen Selbstverwirklichung geltenden Artusromanen, z. T. aber auch schon im griechischen Roman und in der Legendenvita vorgebildet war. Hier nun hören wir vom Sohn eines einst reichen, durch Verschwendung verarmten Bürgers von Famagusta im Königreich Cypern, der mittellos in die Welt hinauszieht, im Dienst eines flandrischen Grafen, dann eines florentinischen Kaufmanns in London sich in vornehmen Kreisen, aber auch in „böser Gesellschaft" bewegt und unschuldig oder aus eigenem Versagen gefährliche Abenteuer erlebt. Nach dieser ersten Runde beginnt es wie eine allegorische Lehrdichtung: Im Walde verirrt, begegnet der Held einer schönen Jungfrau, Fortuna, die ihm Weisheit, Reichtum, Stärke, Gesundheit, Schönheit oder langes Leben zur Wahl stellt. Er wählt den Reichtum in Gestalt eines Säckels, der stets Geld enthält. Damit beginnt das eigentliche, manchmal gefährdete, aber durch Geschick und Klugheit zunehmend gemeisterte Glücksleben, das den Helden durch die Länder Europas (ohne Deutschland), die Türkei, den Balkan, Skandinavien, Böhmen und zurück nach Cypern führt, wo er mit der Grafentochter Cassandra eine glückliche Ehe schließt und von ihr zwei Söhne erhält. Nochmals erfaßt ihn Reiselust „vnnd sollte ich mein leben darumb verlieren" (76). Er kommt bis Indien und weiter, wo der Pfeffer wächst. Auf der Rückreise, zu Gast beim Sultan in Alexandrien, raubt er diesem durch List das Wunschhütlein, das seinem Besitzer augenblicklich jede gewünschte Ortsveränderung verschafft, eine zweite Märchengabe, die Fortunatus fortan „viel Kurzweil" bereitet. Nach einem Leben voll Freuden und Ehren sterben Cassandra und bald darauf Fortunatus: „O Fortunate", sagt der Sterbende, „was ist dir nun nütz, das du gelts genuog hast vnd dem soldan sein allerbestes kleinat vor haltest, alle reich durchzogen bist vnd yetzo nit waist tzu welicher stund der tod kommpt ...“ (94) Die beiden Söhne vollziehen das Geschick vollends: Andolosia gibt sich in fremden Landen einem festlichen Leben hin, wird aber auf der Heimreise gefangen, um den Beutel gebracht und ermordet, während Ampedo, zu Hause geblieben, in Zorn und Unmut das Hütlein verbrennt und in Herzeleid stirbt – „half yn weder der schön pallast noch daz par gelt“ (146).

Auch hier somit das Walten der Fortuna im Aufstieg und Niedergang eines Geschlechts in drei Generationen, Bürger diesmal, aber immer noch mit der Lebenserfüllung in höfisch-adliger Existenz. Faktisch freilich wird alles am Maßstab des baren Geldes gemessen, werden die zeitgenössischen wirtschaftlichen und sozialen Verhältnisse aus sichtlich enger Vertrautheit gespiegelt. Der Verfasser mochte in der Familie der Fugger in familiengeschichtlicher wie wirtschaftlicher Hinsicht ein ziemlich genau entsprechendes Modell vor Augen haben, bis hin zu der frommen Geste, daß Fortunatus neben seinen Palast eine Kirche samt Propstei und dreizehn Häusern bauen läßt und dazu Gülten und Renten für den Propst und zwölf Kapläne bereitstellt. Auch die Liebe ist kaum mehr höfisch, sondern wohlüberlegt auf Eheschluß gerichtet, wobei das alte Brautwerbemotiv in neuen Varianten zu Ehren kommt. Der Auszug des jungen Mannes führt nicht in ritterliche oder spielmännische Abenteuerwelt, vielmehr zu den bekannten Zentren des großen Lebens in Höfen und Städten (London, Florenz, Venedig usw.) und darüber hinaus, im Zeitalter der Entdeckungen, zu Reisen und Expeditionen zu fremden Völkern des Orients, alles durchaus konkret und mit genauen Angaben versehen, für die der Verfasser zeitgenössische Reiseberichte benützt hat (vor allem Hans Tucher, der 1479 mit Sebald Rieter reiste) und auch den bekanntesten davon, den Montevilla, anführt. Die Moral ist dennoch: Weisheit wäre besser als Geld. Die letztlich religiöse Qualität dieser Weisheit wird aber kaum sichtbar. Fortunatus macht zwar Karriere, er ist bereits, wie dann die Helden des modernen Bildungsromans, eine Modellfigur: farblos und ahnungslos zunächst, aber er weiß zu lernen, sich anzupassen, ist klug und neugierig und ohne große Skrupel auf seinen Vorteil bedacht, erfolgreich und im Gegensatz zu seinen Söhnen selbstbeherrscht und verschwiegen. Soweit kann und soll sich der Leser offenbar doch mit ihm identifizieren. Dennoch ist er mit seiner Wahl auf der falschen Bahn und insofern ein Anti-Held. Darum bleibt der Roman auch merkwürdig offen, vielleicht resignierend, jedenfalls auch ohne ausgeführte religiöse Konsequenzen. Gattungsgeschichtlich ist es aber gerade kühn und neu, wie hier Zeitaspekte ohne romantische oder erbauliche Rundung zur Geltung kommen, der Roman direkt zur Funktion des Zeitbewußtseins wird.

Das zentrale Motiv, im eigentlichen Wortsinn, ist der Glückssäckel, die märchenhafte Gabe, die dem Helden in letztlich allegorischer Szene überreicht wird, aktuell als Verkörperung der Faszination durch das bare Geld. Das Motiv vom Wunschhütlein, das Fortunati Reiseleben krönt und ebenfalls zeitgemäß den Wunsch nach Mobilität und Ubiquität erfüllt (auch Doktor Faust wird sie praktizieren), kommt im Roman nicht mehr voll zum Tragen. Wieder, wie im Artusroman, sind es Märchenmotive, die der Roman in Dienst nimmt, integriert, um damit eine neue Dynamik zu gewinnen. Dabei wird die Spannung zwischen einem durchaus realistischen Stil (grausam etwa die Folter- und Tötungsszenen) und den phantastischen Elementen erzählerisch meisterhaft ausgespielt, wie das ähnlich nur noch im *Faustbuch* oder bei Grimmelshausen begegnet.

Zur Grundstruktur der Vita und der Vorstellungswelt des Märchens kommt schließlich noch ein drittes Element, das dem Roman Fülle und Beziehungsreichtum gibt: die z. T. novellistisch ausgebauten Episoden, die fast selbständig im Ganzen eingereiht sind. Internationales Erzählgut auch deutscher Mären, einmal vielleicht auch der *Decamerone*, tragen mit der Variation von Motiven vor allem der Brautwerbung und der Überlistung zu dem bei, was August Wilhelm Schlegel als „witzige Composition" am *Fortunatus* rühmte. Soweit solche Episoden stumpf bleiben, zeigen sie den neuen Roman noch auf der Suche nach einer innerlich schlüssigen Großform, doch kann man die lockere Struktur auch als echten Ausdruck der geschichtlichen Situation verstehen. Nach sozio-ökonomischer Theorie würde sich darin „die strukturelle Aporie" des bürgerlichen Bewußtseins in frühkapitalistischer Zeit äußern; dem „bürgerlichen Pragmatiker" Fortunatus stehe das „auf Selbstverwirklichung drängende bürgerliche Individuum Andolosia" gegenüber (W. Raitz). Der *Fortunatus* ist nicht ohne Grund ein literatursoziologischer Musterfall.

Unbestreitbar ist freilich das bewegliche Temperament dieses Erzählers, der kein chronikalisches Aufzählen mehr bietet, sondern sach- und sprachnah erfindet und formuliert, sei es in kurzen, stets im Erzählfluß stehenden Kommentaren in der Form volkstümlich-sprichwörtlicher Redensarten („darbey man wol merckt, wenn es an das guot geet, das alle liebe auß ist" (26) oder „da was aber kain gelt, es was alles vmb nassen zucker gegeben wordenn" (d. h. vergeblich, 19), sei es im ausdrucksvollen Wechsel von Hauptsätzen und komplizierter Hypotaxe oder in rhetorischen Aufhöhungen der Reden, insbesondere der Monologe. Hier ist eine neue Erzählprosa ungezwungener, freier, volkstümlicher Art erreicht und zugleich eine epochale Symbolfigur geschaffen – beides deutet auf das *Faustbuch* und den *Simplicissimus* voraus.

## 5. Frühhumanistische Übersetzungsprosa

Einen entscheidenden Impuls erfährt die deutsche Prosa durch die neue Bildungsbewegung, die ganz aus der Wiederentdeckung der Sprache in ihrer gemeinschaftsbildenden und wahrheitstiftenden Kraft lebt. Soweit die Volkssprache in Deutschland überhaupt vom Humanismus unmittelbar erreicht wird, geschieht dies nicht in der noch nicht imitierbaren Form der antiken oder romanischen Vers- und Strophenmaße, sondern durch die Ausbildung einer beweglichen, rhetorisch geschulten Prosa und meistens in den leichteren Kommunikationsformen von Brief, Rede, Dialog, Traktat, Novelle usw. – und eben vor allem auf dem Weg der Übersetzung. Gerade der Frühhumanismus trägt solche volkssprachlichen Früchte, während später eine selbstgenügsame Neolatinität dominiert.

In inhaltlicher Hinsicht zögert man freilich oft mit dem Prädikat „humanistisch". Ein neues, emanzipatorisches, renaissancehaftes Lebensgefühl ist noch kaum spürbar, oder ein solches ist – etwa bei Oswald von Wolkenstein – nicht humanistisch. Noch ist das Bildungsprogramm, wie es die italienischen Humanisten formulieren, nur zum Teil ernst genommen, noch sind es scheinbar zufällige äußere Beziehungen, die eine neue Orientierung bringen. Immerhin: bei aller Kontinuität „mittelalterlicher" Traditionen ist das neugierige Interesse für antikisch-weltliche und italienische Vorbilder da, sucht man bewußt oder unbewußt einen neuen deutschen Stil, der diesen Vorbildern gewachsen wäre, hat man eine Vorliebe für novellistisch gerundete und pointierte Erzählungen oder für geistvolle Behandlungen von allerlei praktischen Lebensfragen. Man macht bewußt Literatur; vereinzelt erscheint auch schon der Typ des vielseitigen Intellektuellen und Literaten, der mit seiner gelehrten oder wenigstens sprachlich-rhetorischen Bildung den Anspruch auf eine die sozialen Schichten übergreifende Eliterolle stellt, der als Bürger, als Gelehrter, als Beamter (seltener mehr als Geistlicher) die Weite einer aristokratischen Gesellschaft sucht.

Bedeutungsvoll für die internationalen Kontakte, vor allem mit den modernen Italienern, und für das Bewußtsein eines gemeinsamen Aufbruchs waren bekanntlich die Konzilien, die ja selbst Ausdruck einer religiösen und politischen Emanzipationsbewegung waren, Konstanz zunächst – wo nicht nur Männer vom Schlage Oswalds, sondern auch Vertreter des italienischen Humanismus wie Poggio Bracciolini dabei waren – und dann vor allem, seit 1431, Basel. In Basel finden wir, um nur zwei geistesgeschichtliche Schlüsselfiguren zu nennen, Nikolaus von Kues, dessen Philosophie und Frömmigkeit genug unterschwellige Beziehungen zum Humanismus haben (auch wenn er nur bis 1437 die Suprematie des Konzils vertrat) und vor allem Enea Silvio Piccolomini (1405–64), der ein paar Jahre später seinerseits einen Frontwechsel vollzog. Nach juristischen und literarischen Studien war der junge Sienese als Sekretär eines Kardinals nach Basel gekommen; er wird 1442 Rat Kaiser Friedrichs III., tritt 1444 im Sinn einer ernstzunehmenden religiösen und zugleich politischen Umkehr in den Priesterstand, wird Bischof von Triest und dann von Siena und 1456 Papst als Pius II. Rund zwanzig Jahre verbrachte Enea Silvio trotz Klagen über Barbarei und Winterkälte in Deutschland, die Hälfte davon in Wien, und er hat wie kein zweiter durch den Charme seiner lebhaften Persönlichkeit, seine Kunst der Vermittlung, seine gelehrten Beiträge zur deutschen Geschichte, den leichten Stil seiner Schriften das Evangelium der neuen Bildung, der neuen Humanitas verbreitet: „omnis bene vivendi norma litterarum studio continetur" (die ganze Norm eines richtigen Lebens liegt in der literarisch-gelehrten Bildung), schreibt er 1443 in einer programmatischen Epistel dem jungen Herzog Sigmund von Tirol. Bei aller Weltlichkeit ist damit noch kaum ein Widerspruch zur kirchlich-christlichen Glaubenslehre bewußt geworden.

Wie sehr das Studium nun nicht zuletzt im Sinn humanistischer Laienbildung zur Sache auch der deutschen Regenten und Bürger wird, das zeigt eine neue Welle von Universitätsgründungen seit der Jahrhundertmitte, von Greifswald 1456 über Freiburg i. B., Basel, Tübingen bis zu Wittenberg 1502, auf fürstliche, aber (im Falle Basels) auch auf bürgerlich-städtische Initiative hin. Wenn einerseits die Städte mit ihren Schulen, Beamtenstellen, Kanzleien, Druckereien Träger des humanistischen Lebens sind, so bilden anderseits manche fürstlichen Höfe das begehrte Ziel und den Begegnungsort humanistischer Autoren: Rottenburg, Innsbruck, München, Wien. Für die Stellung zwischen städtischer und fürstlicher Ebene mögen hier zunächst zwei lateinisch schreibende Frühhumanisten genannt sein, beides bedeutende Juristen, beides Teilnehmer am Basler Konzil, beides Anreger des großen Übersetzungswerks des Niklas von Wyle (für dessen soziale Bedingungen Ähnliches gilt). Felix Hemmerlin (Malleolus, 1388 – um 1460) war Bürger von Zürich, studierte in Erfurt und Bologna, wurde Chorherr in Zürich und Inhaber verschiedener anderer Pfründen und stand im Dienste des Markgrafen von Baden, des Herzogs Albrecht VI. von Österreich und Kaiser Friedrichs. Er war rabiater Parteigänger der österreichischen Seite in den innerschweizerischen Auseinandersetzungen, wurde nach dem Friedensschluß im Alten Zürichkrieg den Eidgenossen ausgeliefert und starb in der Internierung bei den von ihm besonders bekämpften Franziskanern zu Luzern. Sein Hauptwerk, ein dialogischer *Liber de nobilitate*, hebt das Problem seiner Person und seines Standes ins Grundsätzliche als leidenschaftliche Verherrlichung adliger und Schmähung bäuerlicher Existenz:

Es markiert eine vielbeachtete Extremposition bei den Eidgenossen, im Humanismus und in der ganzen Epoche von Neidhart bis zur Reformation und den Bauernkriegen. Gregor von Heimburg (um 1400–72), in Schweinfurt geboren, in Padua zum Juristen ausgebildet, erschien zusammen mit Enea Silvio, seinem Freund und späteren politischen Gegner, am Basler Konzil, wurde Syndikus der Stadt Nürnberg und gilt als Begründer des nürnbergischen Humanismus, ist später u. a. im Dienste Albrechts von Österreich. Er wurde berühmt wegen seiner glänzenden Rednergabe, seines unabhängigen Charakters und seiner scharfen politischen Schriften.

Daß schließlich unter humanistisch-juristischem Einfluß auch die Kanzleien der Städte und Fürsten ihren Sprachstil erneuern, liegt nahe. Bei der Modernisierung der kaiserlichen Kanzlei in Wien unter der Leitung des Kanzlers Kaspar Schlick – eines ungewöhnlichen bürgerlichen Aufsteigers und ersten Laien in dem hohen Amt – war dessen Freund Enea Silvio wesentlich beteiligt.

Aus der anschwellenden Menge der anspruchsvollen Prosaübertragungen sollen im folgenden die repräsentativsten vorgestellt werden, wobei die meisten der soeben genannten Namen wieder erscheinen werden. Wir stellen zwei frühe Erzählungen voran, welche die Schwierigkeiten belegen können, denen eine Adaption italienisch-lateinischer Vorlagen und mit ihnen einer neuen literarischen Aktualität begegnet.

Der wichtigste antikische Geschichts- und Erzählstoff ist im Mittelalter – neben Alexander dem Großen – der Untergang Trojas. Die Bücher vom Trojanerkrieg sind bei allen romanhaften Elementen, die Benoît de Sainte-More beibrachte, bestimmend für das historische Bewußtsein; nicht nur das Römische Reich, sondern auch manche anderen Länder und Städte werden auf vertriebene Trojaner zurückgeführt, selbst das Rittertum ist im Denkschema der als Translatio legitimer Ordnungen verstandenen Weltgeschichte in Troja entstanden. Konrads von Würzburg fragmentarisches Werk war von andern, z. T. nach Dares Phrygius, fortgeführt worden, und das Ganze fand verschiedene Prosaauflösungen, die älteste wohl noch im späten 14. Jahrhundert. Wichtiger für das Spätmittelalter wurde jedoch die überaus verbreitete lateinische *Historia destructionis Troiae* des Sizilianers Guido delle Colonne (de Columnis) vom Ende des 13. Jahrhunderts, der sich seinerseits auf Dares und Dictys bezieht, aber faktisch Benoît folgte. Dieser durch theologische Erörterungen, stark rhetorisierten Stil und christliche Perspektive charakterisierte Text fand mehrere deutsche Bearbeitungen; die älteste und interessanteste darunter stammt von Hans Mair (d. J.), Ratsherrn und Stadtammann von Nördlingen, verfaßt 1392, gedruckt seit 1474. Das Werk ließe sich als frühes, wenn nicht frühstes Beispiel den oben besprochenen Prosaromanen zuordnen; die lateinische Vorlage, das historische Interesse, die Auseinandersetzung Mairs mit einem stilistisch-syntaktisch komplizierten Text geben ihm eine Sonderstellung. Mairs Haltung ist unsicher und zwiespältig. Er ist selbständig und frei, wo er sich entschließt, zu kürzen und zu straffen, beschreibendes und kommentierendes Beiwerk zugunsten des sachlichen Geschehens zu opfern. Aber daneben versucht er doch auch, die Vorlage genau, bis in Wortbildung und Satzkonstruktion hinein, nachzuformen, und stürzt sich damit in stilistische Abenteuer, die nicht immer glücklich ausgehen:

ez ist auch nit witzlich noch ze loben an kainem weisen mann, der da ist mit ettlichen swären sachen bekümmert, und daz im daz gelük bey ist, also daz er sich mit snellen und gelüklichen zufellen möht wol vor schaden behüten, und daz im daz gelük snelliklich geit, und nimt er daz nit bald danknemlich uf, und wirt undankbar, der mag leiht nimmer mer zu ainem alz gelüklichen end komen, alz er leiht in ainem puncte komen wär.

(114, 257)

Die verwirrenden Anakoluthe sind wohl nicht nur der mangelnden lateinisch-deutschen Sprachbeherrschung des bürgerlichen Übersetzers anzulasten, sondern auch einer deutschen Sprache, deren syntaktische Mittel dem geschraubten Stil Guidos einfach noch nicht gewachsen waren. Von Guido wie von Mair gilt aber, daß sie die Troja-Geschichte aktualisiert und problematisiert haben. Die radikal christliche Sicht kann die Welt Trojas, der Heiden und ihrer Mythologie nicht mehr als buntes, allenfalls sogar höfisches Geschehen würdigen, sondern nur noch als verdorbene Welt, die zum Untergang bestimmt ist. Das trojanische Rittertum wird an sich und explizit in den Kommentaren als eine Welt von List, Betrug, Verrat, Mord und Laster dargestellt, im politisch-kriegerischen wie im erotischen Handeln, und Homer wird zurechtgewiesen, Achill als Mörder bezeichnet: „nu merk, du armer maister Humere, daz Achilles nie kainen fraidigen mänlichen man hät erslagen, dann mit mortt" (169). Möglich, daß der bürgerliche Übersetzer hier auch die zeitgenössische ritterliche Gesellschaft und ihre Ideologie anvisiert. Nur daraus erklärt sich das Pathos seiner Zwischenrufe. Bei aller Faszination durch die hohe Überlieferung sieht er ohne höfische oder heroische Brille, realistisch, christlich-pessimistisch, und es bleibt ihm nur das Staunen, daß „daz selb vergangen übel gebuwen hab vil gutz" (12), nämlich dank der Neugründungen durch die Priamiden.

Wie eine italienische Renaissance-Novelle noch im Jahr 1432 (1436?) ins deutsche Mittelalter zurücktransponiert werden kann, das belegt des Erhart Grosz *Grisardis*, die gemeinhin als „Perle der deutschen Prosaliteratur" angesprochen wird. Boccaccio erzählt im *Decamerone* (X,10) eine grausame Ehegeschichte: Der junge Markgraf Gualtieri hat ein armes Bauernmädchen Griseldis geheiratet und auferlegt ihr nun „in dummer Roheit" immer härtere Prüfungen ihrer Treue und Standhaftigkeit, nimmt ihr die Kinder, um sie angeblich zu töten, und verstößt sie ins Elend, um sie dann im Happy-End wieder zu erhöhen und zu belohnen. Petrarca hat darauf die Erzählung lateinisch bearbeitet und „interpretiert", um dem Ernst des Stoffes stilistisch gerecht zu werden und die Geschichte international bekannt zu machen; er hat dabei die moralisch-soziale Problematik in gepflegter, differenzierter Latinität mehr herausgehoben und aufgehoben als gelöst und den Charakter des Markgrafen entsprechend aufgehellt. Durch Vermittlung Petrarcas wurde die Griseldis denn auch ein Stoff der Weltliteratur, der allein in Deutschland vier verschiedene Rückübertragungen in die Volkssprache fand. Die dubiose Mesalliance des Fürsten und die sozialen Glücksperipetien der Heldin waren als Möglichkeiten ebenso aktuell und faszinierend, wie die exzessive Geduld und Treue der arg versuchten Gattin die Leser rührten; *Griseldis* gehört zum Typus der Erzählung von der standhaften Frau, ähnlich wie die ebenfalls zwischen Legende und Novelle schwankenden Geschichten von Genoveva oder Crescentia. Erhart Grosz, ein Nürnberger Kartäuser patrizischer Herkunft, ist der Verfasser verschiedener lateinischer und deutscher Erbauungsschriften; in seiner *Grisardis*, die direkt oder indirekt auf Petrarca fußt, hat er in souveräner Neufassung die Geschichte vollends zum lehr- und legendenhaften Exemplum verwandelt: Der Markgraf wird ein fast heiligmäßiger Zölibatär, der sich nur im Interesse seines Fürstentums eine Gattin nimmt, nachdem er mit seinem Ratgeber das Wesen der Ehe, ihre Vor- und Nachteile in langer Disputation erörtert hat. Das Geschehen selbst wird in zarten Strichen verallgemeinert und auf Biblisch-Theologisches hin durchsichtig gemacht: Die tugendhafte Heldin bekommt marianische Züge, der Markgraf scheint göttliches Handeln selbst zu verkörpern, einzelne Motive wie die Verstellung des Markgrafen oder das Hochzeitsfest werden ausdrücklich auf evangelische Prototypen bezogen. In der predigthaften, intimen und doch ruhig getragenen Prosa wird gewiß „den eleuten und allen menschen zu pesserung" eine aktuelle „Historye" vorgetragen, ist doch die Ehe, als soziale Institution wie als christliche Möglichkeit irdischer Liebe, nach der Ablösung der höfischen Minne ein zentrales Thema der bürgerlichen Welt. Anderseits transzendiert die Legendarisierung wieder jede konkrete Wirklichkeit. Immerhin nahm ein Albrecht von Eyb den Text in sein Ehebüchlein auf.

Eine noch für die Zeit um 1450 kennzeichnende Mittlerfigur ohne ausgeprägtes Gesicht ist Johannes Hartlieb (gest. 1468): Er ist ausschließlich Bearbeiter lateinischer Schriften für höfische Herren und erscheint nur als Übersetzer. Als gelehrter Laie (Dr. med.) bürgerlicher Herkunft und Leibarzt, Berater und Vertrauter von Fürsten nimmt er sozial eine für den Humanismus oft typische Zwischenstellung ein; mit seinen Arbeiten befriedigt er ein naturkundlich-popularwissenschaftliches wie ein belletristisches Interesse. Er trägt in seiner weltkundigen Versatilität, in seiner vielseitigen schriftstellerischen Existenz moderne Züge, nimmt aber mit seinen Werken typisch mittelalterliche Traditionen auf, vielleicht sogar in zunehmendem Maß.

Hartlieb stammte aus der „Dienerschaft" des Schlosses Neuburg a. d. Donau und damit eines bayrischen Herzogs, der ihm offenbar das Studium der Medizin, vermutlich an der Universität Wien, ermöglichte. 1440 übersetzt er für den damals zweiundzwanzigjährigen Herzog Albrecht VI. von Österreich, den späteren Gemahl Mechthilds, das raffinierte hochmittelalterliche Lehrbuch der höfischen Minne, des Kaplans Andreas *De amore* (Bücher I und II, Buch III folgt 1449). Diese erste Gesamt- und Prosaausgabe füllte zwar eine alte Lücke, stellte aber doch einen erstaunlichen Anachronismus dar. Bald darauf ist Hartlieb Leibarzt und Hofmann des

Herzogs Albrecht III. von Bayern-München und später von dessen Sohn Herzog Sigmund. Hartlieb heiratet eine bereits verwitwete Tochter der berühmten Agnes Bernauer, wird also Schwiegersohn Albrechts III.; er ist mindestens Nutznießer der Judenvertreibung von 1442, indem er sich vom Herzog das Haus der Judenschule schenken läßt. In den fünfziger Jahren übersetzt er für seinen Herrn und dessen Söhne die Geschichte Alexanders des Großen, ausdrücklich als Fürstenspiegel gedacht (nach einer Kompilation aufgrund der *Historia de proeliis* des Leo) – es wurde Hartliebs großer Bucherfolg, in zahlreichen Handschriften und in 20 Drucken von 1472 bis 1670 verbreitet und damit zugleich der erfolgreichste Alexanderroman in Deutschland überhaupt. Eine Art geistliches Pendant dazu ist, nach lateinischer Vorlage, eine Legende von St. Brandan; um 1460 folgt, für den Münchener Patrizier Hans Püterich d. J. verfaßt, eine Übersetzung von Buch II der *Dialogi Miraculorum* des Caesarius von Heisterbach (um 1180–1240), somit eines Werks, das als Inbegriff eines mirakelfrohen und abergläubischen, mönchischen Mittelalters gilt. Diese umfangreichste Arbeit, die immerhin auch ein Reservoir von Kurzgeschichten darstellte, wie sie in der Form zeitgemäß gewesen wären, ist nur in einer einzigen Handschrift erhalten.

Über die fachlich naturkundliche Prosa sind die Akten noch nicht geschlossen. Für die sogenannten mantischen Schriften, die ihm zugeschrieben wurden (Gedächtniskunst, Chiromantie, Astrologisches usw.), ist Hartlieb vermutlich nicht mehr in Anspruch zu nehmen – womit auch fragwürdige Folgerungen für seine geistige Entwicklung dahinfallen. Was ihm dagegen bleibt, ist ein Buch aller verbotenen Kunst (*Puoch aller verpoten kunst, vngelaubens vnd der zaubrey*), 1456 für den Markgrafen Johann von Brandenberg-Kulmbach geschrieben, eine Streitschrift *gegen* die sieben nigromantischen Künste, die vom Boden einer massiven Kirchlichkeit aus als Teufelswerk dargestellt, aber immerhin dargestellt werden. Schließlich hat er aus praktischem Anlaß eine Schrift Felix Hemmerlins über die *Warmen Bäder* und die *Secreta mulierum* verfaßt, dies ein als geheim gedachtes gynäkologisch-sexualpraktisches Kompilat für den jungen Sigmund (der sich später als „inutilis et prodigus" erwies) und in einer zweiten Fassung für niemand geringeren als Kaiser Friedrich III.

Hartlieb genießt in der Literaturgeschichte den Ruf eines Fürstendieners, der je nach den Wünschen seiner Gönner dubiose Geheimliteratur oder offizielle Erbaulichkeit besorgte; doch scheint sich sein Charakterbild heute aufzuhellen. Sein Übersetzungsstil ist gekennzeichnet durch eine gewisse Beweglichkeit, mit der er sich den verschiedenen Vorlagen anpaßt; unter Umständen kann er auch versuchen, lateinische Konstruktionen nachzubilden. Anderseits ist seine Übersetzungsweise gewöhnlich frei, kommentierend und ausmalend, unter behaglichem Gebrauch von mehrgliedrig-synonymen Umschreibungen. Ein spezifischer, gar humanistischer Stilwille dürfte bei ihm kaum festzustellen sein.

Bei Niklas von Wyle (um 1410–nach 1478) ist, bei ähnlichen äußeren Verhältnissen, das Neue da. Aus unbekannter Familie im aargauischen Städtchen Bremgarten geboren, an unbekanntem Ort (vielleicht Italien) als Jurist ausgebildet, in Zürich an der Stiftsschule tätig, kommt Niklas von Wyle in der Folge über Nürnberg als Ratsschreiber nach Esslingen, wo er von 1449 bis 1469 bleibt. Von hier aus übernimmt er diplomatische Missionen zu deutschen Städten und Höfen, ist mehrfach in Oberitalien, erscheint in Beziehungen zum Kaiserhof (wo ihm der Titel eines Hofpfalzgrafen verliehen wird), zu den Markgrafen von Brandenburg und Baden, vor allem aber zu Mechthild von Österreich auf Rottenburg und ihrem Sohn, dem Herzog von Württemberg, bei dem er 1469 Kanzler wird. Gelehrt-literarische Beziehungen unterhält er mit Felix Hemmerlin, seinem Zürcher Gönner und Freund, mit Gregor von Heimburg in Nürnberg und vor allem mit Enea Silvio als seinem modernsten Inspirator, der ihn in zwei Briefen von 1452 und 1454 ermuntert, seine Wohlredenheit zur Geltung zu bringen, und den er 1461 wieder als Papst Pius in Mantua trifft. Gestorben ist er vermutlich in Zürich.

Seine nobeln Beziehungen werden deutlich in den demonstrativen Widmungen, die er jeder der achtzehn von ihm übersetzten Schriften vorangestellt hat (darunter erscheint mehrfach Mechthild). Diese wurden einzeln seit 1461 handschriftlich oder im Druck verbreitet und gesamthaft mit eigener Vorrede 1478 gedruckt: *Translationen* (oder *Translatzen*) *oder Tütschungen*. Anderes, darunter eine Übersetzung von Ciceros *Rhetorik*, ist verlorengegangen.

Daß ein Buch den bloßen Titel *Übersetzungen* trägt, zeigt bescheiden und arrogant zugleich den formal-literarischen Anspruch, den Humanismus der Sprache. Es geht um „Texte", wie man heute sagen würde, um Stilvorbilder. Dennoch liefert Niklas zugleich ein repräsentatives Lehr- und Lesebuch humanistischer Literatur für den deutschen Laien, ausschließlich nach lateinischen Vorlagen. Zwei bedeutende Novellen (nach Enea und – über Aretinos lateinische Fassung – nach Boccaccio) eröffnen die Sammlung. Darauf folgen ausschließlich Reden und Traktate: vertreten sind einmal Petrarca, sechsmal Poggio, dreimal Enea und zweimal (als einziger Deutscher, und das hat den Sinn einer tiefen Huldigung seitens des dankbaren Schülers) Felix Hemmerlin. Im Sinn des neuen Stils geht es keineswegs um philosophische oder gar theologische Probleme, sondern um spielerisch-geistreiche Erörterung praktischer, weltlicher Lebensfragen: wie man sich „unordentlicher buolschaft" entledigen kann, ob ein alter Mann wieder heiraten soll und wen, von den Tugenden eines Hausvaters, über Gastfreundschaft, vom Wert humanistischer Studien (Eneas Epistel), über das Glück und den Trost im Unglück. Zweimal scheint dabei, in der von Niklas stammenden Einleitung zu Poggios Betrachtung über die Wiederverheiratung eines alten Mannes (VI) und in Petrarcas Trostschrift (XV), das zeitgemäße *Ackermann*-Thema vom Verlust der geliebten Ehefrau auf. Dazu kommen einige Beispiele politisch-satirischer Beredsamkeit, darunter Hemmerlins Kampfschrift gegen die Bettelorden, die für den Autor so verhängnisvoll wurde, und ein Kapitel aus seinem Dialog *De nobilitate*. Die Vorrede bringt etwas ganz Neues: eine Theorie der Übersetzung. Niklas gilt bis heute als der konsequenteste Vertreter der Wort-zu-Wort-Übertragung. Mit seinem eigenen Beispiel: den lateinischen Satz aus des Enea Euryalus-Novelle

Sed invenies aliquos senes amantes, amatum nullum

habe er wiedergegeben mit

du findest aber etlich alt liebhabend mane, aber liebgehapten kainen,

was verständlicher und im Sinn der bisherigen Methode geheißen hätte:

du findest aber etlich alt mane die frowen liebhabent; aber kainen alten findst du, der von frowen werd lieb gehept. (8)

„Auf das genaueste nach dem Latein“: Niklas beruft sich dafür auf Gregor von Heimburg, und er gibt zu, das sei zwar – mit seinen Partizipialkonstruktionen, mit Accusativus cum infinitivo und absolutem Ablativ – schwieriger zu lesen, aber es komme darauf an, daß dem lesenden Menschen bei emsiger Lektüre guter und zierlicher Dichtung heimlich und verborgen nach und nach eine Neigung, ein Geschick und Art wachse, auch auf solche

Form zu reden, zu schreiben und zu dichten. Das heißt nichts anderes, als daß das „zierliche und wohlgesetzte Latein" müsse der deutschen Sprache aufgeprägt werden können, eine humanistische Konsequenz der sprachlichen Suprematie des Lateins. Niklas von Wyle wagte diese Konsequenz tatsächlich – mit unumgänglichen Konzessionen, wie sie schon sein eigenes Beispiel zeigt – zu ziehen und auch in eigenen Texten durchzuhalten. Es ist heute fast unmöglich zu sagen, wie das auf die Zeitgenossen im Sprachchaos des 15. Jahrhunderts wirkte, als verschrobene Kunstsprache, als Manier oder als neuer großer Stil – man kann sich nach längerem Einlesen dem Reiz dieses Unterfangens nicht entziehen, aber es hat sich eine solche Zumutung an die deutsche Sprache schließlich doch als Sackgasse erwiesen. Und zu sagen ist wohl auch, daß die Eleganz der Vorlagen der härteren, pedantischeren deutschen Tonart teilweise zum Opfer fällt. Das zeigt auch das letzte, selbstverfaßte Stück der *Translatzen*, wo der Verfasser von der Orthographie, von der richtigen Wortfolge im Satz und der Wortwahl handelt und am ausführlichsten von den Anreden und Titulaturen, die je nach Stand und Amt des Adressaten sorgfältig zu wählen sind – die Sprache hat für Niklas einen bedeutenden sozialhierarchischen Aspekt, der im Widerspruch steht zum Ideal spontaner Eleganz.

Einzugehen bleibt auf den ersten, längsten und dichterisch wichtigsten Text: Enea Silvios Liebesnovelle von *Euryalus und Lukretia*, 1444 entstanden, 1462 übersetzt und alsbald in zahlreichen Neuauflagen und in Übersetzungen ins Französische und Italienische verbreitet, bis heute ein klassisches Beispiel der modernen Form und der renaissancehaften Auffassung der Liebe. Stofflich geht es um den einfachsten Vorgang: das Liebesabenteuer eines jugendlichen Helden mit der schönen Frau eines reichen Bürgers; er zieht weiter, sie stirbt aus Gram. Alles kommt auf die Ausführung an, auf die

Kunst, das Elementare als solches zu formulieren, zu „fassen", es nicht banal oder lehrhaft werden zu lassen. Es ist eine wahre Geschichte, ausdrücklich eingeführt als eine Affäre des kaiserlichen Kanzlers Kaspar Schlick, die sich 1432 auf dem Römerzug Sigismunds in Siena zugetragen hat; es gehört zu den Erfordernissen der Gattung, daß sich das Unerhörte auch wirklich ereignet hat. Das Leben und Treiben des in Siena wartenden kaiserlichen Gefolges, die Stadt mit ihren engen Gassen, hohen Häusern, dunkeln Kammern wird glaubhaft präsent. Was auch in irgendeinem spätmittelalterlichen Ehebruchs-Märe realistisch dargeboten wird, erfährt nun aber eine repräsentative Aufhöhung durch klassische Namen und Anspielungen auf antike Mythologie – das Liebespaar wird mit Paris und Helena verglichen, der gehörnte Gatte heißt Menelaus. Und noch wichtiger: in Beschreibungen, Gesprächen, Monologen, Briefen entfaltet sich eine raffinierte Wortkunst, eine rhetorische Reflexion. Sie gilt kühn und unbefangen einer eigentlichen Psychologie der sinnlichen Leidenschaft, dem Spiel der Listen und Ränke, den Ängsten, der Sophisterei der Liebenden, vor allem auf seiten der schönen, schlanken Sienesin mit dem goldblonden Haar. „Ich waisz welches das besser ist, aber dem böser folg ich", sagt Lukrezia. Ihr Tod aus Liebesleid wird denn auch mehr aus dem seelischen Ablauf denn aus einer moralischen Konsequenz begründet. Er hat als Liebestod seine Größe in sich. Der Mann, Euryalus, der sich brieflich verabschiedet hatte und mit dem Kaiser weitergezogen war, trauert der toten Geliebten zwar eine Weile nach, doch läßt er sich vom Kaiser dann „ain hüpsche Jungfrouwen vsz hertzigostem (herzoglichem) bluote geborn" zur Frau geben. Vorgebildet ist dieser Typ der zugleich sentimentalen und ruchlosen Novelle wohl nirgends so deutlich wie in Gottfrieds *Tristan* – bis hinein in die ästhetische Artistik, das Interesse für die Unberechenbarkeit des Seelenlebens bei

Mann und Frau, die aufgesetzten antikischen Lichter. Die humanistische Legitimation lautet: „dann du bist gewesen ain mensche" (19). Nur ein Stein oder ein unvernünftig Tier hat nie das Feuer der Liebe empfunden, schreibt Enea in seinem Begleitbrief an den Helden der Geschichte, den Kanzler Kaspar Schlick.

Ausdrücklich nicht von „wort zuo wort", vielmehr „von sin zuo sin getütschet" (Hess 115) gibt sich das vielfältige Übersetzungswerk Heinrich Steinhöwels (1412–82), der von Niklas von Wyle einmal mit Hochachtung genannt ist und neben diesem als bedeutendster literarischer Vermittler seiner Zeit gilt. Diese schon antike Alternative hängt vermutlich – Heinz Otto Burger hat darauf hingewiesen – zusammen mit dem Gegenüber der zwei hauptsächlichen Genera dicendi, von zierlichem und schlichtem Stil. Steinhöwel wählt damit also eine Stilebene, die dem Bedürfnis und Verständnis einer breiteren Leserschaft entgegenkam. Steinhöwel war in Weilderstadt bei Stuttgart geboren, hatte in Wien die Artes und in Padua Medizin studiert und war seit 1450 Stadtarzt in Ulm und gräflich-württembergischer Leibarzt, ein begüterter und angesehener Mann. Er war nicht nur Übersetzer, sondern auch Initiator, Geldgeber und Teilhaber der ältesten Ulmer Druckerei (Johannes Zainer, seit 1472). Die Widmung dreier späterer Werke an Eleonore von Österreich und ihren Gatten, den Herzog Sigmund, zeigt die höfische Orientierung auch dieses städtischen Literaturfreundes.

„In ruigem verstentlichem tütsch" will er schreiben und „den lesenden menschen" (Hess 115) dienen, wenn er gelegentlich strafft, erweitert oder erläutert und nur maßvoll lateinische Partizipialkonstruktionen nachbildet. Und dies heißt wiederum, daß es ihm weniger um die Vermittlung eines neuen Stils als um Lehre, Zuspruch und Unterhaltung auf volkstümliche Weise geht. Und was er – ausschließlich aus dem Lateinischen – übersetzt, bedeutet kein humanistisches Programm, sondern spiegelt ein unbefangeneres Interesse.

Von humanistischen Texten kann man nur in drei Fällen sprechen. (1) Petrarcas nach Boccaccio gearbeitete *Griseldis* erfährt nun eine eigentliche Übertragung, die der Vorlage sorgfältig gerecht zu werden, zugleich aber auch einem anspruchsloseren deutschen Publikum sachliche Schwierigkeiten aus dem Weg zu räumen sucht. Die älteste von 10 Handschriften stammt von 1468, es folgen, spätestens seit 1471, zahllose Drucke und verschiedene Dramatisierungen von Hans Sachs bis zu Gerhart Hauptmann, Zeichen der bleibenden Faszination, die der vielseitig interpretierbare Text ausgeübt hat. (2) Boccaccios *De claris mulieribus* (*Von den synnrychen erlüchten wyben*) übernimmt den antiken und jetzt wieder neu beliebten Typus der Biographiensammlung, um ihn erstmals für eine Porträtgalerie berühmter Frauen zu verwenden; anstelle des höfisch-ritterlichen Frauenbildes tritt, renaissancehaft, die Größe der durch Tugend, Tatkraft oder auch durch Laster berühmten Frau hervor, von Eva an über die zahlreichen antiken bis zu einigen wenigen mittelalterlichen Beispielen. Die wegen ihres „schantlichen missztuons" berühmten Damen bereiten dem Übersetzer einige Hemmungen, doch haben sie für ihn als abschreckende Vorbilder, als Dornen unter den Rosen, ihren Sinn; immerhin kürzt und mildert er einige Stellen und reduziert die Zahl der Heroinen von 104 auf 99 – um den Platz Nr. 100 galant für Eleonore freizulassen (ältester Druck ohne Jahreszahl, dann 1473 ff.). (3) Schließlich hat Steinhöwel in seinen *Esopus* sieben „schimpfreden" (Fazetien) Poggios aufgenommen.

Als das älteste Werk (1461, Drucke seit 1471) gilt seine *Apollonius*-Übersetzung; der Roman war im Mittelalter bekannt und beliebt, war durch Heinrich von Neustadt seinerzeit in Versen bearbeitet worden; er erschien nun zum erstenmal als „Volksbuch", in zeitgemäßer Form, und verschaffte damit dem weltliterarisch-griechischen Element in der deutschen Romanliteratur stärkere Geltung. Ungefähr gleichzeitig entstanden eine Übersetzung der *Historia Hierosolymitana* des französischen Benediktiners Robertus – eine Geschichte des ersten Kreuzzugs aus dem frühen 12. Jahrhundert – sowie der Auszug aus den *Flores temporum* des Minoriten Martinus unter dem Titel *Tütsche cronica von anfang der welt vncz vff keiser fridrich* (Friedrich III., Druck 1473). Ebensowenig wie diese beiden chronikalischen Arbeiten folgt *Der spiegel menschlichs lebens* (Autograph 1474, Druck 1475) modernem Geiste; es ist die Übersetzung einer 1468 in Rom erschienenen Darstellung der geistlichen und weltlichen Stände und Berufe, einer moralisierenden Revue nach dem Geschmack des Spätmittelalters.

Das erfolgreichste Werk wurde der *Esopus*, eine wohl von Steinhöwel selbst zusammengestellte, aus verschiedenen Quellen schöpfende Sammlung von Tierfabeln, ergänzt um einige Schwänke aus Poggio sowie um Exempla aus der *Disciplina clericalis* des Petrus Alphonsi; der lateinische Text ist dem deutschen jeweils vorangestellt. Zahlreiche Drucke seit 1476/80 und Übersetzungen in fünf andere Volkssprachen machen den *Esopus* zum wohl wichtigsten Fabelbuch bis zur Aufklärung. Obwohl das Werk dem Herzog Sigmund gewidmet war und Steinhöwel sich des heute so gern betonten sozial-satirischen Charakters der Tierfabel kaum bewußt war, fand er hier am ehesten seinen eigenen Stil einer treffenden, bequemen, volkstümlichen Prosa voll muttersprachlicher Redensarten. Dieses Verfahren wählt er ausdrücklich, um „beim Text“, und das heißt für ihn: bei der Sache, bleiben zu können. Hier kann er am besten seinem Bedürfnis nach freiem und natürlichem Umgang mit der Sprache folgen, seine unabhängigen Betrachtungen zu moralischen Dingen anbringen und einen persönlichen Erzählkontakt mit dem Leser pflegen. Hier ist eine erste

Etappe auf dem Weg zu einer unwillkürlich-lebendigen Erzählprosa erreicht. Der *Esopus* ist damit über die Fabelliteratur hinaus ein bedeutendes Frühwerk in der Gattung der Kurzgeschichten-Sammlungen in Prosa, in denen dann im 16. Jahrhundert der eigentliche Schwank besonders hervortritt.

Ein echtes Gegenstück zum *Esopus*, vergleichbar nach Gehalt, Verbreitung und letztlich auch Ursprung, doch nun weit in die orientalische Weltliteratur hinausgreifend, ist die ungefähr gleichzeitig entstandene deutsche Bearbeitung einer Fassung des *Pantschatantra* (die fünf Bücher). Die umfangreiche und in der Überlieferung unabsehbar verzweigte altindische Sammlung von Tierfabeln, Parabeln, Exempla in lehrhaft-dialogischer Rahmung war über Persien und Syrien nach den Mittelmeerländern gekommen; nach einer hebräischen Fassung schrieb Johannes von Capua um 1270 sein lateinisches *Directorium vitae humanae*, und dieses Werk fand nun als *Buch der Beispiele der alten Weisen* eine bereits erstaunlich gewandte deutsche Übersetzung durch Anton von Pforr. Pforr stammte aus Breisach, erscheint dann als Rat der Herzöge Sigmund von Tirol und Albrecht VI. von Österreich, schließlich als Kirchherr zu Rottenburg und Hofkaplan der Erzherzogin Mechthild im selben Kreis wie Niklas von Wyle und Steinhöwel. Dem Grafen Eberhard hat er sein Buch gewidmet, das sofort in Handschriften und Drucken (diese spätestens seit 1481) während eines Jahrhunderts weite Verbreitung fand.

Nicht nach dem Erfolg, wohl aber nach der Modernität des Unterfangens ist endlich die erste Gesamtübersetzung von Boccaccios *Decamerone* ein literarisches Großereignis des frühen Übersetzerhumanismus. Das einzigartige „Zehntagewerk", das wie kein anderes die kühne, aristokratische und zugleich realistische Gesinnung der italienischen Renaissance verkörpert, das die

Epoche volkssprachlicher Erzählprosa in Italien eröffnet und die zeittypische Kunstform der Novelle in ihrer zyklischen Großform ein für allemal klassisch ausprägt, erschien 1472 oder 1473 zuerst bei Johannes Zainer in Ulm in deutscher Sprache. Einzelne Stücke, ausschließlich über lateinische Vermittlung, waren seit kurzem bekannt oder wurden es in diesen Jahren: die *Griseldis* (Grosz, Steinhöwel) sowie *Guiscard und Sigismunda* (Niklas von Wyle, Albrecht von Eyb). Nun kam das umfangreiche Gesamtwerk, unmittelbar nach dem italienischen Original. Bis heute ist nicht ganz klar, wer der Verfasser war, welche Übersetzungsprinzipien er befolgte, warum seine Arbeit wenig Erfolg hatte, d. h., erst in einer Bearbeitung von 1535 den Durchbruch fand.

Der Übersetzer nennt sich Arigo (ital., „Heinrich") – das tönt wie der Übername eines Italienkenners. Derselbe Verfassername erscheint auch in einer autographen Handschrift einer Übersetzung der *Plumen der tugend* (1468), nach dem italienischen Exempelbuch *Fiori di virtù* eines Tommaso Leoni (u. a.), das bereits 1411 einmal durch den Südtiroler Hans von Vintler in deutschen Versen traktiert worden war. In einer zweiten, ebenfalls autographen Handschrift nennt sich der Übersetzer Heinrich Schlüsselfelder. Nach einem Indizienbeweis sind die Übersetzer von *Decamerone* und *Tugendblumen* identisch, Arigo-Schlüsselfelder ist wahrscheinlich ein Nürnberger Patrizier, möglicherweise geistlichen Standes. Eine frühere Zuweisung an Steinhöwel ist bestimmt irrig.

Die Übertragung aus dem Italienischen, dem eben literarisch gewordenen Volgare, mußte ganz andere Schwierigkeiten bringen als die Vermittlung aus dem Latein, das mit deutscher Prosa schließlich seit Jahrhunderten in enger Symbiose gelebt hatte. Das Ergebnis genießt in den Literaturgeschichten keine gute Presse.

Der Arbeit Arigos wird vorgeworfen, sie sei ungelenk, schwerfällig und voller Fehler. In der Tat ließe sich sagen, ihr Stil sei in sich widerspruchsvoll. Da ist einerseits deutlich der Wille, die Vorlage getreu nachzubilden (aus philologischem Interesse oder aus Ängstlichkeit) in Satzbau, Wortschatz, auch im Lautlichen (Binnenreime). Es finden sich zahlreiche Neubildungen, Lehnübersetzungen und dergleichen (assalto: „ansprung"; vana gloria: „eytellere"); in großer Menge werden italienische Wörter und Wendungen übernommen, gar nicht oder halb eingedeutscht (ragazetto: „rägätz", „Knäblein"), zweifellos oft aus Verlegenheit. Dann scheint einiges – das wäre wohl eine zweite Schicht – latinisierend nach der Art des Niklas von Wyle zu sein: Neigung zur Schlußstellung des Verbs, häufiger Verzicht auf das Personalpronomen in Subjektstellung. Schließlich aber und drittens ist Arigo frei und ohne Hemmungen, wenn es um anschauliche Vorstellungen für den deutschen Leser geht. Italienische Ulmen oder einfach Bäume erscheinen als Linden und Tannen, Maße und Münzen werden adaptiert, sprichwörtliche Wendungen fließen ein: tremando forte: „zittert als ein espenlaube". Es grassiert die mehrgliedrig-synonymische Umschreibung, indem dem italienischen Wort noch das deutsche beigegeben wird (tu se' in purgatorio: „du bist in der pein vnd purgatore") oder deutsche Doppelformeln eintreten (liberato: „aller pusz vnd pein erlediget") oder nachdrückliche Worthäufung erscheint (gli ci fece sposare: „mit dem er si mächlet, eelichet vnd sponsieret"). Zu einer spontanen Sprachfreude kommt hier auch der Einfluß der beiden herrschenden, gleichermaßen auf Worthäufungen bedachten Stilsprachen der Kanzlei und der Kanzel. Entsprechend wird in zusätzlichen Wendungen, Anreden, Ausrufen geistliches Kolorit oder, z. B. in sorgfältig gewählten Titulaturen, kanzlistisches Wissen entfaltet. Da wird die Atmosphäre des florentinischen

Trecento – das diesseitige Humanum zwischen den elementaren Mächten von Liebe, Schicksal und Tod – ins Altdeutsch-Biedere verwandelt, und der deutsche Leser konnte wohl kaum den entscheidenden qualitativen Unterschied spüren, der da zwischen Boccaccios Novellen und den thematisch ja oft ähnlichen deutschen Verserzählungen klaffte.

## 6. Albrecht von Eyb

Die eindrucksvollste Figur unter den deutschen Frühhumanisten ist Albrecht von Eyb (1420–75), aus alter Adelsfamilie, Doktor der Rechte und Domherr in Eichstätt, Bamberg und Würzburg. Er hat in Erfurt, Bologna, Padua und Pavia studiert und mit Ausnahme eines Jahres (1452), das er infolge seiner Residenzpflicht in Bamberg zu verbringen hatte, insgesamt fünfzehn Jahre in Italien gelebt, in engem Umgang mit Gelehrten der neuen Schule. Erst 1459 kehrte er endgültig nach Deutschland zurück, um als Rechtsgutachter für Städte und Fürsten zu wirken. Seine deutschen Arbeiten fallen erst in die Spätzeit. Sein ganzes Werk ist gekennzeichnet durch sein formales Interesse für die neue Eloquenz nach antiken und neulateinischen Mustern und inhaltlich durch die Behandlung lebenspraktischer Fragen, vor allem von Ehe und Familie, die ihn offenbar auch als Juristen besonders beschäftigten und für die er gelehrte Zitate häufte.

Einige kleine lateinische Traktate oder Reden, die 1452 in Bamberg entstanden, demonstrieren provokatorisch den modernen Stil. Darunter ist der hübsche *Tractatus de speciositate Barbarae puellulae* geradezu schon als Eröffnungswerk des deutschen Frühhumanismus angesprochen worden (H. O. Burger); an sich ist es eine der seit der lateinischen oder latinisierenden Liebeslyrik des Hochmittelalters üblichen Deskriptionen weiblicher

Schönheit, aber nun dermaßen reich und schwungvoll inszeniert und mit (angeblich? Barbara = barbara puella) bestimmter Adresse versehen, daß man mehr als nur rhetorische Übung darin zu sehen pflegt. Eine *Appellatio mulierum Bambergensium* gefällt sich in modischer Frivolität: Angeregt durch Leonardo Bruni (Heliogabal preist im Kreis nackter Dirnen die ars meretricia und fordert staatlich geförderte Weibergemeinschaft), läßt Albrecht die Bamberger Frauen vor Gericht ihre Männer anklagen, weil sie von diesen schlecht behandelt würden, obwohl sie nach Heliogabals Vorschriften lebten. In dem pompösen satirischen Scherz spukt Renaissance-Emanzipation des Fleisches, vielleicht aber auch die Reminiszenz an gut einheimische Fastnachtspiele. Die *Margarita poetica* (1459) ist ein Lehr- und Musterbuch der Rhetorik; auf eine theoretische Einleitung folgt eine Anthologie lyrischer, epischer und dramatischer Zitate und eine Sammlung von dreißig Reden, fast ganz nur aus der antiken Literatur und Petrarca zusammengestellt. Das Buch hat viele Druckausgaben erfahren.

Zum Teil gestützt auf eigene lateinische Traktate entstand das deutsche „Ehebüchlein" *Ob einem manne sey zunemen ein eelichs weyb oder nicht*, einer der Großerfolge der frühen Druckgeschichte. Das Werk ist auf Neujahr 1472 dem Rat der Stadt Nürnberg gewidmet „zu lob vnd ere vnd sterckung irer pollicey vnd regimentz". Das Thema Ehe begegnet allenthalben in der spätmittelalterlichen Literatur, vom Fastnachtspiel und den Mären, vom *Ring* und vom *Ackermann* bis in die neue Novellistik und Jurisprudenz hinein. Die res uxoria ist ein Lieblingsthema der Humanisten, als ein humanum, das sich ebenso satirisch und frivol wie ernst und erbaulich behandeln ließ. Das Thema hat nach dem Verblassen der höfischen Ideologie, bei der Libertinage der Humanisten und bei dem, wie sich Max Herrmann ausdrückt, „tiefen Stande des Geschlechtslebens" in den volkreichen spätmittelalterlichen Städten, bei der notwendigen Suche bürgerlicher Ordnungsformen, bei dem Ungenügen schließlich einer herkömmlichen Moraltheologie, die den Sinn der Ehe noch lange nur in Kinderzucht und Kanalisierung des Geschlechtstriebs erkennen kann, in der Tat eine hohe soziale und moralische Aktualität, und es betraf sehr wohl auch „pollicey vnd regiment". So folgt Eyb in seinem Buche ebenso seinem rhetorisch-disputatorischen Spieltrieb und seiner literarischen Sammelfreude wie dem Impuls eines echten moralischen Interesses für alles Menschliche. Es entsteht dadurch auch sprachlich die glückliche Mischung eines volkstümlichen, angewandten Humanismus. In der nur sehr lockeren Ansammlung von Argumenten, Zitaten, Exempeln und Geschichten gilt ein 1. Teil vorwiegend den möglichen Bedenken gegen Heirat und Familie (etwa die damit verbundene Unfreiheit, der Wankelmut der Weiber, die Vergänglichkeit ihrer Schönheit); der 2. Teil und der Anfang des 3. plädieren *für* die Ehe, mit einem Lob der Frauen und einem Lob der Ehe, unter vielen Erwägungen und Ratschlägen auch praktischer Art für Kinderzucht, Hauswirtschaft und dergleichen. Am Schluß wird – ausgerechnet anhand der inzestuösen Greuellegende von Albanus – tröstlich vor Augen geführt, daß kein Sünder verzweifeln solle. Als größere Einlagen zur Veranschaulichung und Unterhaltung finden sich neben dieser Legende die Griseldis (nach Erhart Grosz), die Marina (nach lateinischer Vorlage, der Stoff begegnet wieder in Goethes *Prokurator*) und die auch von Niklas von Wyle übersetzte Boccaccio-Novelle von Guiscardus und Sigismunda. Wie Albrecht von Eyb in seinen Erzählungen einen einfachen, flüssig-verständlichen Vortrag erreicht, so sind auch die räsonierenden Partien von gewinnender Natürlichkeit. Das Fehlen einer festen theologischen oder moralischen Systematik hat den Vorteil unterhaltsam-pragmatischer Betrachtung. Daß auch dann das Problem durchaus in männlicher Perspektive behandelt ist, darf bei dem Stand der Ehediskussion noch lange nicht verwundern. Immerhin hat das Ehebüchlein auf seine Weise der kommenden Ehekonzeption des Protestantismus vorgearbeitet.

Im *Spiegel der Sitten* (1474 abgeschlossen, als Ganzes erst 1511 gedruckt, ohne Erfolg) gibt Eyb nach lateinischen Vorlagen eine Tugendlehre, jetzt noch ausschließlicher in der Form eines Florilegiums, wobei zum Kummer der Geistesgeschichtler die mittelalterlichen Traditionen (System der Sieben Todsünden) und Lehrmeinungen wieder stark hervortreten. Von ganz besonderer Bedeutung ist nun aber eine literarisch-humanistische Beigabe, nämlich zwei Prosaübersetzungen von Komödien des klassischen Altertums – die *Bacchides* und die *Menaechmi* des Plautus – und dazu die Bearbeitung der *Philogenia*, der leichtfertigen modernen Komödie des Ugolino von Pisa. Die Stücke entstanden spätestens 1474, und wenn sie auch erst 1511 gedruckt wurden, so waren sie ursprünglich die erste deutsche Wiedergabe von altlateinischen Spielen (von Notkers verlorenem Terenz abgesehen), und sie gelten mit Recht als die originellste Leistung Albrechts von Eyb.

Als Mittel des Lateinstudiums und auch als Lektüre war vom Mittelalter besonders Terenz stets geschätzt worden. Der Humanismus entdeckte, vor allem nun anhand des massiveren Plautus, neue Reize an der antiken Komödie: antikes Alltagsleben, eine ungenierte Weltlichkeit, menschlich-allzumenschliche Charaktere und Verhaltensweisen. Nötigenfalls ließ sich die Freude an dem „groslüstigen vnnd frölichen poeten" (Eyb) auch dort als Gewinn an moralischer Einsicht rechtfertigen, wo „pöse, verkerte sitten" dargestellt waren. Nachdem 1429 am Basler Konzil eine Plautus-Handschrift mit zwölf neuen Stücken aufgetaucht war, wurde Plautus in Italien vielfach kopiert, emendiert, übersetzt, aufgeführt und nachgeahmt; eine erste Gesamtausgabe erschien 1472. Albrecht von Eyb muß schon um die Jahrhundertmitte in Italien seinen Plautus studiert haben; eine Handschrift mit drei Komödien, der *Philogenia* und der *Marina* stammt teilweise von seiner Hand.

Auch in diesen Übersetzungen ist Eyb nicht der Philologe, vielmehr der Liebhaber, der Nachdichter, der moralische Betrachter. Er deutscht und christlicht ein (läßt z. B. statt bei einem Katalog von Göttern „bey gott vnd bey allen hailigen“ schwören), bearbeitet mit Kürzungen und Erweiterungen, er fügt – wahrscheinlich schon aufgrund seiner Vorlagen – Erklärungen und vor allem erzählende Zusammenfassungen und Überleitungen ein. Er hat also wahrscheinlich an keine Aufführung gedacht. Im übrigen handhabt er auch hier überlegen eine klare und ausdrucksvolle Sprache mit natürlichem Tonfall, die bei aller Unmittelbarkeit eine leichte rhetorische Überprägung nicht verleugnet. Sie nimmt damit weniger ein noch lange Zeit vorwiegend in Versen gehaltenes deutsches Lustspiel vorweg als vielmehr den Prosastil, den dann die dialogischen Flugschriften der Reformationszeit zeigen. Als Probe diene eine Rede aus den *Bacchides* (der Knecht Chrysalus/Pentz spricht mit seinem Herrn Nicobulus/Vtz, den er im Bunde mit Vtzens Sohn Mnesilochus/Entz um zweihundert Gulden betrogen hat):

pentz. wie aber nu, du schemlichs mensch, nu bist du deines gelts gewiß! sag an, warumb warestu so sauer vnd so fraydig vnd wolst entzen erstochen haben? mainstu nitt: hetestu gehabt ain swert, wir hetten gehabt ain helmparten? ich sag dir für war: vnnd thust vns mer etwas, wir machen dich mitt der selben helmparten demütiger, dann ain meuslin ist vor der katzen. Ich waiß wol, was du dir gedachtest: du maintest, entz wär bey der bachis. (DS II,46)

CH. quid nunc, impure? numquid debetur tibi? / quid illi molestu's? quid illum morte territas? / et ego te et ille mactamus infortunio. / si tibi est machaera, at nobis ueruinast domi: / qua quidem te faciam, si tu me inritaveris, / confossiorem soricina nenia. / iam dudum hercle equidem sentio suspicio / quae te sollicitet: eum esse cum illa muliere. (884 ff.)

## 7. Ein Prediger

Die geistliche Rede gehorcht seit je ihren eigenen Gesetzen, und sie hat seit bald zweihundert Jahren eine Kultur der Prosasprache erreicht wie auch nicht im entferntesten eine andere Gattung. Daß die neuen humanistischen Ideale der Eloquenz nun auch die Predigt beeinflussen, ist – zumal bei den Bettelmönchen – kaum zu erwarten oder kommt doch nur spät und selten vor. An dieser Stelle ist denn auch nur auf die Breite und Konstanz dieser wichtigsten Form der Prosatradition auch und gerade im Spätmittelalter hinzuweisen und das berühmteste Beispiel nach Symptomen der spätesten Zeit oder des kommenden Übergangs zu befragen.

Noch ist die gewaltige Masse von lateinischen und deutschen Predigthandschriften kaum gesichtet und organisiert. Gerade die enge Verflechtung lateinischer und deutscher Fassungen ist, wie schon bei Berthold von Regensburg, ein schwieriges Problem. Im Normalfall werden lateinische Notizen des Predigers in mündlichem Deutsch entfaltet; für die Lektüre und erst recht für den Druck werden lateinische Notizen, lateinische oder deutsche Nachschriften zu deutschen Lesepredigten bzw. Traktaten verarbeitet; es kommt aber auch vor, daß Predigten deutsch gehalten und lateinisch publiziert werden. Die Person des Predigers ist mit der des Nachschreibers oder Redaktors oft nicht identisch. Ohnehin sind die Elemente, die in den Artes praedicandi, in Florilegien und Handreichungen aller Art, in Sprichwort- und Exempelsammlungen, in allegorischen Wörterbüchern zur Verfügung standen, Gemeingut, so daß die Frage der

Authentizität kompliziert und oft gegenstandslos ist. In den Städten nimmt die Predigt trotz der häufigen Klagen über Faulheit und Ignoranz der Geistlichen eher zu. Nicht nur die Bettelorden, auch der Pfarrklerus nimmt sich bis zu einem gewissen Grad der Predigt an. Im intensiven kirchlichen und weltlichen Leben der nun teilweise auch anspruchsvolleren städtischen Bevölkerung wird die Predigt aus der schlichten Verkündigung von Gottes Wort unter Umständen zu einer Art Massenmedium, das auch neue attraktive Techniken entwickelt: Dauerpredigten, Predigtserien, Predigten über nichtbiblische Texte, unterhaltende Einlagen, Bezugnahme auf Aktualitäten, aggressive Zeitkritik, verblüffende Allegorisierung usw. Es sind dies natürlich Züge, die sich bereits auch in der Volkspredigt des 13. Jahrhunderts (Berthold von Regensburg) finden, doch scheint dieser Stil nun im Dickicht der spätmittelalterlichen Städte und im Vorfeld der Reformation erst recht zu gedeihen.

Wir halten uns hier an den mit Abstand berühmtesten Prediger, die „schmetternde Posaune des Straßburger Münsters", Johannes Geiler von Kaisersberg (1445–1510). In Schaffhausen geboren, im Elsaß aufgewachsen, wird Geiler Magister der Künste in Freiburg i. B., 1470 Priester, 1475 Dr. theol. in Basel, kam auf Wunsch und Kosten eines Straßburger Bürgers 1478 auf eine eigens für ihn geschaffene Predigerstelle ans Münster und blieb hier, außer einem kurzen Aufenthalt in Augsburg, sein Leben lang. Sein Kampf gegen die üblichen kirchlichen Mißstände, seine Stellungnahme gegen die Bettelorden, persönliche Beziehungen zum Straßburger Humanismus, die Indizierung seiner Schriften – all das ließ ihn lange Zeit als Vorläufer der Reformation erscheinen. Alle neueren Kenner kommen aber zum Schluß, daß er zwar ein Reformer im Sinn des 15. Jahrhunderts, aber keineswegs der Reformation war. Das Werk ist schwer überschaubar; in vielen Fällen handelt es sich bei

Geiler selbst um Bearbeitungen von Vorlagen; bei der Aufzeichnung oder deutschen Fassung oder Druckredaktion hatten meist andere die Hand im Spiel, und die Großzahl der Drucke erschien überhaupt erst nach Geilers Tod, als „eine förmliche Industrie in der Veröffentlichung seiner Reden und Schriften“.

Der große Name, der hinter Geilers Theologie und Frömmigkeit steht, ist Johannes Gerson (1363–1429), der „doctor christianissimus“, Vorkämpfer des konziliaren Gedankens und einer Kirchenreform im Geiste einer Mystik der Liebe und des Glaubens im Gefolge Bonaventuras und weiter zurück der Viktoriner. Geiler hat 1488 eine Ausgabe von Gersons Schriften in Verbindung mit Peter Schott und Jakob Wimpheling herausgegeben; eine *Ars moriendi* und einen *Beichtspiegel* hat er in freier deutscher Bearbeitung erscheinen lassen. Auch für die Predigten stützte sich Geiler mehrfach auf Schriften Gersons, benützte in ähnlicher Weise aber auch Albertus Magnus, Johannes Nider (um 1380–1438) und andere. Besonderes Aufsehen erregte 1498/99 während zweier Fastenzeiten die lange Serie täglicher Predigten über Sebastian Brants *Narrenschiff*; die Benützung eines – allerdings nicht namentlich genannten – weltlichen Textes wurde dabei legitimiert durch das übergeordnete Bibelwort „Stultorum infinitus est numerus“ (Eccl. 1,15).

Wie wenig mystisch, wie sehr auf schlichte, praktische Kirchenfrömmigkeit und handgreifliche Anschauung gerichtet Geilers Predigt ist, zeigt sich gerade etwa an einer Serie, die er aufgrund eines Gerson-Traktats über den mystischen Berg des Schauens (vgl. Jes. 2,2) in einem Augsburger Frauenstift gehalten hat. Da werden nicht nur die drei „bühel“ spezifiziert, die da zu überwinden sind (demütige Pönitenz, Einigkeit und Stille, starke Beharrung), auch die 21 Schwierigkeiten eines Bergsteigers werden geschildert und allegorisch erklärt wie z. B. das schwere Gepäck, die Mücken und Fliegen, die bellenden Hunde, das Überladen des Esels, der Hunger usw. Der Mensch ist von weltlicher Liebe angekettet wie ein Bär an einer Säule, und „das Hertz des menschen (Augustins cor inquietum!) ist gleich als ain käss der voller maden ist die allzeit durch ainander wuetend und zablend" (gedruckt 1508 in den *Predigen teütsch*, Bl. X[v]). In einer andern Reihe wird am „Eschengrüdel" (Aschenbrödel) die Metaphorik der schmutzigen Küchenmagd – der „anfangende Mensch" – ausgequetscht. Der Löwe wird in einer langen Serie, aus Anlaß eines in Straßburg gezeigten Löwen, nach verschiedenen Bedeutungen (frommer Mensch, Weltmensch, Christus) interpretiert, dann aber vor allem als der „hellisch Lew", der Teufel, vorgeführt, unter Aufgebot einer ganzen apokryphen Zoologie. Der Löwe frißt besonders gern Waldesel und, zur Arznei, Affen von allen Arten:

Es seind lobaffen die liebhaben dass man sie lobt, gross achtet, hochfertige menschen. Es seind sorgaffen, greitige (habgierige) menschen denen der gryt kein ruo lat. Es seind malaffen, unküsche menschen, die sich malen, zieren vnd vff mutzen. Es sein jaaffen, schmeichler, kutzenstreicher, niemans widerstreiten in zorn: aiunt aio negant nego (sie und ich sagen ja, sie und ich sagen nein). Es sein moraffen, brasser, schlemmer, die da als moren fressen sauffen füllen. Es seind munaffen (Brummaffen), neidig menschen, hessig, gond grummen mit iren nechsten. Es seind ginaffen (Maulaffen), fürwitzig menschen, faul am gotz dienst. Darumb kerend sie sich vß vf weltliche ding vnd schneucken vff die geschöpffd durch fürwitz – kumpt vß tragheit. Sein auch faulaffen. Die affen alle samen isset der hellisch lŏw gern. Aber die roraffen (komische Gliederpuppe an der Orgel des Straßburger Münsters) isset er am allerliebsten. Dise roraffen seind regenten ... (*Das irrig schafe* ... 1514.)

Da werden die Wortassoziationen, die Namenreihungen Selbstzweck, und es kündigt sich etwas von der grobianischen Sprachfreude an, die zum Ton des folgenden Jahrhunderts gehört.

# SECHZEHNTES JAHRHUNDERT

# I. DIE EPOCHE

Mit der Wahl eines rein chronologischen Titels für eine letzte in diesem Band darzustellende Epoche der Literaturgeschichte wird auf eine charakterisierende Etikette verzichtet. Diskussionen über Epochengrenzen sind unfruchtbar und damit auch die Doktorfragen, ob das Mittelalter um 1400, um 1500, mit dem Tode des Hans Sachs oder gar erst im 18. Jahrhundert zu Ende gehe, ob die Renaissance um 1350 in Böhmen oder erst mit einem westdeutschen Humanismus beginne, ob die Reformation noch und wieder zur mittelalterlichen Geistesgeschichte gehöre oder eine religiöse Form der Renaissance darstelle, ob es überhaupt eine deutsche Renaissance oder – im Blick etwa auf die Geschichte der bildenden Kunst – nur einen Übergang von der Spätgotik zum Manierismus gebe: solche Fragen sind z. T. rein definitorischer Art oder bringen, etwa dem Luthertum gegenüber, voreilig Wertungen ins Spiel. Sie sind für die Literatur deshalb besonders gefährlich, weil diese in der fraglichen Epoche in ungewöhnlicher Weise engagiert und deshalb nicht nach irgendeiner literarischen Eigengesetzlichkeit, sondern nach übergreifenden Inhalten und Funktionen glaubensmäßiger, wirtschaftlicher, politischer, wissenschaftlicher Art zu periodisieren ist. Es kommt die Schwierigkeit hinzu, daß der Träger der „Literatur“ schwer zu bestimmen ist – geographisch (was heißt Deutschland unter Maximilian und Karl V., wohin gehört Erasmus?), sozial (der Begriff „bürgerlich“ kann sehr Verschiedenes umfassen) und vor allem sprachlich (durch die Ausbildung einer humanistisch-neulateinischen Literatur internationaler Reichweite einerseits, die Popularisierung des volkssprachlichen Literaturlebens durch den Druck anderseits ergibt sich ein enges Ineinander und Gegeneinander zweier Literaturen). Alles scheint in Bewegung geraten. Mehr als je empfiehlt es sich jedenfalls, auf geistesgeschichtliche Konstruktionen zu verzichten und – wenn auch innerhalb der konventionellen Einteilungen – den Texten zu folgen und die allgemeinen Gesichtspunkte an ihnen zur Geltung zu bringen.

Bei aller Skepsis gegen Epochenbegriffe sind wir dennoch pragmatisch veranlaßt, Zäsuren zu setzen und ihren Ort zu begründen. Auch wenn man sich hütet vor der Faszination durch die Zahl 1500 – Mitte und Höhe eines Jahrtausends – oder gar durch die Analogien zur hochmittelalterlichen und weimarischen Literaturblüte je im Abstand von dreihundert Jahren, so wird doch unübersehbar, daß sich gegen Ende des 15. Jahrhunderts zunehmend Neues ankündigt, Altes sich überlebt, Bewegung, Krise in die Masse der Traditionen kommt. Es ist – seit etwa 1490 – wie eine beschleunigte Gangart der Geschichte, eine dichtere Koinzidenz folgenschwerer Vorgänge, ein geschichtlicher Schub – weniger schon eine neue Erfüllung als eine Erwartung, keine plenitudo temporis, viel eher eine Suche, ein Programm, von Krisengefühlen und Ängsten begleitet. Im Hintergrund erfolgt eine gewisse Kulmination des reichsstädtischen Lebens, die Entwicklung eines auf Bergbau und Fernhandel gestützten frühen Kapitalismus in seltsamer Verknäuelung mit neuen Phasen ritterlicher Romantik, die rasche Entwicklung des Buchdrucks zum Massenmedium, die immer stärker zu Bewußtsein kommende Verweltlichung der Kirche als einer fiskalisch-politisch-militärischen Institution und demgegenüber eine neoprimitive Volksfrömmigkeit mit den bekannten Exzessen von Heiligenkult, Reliquien-, Ablaß- und Wallfahrtswesen; Judenaustreibungen und Hexenprozesse (der *Malleus maleficarum* erscheint 1487) vervollständigen das Bild.

Mit der Regierungszeit Maximilians I. (1493–1519),

die ziemlich genau diese vorreformatorische Epoche deckt, erfolgt unter manchen Rückschlägen doch faktisch die Gründung eines weltweiten Habsburgerreichs, doch führen die fragwürdigen Versuche einer Reichsreform nur zu geringen Teilerfolgen im Schatten einer allgemeinen Stärkung der fürstlichen und territorialen Mächte. Die habsburgischen Auseinandersetzungen in Frankreich, den Niederlanden, in Italien, im Osten, überaus verwirrend im raschen, oft erratischen Wechsel der diplomatischen, militärischen und heiratspolitischen Fronten, kompliziert durch die ständischen Partikularinteressen im Innern, sind dem gemeinen Mann kaum mehr überschaubar. Dazu kommen die langfristig weltverändernden Entdeckungen Amerikas durch Columbus und des Sonnensystems durch Kopernikus (1497 Bologna?), aber auch unmittelbare Schrecken wie das Eindringen der Syphilis (1494 in Augsburg). All das läuft hinaus auf eine Stimmung der Unruhe, des Aufbruchs und zugleich tiefer Unsicherheit. Neben der oft nur programmatischen Emanzipations- und Lebenslust der Humanisten, die in den 1490er Jahren entscheidende Durchbrüche erzielen, steht die Schwermut der saturnischen Naturen und die endzeitliche Angst der Gläubigen. Die Reformation bringt die lang vorbereitete Entladung und schließt eine erste Phase unserer Epoche. Es folgt die Durchsetzung des neuen Glaubens, die Abgrenzung gegen radikale Konsequenzen, dann auch die Dogmatisierung und Erstarrung. Unentwegt und nur langsam sich wandelnd pflanzen sich indessen die alten volksliterarischen Traditionen des Spätmittelalters fort: Volkslied und Meistersang, Volksbuch und Spiel.

Im Gegensatz zu irgendeiner „klassischen“ Dichtung ist Literatur im 16. Jahrhundert mehr als je Aktion, Handeln, und die bedeutendste sprachliche Potenz ist auch jetzt nicht in den autonomen fiktionalen Formen zu finden, vielmehr in den Gattungen des Gebrauchs, vor allem der Prosa. Damit stellt sich dem Literarhistoriker das Problem einer zureichenden Würdigung. Es gilt etwa Luther, Paracelsus, Aventin, Franck primär in ihrer literaturgeschichtlichen Bedeutung zu fassen; die theologische, naturwissenschaftliche oder historische Aussage soll immer wieder auf diesen literarisch-sprachlichen Aspekt bezogen werden. Und Ähnliches gilt von der neulateinischen Literatur: Sie kann hier nur soweit erscheinen, als sie als Quelle, Anreger und Partner der deutschen Produktion nicht wegzudenken ist.

# II. RENAISSANCE UND HUMANISMUS

## 1. Maximilian I.

In mehr als einem Sinn sind die letzten Jahrzehnte vor der Reformation die Zeit Maximilians (1459–1519, Kaiser seit 1493). Politisch steht sein Name für eine Erneuerung des Reichs, die zugleich eine Erneuerung des mittelalterlichen Reichs sein wollte und die Grundlegung der riesigen habsburgischen Hausmacht bedeutete. Mindestens versuchsweise wurden Reformen in Recht, Militär, Finanzwesen und Verwaltung unternommen. Deutschland konnte sich jedenfalls wieder und noch einmal als Mittelpunkt eines Reiches sehen, das trotz Rückschlägen (Burgund, Schweiz) mit kriegerischen und heiratspolitischen Mitteln schließlich einerseits nach Spanien (samt Neapel-Sizilien) und den Niederlanden, anderseits bis nach Ungarn ausgriff und als nie erreichtes Fernziel den Sieg über die Türken plante. Kulturell bedeutet Maximilians Epoche die Zeit einer glänzenden Hofhaltung, in der sich ritterliches Spätmittelalter mit dem Humanismus der Renaissance verbündete. Maximilian entwarf zahlreiche Projekte wissenschaftlicher, literarischer und künstlerischer Art, zu denen er die besten Kräfte der Zeit heranzog. Er unterstützte die Universitäten, insbesondere Wien, und ließ das untergehende Erbe des deutschen Mittelalters sammeln und abschreiben (*Ambraser Heldenbuch* u. a.). Auf diesem Hintergrund entsteht auch die ganz ungewöhnliche ideologisch-literarische Selbstinterpretation in Maximilians autobiographischen Werken, die gerade in ihrer Fragwürdigkeit zu den sprechenden Repräsentanten der Zeit gehören.

Als Maximilian mit 34 Jahren seinem Vater Friedrich III. auf dem Thron folgte, besaß er bereits große militärische und politische Erfahrung, vor allem aus dem Kampf um das burgundische Erbe. In Deutschland wurden dem jungen, hochgebildeten, unternehmenden Fürsten große Hoffnungen entgegengebracht, und sie sind im Rahmen des Möglichen auch nicht enttäuscht worden. Obwohl dann die Reformation die Fronten und Kategorien völlig veränderte, hat doch die Erscheinung Maximilians die spätere Zeit immer wieder fasziniert. Die neueren Historiker haben manches an ihm auszusetzen: Sie werfen ihm ein zunehmend fahriges, rastloses Wesen vor, neben aller erfolgreichen Kühnheit phantastische Züge und dazu eine oft widerspruchsvolle Politik, die Deutschland in einen epochalen Zwei- und Mehrfrontenkrieg verwikkelte. Auch das kulturelle Mäzenatentum kann zwiespältig wirken – um auch hier das in den Handbüchern beliebte Wort zu brauchen –: die großen Unternehmungen brachen zu einem guten Teil unvollendet ab, fielen der Geldnot oder der Sparsamkeit zum Opfer und gewannen im Widerspruch zwischen Absicht und Mitteln etwas Monströses: so etwa die ungeheuren Holzschnittkompositionen der „Ehrenpforte" und des „Triumphzugs" (alles aus Papier) oder der gespenstische bronzene Trauerzug des Grabmals (mit Artus, Theodorich, dem Ahnen Caesar usw.), das als unvollendetes Kenotaph in der Innsbrucker Hofkirche steht, oder die Arbeiten zur Habsburger Genealogie, die das Stammhaus bis in die Urzeit hinein, zu Hektor und versuchsweise weiter bis zu Noah zurück, verherrlichen. Die unermüdliche Sorge um Repräsentation, um Nachruhm und „Gedächtnis" geht nicht nur aus renaissancehaftem Selbstgefühl und dem Wissen um göttliche Sendung hervor, sie scheint auch aus einem unruhigen Bedürfnis der Selbstbestätigung, ja einem Gefühl tiefer Bedrohung zu kommen. Und die autobiographischen Werke sind denn auch Dokumente zugleich einer großartigen Reflexion des eigenen Lebens wie einer schließlich kuriosen, unglücklichen Selbstinszenierung.

In den 1490er Jahren beginnt der Kaiser, in seinem „Reuterlatein" (so zu Willibald Pirckheimer) an Memoiren zu diktieren. Er tritt damit zunächst in die Spuren Karls IV. Bald wurde der Plan geändert zugunsten einer idealisierend-allegorisierenden Selbstdarstellung in deutscher Sprache, eines les- und schaubaren Monuments. Ein ganzer Stab von gelehrten Beratern, von Künstlern und Schreibern erhält genaueste Aufträge. In der Hauptsache geht es zunächst um ein Prosawerk, das sozusagen die geschichtliche Rolle des Kaisers, seine politischen und militärischen Taten und Schicksale in verschlüsselt-romanhafter Form darstellen sollte, in Bild und Wort. Von diesem *Weißkunig* lagen beim Tode des Kaisers 251 Holzschnittafeln und unbereinigte Materialien zum Text vor. Als Redaktor unter der Aufsicht des Kaisers und nach dessen Tod selbständig wirkte der Geheimschreiber Markus Treitz (oder gewöhnlich, samt Beinamen, Marx Treitzsaurwein genannt). Gedruckt wurde der *Weißkunig* erst 1775. Das Ganze ist angelegt auf die Lebensgeschichte und das Lebenswerk eines Helden mit geradezu messianischer Sendung, auf dem Hintergrund der Epoche. Die Geburt wird mit der Weihnachtsgeschichte parallelisiert, den Abschluß sollte der Sieg über die Türken bilden – das Werk greift programmatisch dem Leben vor und damit ins Leere. Die geschichtlichen Personen und Mächte erscheinen ritterlich-romanhaft unter heraldischen Farbbezeichnungen: Der weiße König ist zunächst Friedrich III., dann Maximilian selbst, die weiße Gesellschaft sind die Deutschen, der blaue König ist der Franzose, der König vom Fisch der Doge von Venedig. Die Eidgenossen, die im Hinblick auf den verlorenen Krieg von 1499 schlecht wegkommen, sind die Bauerngesellschaft oder die Gesellschaft mit den vielen Farben. Der biographisch-chronikalische Stoff ist romanhaft stilisiert, verschlüsselt und aufgehöht in einer spätmittelalterlichen Manier, für die burgundische Vorbilder (Christine de Pizan, Olivier de la Marche) bestanden. Solche Verkleidung dient nicht nur der Heroisierung des Stoffs und nicht nur dem Vergnügen einer exklusiven, wissenden Leserschaft, sie ermöglicht erst die repräsentative Form und entschuldigt zugleich, als vorgegebene Rolle, die Kühnheit des Anspruchs.

Als spezielle, intimere Einlagen oder Seitenflügel zum *Weißkunig* sind die zwei andern Werke aufzufassen: der ebenfalls dem Treitzsaurwein aufgetragene *Freydal* (oder *Freidalb*, zu freydig „übermütig, kühn", und albus: „weiß"), von dem nur Entwürfe vorhanden sind, eine ebenfalls in Prosa gehaltene Darstellung des höfisch-festlichen Lebens des jungen Mannes in Minnedienst, Turnieren und Maskeraden; und dann vor allem das allein vollendete Verswerk, der *Teuerdank*. Dieser erschien 1517 als Prachtwerk mit den 118 z. T. großartigen Holzschnitten von Hans Burgkmair d. Ä., Schäufelein und Leonhard Beck im Druck. Im Text hatten, auch hier aufgrund genauer Anweisungen und wohl auch Diktate des Kaisers, verschiedene Autoren, darunter wieder Treitzsaurwein, mitgewirkt, was sich auch in einer uneinheitlichen Handhabung des Vierheberreimpaars verrät. Die Schlußredaktion besorgte Melchior Pfinzing, Nürnberger Patrizier, Hofmann, Geistlicher und Gelehrter. Teuerdank – der mit den hohen Gedanken, der nach kostbaren Zielen Strebende (vgl. „Freidank") – ist wieder Maximilian, als Held eines locker gebauten Ritterromans. Hier werden die privaten Erlebnisse des Helden wirklichkeitsnah und authentisch erzählt, aber zugleich durch gesteigerte Allegorisierung auf ihren moralisch-religiösen Lebenssinn hin zu deuten gesucht. Der Rahmen ist – „in Form, Maß und Weise der Heldenbücher" (Pfinzing) – die Brautwerbung des Achtzehnjährigen um die Dame Ehrenreich, d. i. Maria, die Erbin von Burgund. Nachdem Teuerdank wie Christus die Versuchung durch den bösen Geist überwunden hat im

Namen von Vernunft, Tugend und göttlicher Lehre, muß er auf seiner Fahrt drei Pässe überwinden; an deren jedem wartet auf ihn ein verräterischer, dem Teufel verpflichteter Diener der Königin Ehrenreich: Fürwittig (Fürwitz, jugendliches Ungestüm), Unfalo („Ungefell“, Verfolgung durch unglücklichen Zufall) und Neidelhart (feindliche Menschen und Mächte äußerer Art). Die drei tückischen Widersacher sind zugleich drei verschiedenen Lebensetappen des Helden zugeordnet. Sie führen nun die in lockerer Kette anekdotisch erzählten Lebensbedrohungen heran: es ist eine lange, seltsame Sammlung von Jagdabenteuern (35 von insgesamt 88 Bewährungsproben), von gefährlichen Erlebnissen im Gebirge und zur See, Lebensgefahren aller Art wie Pulverexplosionen, Brandfälle, schadhafte Treppen und Gerüstbalken, falsche Ärzte und Nachstellungen durch Waffen oder Gift. Nachdem der Held alle mit Geschick, Tugend und göttlicher Gnade überwunden hat, gelangt er an den Hof der Königin, besiegt sechs feindliche Ritter und gewinnt die Dame, während die drei dämonisch-allegorischen Mächte hingerichet werden. Doch vor dem Vollzug der Ehe hat Teuerdank noch eine Kriegsfahrt gegen die Feinde der Christenheit zu unternehmen: das 117. Kapitel, das den Türkenkrieg schildern würde, bleibt ausgespart.

Noch einmal soll der Sinn eines vollen fürstlichen Lebens geborgen werden in der Form einer christlich-ritterlichen Abenteuerfahrt um eine Minnedame. Doch durch den mächtigen idealistischen Überbau und die Selbstverherrlichung schlägt eine ganz andere Wirklichkeit. Im Grunde ereignet sich keine echte Ausfahrt, keine Suche, keine Weltbegegnung; an die Stelle des hochgemuten Abenteuers sind Zufall, Mißgeschick und Bosheit getreten, die den Helden verfolgen, der kleine, um so tückischere Unfall der Jagd, der Reise, des Alltags, eine groteske Kette von kleinlichen Bedrohungen, Pannen,

Faits divers, die offensichtlich authentisch, im Kontext kaum integriert sind und ähnlich in irgendwelchen bürgerlichen Chroniken stehen können. Durch die idealistische Programmatik dringt eine unberechenbare, unheimliche, angsterregende, widerständige Realiät, die vorweg bereits an die Welt Fischarts oder Rollenhagens erinnern kann. Der Held ist weniger geführt als bedroht von der Fortuna, die hinterhältig und mesquin geworden ist. Er hat sein Leben unter widrigen Gestirnen angetreten, und wenn er seine Sendung erfüllen kann, so verdankt er dies neben seinen persönlichen Tugenden nur Gottes Hilfe, und er empfängt diese als Melancholiker. Dies ist vorreformatorische, dann wieder gegenreformatorische Stimmung. Maximilian soll das unheimliche Wort gesprochen haben, seit Christus habe niemand so viel gelitten wie er. Die Würde des Fürsten beginnt sich zunehmend zu bemessen nach der Größe des Leids und der Schwere des Verhängnisses, die er zu tragen hat. So gesehen ist die mehrfach erfolgende figurative Bezugnahme auf das Leben Christi keine blasphemische Anmaßung, sondern ein Griff nach dem allein wahren Maß – so hat sich ja auch ungefähr gleichzeitig Albrecht Dürer in seinem Münchener Selbstbildnis als Christus dargestellt.

Selten ist ein so groß gedachtes dichterisches Werk so kläglich an der Ausführung gescheitert. Das Erlebnismaterial konnte weder kompositionell noch ideell durchdrungen werden und bleibt ein kurioses Inventar. Die Versifikation wirkt ebenso gewalttätig wie hilflos, die kaiserlichen Schreiber haben roher und „bürgerlicher“ als irgendeiner der dichtenden Handwerker der Zeit gearbeitet. Als Beispiel ein Stück aus dem 37. Kapitel (auf Unfalos Geheiß rollen zwei Bauern Steine über eine Felswand):

Und ließen über des Fels Wand
Der Bauren ein jeder zuohand
Ein großen Stein laufen daher.

Derselben einer mit Gefer
Den teuren Held, das edl Bl°uet,
Traf und schluog im seinen H°uet
Vom Kopf und in die Erd ein Loch.
Der ander Stein felet sein, doch
Trafe er den Gembsjegersknecht
Mit vollem Laufen also recht,
Daß er zu der Erd strauchen tet,
Gar nahend er im den Tod hett
Gebracht. Der Held bald merket das,
Darumb im aus dem Gebürg was
Gach zu steigen herab darvon,
Dann er merket wol, daß z°u gon
Denselbigen Tag was mißlich.
Desgeleichen der Jeger sich
Darin auch nicht lang saumen tet ...

Eine Zufallsepisode wird sehr genau, aber wohl infolge der allegorischen Motivation unklar und durch die Mechanik des Verses – der nach der gängigen Theorie alternierend gelesen werden soll – zerhackt vorgeführt; die Pointe der umständlichen Erzählung besteht darin, daß nichts passiert, der Held einer Gefahr entgangen ist.

Das kaiserliche Bilderbuch des *Teuerdank* hat mehrere Ausgaben und Bearbeitungen auch noch im 17. Jahrhundert gefunden, literarisch aber kaum Wirkungen gezeitigt.

## 2. Die Narrensatire

Wie ein Gegenbild zur pathetisch-melancholischen Heldenfigur Teuerdanks erscheint gleichzeitig die Figur des Narren. Fast seuchenartig wird die bürgerliche Literatur der Zeit obsediert von der Vorstellung, daß der Mensch ein Narr, die Menschheit im Ganzen und einzelnen ein Gewimmel der unterschiedlichsten Formen der Torheit sei. Als Träger dieser Vorstellungswelt greift die Satire um sich, als die vielleicht dominierende literarische Ausdrucksform der Zeit. Die Satire ist das Medium, in dem eine zutiefst unsichere, krisenhafte und dann in bittere Auseinandersetzungen aufbrechende Zeit sich am ehesten ausdrücken und fassen kann: in ihrem Pessimismus, ihrer aggressiven Vitalität, ihrer Suche nach Maßstäben, ihrer Phantastik. Dabei gibt es alle Grade und Spielarten der Komik, der Ironie, der Didaxe. Die Satire kann die Waffe eines strengen und zielbewußten Moralismus, aber auch der Vorwand der Unterhaltung (auf Kosten Dritter) oder einer artistischen Schriftstellerei sein. Unbestritten ist es Sebastian Brant (1458–1521) gewesen, der zuerst die verschiedensten spätmittelalterlichen Traditionen dieser Art in seinem *Narrenschiff* versammelt und durch eine gewisse Totalisierung der Narrenvorstellung eine eigentliche Narrenliteratur begründet hat. Sebastian Brant war ziemlich genau ein Generationsgenosse des Kaisers und stets dessen Parteigänger. Für ihn und das Reich ist er in manchen Gedichten (*Varia carmina*, 1498) eingetreten und hat er sich mit deutschen Flugblättern als Mahner betätigt. Der Straßburger Gastwirtssohn hat in Basel studiert und den Doktor beider Rechte erworben, hat hier als Dozent gewirkt und war daneben im Buchwesen tätig; im Zusammenhang mit Basels Loslösung vom Reich ist er in die Vaterstadt zurückgekehrt und hat als Stadtschreiber, mit dem Titel eines kaiserlichen Rats, eine gewisse Rolle im Verkehr zwischen Reichsstadt und Kaiser gespielt. In Brant vernehmen wir die Stimme eines bürgerlich-städtischen und zugleich patriotischen Bewußtseins; seine moralische Satire sucht in einer bunt und spannungsreich gewordenen Gesellschaft ein vernünftiges Zusammenleben zu befördern, im Geist einer eher konservativen Frömmigkeit und eines pragmatischen Sinns für das Recht. Wichtiger als einige juristische und historische Arbeiten ist denn auch seine deutsche Volksschriftstellerei, und hier, alles überragend, das *Narrenschiff* von 1494; mit seinen zahllosen Nachdrucken und seinen Übersetzungen – u. a. durch Jakob Locher ins Latein – soll es für Jahrhunderte der größte Bucherfolg deutscher Sprache gewesen sein. Die Leit- und Rahmenidee, die Vielfalt menschlichen Tuns und Lassens im Bilde verschiedenster Narren zu personifizieren und zusammenzufassen in dem (nur lose und inkonsequent durchgeführten) Bild einer Schiffahrt nach Narragonien, muß auf eine große Aufnahmebereitschaft gestoßen sein. Man erhielt ein Panorama menschlichen Verhaltens, eine ebenso unterhaltende wie eindrucksvolle Sittenlehre mit vielen Exempeln, Stück für Stück mit vorzüglichen Holzschnitten veranschaulicht. Auch für literarisch anspruchsvolle Leser war das Werk von Interesse; mit seinen offenbar nach lateinischem Vorbild sauber durchgeführten jambischen Vierheber-Reimpaaren war es eine Pionierleistung im Bereich volkssprachlich-humanistischer Dichtung. Mehr als früher sieht man heute (Gaier) die Sorgfalt des formalen Aufbaus, die bewußte Dosierung von abschreckenden und belehrenden Partien, die Gruppierung des Stoffs, überhaupt eine gattungsgerechte Nachahmung der römischen Satire.

Brant hat seine über hundert Narrenporträts mit Beispielen aus der Bibel und der klassischen Literatur und moralischen Exkursen angereichert, nicht ohne damit die Klarheit seiner Narrenkonzeption stark zu gefährden. Zu dem alttestamentlichen Gegensatz von Narr und Weisem als Grundkategorie des moralischen Urteils kamen Bestimmungen der philosophischen antiken Ethik; für die Narrenfigur als solche, mit ihrer festen Schellentracht und ihren Requisiten, sind die mittelalterlichen Institutionen des Hofnarren einerseits, des Fastnachtsnarren anderseits maßgebend geworden. Die Narrheit ist zunächst ein moralisches Gebrechen und kann soweit als Schwäche, Unorientiertheit, Wissensmangel verstanden werden; letztlich aber ist sie als Folge des menschlichen Sündenstandes religiös begründet.

Dummheit und Bosheit, Schwäche und Schuld, Irrtum und Sünde sind nicht leicht zu trennen. In diesem Sinn ist der letzte Horizont von Brants *Narrenschiff* religiös, wenn nicht am Schluß geradezu eschatologisch. Die Fahrt des „schluraffen schiffs" endet mit dem gänzlichen Untergang:

Wir suochen gwynn jn dieffen muor
Des würt vns bald eyn boͤse ruor
Dann vns bricht mastboum, saͤgel, schnuor
Vnd künnen doch jm mer nit schwymmen
Die waͤllen sint boͤsz vff zuo klymmen
Wann eyner waͤnt er sitz gar hoch
So stossent sye jn zuo boden doch
Der wyndt der tribt sie vff vnd nyder
Das narren schiff kumbt nym har wider ...
(Nr. 108)

Bedenkt man, welche Bedeutung die Metaphorik von der Fahrt mit dem Schiff (der Arche) über das Meer des Lebens zum ewigen Ufer besitzt (vgl. auch Ps. 106,23 ff.), dann gewinnt die Narrenfahrt einen radikaleren Sinn. Der Weise ist nicht nur der Wissende, der gut und vernünftig Handelnde, sondern der Gottesfürchtige. Nun ist freilich Rettung nur möglich, wenn der Narr seinen Zustand erkennt; die Selbsterkenntnis macht den Narren zum Weisen, demütige menschliche Selbsterkenntnis ist die Erkenntnis seiner selbst als eines Narren. Es gehört durchgehend zur Narrensatire, daß sich ihre Verfasser selber als Narren bezeichnen und damit übrigens auch ihrer Lehrhaftigkeit die Spitze brechen und ihrer Satire einen gewissen Selbstzweck verschaffen. Damit kommen wir aber auch in die Nähe der Konzeption des weisen Narren, die von einer christlichen docta ignorantia und den Narren in Christo bis zu den abgründigen Shakespeareschen Narren reicht (für Deutschland wäre an *Henselyn* zu erinnern). Schließlich hat aber die Narrenfigur auch einen sehr vitalen Aspekt: Wie der

Bauer oder andere komische Figuren des Fastnachtspiels können auch die Narren als Verkörperungen einer fraglos-naturalen Welt erscheinen und in Unfläterei und Gelächter eine befreiende Wirkung haben. Ein Abglanz solcher Komik mag auch der Narrenrevue Brants zugute kommen. Mindestens ist diese prallvoll von menschlicher Alltagswirklichkeit. Jede Satire lebt ja davon, daß sie gleichsam hinterrücks mehr als Satire ist, d. h. positive Wirklichkeit produziert. Bei Brant vorherrschend ist freilich der solide bürgerliche, humanistisch vertiefte Moralismus, mit dem er, am Zusammenleben einer städtischen Gesellschaft interessiert, die Narrenwelt darstellt. Nur gelegentlich dringt durch die Ritzen ein angstvoller Pessimismus, von dem schwer zu sagen ist, wie weit er zum Typus jeder volkstümlichen Gnomik seit dem Prediger Salomo gehört und wie weit hier die Stimmung eines klugen Beobachters einer Krisenzeit sich ausgesprochen hat.

Wie sehr Brants Rahmenvorstellung als Möglichkeit erkannt wurde, die verschiedensten Nöte der Zeit zu begreifen, das zeigt eine lange Rezeptionsgeschichte, vor allem in der Reformationszeit. Ältestes Zeugnis dieser Wirkung ist wahrscheinlich das *Windschiff aus Schlaraffenland* (Luftschiff aus Narrenland), ein erst kürzlich entdecktes handschriftliches Gedicht von 1891 freien Knittelversen, das um 1504 von einem unbekannten Mainzer Studenten verfaßt wurde. Hier stehen im Rahmen einer satirischen Ständerevue lange Partien über die Zustände im Reich, insbesondere über den „frumen furst Maximilian“, die hochmütigen „Schwitzer“ (Schwabenkrieg), den bayrisch-pfälzischen Erbfolgekrieg, die Syphilis und die Türkengefahr.

In zeitlicher Abfolge wird allerdings zunächst eine andere Tradition wichtiger, eine andere Spezies des Narrentums. Das ist der „Schalksnarr“, der mit seinen Narreteien und Streichen den Mitmenschen übel mitspielt und diese damit in ihrer Torheit entlarvt, während er selbst als der Schlaue oder gar als der Weise dasteht. Auf der Linie des Pfaffen Amis, des Kalenbergers, Neidharts und Reinharts des Fuchses und in einer gewissen Verwandtschaft mit den ambivalenten Narren des Fastnachtspiels steht das Buch von *Eulenspiegel*, das – ebenfalls von Straßburg ausgehend – im 16. Jahrhundert und lange darüber hinaus mit seinen Bearbeitungen und Übersetzungen (darunter zwei lateinischen) zu den beliebtesten und folgenreichsten Druckwerken der Zeit gehört, ein Beitrag Niederdeutschlands zur Weltliteratur.

Der älteste eruierbare Druck stammt von 1510/11. Wenn nicht alles täuscht, steckt in diesem *Dil Ulenspiegel* keineswegs eine seit dem 14. Jahrhundert mündlich gewachsene Geschichtensammlung um eine wirkliche Figur, sondern das satirische Werk eines einzelnen Autors, der allerdings verschiedenartiges Schwankgut auf seinen fiktiven Helden übertrug und ihm einen wirklich bezeugten Familiennamen verlieh. Der Verfasser war höchstwahrscheinlich der Braunschweiger Zollschreiber Hermann Bote (gest. 1520/25), der als der bedeutendste niederdeutsche Autor der Zeit gilt. Den *Ulenspiegel* hätte er jedoch für den Druck von vornherein in (mangelhafter) hochdeutscher Sprache verfaßt. Bote spielte eine aktive Rolle in den langwierigen Fehden zwischen den sich erhebenden Handwerkergilden und dem patrizischen Rat in Braunschweig; er ist schon 1488 wegen eines Spottgedichts gefangengenommen und vorübergehend seines Amtes entsetzt worden, und 1513 wurde er, als „einer der bestgehaßten Männer der Stadt“, wiederum mißhandelt. Seine niederdeutschen Werke befassen sich immer wieder mit der Wahrung des Friedens in seiner Stadt und wenden sich, im Sinn der Obrigkeit, gegen inneren Hader und vor allem das auflüpfische Volk. Die selbsterlebten und dazu einige ältere Handwerkeraufstände hat er in seinem *Schichtbok* (Schicht: „Geschichte“, insbesondere böses, verderbliches Geschehen) in außergewöhnlich souveräner und lebendiger Weise dargestellt, aus der Sicht der rechtmäßigen Regierung einer bedeutenden Hansestadt und gegen Unordnung und Aufruhr. Eine *Weltchronik*, eine gereimte Ständesatire unter dem Titel *Boek von veleme rade* (Räder bzw. Ratschläge) und eine Spruchsammlung *Koker* (Köcher mit scharfen Pfeilen) belegen ebenfalls seine historischen und sozialpolitischen Interessen. Bote scheint nun seine engagierten Kenntnisse aus Literatur und Lebensumkreis und seinen angriffslustigen Spott in höchst freier Weise als Geschichtenerzählung arrangiert, lokalisiert und datiert zu haben. Ulenspiegel – der Name ist als Familienname bezeugt, bedeutet den Schleier der Schleiereule, läßt sich aber auch als Torenspiegel oder Wisch-den-Hintern (ul'n spegel) verstehen – macht mit seinen Streichen immer wieder gutgläubig-dumme oder auch bösartige Handwerker lächerlich; gelegentlich kommen auch Pfaffen und Doktoren schlecht weg. Letztlich geht es – interpretiert man wohlwollend – wie bei Brant um ein verständiges, kluges und ehrliches Zusammenleben in der Gemeinschaft. Der Narr ist es, der die Menschen entlarvt und weise macht. Viele Schwänke Ulenspiegels bestehen im absichtlichen oder gutgläubigen Mißverstehen der Sprache, im Wörtlichnehmen von Redensarten, in Wortverdrehungen: Dem Herrn, der seinen Knecht Ulenspiegel das Haus räumen heißt (d. h. entläßt), stellt er sämtlichen Hausrat auf die Gasse; dem Bierbrauer, der ihm Hopfen zu sieden befiehlt, steckt er den Hund, der zufällig Hopf heißt, in den tödlichen Sud. Das ist eine Art Sprachkritik, die weniger der Verständigung dient, als daß sie die Sprache in ihrer Mehrdeutigkeit ad absurdum führt. Mehrfach ist Ulenspiegel selbst das Opfer, erfolgen seine Streiche aus Rache – das soziale Verhältnis ist jedenfalls gestört. Der Schalksnarr verkörpert die Narretei in aktiver, aggressiver Form: er ist mehr als ein weiser Narr. „Es ist niemans so weis, er würt vonn den Doren betrogen." Eulenspiegel ist eine mythische Figur geworden nicht zuletzt, weil er in diesem Sinne aktiv ist, auch Bosheit und Schadenfreude ausstrahlt. Das ist schon angelegt in der Art, wie Ulenspiegel überall auftaucht und wieder verschwindet – „Hic fuit", steht nachher an der Haustür. Ein unheimlicher Rest, eine gewisse Diabolik bleibt. Die Komik ist nicht immer befreiend, wenn auch unmittelbar und drastisch; sie verzichtet auf Erotisches und ist um so reichlicher fäkalisch. Tätliche Verwirrung ist das Ende – wie bei den Bäuerinnen zu Bremen, die er alle ihre Milch in seine große Kufe schütten läßt, weil er sie kaufen wolle; dann erklärt er, er habe erst in vierzehn Tagen Geld, und wer wolle, könne seine Milch wieder zurücknehmen:

> Die bürin machten ein geröhel (Gegröhl) vnnd ein rumor. Ein, die het so vil gehebt, die ander so vil, die drit des gleichen vnnd so füran, so daz sich die frawen darüber mit denn eimern, logelen (Fäßchen) vnnd Fleschen zů den köpffen wurffen vnd schlůgen vnd gossen sich mit der milch in die ougen in die kleider vnnd vff die erden geschüttet so das es eben da gestalt war, als het es milch gereget. (LXX)

Immerhin: die zuschauenden Bürger finden es lustig und loben Ulenspiegels Schalkheit.

Das Werk ist eines der ersten Schwankbücher in Prosa – noch Fischart sah sich veranlaßt, eine Versbearbeitung zu veranstalten (1572), nachdem kurz zuvor eine lateinische Versifikation erschienen war. Als „historische" Biographie von der Geburt bis zum Tode gehört das Werk in die Tradition der Prosachronik und des Prosaromans. Da der Held ursprünglich nicht im Narrengewand, sondern als Landstreicher herumzieht, könnte man bereits von einem Schelmenroman sprechen.

Die Narrensatire ist entscheidend bereichert, ja zur Vollendung gebracht worden durch des Erasmus *Lob der Torheit* (*Morias enkomion*, *Stultitiae laus*), seit 1509 entstanden und 1512 in Paris erschienen. Auch ohne die Übersetzung durch Sebastian Franck (1534) ist dieses Werk und mit ihm die rhetorische Schulform des ironischen Enkomiums so sehr Gemeingut geworden und steht so sehr für den Geist des Humanismus, daß es hier erwähnt werden muß. Daß Erasmus das Brantsche *Narrenschiff* in einer lateinischen Übersetzung (Jakob Locher 1497, Iodocus Badius 1502) kannte, ist nicht nachweisbar, aber zu vermuten. Eine Anregung für die völlig andere Konzeption des Narrentums bot Brant jedoch nicht. Nicht zu übersehen ist auch die ausdrückliche Huldigung an Thomas Morus, die mit dem griechischen Titel bezweckt war. Hier wird nun nicht von einem Autor, der sich gelegentlich selbst an die Brust schlägt, das Narrentum denunziert, vielmehr tritt die personifizierte Torheit selber auf, um eine Declamatio (kunstreiche Schulrede) auf sich selber zu halten. Damit hat die topische Selbstbezichtigung des Autors ihre grundsätzlichste Form gefunden, und zugleich ist das Thema auf die Ebene einer verwirrenden, schwebenden Paradoxie verschoben. Von vornherein ist dementiert, was die Torheit zu ihrem eigenen Lob vorbringt; ihre Schilderungen des lächerlichen Menschenwesens, der Spott der Torheit (oder des Autors?) auf die gesellschaftlichen, politischen und vor allem kirchlichen Verhältnisse haben von vornherein ihr Alibi. Auch wo die Torheit aus der Rolle zu fallen scheint, läßt sich der Autor nicht dingfest machen. Allerdings ist nun die radikale Doppeldeutigkeit und Reziprozität der Begriffe Torheit und Weisheit dennoch eine Aussage, sofern es gerade auf die Ganzheit des menschlichen Wesens ankommt: das Humanum in seiner nur mit Verständnis und Toleranz zu begreifenden Unbegreiflichkeit, das schwierige, aber notwendige und auch wieder fesselnde Ineinander von Geist und Leben. Kein menschliches

Zusammenleben ist ohne Torheit möglich, nur anhand der Torheit gehen wir den Weg zur Weisheit. Jeder harte Moralismus, jeder Dogmatismus ist damit überspielt. Die satirische Ständerevue, die auch hier nicht fehlt und den breiten Mittelteil bestreitet, gewinnt eine neue Heiterkeit. Das zitierte Cicero-Wort: „Stultorum plena sunt omnia" (alles ist voller Narren), hat nicht mehr den bitteren alttestamentlichen oder Brantschen Sinn. Der Schluß bringt die kühne Aufgipfelung im religiösen Bereich: Christus selbst hat mit der Menschwerdung Torengestalt angenommen, der Glaube ist mit Paulus töricht um Christi willen (1. Kor. 4,10; 1,18), den Armen im Geist ist das Himmelreich versprochen. Hier scheint der erasmische Christ, ein christlicher Humanismus zu sprechen, und Sebastian Franck hat das ohne weiteres so akzeptiert. Dennoch fällt es schwer, hinter dem geistreich-rhetorischen Spiel der Declamatio ein Bekenntnis zur Frömmigkeit der Bergpredigt zu sehen. Die Irritation bleibt, aber gerade sie war wohl der Grund für die gewaltige Wirkung: freiwillig oder unfreiwillig stellte sich hier ein sublimer Humanismus in Frage.

> Wo ich hyn greiff, do findt ich narren,
> Die zuo schiff vnd ouch zuo karren
> Kummen sindt mit doctor brandt
> Vnd handt gefült alss dütsches landt;
> Wir sind der narren vber laden ...
>
> (Nr. 1)

So bezieht sich im gleichen Jahr 1512 Thomas Murner (1475–1537) auf die Ubiquität der Narrenvorstellung, um sie in ganz anderem Sinne als Erasmus zum Äußersten zu führen. Es geschieht nicht mehr auf moralisch-humaner Ebene, sondern sozusagen im Missionsauftrag des Bettelmönchs. Der Elsässer Thomas Murner, der als junger Franziskaner in Freiburg, Paris, Köln, Rostock, Prag, Krakau, Wien, Basel war und gleicherweise in

Philosophie, Rhetorik, Jurisprudenz und Theologie lernte und lehrte, gehört zu den umgetriebensten und unruhigsten Geistern der Zeit, war als Publizist, ja Agitator in allen Sparten tätig, wurde schließlich zum Exponenten des Kampfs gegen Luther und – z. T. auch im eigenen Lager – einem der bestgehaßten Zeitgenossen. Zunächst ist hier nur auf seine vorreformatorische Schaffenszeit einzugehen. Neben und nach lateinischen, meist polemischen Schriften wandte er sich der volkssprachlichen, durchweg in populärem, massiv alternierendem Versstil gehaltenen Dichtung zu. Unter seinen Gegnern finden sich die Eidgenossen anläßlich des Schwabenkriegs, die Berner Dominikaner in einer umfänglichen lateinischen, zugleich auch in der Art einer deutschen Reimchronik wiedergegebenen Darstellung des berüchtigten Jetzerhandels und der Straßburger Wimpheling im Streit um die Deutschheit des Elsaß. Erstaunlich ist, im Zusammenhang mit Vorlesungen in Freiburg i. B., eine Übersetzung von Vergils *Aeneis*, ein erstmals gewagtes und zugleich im Grunde retrospektives Unternehmen (1515); die unbefangen verbürgerlichende und moralisierende Bereimung des römischen Reichsepos war dem Kaiser Maximilian gewidmet, der Murner schon 1505 zum Poeten gekrönt hatte, und insofern als humanistisch-politische Huldigung zu verstehen.

Die Narrensatiren sind dagegen eindeutig an den gemeinen Mann gerichtet. Der Volksprediger tritt mit der *Narrenbeschwörung* (1512) als Exorzist auf; die Narren sind zu ungeheurem Ungeziefer, zu Dämonen geworden, die im Menschen stecken, zu Tausenden immer neu entstehen und den Geisterbanner, der sich selbst als Narren vorstellt („Murr-Narr“ läßt er sich nennen, mit einem Katzenkopf abbilden), zum komisch-verzweifelten Kampf gegen sie herausfordern. Murner hat eine originelle Darbietungsform gefunden mit einer Art volkstümlicher Emblematik: Jeder der gegen hundert

Abschnitte trägt einen Titel in irgendeiner kräftigen metaphorischen Redensart (im Grind lausen, Heuschrecken und Flöhe sonnen, den Hühnern die Schwänze aufbinden, etwas mit Dreck reinwaschen usw.), die dann mit einem epigrammatischen Vierzeiler umschrieben, mit einem Holzschnitt dargestellt und im eigentlichen Text ausführlich behandelt wird. Dies geschieht mit großem Aufwand an Anspielungen, Witzen, Sentenzen, mit mimischer Vergegenwärtigung, oft als dramatisches Gespräch oder als Monolog des betreffenden Narren, sehr abwechslungsreich, persönlich, oft grobianisch, oft auch überwältigend in der Phantastik der Einfälle. Der Narr wird ins Böse gesteigert, zugleich aber auch die vitale Komik, die von ihm befreien soll. Der anschaulich-aggressive Stil der Franziskanerpredigt wird zur Groteske verdichtet. Man ist hier bereits in der Nähe der satirischen Dialog-, Flugblatt- und Fastnachtspiel-Literatur der Reformationszeit. So echt dabei der missionarische Impuls sein mag (im „schimpf", im Gelächter soll der Gegner überrascht und erledigt werden), so wird daraus doch unvermerkt eine Groteskliteratur, die primär selbst fasziniert ist von der Dämonie, die sie produziert. Der Narrenbeschwörer treibt weniger seinem Publikum die Narren aus, als daß er sich selbst und damit seiner Zeit Ausdruck verschafft. „Ich bin ein Narr, das weiß ich wol, / und steck der jungen Narren voll." Auch der „volkstümliche" Stil, der sich hier ungewöhnlich drastisch gibt, mit dichtester Anschauung des täglichen Lebens und derbster Metaphorik gesättigt ist, gründet keineswegs nur auf dem Bestreben, seinem Publikum „aufs Maul zu schauen". Man darf sich fragen, ob dieses Volk so redet und immer so geredet hat, ob hier nicht auch Literatur, „Rhetorik des einfachen Mannes" (L. Röhrich), eine nach unten stilisierte Sprache vorliegt. Gewiß meldet sich der „gemeine Mann" nun zu Wort, doch dieser Begriff mußte auch erst geschaffen werden und zu seinem Bewußtsein kommen.

In einer Reihe kleinerer Werke hat Murner sein Thema in derselben Form fortgesponnen. Der ähnlich aufgebaute Lasterkatalog der *Schelmenzunft* gilt einem stärker ins Kriminelle gehenden Aspekt des Narrentums. Die *Gäuchmatt* ist mit kaiserlichem Privileg 1519 erschienen, wohl später als Pamphilus Gengenbachs gleichnamiges Drama, doch war sie schon 1515 entstanden, aber vom Orden unterdrückt worden. Diese Revue gilt den Weibernarren, den Unzüchtigen (gouch: „Kuckuck, Tor"). Auf einer Wiese in der Nähe von Straßburg treffen sich – das ist die Rahmenvorstellung – die Gäuche bei der Frau Venus, sie organisieren sich zu einer Zunft mit umständlicher Verfassung. Zum Teil sind die Abschnitte berühmten Gäuchen und Gäuchinnen aus der biblischen oder der weltlichen Geschichte gewidmet, bis hin zu Euryalus und Lucretia. Textlich verwandt ist die 1515 erschienene *Mühle von Schwindelsheim* (gezielt ist auf Schwindratzheim bei Straßburg), wo das alte Bild von der geistlichen Mühle und der verbuhlten Müllerin ausgeschlachtet wird; den Schluß bildet die Geschichte des Müller-Esels, der, als neue Verkörperung des Narrentums, bei allen Ständen, in Hof, Kirche und Kloster aufs höchste geehrt wird. Schließlich hielt Murner seine Narrenbeschwörung noch für mächtig genug, damit auch den Kampf mit der Reformation und mit dem „großen lutherischen Narren" persönlich aufzunehmen.

## 3. Moralisch-politische Ermahnung

Das tiefe Ungenügen, das Krisengefühl, das sich im Lauf des 15. Jahrhunderts seit den weithin verunglückten Reformbestrebungen der Konzilszeit verstärkte, hatte natürlich von Anfang an auch seine wirtschaftlichen und politischen Ursachen und Aspekte: das Aufkommen der

Geldwirtschaft, die allgemeine Fiskalisierung, selbst des geistlichen Lebens, die Befestigung territorialer Herrschaft durch weltliche und geistliche Machthaber, auch durch die Städte, die zunehmende rechtliche und politische Not der bäuerlichen Existenz. Diese Zeitproblematik kann sich denn auch direkt – wenn auch zunächst selten genug – in der volkssprachlichen Literatur Ausdruck verschaffen.

Zum ersten Mal in deutscher Sprache und aus der Sicht des einfachen Mannes waren die Fragen der Kirchen- und Reichsreform in der ganzen Verknäuelung ihrer religiösen, politischen und moralischen Argumentation in der *Reformatio Sigismundi* zum Ausdruck gekommen, einer in den 1430er Jahren stufenweise entstandenen, später mehrfach bearbeiteten und gedruckten Schrift (13 Auflagen bis 1716) unbekannter Verfasser im Gefolge des Basler Konzils. Wenn eine Erneuerung von Kirche und Reich nach deren Vorstellungen nicht erfolgen würde, war eine revolutionäre Erhebung zunächst auf das Jahr 1439 in Aussicht gestellt. Die Gebrechen der Kirche – Simonie und Geiz – sollten verschwinden, der kirchliche Besitz säkularisiert, die Priester verheiratet, die Zehnten abgeschafft, eine neue soziale Ordnung in einem starken Reich unter einem Priesterkönig Friedrich eingerichtet werden. Gesteigert kehren solche eschatologisch-utopistischen Vorstellungen wieder in der nur handschriftlich verbreiteten, umfangreichen Schrift des sogenannten Oberrheinischen Revolutionärs: *Das Buch der hundert Kapitel und vierzig Statuten*. Im Rahmen einer astrologisch periodisierten Weltgeschichte nimmt der Gedanke der Reichsreform chiliastische Form an. Jener messianische Kaiser Friedrich wird erscheinen, die Weltherrschaft antreten und die Armen, die durch kirchliche und weltliche Macht- und Geldgier unterdrückt sind, entschädigen. Religiöse Reformideen – Kritik des Mönchtums, von Wucher und Unzucht, Lobpreis der Ehe – verbinden sich mit der Erwartung des Endgerichts und eines durchaus germanisch-patriotisch gesehenen tausendjährigen Reichs: „wir sind all gebruoder von Adam herkummen“, Adam „ist ein tusch man gewesen“, die Deutschen sind alle von Ursprung her frei und edel. Das revolutionäre Programm ist dunkel und verworren, mehr Heilserwartung als Aufruf zu einem Umsturz, und jedenfalls in seinem bitteren, haßerfüllten, unklaren Suchen und seiner widerspruchsvollen Phantastik bezeichnend für eine noch ausweglos scheinende Lage vor der Reformation und dem Ausbruch des großen Bauernkriegs.

In konkreterer und im realeren Sinn politischer Form erscheinen Satire und Ermahnung, schließlich auch stolze Selbstdarstellung des Erreichten vor allem im Bereich des schweizerischen Bundes, der sich seit 1499 faktisch vom Reich gelöst hatte und sich in der Phase einer intensiven Diskussion der eigenen Identität befand. Formell bewegt sich die kleine Gruppe dieser z. T. flugschriftenartigen Produkte zwischen Lied, Dialog, Traktat und Spiel. Die Gattungen geraten in dieser Zeit überhaupt in Bewegung und gehen oft unmittelbar ineinander über.

Pamphilus Gengenbach (um 1480 – um 1525) stammte vermutlich aus Basel, machte eine Buchdruckerlehre in Nürnberg (wo es auch Gengenbachs gab) und ließ sich 1499 in Basel nieder. Er figuriert mehrfach in den Gerichtsakten, war Teilnehmer an Feldzügen und erscheint schließlich als wohlbestallter Hausbesitzer. Anders als der Humanist Brant oder der gelehrte Bettelmönch Murner ist er der handwerkerliche Autodidakt, der als Drucker und Schriftsteller aus eigener Betroffenheit an der Not und den Herausforderungen der Zeit teilnimmt. Sein eigener Anteil ist aus seinen Verlagsprodukten nur teilweise abzugrenzen. Die direkteste Form politischer Volksdichtung, zu der er beiträgt, ist das sogenannte historische Volkslied. Wie Gengenbach, dann auch Manuel und der Dichter des alten Tellenspiels zeigen, können solche Lieder zu breiteren, räsonierenden Darstellungen dialogischer und schließlich dramatischer Art anregen. Das *Lied auf die Schlacht an der Adda* (1509), mindestens in Gengenbachs Offizin erschienen, spiegelt eine momentane Situation der oberitalienischen Kriege, wo das Schweizer Kontingent auf seiten von Kaiser und Papst steht, und nimmt energisch gegen die Franzosen und für Maximilian Partei. In Strophenform gehalten ist auch *Der alt Eydgnoß* (1514, von Gengenbach signiert), eine dialogische vaterländische Ermahnung im Hinblick auf die gespannten inneren Verhältnisse. Der symbolische Alte mahnt zu Uneigennützigkeit, Gottesfurcht und Einfalt, warnt davor, sich in fremde Händel zu mischen und damit die eigene Freiheit zu verlieren. Er läßt die Vertreter der europäischen Mächte (Papst, Franzose, Venediger, Mailänder, die Könige von Spanien und England, Kaiser), die alle als Versucher an ihn herantreten, kritisch Revue passieren. Einem jungen Eidgenossen, der nicht zu Hause „klauen sugen" und „finger spitzen" will und lieber Sold nehmen möchte, rät er ab:

Der vntrew hab ich entpfunden vyl
Darumb ich do heimen bliben wil
By kinden und by wiben.

(336 ff.)

Ein Jahr vor der Katastrophe von Marignano wird hier das wichtigste Problem schweizerischer Politik, Wirtschaft und Moral, die fremden Dienste, das Pensionenwesen und ihre Folgen Luxus und Untreue aus eigener Erfahrung diskutiert, wie das gleichzeitig und kurz darauf Sproß, Manuel und Zwingli tun: Vorbereitung einer neuen politischen Maxime, der Neutralität. So unmittelbar war Literatur selten Aktion gewesen. Gengenbachs größter Erfolg wurden, 1515, *Die zehn Alter dieser Welt*: Nachweislich in Basel aufgeführt, war es ein typisches Reihenspiel aufgrund eines beliebten Spruchs, der auch für Holzschnitte, Ofenkacheln und dergleichen verwendet wurde. Ein Einsiedler – wir kennen die Figur seit Walthers „klôsenaere“ – geht an den zehn Vertretern der verschiedenen Lebensalter vorbei und stellt in Rede und Gegenrede nichts anderes fest als Bosheit, Untreue, Geiz und Leichtsinn. Neu ist die grimmige Schärfe der Charakteristik und der Ausblick auf den baldigen Jüngsten Tag, der sich durch viele Vorzeichen und die Verkehrung aller Ordnungen ankündigt. Gengenbach ist ein Kenner alter und neuer prognostischer Literatur. Er benützt sie auch für den *Nollhart* (1517), eine in die Prophezeiung des Weltendes mündende Revue der Mächte dieser Welt (Kaiser Max, der Papst, Frankreich, Türke, Jude, Eidgenoß, Landsknecht usw.), die sich an den Nollhart (Lollhart, Begharde, Laienbruder) und dann an die heilige Brigitta, die cumäische Sibylle und St. Methodius wenden, um die Zukunft zu erfahren. Ein Basler Handwerker sucht hier der bangenden, fragenden Stimmung dieser Zeit Ausdruck zu geben und die Weltverhältnisse nach seinem schlichten Vermögen zu beurteilen. Die Szene, die er sich ausdenkt, hätte einige Zeit früher sich vor der Zelle des Niklaus von Flüe ereignen können.

Ein echtes Fastnachtspiel mit dramatischen Qualitäten ist *Die gouchmat* (1516 oder erst 1521?), abgesehen von der gemeinsamen Grundvorstellung unabhängig von Murner entstanden. Vor dem Zelt der Frau Venus treten ein junger und ein alter Soldat, ein Bauer und ein Doktor auf, um der großen Dame bzw. ihren hübschen Dienerinnen Circe und Palästra zu huldigen; einer nach dem andern verschwindet im Zelt, um dann schimpfend, klagend und ruiniert abzuziehen – eine Narrenrevue sub specie Veneris und entsprechend kräftig im Ausdruck. Um einen klassischen Venushof oder ein erotisches Welttheater handelt es sich nicht, eher um ein kleinbürgerliches Bordell, und die eigentliche Adresse, verkündet der Narr, sei die Malenzgasse zu Basel, d. h. das Siechenhaus.

Bereits eine reformatorische Flugschrift (1521?) sind *Die Totenfresser*, ein antipäpstlicher Dialog oder allenfalls ein kleines Drama über ein wüstes Motiv der zeitgenössischen Flugblattliteratur (vgl. Manuel): Die Geistlichen aller Grade werden als Kannibalen vorgeführt, auch im Holzschnitt, wie sie sich von den Totenmessen mästen. Der Totenfresser ist eine letzte, grausig-groteske Verkörperung des fastnächtlichen Dämons. Hier ist das dumpfe Leiden an den Mißständen der Zeit zur Entladung in einem aggressiven, wenn nicht revolutionären Akt gekommen.

Näher bei humanistisch-pädagogischen Traditionen sind wir in den zwei schweizerischen Dramen, die für lange Zeit die einzigen politischen Stücke der deutschen Literatur bleiben. Auf dem Höhepunkt militärischer Erfolge und zugleich moralischer Krisenstimmung, wahrscheinlich im Winter 1512/13, inszeniert ein Schulmeister oder Schreiber in Altdorf (Kanton Uri) ein *Spiel von Wilhelm Tell*, wobei er sich auf ein altes Lied (s. S. 764) und die Schweizerchronik Petermann Etterlins stützt. Der älteste erhaltene Druck des Spieltexts stammt erst von 1540/44. Der junge Mythus von Tell ist in seinem dramatischen Kern vorgeführt, nämlich der Apfelschußszene; der Sprung Tells auf die Platte ist nur kurz, die Tötung des Landvogts nur in einem Botenbericht gegeben; dafür wird Tell – im Gegensatz zur chronikalischen Tradition – zum Mitbegründer des Bundes auf dem Rütli gemacht. Heroldsreden resümieren die Vorgeschichte bis zurück zu den alten Römern (ist ja doch Tell der eidgenössische Brutus); Kommentare eines ehrwürdigen alten Mannes und eines frommen und weisen Narren ermahnen zu Gottesfurcht und Einigkeit (diese beiden Reden können spätere Zutat sein). Im Tellenspiel greift man mit Händen, wie ein neues Drama die überlieferten Formen des jahreszeitlichen Spiels ablöst: Streitgespräch und Liquidation eines bösen Widersachers, vielleicht auch der Narrenauftritt, entsprechen brauchtümlichen Elementen, sind aber inhaltlich und funktionell ganz neu gefaßt. Das weltliche Spiel wird zur historisch-politischen Ermahnung und Selbstbestätigung. Ohne bürgerlich-humanistischen Hintergrund ist solche ideologische Arbeit nicht denkbar.

Eine andere Methode befolgt Balthasar Sproß, ein junger Zürcher, der als französischer Stipendiat seit 1508 in Paris studiert hatte, dann an der Großmünsterschule wirkte, öffentliche Ämter übernahm und schon 1521 in Oberitalien starb. Auf Neujahr 1514 führte er mit seinen Schülern das Spiel *Von den alten und jungen Eidgenossen* auf, eine Art politischer Moralität, vielleicht durch französische Spiele dieser Art angeregt. Der Gegensatz der Generationen ist hier wie in Gengenbachs gleichzeitigem *Alten Eydgnoß* zur Exposition der Zeitprobleme benützt, nur viel dramatischer und detaillierter: Franzose, Ungar, die Frau von Mailand umwerben die Eidgenossen, ein süddeutscher Bauer hofft klagend auf Hilfe gegen seine bösen Herren, und ein „welscher bur“, ein Tessiner, freut sich, soeben ein „schwizman“ geworden zu sein. Altrömische Helden, in der eidgenössischen Ideologie nun stets die republikanischen Vorbilder (Horatius Cocles, Mutius Scaevola, Scipio Africanus und dazu Hannibal), treten mit ihren Ratschlägen auf. Die Beratungen der alten bäurischen Eidgenossen und der jungen „moderni Helvetii“ führen zu einem konservativen Ergebnis: „land kein adel vnnd hoffart in vnser land kan“ (543), einfaches Leben, keine Soldbündnisse mit „herren“, Gottesfurcht und Bundestreue – so lautet auch hier die Parole. Wie nur noch als gattungsmäßiges Alibi geistert ein Narr mit seinen Kommentaren durch das

Spiel und veranstalten die alten Eidgenossen einen Bauerntanz (chorea rusticorum). Das Stück ist ein bedeutender Versuch, die politisch-moralische Position des Bundes zwischen Großmachts- und Neutralitätspolitik zu diskutieren und den Generationenkonflikt abzubauen. Erstaunlich auch die Ideologie republikanisch-eidgenössischen Bauerntums, die – man denke an Wittenwiler, Felix Hemmerlin oder die Nürnberger Spiele – von einem städtischen Humanisten hier vertreten wird. Vehikel dafür ist das zum ernsten Schultheater entwickelte oder umfunktionierte Fastnachtspiel. Ein entsprechendes Verfahren wird bald darauf Niklaus Manuel mit seinen reformatorischen Stücken befolgen.

## 4. Humanismus: eine Lebensform

Das ganze 15. Jahrhundert stand im Zeichen gelegentlicher „humanistischer" Bestrebungen, von der böhmischen Frührenaissance über das Wirken Enea Silvios bis zu den verschiedenen Übersetzern lateinischer und italienischer Prosa. Trotz intensiven Kontakts persönlicher und literarischer Art mit Italien während des ganzen Jahrhunderts läßt sich erst zur Zeit Maximilians von einem Humanismus im Sinn einer mehr oder weniger geschlossenen Elite von Literaten, Gelehrten und Beamten reden, die über ein einheitliches Bewußtsein ihrer selbst, ein kulturelles Programm, ein Instrumentarium von spezifischen Ausdrucksformen wie z. B. Brief, Rede, Dialog und Satire verfügen und ihre festen Stützpunkte an Schulen, Höfen und in Städten besitzen. Erst jetzt läßt sich auch literaturgeschichtlich von einer humanistisch bestimmten Epoche reden, so lange wenigstens, bis die Reformation mit ihren elementareren Anliegen religiöser und sozialer Art die humanistische Bewegung relativiert – d. h. zum Teil verwandelt und vertieft, zum Teil bricht. Daß es sich um die Bildungsbewegung einer aufs Ganze gesehen dünnen und anspruchsvollen Gesellschaftsschicht handelt, macht zugleich die hohe Qualität wie auch die Schwäche des Humanismus aus: Es kam alles darauf an, ob und wie sich der jugendliche, universal gesinnte Aufschwung nicht nur in einem selbstgefälligen und exklusiven neulateinischen Bildungsvergnügen verlor, sondern wirklich auch das soziale, religiöse und politische Leben durchdringen konnte.

„Studia humanitatis i. e. poetarum, oratorum ac historiographorum" – so definiert schon 1456 einer der frühen Verkünder des neuen Stils, Peter Luder, in seiner Heidelberger Antrittsrede das Programm; damit werden die Humana nicht etwa nur im Sinne der alten Artes den Divina gegenübergestellt, sondern als Methode und Lebensinhalt begriffen. Um 1500 erscheint auch der Ausdruck „humanistae" und bezeichnet ein weitgehendes Einheits- und Identitätsbewußtsein. Dennoch handelt es sich immer um ein überaus komplexes Phänomen, das vom hochmütig-selbstgenügsamen Gelehrten zum pädagogisch interessierten Moralisten und „Bürgerhumanisten", vom vagierenden Literaten bis zum Hofjuristen, vom Renaissance-Freigeist bis zum religiösen Denker reicht. Die wichtigsten Residenzen sind zweifellos die Städte mit ihren Schulen, Universitäten, Druckereien, ihren wirtschaftlich-verkehrsmäßigen Voraussetzungen, ihrer Beamtenschaft und ihrem patrizischen oder höfischen Publikum. Wichtig sind ja auch jetzt noch die Höfe, auch die geistlichen, und gerade auch der Kaiserhof, nicht nur soweit immer wieder eine gewisse Interessengemeinschaft zwischen Reichsstädten und Kaisertum besteht, sondern auch dank einer spontanen Förderung seitens Maximilians, der fast überall einmal als höchste Adresse humanistischer Bemühungen erscheint und mit der Institution der Dichterkrönung sich auch als literarisch maßgebende Instanz betätigt. Es gehört aber auch zum Bild, daß die Humanisten durch ihre Studienaufenthalte in Italien, ihre Tätigkeit im Dienste verschiedener Herren, ihren oft auch unfreiwilligen Wechsel der Universitäten und Städte eine bezeichnende Mobilität entwickeln und so erst das weitgespannte Netz des humanistischen Wesens knüpfen.

Verschieden ist die Bedeutung des Humanismus für die volkssprachliche Literatur. Stärker als im Frühhumanismus ist eine neulateinische Kultur und Literatur das Endziel, und die deutsche Literatur profitiert davon nur durch gelegentliche Übersetzungen und das allgemeine geistige Klima. Gerade bei den großen Patrioten will man das germanische Barbarentum durch vollendete Beherrschung des Lateins dementieren und läßt die Volkssprache nach Möglichkeit beiseite. Die neulateinische folgt denn auch noch lange anderen Gesetzen als die deutsche Literatur. Eine ausgeführte Geschichte des Humanismus – eine noch heute kaum bewältigte Aufgabe – sprengt damit auch den Rahmen einer deutschen Literaturgeschichte. Wir suchen hier die wichtigsten Aspekte des Gesamtphänomens zu skizzieren, nicht seine Vertreter im einzelnen darzustellen, und können nur dort näher zusehen, wo literarische Formen und Einzelwerke der Humanisten in deutscher Sprache unmittelbar Geschichte machen oder umgekehrt unter deutschem Einfluß stehen. Für das subtilere Spiel zwischen den beiden Sprachen und Literaturen zumal im Bereich der Satire sei auf die glänzenden Ausführungen von Günter Hess verwiesen.

Humanismus – die bestimmte Art von Studien ist natürlich im Grunde durch ein neues Lebensgefühl motiviert, Ausdruck einer Wendung zum Diesseitig-Menschlichen, dessen Erfüllung von einer Rückkehr zum klassischen Altertum mindestens im Abglanz einer neuen Latinität erwartet wird. Ob in grundsätzlichem Ernst oder nur in literarischer Frivolität, es ist eine neue Weltlichkeit am Werk, die mittels einer natur- und sinnenhaften

Antike die christliche Welt der „mittleren Zeit" in Frage stellt und erst als Epoche von sich abgrenzt. Diese Weltlichkeit geht mehr gegen die Theologen als gegen die Theologie, mehr gegen die Kirche als gegen den Glauben. Sie sieht im gebildeten Laien (als Literat und Gelehrter, als Jurist oder Arzt) eine autonome Lebensform und will sich in persönlicher Freiheit entfalten und darstellen. Gewiß bleibt man immer wieder eingeordnet in städtische oder höfische Gesellschaft und immer noch in die Institution der Kirche. Daneben oder darüber bildet sich aber eine Res publica litteraria, eine Gelehrtenrepublik, eine nationale und internationale Gemeinschaft, von der aus hergebrachte Standesunterschiede relativiert werden können. Man kann sich an Hochschulen oder in Freundschaftszirkeln oder in Sodalitäten (rheinländische, donauländische Sodalität) locker organisieren, identifiziert sich aber vor allem im dichten Zusammenhang der gelehrten, literarischen, politischen Publizistik, der Episteln, Satiren, Freundschafts- und Huldigungsgedichte, Widmungen und Reden, die vom einen zum andern gehen und stets zum Fenster hinaus gesprochen sind. Der Buchdruck ermöglicht eine neue und rasch (rascher als heute!) funktionierende, berauschende Öffentlichkeit. Deutlicher gibt es nun aber auch die Individualitäten, die auch nach ihrer Studienzeit freiwillig oder unfreiwillig ein unstetes Leben führen. Zum Typus dieser „Wanderhumanisten" – in mancher Hinsicht moderne Variante des mittelalterlichen Vaganten – gehört schon Peter Luder (um 1410 – nach 1474, nach Lehrjahren in Italien und Mazedonien in Heidelberg, Ulm, Erfurt, Leipzig, Basel, Wien und wieder Italien), dann vor allem auch Konrad Celtis und auf seine Weise Ulrich von Hutten. Auch des Erasmus weltbürgerliche Wanderschaft gehört hieher, sie führt ihn zu einem subtilen Verzicht auf konkrete Parteinahme überhaupt.

Wie sich hier Wanderlust, Unabhängigkeitsdrang und

bittere Suche nach Brot verteilten, war von Fall zu Fall sehr verschieden, und das Verhältnis von virtù und fortuna war literarisch und faktisch wohl nicht immer dasselbe. Rudolf Agricola (1444–85), der Begründer des Heidelberger Humanismus, erscheint als glückhafte und von den Späteren als Pionier eines neuen Lebens- und Bildungsstils bewunderte Figur; der Sohn eines holländischen Geistlichen war nach dem Besuch deutscher Universitäten nach Italien gegangen, kam an Universität und Hof zu Ferrara in hohes Ansehen, gehörte dann zum Kreis des Kanzlers Johann von Dalberg am Heidelberger Kurfürstenhof. Erst recht Erasmus, „Fürst der Humanisten", konnte sein Wanderleben zwischen Holland, Frankreich, England, Italien und Deutschland in den obersten Rängen führen und daraus eine noble innere Unabhängigkeit folgen lassen – auf die Gefahr hin, daß sie als Schwäche oder Eigensucht mißverstanden wurde. Am extremsten im Sinn schicksalsliebender Freiheit hat Konrad Celtis (Bickel, 1459–1508), der sogenannte Erzhumanist, sein Lebensgefühl dargetan. Sein Hauptwerk, die Elegiendichtung der *Amores* (1502), feiert in noch kaum dagewesener Art die Emanzipation des Fleisches. Aber während er mit seiner Geliebten Hasilina verschlungen ist, geht sein Blick zum Himmel mit den ewigen Sternen und kosmischen Göttern, und seine Lyrik – „erotice et odiporice", als erotisches Reisebuch geschrieben – hat mit ihren vier Adressatinnen in den verschiedenen Himmelsrichtungen Deutschlands zugleich topographische und astrologische Struktur und ist den vier Temperamenten und vier Elementen zugeordnet. Der Dichter durchwandert die Länder Europas und das deutsche Vaterland und bricht im Geiste schließlich zur ultima Thule auf. In dem intendierten großen Stil sind Unrast und Heimatlosigkeit dennoch unverkennbar:

Dissideo mecum, probo nec mea tempora Celtis,
Qualis sum nolo, nescio qualis eram.

(*Amores* IV,3,49 f.)

(Ich bin mit mir zerfallen, verstehe auch meine Zeit nicht, / will nicht sein, der ich bin, weiß nicht, wer ich war.)

Hier darf man schon daran erinnern, wie sich in dieser Epoche der Weltraum geöffnet, die Zentralperspektive durchgesetzt hat: ein optisches System, das zwar auf den isolierten Punkt des betrachtenden Ich hin alles zu ordnen vermag, aber dieses Ich auch der Unendlichkeit ausliefert. „Medium te mundi posui, ut circumspiceres" (in die Mitte der Welt habe ich dich gestellt, damit du dich umschauest) – was Pico della Mirandola in seinem Lobpreis über die Würde des Menschen überschwenglich feiert (1487), hat auch seine Kehrseite: Kopernikus hat bald den Menschen aus dieser einsam gewordenen Mitte verdrängt. Und daß „alle fürtrefflichen, hochsinnigen Ingenien", die Männer hoher Vernunft und Kunst, Melancholiker sind, das ist seit Marsilio Ficinos *De vita triplici* (1505 von Johann Adelphus Muling als *Buch des Lebens* übersetzt) geläufig, als edles und doch schmerzliches Pathos. Es bedarf kaum eines Hinweises, daß an der Oberfläche des humanistischen Treibens in dieser gefahrvollen, aufgewühlten Zeit gerade das Allzumenschliche sich reichlich zeigt – in Streit und Eitelkeit, Armut und Krankheit, frühem Tod.

Neben der Liebe, der Freundschaft und der Gemeinschaft der Humanisten gibt es eine säkulare Instanz, die wie ein Ersatz des verblassenden Gottesreiches am Horizont erscheint und die Geister an sich zieht: das Vaterland. Erasmus allerdings nennt sich „mundi civis ... et peregrinus" (an Zwingli) und denkt seinen Weg zur civitas coelestis hin. Doch die deutschen Humanisten der Maximilian-Zeit stellten sich eine glanzvolle irdische Reichsordnung als Träger ihrer neuen Kultur vor. Wie sich die Italiener als Abkömmlinge und Erneuerer des römischen Altertums in Literatur und Staat verstanden, so beriefen sich, etwas prekärer, die Deutschen mit der Formel „amor litterarum et patriae“ (Celtis) auf das Römische Reich Deutscher Nation und projizierten ihren Traum von Größe zurück zu den alten Germanen, die seit der Wiederentdeckung der Taciteischen *Germania* (1455) in hellem Licht erstrahlten, mit Arminius die Römer besiegten, mit Theodorich und durch die Translatio imperii in aller Form das Reich übernahmen. „Patria“ kann im lose gefügten Länderkomplex des Habsburgerkaisers alles mögliche heißen: römisches Reich, ein altneues Germanien, eine neu entdeckte Heimat der Regionen, der Stämme, ja der einzelnen Städte, eine Einheit der Sprache und später sogar des Glaubens. Nach dem Vorbild von Flavio Biondis *Italia illustrata* mühte man sich auch in Deutschland um eine historisch-topographische Synthese, in der die geschichtliche Identität des Vaterlands in seiner Vielfalt durch zwei Jahrtausende belegt, Altertum im Gesicht der Gegenwart und Aktualität im Vergangenen anschaubar gemacht werden sollten. Konrad Celtis, Beatus Rhenanus, Franciscus Irenicus, Aventinus und andere haben das Projekt, zu dem schon Enea Silvio, etwa mit seiner Geschichte Böhmens, Ansätze geliefert, verfolgt. In der ganzen Breite von konkreter Städtebeschreibung (z. B. des Celtis *Norimberga* 1502) bis zur phantastischen Beschwörung eines germanischen Ur- und Weltreichs ergeht sich eine Historiographie, die wie kaum je früher oder später zur Leidenschaft des Selbstverstehens, der Selbsterfahrung gehörte: Aufgang der Geschichte als natürlicher Dimension des Lebens, einer Geschichte, der man sich fast abstandslos und unromantisch bemächtigt.

Die Sehnsucht kann freilich auch einem erst herzustellenden Reich des Friedens gelten. Humanität, wie sie vor allem Erasmus begriff, bedurfte zum Gedeihen nicht nur der bonae litterae, sondern eines universalen Friedens unter dem Gebot der Vernunft, der menschlichen Würde und vor allem der Lehre Christi. Erasmus sah die Welt als das eine, gemeinsame Vaterland aller an und wollte einen nationalen Vaterlandsbegriff nicht gelten lassen. Seiner konkreten Hoffnung gibt er am Vorabend der Reformation mit seiner großen Friedensschrift *Querela pacis* Ausdruck (u. a. von Leo Jud 1521 übersetzt).

Unter günstigen Umständen gab es auch die andere Möglichkeit: ein Einstehen des universal Gebildeten in die Forderung des Tages, das Seßhaftwerden zumal in der städtisch-bürgerlichen Gemeinschaft als der allein konkreten und realen Patria. Der Nürnberger Patrizier Willibald Pirckheimer (1470–1530) verbrachte sieben Jahre des Studiums in Italien, wurde 1496 für Jahrzehnte Mitglied des Regierenden Nürnberger Rats, übernahm diplomatische und militärische Missionen, diente als kaiserlicher Rat („der gelehrteste Doktor des Reiches") Maximilian, besaß eine Familie und versammelte als Gelehrter, Schriftsteller und Mäzen einen weiten Kreis von Freunden und Korrespondenten um sich (am nächsten stand ihm Dürer), kurz, war die patrizische Variante eines uomo universale. Auch er freilich zog sich seit 1523 vom aktiven Leben zurück und bezog in heftigen Streitschriften gegen die Reformation Stellung. Vergleichbar, wenn auch in kleineren und überschaubareren Verhältnissen, ist Joachim von Watt (Vadianus, 1484–1551). Eine akademische Laufbahn in Wien, wo er die Artes und anschließend Medizin studiert hatte und 1516/17 Rektor der Universität wurde, gab er auf, um als Stadtarzt in seine kleine Heimatstadt St. Gallen zurückzukehren. Hier wurde er Ratsherr und Bürgermeister, führte die Reformation durch, spielte eine bedeutende Rolle in der eidgenössischen Politik und fügte zu seinen bisherigen gelehrten und literarischen Werken (eine Poetik, Editionen, Kommentare zu antiken Autoren, Streitschriften und Dichtungen) zahlreiche selbständige Geschichtswerke in deutscher Sprache, darunter die *Große Chronik der Äbte* St. Gallens. Wie bei seinem Freund und Studiengenossen Zwingli verschwand alle humanistische Rhetorik völlig in den politisch-sozialen und wissenschaftlichen Aufgaben. „Ich weiß nit mehr einen solchen Eidgenossen", sagte Zwingli. So konnte sich bei der jüngeren Generation der Humanismus verwirklichen, indem er sich überwand.

## 5. Humanismus: ein Bildungsprogramm

Seit Enea Silvio, seit Luder und Agricola gehört ein feierlicher Brief oder eine Eröffnungsrede über den Nutzen der Studien zum programmatischen Ritual des Humanisten. Am beschwingtesten äußert sich wohl Celtis 1492 in Ingolstadt: Das Ziel eines „bene beateque vivere" sei erreichbar durch „virtus" und „optimarum artium studia". Humanistisch heißt hier weltlich gebildet, im Gegensatz zu jeder Barbarei und meist unter stillschweigender Ausblendung religiöser Dimensionen. Es geht um das hic et nunc der persönlichen Entfaltung und des erfreulichen Zusammenlebens, zu welchem die Bildung führt und aus welchem sie sich nährt. Humanismus ist vom Wesen her pädagogisch und lebt daher aus dem Gespräch, der Rede pro und contra, dem Scherz, der Satire, dem Lob, auch der Verleumdung, kurz, aus dem Wort, aus der Sprache als dem Organ des Miteinanderseins und Menschseins. Solche Philo-Logie sieht sich in scharfem Gegensatz zu jeder scholastischen Formalisierung und Spezialisierung des Lehrbetriebs mit Autoritäten und Begriffsanalysen und bevorzugt die leichten, eleganten Formen der Vermittlung und Selbstdarstellung. In den bonae litterae, denen man sich zuwendet, sind Poesie, Rhetorik und gelehrtes Wissen, nicht zuletzt auch die Kunst der Geschichtsschreibung eng benachbart (vgl. Luder).

Gewiß gibt es auch eine humanistische Wissenschaft der Natur, die dadurch neu auf den Menschen bezogen werden kann. Der Wiener Humanist und Hofastronom Georg von Peuerbach (1423–61) beschäftigt sich mit Rhetorik und Poetik und gehört zugleich mit seinen mathematisch-astronomischen Schriften zu den Begründern der neuzeitlichen Himmelskunde. Sein Schüler Regiomontanus (Johannes Müller aus Königsberg in Franken, 1436–76) ediert antike Autoren, liest über Mathematik, verfaßt die für die Schiffahrt der Zeit wichtigen *Ephemerides* (Vorausberechnungen der Stellungen der Himmelskörper für 1475 bis 1506) und baut astronomische Instrumente. Ein Paracelsus sprengt zwar durchaus den Begriff „Humanismus", aber zeigt doch in seinem Kampf gegen die traditionelle Buchmedizin, im Lebensstil und in der Betrachtung des Menschen als Mikrokosmos gewisse Parallelen. Noch bei Konrad Gessner steht eine neue Naturkunde im Rahmen universalen Gelehrtentums.

Dennoch dominieren durchaus die litterae und ihre aus der Antike wieder erneuerten Muster, sei es im Sinne von Theorie und Lehre, sei es durch eigene literarische Produktion.

Zum Studium der antiken Poetiker und Rhetoriker (Horaz, Cicero, Quintilian) kommt in mannigfacher Form eigene Anleitung im Sinne einer während zwei Jahrhunderten immer wieder neu- oder abgeschriebenen Regelpoetik („Renaissance-Poetik") nebst zugehörigen Nachrichten über den Ursprung und die Geschichte der Dichtung. Am souveränsten ist wohl V a d i a n s Werk *De poetica et carminis ratione* (1518), eine umfangreiche Apologie der Dichtkunst als Inbegriff alles Bildungsgeschehens, als Nachahmung des Schöpfers in der Ausbildung der dem Menschen ureigenen Gabe der Sprache. Den Kapiteln über Wesen und Ursprung der Poesie und dem eigentlichen Lehrgang voran stellt Vadian eine unvergleichliche geschichtliche Darstellung der Literatur von den Hebräern zu Griechen und Römern und dann durch die mittleren Zeiten (mit Würdigung Hrabans, Notkers oder der von Celtis herausgegebenen Hrotsvit) zum neuen Aufschwung in Italien und – vor allem durch den auch von Erasmus als Pionier gefeierten Rudolf Agricola vermittelt – im gegenwärtigen Deutschland. Dabei findet Vadian sogar lobende Worte für das italienische Volgare (Dante) und weiß Werke deutscher Heldendichtung zu nennen.

Einen großen Raum beansprucht naturgemäß die philologische Arbeit im engern Sinn: Edition und Kommentierung klassischer, z. T. neu entdeckter Autoren; als Beispiel kann Vadians überreich ausgestattete Ausgabe und Erläuterung der Weltbeschreibung des Pomponius Mela gelten: Dessen Schrift *De situ orbis* dient nur als Aufhänger für ein imposantes Kompendium des aktuellen geographischen Wissens. Zu den Bemühungen um altdeutsche Literatur ist in erster Linie der Benediktinerabt Johannes Trithemius (von Tritheim bei Trier, 1462–1516) anzuführen, Schüler von Reuchlin und Celtis, hochgelehrter und etwas zu phantasievoller, patriotischer Mann; unter seinen zahlreichen Schriften ist ein Katalog *De viris illustribus Germaniae* (1495), wo sich erstmals ausführliche Nachrichten über Otfrids Bibelwerk finden (der Text wurde dann 1571 von Matthias Flacius Illyricus ediert).

Besonders aktuell im Sinne eines umfassenden und insbesondere auch christlichen Humanismus war das Studium der zwei anderen heiligen Sprachen, des Griechischen und Hebräischen. Dafür steht in erster Linie der Name des Johannes Reuchlin (Kapnion, 1455–1522). Der Pforzheimer trat nach juristischen Studien in Deutschland und Frankreich in den Dienst des Grafen Eberhard im Bart, mit dem er nach Italien reiste, kam dann 1496 zu Johann von Dalberg, dem Gönner schon Agricolas, und lehrte später als Professor in Ingolstadt und Tübingen. Er gab verschiedene Lehrbücher zur griechischen und hebräischen Sprache heraus, publizierte Werke von Äschines, Demosthenes und Xenophon und veranstaltete eine Edition der sieben Bußpsalmen – das erste in Deutschland hebräisch gedruckte Buch (1512). Aufgrund seiner neuplatonischen und kabbalistischen Studien entstand ein religionsphilosophisches Dialogwerk *De verbo magnifico* (1494), etymologisch-zahlensymbolische Studien um Namen und Wesen Gottes. Es enthielt damit auch den Gedanken einer letzten Konvergenz der Weltreligionen, freilich im Sinn einer schließlichen Bekehrung des Judentums. Der Hebraismus-Streit, der indirekt durch dieses Interesse für jüdische Sprache und Überlieferung ausgelöst wurde (1514–19), führte zu einem moralischen Sieg des Humanismus, der sich nicht zuletzt bei dieser Gelegenheit als geistige Gemeinschaft erfuhr. Zugleich wurde in der Person Reuchlins die zentrale Bedeutung der Philologie für den Humanismus offensichtlich. Von Reuchlins pädagogisch-poetischer Anwendung humanistischen Geistes in der Schulkomödie ist ebenfalls noch zu reden.

Welche Bedeutung die Gräzistik bekam, wird am sichtbarsten im philologischen Hauptwerk des Erasmus, seiner Ausgabe des griechischen Neuen Testaments (1516) im Gefolge Lorenzo Vallas, der zuerst den *Vulgata*-Text kritisch mit dem griechischen Urtext verglichen hatte. Ohne das Testament des Erasmus ist die reformatorische Wendung zum reinen Bibelwort gar nicht denkbar.

Schließlich stellt sich die Frage nach der Übersetzung. Wenn im Frühhumanismus die Übersetzung sich als wirkliche Aneignung klassischer oder italienischer Werke verstand – ob sie nun frei oder wörtlich erfolgte –, so mußte sie in einer wiedererstandenen neulateinischen Kultur eine etwas andere Funktion bekommen, ganz abgesehen davon, daß man nun auch, seit Agricola, vom Griechischen ins Lateinische übersetzte. Zwar waren vornehme Mäzene weiterhin Förderer oder gar Anreger solcher Übertragungen. So hat Eberhard im Bart systematisch eine Sammlung von deutschen Klassikertexten ins Leben gerufen (die allerdings heute fast ganz verloren ist, vgl. Worstbrock), und selbstverständlich bleibt die popularisierende Übersetzung für ein weiteres Publikum in vielen Fällen weiterhin wünschbar. Wenn Reuchlin drei Demosthenes-Reden direkt aus dem Griechischen ins Deutsche übertrug (als erster!), so geschah es aus Anlaß des Wormser Reichstags 1495 in politischem Kontext. Und ähnlich hatten eine Übersetzung aus Lukian für Eberhard und aus Cicero für den Pfalzgrafen Philipp besondere Anlässe. Ebenso aus dem Heidelberger Kreis stammt eine ungedruckt gebliebene Sammlung der verschiedensten antiken Autoren (das Griechische davon über lateinische Vermittlung), die Johann Gottfried (Pfarrer in Oppenheim, Freund Wimphelings, bis 1507 nachzuweisen) an Friedrich von Dalberg, den Bruder Johanns, richtete im Sinn einer Anthologie zur humanistischen Lebenskunst.

Darüber hinaus aber verstanden Humanisten wie Agricola das Übersetzen ins Deutsche als eine Einübung in den lateinischen Sprachgeist, als „methodisches und kritisches Instrument im Dienst der Erziehung zu reinerer Latinität" (Worstbrock). Eine Vervollkommnung der Volkssprache konnte allenfalls nebenbei herausschauen. Wie daraus auch ein virtuoses oder scherzhaftes Spiel mit Sprachmischung, etwa der künstlichen Verwendung barbarischen, volkstümlichen Lateins, werden konnte, zeigen Bebels *Fazetien* oder die *Dunkelmännerbriefe*. So reich und reizvoll eine solche Bilinguität sein konnte, humanistische Kultur begriff sich mindestens vor der Reformation exklusiv als lateinische, römische.

## 6. Humanistische Dichtung

Als feinste Blüte humanistischer Bildung und Selbstdarstellung versteht sich die neulateinische, durchaus nach dem Vorbild der italienischen Humanisten entstehende Dichtung. In der Aneignung insbesondere der antiken metrischen Formen hat sich, zusammen mit der Eleganz der Sprache, der neue Stil zu bewähren, erscheint auch die Möglichkeit einer die Elite der deutschen und europäischen Geister verbindenden Literatur. Schon von der Form her bleibt solche Dichtung bis zum Ende des 16. Jahrhunderts ohne eigentliche Wirkung auf die deutsche Literatur. Während in Italien und Frankreich die volkssprachliche Poesie und gerade die Lyrik in enger Wechselwirkung zur neulateinischen gepflegt wird, bleiben die Wege in Deutschland bis zum Beginn des Barockjahrhunderts getrennt; aufs Ganze gesehen gibt es bis zur späten Vermittlung durch die romanischen Gedichtformen kaum eine humanistische Lyrik deutscher Sprache; der „barbarus sermo" (so nennt Celtis die deutsche Sprache) herrscht in Meistersang und Volkslied und hat mit Stil, Metrik und sozialer Adresse der lateinischen Kunstlyrik wenig zu tun. Anders ist das Verhältnis im Bereich der Komödie, der Kurzerzählung und der Satire, wo ein breiteres Publikum angesprochen werden soll und verwandtere Traditionen einen Übergang ermöglichen.

Die neulateinische *Poesie*, noch heute kaum überblickbar und schwierig zu würdigen, ist docta poesis, lebt nicht aus einer wie immer gearteten Unwillkürlichkeit, sondern bildet sich aus Zitaten, Anspielungen, übernommenen Rollen, ist ein Versteckspiel für Wissende, und sie hat gerade auch dort, wo sie – etwa im Liebesgedicht – sich zu neuer Lebenskühnheit zu emanzipieren scheint, immer das Alibi der nur gespielten Aussage und läßt sich weder in der zur Schau getragenen Toga noch in demonstrativer antikischer Nacktheit so ganz ernst nehmen. Ein Nachvollzug heute möchte immer wieder die Kriterien der Originalität, der echten Empfindung, der Erlebnishaltigkeit, der glaubwürdigen Schlichtheit usw. zur Anwendung bringen, aber faßt damit doch vielleicht oft nur ein Zufälliges. Dieser Bildungs- und Spielcharakter samt seiner naheliegenden Entartung ins Leere und Schulmäßige setzt die Humanistenkunst auch weithin ins Unrecht gegenüber dem elementaren Ernst des religiösen und sozialen Aufbruchs und seinem motivierten volkssprachlichen Ausdruck. Es sei denn eben, daß in Satire und Schauspiel die humanistischen Mittel nun selbst radikalisiert und kämpferisch eingesetzt werden können.

An sich wird der Übergang zu christlich-kirchlicher Thematik immer wieder gesucht. Es ist für manchen frommen oder indifferenten Humanisten kein Problem, über Wunder und Heilige zu dichten – selbst Celtis war derart tätig – oder gar in aller Form heidnische Klassiker zu christianisieren, wie das in Spätantike und Mittelalter beliebt war. Eobanus Hessus (Eoban Koch, 1488–1540) etwa, der führende Lyriker des Erfurter Kreises und spätere Anhänger Luthers, hat 1514 die Ovidischen Heldenbriefe imitiert, indem er heilige Frauen aus Bibel und Legende an ihre geistlichen Geliebten schreiben läßt: Maria Magdalena an Christus, Maria an Johannes, Monica an Augustin usw. Die *Heroidarum Christianarum epistolae* wurden ein berühmtes Werk. Aber auf subtilere Art den Ausgleich eines christlichen Humanismus zu unternehmen blieb im Bereich der Dichtung doch dem späteren Luthertum und vor allem dann der barocken, insbesondere jesuitischen Latinität mit ihrer Technik der parodia christiana vorbehalten.

Humanistische Lyrik ist doch wohl zunächst nichts anderes als das Mittel der neuen Bildungselite, sich selbst zu formieren und zu feiern. Sie ist Gelegenheitsdichtung zuhanden der Freunde, der Lehrer und Schüler, der

Geliebten. Sie feiert den Verstorbenen – ein Beispiel ist die berühmte Totenklage Pirckheimers auf seinen Freund Albrecht Dürer –, sie huldigt dem Gönner und mit ihm dem Vaterland. Panegyrische Dichtungen an Maximilian haben Celtis, Locher, Bebel, Glarean, Hutten und viele andere geschrieben, meist in elegischer Form. Der Dichter verwaltet ja die Ersatzunsterblichkeit des Ruhms – seiner selbst und der Besungenen, der Hinweis darauf soll sogar das Herz der Geliebten erweichen. Eine beliebte panegyrische Form sind auch die Elegien auf Städte und Landschaften im Überschwang der historisch-topographischen Entdeckung der eigenen Heimat. Celtis hat so Würzburg und die Mainlandschaft besungen, der Schweizer Humanist Glarean (Heinrich Loriti, 1488–1563) in einem Zyklus von Hexametergedichten eine feierliche *Descriptio Helvetiae* verfaßt (1515).

Zentrales Thema ist aber natürlich, schon vom antiken Vorbild her, die irdische Liebe in Elegien und Oden – sie steht wie nichts anderes für die Befreiung der Sinne, aber auch für das Ausgeliefertsein einer neuen Subjektivität an die Unrast des Natürlichen, sei es in einer durch Petrarca veredelten Liebesklage oder, viel eher, einer massiven Hetärenpoesie, wie sie schon Peter Luder gehandhabt hat. Alles steht hier im Schatten der *Amores* und der horazischen Oden des Celtis. Nur dieser bringt in seiner Durchdringung von erotischer und patriotischer, autobiographischer und „philosophischer" Lyrik so etwas wie ein Weltgefühl zum Ausdruck, und zwar trotz und mit aller antikischen Inszenierung ein durchaus modernes.

Engere Wirkung in die deutsche Literatur hinein hat das *Drama*. Das Interesse für eine Belebung und Veredlung hatte verschiedene Gründe: Die zunehmende Aktualisierung der volkstümlichen Fastnachtspiele weckte den Gedanken an ein literarisch anspruchsvolleres Drama; die Wiederaufführung antiker Dramatiker, die grundsätzlich vom Mittelalter nur als Lesestoff geschätzt waren, erschien als ein Weg, sich ein Stück lebendigen Altertums zu vergegenwärtigen; vor allem die Komödie kam dem Bedürfnis nach einer Darstellung urbaner Weltlichkeit entgegen; die Freude am rhetorischen Vortrag dialogischer Formen legte eine öffentliche Darbietung nahe, besonders auch um das neue Bildungsprogramm und die Leistungen humanistischen Unterrichts bekannt zu machen; Schule, Freundeskreise, der Hof boten sich als Rahmen für ein derart gebildetes Theater dar. Zwischen 1480 und dem Beginn der Reformation finden sich vielfältige Bemühungen um ein humanistisches Theater, und es kommt, durchaus in Verbindung mit der volkssprachlichen Entwicklung, zu einer gewissen Grundlegung der neuen Form, vor allem im Bereich der Komödie.

Schulaufführungen im unmittelbarsten Sinn sind gespielte oder spielbare Dialoge, in denen Schüler und Studenten über den Sinn ihres Strebens diskutieren und ihr Studienprogramm verkünden, in ähnlicher Funktion, wie sie die vielen Fest- und Eröffnungsreden über den Nutzen der studia humanitatis ausüben. In Jakob Wimphelings *Stylpho* (1480), einer einfachen Handlung in Prosa, aus Anlaß einer Lizentiandenfeier in Heidelberg inszeniert, wird ein fleißiger Student neuer Richtung einem faulen, nur auf Protektion rechnenden Ignoranten alten Stils gegenübergestellt. Heinrich Bebel schreibt 1501 eine *Comoedia vel potius dialogus de optimo studio scholasticorum*. Andere Gespräche verbreiten sich über alte gegen neue Bildung, über den Wert der Dichtkunst u. ä. Vadians *Gallus pugnans* (Hahnenkampf, Wien 1514) parodiert scholastische Streitgespräche, indem er einen solchen Wortkampf zwischen Hühnern und Hähnen sich abspielen läßt und so bereits zu einer witzigen, nicht ganz unaristophanischen Tierdichtung gelangt.

Anspruchsvoller sind Darbietungen allegorisch-mythologischer Art, in denen das literarische Arsenal des Humanismus samt musikalischen Einlagen zu Ehren eines hohen Gönners aufgeboten wird. So hat Celtis 1501 vor dem Hof Maximilians in Linz seinen *Ludus Dianae* inszeniert. Eine andere Abart sind dialogische Aufführungen zum Zeitgeschehen, wie sie Jakob Locher in Freiburg zur Verherrlichung und Unterstützung des Kaisers schrieb und aufführte: *Historia de rege Franciae* (1495, Kampf Karls VIII. um Neapel) und *Tragedia de Thurcis et Suldano* (1497, ein Aufruf zum Türkenkrieg).

Literarisch wichtiger als solche festspielartigen Unternehmungen sind die Versuche eines echten neuen Lustspiels. Eine frühe Tat war Albrechts von Eyb Eindeutschung einiger Plautus-Komödien. Nun beginnt man an verschiedenen Orten, die Originale, vor allem mehrfach den *Eunuchus* des Terenz, wieder aufzuführen. Dabei war auch ein Bühnenproblem zu lösen; die sogenannte Terenz-Bühne bringt die Ablösung von der mittelalterlichen Simultanbühne und leitet bereits zur modernen Sukzessionsbühne hinüber: Ein fester Schauplatz bedeutet nacheinander Verschiedenes, zwar findet noch kein Dekorationswechsel statt, doch bringt das Auf- und Abtreten der jeweiligen Spieler das Nacheinander einer Szenenfolge.

Ein nächster Schritt bestand in eigenen Spielen dieser Art, nach dem Vorbild entsprechender älterer Versuche in Frankreich und vor allem Italien. Entscheidend wurde für Deutschland das Unternehmen Reuchlins. Ein Dialog *Sergius*, der eine Polemik zum Reliquienwesen mit persönlichem Angriff auf einen Gegner war, wurde nicht aufgeführt. Dafür wurde 1497 im Hause Dalbergs in Heidelberg Reuchlins *Henno* von jungen Leuten gespielt. *Scenica progymnasmata* (dramatische Vorübungen) heißt der eigentliche Titel, noch ganz auf den Bildungszweck des Theaterspielens gerichtet. 31 Druckausgaben, eine deutsche Übersetzung um 1500 und danach eine freie Bearbeitung, schließlich eine ganze Reihe späterer Fassungen, darunter eine von Hans Sachs, belegen den großen Erfolg. Geist und Stil einer terenzischen Verskomödie wurden auf einen internationalen Schwankstoff übertragen, der in Frankreich in der Farce von *Maître Pathelin* erscheint, Reuchlin aber wahrscheinlich aus Italien zugekommen war. Damit war in glänzender Weise ein zeitgemäßer Stoff sozusagen von innen heraus antikisiert, die antike Komödie in lustige Gegenwart verwandelt. Henno und Elsa sind ein Bauernpaar; Henno hat im Stall Geld gefunden, das seine Frau beiseite gebracht und dort vergraben hatte; er schickt den Knecht Dromo in die Stadt, um Tuch damit zu kaufen; der Knecht kauft auf Kredit, verkauft das Tuch und besitzt so das Doppelte; Bauer und Tuchhändler verklagen Dromo vor dem Richter Minos; ein kluger Advokat rät dem Dromo, sich dumm zu stellen und auf alle Fragen nur mit „ble" zu antworten; wegen Unzurechnungsfähigkeit freigesprochen, bringt er auf gleiche Weise den Advokaten um sein Honorar; im Happy-End bringt er das gewonnene Geld in die Ehe mit Hennos Tochter Abra ein. Das ist nicht mehr eine Komödie im Sinn brauchtümlichen Fastnachtspiels, vielmehr humanistisch heitere Darstellung des Menschlichen, mit milder didaktischer Tendenz, differenzierten Charakterchargen (die tüchtige, aber geizige Bäuerin, der etwas naive Bauer, der schlaue Knecht, der Advokat, der aufgeblasene Richter) und einer durchkomponierten, pointierten Handlung mit raschem Szenenwechsel. Nicht zuletzt gab ein derartiges Lustspiel Anlaß zu einem ungezwungenen sprachlichen Spiel mit lateinischen Archaismen, Neubildungen, lateinischer Eloquenz niederen Stils. Der Erfolg bedeutet den Durchbruch zu einem selbständigen literarischen Drama, wie es sich dann auch an andern Stoffen und im ernsteren Bereich entwickeln konnte.

Hier ist nun auch die Rezeption durch die deutsche Literatur unmittelbar zu belegen. Einer um 1500 entstandenen Übersetzung (*Frankfurter Henno*) folgt eine sehr freie deutsche Bearbeitung, das *Luzerner Spiel vom klugen Knecht*, wahrscheinlich noch im ersten Jahrzehnt, spätestens gegen 1520 entstanden. Der unbekannte Verfasser setzt das Stück in schweizerisch-bäuerliches Milieu um und tut zugleich einen weiteren Schritt zum geschlossenen Drama. Er gestaltet Handlung und Dialog wirklichkeitsnäher, detaillierter, schafft eine dichtere Spielillusion, motiviert sorgfältiger und betont das moralische Element stärker, womit sich das Stück ins Seriösere wendet. Im freien Knittelvers handhabt er eine bewegliche und ausdrucksvolle Entsprechung zum jambischen Senar, an die Stelle humanistischen Sprachspiels tritt die Freude an der bäuerlichen Idiomatik. Das Stück setzt erfrischend ein mit der Auseinandersetzung zwischen dem Bauern, Ruedi, und seiner „Hausfrau“ Gret:

Ee min Gret, louff flugs vnd bhent
Vnd nimm den schlüssel ab der went,
Beschlüss den spicher vnd duo die hüener in,
Wir mechtent ir suss woll ein gast sin (wir möchten ihrer sonst wohl beraubt werden),
Die schid achs (Scheitaxt) vnd den holsschlegel,
Den hüener trog vnd vnseren pflegel (Dreschflegel),
Dan die heiden (Zigeuner) sind in dem land.
Darum bschlüss den blunder allan sand,
Dan solttent wir kumen vm vnseri hab,
Der schad gieng vnns niemer ab (wäre nicht gutzumachen).

Das schafft sofort Raum, die Szenerie eines Bauernhofs mit dem liebevoll aufgezählten „Plunder“ und mit dem Herannahen des Zigeuners im Hintergrund, und es präludiert das im Stück zentrale Thema der Habgier. Zugleich werden die Charaktere im Dialog exponiert – Gret antwortet wie eine Gotthelfsche Bäuerin energisch scheltend und jammernd über den Mann, der ihr mit seinem faulen und liederlichen Leben das väterliche Erbe (die Felder, den treuen Schimmel) vertut. So wird hier das Genrehafte wichtig, wogegen das Fastnächtliche zurücktritt. Das humanistische Element ist ganz assimiliert.

In die Nähe solcher Freude am Lustspiel kann man die humanistischen Bemühungen um die *Kurzerzählung* rücken, eine andere Form gesellig-humoristischer Darstellung des menschlichen Alltags. Zwar bleibt natürlich im epischen Bereich das vergilische Hexameterepos das problematische Hochziel des prätentiösen Dichters, von Petrarcas *Africa* bis zu Klopstocks *Messias*, sei es mehr in weltlich-nationaler Funktion oder als der Versuch, christlichem Gehalt die klassisch vollendete Form zu geben. Doch sind die Ergebnisse bescheiden: Von deutschen Latinisten stammen einige kürzere Legendendichtungen (Celtis, Locher), biblische Epik (Eobanus Hessus: *Victoria Christi ab Inferis*) oder Patriotisches wie Glareans unvollendetes *Näfelserepos*, wo die Schlacht der Bauern gegen die österreichischen Ritter reizvoll zum Kampf um Troja hochstilisiert wird. Interesse und Leistung liegen aber, wie ja auch in der volkssprachlichen Entwicklung, vorwiegend im Bereich der unterhaltenden Kurzprosa. Hier verbindet sich die bei Steinhöwel (*Esopus*) angebahnte, aber zugleich im Predigtexemplum oder in der anekdotischen Einlage der Geschichtsschreibung geübte volkssprachliche Kunst der kurzen, gerundeten Geschichte (Anekdote, Exempel, Sentenz) mit der durch Poggio verselbständigten Gattung der humanistischen Fazetie (Scherzrede, Witz, vor allem auch anzüglicher Art). Nach Poggios Vorbild, in der Substanz aber durchaus eigenständig, bilden Heinrich Bebels *Facetiae* (1508, 1512) das eigentliche Gelenk zwischen lateinischer und volkssprachlicher Kunst dieser Art. Humanistische Frivolität und Pointe bedienen sich handfester Komik, wenn nicht Obszönität, heimischer Provenienz, nehmen mündliche Anregungen auf und wirken auf die Volkssprache zurück. Der bald beliebt werdenden Literatur der Prosaschwänke hat der Humanist auch im Deutschen die Zunge gelöst.

Heinrich Bebel (1472–1518), ein schwäbischer Bauernsohn, nach Studien in Krakau und Basel Professor für Poesie und Rhetorik in Tübingen, 1501 von Maximilian zum Dichter gekrönt, hat sich in verschiedenen Lehrschriften zu seinem Fach, in vaterländischen Traktaten und schließlich einem *Triumphus Veneris* (1509), einer großen allegorischen Hexametersatire zum Thema der Venus-Narren, hervorgetan. Bereits in seinen *Proverbia Germanica*, eine Art einheimischen Gegenstücks zu den *Adagia* des Erasmus, zeigt sich sein Interesse für deutsche Sprachüberlieferung und die Freude, sie ins Lateinische umzusetzen. Deutlicher ist dies in den *Fazetien*, seinem europäischen Erfolg. Es sind über 400 meist kurze, gewöhnlich in einem Bonmot, einer schlagfertigen Antwort, eben einem „facete dictum“ kulminierende Anekdoten, in knappem, beweglichem Umgangslatein erzählt, das den volkssprachlichen Tonfall und die Erzählsituation (Unterhaltung beim Wein, beim Mahl, als Badelektüre) mit zu vermitteln weiß. Das vulgare dicendi genus zu meistern, die „teutonischen“ Geschichten im Dienst von hilaritas und urbanitas in angemessener lateinischer Form zu bieten, will als Kunst, als Reiz der Verfremdung begriffen sein. Die häufige Nennung von bestimmten Personen und Örtlichkeiten meistens Schwabens macht die wirklich oder angeblich aus dem Leben genommenen Geschichten unmittelbar und glaubhaft – es sollen facetiae suevicae sein. Der Erzähler macht sich zwar mit Vorliebe und ungeniert über Geistliche und Bauern lustig und ihren Kirchenalltag, aber eine grundsätzliche Kritik ist daraus kaum zu entnehmen.

Mit den frühen Formen des Lustspiels verwandt, aber nun zunehmend auch als Mittel der satirischen Auseinandersetzung benützt, ist die Form des humanistischen *Dialogs*, wie sie auf höchstem Bildungsniveau Erasmus in seinen *Colloquia familiaria* (vertrauliche Gespräche) darbot und dann Hutten in seinen Gesprächsbüchlein und weiter die reformatorische Flugschriftenliteratur praktizierte. Die erste Ausgabe der *Colloquia* von 1518 stand zunächst in der Tradition humanistischer Schülergespräche und wollte mit Formeln und Wendungen eines gebildeten Gesprächs auch für den Alltag eine Schule der Eloquenz sein. In den späteren Ausgaben (1522, 1524 usw.) wurde eine umfassende Demonstration humanistischer Lebenshaltung daraus. In der Form antikisierender Dialoge nach dem Vorbild von Plato bis Lukian ergab sich ein Panorama menschlichen Daseins und Zusammenlebens in den verschiedenen Ständen, Berufen, Lebensaltern und Lebenssituationen, mit witzigen und liebevollen Charakteristiken, in denen die Seitenhiebe auf moralische Übelstände der Zeit (wie z. B. die veräußerlichte Kirche, der Krieg und das Reislaufen, der morbus gallicus) um so gezielter sitzen. Humanität in Heiterkeit und Toleranz, in natürlicher Einsicht und Frömmigkeit sind weniger als Programm denn im lebendigen Umgangsstil selbst vorgetragen, wobei die aktuelle Substanz in der antikisierenden Fassung eine reizvolle Verfremdung erfährt. In den Jahren der Reformation, im Zuge der Neuausgaben wird daraus immer deutlicher die erasmianische Gegenposition gegen die Entartungserscheinungen der Kirche einerseits und anderseits gegen die Radikalität der neuen Glaubenslehre. Ein Beispiel: *Adolescens et scortum* (Jüngling und Dirne). Der Jüngling Sophronius ist plötzlich tugendhaft geworden und sucht nun die darüber sehr verwunderte bisherige Hetäre Lukretia (mit beziehungsreichem Namen) zu bekehren. Er hat das Neue Testament des Erasmus studiert, für den sich auch Lukretia interessiert, nur daß sie befürchtet, dadurch ihre besten Kunden, die Dominikanerpatres, zu verlieren. Bei aller ernsthaften Argumentation gegen die Gefahren der Prostitution und für ein enthaltsames und frommes Leben – schlimmstenfalls bleibt ja immer noch die Möglichkeit einer Heirat – gehen doch ironische Lichter über das Gespräch zwischen dem eifrigen jungen Mann und dem munteren Mädchen, und gerade die natürliche und realistische Vernunft, mit der operiert wird, läßt beim Leser wenig Glauben an einen nachhaltigen Erfolg aufkommen. Die erasmische Behandlung des Themas wird besonders deutlich, wenn man sie mit Hrotsvits auch schon recht gewagter Pafnutius-Geschichte vergleicht, die Erasmus ja aus des Celtis' Ausgabe kannte.

Schließlich eine besonders kennzeichnende literarische Form, in welcher der Humanismus brilliert und schriftstellerisch wie geistesgeschichtlich Epoche macht: die zur Parodie und gezielten Invektive entwickelte *Satire*; ein Geniestreich unmittelbar vor dem Auftreten Luthers sind die *Dunkelmännerbriefe*. Johannes Pfefferkorn, ein getaufter Kölner Jude, hatte seit 1507 antijüdische Schmähschriften verfaßt und sich schließlich ein kaiserliches Mandat geben lassen, alle hebräischen Schriften zu konfiszieren. Er wurde dabei von den Kölner Dominikanern und einer Reihe deutscher Universitäten unterstützt. Johannes Reuchlin, der führende Hebraist, Verfasser eines hebräischen Lehrbuchs und einer kleinen deutschen Schrift, die für Toleranz gegenüber den Juden eintrat, wurde neben andern in dieser Sache als Gutachter bestellt; er trat für die Erhaltung der jüdischen Schriften ein, soweit sie keine antichristlichen Schmähungen enthielten. Daran schloß sich ein immer heftiger werdender Krieg von gegenseitigen Streitschriften (insgesamt deren 43) mit steigendem Gehalt an Unterstellungen und Verleumdungen, auch von seiten Reuchlins und seiner Parteigänger, mit Vorladungen vor verschiedene Instanzen der Inquisition und einem Prozeß in Rom, der 1516 vertagt, aber 1520 gegen Reuchlin entschieden wurde. Der Streit führte zur eigentlichen Polarisierung der Lager der Humanisten (nur Erasmus distanzierte sich von diesem neuen Stil) und der von den Kölner Dominikanern geführten kirchlich-klerikalen Front. Im ganzen war es eine Episode, die nur durch den Glanz einer literarischen Leistung so wichtig wurde für die Scheidung der Geister, im übrigen aber durch den Glaubenskampf sehr rasch überholt war.

Reuchlin hatte 1514 eine Sammlung von Briefen seiner angesehenen Parteigänger publiziert: *Clarorum virorum epistolae*. Das brachte nun einen Kreis junger Erfurter Humanisten auf die Idee eines parodistischen Gegenstücks mit dem neu geprägten Begriff „dunkler Männer“. 1515 erschien anonym eine Sammlung *Epistolae obscurorum virorum*, der 1517 eine zweite Lieferung folgte. Es waren ausschließlich erfundene Briefe existierender oder phantasievoll erfundener Reuchlin-Gegner an den Magister Ortvinus Gratius in Köln, einen Dominikaner, der als Übersetzer und verlegerischer Betreuer der Pfefferkornschen Literatur gewirkt hatte (einige wenige Briefe gehen an andere dominikanische Adressen, einer ist Ortvinus selbst unterschoben). In gespenstischer und zugleich in der Mischung wahrer und erfundener Elemente bösartiger Weise erhob sich da ein ganzes dunkles Gelichter aus halb Europa, um sich in törichter Selbstentlarvung auf die Seite der üblen Kölner zu stellen und gesamthaft dem Pater Ortvin auf den Hals zu laden.

Die Idee und der Text des 1. Teils kam, wie man erst seit 1904 weiß, von Johannes Crotus Rubeanus (aus diesem biblisch-griechisch-lateinischen Nom de guerre übersetzbar als Johann Jäger aus Dornheim), um 1480 bis 1539, in Fulda und Erfurt zu den Freunden des Mutianus Rufus gehörend, Anhänger Luthers, dann seit 1530 wieder beim alten Glauben und von Luther als Dr. Kröte beschimpft. Der 2. Teil stammt mit wenigen Ausnahmen von Ulrich von Hutten, der eindeutiger, härter und aggressiver vorgeht. Diese Hatz wäre an sich in ihrer Vermischung von Tratsch, Verleumdung und grundsätzlichen Zielen unschön und heute geradezu kriminell; schon Erasmus hat sie als blutig bezeichnet. Doch ist sie so glänzend inszeniert, hält sich so geschickt auf dem Grat zwischen bösem Angriff und jugendlichem Übermut, beherrscht so sehr die Dosierung der Zutaten, daß sie als humoristisches Meisterwerk bezeichnet werden kann, sozusagen als ebenso schlagkräftiger wie geistreicher Beitrag zur Narrenliteratur. Es ist vor allem dem differenzierteren Crotus gelungen, nicht nur den Gegner aufs unterhaltendste anzuschwärzen, als das Obskurantentum schlechthin festzunageln und lächerlich zu machen – Ignoranz, Torheit, scholastischer Schulbetrieb, mönchische Unzucht, Aberglaube, Intrigantentum heißen die Aspekte, und ein schon von Reuchlin behauptetes Liebesverhältnis Ortvins und anderer zur Frau des Pfefferkorn wird genüßlich entfaltet. Es gelingt ihm zugleich, sozusagen im Reflex, alles namentlich zu reklamieren, was in diesen Tagen an aufgeklärten, eleganten, gelehrten und geistvollen Kräften sich meldete. Noch nie und nie wieder trat humanistisches Selbst- und Gemeinschaftsgefühl so sieghaft auf, allerdings, wie man gesagt hat, erst fünf Minuten nach zwölf. Der ganze Kampf spielte sich immer noch nur auf der Ebene der Bildung ab: die ganze Parodie läuft letzten Endes nur auf das ungebildete Mönchslatein der Gegner hinaus, die nicht als Theologen, sondern als mittelalterliche Barbaren widerlegt werden. Man kann nun so gut Latein, daß man auch das schlechte Latein des Gegners parodieren kann.

Etwa im 35. Brief: ein gewisser Buntschuhmacherius, Prediger Ordens, also ein bäurischer Mönch, schreibt an Guillermus Hackinetus (gemeint ist Guillaume Hackinet, Beichtvater des Königs Franz I.) unter anderm:

Sed accedo ad novitates. Schwitzenses et Lanssknechti fecerunt unam magnam guerram inter se, interficientes se ad multa milia; est timendum, quod nullus illorum venit in caelum, quia faciunt propter pecuniam, et unus Christianus non debet interficere alium. Sed vos ista non curatis, sunt enim leves personae, et sequuntur rixas ex proposito.

(Doch ich komme zu den Neuigkeiten. Die Schweizer und die Landsknechte haben unter sich eine große Schlacht gemacht, wobei sie sich zu vielen Tausenden umgebracht haben; es steht zu fürchten, daß keiner von ihnen in den Himmel kommt, denn sie tun's um Geld, und ein Christ darf keinen andern umbringen. Aber das kümmert Euch nicht, es sind ja geringe Leute, und sie laufen absichtlich den Händeln nach.)

Schlimmer sei denn auch die Nachricht, daß eine neue Ausgabe von Reuchlins *Augenspiegel* herausgekommen sei. So erscheint der Sieg Franz' I. bei Marignano mit den deutschen Landsknechten über die Eidgenossen und Mailänder 1515 im engen Gehirn des fiktiven Schreibers, der im übrigen sein Latein „wort ze worte" aus dem Deutschen holt und auch eine germanisch-mittellateinische Vokabel nicht scheut. Diese und ähnliche Spiele mit der seit den antiken Grammatikern so bezeichneten Barbarolexis haben an sich eine gute humanistische Tradition. Sie verlieren aber mit dem Auftreten der Reformatoren und einem neuen Pathos der Volkssprache ihr satirisches Gewicht. Aber nicht zuletzt durch ihren deutschen Sprachhintergrund und dessen polemische Thematisierung gehören die *Dunkelmännerbriefe* in die deutsche Literaturgeschichte, ganz abgesehen von ihrer Vorbildlichkeit für den satirischen Ton, die hemmungslose Angriffslust der kommenden Auseinandersetzungen auch in der Volkssprache.

## 7. Humanistische Frömmigkeit

Der Humanismus ist mindestens in Deutschland und vorläufig vom Ereignis der lutherischen Reformation überrollt worden – auch wenn er diese wesentlich vorbereitet hatte und vor allem die jüngere Generation (Zwingli, Melanchthon, Ökolampad, Vadian) wesentliches humanistisches Gut in den neuen Glauben einbrachte. Die Gretchenfrage, ob es einen christlichen Humanismus geben könne, ob das ursprüngliche Programm nicht nur hinsichtlich Bildung und Lebensführung, sondern auch in bezug auf die letzten Dinge und die Rechtfertigung des Menschen vor Gott bestehen könne, jenseits aller Rhetorik, stellt sich unausweichlich. Dies auch dann, wenn wie bei allen Glaubensfragen eine endgültige Antwort nicht möglich ist und wenn schon bald, im späteren Luthertum und vor allem der jesuitischen Gegenreform, neue und großartige Lösungen versucht worden sind.

Zur christlichen Kirche und den Sätzen des Credos haben sich praktisch alle deutschen Humanisten in aller Selbstverständlichkeit bekannt, und auch dort, wo am ehesten ein gewisser Paganismus zum Ausdruck kommt, etwa in des Celtis Verherrlichung der irdischen Liebe, des Vaterlands anstelle des Gottesreichs, der Unsterblichkeit des Ruhms, einer gottbeseelten Natur, zeigen sich nach wie vor unvermittelt Züge des Aberglaubens, hält man am Heiligenkult oder an Wallfahrten fest. Immerhin finden sich unter den Humanisten nicht nur konservative Kirchenmänner wie z. B. Wimpheling, sondern erstaunlich viele Laien, die nicht auf eine eigene Theologie verzichten und ihren eigenen religiösen Weg suchen: Celtis, Reuchlin, Pirckheimer gehören zu ihnen. Einhelligkeit besteht in der Wendung gegen eine veräußerlichte, sakramentalisierte, politisierte, fiskalisierte, primitivierte Kirche und deren unglaubwürdig gewordene Vertreter. Dies bedeutet eine Neigung zu innerer, spiritualisierter Frömmigkeit, vielleicht auch zu einem durch Maß und Vernunft geleiteten, durch moralisches Handeln bestätigten Glauben. Es bedeutet auch – und hier sind die Humanisten als Philologen engagiert – einen Rückgang zu den Quellen, sowohl zur Bibel wie zum natürlichen Licht der antiken Autoren und vor allem auch zu den Kirchenvätern als den großen Begründern eines mit antiken Mitteln interpretierten Christentums. Die mittelalterliche Scholastik hingegen, deren große Lehrer langsam dem Vergessen anheimfielen und die durch eine mechanische Lehrmethode und dialektische Technik kompromittiert war, kam gerade aus Gründen eines spontaneren und natürlicheren Zugangs nicht mehr in Frage. Dagegen wirkten sich zusätzlich – grob gesehen – drei verschiedene, sich mannigfach verbindende religiöse Strömungen für den Humanismus fruchtbar aus.

Die sogenannte Devotio moderna (s. S. 671) trat in ähnlichem Gegensatz zur Schultradition und zur materialisierten Kirche für eine von innen kommende Frömmigkeit und praktische Nachfolge Christi ein und relativierte damit die Ansprüche der kirchlichen Überlieferung und Institution. Der junge Priestersohn E r a s m u s war 1475 bis 1486 in der Schule der Brüder vom gemeinsamen Leben zu Deventer und Hertogenbosch und brachte von hier wahrscheinlich mehr mit, als er später zugeben wollte. Ähnliches gilt ja auch von den Anfängen der reformatorischen Bewegung.

Stärker literarisch und gelehrt war eine Laientheologie, wie sie mit platonisch-neuplatonischen Vorstellungen vor allem in der Florentiner platonischen Akademie Marsilio Ficinos und bei dessen Freund Pico della Mirandola versucht wurde, aber auch auf verschiedenen Wegen von Nikolaus von Kues her wirkte. Diese philosophia pia sieht den Menschen als Mikrokosmos vor dem Universum, wie er kraft seiner Sonderstellung und getrieben von seinem inneren Anteil am Göttlichen aufsteigen soll zur schließlich unvermittelten Anschauung Gottes; Christus aber als Urbild des Menschen und eine spirituell verstandene Kirche verbürgen dazu Gottes helfende Liebe. Ficino wurde in Florenz von deutschen Humanisten, so von Reuchlin und seiner Dalbergschen Reisegesellschaft, besucht; er hatte deutsche Korrespondenten u. a. in Basel und Tübingen und wurde weitherum gelesen, so von Celtis, Pirckheimer, Zwingli.

Ein dritter, ebenfalls mystisch-theosophischer Weg zu einem christlichen Humanismus ist Reuchlins zuerst von Pico inspirierte kabbalistisch-pythagoräische Spekulation mit ihren Konsequenzen für eine Annäherung der Weltreligionen, ganz abgesehen von der Sprengwirkung, die seine Haltung im Hebraismusstreit bekam.

Meistens kann es sich bei solchen Bemühungen zwar um Ergänzungen, Umdeutungen und Verinnerlichungen der christlichen Lehre handeln, nicht aber um eine genuin christliche und systematische Theologie; eine solche ist auch kaum beabsichtigt. Vielmehr geht es bei solcher „christlicher Philosophie" (der Ausdruck erscheint seit Agricola, wurde aber auch schon von Abaelard gebraucht) um die Begründung wahrer Frömmigkeit, um eine christliche Lebenslehre, um Moral, um Praxis, und das war in diesen Zeiten des Umbruchs schon dringend genug. Wohl nur bei Erasmus läßt sich sagen, daß der Humanismus eine Religiosität von der Würde und Tiefe einer wirklichen Alternative entwickelt habe – gegenüber der Kirchenwirklichkeit des Spätmittelalters wie dann auch gegenüber dem Luthertum. Nur zwischen Luther und Erasmus kommt die Frage eines christlichen Humanismus zum echten Austrag. Erasmus ist, sieht man etwa von den *Adagia* und von der weltlichen Oberfläche seiner erfolgreichsten Werke, der *Moria* und den *Colloquia* ab, ein vorwiegend religiöser Schriftsteller und Gelehrter. Er war ja geweihter Priester und

Augustinerchorherr (allerdings von seinen Verpflichtungen dispensiert).

Groß ist die Zahl seiner theologischen Quelleneditionen, d. h. des Neuen Testaments und verschiedenster patristischer Texte – ein gewaltiger Einsatz für ein ursprüngliches, evangelisches, mit dem Erbe klassischen Denkens gedeutetes und zugleich von falscher Dogmatisierung befreites Christentum. Um von den Abhandlungen nur das Wichtigste zu nennen: Das *Enchiridion militis Christiani* (Handwaffe des christlichen Soldaten, 1502, unendlich wirksam seit 1515, deutsch 1520) ist ein grundlegendes, leicht faßliches Erbauungsbuch aus dem neuen Geiste; die *Institutio principis christiani*, 1516 für den späteren Kaiser Karl V. verfaßt, sucht die christliche Ethik zur Staatslehre zu erweitern, ähnlich wie die *Querela pacis*; 1524 erschien die im Sinn seiner Willenslehre fällig gewordene Absage an Luther, *Diatribe de libero arbitrio*, und 1526/27 dazu die heftige Duplik zu Luthers Antwort *De servo arbitrio* unter dem Titel *Hyperaspistes* (Schutzschild, I und II), sogleich von Hieronymus Emser übersetzt.

Als platonisierend gesehenes Mittelwesen aus Geist, Seele und Fleisch hat der Mensch die Möglichkeit, in einem christförmigen Leben zu Gott zu kommen. Die von den Humanisten (Agricola, Pico, gelegentlich auch Erasmus) rhetorisch gefeierte Größe des menschlichen Genius ist jedoch angewiesen auf demütigende Selbsterkenntnis, auf die Lehre des biblischen Gottesworts und auf dessen Inkarnation in Christus. Der menschliche Wille kann, bei allem Geheimnis im Zusammenwirken mit der Gnade, als frei bezeichnet werden, die Würde des Menschen ist Voraussetzung seiner Erlösbarkeit durch Gebet und Erkenntnis. Glaube widerstrebt nicht der Vernunft (und damit nicht der Einsicht der erleuchteten Alten) und auch nicht einem recht verstandenen Glück: der Christ kann, mit Erasmus, ein sublimer Epikuräer sein. In der Lehre der Bergpredigt ist zugleich alle wahre Humanität zusammengefaßt. Der Buchstabe tötet, und der Geist macht frei: damit ist jede Äußerlichkeit und kirchliche Gesetzlichkeit – Mönchstum und Zölibat inbegriffen – relativiert, und für die Bibelinterpretation ist die Grenze gezogen sowohl gegen eine ausschweifende Allegorese wie gegen Wortklauberei.

Eine gewaltsame Änderung der kirchlichen, sozialen und politischen Verhältnisse kommt damit kaum in Betracht, ein Wandel muß von innerer Erneuerung kommen. Nicht nur persönliches Temperament, Verletzlichkeit oder Eigensucht, auch der Gedanke des Friedens und einer vorausgehenden humanen Bildung trieb Erasmus weg von aktiver Parteinahme und praktisch zurück zu der bestehenden, legitimen Kirche. Wo man Freiheit und Gerechtigkeit jedoch nicht mehr nur als Sache der Bildung ansehen konnte, da mußte man in der Haltung des Erasmus einen Rückzug in ein Elitedasein und in die Utopie erkennen und verurteilen.

## 8. Ulrich von Hutten

Zwischen Humanismus und Reformation, Latein und Deutsch, ritterlicher Reichsromantik und revolutionärem Aufbruch ins Ungewisse steht die schillernde Figur Ulrichs von Hutten (1488–1523), irritierend oder begeisternd je nach dem Aspekt, unter dem Zeitgenossen und Nachwelt ihn sahen. Daß er eine Situation der Verwirrung und Krise bezeichnet, steht außer Zweifel; offen bleibt nur, ob er die Würde eines tragisch untergehenden Freiheitshelden besitzt oder ob sein unglückliches Schicksal aus dem eigenen Ungenügen in einer allerdings unberechenbaren Zeit hervorgeht. Auf dem Hintergrund der habsburgisch-französisch-päpstlichen Auseinandersetzungen, der Reichsreform, der wachsenden wirtschaftlichen und sozialen Spannungen, der ersten Reformationsjahre wird humanistische Schriftstellerei vollends zu hektischer Publizistik und Agitation, in der sich leidenschaftliche Selbstdarstellung und der Kampf für allgemeine Interessen seltsam vermischen. Der junge Hutten, aus reichsritterlicher Familie auf der väterlichen Burg Steckelberg geboren, flieht aus der Klosterschule in Fulda und beginnt als Student, Dichter und zeitweilig auch Soldat in der kaiserlichen Armee ein Leben im Stil der Wanderhumanisten – in Deutschland, Böhmen, Wien, Italien (bis 1513, dann wieder 1515–17). Seine erste literarische Tat war die Privatrache an seinen Gastgebern in Greifswald, die ihn gepfändet hatten. Familienrache war zunächst der Kampf gegen den berüchtigten Herzog Ulrich von Württemberg, der wegen einer Frau Huttens Vetter umgebracht hatte und später von den schwäbischen Städten vertrieben wurde. In den Reden gegen Ulrich (1515–17) und dem Dialog *Phalarismus* (1517, der Tyrann Ulrich wird nach dem Vorbild eines Lukianischen Totengesprächs von Merkur und Charon in die Hölle geführt und dort vom antiken Tyrannen Phalaris in allen Techniken despotischer Grausamkeit unterrichtet) richtet sich der Kampf immer grundsätzlicher gegen die Fürsten überhaupt, im Namen der Freiheit und insbesondere der wirtschaftlich und politisch bedrängten reichsfreien Ritter. Mit den Huldigungsgedichten an Maximilian, der ihn 1517 zum Dichter krönte, einem Aufruf zum Türkenkrieg und durchgehend in vielen andern Schriften wurden Kaiser und Reich zur letzten Instanz, von der Hutten Erneuerung und Durchgreifen erwartete. Darüber hinaus verbanden sich diese Reichshoffnungen mit der aus Tacitus genährten Vision alter germanischer Größe. Im nachgelassenen Dialog *Arminius* (1519/20) begründete Hutten den gespenstischen Kult um diesen germanischen Befreier von römischer Fremdherrschaft, sozusagen als den Prototyp Maximilians. Kampf gegen Rom, das war seit den Italienaufenthalten und trotz Huttens Stellung am Hof des Erzbischofs Albrecht von Mainz (bis 1520) nun der Cantus firmus seiner Agitation, Kampf gegen den Papst als Reichsfeind, gegen die „Kurtisanen“, gegen die Römlinge in Deutschland, gegen das römische Recht und seine formalistischen Vertreter. In diesen Rahmen gehörte auch die Mitwirkung an den *Dunkelmännerbriefen* seines Freundes Crotus und andere Aktionen gegen die Anti-Reuchlinisten. Der nationale Affekt steht hier durchaus anstelle einer moralischen oder gar religiösen Motivation, so utopisch auch diese Hoffnung auf ein germanisch-deutsches, ritterliches Reich berührt und so vage der pathetische Begriff der teutschen Nation auch ist.

Die Parteinahme für Luther seit 1519 hatte denn auch weniger theologische Beweggründe als den Charakter einer vorübergehenden Interessengemeinschaft. Die anfänglichen Hoffnungen auf Karl V. verschwinden bald, nach dem Wormser Reichstag vollzieht sich das Schicksal rasch, beschleunigt insbesondere durch die Verbindung mit dem Söldnerführer Franz von Sickingen, auf dessen Ebernburg Hutten einen Teil seiner Flugschriften verfaßte. Der allgemeine Krieg gegen die geistlichen Fürstentümer, gegen die Fürsten überhaupt und die kirchliche Hierarchie vermochte viel zu wenig Bundesgenossen zu gewinnen, auch die Reichsstädte hielten sich zurück. Die teutsche Nation – das waren auch noch nicht wie bald darauf die Bauern, es waren Ritter und Söldner, die in spätmittelalterlichem Stil mit Raub und Erpressung fochten. Der Feldzug gegen Trier mißlang, Sickingen fiel, der kranke Hutten hatte schon vorher fliehen müssen. Er wandte sich umsonst an Erasmus in Basel, fand aber dank der unvergleichlichen Geste Zwinglis ein Asyl auf der Insel Ufenau im Zürichsee, wo er bereits Ende August 1523 seiner Lues erlag.

Hutten ist primär ein lateinischer Autor, der im Drang

der Ereignisse sich nur zögernd veranlaßt sieht, zur Volkssprache zu greifen. Auch seine Invektiven haben noch literarischen Charakter und bedienen sich des humanistischen Bildungsbeiwerks. Neben der Fülle seiner lateinischen und dann auch deutschen Klagschriften, Vermahnungen, Sendbriefe usw. stehen vor allem seine anspruchsvollen Prosadialoge, die er gleichzeitig mit Erasmus, aber ohne dessen Brillanz und Ironie, dafür mit Pathos und Schärfe zur wichtigsten Form der nun anhebenden Flugschriftenliteratur macht. Nach dem *Phalarismus* sind es u. a. *Febris* I (Fieber, ein Pamphlet gegen den päpstlichen Legaten Cajetan), *Febris* II, *Aula* (über das Hofleben, ein Thema schon des Enea Silvio, löste dann den Briefwechsel mit Pirckheimer aus), *Vadiscus* (1519, die Hauptschrift gegen Rom), *Inspicientes* (die Zuschauenden: Sol und sein Sohn Phaethon halten den Sonnenwagen an und kommentieren den eben weit unter ihnen stattfindenden Augsburger Reichstag), *Arminius*, *Fortuna*.

Einige dieser Dialoge wurden teils von Hutten selbst, teils von Parteigängern übersetzt und unter dem volkstümlichen Titel *Gesprächbüchlin* verbreitet. Ihr Erfolg beruhte wohl weniger auf ihrer Substanz oder der Unmittelbarkeit ihres Anliegens als auf einer durchgehenden Aggressivität eines neuartigen Kämpfers mit Schwert und Feder, der sich hier darstellte unter allgemeinen, aber aufregenden Devisen: „iacta est alea", „Ich habs gewagt", „In tyrannos", für die Spätern auch: „O Jahrhundert, o Wissenschaften! Es ist eine Lust, zu leben" (so an Pirckheimer). Der Kampf ist stets personalisiert; wie auch sonst in der Geschichte von Predigt und Satire bietet sich der Redner und Schriftsteller als Identifikationsfigur an. Es ist noch heute schwer, die publizistische und die existentielle Seite von Huttens Auftreten zu scheiden. Er hat immerhin seine Ichbezogenheit nicht nur gelebt, sondern in einer erstaunlich eingehenden und differenzierten Selbstanalyse reflektiert: Im großen Brief an Pirckheimer leitet er seinen Entscheid für eine vita activa weniger aus humanistischem Lebensgefühl ab als aus seiner ritterlichen Tradition; es war, anders als bei Erasmus oder Luther, eine zutiefst säkularisierte militia, der auch die raubritterlichen Züge nicht fehlten.

Seine erste deutsche Schrift schrieb Hutten – das ist immer noch bezeichnend – in Versen: *Clag vnd Vormanung gegen dem übermässigen vnchristlichen gewalt des Bapsts zů Rom ... von wegen gemeiner beschwernuß vnd auch seiner eigen notturfft [!] in Reymens weyß beschriben* (Herbst 1520). Hier steht das bekannte Zeugnis:

Latein ich vor geschriben hab,
das was eim yeden nit bekandt.
Yetzt schrey ich an das vatterlandt,
teutsch nation in irer sprach,
zu bringen dißen dingen rach.
(III, 262 ff.)

Ein De Profundis aus Not und Zorn nationaler und persönlicher, nicht religiöser Art. Am schönsten und freisten ist aber wohl das einzige deutsche Lied, das Hutten nach dem Wormser Reichstag als Flugblatt publiziert hat mit dem Entschluß, nun die Flucht nach vorn, den verzweifelten Kampf gegen Fürsten und Pfaffen anzutreten:

Ich habs gewagt mit sinnen
vnd trag des noch kain rew:
mag ich nit dran gewinnen,
noch muoß man spüren trew,
dar mit ich main
mit aim allain,
wen man es wolt erkennen:
dem Land zů gůt,
wie wol man thůt
ain pfaffen feyndt mich nennen.

Ob dan mir nach thůt denken
der Curtisanen list:
Ain Herz last sich nit krenken,
das rechter maynung ist.
Ich wais noch vil,
wöln auch ins spil
vnd soltens drüber sterben:
Auff, landssknecht gůt
vnd reutters můt!
Laßt Hutten nit verderben!

(Str. 1 und 7; II,92 ff.)

Hier verbündet sich der Ritter und Humanist mit der Fortuna, die volkstümliche Form bringt Huttens Sache zu einer klaren, ruhigen Entschiedenheit.

# III. REFORMATION

## 1. Flugschriften der ersten Jahre

Die Reformation ist ein überaus komplexes Phänomen, in welchem die neue Glaubenslehre nur den theologischen Aspekt einer schweren revolutionären Krise auch sozialer, politischer und moralischer Art bedeutet. Literaturgeschichtlich steht im Vordergrund, daß trotz allen bisherigen Bemühungen um eine volkssprachliche Literatur die Reformation einen neuen, pathetisch erlebten, religiös begründeten, tiefer als je verantworteten und bewußten Durchbruch der Volkssprache bringt. Erst jetzt wird sie autonom, ja schließlich allein legitim. „Denn das konnen wir nicht leucken, das, wie wol das Euangelion alleyn durch den heyligen geyst ist komen und teglich kompt, so ists doch durch mittel der sprachen komen und hat auch dadurch zugenomen, mus auch dadurch behallten werden“ (Luther). Der Anteil deutscher Schriften an der Produktion der Drucker steigt von etwa $^1/_{20}$ im Jahr 1500 auf $^1/_3$ im Jahr 1524.

Zu der religiösen Begründung, die Luther so machtvoll vertrat wie bisher höchstens die Predigt der Mystiker, kommt ein nationales (das heißt praktisch: antirömisches, antikirchensprachliches) Motiv und schließlich, oft kaum davon trennbar, die sozialen Umstände: Der Illiterat, der Bauer, der Handwerker nimmt teil an den Zeitfragen oder wird an ihnen durch die immer breitere Auseinandersetzung beteiligt; der Buchdruck ermöglicht eine Kommunikation von nie dagewesener Reichweite und Raschheit, auch mit allen Möglichkeiten einer hemmungslosen Demagogie. Schon vor dem Auftreten Luthers kann der Bürger der unteren Schichten das Wort ergreifen, im Druck sich äußern, die Sorgen und Nöte des „gemeinen Mannes“ zum Ausdruck bringen. Und diesem Aufstieg von unten begegnet, gleichsam von oben herab, die Wendung manches Humanisten zur Volkssprache, weniger mehr um vom Adel als vielmehr vom „Volk" – was immer das heißt – verstanden zu werden. Etwa um 1520 kommen die verschiedenen Motive zur Deckung, bricht wie ein Sturm jene Auseinandersetzung aus, in der die „Sprache", die Volkssprache, wie eine neu entdeckte Waffe gehandhabt wird, großartig und oft auch grauenhaft. Zweifellos hat Luther, vor allem mit seinen grundlegenden Schriften von 1520, den Sturm ausgelöst und auch Huttens Übergang zur deutschen Sprache bewirkt, doch waren die sozialen, wirtschaftlichen und politischen Nöte bereits aufgestaut, die in Luthers Auftreten einen gemeinsamen Nenner fanden und nun artikuliert werden konnten. So ist es vielleicht richtig, nicht gleich von Luther zu sprechen, sondern die ersten Kampfjahre in der Breite der populären Tagesliteratur mit ihren vereinfachten und zugleich vermischten Argumenten zu verfolgen, bevor man ins Innere des Zyklons tritt.

Durch das Auftreten Luthers hat der „gemeine man" wie nie zuvor eine Stimme bekommen, weit über das zunächst von Luther gewünschte Maß hinaus. Es gab nun, abgesehen von der traditionellen Volksdichtung und vom humanistischen Bildungsgespräch, eine neue Öffentlichkeit, die vor allem durch eine aktuelle Form der Druckpublikation hergestellt wurde: die Literatur der sogenannten Flugschriften. Man hat für die Jahre 1518 bis 1525 die Zahl solcher billiger, rasch gedruckter und durch „Buchführer" verbreiteten Schriften, mit denen der Kampf geführt, die eigene Sache erläutert, der Gegner denunziert, gelegentlich auch begütigend ein Ausgleich gesucht wird, auf etwa 3000 geschätzt. An sich ist die Gattung kaum genau definierbar. Sie reicht vom fliegenden Blatt, etwa mit einem Lied, bis zur anspruchsvollen Abhandlung, von der rohen Schmähschrift bis zur feinen literarischen Satire. Sie interessiert uns hier in allgemeinen Zügen, soweit sie die drängenden Zeitfragen zum Austrag bringt (vor allem Kirchenkampf und Bauernkrieg), und spezieller, soweit sie durch ein fiktionales Element und die agitatorische, meist auch volkstümliche Funktion in geradezu klassischer Weise den Typus einer hic et nunc „engagierten Literatur“ gewinnt.

Als Adressat, oft auch als gedachter Autor und insgesamt als Träger dieser Tendenzliteratur erscheint immer wieder der einfache, der „gemeine“, der Mann des Volkes, und wenn auch selten Handwerker und noch seltener Bauern die Verfasser solcher Schriften sind, so werden sie doch rollenhaft vorgeschoben in einer religiösen, sozialen, humanen Ideologie des schlichten, aber mündigen und freien Laien, der im Glauben wie im rechtlichen und wirtschaftlichen Leben sich nun zu Wort meldet. Humanistische Überlegungen zum wahren, d. h. auf Bildung oder Tugend beruhenden Adel, zu Widerstandsrecht, Frieden und Gerechtigkeit, aber auch religiöse Rechtfertigung des Menschen als Adam, als Ackermann, nicht zuletzt auch die traumhafte Vorstellung von einem freien Germanentum (nach Tacitus) und einer teutschen Nation, an der jeder auf gleiche Weise Anteil hat, schließlich noch die im Süden entwickelte Ideologie freier Bauernschaften oder gar der „frumen, edlen puren“ (wie sich die Eidgenossen gelegentlich nannten) – all das erhält nun eine zentrale religiöse Fundierung, so daß in diesen Flugschriften wie auch im gleichzeitigen Drama der Bauer und der einfache Mann überhaupt eine – im Vergleich zu Märe, Schwankerzählung und herkömmlichem Fastnachtspiel – völlig veränderte Rolle spielt. Er wird zu einer der beliebtesten Symbolfiguren für den neuen evangelischen Laien, er erscheint immer wieder als Gesprächspartner, und an ihm ist letztlich auch Sprache und Stil der Auseinandersetzung orientiert. Welche Gefahren und Illusionen hier im Spiel waren, das zeigen Huttens Pfaffenkrieg und dann vor allem die Bauernerhebung von 1525.

Wie noch nie wird „Literatur" zum Medium des gesellschaftlichen Handelns und des geschichtlichen Schicksals. Die Formen der literarischen Einkleidung sind dabei überaus verschieden. Weitaus am häufigsten ist der Dialog, wie ihn vor allem Huttens *Gesprächbüchlein* populär gemacht haben, wobei der Grad szenischer Fiktion, charakterlicher Differenzierung der Gesprächspartner und echter Dialogführung stark schwankt; der Übergang zum spielbaren oder gar für die Aufführung gedachten Text ist fließend. Daneben finden sich auch zahlreich die monologischen Formen des Traktats, der Predigt, der Klage, des Sendbriefs, dann das liedhafte oder lehrhafte Versgedicht und verschiedene Formen metaphorisch-allegorischer Darstellung. Die eigentliche Leistung wird man in der Ausbildung einer treffsicheren, anschaulich argumentierenden, rhetorisch zügigen Prosa sehen; die Streitschrift wird man als literarische Form würdigen und die oft hemmungslose, durch keine Presse- und Persönlichkeitsrechte eingeschränkte Praxis der Verunglimpfung und Unterstellung in Kauf nehmen müssen.

Wie so oft in der Literaturgeschichte steht eine große, repräsentative Schöpfung am Anfang, das Werk des Johann Eberlin von Günzburg (1468–1533), dessen Prosa mit einem gewissen Recht immer wieder mit der Luthers verglichen wird. Eberlin, aus der Stadt Günzburg an der Donau, war ein Ulmer Franziskaner der strengen Richtung („Barfůßer Observantzer"), der, von Luthers Bewegung ergriffen, im Juni 1521 aus seinem Kloster verstoßen wurde, sich dann als Prediger und Publizist in einigen Städten Süddeutschlands und der Schweiz aufhielt, nach Wittenberg kam, 1525 Superintendent in Wertheim und schließlich Pfarrverweser in der Nähe von Ansbach wurde. Noch im Kloster entstanden die ersten seiner *Fünfzehn Bundesgenossen*, einer Serie von Heften, die in rascher Folge alle 1521 bei Gengenbach in Basel erschienen: mit diesem Durchbruch eines lange gestauten Wortes trat der Dreiundfünfzigjährige in die vorderste publizistische Front. Die Form war eine Mystifikation, den Schriften des Gottesfreundes im Oberland vergleichbar: Fünfzehn Männer haben sich verschworen und wenden sich „auß befehl teutscher nation" an „gemeine christen", um Klage und Anklage zu erheben. Sie sprechen teils gemeinsam, teils tritt jeder mit seinem besonderen Thema auf. Alles ist auf Ernst, Pathos, Dringlichkeit gestellt, appelliert an endzeitliche und nationale Erwartungen. Noch erhofft der erste Bundsgnoß, unmittelbar vor dem Wormser Reichstag, Hilfe vom Kaiser; Karl V. wird beschworen, sich mit dem Volk und den Gottesboten Luther und Hutten gegen die Feinde des Reiches zu verbünden, d. h. gegen die Tyrannei der Kirche und der Pfaffen. Die „starken teutschen" werden sich erheben, dem Kaiser mit Leib und Gut beistehen, mit ihm nach Rom ziehen, ganz Italien unterwerfen und ein mächtiges Reich begründen. Später, im vierzehnten Bundsgnoß, werden auch die „Schwitzer – schützer und schirmer aller trostlosen und getruckten" zu Hilfe gerufen. Der Kampf gilt dem Papst, der ganzen römischen Hierarchie und insbesondere den Bettelmönchen, der ganzen Unterdrückung durch Fasten, gottesdienstliche Vorschriften, Klosterleben, Heiligenkult usw. Am eindrücklichsten ist die Schilderung der seelischen Not der jungen Mönche und Nonnen: „Vnd werden die armen kind von anfang ires ingangs ins kloster also vol furcht vnd scrupuly gestossen, das sy dar nach ir nimmer ledig mögen werden ... kurtz sie sind ir lebtag versteckt vnd nagt sy ire conscientz allweg vmb sunst." Die Argumentation, die rein psychologisch-moralisch verfährt und, fast erschrekkend, auch den geringsten Sinn für die Idee klösterlichen

Lebens verloren hat, läuft im Namen von Menschlichkeit, christlichem Erbarmen und deutscher Freiheit zu großer rhetorischer Form auf:

> Ir frummen christen lassen euch erbarmen solich vnmenschlich lyden der klosterleut, ist ein menschlich härtz in euch; so lassen euch erbarmen solich vnchristlich wesen, ist ein christenlich bluot in euch. Lassen euch erbarmen solich vnmanliche gefencknüß, ist ein tütsche ader der fryheit in euch. Sind sie doch ewer flaisch vnd bluot, ewer landtsleut, ewer mit christen, lassen sie euch erbarmen, das sy nit seel vnd lyb so vbel verderben. (IX)

In solcher Sprache verrät sich der erfahrene Prediger, der aber in der Klarheit, dem rhythmischen Maß und den rhetorischen Figuren seiner Sätze, ja auch in gelegentlichen lateinischen Konstruktionen eine literarische Schulung erkennen läßt.

Im ganzen kommt mehr die allgemeine revolutionäre Situation zum Ausdruck als eine religiöse oder gar theologische Problematik. So erstaunt auch nicht, daß der zehnte und elfte Bundsgnoß eine kleine christliche Staatsutopie entwickeln: die Verfassung eines reformierten Landes Wolfaria (Land der Wohlfahrt). Es ist eine Art agrarkommunistischer Gesellschaft mit strenger Sittenordnung (z. B. Zwangsverheiratung der jungen Burschen und Mädchen, Verbot jedes andern Gebets als des Vaterunsers bei Kopfabhauen). Ein Narr mit Schellenkappe auf einem Titelblatt mag andeuten, es sei nicht alles so ganz ernst zu nehmen; anderseits sind wir nicht allzu fern von ähnlichen puritanisch-gottesstaatlichen Ordnungen der späteren Zeit.

„Biß gedultig, die zyt nahent" – so heißt das Motto der letzten Nummer. Noch sind, in der gespannten Erwartung, humane, nationale, soziale und konfessionelle Anliegen eine Einheit. Bald nachher wäre dies nicht mehr so einfach. Eberlin hat später in zwanzig weiteren Flugschriften (Predigten, Sendbriefe, Gespräche) den Kampf gegen die Papisten und insbesondere die Mönche fortgesetzt, daneben aber auch in differenzierterer Form *Vom Mißbrauch christlicher Freiheit* gehandelt (1522). Reizvoll ist der umfangreiche, noch 1565 wiederaufgelegte Dialog *Mich wundert das kein gelt ihm land ist* (1524) – eine teils ökomomische, teils kirchenpolitische, teils sittenkritische Analyse der Lage mit sehr viel persönlichen und zeitgeschichtlichen Anspielungen: Ursache der Not sind die zahlreichen Kriege, die Kaufleute und die Pfaffen und Mönche. Interessant dabei eine ausführliche Kritik der Buchdrucker, die aus Gewinnsucht ihre Ware unter „närrischen, bübischen Titeln" wie z. B. auch „bundtsgnoß" vertreiben – solche Selbstironie des volkstümlichen Agitators kann an seinen Ordensgenossen Murner erinnern. Daß ihm schließlich auch der vaterländische Gedanke wichtig blieb, belegt eine nur handschriftlich erhaltene Übersetzung der *Germania* des Tacitus, die den deutschen Humanisten als hohes Lied deutscher Kraft und Sitte so kostbar war.

Eine der frühesten, literarisch und sachlich bedeutendsten Flugschriften nennt sich *Karsthans*, zu Beginn 1521 in Straßburg erschienen und dann vielfach wiederaufgelegt. Der alemannische Verfasser, in dem man fälschlich Vadian hat sehen wollen, ist unbekannt. Die Schrift richtet sich gegen Thomas Murner, der kurz vorher den Kampf gegen Luther aufgenommen und diesen in seiner dem Kaiser gewidmeten Streitschrift *An den großmechtigsten vnd Durchlüchtigsten adel tütscher nation* als Catilina hingestellt hatte, der das Ansehen der Obrigkeit und jede Ordnung der Stände gefährde. Der *Karsthans* dreht nun den Spieß um und erteilt Murner eine komisch-lächerliche, nachdrückliche Abfuhr. Er macht gerade den ungebildeten Bauern zum Helden, der kraft seines gesunden Urteils Parteigänger Luthers und der evangelischen Freiheit wird. Die Einkleidung des Dialogs erfolgt durchaus nach dem Vorbild von Huttens Gesprächen: Der tüchtige Bauer Karsthans unterhält sich mit seinem Sohn, einem Studenten, als ein Knurren und Miauen hinter der Szene ein seltsames Tier ankündigt und Murnar (Murr-Narr, Kater) erscheint, von Vater und Sohn anzüglich kommentiert. Das mühsame Gespräch mit Murner bricht ab, da Luther, freudig begrüßt, herbeikommt und Murner verschwindet. Die ganze Unterhaltung wird durch kurze Zwischenrufe des Mercurius laufend beurteilt. Vielleicht mit Ausnahme dieser ins Allegorische gehenden Figur ist die szenische Fiktion und auch ein gewisser Handlungsablauf gut durchgehalten. Nachdem Karsthans zuerst nach seinem Dreschflegel ruft, um sich zu wehren und Luther zu helfen, beginnt er unter Berufung auf das Bibelwort immer ausführlicher zu argumentieren, so daß Merkur in zeitgemäßer Abwandlung des mystischen Worts von der docta ignorantia feststellt: „docta rusticitas Germanorum!“ Von hohem Reiz ist, wie hier der lateinisch-deutsche Gegensatz der Bildungsschichten im Licht des Evangeliums geradezu thematisiert wird. Der Bauer, der mit Luther „die einfalt des tütschen volcks“ vertritt, versteht die lateinischen Brocken Murners oder seines gelehrten Sohns falsch in der bekannten Technik des gezielten Mißverständnisses – Murner: „vitium est indignis secreta vulgare. distinctio xliij“ (es ist ein Fehler, Geheimnisse Unwürdigen bekannt zu machen. Bestimmung 43 [des Kirchenrechts]); dagegen Karsthans: „Ja warlich stincken yr vom secret (Abtritt)“. Murner entlarvt sich selbst, indem er aus seinem Kirchenlatein plötzlich in ordinäre deutsche Beschimpfungen fällt; selbst Merkur macht einmal einen deutschen Scherz. Wie nah dem Verfasser beide Sprachen sind, zeigt die deutsche Vorrede mit ihren latinisierenden Konstruktionen. Ungeniert greift der Verfasser zur persönlichen Verunglimpfung des Gegners, witzig etwa in den Betrachtungen über die

Eigenschaften der Katzen, weniger geistvoll mit Nachrichten über den unsittlichen Lebenswandel des Mönchs. Fortan ist der katzenköpfige Murr-Narr erst recht im Mittelpunkt des volkstümlichen Flugschriftenkriegs. Der fromme, wackere Karsthans wird seinerseits zur repräsentativen Figur.

Im *Gesprech Büechlin Neuw Karsthans*, ebenfalls noch 1521 entstanden, vielleicht aus der Feder Martin Butzers (Luthers Schlettstädter Parteigänger, Reformator in Straßburg), kommt ein vom Klerus unterdrückter und über die kirchlichen Mißstände empörter Karsthans zu Franz von Sickingen. Wie der Bauer meint, man sollte nun mit Kärsten und Flegeln dreinschlagen, rät Sickingen: „Ach, mein lieber Karsthans, laß uns mit Geduld handeln.“ Zu unserer Verwunderung erscheint Sickingen als der fromme, mit seinem Gast Ulrich von Hutten auf der Ebernburg gemeinsam die Lutherischen Schriften lesende, maßvolle Mann, der immerhin überzeugt ist, es sei niemand fester von der Pfaffheit bedrückt als der gemeine Adel, und so nebenbei drohend vom hussitischen Kirchensturm redet. Der überaus gewandt, ernst und liebenswürdig vorgehende Verfasser gibt – im Munde des Bauern – ein detailliertes und anschauliches Bild der kirchlichen Repression; er scheint gleichzeitig den unzufriedenen gemeinen Mann zur Ruhe zu mahnen, ihn zu Luther bekehren zu wollen und doch recht deutlich dem Gegner mit kommendem Aufruhr zu drohen. Da ist kaum ein schwärmerischer Idealismus am Werk (A. E. Berger), eher Diplomatie im Dienst einerseits Luthers, anderseits Sickingens, unmittelbar vor dem Wormser Reichstag.

Wieder in anderem Zusammenhang erscheint der Karsthans, immer noch im selben Jahr, in der *Göttlichen Mühle*, einem allegorischen Holzschnitt mit einer erläuternden Prosa- und einer Versrede von „zwen schweytzer bauren“, hinter denen sich der Maienfelder

Stadtvogt Martin Seger (nicht: Jeger), Huldrych Zwingli und Glockengießer Hans Füßli verbergen. Ein altes Bild wird gemütvoll neu gefaßt: Gottvater hat die Mühle seines Wortes wieder in Betrieb gesetzt, Erasmus hat als Müllersknecht das göttliche Korn bereitgestellt, Luther bäckt das Brot, Karsthans aber wird ihn mit dem Flegel vor den Pfaffen schützen: „Karsthans seinen flegel noch hat: / der die heilig schrift iez auch verstat." In ungezählten Dialogen und Spielen der folgenden Jahre erscheint nun wenn nicht Karsthans, so doch der Bauer Fritz oder Kunz oder Nickli Zettmist als der mit Liebe gezeichnete Zeuge und Anwalt des Evangeliums. Mit dem Bauernkrieg wird dann allerdings das Motiv kompromittiert.

Der *Karsthans* hat seine Propaganda für Luther und den Mann aus dem Volk auf dem Buckel Murners durchgeführt, des volkstümlichsten Satirikers, der seit 1520 gegen Luther aufgetreten war. Der publizistische Kampf um Murner ist ein kleines Kapitel für sich, das vor allem Süddeutschland, das Elsaß und die Schweiz betrifft. Als Sittenkritiker hatte Murner auch die Kirche und ihre Vertreter durchaus nicht geschont, und jedenfalls zögerte er längere Zeit, bis er gegen 1520 in rascher Folge und in zunehmend scharfer Formulierung mehrere deutsche Stellungnahmen gegen Luther herausgab; die wichtigste, die mit ihrem Titel (*An den großmächtigsten Adel deutscher Nation*) Luthers Schrift parodierte, hat unmittelbar zur Reaktion des *Karsthans* geführt. Murner hatte hier, wie auf ihre Weise Eberlin und *Neuer Karsthans*, sich vor dem Reichstag an den Kaiser gewandt; er hatte versucht, Luthers „spen, zenck und häder" von der Sache des Glaubens und der Kirche „abzusündern", den zum Narren und Aufrührer gestempelten Luther zu isolieren und die kirchlichen Mißstände der Verantwortung von Kaiser und Kurfürsten zu überlassen. Murner kämpft für die Papstkirche, ihre Institutionen und Traditionen; er erörtert in dieser Schrift grundsätzlich Luthers

Lehre von der Kirche, den Sakramenten und dem allgemeinen Priestertum und wirft ihm vor, er „verwirre“ die geistliche und die weltliche Gewalt. Es ist eine vorwiegend sachliche, eindrucksvolle Darlegung der konservativen Position.

Aus dieser Haltung ließ sich Murner nun abbringen durch eine Reihe persönlicher Streitigkeiten, zahlreiche reformierte Gegenschriften und Invektiven. Unter diesen war neben dem *Karsthans* auch ein lateinischer Dialog *Murnarus Leviathan* eines gewissen Raphael Musäus, vielleicht ein Deckname des Straßburger Humanisten Nikolaus Gerbel. Hier wurden in einer grotesken Handlung Murners Geldgier und sein Hang zum weiblichen Geschlecht traktiert. Besonders herausfordernd, schon durch ihren großen Erfolg, waren schließlich Eberlins Angriffe auf seinen Orden. So nahm Murner wieder zur illustrierten Verssatire Zuflucht und schrieb bis Ende 1522 eine wüste und uneinheitliche Dichtung *Von dem großen lutherischen Narren*, eine lockere Folge von dialogisch-dramatischen Szenen im Stil einer fastnächtlichen Narrenrevue (4796 Verse). Der große Narr ist die universale Verkörperung des Reformationsgeistes. Er wird beschworen, d. h. in einem Schlitten angefahren, und die in ihm hausenden kleineren Narren werden ausgetrieben – es sind zunächst die fünfzehn Bundesgenossen, von denen jeder zu seinem Thema eine selbstparodistische Rede hält. Anschließend bildet sich ein lutherischer Bund, ein „lumpen troß“ mit magerem Zuzug, darunter weitere noch zutage geförderte Narren wie Karsthans. Luther „schmiert den Bundschuh“, d. h. mobilisiert die Bauern. Nach drei vergeblichen Sturmangriffen auf die von Murner verteidigten Stellungen bietet Luther dem verliebten Murner seine Tochter an; dieser will in der Tat lutherisch werden und sie heiraten, prügelt sie dann aber aus dem Hochzeitsbett, denn sie hat den Grind (Schorf), zweieinhalb Finger dick. Luther stirbt ohne Sakramente und wird darum ins Scheißhaus geworfen. Es folgt ein Streit um das Erbe (Murner erhält die Narrenkappe) und ein allgemeines Begräbnis der Narren. Wieder ist da ein erstaunlicher Reichtum an grob-grotesken Einfällen, an lebhaften Bildern, idiomatischen Wendungen, Anspielungen aller Art. Die Satire wird auch hier stellenweise zum fastnächtlichen Selbstzweck, geht damit aber auch am Ernst des Themas vorbei und landet auf dem Tiefpunkt der Auseinandersetzung. Fast tröstlich ist es, daß das Werk – z. T. infolge eines Verbots durch den Straßburger Rat – keinen Erfolg hatte. Das einzige Echo scheint eine Verserzählung zu sein, die wohl fälschlich Gengenbach zugeschrieben wurde (1523), wo der Narrenbeschwörer Murner erscheint, um den Geist des verstorbenen Karsthans zu beschwören, aber dann vom großen lutherischen Narren verschluckt wird. Murner mußte 1525 Straßburg verlassen, mischte sich von Luzern aus in die eidgenössischen Händel, wurde wieder vertrieben und starb 1537 als Pfarrer in Oberehnheim im Elsaß.

Im Bauerkrieg hat das Flugschriftenwesen seinen Höhepunkt erreicht, in der Folge dann aber an Aktualität verloren. Der „gemeine Mann", der in den reformatorischen und politischen Flugschriften angesprochen war und zum Wort drängte, wurde hier in kaum geahnter Weise aktiv, und auch wenn die Revolutionäre von 1525 großenteils Analphabeten waren (und ihre wenigen erfahrenen Führer keine Bauern), so war doch der Aufstand vorbereitet, begleitet und liquidiert vom Geisterkampf der Flugschriften wie bisher kaum ein geschichtlicher Vorgang. Das gilt schon für den technischen Aspekt: Das fast überall gleichzeitige Losbrechen der Erhebung war nur möglich dank raschester Verbreitung der berühmten *Zwölf Artikel*, deren knappe Redaktion aufgrund vieler diffuser Strebungen und Forderungen allein schon eine bedeutende Leistung war und eine gemeinsame Basis schuf. Wenn allerdings heute der Bauernkrieg gern als die erste eigentliche Revolution der deutschen Geschichte zugleich zum literaturgeschichtlichen Ereignis emporstilisiert wird, so ist wohl der Wunsch der Vater dieses Gedankens. Bei aller Wortgewalt hat Thomas Münzer nicht entfernt das Format Luthers.

Im Kampf gegen die institutionelle Macht der römischen Kirche und weiterhin gegen jede ungerechte Obrigkeit flossen religiöse und soziale Anliegen zusammen. Doch mußte die Stunde der Wahrheit kommen: Waren nun „die frücht des newen euangelions" (Ingreß der *Zwölf Artikel*) wirklich zu pflücken und das „götliche recht" (Artikelbrief der Schwarzwälder Bauern) in die Tat umzusetzen, oder sollte die neue christliche Freiheit sich nur auf den innern Menschen beziehen? Letztlich ließ sich innen und außen ja nicht trennen. Wenn man nicht wie die marxistischen Darsteller nur von einer „christlich-religiösen ideologischen Verkleidung" der klassenkämpferischen Ziele spricht, wird man das ganze Geschehen auch theologisch ernst nehmen müssen und dann auch Luthers Tragödie erkennen.

Thomas Münzer (um 1490–1525) war nur einer der verschiedenen Schwarmgeister, die unter Berufung auf ihr Erwähltsein durch den Geist eine völlige Veränderung der Dinge, wenn nicht ein Gottesreich auf Erden erwarteten. Der Stolberger Bürger Münzer kam als Weltgeistlicher nach Sachsen, war mit den sogenannten Zwikkauer Propheten verbunden, wurde vertrieben, kam in Prag in Berührung mit hussitischen Strömungen und gelangte 1523 als Pfarrer nach Allstedt in Thüringen. Hier und dann seit 1525 in Mühlhausen hat er eine zunehmend radikale Bewegung ausgelöst und wurde zum Führer des Bauernaufstands im größten Teil Mitteldeutschlands. In seiner berühmten *Fürstenpredigt* an die Regenten von Sachsen (1524) richtet er anhand der Prophetie Daniels und als neuer Daniel einen drohenden Appell an die Fürsten, auf die Seite der Erwählten zu treten, den Zorn der Fürsten und den Zorn des ergrimmten Volkes zu versöhnen und die Feinde mit dem Schwert zu verfolgen.

In der massen werden sich ane zweifel vil vnuorsuchter menschen an dyesem büchlein ergern, drumb das ich mit Christo sage. Luce 19. vnd Matth. 18. vnd mit Paulo. 1. Corint. 5. vnd mit der vnterrichtung des gantzen göttlichen gesetzes, das man die gotlosen regenten sunderlich pfaffen vnd mönche tödten sol die vns das heylge Euangelion ketzerey schelten vnnd wollen gleich wol die besten Christen sein, do wirt die heuchlische getichte güttigkeit vber die masse ergrimmet vnd erbittert, do wil sie dann die gotlosen vortedigen vnd saget Christus habe nyemandt getötet etc. (262)

Das richtet sich gegen Luther – „bruder mastschwein vnd bruder sanffte leben" –, der 1523 „von weltlicher Obrigkeit und wieweit man ihr Gehorsam schuldig sei" gehandelt hatte und gegen den Münzer nun eine wilde Streitschrift folgen ließ. Der Passus zeigt die wachsende Aggressivität einer mächtigen, drängenden, mit Bibelverweisen gespickten Sprache, die grob und volkstümlich wie die Luthers sein kann, aber auch Züge eines wirren, gehetzten Redens hat. Sie steigert sich in dem berühmten letzten Manifest an die Bergknappen („dran, dran, dran!") ins „Rasende" (Ernst Bloch). Damit ist Luther, der nach einem Vermittlungsversuch nicht weniger schrecklich in den Bauernkrieg eingriff, nicht entschuldigt, und ebensowenig die sinnlose Brutalität der Sieger.

Auf breiter Front, inständig und zugleich maßvoll exponiert eine anonyme Schrift *An die Versammlung gemeiner Bauernschaft* (1525) das Problem des Widerstandsrechts gegenüber der Lutherischen Forderung, es sei jeder, auch ungerechter, Obrigkeit zu gehorchen. Biblische, juristische und vor allem historische Argumente (zu denen die Befreiungsgeschichte der Eidgenossen ausführlich herangezogen wird) beweisen die Absetzbarkeit einer gewählten Obrigkeit, selbst von Papst und Kaiser. Zugleich ermahnt der Verfasser seine Brüder zu Liebe und Treue untereinander, zu guter Ordnung und Selbstlosigkeit, wenn der Kampf unvermeidbar wird. Um so eindrücklicher sind in diesem Kontext die wenigen Ausbrüche über das gegenwärtige Elend, die „babylonische Gefangenschaft" unter geistlichen und weltlichen Herren, speziell die Frondienste:

dass wir armen also söllent vertriben sein, ijre (d. h. der Herren) wysen ab zumåyen vnd zuheuwen, die äcker zu pawen, den flachß darein zusehen, wider herauß rauffen, raffeln, rößlen, weschen, prechen vnd spinnen, ja die průch an den arsch etc. auch erbsal klawben, moren vnd spargen zu brechen.

(FdB 117)

Da wirkt Melanchthons Schrift wider die *Zwölf Artikel* der Bauernschaft als souveräne und klare Darlegung der Lutherischen Auffassung von der Gottgegebenheit jedes Regiments und dem völligen Verbot jeden Aufruhrs, aber auch als ein Dokument der Preisgabe jenes gemeinen Mannes, der sich in vielem auf Luther berufen konnte, aber in seinem Elend inneres und äußeres Reich nicht so leicht zu trennen vermochte. Johannes Cochlaeus hat denn auch von katholischer Seite aus die Hauptverantwortung am Bauernkrieg Luther zuschieben können. Sympathischere Dokumente sind schließlich Johannes Agricolas Versuch, in einem *Nützlichen Dialog zwischen einem Münzerischen Schwärmer und einem evangelischen frommen Bauern* (1525) diese Problematik zu verdeutlichen, und vor allem des Johannes Brenz, des späteren schwäbischen Reformators, Eintreten für christliche Milde und ein versöhnliches, gerechtes Abwägen der Schuld: *Von Milderung der Fürsten gegen die aufrührischen Bauern* (1525).

## 2. Dialog und Drama

Die reformatorische Schriftstellerei bringt in Ernst und Satire entscheidende Impulse für die Ausbildung des neueren Dramas, sei es daß der Dialog zunehmend zur Funktion einer vorgestellten Handlung wird und zur szenischen Vergegenwärtigung drängt, sei es daß das Fastnachtspiel oder auch das neue Schuldrama in den Dienst von Bekenntnis und Polemik gestellt wird, sei es schließlich daß die Tradition des geistlichen Schauspiels aufgenommen und in verschiedener Weise „reformiert" wird. Diese Vorgänge hangen natürlich vielfältig zusammen und sind auch reversibel, so daß in den ersten Jahren kaum eine Gesamtentwicklung, sondern nur eine Reihe ganz verschiedenartiger, um so originellerer Ansätze zu registrieren ist.

Murners *Großer lutherischer Narr* richtet sich unter anderm auch gegen eine glänzende antikatholische Satire, von welcher er selbst, was die Lebendigkeit und Dichte von Dialog und Szene betrifft, gelernt zu haben scheint. Das ist der gegen Johannes Eck, Professor in Ingolstadt, den damals wichtigsten theologischen Gegner Luthers, gerichtete lateinische Dialog *Eccius dedolatus* (die Abhobelung, die Ent-Eckung Ecks), im Februar 1520 erschienen. Als Verfasser galt damals vielen Willibald Pirckheimer, später wurden andere Autoren, so Nikolaus Gerbel, vermutet. Es ist noch das Dokument eines übermütigen, progressiven Humanismus, das selbst die *Dunkelmännerbriefe* in den Schatten stellt. Die Verhöhnung Ecks, des physisch-rhetorischen Athleten, der Luther an der Leipziger Disputation bedrängt hatte, gerät zu einem komödiantischen Meisterwerk, dessen lateinische Prosa mit klassischen, vor allem auch griechischen Zitaten parodistisch durchsetzt und voller aktueller Seitenhiebe ist.

In Ingolstadt ist Dr. Eck erkrankt; er „tragödiert"

klagend mit Seneca-Zitaten und löscht sein inneres Feuer, indem er eine Kanne Wein nach der andern in sich schüttet. Er braucht einen Arzt: die nebenan wohnende Hexe Canidia (aus Horaz) rüstet ihren alten Ziegenbock und fliegt mit ihm nach Leipzig, um von dort Ecks Freund Johannes Rubeus und einen bedrohlichen brandenburgischen Chirurgus zu holen. Alle drei, mühsam auf dem Bock reitend, fliegen unter drastischen, unappetitlichen Zwischenfällen nach Ingolstadt zurück (eine der frühen dichterischen Flugphantasien!). Nun wird der jammernde, protestierende Eck einer Gewaltkur unterworfen: Nach einer Beichte wird er festgebunden, geschoren, geputzt, purgiert, zum Erbrechen gebracht, geschunden und feierlich kastriert („dedolatus" meint auch dies). Ähnlich wie beim fastnächtlichen „Narrenschneiden" wird überall allegorisches Geschwür, Ungeziefer, Unfug aller Art zutage gebracht und ausgemerzt, so daß der Patient sich schließlich wieder besser fühlt. Das ist in überaus dramatischem Dialog vorgeführt: Die Reden machen stets Handlung und Szene sichtbar; die Komik bekommt aristophanischen Charakter durch die klassischen Zitate, die Wortwitze, die versteckten Bosheiten, die Mischung pompösen und ordinären Redens. Angehängt werden dem Opfer wie üblich Trunksucht und Ausschweifung, die im Falle Ecks allerdings auch sonst gut bezeugt sind: „vino et libidini fuit deditus". Der *Eccius* hebt sich durch seine literarisch-geistreiche und bewußt groteske Komik von einer bloßen Invektive ab. Anderseits bleibt er, wollte man ihn als wirklichen Beitrag zur Sache nehmen, ganz im Bereich eines bloßen Geniestreichs.

Durch seine persönliche und sachliche Konsequenz wie durch seinen literarischen Rang ragt dagegen das Werk Niklaus Manuels (1484?–1530) aus der polemischen Literatur der Zeit hoch heraus (in einem späten Text übrigens vom *Eccius* beeinflußt). Der Berner Dichter, Maler und Staatsmann spiegelt, im Bereich der Zwinglischen Reform, eine glücklichere, konkretere Möglichkeit des Handelns in unvergleichlicher Einheit humanistischer, religiöser und politischer Existenz.

Niklaus Manuel, mit dem Künstlermonogramm NMD (D = Dütsch = Aleman?) und dem Wort „schwytzerdegen" als Siegel der literarischen Werke, ist vermutlich der Sohn eines Emanuel Aleman und der Margarethe Frikker, einer natürlichen Tochter des Berner Stadtschreibers und bedeutenden Chronisten Thüring Fricker. Die Familie Aleman war vermutlich aus Oberitalien eingewandert. Manuel betrieb in Bern eine Malerwerkstatt, von der eine Reihe vorzüglicher Altartafeln der Jahre 1515 bis 1520 erhalten sind; einige originelle „tüechli" (Leinwände) mit humanistischen Sujets (Pyramus und Thisbe, Urteil des Paris) entstanden vielleicht später. Der von Haus aus kleinbürgerliche Meister heiratete eine Ratsherrentochter, kam 1510 in den Großen Rat, wurde 1523 Landvogt zu Erlach, 1528 Mitglied des Kleinen Rats. Er war einer der Führer der Reformpartei und wurde einer der beliebtesten und erfolgreichsten Politiker, dessen Ansehen und diplomatisches Geschick ihm ungewöhnlich viele heikle Missionen eintrug. In Zürich galt er als Mann des Friedens und stand darum im Verdacht, von Frankreich bezahlt zu sein.

1516 beteiligte sich Manuel an einem – von der Regierung nicht bewilligten – bernischen Kriegszug, der Franz I. in Mailand zu Hilfe kommen wollte und das Risiko eines Zusammenstoßes mit den Landsleuten im kaiserlichen Lager brachte. 1522 nahm er wiederum Sold, war bei der Eroberung und Plünderung Novaras beteiligt und geriet dann in die schwere Niederlage der Franzosen und Schweizer bei Bicocca. Ein leidenschaftliches Schmäh- und Hohnlied auf die deutschen Landsknechte, Ausdruck ohnmächtigen Zorns, ist Manuels erstes dichterisches Zeugnis. Vermutlich bald darauf entstand ein völlig anderes Werk, Dokument einer religiösen und politischen Selbstbesinnung: *Ain seltzamer wunder schöner troum.* Für Manuel gesichert ist das nur in Abschrift und lückenhaft überlieferte Werk allerdings nicht – doch steht es wohl nur bei ihm in einem literarisch und biographisch adäquaten Zusammenhang. Es ist ein persönlich eingekleidetes Lehrgedicht vom alten Typ der Traumallegorie, in flüssigen, kreuzweis gereimten Versen, vermutlich angeregt von einer lateinischen Satire auf den Tod des Papstes Julius II. Der Sprecher liegt schlaflos im Feldlager, in Sorge über Kriege und Widerwärtigkeiten seiner Zeit, schläft nach Mitternacht ein und sieht nun einen Mann mit drei Kronen, der ein großes Buch hütet (die päpstlichen Dekretalen), das aber von einem immer heller leuchtenden kleinen Buch, dem Evangelium, überstrahlt wird. Der Papst wird zornig, eine göttliche Stimme spricht, daß er den Menschen zur Strafe gesandt sei, weil sie den Heiland verachtet hätten. „Gottes völkly“, nämlich Witwen, Waisen und eine Unzahl erschlagener Soldaten, klagt über die Kirchenfürsten und ihre verderblichen Kriege. Der Papst stirbt, seine Schlüssel passen nicht zur Himmelspforte, nur die Hölle nimmt ihn auf, seine Stellvertreter sorgen unterdessen auf Erden für teuflische Zwietracht. Glücklich schaut der Schläfer in den offenen Himmel – da schellt ein Maultier, kräht der Hahn, bellt sein Hund:

Ich wond ich solt im himel sin
  do lag ich tieff hie vnden
Im harnesch vnd vff blößer erd
  Min buob vnd ross dar neben
Vnd etliche grosse kürriß pferd
  Die hattend ain wild leben
Vnd bissend mich die lüs so hart
  Das mich die hut thet schmertzen
Gar dick ich da ersünffzen ward
  Vss gantzem grund mins hertzen

Sid mir der throm erschinen ist
Ist mir die welt empfallen ...
(Burg 96)

Er ist der Welt entfallen, ersehnt den Tod, weiß nicht, in welches Grab er kommen wird, und wendet sich im Schlußgebet zu Christus. Die so realistisch und selbstironisch geschilderte Szene aus dem Reisläuferdasein umschließt einen „autobiographischen" Moment von höchster Bedeutung – man denkt an Walthers „Elegie" oder an Seuses Blick durch das Fenster der Zelle. Daß jedenfalls Manuel nach Bicocca ein „Erwachen" erfahren haben muß, wissen wir: Aus dem Reisläufer ist ein miles christianus geworden, ein Anhänger der Reformation, der seine Malerwerkstatt schließen mußte und aktiv in die politische Auseinandersetzung eingriff. Der *Traum* scheint die drei durchgehenden, einfachen Themen des künftigen Werks zu exponieren: die Papstkirche als die verderbliche Macht, das Evangelium als alleinige Instanz, der gemeine Mann, der es am reinsten wahrnimmt.

Im Februar des kommenden Jahres 1523, vierzehn Tage nach dem Durchbruch der Reformation in Zürich, wird von jungen Bürgern an der Kreuzgasse in Bern Manuels Fastnachtspiel von den *Totenfressern* aufgeführt. Das Thema stammt wohl von Gengenbachs Dialog, ist nun aber breit ausgelegt. Auf der erhöhten Bühne stehen in „grossem gepracht" der Papst, seine Hof- und Kriegsleute und die gesamte Hierarchie; davor die Laien: Edelmann, Bettler, Bauern; im Hintergrund stehen die Apostel Peter und Paul und schauen verwundert zu. Ganz vorne tritt ein Leichenzug auf und bringt einen Toten – was nun die ganze Klerisei veranlaßt, revuehaft ihre Freude über den fetten Braten (Meßgebühren, Ablaßgelder usw.) auszudrücken, vom Siegrist und der Pfaffenmetze Anastasia Fuchsöhrli bis hinauf zum Papst, der wie üblich als Antichrist erscheint, aber nur in gemütvollem Diminutiv: Entchristelo. Vollends bewegt sich die Szene mit dem erregten Auftritt eines Rodiserritters: der Sitz des Johanniterordens auf Rhodos ist Ende 1522 von den Türken erobert worden, nachdem der Papst seine Hilfe versagt hatte. Es folgt die lange Besprechung des Prädikanten Dr. Lüpolt Schüchnit – er bleibt fortan ein literarischer Typus – mit einigen frommen Landleuten über die kirchlichen Übelstände, die kritischen Kommentare der Apostel, der Aufbruch des Papstes zu einem neuen italienischen Krieg und ein Schlußgebet des Prädikanten. – Die Struktur eines Fastnachtspiels ist noch erkennbar in der (hier vor allem geistlichen) Ständerevue und in der Rolle des Papstes als eines halb lustigen, halb dämonischen Fastnachtspopanzes. Die Bauern tragen noch ihre komisch-sprechenden Namen, die mit liebevoller Sachkenntnis gewählt sind, z. B. Zenz Klepfgeisel, Batt Süwschmer. Nur mit Rodiserritter und Prädikant bricht der aktuelle Ernst durch die Fastnacht. Vor allem aber lebt das Spiel von den lebhaften, treffsicheren Reden. Die Möglichkeiten des freien Knittelverses sind kraftvoll und behaglich ausgespielt wie sonst kaum irgendwo, und der polemische Zorn bricht sich am freudig ausgemalten Detail:

Man solt die ablasskrämer all ertrenken!
Si stuondend wie kouflütknecht bi den benken
Grad glich als ob Gott ein grempler wär
Und verkouft eim für ein krützer schmer,
Dem andern kümich und blawen faden,
Schwebelhölzli, fulen käs voll maden,
Brisriemen (Schnürriemen), haselnuss und brandtenwin,
Fenkel, suren senf ouch im häfelin –
Glich als Gott ein grempler si:
Es ist im grund ein büebery!

(1378 ff.)

Eine Woche nach den Totenfressern, an der Bauernfastnacht, ließ Manuel noch einen zweiten, doch sehr kurzen

„Fastnachtschimpf" folgen: *Von Papsts und Christi Gegensatz.* Er besteht textlich nur aus dem Gespräch zweier Bauern über den Kontrast zweier Aufzüge, denen sie zuschauen: Auf der einen Gassenseite erfolgt der Einzug des dornengekrönten Christus auf einem Esel, mit Armen und Kranken und einem alten Fischer (Sant Peter); auf der andern Seite erscheint der hoffärtige Papst mit großem Kriegsgefolge und der Schweizergarde. Der einfache Typ eines Umzugs ist dramatisiert durch die kontrastive Verdoppelung.

Als eines der besten und rundesten Fastnachtspiele überhaupt gilt Manuels *Ablaßkrämer*, nur im Autograph von 1525 vorhanden. Richardus Hinderlist, der Ablaßkrämer, kommt wieder einmal aufs Dorf, wo man aber inzwischen den Betrug durchschaut hat. Bauernweiber beschimpfen und ergreifen den Krämer, ziehen ihn mehrmals an einem Seil hoch und hängen Steine an, bis er alle seine Lumpereien im Ablaß- und Reliquienhandel gesteht und in die Hosen macht; sein Geld wird einem Bettler geschenkt, er selbst davongejagt. Da der Ablaßhandel im Bernischen schon 1518 verboten wurde, konnte das Stück höchstens einer immer noch drohenden Gefahr begegnen wollen. Vielleicht aber überwiegt hier einfach das Fastnachtsvergnügen: die Verhöhnung und Liquidation des Dämons, der Auftritt hexenhafter alter Weiber mit ihren wüsten Namen und unflätigen Reden. All das war kaum mehr aktuell und evangelisch, eher nur die Rückkehr zum alten Brauch in zeitgemäßer Thematisierung.

Auf den Flugschriftendialog zurück greift das umfangreiche Büchlein von *Barbali* (kleine Barbara, 1526), das unter Einfluß Eberlins von Günzburg das Klosterproblem und zugleich die Kraft eines reinen Glaubens behandelt. Das zehnjährige Kind armer Eltern soll ins Kloster gesteckt werden. Es wehrt sich dagegen, erhält Bedenkzeit, kauft von einem Studenten ein Testamentlein und stellt sich einer Diskussion mit dem geschickten Pfarrer Hiltbrand Stuolgang. Mit der Bibel in der Hand und unter Berufung auf den Willen Gottes widerlegt es die Argumente des Priesters und vertritt evangelisches Arbeitsethos („wer nit werket, sol ouch nit essen"), das Ziel von Ehe und Familie und das Vertrauen auf Gottes Hilfe. Es kommen weitere Doktoren herzu und wollen dem Kind Angst machen: „ketzerli, ketzerli, du wirst verbrant!" Die Standhaftigkeit des Mädchens bekehrt einen der Geistlichen, die Mutter hört aus ihm den Heiligen Geist sprechen. Sie kehrt mit Barbali nach Hause zurück, um dem Vater zu kochen, die Pfarrherren streben einem guten Jahrzeit-Essen zu. Oft erhobene Einwände gegen die „Altklugheit" des Mädchens gehen so fehl wie im Falle von Barbalis berühmterer Schwester, dem Mädchen in Hartmanns *Armem Heinrich*. Die Macht des Bibelwortes im Mund des Kindes, die reine, spontane, freie Kraft der Seele – wie wären sie anders zu verbildlichen! Auch der Dichter weist sich über eine bedeutende Bibelkenntnis aus; sein *Barbali* ist mit der ruhigen, sorgfältigen und ehrlichen, dennoch humoristisch getönten Argumentation eine der schönsten Reformationsschriften eines Laien.

Noch war 1526, nach der Disputation in Baden, wo Eck, Murner und der Konstanzer Generalvikar Faber erfolgreich auftraten, die Reformation in Bern nicht gesichert; den Umschwung brachte erst die Berner Disputation von 1528. Ein Gedicht über *Ecks und Fabers Badenfahrt* und eine *Klagred der armen Götzen* (zum Berner Bildersturm 1528) stammen kaum von Manuel. Dagegen ist voll authentisch der glänzende Prosadialog *Krankheit und Testament der Messe*, kurz vor der Berner Disputation entstanden und mehrfach gedruckt. Der Papst erhält aus deutschen Landen die Nachricht, die „Messe" sei auf den Tod erkrankt und bereits von ihren Genossen wie Totenämtern, Jahrzeiten, Kirchenopfern verlassen worden; aus

Baden sei sie räudiger als zuvor zurückgekommen. Eine neue Kur ist nötig. Man holt wieder den Dr. Eck (jetzt, als gehobelter, heißt er Rundeck, Schreieck und Lügeck), dazu Faber und weitere Sachverständige und Zuschauer. Trotz neuer Untersuchung, Schwitzkur und Anschreien geht es ans Sterben. Ein Zuschauer schildert:

Für war, die Mess ist schwach und dem Tod näher dann Schaffhusen dem Ryn! Sehend zuo, wie zuckt sie mit den achslen, die ougen sind ir ingefallen, sie ist als bleich umb den schnabel und als röslecht umb die backen, wie ein unbachen wissbrot oder ein wol gesotten ei! Wie ist iro die nas so spitzig und gand ir die nasbälg so schnell! der buls schlecht ir nüt mer. Das ist ein bös zeichen! Sie nimpt den atem tief und mechtig kurz, dreffenlich schnell, ist voll todflecken; sie wirts nit lang triben, die fües sind ir schon erkaltet.

Um sie zu wärmen, trägt man sie zum Fegfeuer, aber es zeigt sich:

Die puren hand das wiewasser drin geschütt und das fegfür erlöschen, und sitzen münch, bettler und nunnen im rouch, dass inen die ougen überloufen; demnach sind etlich so frefel gesin, dass sie in kessel geschissen hand.

Auch diese Vision wird überboten durch die Antwort des Frühmessers, der den „herrgott" (Hostie) hätte holen sollen:

Herr doctor, ich mag in nit erlangen! der himel ist sin stuol und die erd sin fuoßschemel, wie möcht ich in erlüpfen?

Es folgt noch das Testament der Messe mit dem Katalog der anzüglichen Legate (der wohlschreiende Eck z. B. erhält das Ampelöl, um seine Kehle zu salben). Für die kühne, groteske Erfindung und die bewegte Handlung war zweifellos der *Eccius dedolatus* das Vorbild; dessen parodistisch-pathetischer Stil ist frei nachgebildet in der Pflege von Periode und Rhythmus, in der genießerischen Wortwahl, im Spiel mit rhetorischen Figuren aller Art, insbesondere den Metaphern und Vergleichen, die den makaberen Sterbevorgang mit Vorstellungen aus der bodenständig-bernischen Welt erfreulicher Viktualien veranschaulichen und im gleichen Zug das Gottesbild der Psalmen zitieren. Es gibt in dieser Zeit kaum eine Prosa von vergleichbarem Glanz und Zugriff. Es sei „einem zumute, als lese man einen der besten Schriftsteller der alten oder neueren Zeiten“, sagte dazu ein anderer politischer Malerdichter, Gottfried Keller.

Ein Fall für sich ist das Fastnachtspiel *Elsli Tragdenknaben*, 1530 in Bern gespielt und ohne Verfasserangabe in Basel gedruckt. Es wird Manuel meistens abgesprochen. Er war seit Mai 1528 Mitglied des Chorgerichts, der reformierten Nachfolge des bischöflichen Ehegerichts, und in einem Brief an Zwingli erwähnt er unter seinen Schriften ein „korgricht“. Das *Elsli* spielt nun aber vor dem Gericht eines bischöflichen Offizials, wäre somit in Bern ein Anachronismus, aber darin dem *Ablaßkrämer* vergleichbar. In jedem Falle könnte es sich nur um eine Bearbeitung der beliebten actio de sponsu (s. S. 798) handeln; auch die Verse tönen nur zum Teil manuelisch. Interessant ist immerhin der Versuch, den fastnächtlich-erotischen Typus (Elsli klagt das Eheversprechen Ueli Rechenzahns gerichtlich ein, beide haben eine dubiose Vergangenheit) reformatorisch zu überprägen. Das fragwürdige Paar entschließt sich durch das Zuraten der Dorfgenossen zu Besserung und Heirat. Konfessionelle Polemik fehlt, es ist wieder der immerhin verchristlichte Alltag eingezogen.

Das evangelische Bekenntnis zum einfachen Mann und zur christlichen Freiheit kann bei Manuel auf seine Echtheit überprüft werden. Er mag als Verwaltungsmann und führendes Mitglied der Regierung erfahren haben, wie schwer die Bergpredigt in der politischen Praxis zu verwirklichen ist. Die Legitimität weltlicher Obrigkeit hatte er allerdings nie angezweifelt. Er brauchte seinen republikanischen Stadtstaat nicht im Gegensatz zu einer christlichen Gemeinde zu sehen, und als Parteigänger Frankreichs hatte er die deutschen Sorgen um Reich und Fürsten nicht zu teilen. Einen Aufstand der Oberländer Bauern half er 1528 rasch und unblutig liquidieren, deren Hilfstruppen aus der katholischen Innerschweiz ließ er um des eidgenössischen Friedens willen abziehen. Als Mensch, Künstler und Politiker bietet Manuel ein Bild überzeugender Geschlossenheit.

Der Rang wird in jeder Hinsicht deutlich beim Blick auf einen Anhänger Zwinglis, der um die gleiche Zeit, 1524 bis 1527, die reformatorische Lehre zu popularisieren und Zwinglis Politik zu unterstützen suchte. Utz (Huldrych) Eckstein (süddeutscher Herkunft, um 1490–1558) war katholischer Geistlicher in Weesen und seit 1523 Prädikant in verschiedenen Gemeinden der Ostschweiz. In vier Dialogen (in einem Fall als „Spyl“ bezeichnet) werden alter und neuer Glaube einander gegenübergestellt (*Dialogus*), werden die katholischen Mißstände bekämpft und zugleich Adel und Fürsten ermahnt (*Klag*), verteidigen bibelkundige Bauern den wahren Glauben gegen die großen Theologen der Badener Disputation (*Concilium*) und werden die Fragen einer gerechten Obrigkeit und des Zins- und Zehntenzahlens diskutiert (*Rychstag*). Im *Rychstag* und in zwei Schmähliedern werden Eck, Faber und vor allem Murner aufs massivste hergenommen. Interessant ist die Spiegelung der Bauernfrage. Die schweizerischen Bauernunruhen wurden durch kleinere, bald wieder zurückgenommene Konzessionen, vor allem aber durch das Schicksal der deutschen Bauernerhebung gedämpft. Eckstein läßt nun zwar die Bauern eine wichtige Rolle als Sprecher des Evangeliums spielen, aber auch ihrerseits wieder deutlich belehrt werden über recht zu verstehende Freiheit, über den der Obrigkeit geschuldeten Gehorsam und über falschen Eigennutz. Die Form des ganz undramatischen

Versdialogs, die Eckstein benützt, ist im Grunde überholt, ganz abgesehen von den hilflosen, rohen Versen und den bei aller Belesenheit primitiven Argumenten; originell ist allenfalls nur die Breite seines Grob-Vokabulars.

Ein grundsätzlich anderer Weg zu einem neuen reformatorischen Spiel wird 1527 am andern Ende des deutschen Sprachgebiets beschritten. Burkhard Waldis (um 1490 – um 1556), ehemaliger Bettelmönch und nun seines Zeichens Zinngießer in Riga, dichtet und inszeniert ein bekenntnishaftes Spiel liturgischen Charakters mit seiner *Parabell vom verlorn Szohn*. Nicht die Stoffwahl, wohl aber die Konzeption der Aufführung blieb folgenlos, doch ist das Unternehmen von hohem Rang und bedeutendem literaturgeschichtlichen Stellenwert. Wenn fast alle Reformationsdialoge und -spiele vorwiegend aus Polemik und Satire leben und im Grund nicht die Mitte der Glaubenserneuerung vergegenwärtigen, sondern die schwächsten Stellen des Gegners angreifen wollen, so machte Waldis aus jener biblischen Parabel, die immer deutlicher als die Veranschaulichung der Lutherischen Rechtfertigungslehre betrachtet wurde, ein eigentliches geistliches Spiel. Ernste Polemik ist dabei nicht vermieden, aber im wesentlichen einem das Spiel begleitenden Kommentator vorbehalten. Waldis scheint mit seinen Mitbürgern und Schülern dorthin zurückkehren zu wollen, von wo das geistliche Spiel sich längst entfernt hatte. Fastnächtlich bleibt nur der Termin, gespielt wird aber vor der christlichen Gemeinde, im erhöhten Chor der Kirche. Geführt und erläutert wird die Handlung von einem actor (Herold) als dem Spielführer und priesterlichen Lehrer zugleich. Er spricht ein Gebet, das bereits den Gedanken entwickelt: wir sind erlöst durch Gott und nicht durch unser Verdienst, „uth rechter gnad vnd ydel gunst / On all vnße todont, werck vnd kunst“. Ein unschuldiges Kind verliest das Evangelium; es folgt der Gemeindegesang mit fünf Stimmen und dann erst das Stück. Die zwei einander streng entgegengeführten Akte bringen Auflehnung, Auszug, Verelendung und Verzweiflung des jüngern Sohnes (I) und dann die Heimkehr, das Freudenfest des Vaters, die Unzufriedenheit des ältern Sohnes und – neu – seinen werkgerechten Entschluß, in einen harten Mönchsorden zu treten, sowie die Bekehrung des Hurenwirts. Eine lange Auslegung durch den Actor, der durch das Kind gesprochene Segen und der Gemeindegesang schließen ab. Die Handlung ist streckenweise sehr lebhaft und genrehaft ausgespielt. Waldis muß aus den Niederlanden oder Italien eine Tradition solcher Art gekannt haben: Die familiäre Ausgestaltung des Stoffs mit dem Personal und den Mitteln der antiken Komödie erscheint kurz darauf auch bei Gnaphaeus, offenbar aufgrund gemeinsamer Anregung. Wesentlicher für Waldis war, daß die Gleichnishandlung keinen Moment der geistlichen Führung entglitt. Die Reden der Personen weisen an sich schon auf den eigentlichen Sinn: Der bekümmerte Vater spricht von einem Verführer des Sohnes, nämlich dem Teufel, der Hurenwirt beklagt sich über Luther, der ihm das Geschäft verderbe, der Sohn spricht von seinem Erbe in Worten, die zugleich die Gnade meinen. Punkt für Punkt interpretiert aber vor allem der Actor: Der ältere Sohn ist der Pharisäer, die Begleiter und Mitspieler sind Diener des Teufels, Papst und Kleriker, die Schweine sind die vergeblichen guten Werke, die Treber die nutzlosen geistlichen Zuchtmittel. Der Schluß bringt eine sublime Steigerung, der geistliche Sinn verzehrt gleichsam den historischen, der Vater ist zum himmlischen Vater geworden, der zum älteren Sohn und zugleich zum Zuschauer spricht.

Ach Szohn, swich, laet de reden staenn.
Ick hebbe ohm dat beste kleydt angethagen,
Schal mit my weßen gudes hagenn (guter Dinge sein).

Mit hemmelbroedt will ick ohn spyßenn,
Myn ewige gnade ohm bewyßenn,
Myn hilgen geyst will ick ohm geuenn,
Dat he nicht valle ynn düssem leuenn ...
(1459 ff.)

Das Schauspiel wird über das strenge Lehrstück zur geistlichen Feier verwandelt und führt in die Praxis.

## 3. Luther

Auch wenn man sich auf den literaturgeschichtlichen Aspekt von Martin Luthers (1483–1546) Werk beschränkt, bleibt das Thema uferlos. Dies nicht nur, weil die Reformation den kulturellen, politischen und geistesgeschichtlichen Kontext fast des ganzen literarischen Lebens verändert hat, und nicht nur, weil Luther mit seinen Schriften und vor allem seiner Bibelübersetzung wesentlich an der Ausbildung der neuhochdeutschen Schriftsprache beteiligt ist, sowohl in der Sprachform wie im Wort- und Bilderschatz. Der innerste Grund auch für die literarische Bedeutung Luthers liegt darin, daß sich die Reformation als ein Ereignis des göttlichen wie des menschlichen Wortes verstand: Das Wort wurde und blieb ihr wichtigstes Medium, am wichtigsten dort, wo es sich um die Beschäftigung mit dem konkreten biblischen Wort handelt. Wie nur je ein großer christlicher Theologe und Prediger redet auch Luther aus der Überzeugung heraus, auf neue und ursprüngliche Weise am Wort teilzunehmen, eine Sprache zu reden, die nur kraft eines göttlichen Wortes möglich und wahr sein kann. Gewiß steht auch Luther als Kanzelredner und als Kenner griechischer und lateinischer Literatur in einer mächtigen Tradition der Rhetorik und überhaupt der schriftstellerischen Formen, und er teilt mit den deutschen Prosaschreibern seiner Zeit, etwa den Flugschriftenverfassern, viele Züge: die Vorliebe für den anschaulichen Ausdruck, ja für drastisches und grobianisches Reden, für volkstümliche Wendungen, Bilder und Sprichwörter. Aber es ist doch bezeichnend, daß die ganze gewaltige Schriftstellerei Luthers – Ende 1524 soll ein Drittel sämtlicher in Deutschland umlaufender Schriften Luther zum Verfasser gehabt haben – nichts „Literarisches“ im herkömmlichen Sinn aufweist. Während der Flugschriftenkrieg, dessen Mittelpunkt Luther schließlich war, sich aller erdenklicher Einkleidungen bediente, hat Luther praktisch keine Gesprächbüchlein, Allegorien, Dramen, Lehrgedichte und dergleichen geschrieben. Die Satire, die ihren ästhetischen Lustgewinn aus dem Angriff auf den Gegner zieht und eine der Grundformen des Zeitalters ist, kennt er, im strengen Sinne, ebensowenig wie eine eigentliche Erbauungsliteratur, die sich in Selbstreflexion erfreut. Es geht ihm unmittelbar um Mitteilung, Anrede, Ermahnung, Abwehr, Angriff, und so sind seine Formen der Traktat, der Sermo (aus der Predigt hervorgegangen oder als solche gedacht), die Schriftauslegung, Thesen, Briefe, Sendschreiben, Streitschriften – Reden als Mittel, nicht als Selbstzweck, auch im Aufbau kunstlos, aber klar und oft einfach ihre Inhalte reihenmäßig behandelnd und durchnumerierend. „Potentior est veritas quam eloquentia, potior spiritus quam ingenium, maior fides quam eruditio“ (mächtiger ist die Wahrheit als die Beredsamkeit, wichtiger der Geist als die Naturbegabung, größer der Glaube als das gelehrte Wissen, WA IV, 2,544). Wahrheit, Geist, Glaube – das bedeutet also soviel wie eindeutig, klar, spontan und, wenn nötig, grob. Vieldeutigkeiten und Künstlichkeiten, vor allem etwa die allegorische Bibelauslegung, haben da keinen Platz. Hier liegt die entscheidende Differenz, ja der schließliche Bruch zwischen Luther und dem Humanismus, obwohl dieser natürlich bald wieder zu mancher Hintertür hereinkam. Und wenn es Mode wurde, Luther als den deutschen

Cicero zu feiern (von Erasmus Alberus bis zu den Sprachtheoretikern des 17. Jahrhunderts), so kann dies ernstlich nur eine ganz unciceronianische Beredsamkeit meinen, einen auf deutsch völlig anders begründeten Stil.

Wenn man sich, wie hier, auf ein repräsentatives Beispiel aus der fast unübersehbaren Fülle von Luthers Schriften beschränken muß, so wird man sich an die zugleich wohl berühmtesten Traktate aus dem entscheidenden Jahr 1520 halten, wo Luthers Durchbruch am umfassendsten und zugleich zentralsten sich darstellt. Vorangegangen war der Ablaßstreit, die Publikation der 95 Thesen und dann der erläuternden *Resolutiones*, das neue Eingreifen Roms, die Leipziger Disputation von 1519, bei der Luther dazu gedrängt wurde, den päpstlichen Primat und die Unfehlbarkeit der Konzilien zu leugnen zugunsten des reinen Bibelworts.

Nach seinen Kommentaren zu biblischen Büchern und einer Reihe von Sermonen entschloß sich Luther, nun ein eigentliches Reformprogramm an eine breite und maßgebende Öffentlichkeit zu richten: „Die zeit des schweygens ist vorgangen, vnd die zeit zureden ist kommen, als Ecclesiastes sagt." Die Schrift *An den christlichen Adel deutscher Nation von des christlichen Standes Besserung* (August 1520, Ndr. 4) wendet sich an die verantwortlichen weltlichen Obrigkeiten, also den jungen Kaiser, die Fürsten, Herren und Städte. Es sind die Laien, die nun der Kirche gegen die römischen Herrschaftsstrukturen helfen sollen. Einleitend werden die berühmten drei Mauern niedergelegt, hinter denen sich bisher die „Romanisten" unangreifbar verschanzt haben: die Grundsätze, daß die geistliche Gewalt über der weltlichen stehe, daß nur der Papst die Schrift verbindlich auslegen könne, daß nur er Konzilien einberufen dürfe. Daran schließen sich in loser Folge immer detailliertere Vorschläge zur Regelung einer neuen Ordnung. Der Papst soll in Armut auf seine Machtansprüche verzichten, eine nationale deutsche Kirche soll unter dem Kaiser unabhängig von Rom sein, die Ausbeutung der Deutschen muß ein Ende haben, die deutschen Reichsstände haben ein Konzil zu bilden. Das geistliche und das weltliche Leben wird dadurch eine neue Gestalt gewinnen: es gibt, bei allgemeinem Priestertum, nur *einen* christlichen Stand und nur *eine* Obrigkeit. Einzelne Abschnitte handeln von der Abschaffung der Ablässe, Wallfahrten, Bettelorden, Kirchweihen, über die Umwandlung von Klöstern in Schulen, über Universitätsreform, Armenpflege, öffentliche Sittlichkeit und nicht zuletzt über die Einschränkung von Großhandel und Zinsnehmen zugunsten einer Vermehrung des „ackerwerks". Hier müsse man wahrlich auch „den Fukkern und der gleychen geselschafften ein zawm ynß maul legen". Das ging, langfristig, sehr folgenreich gegen den Zug der Zeit.

Wie hier die große Vision der papstfreien, nationalen Kirche sich bis in die Einzelheiten hinein, bis zu Kleiderluxus und dem Mißbrauch „fressens und souffens" konkretisierte, das war von mächtiger Sprengkraft, und wenn auch utopische Züge nicht fehlen, so hat ja nun Luther sein Werk in Ausbau und Abwehr erstaunlich weit verwirklicht und Stück für Stück in weiteren Schriften die Einzelentscheide begründet.

Bei einem so umfassenden und grundlegenden Manifest mag es verwundern, wie persönlich und ungezwungen Luther spricht und sowohl innige wie aggressive, humorvolle wie pathetische, zarte wie grobe Töne anschlägt und so die ganze Fülle und Vielfalt des Themas auch unmittelbar menschlich vertritt. Er führt sich, diesmal noch, sogar mit der Narrenkappe ein: „ich bin villeicht meinem got vnd der welt noch eine torheit schuldig", er wolle auch einmal „Hofnarr werden". Er wendet sich nur an die „messig vorstendigen" und verzichtet auf die „ubirhochvorstendigen". Gegen die

Papstkirche zieht er alle Register vom freundlich ironischen „mein lieber papst“ bis zu „des Endtchrists und teufels gemeinschafft“ und zum „schendlich teuffelisch regiment der romer“. Er appelliert an die nationalen Gefühle der lieben Deutschen, des armen Volks deutscher Nation, und an die sozialen: Die Tötung eines Priesters führe zum Interdikt, warum nicht die eines Bauern? Er höhnt ironisch, man könne ja die Bibel verbrennen, wenn die ungelehrten Herren zu Rom sowieso den Heiligen Geist in sich hätten, er beschimpft die päpstliche Verwaltung des Ablaß- und Pfründenhandels als „hurhauß ubir alle hurhewßer“. Das alles ist instrumentiert mit volkstümlich-bildhaften Redensarten und Wendungen: man „will euch ym sack vorkeuffen“; „als wen man mit einem teuffel in die helle wurff“; „die handt auß der suppen zihen“ usw. Aufzählende Häufungen, Doppelformeln, Alliteration und Assonanz steigern die Intensität der Aussage: „O wilch ein schetzerey und schinderey regirt da, das ein scheyn hat, das alle geystlich gesetz allein darumb gesetzt sein, das nur vil geltstrick wurdenn.“ Oder: „Mich vordreusset, das wir solch vnuorschampt, grobe, tolle lugen mussen ym geystlichen recht leßen vnd leren.“ Solche Sätze sind nicht nur zum Lesen, sondern zum Hören gedacht, der Hörer ist unmittelbar ins Gespräch gezogen.

Daß Luthers Stil äußerst grob, ja unwahrscheinlich ordinär sein kann – als klassischer Text hiefür gilt das späte Pamphlet gegen den Herzog Heinrich d. J. von Braunschweig *Wider Hans Worst* (1541, Ndr. 28) –, ist immer wieder anstößig. Da sind allerdings zunächst die rauhen Sitten der Zeit, in der schriftlichen Auseinandersetzung wie im physischen Verfahren. Ein gewisser Grobianismus ist darüber hinaus geradezu zur legitimen literarischen Stilform geworden, in der sich Vitalität und Manierismus eigentümlich verbinden; schließlich wird in einer Art Trotzhaltung für Jahrhunderte die ehrliche

Grobheit zu einem Element des deutschen Selbstverständnisses (im Gegensatz zu welscher Glätte und Tücke), auch ohne daß es dazu noch einer religiösen Untermauerung bedarf. Aber bei einem Luther wird man wohl den spezifischen Polter- und Schmähstil dennoch als pervertierte Form der Glaubensgewißheit anzusehen haben.

Was Luther in seiner Schrift an den Adel inhaltlich entwickelt, war im einzelnen allenthalben in der Prosa der Zeit diskutiert – in der Dichte und Fülle, in der es hier zusammengefaßt war, mußte es als geballte Ladung wirken. Im übrigen war diese Schrift ja mehr für die Außenfront der reformatorischen Bewegung bestimmt. Zwei Monate später brachte die lateinische Schrift *De captivitate Babylonica ecclesiae praeludium* die Konsequenzen für die Heilsaufgaben einer Kirche, die nun ohne Macht und Geld und ohne das priesterliche Monopol dastehen würde. Aufgrund der Bibelautorität kam Luther hier zu einer scharfen Kritik der Sakramentenlehre; es blieben als eigentliche – d.h. als mit Zeichen verbundene – Sakramente nur noch Taufe und Abendmahl.

Ins Zentrum von Luthers Theologie führte, im November 1520 zugleich in deutscher und lateinischer Fassung erschienen, die kurze Schrift *Von der Freiheit eines Christenmenschen* (Ndr. 18), die schlichte und klare, ruhige Darlegung der Lehre von der Rechtfertigung durch den Glauben. Mit Hilfe des Paulusworts 1. Korinther 9,19 stellt Luther „zwo widderstendige rede der freyheyt und dienstparkeyt“ voran, um dann in 30 kurzen Abschnitten zu erläutern, wie der innere Mensch, allein vom Wort Gottes genährt, allein im Glauben gerettet, freier Herr über alle Dinge ist; wie dagegen der äußere Mensch ein dienstbarer Knecht aller Dinge wird, indem er in Liebe seinem Nächsten dient und seine guten Werke nicht des Verdienstes halber, sondern in Liebe und freiem Gehorsam tut. Rechtfertigung durch den

Glauben aber heißt: vor der Größe Gottes müßte der Mensch verzweifeln, könnte ihm nicht in der Anerkennung dieser sündhaften Nichtigkeit Gott als Liebe und Freiheit aufgehen. Hier wird das nur scheinbar paradoxe Lutherische Lebensgefühl des „simul iustus et peccator“ (Gerechtfertigter und Sünder in einem) deutlich, der Fröhlichkeit und zugleich Angst, des auf Nichts gestellten Seins, der „rechten geystlichen, christlichen freyheyt, die das hertz frey macht von allen sundenn, gesetzen und gebotten“. Für das Gnadenereignis braucht Luther hier noch das alte mystische Bild von der Hochzeit der Seele mit dem himmlischen Bräutigam, aber in sozusagen gemütvoller, bürgerlich-realistischer Abwandlung: „Ist nu das nit ein fröliche wirtschafft, da der reyche, edle, frummer breudgam Christus das arm vorachte, bößes hürlein zur ehe nympt vnd sie entledigt von allem übell zieret mit allen gütern?“

Das Problem der Willensfreiheit war mit der radikalen Glaubenslehre Luthers gestellt und zugleich überholt. Erst 1524 kam Erasmus darauf zurück. Sein Traktat *De libero arbitrio* war die schließliche Absage an Luther im Namen der Selbstverantwortlichkeit des Menschen, seiner Möglichkeit freien, sittlichen Handelns. Hier war, von ethischer Fragestellung aus, Luthers religiöse Rechtfertigungslehre wohl nicht begriffen. Anderseits wurde dadurch Luther zu einer Entgegnung veranlaßt, die nun im Namen der Unerforschlichkeit Gottes ihrerseits wieder in die Nähe jenes prädestinatinischen Ärgernisses und der Verzweiflung rückt, wenn sie feststellt: „Diese Allmacht und Vorsehung Gottes vertilgt, sage ich, die Sache vom freien Willen bis auf den Grund“ (*De servo arbitrio*, WA I,18,718).

Man hat gesagt, Luther habe in unaufhörlichem Zwiegespräch mit der Bibel gelebt (Bornkamm). Das Sich-Einlesen, das Ringen um Verständnis des Gottesworts war zugleich der Versuch, aus ihm heraus zu sprechen, es zu verwirklichen. „Gott hat mir den Mund aufgemacht und mich reden heißen", so begründet er mit Jesaias eine Eingabe zugunsten christlicher Schulen *An die Ratherren aller Städte deutsches Lands* (1524). Das Bibelwort erhielt als einzige Instanz eine ausschließliche und dringliche Bedeutung. Nicht nur, daß die tradierte kirchliche Wahrheit wegfiel; Luthers Bibelverständnis hatte sich zwischen zwei Gefahren zu bewähren: Weder konnte hier die tötende Gesetzlichkeit des Buchstabens gelten (so sehr es auch auf den philologisch sichergestellten Wortlaut ankam und Luther dem Erasmischen Text verpflichtet war), noch konnte die Berufung auf den Geist die konkreten Schwierigkeiten überspringen und den Wortlaut von der andern Seite her relativieren. Dem gemeinen Mann die Bibel zu erschließen war eine dringende Aufgabe; die Bibelübersetzung wurde die nachhaltigste literarische Leistung und die reinste reformatorische Tat Luthers. Nachdem er bereits 1517 die sieben Bußpsalmen herausgegeben hatte, begann Luther das Neue Testament im Dezember 1521 auf der Wartburg, es war im September 1522 („Septemberbibel") vollendet. Die erste volle Bibel erschien 1534. Zu Luthers Lebzeiten kamen noch 18 Ausgaben des Neuen Testaments und 9 der gesamten Bibel heraus, die zahlreichen Nachdrucke nicht gerechnet. Zunächst Melanchthon und dann eine ganze Kommission waren Luther bei der Übersetzung und vor allem bei der ständigen Revision behilflich. Im Wortschatz und in den Sprachformen bildet Luther, im wesentlichen bis 1531, eine gewisse Regelmäßigkeit aus, wodurch ein schließlich auch von den Grammatikern beachtetes normalisiertes Schriftdeutsch, die Luther-Sprache, entsteht. Eine niederdeutsche Fassung entstand unter Leitung von Luthers Freund Johannes Bugenhagen und erschien ebenfalls 1534.

Die Wirkung des Lutherschen Bibeldeutsch ist bis heute im hochdeutschen Sprachschatz unübersehbar;

zurückhaltender beurteilt man heute seinen Beitrag an die Ausbildung der neuhochdeutschen Schriftsprache überhaupt: Die Entwicklung und gegenseitige Beeinflussung der Kanzleien, die Buchdruckersprache, wirtschaftliche und gesellschaftliche Faktoren bilden ein Wirkungsnetz, in welchem die Luther-Sprache zwar wesentlich beteiligt ist, aber von dem sie ihrerseits wieder getragen war. Auch die Beziehung zu der sächsischen und schlesischen Literaturblüte im 17. Jahrhundert ist nur mittelbar.

An sich war das Unternehmen einer deutschen Bibel keineswegs neu (s. S. 685 f.). Neu war – gegenüber den vorhandenen Laienbibeln und Perikopenbüchern – die Grundlage: ein philologisch-sprachlich gesicherter Urtext, also die Lösung von der *Vulgata*, und neu waren vor allem Sinn und Ziel: eine vollgültige Bibel für den mündig gewordenen Laien, der hier das echte Gotteswort selber schöpfen könnte, eine Bibel, wie sie als Haus- und Handbuch der Karsthans oder später das Barbali benützen. Die bisherigen Übersetzungen waren in frommer Sorgfalt darauf angelegt, zum sakralen Originaltext hinzuführen, als Übersetzungshilfe für Nichtgebildete, die sich unter Umständen einer Interlinearversion nähern konnte und wo jedenfalls das Durchscheinen des Originaltexts nur ein Vorteil sein konnte. Durchs ganze Mittelalter herrscht die Vorstellung von den drei heiligen Sprachen, auch wenn aus theologischen Gründen immer wieder die Gottunmittelbarkeit auch oder gerade einer demütigen Volkssprache postuliert werden konnte. Nun aber war, philologisch wie theologisch, der *Vulgata*-Text auch nur als eine fragwürdige, von Rom sanktionierte Übertragung erkannt, der gegenüber eine deutsche Bibel nicht nur die Unabhängigkeit der Deutschen von der Papstkirche, sondern auch die Authentizität des Gotteswortes in deutscher Sprache demonstrieren sollte.

Die herkömmliche Alternative der Übersetzer: Wort

für Wort oder Sinn nach Sinn, war nun weithin gegenstandslos. Entscheidend war, ob das Wort *Gottes* hier wie dort vernehmlich war. „Es gehöret dazu ein recht frum, trew, vleissig, forchtsam, Christlich, geleret, erfarn, geübet hertz." Tatsächlich hat Luther jahrzehntelang mit allen Kräften des ganzen Menschen hingehört, hingehorcht in jedem Sinne und sich eingeübt, das Wort, nicht die Wörter, zu verstehen und wiederzugeben, im Bewußtsein: „was Gott pflantzt, wird bleiben". Luthers Verständnis des Dolmetschens geht in eins mit seiner Rechtfertigungslehre: Seine katholischen Kritiker sind ihm die Werkgerechten, die Wortklauber, die „Esel und Buchstabilisten", die nicht aus dem „Hertzen", aus dem Ganzen des Glaubens übersetzen. Insofern übersetzt er nach dem Sinn, aber sucht auch den Nuancen der Wortaussage so weit wie möglich gerecht zu werden. Luther hat sich vor allem in zwei Texten zu seinem Übersetzungswerk geäußert: in dem berühmten *Sendbrief vom Dolmetschen* (1530), zum Neuen Testament, und in den *Ursachen des Dolmetschens* (in den *Summarien über die Psalmen*, 1532), beidemal fast nur anhand konkreter Beispiele, in überaus heftiger Abwehr gegnerischer Vorwürfe und mit einem hohen Bewußtsein des eigenen Werts, ja mit dem Anspruch auf verbindliche Inspiriertheit seines Texts. Seine Beispiele zeigen den unlösbaren Rest des Übersetzungsproblems in klassischer Form. Den Englischen Gruß „Ave Maria gratia plena" möchte Luther unter Hinweis auf das griechische kecharitomeni am liebsten übersetzen mit „Gott grüße dich du liebe Maria", und er macht sich lustig über die Vorstellung „voll Gnaden" (kaum zu Recht); er wagt dann aber das mariologische Understatement doch nicht und übersetzt, für ein katholisches Ohr immer noch unzureichend, mit „du holdselige". Die Eindeutschung durch Luther entbehrt des sakralen Glanzes, der kirchlichen Tradition und macht das Bibelwort spontan, aktuell, ja unmittelbar bis zum Gewöhnlichen. Die berühmte Forderung, man müsse der Mutter im Haus, den Kindern auf der Gasse und dem gemeinen Mann auf dem Markt aufs Maul sehen und danach dolmetschen, führt in der Tendenz zu einer Vulgarisierung des Tons. Die Suche des richtigen deutschen Gefäßes für das Wort Gottes ist nur die andere Seite eines unmittelbaren, spontanen Bibelverständnisses in Gegenwart und Wirklichkeit. Für Luther und den Stil der Reformationszeit bedeutet dies oft eine Dynamisierung des Ausdrucks, eine schlagende Expressivität. Als Beispiel diene Matthäus 15,21 f.

*Vulgata*: sumere panem filiorum et mittere canibus
Mentel 1466: ze nemen daz brot der sune vnd ze geben den hunden
Luther 1522: das man den kindern yhr brott neme vnd werff es fur die hunde

Mit „kindern“ wird das Wegnehmen des Brotes härter, mitleiderregender, „werffen“ statt „geben“ macht anschaulicher und bewegter, die chiastische Wortstellung steigert den Ausdruck, der Rhythmus des zweiten Satzteils ahmt die Bewegung nach. Die grobe Wendung „vor die Hunde gehen“ ist wohl nicht ohne die Luthersche Fassung in den allgemeinen Sprachgebrauch übergegangen. Ähnlich macht Luther aus dem Stachel im Fleisch den Pfahl im Fleisch, aus dem Loch die Kluft, aus unsinnig rasend. Man hat schon gesagt, Luther habe die Septemberbibel mit der Faust statt mit der Feder geschrieben; daß spätere Milderungen des revolutionären Tons mit der Reaktion auf die Bauernkriege zusammenhängen (Schirokauer), scheint dagegen fragwürdig. Sicher ist nur, daß die unablässige Arbeit am Text zu einer deutschen Bibel ohnegleichen führte; die in Luthers eigener Prosa sozusagen naturhaft angelegten Qualitäten treten in den Dienst einer höheren Ordnung und machen den Bibeltext sinnenfällig, unmittelbar, in Lautwahl und

Rhythmus ausdrucksvoll, sachlich klar und sicher, sorgfältig Rücksicht nehmend auf das natürliche Sprachgefühl und auch, soweit möglich, auf eine überregionale Verständlichkeit. Es ist eine sprechbare Sprache, eine hörbare Stimme. Auch wenn der Luthersche Text das Maß, mit dem wir ihn heute messen, selbst geschaffen hat, kann doch ein Vergleich auf Schritt und Tritt das Vordringen zur optimalen, bewundernswerten Lösung aufzeigen. Das folgende Beispiel mag veranschaulichen, wie aus der Vorlage ein verhältnismäßig freier, aber sinnmäßig überzeugender und ohrenfälliger Wortlaut gewonnen wird. Psalm 50(51),12:

*Vulgata*: Cor mundum crea in me deus et spiritum rectum innova in visceribus meis
Mentel 1466: O gott schöpff in mir ein reins hertz vnd ernewe ein rechtten geyst in meinen inedern
Luther 1517: Ach gott schaff yn myr eyn reynes hertz und ernewe yn meym ynwendigsten eyn richtigen geist
Luther 1525: Schaffe myr got ein reines hertze und ernewe ynn myr eynen willigen geyst
Luther 1531: Schaffe jnn mir gott ein rein hertz vnd gib mir einen newen gewissen geist

Die Vorbildlichkeit dieses Bibeltextes wurde auch von den Gegnern nur im einzelnen bestritten, und das katholische Konkurrenzunternehmen des Hieronymus Emser (Neues Testament 1527) war auf massive Anleihen bei Luther angewiesen, was dieser mit gehörigem Poltern vermerkte. Nicht im ursprünglichen Sinne Luthers konnte es allerdings liegen, daß gerade der Ruhm seines Textes zu einer neuen Kanonisierung führte und auch das allenfalls noch Grobianische mit der Zeit ehrwürdig und sakral werden ließ.

Als die Grammatiker feststellten, aus Luthers Schriften lasse sich die „perfecta et absoluta linguae germanicae cognitio" gewinnen, war faktisch die deutsche Bibel zum Originaltext geworden – weil eben mit der Reformation eine „translatio sacerdotii“ von Rom zu den Deutschen stattgefunden habe (Johann Klaj 1578). So wurde gerade der dem Maul des Volkes abgehorchte Wortlaut ein Element in der Entwicklung einer neuen Orthodoxie.

Die Geschichte des Luthertums ist schließlich nicht denkbar ohne das protestantische *Kirchenlied* (Ndr. 230). Bei allen Einschränkungen im einzelnen handelt es sich auch hier um eine echte Schöpfung Luthers, veranlaßt durch die Umgestaltung des Gottesdienstes (*Von der Ordnung des Gottesdienstes in der Gemeine*, 1523). Anstelle des Priesters wurde die christliche Gemeinde zum aktiven Träger des Gottesdienstes, Gottes Lob im Gesang ertönte nun deutsch, das Chorlied der Gemeinde erhielt liturgische Funktion. „Das geystliche lieder singen gut vnd Gott angeneme sey, acht ich, sey keynem Christen verborgen, die weyl yderman nicht alleyn das Exempel der propheten vnd Könige ym allten testament, ... sondern auch solcher brauch sonderlich mit psalmen gemeyner Christenheyt von anfang kund ist.“ So lautet die biblische Begründung des Kirchengesangs in Luthers Vorrede zu dem noch schmalen Wittenberger *Geistlich Gesangbüchlein* von 1524, das den Anfang der großartigen Tradition des protestantischen Kirchenliedes bildet. Sehr viel mehr als der an sich ebenso musikfreudige Zwingli brachte Luther dem musikalischen Element der Liturgie Interesse entgegen, benützte gerne einen bereits vorhandenen Vorrat geistlicher Lieder und die Praxis des mehrstimmigen Singens in der Gemeinschaft (s. S. 743) und war überhaupt zurückhaltend mit Neuerungen. Kirchlicher Gemeindegesang war ja auch der Frühkirche (Ambrosius) bekannt, und er war auch im Mittelalter in der Volkssprache wenigstens bei bestimmten Gelegenheiten und Festen üblich, wenn auch ohne liturgischen Charakter im eigentlichen Sinn. Die neue Funktion des Gemeindeliedes ließ nun allerdings den künstlerischen Charakter zurücktreten und bewirkte einen Stil von

„Gebrauchslyrik", der seine eigene Größe bekam. Das protestantische Kirchenlied wurde ein unvergleichliches religionssoziologisches Phänomen. Das Lied war sozusagen harte und strenge Kost, bekennerisch-objektiv, als Gotteslob, aber auch als Lehre, Trost und Selbstbestätigung gedacht. Der rhythmisch harte, oft tonbeugende Versgang – nach der silbenzählenden Metrik des Meistergesangs – ist zwar nur von der Melodie her richtig zu beurteilen, dennoch kann er geradezu den lutherischen Glaubenstrotz zum Ausdruck bringen: „Nemén síe den léib, / gut éhr kíndt vnnd wéyb, / las fárén dahin ..." Nicht zu vergessen ist aber auch der kämpferische Sinn, den Luther dem Lied und seiner glaubensgewissen Fröhlichkeit beimaß, ob nun der „altböse Feind" der Papst oder der Teufel war: „Gott gebe, das damit dem Römischen Babst der nichts denn heulen, trawren vnd leid in aller welt hat angericht durch seine verdamte, vntregliche vnd leidige gesetze, großer abbruch vnd schaden geschehe. Amen." Dieser unverblümte fromme Wunsch steht in der Vorrede zu den *Geystlichen Liedern*, die Valentin Babst in Leipzig 1545 druckte und die das maßgebende Liederbuch des 16. Jahrhunderts wurden.

Luthers eigener Beitrag zu den verschiedenen Gesangbüchern umfaßt drei Dutzend Lieder, doch sind die wenigsten darunter als neue, originale Dichtungen zu bezeichnen. Die meisten sind Bearbeitungen älterer Texte wie Psalmenparaphrasen, freie Übersetzungen lateinischer Hymnen oder Kontrafakturen. Zu den Psalmennachdichtungen, mit denen sich Luther an den weitaus bedeutendsten Traditionsstrom der christlichen Lyrik anschloß, gehören „Aus tieffer not schrey ich zu dyr, / Herr Gott erhor meyn ruffen" (Nr. 4), wo in der 2. Strophe – „Bey dir gillt nichts den gnad und gonst" – die Lutherische Gnadenlehre ihren Ausdruck findet, und vor allem „Ein feste burg ist vnser Gott" (Nr. 26). In einer zweiten Gruppe, den Bearbeitungen lateinischer

Hymnen, findet sich „Mitten wyr ym leben sind / mit dem tod vmbfangen“ (Nr. 3: „Media vita in morte sumus“), mit dem Luther das Sterbelied zu einem Lied vom Sündentod und der Rettung im Glauben umgedeutet hat, oder das Pfingstlied „Veni creator spiritus“ mit der immer noch, trotz Goethe, Franz Werfel und andern Nachdichtern, gerade in ihrer metrischen Härte unerreichten Wiedergabe der schwierigen ersten Zeile: „Kom Gott schepfer, heyliger geyst“ (Nr. 22). Eine Kontrafaktur nach Text und Melodie ist das späte „kinder lied auff die Weinacht Christi“: „Vom himel hoch da kom ich her, / ich bring euch gute newe mehr“ (Nr. 30), nach dem Volkslied „Ich komm aus fremden Landen her“. Solange kein Vorbild nachgewiesen ist, können schließlich als original Lutherisch nur drei Lieder gelten, darunter „Nu frewt euch lieben Christen gmeyn“ (Nr. 10) und das „Kinderlied“ gegen die zwei Erzfeinde Christi: „Erhalt vns Herr bey deinem Wort / vnd steur des Bapsts vnd Türcken Mord“ (Nr. 35).

Im Riesenwerk Luthers nehmen die Lieder wenig Raum ein und bilden doch in unerhörter Verdichtung ein Vermächtnis, an dem sich während eines Jahrhunderts protestantische Glaubenshaltung und das Gemeinschaftsgefühl einer angefochtenen, aber unerschütterlichen Kirche klar und streng bewährt und erneuert haben. Um den altlutherischen Kern herum ist dann in Variation und Nachahmung, später in individualisierender, gefühlshafter, pietistischer Abwandlung und auch immer wieder in neuer Anempfindung bis hin etwa zu den fragwürdigen Repliken Rudolf Alexander Schröders ein immenses Kirchenliedergut entstanden. Es wurde in Liederbüchern verschiedener konfessioneller oder regionaler Bestimmung gesammelt und weitergetragen und hat sich später auch mit einer aufblühenden katholischen Lieddichtung stellenweise vermischen können. Jener Lutherische Kern aber blieb unverlierbar.

## 4. Zwingli

Die sprachliche Ausstrahlung Luthers ist so mächtig und erfolgreich, daß eine Beurteilung des zweiten Reformators, Huldrych Zwingli (1484–1531), in sprach- und literaturgeschichtlicher Hinsicht schwierig ist. Auch Zwinglis Wirken ist nicht denkbar ohne eine eminente Sprachkraft und ist, vielleicht noch genauer und radikaler als das Luthers, genährt aus der Ausschließlichkeit des Bibelwortes. Aber Zwingli braucht seine Sprache offensichtlich anders als Luther, in andern Umständen und mit andern Zwecken; er verfügt von Anfang an über einen engeren Resonanzraum, und wegen der inzwischen erfolgten Ausbreitung der Lutherisch geprägten Hochsprache wirkt Zwinglis oberdeutsche oder gar nur ostschweizerische Sprache selbst für den heutigen schweizerischen Leser abseitig. Wenn Luther anläßlich des Marburger Gesprächs von 1529 unwirsch über das „filzichte und zottichte“, den Hörer zum Schwitzen bringende Deutsch Zwinglis klagte, so war das damals naiv und anmaßend, wurde aber durch den späteren Sieg von Luthers meißnischem Hochdeutsch nachträglich ins Recht gesetzt. Dazu kommen die Schwierigkeiten einer theologischen Würdigung, vor allem was das Verhältnis von humanistischem, christologischem und sozialpolitischem Anteil an Zwinglis Denken und dessen Selbständigkeit gegenüber Luther betrifft. Noch heute sind Originalität und Tiefgang von Zwinglis reformatorischem Ansatz umstritten, und auch die Persönlichkeit Zwinglis scheint sich im Vergleich zu der Luthers einer unmittelbaren Einfühlung immer wieder zu entziehen.

Der Toggenburger Bauernsohn besucht in Basel und Bern die Lateinschule, studiert in Wien zusammen mit Vadian, aber ohne Kontakt zu Celtis, erwirbt 1506 in Basel den Magistergrad und wird Leutpriester in Glarus 1506, in Einsiedeln 1516 und in Zürich 1519. Das Jahr

1516 bringt den persönlichen und brieflichen Umgang mit Erasmus und andern Humanisten (Glarean, Beatus Rhenanus), aber wohl auch bereits die Wendung zu einer auf Christus und den Bibeltext zentrierten Frömmigkeit. Seit Ende 1518 erscheint der Name Luthers in Zwinglis Briefen; der Beginn des eigentlichen reformatorischen Wirkens läßt sich mit der fortlaufenden Matthäus-Interpretation in den ersten Zürcher Predigten Anfang 1519, eindeutiger mit der zweiten Hälfte des Jahres 1520 ansetzen. Dabei stand weniger das persönliche Ringen um einen gnädigen Gott im Vordergrund als der Kampf für eine neue politische und gesellschaftliche Wirklichkeit mittels eines durch Christi Hilfe neuen, genauen, ausschließlichen Bibelverständnisses. Weniger die kirchlichen Mißstände als die sozialen und wirtschaftlichen Probleme der schweizerischen Gegenwart geben den Anstoß: Reisläuferei und Pensionenwesen, in die er als Teilnehmer mehrerer oberitalienischer Feldzüge und, bis 1520, als Bezieher eines päpstlichen Jahrgeldes selber verstrickt war. Der entschlossene Wille zur Änderung und Neuordnung der irdischen Dinge, die praktische Bewährung des Glaubens in seinen diesseitigen Konsequenzen kennzeichnen Zwinglis und später entsprechend Calvins Reform. Die unmittelbare politisch-ethische Umsetzung des Bibelworts führt Zwingli über den Humanismus und über Luther hinaus. Er verfolgt sein Ziel im klugen Zusammenwirken mit der Zürcher Obrigkeit; dann wird, etwa seit 1526, eine zunehmende eschatologisch-theokratische Tendenz sichtbar, eine Härte und Ungeduld, die in die politische Isolierung führte und zum Krieg trieb, schließlich zur Katastrophe und zum Tod in der Schlacht bei Kappel. Auch Zwingli blieb es nicht erspart, in den Auseinandersetzungen mit den Bauern und mit den Wiedertäufern als dem radikalen Flügel der Reformation harte Konsequenzen zu ziehen und zwischen *Göttlicher und menschlicher Gerechtigkeit*

(1523) schwierige Entscheidungen zu treffen – d. h., die Autorität anstelle der christlichen Gemeinde der weltlichen Obrigkeit zu überlassen, um Aufruhr und Mißbrauch der christlichen Freiheit zu verhüten.

Die sprachliche Energie von Zwinglis Predigt ist vielfach bezeugt, am schönsten wohl durch Thomas Platter, der eine Predigt über Johannes 10 hörte: „das legt er so streng uß, das ich wond, es zuge mich einer by dem har über sich". Zwinglis Predigt gab sich fast ganz als Bibelauslegung, war frei vorgetragen und strebte eine unmittelbare moralische und politische Wirkung an. Es scheint, daß er sich dabei der Mundart bedient hat. „Simplicibus ac apud Helvetios natis verbis" will Zwingli das Evangelium lehren – nicht ohne ein nationales Sprachpathos auch er. Die deutschen Druckschriften Zwinglis, meist aus Predigten hervorgegangen, bedienen sich dagegen einer gewissen Hochsprache im Sinn eines oberdeutschen Kanzlei- oder Druckerdeutsch. „Umb der einvaltigen willen" ist auch Zwingli in zunehmendem Maß vom Latein zur Volkssprache übergegangen, doch bleibt ihm wegen der „welschen" das Latein für seine theologischen Hauptschriften wichtig wie z. B. für *De vera ac falsa religione commentarius* (1525).

Den Unterschied zwischen Zwinglis und Luthers Sprachgebrauch hat man auf die Formel gebracht, daß Zwinglis Rede kurzfristiger, unmittelbarer Appell an möglichst alle Volksschichten ist, wogegen Luthers Deutsch überregionale, dauernde Geltung und auch ästhetische Qualität erstrebt (W. Schenker). Wenn sich Luthers muttersprachliches Reden als Verlängerung von Gottes Wort versteht, so ist für Zwingli die Sprache wohl eher ein zweckhaftes Instrument. Seine Sprache ist voll von bewußt volksnahen, idiomatischen Vokabeln und Wendungen und gesättigt mit Vergleichen und Metaphern. Seine Predigten konnten Scherze und Wortspiele enthalten, tendierten aber zu Angriff und Schärfe, waren nach eigenem Eingeständnis unter Umständen „räß" (scharf, salzig). Die Klarheit, Verständlichkeit und solide Sorgfalt von Zwinglis Argumentationsstil in den deutschen Schriften mag gelegentlich trocken erscheinen, hat aber auch ihren eigenen Reiz der Nüchternheit.

So einer lang in dem schneglantz gewandlet hat, vnd demnach an aabre gruene ort kumpt, betrügt jnn noch lang die schneeblende, ja etlich můssend sich lange zyt artznen, ee vnd jnen die recht gsicht widervmb werde. Etlich aber erblindend gar. Also ist es umb menschlichen verstand.
(1525 an Valentin Compar)

Der Vergleich, der etwas von Zwinglis Bergbauernerfahrung mit sich bringt, macht zugleich deutlich, wie er seine Lehre versteht: die Überwindung der „blende" durch ruhiges, klares, sich einübendes Schriftverständnis. Nicht der Schneeglanz, sondern die offenen, grünen Stellen stehen ihm für die wahre Erleuchtung.

Zwinglis Umgang mit dem Bibeltext ist am besten in den Bibelzitaten seiner deutschen Schriften zu verfolgen, wo es sich um spontane Übersetzungen aus dem Urtext handelt; sie zeigen den Willen zur genauen, verständlichen, oft verdeutlichenden Wiedergabe, ohne besondere Rücksicht auf den rhythmischen Fluß. Die große Zürcher Bibelübersetzung, die unter Zwinglis Einfluß entstand, ist nicht unbedingt für seinen Stil repräsentativ, da sie sich weithin (Pentateuch, historische Bücher, Neues Testament) an Luthers Übersetzung anlehnt, die allerdings seit 1524, da die ersten Zürcher Ausgaben erschienen, nach Vokalismus und Vokabular immer stärker dem schweizerischen Deutsch angenähert wurde. 1529 kamen die Propheten und, von Zwinglis Helfer Leo Jud neu übersetzt, die Apokryphen hinzu, und 1531 erschien, vor Luthers Gesamtbibel, die vollständige Zürcher Ausgabe. Sie wurde in den kommenden Jahrzehnten laufend überarbeitet, bis dann mit der Ausbreitung der neuhochdeutschen Schriftsprache wieder eine Annäherung an die Lutherische Lautgestalt erfolgt.

Zwingli hatte, schon als Humanist, Verständnis für künstlerische, für literarische Formen, doch ordnete er diese Neigung dem reformatorischen Ziel unter. Er vertrat, wenn auch mit einem gewissen Bedauern, die Entfernung der „Götzenbilder" aus den Kirchen und suchte sie wenigstens in geregelten Bahnen zu halten. Er hat Orgel und Gesang aus dem Gottesdienst verbannt, war aber ein Liebhaber der Musik, der die verschiedensten Instrumente spielte und für eine griechische Aristophanes-Aufführung der Großmünsterschüler, Neujahr 1531, die Begleitung komponierte. Das Theater blieb überhaupt unter ihm und eine Zeitlang nach ihm in Zürich lebendig. In poetischer Form hat er wenige, aber bedeutende Werke hinterlassen. 1510/11 entstand das rein patriotisch-politische *Fabelgedicht vom Ochsen* in fortlaufenden deutschen Reimversen und zugleich einer lateinischen Hexameterfassung: Mit einer auch im historischen Volkslied beliebten Tiersymbolik wird im Bilde des friedlich weidenden, aber von allen Seiten verführten und bedrohten Ochsen die eidgenössische Lage zwischen Franzosen, Kaiser und Papst vorgeführt, wobei der Papst immerhin als Hirte erscheint. Dasselbe Thema wird etwas später (1516?) in einem kunstvolleren deutschen Reimgedicht mythologisch aufgemacht: *Das Labyrinth* zeigt den kühnen Helden (Theseus), der im Irrgarten der Welt zwischen den Bedrohungen durch die Mächte seinen Weg sucht, anhand des Fadens der Vernunft, für Vaterland und Christus, den Minotaurus (Schande und Laster) tötet und zu Ariadnes Tugend gelangt; jede Teilnahme an fremden Kriegen wird hier abgelehnt. Selbst komponiert und gedichtet sind drei prachtvolle Gebetslieder von kunstvollem Aufbau und schlichter, klarer Aussage: das *Pestlied* („Hilf, Herr Gott hilff in diser Not"), 1519 anläßlich einer Epidemie, die auch Zwingli erfaßt hatte, entstanden, dann eine Bearbeitung des *69. Psalms* (1525) und das großartige *Kappelerlied* von 1529, das ähnlich wie Huttens „Ich habs gewagt" etwas von dem verzweifelt-glaubensstarken Amor fati der letzten Zeit spüren läßt:

Herr nun heb den Wagen selb,
Schelb wirt sust all unser fart.
das brächt Lust der Widerpart
die dich veracht so frävenlich ...

Das Lied begegnet in ähnlichen Fassungen bei Heinrich Bullinger und – französisch – bei Theodor Beza.

## 5. Die Bibel der Geschichte und der Natur

So sehr auch die Reformatoren um den tötenden Buchstaben wissen und sich bei ihrem Bibelverständnis auf mehr berufen als nur die lesende Vernunft, so haben sie doch Sinn und Ordnung des Menschenlebens in den neuen kirchlichen und politischen Gemeinschaften sehr konkret festlegen müssen. Kirche, Schule, Staat etablieren sich als äußere, objektive Wirklichkeit, und eine ursprüngliche Glaubensfrömmigkeit verfestigt sich zu obligatorischer Lehre, zu orthodoxem Dogmatismus. Es bleibt dem „linken" Flügel der Reformation – den Täufern, Sekten, spekulativen Einzelgängern – vorbehalten, den Geist lebendig, den Glauben frei, das Handeln gewissenhaft zu bewahren, mit der beständigen Gefahr allerdings, daß sich erst recht sektiererhafte Rechthaberei, Zwang oder blinde Schwärmerei daraus ergaben. Die spiritualistische Frömmigkeit, die sich mit der Glaubensspaltung unmittelbar als dritter Weg ergab und zugleich Überlieferungen mittelalterlicher Mystik fortsetzen konnte, bleibt für Jahrhunderte eine in tausend unterdrückten Formen fortlebende Macht, die nicht nur auf die offizielle Kirche zurückwirkt, sondern auch die Brükke zu neuen Bereichen des Denkens und der Kunst schlägt. Indem das mittelalterliche Kirchen- und Sozialsystem gesprengt wird, tritt stärker ein Typus einzelner Autoren hervor, die auf eigene Faust, selbst in Not und Verfolgung sich ein Bild der Dinge machen und Gottes Hand nicht nur aufgrund der Bibellektüre, sondern auch eigenen Ergriffenseins in der Heilsgeschichte oder in der natürlichen Schöpfung zu verfolgen suchen. In der Volkssprache, als deutsche Theologie und Philosophie, beginnt eine Schriftstellerei, die durch ihr Außenseitertum gegenüber der Kirche und den geltenden wissenschaftlichen Lehrmeinungen gekennzeichnet ist und dabei einen ebenso volkstümlich gedachten wie dunkeln Stil entwickelt, eine Sprache des Suchens, des Staunens und Raunens, der verlorenen Prophetie, die in der Folge immer wieder die schlichten wie die tiefsinnigen Gemüter ergriffen hat.

Eine der reinsten und konsequentesten Gestalten dieser Art ist Sebastian Franck (1499–1542), noch heute nicht leicht zugänglich, obwohl ihm schon Wilhelm Dilthey eine geistesgeschichtlich hervorragende Rolle zuerkannt hat. Der zu Donauwörth geborene Franck war zunächst katholischer Priester, dann, in der Nähe von Nürnberg, Prädikant. Er trat in Beziehungen zu den Wiedertäufern Johann Dencks und zu Kaspar Schwenkfeld, entschloß sich aber zu einer „vierten", unsichtbaren Kirche ohne äußere Bindung und zu weltlichem Beruf als Publizist, Drucker oder Seifensieder in Straßburg, Esslingen, Ulm, immer wieder von der Obrigkeit vertrieben, und schließlich, von 1539 bis zu seinem frühen Tod, in Basel.

Unter seinen Werken sind einige nicht zufällig Erasmus verpflichtet; mit ihm verbindet ihn eine gewisse Ironie gegenüber den weltlichen Dingen (allerdings aus tieferen religiösen Gründen), die Liebe zum Frieden und eine skeptisch-gelehrte Betrachtung des Weltlaufs.

Franck hat das *Lob der Torheit* übersetzt (1534), ein *Kriegsbüchlin des frides* geschrieben (1539) und eine große Sammlung von je ausführlich kommentierten *Sprichwörtern* veranstaltet, ein deutsches Gegenstück zu den *Adagia* (1541). Diese lockere Form der Darstellung kennzeichnet auch das umfangreiche Hauptwerk des Theologen Franck: die *Paradoxa* (1539). Es sind Erläuterungen zu 280 „Wunderreden“, d. h. Sätzen aus der Heiligen Schrift und aus theologischen oder philosophischen Autoren vom Altertum bis zur Gegenwart, nicht zuletzt aus Tauler, dem Frankfurter und Erasmus. Paradox sind diese ausgewählten Zitate, soweit sie dem fleischlichen Menschen unglaublich und unwahr vorkommen, aber im Licht des Geistes gewiß und wahr sind, und weil sie in ihrer Rätselhaftigkeit sowohl auf die Unergründlichkeit Gottes wie auf die Torheit des unerleuchteten Menschen verweisen. Folgerichtig gibt Franck mit seiner „götlichen Philosophei vnd Teutschen Theologei“ kein Lehrsystem und wendet sich auch im einzelnen gegen jeden Dogmatismus – beispielsweise in den Fragen der Gnadenlehre, der Trinitäts- und der Prädestinationstheologie. Es geschieht im Namen eines „unparteiischen“ Christentums, das auf dem innern Wort, dem innern Christus, dem allein lebendig machenden Geist beruht. „Darumb bleibt die Schrifft ain ewig Allegori, Wunderred, Räterschafft (Rätselwesen), verschlossen buoch vnd ain onuerständigs Rottwelsch allen Gottlosen.“ Der biblische Buchstabe ist ohne das Licht des Geistes eine finstre Laterne. Die Erlösung, die Menschwerdung Gottes, ja die gesamte Heilsgeschichte vollzieht sich in uns selbst und wäre, bloß historisch gesehen, „nichts nutz“. Ohne die von innen kommende Verwirklichung ist der Glaube gegenstandslos, darum lehnt Franck auch Luthers Rechtfertigungslehre ab. Das Evangelium berichtet nicht buchstäblich von einem einmaligen Erlösungswerk, sondern von einem ewigen und täglichen Geschehen.

Damit wird die Bedeutung der Bibel – dieser lauteren, gänzlichen Wunderrede – zugleich gesteigert und relativitiert. Der Geist offenbart sich auch außerhalb des biblischen Buchstabens und seiner stets menschlichen Deutungen: Einem gut gelehrten und sehenden Menschen predigen alle Kreaturen, sie führen ihn zu sich selbst und damit zu Gott. „Wer aber nur alle Kreatur, Wort und Werk Gottes allein angafft, hört, liest und verwundert und sich nit selbs darin findet und so gar sein eigen macht, daß er sich selb in allen Kreaturen, Worten und Werken Gottes findet, siehet und ergreift, der liest, sieht und hört alle Ding vergebens."

Zur natürlichen Schöpfung, von den Predigern seit je als das zweite Buch Gottes empfohlen, tritt bei Franck das beständige Walten Gottes in der Geschichte. Die Spiritualisierung des Glaubens führt, nur scheinbar paradox, zu einer Entdeckung der Geschichte. Alles echte, d. h. vom Geist gewirkte Geschehen, ist immer individuell, ist immer nur hic et nunc. Darum ist die Weltgeschichte – die sich nun dem Ende zuneigt – der Ort, wo das Wirken des Geistes in immer neuen Manifestationen verfolgt werden kann. „Die Chronik bietet der Bibel die Hand."

Francks erfolgreichste Werke sind Geschichtsbücher: 1531 die berühmte *Chronica, Zeytbuch vnd Geschychtbibel*, gefolgt 1534 von einem *Weltbuch*, d. h. einer den Schauplatz des Geschehens beschreibenden Kosmographie, und 1538 einem *Germaniae Chronicon*, einer auch Franck am Herzen liegenden Selbstfindung und Selbstdarstellung der Deutschen in ihrer Geschichte bis zur Gegenwart. Nicht Wissenschaft interessiert Franck. Seine Chroniken sind mächtige, ganz unkritische Kompilationen, und obwohl er sich in der *Geschichtbibel* etwas zugute tut auf die angeblich bei ihm erstmals für eine Chronik verwendete Volkssprache, hat er insbesondere die – deutsche – *Weltchronik* Hartmann Schedels ausgiebig benützt.

Sein Ziel ist eine Universalgeschichte für gelehrt und ungelehrt, auf Frieden und Gottseligkeit gerichtet. Er will für die, die sehen können, Gottes Walten in der Geschichte erkennen lassen. Es geht ihm zunächst um die Einsicht, wie Gott immer wieder die Gewaltigen erniedrigt und die Hoffärtigen zerstreut, die Niedrigen erhoben hat. Die Geschichte erscheint ahnungsweise als Weltgericht, als „Zeugnis über den Menschen", als Ort der Veränderung und Vergänglichkeit, ja – in Vorwegnahme mancher Stimmungen der Barockzeit – als tragisches oder lächerliches Welttheater. „Wir sind alle Gelächter, Fabel und Fastnachtspiel vor Gott" (Dilthey 88). Dennoch erschließt sich dem frommen Blick in der Geschichte die „eüsser welt (als) ein figur vnd bilde der jnnern", entsteht die Ahnung eines *allegorischen* Sinns. Eine formulierbare Lehre oder gar ein Entwicklungszusammenhang im modernen Sinn ergibt sich daraus allerdings noch nicht. Das verbietet der Charakter der Geschichte als Wunderwerk und die Einmaligkeit jeden Geschehens, aber auch die schwermütige Bescheidenheit des Betrachters. „On urteil, hon vnd schmutz" will Franck Geschichte schreiben, „unparteiisch vnd ungefangen" auch hier. Das bedeutet das erstemal eine tolerante Geschichtsschreibung, die auch das Wirken des Geistes außerhalb der offiziellen weltlichen und kirchlichen Ordnungen in den Blick faßt. Zwar teilt Franck sein Werk konventionell in eine Chronik der vorchristlichen Zeit, eine Chronik des römisch-christlichen Kaiserreichs und eine Chronik der Päpste und des geistlichen Lebens, doch legt er hier, im 3. Teil, einen umfangreichen Katalog der Ketzer ein: sein Interesse gilt den Abseitigen, Unterdrückten, Armen. Das hat ihm Verfolgungen seitens der Städte oder Fürsten eingetragen, macht ihn aber auch zum Bahnbrecher eines neuzeitlichen Geschichtsverständnisses – auf dem Wege zu Gottfried Arnolds Kirchen- und Ketzerhistorie und zur Geschichtsentdeckung von Aufklärung und Idealismus. Er macht damit wohl auch deutlich, welcher Sinn, unbewußt und unreflektiert, hinter der mächtigen historiographischen Literatur des späten 15. und des 16. Jahrhunderts steckt.

Eine zweifellos größere, rätselhaftere Gestalt und doch in mancher Hinsicht verwandt ist Paracelsus, den Franck 1529 in Nürnberg kennenlernte. Auch Paracelsus ist auf der Wanderschaft, stellt sich außerhalb der sozialen Ordnungen auf die Seite der Armen, der Bauern, der Landstreicher, ist jenseits der konfessionellen Spaltungen, wendet sich gegen den Dogmatismus von Kirche und Wissenschaft, nur dem innern Licht, aber damit gerade der Erkenntnis der Schöpfungswunder verpflichtet. Auch er sucht in der Volkssprache Ausdruck und Gehör für eine solche Erkenntnis und lehnt eine in Rhetorik oder äußerer Lehrhaftigkeit aufgehende Prosa ab. Auch des Paracelsus Nachruhm war lange umstritten und verdunkelt, noch heute ist die Bedeutung seines Werks nicht voll ermessen. Man pflegt für Paracelsus die Formel „zwischen Mittelalter und Neuzeit“ zu gebrauchen, um den Reichtum, die Schwierigkeiten und Widersprüche seiner Schriften zu verstehen, doch kann das nur im Sinne eines die Epochen übergreifenden Wesens richtig sein.

Auch in der Zeit der großen Umwälzungen und Entdeckungen ist das Leben des Theophrastus Bombastus von Hohenheim (1493/94–1541) von ganz ungewöhnlicher Bewegtheit: nichts als eine rastlose, nur von wenigen Versuchen zur Seßhaftigkeit unterbrochene Wanderschaft. Als Sohn eines wahrscheinlich illegitimen Abkömmlings des württembergischen Adelsgeschlechts der Hohenheimer ist er in der Nähe von Einsiedeln, an der Teufelsbrücke, „in Tannzapfen“ geboren, dann nach Villach in Kärnten ausgewandert, wo der Vater Stadtarzt wurde. Nach dem Studium (seit 1509 in Wien) und nach der Promotion (1516 in Ferrara) durchzieht der junge

Arzt die Länder Europas von Portugal bis Litauen, England bis Ungarn lernend und lehrend, geehrt und noch häufiger verfolgt, im heftigen Streit mit den offiziellen Instanzen von Gesellschaft, Kirche und Medizin; eine Niederlassung als Arzt in Salzburg, ein Amt als Stadtarzt und Professor in Basel bleiben Episode; ein früher Tod ereilt ihn 1541 in Salzburg. Noch rätselhafter ist die schriftstellerische Leistung: Über zweihundert Schriften hat er hinterlassen, von denen er nur einen kleinen Teil selber gedruckt sehen konnte; der Rest wurde postum gedruckt, zuerst in einer großen Gesamtausgabe 1589/90 mit späteren Nachträgen, vieles, noch heute nicht alles, erst in der großen modernen Edition, wo nun vor allem die theologischen Arbeiten hervortreten. Der Name Paracelsus, den er sich seit 1529 zulegt, ist ungeklärt („Hohenheim" oder „über Celsus hinausreichend"), steht jedoch im Zusammenhang mit ähnlich anspruchsvoll-dunkeln Titeln einiger Hauptwerke: *Volumen* bzw. *Opus Paramirum*, *Buch Paragranum*.

Das Schlüsselwort „Erfahrenheit" (Erfahrung) hat vom Leben des Paracelsus her seinen vollen Sinn. Es bezeichnet in Medizin, Naturphilosophie und Theologie (vor allem Kommentare zu biblischen Schriften und sozialethische Traktate) ein Suchen und Erkennen, das sich in leidenschaftlicher Konkretion und zugleich den spekulativsten Zusammenhängen bewegt. „Dann das Ampt ist des Menschen, das er soll die ding erfahrn, vnd nicht Blind dorinn sein: Dann darumb ist er beschaffen, von den Wunderwercken Gottes zu reden ... Dann nichts ist beschaffen, das nit dem Menschen zuergründen sey: vnnd darumb beschaffen, das der Mensch nit müssig gang, sonder wandel im Weg Gottes das ist in seinen Wercken" (*Liber de nymphis*, Prologus). Der „Luther der Medizin" sagt sich los von gelehrter Buchtradition in wilder Auseinandersetzung mit der Schulmedizin, im Kontakt aber mit einer weltweit studierten volkstümlichen Praxis. Die Empirie, die ihn zum Pionier der verschiedensten medizinischen und naturwissenschaftlichen Disziplinen (Metallurgie, Chemotherapie, Balneologie, Psychiatrie, Gynäkologie usw.) macht, vollzieht sich nun aber aus dem Wissen und Nachdenken über einen großen, bewegten Schöpfungszusammenhang. Die Überlieferungen der neuplatonischen Kosmologie und antik-arabischen Alchemie, die in der Renaissance eine Erneuerung gefunden hatten, werden umgekehrt mit der Erfahrung konfrontiert und dadurch umgedeutet und vertieft. Alles aber bleibt im Rahmen einer höchst selbständigen, kühnen Laientheologie eines ergriffenen Christen. Das natürliche Licht, in welchem Paracelsus die Schöpfungsdinge betrachtet, ist letzten Endes nur möglich dank dem Licht des göttlichen Geistes, der im Menschen wirkt. „Was ich geredt hab, das ist aus dem heiligen geist also ist es das euangelium" (v. Boehm 10), sagt schon der junge Arzt mit größter Selbstverständlichkeit.

Von hier aus wird nun sein Schaffen zu einem Sprachproblem, das auch die Literaturgeschichte näher angeht. Paracelsus hat fast alle seine Schriften auf deutsch verfaßt und nur lateinische Titel gegeben, und er hat seine Basler Vorlesungen provokativ auf deutsch gehalten, womit er bis zu Thomasius (1687) ohne Nachfolger blieb. Auch er versteht sich als „Philosophus nach der teutschen Art", wendet sich gegen die Hoffart der Schulsprache, gegen die Anmaßung der Rhetorik und bedient sich der Sprache des gemeinen Mannes, nicht nur um verständlich zu sein, sondern weil es die demütige und darum wahrhaftige, eigentliche Sprache, die Sprache der Erfahrenheit und zugleich des Geistes ist. „Und ir rethores, was ist dass ir gross stent vor den konigen und fursten und den reten, auch vor den steten! vor wem stant ir? rechens us, so got do sess, wie verächtlich wurden ir euch stellen! ... was ist, dass ir mit verplumten (verblümten) worten eurn teil herfurtreiben! fueren eurn teil in got, zu got ... die rechte religion der rhetorica ist veritas, ist Christus selbs" (v. Boehm 9).

Allerdings: was bei den Fortsetzern des Paracelsischen Denkens und Denkstils, bei Valentin Weigel und Jakob Böhme und deren Schülern bis zur Romantik einen vollen, faszinierenden Ton bekommt, ist für uns bei Paracelsus noch Gegenstand einer gewissen Verlegenheit. Er ist schon sprachlich ein schwieriger, oft sogar mühsamer Autor, ganz abgesehen von seiner starken dialektalen Färbung, für die er sich gelegentlich entschuldigt. Seine Sprache ist oft umständlich, tastend, die Wörter häufend, wiederholend, zugleich aber oft eilig, verkürzend, unpräzis. Ersparung und Verschwendung seien bis zum Äußersten getrieben, urteilt die Stiluntersuchung von G. v. Boehm. Dazu kommt die Eindeutschung oder Neuschaffung von Fachtermini der Medizin und Naturphilosophie, die an sich oft vieldeutig sind. Paracelsus scheint Mühe zu haben, einen logischen Zusammenhang in adäquater Syntax zu ordnen; so hat seine Sprache durchweg einen parataktischen Charakter. Abstrakte Systematik liegt ihr nicht und wäre auch nicht am Platz in einem Denken, das nicht kausal und logisch, vielmehr mit realsymbolischen Analogien in der Schöpfung arbeitet. In jedem einzelnen ist das Ganze anwesend, die Schöpfung vollzieht sich in jedem Augenblick neu, es gibt nichts Äußeres, das nicht ein Inneres anzeigt. Eine grundsätzliche Trennung zwischen äußerem und innerem Wort scheint in der steten kosmogonischen Bewegung von Gott zur Kreatur hin weitgehend aufgehoben. Die Entsprechung von menschlichem Mikrokosmus und natürlichem Makrokosmus ist nur die wichtigste Formel für solchen von Gott bewirkten und für ihn zeugenden Einklang. Da der Mensch in der Mitte des Kosmos steht und diesen in sich zusammenfaßt, also auch Leib und Geist bei ihm eng zusammengehören, so muß ihn die ärztliche Kunst auch aus dem Ganzen verstehen, lieben und heilen. Und darum ist die Medizin des Paracelsus auch völlig eingebettet in die Fragen nicht nur naturphilosophischer, sondern ebensosehr, ja immer mehr ethisch-sozialer und theologischer Art. Diese Theologie, die noch kaum absehbar ist, versteht sich außerhalb verfaßter Kirchen, als geistgetriebene Laientheologie, wobei Mariologie und Abendmahlslehre eine besondere Bedeutung gewinnen, um die Präsenz Gottes im Menschen und das Verhältnis von Geist und Natur zu verstehen. Obwohl Paracelsus keinem Pantheismus zuzurechnen ist (da die Natur Schöpfung bleibt) und ebensowenig der Mystik (da es ihm um konkrete Erfahrung und um die Gestaltwerdung des Göttlichen geht), so kommt doch bei der Dynamik des göttlichen Geistes in der Natur der geschichtliche, menschgewordene Christus und der Ablauf einer eigentlichen Heilsgeschichte wenig zur Geltung, wird die Christologie problematisch.

Aufs Ganze gesehen, nimmt Paracelsus eine geistesgeschichtlich zentrale Stellung ein, sofern spiritualistische Frömmigkeit hier einen Einstrom naturphilosophischen und naturwissenschaftlichen Denkens aufnahm. Diese Verbindung blieb, mehr oder weniger unterirdisch, eine Konstante bei den späteren Pansophen Weigel und Böhme, bei den Rosenkreuzern, manchen Pietisten bis schließlich hin zur Identitätsphilosophie der Romantiker (Novalis, Baader, Schelling), hatte aber auch Einfluß auf Giordano Bruno und vor allem englische Paracelsisten und Böhmisten.

## IV. CHRONIK UND SELBSTBIOGRAPHIE

### 1. Zur Historiographie seit Humanismus und Reformation

Heils- und Weltgeschichte sind seit den frühen Geschichtsdichtungen der legitimste und vornehmste Gegenstand der Erzählung gewesen. In dem Maß, als im 13. Jahrhundert der höfische Roman an Verbindlichkeit verliert, werden Geschichtserzählung und Reimchronik aufs neue aktuell. Das Spätmittelalter sieht eine Prosachronistik in der Volkssprache entstehen, als Mittel zur immer konkreteren Selbsterfassung der neuen Lebensordnungen in Ländern, Städten und Bünden. Dabei dient das herkömmliche System der Weltgeschichte, ja selbst die annalistische Form, noch lange dazu, die verschiedensten Inhalte, die buntesten Memorabilien in bequemer, offener Weise zu sammeln und darzubieten. Auch jetzt, wenn es um das Nächste geht, wird noch gern der fernste Horizont festgehalten, beginnt man mit der Weltschöpfung, mit der Reichsgründung oder den alten Germanen. In den Vordergrund treten nun allerdings jene überschaubaren Identitäten, die sich in spektakulären Vorgängen im Spätmittelalter gebildet haben und sich als Geschichtssubjekte etablieren, wie z. B. die schweizerische Eidgenossenschaft. Daneben entstehen weiterhin die verschiedenartigsten Landes-, Fürsten-, Städte- und Familiengeschichten. Die konkreteste Form historiographischer Selbstdokumentation ist die Selbstbiographie, deren Subjekt allerdings eine von seiner jeweiligen Welt schwer isolierbare Größe bleibt. Sie wächst ja zunächst durchaus extravertiert auf dem Grund städtischer oder fürstlicher Chronistik, selbst im Fall von Maximilians romanhafter Selbstinszenierung. Der Übergang von der allgemeinen Chronik zu den Memoiren des

Chronisten, von Reise- oder Familienbuch zu frühen Versuchen verinnerlichender Autobiographik ist durchaus fließend.

Humanismus und Reformation haben in diese spätmittelalterlichen Entwicklungen neue Impulse gebracht. Für die Humanisten ist die Geschichtsschreibung hervorragender Ausdruck ihres neuen Lebensgefühls, ihrer Bildungsinteressen, ihres an der Antike orientierten Weltbildes. Grundsätzlich lassen sich dabei zwei Tendenzen unterscheiden, die sich unter Umständen in die Quere kommen, aber auch zu kühnen und interessanten Synthesen führen können. Da ist einmal eine gelehrte Forschung, die auf fundierte Erkenntnis, auf Überlieferungskritik und Entdeckung neuer Quellen gerichtet ist und die wahre menschliche Situation aus der Geschichte erfahren will. Nicht zuletzt geht es dabei gegen die Fortschreibung kirchlich-institutioneller Grundsätze – man denke etwa an die Entlarvung der Konstantinischen Schenkung durch Lorenzo Valla. Das andere Interesse ist die Geschichtsschreibung als literarische Form, als Feld einer rhetorisch geschulten Prosa nach den Vorbildern der antiken Historiographen und als Gelegenheit schöpferischer Konstruktion. Dazu gehört auch die Freude an der Antikisierung der deutschen Geschichte vor allem in ihren sich nun langsam erhellenden Frühzeiten, wobei man mit den Italienern in Konkurrenz tritt und zugleich von ihnen abhängig bleibt. Hier wird nun das nationale Interesse ungehemmter deutlich: in mancher Hinsicht wird das noch vage und rhetorische Nationalgefühl zum weltlichen Ersatz des religiösen Horizonts. Was hier noch anhand humanistischer Vorstellungen als retrospektive Legitimation „Germaniens“ betrieben wird, gewinnt Jahrhunderte später wirkliche politische Konsequenzen.

Die Reformation beschleunigt naturgemäß den Fortgang der historiographischen Emanzipation. Sie hat die Einheit des kirchlich-feudalen Abendlandes und damit die Voraussetzungen der Universalhistorie gesprengt, sie hat die Entstehung neuer staatlicher Gebilde befördert, sie hat auch dem Glauben einen nationalen Charakter gegeben und das Verständnis für die Bedeutung der Ketzer in der Geschichte geweckt. Die Geschichte konnte auf neue Weise irritierend und als Wunderwerk Gottes – vor allem Franck gibt der alten Formel einen neuen Sinn – faszinierend werden. Nicht zuletzt aber fördert die Reformation den Zug zur volkssprachlichen Geschichtsschreibung. Mit dem Verzicht auf das gelehrte Latein und seine kritischen oder rhetorischen Ansprüche wächst die Möglichkeit zu unkritischer, aber volkstümlicher, lebendig-unterhaltender Geschichtserzählung. Um so mehr wird es Aufgabe heutiger Literaturgeschichte, solcher volkssprachlicher Chronistik samt ihren Antrieben und Funktionen gerecht zu werden.

Die vorliegende Darstellung kann somit den Fortgang der lateinischen Historiographie, die seit dem Humanismus immer deutlicher im Zusammenhang der Wissenschaftsgeschichte zu sehen ist, nicht verfolgen. Übergangen werden müssen denn auch so bedeutende gelehrte Historiker wie – um ein paar beispielhafte Namen zu nennen – der elsässische Humanist Beatus Rhenanus mit seinem patriotisch-kritischen Werk (*Rerum germanicarum libri tres*, 1531), der Wiener Hofhistoriograph Wolfgang Lazius (*Vienna Austriae*, 1546, zahlreiche Arbeiten zu einer umfassenden österreichischen Geschichte) oder der maßgebende protestantische Reformationshistoriker Johannes Sleidanus (*De statu religionis et reipublicae Carolo V. Caesare commentarii*, 1555).

Auch in der Volkssprache steht man einem mächtigen Material gegenüber. Hier begegnen jene Geschichtswerke, von denen Goethe mit einem vielzitierten Wort gesagt hat, man könnte mit ihnen einen trefflichen Menschen tüchtig heranbilden, ohne dabei ein anderes Buch zu brauchen: die Chroniken Aventins und Gilg Tschudis. Es sind zugleich die Werke, in denen gelehrte Sammelfreude und volkssprachliche Darstellungskraft sich am glücklichsten verbunden haben. Als eine Art Kontext zum Werk Tschudis soll die eidgenössische Chronistik im Zusammenhang überblickt werden – ein bloßes Beispiel, das jedoch mit seiner erzählerischen Leistung sowie in der Geschlossenheit des Themas und der Überlieferung hervorragt.

## 2. Aventin

Johannes Turmair, nach seinem Heimatort Abensberg (Niederbayern) Aventinus genannt (1477–1534), wurde nach Studien in Ingolstadt, Wien (Celtis), Krakau und Paris zum Erzieher bayrischer Prinzen und später zum herzoglichen Hofhistoriographen berufen. Unter seinen verschiedenen Schriften stehen seine *Annales ducum Boiariae* (1519–21, im Auszug gedruckt 1554) voran, die er anschließend, bis 1533, zur *Baierischen Chronika* als freier deutscher Bearbeitung umgestaltete. Ein Auszug daraus erschien schon 1522, das Ganze erst 1566. Bei dieser Verzögerung mag die Sympathie Aventins zum Protestantismus und seine Kirchenkritik mitgespielt haben. Die Bayernchronik verkörpert humanistischen Geist, sofern sie auf ungewöhnlicher, umfassender Quellenkenntnis, auf Archivreisen, Urkunden und Inschriften beruht; zugleich aber hat sie den Übergang ins Volkstümliche vollzogen. Die deutsche Fassung steigert den unkritischen, erfinderisch ausmalenden Umgang mit dem gelehrten Material und gelangt zu einem erbaulichen, unterhaltenden Erzählwerk großen Stils, dem dann auch ein entsprechender Erfolg beschieden war. Die Mischung von Gelehrtheit mit kühner darstellerischer Erfindung setzt eine Auffassung von historischer Wahrheit voraus, die vom heutigen Wissenschaftsbegriff aus schwer zugänglich ist.

An das Programm einer bayrischen Fürsten-, Stammes- und Landesgeschichte hält sich Aventin nur insofern, als er alles sammelt und durch eigene Erfindung ergänzt, was die Rolle der Bayern in der Weltgeschichte ins Licht setzen kann. So liefert er faktisch die bayrische Geschichte im Rahmen einer deutschen, germanischen und universalen Chronik, bedient sich also im Grunde des alten mittelalterlichen Typus einer Welt-, Reichs- und Kaiserchronik. Bei ihm wird nun aber insbesondere alles vereinigt, was die Humanisten seit Enea Silvio und die wiedergelesenen antiken Historiker an Wissen und Konstruktionen zur Frühgeschichte hergaben, um das Alter, die Freiheit und Größe der Germanen zu begründen und diese – was immer unter Germanen zu verstehen war – als Stützen und legitime Erben des Reichs von alters her zu verherrlichen. Von besonderer Bedeutung wurden dabei die falschen Berosus-Fragmente des Annius von Viterbo, die von den meisten Gelehrten Italiens, aber auch z. T. Deutschlands (wie z. B. Beatus Rhenanus) abgelehnt wurden, nun jedoch von Sebastian Franck und von Aventin in die patriotische Klitterung aufgenommen sind. Der von Tacitus erwähnte Gott Tuisto erscheint als Tuiscon, bei Aventin etymologisch korrigiert als Tuitsch oder Teutsch, der ein Sohn Noahs war, mit achtundzwanzig Gefährten nach Europa kam und Stammvater der Deutschen wurde. Damit war ein altes Problem der Universalhistoriker, nämlich ein Anschluß der deutschen Stämme an die Genealogien des Alten Testaments und damit an die Geschichte des Volkes Gottes überhaupt, auf neue und ehrenvolle Weise gelöst. Guten Gewissens ließ sich dann auch die bayrische Chronik wie üblich mit der Weltschöpfung beginnen. In neuem Glanz erstrahlte auch die von Hutten literaturfähig gemachte Gestalt des Arminius (samt der kühnen Verdeutschung als Erman, Herrmann), die über den barocken Roman bis zu Klopstock und Kleist das nationale Gemüt beschäftigte. Die massive vaterländische Tendenz Aventins war humanistisches Gemeingut, in Deutschland zusätzlich gegen die italienischen Vorbilder gerichtet und unterstützt durch eine antirömische Haltung auf kirchlichem Gebiet. Etwas weit ging Aventins etymologische Marotte, die ihn die alten Namen ins Deutsche übersetzen ließ (Ariovist = Ernst, Indutiomarus = Tütschmair) und selbst zur Verdeutschung einiger altrömischer Namen führte.

Man schreibe Geschichte, sagt Aventin, um die Wahrheit abzumalen, den Weltlauf wie in einem Spiegel anzuzeigen und die Ursachen von Gut und Übel, die Gerechtigkeit Gottes und die Vergänglichkeit menschlicher Pracht einzusehen. Daß bei der Wahrheit, für die Aventin energisch eintritt, mehr eine moralische als faktische Größe gemeint ist, mag seine Fabulierlust verständlicher machen, trägt aber auch zu der Abstandslosigkeit bei, mit der hier Geschichte erzählt ist. Wie schon die humanistische Freude, antikische Gegenwart in einer Italia oder Germania illustrata aufzuweisen, die Distanz zwischen Vergangenheit und Gegenwart reizvoll aufhebt, so macht Aventins Zuversicht, er könne *„auf guot alt grob baierisch"* sein moralisches Urteil nach unveränderlichen Kriterien zum Ausdruck bringen, den Reiz und zugleich das Unhistorische seines Unternehmens aus. Dafür ein beliebiges Beispiel:

(Es wird der Zerfall des römischen Reichs unter Honorius erzählt.) Mit disem anschlag, mit disem weg stelten die geweltigen am kaiserlichen hof hübschlich nach dem reich: ietlicher wolt der vödrest sein, schalt die andern, verachts, ließ niemant auf und zu emptern kummen dan die sein liedel sungen, sein reien geigeten und tanzten. Also sprangen die stüel auf die pänk und gieng das undrest zu dem öbresten, darnach gieng es an ein kriegen und schlahen mit großem schaden des gemainen nutz, merklichem verderben des heiligen römischen reichs.

(IV,2,1107)

Mit behaglicher moralischer Kennerschaft, leichtem Humor („hübschlich") und sprichwörtlichen Redensarten wird Menschliches geschildert, in parataktisch, oft asyndetisch gereihten kurzen Sätzen und Satzteilen, unter reichlicher Verwendung von synonymischen Doppelgliedern. Eine konstruktive, intellektuell ordnende, argumentierende Erfassung der Geschichte zeichnet sich in solchem Stil nicht ab.

## 3. Eidgenössische Chronistik

Die überaus reiche Chronistik, die sich im 15. und nun erst recht im 16. Jahrhundert um den jungen schweizerischen Bund mit seinen konkreten, akuten Gegenwartsproblemen und seiner intensiv an ihnen beteiligten Bevölkerung entwickelt, hat es leichter: Die Befreiung der Waldstätte ist trotz aller Mythenbildung ein echteres und unmittelbareres Thema als die Schlacht im Teutoburger Wald; die politischen und konfessionellen Auseinandersetzungen der Gegenwart sind überschaubarer als die Anliegen der bayrischen Herzöge, besonders wenn der Chronist an ihnen selber führend teilhat.

Der St. Galler Humanist Vadian ist in diesem Sinn die überragende Figur, weit über den schweizerischen Bereich hinaus. Bei ihm verbindet sich politische Führerschaft mit einem ungewöhnlichen Geschichtssinn, in seltener Einheit von Praxis und distanzierter Wissenschaft. Seit 1526 Bürgermeister und Reformator seiner Stadt, wuchs er auch in die Rolle eines eidgenössischen Politikers und begann doch gerade in diesen Jahren seine historischen Arbeiten. Der Rahmen war – äußerlich in annalistischer Form – eine Chronik der Äbte von der Gründung St. Gallens bis in die Gegenwart. Eine Reinschrift umfaßt nur die Jahre 1199 bis 1490, die Frühgeschichte wurde ersetzt durch eine später, um 1545, entstandende Reihe von meisterhaften Studien u. a. zur Geschichte des Mönchtums oder zur St. Galler Stadtgeschichte, und eine „kleine Chronik der Äbte" brachte im Auszug die Ereignisse von 720 bis 1531. Weiteres Material ging in die Schweizerchronik von Johannes Stumpf ein. Von der engsten Heimatgeschichte ging Vadian aus, aber wiederum nur, um sie im Zusammenhang der deutschen und universalen Geschichte darzustellen. Mit Ausnahme einer *Farrago* (Mischfutter) *de collegiis et monasteriis Germaniae veteribus* bediente sich der Reformator nun der deutschen Sprache, ohne allerdings Konzessionen an volkstümlichen Geschmack zu machen. Der ideelle Antrieb seiner Geschichtsforschung war zweifellos das problematische Verhältnis geistlicher und weltlicher Ordnung – das war das Hauptthema seiner lokalen Politik bei der Loslösung der Stadt aus der Abhängigkeit von der mächtigen Abtei, deren Untergang zeitweilig schon besiegelt schien. Es war aber auch der Inhalt der reformatorischen Umgestaltung der Herrschaftsverhältnisse in der Schweiz, und es hatte schon, als Spannung zwischen Papsttum und Kaisertum, die Geschichte des Mittelalters bestimmt. Aus seiner reformatorischen Einstellung macht Vadian hier kein Hehl: Er verfolgt kritisch die Verweltlichung der *„möncherei"*, er nimmt leidenschaftlich Partei für die Staufer, er steht auf seiten der Stadt gegen die Äbte, vor allem gegen den mächtigen Restaurator der äbtischen Herrschaft Ulrich VIII. (Rösch), dessen Geschichte er breit behandelt (*„kain abt ist uns grämmer und ufsätziger gsin"*, II,376). Zugleich aber ist Vadian wie kein zweiter der kritische Wissenschaftler, der die Fakten reflektiert, begründet, historisch relativiert, vielfältig aufeinander bezieht, Entwicklungen sieht und die Quellen wertet. So erwähnt er beispielsweise die innerschweizerische Befreiungsgeschichte nur summarisch als „seltsam sachen" und „fabelwerk". Bei aller möglichen Treffsicherheit seiner Kommentare ist denn auch sein Stil wissenschaftlich, logisch gliedernd, oft mit Sätzen von reich gestufter Syntax und gelegentlich auch sich anlehnend an lateinische Konstruktionen – eine helle, klare, überlegene Prosa.

Die selbstbewußte, mächtige Stadt Bern hatte eine reiche historiographische Tradition, zu der vor allem auch eine amtliche Chronistik gehört (Justinger, Schilling). Diese kulminierte und endete mit Valerius Anshelm (genannt Rüd, 1475–1547), Bürger der damals den Eidgenossen verbündeten Stadt Rottweil, der nach Studien in Tübingen und Krakau 1505 in Bern Leiter der Lateinschule, dann Stadtarzt und seit 1529 bis zu seinem Tod vom Rat besoldeter Geschichtsschreiber war, ein früher Anhänger der Reformation, im Kontakt mit Zwingli, Vadian und natürlich Manuel. In seinem Lebenswerk berichtet er in annalistischer Form über die Zeit der Burgunderkriege und die anschließende selbsterlebte Gegenwart. Auch hier erscheint die Lokal- und Schweizergeschichte selbstverständlich im großen Zusammenhang: Vor jedem Jahr steht die Angabe des regierenden Papstes, Kaisers, Königs von Frankreich und Schultheißen von Bern. Die Aufnahme buntester Einzelfälle gehört auch hier dazu. Im Gegensatz zu Vadian redet hier nicht ein Protagonist der Geschichte, vielmehr ein wenn auch leidenschaftlicher Betrachter und vor allem ein ambitiöser Schriftsteller. Seinem zeitgeschichtlichen Gegenstand entsprechend stützt er sich wenig auf chronikalische Quellen, um so mehr aber auf die genauestens studierten Akten des staatlichen Archivs, auf die Berichte von Augenzeugen und eigenes Erlebnis. Seine rigorose reformatorische und moralische Gesinnung, die ihn zu einem gewissen Pessimismus der Weltbetrachtung führt, trägt er mutig und unabhängig vor, auch wenn er damit seine Herren und Auftraggeber desavouiert. Die ruhmreichen Burgunderkriege verurteilt er, aristokratisch wendet er sich gegen Gelddenken und Krämergeist. Seine Berichte sind zuverlässig und wollen nichts beschönigen. Wenn ihm der politisch-pragmatische Blick Vadians abgeht, so liefert er dafür eine stofflich, moralisch und stilistisch intensive Darstellung hohen Stils. Nach dem Vorbild der Römer, vor allem wohl des Tacitus, pflegt er eine verknappte, rhetorisch pointierte Diktion. In der programmatischen Einleitung ist diese demonstrativ gesteigert:

> Rechter kronick inhalt, not, nutz und art.
>
> Die wil ouch der mensch, us verkerter art, sin selbs lieb, eigennützig und ergitig, zuo gmeiner lieb, er und nutz untoͤglich, ist zum hoͤchsten not, menschliche biwonung und fridliche gmeinsame ze pflanzen und zuo erhalten, gebot und verbot, belonung und straf, tugent und laster, und deren vorgoͤnd und nachgoͤnd exempel, personen, stat, zit, rat und tat, zuo aller nachkommenden ler, warnung, volg oder flucht, in geschrift flissig und ordenlich zuo verfassen, empsig und ernstlich, insonders so zum regiment gehoͤrent, für- und inzebilden.

Wenn sich Geschichtsschreibung als Lehre und Warnung versteht, will sie auch das menschliche Zusammenwohnen, die friedliche Gemeinschaft und ihr Regiment befördern und hat somit einen eminent sozialen Auftrag. Anshelm gehört zu den Pionieren einer hohen historiographischen Tradition deutscher Sprache – Ranke hat ihn gepriesen. Auch um dieses Werk hat sich das Gemeinwesen, das es getragen hatte, bald nicht mehr gekümmert – es wurde erst im 19. Jahrhundert gedruckt. Die Verhältnisse waren konsolidiert, wenn nicht erstarrt, gerade die große, engagierte Geschichtsschreibung war seit der Mitte des Jahrhunderts nicht mehr gefragt.

Mehr Glück hatte in Zürich Johannes Stumpf (1500–77/78), der aus Bruchsal in die Schweiz gekommen, Johanniterprior und dann reformierter Prediger auf der Landschaft geworden war, die Tochter des Chronisten Heinrich Brennwald heiratete und seit etwa 1540 sein Hauptwerk schrieb: *Gemeiner loblicher Eydgno-*

*schaft Stetten, Landen und Völckeren Chronickwirdiger Taten beschreybung*. Das Werk, 1548 gedruckt und dann zweimal wiederaufgelegt, trug ihm das Zürcher Bürgerrecht ein. Vorbereitet war das mächtige Unternehmen durch eine annalistische Reformationschronik in mehreren Fassungen, die in die Arbeit Heinrich Bullingers einging, durch eine Archivreise durch die Schweiz und nicht zuletzt auch durch Material, das ihm Vadian und Tschudi großzügig beigesteuert hatten. Ein bedeutender Nebenertrag waren die sorgfältig von Stumpf gezeichneten Landkarten. Im Gefolge Brennwalds und Etterlins ging es um eine Geschichte des Bundes und seiner Mitglieder seit den alten Helvetiern, also um das aktuelle und konstruktive Unternehmen, dem eidgenössischen Bewußtsein (gerade ungeachtet der konfessionellen Spaltung) eine breite und tiefe Grundlage zu geben. Leitend war dabei der Gedanke einer Helvetia illustrata, d. h. einer die Topographie des Landes und seine Geschichte in eins sehenden, die Gegenwart auf den Hintergrund antikischer Vergangenheit projizierenden Darstellung, wie sie Flavio Biondi in seiner *Italia illustrata* als bewundertes Vorbild geschaffen und die deutschen Humanisten nur in einer Reihe von Ansätzen zu einer „Germania illustrata" hatten nachahmen können. Nun war es bei dem kleinen, selbstbewußt gewordenen Geschichtskörper in dem überschaubaren Raum möglich. Gerade weil es sich um eine positive, im Grund verherrlichende Selbstdarstellung zuhanden eines breiten Publikums handelte, traten die problematischen Seiten – so vor allem die Konfessionsstreitigkeiten und eine moralisch-theologische Parteinahme –, aber auch die Neigung zu Quellenkritik zurück. So entstand ein zwar gelehrtes und materialreiches, volkstümlich darstellendes, aber wenig profiliertes Werk. Nicht zuletzt die Fülle der beigegebenen Holzschnitte machten die Stumpf-Chronik jedoch zum hochgeschätzten Repräsentations- und Standardwerk und übrigens zu einem der aufwendigsten Druckwerke des Jahrhunderts.

Das eigentliche Monument der schweizerischen Geschichtsschreibung schuf jedoch der Glarner Patrizier und Staatsmann Gilg (Aegidius) Tschudi (1505–72). Hier bestanden einzigartige Voraussetzungen: Ein Schüler Zwinglis in Glarus, Glareans in Basel, war Tschudi mit einundzwanzig Jahren Ratsherr, mit vierundzwanzig eidgenössischer Landvogt in Sargans, später in Baden; er führte diplomatische Missionen in Frankreich, Rom und Augsburg aus und war, trotz seines Verharrens beim alten Glauben, einer der angesehensten eidgenössischen Politiker und insbesondere Vermittler; erst der gewaltsame Versuch einer Wiederherstellung der alten Verhältnisse im sogenannten Tschudi-Krieg kostete ihm Sympathien. Während Jahrzehnten betrieb er seine historisch-antiquarischen Studien, unternahm Forschungsreisen, durchsuchte die eidgenössischen Archive, bemühte sich um Urkunden, Inschriften und Münzen. Von seinen verschiedenen Arbeiten – darunter auch eine theologische über das *Fegfür* – ist nur eine einzige zu seinen Lebzeiten erschienen, die *Uralt warhafftig Alpisch Rhetia*, eine Art Raetia illustrata, die von dem Kosmographen Sebastian Münster ins Lateinische übersetzt und 1538 zugleich in einer deutschen wie einer lateinischen Ausgabe publiziert wurde. Seine mächtigen Materialsammlungen zur Schweizergeschichte konnte Tschudi nur noch zum Teil historiographisch verarbeiten. Er hinterließ das annalistisch geordnete *Chronicon helveticum*, das die Zeit von 1001 bis 1470 behandelte (die „Reinschrift" davon geht nur bis 1370), ferner als eine Art vorrömischer und römischer Vorgeschichte dazu die topographisch disponierte *Gallia comata* (Langhaar-Gallien im Gegensatz zur Gallia togata). Von diesen Werken kursierten zwar Abschriften, in den Druck kamen sie aber erst 1734 bzw. 1758.

Die leitende Idee dieses Riesenwerks war eine geschlossene Darstellung, ja eine historisch fundierte Rekonstruktion der eidgenössischen Geschichte, wie sie nur Tschudis Kenntnis, Erfahrung, Ansehen und Vision hervorbringen konnten. Im Legitimitätsdenken Tschudis und seiner Zeit konnte dies nicht irgendeine Entwicklung aus Anfängen und im Lauf der Geschichte erbrachten Leistungen sein, sondern, sozusagen statisch gesehen, nur die Wiederherstellung eines ursprünglichen Zustands oder Wesens, das sich wieder zu seiner Identität verwirklichte. *„Das land Helvetia (jetz Switzerland genant) wider in sin uralten stand und fryheit“* zu bringen, das war die Absicht des Bundesschwurs auf dem Rütli und der Sinn aller Ereignisse seither – und eben auch die Idee von Tschudis Geschichtsschreibung. Freiheit heißt dabei nicht irgendeine bäurische Erhebung zur Unabhängigkeit schlechthin, sondern Freiheit zum Reich, wie immer diese christlich-römisch-deutsche Ordnung konkret zu verstehen war. So sieht denn auch Tschudi, der für sich selbst einen kaiserlichen Adelsbrief malte und eine entsprechende Familiengeschichte rekonstruierte, die Rolle des Adels durchaus nicht in irgendeinem Gegensatz zur Geschichte des Bundes aus Städten und Ländern. Darüber hinaus bedeutet die Bundesgeschichte denn auch den Vollzug eines geheimen göttlichen Willens: die Eidgenossen sind – wie bei andern Humanisten die Germanen – ein Urvolk, ein Reichsvolk, ja ein Volk Gottes. Solche Leitidee kommt nun begreiflicherweise in Konflikt mit einer modernen (und auch damals durchaus nicht unmöglichen) Vorstellung von kritischer Erforschung der historischen Wahrheit. Das Erstaunliche an Tschudi ist, wie er ein auf rastloser gelehrter Forschung beruhendes Wissen verschmelzt und ergänzt mit scharfsinnig erfundenen Elementen – mit Erfindungen oder eben Fälschungen, wenn man ihre Raison verkennt. So oder so geht Schillers Lob von Tschudis „Treuherzigkeit“

fehl – gerade treuherzig ist er nicht. Man hat ihm wegen seiner Erfindungen denn auch heftigere Vorwürfe gemacht als dem viel unbefangener fabulierenden Aventin.

Die konstruktive, er-bauende Tendenz führt nicht nur zu ergänzenden „Hypothesen", sondern natürlich auch zu einer entsprechenden Auswahl und Beleuchtung der Tatsachen. Tschudi spricht davon, daß er seinem Material „die formliche rhetorische gestalt" geben wolle. In der Geschichtserzählung soll die Identität der Eidgenossenschaft plastisch hervortreten, und das Werk soll denn auch „ze allen teilen und Partyen mit gedultigen Oren, mit Anmut und Danksagung" aufgenommen werden können. Tschudi wollte sogar vor der Publikation noch den zensierenden Rat seiner Gewährsleute in allen Orten einholen – obwohl er in praxi ein heftiger Parteipolitiker war. Dennoch war wohl eine gewisse Hybris des Mannes im Spiel, der als das eidgenössische oraculum galt und Wissen und Erfahrung wie kein anderer besaß. Als Schöpfer des gewaltigen Werkes mochte er der Versuchung erliegen, die ihm so vertraute Vorsehung nach seiner eigenen Vorstellung walten zu lassen. Schriftstellerisch tat er es mit einer unvergleichlichen Meisterschaft, ob es nun darum ging, in Verhandlungen und Reden die geschichtlichen Positionen argumentierend zu erläutern, mit kräftigem Vokabular Menschen und Vorgänge zu charakterisieren oder mit Syntax und Rhythmus ein Geschehen erzählerisch abzubilden. Für das letzte ein Beispiel aus dem Anfang einer der Schlachtenschilderungen, die nach altepischem Brauch zu seinen bewußten Glanzstücken gehören. Es beginnt einfach, fast stockend mit dem Bericht über den Aufbruch des Herzogs Leopold von Österreich und seines Heers von Zug hinauf gegen Aegeri und Schwyz am 15. November 1315:

Also am Samstag was Sant Othmars Abend (Tag vor St. Othmar) / am Morgen früy / wie der Tag anbrach / kam Hertzog Lüpolt mit siner Macht daher an den Morgarten / und was Nachts von der Statt Zug für Aegri haruffgezogen / Er zoch selbs mit sinem Adel und dem reisigen Zug in der Vorhut / und hat das Fuß-Volck den Nachzug / der Adel hat ein Lust an die Puren.

Nach diesen kurzen, vorbereitend wirkenden, parataktischen Sätzen, in denen anaphorisch der Zug und das Ziehen deutlich wird und die in dem asyndetisch angeschlossenen Schlußsatz zusammengefaßt und begründet werden, folgt ein neuer Einsatz, zunächst plusquamperfektisch, wobei der neue Anlauf nochmals durch einen Nebensatz gebremst wird:

Nun hattend sich die 50 Waldstettische Banditen (Verbannten, die zu Hilfe gekommen waren) mit Stöcken und grossen Steinen / so Si zusammen getragen uff den Rein / da Si lagend / wol gerüst /

doch die Bewegung springt über:

und wie die Herrschafft an den Berg Morgarten kam / da es anfing ruch und eng sin / da die Pferd kein Schwung möchtend haben /und kum zwey oder dry nebend einandern gen köntend / . . .

nach dieser erneuten Retardation mit den drei parallelen Nebensätzen („da . . .“), welche die Spannung steigern, kommt endlich der entscheidende Hauptsatz:

liessend die Banditen Stöck und Stein den Berg nider unter Si louffen / daß Roß und Mann zu Boden gieng / . . .

(Druck 1734, 272)

Solche Sicherheit und Präzision nicht nur in der sachlichen Anschauung, sondern vor allem im Einsatz der syntaktisch-rhythmischen Mittel, der behäbige Schwung der sachlich wie gefühlshaft ausdrucksvollen Perioden machen Tschudi zum souveränen Prosaisten. Er steht am Ende einer großen Epoche, bereits zur Zeit der anlaufenden Gegenreformation, ja zeigt vielleicht im Umfang und in der Inszenierung seines Werks bereits barocke Züge.

Ohne Zukunft war Tschudis weitgehend normalisierte schweizerische Hochsprache; nach ihm, schon seit Stumpf, setzte sich das Neuhochdeutsche der Drucker und Luthers durch.

## 4. Familienchronik, Denkwürdigkeiten, Selbstbiographie

Wenn in den meisten Chroniken das erzählerische Element in der Erwähnung von Merkwürdigkeiten und insbesondere in anekdotischen Einlagen besteht, so kann es übermächtig werden, wo ein engerer Kreis von Hörern und Lesern gedacht, wo persönliche Nähe mit dem Autor, ein engerer Ausschnitt aus der Geschichte gegeben ist und neben gelehrter Information bewußt auch Unterhaltung geboten werden soll. Wie bei Städtechroniken kann auch bei Familienchroniken oft keine Grenze zwischen allgemeiner Chronik, Lebenserinnerung und Selbstdarstellung gezogen werden. Ohne System und Reflexion ergreift der Chronist im Namen seiner selbst und seiner sozialen Gruppe die ganze Fülle der wiß- und erzählbaren Dinge um ihn herum, will nichts anderes als eine irgendwie selber gelebte Welt festhalten. Mehr als beim durchschnittlichen Bürger ist bei adligen Familien die Pflege der Überlieferung wichtig, als Legitimation der eigenen Dynastie, als Rechtsgrund in den laufenden Händeln um Besitz und Rang, als Mittel, Ansehen und Ruhm zu gewinnen. Die verschiedenen Familienchroniken von adligen Häusern der Zeit werden alle überragt von der gewaltigen *Chronik der Grafen von Zimmern*, eines katholischen süddeutschen Geschlechts, das in Meßkirch und in verschiedenen andern schwäbischen Schlössern residierte, aber im Mannesstamm bereits zu Ende des Jahrhunderts erlosch. Im Gegensatz zu früheren Annahmen scheint heute gesichert, daß der alleinige Verfasser der Chronik der Graf

Froben Christoph von Zimmern (1519–66) war. Er hat nach juristischen Studien in Deutschland, Frankreich und Flandern (Bourges, Paris, Angers, Löwen) 1548 das väterliche Erbe und 1553 das seines Onkels, dem er geduldig zwölf Jahre lang gedient hatte, übernommen und die zerrüttete Herrschaft mit Erfolg reorganisiert. Gleichzeitig mit diesem Neuaufbau muß, nach weitreichender Sammlung von Urkunden und andern Nachrichten, aufgrund historischer Lektüre und mit Hilfe von Beiträgen Dritter die Chronik entstanden sein. Sie schildert das obligate „Herkommen", das in diesem Fall geradewegs von den alten Cimbern hergeleitet wird; sie bietet einiges aus der älteren Geschichte und behandelt dann sehr breit die Ereignisse von etwa 1490 bis 1558. Die Handschriften zeigen ein ähnliches Bild wie die zu Tschudis Schweizerchronik: ein noch stets im Wachsen begriffenes, für Einschübe und Nachträge offenes, amorphes Gebilde, das die europäische Welt auf den Meridian von Meßkirch visiert. Hier geht nun alles ins Lokale und Vertraute der Ereignisse und Personen, also vor allem der süddeutschen Adelsgesellschaft. Obwohl der Graf Froben sehr wohl zwischen wahren Nachrichten und Erfindungen zu unterscheiden weiß, fügt er in oft rein assoziativem Anschluß anekdotische und novellistische Erzählungen vor allem schwankhaften Charakters ein, in der erklärten Absicht, die Chronik unterhaltsam und zum allgemeinen Sittenspiegel zu machen. Dabei verbindet sich die Freude am Witz, an Schwank und Anekdote mit einem offensichtlichen Interesse für Menschliches und auch Allzumenschliches seiner geschichtlichen Personen und einem Sinn für alle Médisance aus dem Adels- und Klosterleben. Er findet nichts dabei, hiefür Boccaccio, Poggio und nicht zuletzt Bebel zu benützen, und kann damit der Skandalchronik sozusagen literarische Weihe geben. Ein „geheimes Fazetienbuch" hatte er sich als Reserve für diesen Zweck angelegt. Zweifellos ist aber auch vieles aus mündlicher Überlieferung bezogen. Was in den zeitgenössischen Schwankbüchern, von denen Froben Kirchhoffs *Wendunmut* (1563 ff.) kannte, um seiner selbst willen versammelt ist, erscheint hier in größter Fülle und saftiger Drastik im Kontext einer Chronik und ist damit noch oder wieder integriert im gesamtmenschlichen Geschehen. Die Einheit verbürgt im übrigen ein Erzählstil hohen Ranges mit allen Reizen unverblümter volkstümlicher Sprache, die mit gezielt eingesprengten lateinischen oder mundartlichen Vokabeln auf verschiedenen Sprachebenen spielt und so die Dinge ironisch und selbstironisch relativiert. Obwohl der Chronist grundsätzlich von sich selbst in der dritten Person spricht, so fällt er doch häufig in ein „versehentliches" Ich und reguliert auch damit die Intimität des Berichts je nach Bedarf. Die Zimmersche Chronik zeigt bereits ausgeprägt den humoristisch-ironischen Ton der sogenannten Volkserzählung, wie er noch hundert Jahre später bei Grimmelshausen blüht.

Die Frage nach Weltanschauung und Geschichtsauffassung Frobens von Zimmern ist „im weltanschaulichen Vakuum zwischen Reformation und katholischer Reform" (B. R. Jenny) kaum zu beantworten, ja vielleicht überhaupt gegenstandslos. Obwohl sich ein komplexer, scheuer, rankünöser, in der Verfolgung seiner Ziele hartnäckiger Charakter erschließen läßt, bleibt man zuletzt doch verwiesen auf die Kollektivweisheit, die sich in der mit anzüglichen Redensarten und Sprichwörtern gesättigten Sprache ausdrückt. Auf Schritt und Tritt begegnen Sentenzen wie die folgenden:

Es ist kain kunst, ain kindt zu machen, dann die bauren und unverstendigen kindens (könnten es) schier am besten, sonder das ist ain maisterschaft, dem kindt ain vater schöpfen (so wird eine Reihe von Eheskandalen kommentiert, deren Früchte einem falschen Vater zu unterschieben waren) –

Ein meusle bringt (nur) ein anders meusle für (zu frühes Heiraten bringt keine kräftige Nachkommenschaft hervor) –

Die Schweizer haben nie kainem geholfen, dem darvor nit baß gewest (eine politische Erfahrungsweisheit).

In die deutsche Adelswelt des 16. Jahrhunderts und vor allem zu ihren problematischen Seiten führt auch eine größere Zahl von memoiren- und chronikhaften Aufzeichnungen einzelner Herren, bei denen nicht Familienstolz, sondern ein bewegtes Leben Anlaß zur Niederschrift war. Diese Werke bieten weniger ein literarisches als ein kulturgeschichtliches Interesse. Am bekanntesten geworden ist wohl die Lebensbeschreibung des Götz von Berlichingen (1480–1562), Raubritters und Söldnerführers von Beruf, der am Ende seines Lebens in recht formloser Weise eine Darstellung seiner Fehden, Kriegshändel und „anderer actiones" gab, nicht zuletzt zur Rechtfertigung seiner umstrittenen Rolle im Bauernkrieg. Damit vergleichbar sind *Das Leben und die Taten* des Sebastian Schertlin von Burtenbach (1496–1577), Memoiren aus dem abenteuerlichen Leben eines württembergischen Landsknechtführers im Dienste zuerst des Kaisers, dann auf seiten der Schmalkaldener, als geächteter Lutheraner schließlich im Sold des Königs von Frankreich. Von bildungsmäßig, politisch und menschlich sehr viel höherem Rang sind die Aufzeichnungen des Freiherrn Siegmund von Herberstein (1486–1566), der im Dienste der Kaiser Maximilian I. und Ferdinand I. als Militär und vor allem in schwierigen diplomatischen Missionen u. a. nach Dänemark, Rußland (1517 und 1525), die Niederlande und Spanien zu großen Ehren am Wiener Hof gelangte. Zustatten kam ihm dabei ausdrücklich die aus seiner Jugend in der Krain mitgebrachte Kenntnis des Slovenischen, die ihm damals den Spott seiner Kameraden eingetragen hatte. Herberstein hat seine für die Kenntnis des alten Rußland einzigartigen Erinnerungen zuerst lateinisch (gedruckt 1549), dann deutsch abgefaßt mit der Begründung, daß „alle Menschen sollen dermaßen auf erden leben, damit sy muogen vnnd sollen Raittung (Rechenschaft) geben Jres thuns unnd wesens".

Ein Bürgerlicher, der im pommerschen Fürstendienst weit herumkam, in Rom war, an den Reichstagen von 1547 und 1548 teilnahm und schließlich als Ratsherr und Bürgermeister von Stralsund in viele politische und private Händel geriet, war der Jurist Bartholomäus Sastrow (1520–1603) aus Greifswald. Er hat erst 1595 wohl aufgrund von Tagebüchern seine umfangreichen *Lebenserinnerungen* geschrieben, die, schon an der Schwelle einer neuen Zeit, als die größte und vollständigste deutsche Autobiographie vor dem 18. Jahrhundert gelten. Familiengeschichte, Jugenderinnerung, politische Memoiren bilden hier zusammen ein Lebensdokument großen Stils, von einem höchst vitalen und eigenwilligen Mann.

Neben dem kriegerisch-politischen Anlaß der Welterfahrung sind es nach wie vor, auch im bürgerlichen Bereich, die Reisen, die zu einer gewissen Selbstbegegnung führen, in Tagebüchern festgehalten und später zu Lebenserinnerungen redigiert werden: die Pilgerfahrten ins Heilige Land oder nach Santiago, die Studienreisen (seien es fahrende Studenten wie Johannes Butzbach mit seinem lateinischen *Odoeporicon* – Wanderbuch – 1506 oder Albrecht Dürer mit dem Tagebuch seiner niederländischen Reise 1520/21) und die Handelsreisen. Wie die Handelstätigkeit großer Firmen zu persönlichen Schicksalen führen kann, zeigen die *Reisen und Gefangenschaft* des Ulmer Bürgers Hans Ulrich Krafft (1550–1621), der nach Lehrjahren in Frankreich und Italien im Dienste des Augsburger Handelshauses Melchior Manlich in der Levante tätig war und schließlich in Tripolis für drei Jahre namens seiner bankrott gegangenen Firma in Schuldgefangenschaft saß; nach der Befreiung und nach weiteren Reisen übernahm er im Alter von siebenunddreißig Jahren eine ruhige Amtsstelle als Administrator in Geislingen, worüber die sehr lebendigen Erinnerungen, die erst im Alter geschrieben wurden, keine Angaben mehr zu machen haben.

In den erwähnten Denkwürdigkeiten adliger und bürgerlicher Verfasser werden die Fragen des Glaubens kaum mehr zum Thema oder nur im Sinne einer nun einmal vorhandenen konfessionellen Spaltung und ihrer Folgen. Anderseits ist es doch immer wieder das Erlebnis und die Bedrängnis der Reformationszeit gewesen, die Anlaß einer Selbstfindung oder der Niederschrift von Memoiren wurden. Wenigstens einige solcher Werke sind als eminente Selbstzeugnisse aus der ersten Jahrhunderthälfte hier anzuführen.

Charitas Pirckheimer (1466–1532), die gelehrte Schwester des Nürnberger Humanisten (Konrad Celtis widmete ihr seine Ausgabe der Hrotsvit von Gandersheim), war Äbtissin des Klosters St. Clara in Nürnberg. Sie hat in ihren *Denkwürdigkeiten* genau, mit vollständiger Dokumentation, die Drangsale beschrieben, die das Kloster in den Jahren 1524–29 durch die „lutterey" durchzumachen hatte, seitens des Rats, der Pfleger des Klosters, der Bevölkerung, der zwangsweise zur Bekehrung eingesetzten Prediger, der Angehörigen der Nonnen. Es ist die empörte Klage, Anklage und Rechenschaftsablage einer mutigen und klugen Frau, die zusammen mit ihren „armen kinden" (nur eins ging verloren) für den alten Glauben und seine Lebensformen kämpfte und bei aller Trübsal doch ihrem Gelübde treu bleiben und das Kloster in eine ruhigere Zeit hinüberretten konnte. Was hier von der andern Seite der Reformation in ganz konkreter, persönlicher Brechung sichtbar wird, pflegt auch in den aufgeschlossenen protestantischen Chroniken selten zu erscheinen –

selbst nicht bei so besonnenen Reformatoren wie Vadian und Keßler.

Johannes Keßler (1502/03–74) war ein St. Galler von einfacher Herkunft, der nach Studien in Basel und Wittenberg nicht mehr Priester werden wollte, in der Heimat das Sattlerhandwerk ergriff, daneben Lehrer und Prediger war und zusammen mit seinem hoch verehrten Freund Vadian in St. Gallen die Reform durchführte. Seine Chronik nannte er *Sabbata* (Ruhetage, Feierabende, an denen er sie schrieb); sie gilt wegen ihres gemütvollen, erzählerisch-ausführlichen Charakters als besonders reiche und lebendige Reformationschronik. Keßler beschreibt die zeitgenössischen Ereignisse von 1519 bis 1539, nämlich eben die Reformationszeit in St. Gallen, mit ausführlichen Ausblicken auf die schweizerische und allgemeine Geschichte und mit einer Historie der Päpste als Einleitung. Die allein erhaltene Reinschrift von 1539, die nicht mehr alles ursprüngliche Material enthält, läßt die Entstehungsweise der Chronik nicht mehr genau erkennen. Berühmt ist Keßlers ausladende, oft ins Genrehafte gehende Erzählkunst, zu der auch die sorgfältige Schilderung von Personen und ihrem Auftreten gehört – das Glanzstück ist der Bericht über die persönliche Begegnung mit Luther, wie dieser inkognito von der Wartburg nach Wittenberg unterwegs ist. Wichtig ist die übersichtliche, einläßliche Darstellung des Bauernkriegs; sie endet mit einer Notiz über Keßlers Eheschluß – auch Luther hat gerade in dieser bewegten Zeit den Schritt getan.

Was Keßler allenfalls an kritischer Distanz vermissen läßt, ersetzt er durch seine persönliche Nähe und die gemüthafte Färbung seines Berichts. Der Chronist ist präsent auch dann, wenn er nicht von sich selber spricht, und so erhält die Chronik einen echten autobiographischen Charakter. Im Menschlichen vergleichbar, aber nun eine konsequente, gestraffte Darstellung des eigenen

Lebens ist das *Chronicon* des Konrad Pellikan (Kürschner, 1478–1556), eines Mannes, den Keßler hoch gepriesen hat. Diese lateinische Chronik kann als Beispiel einer humanistischen Selbstbiographie aus der Reformationszeit gelten. Der hochgebildete elsässische Franziskaner trat in Basel auf die Seite Luthers, lehrte dort und seit 1526 in Zürich als Alttestamentler und Hebraist und war auch wesentlich an der Zürcher Bibel beteiligt. Für seinen Sohn und seine Enkel erzählt er 1544, mit späteren Nachträgen, auf schlichte und bescheidene Weise sein äußeres Leben. Reizvoll vor allem der Bericht über die Reisen, die ihn 1504 durch die Innerschweiz mit ihren gerade damals aufblühenden historischen Erinnerungen nach Oberitalien und 1517 über den Brenner nach Rom führten, dann die Schilderung der menschlichen Begegnungen, Mitteilungen über seine Arbeit, Familienangelegenheiten – in der späteren Zeit vor allem ein Gelehrtendasein im Schutz und Schatten des „incomparabilis Huldricus Zwinglius".

Etwas von der klaren, tüchtigen und bescheidenen Frömmigkeit der Keßler und Pellikan ist auch noch in der Lebensbeschreibung des Thomas Platter (1499–1582) zu finden. Dieses berühmte Werk bleibt alles in allem trotz oder gerade wegen seiner Schlichtheit das bedeutendste und echteste Beispiel der frühen deutschen Selbstbiographie. In den etwa hundert Seiten dieses Lebensrückblicks, der 1572 angeblich in vierzehn Tagen, jedenfalls spontan und geschlossen niedergeschrieben wurde, ist alles da: die Laufbahn des armen, verwaisten Walliser Geißhirten, der zum fahrenden Studenten wird, zum Seiler und Buchdrucker und Schulleiter in Basel, zum vermögenden Mann und Begründer einer kleinen Dynastie von Gelehrten, die auch ihr Leben beschreiben werden; die Unruhe der Zeit, an der auch der Erzähler mit seinem Aufbruch aus dem Elend, seiner Suche nach neuen Lebensmöglichkeiten, im Wechsel seiner Berufe Anteil hat; die Bedeutung des neuen Glaubens und auch der humanistischen Bildung für die Selbstwerdung nun auch des gemeinen Mannes (der Seilerlehrling, der während der Arbeit heimlich Plautus liest); das Hineinwachsen eines zunächst verlorenen Ich in die Ordnungen der Gesellschaft, der Kultur. Eine Fülle von unbefangen, knapp und schlicht erzählten Erinnerungsbildern ist aufgereiht, an sich schon unvergeßlich und kulturgeschichtlich informativ: das Dasein eines Walliser Hirtenbubs, das Leben der fahrenden Schüler, mit denen Platter als „Schütz“, d. i. geplagtes Knechtlein, herumzieht, der Betrieb in einer Lateinschule, die Wirkung einer Predigt Zwinglis. Fragt man nach dem roten Faden in diesen Erinnerungen, so antwortet der Erzähler am Schluß selbst: es ist das große, dankbare Staunen über die Errettung aus unaufhörlichen Lebensgefahren – „wie ist es miglich, das ich noch läb, stan oder gan kan, so ein lange zyt!“, wie ist es möglich, daß er sogar zu Besitz („vier hüser mit zimlichem hußradt!“), zu Ansehen und Ehren kam. Die Antwort ist Lob und Dank an die Vorsehung, nicht so sehr in Worten als in der Lebensstimmung und dem Arbeitsethos, die mindestens seit der Wendung zum reformierten Glauben diese Existenz bestimmen und im Ganzen spürbar werden. Noch sind mit jenen Lebensgefahren Bedrohungen äußerer Art gemeint: „und han nie kein glid brochen . . . do hatt mich gott durch sine engell behüettet“. Platter dankt für die Bewahrung des physischen Lebens. Für die innere Entsprechung – man denke etwa an die ungeheure seelische Gefährdung des verwilderten fahrenden Schülers, der mit achtzehn Jahren noch nichts gelernt hat – gibt es noch kaum Worte. Sieht man aber näher zu, so führen diese Erinnerungsbilder doch immer wieder heran an den Punkt, wo der Held auf sich selbst gestoßen sein muß, wo eine Selbstreflexion in Gang kommen, wo ein Ich seiner selbst gewiß werden und zugleich den Zusammenhang einer Lebensbewegung erfahren kann. Hier wird Unformulierbares ins Bild gefaßt. Einmal ist dieses Geheimnis als ein eigentliches Wunder objektiviert: bei der Wanderung über die Grimsel überkommt den Erschöpften der gefährliche Schlaf, und er wäre erfroren, wäre nicht ein Mann erschienen, hätte ihm die Hände auf die Achseln gelegt und gesagt: „ei, was sitzest du do? stand uff und gang." Der Mann blieb verschwunden. Das Wort „stand uff und gang" ist ein Christuswort, es reicht über die einmalige Situation hinaus. Platter sieht die wunderbare Rettung: „kan ich nit anderst gedenken, dan gott habe mich bim läben bhalten". Ein anderes Beispiel ist die Szene des Abschieds von München. „Enent der Iser ist ein bühell, do satzt ich mich, gsach die statt an und weinet innenclich, das ich ietz niemantz mer hette, der sich minen anneme." Oder die Rückkehr in die Schweiz, bei Konstanz: „ach min gott, wie was ich so fro, ich meint, ich weri im himelrich" – Sicherheit und Bewahrung in einer Heimat. Oder, in aktiver Form, eine Art Gottesgericht, das der Diener in der Fraumünsterschule veranstaltet, indem er, da Brennholz fehlt, einen „götzen", nämlich eine Johannes-Statue, in den Ofen schiebt: „Jögli, nun buck dich, du muost in den offen" – es gibt keine Katastrophe. So wird bei aller humorvollen Ausmalung nun überwundener Nöte doch das eigentliche Thema objektiv umspielt. Auch der Leser nimmt teil an der Identität eines Lebens, das gerade in seiner sozialen und moralischen Einfachheit exemplarisch wird. Das Ganze einer Zeit ist ohne jede Selbstbespiegelung und ohne viel Kommentar auf ein Ich bezogen und zu einem Sinn integriert.

Der „liebe sun Felix", auf dessen Wunsch des Vaters Erinnerungen geschrieben worden sind, hat später, 1612, bereits als alter Mann, aber aufgrund von alten Aufzeichnungen, seine Memoiren redigiert. Felix Platter (1536–1614) behandelt allerdings nur seine Jugend- und

Studienzeit. Das Bild hat sich durchaus gewandelt. Bürgerliche Sekurität umgibt den begabten und geliebten Sohn von Anfang an. Nach freundlicher Kindheit in Basel kann er wunschgemäß Musik treiben und in Montpellier Medizin studieren. 1557 kehrt er glücklich zurück, heiratet seine Jugendliebe, aus vornehmer Familie, wird Stadtarzt und, worüber man nichts mehr erfährt, ein berühmter Medizinprofessor und von den europäischen Höfen gesuchter Arzt. Mit Ausnahme der wissenschaftsgeschichtlich interessanten Partien über das Leben in Montpellier haben die sehr ausführlichen Erinnerungen wenig Spektakuläres zu bieten. Was den Verfasser außer den üblichen familiären Memorabilien interessierte und was nun erstaunlich detailliert wiedergegeben wird, das sind möglichst frühe, möglichst scharfe Erinnerungsmomente (die erste Hose, ein begehrtes Schreibgerät, ein Vetter, der aus der oberen Kammer zum Abort geht, ein Hund namens Canis usw.) und dann die Beobachtung und Deutung eigener Veranlagungen: die Lust an Konfekt, die krankhafte Abneigung gegen Fingerringe. Das setzt einen psychologischen Sinn voraus, der erst später einmal in den Dienst autobiographischer Analyse treten wird.

Schließlich der Stiefbruder Thomas Platter (d. J., 1574–1628), ein Sohn aus der späten zweiten Ehe von Thomas d. Ä. Er wurde ebenfalls Mediziner und nach dem Tode des Bruders Professor an der Hochschule. Seine Erinnerungen sind Berichte über seine Studienreisen nach Frankreich, Spanien und England, eher trokkene, rein sachlich orientierte Tagebuchnotizen (redigiert 1604/05). Daß auch er die Tradition solcher Niederschriften fortgesetzt hat, zeigt, wie sehr es hier noch ein Subjekt sozusagen kollektiver Art ist (Familie, Stand), dem sich der einzelne Schreiber unterordnet.

# V. DIE WELT DES HANS SACHS

## 1. Die Meistersinger

Eines der eigenartigsten literatursoziologischen Phänomene ist der Kunstbetrieb, der sich – sozusagen am Ende eines verlängerten Mittelalters – in den mittleren und unteren Bevölkerungsschichten der Städte entfalten kann. Formen und Stoffe, die ursprünglich einem adligen oder humanistisch gebildeten Publikum gehörten, werden Gemeingut auch des bescheidenen bürgerlichen Laien, vor allem der städtischen Handwerker, und Gegenstand einer institutionalisierten Übung. Als Meistersang im engen Sinn gilt die zünftisch organisierte, handwerklich-artistisch betriebene, durch Vorschriften und Bräuche geregelte, gemeinschaftliche Pflege der Liedkunst in Erfindung und Vortrag. Diese Vereinigungen, in denen zur Erbauung, zur Lehre, zum Lob Gottes und zur Unterhaltung – man könnte auch sagen: als Spiel und Sport und sinnvolle Freizeitbeschäftigung speziell auch der Handwerksgesellen – dieser Gesang betrieben wird, nennen sich Singschulen. In einem weiteren Sinn kann der Begriff des Meistersangs verwendet werden, soweit sich zünftige Meistersinger auch in andern Gattungen außern können oder Singschulen selbst dramatische Spiele zur Aufführung bringen, schließlich, soweit damit eine bestimmte Mentalität und eine soziale Schicht literarischen Lebens auch außerhalb der Singschulen gemeint sind. Es gibt Meistersinger, die Erzählungen schreiben oder Spiele verfassen und mit ihresgleichen aufführen (Hans Folz, Hans Sachs, Jörg Wickram), und es gibt bürgerliche Berufsdichter, die zu keiner Singschule gehören und keine Meisterlieder erfinden, aber dennoch ihre Kunst wie Handwerksmeister betreiben (z. B. Hans Rosenplüt).

Seit Goethes Wiederentdeckung von Hans Sachsens poetischer Sendung, die er nicht ohne Ironie und Herablassung in einer tüchtigen „Poesie des Tages" sah, schwankt die Einschätzung solcher meistersingerischer Kunst zwischen Verachtung und Verherrlichung, wechseln die Urteile je nach den Kriterien der Ästhetik und der Gesellschaftslehre. Während das 19. Jahrhundert in Hans Sachs den bedeutendsten Dichter des Reformationszeitalters und einen Lehrer seines Volkes pries, aber doch auch wieder, gerade von goethezeitlichen Maßstäben aus, mit Kopfschütteln vor dem biedermännischen Kunstbetrieb stand, ist es heute wieder Mode, die „allzulange an den Normen der klassischen Ästhetik orientierte Literaturwissenschaft" (Horst Brunner) zu tadeln und ein Verständnis des Meistersangs aus seinen sozialgeschichtlichen Gegebenheiten und Funktionen zu versuchen. Man sieht einerseits, wie wichtig nach der Reformation eine solche, stark auf religiöse Thematik ausgerichtete Laiendichtung für die Konsolidierung deutscher Volkskultur war, stellt aber anderseits fest, daß die Träger dieser Kunst eine Schicht bildeten, die vom städtischen Regiment praktisch ausgeschlossen war und sich durch die obrigkeitliche Zensur gezwungen sah, die „von Menschen gemachte Miserabilität der Verhältnisse zu angeblich von Gott gesetzten, daher als unabänderlich gehaltenen Verhältnissen ... zu verinnerlichen" (Brunner). Auch damit ist uns freilich die Mischung aus kleinbürgerlicher Duckmäuserei und pathetischem Kunstanspruch noch nicht besonders sympathisch gemacht, und der Beitrag zu einer „Volkskultur" bleibt zwiespältig. Schulmäßig zu dichten war zwar im Lateinunterricht gute mittelalterliche und humanistische Tradition und bedeutete da die Aneignung einer großen, maßgebenden Kultur. Die volkssprachliche Meisterkunst konnte aber kaum etwas Vergleichbares leisten.

Die Herkunft des Meistersangs ist von den Texten und

Melodien aus in der Sangspruchdichtung des 14. und 15. Jahrhunderts zu sehen, die zu einer Art „Vorphase" des Meistersangs wird: mit dem artistisch-lehrhaften Charakter, mit dem Kult der alten Meister, deren Töne unverändert oder verwandelt im Meistersang fortleben, wohl auch schon mit einer gewissen Vergesellschaftung in Singbruderschaften. Nach der Tradition hat Frauenlob die erste Singschule in Mainz gegründet, und das Bild in der Manessischen Handschrift scheint dem recht zu geben. In Mainz ist wohl auch die wichtigste Meisterliederhandschrift (die um 1470 abgeschlossene Kolmarer Handschrift, s. S. 443) entstanden. Der Wettbewerb oder Wettkampf unter Sängern erscheint nicht nur in persönlichen „Fehden" seit Walther und Reinmar, sondern in offenbar schon institutionalisierter Form im *Wartburgkrieg*. Entscheidend ist wohl die Verschiebung der Trägerschaft: Wenn die Jenaer Handschrift mit ihrem reichen Gut an Sangsprüchen um die Mitte des 14. Jahrhunderts noch für Adelskreise geschrieben wurde und in Mainz die Singschule zunächst noch in Beziehung zum Hofe stand, wird die meisterliche Liedkunst schließlich ganz zur Domäne des Bürger- und Kleinbürgerstandes. Höfische Inhalte der Lieder verschwinden, didaktische, politische, vor allem religiöse Themen beherrschen das Bild, unter geheimnisvollem Gehaben geht es um bewußte Vermittlung von Wissen aller Art.

Die älteste nachweisbare Gründung einer Meistersingerschule im strengen Sinn ist 1449 in Augsburg erfolgt. Diese Schule erlebte ihren Höhepunkt nach der Reformation und existierte bis ins 18. Jahrhundert hinein. Wohl ungefähr gleichzeitig entstand das nachmals weitaus bedeutendste Zentrum: Nürnberg. Die führende Figur war hier zunächst Hans Folz, der von Worms gekommen und bereits 1459 in Nürnberg verbürgert war. Er verlieh dem Meistersang neue Impulse, indem er gegenüber einer konservativen Gruppe, die sich auf die

Nachahmung einer bestimmten Reihe alter Meister versteifen wollte, die Erfindung neuer Töne forderte. Später wurde Hans Sachs die große repräsentative Gestalt, deren Autorität denn auch die Übernahme der Nürnberger Vorschriften durch andere Singschulen bewirkte. Um 1558 zählte man in Nürnberg 250 Mitglieder. Noch im 15. Jahrhundert entstanden die Singschulen in Worms, Speyer, Straßburg, im 16. Jahrhundert folgten Freiburg, Kolmar, Ulm, Breslau, Iglau sowie einige österreichische Gründungen, noch um 1600 Memmingen, wo sie bis 1875 existierte – insgesamt rund zwei Dutzend Singschulen. Keinen Widerhall fand die Bewegung in Norddeutschland sowie in der Eidgenossenschaft. Der Meistersang verfügte somit über eine respektable Lebenskraft und reichte weit in die Zeit hinein, da eine neue, aristokratische Barockkunst und neue Organisationsformen (Sprachgesellschaften, Freundeskreise, Sodalitäten) das literarische Leben bestimmten und die Meistersingerei lächerlich machten: im *Peter Squentz* des Andreas Gryphius ist die Meistersinger-Parodie das eigentliche Vehikel dramatischer Komik. Heute ist der Zugang erschwert nicht nur durch die Art dieser Kunst, sondern auch durch die Quellenlage. Die für den Vortrag in der Kirche oder einem Saal bestimmte Kunst wahrte normalerweise ihre Exklusivität durch das Verbot der Drucklegung. Die handschriftlichen Sammlungen sind noch heute nicht ausgewertet, sie müssen zugleich literar- und musikhistorisch durchdrungen werden.

Das Meisterlied hält sich durchweg – mit einem musikalischen Terminus – an die Bar-Form, d. h. an die aus dem Minnesang hergebrachte dreiteilige (stollige) Strophenform, die aber nun meist zu größeren, bis zu hundert Versen umfassenden Gebilden (Gesätzen, Gebänden) entwickelt wurden, die ihrerseits zu Liedern ungerader Strophenzahl gereiht wurden. Entsprechend kompliziert wurde das Reimsystem, das zusammen mit der

Melodie die Versmasse gliederte, oft unter Anreimen des Abgesangs an die Stollen oder an Stollenteile oder mit einem Dacapo des Stollens am Ende des Abgesangs. Strophenbau und Weise sind kongruent oder identisch, doch spielt das Unterlegen neuer Texte unter überkommene Melodien eine große Rolle. Die Lieder werden einstimmig und ohne Instrumentalbegleitung gesungen, im Einzelvortrag oder a cappella. Das kleinste Bauelement ist die Silbe. Vers und Strophe werden durch die Zahl der Silben und die Reimbindung bestimmt und werden somit sozusagen mathematisch konstruiert. Dieser bewußte Formalismus lebt, freiwillig oder gezwungen, auf Kosten des natürlichen Tonfalls von Wort, Satz und Aussage überhaupt. Härteste Tonbeugungen, Enjambements auch mit Versgrenzen mitten im Wort, eine eigentümliche Ausdruckslosigkeit der Sprache sind die Folge, ohne daß sich doch die Musik befreien könnte. Doch sei hier über die musikalische Qualität des Meistersangs und über seine musikgeschichtliche Einordnung – etwa das Verhältnis zur Gregorianik und zum sogenannten Volkslied – kein Urteil gewagt.

Die Kunstregeln sind in der sogenannten Tabulatur – die in verschiedenen Schulen verschieden sein kann – festgelegt. Sie enthalten die Kriterien, nach denen die „Merker“ – der oberste Grad in der Hierarchie der Schulmitglieder – Bau und Vortrag eines Liedes bewerten, unter Verwendung eines Systems von Strafpunkten für die verschiedensten möglichen Verstöße. Dazu kommt eine zeremoniöse Gesellschaftsordnung über das Vereinsleben und seine Veranstaltungen, über die Ausbildung, die Ränge, Ämter und Ehren.

Inhaltlich bietet sich das bunteste Bild. Grundsätzlichen Vorrang haben wie bei den vorangegangenen Spruchdichtern die Themen der Glaubenslehre, des Gotteslobs, der christlichen Moral, die Nachdichtung biblischer Texte. Hier mag ein ursprünglicher Zusammenhang mit geistlichen Bruderschaften nachwirken. Anderseits hat solche Frömmigkeit von Laien wohl den Übertritt der meisten Singschulen zur Reformation begünstigt, mit der von neuem die Aufgabe gestellt war, das religiöse Gut in der Kunst der Laien zu verankern. Es kommt die Vermittlung von Wissen aus Natur und Geschichte hinzu, Ausführungen zu den Sieben Freien Künsten und nicht zuletzt auch die Erzählung von Geschichten, insbesondere Schwänken. Die Texte wirken, bloß gelesen, äußerst prosaisch, und sie sind ja wohl zum Teil nur Rohmaterial der Komposition. Eine wichtige Rolle spielen die sogenannten Schulkünste, das sind Meisterlieder über den Meistersang, seine Meister, Ideale und Regeln, also auch hier Dichtung über Dichtung als höchste Selbststeigerung der Kunst. Dazu gibt es eine reiche Literatur meistersingerischer Selbstdarstellung, vor allem in den Büchern von Adam Puschmann (1571), Cyriak Spangenberg (1598) und Johann Christoph Wagenseil (1697).

So geschlossen die Meistersingerei uns entgegentritt, so sehr ist doch von vornherein anzunehmen, daß ihr literarischer Betrieb sich nicht auf die Pflege des Liedes beschränkt. Insbesondere stellt sich die Frage, ob und wieweit von einem Meistersinger*drama* gesprochen werden kann. Wenn führende Meister wie Folz und Sachs in Nürnberg, Jörg Wickram in Colmar, später Wolfhart Spangenberg in Straßburg als Dichter von ernsten oder komischen Spielen auftreten, so braucht dies zunächst nicht mehr zu bedeuten als eine naheliegende Personalunion zwischen Meistersinger und Spieldichter (Spielleiter). Es wird aber doch in einigen Fällen (Mainz, Nürnberg, Straßburg, Augsburg) deutlich, daß die Singschule als solche engagiert war. Dabei bleibt im einzelnen Fall immer noch zu unterscheiden, ob solches Meistersingertheater für den engeren Kreis der Zunftgenossen stattfand oder ob es sich um öffentliches, von der Regierung gefördertes Spiel handelt. In keinem Fall aber scheint es sich um ein Meistersingerspiel im strengen Sinn, um ein dem Meistersang analog durch Formen und Bräuche geregeltes Spiel zu handeln. Auch dann aber ist das Drama, insbesondere die Nürnberger Aufführungen, über Spieler und Publikum sozial und stilistisch mit der Welt der Meistersinger verbunden.

## 2. Hans Sachs

Was das Phänomen Hans Sachs einzigartig macht, ist kaum eine qualitativ maßgebende Leistung. Sachs ist dem Typus nach ein Meistersinger wie die andern, und auch wo er über die zünftische Übung hinausgeht, bleibt er seiner handwerkerlich-kleinbürgerlichen Schicht verpflichtet. Triviale Belehrung und Unterhaltung eines eher anspruchslosen Publikums ist sein literarischer Lebenszweck, und nur in einzelnen Ausnahmefällen gewinnt er größere Repräsentanz. Die Obrigkeit, d. h. der Rat der Reichsstadt Nürnberg, setzt ihm enge Grenzen für eine konfessionell oder politisch engagierte Kunst, und die Existenz einer patrizischen und bildungsmäßig-humanistischen Oberschicht beläßt die Dichtung des Schuhmachers von selbst in einem Bereich zweiter Ordnung. So beharrlich Sachs sein Ziel verfolgte, so war es doch gerade auch ihm um die Bewahrung von Eintracht und Ordnung zu tun, und er fügte sich in seine Grenzen. Vielleicht mit einer großen Ausnahme: der Druck, in welchem Sachs seine nicht-meistersingerischen Werke alsbald verbreiten konnte, sprengte diese Schranken und gab eine Wirkung ins Unbestimmte frei.

Erstaunlich bleibt, wie hier ein einzelner Mann dank unermüdlichem Fleiß, gutem Willen und langem Leben die gesamte ihm irgendwie zugängliche Bildungswelt bearbeitet und seinem Publikum vermittelt. Und es verlangt Respekt, mit welcher moralischen Insistenz dieser

Mann, auf seine Weise, an der Konsolidierung seiner städtischen Gesellschaft arbeitet. Daß allerdings die „soziale Dienstleistung", die er damit erbringt, und überhaupt die literatursoziologischen Kategorien von einer „literaturimmanenten Betrachtung" dispensieren, bleibt zu bezweifeln. Das 19. Jahrhundert hat in Hans Sachs den bedeutendsten Dichter des Reformationszeitalters sehen wollen, der alle Gedanken seiner Zeit aufgenommen und in poetischer Verklärung seinem Volke vor Augen gestellt habe (E. Goetze bei der Vierhundertjahrfeier 1894); davon wird heute nicht mehr geredet. Es wäre jedoch ebenso falsch, nun von der sozialpädagogischen Rolle des Dichters her einen neuen Kult aufzubauen. Und es bleibt ja doch auffällig, wie wenig, dem Rang nach, Hans Sachs ein literarisches Gegenstück zu den großartigen Malern, Bildschnitzern und Baumeistern aus derselben Handwerkerwelt Nürnbergs sein kann.

Indem Sachs mit seiner unbeirrten Versproduktion in den verschiedensten Gattungen das Erbe mittelalterlicher, humanistischer und volkstümlicher Dichtung auf denselben handfesten Nenner bringt, wird er immerhin zu einer zentralen Figur in der deutschen Literatur des bürgerlichen 16. Jahrhunderts. Heldendichtung und höfischer Roman, Antike und Bibel, Novellen und Schwänke, Volks- und Meisterlied, Geschichtliches und Geistliches findet sich zusammen, nicht zu einem echten Panorama, eher zu einem Ausverkauf. In Nürnberg, der zentralen Reichsstadt mit ihrem blühenden Handel und Gewerbe, ihrem Wohlstand, ihren humanistischen und volkssprachlichen Traditionen hat Sachs dafür Platz und Widerhall gefunden, obwohl sich keine persönlichen Beziehungen zum Patriziat oder dem Humanismus nachweisen lassen. Hier ist der Schneiderssohn 1494 geboren und in eine bescheidene Lateinschule gegangen, hat er seine Lehre absolviert und gleichzeitig seine Ausbildung bei den Meistersingern genossen (der Leineweber Lienhard Nunnenpeck war sein Lehrer), hieher ist er nach fünfjähriger Gesellenwanderschaft zurückgekehrt, hier ließ er sich als Schumachermeister nieder und begründete seinen Hausstand. Seine Umstände waren behaglich: schon 1522 besaß er zwei Häuser, und er muß durch Schuhexport und den Ertrag seiner Schriften gut verdient haben. Bis zum Tod 1576 entstehen jene weit über 6000 Dichtungen verschiedenster Art, über die der Autor mit bürgerlichem Sammeltrieb, Selbstbewußtsein und Ordnungssinn genau Buch geführt hat. Das Jahr 1576 kann mit guten Gründen als das Ende mancher literarischer Traditionen, als später Schlußpunkt insbesondere des deutschen Mittelalters gelten.

Ein Indiz für die Problematik des Sachsischen Stils ist wohl auch das Faktum, daß die metrische Form seiner Verse heute kaum mehr nachvollziehbar ist und deshalb verschiedene Deutungen findet. Was beim Meisterlied noch verständlich scheint, das Auseinanderklaffen von Vers- und Satzakzent, ist bei der nur gesprochenen Reimpaardichtung und den Spielen gravierender:

> Nach dem solt du vom tisch auffstehn,
> dein Hend waschén und wider gehn
> an dein gewerb und arbeyt schwer.
> So sprichet Háns Sachs, Schumachér.

Dieser silbenzählende (8 bzw. 9 Silben), jambische Reimpaarvers des Hans Sachs ist wohl in der Tat mechanisch-alternierend zu lesen, u. a. weil nur so ein Reim zwischen Haupt- und Endsilbe möglich ist. Diesen „strengen Knittelvers“ hat Goethe bezeichnenderweise fälschlich als „freien Knittel“ (mit natürlichem Satzakzent und wechselnder Zahl der Senkungssilben) nachgeahmt. Mit solchen Härten ist nun Sachs in seiner Zeit allerdings nicht allein, auch Luther oder Fischart haben solche Verse geschrieben. Doch ist es bezeichnend, daß sie in Volks- und Kirchenlied trotz ihrer musikalischen Bestimmung seltener sind.

Sachs hat 1567 das Inventar seiner Opera selber zusammengestellt und in Reime gebracht (*Summa all meiner Gedicht*) – die poetische Selbstschau nimmt konsequenterweise die Form eines gereimten Registers an. Dieses stützt sich auf damals 33 handschriftliche Bände, in die Sachs seine neuen Schöpfungen fortlaufend eintrug. Während die Meisterlieder normalerweise nicht gedruckt wurden, gab es von den andern Werken, vor allem aus der früheren Zeit, zahlreiche flugblattartig verbreitete Drucke. Dazu erschien 1558 bis 1579 eine fünfbändige Folioausgabe, die mehrere Neuauflagen bzw. Neudrucke einzelner Bände noch im 17. Jahrhundert erlebte.

Der junge Nürnberger Meister hat wie viele seinesgleichen sich seit 1520 intensiv mit den Schriften Luthers beschäftigt und ist dann, in den bewegtesten Jahren, mit einer Reihe von Flugschriften hervorgetreten, die seinen Ruhm begründeten und auch heute innerhalb seines Riesenwerks die größte Überzeugungskraft haben. Das lange Reimpaargedicht *Die Wittenbergische Nachtigall, die man yetz höret überall* (1524, mit Prosavorrede), eine Darlegung des reformatorischen Standpunktes, wurde sogleich das bekannteste seiner Werke. Es beginnt in ausführlicher Allegorie mit dem Schema des geistlichen Tageliedes: Hier sind die Motivik des morgendlichen Aufbruchs, das jugendliche Auftreten eines erregten Dichters und die Zeitstimmung kongruent gewesen. Im Geist Luthers und auf dessen Anregung entstanden acht Kirchenlieder (1525) sowie eine Reihe von Psalmenbereimungen, in denen Sachs den einfachen Stil des neuen protestantischen Liedes traf: „Herr, hör mein Wort: merk auf mein Not: / Vernimm mein Red gar eben!"

Ins entscheidende Jahr 1524 fallen auch, neben weiteren geistlichen Spruchgedichten, die vier reformatorischen Prosadialoge (von drei weiteren, später entstandenen, ebenfalls zeitkritischen Gesprächen ist eines verloren). Nirgends wie hier, bei dieser formalen Ausnahme im Werk des Hans Sachs, ist eine ganz moderne Form aufgegriffen, um ein persönliches und zugleich aktuelles Anliegen einem weiten Publikum vorzutragen. An die Stelle des Karsthans tritt im ersten Dialogus der Handwerker, der „Schuster Hans", der sich in Anwesenheit der kanonischen Köchin mit einem Chorherren auseinandersetzt. Dieser meint schließlich:

Secht nur an, liebe köchin, wie reden die leyen so gar freflich gegen uns geweychten! Ich main, der teuffel sey in dem schuster vernet: er hat mich in harnisch gejagt, und wer ich nit so wol gelert, er het mich auff den esel gesetzt.

Hier bringt Sachs eine Beteiligung, eine Frische, einen Witz und eine Gedankenarbeit auf, die man in seinen Reimgedichten so nicht findet. Das Ethos des Handwerks, das sonst oft nur bieder wirkt, ist hier in eine große, aktuelle Sache eingebracht. Im Gegensatz zu den meisten zeitgenössischen Flugblattsatiren sind diese Gesprächbüchlein gutmütig und kommen ohne bösartige Angriffe aus. Ja es finden sich dann auch bereits Warnungen vor dem „ergerlich wandel etlicher Lutherischen" und ihrer Unverträglichkeit. Im übrigen hat seit 1527 auch der Rat darüber gewacht, daß Hans Sachs bei seinem Leisten blieb. Doch läßt sich sagen, daß die protestantische Überzeugung die Grundlage seines ganzen Werkes bildet, das weithin der laienmäßigen Verkündigung dient und stets eine zwischen Tyrannei und Aufruhr (Bauernkriege) zu sichernde bürgerlich-sittliche Welt im Auge hat.

Seine Meisterlieder (meist dreistrophige Bare) hat Sachs schon als Geselle, dann als hochangesehenes Mitglied der Nürnberger Singschule verfaßt. Die Produktion, die gegen die Jahrhundertmitte ihren Höhepunkt erreicht und dann hinter der Reimpaardichtung zurücktritt (man wird auch an die stimmliche Disposition des alternden Sängers denken müssen), umfaßt, abgesehen von den wenigen einfach-volksmäßig gebauten Liedern, über 4300 Nummern, wobei die weltlichen Inhalte leicht überwiegen. Die große Zahl der geistlichen Meisterlieder, die dem eigentlichen, schulmäßigen Singen vorbehalten waren – Bearbeitungen biblischer und dogmatischer Themen –, ist noch ungedruckt; von den weltlichen Stücken sind die über 1000 in Goetze-Dreschers Ausgabe enthaltenen *Fabeln und Schwänke* herausgegeben. Von den insgesamt verwendeten 301 Tönen stammen nur 13 von Hans Sachs selber, vor allem die frühe „Silberweise", doch haben gerade diese die Anerkennung der Musikhistoriker gefunden. Im ganzen bleibt dieses Schaffen im Rahmen des allgemeinen Meistersangs. Auffällig ist dagegen das Vorherrschen erzählender Inhalte, bei denen naturgemäß die Dissonanz zu der „lyrischen" Form besonders befremdlich wirkt. Hier strömt nun, gleich wie in den Spruchgedichten (Reimpaargedichten) und in den Spielen, das ganze vielfältige Erzählgut, dessen Sachs habhaft werden konnte, zusammen. Oft handelt es sich auch um Umsetzung von einer Gattung in die andere oder um parallele Bearbeitungen. Als Quelle dienen die Tierfabel (Waldis, Steinhöwel u. a.), die Narrendichtung samt *Eulenspiegel*, die Mären, die Renaissance-Novellistik (Boccaccio, Poggio u. a.), Exempla, Anekdoten, Schwänke aller Art. Hier werden die neuen Prosaschwänke in einer Art literaturgeschichtlicher Regression wieder versifiziert. Unbestreitbar entwickelt Sachs Routine im Einpassen einer längeren oder kürzeren Vorlage ins Prokrustesbett der Liedform, im humoristischen Vortrag samt ungenierter fäkalischer, aber zurückhaltender sexueller Derbheit, in der Formulierung der obligaten Schlußmoral.

Unter der mißverständlichen Rubrik „Spruchdichtung" pflegt man alle nichtstrophischen, nicht sangbaren, vielmehr in den fortlaufenden Hans-Sachs-Versen gereimten Gedichte zusammenzufassen, insgesamt etwa anderthalbtausend Stück im durchschnittlichen Umfang von 100 bis 200 Versen. Es kommt hier alles zusammen, was an Reimreden, Sprechsprüchen, Dialogen und Streitgesprächen, Allegorien, Fabeln, Historien, Exempeln, Mären und Schwänken sich nur unvollkommen und willkürlich unterscheiden läßt. Hier werden nun, beim gesprochenen und gedruckten Gedicht, die Sachsischen Qualitäten deutlicher: die durch alle Bereiche der Literatur dringende Erzähl- und Formulierfreude, die sich nicht trennen läßt von einem spontanen Interesse am Tun und Lassen der Menschen und von einem ständigen didaktischen Eifer. Auch hier, wie schon bei den frühen Spruchsprechern, tritt der Dichter gern in die Rolle des erfahrenen Ratgebers, eines Sachwalters des sozialen Lebens, und bringt sich als Icherzähler selbst ins Spiel, besonders bei den allegorischen Begebenheiten. Im Gegensatz zu manchen älteren Moralisten geht es Sachs nicht um eine religiös oder sozialkritisch begründete Satire, vielmehr um die bescheidenen „Alltagsbedürfnisse" (B. Könneker) des menschlichen Zusammenlebens, um Einsicht, Nachsicht, unzimperlich anständiges und vernünftiges Verhalten. Daß die engste soziale Problematik, die der Ehe und der bösen Frau, aber auch des einfältigen Ehemanns, im Vordergrund steht, ist selbstverständlich. Im übrigen freut sich der Dichter unbeschadet der Reformation weiterhin an der topischen Rolle des verbuhlten Pfaffen und des törichten Bauern, ebenso wie in den Fastnachtspielen. Auch hier zeigt sich das Paradox einer sehr engen, aber stofflich zugleich uferlosen Welt.

Auch wenn vom Text her die Grenzen zwischen Dialog, Streitgespräch und aufführbarem Spiel fließend sind, so läßt sich doch mit über 200 für die Aufführung bestimmten Dramen ein mächtiger Hauptkomplex im

Œuvre herausheben. Dabei sind grundsätzlich (nicht immer im Einzelfall) zwei Typen zu unterscheiden je nach den von Sachs gewählten Bezeichnungen, nach dem Umfang und nach Art und Ort der Aufführung. Es ist einerseits das Fastnachtspiel als kurzer, meist einfacher und geschlossener Auftritt von 300 bis 400 Versen und anderseits das wesentlich umfangreichere ernste Spiel oder „Drama“ mit literarischem Anspruch, von Sachs als „Comedi“ oder „Tragedi“ bezeichnet. Die Wahl des Gattungstitels richtet sich dabei nach dem glücklichen oder unglücklichen Verlauf des Geschehens, doch läßt sich, bei dem erzählenden Charakter dieser Stücke, der Entscheid nicht immer eindeutig fällen. Bei beiden Typen hat man sich Sachs als Beteiligten, d. h. als Spielleiter oder Mitspieler, zu denken.

Die Gesamtausgabe von Edmund Goetze umfaßt 81 Fastnachtspiele, meistens für drei Spieler, die aber gelegentlich mehr als eine Rolle übernehmen können; gespielt wird auf einer neutralen „Stubenbühne“ ohne viel Requisiten und, mindestens in der früheren Zeit, für ein engeres Publikum. Zunächst wird damit die ältere Nürnberger Tradition oder auch die Art eines Gengenbach fortgesetzt, oft noch in der Form eines einfachen Reihenspiels. Zunehmend begegnet dann größere Geschlossenheit des Aufbaus und der theatralischen Illusion, es beginnt die zaghafte Entwicklung zu einem eigentlichen Lustspiel. Dies vor allem auch insofern, als die unmittelbare, vital-fastnächtliche Komik zugunsten einer humoristisch-moralischen Haltung verschwindet. Nach der Reformation und dem Humanismus herrscht wieder eine stärkere sittliche Disziplin, die kathartische Darstellung einer unflätigen Gegenwelt ist gegenstandslos geworden. Abgesehen von den zwei frühen revuehaften Spielen von 1517/18 (*Das Hofgesind Veneris*; *Von der Eigenschaft der Lieb*), setzt die fastnächtliche Dichtung erst in den dreißiger Jahren ein und endet 1559. Nun verarbeitet Sachs auch erzählende Vorlagen aus dem Alten Testament, aus der Antike (z. B. Plutarch), aus Novellen, Mären und Prosaschwänken, nicht anders als bei den Spruchgedichten. Auch Neidharts Veilchenschwank darf nicht fehlen. Besonders zu rühmen pflegt man die Kunst, „Bilder aus dem täglichen Leben" zu geben und damit unmittelbarer das Selbstverständnis des Publikums zu befördern. Auch hier sind allerdings die Bauern und Pfaffen, die fahrenden Schüler und verbuhlten Frauen, die Knechte, Mägde, Gevatterinnen und Kupplerinnen längst typisierte Figuren, die an sich oder samt zugehörigem Schwankgeschehen übernommen werden. Manches hat Sachs wohl selbst erfunden, alles hat er mit seinem soliden, zuversichtlichen Wesen imprägniert. Ein Beispiel dafür ist etwa *Das heiß Eysen* (1551): die böse Strickersche Geschichte findet hier ein glimpfliches Ende. Anstelle der höhnischen Schlußrede des Bauern, der mit seinem Betrug im Gottesgericht triumphiert, tritt jetzt die Wiederversöhnung des Paares unter dem Segen der Gevatterin. Mit dem „täglichen Leben" hat das allerdings nicht unmittelbar zu tun. Dennoch: diese von der Situation, dem zentralen Motiv und dem Personal her geschlossenen kleinen Spiele gelten mit Recht als die liebenswürdigsten Leistungen des Dichters.

Die Tragödien und Komödien bilden die etwas umfangreichere Gruppe des dramatischen Werks, bestimmt für die öffentliche, vom Rat zu genehmigende Aufführung durch eine Truppe von Meistersingern. Dieses eigentliche Meistersingertheater begegnet nun eben am deutlichsten in den 1550er Jahren in Nürnberg und wohl als persönliche Leistung von Hans Sachs. Man spielte im alten Predigerkloster und in der nicht mehr benützten Martha-Kirche, gegen ein Eintrittsgeld, das für die Singschule nicht ohne Belang war. Die Bühne, ohne Kulissen, bot einen neutralen Spielraum mit Vorder- und Hintergrund, ermöglichte aber den Zugang und

Abgang der Spieler, d. h. eine Szenengliederung, unterschied die Spielwelt vom Publikumsraum und setzte wahrscheinlich bereits einen gewissen technischen Aufwand voraus. Die ersten Versuche Sachs' gehen in die Zeit zurück, da sich nach der Reformation an manchen Orten ein neues Schul- oder Bürgerdrama deutscher Sprache und meist protestantischen Geistes bildete, mehr oder weniger unter dem Einfluß des jungen humanistischen Schultheaters und im Sinn verweltlichter bürgerlicher Spieltradition: 1527 der *Verlorene Sohn* des Burkhard Waldis, spätestens 1529 Bullingers *Lukretia* und das Zürcher Spiel vom *Reichen Mann und armen Lazarus*, 1530 die erste deutsche Bearbeitung des *Prodigus* von Gnaphaeus. 1527 hat Sachs bereits ein Lukretia-, 1530 ein Virginia-Stück aufgeführt und damit die für lange Zeit beliebten Römerdramen inauguriert. Im Jahr darauf folgte eine Bearbeitung von Reuchlins *Henno*, die aber gegenüber den wesentlich älteren Fassungen von Frankfurt und Luzern deutlich abfällt. Die Hauptmasse der Sachsischen Meisterdramen liegt erst kurz vor und vor allem nach der Jahrhundertmitte. Erstaunlich, wie nun hier erst recht die ganze Weltliteratur dem Nürnberger Dramaturgen zur Verfügung steht, Bibel, Antike, Mittelalter, Humanismus, wobei er – offenbar mit Helfern – auch an lateinische Werke herankommt, deren Sprache er kaum verstand. Es konnte sich dabei bereits um dramatische Vorlagen handeln, meistens aber waren es Erzählungen und historische Berichte, die er durch rigoroses Kürzen, Raffen oder auch einmal Dehnen zurechtschusterte und spielbar zu machen suchte. Es ist eine oft primitiv, kindlich wirkende, aber elementare Methode, sich Literatur durch Aufführen, Nach-Agieren anzueignen. Da sind die Römerstoffe, meist nach Livius, die griechischen Geschichten vom Urteil des Paris (mit „Beschauung" der drei Damen hinter der Bühne) bis zu „Klitimnestra", Iokaste und Ulysses, die Bibel von Kain und Abel zu Saul, Ahab, Judith und Herodes, die deutsche Heldensage mit dem Hürnen Seyfrid (nach einem der zeitgenössischen Drucke des Liedes), die Romane und Volksbücher von Flore und Blanscheflur, Tristan, Fortunatus, Melusine, Olivier und Artus, Griselda usw. Man versucht heute, diese Dramen und ihren völligen Mangel an „dramatischem" Aufbau durch den Begriff des epischen Theaters zu retten. Tatsächlich geht es um Demonstration eines Geschehens, das durch den Prolog des Herolds und die Schlußmoral von vornherein als Ganzes präsentiert und moralisch kommentiert wird. Anderseits ist Sachs nicht Brecht, und es bleibt diese Art von „Volksauflärung" (Spriewald) und Volksbildung mit ihrer alles einebnenden Moralisation doch recht barbarisch. Dies sei veranschaulicht an Sachsens Behandlung der Liebestrankszene in seinem Tristan-Drama von 1553 (*Tragedia mit 23 personen*, nach dem auf Eilhart beruhenden Volksbuch von *Tristrant und Isalde* von 1484).

Die alte Königin von Irland hat sich verabschiedet und mit Brangäne die Szene verlassen:

Herr Tristrant und Isald kummen, Tristrant spricht:
Nun fahrn wir dahin auf der see.
O wie thut mir der durst so weh,
weil so uber-heiß scheint die sunn!
Isald, die Braut spricht:
Kein grösern durst ich auch nie gwun.
Ich glaub auch, es mach die groß hitz.
O hetten wir zu trinken ietz!
Herr Tristrant:
Ich weiß: zu trincken hat kein mangel.
In einem fläschlein hat die Brangel
in ihrem watsack, das muß sein
der aller-beste plancken-wein.
Das hab ich gnummen euch und mir.
Darmit wöllen uns trencken wir.
Herr Tristrant trinckt und gibt es Isalden, die trincket auch, und Tristrant spricht:

Was ist das gewest für ein wein?
Wie springt und tobt das Herze mein?
Mein gmüt ist in ganzer unrhu
und setzt mir lenger herter zu,
ich bin mit schmertzen gros umbfangen,
samb hab ein pfeil mein hertz durchgangen.
Isald spricht:
Es ist mir warlich auch nicht recht ...

Abgesehen von der üblichen Härte von Vers und Reim und der Wiederholung der Aussagen anstelle eines Dialogs zwischen den Liebenden fällt auf, mit welcher Zeitnot der Verfasser ringt, wie er ohne Überleitungen und Vorbereitungen – immerhin vielleicht mit ausführlichen Pantomimen – auskommen und – zu Beginn – auch noch die neue Szenerie mitteilen muß. Höchstens daß er mit dem Vorratsack (Brangels Reisegepäck) und dem natürlich vorzüglichen Weißwein etwas an bürgerlich überzeugenden Assoziationen hinzutut. Und auch die Moral der Tragedia ist leicht zur Hand:

Auß dem, so laß dich treulich warnen,
O mensch, vor solcher liebe garnen,
und spar dein lieb biß in die e!
Denn hab *ein* lieb und keine me!
(12,142 ff., LVSt 140)

So findet eines der kühnsten und folgenreichsten Romanabenteuer des Mittelalters vorläufig sein kurzes, bündiges Ende.

# VI. VOLKS- UND KUNSTLYRIK

Der Meistersang ist trotz seiner großen Verbreitung und langen Lebensdauer nur ein Sonderfall der spätmittelalterlichen und frühneuhochdeutschen Lyrik: institutionalisiert als zünftischer Betrieb, mit Einzelvortrag, einstimmig, auf die Schicht der Handwerker beschränkt, nicht zur Publikation gedacht, genetisch weithin als Spätphase der mittelalterlichen Sangspruchdichtung zu verstehen. Was im Gattungsbereich der Lyrik – sofern man diesen allgemeinen, unspezifischen Begriff hier überhaupt als Ordnungsprinzip verwenden will – neben dem Meistersang erscheint, ist durchaus heterogen. Die Hauptunterscheidung ist wohl zwischen den beiden Sprachen zu machen. Da ist einerseits die anspruchsvolle, literarische Kunst; sie ist mit dem Humanismus aufs neue lateinisch, ist das carmen doctum in antiken Maßen und mit antikischem Dekor, als Lesegedicht gedacht, in Szene gesetzt als individuelle Äußerung und zugleich in stolzer Teilhabe an einer internationalen Übung, einer Jahrtausendtradition. Anderseits ist da die volkssprachliche Lyrik, getragen von der nichtgelehrten oder gar illiteraten Bevölkerung (zu der bis zu einem gewissen Grade auch die höfische Gesellschaft gerechnet werden kann). Von dieser volkssprachlichen und meist volkstümlichen Lyrik kann hier der kunstlose Sprechspruch – wie er etwa zur Erläuterung eines Holzschnitts gebraucht wird – außer Betracht fallen. Es bleibt der mächtige Bereich des zum Singen bestimmten und nur im geselligen Gesang lebenden Liedes, wobei mindestens bei den Texten der Unterschied zwischen einem eigentlichen Volkslied und einem sogenannten Gesellschaftslied oder gar einer höfischen Liedkunst mehr gradueller als prinzipieller Natur ist. Das 16. Jahrhundert ist die große Zeit des Volksliedes, freilich nur in Fortsetzung und Ausbreitung dessen, was das 15. Jahrhundert begründet hat und was bei der großen Konstanz von Melodien und Texten und einer weitgestreuten Überlieferung oft gar nicht genau zugewiesen und datiert werden kann. Der Text, der uns literaturgeschichtlich interessiert, lebt erst zusammen mit dem Ton, ja im Schatten der Musik und ihrer zunehmend ausgebildeten Mehrstimmigkeit. Die Melodietradition ist bei aller Variabilität auch hier faßbarer als die Tradition der stets veränderten, den alten Melodien neu unterlegten und in ihrem dichterischen Anspruch meist bescheidenen Texte.

Im letzten Viertel des Jahrhunderts läßt sich verfolgen, wie die beiden Traditionen – das volkssprachliche, volksliedhafte Lied und die lateinische Lyrik – zusammenkommen: Nach lateinisch-neulateinischen Vorbildern und mit Hilfe der früher entwickelten romanischen Literatursprachen wird eine volkssprachliche Kunstlyrik höfischen Stils ins Werk gesetzt, die frühe, auch jetzt noch zunächst der Musik halber importierte, dann aber immer deutlicher literarisch autonome Barocklyrik.

## 1. Das Volkslied

Das 16. Jahrhundert als klassische Zeit einer volksmäßigen Liedkultur: eine Kunst, die man sonst der sozialen Unterschicht zuweist, tritt hier repräsentativ an die Oberfläche und steht für das Ganze. Darin kommt natürlich, abgesehen von der geschilderten Aufspaltung in lateinische und deutsche Literatur, die wirtschaftliche und soziale Blüte der städtischen Gemeinschaften zum Ausdruck, ein noch bewegtes und offenes Bürgertum, das durch die Reformation eine neue Mündigkeit erlangt hat. Durch den Buchdruck ist die Verbreitung des Liedgutes intensiver und weiträumiger geworden. In Einblattdrucken und mehrseitigen Flugschriften werden die jeweils als neu angepriesenen Lieder (meistens nur die Texte mit dem Hinweis auf eine bekannte Melodie) massenhaft vertrieben. Und dazu kommen nun auch ganze gedruckte Liederbücher oft stattlichen Umfangs.

Eine Übersicht über diese Welt zu geben ist schwierig. Man hat vom ahistorischen Stil der Volksdichtung gesprochen (Max Lüthi). Auch wenn dies natürlich nur relativ zu verstehen ist, so verbieten jedenfalls das Beharrungsvermögen ihrer Formen und Inhalte und die immer wieder elementare Art ihres Stils eine einfache Synchronisierung der Geschichte des Volksliedes mit der Geschichte der Hochliteratur. Insofern ist es einigermaßen willkürlich, was hier – in Ergänzung von S. 756 ff. – an Hinweisen gegeben werden kann.

Zunächst ist wohl vom geistlichen Lied zu sprechen. Das Volkslied ist von und für Laien da, und es ist auch schon vom gemeinsamen, geselligen Singen her vorwiegend weltliches Lied. Doch sind die beiden Bereiche im Bewußtsein wie auch im Brauchtum so eng verknüpft, daß eine scharfe Grenze nicht zu ziehen ist. Die Kontrafaktur – das Unterlegen geistlicher Texte unter Melodien weltlicher Lieder – ist ein geradezu leidenschaftlich geübtes Verfahren, die beiden Bereiche in reizvolle Spannung, wenn nicht zur Deckung zu bringen und das Liedgut zu mehren, möglich dadurch, daß die Melodie an sich ursprünglich weder geistlichen noch weltlichen Charakter hat. Das klassische Beispiel einer solchen Kontrafaktur ist die Umdichtung des anonymen, von Heinrich Isaak vertonten

Isbruck ich muß dich lassen
ich far do hin mein strassen
in fremde landt dohin

(15. Jahrhundert, 1. Druck 1539)

zum geistlichen Lied

O welt ich muß dich lassen
ich fahr dahin mein strassen
ins ewig Vatterland.

(1555)

Auch das Umgekehrte kommt ohne weiteres vor: Formeln der geistlichen Weltklage werden für eine Liebesklage verwendet. Die Symbiose von geistlichem und weltlichem Lied kann sehr schön etwa in der beliebten Sammlung der *Bergreihen* verfolgt werden.

Eine deutliche Sondergattung des geistlichen Lieds, die man gewöhnlich nicht zum Volkslied rechnet, ist das Kirchenlied. Mindestens seit der Reformation hat es liturgische Funktion, ist von einem Verfasser persönlich verantwortet und in einem Gesangbuch fixiert. Anderseits ist es durch Melodie, Strophenbau, die Variation fester Elemente und seine große Verbreitung in Raum und Zeit dem Volkslied vergleichbar. In großer Zahl entstanden protestantische Gemeindelieder in Luthers Wittenberger Kreis, zu dem auch der heute noch lebendige Nikolaus Hermann, Lehrer und Kantor in Joachimsthal, gehört („Die helle Sonn leucht itzt herfür"). In regionaler Abwandlung entstehen Liederbücher in Nürnberg, Niederdeutschland (Nikolaus Decius), Straßburg, Konstanz (die Brüder Ambrosius und Thomas Blarer oder Blaurer) usw. Die böhmischen Brüder besaßen schon 1501 ein tschechisches Gesangbuch, dem 1531 ein sehr reichhaltiges deutsches Gegenstück folgte, bearbeitet von Michael Weiße, dessen Lieder noch heute gesungen werden („Gelobt sei Gott im höchsten Thron"). Zurückhaltender waren die Reformierten. In der Zürcher Kirche wurde der Gemeindegesang erst 1598 in aller Form eingeführt. Calvin förderte weniger den hymnischen als den Psalmengesang (1539). Die Melodien von Claude Goudimel mit den Übersetzungen der französischen Verse durch Paul Schede Melissus (1572) und Ambrosius Lobwasser (1573) bildeten neben den mit der Zeit übernommenen Lutherischen Liedern lange die Grundlage des Kirchengesangs in den reformierten Gemeinden Deutschlands und der Schweiz. Eigentliche Märtyrerlieder waren im Gesangbuch der Wiedertäufer gesammelt (1583), so etwa ein Text des 1529 verbrannten Jörg Blaurock: „Herr Gott, dich will ich loben / von jetzt bis an mein endt". Wenn diese Bekenntnis- und Loblieder zugleich mehr und weniger sind als bloße Literatur, so findet sich eine als volksliedhaft zu bezeichnende Poesie wohl eher noch im katholischen Kirchenlied, gerade weil es nie im strengen Sinn liturgisch wurde und mit seinen Heiligen- und Marienliedern unmittelbarer einer gewissen Volksfrömmigkeit dienen konnte. Das *New Gesangbüchlein geystlicher Lieder*, das der Dominikaner-Propst Michael Vehe aufgrund alter Traditionen in Halle 1537 herausgab, enthielt auch protestantische Fassungen. Als erstes offiziell eingeführtes katholisches Gesangbuch wurden Johann Leisentritts *Geistliche Lieder und Gesänge* (für die Diözese Bamberg 1576 in einem Auszug verbindlich geworden) weitherum grundlegend. Eines der bekanntesten, auch von den Protestanten übernommenen Lieder ist „das alt Catholisch Trierisch Christliedlein" „Es ist ein Ros entsprungen" (1582–88, 1. Druck 1600).

Das weltliche Lied ist schon früh in einigen gedruckten Sammlungen verbreitet worden, die offenbar weniger das Volkslied als die Liedkunst einer städtischen und höfischen Oberschicht wiedergeben: Es sind die Liederbücher der Drucker Erhart Öglin (Augsburg 1512), Peter Schöffer (Mainz 1513) und Arnt von Aich (von Aachen; Köln um 1520). Stärker volksliedhaft sind die Sammlungen des Johann Ott (Nürnberg 1534) und des *Ambraser Liederbuchs*, dieses mit 262 Liedern (Frankfurt a. M. 1582 und öfter). Dazu kommen die verschiedenen Auflagen der Bergreihen (Zwickau 1531–37), ursprünglich das Liedgut der besondern Arbeits- und Sozialwelt der Bergleute, vor allem in Sachsen, dann überhaupt Bezeichnung für Volkslied, und vor allem, mit der größten Verbreitung, die *Guten alten und neuen teutschen Liedlein*, die Georg Forster 1539 bis 1556 in

5 Teilen in Nürnberg herausgab. Neben weiteren gedruckten Liederbüchern gab es die handschriftlichen Sammlungen, unter denen die Heidelberger Handschrift Pal. 343 und das Liederbuch aus Raab (Ungarn) – dieses für die Spätzeit – wichtig sind.

Bei den älteren Sammlungen von Schöffer, Öglin oder von Aich pflegt man seit Hans Joachim Moser gern von „Renaissancelyrik" zu sprechen, da es sich bei den hier vertretenen „Dichter-Melodisten" und ihren vierstimmigen Kompositionen um „Hofweisen", um Liedkunst für Hofkantoreien und ein entsprechendes Publikum von Kennern handelt. Tatsächlich zeigen auch viele Texte renaissancehafte, humanistische Elemente: Anspielungen auf antike Mythologie, Vorliebe für Fremdwörter oder antikische Vorstellungen wie z. B. das Glück (Fortuna), gelegentlich eine Neigung zu preziösem Ausdruck und gewagten Motiven. Als Beispiel die Strophe aus einem Frauenlied des Sebastian Virdung, eines bayrischen Priesters und Verfassers einer musiktheoretischen Schrift, 1511 in Basel bezeugt:

Kein ander freüd hab ich nit mer
dann so ich lig in schlaffes gwalt
vnnd ich darin mich zuo im ker
mit lieber gir lieplicher gstalt.
  So ich erwach
  mein hertz würd schwach,
sag ich von leid vnd vnfals dück,
  des bin ich on
  den werden tron (schönen Traum),
allein den polster zu mir drück.

(Schöffer 44,3)

Die Grundform der Strophe mit ihren Vierhebern und den paarig reimenden Zweitaktern (ein im 16. Jahrhundert bis zum Überdruß verwendetes metrisches Motiv) ist volkstümlich, aber die Diktion mit ihren Genitivkonstruktionen und ihrer Annomination (Zl. 4) sowie die fast rokokohafte galante Wendung mit dem ersatzweise umarmten Plumeau sind wohl durchaus auf der Höhe der Zeit.

Auch beim Volkslied im strengeren Sinn ist es zweifellos die Liebeslyrik, die den größten Raum einnimmt und sowohl die erstaunlichsten Konstanten wie auch die breiteste Streuung der jeweiligen Abwandlungen des Wortlauts aufweist. Und hier liegt wohl auch die reinste dichterische Möglichkeit des Volkslieds, sein immer wieder wirkender Zauber. Auf dem „ahistorischen" Grund ist es dennoch eine höchst historische Erscheinung, die sich hier, nach Jahrhunderten, immer noch als Substanz bemerkbar macht: der Minnesang. Es sind dieselben Typen und Motive wie einst: die Liebeswerbung, die Schilderung der Schönheit der Geliebten, die Liebesklage, der Abschied, das Taglied, die verlassene Geliebte, die Abwehr der „Klaffer". Doch sind sie unter den neuen sozialen Bedingungen meistens verändert. Aus der höfischen Dame wird das „feine braun Mägdelein", Bäuerliches mischt sich selbstverständlich ein: „Laß rauschen, sichele, rauschen / vnd klinge wol durch das korn!" (Heger 507), die Ehre des Mädchens wird zum Motiv, das erzählerische Element wird stärker, in Wiederholungen und Refrains, in dramatisierendem Wechsel der sprechenden Personen wirkt sich die Geselligkeit des Vortrags, das Zusammenspiel von Sänger und Gemeinschaft unbekümmerter aus. In einer Art Regression – auf das Zeitlose oder, wenn man will, auf die Stufe eines vorhöfischen Lieds – tritt das Bild wieder an die Stelle der Reflexion, selbständig bis zur kaum mehr verstehbaren, darum um so ahnungsreicheren Chiffre:

In meines Bulen garten,
do stehen zwey Beumelein.
Das eine tregt muschkaten,
das ander die negelein.
Muschkaten die seind süsse,

die Negelein die seind frisch.
Die geb ich meinen feinen buln,
das er mein nicht vorgist.

(Bergreihen 99)

Die jahreszeitliche, naturhaft-genrehafte Motivik tritt stärker hervor. Zu den beliebtesten Typen gehört daher immer noch und wieder das alte Taglied, darunter etwa das knappe und dichte, in vielen Varianten verbreitete

Es taget vor dem Walde / stand vff Kätterlin,
die hassen louffen balde / stand vff Kätterlin ...

(Düwel 168)

Immer wieder erscheint die Metaphorik der Jagd für die Werbung, die Verfolgung der Geliebten, wobei offenbleibt, wie sich hier die höfische Allegorie, das Volkslied und eine immer wieder spontane Bildgebung zueinander verhalten. Am berühmtesten aus diesem Umkreis ist wohl das Lied, das dem jungen, musikalisch begabten Herzog Ulrich von Württemberg (1487–1550) zugeschrieben oder doch in den Mund gelegt wurde, als er aus politischen Gründen Sabina von Bayern heiraten und auf seine schöne Geliebte, die Markgräfin von Brandenburg, verzichten mußte:

Ich schell mein horn in jamers thon
[Andere Fassung: Ich schwing mein Horn in Jammertal]
  mein freud syndt mir verschwunden
Vnd hab geiagt on abelan
  es lauft noch vor den hunden
Eyn edels gwildt in disem gfild
  als ichs het außerkoren.
Es scheucht ab myr, als ich es spir,
  meyn yagen ist verloren. (Düwel S. 57)

Für eine gewisse Authentizität spricht der dann folgende schnöde Vergleich, er – der Jäger – habe nun eben auf edles Hochwild zugunsten von Hasenfleisch zu verzichten.

Weiter verbreitet als im Spätmittelalter und unmittelbarer auf dem Hintergrund lebensfreudiger bürgerlich-bäuerlicher Gelage erscheint das Freß- und Sauflied, insbesondere auch aus Anlaß bestimmter Feste wie St. Martinstag oder Fastnacht. Nicht zu vergessen sind schließlich die erotischen Lieder mit ihrer stets produktiven und doch eintönigen Sexualmetaphorik, und teilweise verwandt damit die populären „Gassenhauer". Beides begegnet schon bei Neifen bzw. Winterstetten, und für die Sparte der „Graslieder" kommt man mühelos bis zu den lateinischen Pasturellen zurück. Schließlich steht das Lied oft im funktionellen Zusammenhang mit der Berufsarbeit und ihrem Brauchtum, im Sinn eigentlicher Arbeitslieder oder doch thematisch bestimmter Reiter-, Soldaten- und vor allem Bergmannslieder.

Einen großen Raum nimmt die erzählende Liederdichtung ein. Was man mit dem weitgefaßten Begriff „Ballade" bezeichnen kann, geht aus recht verschiedenen Traditionen hervor. Vom Fortleben, ja Wiederaufleben der Heldensage in liedhafter Form wurde bereits unter anderm Gesichtspunkt gehandelt: das *Jüngere Hildebrandslied* ist in gegen 30 Drucken noch des 16. und 17. Jahrhunderts im Umlauf und über die deutschen Grenzen gedrungen; Stoffe der Dietrichsage (*Ermenrichs Tod*, niederdeutsch, 1560) und vielleicht auch der *Kudrun* (*Die schöne Meererin, Südeli*) reichen über unsern Zeitraum hinaus. Schon eher ein Kleinepos (179 Strophen) ist der den Nibelungenstoff vertretende *Hürnen Seyfried*, der in zahlreichen Drucken des 16. Jahrhunderts erhalten ist und die Vorlage einer Tragödie des Hans Sachs und eines späten Volksbuches wurde. Als eine zweite Gruppe können die Balladen sagenhaften oder novellistischen Inhalts gelten. Wir nennen nach den Daten der ältesten Überlieferung, ohne Rücksicht auf ihren älteren Ursprung: die drei sogenannten Dichterheldensagen vom *Tannhäuser* (mit dem Motiv des Venusbergs und des zweifelnden Papsts, 1515), vom *Bremberger* (die Geschichte vom gegessenen Herzen mit dem Minnesänger Reinmar von Brennenberg als Helden, niederländisch, 1530) und vom *Edlen Moringer* (eine auf Heinrich von Morungen übertragene Heimkehrsage, 1533); der *Ulinger* (die weitverbreitete Ballade vom Ritter, der mit seinem Gesang Jungfrauen betört, um sie zu töten, aber von der letzten selbst getötet wird, 1550–60); die *Frau von Weißenburg* (die falsche Frau, Herrin auf Schloß Weißenburg, die durch ihren Buhlen Friedrich den eigenen Gatten umbringen läßt – vielleicht auf ein geschichtliches Ereignis von 1085 zu beziehen und bis ins 20. Jahrhundert zu verfolgen, 1550). Hier ist man schon nahe bei der sentimentalen Moritat, wie sie später im Bänkelgesang vorgetragen wird.

Schließlich spielt immer noch eine entscheidende Rolle das politisch-historische Lied, sei es als politische Tendenzdichtung, als Medium der Information über zeitgenössische Ereignisse oder als chronikalischer Rückblick. Neben die Berichte über kriegerische Ereignisse wie die Mailänderkriege und die Rivalitäten zwischen Landsknechten und Eidgenossen, den Bauernkrieg, den Schmalkaldenerkrieg usw. treten auch die konfessionellen Auseinandersetzungen, der Fürstenpreis und anderes. Die Gattung bleibt noch Jahrhunderte lebendig, doch verliert sie wohl zunehmend an Bedeutung, je stärker andere Informationsformen hervortreten und vor allem, je mehr im Lauf des 16. Jahrhunderts eine demokratische Öffentlichkeit schwindet.

Volksdichtung im strengen Sinn ist fast per definitionem namenlos, oder sie wird es im langen Lauf ihrer Verbreitung und Abwandlung. Bei den politisch-historischen Liedern, aber auch sonst nicht selten, kommt es vor, daß sich mehr oder weniger berufsmäßige Dichter, die auch die ersten Vortragenden sind, am Schluß nennen, ihr Werk sozusagen firmieren. Im allgemeinen wissen wir wenig über diese Verfasser und Träger volkstümlicher Kunst. Als eine der aufschlußreichen Ausnahmen gilt der Nürnberger Jörg Graf (1475?–1542), dessen vielleicht extreme, aber doch bezeichnende Dichterexistenz sich aus den Nürnberger Akten erheben ließ. Er diente als Landsknecht in den Heeren Maximilians, erblindete um 1517, beging bald darauf einen Totschlag und wurde immer wieder aus Nürnberg verbannt und dann wieder zeitweise geduldet. Spätestens 1521 ist er Anhänger Luthers. Seine Frau lief ihm weg, zum Mißfallen des Rates lebte er mit einer „Trumpelmetze". Er verdiente seinen Unterhalt als Dichter, Sänger, Buchführer mit eigenen Sachen, wohl auch als Bettler. 1542 wurde er ins Spital geschafft. Die elf weltlichen und fünf geistlichen Lieder, die von ihm bekannt sind, bilden wohl nur den signierten Rest eines vielfältigen Œuvres, das in rohen Formen vom Meistersingerischen bis zum Volks- und Kirchenlied reicht, aber wahrscheinlich ohne eigene Melodien war. Politische Lieder, so gegen die Türken, standen im Dienst Maximilians. In einem auf seine Art großartigen Lied gibt er eine Selbstdarstellung und ironische Verherrlichung der Landsknechte als eines gänzlich ungeistlichen Ordens: „ein orden, durchzeucht alle land / mit pfeifen und mit trummen / ... Fasten und beten lassen sie wol bleiben". Dazu kommen reformatorische Kampflieder, satirische „Schmachlieder" über Nürnberger Verhältnisse, Bettel und Hurerei, und ein wildes erotisches Jagdlied: „Es jagt ein jäger geschwinde / dört oben vor dem holtz". Auch eine schwankhafte Moritat in 27 Strophen fehlt nicht, die Geschichte von der Fischerin, „wie sie hat gestift vier mord". Unter den religiösen Liedern ist am ältesten eine Bitte um Sündenvergebung an die Mittlerin Maria: „Gots hulde ich verloren han", es ist eine Kontrafaktur ausgerechnet nach dem Buhlliedchen „Es hat ein magdlein sein schw (Schuh) verlorn". Im ganzen ergibt sich, könnte man sagen, das

Bild eines Poète maudit aus der untersten Schicht, wie es auch zur Volksdichtung gehört.

## 2. Zur neulateinischen Lyrik

Georg Ellinger versichert, er habe für seine grundlegenden Forschungen zur neulateinischen Lyrik die Werke von gegen tausend lateinischen Dichtern des deutschen 16. Jahrhunderts gelesen. Die noch immer wichtigste Anthologie, 1612 unter dem Titel *Delitiae poetarum germanorum* von Jan Gruter, dem aus den Niederlanden stammenden Heidelberger Professor und Bibliothekar, herausgegeben, umfaßt 6 umfangreiche Bände. Diese machtvolle Tradition, die aus dem Humanismus stammt und sich tief ins 17. Jahrhundert fortsetzt, ist in der deutschen Literaturgeschichte bis gegen Ende des 16. Jahrhunderts kaum integrierbar, sie steht der volkssprachlichen und das heißt zugleich volksmäßigen Dichtung ziemlich beziehungslos gegenüber. Ihre Wirkung besteht, einfach gesagt, in der Verdrängung der volkssprachlichen Lyrik in die wenig gebildeten Gesellschaftsschichten. Denn sie ist die eigentliche Ausdrucksform der Gebildeten, gelehrt und gelernt im Latein-, Poesie- und Rhetorikunterricht an Gymnasien und Hochschulen, getragen von den Studenten, Gelehrten und Lehrern, den Pfarrern, Ärzten und Beamten – also einem oberen Bürgertum mit dem Blick hinauf zur höfischen Welt, zu der über Studium und akademischen Beruf ein sozialer Aufstieg auch aus einfachen Verhältnissen gelingen kann. Die Funktion der Lyrik besteht nicht zuletzt darin, das Leben dieser gebildeten Gesellschaftsschicht zu formen und ihr zur Selbstdarstellung zu verhelfen. Intimer artikuliert sie sich in Freundcskreisen, gelehrten Zirkeln, im Brief- und Buchverkehr. Sie ist die einzige „literarische“ Lyrik, unsanglich, von Grund auf intellektuell, aber mit dem unschätzbaren Vorteil einer international und überkonfessionell gängigen Sprache, einer freien Teilhabe am ehrwürdigen, neu entdeckten europäischen Kulturbesitz.

Daß die Unschuld des Humanismus und seines emanzipatorischen Willens in den verschiedensten Bereichen mit dem Glaubenskampf der Reformation ein Ende fand, ist ohne Zweifel. Ob die neulateinische Literatur, die der Humanismus für anderthalb oder zwei Jahrhunderte begründet hat, weiterhin als humanistisch oder, etwas deklassierend, als Gelehrtenliteratur zu bezeichnen sei, bleibt eine Definitions- und Ermessensfrage. Aufs Ganze gesehen ist gewiß der radikale Impetus der Celtis oder Hutten mehr und mehr verschwunden, wirkt gerade etwa die gewohnheitsmäßige Gelegenheitslyrik und Panegyrik konformistisch bis zur Langeweile, werden die Profile der Poeten im allgemeinen schwächer und konventioneller. Poesie und Beredsamkeit als Schul- und Hochschulfach nutzen sich ab. Anderseits ist die Leidenschaft oder doch der Fleiß, mit denen man sich um die „vis superba formae“ (die hohe Kraft der schönen Form, Johannes Secundus, von Goethe zitiert) bemüht, Disziplin und Eleganz erstrebt, Lebensrollen bereitstellt, das antike Erbe auf die Gegenwart anzuwenden sucht, des Respekts, ja der Bewunderung wert. In diesem Sinn muß die allgegenwärtige Gelegenheitsdichtung in erster Linie genannt werden. Geburt und Tod, Taufe und Hochzeit verlangen ihre literarische Form, sie werden durch das von Freunden, Verwandten, Berufsdichtern gelieferte Carmen erst legitimiert, wobei zugleich die konventionelle Typik erfüllt und überraschend variiert werden soll. Unabsehbar sind die Epigramme, Grabschriften, Sentenzen aus fiktivem oder realem Anlaß, bei denen alles auf Knappheit und Pointe ankommt. Ohne diese sprachlich-intellektuell-formale Arbeit, die erst im 17. Jahrhundert auch für die deutsche Sprache Frucht trug, wäre diese Erneuerung der volkssprachlichen Literatur gar nicht möglich gewesen. Denn bei allem poetischen Reiz war die Volksdichtung des 16. Jahrhunderts mehr ein Ende als ein Anfang. Gewiß ist manchmal das klassische Gewand – die Elegie, die Ode, die Ekloge mit ihrem mythologischen und gelehrten Apparat – eine Nummer zu groß, doch wird gerade aus der Not des Kostüms, der Maske, der geliehenen Sprache eine Tugend gemacht, sofern die Spannung zwischen Antike und Gegenwart zum prickelnden Reiz werden oder ein zwiespältiges Lebensgefühl selber zum Ausdruck bringen kann, zum mindesten im Versuch einer Parodia christiana. Und das Verhältnis von faktischem Leben und literarischer Stilisierung kann so eng, so reziprok und dialektisch sein, daß die privatesten Erlebnisse – ein Liebesverhältnis, eine Reise, eine Krankheit, eine Lebensstimmung – gerade in der höchst artistischen Form aussagbar werden. Das gilt von Celtis über Fleming und Günther bis zu Goethe.

Der Schwerpunkt einer Pflege ernster neulateinischer Dichtung liegt zunächst im protestantischen Bereich, d. h. in einem lutherischen Humanismus, wie ihn Philipp Melanchthon verkörpert hat. Im Umkreis Luthers und Melanchthons finden wir ein paar der bekanntesten Namen: Johann Stigel (1515–62), Professor der Poesie in Wittenberg und Jena, Georg Fabricius (1516–71), Schulrektor in Meißen, am berühmtesten Georg Sabinus (1508–60), Melanchthons Schwiegersohn, Professor der Poesie und Rhetorik in Frankfurt a. d. O. und dann Königsberg. Bei diesen und andern nimmt der Bereich der Carmina sacra großen Umfang an: versifizierte und paraphrasierte Bibelstellen, Passionsbetrachtungen, Theologisches, auch konfessionelle Polemik. So befremdend heute etwa die Wiedergabe der Psalmen in lateinischen Distichen und die entstehende Stilbrechung wirken, es ist das elementare Bemühen um klassisch-poetische Umsetzung und Aneignung der Bibel, seit der Spätantike, im Deutschen von Otfrid bis zu Klopstock eine zentrale Konstante. Des Sabinus *Hodoeporicon itineris Italici* (Italienische Reise) gehört zur beliebten humanistischen Reisedichtung in elegischer Form, in der Persönliches, Anekdotisches und Informatives unterhaltend verbunden sind. Auch das vaterländische Thema ist immer noch aktuell, sei es daß der politisch-moralische Verfall Deutschlands beklagt wird – „Germania degenerans“ im Vergleich zur antiken Größe oder der Idee des Reichs –, sei es daß einem Fürsten zu huldigen ist oder politische und kriegerische Vorgänge kommentiert werden.

Berühmt wurde des Petrus Lotichius Secundus (1528–60) Elegie auf die Belagerung und drohende Zerstörung Magdeburgs im Schmalkaldischen Krieg 1550/51. In einer Angstvision erscheint dem Dichter die Jungfrau auf dem Mauerkranz (wie im Wappen der Stadt), um in Zorn und Klage das bevorstehende Ende der von ihr beschützten Stadt, ausgerechnet durch die kaiserlichen Truppen, anzukündigen. Lotichius war es ernst, er hatte sich freiwillig als Soldat gemeldet, und doch gestaltete er sein Gedicht als Allegorie und spickte es mit gelehrten Anspielungen aller Art. Ein ähnliches Gedicht hat später Hugo Grotius auf den Untergang von La Rochelle geschrieben. Martin Opitz hat beide Werke übersetzt, nachdem Magdeburg, das 1551 durch die Kapitulation glimpflich davonkam, 1631 durch Tilly das prophezeite Schicksal erlitten hatte. Lottichs Elegiendichtung bewegt sich auch sonst zwischen heroischer Beschwörung der einst ruhmreichen, freien Mutter Germania:

> Tunc clarum tibi, magna parens Germania, nomen
> nostraque libertas sanguine parta fuit.

(Damals ward dir, große Mutter Germania, dein Name berühmt / und unsre Freiheit in Blut geboren.)

und der persönlichen Sehnsucht nach Frieden und musischem Dasein:

Pax ades, aut virtus illa paterna redi!

(Komm, Friede, oder kehre doch, du hoher Sinn der Altvordern, zurück!)

Auch dies ein pathetisches Thema, das in deutschen Versen dann bei Opitz und Fleming wiederkehrt. Lottich gilt seit je als der bedeutendste Lyriker des deutschen 16. Jahrhunderts. Er war in Marburg, Leipzig, Wittenberg und nach langem Frankreichaufenthalt in Padua zum Arzt ausgebildet und zum Professor der Medizin nach Heidelberg berufen worden, als er in jungen Jahren starb. Sein lyrisches Werk (Elegien, Oden, Eklogen) wird zum Spiegel einer empfindsamen Existenz, die sich in unsteter Wanderschaft, im Kreis der Freunde, in Glück und Enttäuschungen der Liebe und in Frömmigkeit verwirklicht, in ungewöhnlich reiner und reicher Form. Der Humanismus ist dabei immer wieder gebrochen durch eine persönliche wie zeittypische Melancholie.

Nil praeter lacrimas haec et suspiria vita est,
quae si fine bono clauditur acta sat est.

(Nichts als Tränen und Seufzer ist dieses Leben, / dem, wenn es mit gutem Ende schließt, Genüge getan ist.)

Oder:

Quid toties aeger de pectore spiritus imo
Surgit, et inviti saepe madent oculi?

(Was erhebt sich so oft aus innerstem Herzen ein Geist der Krankheit / und sind, wider Willen, die Augen naß?)

Solche Stimmungen nehmen Haltungen des kommenden Jahrhunderts vorweg, humanistische Form wird selten wie hier zum Ausdrucksmittel eines weichen, verinnerlichten Gemüts.

Ganz anders die weiterhin, im Gefolge von Ovid oder Celtis gepflegte Gattung der „Amores“. Ihr huldigen am massivsten die Elegien des Simon L e m n i u s (1511–50), der aus dem graubündischen Münstertal auf Umwegen nach Wittenberg kam, aber trotz seiner Freundschaft mit Stigel und Sabinus mit seinen Epigrammen in heftigen Streit mit Luther geriet, fliehen mußte, sein maßloses Pamphlet der *Monachopornomachia* (Mönch-Huren-Krieg) schrieb und schließlich in Chur als Lehrer unterkam. Seine *Amores* bieten zur Entrüstung Georg Ellingers statt „künstlerischer Veredlung des Naturtriebs" ein „bloßes Schwelgen in den wüsten stofflichen Vorstellungen". Der klassische Erotiker für Jahrhunderte wurde indes Johannes Secundus (Everard, 1511–36), der die im 16. und 17. Jahrhundert enge Nachbarschaft niederländischer und deutscher Neulateiner belegt. Er war ein junger Jurist aus vornehmer Familie aus Den Haag, der als Sekretär des Erzbischofs von Toledo nach Spanien kam und dort – nach einer unglücklich verlaufenen Liebe zu einer Julia – in einer vornehmen Hetäre seine Geliebte fand. Diese Neaera wurde die Heldin seines berühmtesten Werks, der *Basia*, eines formenreichen Zyklus von Kuß-Gedichten in kongenialer Nachfolge von Ovid, Catull und Properz. Der frühe Tod des Dichters wirkt wie bei Catull als hintergründiger Kontrast zu dem sinnlichen Furor – „languet in extremo cum moribundus amor" (wenn, dem Tode nah, die Liebe im äußersten schmachtet) –, der sich im überlegenen Umgang mit Elegie- und Odenformen auch zu manieristisch-zwanghaften Wort- und Klangspielen steigert:

haec illa lingua nostra est,
quae tortiles capillos,
quae paetulos ocellos,
quae lacteas papillas,
quae colla mollicella
venustulae Neaerae
molli per astra versu
ultra Iovis calores
caelo invidente vexit . . .
(8)

(... dies ist dieselbe Zunge, / die deine Ringellocken, / die dein verschwimmend Auge, / die deine weißen Brüste, / die auch den zarten Nacken / der reizenden Neära / in weichem Vers erhoben / zu Sternen, höher noch als / zum sonnenwarmen Himmel, / der diesen Ruhm dir neidet ... H. C. Schnur)

Auch in solcher vom Lebenszusammenhang isolierter Erotik eines „mollis versus" kündigen sich Möglichkeiten und Gefahren der Folgezeit an.

## 3. Neue deutsche Lyrik

1601 gab Theobald Hoeck, Sekretär des Fürsten Rosenberg in Böhmen, von Geburt ein Pfälzer, eine deutsche Gedichtsammlung mit dem preziös-programmatischen Titel *Schönes Blumenfeld* heraus. In einem berühmten Gedicht „Von Art der Deutschen Poeterey" steht die Strophe:

Warumb sollen wir den vnser Teutsche sprachen
In gwisse Form vnd Gsatz nit auch mögen machen
Vnd Deutsches Carmen schreiben
Die Kunst zu treiben
Bey Mann vnd Weiben.

Der Verfasser setzt damit voraus, daß es ein deutsches Carmen, ein literaturfähiges Gedicht in der Volkssprache nicht gebe, und er postuliert ohne einen Blick zurück „gwisse Form vnd Gsatz" dafür, schon aus Gründen des Nationalstolzes. Wie recht er in seinem Falle hat, belegt er selbst: Er bedient sich einer schwer durchschaubaren Metrik, die zusätzlich durch nachlässigen Druck verunklärt ist, nur teilweise ohne Verletzung des natürlichen Akzents als Vers ins Ohr fällt; die Sprache ist mundartlich, unsicher, „unpoetisch", die Behandlung der Endsilben willkürlich. Offenbar ist eine Strophe angestrebt, die den üblichen Viertakter vermeidet und mindestens in den ersten zwei Zeilen einen ausholenden jambischen Fünftakter bringt. Von der Vers- und vor allem Reimkunst ist in dem Gedicht noch viel die Rede, vom Gehalt verlautet nichts. Es dauert noch mindestens fünfzehn Jahre, bis Weckherlins eigenwillige Kunst energischer und origineller die fremden Muster eindeutscht und höfischen Stil verwirklicht, und noch dreiundzwanzig Jahre, bis Martin Opitz die ersehnten, faktisch so einfachen Regeln proklamiert. Dennoch sind die Versuche, mit Hilfe lateinischer, italienischer und französischer Muster einen neuen deutschen Stil zu entwickeln, schon älter, als Hoeck weiß.

Auf der Stütze der französischen Psalmenmelodie hat schon der humanistische Lyriker Paul Schede Melissus neue Verse getragenen Tons versucht (vgl. Bd. 2, S. 43). Und etwa gleichzeitig schuf der in Innsbruck und Wien wirkende Hofkapellmeister Jakob Regnart (um 1540–99) seine deutschen Lieder „nach art der welschen Villanellen“ (1576), ein aufgrund einer ursprünglich volkstümlichen Form entwickeltes Kunstlied mit dem Pathos petrarkistischer, d. h. dienender, höfischer Liebe, mit einer gewissen Neigung zum feierlich Verspielten, jedenfalls zu einer gedanklich und formal strengen Struktur.

Die liebenswürdigste Erscheinung, wichtig weniger an sich als wegen ihres Stellenwerts, ist der Österreicher Christoph von Schallenberg (1561–97). Der protestantische Landedelmann hat in Deutschland und in Italien Jurisprudenz studiert und übernahm dann in Wien höfische und militärische Ämter. Sein schmales Werk, das erstmals 1910 nach einer Sammelhandschrift gedruckt worden ist, besteht aus neulateinischer Lyrik, der deutschen Nachdichtung französischer und italienischer Vorlagen und eigenen deutschen Versversuchen. Dabei ist nun das Nebeneinander der beiden Formtraditionen besonders hübsch verfolgbar. 1586 hat Schallenberg einer jungen Witwe den Hof gemacht und wie folgt um ihre Hand geworben (vergeblich, wie sich zeigte, doch folgte ein „novus amor“):

1 Wittfreulein, euer widfreuligkeit
legt ab, es ist nun zeit,
ich rath's euch in vertreulichkeit,
der winter ist nit weit.

2 Wer rosen nit im sommer bricht,
die veyl und lilgen spart,
im winter er mit khumer spricht:
es ist zu lang gehart.

5 Ihr seid selbst die holdseligkeit,
steht's euch sonst als wol an,
allein, frau, euer widfreuligkeit
legt ab und nembt ein man.

(107)

Das sind, im populärsten Metrum, Minnesangmotive, das Carpe diem mit treuherzig-bürgerlicher Argumentation verbunden. Ganz anders die Huldigung an eine Dame namens Engelburg, wo in sechs Terzinenstrophen ein etymologisches Spiel mit dem Namen in strengem Aufbau bis zur erwarteten Pointe durchgeführt wird:

Die engelburg man enge burgk soll nennen,
weil du dein hertz so eng mir thuest verschliessen
und mich darein nit wirdig wilst erkennen.

O engelburg, dein burgk kan nit mit spiessen ...

(148)

erobert werden, nur mit Amors Pfeilen (Str. 2), die Dame ist ein Engel mit burgartigem Herzen (3), der Dichter will die Burg erobern (4; 5) und schließlich: er will Burggraf werden. Noch handelt es sich um Lieder. Erst im Heidelberger Kreis um Zinkgref und bei Opitz erfolgt eine systematische Bemühung um die strengen romanischen Formen, die, da eine Umsetzung in antike Maße noch nicht möglich ist, wenigstens indirekt römisches Maß und architektonischen Geist vermitteln.

## VII. DRAMA

Aufs Ganze gesehen, war das Drama in der Zeit des frühen Humanismus und der reformatorischen Auseinandersetzung nur ein Vorspiel. Die hohe Zeit einer breiten theatralischen und dramatischen Tätigkeit bricht erst in den 1530er Jahren an, nachdem die konfessionellen Fronten sich einigermaßen stabilisiert haben (Augsburger Reichstag 1530) und die protestantischen Städte die neuen Verhältnisse auch nach innen zu sichern beginnen. So wirken die beiden entscheidenden Impulse weiterhin – der des Humanismus in Richtung auf ein anspruchsvolles, an antiken Vorbildern geschultes Drama, und der der Reformation für den Einsatz des Theaters in der konfessionellen Auseinandersetzung und zur Darstellung der neuen Glaubens- und Morallehre. Im katholischen Bereich können die mittelalterlichen Traditionen des geistlichen wie des fastnächtlichen Spiels fortleben, unter Umständen bis in die Neuzeit hinein.

Humanistische Dramatik, zunächst als Wiederaufführung von Terenz und Plautus (weniger Senecas), aber auch der Griechen, dann immer mehr in originaler neulateinischer oder auch volkssprachlicher Produktion, findet ihren Platz vor allem im Schultheater der Gymnasien und Hochschulen, zunächst vorwiegend im protestantischen Bereich, als Mittel der Sprachschulung, der Bildung und der Propaganda, besonders auch seit Luther das geistliche wie das weltliche Theaterspiel empfohlen und Melanchthon es durch seine lateinischen Übersetzungen griechischer Stücke und eigene Inszenierungen gefördert hatte. Durchaus fließend ist allerdings die Grenze zum Bürgertheater, sei es, daß ein weiteres bürgerliches (unter Umständen auch höfisches) Publikum anvisiert ist, sei es, daß die Spieler selbst sich aus der jüngeren Bürgerschaft rekrutieren. Entsprechend werden die Stücke in der lateinischen oder sogar griechischen Originalform oder in jeweils bald erfolgenden deutschen Bearbeitungen gespielt, oder es handelt sich von vornherein um volkssprachliche Texte. Dabei steht ein immer breiteres Repertoire an Stoffen zur Verfügung. Für das vorwiegend protestantische Theater kommen zwar Heiligen- und Legendenspiele nicht in Betracht und wird neutestamentlichen Themen gegenüber Zurückhaltung geübt. Um so stärker werden die Geschichten des Alten Testaments oder antike Stoffe dramatisiert. Nach allen möglichen Stoffen greift schon früh, vor allem aber seit der Jahrhundertmitte, Hans Sachsens Meistersingerdrama.

In der wohl überwiegenden Zahl der Fälle wird der dramatische Text sofort oder später im Druck verbreitet und somit auch als Lesetext verstanden. Damit wird die alte Spannung zwischen (literarischem) Drama und Theater erst recht deutlich, und die Schwierigkeit wächst, diesem ganzen ungeheuren dramatisch-theatralischen Betrieb zwischen Literaturgeschichte und Theater- oder gar Schulgeschichte gerecht zu werden. Zusätzliche Verlegenheit bereitet, daß die meisten dieser Dramendrucke sich nur in vereinzelten Exemplaren erhalten haben und daß auch die Auswahl der modernen Neudrucke etwas Zufälliges hat.

Zum Gesamtbild sind vorweg zwei Anmerkungen zu machen. Was erstens die Sprache betrifft, so herrscht zwischen Latein und Deutsch ein sehr intensives und unbefangenes Hin und Her und Zusammenspiel, im Gegensatz zu den Verhältnissen in der Lyrik. Die Durchdringung lateinisch-humanistischer und volkstümlich-christlicher Dichtung kann ja als eigentliche literaturgeschichtliche Aufgabe des 16. Jahrhunderts bezeichnet werden. Die beiden Literatursprachen befinden sich durch ein ständiges Übersetzen oder Nachahmen in einem dialektischen Prozeß, durch welchen sich eine auf ihre Weise weitgreifende und spannungsreiche Zweisprachigkeit herausbildet, die im 17. Jahrhundert dann langsam und endgültig wieder eine Entflechtung erfährt. Und zweitens: mit dieser Dialektik hängt wohl auch eine merkwürdige Gegenläufigkeit zusammen, die stilistisch die Entwicklung im 16. Jahrhundert bestimmt. Einerseits geht, unterstützt durch eine moderne Bühnenform, die Tendenz in der Richtung auf stärkere Artikulierung des Geschehens durch sinnvolle Gliederung in Akte und Szenen, auf eine Proportionierung der Handlungsteile und auf die Einschaltung von Zwischenchören zum Zweck ideeller Bestandsaufnahme und formaler Abwechslung. Anderseits bricht die natürliche und durch die Volksspieltradition unterstützte Neigung durch, das Spiel mit allen möglichen Zusätzen anzureichern und, dem Zeitstil entsprechend, die Linien manieristisch zu brechen und in die Breite zu gehen. Der Magdeburger Schulrektor Georg Rollenhagen gibt einmal die Schwierigkeit zu bedenken, bei 1600 Gymnasiasten möglichst viele Spieler zu beteiligen. So kommt es denn auch in der späteren Zeit gerne zu den großen zweitägigen Aktionen von 5000 bis 7000 Versen. Dieses Gegeneinander von humanistischem Formstreben und unbekümmertem Drang in die Breite findet im wesentlichen erst im Kunstdrama des 17. Jahrhunderts einen strengen und klaren Ausgleich.

Eine Übersicht über das Drama im deutschen 16. Jahrhundert kann nach den verschiedensten Gesichtspunkten erfolgen: nach den lokalen Spieltraditionen (wichtig dabei die von Wittenberg ausgehende Verbreitung in Sachsen, das lebhafte, meist von Bürgern getragene Spiel in den Städten der Eidgenossenschaft, das berühmte Schultheater in Straßburg usw.), nach Autoren (die gelegentlich an verschiedenen Orten und in verschiedenen Sprachen und Gattungen in Erscheinung treten), nach Spieltypen (humanistische Komödie, protestantisches

Bürgerspiel), nach Stoffen (Altes Testament, Gleichnisse), nach den Konfessionen. Aber jede allzu schematische Gliederung verbietet sich angesichts der sehr engen Wechselwirkungen solcher Gruppen von selbst. Bei der folgenden, nur skizzierenden Darstellung waltet denn auch eine mehr assoziative Kombination der Gesichtspunkte und soll deutlich werden, wie sich die Gruppen überlappen und ineinander übergehen.

In zeitlicher Hinsicht kann eine Abgrenzung nach rückwärts, zu den mittelalterlichen Spielformen und den frühen Formen von Humanismus, nur unscharf sein: die Grenzen sind fließend. Dagegen ist, ähnlich wie bei den andern Gattungen, eine Zäsur gegenüber der Folgezeit nicht allzu schwierig zu entdecken. Sie ist gegeben mit dem Auftreten neuer Formen des Theaters, also vor allem mit dem Vordringen eines Berufstheaters, insbesondere in der Form des von England herkommenden Wandertheaters, das auch, obschon verballhornt, den neuen Stil des elisabethanischen Schauspiels und dessen neue Stoffe bringt. Zunächst noch wichtiger ist, wie seit der Jahrhundertmitte dem protestantischen Schultheater ein ungleich schlagkräftigeres, literarisch wie bühnentechnisch moderneres katholisches Schultheater entgegentritt, vorwiegend von den Jesuiten getragen, eines der Vorbilder für einen neuen, dichterischen Theater- und Dramenstil in der Barockzeit, triumphales Unternehmen eines christlich-katholischen Humanismus vor allem lateinischer Sprache und höfischer Orientierung. Nicht zuletzt aber wird das protestantisch-bürgerliche Schauspiel von innen her geschwächt: durch das Schwinden eines bürgerlichen Selbstgefühls in den städtischen Gemeinschaften im Zeitalter patrizischer oder höfisch-absolutistischer Herrschaft, und vielleicht noch mehr durch ein grundsätzliches Mißtrauen gegen das Theater im Bereich der reformierten, zunehmend kalvinistisch-puritanisch bestimmten Kirche. Theater erscheint als moralische und religiöse Gefahr für die Identität eines frommen Menschen. Der Antistes der zürcherischen Kirche, Johann Jakob Breitinger, hat 1624 in einem Gutachten zuhanden des Rats alle moralischen und religiösen Argumente gegen das Theaterspielen (*Bedencken von Comoedien oder Spilen*) gesammelt und damit das überaus reiche Theaterleben in seiner Stadt für lange Zeit erledigt. In dieser puritanischen Tradition steht auch noch Rousseaus *Lettre à d'Alembert sur les spectacles* 1758.

## 1. Gleichnisspiel und Moralität

Der überragende Vertreter einer immer noch aktuellen, aber nun mit allen Mitteln humanistischer Schulung arbeitenden reformatorischen Kampfdramatik, ja vielleicht des Dramas im deutschen 16. Jahrhundert überhaupt, ist Thomas Naogeorgus (Kirchmeyer, aus Straubing[?], um 1508–63), Pfarrer in sächsischen Gemeinden, dann in Kaufbeuren, Kempten, Stuttgart und Esslingen. Aus dem gegenreformatorischen Bayern kommt mit ihm der rabiateste Gegner des Papsttums, der aber wegen kryptokalvinistischer Neigungen und offenbar auch persönlicher Unverträglichkeit – „homo furiosus“ nennt ihn Melanchthon – auch bei den Lutherischen immer wieder in Schwierigkeiten geriet. Sein *Pammachius* (1538) ist ein aktualisiertes Antichrist-Spiel, sein *Mercator* (1540) ist dem Typus des Jedermann-Spiels zuzurechnen. Es folgen eine dramatische Invektive gegen den Herzog Heinrich von Braunschweig – *Incendia seu Pyrgopolynices* –, drei Bibeldramen von *Haman*, *Hieremias* und *Judas*, ein Lehrgedicht von wahrer Seelsorge und Theologie *Agricultura sacra*, Satiren gegen die Greuel des Papsttums (vor allem das *Regnum papisticum*) und schließlich eine lateinische Übersetzung des ganzen Sophokles.

Der Reichtum der Einfälle und der literarischen Bezüge ist wohl am eindrucksvollsten bei der Tragoedia von *Pammachius* (der totale Krieger, der Weltfeind), zugleich einem hervorragenden Beleg für die Rückwirkungen des volkssprachlichen Spiels auf das lateinisch-terenzische, gern mit griechischen Brocken aufgehöhte Drama. War der Papst in Niklaus Manuels Fastnachtspiel fast noch humorvoll als „Antichristlein" aufgetreten, so ist jetzt die von Luther erneut propagierte Beschimpfung des Papsts als Antichrist ins Grundsätzliche und Großartige ausgedehnt. So entstand ein ganz auf den aktuellen Kirchenkampf bezogenes eschatologisches Drama, das an Aufwand, Glanz und politischer Schärfe nur mit dem Tegernseer *Ludus* vergleichbar ist. Wie bei Manuel ermöglicht eine gestufte Bühne, daß im Hintergrund die Apostel Petrus und Paulus, und nun auch Christus, das eigentliche Geschehen auf der Hauptbühne mit ihren Kommentaren begleiten. In den Akten 1–4 wird – nach einem Vorspiel im Himmel – die Vorbereitung der satanischen Herrschaft bzw. der Inkarnation des Teufels im Papsttum vorgeführt, dann die Unterwerfung des zunächst zögernden, aber hilflosen Kaisers unter die päpstliche Weltherrschaft und der Aufbau des päpstlichen Systems in einem grotesk-parodistischen Sechstagewerk geschildert. Es folgt das triumphale Festmahl, mit wild ausgestaltetem Totenfresser-Motiv, und der erschreckte Aufbruch zum umfassenden Krieg mit einem neuen Widersacher: Theophilus aus der Gottesburg Sachsen. Ein Epilog erklärt, daß der 5. Akt am Tag des Gerichts durch Christus selbst vollzogen und der gegenwärtige Streit und das Blutvergießen dann sein Ende finden werde. Die Handlung ist durch eine Überfülle von Episoden ausgesponnen und ornamentiert – ein ganzes Teufelsspiel zieht sich durch das Stück, die Aktionen des terenzischen Dieners und Boten Dromo sorgen für Komik, allegorische Figuren (Veritas, Parrhesia) heben die Handlung nach Art des humanistischen und noch barocken Schuldramas auf die lehrhaft-abstrakte Ebene. Das Ganze ist eine kühne Verschmelzung von antikischem Lustspiel, volkstümlichem Fastnachtspiel, geistlichem Drama und allegorischem Lehrstück: zusammen ein fast schon manieristisches Welttheater, dessen geistreicher, satirischer Humor vor lauter Hohn und Bitterkeit kaum zum Tragen kommt:

Insaniunt in nos Turcae perfortiter,
Insanimus nos in nos ipsos haud minus,
Vt Christianis sit molestum vivere et
Spectare iugiter Satanae tragoedias.
(3387 ff.)

In der Übersetzung:

Uns mord[t] der Türck und wütet seer:
So morden wir selbst einander
Also, das eim Christen möcht wol
Weh thun, das er nu leben sol,
Sehn, hörn, erfaren teglich viel,
Wie Satanas nur treib sein spiel!
(Menius 5826 ff.)

Die „kurtzweilig Tragedi“ fand sofort Übersetzer. Von den vier voneinander unabhängigen deutschen Übertragungen, die mit ihrem Vierheber natürlich viel hausbakkener wirken, gilt die stark erweiternde Fassung des Iustus Menius (1539) als die beste; dazu kommt eine englische Übersetzung mit Aufführung in Cambridge 1545 und eine tschechische Prosa.

Ein bedeutend humanerer und frommerer Geist als in solchen gewaltigen Eruptionen herrscht in den großen, repräsentativen, einander verwandten Gruppen des Gleichnisspiels (vor allem durch die Parabel vom verlorenen Sohn vertreten) und der Moralität (insbesondere vom Typus des *Jedermann*). Das kühne und große Unternehmen des Burkhard Waldis, ein neues protestantisches Spiel fast liturgischen Charakters zu schaffen, blieb im wesentlichen folgenlos. Die Auslegung der Parabel vom Prodigus auf die lutherische Gnadenlehre, 1523 von Michael Styfel begründet, war längst nicht die einzige Interpretationsmöglichkeit. Von vorreformatorischen Aufführungen der Parabel an bis in die moderne Literatur hinein sind die verschiedensten Behandlungen und Abwandlungen versucht worden. Selbst im 16. Jahrhundert war es eine wesentlich überkonfessionelle Auffassung, welche die größte Verbreitung fand. Wie schon oben bemerkt, sind die Filiationen der Fassungen nicht immer klar, da mit verlorenen Zwischengliedern und mit Mischung zu rechnen ist. Der große Erfolg gehörte dem lateinischen *Acolastus* (ausschweifend, zügellos) des protestantischen Holländers Wilhelm Gnaphaeus (de Volder, 1493–1568), der 1528 seines Glaubens halber auswanderte und als Schulmann in Elbing und Königsberg, dann in Ostfriesland lebte. In Elbing hatte er noch weitere Schulkomödien verfaßt. Sein *Acolastus* erfüllte das Gebot der Stunde: die halb kühne, halb naive Synthese von altrömischer Klassizität mit christlicher Moral und Frömmigkeit. Diese neue christliche Komödie, als „humanae vitae speculum“ dargeboten, erlebte rund 60 Drucke, zahlreiche deutsche Bearbeitungen und Übersetzungen auch in England und Frankreich, und sie diente allgemein als Modell auch für andere biblische Dramen. Der theologische Gehalt trat zurück: Ausschweifung und Rückkehr des Sohnes werden zum einfachen Exempel von Sünde, Reue und Wiederaufnahme in Gnaden. Der unzufriedene, zu Hause gebliebene ältere Sohn, den Waldis zum Vertreter mönchischer Werkgerechtigkeit gemacht hatte, bleibt ganz aus dem Spiel und damit jeder Anlaß zu konfessionellen Differenzen. Die Moral ist verdeutlicht durch halb-allegorische Ratgeber: Eubulus ist der Nachbar des Vaters Pelargus, Philautus ist der Verführer des Sohns. Breit entfaltet sich im 2. und

3. Akt das Leben des Prassers mit Schmarotzern und einer Freundin, Lais. Hier erscheinen die Typen der römischen Komödie in lebendigen und munteren Szenen – Lais etwa bettelt um ein kostbares Halsband mit den Schmeichelworten „passercule mi“ oder „mea mentula“. Das Ganze ist bewegt durch den Wechsel zwischen verschiedenen Versmaßen – was auch einen didaktischen Gewinn bedeutet.

Der Zürcher Schulmeister und Chorherr Jörg Binder, Regisseur der von Zwingli unterstützten Aristophanes-Aufführung von 1531, hat als erster im selben Jahr eine freie deutsche Bearbeitung unternommen, welche 1535 aufgeführt wurde. Binder hat bewußt den Text noch volkstümlicher gemacht, das genrehaft-bürgerliche Element verstärkt und den Reiz seiner farbigen heimatlichen Sprache eingesetzt. Den älteren Sohn hat er wieder eingeführt und – über den Bibeltext hinaus – eine Versöhnung mit Bruder und Vater veranstaltet. Der Vierheber wird nur zugunsten gelegentlicher Zweiheber an belebteren Stellen aufgegeben. Im Liebesgespräch erscheint hübsch der immer noch geltende Typus des spätmittelalterlichen Volksliedes:

Entzündt bin ich
Inbrünstengklich
Gen dir, min hort;
Vernimm min wort! ...
Din hendly wiß
Mit ganzem fliß
Vßtråyt fin, rund,
Din roter mund
Hand mir min hertz besessen.

Auch in andern Bearbeitungen geht es um schlichte, der theaterspielenden Jugend einzuflößende Mores. So bei Jörg Wickram, der vorwiegend nach Binder 1540 einen *Verlorenen Sohn* vor der Bürgerschaft zu Colmar aufführt, durchaus pedantisch gegen Ungehorsam,

Leichtsinn und ihre bösen Folgen gerichtet, ähnlich wie in seinen Erziehungsromanen. Recht primitiv sieht es bei der Wiener Bearbeitung durch Wolfgang Schmeltzl aus; als Lehrer am Schottenkloster hat er damit 1545, ebenfalls nach Binder, das Wiener Schultheater eröffnet. Der Text ist stark gekürzt, „Vnnütz geschwetz daruon gethon", doch belegt er immerhin die überkonfessionelle Bedeutung der Parabel. Das Zwickauer Spiel eines Johann Ackermann (1536) geht direkt auf Gnaphaeus zurück, während Hans Sachs, der auch hier nicht fehlt, in seiner 1556 geschriebenen Komödie wie Waldis gegen die Werkheiligkeit polemisiert, ohne daß sich ein direkter Zusammenhang nachweisen läßt.

In dieselbe Zeit fallen schließlich zwei andere, eigenständige Fassungen des Stoffs. 1537 erscheint im Druck der *Asotus evangelicus* (griech. asotus „prodigus") des bedeutenden niederländischen Schuldramatikers Georg Macropedius (van Langveldt, um 1475–1558), als eine Jugendarbeit angeblich aus der Zeit um 1507. Es ist eine verhältnismäßig freie, sich auf die Einheit des Ortes, das Vaterhaus, beschränkende, gewandte und witzige Fassung, in starker Anlehnung an plautinische Szenen; der ältere Sohn bittet ebenfalls um Verzeihung. Nachwirkungen dieses Stücks sind mehrfach festzustellen, so in einem deutschen *Asotus* eines Nicolaus Risleben in Zwickau 1586. Einen bedeutenden Stellenwert hat das im Erscheinungsjahr des *Asotus* in Luzern aufgeführte Stück vom *Güdigen Sun*, eine Arbeit des Luzerner Soldaten, Chronisten, Wanderregisseurs und heftigen antizwinglischen Satirikers Hans Salat (1498–1561). Es ist der lebendige, schwungvolle Versuch, die Parabel ausdrücklich für die katholische Auffassung zurückzugewinnen, somit direkt oder indirekt gegen Waldis gerichtet, mit dem das Szenarium zusammengeht. Mindestens ist es ein Angriff auf die protestantische Glaubenslehre: sie verführe zum Leichtsinn und habe auch bereits den Zuzug zur Hölle verstärkt, weil sich die Buben den Himmel allzu billig zu erwerben hoffen, indem sie meinen, Gott

> git um ein spot das himmelrich,
> Nimpt die buoben all an für sine kind,
> So bald si wend, verzücht er inn gschwind.
>
> (810 ff.)

Soweit an der Parabel vorwiegend der pädagogische Gehalt, ein für Schulaufführungen geeignetes Exempel gesehen wird, können auch manche rein weltlichen Schulkomödien in den Zusammenhang des Prodigus-Stoffs gerückt werden. Schon Wimphelings *Stylpho* arbeitet mit dem Gegensatz eines vorbildlichen und eines nichtsnutzigen jungen Mannes. Macropedius bot in seinen *Rebelles* (1535) zwei verzogene, unbotmäßige Schüler, die genau wie der Sohn der Parabel auf Abwege geraten und gar zum Tod verurteilt, aber von ihrem Lehrer wieder befreit werden – die Wirtshausszenen entsprechen durchaus Gnaphaeus und Waldis. Von Gnaphaeus und Macropedius angeregt ist die *Comoedia de vita studiosorum*, 1545 durch Christoph Stymmelius (Stummel, 1525–88) in Frankfurt a. d. O. verfaßt. Hier kippt nun die biblische Parabel um in ein durchaus säkulares, realistisches Lustspiel: Der leichtsinnige Acolastus, flankiert vom schlechten Beispiel Acrates und vom Musterstudenten Philomathes, gibt sich den Versuchungen des Studentenlebens hin, heiratet aber schließlich die von ihm verführte Wirtstochter. Das Stück wurde von Melanchthon gelobt, häufig aufgeführt und gilt, ganz abgesehen von seinem hohen schulgeschichtlichen Wert, als eine der lebendigsten Leistungen der Schulkomödie. Eine ebenfalls weltliche, deutsche Variante gibt schließlich *Der jungen Mannen Spiegel* des Zürchers Jos Murer, 1560, nach Gnaphaeus, Binder und einem schon von Salat herangezogenen Novellenstoff.

Von ungleich geringerer Verbreitung ist ein anderes Gleichnisspiel, die dramatisierte Parabel vom reichen Mann und armen Lazarus (Luk. 16). Das Thema vom Sterben des reichen Mannes haben diese Spiele mit den eigentlichen Moralitäten gemeinsam, doch unterscheiden sie sich davon durch die Härte des vom Bibeltext vorgezeichneten Ausgangs. Das anonyme Zürcher Bürgerspiel *Von dem rychen Mann vnnd armen Lazaro* von 1529, also zwei Jahre nach Burkhard Waldis, gilt als das früheste biblische Drama der Schweizer Reformation. Es hat in seiner gedrängten Kürze und mit seinem teilweise revuehaften Aufbau altertümliche Züge und beruht wohl auch auf irgendeiner vorreformatorischen Vorlage (der hoffärtige reiche Mann verwehrt einem frommen Bruder den Zutritt). Eine soziale Tendenz könnte man vermuten, wenn die Diener des Reichen ihr Mitgefühl mit dem Bettler bekunden („kein Rycher glaubt keim armen bluot“, sagen sie) und die Frauen aus dem Volk ihm ein Süpplein bringen wollen. Das Gegenüber von Himmel und Hölle, dem seligen Lazarus und dem durch Tod und Teufel vom Festmahl geholten reichen Mann, bleibt streng gewahrt. Neben Engeln und Teufeln sorgt ein buntes Personal für ständische Vielfalt und humoristische Lichter: Diener, Koch, Kämmerling, Frau und Magd, Narren, Musikanten, Doktor, Hauptmann und Leutnant der Garde, zwei „Hüerly“ – alle wenden sich vom Sterbenden ab wie die Freunde Jedermanns. 1541 schreibt Macropedius seinen *Lazarus mendicans*, der dann wieder die Grundlage einer ganzen Kette von deutschen Bearbeitungen wird bis hin zu einer umfangreichen „Action“, die Georg Rollenhagen 1590 mit seinen Schülern in Magdeburg veranstaltete.

Vereinzelt erscheint das Gleichnis von des Herrn Weingarten (Matth. 21,33 ff.). Es wurde mit antikatholischer Tendenz 1539 in Zürich gespielt, wahrscheinlich von Jakob Ruf. Eine lateinische *Vinea Christi* des

Katholiken Hieronymus Ziegler (München 1548) bezieht sich auf Matthäus 20,1 ff.

Die Tendenz zur umfassenden Allegorie des Menschenlebens in seinen moralischen, sozialen und vor allem religiösen Aspekten erfüllt sich in den sogenannten Moralitäten. An die Stelle eines biblischen oder heilsgeschichtlichen Stoffs tritt die freie, ideelle Komposition. Es ist hauptsächlich diese Werkgruppe, wo der Mensch radikal sub specie mortis (und das heißt auch: des möglichen Heils) dargestellt wird, aber nicht nur, wie beim Sterben des reichen Mannes, als drohender Appell, vielmehr als Dramatisierung der spätmittelalterlichen Ars moriendi: der Schrecken wird verarbeitet, führt zu Umkehr und seligem Ende. Die Vorgeschichte unserer Texte ist unklar; verwandt sind die Bilderfolgen des Totentanzes. In den Mittelpunkt tritt dann der zuerst in England erscheinende Typus des *Jedermann*. Auch diese spätmittelalterliche Schöpfung kann zum Mittel der neuen konfessionellen Auseinandersetzung werden.

*Vom aygen gericht vnd sterbenden Menschen* nennt sich ein eindrucksvolles Münchener Spiel von 1510 – „aygen gericht" im Gegensatz zum Weltgericht. Das in ausladenden (fünfhebigen?) Versen geschriebene Lehrstück läßt, nach einem Vorspiel im Himmel, vor den Augen eines Kaufmanns und seines theologischen Lehrers drei verschiedene Menschen verschieden sterben, je nach der Wahl, die sie zwischen den Argumenten eines Versuchers und eines Beichtigers treffen. Der erste überwindet seine Hoffart und kommt in den Himmel, der zweite fällt der Verzweiflung anheim und damit der Hölle, der dritte faßt geistliche Zuversicht und kommt ins Fegefeuer, dessen Darstellung den Schluß bildet.

Die englische *Everyman*-Dichtung, erstmals 1509 gedruckt, aber wohl noch im 15. Jahrhundert und vielleicht sogar nach kontinentalen Anregungen entstanden, konzentriert in zwingender Weise das Geschehen auf den *einen* Jedermann, der vom Tod, auf Gottes Geheiß, zur Rechenschaft geladen wird. In strenger allegorischer Handlung wird Jedermann von Freundschaft und Verwandtschaft, von Gut, später von Schönheit, Stärke, Verstand und Fünfsinnen verlassen, um dann nur von den Gutenwerken unterstützt und von Einsicht (knowledge) beraten zur Beichte und den Sterbesakramenten und darauf, vom Engel geleitet, in den Himmel zu gelangen. Das ernste und schöne, wohldurchdachte Werk fand bald eine niederländische Bearbeitung, die durch Christian Ischyrius 1536 lateinisch als *Homulus* neugefaßt wurde. Eine deutsche Übertragung des *Homulus* erschien 1540 bei dem Kölner Drucker Jaspar van Gennep. Die letzte Vollendung und zugleich Aktualisierung findet das Thema bei den drei großen lateinischen Dramatikern Macropedius, Naogeorg und Levin Brecht. Sie bringen alle eine Erweiterung zum Familienstück und zugleich zum Welttheater, mit den terenzisch-plautinischen Mitteln des Gleichnisspiels und unter der Frage nach der wahren Rechtfertigung des Menschen.

Des Macropedius *Hecastus*, 1538 in Utrecht gespielt, hat das allegorische Personal reduziert auf Virtus (anstelle der Gutenwerke) und vor allem Fides. Hecastus ist der reiche Prasser, von Gattin Epicuria, Söhnen, Knechten, Freunden umgeben. Im Grunde nicht schlecht, versöhnt er sich trotz der Drohungen von Tod und Teufel mit Gott und geht in einer großen Sterbeszene mit Hilfe des Glaubens zur himmlischen Glorie ein. Macropedius – der auch von Sachs bearbeitet wurde – kam damit im Geist der Devotio moderna, zu der er gehörte, der protestantischen Haltung entgegen. Diese wird nun von Naogeorg in aller kämpferischen Schärfe formuliert. Sein Drama *Mercator* (1540) macht den Jedermann wie schon das Münchener Spiel zum

Kaufmann, also zum Vertreter des bürgerlich maßgebenden, aber von Luther neu in Frage gestellten Standes. Er ist ein sehr massiver Sünder, der aber, durch Tod und Gewissen aufgerufen, in sich geht und durch Paulus, d. h. den reinen Glauben, gerettet wird. Dem Pfarrer, der ihm mit guten Werken und dem ganzen Katalog der kirchlichen Heilsmittel beistehen will, sagt er ab, und dieser wird obendrein vom Teufel lächerlich gemacht. Anstelle der Szenen vom reichen Prasser, der sukzessive von allen Helfern verlassen wird, bedient sich Naogeorg der Vorbilder des *Eccius dedolatus* und der Manuelschen Satire von der *Krankheit der Messe*: Er läßt Paulus und den Arzt Cosmas eine groteske Purgationskur an Mercator durchführen, in welcher der Patient alle die falschen Trostmittel der Kirche und der eigenen guten Werke unter entsetzlichem Rumoren der Eingeweide von sich gibt:

Dirumpor miser, adeo duae velut acies
In ventre concurrunt meo fortissime.
Hem, vicit pars una et insequitur alteram ...
Mooc –
Paulus: Vome audacter!
Mercat.: Mooc, Mooc!
Paulus: Papae,
Quid video? Peregrinationes et preces,
Eleemosynas, ieiunia, indulgentias
Una evomuit ...
(1906 ff.)

(Ich werde zerrissen, ich armer, so sehr stoßen gleichsam zwei Schlachtordnungen / in meinem Bauch heftig aufeinander. / Hem, die eine Partei hat gesiegt und verfolgt die andere. / Mooc – / Erbrich dich nur tapfer! / Mooc, Mooc! / Potz, / was seh ich? Wallfahrten und Gebete, / Almosen, Fasten, Ablässe / hat er, alles aufs Mal, herausgespien ...)

Ein Nachspiel doppelt nach: Vor dem Gericht Christi wird der Mercator begnadigt, während drei Kontrastfiguren – Fürst, Bischof, Minorit – trotz ihres reichlichen

Seelgeräts der Verdammnis überantwortet werden. Die fromme Moralität ist damit wieder zur grotesken, stellenweise fastnachtspielhaften Satire und Polemik umgedreht worden. Durch deutsche Bearbeitungen und Übersetzungen auch in andere Sprachen wurde der Mercator berühmt. Dennoch war es bei aller Bravour ein Rückfall. Das letzte Wort, literatur- und theatergeschichtlich gesehen, gehörte der katholischen Gegenseite.

Levin Brecht (aus Antwerpen, 1502/03–60) hat 1548 als Franziskaner in Löwen die Tragoedia von *Euripus* geschrieben und aufgeführt: Der Jüngling Euripus macht sich auf, um der Welt zu entsagen und zum Himmel zu gelangen; trotz aller Ermahnungen von Timor dei und Tempus (Gnadenzeit) ermüdet er auf seinem Weg und läßt sich von Venus und Cupido verführen. Tod und Pestilenz erscheinen und bringen ihn um. Venus und Cupido enthüllen sich als Dämonen und geleiten das klagende Opfer, dem sie die kommenden Qualen schildern, zur Hölle. Das überaus einfache, aber durch die Reden der allegorischen Begleitpersonen langwierige Stück fußt auf dem Jesuswort vom engen und breiten Weg (Matth. 7,13) und zugleich der antiken Geschichte vom Scheideweg (Prodikos: Herakles am Scheideweg). Der Name, von Erasmus bezogen, meint die als Ort der Unbeständigkeit und Gefahr sprichwörtliche Meerenge in Griechenland. Hart ist in diesem „Seelendrama" (Günther Müller) das Entweder-Oder von Weltfreude und Gottesfurcht exponiert. Der Mensch ist für sein Heil voll verantwortlich, nur durch Selbstdisziplin, Weltabkehr, Demut, Gehorsam und nicht zuletzt Kirchentreue kann er sich retten. Der ganze 5. Akt ist die Liturgie einer Höllenfahrt, wie sie dann in Jakob Gretsers *Udo*, in Bidermanns *Cenodoxus* und nicht zuletzt schon im *Faustbuch* zelebriert wird. Eine Art Höhepunkt ist dabei die verzweifelte Selbstverfluchung des untergehenden Helden.

Der Streit zwischen Tugend und Laster ist – vor allem seit Prudentius – ein beliebtes Thema der abendländischen Allegorie. Auch die Humanistenkomödie hatte sich seiner angenommen. Der Wiener Abt Benedictus Chelidonius (Schwalbe) hatte das Thema in mythologischer Verkleidung mit seiner *Disceptatio Voluptatis cum Virtute* mit adligen Schülern vor höfischem Publikum – darunter der künftige Kaiser Karl V. – 1515 auf die Bühne gebracht. Hier stehen Pallas und Herkules Venus und Cupido gegenüber, doch diese werden samt Epikur zur Hölle geschickt. Dieser spielerischen Komödie gegenüber zeigt Brechts *Euripus* einen neuen radikalen Ernst und eine rigoristische Ethik, wie sie dann von den Jesuiten vertreten wurde. Das Stück des Minoriten war denn auch eines der ersten und beliebtesten Stücke des jesuitischen Schultheaters, wie es sich nach den Grundsätzen der „Ratio studiorum" nun langsam entwickelte und die kühnsten Dramen eines neuen christlichen Humanismus hervorbringen sollte, als Vorbild schließlich auch wieder des protestantischen Schultheaters. Zu den Aufführungen des *Euripus*, wie sie zahlreich in deutschen Landen, so 1554 in Wien, stattfanden, kamen auch Übersetzungen. 1582 hat der Augsburger Stiftskaplan Cleophas Distelmayer eine deutsche Bearbeitung verfaßt, in der hübschen, treuherzigen, verbreiternden Art, in der auch im 17. Jahrhundert die lateinischen Dramen noch popularisiert werden müssen.

Es bleibt die Frage nach deutschen Originalwerken moralitätenartigen Charakters. Sie sind wenig zahlreich. Entfernt mit einem Jedermann-Drama oder Totentanzspiel verwandt sind die knapp gehaltenen *Fünfferley betrachtnusse den menschen zur Buoss reytzende*, die der Lehrer und Liederdichter Johannes Kolroß 1532 in Basel öffentlich aufführte. Ein leichtsinniger junger Mann wird vom Pfarrer vergeblich gewarnt, aber vom Tod zur Umkehr gezwungen und schließlich, nach weiteren Versuchungen durch den Teufel, vom Engel ins Paradies geleitet. Darauf folgt eine Art Satyrspiel mit Narr, Teufel und „jungen knaben“, von denen einer zur Hölle fährt. Kompositionell und metrisch interessant sind die vier Chorlieder, mit denen die Handlung eingerahmt und unterteilt ist: frühe reimende Nachbildungen der sapphischen Strophe.

Gott grůß üch schone hie in einer gmeyne,
Vff disem plone alle groß vnd kleyne,
Herren vnd gsellen  losen, was wir wellen
üch hie erzellen.

Ins fast Konfuse entartet dagegen der Versuch des Elsässers Valentin Boltz, der als Prediger ebenfalls in Basel wirkte und mehrere Stücke verfaßte, die Moralität zu einem totalen *Weltspiegel* auszuweiten (1550). Es ist ein Zwei-Tage-Spiel mit Tod und Teufeln und einem umfangreichen allegorischen Personal von Tugenden und Lastern, zugleich eine Revue der Stände, Berufe und menschlichen Charaktere, ein Sittenbild zwischen Fastnachtspiel und Totentanz. Zahlreiche alttestamentliche Figuren, von Adam bis Moses und den Propheten, greifen ein, schließlich auch die Vertreter der eidgenössischen Orte samt Bruder Nikolaus von Flüe. Die Eschatologie gilt zugleich für den einzelnen wie für die Erneuerung des eidgenössischen Bundes. Mit seinen 158 Rollen begegnet uns da, wenn man so will, ein kollektives Jedermann-Spiel in der Art der großen, formlosen Bürgerspiele.

Die überragende Schöpfung ist jedoch ein ebenso reiches wie strenges Werk aus dem Norden: der niederdeutsche „Jedermann“ des Johann Stricker (Stricerius, um 1540–98), Predigers im Dorf Grobe und dann in Lübeck, *De düdesche Schlömer* (Schlemmer, 1584). Stricker, dem es mutig ums Ganze geht, macht aus Jedermann einen holsteinischen Landadligen, der in seiner Freß- und vor allem Sauflust vorgeführt wird, im Kreis seiner Familie und Sippschaft. Das Werk denunziert einen Stand – der Verfasser wurde in der Folge denn auch aus seiner Pfarrei deshalb vertrieben –, zugleich aber auch die pralle Roheit eines ganzen Zeitalters. Der Prasser schlägt die Mahnungen seiner Frau und des Predigers in den Wind, erschrickt zwar über das Erscheinen von Engel und Tod, wird aber zusammen mit seinen Kumpanen und seiner Buhlschaft rückfällig. Bei der zweiten Attacke des Todes wird er nachdenklich, bekehrt sich in Todesnot, gibt seine zwei geraubten Vikareien zurück und wird, trotz eines Verdammungsurteils durch Moses und das Gesetz, gerettet durch Christus, „de dyn register gemåckt klar" (5155). Das umfangreiche und doch kraftvolle Werk lebt aus einem vitalen christlichen Wirklichkeitsbesitz, wie er gerade bei den großen Bußpredigern zu finden ist. Es ist eine frontale, scharfe Satire gegen ein Landjunkertum, das sich nach der Reformation an den Kirchengütern bereichert hat und sich nun in Hoffart, Prasserei und Ehebruch gütlich tut.

> Dat se de Klöster an sick gbracht,
> Deith den guden Heren all sacht.
> En schmeckt och söte Christi Brodt
> Vnd achten der Papen nicht groth.
>
> (355 ff.)

Die Charaktere der Figuren: Ehefrau, Liebschaft, Schwager, Ohm, Nachbar, sind reizvoll differenziert. Die allegorischen Wesen sind verschwunden, um so realer sind Tod, Engel, Narr, Moses und vor allem der angriffslustige Prediger, der sich, Alter ego des Dichters, als der eigentliche Gegenspieler des Schlömers erweist. Reminiszenzen an Jedermann, den reichen Mann im Lazarus-Spiel, auch an Nabal (1. Sam. 25) scheinen sich hier zu verbinden. Wirklichkeitsfreude – auf seine Art auch beim Dichter – und eschatologischer Hintergrund bedingen sich gegenseitig. Der drastische Katzenjammer des Säufers geht überzeugend hinüber in Todes- und Höllenangst. „Vaer wol, du vntrüw schnöde welt" – ein früher Barockton ist in diesem klassischen Werk der niederdeutschen Literatur nicht zu überhören.

Im selben Jahr 1584 erscheint im Druck eine letzte Variante, eine vom Erzherzog Ferdinand II. von Tirol (1529–94, Gemahl der Philippine Welser, Förderer der katholischen Reform) „selbst erdachte und gemachte Comoedi" *Speculum vitae humanae*, die schon durch ihre deutsche Prosaform ganz ungewöhnlich ist. Ob der Text wirklich so aufgeführt und nicht nur für die Lektüre so bearbeitet wurde, bleibt unklar. Ein reicher Jüngling ist mit seinem Gefolge auf der Reise und befragt eines Abends seine Berater über die zu wählende Lebensführung in Hof-, Kriegs- und Reiseleben; da erscheint ein Einsiedler und empfiehlt dem jungen Mann den Stand der Ehe. Und nun folgen 7 Akte, in denen je die verschiedenen Werke der Barmherzigkeit und die Sieben Todsünden kontrastrierend in typischen, z. T. Jedermann-artigen Szenen vorgeführt werden – eine Art Revue als Spiel im Spiel, ähnlich wie im Münchener Drama von 1510. Im letzten Akt haben dann wieder der Jüngling und die Räte das Wort und diskutieren über die richtige Brautwahl. Der Jüngling wird ein Fräulein wählen, das „nit sonders schön" ist und arm, aber von gutem Geschlecht, gottesfürchtig und züchtig. Eigentümlich kommen hier Welt- und Ehespiegel zusammen, offenbar vor einem sehr persönlichen Hintergrund. Man mag sich dabei der Selbstdarstellungen von Ferdinands Urgroßvater Maximilian erinnern.

## 2. Bibel- und Historiendrama

Wenn das mittelalterliche Spiel und seine neuzeitlichen Ausläufer bei aller möglichen Verweltlichung ein Heilsgeschehen nachvollziehen oder doch einen jahreszeitlichen Brauch begehen, so ist das Drama seit Humanismus und Reformation und besonders seit seiner neuen Ausbreitung in den 1530er Jahren im Kern nicht mehr religiös, sondern lehrhaft geprägt, lehrhaft immer mehr im Sinn personaler und sozialer Moral. Das hat sich schon am Sonderfall der Parabelspiele gezeigt. Der in Wittenberg gebildete, mit Luther und Melanchthon befreundete Paul Rebhun (1505?–46) hat in der Vorrede zu seiner *Susanna* (1535) ähnlich wie ungezählte andere Dramatiker den Zweck seines Unternehmens wie folgt formuliert: Es gelte, mit Paulus, seinem Nächsten zu gefallen, nämlich im Guten und in allem zur Besserung, und zwar für hoch und niedrig, arm und reich, alt und jung. So veranstalte er denn ein liebliches, aber nicht leichtfertiges, vielmehr nützliches Spiel zur Stärkung des Glaubens, zur Geduld, zur Bewahrung der weiblichen Ehre und auch dazu,

> wie öberkeit sich halten soll im rechten,
> was zugebürt herrn, frawn, kind, meyden vnd knechten ...

Das Drama dient dazu, eine „gerechte“ obrigkeitliche und ständische Ordnung zu erhalten, es ist ein Mittel der Sozialisation. Die neue protestantische Gesellschaft vor allem der Städte setzt sich hier ihre Leitbilder. Vor allem im Süden kommt zur sozial-ethischen Funktion auch die politische Erziehung hinzu. Der konfessionelle Kampf und die Satire treten damit zurück.

Mit wenigen Ausnahmen bleibt die stoffliche Quelle dieser neuen Dramatik die Bibel als das eigentliche Bilderbuch, mit dem exemplifiziert wird. Das heißt auch, daß weniger mehr das Neue Testament benützt wird. Man meidet den alten, katholischen Typ des Spiels und hat überhaupt Bedenken, Christus selbst als Handelnden auf die Bühne zu bringen. Und aus dem Alten Testament sind vor allem jene Geschichten beliebt, die mit ihrem apokryphen Charakter unverfänglich sind und zugleich eine runde, einfühlbare Handlung mit schlüssiger und erbaulicher Moral anbieten. Auf die ideelle und theologische Tragweite kommt es weniger an. Das vorwiegend moralische Interesse, etwa an der Bestrafung der Bösewichter, wird gerade durch die Gesetzlichkeit alttestamentlicher Geschichten am ehesten befriedigt. Anderseits geht die Säkularisierung des Theaters, abgesehen natürlich vom Fastnachtspiel und der universalen Produktion des Meistersingers Hans Sachs, nur in wenigen Fällen über den biblischen Rahmen hinaus; man greift dann vor allem zu den Geschichten des Römischen Reichs, die auf ihre Weise kanonisch sind. Im ganzen läßt sich sagen, daß das so reiche Bibeldrama des 16. Jahrhunderts eine neue Phase in der Jahrtausendaufgabe, die Bibel umzusetzen und sich anzueignen, darstellt, und zwar immer noch in der fruchtbaren Spannung zwischen lateinischen und deutschen Fassungen.

Die Dramatisierung biblischer Erzählung besteht wie beim Gleichnisspiel in der Wahl des richtigen Ausschnitts, im Hervorheben oder Kontrastieren von Hauptpersonen, im Zufügen einer beliebigen Zahl weiterer Chargen, die das Geschehen vertraut, nachfühlbar, familiär machen können: Verwandte, Knechte, Mägde, Kinder usw., auch Engel und Teufel werden gerne herangezogen, und bei fastnächtlichem Spieltermin erscheint auch der Narr als unentbehrlicher Unterhalter und Kommentator. Die klassische Trennung in tragisches und komisches Spiel ist ja auch hier keineswegs verbindlich, so weit gehen die Forderungen humanistischer Poetik nicht.

Die fast unübersehbare Menge solcher Dramen samt ihren Bearbeitungen, Übersetzungen und Nachahmungen ist schwer zu ordnen. Im durchschnittlichen Bürgerspiel macht die literarische Qualität nur einen einzelnen Aspekt aus; die üblichen Maßstäbe – die Gewandtheit des Verses, die „Dramatik“ der Handlung und des Dialogs, die Differenzierung oder gar Entwicklung der Charaktere, die ideelle Durchdringung – entstammen einer klassischen Ästhetik, die nicht unbedingt am Platz ist. Sie werden jedenfalls der so häufigen Vorliebe dieses auf seine Weise epischen Theaters für rhetorische Monologe und moralische Belehrungen kaum gerecht (ohne daß damit Brechtschen Kategorien das Wort geredet sei). Auch die Ordnung nach Inhalten oder Stilen, nach jeweiligen Spieltraditionen oder Verfasserpersönlichkeiten ist nicht leicht. Wir nennen im folgenden zuerst die wichtigsten Stoffe mit einigen ihrer Bearbeitungen und suchen dann eine Übersicht über die fruchtbarsten Autoren im Zusammenhang mit ihren lokalen Spieltraditionen. Mehr als eine Art räsonierenden Auswahlkatalogs ist in unserem Rahmen nicht zu geben, um so weniger, als auch die Theatergeschichte vernachlässigt werden muß.

Bedenkt man, daß alle Rollen von männlichen Spielern übernommen werden mußten, so erstaunt immerhin eine gewisse Vorliebe für weibliche Helden, was mindestens für die Illusionskraft echten Theaters zeugen kann. Die erbauliche Geschichte von Susanna war besonders beliebt: eine ehrbare Schönheit im Bade, zwei Lustgreise, zwei immer willkommene Gerichtsszenen, der Auftritt eines inspirierten Knaben und die Steinigung der Übeltäter – was wollte man mehr! Sixt Birck hat zuerst ein deutsches Susannen-Drama 1532 in Klein-Basel aufgeführt und später eine neue lateinische Fassung in Augsburg herausgebracht, die ihrerseits zahlreiche Bearbeitungen, Übersetzungen und Nachahmungen erfuhr. Susanna erhält da ein „schwesterle“ und ein „brüderle“ sowie ein Söhnchen, und zusammen mit dem Gatten, den Knechten und Mägden ergibt sich ein ganzes bürgerliches Familienidyll. Mit Sixt Birck berührt sich Paul Rebhun (1535) in seinem technisch gewandteren und eleganteren Stück. Eine überragende, temperamentvolle und unterhaltende lateinische *Susanna* bietet 1577 Nicodemus Frischlin, und im Anschluß daran verfaßt Heinrich Julius von Braunschweig, der Theaterherzog, eine Prosafassung, die bereits von den englischen Komödianten beeinflußt ist.

Wenn es bei Susanna um die Ehre der Frau und den Familienfrieden geht, so vertreten Judith und vor allem Esther den wenn auch blutigen Triumph der schönen und kühnen Frau über die Feinde ihres Volks und eröffnen damit auch staatsbürgerliche Perspektiven. Judith wurde ebenfalls von Birck behandelt, und zwar deutsch (Druck 1539, Entstehung früher) wie lateinisch (1541), worauf Wolfgang Schmeltzl in Wien wieder eine deutsche Fassung schreibt (1542). Esther-Dramen stammen von Hans Sachs und Andreas Pfeilschmidt aus Sachsen (1555); von diesem ist abhängig der Zürcher Jos Murer, 1567, auf den noch im selben Jahr eine anonyme Berner *Esther* folgt. Den höchsten Rang hat hier allerdings wieder Naogeorgus mit seinem *Hamanus* (1543). Das Drama, das eine Menge neuer Episoden bringt und nicht ohne komische Züge ist, verlegt alles Gewicht auf den hoffärtigen Gegner, der in einer Art Faszination des Bösen zum eigentlichen Helden des Stücks wird. Der Sturz des verblendeten Usurpators – das ist ein Grundthema des kommenden Barock- und insbesondere Jesuitentheaters. In Übersetzungen und neuen lateinischen Stücken hat der *Hamanus* weitergewirkt. Trotz des keineswegs judenfreundlichen Klimas der Zeit können sich in diesen Esther-Dramen die Zuschauer mit dem biblischen Volk Gottes identifizieren, und dessen Feind kann je nach dem gesetzten Akzent der konfessionelle Gegner sein oder auch der Feind der Christenheit wie z. B. die Türken.

Ein weltliterarischer Stoff höchsten Ranges ist natürlich Joseph oder, wie er meistens heißt, der ägyptische Joseph. Familienroman, Karriereroman, Joseph als Präfiguration Christi, zugleich als tugendhafter Held einer

Verführungsszene – solche weitreichenden Möglichkeiten liegen im selben Stoff bereit. Ein von Georg Major und Joachim Greff 1534 in Magdeburg aufgeführtes Stück von Jakob und seinen zwölf Söhnen gehört zu den frühesten Bibeldramen aus Sachsen; es enthält die Josephsgeschichte in recht knapper Form. Maßgebender wurde der *Iosephus* des niederländischen Katholiken Cornelius Crocus (1535), nach welchem im Süden 1538 der Berner Hans von Rüte und 1540 der Zürcher Jakob Ruf (?) große erzählende Stücke gestalteten. Auch Sixt Birck ist mit einem deutschen *Joseph* vertreten (Druck 1539, Entstehung vor Crocus?), und es folgt lateinisch 1544 Macropedius. Eines der besten deutschen Bibeldramen überhaupt ist der *Joseph* des Tiebolt G a r t , 1540 in Schlettstadt gespielt. Gart betont den religiösen Aspekt, indem er Christus, Petrus und Paulus von einem „Winkel" aus das Geschehen verfolgen läßt, und gleichzeitig psychologisiert er recht fortschrittlich die Leidenschaft der Sophora mit Anleihen aus Ovid:

O wee, mein höchster Jupiter,
Cupido du gewaltigster,
O Venus, dein gestrenges kind,
Durchtringt mein traurigs hertz geschwind,
Mit scharpffen pfeilen heysser lieb,
Du brünnens fewr, der ehren dieb,
Was bringstu für ein preiss daruon? ...
Treib auß deim keuschen hertzen, treib
Die schandtlich lieb, o leydigs weib,
So fast du magst, ja wann ich möcht?

(614 ff.)

Im Jesuitentheater ist Joseph sehr beliebt, im evangelischen Schultheater bleibt er in einer Reihe weiterer Fassungen vertreten, so bei Thomas Brunner in Steyr 1566. Noch Nicodemus Frischlin hinterließ Vorarbeiten für eine deutsche Joseph-Trilogie, an der er im Gefängnis kurz vor seinem Tod arbeitete.

Beliebt war auch die wunderbare Geschichte des frommen Tobias und seiner Familie. Sie wurde u. a. von Jörg Wickram (1550), Thomas Brunner (1569) und Georg Rollenhagen (1576) behandelt.

Von den weniger oft behandelten Stoffen des Alten Testaments sind zu nennen Adam und Eva (Ruf), Kain und Abel, Abraham, Rebecca, Simson, Nabal (von Zwinglis Schwiegersohn Rudolf Gwalther, lateinisch, 1549), Saul, David, Daniel usw. Überall bestätigt sich der lebhafte Austausch zwischen lateinischen und deutschen Fassungen.

Seltener sind die Werke zum Neuen Testament. Schwache protestantische Versuche, die alten geistlichen Spieltypen wiederaufzunehmen, finden sich vor allem im Süden; Luther hatte eine Darstellung der Passion ausdrücklich mißbilligt. Eine 1544 in Zürich gespielte *Auferstehung* griff vielleicht noch auf vorreformatorische Texte zurück; sie wurde 1566 in Jos Murers *Vfferstäntnus* neu bearbeitet. Eine *Passion* verfaßte ebenfalls in Zürich Jakob Ruf 1545; sie wurde dann 1604 für eine Aufführung im katholischen Freiburg i. B. überarbeitet. Ein erstes protestantisches Weihnachtsspiel hat Heinrich Knaust 1541 in Berlin aufgeführt; es folgte u. a. der aus Konstanz stammende Bieler Prädikant Jakob Funkelin 1553, der auch eine *Auferweckung des Lazarus* geschrieben hatte. Als kurzes Gelegenheitsspiel gedacht ist Paul Rebhuns *Hochzeit zu Kana* 1538, „dem gottgeordneten Ehestand zu Ehren" geschrieben. Es ist ein Thema, das wie Rebecca oder Susanna für die hohe Wertschätzung der Ehe und damit für die neue Sozialordnung wichtig und gleichzeitig auch in den weitverbreiteten Ehespiegeln behandelt war.

Auch auf der katholischen Seite konnte sich unter Umständen neben den traditionellen Formen ein freier gestaltetes geistliches Drama entwickeln, anders gesagt: aus den umfassenden heilsgeschichtlichen Spielen konnten sich einzelne Episoden verselbständigen. In der Schweiz geschieht dies vor allem in den altgläubig gebliebenen Städten Luzern, Solothurn und Freiburg. Ein sehr wertvolles, umfangreiches Spiel ist die zweitägige *Tragoedia Johannis des Täufers*, die Johannes Aal, Propst und Schulleiter in Solothurn, einst Schüler des Humanisten Glarean, verfaßte (1549); es geschah wahrscheinlich unabhängig sowohl von dem 1546 im Druck erschienenen *Johannes decollatus* des katholischen Dortmunder Geistlichen Jakob Schöpper wie von *Herodes und Johannes* des sächsischen Lehrers Johann Krüginger von 1545. Einen gewissen Aufschwung nimmt in dieser Zeit auch das Legendenspiel, das fast ausschließlich in der Schweiz begegnet. 1581 wurden in Solothurn an zwei aufeinanderfolgenden Tagen die zusammengehörigen, je fünfaktigen Spiele von *St. Mauritius* und *St. Ursus* (beide behandeln das Martyrium der thebäischen Legion) gespielt. Dieses eigentliche Patronats-Doppelspiel stammte von dem Lehrer Johannes Wagner.

Zur moralischen Botschaft der Dramen gehört immer wieder die Belehrung über gerechte und ungerechte Obrigkeit und bürgerliches Verhalten. Doch hat praktisch nur das eidgenössische Theater ein politisch wirklich verantwortliches Publikum, dem – übrigens auch nur in wenigen Fällen – die konkreten politischen Anliegen vorgebracht werden. Und zwar lassen sich diese nun an Episoden der eigenen oder der allgemeinen Geschichte exemplifizieren. Mitten in seiner Folge biblischer Stücke bringt Jakob Ruf in Zürich vaterländische Spiele. Um 1538 erweitert er des Balthasar Sproß Spiel von den alten und jungen Eidgenossen zu einer Art politischer Moralität: Ein alter Eidgenosse und sein „Etter Heini“ (Gevatter Heinrich) konsultieren die sieben weisen Meister, deren Ratschläge sie dann vor eine Landsgemeinde bringen (es geht um die Abschaffung der Pensionen und der Reisläuferei und allgemein die Verbesserung der Sitten). Satan im Gewand eines Klosterbruders und anderseits der treue Eckhart greifen in die Handlung ein. 1545 walzt Ruf ferner das alte Urner Tellenspiel zu einem neuen Stück aus.

Der Befreiungsmythus der Eidgenossen hatte sich gern am Vorbild des alten republikanischen Rom orientiert, Tell als schweizerischen Brutus gefeiert und überhaupt eine Art weltlicher Typologie geschaffen, die noch im 17. Jahrhundert schweizerische, altrömische und alttestamentliche Figuren zusammensah. Heinrich Bullinger (1504–75), der Retter der Reformation Zwinglis und Vorsteher der Zürcher Kirche, hat wahrscheinlich schon 1526 sein Drama von Lukretia und der Vertreibung des Tyrannen Tarquinius geschrieben (*Geschicht der Edlen Römerin Lucretiae*). Es wurde erst anläßlich von Aufführungen in Basel und Aarau 1533 gedruckt. Das Stück soll die Not des Volkes, insbesondere auch der Bauern, unter Tyrannei oder „oligarchi" zeigen, und es feiert die Befreiung Roms durch Brutus mit Hilfe des Landvolks, unter aktuellen Anspielungen auf das Pensionenwesen, den Hochmut des schweizerischen Adels und die Tyrannei des Papsttums. Das knappe Stück, das eine erstaunlich demokratische, vaterländische und reformatorische Tendenz verkörpert, ist eine ungewöhnliche und überlegene Leistung. Sie inauguriert eine zunächst noch dünne Tradition schweizerischer Römerdramen: ein Berner Stück von *Appius und Virginia* 1565, zwei Stücke des Solothurners Georg Gotthart (1552–1619), nämlich den *Kampf der Horatier und Curiatier* (1584 gedruckt) und eine *Zerstörung Trojas* (1598). In Luzern gibt es 1592 einen *Cato* und in Zürich 1596 Christoph Murers *Scipio Africanus*. Diese Linie scheint unabhängig zu sein von der durch Hans Sachs schon früh begonnenen und von Jakob Ayrer fortgesetzten allgemeinen Dramatisierung weltgeschichtlicher und weltliterarischer Stoffe.

Diese stoffliche Übersicht sei nun – quer dazu –

ergänzt durch einen Blick auf die wichtigsten lokalen Traditionen und ihre Autoren.

Als Schlüsselfigur eines von Wittenberg ausgehenden und in verschiedenen Städten Sachsens, vor allem Zwikkau, blühenden Bibeltheaters gilt Paul Rebhun. Nach seinem Studium in Wittenberg war er als Lehrer und Prediger in Sachsen tätig. Humanistisch interessiert und gebildet, trug er sich mit dem zukunftsträchtigen Plan einer Metrik und Grammatik der Sprache Luthers. Seine beiden Dramen *Susanna* und *Hochzeit zu Kana*, die er unter Berufung auf Luther verfaßte, streben denn auch ein sprachlich reines Kunstdrama an, mit Zwischenchören und gepflegtem Vers. Rebhun verwendet je nach dem Pathos einer Szene je verschiedene Verse und versucht insbesondere vergeblich, als Pionier des jambischen Fünfhebers die allgegenwärtigen kurzatmigen Acht-/Neun-Silbler einzuschränken. Eine ganze Gruppe sächsischer Dramatiker – als Zentrum kann etwa Zwickau bezeichnet werden – steht offenbar unter Rebhuns Anregung, darunter Hans Ackermann, Johann Krüginger, der Pammachius-Übersetzer Hans Tirolff. Auch der aus Straubing stammende Naogeorg ist zeitweise in Sachsen tätig.

In der Schweiz hat die Reformation eine bereits lebhafte Tradition des Volksschauspiels zu neuen Formen umgeprägt, doch blieb bei diesen im allgemeinen ein bürgerlich-volkstümlicher Stil erhalten. Mit dem biblischen und vaterländischen Drama steht Zürich voran: Nach Jörg Binder und Heinrich Bullinger repräsentiert Jakob Ruf (um 1500–58) den Typus eines fleißigen, für Bürgeraufführungen und für den Buchmarkt schreibenden durchschnittlichen Dramatikers. Seines Zeichens war er „Chirurgus und Lithotomus“ (Steinschneider), ein überzeugter Reformierter, der auf eigene Kosten in den Kappelerkrieg zog. Sein Œuvre umfaßt *Hiob* (1537), *Etter Heini, Des Herrn Weingarten, Joseph (?), Passion,*

*Wilhelm Tell* und *Adam und Eva* (1550) in bunter Folge. Ihm folgen Jos Murer (1530–80), Glasmaler, Illustrator und Kartograph, mit fünf alttestamentlichen Dramen, dem *Jungmannenspiegel* und einer *Auferstehung*, darauf dann sein im selben Beruf tätiger Sohn Christoph Murer (1558–1614), der u. a. den *Scipio Africanus* schrieb. Neben dieser ins Biedere absinkenden Reihe ist aber auch der einflußreiche Theologe Rudolf Gwalther (1519–86) zu nennen, dessen lateinischer *Nabal* in Schaffhausen deutsch gespielt wurde und noch 1582 in Straßburg zu Ehren kam.

Für Basel steht neben Kolroß und Boltz vor allem der Augsburger Sixt Birck (Betulius, Betuleius, 1500–54), der als Lehrer in Basel sechs deutsche Stücke zum Alten Testament schrieb (*Ezechias, Zorobabel, Susanna, Joseph, Judith, Beel*) und hier auch die Aspekte der politischen Erziehung zur Geltung brachte. Nachdem Birck als Schulrektor 1536 nach Augsburg zurückgekehrt war, schrieb er nur noch anspruchsvollere lateinische Dramen, darunter Neufassungen von *Susanna* und *Iudith*.

In Bern hat Hans von Rüte (gest. 1558) zunächst ein großes antikatholisches Fastnachtspiel in der Nachfolge Niklaus Manuels inszeniert und dann fünf biblische Dramen folgen lassen, u. a. 1538 einen *Joseph* nach Crocus und zweitägige Spiele über *Gedeon* (1540) und *Noah* (1546).

Besonders wichtig ist das Elsaß mit Colmar (Jörg Wickram), Schlettstadt (Tiebolt Gart) und vor allem Straßburg. Hier hatte der Humanist Johannes Sturm 1538 in einer großen Schulreform ein städtisches Gymnasium (seit 1566 Akademie) geschaffen. Aus den üblichen Schulaufführungen lateinischer und griechischer Klassiker wurden aufwendige, vom Rat unterstützte und von weither besuchte Freilichtaufführungen. Gespielt wurden seit 1565 auch neulateinisch-biblische Dramen von den verschiedensten Autoren, nicht zuletzt aus den Niederlanden, aber auch ältere Stücke von Birck, Macropedius, Naogeorg u. a. oder Neueres von einheimischen Verfassern. Seit 1597 wirkt Wolfhart Spangenberg in Straßburg, der mit deutschen Übersetzungen von Neulateinern sowie mit eigenen deutschen Dramen (*Simson, Saul, Sodom*) den wohl bedeutendsten Übergang in ein frühbarockes evangelisches Schultheater auch deutscher Sprache vollzieht – in Rivalität zu den Jesuiten.

Schließlich Österreich. Ein gewisser Stellenwert, kaum mehr, kommt Wolfgang Schmeltzl (um 1500–57) zu, der aus der Oberpfalz stammte, vorübergehend protestantisch gewesen und nun als Lehrer am Schottenkloster zu Wien tätig war. Er hat zwischen 1540 und 1551 sieben deutsche Bibeldramen inszeniert und damit das von Haus aus wesentlich protestantische Schuldrama in Österreich eingeführt. In Steyr war es der Landshuter Protestant Thomas Brunner (gest. 1570), der 1566–1569 mit drei Stücken zum Alten Testament hervortrat.

### 3. Komödie

Die klassische Trennung der dramatischen Gattungen läßt sich auf das ernste Drama des 16. Jahrhunderts nur schwer anwenden. Das dominierende Vorbild der römischen Komödie auch für Moralität und Bibelspiel, die Unvereinbarkeit von tragischem Geist und christlichem Weltbild, ein genuin christlicher Realismus, das Übergreifen des Narren ins ernste Spiel und der Allegorien in die Komödie, schließlich unter Umständen der fastnächtliche Termin setzen die Unterscheidung von komisch und tragisch außer Kraft und führen zu den verschiedensten Formen einer Mischung oder Kombination von Ernst und Heiterkeit. Immerhin ist die reine Komödie möglich – sei es das primitive Fastnachtspiel (wie immer seine Wurzeln zu beurteilen sind), sei es humanistische Nachahmung der antiken Komödie. Auf das Fortleben des Fastnachtspiels, wie es in der Nürnberger Tradition bei Vigil Raber, im Berner *Elsli* oder auch in der noch lange möglichen Umfunktionierung zur konfessionellen oder politischen Satire begegnet, ist hier nicht mehr einzugehen. Das Fastnachtspiel des Hans Sachs, das einen Typus für sich darstellt, hat eine gewisse Entsprechung bei dem Colmarer Meistersinger Jörg Wickram, der aber ältere, revuehafte Formen wieder aufgreift. Er bearbeitete Gengenbachs *Zehn Alter*, läßt sich von Brant zu einem Panorama der Torheiten und Laster inspirieren (*Das Narrengießen*, 1537) und gibt in seiner *Weiberlist* 1543 einen Reihenauftritt antiker und alttestamentlicher Experten der Liebe.

Eine Auswahl verschiedener Typen und verschiedener Qualitäten bietet wieder die schweizerische Theaterlandschaft. Zacharias Bletz (1511–70), Luzerner Gerichtsschreiber, war nicht nur Spielleiter eines großen Antichrist- und Weltgerichtsspiels, sondern inszenierte auch öffentliche Fastnachtspiele. Erhalten sind ein umfangreicher *Marcolfus* (1546, nach dem Volksbuch), in welchen ein kleines Spiel vom Nürnberger Typus eingeschoben ist: *Die mißratenen Söhne*, ein edler Streit zwischen Trinker, Spieler und Buhler, wobei der Trinker vor Gericht am besten wegkommt. Beispiel der beliebten Arzt-Komik ist schließlich Bletz' *Wunderdoktor* von 1565.

Zu den stolzen Belegen einer kraftvoll-behäbigen und wirklichkeitssicheren Berner Literatur gehört das *Weinspiel* von Hans Rudolf Manuel (1525–71), einem Sohn des Niklaus, Landvogt in Morges im Waadtland. Der Druck von 1548 bezieht sich auf eine Aufführung in Zürich. Das große „holdsälige“ Spiel, „darinn der edel wyn von der Truncknen rott beklagt, vonn Räblüthen beschirmbt vnd vonn Richtern ledig gesprochen“ wird, ist somit ein Gerichtsspiel um die Personifikation des an sich edlen und „frommen" Getränks, theoretisch gegen das unmäßige Trinken gerichtet, tatsächlich aber ein – auch von Fischart benütztes – Stück Trunkenheitspoesie, wie sie schon etwa im *Weinschwelg* oder, lyrisch, bei Wolkenstein und Steinmar vorlag, nun aber, als Sprachlustbarkeit des chaotischen Jahrhunderts, besonders bedeutsam wurde. Mit dem Aufgebot von einem halben Hundert Rollen wird die Gesellschaft der Zecher in der Blauen Ente – Bauern aller Art, Soldaten, ein Pfaff, einige „Mätzen" usw. – sowie deren unsichere Heimkehr zu den zornigen Weibern geschildert, ebenso dann das Gericht über den angeklagten „Wyn" mit Richtern und Anwälten. Fritz Sältenlär erbittet sich, vor seiner Haustüre ängstlich geworden, den Beistand eines Kumpans:

Sölt ich mich min wyb meistren lan,
Ich wölt jr e beyd arm abschlan!
Meinst du, das ich sy fürcht, min wyb?
Ich bitt dich, lieber, by mir blyb.

Cůntz Löffelstil.
Denck mir sy nit, ich thůn es nit!
Alde, so du nit nider wit!

Fritz Sältenlär. Klopft an der thür.
Hoscha, hoscha, Gret thů mir vff!
Ich wirff es sunst als vff ein huff!

Sibilla Schälckly, sin wyb.
Ists nit, das dkumbst, du trunckne loß (Mutterschwein)?
Das dich bül aller suw anstoß!

Fritz Sältenlär.
Ä das dichs Erdrych fräß, wie thůst,
Du nütsöllender suppenwůst!
Woltest du erst lang mit mir bochen? (1605 ff.)

Die harten Verse – strenge Knittel nach dem Vorbild etwa Brants – sind voller Sprachwitz, lautlich wie in der ohnmächtig-phantastischen Metaphorik oder in den massiven Vokabeln und Wendungen, die zugleich den Sprecher charakterisieren.

Gegenüber solch breit ausgespielter Komik liegt der Vorzug einer kleinen „Comedia" des bedeutenden Malers Tobias Stimmer in der äußerst knappen Bewältigung eines pointierten Schwankgeschehens. Stimmer (1539–84) stammte aus Schaffhausen und lebte seit 1571 in Straßburg. Sein Spiel *Von zwei jungen Eheleuten* existiert nur im Autograph von 1580, welches durch meisterhafte Federzeichnungen von hohem Interesse für Kostüm und Gebärdensprache der Aufführung ist. Die Handlung ist eine Variante des zur Genüge bekannten Stoffs vom Verhältnis einer liebeshungrigen jungen Ehefrau samt Magd zum Pfaffen. Während der Gatte auf Reisen ist, verkleidet sich der Pfarrer für seine Zwecke als Bauer; doch wird ein richtiger und ehrbarer Bauer von der Magd irrtümlich zur Dame hereingelassen, während der falsche Bauer von einem reisenden Kaufmann verprügelt wird. Worauf alles zu rechter Zeit mit der Rückkehr des Gatten ins reine kommt und mit Reue und Versöhnung endet. Die fastnächtliche Handlung ist durch die Namengebung (Amorrosa, Gorgus, Mercurius), vor allem aber durch das Abbiegen der Ehebruchsmotivik in eine gefahrlose und heitere Komödie der Irrungen von human-humanistischem Geist geprägt. Man kann wohl sagen, in solchen Versuchen vollziehe sich ein Übergang des Fastnachtspiels ins eigentliche Lustspiel.

Und nochmals zurück ins Latein! In der Gestalt des Nicodemus Frischlin (1547–90) begegnet, persönlich faßbar und faszinierend, die Existenz eines späten Humanisten, in dessen Werk einige Komödien den Abschluß eines Zeitalters bilden. Eine Comicotragoedia kann man mit dem Verlegenheitsterminus der zeitgenössischen Poetik dieses Leben wohl nennen. Der Pfarrerssohn aus Balingen, im Tübinger Stift gebildet, erhielt alsbald eine kleine Professur und wurde als Hofpoet vom

Herzog protegiert, solange es irgend ging. Doch verwikkelte er sich in immer schlimmere teils literarische, teils handgreifliche Streitereien mit den Tübinger Kollegen und mit dem württembergischen Adel. Eine Zeitlang ging er als Schulrektor nach Laibach (Ljubljana); eine Rückkehr nach Tübingen gelang nicht mehr – seine Reisen nach Prag, Wittenberg, Braunschweig gingen in Irrfahrten über. Nachdem der Herzog dem Pasquillanten nicht mehr helfen konnte, wurde er verhaftet und auf die Burg Hohenurach verbracht. Nach einem halben Jahr Gefangenschaft versuchte er zu fliehen und stürzte über die Burgfelsen hinab zu Tode. Dieses Leben hat kein Geringerer als David Friedrich Strauß, selber ein Stiftler, aufgrund der ungezählten Akten, die es begleitet hatten, ausführlich beschrieben (1855). Es ist das Bild eines unsteten, händelsüchtigen, trinkfreudigen, witzigen, selbstbewußten und im Grunde gutmütigen Späthumanisten, will heißen Philologen, Versemachers, Unterhalters und Verfassers von Spott- und Schmähschriften. Frischlin verstrickte sich in die bösartige Enge eines akademischen Ghettos mit seinem Klatsch, seinem Brotneid, seiner pedantischen Eitelkeit. In seiner *Oratio de vita rustica* versah er ein ehrwürdiges Vergilisches Thema mit gezielten Ausfällen gegen städtisches Wesen und vor allem gegen die „centauri“, den menschenfressenden und -schindenden, hoffärtigen Adel. Frischlin war kein Revolutionär, nicht einmal ein Nonkonformist. Sein Humanismus bestand in seiner philologischen Kompetenz und darüber hinaus in einer Leichtigkeit des Redens, des Verse- und Witzemachens, die er nicht zügeln mochte und die ihm daher zum „ungehäben Maul“ geriet, wie es einmal in den Akten heißt.

Das Werk dieses beweglichen Geistes erstreckt sich auf alle Sparten: Sprachlehre, Epik (eine *Hebrais*), Elegien, Epigramme, vor allem aber Dramen, die meistens für Schul- oder Festaufführungen in Tübingen oder am Hofe in Stuttgart bestimmt waren. Es sind Bibeldramen (lateinisch *Rebecca* und *Susanna*, deutsch *Ruth*, *Hochzeit zu Kana*, Summarien für einen *Joseph*); dann Dialogisierungen nach Vergil (*Venus, Dido*) und Caesar (*Helvetiogermani*); ferner, thematisch neuartig, für höfischen Zweck zwei geschichtlich-legendenhafte Stücke: eine lateinische *Hildegardis* (eine Frau Karls des Großen) und eine deutsche *Frau Wendelgard* (eine ähnliche Geschichte von Frauentreue aus der Ottonenzeit). Überragend aber sind wohl drei lateinische Komödien im eigentlichen Sinn.

*Priscianus vapulans* (der verprügelte klassische Grammatiker Priscian, 1578) feiert in der Tradition der eigentlichen Schulaufführungen den gegenwärtigen hohen Stand der Bildung: Priscian, bei allen Fakultäten mißhandelt, wird von Erasmus und Melanchthon geheilt. Das ist rückblickende Selbstverherrlichung des deutschen Humanismus oder wenigstens seines Lateinunterrichts, inzwischen aber doch wieder von einer gewissen Aktualität geworden – bald darauf wird in einem ähnlichen Stück Jakob Gretsers das *Regnum humanitatis* im Sinne eines neuen jesuitisch-christlichen Humanismus verkündet. *Phasma* (Erscheinung, nach einem Komödientitel Menanders, 1580 gespielt) ist eine fastnächtliche, stramm lutherische Abrechnung mit allen andern Konfessionen oder Häresien, bereits mit einer Attacke gegen das Tridentinum.

Als Hauptwerk Frischlins gilt *Iulius redivivus* (der wieder lebendig gewordene Caesar, 1584). Von Mercurius geleitet, kommen Caesar und Cicero aus dem Orkus herauf, um das moderne Germanien zu besichtigen. Sie staunen über die neue Kultur, besprechen sich mit einem deutschen Heerführer, Hermannus, und mit einem führenden Humanisten, Eobanus Hessus. Caesar besucht ein Zeughaus (die Deutschen haben ja inzwischen das Pulver erfunden und besitzen entsprechende Waffen), während Cicero sich eine Druckerei, d. h. das

Instrumentarium der deutschen Dichter und Denker, zeigen läßt. Ferner erscheinen ein hausierender Savoyarde (Allobrox) und ein italienischer Kaminfeger und demonstrieren mit ihrem Kauderwelsch, was aus dem stolzen römischen Latein in den romanischen Landen geworden ist. Das alte, mindestens schon Huttensche Motiv von der Kommentierung der aktuellen Gegenwart durch antike Persönlichkeiten ist überaus belustigend zu einer eigentlichen Mischung der Zeitebenen ausgestaltet, die modernen Techniken durchaus vergleichbar ist. Die großen Römer, die da mühsam und zunächst völlig ratlos nach Deutschland angereist kommen, geraten dabei selber in komisches Licht und dementieren so ihre Vorbildlichkeit:

Cicero. Ego mehercle jam defatigatus animi
Et corporis laboribus cupio parum
Quiescere . . .

(Ich, beim Herkules, bin nun erschöpft von der Mühe an Geist / und Leib und wünsche ein wenig / auszuruhn . . .)

Aber auch der deutsche Kriegsmann und der große Humanist wirken bei allem vaterländischen Pathos nicht ganz seriös. Hermannus begreift durchaus nicht, wer die angekommenen Herren sind, und fragt dann erstaunt, wieso sie nach so langer Zeit wieder lebendig sein könnten. Er muß sich belehren lassen, dies sei eben die Leistung der Komödien- und Fabeldichter:

Cicero. Sicut comici solent resuscitare mortuos
In suis comoediis aut fabulis.
Hermannus. Intelligo.

(So wie die Komödianten in ihren Komödien und Fabeln die Gestorbenen wieder lebendig machen. / Aha.)

So berufen sich die Personen des Stücks fast im Sinn romantischer Ironie auf ihren Autor. Allerdings findet damit das Thema Humanismus eine Behandlung, deren Leichtfertigkeit doch wohl symptomatisch ist. Und aufs Ganze gesehn belegt das Phänomen Frischlin eine Spätzeit, ein Ende mindestens der Renaissance-Phase des deutschen Humanismus.

## VIII. PROSAERZÄHLUNG

### 1. Kurzformen

1520 erschien des Johannes Pauli *Schimpf* (Spaß) *und Ernst*, eine Sammlung von 693 „exempeln, parabolen vnd hystorien", die bis 1699 mindestens 60 – vielfach erweiterte – Nachdrucke erfuhr und zu einem der beliebtesten deutschen Bücher wurde. Das Werk steht am Anfang einer neuen Reihe von Sammlungen volkssprachlicher und volkstümlicher Prosageschichten, und gleichzeitig verkörpert es doch, an der Schwelle der Reformation, noch reinstes Spätmittelalter, kaum berührt von der neuen humanistischen Kunst pointierter Fazetien. Johannes Pauli (um 1450 – nach 1520) war Franziskaner und wirkte als Prediger sowie in Ordensämtern in Villingen – eine Handschrift des dortigen Nonnenklosters überliefert 28 seiner Predigten –, Basel, Straßburg, Schlettstadt, Colmar, Thann, wo er 1519 seine Sammlung abschloß. Er stand unter dem Einfluß Geilers von Kaisersberg, von dem er eine Reihe von Werken herausgab und dessen Predigteinlagen wohl die wichtigsten seiner Vorbilder waren. Die im Titel seines Buchs genannten Erzählformen haben fließende Gattungsgrenzen. Zum Predigtexempel kann jede Fabel, jede Wundererzählung, jede Anekdote, jeder Schwank oder Witz, jede kurze Geschichte rein durch ihre Funktion im Kontext werden. Parabeln (bîspel) sind als von vornherein auf Auslegung angelegte Geschichten zu verstehen, und Hystorien sind alle Erzählungen, die an sich selbständig sind, aber bei Bedarf doch auf ihren moralischen Gehalt hin befragt werden können. Direkt und vor allem indirekt sammelt Pauli aus der unabsehbaren Überlieferung an solchem Erzählgut, wie es vor allem im Hochmittelalter in den großen Exempla-Sammlungen, in den *Gesta*

*Romanorum*, in den Legenden- und Mirakelwerken (*Legenda aurea, Dialogi* des Caesar von Heisterbach) zu finden war. In der Volkssprache gab es bisher kein solches Werk in Prosa: Was die gereimten Formen (Spruchlied, Bîspel, eventuell Märe oder Fastnachtspiel) oder die Prosaanekdoten in Chroniken oder vor allem Predigten verstreut boten, trat hier zum ersten Mal einheitlich und kompakt als volkssprachlicher Thesaurus auf.

Die religiöse und moralische Absicht dieser meist mit kurzer Anwendung versehenen Geschichten wird durch die überall aufbrechende Erzählfreude nicht dementiert, im Gegenteil. Obwohl zunächst vermutlich als Hilfswerk für Prediger begonnen, ist es schließlich ein Lesebuch für jedermann. Es will „der Welt Handlung durchlaufen", d. h., es gibt in locker geordneten thematischen Gruppen (Stände, Berufe, Laster, Tugenden, kirchliche Einrichtungen usw.) ein umfassendes Bilderbuch. Pauli erzählt einfach, knapp, trocken, formal sorglos, nahe der Umgangssprache, als das Konzentrat einer reichen Fülle. Scherz und Ernst sind gemischt (und zwar genau im offenbar bekömmlichen Verhältnis von 2 : 1), und bei jeder Nummer ist vermerkt, wohin sie gehört, ähnlich wie Wittenwiler mit seinen grünen und roten Randlinien verfährt. Diese Mischung soll sowohl ermöglichen, daß sich die „geistlichen kinder" in den Klöstern bisweilen etwas erlustigen und ausruhen mögen, als auch umgekehrt, daß „die vff den schlössern und bergen" sich an erschreckenden und ernsten Dingen bessern können. Sie zielt auf einen tiefer liegenden Ausgleich der Gegensätze. Auch wo Schwänke oder „facete dicta" ohne Moral erscheinen oder diese erzwungen wirkt, sind sie bei diesem Volksprediger doch aufgehoben in dem Vertrauen, daß alles seinen Platz und seinen Sinn findet. Scherz und Ernst, Mirakel und Moritat, Anekdote, Tierfabel, Sprichwort, Episoden der Weltgeschichte und eigene Erlebnisse sowie deren kleine und große Helden samt den üblichen Bauern, Pfaffen und Metzen – all das gehört zu einer großen Schöpfungswelt, in der zuversichtlich eines aufs andere verweist und wo sich, richtig bedacht, jederzeit auch die Vorzeichen umkehren können. Kurz: eine Welt und ein Buch voller Figur. Erst wo sich später in den humanistischen Übersetzungen und vor allem nach dem Vorbild Bebels die frivole Erzählung als Kunstform verselbständigt und im Gefolge Luthers die volkssprachliche Prosa ungeniert auftritt, ja Grobheit zur Tugend macht, wird diese Einheit gesprengt.

Es dauert nach der Reformation dennoch ein Menschenalter, bis plötzlich eine wahre Welle der nun eindeutig zur Schwankerzählung gewordenen Geschichten durch das deutsche Sprachgebiet geht.

Am berühmtesten wurde die erste dieser Sammlungen, das *Rollwagenbüchlein* des Elsässers Jörg Wickram, der damals Stadtschreiber in Burkheim im Breisgau war, 1555, vielleicht symptomatischerweise im Jahr des Augsburger Religionsfriedens. Die zunächst 67 Stücke sind in den zahlreichen späteren Ausgaben laufend vermehrt worden. Nun sind es behaglich oder gar ein wenig umständlich erzählte Geschichten, zur reinen Unterhaltung auf Reisen (Rollwagen), in Scherhäusern und Badstuben bestimmt, zum „Hören und Lesen". Die hier vereinigten Schwänke sind verschiedenster Herkunft; neben mehr novellistischen Stoffen internationalen Charakters stehen die üblichen, in heimatlicher Nähe angesiedelten Geschichten von Ehe und Buhlerei, törichten Weibern und Geistlichen, Bauern und Handwerkern, alles gleichermaßen volkstümlich und gemütvoll vorgetragen. Selbst die konfessionelle Polemik ist harmlos geworden, etwa in der Geschichte vom eifrigen Geistlichen, der nach seiner Anstellung durch eine protestantische Gemeinde das Abendmahl nun in dreierlei Gestalt austeilen will.

1556 folgt die *Gartengesellschaft* von Wickrams engerem Landsmann und Kollegen Jakob Frey, Stadtschreiber in Maursmünster, 1557 der *Wegkürtzer* und bald darauf eine weitere, als *Ander Theyl der Gartengesellschaft* deklarierte Sammlung des Martin Montanus, eines nicht näher bekannten Straßburgers, der auch drei Boccaccio-Novellen übersetzt und drei weitere dramatisiert hat. Anschließend kam Michael Lindener aus Leipzig (um 1520–62) mit seinem *Rastbüchlein* und seinen *Katzipori* (beide 1558) heraus; Lindener war lateinisch gebildet und nannte sich „poeta laureatus", was ihn nicht vor der Hinrichtung wegen eines Totschlages rettete. Ebenfalls aus Leipzig stammt Valentin Schumann, Schriftgießer und Landsknecht, der 1559 sein *Nachtbüchlein* auf den Markt brachte. Lindener und Schumann sind wegen ihrer ausgeprägten koprophilen Neigungen besonders verrufen. Den Abschluß der Reihe bildet die nun enzyklopädische, an protestantischer Belehrung interessierte siebenbändige Sammlung *Wendunmuth* (1563–1603) des Hans Wilhelm Kirchhoff (um 1525–1603, aus Kassel, Burggraf in Spangenberg), und dieses Werk ist dann wiederum der Steinbruch für die Folgezeiten geworden.

Das ganze hier ausgebreitete Erzählgut ist ein dichtes Geflecht der Überlieferung aus den verschiedensten Bereichen und Sprachen, vom Altertum bis zur selbsterfahrenen Gegenwart, je nach Zweck und Bedarf oft eilig kompiliert und bearbeitet. Die überwältigende Erzählfreude gedeiht trotz allen Einschränkungen zu einer eigentlichen Erzählkunst, nicht denkbar ohne den humanistischen Sinn für geformte, pointierte, das Menschlich-Allzumenschliche erfassende Darstellung und nicht ohne den lutherischen Durchbruch zur Selbstsicherheit der eigenen Volkssprache. Den Leuten aufs Maul zu sehen – diese Anweisung ist gründlich säkularisiert in einem oft treuherzigen, oft bösartigen Vergnügen, in Schwänken,

Grotesken und mancherlei Tabubrüchen einer undurchdringlichen Wirklichkeit habhaft zu werden. Von einem fast beliebigen Beispiel wie dem folgenden läßt sich sagen, daß es eine für Jahrhunderte gültige Form der deutschen Volkserzählung, eine auf ihre Art perfekte Erzählkunst belegt:

Zu Osterhoven im Bayerland da ware ein gar armer ungelerter pfaff; sein narung warde im saur zů bekomen. Uff ein zeit wolte er predigen, klagt sein not, ward gantz und gar unlustig, sagt: „Lieben kinder Christi, ich solt enckh das wort gots verkünden; so seit es so schantlich böß bawrn, es wölt nichtz bettn, nichtz faßtn, nichtz opffern auffn altar und nichtz durch gotzwilln gebn. Nempts war, über nacht so stürb ich und far von mund [stund?] auff zů dem almechtign, ewign got. So spricht er zů mir: ‚Seidt mirs gotwilkhem, herr Hans!‘ So zeuch ich mein baretlin ab und sprich: ‚Gnad, herr.‘ Alßdann sagt der allmechtig ewig got: ‚Sihe, mein herr Hans, wo habt es enckhere schäfle, die es gewädnet habn auffm erdtreich herunden? Lieber herr Hans, wo sends enckhere arme leut?‘ Sihe mein, so steh ich vor dem allmechtign, ewign gott, als wer mir in dhend gschissn; der teufel hat sie alle hinter rucks mir hinweg. Darumb will ich enck endtlich sagn, wann es kain andter weiß wölt habn, so seye der teuffel enckher selnsorger unnd pfarherr! Und wil hiemit urlaub gnomn habn."

Also zohe er von der pfründen und kam gen Filtzhoven, da ist er noch. (Frey, cap. 43)

Der Text beruht auf einer Fazetie Bebels (I,78), die in kurzer Form nichts als die komische Predigt berichtet und darin kurz das Gespräch mit dem Herrgott, bereits mit zwei deutschen Sätzen. Der (elsässische) Erzähler lokalisiert das Geschehen nach Niederbayern, differenziert das Stereotyp des Schwankpfaffen zum bayrisch-groben, urtümlichen, aber in seiner echten Verzweiflung komischen und einfühlbaren Pfaffen, dem er auch einen Namen gibt. Er baut die Anekdote aus, indem nun, neu, der Pfaffe seine Gemeinde zum Teufel schickt (wo sie eigentlich schon sei), und darum muß er dann auch

Urlaub nehmen – aus dem bloßen Diktum wird eine kleine Geschichte. Diese wird, nach behaglicher Ausmalung des himmlischen Gesprächs, kurz abgebrochen und damit schlagartig aktualisiert: „da ist er noch". Schon Bebel setzt kühn den lateinisch-deutschen Sprachgegensatz ein, um die komisch-grobe Wendung des Pfaffen plastisch zu machen. Frey macht daraus den Gegensatz seiner deutschen Normalsprache zu einem karikierten Bayrischen: er zieht also aus der Lokalisierung zugleich Gewinn für eine neue komische Spannung – ein bemerkenswerter Fall aus dem wechselnden literarischen Rollenspiel der Sprachen.

Ein erschreckendes Extrem ist Lindener – gewiß ein Äußerstes an Roheit und Verwilderung, wenn man die Thematik seiner Schwänke bedenkt. Dennoch bricht gerade bei dieser Gelegenheit ein neues Symptom der literaturgeschichtlichen Entwicklung durch. Lindeners ungehemmte, assoziative und nach allen Seiten aggressive Sprache belegt nicht nur die Möglichkeit eines ironischen, zynischen, ja gelegentlich blasphemischen Erzählens, sondern auch ihren eigenen Krisenzustand. Seine „newe mugken, seltzamme grillen, unerhörte tauben, visierliche zotten" (so im Titel der *Katzipori*, welches ein welscher Ausdruck für „Schnudelbutz" oder „Schlukker" sei) zeigen Züge einer Verselbständigung der Sprache in grotesken Wortreihen, Neubildungen, makkaronischer Sprachmischung, Lautspielereien, z. B. auch mit Prosareimen. Die Sprache bleibt gleichsam in ihrem eigenen Netz hängen, spielt mit sich selbst, zersetzt sich selbst und gibt keine oder nur eine phantastische Wirklichkeit wieder. Solche Züge werden dann bei niemandem deutlicher als bei Fischart, gehören aber seit der Narrendichtung zu den heimlichsten Tendenzen des Jahrhunderts.

Eine letzte Möglichkeit ist prinzipiell auch hier wieder die zyklische Anordnung von Schwänken, als Anreiz der

Erfindung und Mittel der Komposition. Faktisch ist da allerdings bereits der *Eulenspiegel* vorangegangen, indem er zuerst eine Reihe von Prosaschwänken zur Biographie eines einzigen Helden ordnete. Ähnliche Sammlungen oder Ansätze dazu gab es auch über andere Spaßmacher mit echten oder übernommenen Schwänken, so eine Sammlung um den Berliner Schlosser *Hans Clawert* (1587) und eine um *Claus Narr*, einen früheren sächsischen Hofnarren (1572, mit gereimter Moralisation). Wie sich echte, erfundene und übertragene Geschichten um eine sagenhaft gewordene Figur zusammenschließen, zeigt in einem andern, teilweise aber verwandten Bereich die Vorgeschichte des *Faustbuchs*.

Bleibt noch die Vita nicht einer Person, sondern einer ganzen Gemeinschaft. In diesem Sinn ist eine späte, aber geistreiche und durchkomponierte Schöpfung das *Lalebuch* (1597) eines unbekannten, akademisch gebildeten Elsässers, in welchem man schon Wolfhart Spangenberg hat sehen wollen. Die Lalen sind die Bewohner von Dorf und Schloß Lalenburg im Königreich Utopien (Lale wie Lälli oder Löli: Tor mit heraushängender Zunge, zugleich von griech. λαλεῖν „viel reden, schwatzen" abgeleitet). Wegen ihrer großen Weisheit, die sie von ihren griechischen Vorfahren ererbt haben, sind sie im Ausland dermaßen als Ratgeber begehrt, daß sie ihr eigenes Hauswesen vernachlässigen. Auf den feierlichen Wunsch ihrer Frauen kehren sie nach Hause zurück und tarnen sich als Narren, damit man sie in Ruhe läßt. Das heißt aber, daß sie nun stufenweise faktisch aus weisen Bauern zu Narren werden. Und damit beginnt die eigentliche „Narration", bestehend in bekannten, weitgehend andern Schwankbüchern entnommenen Taten dieses Narrenkollektivs: der Bau des dreieckigen Rathauses ohne Fenster und Ofen, der Salzacker, das groteske Benehmen beim Staatsbesuch des Kaisers, Geschichten um Schultheiß und Schultheißin, Hochzeit des Sohnes,

Versenken der Glocke usw. – Leitgedanke ist dabei die zunehmende ständische Überhebung der Bauern, die sich zu Bürgern und Rittern machen. Schließlich wollen die Lalenburger einen „Maushund“ (Katze) verbrennen und lassen dadurch Dorf und Schloß in Flammen aufgehen. Sie fliehen in den Wald, wandern aus und zeugen seither Narren in aller Welt. Der Typus eines solchen Narrengemeinwesens – hervorgewachsen aus Orts- und Stammesneckerei – reicht von Abdera bis Seldwyla. Am nächsten verwandt ist vielleicht, ohne direkten Zusammenhang, das Dorf Lappenhausen des alten Wittenwiler, woran auch einzelnes wie das Hochzeitsfest, die Satire auf den Schultheißen und vor allem der panische Untergang erinnert. Unmittelbarer spielt auch Brants Narrenschiff und Narragonien und des Rabelais Utopia herein. Mit seinem Zug zur Groteske und auch seinen gelegentlichen Sprachscherzen gehört das *Lalebuch* zu den manieristischen Werken der Spätzeit (die Lalen besichtigen ihr neues Rathaus: „Aber als sie in aller Erbertet dareyn getretten kamen, Ecce vide schaw guck siehe lug botz Velte videte, da da [!] war es gantz vnd gar finster“). Bedauerlicherweise ist es ins allgemeine Bewußtsein übergegangen nur in der schon 1598 erschienenen Raub-Bearbeitung der *Schiltbürger*, d. h. einer Verlegung nach Schilda in Meißen (Misnopotamia). Vom selben Bearbeiter folgten als neue Varianten noch ein *Grillenvertreiber* (1603) und die *Witzenbürger* (1605).

## 2. Romane

Man hat das *Lalebuch* gelegentlich als (humoristischen) Roman bezeichnet. Damit ist eine literarische Aufgabe genannt, vor der das deutsche 16. Jahrhundert mit einer gewissen Verlegenheit steht: die idealisierende oder kritische Darstellung eines Lebens und einer Sozialwelt unter aktuellen Aspekten, aus dem Stoff der Zeit und deren

Problematik heraus und wieder einmündend in diese Zeit als Bewußtmachung in Kritik und Lehre mit den Mitteln erzählerischer Erfindung und Ordnung. Im Grund gilt immer noch, was für das 15. Jahrhundert galt: Die sogenannten Volksbücher sind immer noch Prosaauflösungen mittelalterlicher Romane oder, zum größeren Teil, Übersetzungen. Sieht man von einer durch Reihung zustandegekommenen Vita wie dem *Eulenspiegel* oder von den stark chronikalischen Selbstbiographien ab, so bleibt als originales Romanwerk nur der *Fortunatus*. Auch die Reformationszeit ist mit ihren Kämpfen und Umbrüchen keine Zeit für durchdachte Synthesen; vorherrschend sind Satire und Schwank, also Formen der punktuellen Aktion und Reaktion. Es ist dennoch erstaunlich, daß es nur *einen* klaren Fall gibt, in welchem versucht wurde, dem bürgerlichen Dasein in seinen gesellschaftlichen, moralischen und wirtschaftlichen Aspekten einen Spiegel in Romanform vorzuhalten. Und diese Ausnahme scheint zunächst noch beeinträchtigt durch das bescheidene künstlerische Format ihres Urhebers, der persönlich kaum über die Welt seiner oberrheinischen Städte und hier seiner kleinbürgerlichen Umgebung hinauskam. Jörg Wickram (um 1505? – vor 1562) stammte aus Colmar, war hier Ratsdiener, begründete eine Meistersingerschule, für die er die nachmals berühmte Colmarer Liederhandschrift erwarb, und wurde 1554 oder 1555 Stadtschreiber in Burkheim. Aus der Vielfalt seiner literarischen Unternehmungen wurden bereits seine Theaterstücke und das *Rollwagenbüchlein* erwähnt. Hinzu kommt u. a. eine Überarbeitung von Ovids *Metamorphosen* nach Albrecht von Halberstadt. Wickram ist einer jener wenig gebildeten, aber neugierigen, fleißigen und unbeirrbaren Laien, die handwerklich und in eigener Regie Literatur produzieren, wie Hans Sachs.

Das Hauptgewicht seines Œuvres liegt in den fünf

Romanen, die das hartnäckige Bemühen um diese Gattung – bzw. um die Erneuerung des Volksbuchs – eindrucksvoll belegen. Es sind folgende Bücher:

*Ritter Galmy aus Schottland*, 1539: die rührende Geschichte eines einfachen Ritters, der sich in die Frau seines herzoglichen Herrn verliebt; die Dame wird zu Unrecht von Neidern verfolgt, dann aber beim Gottesgericht durch ihren Ritter Galmy gerettet und heiratet nach dem Tod ihres Gatten den treuen Verehrer.

*Gabriotto und Reinhart*, 1551: die „erschrockliche" Liebesgeschichte zweier edler Jünglinge aus Paris und zweier hochadliger englischer Damen, eine „schöne und doch klägliche" History von standesüberwindender Liebe, Freundestreue und Tod.

*Der Goldfaden*, 1554 (gedruckt 1557): der Held Leufried ist ein Hirtenjunge, der von einem Kaufmann in Salamanca erzogen wird, in die Fremde geht, an einem portugiesischen Hof als Küchenjunge dient, kriegerische Taten vollbringt und die geliebte Grafentochter Angliana zur Frau bekommt.

*Der Knabenspiegel*, 1554 (zugleich auch in dramatischer Form bearbeitet): der brave Bauernsohn Friedbert steigt zum Kanzler am preußischen Hof empor, während sein Kamerad, ein junger Adliger, Wilbaldus, in schlechte Gesellschaft gerät und Schweinehirt wird, dann allerdings bereut und zu Hause wieder aufgenommen wird, während sein Verführer, Lottarius, am Galgen endet.

*Von guten und bösen Nachbarn*, 1556: eine komplizierte und locker gefügte Geschichte zweier durch Ehen und Geschäfte miteinander verbundenen Familien von Kaufleuten und Goldschmieden in drei Generationen, mit den Gefahren, Erfolgen, Tugenden und Prüfungen tüchtiger Bürger.

In dieser Abfolge zeigt sich, wie der Erzähler Motive der ihm zugänglichen Volksbücher und spälhöfischen

Romane kombiniert, um sie dann zunehmend durch stoffliche Elemente seiner eigenen bürgerlichen Welt abzulösen. Im *Goldfaden* demonstriert er den kontinuierlichen Aufstieg eines Hirten zum Ritter und zum Herrn, im *Knabenspiegel* greift er zu einem Parabelstoff, den er etwa nach dem Muster gewisser Schulkomödien mit einer Kontrastfigur anreichert, und schließlich komponiert er eine freie Erzählung um zeitgenössische Fernhändler und Handwerker, auch diese allerdings noch ins Internationale (Antwerpen, Lissabon) aufhöhend. Die höfische Welt bildet zunächst noch die ideale Staffage. Auch Leufried muß noch ein großer Kriegsheld sein und zum Ritter geschlagen werden, bevor er seine Angliana bekommt. Und die sentimentale Liebe wird in ihren verspielten spätmittelalterlichen Formen vorexerziert, etwa mit dem Motiv des Goldfadens aus der Stickarbeit seiner Angebeteten, den er unter der Haut seiner Brust verbirgt, nachdem er diese mit seinem „Schreibmesserchen" aufgetrennt hat (man denkt an Ulrich von Lichtenstein oder Seuse). Romanhaft-märchenhaft ist das wohl aus dem *Iwein* stammende Zeichen der Erwählung, der zahme Löwe als Begleiter und Helfer Leufrieds. Ins Preziöse gehen die Schilderungen weiblicher Schönheit, die im Sinne vorbildlicher Stilübungen in dem sonst schlichteren Kontext stehen:

> Ir neßlein langlecht und nit gar zů scharpff; ire wenglein schon mit kleynen grüblein bekleydet, lieblich rosiniert; ir zart und wolgesprecher mund mit einer lustigen rubinfarb von der edlen natur begabet; das under leftzlein hieng ein wenig für das ober gegen dem zwifachen gespalten kinlein zů tal (usw.).
>
> (*Knabenspiegel* 51)

Diese höfische Welt erscheint zwar zunächst noch als Ideal und Ziel, aber immer weniger als vorgegebene Bestimmung, vielmehr als jedermann erreichbar durch Tugend, insbesondere Fleiß und Treue. Die Sozialordnung wird zur Leiter eines möglichen gesellschaftlichen Aufstiegs. Demonstrativ wird im Knabenspiegel der brave Bauernsohn ein erfolgreicher Hofmann, während der adlige Wilbaldus die Rolle des Verlornen Sohns übernimmt. Die hohe Liebe der Pariser Jünglinge endet im *Gabriotto* noch tragisch, im *Goldfaden* und *Knabenspiegel* wird sie dem Helden möglich, im Nachbarroman unnötig. *Galmy, Goldfaden* und *Knabenspiegel* sind richtige Karriereromane, der letzte dazu noch ein Erziehungsprogramm. Alles beruht auf der persönlichen und sozialen Untadeligkeit des Helden. Im letzten Roman werden diese Tugenden ganz und autonom aus der bürgerlichen Gesellschaft selbst entwickelt.

Das Abenteuer im ritterlichen Sinn hat hier kaum mehr Platz, auch nicht in der modernen Form von Reisen und Entdeckungen. Wickrams zielstrebige Ordentlichkeit kommt immer mehr ohne es aus. Im Familienroman von den Nachbarn wird das Schiff auf einer Reise nach Portugal auf eine paradiesische Insel verschlagen, ein schlaraffenlandähnliches Eiland, wo einige Reiseteilnehmer gerne bleiben möchten. Von den beiden Helden heißt es aber: „sie weren lieber daheim in iren heusern gewesen". Das Robinson-Motiv wird hier sehr früh berührt, aber nur, um es von der Hand zu weisen. Zwischen wohlanständiger Bravheit und Erfolg besteht eine genaue Entsprechung – man kann das Erziehungsgläubigkeit nennen, es kann zunächst aber auch, bei einem Protestanten, als krasse Werkgerechtigkeit erscheinen. Ein eigentlicher Tugendbold ist Friedbert, stets der „freüntlichest, züchtigest und ernsthafftigest". Beim Spaziergang mit dem Lehrer (zur Vermeidung von „melancolia" der Schüler) gibt er sich nicht mit kindlichen Spielen ab, sondern „sůcht seinen lust in den schönen natürlichen gewechsen als blůmen und anderen zierlichen kreüteren; deren gestalt und schonheit er alweg mit gantzem fleiß beschawen und betrachten thet". Er fragt seinen Lehrer nach den lateinischen Pflanzennamen und notiert alles säuberlich in dem stets mitgeführten Schreibtäfelchen. Botanisieren und Registrieren sind unmittelbare Äußerungen bürgerlicher Moralität.

Kaum ausdrücklich zur Sprache kommen der religiöse und der politische Aspekt, und doch läßt sich Wickrams erzählerisches Anliegen genauer in seine konfessionelle und sozio-ökonomische Umwelt stellen. Wenn – am deutlichsten im *Knabenspiegel* – der Aufstieg in adlige Machtpositionen und umgekehrt der Sturz aus diesen möglich ist, so ist an die Stelle feudaler Vorstellungen von Geburtsadel die Idee des Leistungsadels getreten, wie das den Thesen der Humanisten und auch der reich gewordenen Kaufleute entsprach. Wenn Hannelore Christ recht hat, so spiegelt sich darin auch die persönliche Situation des unehelich geborenen, in bescheidener Stellung, unter meistersingerischen Handwerkern lebenden Colmarer Bürgers. Der Nachbarn-Roman dagegen sieht den Aufstieg ganz innerhalb eines aktuellen „Manufakturbürgertums", d. h. der Verbindung von Gewerbe und frühem Kapitalismus der Kaufleute (Lazarus ist Goldschmied, sein Freund Richard liefert ihm als Kaufmann die Juwelen). Auch hier ist das wirtschaftliche und soziale Gedeihen genau gekoppelt mit Fleiß, Sparsamkeit, Hilfsbereitschaft. Dennoch ist es auch hier immer als Fügung des gnädigen Gottes betrachtet. Deutlicher wird aber ein positives Arbeitsethos, mit puritanischen Moralbegriffen, die nun auch die Einschätzung der Liebe bestimmen: Die Ehen in diesem Roman und schon im *Knabenspiegel* sind völlig eingebunden in nüchterne, nicht zuletzt wirtschaftliche Überlegungen. Der Geist des Nachbarn-Romans kann einleuchtend mit der in Straßburg und in Burkheim, nicht aber im mehrheitlich katholischen Colmar möglichen reformiert-kalvinistischen Frömmigkeit zusammengebracht werden. So steckt in dem „unschuldigsten Stil" (Jacob Grimm) und hinter den volksbuchhaften Verfremdungen doch wahrscheinlich eine jeweils recht konkrete Ideologie oder doch Mentalität. Und von daher gewinnen Wickrams Romane zwar nicht einen hohen literarischen Rang, aber eine geschichtliche Repräsentanz.

Die nächste Zukunft gehörte, im Bereich des Romans, allerdings einem internationalen Riesenwerk von sozusagen reaktionär-höfischem Charakter, dem *Amadis*, einer Spätform, oder von Frankreich und Deutschland aus gesehen: einer Wiedergeburt des Artusromans. Des Garci-Ordonnez de Montalvo 4 Bücher über *Amadis de Gaula* waren, seit dem 14. Jahrhundert stofflich vorbereitet, 1508 in Saragossa erschienen, hatten 1525 König Franz I. in seiner spanischen Gefangenschaft als passende Lektüre gedient und waren seit 1540 in französischer Bearbeitung durch Nicolas Herberay des Essars herausgekommen. Und danach erschien nun, seit 1569, in Frankfurt eine deutsche Bearbeitung von verschiedenen Übersetzern, bis 1594 in 24 Bänden. Der deutsche *Amadis* war überaus erfolgreich, um so länger, als Cervantes, der in seinem *Don Quijote* den Amadis-Ritter zugleich erledigte und verklärte, in Deutschland erst spät bekannt wurde.

Diese *Hystorien vom Amadis auß Franckreich* waren nun wieder eine sich selbst beliebig erneuernde phantastische Romanwelt, ja fast eine Mythologie, die nicht nur die Geschicke des „Junkers vom Meer“ und der Prinzessin Oriana von Groß-Britannien berichtete, sondern auch von seinen Eltern, seinem Bruder Galaor (einer Gawan-ähnlichen Parallelgestalt), seinem Sohn Esplandian und seinen ferneren Nachkommen erzählte. Die rasch sich komplizierende Handlung kriegerischer und zugleich erotischer Natur, von Feen, Zauberern und Riesen lebhaft mitbestimmt, dehnt sich von Wales und Schottland über Frankreich ins Mittelmeer und bis nach Konstantinopel hin aus. In dem unabsehbaren Gewebe von Handlungen, Personen und Schauplätzen äußert sich eine gewisse manieristische Entartung, aber auch der Anspruch auf einen umfassenden Erzählkosmos (die deutsche Vorrede spricht von einem „offenen Schawspiel und Theatro der gantzen Welt“) und nicht zuletzt der Wille zu einem Muster neuen höfisch-absolutistischen Stils, in welchem sich denn auch Roheit und empfindsame Zierlichkeit merkwürdig und arrogant vermischen. Noch Grimmelshausens *Landstörtzerin Courasche* liest hundert Jahre später den *Amadis*, „die Zeit darin zu vertreiben und Complimenten daraus zu ergreifen“. Diese Tendenzen nimmt später der heroisch-galante Barockroman auf, artikuliert sie allerdings dann in einer real und geschichtlich zu denkenden Welt, mit rational durchdachter Komposition und staatspolitischem Gehalt. Eingewirkt hat dabei auch ein klassisches, auf seine Weise ebenso weltweites und geheimnisvolles Romanwerk, die *Äthiopischen Geschichten* (*Theagenes und Charikleia*) des Heliodor, die in deutscher Übersetzung – über lateinische Vermittlung – bereits seit 1554 vorlagen.

Das wohl bedeutendste und jedenfalls originalste deutsche Erzählwerk der Spätzeit gedieh nicht zu einem eigentlichen Roman, weil es vom Andrang verschiedenartigen Materials überholt wurde und vor allem, weil in seinem Thema eine letzte Aporie epochalen Charakters lag, die nicht zu überwinden war. Das *Volksbuch vom Doktor Faust*, im ältesten Druck (H, Frankfurt 1587) *Historia von D. Johann Fausten* betitelt, ist in der Anlage die Vita des „weitbeschreyten Zauberers vnnd Schwartzkünstlers“, aber streckenweise eine zufällig wirkende und in verschiedenen Ausgaben variable Reihe von Belehrungen, Schwänken und okkulten Geschichten, wie sie z. T. auch in anderen Sammlungen stehen. Zusammen mit der wahrscheinlich etwas älteren Wolfenbütteler Handschrift (W) und mit den Zusätzen in späteren Bearbeitungen des Frankfurter Drucks gelangt man zurück in eine fluktuierende Masse von Überlieferungen, die sich um die Gestalt des Teufelsbündlers angesammelt hat. Prinzipiell lassen sich daraus zwei Größen rekonstruieren. Da ist einmal eine *geschichtliche* Figur: Georg Faust, um 1480 bis um 1540, ein württembergischer Bauernsohn, der als Arzt, Astrolog, Wahrsager, Zauberer und wahrscheinlich Hochstapler in Deutschland herumzog und teils durch urkundliche Erwähnungen, teils durch Zeugnisse von Zeitgenossen wie dem Abt Trithemius, Luther, Melanchthon und einigen Humanisten gut belegt ist, meistens unter negativem Vorzeichen. Und zweitens kann man eine *literarische* Größe vermuten, einen ursprünglichen, noch konsistenteren Faust-Roman deutscher (oder lateinischer?) Sprache, der noch hinter der bereits kontaminierten gemeinsamen Vorlage von H und W läge.

Ein weiteres kommt hinzu. In den mündlich oder schriftlich umlaufenden Faust-Anekdoten wie auch in den romanhaften Grundlinien unseres erhaltenen *Faustbuches* machen sich ältere, weltliterarische Typen geltend, die gesamthaft bereits den Zwiespalt zeigen zwischen Bewunderung und Verdammung, zwischen Magie als abenteuerlichem Versuch und Magie als dämonischer Versuchung. Der Teufelspakt ist beliebt in Apokryphen, Legenden und Sagen. Zu den bekanntesten Vertretern gehört der in der Apostelgeschichte erwähnte Magier Simon, von dem u. a. die *Kaiserchronik* berichtet, wie er sich, vom Teufel getragen, in die Luft erhob, aber durch das Gebet des Petrus zum Absturz gebracht wurde. Andere Teufelsbündler sind Theophilus (dem die Umkehr und Buße gelingt) oder der in Jakob Gretsers Drama behandelte Erzbischof Udo von Magdeburg (der von Maria begnadigt wird). Ein subtilerer Höllenfahrer, ohne Teufelspakt, ist dann Jakob Bidermanns heuchlerischer Gelehrter Cenodoxus (der wie Faust in Verzweiflung endet). Doch unvergessen blieb auch der Typus des bewunderten Entdeckers, des großen, wenn auch maßlosen Alexander, der ans Ende der Welt, mit einer Taucherglocke in die Meerestiefe und mit einem Greifenwagen in den Weltraum vorstößt, dann allerdings mit seinem frühen Tod die Eitelkeit menschlichen Strebens, menschlicher Größe offenbart. Solche Urvorstellungen oder Wunschträume von magischer Macht und Überwindung menschlicher Grenzen werden gewaltig verstärkt im Zeitalter der Entdeckungen, des Humanismus mit seinem emanzipierten und exaltierten Lebensgefühl und vor allem der Reformation mit ihrer neuen Selbstverantwortlichkeit des gottunmittelbaren Menschen. „Das Faust-Thema gehört unmittelbar zur Dialektik der lutherischen Reformation" (Hans Mayer). Und unmittelbarer an die Faust-Figur heran führen große Erforscher der Natur im Zwielicht von Größe und Scharlatanerie wie ein Paracelsus, die pansophische Bewegung als Ganzes und ein allgemeines volkstümliches Interesse für Zauber- und Teufelsliteratur überhaupt. Die Wissenschaft der Renaissance überschritt noch leicht die Grenzen zur Nachtseite von Natur oder Geschichte.

Faust wird geschildert als der hoffärtige Studierer und „Speculierer", der – in Wittenberg! – den theologischen Doktor erwirbt, sich Arzt nennt, alle Gründe im Himmel und auf Erden erforschen will („name an sich Adlers Flügel", vgl. Jes. 40,31) und nach wiederholten Beschwörungen, die mit lustvollem Grausen erzählt werden, mit dem Teufel seinen Pakt abschließt. Zunächst folgen, nach wunderbarer Beschaffung von Speis und Trank und einem vom Teufel erzwungenen Verzicht auf eine Ehe, lange Disputationen mit Mephostopheles über Hölle, Engel und Teufel und die Unwiederbringlichkeit der Verdammten. Dabei erhält Faust auch die teuflisch-falsche Auskunft, die Welt sei „unerboren und unsterblich", d. h. ewig. Dann erst, nach acht

Jahren Forschen, Lernen, Fragen und Disputieren, folgt die praktische Erfahrung: Faust läßt sich in die Hölle führen, fährt wie Alexander in einem Drachenwagen zu den Gestirnen empor und besichtigt anschließend die wichtigsten Länder und Städte der Erde (eine Geographie-Lektion, wörtlich nach Hartmann Schedels *Weltchronik*). Dabei wird in Rom der Papst gefoppt und in Konstantinopel ausgiebig der Harem besucht. In einem 3. Teil schwindet das faustische Erkenntnisstreben noch mehr. Es folgen in bunter Reihe die Zauberstücklein und Schwänke, die Faust mit Studenten, Bauern und Hofleuten veranstaltet, dann die Schilderung des „säuischen und epicurischen Lebens" mit „succubae" aus allen Ländern und schließlich, wie bei Simon Magus, die Verbindung mit der heraufbeschworenen Helena, mit der er einen Sohn zeugt. Eine hübsche humanistische Note bringen in einer wenig späteren Ausgabe die sogenannten Erfurter Kapitel: Faust hält in Erfurt eine Homer-Vorlesung und läßt dabei die griechischen Helden leibhaftig im Hörsaal auftreten, oder er erlangt Kenntnis der verlorenen Komödien des Plautus und des Terenz – der Teufel im Dienste der Philologie. So scheint der *Faustbuch*-Verfasser eine gewisse absteigende Ordnung in die faustischen Aktivitäten gebracht zu haben – diese erfolgen ja in den Teufelsbündler-Überlieferungen aus ganz verschiedenen Motiven; Streben nach Erkenntnis, nach magischer Macht, nach sinnlichem Genuß oder purer „Fürwitz", das ist nicht alles gleich zu beurteilen.

Immer wieder, und nicht immer widerspruchsfrei, ist von der Schwermut und der Reue Fausts die Rede, doch die Drohungen Mephostos lähmen ihn, und nach drei großen Weheklagen naht das schreckliche Ende. Und hier, in den zwei Schlußszenen, liegt die kühnste und großartigste Leistung des *Faustbuchs* und sogar so etwas wie eine tragische Lösung im Dilemma des Autors zwischen demütig-christlichem Glauben und dem großen

Abenteuer einer progressiven Welterkenntnis. Faust lädt seine Studenten ein, mit ihm hinauszukommen in das Dorf Rimlich, eine halbe Meile vor der Stadt Wittenberg, frühstückt mit ihnen und bittet sie, zum Nachtmahl zu bleiben. Er gibt sich fröhlich, sucht sie zu trösten und spricht mit „behertztem Hertzen“ über seinen kommenden Untergang, der denn auch mitternachts mit gewaltigem Getöse vor sich geht und am Morgen den Studenten ein detailliert geschildertes blutiges, „greuliches spectacul“ bietet. Es ist kein Zweifel: das Abschiedsmahl, der „Johannes-Trunk“ Fausts mit seinen Schülern und das warnende Vermächtnis seiner Rede ist nach dem Typus des Abendmahls Christi gestaltet, feierlich, wehmütig, liebevoll. Trotz des immer wieder und kompensatorisch heftig geäußerten Abscheus des streng lutherischen Erzählers und trotz der zunehmenden Entartung der Abenteuer bleibt Faust schließlich sein Held, und es wird ja auch die innere Beteiligung des Lesers an dem ganzen verwerflichen Tun vorausgesetzt. Die Figuration der Schlußkapitel gibt dem Teufelsbündler eine echte und einfühlbare Größe und seinem Untergang fast den Charakter eines Opfers. „Ich habs also wollen“ – in diesem Wort Fausts klingen Selbstvorwurf und Selbstbewußtsein zusammen. So nennt er sich denn auch in seiner Abschiedsrede mit berühmten und rätselhaft bleibenden Worten einen „bösen und guten Christen“ – gut mit seiner Reue (auch wenn sie nun vergeblich ist; am Rand des Drucks steht: „Judas Rewe“), böse, weil er wie Kain nicht mehr an seine Rettung glauben kann, also der unverzeihlichen Sünde des Zweifels anheimgefallen ist.

Die Faszination Fausts und die Offenheit seiner Problematik hielt an und ist bis in die Gegenwart hinein nur gewachsen. Der Weg führt über die zahlreichen erweiternden Drucke, die mit breiten erläuternden Beigaben versehenen Bearbeitungen durch Georg Rudolf Widmann (1599) und danach Johann Nikolaus Pfitzer (1674), die Übersetzungen in andere Sprachen und vor allem die Dramatisierung durch Marlowe (vor 1593) und das Theater der englischen Komödianten ins 18. Jahrhundert. Eine erste Freisprechung erfolgt aus frühpietistischem Geist schon in einem lateinischen Stück des Johann Valentin Andreae: *Turbo*, 1616. Der Wirrkopf, der durch alle Erfahrungen und Wissenschaften irrende Geist, hat nicht mit dem Teufel paktiert, und er kann nun vor dem Richterstuhl der göttlichen Weisheit eine neue docta ignorantia des Glaubens lernen.

# IX. MANIERISMUS

## 1. Manieristische Tendenzen

Der kunstgeschichtliche Epochenbegriff ist hier nur mit allen Vorbehalten auf gewisse Strömungen in der deutschen Literatur des späteren 16. Jahrhunderts übertragen, allerdings in der Meinung, daß damit ein wesentliches Phänomen getroffen sei. Gemeint ist damit ein Stil und also auch eine Geisteshaltung, wie sie im Werk Johann Fischarts kulminieren und damit zugleich ein Epochenende anzeigen. Es ist irreführend, dafür mangels gängiger Bezeichnungen etwa zum Terminus „vorbarock" zu greifen oder überhaupt den literarischen Manierismus dem Barockstil zu subsumieren. Wenn irgendwann in der deutschen Literaturgeschichte nicht nur ein Stilwandel, sondern ein eigentlicher Stilwechsel und damit trotz aller zeitlichen Auffächerung eine klare Epochengrenze, ja eine grundsätzliche Zäsur festzustellen ist, dann zwischen dem „16. Jahrhundert" und der Barockzeit. Schwieriger ist die Abgrenzung nach rückwärts, zumal für Deutschland, wo nie eine Renaissance etwa im italienischen Sinn stattgefunden hat, deren „Entartung" der Manierismus dann hätte sein können, und wo von einem Streben nach Stilreinheit, Harmonie, natürlichem Maß und dergleichen nicht die Rede sein kann. Sofern Manierismus einen Krisenstil meint, sind entsprechende Phänomene schon vor der Reformation vorhanden, sie finden aber ihre volle Ausbildung erst in der zweiten Jahrhunderthälfte. Hieher zu rechnen ist schon die im Grunde so zwanghafte Narrenliteratur von Brant bis zum *Lalebuch* mit ihrer freiwilligen und unfreiwilligen Selbstparodie des Weisen und mit ihrer Dämonisierung des Narren. Und hieher gehört wohl überhaupt das Vorwalten der satirisch-parodistisch-ironischen Literatur mit ihren

Verzerrungen der Realität, mit ihrer Mischung von Naturalismus und Phantastik, mit ihrer Neigung zur Groteske und Monstrosität. Gewiß kann man im gelegentlichen Durchbruch chaotischer Vitalität ein „karnevalisches“ Wesen im Sinne Michail Bachtins erkennen, aber von einer befreienden „Lachkultur“ wird man im Zeitalter des Hexen- und Teufelsglaubens, der Astrologie und so mancher Ängste und Melancholien kaum sprechen dürfen. Dazu ist das Krisenhafte oder Endzeitliche doch zu deutlich erkennbar. Die fast qualvoll wirkende Freude an den Vorstellungen von Kot oder Ungeziefer, an Vertierung und Brutalität sind nicht zu übersehen. Und der Volkskultur, aus der dies allenfalls wächst, ist weder mit biedermeierlich-romantischen noch mit soziologischen Kategorien so einfach beizukommen. Im folgenden sollen zwei bezeichnende Motivkomplexe herausgegriffen werden.

Man hat das 16. Jahrhundert immer wieder als das „grobianische“ Zeitalter bezeichnet und damit auch ein Element des Manierismus getroffen. Das makkaronische Wort „Grobian“ ist schon älter als Sebastian Brant, doch wurde der Begriff von ihm sozusagen kanonisiert: „Ein nuwer heylig heißt Grobian“. Und Friedrich Dedekind hat ihn gar zum Gegenstand einer großen und erfolgreichen Morallehre e contrario gemacht. Zu bedenken ist auch, wie sehr sowohl zum reformatorischen wie zum nationalen Pathos (Deutsche, Bayern, Schweizer) die Grobheit gehört – grob ist soviel wie ehrlich, aufrichtig, dem gemeinen Manne verständlich. Gewiß sind die Grobheiten und Unflätigkeiten, der maßlose Stil des literarischen und publizistischen Umgangs Abbild der auch faktisch rohen Zustände einer in Weltbild, Gesellschaft und Glauben revolutionären Zeit. Doch ist die fragliche Literatur ja mehr als nur Widerspiegelung. Die Grobheit wird stilisiert und gepflegt, sie hat ihre eigenen literarischen Traditionen und Vorstellungsbereiche und trägt spontan zum Zeitgeist bei.

Die „alma ... rusticitas, nostro Dea maxima saeclo" (die nährende ... bäurische Grobheit, für unsere Zeit die mächtigste Göttin) wird 1549 im *Grobianus* des Friedrich Dedekind in gegen 1200 eleganten, mit klassischen Belegen gespickten Distichen beschworen, als eine ironische Anleitung zum unanständigen Benehmen, sei es zu Hause, sei es als Gast, von der Morgentoilette und vom Frühstück bis zur Hauptmahlzeit und bei dieser Gelegenheit im Umgang mit Mitmenschen überhaupt. Friedrich Dedekind (von Neustadt am Rübenberg, bei Hannover, 1524–98) leistet damit als junger Theologe, angeblich unter dem Eindruck der übeln studentischen Sitten der Zeit, seinen Beitrag zur ehrwürdigen Gattung der Tischzuchten, an der sich auch die Humanisten und sogar Erasmus (*De civilitate morum puerilium*) beteiligt haben und die als Elementarstufe der eigentlichen Morallehre gelten kann, so etwa in Thomasins *Welschem Gast*. Auch die ironische Umkehr der Anstandsvorschriften durch Schilderung bzw. Empfehlung des Unanstands – eine Art Verkehrter Welt – war nicht neu. Da war schon ein gewisser W. S. 1538 vorangegangen mit einem kleinen Grobian, „den Brüdern im Sew Orden gewidmet". Und die einzelnen Unflätereien waren mit Vergnügen schon von Wittenwiler in seiner großen Schilderung des bäurischen Hochzeitsmahls vorgetragen worden. Die ironische Umkehrung von Verboten in ausführliche Anweisungen soll nicht nur erzieherisch wirken – der Glaube daran darf dem künftigen Superintendenten in Neustadt und Lüneburg nicht verweigert werden –, sondern gibt eben die Möglichkeit zu einer Enzyklopädie der Unappetitlichkeiten, die denn auch in der zweiten, erweiterten Ausgabe mit besonders bedenklichen Zutaten, z. T. nach Bebels Fazetien, sich als Selbstzweck enthüllen. Der humanistische Scherz, die elegant-gelehrte Formulierung der Grobianismen, scheint nicht ohne weiteres eine Übersetzung zu erlauben. Von den verschiedenen deutschen Wiedergaben war die durch Kaspar Scheidt (um 1520–65, Schulrektor in Worms, Verwandter und Lehrer Fischarts) die erfolgreichste und originellste. Scheidt schreibt die üblichen, aber lebhaften und flüssigen Reimpaare, ohne die Vorlage allzusehr auszuwalzen. Dabei ging es vor allem darum, die sachliche Roheit sprachlich abzubilden, ohne selbst zu verrohen, und das hat Scheidt auf humor- und kraftvolle Weise getan. Er malt phantasievoll aus und weiß auch den Reim schlagend einzusetzen, etwa:

Dann ist die naß zu butzen zeit.
Auf beide ermel wüsch den rotz,
Daß wer es seh vor vnlust kotz.
(240 ff.)

Hübsch sind auch seine Marginalglossen in Form von Stichwörtern, Zitaten, sprichwörtlichen Wendungen, Bekräftigungen usw., etwa bei der Schilderung der Freßgier: „porco tedesco“ (deutsches Schwein) oder „Schläckmündle, Schweinebrätle“.

Neben einer solchen grobianischen, rustikalen Verkehrten Welt ist eine zweite, häufigere Variante zu erwähnen: die Verwandlung ins Animalische. In den Tierfabeln, wie sie Burkhard Waldis (1548) und Erasmus Alberus (1550) gesammelt hatten, und vor allem im tierepischen Komplex des *Reineke Fuchs* lag bereits eine Erzählwelt vor, in der sich Menschliches und Tierisches immer untrennbarer zusammengefunden hatten. Es ging ja nicht nur darum, menschliche Verhältnisse durch Verfremdung zu parodieren, sondern auch um die Vision einer phantastischen und hintergründigen Welt an sich. Vor allem das Tierepos ist nicht nur als Verkleidung und Tarnung reizvoll, sondern hat auch dichterischen Selbstzweck, ähnlich wie die Narren- oder die Bauerndichtung. Gesteigert und unter Umständen bedrohlich wird das animalische Unwesen, wo es sich um Kleinzeug wie

Mäuse und Frösche oder gar um das bösartige, von alters her als dämonisch empfundene Ungeziefer der Fliegen und Flöhe handelt. Schon Augustin gesteht, sich die Erschaffung von Mäusen, Fröschen, Fliegen und Würmern durch Gott nicht vorstellen zu können, und so fragt auch Doktor Faust den Teufel bei seiner Disputation über die Schöpfung, wer denn das Ungeziefer hervorgebracht habe. Er wird denn auch gleich durch einen Überfall von allen möglichen Quälgeistern wie Ameisen, Egel, Kuhfliegen, Heuschrecken, Mücken, Raupen, Spinnen, Läusen und Flöhen über deren satanische Herkunft belehrt. Was die Flöhe betrifft, so hat sich über sie von langer Hand eine ganze humoristisch-satirische Literaturgattung entwickelt, über die bei Fischart zu reden ist.

Harmloser sind zunächst Frösche und Mäuse, und sie haben sogar eine stolze klassisch-literarische Vergangenheit. Die *Batrachomyomachia*, das wohl noch in frühklassischer Zeit entstandene Kleinepos von rund 300 Versen, in welchem die *Ilias* mit homerischen Wendungen auf einen Krieg zwischen Fröschen und Mäusen übertragen und parodiert war, genoß als Homerisches Werk großes Ansehen, als eine Art Satyrspiel zum erhabenen Epos. Georg Rollenhagen (1542–1609), Prediger und Rektor der großen Domschule in Magdeburg, der sich auch als Verfasser von Schulstücken und einigen chronikalischen Schriften bekannt machte, war schon bei seinem Studium in Wittenberg anläßlich einer Vorlesung seines Lehrers Veit Ortel über den *Froschmäusekrieg* zu einer Übersetzung und systematischen Ausgestaltung des klassischen Werks angeregt worden, doch sein schließlich auf 20000 Verse gediehener *Froschmeuseler* erschien erst 1598. Monströs und manieristisch ist dabei weniger die Wahl des Vorwurfs als der Versuch, aus dem pseudohomerischen Scherz eine umfassende Sitten-, Staats-, Kirchen- und Kriegslehre zu machen und darüber hinaus eine eigentliche „contrafaktur dieser vnser zeit“.

Die Ausarbeitung erfolgt denn auch in zwei konträren Richtungen. Der Erzähler malt das tierische Wesen und Geschehen mit Genauigkeit aus, zeigt eine differenzierte zoologische Kenntnis, beobachtet sorgfältig Naturformen, Tageszeiten usw. Die Handlung umfaßt nach der Vorlage die offizielle Begegnung von Froschkönig Bausback (Physignathos) und Mäuseprinz Bröseldieb (Psicharpax), den Tod des Mäuserichs, der auf dem Rücken seines Gastgebers über den See getragen wird, aber ertrinkt, weil der Frosch, von einer Schlange erschreckt, untertaucht. Es folgen auf beiden Seiten die Beratungen über Krieg oder Frieden, die Kriegsrüstung, die Kriegserklärung seitens der Mäuse, die große Feldschlacht und der allgemeine Untergang. Vor allem in den ersten zwei der drei Bücher wird nun aber in Gesprächen, Verhandlungen, Erzählungen die eigentliche Lehre untergebracht, und zwar so ausführlich und selbständig, daß der tierepische Rahmen zeitweise völlig vergessen scheint. Wahrscheinlich hat dies den Dichter und seine Leser nicht gestört. Denn die Linien sind, vor allem im 1. Buch, noch zusätzlich verwirrt durch eine komplizierte Schachteltechnik. Der Mäuserich erzählt, was seine Mutter, diese, was der Hahn gesagt hat, dann läßt die Mutter Katze und Fuchs erzählen und dieser wieder den Goldkäfer, den Bauern und den Haselwurm, worauf dann das Wort in umgekehrter Folge wieder stufenweise zum Mäuserich zurückkehrt. Obwohl nur Mauskönig und Froschkönig da sind, kann die halbe Tierfabelwelt – vor allem nach einer Fassung des *Reineke Fuchs* –, das einschlägige Abenteuer des Odysseus und seiner Gefährten bei Circe (Bausback hat Homer gelesen) und eine Menge gelehrten Wissens aller Art beigebracht werden. Die Anordnung der einzelnen Reden und Beispieleinlagen scheint in der Form einer genauen logisch-rhetorischen Argumentation vor sich zu gehen (R. Richter). Dabei legt Rollenhagen auch Wert auf Verwendung volkstümlicher Elemente, vor allem von Sprichwörtergut, aber auch von Sagen- und Märchenhaftem. Und dazu kommen nun noch, erst recht verwirrend, die zeitgeschichtlichen Anspielungen: in der Darstellung des Froschreiches ist vom tapferen Frosch Elbmarx (Luther) und von seinem Feind Beiskopf (Papst, Bischof) erzählt. Wieweit dann im einzelnen eine Entschlüsselung auf Zeitereignisse hin systematisch möglich ist, bleibt fraglich. In inhaltlicher Hinsicht ist eine Bewertung auch der vorgetragenen Lehren schwierig, da für jede Aussage das tierische Alibi besteht. Im allgemeinen handelt es sich um lutherische Ermahnung zu Bescheidenheit, Gottesfurcht und Zufriedenheit mit dem eigenen Stande im Rahmen einer gottgewollten Ordnung. In der Diskussion über die beste Form des Regiments (Demokratie, Oligarchie und Monarchie) neigt der Autor offenbar zu einer gemäßigten Monarchie mit klarer Trennung der weltlichen und der geistlichen Gewalt.

Das 3. Buch enthält im wesentlichen nur Erzählung. Sie kulminiert in der großen homerischen Schlacht, hier nun mit einer Art blutiger und grausamer Apokalyptik geschildert, wie man sie von dem milden Theologen nicht erwartet hätte. Die Mäuse sind im Begriff zu siegen, da greift Gott nach Beratung mit seinen Engeln durch Blitz und Donner ein. Schließlich kommt aus dem Seegrund ein neues, gepanzertes Heer, die Krebse (die detaillierte, naturwahre Schilderung ihrer kostbaren Rüstung ist ein Meisterstück manieristischer Deskription), und diese Krebse nun

> brachten den meusen ein mummenschanz,
> Kniffen ihn ab hend, füß und schwanz,
> Faßten sie bei der kel und brust,
> Das hinten ausdrang luft und wust,
> Die sel auch folget mit gefar,
> Weil vorn die tür versperret war.

Nachdem sich auch noch die Käfer eingemengt haben und in die Flucht geschlagen sind und auf der Walstatt nur noch Tote und Verwundete liegen, kommen die Tiere des Waldes, Heinz und Reineke mit Freunden und Gesinde, Wiesel und Marder mit Weib und Kind, Schwein, Dachs, Igel und Iltis,

> Hielten ein köstlich herren mahl
> Und frassen die erschlagnen all.

Und dann der kurze, gar nicht mehr humorige Schluß – die ganze ungeheure Veranstaltung ist aus:

> So ward des tags der krieg volnbracht,
> Die sonn gieng unter und es ward nacht.
> So fal, so schal, so kal gets aus,
> Wenn sich der frosch rauft mit der maus.
> Aller welt rat, macht, trotz und streit
> Ist lauter tand und eitelkeit,
> Macht doch mord, armut, herzeleid.
> Gott helf und tröst in ewigkeit. Amen.
>
> (281, 288)

## 2. Johann Fischart

In der zweiten Jahrhunderthälfte bleibt überragend, fast einsam und bis heute rätselhaft Johann Fischart, genannt Mentzer (eigentlich: Fischer, genannt Mainzer). Er war 1546/47 als Sohn eines wohlhabenden Gewürzhändlers in der großen freien Reichs- und Humanistenstadt Straßburg geboren, hat hier das berühmte Gymnasium besucht und kam nach dem Tode seines Vaters zu seinem „Gevatter“ Kaspar Scheidt nach Worms. Aus Bemerkungen in seinen Werken erfährt man, daß Fischart später in Flandern war, zwei Jahre in Paris studierte und in Straßburg den Magister Artium erwarb. Im Herbst 1568 ging er für das Studium der Rechte nach Siena, besuchte später England und wurde 1574 in Basel zum Doctor iuris promoviert. Schon 1570 stürzte er sich in eine konfessionelle Polemik, und von da an war er als Publizist und als Mitarbeiter im Verlag seines Schwagers Bernhard Jobin in Straßburg tätig. Als weitgereister, in mehreren Sprachen beschlagener Humanist trug er mannigfach zu den Publikationen dieses initiativen Druckers bei. Seine eigenen Werke beschränken sich weitgehend auf satirische und unterhaltend-lehrhafte, volkssprachliche Schriften, deren wichtigste in das Jahrzehnt von 1570 bis 1580 fallen. Nach einem dreijährigen Praktikum am Reichskammergericht zu Speyer wurde Fischart 1583 Amtmann (Gerichtsvorsitzender) der lothringischen Herrschaft Forbach. Er starb bereits 1590.

Die Reihe der wichtigsten Werke beginnt und endet mit heftigen antikatholischen Satiren. Seit dem Konzil von Trient war die konfessionelle Polemik wieder sehr virulent geworden. In dem vergleichsweise liberalen Straßburg, wo der Bischof und die vorwiegend protestantische Bürgerschaft einander die Waage halten mußten, brachte die Wahl eines neuen Bischofs eine Verschärfung der Gegensätze. Provoziert durch die aggressive Predigt eines Protestanten hatte der Konvertit Johann Jakob Rab eine für die neue katholische Kirchenzucht eintretende *Ablähnung* geschrieben. Darauf antwortete Fischart mit seiner ersten bekannten Arbeit: *Nachtrab oder Nebelkräh. Von dem vberauß Jesuwidrigen Geistlosen schreiben und leben des Hans Jacobs ... Rab.* Das umfängliche Reimwerk wiederholt die bekannten protestantischen Angriffe gegen die katholische Kirche, ihren Aufwand, den Zölibat, die Priesterweihe usf., greift die Jesuiten (zu denen Rab nicht gehörte) höhnisch an und breitet üble Geschichten aus dem angeblich unzüchtigen Leben Rabs aus, wobei er sich immer wieder mit Tierfabel-Assoziationen und Kalauern in den Namen seines Opfers verbeißt. Es folgt 1571 der Kampf mit Johannes Nas, Ingolstädter Franziskaner, dann

Domprediger in Brixen und Hofprediger in Innsbruck, der im Mittelpunkt einer ausgedehnten Pamphletistik stand. Nas hatte u. a. eine Folge von *Centuria*, d. h. Hundertschaften evangelischer Lehrmeinungen bzw. Irrtümer, publiziert. Die 4. Centurie brachte eine wüste *Anatomia Lutheranismi* zur Verhöhnung der Zerspaltenheit der Protestanten mit ihren verschiedenen Kirchen und Sekten – ein Holzschnitt zeigt Luthers Leiche auf dem Seziertisch, von der sich jeder seiner Jünger ein Stück herunterschneidet oder -reißt. Darauf antwortet Fischart mit einer thematisch wenig originellen Entgegnung: *Der Barfüsser Secten vnd Kuttenstreit ... vnd ... wie der arm Sanct Franciscus ... gemartert, zerrißen vnd zuschanden gemacht wird.* Der Vorwurf zänkischer Aufsplitterung wird an die Bettelorden zurückgegeben in einer „bäbstischen Anatomie" und in einer Darstellung der lächerlichen Varianten der Ordenstrachten, ausgestattet mit eigenen Erinnerungen Fischarts an einen Besuch in Assisi. Und endlich, ebenfalls 1571: *Von S. Dominici ... vnd S. Francisci ... artlichem Leben vnd grossen Greweln*, speziell an Nas gerichtet. Es ist ein satirisch-schwankhaftes Epos über die Gründer der Bettelorden, wieder mit besonders phantasievoller Verwertung des Namens, Nase. An Grobheit sind diese Satiren kaum zu übertreffen, die buchstäblich den Gegner in den Kot ziehen, ihn zu vertieren und zu verteufeln versuchen.

Nach einigen satirischen Bildgedichten – darunter Verse zu einem interessanten, Arcimboldo-artigen Papstporträt, das aus Heilsgeräten der Kirche wie Glokken, Kerzen, Kelch, Ablaßbrief, Meßbuch und einem Heringskopf als Nase zusammengesetzt ist und den Titel *Gorgonisch Meduse Kopf* trägt (2. Fassung 1577) – folgt die stark erweiternde Bearbeitung einer aufsehenerregenden antikatholischen Schrift des niederländischen Kalvinisten Philipp de Marnix: *De Bienkorf* (1569). Fischarts

*Binenkorb des heyl. Römischen Imenschwarms* (1579) ist eine scharfsinnige und zugleich zotige Behandlung der Organisation und der Heilsmittel der römischen Kirche im Bilde eines Bienenstocks (= Tiara). Er arbeitet hier ausgiebig mit der inzwischen in der *Geschichtklitterung* entwickelten Technik der „Mentzer-Kletten“ (Fischartsche Wortreihen und Worttrauben) und verfehlt nicht, das Bild des diabolischen Insektenstaats im einzelnen auszumalen. Schließlich *Das Jesuiterhütlein* (1580), eine nun direkt an den jesuitischen Erzfeind gerichtete Versdichtung, auch hier nicht ohne die Benützung anregender Vorlagen. Sie erzählt, wie die vierzipflige Kopfbedeckung der Jesuiten vom Teufel und seinen Helfern in der Hölle als letzte und perfideste, mit allen Lastern und Bosheiten vernähte und in Teufelsdreck imprägnierte Erfindung zustande kommt; es soll damit die einhornige Mönchskappe, die zweihornige Mütze der Prälaten, Äbte und Bischöfe und der dreihornige Hut des Papstes überboten werden. So sagt denn der Teufel zu seiner neuen Kreation:

Sei du das Hornthier, welches schaft,
Daß man anbett der Besty Krafft.
O Suität, Satannitet,
Aller Schelmerei Quotlibet,
O du Neue Pandorae Büchs,
Eyne Grundsupp alles Vnglücks,
O Vulcaniten, Lugvolliten,
Ignazianer, Sataniten,
Euer Höllisch Vierhornigkeyt
Hab ich zum Stichblatt mir bereyt.
Ihr seit mein rechte Eychel Sau
Auf die ich jetzund bau vnd trau.

(DNL I,260)

Der maßlose Stil solcher Schmähschriften ist an sich durchaus zeitüblich, und Fischart ragt nur durch die Phantastik seiner Ausmalungen und sein von Metaphern,

Neubildungen, Wortwitzen strotzendes Vokabular hervor. Aber gerade bei einem Humanisten und Juristen würde man einen sachlicheren oder literarisch anspruchsvolleren Kampf erwarten, auch wenn die Auseinandersetzung längst nicht mehr um die Sache, sondern um Sein oder Nichtsein ging. Es kommt hinzu, daß Fischarts antikatholische Satiren meistens wenig Erfolg hatten und wohl auch wegen ihrer Verknäuelung von volkstümlichen, gelehrten und persönlichen Elementen nicht haben konnten. Fischart blieb gerade in seinen satirisch-komischen Werken trotz aller Volkstümlichkeit und Derbheit ein schwieriger Autor. Die Frage stellt sich, ob Fischarts Leidenschaft um die Sache oder um die Gelegenheit einer sprachlichen Demonstration ging, und allgemeiner, wo sein wahrer Standpunkt war.

Abgesehen von vielen kleinen Beiträgen, Übersetzungen, Vorreden, Sprüchen, Bildgedichten und nicht zuletzt einigen schlichten geistlichen Liedern hat Fischart nur zwei ernsthafte Werke von einigem Gewicht geschrieben: das *Glückhafte Schiff* und das *Ehezuchtbüchlein*. Sie verherrlichen Bundestreue und Freundschaft zwischen zwei verbündeten Reichsstädten und die Ehe als Keimzelle glücklicher sozialer Ordnung. Die etwa 1200 Verse des *Glückhafft Schiff von Zürich* (1577, ein früherer Druck verloren) besingen die Fahrt von 54 Zürcher Bürgern, die 1576 in einem einzigen Tag, zwischen Sonnenauf- und -untergang, von Zürich zum Straßburger Schützenfest fuhren und einen noch warmen Hirsebrei überbrachten, zum Zeichen, wie nah und schnell im Ernstfall die Hilfe wäre. Fischart preist diese Schiffahrt – sie war die Wiederholung einer ähnlichen Freundschaftsbezeugung 120 Jahre zuvor – als Demonstration wahrer Bürgertugend, von Fleiß, „Standmut und fester Hand“, einer auf Gemeinnutz und Wohlfahrt gerichteten Gesinnung. Es fehlt jede Polemik, auch jeder Humor. Vielmehr wird das Geschehen ganz humanistisch-rhetorisch präsentiert. Es wird mit der Argonautenfahrt verglichen, der vergebliche Zorn des Xerxes gegen das unbotmäßige Meer, die Sorgen der Venezianer um das Wohlwollen des Meers werden angeführt. Halb im Ton Homers, halb des Kirchenlieds heißt es zu Beginn der Fahrt:

> O heller Tag, o liebe Sonn,
> Sprachen sie, nun dein Schein vns gonn,
> Zeig vns dein liechtes rotes Haupt
> Des vns hast dise Nacht beraubt,
> Geh auf mit freuden vns zu heyl,
> Das wir vollbringen vnser theyl ...

Die Fahrt, von der Sonne begleitet und mit ihr um die Wette, gibt Gelegenheit zur Schilderung der Landschaft, der befahrenen Flüsse und ihrer Geschichte, zu einem Stück humanistischer Topographie. Das Ganze ist die Feier eines hohen freudigen Moments der Freundschaft und Gemeinschaft, im Einklang mit der Natur, aufgehöht durch klassische Reminiszenzen. Die Fahrt und ihre literarische Verewigung sind ein spätes Zeugnis der schon schwer bedrohten freien, städtisch-bürgerlichen, protestantischen Welt von Gewerbefleiß und Bildung. Hier darf man Fischart wohl in seiner Identität greifen. Das spektakuläre Ereignis hatte im übrigen schon vor Fischart kurze Darstellungen gefunden und zeitigte auch ein höhnisches Pamphlet, auf welches Fischart sofort lustvoll mit einem unflätigen *Kehrab* auf „gut schweizerisch" antwortete.

Auch das *Philosophisch Ehzuchtbüchlin* (1578) darf als authentisches Zeugnis gelten. Es ist Fischarts Beitrag zu der von den Humanisten (in Deutschland seit Albrecht von Eyb) und dann vor allem von den Anhängern der Reformation geschaffenen Eheliteratur, in der nicht nur ein natürlich-menschliches Glück, sondern ein gottgewolltes Werk, die tragende Gemeinschaft der Familie und die wiederhergestellte Würde der Frau gefeiert wurde. Zugleich war diese Ehelehre das wichtigste Argument gegen Priesterzölibat und Mönchtum – es sei nur an Manuels *Barbali* oder an die Dramen über Rebecca oder die Hochzeit zu Kana erinnert. Nicht umsonst verlangt Mephosto als erste, zwingende Folgerung aus dem Teufelspakt Fausts Verzicht auf die Ehe. Fischart übersetzt und kommentiert in seinem Buch ein Werk Plutarchs (aufgrund der lateinischen Übersetzung) und kompiliert dazu aus andern antiken und neueren Quellen eine umfassende Ehe- und Familienapologie, die mit ihren Ratschlägen, ihren Exempeln und Sprichwörtern gern über das eigentliche Thema hinausgreift. Für Belege aus dem Tierreich hat Fischart sogar Konrad Gessners *Thierbuch* ausgebeutet.

Weniger aus seinen antirömischen Satiren als aus seinen Übersetzungen kalvinistischer Werke und aus einzelnen Zitaten läßt sich die religiöse Haltung Fischarts einigermaßen bestimmen, nämlich seine zunehmende Neigung zu reformiert-kalvinistischen Lehren oder doch Haltungen. Er wendet sich gegen Glaubensverfolgung und Glaubenszwang, im Interesse städtisch-bürgerlicher Freiheit und in der Zuversicht auf Erwählung. Einen positiven Ausdruck hat ein solcher Glaube allerdings in Fischarts Werk kaum gefunden – aus der antipapistischen Rabiatheit ist sie nicht schon zu erschließen. In diesen Kämpfen ist im übrigen die Verteufelung des Gegners nicht nur ein Mittel der Beschimpfung. Wenn Fischart Jean Bodins *Démonomanie des sorciers* in sorgfältiger Übersetzung und mit seinem vollen Namen gezeichnet herausgibt (1581), so steht er offenbar persönlich durchaus dahinter. Auch der große Staatsrechtler Bodin neigte zu konfessioneller Toleranz und hat doch dem Hexenglauben eine grausame und fatale Unterstützung gegeben. Ferner hat Fischart 1582 bei einem Frankfurter Verleger eine Neuausgabe des berüchtigten *Hexenham-*

*mers* (*Malleus maleficarum*) mit einem Anhang neuerer Literatur zum Thema veranstaltet.

Unbestreitbar liegt nun aber die Hauptleistung Fischarts in seinen komischen Büchern, die in der Hauptsache kein anderes Ziel verfolgen als Unterhaltung des Lesers – oder des Autors selbst. Voran geht eine ausführliche Bereimung des *Eulenspiegel* (1572). Sie steht unter dem Einfluß von Kaspar Scheidts *Grobianus*, erreicht aber kaum dessen Dichte und Kraft. Der sachlich vorgetragenen Prosa der Vorlage gegenüber etabliert sich Fischart als humoristischer, kommentierender, breit ausladender Erzähler, der es nicht unterläßt, Eulenspiegels Charakter wie dessen Taten aufs Unflätige hin zu entwickeln und die Pfaffensatire zu unterstreichen.

*Flöhhatz – Weibertratz* (1573 und 1577) zeigt Fischarts Groteskkunst ausgeprägter. Der 1. Teil der 1. Ausgabe stammte von Mathias Holtzwart (einem Freund des Verlegers Jobin), Verfasser eines Saul-Dramas und eines Emblembuches, zu welchem Tobias Stimmer die Bilder zeichnete und Fischart das Vorwort schrieb; doch ist dieser Teil in der 2. Ausgabe weitgehend durch eigene Verse ersetzt und erweitert. Seit dem Mittelalter ist in Elegien, Fabeln, Schwänken und Liedern der Floh ein beliebtes Wesen, speziell in der üblichen Vorstellung, daß es die Flöhe vor allem auf die Frauen abgesehen hätten. So werden sie zu Trägern erotischer Wunschvorstellungen, aber auch antifeministischer Regungen. Auch hier nützt Fischart die Vorgänger. *Flöhhatz* – das ist die Klage eines jungen Flohs zu Jupiter und im Gespräch mit einer Mücke über die grausamen und blutgierigen Weiber. Der Floh hatte sich trotz der Warnungen seines Vaters, der ausführlich über seine Abenteuer und Kriegszüge gegen die Frauen auf Märkten, in der Kirche und der Stube berichtet, an eine schöne Jungfrau herangemacht, die aber bis auf ihn selbst, der entkommen konnte, seine ganze Familie vernichtete. In der Gegenklage *Weibertratz* erscheint der Dichter als Flohkanzler im Namen Jupiters und verurteilt in langer Rede die Flöhe: sie sind Räuber und Diebe, quälen die Frauen, machen sie unanständig, stören den Gottesdienst, die Ehe und jedes menschliche Zusammensein; sie sollen sich in Zukunft mit Tierblut begnügen. Das Thema ist gleichermaßen lächerlich und erschreckend. Man verfolgt, gleichsam mit dem Vergrößerungsglas, den Ansturm des Ungeziefers auf die intimsten Körperstellen im zwielichtigen Bereich zwischen Hemd und Haut, in Schmutz, Blut und Schweiß. Ebenso grausam und verzweifelt sind aber auch die Frauen. In immer neuen Wendungen wird das Zerquetschen, Zerdrücken, Verbrennen, Zertreten, Aufspießen der Flöhe geschildert. Die Weiber bekommen zwar recht, aber stehen doch als blutgierige, grausame Wesen da. Das schöne, zarte Mädchen erscheint als „hauend wildes Schwein". Die Flöhe machen den Menschen zum Tier. So ist auch in diesem Insektenepos ein recht unheimliches Element hinter den gelehrten oder volkstümlichen Scherzen zu finden.

Von der Winzigkeit des Flohs zur Enormität des Riesen: 1575 ist Fischarts Hauptwerk, die *Affentheurlich Naupengeheurliche Geschichtklitterung*, erstmals erschienen, die manche Tendenzen des *Flöhhatz* und der Streitschriften in freier Prosaentfaltung zeigt. Die Bearbeitung von Rabelais' *Gargantua* wurde eines der unwahrscheinlichsten Produkte der deutschen Literatur, aufgetürmt nur auf dem ersten von Rabelais' fünf Büchern. Es ist die Geschichte des Riesen Gargantua, Sohn des Königs Grandgoschier (Grandgousier), seines Kampfs gegen den König Bittergroll (Picrochole), den Sieg über ihn und die Gründung der Abtei Willigmuth (Thélème). Die schon bei Rabelais überquellende Erzählung ist von Fischart durch Einschaltung ganzer Kapitel und auf Schritt und Tritt von Zusätzen, Exkursen und Wortkaskaden auf den dreifachen Umfang gebracht und in den späteren Auflagen weiter vermehrt worden. Der Roman Rabelais' beruht auf einem Volksbuch, das er selber sachlich und sprachlich ins Groteske und Saftig-Phantastische getrieben und zur Satire gegen Mönchtum, Scholastik, allgemeine Dummheit im Sinne einer renaissancehaften Verherrlichung des Leiblichen, des Bon sens, der freiheitlichen Gesinnung gemacht hatte; bei aller ungeheuren Drastik und bei allem überwältigenden Witz verfolgt er den Ablauf eines Geschehens und entwickelt ein humanes Programm von unzweifelhafter Gesundheit. Fischart hat alles übernommen, aber zugleich übertrieben und verunklärt, indem er das Erzählgeschehen völlig zudeckt mit seinen Sprachorgien, die ins Absurde zu führen scheinen. Der Leser fühlt sich nicht mehr durch die Komik befreit, sondern durch die schwer entwirrbare Chaotik der Laute, Wörter und Vorstellungen im Grunde bedroht. Diese Mentzer-Kletten scheinen etwas Zwanghaftes und Qualvolles, Monomanes mit sich zu bringen. Nehmen wir ein kräftiges, aber durchaus durchschnittliches Beispiel.

Im 3. Kapitel schildert Fischart Grandgoschiers Diät, d. h. die Art, wie sich dieser Riesenkönig ernährt. Seine Eßfreude wird bei Rabelais auf etwa einer halben Seite erwähnt und illustriert. Fischart malt die Organisation seiner Küche aus, und zu diesem Zweck zunächst das Gegenteil, wie sie nicht sein soll, aber an andern Höfen üblich sei:

Item des Garkuchners vier rotzklitzige, grindschupige, reudige, beschissene, beseichte, molckentremlige Hurenkinder, was lusts können die eim geben? wann das ein neben den Tisch pflatteret, das ander darunter die beyn abwässerlet, das dritt bei den Herd hoffiert, das viert mit Hunden unnd Katzen auß den Schüsseln frißt, vnnd alle Kar mit dem spiegeligen ermel außspilet, auch das Sudelweib das ein strelt, wischt und wescht, dem andern Schreiling mit Muß wie den Rappen das Maul stopfft vnd mest ... Demnach beseh einer den kleberigen, schmotzigen, klotzigen Sudelkoch und Kuchenlumpen, Vnnd sein holdseligs Ehegemahl die naßtrieffige, vberkupfferte, pfitzige, Säwpfinnige, Plewelwäschige, bachschnadrige, pfudelnasse, Sacksteubige, Sackwirdige, vnnd (dass ich mich nit verredt) Schneckkrichige, belzpletzige alte Kupplerin, Pfaffenkrawerin, Teufelsfängerin, vnnd Gabelreuterin.

Zunächst die Sache selbst: Koch und Köchin mit ihren „Hurenkindern", mit Hund und Katze im unappetitlichsten Zustand; Essen, Zeugen, Verdauen, Rotz und Grind gehen aufs ekelhafteste durcheinander. Sprachlich wird das zunächst zwar drastisch, aber sachlich geordnet wiedergegeben (Kinder Nr. 1–4). Dann aber gerät die Sprache immer wieder ins Rutschen oder Schlingern, in Reihen von Nomina oder Verben, die sich wie von selbst fortpflanzen, mit Endreim oder Stabreim sich folgen, zu Neubildungen und ungewohnten Zusammensetzungen führen (z. B. plewelwäschig: „mit dem Pleuel, dem Schlag- und Rührstecken, waschend oder danach aussehend"). Die meisten dieser Bildungen sind bei näherer Überlegung verständlich, vieles ist literarisch, aus Mundarten oder Fremdsprachen bezogen. Das Ganze ist sehr viel dichter und beziehungsreicher gearbeitet, als der Leser vielleicht denkt. Der erste Eindruck ist jedoch Verwirrung, Verfremdung, und über vierhundert Seiten hin ist bei aller schlagenden Sprachgebung im einzelnen die Aufmerksamkeit nicht durchzuhalten. Der so volkstümlich redende Fischart erweist sich auch hier als schwierig und eigensinnig. Sein Interesse gilt weniger der Aussage eines realen Zusammenhangs als der Sprachbildung, dem Sprachgeschehen selbst, wobei er in Lauten, Wörtern und Vorstellungen einem fast manischen Assoziationszwang folgt.

Eine einzigartige Gelegenheit, die Sprache in einer Art Trancezustand walten zu lassen, ohne daß der Erzähler auktorial eingreifen muß, ist die gleichsam bloß akustische Wiedergabe eines Zechgelages, die berühmte

„Truncken Litanei“. Schon Rabelais hat eine solche Szene ausschließlich aus den Reden der Beteiligten bestritten, doch aus den wenigen Seiten hat Fischart eine dreißigseitige Orgie gemacht: nichts als die durcheinandergehenden Rufe, Stimmen, Reden der zunehmend betrunkenen, lallenden, streitenden Zecher, ohne Absatz gedruckt wie ein Stück Poésie automatique, ein Bewußtseinsstrom, eine Folge von Halluzinationen.

Die Deutung dieses Stils ist umstritten. Zweifellos steckt in der Komik und Derbheit jene bei Rabelais deutlichere „karnevalische“ Lebenskraft, aus der sich auch ein solches fast ekstatisches Spielen mit der Sprache erklären ließe. Man hat vom Wirbel der tänzerischen Bewegung gesprochen, in der sich Sprache und Dichter fänden. Im komischen Gelächter, das der erfindungsreiche Sprachwitz erzeugt, manifestiere sich reine Daseinslust. Fischart selbst hat sich für seine komischen Grobheiten in der Vorrede entschuldigt mit dem alten Argument, es gelte dem Leser ein abschreckendes Beispiel zu geben. Das „verwirrete vngestalte muster der heut verwirrten vngestalten Welt“ solle dieser Welt den Spiegel vorhalten und von ihr „abführen“. Diesen Zweck wird man ihm weniger glauben als die Wörter „verwirrt“ und „ungestalt“, die für seinen Stil zutreffen. Fischart ist selbst an dieser Welt zutiefst beteiligt.

Fischarts Dichtung hat sich fast immer an Vorlagen entwickelt und trotz ihres enormen Reichtums nicht aus eigenem Programm. Und sie war auch kaum wirksam – offenbar ein, wie auch immer geniales, Ende. Sein Gelächter war nicht befreiend, es verhallt merkwürdig echolos im neuen pathetischen Ernst des Frühbarocks der Martin Opitz, Jakob Bidermann, Jakob Böhme.

# EPILOG

Wir blicken zurück auf acht Jahrhunderte deutscher Literatur, die Literatur des deutschen Mittelalters. Ob wir diese Epoche um 1400, um 1500 oder 1600 zu Ende gehen lassen und ob die Neuzeit an einem dieser Termine oder erst viel später begann, ist eine bloße Frage der Sprachregelung, verschieden zu beantworten je nach den gewählten Kriterien des Weltbilds, der Wirtschaft, der Gesellschaft, des literarischen Stils. Historia non facit saltus, und jede Zeit ist wie jeder einzelne Mensch ein Bündel des Ungleichzeitigen, von Aktualitäten und Anachronismen. Unzweifelhaft ist aber gegen Ende des 16. Jahrhunderts, das so viele Umbrüche und so viel Chaotisches erlebt hatte, mindestens literarisch eine tiefe Zäsur zu erkennen: eine Erschöpfung, ein Sinnverlust, eine Entartung der bisherigen Formen, während sich unter neuen politischen, konfessionellen und gesellschaftlichen Konstellationen andere Kräfte zu sammeln, andere Formen zu bilden beginnen – alles im nachhinein zu spüren wie die Stille vor dem Sturm des großen Krieges.

Die Ablösung des Mittelalters – etwa seiner theologischen Traditionen, seines Bildinventars, seines ptolemäischen Weltbildes – dauert lange. Das Phänomen Mittelalter tritt wie ein Gebirgszug gesamthaft erst langsam, aus der Ferne des 18. Jahrhunderts, in den Blick. Was die Humanisten noch als unglückliche Zwischenzeit abtaten, gewinnt eine eigene Größe und wird beispielhaft. Wie immer die Wiederentdecker des Mittelalters im 18. Jahrhundert und in der Romantik ihre Begeisterung thematisierten: in der Auseinandersetzung zwischen alter (antiker) und neuer Poesie tritt das Mittelalter auf die Seite der Aktualität.

Ob „Mittelalter“ als kulturmorphologischer Begriff

für eine bestimmte Entwicklungsphase auch anderer Kulturen sinnvoll ist, bleibe dahingestellt. Für das europäische Mittelalter gilt die einmalige Situation einer jugendlichen Epoche, in der vorgeschichtlich-barbarische Völker (Germanen, Kelten) im Auseinandersetzungsprozeß mit der sinkenden, aber getauften Hochkultur der Antike zum Aufbau eines eigenen Welt- und Kultursystems kommen. Es ist überschaubar in der Einheit seiner offiziellen Latinität, seiner Kirchen- und Reichsidee, weitgespannt zwischen vitalem Dasein und jenseitigem Heilsziel, allenthalben aber lebendig aufbrechend in die nationalen, regionalen, sozialen Formen seiner jungen und neuen Kulturen, Sprachen und Literaturen. Vom Standpunkt europäischer Neuzeit aus bestaunen wir das Mittelalter als unsere eigene Jugend, die uns doch so fremd geworden ist. Gerade in dieser Zwiespältigkeit kann das Mittelalter zum Modellfall werden. Es bietet dem Betrachter ein abgetanes, überschaubares Ganzes, zeigt Werden und Wandel eines verhältnismäßig geschlossenen Geschichtskörpers und erlaubt ein exemplarisches Geschichtsverständnis.

Die Literatur dieser Zeit steht zunächst in der so schwierigen wie fruchtbaren Spannung ihrer Bilinguität, dem Gegenüber reifer, lateinischer Buchliteratur und der ganz oder teilweise nur mündlich lebenden volkssprachlichen Formen. Der Gegensatz deckt sich weithin mit dem von Kleriker- und Laienliteratur, wobei das geschichtliche Ziel in der zunehmenden Schulung und Verselbständigung des literarischen Laientums besteht. Nur ein kleiner Teil der Laien kann lesen und schreiben, und dazu braucht gerade die soziale und politische Elite nicht zu gehören. Darauf beruht ein wesentliches Merkmal des literarischen Lebens: Literatur ist gemeinschaftsbildend, gemeinschaftsorientiert, sie hat in Lehre und Unterhaltung integrierende Kraft. Der Autor arbeitet meistens im Auftrag, sein Zweck ist Dienst (am irdischen oder himmlischen Herrn, an der Gesellschaft, der Frau) und nicht „Selbstverwirklichung". Der einzelne Text will nicht ein autonomes Werk sein, er geht in übergreifende Reihen und Funktionen ein. Aus der Dichtung für Laien wird zunehmend Dichtung von Laien, die als Hofliteratur am ehesten selbständigen Glanz und einen Anspruch auf ideologische Führung erwirbt. Das 15. Jahrhundert bringt eine eigentliche „Literaturexplosion" (Hugo Kuhn), eine weitere Verbreitung von Lesen und Schreiben und mit dem Buchdruck – Ursache und Wirkung zugleich – eine neue Intensität der Literatur in breiteren Schichten. Es entsteht am Ende des Mittelalters eine neue Öffentlichkeit, ein Markt, ein Verlagswesen; damit ändern sich Funktionen, Ort, Gebrauchsweisen der Literatur und nicht zuletzt das Selbstverständnis des Autors. Stärker sondert sich „schöne" Literatur als ein Autonomes heraus.

Mittelalterliche Dichtung glaubt an den Nutzen, den sie erbringen kann, auch an den moralischen selbst dort, wo sie sich am übeln Beispiel unterhält. Sie ist nicht exklusiv ästhetisch, versteht sich vielmehr als ars, als Handwerk aufgrund von Wissen, und darum ist es auch nicht statthaft, eine klare Grenze zwischen schöner, fiktionaler Literatur und den angewandten Formen der Lehrdichtung, der Geschichtserzählung, der Sachprosa aller Art zu ziehen oder etwa, von der „klassizistischen Rezeptionsbarriere" gehemmt (H. R. Jauß), die so beliebte Allegorie („Poesie des Unsichtbaren") nicht ernst zu nehmen.

Man hat immer wieder, von der Romantik bis heute, die Geschlossenheit des kulturellen mittelalterlichen Kosmos wenigstens der Idee nach bewundert: im Glauben, im Reich, im Weltbild. Doch ist diese Statik zusammenzusehen mit der Tatsache, daß sich in eben diesem Mittelalter dennoch die großen Innovationen vollzogen, die für die europäischen Nationalliteraturen grundlegend wurden und uns noch heute bezaubern: die neue Erfindung des Aventiure-Romans, in welchem die eschatologische Offenheit menschlicher Existenz selbst zum Thema wurde, oder die Liebeslyrik, in der die innigsten Strebungen des Menschen zwischen irdischer und himmlischer Liebe umschrieben wurden, oder die deutsche Prosa der Mystiker, in der Unsagbares auf luzideste oder gefühlteste Weise zur Sprache kam.

Das paradoxe Zusammengehen von kühner Neuerung und geschlossener Statik ließe sich etwa anhand der Kunstgeschichte mit dem Gegensatz romanischen und gotischen Stils erläutern. Doch ist das Problem allgemeiner, betrifft das ganze Mittelalter. Diachronisch betrachtet, verbürgt eine unerschütterliche, durch die Präsenz einer zeitlos vorbildlichen Antike und die grundsätzlich offenbarte Heilswahrheit der Kirche gesicherte *Traditionalität* ein gelassenes Gefühl geordneter Zeit. Und gerade weil nicht das Einzelwerk oder eine Autorenpersönlichkeit wichtig sind, vielmehr die überindividuelle Tradition der Typen und Funktionen die Literatur trägt, ergibt sich eine große Konstanz der Formen und Vorstellungen, ja bestimmter Texte und Themen, durch die Jahrhunderte hindurch. Aber bei allem Gleichmut sind auch Unruhe und Zielstrebigkeit dem christlichen Zeitverständnis eigen. Und so ist auch mittelalterliche Literaturgeschichte ein Ablauf schöpferischer Akte, in denen immer wieder Offenheit, Geheimnis, Bewegung sich melden. Da aber dennoch nichts verlorengehen darf, so bedeutet der Gesamtprozeß weniger eine Folge von Änderungen als eine Anreicherung und Neuordnung mit der bezeichnenden Vorliebe zur Form des Zyklus, zur Summa, zur Enzyklopädie – dem literarischen Abbild des runden Weltgebäudes.

Nun ist aber, sozusagen synchronisch, der Zusammenhang alles Seienden und Geschehenden auch von den Ordnungen und Korrespondenzen innerhalb der Schöpfung her begründet. Ein weniger die Kausalverhältnisse ergründendes als in Vergleichen und *Analogien* figural denkendes Verfahren gilt nicht nur dem Verständnis der Natur (z. B. nach dem Verhältnis von Makro- und Mikrokosmos) und der Geschichte (z. B. nach dem Verhältnis von Neuem zu Altem Testament oder andern typologischen Entsprechungen zwischen bestimmten Geschichtsabschnitten oder Personen). Auch das Wort, die Bild- und Gedankenfolge eines literarischen Texts, ist davon gesteuert. Die Lehre vom mehrfachen Schriftsinn, von Zahlenbeziehungen kompositorischer oder symbolischer Art, die Freude an Kontrafakturen und Parodien – all das hilft, die Einheit und Verläßlichkeit der Welt wiederherzustellen und die Gefahr des Zerfalls zu bannen. Kein Geschöpf sei ohne Zeichenhaftigkeit, sagt Freidank, und so besteht eine Einladung zum symbolischen Verständnis auch dort, wo Symbolik nicht beabsichtigt oder vieldeutig ist. Der Dichter ist denn auch nicht verpflichtet, für jedes Wort eine persönliche, explizite Verantwortung zu tragen, eben im Vertrauen auf die Tradition oder die immer sinngeladene Welt. Darum wirken denn auch viele Dichter so unklar oder gar hinterhältig, wenn ihnen der moderne Interpret eine ideelle Aussage abringen, sie auf eine moralische oder religiöse These hin festnageln will. Auch wenn ein weltflüchtiger Rigorismus immer wieder auftritt, so hat doch in dieser Welt viel Gegensätzliches (etwa das Grüne und das Rote in Wittenwilers *Ring*) gelassen nebeneinander Platz.

Wenn dann aber im Spätmittelalter jene Anreicherung und Vieldeutigkeit immer verwirrender wird, das Vertrauen in die verbürgte Tradition und die Weltbezüge des Worts zerfällt, ist das Ende der Epoche nah.

Wort und Welt: die geheime Bindung einer christlichen Literatur an das Wort Gottes als Schöpfungswort, als fleischgewordenes Wort im Erlöser, als ausgesprochenes Wort in der biblischen Offenbarung, als Sprechen

Gottes im Seelengrund, als Pathos des volkssprachlichen Wortes bei Luther durchzieht das lateinische und deutsche Mittelalter. Auf dem Hintergrund solcher Sprachreflexion vor allem der Volkssprache, von Otfrid bis Luther und Fischart, stehen nicht nur die Einzelleistungen, sondern erscheint ein faszinierendes Ganzes, das als entstehendes und bewegtes Literatursystem gewürdigt werden will.

Auch das asketische Mönchstum hat das Studium der gelehrten und poetischen Literatur kaum je als überflüssig oder verächtlich angesehen. Im Gegenteil sagte sogar Bernhard von Clairvaux:

scientia litterarum ornat animam.

# ANHANG

# BIBLIOGRAPHISCHE HINWEISE

Von Dorothea Klein

Die bibliographischen Angaben beschränken sich auf Textausgaben und Übersetzungen sowie auf eine kleine Auswahl weiterführender Forschungsliteratur. Der allgemeine Teil enthält zuerst die Literatur, die sich auf den ganzen Zeitraum bzw. auf mehrere Epochen bezieht, dann die Literatur zu einzelnen Epochen. Der alphabetische Teil beschränkt sich auf die wichtigsten in der Darstellung behandelten Autoren bzw. anonymen Werke. Die Alphabetisierung folgt der Praxis in: *Die deutsche Literatur des Mittelalters. Verfasserlexikon*, 2. Aufl. hg. K. Ruh u. a., 1978 ff. Sekundärliteratur zu den einzelnen Autoren oder Werken, die bereits in den einschlägigen Artikeln des *Verfasserlexikons* verzeichnet ist, wird grundsätzlich nicht mehr angeführt.

## ABKÜRZUNGEN

ahd. = althochdeutsch
Ahd. Gll. = *Die althochdeutschen Glossen*, gesammelt u. bearb. v. E. Steinmeyer u. E. Sievers, 5 Bde., 1879–1922, Nachdr. 1968/69.
ALb = *Althochdeutsches Lesebuch*, hg. W. Braune, [17]1994 bearb. v. E. A. Ebbinghaus.
Archiv = Archiv für das Studium der neueren Sprachen u. Literaturen, 1846 ff.
Ausg.(n) = Ausgabe(n)
Baechtold = *Schweizer Schauspiele des 16. Jahrhunderts*, hg. J. Baechtold, 3 Bde., 1890–93.
Bd., Bde. = Band, Bände
bearb. = bearbeitet
begr. = begründet
Beitr. = Beiträge
Bibliogr. = Bibliographie
Brunner = *Interpretationen: Mittelhochdeutsche Romane u. Heldenepen*, hg. H. Brunner, 1993.
Cramer, Liederdichter = *Die kleineren Liederdichter des 14. u. 15. Jahrhunderts*, hg. Th. Cramer, 4 Bde., 1977–85.

DHB = *Deutsches Heldenbuch*, hg. A. Amelung u. a., 5 Bde., 1866–73, Neudr. 1963–68.
dt. = deutsch
DV = *Deutsche Volkslieder mit ihren Melodien, Balladen*, hg. v. Deutschen Volksliederarchiv, 9 Bde., 1935–1992.
DVjs = Deutsche Vierteljahrsschrift für Literaturwissenschaft u. Geistesgeschichte, 1923 ff.
Faks. = Faksimile
FdB = *Flugschriften der Bauernkriegszeit*, hg. A. Laube u. H. W. Seiffert, 1975.
Forsch.n = Forschungen
Froning = *Das Drama des Mittelalters*, hg. R. Froning, 3 Bde., 1891/92, Nachdr. 1964.
Fs. = Festschrift
Füssel, Dt. Dichter = *Deutsche Dichter der frühen Neuzeit (1450–1600). Ihr Leben u. Werk*, hg. St. Füssel, 1993.
GA = *Gesamtabenteuer. Hundert altdeutsche Erzählungen*, hg. F. H. v. d. Hagen, 3 Bde., 1850, Neudr. 1961.
germ. = germanisch
german. = germanistisch
Ges. = Gesellschaft
Gesch. = Geschichte
Glier/Curschmann = *Deutsche Dichtung des Mittelalters*, hg. u. übers. I. Glier u. M. Curschmann, 3 Bde., 1980/81.
GRM = Germanisch-Romanische Monatsschrift, 1909 ff.
Hartl = *Das Drama des Mittelalters*, hg. E. Hartl, 3 Bde., 1937–42.
Haug/Vollmann = *Frühe deutsche Literatur und lateinische Literatur in Deutschland 800–1150*, hg. u. übers. W. Haug u. B. K. Vollmann, 1991.
HB = *Heldenbuch*, hg. F. H. v. d. Hagen, 2 Bde., 1855, Neudr. 1977.
Hg(g)., hg. = Herausgeber, herausgegeben
HMS = *Minnesinger. Deutsche Liederdichter des zwölften, dreizehnten u. vierzehnten Jahrhunderts*, hg. F. H. v. d. Hagen, 5 Tle., 1838–56, Nachdr. 1962/63.
Hs., Hss. = Handschrift(en)
IASL = Internationales Archiv für Sozialgeschichte der deutschen Literatur, 1976 ff.
Jb., Jbb. = Jahrbuch, Jahrbücher

Jh. = Jahrhundert
JOWG = Jahrbuch der Oswald von Wolkenstein Gesellschaft, 1980 ff.
Keller, Fsp. = *Fastnachtspiele aus dem 15. Jahrhundert*, hg. A. v. Keller, Bd. 1–3, 1853, Nachlese, 1858, Nachdr. 1965/1966.
KLD = *Deutsche Liederdichter des 13. Jahrhundert*, hg. C. v. Kraus, bearb. H. Kuhn, 2 Bde., 1952–58, $^{2}$1978.
lat. = lateinisch
Lit., lit. = Literatur, literarisch
LL = *Literaturlexikon. Autoren u. Werke deutscher Sprache*, hg. W. Killy, 15 Bde., 1988–93.
MA = Mittelalter
mal. = mittelalterlich
Maurer, Rel. Dicht. = *Die religiösen Dichtungen des 11. u. 12. Jh.s*, nach ihren Formen besprochen u. hg. F. Maurer, 3 Bde., 1964–70.
MF = *Des Minnesangs Frühling*, unter Benutzung der Ausgaben v. K. Lachmann u. M. Haupt, F. Vogt u. C. v. Kraus bearb. H. Moser u. H. Tervooren, 3 Bde., $^{38}$1988.
MGG = *Die Musik in Geschichte u. Gegenwart. Allgemeine Enzyklopädie der Musik*, hg. F. Blume, 17 Bde., 1949 bis 1986, $^{2}$1994 ff. hg. L. Finscher, 20 Bde.
mhd. = mittelhochdeutsch
Mitt. = Mitteilungen
MLStmk = *Die mittelalterliche Literatur in der Steiermark*, hg. A. Ebenbauer, F. P. Knapp u. A. Schwob, 1988.
MSD = *Denkmäler deutscher Poesie u. Prosa aus dem 8. bis 12. Jh.*, hg. K. Müllenhoff u. W. Scherer, 2 Bde., $^{3}$1892 bearb. E. Steinmeyer, Nachdr. 1964.
Müller, Romane = *Romane des 15. u. 16. Jh.s*, hg. u. übers. J.-D. Müller, 1990.
Nachdr. = Nachdruck(e)
nd. = niederdeutsch
NF = Neue Folge
nhd. = neuhochdeutsch
PBB = Beiträge zur Geschichte der deutschen Sprache u. Literatur, begr. v. H. Paul u. W. Braune, 1874 ff., ab: 1955 ff. PBB (Tübingen) u. PBB (Halle).
PL = Patrologia latina, hg. J. P. Migne, 221 Bde., 1844–64.

PMLA = Publications of the Modern Language Association of America, 1884 ff.
PRspM = *Positionen des Romans im späten Mittelalter*, hg. W. Haug u. B. Wachinger, 1991.
Ref. = Reformation
²RL = *Reallexikon der deutschen Literaturgeschichte*, begr. v. P. Merker u. W. Stammler, hg. W. Kohlschmidt u. W. Mohr u. a., 5 Bde., ²1958–88.
RSM = *Repertorium der Sangsprüche u. Meisterlieder des 12. bis 18. Jh.s*, hg. H. Brunner u. B. Wachinger, 16 Bde., 1986 ff.
Ruh, Abendld. Mystik = K. Ruh: *Geschichte der abendländischen Mystik*, bisher 3 Bde., 1990–96.
Schlosser = *Ahd. Lit. Ausgewählte Texte*, hg. u. übers. H. D. Schlosser, 1989.
Schr. = Schriften
SMS = *Die Schweizer Minnesänger.* Nach der Ausg. v. K. Bartsch neu bearb. u. hg. M. Schiendorfer, Bd. 1: Texte, 1990.
Steinmeyer = *Die kleineren ahd. Sprachdenkmäler*, hg. E. Steinmeyer, 1916, ³1971.
Stud. = Studien
übers., Übers.(n) = übersetzt, Übersetzung(en)
Unters. = Untersuchungen
VD 16 = Verzeichnis der im deutschen Sprachgebiet erschienenen Drucke des 16. Jahrhunderts, hg. Bayer. Staatsbibliothek München im Verband mit der Herzog August Bibliothek Wolfenbüttel, 1. Abt., 1984 ff.
²VL = *Die deutsche Literatur des Mittelalters. Verfasserlexikon*, begr. v. W. Stammler, fortgef. v. K. Langosch, 5 Bde., 1933–55, ²1978 ff., hg. K. Ruh u. a., bisher 9 Bde.
Waag/Schröder, Dt. Ged. = *Kleinere deutsche Gedichte des 11. u. 12. Jh.s*, nach der Auswahl v. A. Waag neu hg. W. Schröder, 2 Bde., 1972.
Wackernagel, KL = *Das dt. Kirchenlied von der ältesten Zeit bis zu Anfang des 17. Jahrhunderts*, hg. Ph. Wackernagel, 5 Bde., 1864–77, Nachdr. 1964.
WSB = Sitzungsberichte der Österreichischen Akademie der Wissenschaften, Wien, Philosophisch-historische Klasse, 1848 ff.

WW = Wirkendes Wort, 1950 ff.
ZfdA = Zeitschrift für deutsches Altertum u. deutsche Literatur, 1841 ff.
ZfdPh = Zeitschrift für deutsche Philologie, 1869 ff.
Zingerle, Sp. = *Sterzinger Spiele. Die weltlichen Spiele des Sterzinger Spielarchivs* [. . .] *nach der Ausg. O. Zingerles (1886)*, hg. W. M. Bauer, 1982.

## A. ALLGEMEINES

**Bibliographien.** *Bibliogr. der dt. Sprach- u. Lit.wiss.*, hg. H. W. Eppelsheimer u. C. Köttelwesch, 1957 ff.; *Germanistik. Internationales Referatenorgan mit bibliographischen Hinweisen*, 1965 ff.; *Handbuch der dt. Lit.gesch.* Abt. 2: Bibliogr.n, hg. P. Stapf, Bd. 1: Frühes MA, v. H. Kratz, 1970, Bd. 2: Hohes MA, v. M. Batts, 1969, Bd. 3: Spätes MA, v. G. F. Jones, 1971, Bd. 4: Renaissance, Humanismus, Ref., v. J. E. Engel, 1969; *Dt. Lit.-Lexikon. Biographisch-bibliographisches Handbuch*, begr. v. W. Kosch, [3]1968 ff. hg. B. Berger u. H. Rupp.

**Nachschlagewerke.** [2]VL; LL; *Kindlers Neues Lit.lexikon*, hg. W. Jens, 20 Bde., 1988–92; *Neue Dt. Biographie*, 1953 ff.; *Lexikon des MAs*, hg. R. Bauthier u. a., bisher 8 Bde., 1977 ff.; *Reallexikon der Germ. Altertumskunde*, hg. J. Hoops, bisher 8 Bde., [2]1973 ff.; [2]RL; *Lit.wissenschaftliches Lexikon*, hg. H. Brunner u. R. Moritz, 1996; MGG; *Das MA in Daten. Lit., Kunst, Gesch. 750–1520*, hg. J. Heinzle, 1993.

**Literaturgeschichten.** G. Ehrismann: *Gesch. der dt. Lit. bis zum Ausgang des MAs*, 4 Bde., 1918–35, Nachdr. 1954; *Gesch. der dt. Lit. von den Anfängen bis zur Gegenwart*, hg. H. de Boor u. R. Newald, Bd. 1: 770–1170, v. H. de Boor, [9]1979 bearb. v. H. Kolb, Bd. 2: 1170–1250, v. H. de Boor, [11]1991 bearb. v. U. Hennig, Bd. 3,1: 1250–1350, v. H. de Boor, [5]1997 bearb. v. J. Janota, Bd. 3,2: 1250–1370, hg. I. Glier, 1987, Bd. 4,1: 1370 bis 1520, v. H. Rupprich, [2]1994 neu bearb. v. H. Heger, Bd. 4,2: 1520–1570, v. H. Rupprich, 1973; K. Bertau: *Dt. Lit. im europäischen MA*, 2 Bde., 1972/73; *Gesch. der dt. Lit. von den Anfängen bis zum Beginn der Neuzeit*, hg. J. Heinzle, Bd. 1,1: Die Anfänge: Versuche volkssprachiger Schriftlichkeit im frühen MA, v. W. Haubrichs, [2]1995, Bd. 1,2: Wiederbeginn volkssprachiger

Schriftlichkeit im hohen MA, v. G. Vollmann-Profe, $^{2}$1994, Bd. 2,2: Wandlungen u. Neuansätze im 13. Jh., v. J. Heinzle, $^{2}$1994; *Gesch. der dt. Lit. des MAs*, v. D. Kartschoke, J. Bumke u. Th. Cramer, 1990; H. Brunner: *Gesch. der dt. Lit. des MAs im Überblick*, 1997; *Neues Handbuch der Lit.wiss.*, hg. K. v. See, Bd. 6: Europäisches FrühMA, hg. K. v. See, 1985, Bd. 7: Europäisches HochMA, hg. H. Krauss, 1981, Bd. 8: Europäisches SpätMA, hg. W. Erzgräber u. a., 1978, Bd. 9 u. 10: Renaissance u. Barock, hg. A. Buck u. a., 1972; J. Baechtold: *Gesch. der dt. Lit. in der Schweiz*, 1892, Nachdr. 1919; H. Jellinghaus: *Gesch. der mittelnd. Lit.*, $^{3}$1925; *Handbuch der bayerischen Gesch.*, begr. v. M. Spindler, hg. A. Kraus, Bd. 1 u. 2, $^{2}$1988; *Gesch. der Lit. in Österreich*, hg. H. Zeman, Bd. 1: Die Lit. des Früh- u. HochMAs, v. F. P. Knapp, 1994; M. Manitius: *Gesch. der lat. Lit. des MAs*, 3 Tle., 1911–31, Nachdr. 1964/65; F. Brunhölzl: *Gesch. der lat. Lit. des MAs*, Bd. 1: Von Cassiodor bis zum Ausgang der karolingischen Erneuerung, 1975, Bd. 2: Die Zwischenzeit vom Ausgang des karolingischen Zeitalters bis zur Mitte des 11. Jh.s, 1992.

**Allgemeines zur Literaturgeschichte.** R. R. Bezzola: *Les origines et la formation de la littérature courtoise en occident (500–1200)*, 5 Bde., 1958–63; L. Bouyer u. a.: *Histoire de la spiritualité chrétienne*, 3 Bde., 1961–66; D. de Rougemont: *Die Liebe u. das Abendland*, 1966; J. Bumke: *Die romanisch-dt. Lit.beziehungen im MA*, 1967; M. Wehrli: *Formen mal. Erzählung*, 1969; H. Kuhn: *Kleine Schr.*, 3 Bde., $^{2}$1969, 1969 u. 1980; H. Beckers: *Mittelnd. Lit. Versuch einer Bestandsaufnahme*, Nd. Wort 17–19 (1977–79); E. R. Curtius: *Europäische Lit. u. lat. MA*, $^{9}$1978; G. Cordes: *Mittelnd. Dichtung u. Gebrauchslit.*, in: *Handbuch zur nd. Sprach- u. Lit.wiss.*, hg. G. Cordes u. D. Möhn, 1983; W. Mohr: *Gesammelte Aufsätze*, 2 Bde., 1983; *Epische Stoffe des MAs*, hg. V. Mertens u. U. Müller, 1984; K. Ruh: *Kleine Schr.*, 2 Bde., hg. V. Mertens, 1984; R. Schnell: *Causa Amoris. Liebeskonzeption u. Liebesdarstellung in der mal. Lit.*, 1985; *Liebe in der dt. Lit. des MAs*, hg. J. Ashcrofft u. a., 1985; *Dt. Dichter*, hg. G. Grimm u. F. R. Max, Bd. 1 u. 2, 1988; H. Fromm: *Arbeiten zur dt. Lit. des MAs*, 1989; W. Haug: *Strukturen als Schlüssel zur Welt. Kleine Schr. zur Erzähllit. des MAs*, 1989; *Parodie u. Satire in der Lit. des MAs*, 1989; *Lit. u. Sprache im rheinisch-maasländischen Raum zwischen 1150 u. 1450*, hg. H. Tervooren u. H. Beckers, 1989 (ZfdPh 108, Sonderheft); Ruh, Abendld. Mystik; *Exempel u. Exempelsammlungen*, hg. W. Haug u. B. Wachinger, 1991; *Reisen u. Welterfahrung in der dt. Lit. des MA*, hg. D. Huschenbett u. J. Margetts, 1991; *Latein u. Volkssprache im dt. MA 1100–1500*, hg. N. Henkel u. N. F. Palmer, 1992; W. Haug: *Brechungen auf dem Weg zur Individualität. Kleine Schr. zur Lit. des MAs*, 1995; E. Schubert: *Fahrendes Volk im MA*, 1995.

**Einzelne Themen und Gattungen**

Poetik und Ästhetik. E. de Bruyne: *Études d'esthétique médiévale*, 3 Bde., 1946, Nachdr. 1975; R. Assunto: *Die Theorie des Schönen im MA*, 1963, Neuausg. 1982; E. Auerbach: *Mimesis. Dargestellte Wirklichkeit in der abendländischen Lit.*, [5]1971; J. Suchomski: *‚Delectatio' u. ‚utilitas'. Ein Beitr. zum Verständnis mal. komischer Lit.*, 1975; P. Michel: *Formosa deformitas. Bewältigungsformen des Häßlichen in mal. Lit.*, 1976; E. R. Curtius: *Europäische Lit. u. lat. MA*, [9]1978; W. Haug: *Das Komische u. das Heilige. Zur Komik der religiösen Lit. des MAs*, Wolfram-Stud. 7 (1982); M. Wehrli: *Lit. im dt. MA. Eine poetologische Einführung*, 1984; W. Haug: *Lit.theorie im dt. MA von den Anfängen bis zum Ende des 13. Jh.s*, [2]1992.

Rhetorik. E. Auerbach: *Lit.sprache u. Publikum in der lat. Spätantike u. im MA*, 1958; F. Quadlbauer: *Die antike Theorie der genera dicendi im lat. MA*, 1962 (WSB 241,2); L. Arbusow: *Colores rhetorici*, [2]1963 hg. H. Peter; W. Fechter: *Lat. Dichtkunst u. dt. MA*, 1964; P. Klopsch: *Einführung in die Dichtungslehren des lat. MAs*, 1980; P. Dronke: *Mal. Rhetorik*, in: Propyläen Gesch. der Lit., Bd. 2, 1982; R. Copeland: *Rhetoric, Hermeneutics and Translations in the Medieval Age*, 1991.

Allegorie, Allegorese. H. de Lubac S. J.: *Exégèse médiévale*, Bd. 1–4, 1959–64; W. Blank: *Die dt. Minneallegorie*, 1970; *Verbum et signum*, Fs. F. Ohly, 2 Bde., 1975; F. Ohly: *Schr. zur mal. Bedeutungsforschung*, 1977; *Formen u. Funktionen der Allegorie*, hg. W. Haug, 1979; H. Brinkmann: *Mal. Hermeneutik*, 1980; H. Freytag: *Die Theorie der allegorischen Schriftdeutung u. die Allegorie in dt. Texten besonders des 11. u. 12. Jh.s*, 1982; *Geistliche Denkformen in der Lit. des MAs*, hg. K. Grubmüller u. a., 1984; *Bildhafte Rede in MA u. Neuzeit*, hg. W. Harms u. K. Speckenbach, 1992; F. Ohly: *Ausgewählte u. neue Schr. zur Lit.gesch. u. Bedeutungsforschung*, hg. U. Ruberg u. D. Peil, 1995.

Autoren und Publikum. W. Fechter: *Das Publikum der mhd. Dichtung*, 1935; J. Bumke: *Mäzene im MA*, 1979; *Lit. Mäzena-*

*tentum. Ausgewählte Forsch.n zur Rolle des Gönners u. Auftraggebers in der mal. Lit.*, hg. J. Bumke, 1982; *Lit. Interessenbildung im MA*, hg. J. Heinzle, 1993.

Heldenepik. C. M. Bowra: *Heldendichtung*, 1964; A. B. Lord: *Der Sänger erzählt*, 1965; M. Curschmann: *Oral Poetry in Medieval English, French, and German literature*, Speculum 42 (1967); G. T. Gillespie: *A catalogue of persons named in German heroic literature (700–1600)*, 1973; W. Hoffmann: *Mhd. Heldendichtung*, 1974; E. R. Haymes: *Das mündliche Epos. Eine Einführung in die „Oral Poetry"-Forschung*, 1977; *Oral Poetry. Das Problem der Mündlichkeit mal. epischer Dichtung*, hg. N. Voorwinden u. Max de Haan, 1979; *Helden u. Heldensage*, Fs. O. Gschwantler, 1990; W. Haug: *Die Grausamkeit der Heldensage. Neue gattungstheoretische Überlegungen zur heroischen Dichtung*, in: Fs. H. Beck, 1994.

Roman. H. Buntz: *Die dt. Alexanderdichtung des MAs*, 1973; T. Ehlert: *Dt.sprachige Alexanderdichtung des MAs*, 1989; *Die dt. Trojalit. des MAs u. der Frühen Neuzeit*, hg. H. Brunner, 1990; Brunner.

Lyrik. J. Janota: *Stud. zu Funktion u. Typus des dt. geistlichen Liedes im MA*, 1968; U. Müller: *Unters. zur politischen L. des dt. MAs*, 2 Bde., 1974; A. H. Touber: *Dt. Strophenformen des MAs*, 1975; P. Dronke: *Die L. des MAs*, $^{2}$1977; *L. des MAs*, hg. H. Bergner, 2 Bde., 1983; RSM, 16 Bde., 1986 ff.; J. Rettelbach: *Variation – Derivation – Imitation. Unters. zu den Tönen der Sangspruchdichter u. Meistersinger*, 1993; *Gedichte u. Interpretationen*, hg. H. Tervooren, 1993; F.-J. Holznagel: *Wege in die Schriftlichkeit. Unters. u. Materialien zur Überlieferung der mhd. L.*, 1995; S. Fritsch-Staar: *Unglückliche Ehefrauen. Zum dt.sprachigen malmariée-Lied*, 1995; *Wechselspiele. Kommunikationsformen u. Gattungsinterferenzen mhd. L.*, hg. M. Schilling u. P. Strohschneider, 1996; *Lied im dt. MA. Überlieferung, Typen, Gebrauch*, hg. C. Edwards u. a., 1996.

Bibeldichtung, Bibelübersetzung. W. Walther: *Die dt. Bibelübers. des MAs*, 3 Tle., 1889–92, Nachdr. 1966; H. Rost: *Die Bibel im MA*, 1939; K. Helm / W. Ziesemer: *Die Lit. des dt. Ritterordens*, 1951; M. Wehrli: *Sacra poesis. Bibeldichtung als europäische Tradition*, in: Fs. F. Maurer, 1963; H. Fromm: *Mariendichtung*, in: $^{2}$RL 2; K. E. Schöndorf: *Die Tradition der dt. Psalmenübers.*, 1967; A. Masser: *Bibel, Apokryphen u. Legenden. Geburt u.*

*Kindheit Jesu in der religiösen Epik des dt. MAs*, 1969: D. Kartschoke: *Bibeldichtung. Stud. zur Gesch. der epischen Bibelparaphrase von Juvencus bis Otfrid von Weißenburg*, 1975; A. Masser: *Bibel- u. Legendenepik des dt. MAs*, 1976; K. Kirchert: *Grundsätzliches zur Bibelübers. im MA*, ZfdA 113 (1984); K. Stackmann: *Magd u. Königin. Dt. Mariendichtung des MAs*, 1988; *Dt. Bibelübers.n des MAs*, hg. H. Reinitzer, 1991.

Legende und Legendendichtung. U. Wyss: *Theorie der mhd. L.epik*, 1973; P. Dinzelbacher: *Vision u. Visionslit. im MA*, 1981; H. Rosenfeld: *L.*, ⁴1982; F. Karlinger: *L.forschung*, 1986; W. Williams-Krapp: *Die dt. u. niederländ. Legendare des MAs*, 1986; K. Speckenbach: *Jenseitsreisen in Traumvisionen der dt. Lit. bis ins ausgehende 15. Jh.*, Arch. für Kulturgesch. 73 (1991); E. Feistner: *Historische Typologie der dt. Heiligenlegende des MAs*, 1995.

Predigt. A. Linsenmayer: *Gesch. der P. in Deutschland von Karl dem Großen bis zum Ausgang des 14. Jh.s*, 1886, Nachdr. 1969; K. Morvay / D. Grube: *Bibliogr. der dt. P. des MAs*, 1974; K. Ruh: *Dt. P.bücher des MAs*, in: *Beitr. zur Gesch. der P.*, hg. H. Reinitzer, 1981; *Die dt. P. im MA*, hg. V. Mertens u. H.-J. Schiewer, 1992.

Fabel. K. Grubmüller: *Meister Esopus. Unters. zur Gesch. u. Funktion der F. im MA*, 1977; R. Dithmar: *Die F.*, ²1988; E. Leibfried: *F.*, ⁴1982; *Die F. Theorie, Gesch. u. Rezeption einer Gattung*, hg. P. Hasubek, 1982; *Fabula docet. Illustrierte F.bücher aus sechs Jh.en*, 1983 (Ausstellungskat.); G. Dicke / K. Grubmüller: *Die F.n des MAs u. der frühen Neuzeit. Ein Katalog der dt. Versionen u. ihrer lat. Entsprechungen*, 1987.

Lehrhafte Dichtung. B. Sowinski: *L. D. des MAs*, 1971; B. Boesch: *Lehrhafte Lit. Lehre in der Dichtung u. Lehrdichtung im dt. MA*, 1977.

Pragmatisches Schrifttum. G. Eis: *Mal. Fachlit.*, ²1967; G. Eis: *Forsch.n zur Fachprosa*, 1971; P. Assion: *Altdt. Fachlit.*, 1973; *Fachprosaforschung*, hg. G. Keil u. P. Assion, 1974; *Fachprosa-Stud.*, hg. G. Keil u. a., 1982; *Pragmatische Schriftlichkeit im MA*, hg. H. Keller u. a., 1992.

Geschichtsschreibung. *Gesch.denken u. Gesch.bild im MA*, hg. W. Lammers, ²1965; H. Grundmann: *G. im MA. Gattungen – Epochen – Eigenart*, ³1978; F.-J. Schmale: *Funktion u. Formen mal. G. Eine Einführung*, 1985; *G. u. Gesch.bewußtsein im späten MA*, hg. H. Patze, 1987.

Drama und Theater. O. B. Harrison: *Christian Rite and Christian D. in the Middle Ages: Essays in the Origin and Early History of Modern D.*, 1965; R. Steinbach: *Die dt. Osterspiele u. Passionsspiele des MAs*, 1970; W. F. Michael: *Das dt. Drama des MAs*, 1971; D. R. Warning: *Funktion u. Struktur. Die Ambivalenzen des geistlichen Spiels*, 1974; D. Brett-Evans: *Von Hrotsvit bis Folz u. Gengenbach. Eine Gesch. des mal. dt. Dramas*, 2 Bde., 1975; *Mal. dt. Drama*, ZfdPh 94 (1975), Sonderheft; I. Ten Venne: *Das geistliche Spiel in Deutschland von der Mitte des 13. bis zum 16. Jh.*, 2 Bde., 1983; R. Bergmann: *Mal. geistliche Spiele*, in: ²RL 4; W. M. Bauer: *Mal. weltliche Spiele*, in: ebd.; *The Theatre in the Middle Ages*, hg. H. Braet u. a., 1985; R. Bergmann: *Katalog der dt.sprachigen geistlichen Spiele u. Marienklagen des MAs*, 1986; B. Neumann: *Geistliches Schauspiel im Zeugnis der Zeit*, 1987; W. F. Michael: *Das Drama des MA. Ein Forschungsbericht*, DVjs 62 (1988).

*Textsammlungen*

*Die dt. Lit. Texte u. Zeugnisse*, hg. W. Killy, Bd. 1: MA, hg. H. de Boor, 2 Tle., 1965, Bd. 2: SpätMA, Humanismus, Ref., 2 Tle., hg. H. Heger, 1975–78; Glier/Curschmann.

Lyrik. *Minnesinger*, hg. F. H. v. d. Hagen, 5 Tle., 1838–56, Nachdr. 1963; *Politische L. des dt. MAs*, hg. U. Müller, 2 Bde., 1972/74; *Epochen der dt. L.*, hg. W. Killy, Bd. 1: Von den Anfängen bis 1300, hg. W. Höver u. E. Kiepe, 1978, Bd. 2: 1300–1500, hg. E. u. H. Kiepe, 1972, Bd. 3: 1500–1600, hg. K. Düwel, 1978; *Owj do tagte ez. Tagelieder u. motivverwandte Texte des MAs u. der frühen Neuzeit*, Bd. 1, hg. R. Hausner, 1983; *Dt. L. des MAs.* Auswahl u. Übers. v. M. Wehrli, ⁷1988; *Frauenlieder des MAs*, hg. u. übers. I. Kasten, 1990; *Tagelieder des dt. MAs*, ausgew. u. übers. v. M. Backes, 1992.

Fabel. L. Hervieux: *Les fabulistes latins* . . ., 5 Bde., ²1893–95, Nachdr. 1966.

Drama. Froning; Hartl; K. Young: *The D. of the Medieval Church*, 2 Bde., 1933, Neudr. 1967; W. Lipphardt: *Lat. Osterfeiern u. Osterspiele*, Bde. 1–9, 1975–90.

## VON DER VÖLKERWANDERUNG BIS ZUM ENDE DER OTTONEN


G. Baesecke: *Vor- u. Frühgesch. des dt. Schrifttums*, Bd. 1, 1940, Bd. 2, hg. I. Schröbler, 1950–53; W. Schröder: *Grenzen u. Möglichkeiten einer ahd. Lit.gesch.*, 1959; *Karl der Große*, 2 Bde., hg. B. Bischoff, 1965; B. Bischoff: *Mal. Stud.*, 3 Bde., 1966–81; W. Haug: *Funktionsformen der ahd. binnengereimten Langzeile*, in: Fs. H. Kuhn, 1969; B. Bischoff: *Die südostdt. Schreibschulen u. Bibliotheken in der Karolingerzeit*, 2 Bde., $^{3}$1974 u. 1980; St. Sonderegger: *Ahd. Sprache u. Lit.*, 1974; J. S. Groseclose / B. O. Murdoch: *Die ahd. poetischen Denkmäler*, 1976; J. K. Bostock: *A Handbook on Old High German Lit.*, bearb. v. K. C. King u. D. R. McLintock, $^{2}$1976; H. D. Schlosser: *Die lit. Anfänge der dt. Sprache*, 1977; *Die Genese der europäischen Endreimdichtung*, hg. U. Ernst u. P.-E. Neuser, 1977; K. v. See: *Stabreim u. Endreim*, PBB 102 (1980); B. Nagel: *Das Reimproblem in der dt. Dichtung. Vom Otfridvers zum freien Vers*, 1985; *Ahd.*, hg. R. Bergmann u. a., 2 Bde., 1987; *Schriftlichkeit im frühen MA*, hg. U. Schaefer, 1993.

Zaubersprüche und Segen. F. Ohrt: *Segen*, in: *Handwörterbuch des dt. Aberglaubens*, Bd. 4, 1931/32; G. Eis: *Altdt. Zaubersprüche*, 1964; M. Geier: *Die magische Kraft der Poesie*, DVjs 56 (1982); A. Masser: *Z. u. S.*, in: $^{2}$RL 4; B. Murdoch: *Drohtin, uuerthe so! Funktionsweisen der altdt. Zaubersprüche*, Litwiss. Jb. 32 (1991).

Heldendichtung. O. Gschwantler: *Stud. zur Funktionsgesch. der Heldensage*, 1959; *Zur germ.-dt. Heldensage*, hg. K. Hauck, 1961; J. de Vries: *Heldenlied u. Heldensage*, 1961; K. v. See: *Germ. Heldensage. Stoffe, Probleme, Methoden*, $^{2}$1981; H. Uecker: *Germ. Heldensage*, 1972; M. Diebold: *Das Sagenlied. Die aktuelle dt. H. der Nachvölkerwanderungszeit*, 1974; W. Haug: *Andreas Heuslers Heldensagenmodell: Prämissen, Kritik u. Gegenentwurf*, ZfdA 104 (1975); *Europäische H.*, hg. K. v. See, 1978; *Heldensage u. H. im Germ.*, hg. H. Beck, 1988; W. Haubrichs: *Veterum regum actu et bella. Zur sog. Heldenliedersammlung Karls des Großen*, in: Fs. H.-F. Rosenfeld, 1989.

Glossen. R. Bergmann: *Verzeichnis der ahd. u. altsächsischen G.hss.*, 1973; ders.: *Die ahd. G.überlieferung des 8. Jh.s*, 1983.

Bibeldichtung. J. Rathofer: *Realien zur altsächsischen Lit.*, Nd. Wort 16 (1976); J. Belkin / J. Meier: *Bibliogr. zu Otfrid von Wei-*

*ßenburg u. zur altsächsischen B. (Heliand u. Genesis)*, 1975; D. Kartschoke: *Altdt. B.*, 1975; ders.: *B. Stud. zur Gesch. der epischen Bibelparaphrase von Juvencus bis Otfrid von Weißenburg*, 1975.

Christliches Helden- und Heiligenlied. J. Szövérffy: *Weltliche Dichtungen des lat. MAs*, Bd. 1, 1970; A. Ebenbauer: *Carmen Historicum. Unters. zur histor. Dichtung im karolingischen Europa*, 2 Bde., 1978.

*Textsammlungen*

Ahd. Gll.; *Denkmäler dt. Prosa des 11. u. 12. Jh.s*, hg. F. Wilhelm, 2 Bde., 1916, Nachdr. in einem Bd. 1960; MSD; *Schrifttafeln zum Ahd. Lesebuch*, hg. H. Fischer, 1966; Steinmeyer; R. Schützeichel: *Addenda u. Corrigenda zu Steinmeyers Glossensammlung*, 2 Bde., 1982/1985; Schlosser; Haug / Vollmann; ALb.

## SALISCHE UND FRÜHE STAUFISCHE ZEIT

F. Ohly: *Hohelied-Stud.*, 1958; H. Kuhn: *Frühmhd. Lit.*, in: $^2$RL 1; M. Curschmann: *‚Spielmannsepik'. Wege u. Ergebnisse der Forschung von 1907–1965*, 1968; B. Naumann: *Dichter u. Publikum in dt. u. lat. Bibelepik des frühen 12. Jh.s*, 1968; G. Meissburger: *Grundlagen zum Verständnis der dt. Mönchsdichtung im 11. u. 12. Jh.*, 1970; H. Rupp: *Dt. religiöse Dichtungen des 11. u. 12. Jh.s*, $^2$1971; *Stud. zur frühmhd. Lit.*, hg. L. P. Johnson u. a., 1974; *Spielmannsepik*, hg. W. J. Schröder, $^2$1977; B. Köneke: *Unters. zum frühmhd. Versbau*, 1976; K. Düwel: *Werkbezeichnungen der mhd. Erzähllit. (1050–1250)*, 1983; E. Hellgardt: *Zur Poetik frühmhd. Dichtung*, in: *Geistliche Denkformen in der Lit. des MAs*, hg. K. Grubmüller u. a., 1984; J. Bahr / M. Curschmann: *Spielmannsdichtung*, in: $^2$RL 4; U. Küsters: *Der verschlossene Garten. Volkssprachliche Hohelied-Auslegung u. monastische Lebensform im 12. Jh.*, 1985; E. Hellgardt: *Die dt.sprachigen Hss. im 11. u. 12. Jh.*, in: *Dt. Hss. 1100–1400*, hg. V. Honemann u. N. F. Palmer, 1988; F. G. Gentry: *Bibliogr. zur frühmhd. geistlichen Dichtung*, 1992; W. Schröder: Kleinere Schr., Bd. 4: *Zur frühmhd. Lit.*, 1993.

*Textsammlungen*

*Die kleinen Denkmäler der Vorauer Hs.*, hg. E. Henschel u. U. Pretzel, 1963; Waag/Schröder, Dt. Ged.; Maurer, Rel. Dicht.; *Lat. Dichtungen des 10. u. 11. Jh.s*, hg. W. Berschin, 1981; *Spielmannsepen*, Bd. 1, hg. H. u. I. Pörnbacher, 1984, Bd. 2, hg. W. J. Schröder, 1976; Haug/Vollmann.

## DIE RITTERLICH-HÖFISCHE DICHTUNG DER STAUFERZEIT

B. Boesch: *Die Kunstanschauung in der mhd. Dichtung*, 1936, Nachdr. 1976; *Ritterliches Tugendsystem*, hg. G. Eifler, 1970; H. Wenzel: *Frauendienst u. Gottesdienst. Stud. zur Minne-Ideologie*, 1974; J. Bumke: *Ministerialität u. Ritterdichtung. Umrisse der Forschung*, 1976; J. Bumke: *Stud. zum Ritterbegriff im 12. u. 13. Jh.*, ²1977; K. E. Geith: *Carolus Magnus. Stud. zur dt. Lit. des 12. u. 13. Jh.s*, 1977; *Die Zeit der Staufer. Gesch. – Kunst – Kultur*, hg. R. Haussherr u. a., 5 Bde., 1977–79; *Stauferzeit. Gesch., Lit., Kunst*, hg. R. Krohn u. a., 1978; M. Scholz: *Hören u. Lesen. Stud. zur primären Rezeption der Lit. im 12. u. 13. Jh.*, 1980; *Höfische Lit., Hofges., Höfische Lebensformen um 1200*, hg. G. Kaiser u. J.-D. Müller, 1986; J. Bumke: *Höfische Kultur. Lit. u. Ges. im hohen MA*, 2 Bde., ²1986.

Kreuzzugsdichtung. F.-W. Wentzlaff-Eggebert: *K. des MAs*, 1960; P. Hölzle: *Die Kreuzzüge in der okzitanischen u. dt. Lyrik des 12. Jh.s*, 2 Bde., 1980; R. Wisniewski: *K.*, 1984.

Minnesang. H. Kolb: *Der Begriff der Minne u. das Entstehen der höfischen Lyrik*, 1958; Th. Frings: *Die Anfänge der europäischen Liebesdichtung im 11. u. 12. Jh.*, 1960; P. Dronke: *Medieval Latin and the Rise of European Love Lyric*, 2 Bde., 1965/66: H. Tervooren: *Bibliogr. zum M. u. zu den Dichtern aus Des M.s Frühling*, 1969; *Der dt. M.*, hg. H. Fromm, 2 Bde., ⁵1972 u. 1985; P. Wapnewski: *Waz ist minne*, ²1979; A. Wolf: *Variation u. Integration. Beobachtungen zu hochmal. Tageliedern*, 1979; O. Sayce: The Medieval German Lyric *1150–1300*, 1982; H.-H. S. Räkel: *Der dt. M.*, 1986; I. Kasten: *Frauendienst bei Trobadors u. Minnesängern im 12. Jh.*, 1986; *„Minne ist ein swaerez spil." Neuere Unters. zum M. u. zur Gesch. der Liebe im MA*, hg. U. Müller, 1986; V. Mertens: *Erzählerische Kleinstformen. Die genres objectifs im dt. M.*, in: *Kleinere Erzählformen im MA*, hg. K. Grubmüller u. L. P. Johnson, 1988; B. Wachinger: *Was ist minne?*, PBB (Tüb.) 111 (1989); G. Schweikle: *M.*, 1989; E. Willms: *Liebesleid u. Sangeslust. Unters. zur dt. Liebeslyrik des späten 12. u. frühen 13. Jh.s*, 1990; Ch. Cormeau: *Zur Stellung des Tagelieds im M.*, in: Fs. W. Haug u. B. Wachinger, Bd. 2, 1992; J.-D. Müller: *»Ir sult sprechen willekomen.« Sänger, Sprecherrolle u. die Anfänge volkssprachlicher Lyrik*, IASL 19 (1994); *Dâ hoeret ouch geloube zuo. Überlieferungs- u. Echtheitsfragen im M.*, hg. R. Krohn u. W.-O. Dreeßen, 1995; I. Kasten: *Die Pastourelle im Gattungssystem der höfischen Lyrik*, in: *Lied im dt. MA. Überlieferung, Typen, Gebrauch*, hg. C. Edwards u. a., 1996.

Höfischer Roman. *Bulletin Bibliographique de la Société Internationale Arthurienne*, 1949 ff.: *Arthurian Literature in the Middle Ages*, hg. R. S. Loomis, 1959; H. Fromm: *Doppelweg*, in: Fs. H. Kuhn, 1969; *Der arthurische Roman*, hg. K. Wais, 1970; E. Köhler: *Ideal u. Wirklichkeit in der höfischen Epik*, [2]1970; W. Haug: *Die Symbolstruktur des höfischen Epos u. ihre Auflösung bei Wolfram v. Eschenbach*, DVjs 45 (1971); K. Ruh: *Höfische Epik des dt. MAs*, 2 Bde., [2]1977 u. 1980; K. O. Brogsitter: *Artusepik*, [3]1979; F. P. Knapp: *Historische Wahrheit u. poetische Lüge. Die Gattungen weltlicher Epik u. ihre theoretische Rechtfertigung im HochMA*, DVjs 54 (1980); F. W. Chandler / M. J. Jones: *A Catalogue of names of Persons in the German Court Epics*, 1982; K. Bertau: *Über Lit.gesch. Lit. Kunstcharakter u. Gesch. in der höfischen Epik um 1200*, 1983; R. Pérennec: *Recherches sur le roman arthurien en vers en Allemagne aux XII$^{eme}$ et XIII$^{eme}$ siècles*, 2 Bde., 1984; J. Bumke: *Epenhss.*, in: Fs. K. Stackmann, 1987; F. P. Knapp: *Integumentum u. Aventiure. Nochmals zur Lit.theorie bei Bernardus (Silvestris?) u. Thomasin von Zerklaere*, Lit.wiss. Jb. NF 28 (1987); W. Haug: *Lit. u. Leben im MA. Eine neue Theorie zur Entstehung u. Entwicklung des höfischen Romans*, Deutschunterricht 41/1 (1989); *Artusroman u. Intertextualität*, hg. F. Wolfzettel, 1990; R. Simon: *Einführung in die strukturalistische Poetik des mal. Romans*, 1990; *Fiktionalität im Artusroman*, hg. V. Mertens u. F. Wolfzettel, 1993; *Chrétien de Troyes and the German Middle Ages*, hg. M. H. Jones u. R. Wisbey, 1993; M. Meyer: *Die Verfügbarkeit der Fiktion*, 1994.

*Textsammlungen*

MF; *Kreuzzugsdichtung*, hg. U. Müller, [3]1985; H. Heinen: *Mutabilität im Minnesang. Mehrfach überlieferte Lieder des 12. u. frühen 13. Jh.s*, 1989; *Mhd. Minnelyrik*, Bd. 1: Frühe Minnelyrik, hg. u. übers. G. Schweikle, 1993; *Dt. Gedichte des MAs*, hg. u. übers. U. Müller u. G. Weiss, 1993; *Dt. Lyrik des frühen u. hohen MAs*, hg. I. Kasten, übers. M. Kuhn, 1995.

## WANDLUNGEN VOM HOCH- ZUM SPÄTMITTELALTER

H. Grundmann: *Religiöse Bewegungen im MA*, [2]1961; J. Janota: *Neue Forsch.n zur dt. Dichtung des SpätMAs (1230–1500). 1957–1968*, Sonderheft zur DVjs 45 (1971); H. Kuhn: *Entwürfe zu einer Lit.systematik des SpätMAs*, 1980; W. Haug: *Wandlungen des Fiktionalitätsbewußtseins vom hohen zum späten MA*, in: *Entzauberung der Welt*, hg. J. F. Poag u. Th. C. Fox, 1989.

Minnesang. H. Kuhn: *M.s Wende*, [2]1967; *Beitr. zur weltlichen u. geistlichen Lyrik des 13. bis 15. Jh.s*, hg. K. Ruh u. W. Schröder, 1973; S. Ranawake: *Höfische Strophenkunst*, 1976; S. Ch. Brinkmann: *Die dt.sprachige Pastourelle. 13. bis 16. Jh.*, [2]1986; C. Händl: *Rollen u. pragmatische Einbindung. Analysen zur Wandlung des Minnesangs nach Walther von der Vogelweide*, 1987; B. Weber: *Œuvre-Zusammensetzungen bei den Minnesängern des 13. Jh.s*, 1995. Spruchdichtung. *Mhd. S.*, hg. H. Moser, 1972; B. Wachinger: *Sängerkrieg. Unters. zur S. des 13. Jh.s*, 1973; RSM, Bd. 1–5; H. Tervooren: *S.*, 1995. Leich. K. Bertau: *Sangverslyrik. Über Gestalt u. Geschichtlichkeit mhd. Lyrik am Beispiel des L.s*, 1964; H. Apfelböck: *Tradition u. Gattungsbewußtsein im dt. L.*, 1991.

Roman und Heldenepik. J. Heinzle: *Mhd. Dietrichepik*, 1978; *Dt. Heldenepik in Tirol*, hg. A. Kühebacher, 1979; W. Haug: *Paradigmatische Poesie. Der spätere dt. Artusroman auf dem Weg zu einer ›nachklassischen‹ Ästhetik*, DVjs 54 (1980); *Spätmal. Artuslit.*, hg. K. H. Göller, 1984; Th. Cramer: *Aspekte des höfischen Romans im 14. Jh.*, in: *Zur dt. Lit. u. Sprache des 14. Jh.s*, hg. W. Haug u. a., 1984; A. Ebenbauer: *Das Dilemma mit der Wahrheit. Gedanken zum histor. Roman des 13. Jh.s*, in: *Gesch.bewußtsein in der dt. Lit. des MAs*, hg. Ch. Gerhardt u. a., 1985; R. Wisniewski: *Mal. Dietrich-Dichtung*, 1986; *Chansons de geste in Deutschland*, hg. J. Heinzle u. a., Wolfram-Stud. 11 (1989); H.-J. Behr: *Lit. als Machtlegitimation. Stud. zur Funktion der dt.sprachigen Dichtung am böhmischen Königshof im 13. Jh.*, 1989; W. Haug: *Über die Schwierigkeiten des Erzählens in »nachklassischer« Zeit*, in: PRspM; *2. Pöchlarner Heldenliedgespräch. Die histor. Dietrichepik*, hg. K. Zatloukal, 1992.

Märe und Bîspel. S. Thompson: *Motif-index of folk-literature*, 1955–58; A. Aarne / S. Thompson: *The Types of the Folk-Tale. A classification and bibliography*, $^{2}$1961; F. C. Tubach: *Index Exemplorum. A handbook of medieval religious tales*, 1969; K.-H. Schirmer: *Stil- u. Motivunters. zur mhd. Versnovelle*, 1969; G. Köpf: *M.dichtung*, 1978; J. Heinzle: *M.begriff u. Novellentheorie*, ZfdA 107 (1978); E. Straßner: *Schwank*, $^{2}$1978; H. Fischer: *Stud. zur dt. M.dichtung*, $^{2}$1983; *Das M.*, hg. K.-H. Schirmer, 1983; J.-D. Müller: *Noch einmal: M. u. Novelle*, in: Fs. E. Stutz, 1984; H. J. Ziegeler: *Erzählen im MA. M.n im Kontext von Minnereden, Bispeln u. Romanen*, 1985; J. Heinzle: *Altes u. Neues zum M.begriff*, ZfdA 117 (1988); *Kleinere Erzählformen im MA*, hg. K. Grubmüller u. L. P. Johnson, 1988; I. Strasser: *Vornovellistisches Erzählen*, 1989; W. Haug: *Entwurf zu einer Theorie der mal. Kurzerzählung*, in: *Kleinere Erzählformen des 15. u. 16. Jh.s*, hg. W. Haug u. B. Wachinger, 1993.

Geschichtsdichtung. H.-G. Richert: *Die Lit. des dt. Ritterordens*, in: *Europäisches SpätMA*, hg. W. Erzgräber, 1978; H. Wenzel: *Höfische Gesch. Lit. Tradition u. Gegenwartsdeutung in den volkssprachigen Chroniken des hohen u. späten MAs*, 1980; H. Boockmann: *Gesch.schreibung des Dt. Ordens im MA*, in: *Lit. u. Laienbildung im SpätMA u. in der Ref.zeit*, hg. L. Grenzmann u. K. Stackmann, 1984.

Drama und Theater. W. Werner: *Stud. zu den Passions- u. Osterspielen des dt. MAs in ihrem Übergang zur Volkssprache*, 1963; R. Bergmann: *Stud. zur Entstehung u. Gesch. der dt. Passionsspiele des 13. u. 14. Jh.s*, 1972.

Geistliche Prosa. K. Ruh: *Bonaventura dt. Ein Beitrag zur dt. Franziskanermystik u. Scholastik*, 1956; W. Blank: *Die Nonnenviten des 14. Jh.s*, Diss. Freiburg 1962; *Altdt. u. altniederländische Mystik*, hg. K. Ruh, 1964; G. Steer: *Scholastische Gnadenlehre in mhd. Sprache*, 1966; G. Steer: *German. Scholastikforschung*, Theologie u. Philosophie 45 (1970), 46 (1971), 48 (1973); K. Ruh: *Geistliche Prosa*, in: *Europäisches SpätMA*, hg. W. Erzgräber;

A. M. Haas: *Sermo Mysticus. Stud. zur Theologie u. Sprache der dt. Mystik*, 1979; S. Ringler: *Viten- u. Offenbarungslit. in Frauenklöstern des MAs*, 1980; K. Ruh: *Kleine Schr.*, Bd. 2: Scholastik u. Mystik im SpätMA, hg. V. Mertens, 1984; *Abendländische Mystik im MA*, hg. K. Ruh, 1986; U. Peters: *Religiöse Erfahrung als lit. Faktum. Zur Vorgesch. u. Genese frauenmystischer Texte des 13. u. 14. Jh.s*, 1988; G. J. Lewis u. a.: *Bibliogr. zur dt. Frauenmystik des MAs*, 1989; *Religiöse Erfahrung. Historische Modelle in christlicher Tradition*, hg. W. Haug u. D. Mieth, 1992; Ruh, Abendld. Mystik; *Mystik*, hg. Ch. Cormeau, Sonderh. zur ZfdPh 113 (1994).

*Textsammlungen*

Minnesang. KLD; SMS; W. Hofmeister: *Die steirischen Minnesänger. Edition, Übers., Kommentar*, 1987.

Heldenepik. HB; DHB; *Das Dt. Heldenbuch*, hg. A. v. Keller, 1867, Nachdr. 1966; *Gedrucktes Heldenbuch*, hg. J. Heinzle, 2 Bde., 1981/87.

Märe. GA; *Mhd. Novellen*, hg. u. übers. K. Grubmüller (in Vorber.).

Geistliche Prosa. *Dt. Mystiker des 14. Jh.s*, hg. F. Pfeiffer, 2 Bde., 1845/57, Neudr. 1962; *Dt. Predigten des 13. Jh.s*, hg. F. K. Grieshaber, 2 Bde., 1844/46; *Franziskanisches Schrifttum im dt. MA*, hg. K. Ruh u. a., 2 Bde., 1965/1985; *Mal. Visionsliteratur*, hg. P. Dinzelbacher, 1989.

## SPÄTMITTELALTER

J. Huizinga: *Herbst des MAs*, [11]1975; *Dt. Lit. des späten MAs*, hg. W. Harms u. L. P. Johnson, 1975; E. Bernstein: *Lit. des dt. Frühhumanismus*, 1978; *Lit. in der Ges. des SpätMAs*, hg. H. U. Gumbrecht, 1980; *Zur dt. Lit. u. Sprache des 14. Jh.s*, hg. W. Haug u. a., 1983; *Lit. u. Laienbildung im SpätMA u. in der Ref.zeit*, hg. L. Grenzmann u. K. Stackmann, 1984; I. Reiffenstein: *Dt. u. Lat. im SpätMA. Zur Übers.theorie des 14. u. 15. Jh.s*, in: Fs. S. Grosse, 1984; K. Grubmüller: *Lat. u. Dt. im 15. Jh.*, in: *Dt. Lit. des SpätMAs*, 1986; W. Hoffmann / F. Wetter: *Bibliogr. frühnhd. Quellen. Ein kommentiertes Verzeichnis von Texten des 14. bis 17. Jh.s*, [2]1987;

*Autorentypen*, hg. W. Haug u. B. Wachinger, 1991; B. Gotzkowsky: *»Volksbücher«. Prosaromane, Renaissancenovellen, Versdichtungen u. Schwankbücher. Bibliogr. der dt. Drucke*, Bd. 1, 1991; Füssel, Dt. Dichter; *Kleinstformen der Lit.*, hg. W. Haug u. B. Wachinger, 1994.

Kleine Reimpaargedichte (und verwandte Großformen). K. Hufeland: *Die dt. Schwankdichtung des SpätMAs*, 1966; H.-J. Kliewer: *Die mal. Schachallegorie u. die dt. Schachzabelbücher in der Nachfolge des Jacobus de Cessolis*, Diss. Heidelberg 1966; W. Heinemann: *Zur Ständedidaxe in der dt. Lit. des 13.–15. Jh.s*, PBB (Halle) 88 (1966), 89 (1967), 92 (1970); A. Mihm: *Überlieferung u. Verbreitung der dt. Märendichtung im SpätMA*, 1967; T. Brandis: *Mhd., mittelnd. u. mittelniederländ. Minnereden*, 1968; E. Lämmert: *Reimsprecherkunst im MA*, 1970; W. Blank: *Die dt. Minneallegorie*, 1970; I. Glier: *Artes amandi. Unters. zu Gesch., Überlieferung u. Typologie der dt. Minnereden*, 1971; M. Rheinheimer: *Rheinische Minnereden. Unters. u. Edition*, 1975; R. M. Schmidt: *Stud. zur dt. Minnerede*, 1982; Th. Nolte: *Lauda post mortem: die dt. u. niederländ. Ehrenreden des MAs*, 1983; H.-J. Ziegeler: *Reimbispel-Sammlungen*, in: ²VL 7; I. Glier: *Allegorien des 14. Jh.s*, in: *Entzauberung der Welt*, hg. J. F. Poag u. Th. C. Fox, 1989; F.-J. Schweitzer: *Tugend u. Laster in illustrierten didaktischen Dichtungen des späten MAs*, 1993; J. Schulz-Grobert: *Dt. Liebesbriefe in spätmal. Hss.*, 1993; *Kleinere Erzählformen des 15. u. 16. Jh.s*, hg. W. Haug u. B. Wachinger, 1993.

Spruchdichtung und Meistergesang. B. Nagel: Der *dt. M.*, 1967; *Der dt. M.*, hg. B. Nagel, 1967; H. Brunner: *Die alten Meister*, 1975; W. Röll: *Vom Hof zur Singschule*, 1976; I. Stahl: *Die Meistersinger von Nürnberg. Archivalische Stud.*, 1982; F. Schanze: *Meisterliche Liedkunst zwischen Heinrich von Mügeln u. Hans Sachs*, 2 Bde., 1983; RSM; H. Brunner: *Stand u. Aufgaben der M.forschung*, in: Fs. F. Krautwurst, 1989.

Lied. Th. Kochs: *Das dt. geistliche Tagelied*, 1928; W. Suppan: *Volkslied*, 1966; S. Hirsch: *Das dt. Volkslied im späten MA*, 1973; *Handbuch des dt. Volksliedes*, hg. R. W. Brednich, 2 Bde., 1973/1975; A. Holtorf: *Neujahrswünsche im Liebesliede des ausgehenden MAs*, 1973; *Probleme der Volksballadenforschung*, hg. E. Pflügler-Bouillon, 1975; H. Brunner: *Das dt. Liebeslied um 1400*, in: *Gesammelte Vorträge der 600-Jahrfeier Oswalds von Wolkenstein 1977*, hg. H.-D. Mück u. U. Müller, 1978; *Lyrik des ausgehenden 14. u. 15. Jh.s*, hg. F. V. Spechtler, 1984; D. Sittig: *»Vil* *wonders machet minne.« Das dt. Liebeslied in der ersten Hälfte des 15. Jh.s*, 1987; N. Haas: *Trinklieder des dt. SpätMAs*, 1991.

Drama und Theater. K. Reuschel: *Die dt. Weltgerichtsspiele des MAs u. der Ref.zeit*, 1906; E. Catholy: *Das Fastnachtspiel des SpätMAs*, 1961; E. Catholy: *Fastnachtspiel*, 1966; R. M. Kully: *Die Ständesatire in den dt. geistlichen Schauspielen des ausgehenden MAs*, 1966; W. F. Michael: *Das dt. D. u. Th. vor der Ref. Ein Forschungsbericht*, DVjs 47 (1973), Sonderheft; E. Wainwright: *Stud. zum dt. Prozessionsspiel*, 1974; H. Biermann: *Die dt.sprachigen Legendenspiele des späten MAs u. der frühen Neuzeit*, Diss. Köln 1977; E. Ukena: *Die dt. Mirakelspiele des SpätMAs. Stud. u. Texte*, 2 Bde., 1975; H. Linke: *Das volkssprachige D. u. Th. im dt. u. niederländ. Sprachbereich*, in: *Europäisches SpätMA*, hg. W. Erzgräber, 1978; H. Bastian: *Mummenschanz, Sinneslust u. Gefühlsbeherrschung im Fastnachtspiel des 15. Jh.s*, 1983; W. M. Bauer: Das *weltliche Spiel des SpätMAs in Österreich*, in: *Die österreichische Lit.*, hg. H. Zeman, 1986; E. Simon: *Zu den Anfängen des weltlichen Schauspiels*, JOWG 4 (1986/87); ders.: *Weltliche Schauspiele vor dem Nürnberger Fastnachtspiel*, PBB (Tüb.) 111 (1989); D. Schmidtke: *Bemerkungen zur Entwicklung des dt. Osterspiels im 14. Jh.*, in: Fs. E. Catholy, 1990.

Versepik. C. Rischer: *Lit. Rezeption u. kulturelles Selbstverständnis in der dt. Lit. der ‚Ritterrenaissance' des 15. Jh.s*, 1973; *Spätmal. Epik*, ZfdPh 93 (1974), Sonderheft; G. Kornrumpf: *Strophik im Zeitalter der Prosa: Dt. Heldendichtung im ausgehenden MA*, in: Literatur u. Laienbildung im SpätMA u. in der Ref.zeit, hg. L. Grenzmann u. K. Stackmann, 1984; *Artusrittertum im späten MA*, hg. F. Wolfzettel, 1984; P. Strohschneider: *Ritterromantische V. im ausgehenden MA*, 1986.

Prosaroman. K. Schneider: *Der ‚Trojanische Krieg' im späten MA. Dt. P.e des 15. Jh.s*, 1968; N. Thomas: *Handlungsstruktur u. dominante Motivik im dt. P. des 15. u. frühen 16. Jh.s*, 1971; A. Brandstetter: *Prosaauflösung. Stud. zur Rezeption der höfischen Epik im frühnhd. P.*, 1971; R. Schnell: *Prosaauflösung u. Gesch.schreibung im dt. SpätMA. Zum Entstehen des frühen P.*, in: Lit. u. Laienbildung im SpätMA u. der Ref.zeit, hg. L. Grenzmann u. K. Stackmann, 1984; J.-D. Müller: *Volksbuch/P. im 15./16. Jh. – Perspektiven der Forschung*, IASL, Sonderheft 1, Forschungsref. (1985); W. Röcke: *Die Freude am Bösen. Stud. zu einer Poetik des dt. Schwankromans im SpätMA*, 1987.

Chronik, Recht, Reiseliteratur, Autobiographie. L. Röhricht: *Dt. Pilgerreisen nach dem heiligen Lande*, 1900, Neudr. 1967; G. Misch: *Gesch. der Autobiographie*, 8 Bde., 1907–1969; R. Feller / E. Bonjour: *Gesch.schreibung der Schweiz. Vom SpätMA zur Neuzeit*, 2 Bde., ²1979; A. Buck: *Biographie u. Autobiographie in der Renaissance*, 1983; H. Wenzel: *Zu den Anfängen der volkssprachigen Autobiographie im späten MA*, Daphnis 13 (1984); *Unterwegssein im späten MA*, hg. P. Moraw, 1985; D. Huschenbett: *Die Lit. der dt. Pilgerreisen nach Jerusalem im späten MA*, DVjs 59 (1985); T.-M. Nischik: *Das volkssprachliche Naturbuch im späten MA*, 1986; Ch. Hippler: *Die Reise nach Jerusalem. Unters. zu den Quellen, zum Inhalt u. zur lit. Struktur der Pilgerberichte des SpätMAs*, 1987; *Die Autobiographie. Zu Form u. Gesch. einer lit. Gattung*, hg. G. Niggl, 1989; G. Wolf: *Die dt.sprachigen Reiseberichte des SpätMAs*, in: *Der Reisebericht*, hg. P. J. Brenner, 1989; G. Homeyer: *Die dt. Rechtsbücher des MAs u. ihre Hss.*, neu bearb. U.-D. Oppitz, 2 Bde., 1990; J. R. Brenner: *Der Reisebericht in der dt. Lit. Ein Forschungsüberblick als Vorstudie zu einer Gattungsgesch.*, IASL (1990), Sonderheft 2; G. Wolf: *Von der Chronik zum Weltbuch. Sinn u. Anspruch südwestdt. Hauschroniken am Ausgang des MAs*, Habil.Schr. masch. Regensburg 1991; J.-D. Müller: *Wissen für den Hof. Pragmatisches Schrifttum im Umkreis des Heidelberger Hofes im 15. Jh.*, 1992; *Zweisprachige Gesch.schreibung im spätmal. Deutschland*, hg. R. Sprandel, 1993.

*Textsammlungen*

*Frühnhd. Texte*, ausgew. u. eingel. v. G. Kettmann, ²1985; *Frühnhd. Lesebuch*, hg. O. Reichmann u. K. P. Wegera, 1988.

Kleine Reimpaargedichte. *Mhd. Minnereden*, Bd. 1, hg. K. Matthaei, 1913, Bd. 2, hg. W. Brauns u. G. Thiele, 1938, Neudr. 1967; *Die dt. Märendichtung des 15. Jh.s*, hg. H. Fischer, 1966; *Neues Gesamtabenteuer*, Bd. 1, hg. H. Niewöhner, ²1967 hg. W. Simon; *Codex Karlsruhe 408*, bearb. U. Schmid, 1974; *Maerendichtung*, hg. Th. Cramer, 2 Bde., 1979; P. Hefti: *Codex Dresden 68*, 1980; U. Schmid: *Codex Vindobonensis 2885*, 1985; *Mhd. Minnereden u. Minneallegorien der Wiener Hs. 2796 u. der Heidelberger Hs. Pal. germ. 348*, hg. u. übers. M. Mareiner, bisher 7 Bde., 1985 ff.

Lied, Spruchdichtung, Meistergesang. Wackernagel, KL; *Die historischen Volkslieder der Dt.en vom 13. bis 16. Jh.*, hg. R. v. Liliencron, 4 Bde. u. ein Nachtragsbd., 1865–69, Nachdr. 1966; *Volks- u. Ges.lieder des 15. u. 16. Jh.s*, Bd. 1: Die Lieder der Heidelberger Hs. Pal. 343, hg. A. Kopp, 1905, Nachdr. 1970; *Meistersang. Meisterlieder u. Singschulzeugnisse*, hg. B. Nagel, 1965 u.ö.; *Mhd. Spruchdichtung. Früher Meistersang. Der Codex Palatinus Germanicus 350 der Univ.Bibl. Heidelberg*, Bd. 1, hg. W. Blank, Bd. 2, hg. G. u. G. Kochendörfer, 1974; Cramer, Liederdichter; *Die Sterzinger Miszellaneenhs. Kommentierte Edition*, v. M. Zimmermann, 1980; E. Wunderle: *Die Sammlung von Meisterliedern in der Heidelberger Hs. cpg 680*, 1993.

Spiele und Dramen. Keller, Fsp.; *Fastnachtspiele des 15. u. 16. Jh.s*, hg. D. Wuttke, [2]1978; *Die geistlichen Spiele des Sterzinger Spielarchivs*, hg. W. Lipphardt u. H.-G. Roloff, 4 Bde., 1981–90; Zingerle, Sp.; *Dt. Spiele u. Dramen des 15. u. 16. Jh.s*, hg. u. übers. H. Thomke, 1996.

Prosaroman. Müller, Romane.

Chronik, Reiseliteratur, Autobiographie. *Die Chroniken der dt. Städte vom 14. bis ins 16. Jh.*, 1862 ff., Nachdr. 1961–68; *Dt. Pilgerreisen nach dem heiligen Lande*, hg. L. Röhricht u. H. Meisner, 1880; *Dt. Selbstzeugnisse*, hg. M. Bayer-Fröhlich, 1930–43; *Die Autobiographie des späten MAs u. der frühen Neuzeit*, hg. H. Wenzel, 2 Bde., 1980.

## DAS SECHZEHNTE JAHRHUNDERT

G. Voigt: *Die Wiederbelebung des classischen Alterthums oder Das erste Jh. des Humanismus*, 2 Bde., [3]1893, Nachdr. 1960; R. Newald: *Probleme u. Gestalten des dt. Humanismus*, hg. H.-G. Roloff, 1963; H. O. Burger: *Renaissance, H., Ref. Dt. Lit. im europäischen Kontext*, 1969; F. J. Worstbrock: *Zur Einbürgerung der Übers. antiker Autoren im dt. Humanismus*, ZfdA 99 (1970); *Humanismusforschung seit 1945*, 1975; Wolfenbütteler Renaissance-Mitt. 1, H. 1/2 (1977); F. J. Worstbrock: *Dt. Antikerezeption 1450–1550*, 1976; *The Renaissance and Ref. in Germany*, hg. G. Hoffmeister, 1977; *L'Humanisme Allemande (1480–1540)*, hg. J.-C. Margolin u. J. Lefebvre, 1979; G. Hess: *Dt. Lit.gesch. u. neulat. Lit.*, in: *Acta conventus Neo-Latini Amstelodamensis*, hg. P. Tuynman u. a., 1979; W. Kühlmann:

*Gelehrtenrepublik u. Fürstenstaat*, 1982; E. Meuthen: *Charakter u. Aspekte des dt. H.*, in: *Säkulare Aspekte der Ref.zeit*, hg. H. Angermeier, 1983; VD 16; J.-D. Müller: *Zum Verhältnis von Ref. u. Renaissance in der dt. Lit. des 16. Jh.s*, in: *Renaissance – Ref. Gegensätze u. Gemeinsamkeiten*, hg. A. Buck, 1984; *Contemporaries of Erasmus. A biographical register of the renaissance and the ref.*, hg. P. G. Bietenholz, 1985–87; *H. u. höfisch-städtische Eliten im 16. Jh.*, hg. K. Malettke u. J. Voss, 1989; *Höfischer Humanismus*, hg. A. Buck, 1989; W. Kühlmann: *Zur literarischen Lebensform im dt. Späthumanismus*, Daphnis 17 (1988); ders.: *Nationalität u. Latinität: Zum Problem der Zweisprachigkeit in der frühneuzeitlichen Lit.bewegung Deutschlands*, in: *Nation u. Lit. im Europa der Frühen Neuzeit*, hg. K. Garber, 1989; H.-G. Roloff: *Konfessionelle Probleme in der neulat. Lit. des 16. Jh.s*, in: ebd.; *Graecogermania. Griechischstud. dt. Humanisten*, hg. D. Harflinger u. a., 1989; J. Ijsewijn: *Companion to Neo-Latin Studies*, Tl. 1, $^{2}$1990; *Humanismus im dt. Südwesten*, hg. P. G. Schmidt, 1993; M. Wehrli: *Humanismus u. Barock*, hg. F. Wagner u. W. Maaz, 1993.

Gesamtdarstellungen. G. Ellinger: *Gesch. der neulat. Lit. Deutschlands im 16. Jh.*, 3 Bde., 1929–33, Nachdr. 1969; B. Könneker: *Die dt. Lit. der Ref.zeit*, 1975; M. L. Baeumer: *Sozialkritische u. revolutionäre Lit. der Ref.*, IASL 5 (1980); H. Walz: *Dt. Lit. der Ref.zeit*, 1988.

Flugblatt, Flugschrift. *Flugschr. als Massenmedium der Ref.-zeit*, hg. H.-J. Köhler, 1981; J. Schwitalla: *Dt. Flugschr. 1460–1525*, 1983; H.-J. Köhler: *Die Flugschr. der frühen Neuzeit*, in: *Die Erforschung der Buch- u. Bibliotheksgesch. in Deutschland*, hg. W. Arnold, 1987; M. Schilling: *Bildpublizistik der frühen Neuzeit*, 1990.

Lyrik. M. Wehrli: *Dt. u. lat. Dichtung im 16. u. 17. Jh.*, in: *Das Erbe der Antike*, hg. F. Wehrli, 1963; D.-R. Moser: *Verkündigung durch Volksgesang. Stud. zur Liedpropaganda u. -katechese der Gegenref.*, 1981; W. Kühlmann: *Das Zeitalter des Humanismus u. der Renaissance*, in: *Gesch. der dt. Lyrik*, hg. W. Hinderer, 1983; H.-G. Kemper: *Dt. Lyrik der frühen Neuzeit*, Bd. 1 u. 2, 1987.

Drama und Theater. J. Maassen: *D. u. Th. der Humanistenschulen in Deutschland*, 1929; D. M. van Abbé: *D. in Renaissance Germany and Switzerland*, 1961; R. Tarot: *Schuldrama u. Jesuitentheater*, in: *Handbuch des dt. Dramas*, hg. W. Hinck, 1980; J.-M.

Valentin: *Die Moralität im 16. Jh.*, Daphnis 9 (1980); R. Wimmer: *Jesuitentheater*, 1982; ders.: *Neuere Forsch.n zum Jesuitentheater des dt. Sprachbereichs. Ein Bericht (1945–82)*, Daphnis 12 (1983); W. F. Michael: *Das dt. Drama der Ref.zeit*, 1984; J. A. Parente: *Religious Drama and the Humanist Tradition. Christian Theatre in Germany and in the Netherlands 1500–1680*, 1987; L. Borchardt: *The theory and practice of comedy in 16th century Germany*, Daphnis 17 (1988); F. Rädle: *Lat. Theater fürs Volk. Zum Problem des frühen Jesuitendramas*, in: *Zwischen Alltag u. Fest*, hg. W. Raible, 1988; R. E. Schade: *Studies in early German comedy. 1500–1650*, 1988; W. F. Michael: *Ein Forschungsbericht: Das dt. Drama der Ref.zeit*, 1989.

Weitere Gattungen und Themen. J. Lefebvre: *Les fols et la folie. Étude sur les genres du comique et la création littéraire en Allemagne pendant la Renaissance*, 1968; M. Bachtin: *Lit. u. Karneval. Zur Romantheorie u. Lachkultur*, 1969; G. Hess: *Dt.-lat. Narrenzunft. Stud. zum Verhältnis von Volkssprache u. Latinität in der satirischen Lit. des 16. Jh.s*, 1971; H. Brackert: *Bauernkrieg u. Lit.*, 1975; E. Schäfer: *Der dt. Bauernkrieg in der neulat. Lit.*, Daphnis 9 (1980); *Was Dolmetschen für Kunst und Erbeyt sey. Beitr. zur Gesch. der dt. Bibelübers.*, hg. H. Reinitzer, 1982; H. Wiegand: *Hodoeporica. Stud. zur neulat. Reisedichtung des dt. Kulturraums im 16. Jh. Mit einer Bio-Bibliogr. der Autoren u. Drucke*, 1984; W. Klose: *Stammbücher des 16. Jh.s*, 1989; I. Bach / H. Galle: *Dt. Psalmendichtung vom 16. bis zum 20. Jh.*, 1989; B. Dohm: *Emanzipation aus der Didaxe. Stud. zur Autonomisierung des Erzählens in Romanen der frühen Neuzeit*, 1989; B. Könneker: *Satire im 16. Jh.*, 1991; St. Pastenaci: *Erzählform u. Persönlichkeitsdarstellung in dt.sprachigen Autobiographien des 16. Jh.s*, 1993; H. R. Velten: *Das selbst geschriebene Leben. Eine Stud. zur dt. Autobiographie im 16. Jh.*, 1995.

*Textsammlungen*

*Humanismus u. Renaissance in den dt. Städten*, hg. H. Rupprich, 1935, Nachdr. 1964; *Die Frühzeit des Humanismus u. der Ref. in Deutschland*, hg. H. Rupprich, 1938, Nachdr. 1964; *Dt. Lit. des 16. Jh.s*, hg. A. Elschenbroich, 2 Bde., 1981; *Der dt. Renaissance-Humanismus. Abriß u. Auswahl*, hg. W. Trillitzsch, 1981; *Parnassus Palatinus. Humanistische Dichtung in Heidelberg u. der alten Kurpfalz*, hg. W. Kühlmann u. H. Wiegand, 1989.

Flugschrift und Dialog. *F.en aus den ersten Jahren der Ref.*, hg. O. Clemen, 4 Bde., ²1967; *Die Ref. im zeitgenössischen D.*, hg. W. Lenk, 1968; FdB; *F.en des frühen 16. Jh.s*, hg. H.-J. Köhler, 10 Bde. u. Reg., 1978–87; *Dt. illustrierte Flugblätter des 16. u. 17. Jh.s*, hg. W. Harms u. a., 4 Bde., 1980–89, Bd. 5 in Vorber.; *F.en der frühen Ref.bewegung (1518–24)*, hg. A. Laube u. a., 2 Bde., 1983; *Die Wahrheit muß ans Licht. D.e aus der Zeit der Ref.*, hg. R. Bentzinger, 1983; *F.en des späteren 16. Jh.s*, hg. H.-J. Köhler, bisher 6 Bde. u. Reg., 1990–95; *F.en vom Bauernkrieg zum Täuferreich (1526–35)*, hg. A. Laube u. a., 1992.

Volks- und Kunstlyrik, Meistergesang. *Delitiae poetarum Germanorum huius superiorisque aevi illustrium*, hg. J. Gruter, 6 Bde., 1612; *Das dt. Kirchenlied von Martin Luther bis auf Nicolaus Hermann u. Ambrosius Blaurer*, hg. Ph. Wackernagel, 1841; Wackernagel, KL; *Dt. Lyriker des 16. Jh.s*, hg. G. Ellinger, 1893; *Lat. Gedichte dt. Humanisten*, hg. H. C. Schnur, 1967; *An Anthology of Neo-Latin Poetry*, hg. F. J. Nichols, Nachdr. 1979; *Renaissance Latin Poetry*, hg. I. D. McFarlane, 1980; *Galle u. Honig: Humanistenepigramme*, lat. u. dt., hg. H. C. Schnur u. R. Kößling, 1982; *Die Schulordnung u. das Gemerkbuch der Augsburger Meistersinger*, hg. H. Brunner u. a., 1991; *Meisterlieder des 16. bis 18. Jh.s*, hg. E. Klesatschke u. H. Brunner, 1993; *Die Sammlung von Meisterliedern in der Heidelberger Hs. cpg 680*, hg. E. Wunderle, 1993.

Drama. Baechtold; *Lat. Ordensdramen des 16. Jh.s*, hg. u. übers. F. Rädle, 1979; E. M. Szarota: *Das Jesuitendrama im dt. Sprachgebiet. Eine Periochen-Edition. Texte u. Kommentar*, 3 Bde., 1979 bis 1987.

Fabel. A. Elschenbroich: *Die dt. u. lat. F. in der Frühen Neuzeit*, 2 Bde., 1990.

## B. AUTOREN UND ANONYME WERKE

Aal, Johannes. *Tragoedia Johannis des Täufers*, hg. E. Meyer, 1929. – LL 1.

Abrogans dt. In: Ahd. Gll. I u. V; hg. J. Splett, Leuvense Bijdragen 64 (1975); *Das älteste dt. Buch*, hg. B. Bischoff, J. Duft u. St. Sonderegger, 1977 (Faks.). – ²VL 1; J. Splett: *Zur Frage der Zweckbestimmung des A.*, in: Fs. H. Gipper, Bd. 2, 1985.

Adelbrecht, Priester. *Johannes*. In: C. Kraus, *Dt. Gedichte des 12. Jh.s*, 1894; Maurer, Rel. Dicht. II. – ²VL 1.

Agricola, Johannes. *Nützlicher Dialog*, in: FdB. – LL 1.

Agricola, Rudolf. LL 1.

Aich, Arnt von. *Liederbuch*, hg. H. J. Moser u. E. Bernoulli, 1930; A. Kopp: *A.s v. A. L.*, PBB 42 (1917; Auszüge).

Alber. *Visio Tnugdali*, hg. A. Wagner, 1882, Nachdr. 1980 (mit lat. Prosa). – ²VL 1; R. Krebs: *Zu den T.visionen des Marcus u. Alber*, Mittellat. Jb. 12 (1977).

Albertus Magnus. K. Illing: *A.s des Großen ‚Super missam'-Traktat in mhd. Übertragungen*, 1975. – ²VL 1.

Albrecht. *Jüngerer Titurel*, Bd. 1–2,2, hg. W. Wolf, 1955–68, Bd. 3,1.2, hg. K. Nyholm, 1985/92. – ²VL 1; D. Huschenbett: *A.s ‚J. T.' Zu Stil u. Komposition*, 1979; *Würzburger Kolloquium zum ‚J. T.' 1982*, hg. W. Schröder (Wolfram- Stud. 8 [1984], mit Bibliogr.); H. Guggenberger. A.s J. T. *Stud. zur Minnethematik u. zur Werkkonzeption*, 1992; A. Ebenbauer: *A.: J. T.*, in: Brunner.

Albrecht von Eyb. *Dt. Schr.*, hg. M. Herrmann, 2 Bde., 1890; *Ehebüchlein*, hg. H. Weinacht, 1982; *Spiegel der Sitten*, hg. G. Klecha, 1989. – ²VL 1; R. K. Hennig: *A.s v. E. ‚Lob der Ehe' u. seine Vorlage*, Journal of English and Germanic Philology 84 (1985); E. Feistner: *Form u. Funktion der Quaestio bei A. v. E.*, GRM 45 (1995).

Albrecht von Halberstadt. K. Bartsch: *A. v. H. u. Ovid im MA*, 1861, Neudr. 1965 (unzureichend); Editionen der Fragmente: A. Lübben, Germania 10 (1865); W. Leverkus, ZfdA 11 (1859); M. Last, Oldenburger Jb. 65 (1966); Wickrams Neufassung hg. J. Bolte: *Wickrams Werke*, Bd. 7 u. 8, 1905/06 u. hg. H.-G. Roloff, 1990. – ²VL 1.

Albrecht von Johannsdorf. In: MF XIV. – ²VL 1; D. P. Sudermann: *The Minnelieder of A. v. J. Edition, Commentary, Interpretation*, 1976.

Albrecht von Kemenaten. *Goldemar*, in: HB 2 (unter dem Titel *Dietrichs Brautfahrt*); DHB 5. – ²VL 1.

Albrecht von Scharfenberg. *Merlin u. Seifrid de Ardemont von A. v. S. in der Bearbeitung Ulrich Füetrers*, hg. F. Panzer, 1902; K. Nyholm: *Die Gralepen in Ulrich Füetrers Bearbeitung*, 1964. – ²VL 1.

Alexander, Der Wilde. In: KLD Nr. 1. – $^2$VL 1; LL 12; F. J. Worstbrock: *Das Kindheitslied des W. A.*, in: Fs. K. Ruh, 1979; ders.: *Lied VI des W. A.*, PBB 118 (1996).

Alpharts Tod. In: HB 1; DHB 2; U. Zimmer: *Stud. zu ‚A.s T.' nebst einem verbesserten Abdr. der Hs.*, 1972. – $^2$VL 1.

Alsfelder Passionsspiel. In: Froning, Bd. 2. – $^2$VL 1; Ch. Treutwein: *Das A. P. Unters. zu Überlieferung u. Sprache*, 1987.

Altdeutsche Beichten. Fünf Formulare in: ALb Nr. 22; Pfälzer u. Vorauer Beichte in: Steinmeyer; Übers. der Lorscher, Fuldaer, Zweiten bair. Beichte bei Schlosser. – $^2$VL 5 (→ Lorscher B.); $^2$VL 7 (→ Pfälzer B.).

Altdeutsche Exodus. Hg. E. Papp, 1968. – $^2$VL 1.

Altdeutsche Genesis (Wien-Millstätter Genesis). Hg. V. Dollmayr, 1932; K. Smits: *Die frühmhd. ‚Wiener Genesis'*, 1972; *Millstätter Genesis u. Exodus*, hg. J. Diemer, 2 Bde., 1862, Nachdr. 1984. – $^2$VL 1; J. Esser: *Die Schöpfungsgesch. in der ‚A. G.'*, 1987.

Altdeutsche (Pariser) Gespräche. In: Ahd. Gll., Bd. 5; ALb Nr. 5,2 (Auswahl). – $^2$VL 1; H. Penzl: *Gimer min ros*, German Quarterly 57 (1984); W. Haubrichs u. M. Pfister: *‚In Francia fui'*, 1990 (mit Edition).

Altdeutsche Taufgelöbnisse. In: Steinmeyer; ALb Nr. 16; hg. u. übers. Schlosser. – $^2$VL 2 (→ Fränkisches T.), $^2$VL 5 (→ Kölner T.).

Ältere Judith. Maurer, Rel. Dicht. I; Waag/Schröder, Rel. Ged. I; mit Übers. in: Glier/Curschmann, Bd. 1, u. Haug/Vollmann. – $^2$VL 1; K. K. Polheim: *Das frühmhd. Gedicht ‚Von Gottes Gewalt'*, in: Fs. H.-G. Roloff, Bd. 1, 1992.

Althochdeutsche Benediktinerregel. Die ahd. B. *des Cod. Sang. 916*, hg. U. Daab, 1959. – $^2$VL 1.

Althochdeutscher Isidor. Nach der Pariser Hs. u. den Monseer Fragmenten neu hg. H. Eggers, 1964; H. Eggers: *Ein neues Blatt der Monseer Fragmente*, in: Fs. H. de Boor, 1971. – $^2$VL 1; W. Haubrichs: *Zum Stand der Isidorforschung*, ZfdPh 94 (1975).

Althochdeutsche Lex Salica. In: Steinmeyer Nr. 10; hg. K. A. Eckhardt, *Pactus legis Salicae* II 2, 1956 (lat.-ahd. Paralleltext). – $^2$VL 1.

Altsächsische Genesis. *Heliand u. G.*, hg. O. Behaghel, $^{10}$1996 bearb. B. Taeger; hg. F. Genzmer, 1955; *Die Bruchstücke der a. G. u. ihrer altengl. Übertragung*, hg. u. übers. U. Schwab, 1991. – $^{2}$VL 1; U. Schwab: *Ansätze zu einer Interpretation der as. G.dichtung*, Annali. Istituto Orientale di Napoli 17–20 (1974–1977); W. Haubrichs: *Die Angelsachsen u. die germ. Stämme des Kontinents im frühen MA*, in: *Irland u. die Christenheit*, hg. R. N. Chatháin u. M. Richter, 1987.

Altswert, Meister. Hg. W. Holland u. A. v. Keller, 1850. – $^{2}$VL 1.

Amadis. *Hystorien vom Amadis auß Franckreich*, hg. A. v. Keller, 1857; Nachdr. der Ausg. Frankfurt a. M.: H. Feyerabend 1569–72, hg. H.-G. Roloff, 1988. – H. Weddige: *Die H. v. A. a. F.*, 1975; LL 1.

Ambraser Heldenbuch. Faks.: Hg. F. Unterkircher, 1973. – $^{2}$VL 1.

Andreae, Johann Valentin. *Turbo sive moleste et frustra per cuncta divagans ingenium*, Straßburg 1616, übers. W. Süß, 1907. – LL 1.

Andreas von Regensburg. *Sämtliche Werke*, hg. G. Leidinger, 1903, Nachdr. 1969. – $^{2}$VL 1; J. Schneider: *Die ‚Chronik von den Fürsten zu Bayern' des A. v. R.*, in: *Wissenslit. im MA u. in der frühen Neuzeit*, hg. H. Brunner u. N. R. Wolf, 1993; ders.: *Neue Aspekte zu Auftrag, Strategie u. Erfolg einer zweisprachigen Dynastiegesch. des 15. Jh.s*, in: *Zweisprachige Gesch.schreibung im spätmal. Deutschland*, hg. R. Sprandel, 1993.

Anegenge. Hg. D. Neuschäfer, 1969. – $^{2}$VL 1.

Annolied. Hg. W. Bulst, $^{3}$1974 (dipl. Abdruck der Ausg. v. Opitz); hg. u. übers. E. Nellmann, 1979; Text u. Übers. in: Haug/Vollmann. – $^{2}$VL 1; A. Haverkamp: *Typik u. Politik im A.*, 1979; U. Liebertz-Grün: *Zum A.*, Euphorion 74 (1980).

Anshelm, Valerius. *Berner Chronik*, hg. E. Blösch, 6 Bde., 1884 bis 1901; ergänzt durch Th. de Quervain, 1906. – LL 1.

Anton(ius) von Pforr. *Das Buch der Beispiele*, hg. W. L. Holland, 1860, Nachdr. 1969; hg. F. Geißler, 2 Tle., 1964/74. – $^{2}$VL 1.

Appenzeller Reimchronik. Hg. T. Schieß, Mitt. zur vaterländischen Gesch. 35 (1919). – $^{2}$VL 1.

Appius und Virginia. Hg. F. v. Fischer, in: Berner Tb., 1886. – M. Büßer: *Die Römerdramen in der Theatergesch. der dt. Schweiz*, 1938.

Arigo. *Decamerone von Heinrich Steinhöwel* (!), hg. A. v. Keller, 1860. – J. L. Flood: *Early editions of Arigo's translation of Boccaccio's Decameron*, in: Fs. C. Fahy, 1986; Ch. Bertelsmeier-Kierst: *‚Griseldis' in Deutschland. Stud. zu Steinhöwel u. A.*, 1988; J. Theisen: *A.s Decameron*, 1996.

Der arme Hartmann. *Rede vom heiligen Glauben*, hg. H. F. Massmann: *Dt. Gedichte des 12. Jh.s u. der nächstverwandten Zeit*, 1837, Neudr. 1969; Maurer, Rel. Dicht. II. – ²VL 1.

Arnsteiner Mariengebet (Marienlied). In: Maurer, Rel. Dicht. I; Waag/Schröder, Dt. Ged. II. – ²VL 1.

Athis und Prophilias. In: *Mhd. Übungsbuch*, hg. C. v. Kraus, ²1926; hg. W. J. O. Bartlett, Diss. Oxford 1985. – ²VL 1.

Augsburger Liederbuch. Hg. J. Bolte, Alemannia 18 (1890). – ²VL 1; J. Rettelbach: *Lied u. Liederbuch im spätmal. Augsburg*, in: *Lit. Leben in Augsburg während des 15. Jh.s*, hg. J. Janota u. W. Williams-Krapp, 1995.

Ava, Frau. *Die Dichtungen*, hg. F. Maurer, 1966; hg. K. Schacks, 1986. – ²VL 1.

Aventin (Johannes Turmair). *Sämtliche Werke*, hg. S. v. Riezler u. G. Leidinger, 6 Bde., 1880–1908. – A. Schmid: *Die historische Methode des J. A.*, Blätter für dt. Landesgesch. 113 (1977; mit Bibliogr.); E. Dünninger: *J. A. Leben u. Werk des bayerischen Gesch.-schreibers*, 1977; LL 1.

Vom aygen gericht vnd sterbenden Menschen. In: *Drei Schauspiele vom sterbenden Menschen*, hg. J. Bolte, 1927, Nachdr. 1986. – H. Rosenfeld: *Das Münchner Eigengerichtsspiel von 1510 . . .*, Gutenberg-Jb. 5 (1982).

Von der Babylonischen Gefangenschaft. In: Maurer, Rel. Dicht. I. – ²VL 1.

Bamberger Beichte. In: Steinmeyer Nr. 28. – ²VL 1 (→ Bamberger u. Erster Wessobrunner Glaube u. Beichte).

Basler Alexander → Lamprecht.

Basler Fragmente. In: Frühe Schweizerspiele, hg. F. Christ-Kutter, 1963 (unter dem Titel *Basler Fastnachtspiel*). – ²VL 1 (→ Basler Teufelsspiel-Fragment).

Die Bauernhochzeit. Hg. E. Wießner, 1956. – ²VL 1.

Baumgarten geistlicher Herzen. Hg. H. Unger, 1969. – ²VL 1.

Baumgartenberger Johannes Baptista. In: Maurer, Rel. Dicht. II. – $^{2}$VL 1.

Beatrijs von Nazareth. *Seven manieren van minne*, hg. L. Reypens u. J. van Mierlo, 1926. – Ruh, Abendld. Mystik, Bd. 2.

Bebel, Heinrich. *Facetien*, hg. G. Bebermeyer, 3 Bde., 1931, Nachdr. 1967; *Proverbia Germanica*, hg. W. H. D. Suringar, 1879, Nachdr. 1969; *Schwänke*, übertr. A. Wesselski, 2 Bde., 1907; *Comoedia de optimo studio iuvenum*, hg. u. übers. W. Barner u. a., 1982. – P. Anthony: *Stud. zu H. B.s Facetiae u. ihren Übers.n*, in: *Sprache u. Sprachhandeln*, hg. J. Möckelmann, 1974; LL 1; W. Barner: *Legitimierung des Anstößigen. Über Poggios u. B.s Fazetien*, in: Fs. P. Hoffmann, 1987; K. Graf: *H. B.*, in: Füssel, Dt. Dichter.

Beheim, Michel. *Gedichte* u. *Buch von der Stadt Triest*, hg. H. Gille u. I. Spriewald, 3 Bde., 1968–72; *Buch von den Wienern*, hg. Th. G. v. Karajan, 1843; *Pfälzische Reimchronik*, hg. D. Kratochwill, Diss. Salzburg 1977. – $^{2}$VL 1; B. Wachinger: *M. B. Prosaquellen – Liedvortrag – Buchüberlieferung*, in: *Poesie u. Gebrauchslit. im dt. MA*, hg. V. Honemann u. a., 1979; M. G. Scholz: *Zum Verhältnis von Mäzen, Autor u. Publikum im 14. u. 15. Jh.*, 1987.

Beichtformulare → Altdeutsche Beichten.

Benediktbeurer Osterspiel, Benediktbeurer Passionsspiel → Carmina burana.

Benediktbeurer Weihnachtsspiel. Hg. O. Schumann u. B. Bischoff: *Carmina burana I,3*, 1970. – $^{2}$VL 1.

Beowulf. Hg. F. Klaeber, $^{3}$1950; Übers. v. M. Lehnert, 1986.

Bergreihen. Hg. J. Meier, 1892; hg. E. Mincoff-Marriage u. G. Heilfurth, Mitteldt. Forsch.n 16 (1959). – MGG 1.

Berlichingen, Götz von. *Mein Fehd u. Handlungen*, hg. H. Ulmschneider, 1981. – H. Ulmschneider: G. v. B., 1974; *Kat. zur Ausstellung ‚G. v. B. 1480–1562'*, hg. W. Angerbauer u. H. Ulmschneider, 1980; LL 1.

Berner Weltgerichtsspiel. Hg. W. Stammler, 1962. – $^{2}$VL 1.

Bernger von Horheim. In: MF XVI. – $^{2}$VL 1.

Bernhard von Clairvaux. W. Höver: *Theologia Mystica in altbair. Übertragung*, 1971. – $^{2}$VL; Ruh, Abendld. Mystik, Bd. 1.

Berthold von Holle. *Werke*, hg. K. Bartsch, 1875, Nachdr. 1967. – $^{2}$VL 1.

Berthold von Regensburg. *Lat. Predigten*, hg. P. Hoetzl, 1882; *Dt. Predigten*, hg. F. Pfeiffer u. J. Strobl, 2 Bde., 1862/80, Nachdr. 1965 bes. v. K. Ruh (m. Bibliogr.); sechs Klosterpredigten hg. D. Richter, 1968; Abdruck von Streuüberlieferung bei D. Richter: *Die dt. Überlieferung der Predigten B.s v. R.*, 1969; vier Predigten, hg. u. übers. W. Röcke, 1983. – $^{2}$VL 1.

Binder, Jörg. *Acolastus*, in: Baechtold, Bd. 1.

Birck, Sixt (Betulius). *Sämtliche Dramen*, hg. M. Brauneck u. a., 3 Bde., 1969–80. – LL 1.

Birgitta von Schweden. *Relevationes*, Lib. I, hg. C.-G. Undhagen, 1978, Lib. V u. VII, hg. B. Bergh, 1967/71; *Relevationes extravagantes*, hg. L. Hollmann, 1956; Übers.: *Leben u. Offenbarungen der hl. B.*, hg. L. Clarus, 4 Bde., $^{2}$1888. – $^{2}$VL 1.

Biterolf und Dietleib. In: DHB 1; hg. A. Schnyder, 1980. – $^{2}$VL 1; G. Zimmermann: *‚B. u. D.' Gedanken zu Gattung, Sinnstruktur u. Thema*, in: MLStmk.

Blaurer (Blarer), Ambrosius u. Thomas. In: Wackernagel, KL III. – M. Jenny: *A. B. als Dichter u. Hymnologe*, in: *Der Konstanzer Reformator A. B. 1492–1564*, hg. B. Moeller, 1964 (mit Zusammenstellung der Lieder); LL 2.

Bletz, Zacharias. *Dramatische Werke*, hg. E. Steiner, 1926; *Die mißratenen Söhne*, in: *Fünf Komödien des 16. Jh.s*, hg. W. Haas u. M. Stern, 1989. – LL 2; H. Greco-Kaufmann: *Vor rechten lütten ist guot schimpfen. Der Luzerner Marcolfus u. das Schweizer Fastnachtspiel des 16. Jh.s*, 1994.

Bligger von Steinach. In: HMS Nr. 58; MF XVIII. – $^{2}$VL 1.

Boltz, Valentin. *Weltspiegel*, in: Baechtold, Bd. 2. – LL 2.

Bonaventura. *Opera omnia*, hg. B.-Kolleg, 10 Bde., 1882–1902; Ausg.n mhd. Übers.n u. Bearbeitungen: *‚De triplici via' in altschwäb. Übertragung*, hg. K. Ruh, 1957; Textprobe aus *Lignum vitae*, Kap. 2 der schwäb. Übers. von *De quinque festivitatibus pueri Iesu*, Kap. 7 von Ludwig Mosers Übers. von *Itinerarium mentis in deum* sowie Kap. 2 u. 16 von Conrad Naters Übers. der *Regula novitiorum* in: *Franziskanisches Schrifttum*, hg. K. Ruh, Bd. 1, 1965; die alem. Übers. der *‚Legenda maior Sancti Francisci'*, hg. D. Brett-Evans, 1960; weitere Übers.n u. Bearbeitungen in: K. Ruh, *B. dt.*, 1956. – $^{2}$VL 1; Ruh, Abendld. Mystik, Bd. 2.

Boner, Ulrich. *Der Edelstein*, hg. F. Pfeiffer, 1844. – ²VL 1; U. Bodemann / G. Dicke: *Grundzüge einer Überlieferungs- u. Textgesch. von B.s ,E.'*, in: *Dt. Hss. 1100–1400*, hg. V. Honemann u. N. F. Palmer, 1988.

Bordesholmer Marienklage. Hg. G. Kühl, Nd. Jb. 24 (1898). – ²VL 1.

Bote, Hermen (Hermann). *Radbuch*, hg. H. Brandes, Nd. Jb. 16 (1890); *Weltchronik*, hg. C. Abel, 1732; *Schichtbuch*, hg. L. Hänselmann, 1880/86; *Der Köker*, hg. G. Cordes, 1963. – ²VL 1; H. Blume u. a. (Hgg.): *H. B. Bilanz u. Perspektiven der Forschung*, 1982; D. Schöttker / W. Wunderlich: *H. B., Braunschweiger Autor zwischen MA u. Neuzeit*, 1987 (mit Bibliogr. seit 1981); *H. B.*, hg. H. Blume u. E. Rohse, 1991.

Bozner (Tiroler) Passionsspiele. Hg. H. M. Schmidt-Wartenberg, PMLA 5 (1890); J. E. Wackernell: *Altdt. Passionsspiele aus Tirol*, 1897, Nachdr. 1972; B. Klammer: *Bozener Passion 1495. Die Spielhss. A u. B*, 1986. – ²VL 1.

St. Brandans Meerfahrt. C. Selmer: *Navigatio Sancti Brendani . . .*, 1959; ‚Reise'-Fassung: *Ein lat. u. drei dt. Texte*, hg. C. Schröder, 1871; C. Bayerschmidt / C. Selmer: *An Unpublished Low German Version of the Navigatio Sancti Brendani*, The Germanic Review 30 (1955); K. A. Zaenker: *St. B.s Meerfahrt. Ein lat. Text u. seine drei dt. Übertragungen aus dem 15. Jh.*, 1987; *Zwei frühnhd. Prosafassungen*, hg. R. D. Fay, 1985; hg. L. Unbehaun, 1994, 2 Bde. (Faks. nach dem Druck der bair. Prosaredaktion: Speyer 1496, Übers. u. Kommentar). – ²VL 1; W. Röcke: *Die Wahrheit der Wunder*, in: *Wege in die Neuzeit*, hg. Th. Cramer, 1988.

Brant, Sebastian. *Das Narrenschiff*, hg. F. Zarncke, 1854, Nachdr. 1973 (mit Teilabdruck der *Carmina*); hg. M. Lemmer, ³1986; Faks. der Erstausg. Basel 1494, hg. D. Wuttke, 1994, – ²VL 1; J. Knape / D. Wuttke: *S.-B.-Bibliogr. Forschungslit. von 1800 bis 1985*, 1990; Th. Wilhelmi: *S. B. Bibliogr.*, 1990; J. Knape: *Dichtung, Recht u. Freiheit. Stud. zu Leben u. Werk S. B.s (1457–1521)*, 1992; H. Wiegand: *S. B. (1457–1521)*, in: *Humanismus im dt. Südwesten*, hg. P. G. Schmidt, 1993.

Braunschweiger Reimchronik. Hg. L. Weiland, 1877, Neudr. 1971. – ²VL 1; H. Wenzel: *Höfische Gesch.*, 1980.

Brecht, Levin. *Euripus*, hg. F. Rädle, 1979.

Der Bremberger. In: DV 1 (Nr. 16 = Fassungen A–C); hg. A. Kopp, 1908 (Nr. 11 = Fassung D); *Das Königsteiner Liederbuch*, hg. P. Sappler, 1970 (Nr. 68f. = Fassung E). – ²VL 1.

Brennwald, Heinrich. *Schweizerchronik*, hg. R. Luginbühl, 1908.

Brenz, Johannes. *Von Milderung der Fürsten*, in: FdB. – LL 2.

Brun von Schönebeck. *Hoheslied*, hg. A. Fischer, 1893, Nachdr. 1977. – ²VL 1; A. Hagenlocher: *»Littera meretrix.« B. v. S. und die Autorität der Schrift im MA*, ZfdA 118 (1989).

Brunner, Thomas. *Jacob u. seine zwölf Söhne*, hg. R. Stumpfl, 1928; *Tobias*, Neudr. hg. W. F. Michael u. D. Reeves, 1978; *Isaac u. Rebecca*, Neudr. hg. dies., 1983. – LL 2.

Buch der Märtyrer (Märterbuch). Hg. O. Zingerle, 1883 (WSB 105); hg. E. Gierach, 1928. – ²VL 1.

Bullinger, Heinrich. *Werke*, hg. F. Büsser u. a., 1972 ff.; *Lukretia u. Brutus*, in: Baechtold, Bd. 1. – LL 2.

Burkhard von Hohenfels. In: KLD Nr. 6. – ²VL 1; Th. Cramer: *So sint doch gedanke frî. Zur Lieddichtung B.s v. H. u. Gottfrieds von Neifen*, in: Fs. P. Wapnewski, 1983; C. Händl: *Rollen u. pragmatische Einbindung. Analysen zur Wandlung des Minnesangs nach Walther von der Vogelweide*, 1987.

Büt(t)ner, Wolf. *627 Historien von Claus Narren*, Eisleben: U. Gaubisch 1572. – LL 2.

Butzbach, Johannes. *Odeporicon*, übers. D. J. Becker, 1869 (unter dem Titel: *Chronica eines fahrenden Schülers oder Wanderbüchlein*), zuletzt hg. L. Hoffmann, 1985; hg. u. übers. A. Beriger, 1991 (fehlerhaft). – LL 2.

Butzer, Martin. *Gesprech Büechlin Neüw Karsthans*, hg. E. Lehmann, 1930; hg. A. E. Berger, 1931.

Caesarius von Heisterbach. *Dialogus miraculorum*, hg. J. Strange, 1851, Neudr. 1966; übers. L. Hoevel, 1910, Neudr. 1968; *Libri VIII miraculorum*, hg. A. Hilka, Bd. 3, 1937 (krit. Ausg. der Bücher I/II). – ²VL 1.

Carmen ad Deum. In: MSD Nr. 61; ALb Nr. 15. – ²VL 1.

Carmina Burana. Hg. A. Hilka, O. Schumann u. B. Bischoff, 2 Bde., 1930/70; *Die Gedichte des Cod. B. lat. u. dt.*, hg. u. übers. C. Fischer, H. Kuhn u. G. Bernt, 1974; *C. B.*, hg. u. übers. B. K. Vollmann, 1988. – ²VL 1; G. Steer: *C. B. in Südtirol. Zur*

*Herkunft des clm 4660*, ZfdA 112 (1983); B. Wachinger: *Dt. u. lat. Liebeslieder. Zu den Strophen der C. B.*, in: *Der dt. Minnesang*, hg. H. Fromm, Bd. 2, 1985.

Carmina Cantabrigiensia. Hg. K. Strecker, 1926, $^{3}$1966; Auswahl in dt. Übers.: K. Langosch, *Hymnen u. Vagantenlieder*, 1954. – $^{2}$VL 1; P. Dronke u. a.: *Die unveröffentlichten Gedichte der Cambridger Liederhs.*, Mittellat. Jb. 17 (1982); B. K. Vollmann: *‚O admirabile Veneris idolum' (CC 48) – ein Mädchenlied?*, in: Fs. P. Klopsch, 1988.

Celtis, Konrad. *Quattuor libri amorum. Germania generalis*, hg. F. Pindter, 1934; *Fünf Bücher Epigramme*, hg. K. Hartfelder, 1881, Nachdr. 1963; Nachträge v. D. Wuttke in: Fs. A. Buck, 1973; *Libri odarum quattuor, liber epodon, carmen saeculare*, hg. F. Pindter, 1937; *Ludi Scaenici. Ludus Dianae. Rhapsodia*, hg. F. Pindter, 1945; *Briefwechsel*, hg. u. erl. H. Rupprich, 1934; *Oratio in gymnasio in Ingolstadio publice recitata*, hg. H. Rupprich, 1932, Nachdr. 1964; *Norimberga* in: A. Werminghoff, *C. C. u. sein Buch über Nürnberg*, 1921; *C. C. quae Vindobonae prelo subicienda curavit opuscula*, hg. K. Adel, 1966; *Opera omnia*, lat. u. dt., hg. D. Wuttke (in Vorber.). – Werkverzeichnis in: Index Aureliensis, prima pars, VII; VD 16; D. Wuttke: *Humanismus in Nürnberg um 1500*, Zs. für bayer. Landesgesch. 48 (1985); U. Hess: *Erfundene Wahrheit. Autobiographie u. lit. Rolle bei C. C.*, in: *Kontroversen, alte u. neue*, hg. A. Schöne, Bd. 7, 1986; LL 2; D. Wuttke: *C. P. C.*, in: Füssel: Dt. Dichter.

Chelidonius, Benedictus. *Disceptatio voluptatis cum virtute*, Wien 1515. – M. Dietrich: *C.' Spiel ‚V. c. v. d.'*, Maske u. Kothurn 5 (1959); LL 2.

Christherre-Chronik. Hg. H. F. Maßmann, 1854 (Abdr. der Verse 1–2200; Ausg. von K. Gärtner in Vorber.). – $^{2}$VL 1; R. Plate: *Die Überlieferung der C.*, Diss. masch. Trier 1996; M. Schwabbauer: *Profangesch. in der Heilsgesch. Quellenunters. zu den Incidentien der C.*, 1997.

Von Christi Geburt. In: C. Kraus, *Dt. Gedichte des 12. Jh.s*, 1894; Maurer, Rel. Dicht. II. – $^{2}$VL 1.

Christus und die minnende Seele. Hg. R. Banz, 1908. – $^{2}$VL 1; W. Williams-Krapp: *Bilderbogenmystik. Zu C. u. d. m. S. Mit Edition der Mainzer Überlieferung*, in: Fs. K. Ruh, 1989.

Christus und die Samariterin. In: MSD Nr. 10; ALb Nr. 34. – ²VL 1.

Christus und die sieben Laden. Hg. A. Bachmann u. S. Singer: *Dt. Volksbücher*, 1889; übers. R. Frauenfelder: *Christus als Kaufmann*, Bodenseebuch 17 (1930). – ²VL 1.

Die Chronik im Weißen Buch von Sarnen. Hg. H. G. Wirz, 1947. – ²VL 1.

Churer Weltgerichtsspiel. Hg. U. Schulze, 1993. – ²VL 1.

Claus Narr → Büttner, Wolf.

Cleomades. Abdruck: G. Studer in: Arch. des hist. Vereins des Kantons Bern 4, H.3 (1859/60). – ²VL 1.

Closener, Fritsche. *Chronik*, hg. C. Hegel, 1870, Nachdr. 1961. – ²VL 4 (→ Klosener); K. Kirchert: *Städtische Gesch.schreibung u. Schullit.*, 1993.

Cochlaeus, Johannes. In: FdB. – R. Bäumer: *J. C. (1479–1552). Leben u. Werk im Dienst der Katholischen Reform*, 1980; LL 2; M. Samuel-Schneyder: *J. C. Humaniste et adversaire de Luther*, 1993.

Crescentialegende → Kaiserchronik.

Daniel. Hg. A. Hübner, 1911. – ²VL 2.

David von Augsburg. *Dt. Traktate*, hg. F. Pfeiffer, 1845, Nachdr. 1962; *Die sieben Staffeln des Gebets*, hg. K. Ruh, 1964; *Pater noster*, hg. F. M. Schwab, 1971; *Ave Maria*, in: *Franziskanisches Schrifttum im dt. MA*, Bd. 2, hg. K. Ruh u. a., 1985. – ²VL 2; Ruh, Abendld. Mystik, Bd. 2.

Decius, Nikolaus. *Lieder*, in: Wackernagel, KL III. – LL 3.

Dedekind, Friedrich. *Grobianus*, hg. A. Bömer, 1903; Neudr. der Ausg. Frankfurt 1594 mit der Übers. Caspar Scheidts hg. B. Könneker, 1979; Übers. von Scheidt: hg. G. Milchsack, 1882. – LL 3.

Deutschenspiegel. Hg. K. A. Eckhardt, 1971. – ²VL 9 (→ Spiegel aller deutschen Lande).

Dietmar von Aist (Eist). In: MF VIII. – ²VL 2.

Dietrichs Flucht und Rabenschlacht (Buch von Bern). In: DHB 2. – ²VL 2; M. Curschmann: *Zu Struktur u. Thematik des Buches von Bern*, PBB (Tüb.) 98 (1976); J.-D. Müller: *Heroische Vorwelt, feudaladeliges Krisenbewußtsein u. das Ende der Hel-*

*denepik. Zur Funktion des Buches von Bern*, in: *Adelsherrschaft u. Lit.*, hg. H. Wenzel, 1980.

Dietrich von Freiberg. *Opera omnia*, hg. K. Flasch u. a., 4 Bde., 1977–1985. – $^2$VL 2; Ruh, Abendld. Mystik, Bd. 3.

Distelmayer, Cleophas. *Euripus*, hg. F. Rädle, 1979.

Disticha Catonis dt. Hg. L. Zatocil: *Cato a Facetus*, 1952. – $^2$VL 1 (→ Cato); N. Henkel: *Dt. Übers.n lat. Schultexte*, 1988.

Donaueschinger Weltgerichtsspiel. Textauszüge bei R. Klee: *Das mhd. Spiel vom jüngsten Tage*, Diss. Marburg 1906. – $^2$VL 2.

Dorotheenspiel aus Schlesien (Kremsmünsterer D.). Hg. H. Schachner, ZfdPh 35 (1903); E. Ukena: *Die dt. Mirakelspiele des SpätMAs. Stud. u. Texte*, 2 Bde., 1975. – $^2$VL 2.

Dresdner Heldenbuch. Abdruck der gesamten Hs. bei F. H. v. d. Hagen / A. Primisser: *Der Helden Buch in der Ursprache*, 2 Tle., 1820/25. – $^2$VL 3 (→ Heldenbücher).

Dukus Horant. Hg. P. F. Ganz u. a., 1964. – $^2$VL 2; G. L. Strauch: *D. H.: Wanderer zwischen zwei Welten*, 1990.

Dunkelmännerbriefe (Epistolae obscurorum virorum). E. Böcking: *Ulrichi Hutteni equitis Germani Operum supplementum*, 2 Bde., 1864/70, Nachdr. 1964; A. Bömer: *E. o. v.*, 2 Bde., 1924, Neudr. 1978 (mit Bibliogr.); Übers. K. Binder, 1904; rev. Ausg. der Übers. Binders v. P. Amelung, 1964. – R. P. Becker: *A War of Fools. The Letters of Obscure Men. A Study of the Satire and the Satirized*, 1981; E. Meuthen: *Die E. o. v.*, in: Fs. R. Bäumer, Bd. 2, 1988; LL 3.

Dürer, Albrecht. *Niederländische Reise*, hg. J. Veth u. S. Muller, 2 Bde., 1917/18; hg. E. Schilling, 1928.

Ebendorfer, Thomas. *Chronica Austriae*, hg. A. Lhotsky, 1967. – $^2$VL 2.

Eberhard, Priester. *Gandersheimer Reimchronik*, hg. L. Weiland, 1877; hg. L. Wolff, $^2$1969. – $^2$VL 2.

Eberhard von Cersne. *Der Minne Regel*, hg. F. X. Wöber, 1861; *Lieder*, in: Cramer, Liederdichter I; *D. M. R. Lieder*, hg. D. Buschinger u. H. Lomnitzer, 1981. – $^2$VL 2; R. M. Schmidt: *Stud. zur dt. Minnerede*, 1982; A. Karnein: *‚De amore' in volkssprachlicher Lit.*, 1985.

Eberlin von Günzburg, Johann. *Sämtliche Schr.*, hg. L. Enders, 3 Bde., 1896–1903. – LL 3; Ch. Peters: *J. E. v. G. ca. 1465–1533*, 1994.

Ebernand von Erfurt. *Heinrich u. Kunigunde*, hg. R. Bechstein, 1860, Nachdr. 1968. – ²VL 2.

Ebner, Margareta. Ph. Strauch: *M. E. u. Heinrich von Nördlingen*, 1882, Nachdr. 1966; *Der seligen M. Offenbarungen u. Briefe*, übertr. u. eingel. H. Wilms, 1928. – ²VL 2; R. Schneider: *De zalige M. E.*, Dominikaans leven 38 (1982) u. 39 (1983); A. M. Haas: *Traum u. Traumvision in der dt. Mystik*, Analecta Cartusiana 106/1 (1983).

Ecbasis captivi. Hg. K. Strecker, 1935, Nachdr. 1956; hg. u. übers. W. Trillitzsch, 1964; Text u. Übers. in: Haug / Vollmann. – ²VL 2; F. P. Knapp: *Bemerkungen zur E. c.*, Mittellat. Jb. 14 (1979); F. P. Knapp: *Das lat. Tierepos*, 1979.

Eccius dedolatus. Hg. A. E. Berger, 1931; *Willibald Pirckheimer: E.d. – Der enteckte Eck*. lat.-dt., hg. N. Holzberg, 1983. – T. W. Best: *E. d., a Ref. Satire*, 1971; N. Holzberg: *Zum Problem der Verfasseridentifizierung: der ‚E. d.' – ein Werk Willibald Pirckheimers?*, in: *Germanistik in Erlangen*, hg. D. Peschel, 1983.

Eckenlied. Fassung L, hg. M. Wierschin, 1974; hg. u. übers. F. B. Brévart, 1986. – ²VL 2; F. B. Brévart: *won mich hant vrouwan usgesant (L 43,4). Des Helden Ausfahrt im E.*, Archiv 220 (1983); ders.: *Der Männervergleich im ‚E.'*, ZfdPh 103 (1984); M.-L. Bernreuther: *Herausforderungsschema u. Frauendienst im ‚E.'*, ZfdA 117 (1988); M. Meyer: *Zur Struktur des E.*, Jbb. der Reinike-Ges. 2 (1992).

Eckhart, Meister. *Die dt. Werke*, hg. u. übers. J. Quint, 1936 ff. (bisher Bd. 1–3 u. 5); hg. F. Pfeiffer, 1857, Neudr. 1962; *Die lat. Werke*, hg. J. Koch u. a., 5 Bde., 1936 ff.; Neuausgabe lat. Schr.: Bd. 1,2: *Prologi in Opus tripartitum et Expositio libri Genesis*, hg. L. Sturlese, 1987 ff.; *M. E. Werke I: Predigten, Werke II: Traktate*, hg. u. übers. N. Largier, 1992; *M. E. u. seine Jünger*, hg. F. Jostes, 1895, Neudr. 1972; *Paradisus anime intelligentis*, hg. Ph. Strauch, 1919. – ²VL 2; N. Largier: *Bibliogr. zu M. E.*, 1980; K. Ruh: *M. E.*, ²1989; B. Hasebrinck: *Formen inzitativer Rede bei M. E.*, 1992; K. Ruh, Abendld. Mystik, Bd. 3.

Eckhart-Legenden. Hg. F. Pfeiffer: *Meister E.*, 1857; A. Spamer: *Texte aus der dt. Mystik des 14. u. 15. Jh.s*, 1912. – ²VL 2.

Eckstein, Utz. LL 3.

Der edle Moringer → Moringer.

Edlibach, Gerold. *Chronik*, hg. J. M. Usteri, Mitt. der antiquar. Ges. Zürich 4 (1847). – ²VL 2.

Egen von Bamberg, Meister. Hg. O. Mordhorst, 1911. – ²VL 2.

Egenolf von Staufenberg. *Der Ritter von St.*, hg. E. Grunewald, 1979. – ²VL 2; E. R. Walker: *Peter v. S. Its Origin, Development, and Later Adaption*, 1980; A. Schnyder: *Peter v. S. auf dem Artusweg. Zur Struktur eines Märe*, WW 44 (1994).

Egerer Fronleichnamsspiel (Egerer Passionsspiel). Hg. G. Milchsack, 1881. – ²VL 2 (→ Egerer Passionsspiel); H. Linke: *Zum Text des E. P.*, Euphorion 78 (1984); B. Lehnen: *Das E. P.*, 1988.

Eike von Repgow. *Sachsenspiegel*, hg. K. A. Eckhardt, 1955–66; hg. C. v. Schwerin u. F. Ebel, 1993. – ²VL 2; R. Lieberwirth: *E. v. R. u. der S.*, 1982; J. Johanek: *E. v. R., Hoyer von Falkenstein u. die Entstehung des S.s*, in: Fs. H. Stoob, Tl. 2, 1984; *Text – Bild – Interpretation. Unters. zu den Bilderhss. des S.*, hg. R. Schmidt-Wiegand, 2 Bde., 1986; *Der S. als Buch*, hg. R. Schmidt-Wiegand u. D. Hüpper, 1991; *Wolfenbütteler Bilderhs. des S. Aufsätze u. Unters.*, hg. R. Schmidt-Wiegand, 1993.

Eilhart von Oberg. *Tristrant*, hg. F. Lichtenstein, 1877; hg. H. Bußmann, 1969 (Text der alten Fragmente); hg. D. Buschinger, 1976 (Abdruck der Hss. H, D, B); übers. D. Buschinger u. W. Spiewok, 1986. – ²VL 2; J.-D. Müller: *Die Destruktion des Heros oder wie erzählt E. von passionierter Liebe*, in: *Il romanzo di Tristano nella letteratura del Medioevo*, hg. P. Schulze-Belli u. M. Dallapiazza, 1990; P. Strohschneider: *Herrschaft u. Liebe. Strukturprobleme des Tristanromans bei E. v. O.*, ZfdA 112 (1993).

Eisenacher Zehnjungfrauenspiele → Thüringische Z.

Eleonore von Österreich. *Pontus u. Sidonia* (Fassung A), hg. H. Kindermann, 1928. – ²VL 2; R. Hahn: *„Von frantzosischer zungen in teütsch". Das lit. Leben am Innsbrucker Hof des späteren 15. Jh.s u. der Prosaroman ‚P. u. S. (A)'*, 1990.

Elhen, Tilemann. *Limburger Chronik*, hg. A. Wyss, 1883, Nachdr. 1973; hg. u. übers. G. Zedler, 1930 (Text nach Wyss). – ²VL 2.

Elisabeth von Nassau-Saarbrücken. *Herpin*, bearb. K. Simrock, 1865; *Sibille*, hg. H. Tiemann, 1977; *Loher u. Maller*, bearb. K. Simrock, 1868; *Huge Scheppel*, hg. H. Urtel, 1905; in: Müller, Romane. – ²VL 2; B. Burchert: *Die Anfänge des Prosaromans in Deutschland. Die Prosaerzählungen E.s v. N.-S.*, 1987; ders.: *Auf dem Weg zum Roman. Anmerkungen zu der Gattungskontroverse um den ‚Hug Schapler'*, ZfdPh 107 (1988); J.-D. Müller: *Späte Chanson de geste-Rezeption u. Landesgesch. Zu den Übers.n der E. v. N.-S.*, Wolfram-Stud. 11 (1989).

Elisabeth von Schönau. ²VL 2; Ruh, Abendld. Mystik, Bd. 2.

Elsli Tragdenknaben. In: Keller, Fsp. Nr. 110.

Engelberger Prediger. *Auszüge*, hg. Ph. Strauch, ZfdPh 50 (1921). – ²VL 2; K. Ruh: *Dt. Lit. im Benediktinerinnenkloster St. Andreas in Engelberg*, in: ders., *Kleine Schr.*, Bd. 2, 1984.

Des Entkrist Vasnacht. In: Keller, Fsp. Nr. 68; F. Christ-Kutter: *Frühe Schweizerspiele*, 1963. – ²VL 2.

Epistolae obscurorum virorum → Dunkelmännerbriefe.

Erasmus von Rotterdam. *Opera omnia*, hg. C. Reedijk u. a., 1969 ff.; *Collected Works of Erasmus*, 1974 ff. (engl. Übers.); *Ausgewählte Schr., lat. u. dt.*, hg. u. übers. W. Welzig, 8 Bde., 1968–1980; *Enchiridion. Handbüchlein eines christlichen Streiters*, hg. u. übers. W. Welzig, 1961; *Vom freien Willen*, übers. O. Schumacher, ⁴1979; *Adagia*. Lat.-dt. Auswahl. Übers. u. Anmerkungen v. A. J. Gail, 1983. - J. Huizinga: *Europäischer Humanismus: E.*, übers. W. Kaegi, 1958; W. P. Eckert: *E. v. R. Werk u. Wirkung*, 2 Bde., 1967; R. Stupperich: *E. v. R. u. seine Welt*, 1977; H. Holeczek: *E.' Stellung zur Ref.*, in: *Renaissance – Ref.*, hg. A. Buck, 1984; C. Augustijn: *E. v. R. Leben – Werk – Wirkung*, 1986; H. Holeczek: *E. Dt.*, Bd. 1: Die volkssprachliche Rezeption des E. v. R. in der reformatorischen Öffentlichkeit 1519–1536, 1986; LL 3; P. Bietenholz: *E. v. R.*, in: Füssel, Dt. Dichter.

Erlauer Spiele. Hg. K. Kummer, 1882, Nachdr. 1977; hg. W. Suppan, 1990. – ²VL 2; J. Janota: *Zu Typus u. Funktion der E. S.-Aufzeichnung*, in: *Die österreichische Lit.*, hg. H. Zeman, Tl. 1, 1986.

Erlösung. Hg. F. Maurer, 1934, Nachdr. 1964. – ²VL 2; W. Haug: *Die Sibylle u. Vergil in der ‚E.'. Zum heilsgeschichtlichen Programm der ‚E.' u. zu ihrer Position in der literarhistorischen Wende vom HochMA zum SpätMA*, in: *Lit. in der Ges. des SpätMAs*, hg. H. U. Gumbrecht, 1980; J. Haustein: *Die Höllenfahrt-*

*szene in der ‚E.'. Zur Umsetzung typologischer Gesch.auffassung in lit. Struktur,* in: *Die Funktion außer- u. innerlit. Faktoren für die Entstehung dt. Lit.* [. . .], hg. Ch. Baufeld, 1994.

Ermenrikes dot. In: DV 1,1, Nr. 2. – ²VL 2; H. Weddige: *Koninc E. D. Die nd. Flugschrift ‚Van Dirick van dem Berne' u. ‚Van Juncker Baltzer'. Überlieferung, Kommentar, Interpretation,* 1995.

Esau und Jakob. Die zehn Gebote. Hg. K. Bartsch, Germania 31 (1886); Maurer, Rel. Dicht. II. – ²VL 2.

Etterlin, Petermann. *Kronika von der loblichen Eydtgnoschaft. . .,* bearb. E. Gruber, 1965. – ²VL 2.

Esra und Nehemia. Hg. S. D. Stirk, 1938. – ²VL 2.

Ezzolied. In: Maurer, Rel. Dicht. Bd. 1; Waag/Schröder, Dt. Ged., Bd. 1; Text u. Übers. in: Haug/Vollmann. – ²VL 2; H. Freytag: *Ezzos Gesang. Text u. Funktion,* in: *Geistliche Denkformen in der Lit. des MAs,* hg. K. Grubmüller u. a., 1984; F. Urbanek: *Das E. in den Traditionen von ‚ars rhetorica' u. germ.-heimischer Redekunst,* ZfdPh 106 (1987) u. 107 (1988).

Fabri (Faber), Felix. *Evagatorium in terrae sanctae, Arabiae et Egypti peregrinationem,* hg. C. D. Haßler, 3 Bde., 1843–49; hg. u. übers. J. Massons, 3 Bde., 1975 (komment. frz. Teilübers.). – ²VL 2; H. Wiegandt: *F.,* in: *Lebensbilder aus Schwaben u. Franken,* Bd. 15, hg. R. Uhland, 1983.

Fabricius, Georg. Bibliogr. in: VD 16; E. Schäfer: *Dt. Horaz,* 1976; LL 3.

Faustinianlegende → Kaiserchronik.

Ferdinand II. von Tirol. *Speculum vitae humanae,* hg. J. Minor, 1889.

Fischart, Johann. *Sämtliche Dichtungen,* hg. H. Kurz, 3 Bde., 1866/67; *Sämtliche Werke,* hg. H.-G. Roloff, 1993 ff., bisher Bd. 1 mit frühen Schr.; *Geschichtklitterung,* hg. U. Nyssen, 2 Bde., ²1967; hg. H. Schnabel, 2 Bde., 1969 (synopt. Abdr. der Fassungen 1575, 1582 u. 1590); *Das Glückhafft Schiff von Zürich,* hg. A. M. Haas, 1967; *Flöhhatz – Weibertratz,* hg. A. M. Haas, 1967; *Catalogus catalogorum perpetua durabilis (1590),* hg. M. Schilling, 1993. – H. Sommerhalder: *J. Fs Werk,* 1960; M. C. Mühlemann: *Fs ‚Geschichtklitterung' als manieristisches Kunstwerk,* 1972; LL 3; Wilhelm Kühlmann: *J. F.,* in: Füssel, Dt. Dichter.

Fleck, Konrad. *Flore u. Blanscheflur*, hg. E. Sommer, 1846; hg. W. Golther, 1889; C. H. Rischen: *Bruchstücke aus K. F.s ,Fl. u. Bl.' nach den Hss. F u. P unter Heranziehung von B H*, 1913. – ²VL 2.

Folz, Hans. *Die Meisterlieder*, hg. A. L. Mayer, 1908, Neudr. 1970; Ergänzungen von F. H. Ellis in: PMLA 67 (1952); *Fastnachtspiele*, in: Keller, Fsp.; *Reimpaarsprüche u. Prosa*, hg. H. Fischer, 1961. – ²VL 2; F. Langensiepen: *Tradition u. Vermittlung. Lit.geschichtliche u. didaktische Unters. zu H. F.*, 1980; F. Schanze: *Meisterliche Liedkunst zwischen Heinrich von Mügeln u. Hans Sachs*, Bd. 1, 1983; I. Spriewald: *Zum Verhältnis von Fachprosa u. Reimpaardichtung am Beispiel des H. F.*, in: Dt. Lit. des SpätMAs, 1986.

Forster, Georg. *Frische Teutsche Liedlein*, hg. M. E. Marriage, 1903; hg. K. Gudewill u. a., 4 Tle., 1942–87 (Tl. 5 in Vorber.). – LL 3.

Fortunatus. Hg. H. Günther, 1914, Nachdr. 1967; hg. F. Podleiszek, 1933, Nachdr. 1974; Stud.ausg. nach der Editio princeps von 1509 hg. H.-G. Roloff, 1981; in: Müller, Romane. – ²VL 2; W. Raitz: *F.*, 1984; H. Kästner: F.: *Peregrinator mundi. Welterfahrung u. Selbsterkenntnis im ersten dt. Prosaroman der Neuzeit*, 1990; A. Mühlherr: *,Melusine' u. ,F.'*, 1993.

Franck, Sebastian. *Sämtliche Werke*, hg. P. Knauer, 1992 ff., bisher erschienen Bd. 1: Frühe Schr., Bd. 4: Die vier Kronbüchlein (u. a. *Lob der Torheit*), Bd. 11: Sprichwörter; *Kriegsbüchlin des frides*, Augsburg: H. Steiner 1539, Neudr. 1975; *Sprichwörter*, Frankfurt: Ch. Egenolff [1541], Neudr. 1972; *Paradoxa*, hg. S. Wollgast, ²1995; *Chronica zeytbuch unnd geschicht bybell*, Straßburg: B. Beck 1531, Neudr. 1969; *Weltbuch*, Tübingen: U. Morhart d. Ä. 1534; *Germaniae Chronicon*, Frankfurt: Ch. Egenolff 1538. – Bibliogr. v. K. Kaczerowsky, 1976; U. Meisser: *Die Sprichwörtersammlung S. F.s von 1541*, 1974; C. Dejung: *Wahrheit u. Häresie*, 1980; LL 3; *S. F. (1499–1542)*, hg. J.-D. Müller, 1993; B. Quast: *S. F.s ,Kriegbüchlin des Frides'*, 1993; ders.: *S. F.*, in: Füssel, Dt. Dichter.

Der Frankfurter (Theologia Dt.). Hg. W. v. Hinten, 1982. – ²VL 2; L. Abramowski: *Bemerkungen zur ,T. D.' u. zum ,Buch von geistlicher Armut'*, Zs. für Kirchengeschichte 97 (1986).

Frankfurter, Philipp → Pfarrer von Kalenberg.

Frankfurter Dirigierrolle. In: Froning, Bd. 2. – ²VL 2.

Die Frau von Weißenburg. In: DV 1, Nr. 30. – S. Hirsch: *Das Spielmannslied von der F. v. W.*, in: dies.: *Das Volkslied im späten MA*, 1978; LL 3.

Frauenlob (Heinrich von Meißen). *Des F.es Leiche, Sprüche, Streitgespräche u. Lieder*, hg. L. Ettmüller, 1843, Nachdr. 1966; *Leichs, Sangsprüche, Lieder*, hg. K. Stackmann u. K. Bertau, 2 Tle., 1981. – [2]VL 2; K. Stackmann / J. Haustein: *Wörterbuch zur Göttinger Frauenlob-Ausg.*, 1990; *Cambridger ,F.'-Kolloquium 1986*, hg. W. Schröder (Wolfram-Stud. 10 [1988]); Chr. März: *F.s Marienleich*, 1987; Th. Bein: *Sus hup sich ganzer liebe vrevel. Stud. zu F.s Minneleich*, 1988; B. Wachinger: *F.s Cantica canticorum*, in: *Literatur, Artes u. Philosophie*, hg. W. Haug u. B. Wachinger, 1992; R.-H. Steinmetz: *Liebe als universales Prinzip bei F.*, 1994.

Freiburger Fronleichnamsspiele. Hg. E. Martin, Zs. der Ges. für Beförderung der Geschichts-, Alterthums- u. Volkskunde 3 (1873/74). Prozessionsordnungen: J. Marmon: *Unser lieben Frauen Münster in Freiburg i. Br.*, 1878. – [2]VL 2.

Freidank. *Bescheidenheit*, hg. H. E. Bezzenberger, 1872, Nachdr. 1962. – [2]VL 2; K. Grubmüller: *F.*, in: *Kleinstformen der Lit.*, hg. W. Haug u. B. Wachinger, 1995.

Freisinger Ordo Rachelis. In: Froning, Bd. 3; K. Young: *The Drama of the Medieval Church*, Bd. 2, 1933, Nachdr. 1962. – [2]VL 2.

Frey, Jakob. *Gartenges.*, hg. J. Bolte, 1896. – LL 3.

Friedberger Christ und Antichrist. In: MSD Nr. 33; Maurer, Rel. Dicht. II. – [2]VL 2.

Friedrich von Hausen. In: MF X; hg. u. übers. G. Schweikle, 1984. – [2]VL 2.

Friedrich von Schwaben. Hg. M. H. Jellinek, 1904. – [2]VL 2; B. Schöning: *,F. v. S.'*, 1991; P. Sappler: ,F. v. S.', in: PRspM; ders.: *Zufügen u. Weglassen. Das Verhältnis der Redaktionen des ,F. v. S.'*, in: Fs. W. Haug u. B. Wachinger, Bd. 2, 1992.

Frischlin, Nicodemus. *Operum poeticorum* [. . .] *pars scenica*, Straßburg: B. Iobin [3]1589 (lat. Dramen); *Operum poeticorum* [. . .] *pars epica*, Straßburg: G. Pflueger 1598; *Operum poeticorum* [. . .] *pars elegiaca*, Straßburg: B. Iobin 1601, Nachdr. 1980; *Operum poeticorum* [. . .] *pars paraphrastica*, Frankfurt: Spiess 1602; *Operum poeticorum* [. . .] *Paralipomena*, Darmstadt: Hofmann

1610; *Orationes insigniores aliquot*, Straßburg: J. Carolus 1605; *Rhetorica*, Leipzig: M. Lantzenberger 1604; *Iulius redivivus*, hg. W. Janell, 1912; *Dt. Dichtungen*, hg. D. F. Strauß, 1857, Nachdr. 1969. – VD 16, Bd. 7; D. F. Strauß: *Leben u. Schr. des Dichters u. Philologen N. F.*, 1856; LL 4; D. Price: *The political dramaturgy of N. F.*, 1990; W. Kühlmann: *N. F. (1547–1590)*, in: *Humanismus im dt. Südwesten*, hg. P. G. Schmidt, 1993.

Fritzlarer Passionsspiel. *Bruchstücke eines hessischen P.s aus Fritzlar*, hg. K. Brethauer, ZfdA 68 (1931). – ²VL 2.

Füetrer, Ulrich. *Buch der Abenteuer*, hg. K. Nyholm, 1964; *Flordimar*, hg. W. Tauber; *Lannzilet*, hg. K.-E. Lenk, 1989 (Str. 1–1122); hg. R. Voß, 1996 (Str. 1123–6009); *Persibein*, hg. R. Munz, 1964; *Poytislier*, hg. F. Weber, 1960; *Der Trojanerkrieg*, hg. E. F. Fichtner, 1968; *Wigoleis*, hg. H. A. Hilgers, 1975; *Bairische Chronik*, hg. R. Spiller, 1909. – ²VL 2; H.-J. Behr: *Von der aventiure zum abenteur. Überlegungen zum Wandel des Artusromans in U. F.s B. d. A.*, IASL 11 (1986); P. Kern: U. F.s ‚Flordimar': *Bearbeitung eines Artusromans des 13. Jh.s?*, ZfdPh 107 (1988); B. Bastert: *Der Münchner Hof u. F.s ‚B. d. A.'*, 1993.

Funkelin, Jakob. *Auferweckung des Lazarus*, Zürich: Ch. Froschouer o. J. – W. F. Michael: *Das dt. Drama der Ref.zeit*, 1984.

St. Galler Passionsspiel. Hg. E. Hartl, 1952; hg. R. Schützeichel, 1978 (mit Beitr. v. R. Bergmann u. a.). – ²VL 2.

St. Galler Weihnachtsspiel. Hg. J. Klapper, 1904; hg. E. Bätschmann, 1977. – ²VL 2.

Galluslied → Ratpert von St. Gallen.

Gart, Tiebolt. *Joseph*, hg. A. E. Berger, 1936. – LL 4.

Geiler, Johannes, von Kaisersberg. *Die ältesten Schr. G.s v. K.*, hg. L. Dacheux, 1882, Nachdr. 1965; *Dt. Schr.*, hg. G. Bauer, 3 Bde., 1989–95. – ²VL 2; A. Elschenbroich: *Purgare, illuminare, perficere. J. G. v. K. als Fabelerzähler u. Fabelinterpret in seinen Predigtzyklen*, DVjs 61 (1987).

Genesis → Altdeutsche G., Altsächsische G.

Gengenbach, Pamphilus. Hg. K. Goedeke, 1856, Nachdr. 1966; *Die Totenfresser*, hg. J. Schmidt, 1969; *Der Nollhart*, hg. V. Uffer, 1977. – V. Werren-Uffer: *Der Nollhart von P. G.*, 1983; LL 4.

St. Georgener Prediger. Hg. K. Rieder, 1908; hg. K. O. Seidel, 1982. – ²VL 2.

Georgslied. In: ALb Nr. 35; W. Haubrichs: *G. u. Georgslegende im frühen MA. Text u. Rekonstruktion*, 1979. – ²VL 2; R. Schützeichel, *Codex Pal. lat. 52*, 1982; dazu W. Haubrichs in: Anzeiger für dt. Altertum u. dt. Lit. 96 (1985).

Gerhard von Minden. Hg. A. Leitzmann, 1898. – ²VL 2.

Ges(s)ner, Konrad. *Historia animalium*, 5 Bde., 1551–87. – W. Harms: *Bedeutung als Teil der Sache in zoologischen Standardwerken der frühen Neuzeit*, in: *Lebenslehren u. Weltentwürfe im Übergang vom MA zur Neuzeit*, hg. H. Boockmann, 1989.

Gesta Romanorum. Lat. Texte: Hg. H. Oesterley, 1872, Nachdr. 1963; W. Dick: *Die G. R. nach der Innsbrucker Handschrift u. vier Münchener Hss.*, 1890, Nachdr. 1970; nhd. Übers. v. W. Trillitzsch, 1973; dt. Texte: B. Weiske: *G. R.*, Bd. 2, 1992. – ²VL 3; B. Weiske: *G. R.*, Bd. 1: Unters. zu Konzeption u. Überlieferung, 1992.

Glarean (Heinrich Loriti). *Descriptio Helvetiae*, hg. W. Näf, 1948; *Das Epos vom Heldenkampf bei Näfels u. andere Gedichte*, hg. Müller u. H. Keller, 1949. – O. F. Fritsche: *G., sein Leben u. seine Schr.*, 1890; W. Näf: *Zu G.s ‚Helvetiae Descriptio'*, Schweizer. Beitr. zur Allg. Gesch. 5 (1947); L. Forster: *H. G. u. die neulat. Lyrik seiner Zeit*, Basler Zs. für Gesch. u. Altertumskunde 89 (1989); LL 4.

Gnaphaeus, Wilhelm. *Acolastus*, lat. Fassung hg. J. Bolte, 1891; hg. W. E. D. Atkinson, 1964 (mit engl. Übers.); G. Binders dt. Bearb. von 1535 in: Baechtold, Bd. 1. – LL 4.

Goeli. In: SMS Nr. 20. – ²VL 3; M. Bärmann: *Herr G. Neidhart-Rezeption in Basel*, 1995 (mit Edition u. Übers.).

Götliches Recht. In: FdB.

Gottesfreundliteratur → Merswin, Rulman.

Göttliche Mühle. In: *Satiren u. Pasquille aus der Ref.zeit*, hg. O. Schade, Bd. 1, 1863.

Göttweiger Trojanerkrieg. Hg. A. Koppitz, 1926. – ²VL 3; W. Schröder: *Beobachtungen u. Überlegungen zum ‚G. T.'*, 1990.

Gottfried, Johann(es). ²VL 3.

Gottfried von Neifen. In: KLD Nr. 15. – ²VL 3; Th. Cramer: *So sint doch gedanke frî. Zur Lieddichtung Burkhards von Hohenfels u. G.s v. N.*, in: *Liebe als Lit.*, hg. R. Krohn, 1983; S. Ch.

Brinkmann: *Die dt.sprachige Pastourelle*, $^{2}$1986; C. Händl: *Rollen u. pragmatische Einbindung. Analysen zur Wandlung des Minnesangs nach Walther von der Vogelweide*, 1987.

Gottfried von Straßburg. *Tristan*, hg. F. Ranke, $^{15}$1978; hg. K. Marold, 1906, $^{3}$1969 bes. W. Schröder; nach der Ausg. von R. Bechstein hg. P. F. Ganz, 2 Bde., 1978; nach dem Text von F. Ranke neu hg. u. übers. R. Krohn, $^{2}$1981; *Lieder*, in: MF XXIII. – $^{2}$VL 3; H.-H. Steinhoff: *Bibliogr. zu G. v. S.*, 1971, Bd. 2: Berichtszeitraum 1970–83, 1986; Kommentar v. L. Okken, 3 Bde., 1984–88; T. Tomasek: *Die Utopie im ‚T.' G.s v. S.*, 1985; Chr. Huber: *G. v. S. ‚T. u. Isolde'*, 1986; A. Wolf: *G. v. S. u. die Mythe von T. u. Isolde*, 1989; R. Voß: *Subjektive u. objektive Motivation. Zur epischen Struktur u. zum weltanschaulichen Problemgehalt des ‚T.' G.s v. S.*, in: Fs. W. Kleiber, 1989; *G. v. S. and the medieval Tristant legend*, hg. A. Stevens u. R. Wisbey, 1990; R. Schnell: *Suche nach Wahrheit. G.s ‚T. u. I.' als erkenntniskritischer Roman*, 1992; L. P. Johnson: *G. v. S.: T.*, in: Brunner; F. J. Worstbrock: *Der Zufall und das Ziel. Über die Handlungsstruktur in G.s ‚T.'*, in: *Fortuna*, hg. W. Haug u. B. Wachinger, 1995.

Graf, Jörg. Bibliogr.: K. Goedeke, *Grundriß zur Gesch. der dt. Dichtung*, $^{2}$1886, Bd. 2.

Graf Rudolf. Hg. P. F. Ganz, 1964. – $^{2}$VL 3.

Granum sinapis. M. Bindschedler: *Der lat. Kommentar zum G. s.*, 1949 (Lied u. Komm., jeweils mit Übers.); K. Ruh: *Textkritik zum Mystikerlied G. s.*, in: Fs. J. Quint, 1964; mit Übers. in Ruh, Abendld. Mystik, Bd. 3. – $^{2}$VL 3; Ruh (s.o.).

Groote, Gert. Verz. der Einzelausgaben in: $^{2}$VL 3.

Gratia-Dei-Traktat → Meister des Lehrgesprächs.

Gregor von Heimburg → Heimburg, Gregor.

Gretser, Jakob. *Opera omnia*, 17 Bde., 1734–41; *Regnum humanitatis*, hg. A. Dürrwächter, 1898; *De humanitatis regno comoedia altera pars*, in: A. Dürrwächter: *J. G. u. seine Dramen*, 1912; *Timon, Comoedia imitata (1584)*, hg. S. Fielitz, 1994. – LL 4.

Grillenvertreiber → Lalebuch.

Der Große Alexander (Wernigeroder A.). Hg. G. Guth, 1908. – $^{2}$VL 3.

Großer Rosengarten. Hg. G. Holtz, 1893, Neudr. 1982. – ²VL 8 (→ Rosengarten zu Worms); K. H. Ihlenburg: *Zum »Antihöfischen« im Rosengarten A*, in: *Stud. zur Lit. des SpätMAs*, 1986.

Grosz, Erhart. *Grisardis*, hg. P. Strauch, 1931. – ²VL 3.

Gundacker von Judenburg. *Christi hort*, hg. J. Jaschke, 1910. – ²VL 3; Betty C. Bushey: *Das Leben Christi in Gebetsform in G.s ‚Ch. h.'*, in: MLStmk.

Die gute Frau. Hg. E. Sommer, ZfdA 2 (1842) u. 4 (1844); D. J. B. Mackinder-Savage: *D. g. F.*, 2 Bde., 1978. – ²VL 3; G. Aker: *‚D. g. F.'*, 1983.

Gwalther, Rudolf. *Nabal*, hg. u. übers. S. Giovanoli, 1979. – S. Giovanoli: *Form u. Funktion des Schuldramas im 16. Jh. Eine Unters. zu R. G.s ‚N.'*, 1980; M. Witkowska: *Das neulat. Schuldrama ‚N.' von R. G. u. seine dt. Fassungen*, 1987; LL 4.

Hadamar von Laber. *Die Jagd*, hg. J. A. Schmeller, 1850, Nachdr. 1968; hg. K. Stejskal, 1880. – ²VL 3.

Hadewijch. *Visionen*, hg. J. van Mierlo, 2 Bde., 1924/25; *Brieven*, hg. J. van Mierlo, 2 Bde., 1947; *Strophische Gedichten*, hg. J. van Mierlo, 2 Bde., 1942; hg. E. Rombauts u. N. de Paepe, 1961; *Mengeldichten*, hg. J. van Mierlo, 1952; Übers. der *Brieven* u. *Visionen* von J. O. Plassmann, 1923. – Ruh, Abendld. Mystik, Bd. 2.

Hadlaub, Johannes. In: SMS Nr. 30; hg. M. Schiendorfer, 1986; *Lieder u. Leichs*, hg. R. Leppin, 1995. – ²VL 3; V. Bolduan: *Minne zwischen Ideal u. Wirklichkeit. Stud. zum späten Schweizer Minnesang*, 1982; M. Wehrli: *Das literarische Fest des Zürcher Manessekreises*, in: *Stadt u. Fest*, hg. P. Hugger, 1987.

Hagen, Gottfried. *Kölner Chronik*, hg. H. Cardauns u. C. Schröder, 1875, Nachdr. 1968. – ²VL 3.

Haimonskinder, Vier. F. Pfaff: *Reinolt von Montelban oder Die H.*, 1885, Nachdr. 1969. – ²VL 7 (→ Reinolt von Montelban); U. v. Bloh: *Anders gefragt: Vers oder Prosa? ‚Reinolt von Montalban' u. andere Übers.n aus dem Mittelniederländischen im Umkreis des Heidelberger Hofes*, Wolfram-Stud. 14 (1996).

Hans Clawert → Krüger, Bartholomäus.

Hartlieb, Johannes. *Alexander*, hg. R. Pawis, 1991; *J. H.s Übers. des Dialogus Miraculorum des Caesarius von Heisterbach*, hg. K. Drescher, 1929; *Buch aller verbotenen Kunst*, hg. D. Ulm, 1914; hg. u. übers. F. Eisermann u. E. Graf, 1989; A. Karnein: *De*

*Amore dt. Der Tractatus des Andreas Capellanus in der Übers. J. H.s*, 1970; *Secreta mulierum*, hg. K. Bosselmann-Cyran, 1985. – [2]VL 3; F. Fürbeth: *J. H. Unters. zu Leben u. Werk*, 1992.

Hartmann von Aue. *Die Klage* (*Büchlein*), hg. H. Zutt, 1968; hg. L. Wolff, 1972; *Lieder*, in: MF XXII; hg. u. übers. E. v. Reusner, 1982; *Erec*, hg. A. Leitzmann, fortgef. v. L. Wolff, [6]1985 bes. v. Chr. Cormeau u. K. Gärtner; hg. u. übers. Th. Cramer, 1990; *Gregorius*, hg. von H. Paul, neubearb. von B. Wachinger, [14]1992; nach d. Ausg. v. F. Neumann hg. B. Kippenberg u. H. Kuhn, 1988; *Der arme Heinrich*, hg. H. Paul, neubearb. K. Gärtner, [16]1996; hg. U. Rautenberg, übers. S. Grosse, 1993; mhd. Text u. Übertragung v. H. Henne, 1985; *Iwein*, hg. G. F. Benecke u. K. Lachmann, bearb. L. Wolff, 1968, mit Übers. v. Th. Cramer, [3]1981, u. M. Wehrli, 1988. – [2]VL 3; R. Voß: *Die Artusepik H.s v. A.*, 1983; H. Freytag: *Ständisches, Theologisches, Poetologisches. Zu H.s Konzeption des Armen Heinrich*, Euphorion 81 (1987); G. Haase: *Die german. Forschung zum ‚Erec' H.s v. A.*, 1988; L. Okken: *Zu H.s Erec*, ABäG 34 (1991); L. Okken: *Kommentar zur Artusepik H.s v. A.*, 1993; Chr. Cormeau / W. Störmer: *H. v. A.*, [2]1993; H. Brunner: *H. v. A.: Erec u. Iwein*, in: Brunner.

Hayden, Gregor. *Salomon u. Markolf*. In: F. Bobertag: *Narrenbuch*, 1884, Nachdr. 1964. – [2]VL 3.

Heidelberger Passion. Hg. G. Milchsack, 1880. – [2]VL 3.

Heidin. Fassungen I–III: Hg. L. Pfannmüller: *Die vier Redaktionen der H.*, 1911, Neudr. 1966; Fassung IV: Hg. L. Pfannmüller, *Mhd. Novellen*, Bd. 1, 1912; hg. E. Henschel u. U. Pretzel, 1957; Übers. in: *Dt. Erzählungen des MAs*, hg. U. Pretzel, 1971. – [2]VL 3; K. Hufeland: *Der auf sich selbst zornige Graf. ‚H. IV' als Manifestation der höfischen Liebe*, in: Fs. H. Rupp, 1989.

Der Heiligen Leben. Bd. 1: Der Sommerteil, hg. M. Brand u. a., 1996. – [2]VL 3.

Heimburg, Gregor. [2]VL 3.

Heinrich. *Litanei*. In: Maurer, Rel. Dicht. III. – [2]VL 3.

Heinrich. *Reinhart Fuchs*, hg. von R. Düwel, 1984; hg. K.-H. Göttert, 1976. – [2]VL 3.

Heinrich VI., Kaiser. In: MF IX. – [2]VL 3.

Heinrich von Beringen. *Schachgedicht*, hg. P. Zimmermann, 1883. – [2]VL 3.

Heinrich von Freiberg. Hg. A. Bernt, 2 Tle., 1906, Neudr. 1978; hg. D. Buschinger, 1982 (Paralleldr. der Hss.). – ²VL 3; P. Strohschneider: *Gotfrit-Fortsetzungen*, DVjs 65 (1991).

Heinrich von St. Gallen. K. Ruh: *Der Passionstraktat des H. v. St. G.*, Diss. Zürich 1940; H. Hilg: *Das ‚Marienleben' des H. v. St. G. Text u. Unters.*, 1981. – ²VL 3.

Heinrich von Hesler. *Das Evangelium Nicodemi*, hg. K. Helm, 1902, Nachdr. 1976; Nachtrag in: PBB 33 (1908); *Johannes-Apokalypse*, hg. K. Helm, 1907. – ²VL 3.

Heinrich von Langenstein. *Erchantnuzz der Sund*, hg. R. Rudolf, 1969; Th. Hohmann: *H. v. L.s ‚Unterscheidung der Geister' lat. u. dt.*, 1977. – ²VL 3; G. Kreuzer: *H. v. L. Stud. zur Biographie u. zu den Schismatraktaten*, 1987.

Heinrich von Laufenberg → Laufenberg, Heinrich.

Heinrich von Meißen → Frauenlob.

Heinrich von Melk. *Der sogenannte H. v. M.*, nach R. Heinzels Ausg. von 1867 neu hg. R. Kienast, ²1960; *Von des todes gehugde*, hg. u. übers. Th. Bein, T. Ehlert u. a., 1994. – ²VL 3.

Heinrich von Morungen. In: MF XIX; *Lieder*, hg. u. übers. H. Tervooren, 1986. – ²VL 3.

Heinrich von Mügeln. *Ungarnchroniken*, hg. E. Travnik u. A. Domanovszky, 1938; *Der Meide Kranz*, hg. W. Jahr, 1908; *Die kleineren Dichtungen*, 3 Bde., hg. K. Stackmann, 1959. – ²VL 3; Chr. Huber: *Die Aufnahme u. Verarbeitung des Alanus ab Insulis in mhd. Dichtungen*, 1988; M. Stolz: *‚Tum'-Stud. Zur dichterischen Gestaltung im Marienpreis H.s v. M.*, 1996; A. Volfing: *H. v. M. ‚Der Meide Kranz'. A Commentary*, 1996.

Heinrich von München. ²VL 3; *Die ‚Weltchronik' H.s v. M.*, Bd. 1, hg. H. Brunner, Bd. 2, v. J. Rettelbach, Bd. 3, v. D. Klein (im Druck).

Heinrich von Neustadt. *Apollonius von Tyrland*, Gottes Zukunft u. Visio Philiberti, hg. S. Singer, 1906, Nachdr. 1967. – ²VL 3; B. Wachinger: *H. v. N., ‚A. v. T.'*, in: PRspM.

Heinrich von Nördlingen. Ph. Strauch: *Margaretha Ebner u. H. v. N.*, 1882, Nachdr. 1966; W. Oehl: *Dt. Mystikerbriefe des MAs 1100–1550*, 1931 (Auswahl mit nhd. Übers.). – ²VL 3.

Heinrich von Rugge. In: MF XV. – ²VL 3.

Heinrich der Teichner. *Gedichte*, hg. H. Niewöhner, 3 Bde., 1953–56. – $^{2}$VL 3.

Heinrich von dem Türlin. *Der âventiure Crône*, hg. G. H. F. Scholl, 1852, Nachdr. 1966; *The Crown. A Tale of Sir Gawein and King Arthur's Court by H. v. d. T.*, übers. J. W. Thomas, 1989. – $^{2}$VL 3; Beitr. von A. Ebenbauer, L. Jillings, F. P. Knapp u. U. Wyss in: *Die mal. Lit. in Kärnten*, hg. P. Krämer, 1981; A. Mentzel-Reuters: *Vröude. Artusbild, Fortuna- u. Gralkonzeption in der ‚C.' des H. v. d. T. als Verteidigung des höfischen Lebensideals*, 1989; C. Zach: *Die Erzählmotive der C. H.s v. d. T. u. ihre altfrz. Quellen*, 1990; U. Wyss: *H. v. d. T.: Diu Crône*, in: Brunner; E. Schmid: *Text über Texte. Zur ‚C.' des H. v. d. T.*, GRM 44 (1994).

Heinrich von Veldeke. *Lieder*, in: MF XI; *Sente Servaes*, hg. Th. Frings u. G. Schieb, 1956; *Eneit*, hg. Th. Frings u. G. Schieb, 1964; nach dem Text v. L. Ettmüller übers. D. Kartschoke, 1986; hg. u. übers. H. Fromm, 1992. – $^{2}$VL 3; O. Sayce: *The Medieval German Lyric 1150–1300*, 1982; H. Fromm: *Der Eneasroman H.s v. V. Die Unterwelt des Eneas. Doppelweg*, in: ders.: *Arbeiten zur dt. Lit. des MAs*, 1989; I. Kasten: *H. v. V.: Eneasroman*, in: Brunner; R. Kistler: *H. v. V. u. Ovid*, 1993; P. Kern: *Beobachtungen zum Adaptationsprozeß von Vergils ‚Aeneis' im MA*, Wolfram-Stud. 14 (1996).

De Heinrico. In: Steinmeyer Nr. 12; ALb Nr. 34; Text u. Übers. in: Haug/Vollmann. – $^{2}$VL 3.

Helbling, Seifried. Hg. J. Seemüller, 1886. – $^{2}$VL 3; U. Liebertz-Grün: *S. H., Satiren gegen Habsburg*, 1981; G. Wolf: *Die Kunst zu lehren. Stud. zu den Dialoggedichten (‚Kleiner Lucidarius') der ‚S. H.'-Sammlung*, 1985; H. Birkhan: *Ständedidaxe u. Laienmoral in der österreichischen Lit. des SpätMA*, in: *Die österreichische Lit.*, hg. H. Zeman, Tl. 1, 1986; R. Hangler: *S. H., ein mhd. Dichter aus der Zwettler Gegend*, 1995.

Heliand. Hg. O. Behaghel, $^{10}$1996 bearb. B. Taeger; Stud.ausg. in Auswahl, aufgr. der v. B. Taeger $^{9}$1984 neubearb. Ausg. v. O. Behaghel; hg. F. Genzmer, 1955 u.ö. – $^{2}$VL 3; W. Haubrichs: *Die Angelsachsen u. die germ. Stämme des Kontinents im frühen MA*, in: *Irland u. die Christenheit*, hg. R. N. Chatháin u. M. Richter, 1987.

Hemmerli(n), Felix. B. Reber: *F. H.*, 1846; Auszüge aus dem Werk übers. bei H. Walser: *Meister H. u. seine Zeit*, 1940. – $^{2}$VL 3.

Henselyn. *Das Fastnachtspiel H. oder von der Rechtfertigkeit*, hg. C. Walther, Nd. Jb. 3 (1877); C. Borchling / H. Quistorf: *Tausend Jahre Plattdt.*, 1927. – ²VL 3.

Herberstein, Siegmund von. *Rerum Moscovitarum Commentarii*, hg. Th. G. v. Karajan, 1855; Übers.n: *Beschreibung Moskaus* [. . .], Übertr. u. Einl. v. B. Picard, 1966; *Das alte Rußland*, Übertr. v. W. v. d. Steinen, 1984. – LL 5; W. Leitsch: *S. v. H. u. sein Werk über den Moskauer Staat*, in: *Reisen in reale u. mythische Ferne*, hg. P. Wunderli, 1993.

Herbort von Fritzlar. *Trojaroman*, hg. G. K. Frommann, 1837, Nachdr. 1966. – ²VL 3; H. Fromm: *H. v. F. Ein Plädoyer*, PBB 115 (1993).

Herbst und Mai → Vom Streit zwischen Herbst und Mai.

Herger. In: MF VII. – ²VL 3.

Herkommen der Schwyzer und Oberhasler. Hg. A. Bruckner, 1961. – ²VL 3.

Hermann von Fritzlar. *Heiligenleben*, hg. F. Pfeiffer, 1845, Nachdr. 1962. – ²VL 3.

Hermann, Nikolaus. *Lieder*, in: Wackernagel, KL III; *Sonntags-Evangelien*, hg. R. Wolkan, 1895. – LL 5.

Hermann von Sachsenheim. *Mörin. Goldener Tempel. Jesus der Arzt*, hg. E. Martin, 1878; *Mörin*, hg. H.-D. Schlosser, 1974; *Spiegel. Schleiertüchlein* in: W. Holland u. A. Keller: *Meister Altswert*, 1850; *Schleiertüchlein*, hg. D. K. Rosenberg, 1980; *Spiegel*, hg. Th. Kerth, 1986; *Grasmetze. Grabschrift* in: *Liederbuch der Clara Hätzlerin*, hg. C. Haltaus, 1840, Neudr. 1966; *Grasmetze. Unminne* in: *Mhd. Minnereden II*, hg. W. Brauns u. G. Thiele, 1938, Neudr. 1967. – ²VL 3; Ch. Rischer: *Zur Gebrauchssituation höfischer Lit. im 15. Jh. Die Minnereden H.s v. S.*, IASL 7 (1982); P. Strohschneider: *Ritterromantische Versepik im ausgehenden MA*, 1986.

Hero und Leander. In: GA I, Nr. 15; hg. u. übers. R. E. Ottmann, 1895. – ²VL 3.

Herrand von Wildonie. *Lieder*, in: *Die steirischen Minnesänger*, hg. v. W. Hofmeister, 1987; *Erzählungen*, hg. H. Fischer, ²1969. – ²VL 3; I. Strasser: *Ein mündiger Poet. Tradition u. Erneuerung in zwei Erzählungen H.s v. W.*, in: MLStmk.

Herzog Ernst. Fassung A: Hg. K. Bartsch, 1869, Nachdr. 1969; hg. u. übers. B. Sowinski, 1970; Fassung B: Hg. K. Bartsch (s.o.); hg. B. Sowinski (s.o.); hg. C. Weber, 1994; Fassung C (lat.): Hg. M. Haupt, ZfdA 7 (1849); Fassung D: Hg. H. v. d. Hagen / J. G. Büsching: *Dt. Gedichte des MAs*, Bd. 1, 1808, Nr. 2; hg. H.-F. Rosenfeld, 1991; Fassung F: Hg. K. Bartsch (s.o.); hg. E. Geck, 1969; hg. J. F. Flood, 1992; Fassung G: Hg. K. Bartsch (s.o.); hg. K. Ch. King: *Das Lied von H. E. Krit. hg. nach den Drucken des 15. u. 16. Jh.s*, 1959; Fassung Kl: Hg. H. Menhardt, ZfdA 65 (1928); hg. B. Sowinski (s.o.). – ²VL 3; H.-J. Behr: *H. E.*, in: Brunner.

Hessisches Weihnachtsspiel. In: Froning, Bd. 3; hg. W. Lipphardt, Convivium Symbolicum 2 (1959). – ²VL 3.

Hessus, Helius Eobanus (Eoban Koch). Hist.-Krit. Ausg.: *Dichtungen. Lat. u. Dt.*, hg. H. Vredefeld, 1990 ff.; Teilausg.n: Auszüge aus den *Heroiden* u. den *Luther-Elegien* hg. H. Rupprich, 1935, Nachdr. 1964; *Heroicum libri tres*, hg. H. Vredeveld, Diss. Princeton 1970; *Luther-Elegien* in: G. Ellinger: *Dt. Lyriker des 16. Jh.s*, 1893; H. Witeschnik: *Die Idyllendichtung H. E. H.*, Diss. Wien 1971. – C. Krause: *H. E. H. Sein Leben u. seine Werke*, 2 Bde., 1879, Nachdr. 1963; W. Trillitzsch: *Humanismus u. Ref. Der Erfurter Humanist u. „Dichterkönig" H. E. H.*, Wissenschaftl. Zs. der Univ. Jena 33 (1984); LL 5; I. Gräßer: *Die Epicedien-Dichtung des H. E. H.*, 1994.

Hester. Hg. K. Schröder, 1872, Neudr. 1977; M. Caliebe: *H. Edition u. Kommentar*, 1985. – ²VL 3.

Hexenhammer → Institoris, Heinrich.

Hildebrandslied. In: Steinmeyer; ALb Nr. 28; hg. u. übers. Schlosser. – ²VL 3; H. Kolb: *Hildebrands Sohn*, in: *Stud. zur dt. Lit. des MAs*, hg. R. Schützeichel, 1979; E. S. Dick: *Heroische Steigerung: Hildebrands tragisches Versagen*, in: Fs. C. E. Reed, 1984; Beitr. v. E. Ebbinghaus, J. Heinzle u. K. Schneider in: *Ahd.*, hg. R. Bergmann u. a., 2 Bde., 1987.

Hildegard von Bingen. In: PL 197; hg. J. Pitra, Analecta sacra VIII, 1882, Nachdr. 1966; dt. Übers. der Hauptwerke v. H. Schipperges u. a., 7 Bde., 1955–72. – ²VL 3; A. Haverkamp: *Tenxwind von Andernach u. H. v. B.*, in: Fs. J. Fleckenstein, 1984; Ch. Meier: *Scientia divinorum operum. Zu H.s v. B. visionär-künstlerischer Rezeption Eriugenas*, in: *Eriugena redivivus*, hg. W. Beierwaltes, 1987; dies.: *Prophetentum als lit. Existenz*, in: *Dt. Lit. von Frauen*, hg. G. Brinker-Gabler, Bd. 1, 1988.

Daz himilrîche. Hg. A. Leitzmann: *Kleine geistliche Gedichte des 12. Jh.s*, $^{2}$1929; Maurer, Rel. Dicht. I. – $^{2}$VL 4.

Himmel und Hölle. In: MSD Nr. 30; Steinmeyer Nr. 29. – $^{2}$VL 4.

Himmlisches Jerusalem. Maurer, Rel. Dicht. II; Waag/Schröder, Dt. Ged. I. – $^{2}$VL 4.

Hiob. Hg. T. E. Karsten, 1910. – $^{2}$VL 4.

Historia von D. Johann Fausten. Hg. St. Füssel u. H. J. Kreutzer, 1988; in: Müller, Romane. – *400 Jahre Faustbuch*, hg. R. Auernheimer u. F. Baron, 1989; *Die ‚H. d. D. J. F.' Ein wiss. Symposium*, hg. G. Makal, 1989; LL 3.

Historien der alden E. Hg. W. Gerhard, 1927. – $^{2}$VL 4.

Historienbibeln. Hg. J. F. L. Th. Merzdorf, 2 Bde., 1870, Nachdr. 1963 (Gruppe 1a, 2a); hg. H. Vollmer: *Materialien zur Bibelgeschichte u. religiösen Volkskunde*, Bd. 2,1.2 (Gruppe 3a), Bd. 3 (Prophetenteil der Gruppe 3b), Bd. 4 (Die Neue Ee der Gruppe 3b), 1912–31; hg. E. Liljebäck, 1923 (Loccumer H., eine Fassung der Gruppe 10); *Die Lübecker H. Die nd. Version der nordndl. H.*, hg. M. Andersson-Schmitt, 1995. – $^{2}$VL 4; G. Kornrumpf: *Die österreichischen H. IIIa u. IIIb*, in: *Dt. Bibelübers.n des MAs*, hg. H. Reinitzer, 1991; U. v. Bloh: *Die illustrierten H.*, 1993.

Die Hochzeit. Maurer, Rel. Dicht. II; Waag/Schröder, Dt. Ged. II. – $^{2}$VL 4.

Hoeck, Theobald. *Schönes Blumenfeld*, hg. K. Hanson, 1975. – LL 5.

Hrabanus Maurus. $^{2}$VL 4; *R. M.*, hg. R. Kottje u. H. Zimmermann, 1982.

Hrotsvit von Gandersheim. *Hrotsvithae Opera*, hg. P. de Winterfeld, 1900, Nachdr. 1965. – $^{2}$VL 4.

Hugo von Langenstein. *Martina*, hg. A. v. Keller, 1856, Nachdr. 1978. – $^{2}$VL 4.

Hugo von Montfort. Hg. K. Bartsch, 1879; J. E. Wackernell, 1881; hg. E. Thurnher u. a., 1978 (Faks. u. Transkription). – $^{2}$VL 4.

Hugo Ripelin von Straßburg. *Compendium theologiae veritatis*, hg. A. C. Peltier: *Sancti Bonaventurae Opera omnia*, 1866, Bd. 8. – [2]VL 4.

Hugo von Trimberg. *Renner*, hg. G. Ehrismann, 4 Bde., 1908 bis 1911, Nachdr. 1970/71 bes. G. Schweikle. – [2]VL 4; J. Goheen: *Mensch u. Moral im MA. Gesch. u. Fiktion in H.s v. T. ‚R.'*, 1990.

Hürnen Seyfried. Hg. W. Golther, [2]1911; hg. J. C. King, 1958. – [2]VL 4.

Hutten, Ulrich von. *Opera omnia*, hg. E. Böcking, 7 Bde., 1859 bis 1870, Nachdr. 1963–66; *Dt. Schr.*, hg. H. Mettke, 2 Bde., 1972/1974. – *U. v. H. Ritter, Humanist, Publizist, 1488–1523.* Kat. zur Ausstellung des Landes Hessen anläßl. des 500. Geb., hg. P. Laub u. a., 1988 (mit Verz. der Veröff. U.s v. H.); *U. v. H. 1499–1988. Akten des Internat. U. v. H.-Symposions 1988*, hg. St. Füssel, 1989 (Pirckheimer-Jb. 4 [1988]); F. Rueb: *Der hinkende Schmiedgott Vulkan. U. v. H. 1488–1523*, 1988; V. Honemann: *U. v. H.*, in: Füssel, Dt. Dichter; ders.: *Latein u. Dt. bei U. v. H.*, Wolfram-Stud. 14 (1996).

Immessen, Arnold. *Der Sündenfall*, hg. F. Krage, 1913. – [2]VL 4.

Ingold, Meister. *Das goldene Spiel*, hg. E. Schröder, 1882. – [2]VL 4.

Innsbrucker (thüringisches) Osterspiel. Hg. F. J. Mone: *Altteutsche Schauspiele*, 1841; hg. u. übers. R. Meier, 1962, Nachdr. 1974. – [2]VL 4.

In-Principio-Dialog → Meister des Lehrgesprächs.

Institoris, Heinrich. *Malleus maleficarum* (*Hexenhammer*), hg. A. Schnyder, 1991 (Faks. des Erstdrucks von 1487); übers. J. W. R. Schmidt, 1906, Neudr. 1982 (sehr fehlerhaft). – [2]VL 4; *Der ‚H.'*, hg. P. Segl, 1988; [2]VL 9 (→ Sprenger, Jakob); A. Schnyder: [. . .] *Die Ordnung der Rede über die Hexerei, ihre Autoren u. ihre Adressaten im ‚M. m.' von I. u. Sprenger*, Mittellat. Jb. 30 (1995).

Ischyrius, Christian. *Homulus*, hg. A. Roersch, 1903; *Vom Sterben des reichen Mannes. Die Dramen von Everyman, H., Hecastus u. dem Kaufmann*, hg. u. übers. H. Wiemken, 1965. – J.-M. Valentin: *Die Moralität im 16. Jh.*, Daphnis 9 (1980); LL 6.

Jansen Enikel. *Weltchronik. Fürstenbuch*, hg. Ph. Strauch, 1891/1900, Nachdr. 1972. – [2]VL 2 (→ Enikel, Jans); U. Liebertz-Grün:

*Das andere MA. Erzählte Gesch. u. Geschichtskenntnis um 1300*, 1984.

Jacobus a Voragine. *Legenda aurea.* Hg. Th. Graesse, [3]1890, Nachdr. 1965; übers. R. Benz, 1925, Nachdr. 1969; *Die Elsässische ,L. A.'*, hg. U. Williams, W. Williams-Krapp u. K. Kunze, 3 Bde., 1980–1986. – [2]VL 4; B. Derendorf: *Die mittelnd. Bearbeitungen der L. A.*, Nd. Jb. 107 (1984); K. Kunze: *Fridolins Weg in die Legendensammlung bis zur Ref.*, in: *Frühe Kultur in Säckingen*, hg. W. Berschin, 1991.

Johannes von Frankenstein. *Kreuziger*, hg. F. Khull, 1882. – [2]VL 4.

Johannes von Kastl. R. Wagner: *Ein nücz u. schone ler von der aygen erkantnuss. Des Pseudo-J. v. K. ,Spiritualis philosophia' dt.*, 1972. – [2]VL 4.

Johannes von Konstanz. *Minnelehre*, hg. F. E. Sweet, 1934; P. Hefti: *Codex Dresden 68*, 1980 (unter dem Titel: *Cupido deus amoris*). – [2]VL 4.

Johann von Neumarkt. *Dt. Werke*, hg. J. Klapper u. a., 4 Bde., 1930–39; *Briefe (lat.)*, hg. K. Burdach u. P. Piur, 1912, P. Piur, 1933, P. Piur, 1937. – [2]VL 4; P. Ochsenbein: *J. v. N. als geistlicher Schriftsteller*, Wolfram-Stud. 13 (1994).

Johann von Ringgenberg. In: Cramer, Liederdichter II; SMS Nr. 13. – [2]VL 4.

Johannes von Tepl (Saaz). *Der Ackermann aus Böhmen*, hg. G. Jungbluth, 2 Bde., 1969/83; hg. W. Schröder, 2 Bde., 1987 (Faks.; bereinigter Text der Hss. E u. H); hg. K. Bertau, 2 Bde., 1994. – [2]VL 4; G. Hahn: *Der Ackermann aus Böhmen des H. v. T.*, 1984; K.-H. Schirmer: *Zur Funktionalität der Streitgesprächsgattung im ,A.'*, in: Fs. H. Kolb, 1989.

Johann von Würzburg. *Wilhelm von Österreich*, hg. E. Regel, 1906, Nachdr. 1970. – [2]VL 4; Beitr. v. Th. Cramer u. D. Huschenbett in: *Zur dt. Sprache u. Lit. des 14. Jh.s*, hg. W. Haug u. a., 1983; A. Juergens: *,W. v. Ö.' J.s v. W. ,Historia Poetica' von 1314 u. die Aufgabenstellungen einer narrativen Fürstenlehre*, 1990; G. Vollmann-Profe: *J.s v. W. ,W. v. Ö.'*, in: PRspM; D. Huschenbett: *J. v. W.: Wilhelm von Österreich*, in: Brunner.

Jud, Leo. *Ein klag des Frydens*, hg. A. M. Haas u. U. Herzog, 1969. – LL 6.

Jüdin und Priester. Hg. R. M. Kully u. H. Rupp: *Der münch mit dem genßlein*, 1972. – ²VL 4.

Junger Spervogel. In: KLD Nr. 38,17–22c.34. – ²VL 4.

Jüngeres Hildebrandslied. In: DV 1,1, Nr. 1; hg. J. Meier, 1935, Nachdr. 1964. – ²VL 4.

Jüngere Judith. Aus der Vorauer Hs., hg. H. Monecke, 1964. – ²VL 4.

Justinger, Konrad. *Berner Chronik*, hg. G. Studer, 1871. – ²VL 4.

Kaiserchronik. Hg. E. Schröder, 1892 (krit. Ausg. nach Hs. V), Nachdr. 1964; hg. H. F. Massmann, 3 Bde., 1849–53 (nach Hs. H, mit Lesarten der Fassungen B u. C); Auswahl mit Übers. in: Haug/Vollmann. – ²VL 4; D. Neuendorff: *Stud. zur* [. . .] *Herrscherdarstellung in der dt.sprachigen Lit.*, 1982; K. Stackmann: *Dietrich von Bern in der ,K.'*, in: Fs. K. v. See, 1988; H. Fromm: *Die Disputationen in der Faustinianlegende der K.*, in: Fs. U. Hennig, 1995.

Karlmeinet-Kompilation. Hg. A. v. Keller, 1858, Nachdr. 1971; *Karl und Galie*, hg. D. Helm, 1986; *Morant u. Galie*, hg. Th. Frings u. E. Linke, 1976; *Karl und Elegast*, hg. A. M. Duinhoven, 1969 (synopt. Ausg. des niederld. *K. u. E.* und der ripuar. Version der *K.-K.*). – ²VL 4; R. Zagolla: *Der K. u. seine Fassung vom Rolandslied des Pfaffen Konrad*, 1988; E. Feistner: *Karl u. Karls Tod: Das ,Rolandslied' im Kontext des sog. K.*, Wolfram-Stud. 11 (1989); H. Beckers: *Der Aachener ,Karl u. Galie'-Roman als Beispiel für die Sonderstellung der rheinischen Karlsepik*, ebd.; ders.: *Karls erster Zweikampf*, in: Fs. H.-F. Rosenfeld, 1989 (mit Textabdr.).

Karsthans. Hg. A. E. Berger, 1931. – LL 6; H. Langer: *,K.' Wirkungsstrategie, Werkgestalt u. Rezeption eines Ref.dialogs*, Zs. für Germanistik NF 1 (1991).

Kasseler Glossen und Gesprächsbüchlein. In: Ahd. Gll. III, Nr. 932. – ²VL 3 (→ Glossae Cassellanae); H. Penzl: *Stulti sunt Romani*, WW 35 (1985).

Katharinenspiel aus Thüringen → Mühlhäuser (thüringisches) K.

Kaufringer, Heinrich. *Gedichte*, hg. K. Euling, 1888, Nachdr. 1977; *Werke*, hg. P. Sappler, 2 Bde., 1972/74. – ²VL 4; H. Ragotzky: *Das Märe in der Stadt*, in: *Germanistik. Forschungsstand u. Perspektiven*, hg. G. Stötzel, Bd. 2, 1985.

Kerensteinballade. In: DV 1,1, Nr. 18. – [2]VL 4.

Keßler, Johannes. *Sabbata*, hg. E. Egli u. a., 1902 (mit kleinen Schr. u. Briefen). – LL 6.

Kirchhoff, Hans Wilhelm. *Wendunmuth*, hg. H. Österley, 5 Bde., 1869, Nachdr. 1980. – LL 6.

Diu Klage → Nibelungenlied.

Kloster der Minne. Hg. M. Schierling, 1980. – [2]VL 4.

Klosterneuburger Osterspiel. Hg. H. Pfeiffer, Jb. des Stiftes Klosterneuburg 1 (1908); K. Young: *The Drama of the Medieval Church*, Bd. 1, 1933, Nachdr. 1962; K. Langosch: *Geistliche Spiele*, [2]1961 (mit Übers.). – [2]VL 4.

Kobold und Eisbär. In: GA, Bd. 3, Nr. 65. – [2]VL 4.

König Rother. Hg. Th. Frings u. J. Kuhnt, 1922, Nachdr. 1968 bes. I. Köppe-Benath. – [2]VL 5; P. K. Stein: *Beobachtungen u. Überlegungen zum ‚K. R.'*, in: Fs. I. Reiffenstein, 1988; Ch. Ortmann u. H. Ragotzky: *Brautwerbungsschema, Reichsherrschaft u. staufische Politik. Zur politischen Bezeichnungsfähigkeit lit. Strukturmuster am Beispiel des ‚K. R.'*, ZfdPh 112 (1993).

Kolmarer Liederhandschrift. *Meisterlieder der K. H.*, hg. K. Bartsch, 1862, Nachdr. 1962 (Auswahl); hg. U. Müller u. a., 2 Bde., 1976 (Faks.) – [2]VL 5; G. Kornrumpf: *Die K. L. Bemerkungen zur Provenienz*, in: Fs. K. Stackmann, 1990.

Kolroß, Johannes. *Von Fünfferley betrachtnussen*, in: Baechtold, Bd. 1. – LL 6.

Königsteiner Liederbuch. Hg. P. Sappler, 1970. – [2]VL 5.

Konrad. *Büchlein von der geistlichen Gemahelschaft*, hg. U. Schülke, 1970. – [2]VL 5.

Konrad, Pfaffe. *Das Rolandslied*, hg. K. Wesle, [3]1985 bes. P. Wapnewski; hg. u. übers. D. Kartschoke, 1993. – [2]VL 5; G. Vollmann-Profe: *Das Rolandslied*, in: Brunner.

Konrad, Priester. *Predigtbuch*, hg. V. Mertens, 1971 (Ausg. der mehrfach überlieferten Predigten). – [2]VL 5.

Konrad von Ammenhausen. *Schachzabelbuch*, hg. F. Vetter, 1892. – [2]VL 5.

Konrad von Fußesbrunnen. *Kindheit Jesu*, hg. H. Fromm u. K. Grubmüller, 1973. – [2]VL 5.

Konrad von Haslau. *Jüngling*, hg. W. Tauber, 1984. – $^{2}$VL 5; W. Hofmeister: *Der ‚J.' K.s v. H.*, Sprachkunst 15 (1984).

Konrad von Heimesfurt. *‚Unser vrouwen hinfart' u. ‚Diu urstende'*, hg. K. Gärtner u. W. J. Hoffmann, 1989; *‚Die urstende'*. Stud.ausg., hg. K. Gärtner u. W. J. Hoffmann, 1991. – $^{2}$VL 5; W. J. Hoffmann: *K. v. H. Unters. zu Quellen, Überlieferung u. Wirkung seiner beiden Werke ‚U. v. h.' u. ‚D. u.'*, Diss. Trier 1987.

Konrad von Megenberg. Buch der Natur, hg. F. Pfeiffer, 1861, Nachdr. 1962 (Fassung 1); *Dt. Sphaera*, hg. O. Matthaei, 1912; hg. F. B. Brévart, 1981. – $^{2}$VL 5; W. Blank: *Mikrokosmos u. Makrokosmos bei K. v. M.*, in: *Geistliche Denkformen in der Lit. des MAs*, hg. K. Grubmüller, 1984; M. Weber: *K. v. M. Leben u. Werk*, 1986; T.-M. Nischik: *Das volkssprachliche Naturbuch im späten MA*, 1986; H. Ulmschneider: *Ain puoch von latein* [. .] *Zu den Quellen K.s v. M. ‚B. d. N.' anhand neuerer Hss.funde*, ZfdA 121 (1992); dies.: *„Ain puoch von latein." Nochmals zu den Quellen von K.s v. M. ‚B. d. N.'*, ZfdA 123 (1994); G. Hayer: *K. v. M. ‚Das B. d. N.' Unters. zu seiner Text- u. Überlieferungsgesch.*, 1996.

Konrad von Stoffeln. *Gauriel von Muntabel*, hg. F. Khull, 1885, Nachdr. 1969. – $^{2}$VL 5; A. Karnein: *Minne, Aventiure u. Artus-Idealität in den Romanen des späten 13. Jh.s*, in: *Artusrittertum im späten MA*, hg. F. Wolfzettel, 1984; N. Thomas: *K. v. S.s G. v. M.: a comment on Hartmann's Iwein?*, Oxford German Studies 17 (1988).

Konrad von Würzburg. *Engelhard*, hg. P. Gereke, 1912, neubearb. I. Reiffenstein, $^{3}$1982; nach dem Text v. I. Reiffenstein übers. K. J. Schmitz, 1989 (mit Stellenkomm.); *Kleinere Dichtungen*, hg. E. Schröder, Bd. 1: *Der Welt Lohn, Das Herzmære, Heinrich von Kempten*, $^{10}$1970, Bd. 2: *Der Schwanritter, Das Turnier von Nantes*, $^{4}$1968, Bd. 3: *Die Klage der Kunst, Leiche, Lieder u. Sprüche*, $^{4}$1970; *Goldene Schmiede*, hg. E. Schröder, 1926, $^{2}$1969; *Heinrich von Kempten. Der Welt Lohn. Das Herzmäre*, Text nach der Ausg. v. E. Schröder, übers. H. Rölleke, 1968; *Partonopier u. Meliur, Lieder u. Sprüche*, hg. K. Bartsch u. a., 1871, Nachdr. 1970; *Die Legenden*, hg. P. Gereke, 3 Bde., 1925/27; *Pantaleon*, $^{2}$1974 hg. W. Woesler; *Der Trojanische Krieg*, hg. A. v. Keller u. a., 1858, Nachdr. 1965. – $^{2}$VL 5; R. Brandt: *K. v. W.*, 1987 (mit Bibliogr.); *K. v. W. Seine Zeit, sein Werk, seine Wirkung*, hg. H. Brunner, 1989 (JOWG 5 [1988/89]); H. Kokott: *K. v. W. Ein Autor zwischen Auftrag u. Autonomie*, 1989; K. Cieslik: *Typisierung u. Dif-*

*ferenzierung im spätmal. Roman. Überlegungen zu K.s v. W. ‚Partonopier u. Meliur‘*, in: *Mediävistische Lit.gesch.schreibung*, hg. R. Bräuer u. O. Ehrismann, 1992; P. H. Oettli: *K. v. W.: Engelhard*, in: Brunner; E. Lienert: *K. v. W.: Trojanerkrieg*, in: ebd.; dies.: *Gesch. u. Erzählen. Stud. zu K.s v. W. ‚Trojanerkrieg‘*, 1996.

Krafft, Hans Ulrich. *Reisen u. Gefangenschaft*, hg. K. O. Haszler, 1861. – LL 7.

Kraft von Toggenburg. In: SMS Nr. 1. – $^2$VL 5.

Krüger, Bartholomäus. *Hans Clawerts werkliche Historien*, hg. Th. Raehse, 1882; *Die Volksbücher von Till Ulenspiegel, H. C. u. den Schildbürgern*, hg. u. eingel. H. Wiemken, 1962. – LL 7.

Krüginger, Johann. O. Clemen: *Zwei 1543 u. 1545 Zwickau gedruckte Dramen eines Crimmitschauer Schulmeisters*, in: Alt-Zwickau 1924.

Kuchimeister, Christian (Cristan der kuchimaister). *Nüwe Casus monasterii Sancti Galli*, hg. E. Nyffenegger, 1974. – $^2$VL 5.

Kudrun. Hg. K. Bartsch, $^5$1965 überarb. K. Stackmann, neue erg. Ausg. 1980. – $^2$VL 5; Th. Nolte: *Das K.epos – ein Frauenroman?*, 1985; Th. Nolte: *Wiedergefundene Schwester u. befreite Braut: K.epos u. Balladen*, 1988; W. Hoffmann: *K.*, in: H. Brunner.

Künzelsauer Fronleichnamsspiel. Hg. P. K. Liebenow, 1969. – $^2$VL 5; R. J. Blasting: *Metatheatrical elements in the K. F.*, in: Fs. E. Catholy, 1990.

Der von Kürenberg. In: MF II. – $^2$VL 5.

Lalebuch. Hg. K. v. Bahder, 1914 (mit den Abweichungen u. Erweiterungen der *Schiltbürger* u. des *Grillenvertreibers*); hg. S. Ertz, $^2$1982 (mit den Varianten des *Schiltbürgerbuches* v. 1598); hg. u. übers. W. Wunderlich, 1982; *Die Schiltbürger*, hg. G. Schmitz, 1975. – St. Ertz: *Aufbau u. Sinn des L.*, 1965; W. Wunderlich: *‚Schildbürgerstreiche‘. Bericht zur L.- u. Schildbürgerforschung*, DVjs 56 (1982); LL 7.

Lambrecht, Pfaffe. *Alexander*, hg. K. Kinzel, 1884 (Vorauer u. Straßburger A.); hg. R. M. Werner, 1881 (Basler A.); *Tobias*, hg. H. Degering, in: PBB 41 (1916); in: Maurer, Rel. Dicht., Bd. 2. – $^2$VL 5; P. Strohschneider / H. Vögel: *Flußübergänge. Zur Konzeption des ‚S. A.‘*, ZfdA 118 (1989).

Lamprecht von Regensburg. *St. Franzisken Leben u. Tochter Syon*, hg. K. Weinhold, 1880. – $^2$VL 5.

Laufenberg, Heinrich. *Geistliche Lieder*, in: Wackernagel, KL II; *Regimen sanitatis*, hg. H. H. Menge, 1976. – $^{2}$VL 5.

Laurin (Kleiner Rosengarten). Hg. G. Holz, 1897 (Fassungen 1–3); DHB 1 (Fassung 3); F. v. d. Hagen / A. Primisser (Hgg.): *Der Helden Buch in der Ursprache*, Bd. 2, 1825 (Fassung 4); DHB 3 (Fassung 5). – $^{2}$VL 5; G. T. Gillespie: *L.*, in: *Geistliche u. weltliche Epik des MAs in Österreich*, hg. D. McLintock u. a., 1987.

Lazius, Wolfgang. *Vienna Austriae*, 1546; Übers. v. H. Abermann, 1619. – LL 7.

Leisentrit, Johann. *Geistliche Lieder u. Psalmen*, hg. W. Lipphardt, 1966 (Faks.). – E. Heitmeyer: *Das Gesangbuch von J. L. 1567*, 1988; LL 7.

Lemnius, Simon. *Epigrammata libri duo*, 1538; *Monachopornomachia. Threni*, hg. G. Verberg, 1919; *Amorum libri IV*, hg. L. Mundt, 1988; L. Mundt: *Von Wittenberg nach Chur: Zu Leben u. Werk des S. L. in den Jahren ab 1539*, Daphnis 17 (1988; mit Abdr. der *Elegia in commendationem Homeri de bello Troiano*); *Bucolica. Fünf Eklogen*, hg. u. übers. L. Mundt, 1996. – LL 7.

Lenz, Hans. *Reimchronik des Schwabenkriegs*. hg. H. v. Diessbach, 1849. – $^{2}$VL 5.

Leopold von Wien. *Übersetzung der Historia tripartita Cassiodors*, hg. Ch. Boot, 2 Bde., 1977; *Österreichische Chronik von 95 Herrschaften*, hg. J. Seemüller, 1909. – $^{2}$VL 5.

Lex Salica → Althochdeutsche L. S.

Lichtentaler Marienklage. In: Froning, Bd. 2; E. Haufe: *Dt. Mariendichtung aus neun Jh.en*, 1961. – $^{2}$VL 5.

Lied von der Entstehung der Eidgenossenschaft. Hg. M. Wehrli, 1952.

Liederbuch der Klara Hätzlerin. Hg. C. Haltaus, 1840, Nachdr. 1966. – $^{2}$VL 3; B. Wachinger: *Liebe u. Lit. im spätmal. Schwaben u. Franken. Zur Augsburger Sammelhs. der Clara H.*, DVjs 56 (1982).

Lieder-Edda. Hg. B. Sijmons u. H. Gering, 3 Bde., 1888–1931; hg. G. Neckel, Bd. 1, $^{4}$1962 hg. H. Kuhn; übers. F. Genzmer, $^{5}$1984; übers. A. Häny, 1987.

Lindener, Michael. *Rastbüchlein u. Katzipori*, hg. F. Lichtenstein, 1883; hg. K. Heidemann, 2 Bde., 1991. – LL 7.

Livländische Reimchronik. Hg. L. Meyer, 1876, Nachdr. 1963. – ²VL 5; H. Kugler: *Über die ‚L. R.'*, Jb. der Brüder-Grimm-Ges. 2 (1992).

Das Lob Salomos. In: Maurer, Rel. Dicht. I; Waag/Schröder, Dt. Ged. I. – ²VL 5.

Lobwasser, Ambrosius. LL 7.

Lochamer Liederbuch. Hg. W. Salmen u. Ch. Petzsch, 1972. – ²VL 5.

Locher, Jakob. *Historia de rege Franciae*, 1495; *Tragedia de Thurcis et Suldano*, 1498; Auszüge in Übers. in: *Der dt. Renaissancehumanismus*, hg. W. Trillitzsch, 1981. – G. Heidloff: *Unters. zu Leben u. Werk des Humanisten J. L. Philomusus (1471–1528)*, 1975; LL 7; B. Coppel: *J. L. Philomusus (1471–1528)*, in: *Humanismus im dt. Südwesten*, hg. P. G. Schmidt, 1993.

Lohengrin. Edition u. Unters. v. Th. Cramer, 1971. – ²VL 5; A. Kerdelhué: *L. Analyse interne et étude critique des sources*, 1986; R. Unger: *Wolfram-Rezeption u. Utopie. Stud. zum spätmal. bayerischen ‚L.'-Epos*, 1990.

Lorscher Bienensegen. In: Steinmeyer Nr. 77; ALb Nr. 31,3. – ²VL 5.

Lotichius Secundus, Petrus. *Poemata Omnia*, hg. K. Heiler, 1926. – A. Heimpel: *Quellen u. Verzeichnisse zu den Werken des P. L. S.*, Unsere Heimat 20–24 (1928–1932); LL 7; B. Coppel: *P. L. S.*, in: Füssel, Dt. Dichter.

Lucidarius. Hg. F. Heidlauf, 1915; hg. G. Steer u. D. Gottschall, 1994. – ²VL 5; G. Steer: *Der dt. L. - ein Auftragswerk Heinrichs des Löwen?*, DVjs 64 (1990); L. Sturlese: *Philosophie im dt. ‚L.'?*, PBB 114 (1992); J. Bumke: *Heinrich der Löwe u. der L.-Prolog*, DVjs 69 (1995); G. Steer: *Der A-Prolog des dt. L. – das Werk eines md. Bearbeiters des 13. Jh.s*, ebd.

Luder von Braunschweig. *Buch der Makkabäer*, hg. K. Helm, 1904. – ²VL 5.

Ludwigslied. In: Steinmeyer Nr. 16; ALb Nr. 36. – ²VL 5; R. Kemper: *Das L. – eine politische Lektion*, Leuvense Bijdragen 72 (1983); K. J. Mattheier: *Historisches u. Figuratives im ahd. L.*, in: Fs. E. Stutz, 1984; R. Müller: *Der historische Hintergrund des ahd. L.*, DVjs 62 (1988).

Luther, Martin. *Doktor M. L.s Werke.* Krit. Gesamtausg. (Weimarer Ausg.), 1. Abt.: Werke, 60 Bde., 1883 ff., 2. Abt.: Tischreden, 6 Bde., 1912 ff., 3. Abt.: Die Dt. Bibel, 12 Bde., 1906 ff., 4. Abt.: Briefe, 15 Bde., 1930 ff., Nachdr. 1966 ff.; *Luthers Werke in Auswahl*, hg. A. Leitzmann u. O. Clemen, 8 Bde., 1950; *Die gantze Hl. Schrifft Deudsch*, hg. H. Volz, 2 Bde., 1972; *L.s geistliche Lieder u. Kirchengesänge.* Neuedition in Erg. zu Bd. 35 der Weimarer Ausg., bearb. M. Jenny, 1985; *Das Neue Testament in der dt. Übers. von M. L.*, hg. H.-G. Roloff, 2 Bde., 1989. – M. Brecht: *M. L.*, 3 Bde., 1981–87; H. Wolf: *German. L.-Bibliogr. 1880–1980*, 1985; J. Erben: *L. u. die nhd. Schriftsprache*, in: ders., *Dt. Wortgeschichte*, Bd. 1, $^{3}$1974; G. Hahn: *Evangelium als lit. Anweisung. Zu Luthers Stellung in der Gesch. des dt. kirchlichen Liedes*, 1981; B. Lohse: *M. L. Eine Einführung in sein Leben u. sein Werk*, $^{2}$1982; H. Reinitzer: *Biblia dt. L.s Bibelübers. u. ihre Tradition*, 1983; B. Könneker: *L.s Bedeutung für das protestantische Drama des 16. Jh.s*, Daphnis 12 (1983); K. Stackmann: *Probleme german. L.-Forschung*, Arch. für Ref.gesch. 75 (1984); H.-G. Roloff: *L.s lit. Leistung*, in: *Gott kumm mir zu hilf*, hg. H.-D. Loock, 1984; LL 7; M. Brecht: *M. L.*, 3 Bde., 1995.

Lutwin. *Adam u. Eva*, hg. K. Hoffmann u. W. Meyer, 1881; hg. M.-E. Halford, 1984. – $^{2}$VL 5.

Luzerner Osterspiel. Hg. H. Wyss, 3 Bde., 1967. – $^{2}$VL 5; LL 7 (→ Luzerner Spiele).

Luzerner Spiel vom klugen Knecht. Hg. F. Steimann, 1982; in: *Fünf Komödien des 16. Jh.s*, hg. W. Haas u. M. Stern, 1989. – LL 7 (→ Luzerner Spiele); W. McConnell: *Observations on the ‚S. v. k. K.' (Luzerner Neujahrsspiel)*, ABäG 38/39 (1994).

Macropedius, Georg (Georg van Langveldt). *Omnes* [...] *fabulae comicae in duas partes divisae*, 1552/53; *Asotus evangelicus*, hg. H. P. M. Puttinger, 1988; *Rebelles. Aluta*, hg. J. Bolte, 1897; *Hecastus*, in: *Drei Schauspiele vom sterbenden Menschen*, hg. J. Bolte, 1927. – T. W. Best: *M.*, 1972; LL 7.

Mai und Beaflor. Hg. 1848, Nachdr. 1974. – $^{2}$VL 5; V. Mertens: *Herrschaft, Buße, Liebe: Modelle adliger Identitätsstiftung in ‚M. u. B.'*, in: Fs. R. Wisbey, 1994.

Mair, Hans. *Das ‚Buch von Troja'*, hg. H.-J. Dreckmann, 1970. – $^{2}$VL 5; R. Maisch: *Troja u. die Reichsstadt Nördlingen. Stud. zum ‚Buch von Troja' (1390/92) des Hans Mair*, 1994.

Magdeburger Äsop. Hg. W. Seelmann: *Gerhard von Minden* (!), 1878. – $^{2}$VL 5.

Malbergische Glossen. Hg. K. A. Eckhardt: *Pactus legis Salicae*, 1962/69. – $^{2}$VL 5.

Malleus maleficarum → Institoris, Heinrich.

Makkabäer → Luder von Braunschweig.

Manessische Liederhandschrift. $^{2}$VL 3 (→ Heidelberger Liederhs. C); G. Kornrumpf: *Die Anfänge der M. L.*, in: *Dt. Hss. 1100–1400*, hg. V. Honemann u. N. F. Palmer, 1988; *Codex Manesse*, hg. E. Mittler u. W. Werner, 1988; B. Wachinger: *Was ist Minne?*, PBB 111 (1989); *Edele frouwen – schoene man. Die M. L. in Zürich. Katalog*, hg. C. Brinker u. D. Flüheler-Kreis, 1991.

Manuel, Hans Rudolf. *Das Weinspiel*, hg. Th. Odinga, 1892.

Manuel, Niklaus. Hg. J. Baechtold, 1878; hg. F. Burg, in: *Neues Berner Tb. auf das Jahr 1897*, 1896; *Zwei Schreibbüchlein*, hg. P. Ganz, 1909; Die *Totenfresser*, hg. F. Vetter, 1923; hg. A. E. Berger, 1935; hg. J. Schmidt, 1969; *Der Ablaßkramer*, hg. P. Zinsli, 1960; *Das Weinspiel*, in: *Fünf Komödien des 16. Jh.s*, hg. W. Haas u. M. Stern, 1989. – LL 7.

Marcus, Bruder. *Visio Tnugdali*. Hg. A. Wagner, *V. T.*, 1882, Nachdr. 1980. – $^{2}$VL 5.

Mariensequenz aus Muri. In: Maurer, Rel. Dicht. I; Waag/Schröder, Dt. Ged. II. – $^{2}$VL 6.

Mariensequenz aus Seckau (früher: St. Lambrecht). In: Maurer, Rel. Dicht. I; Waag/Schröder, Dt. Ged. II. – $^{2}$VL 6.

Marner. Hg. Ph. Strauch, 1876, Neudr. 1965. – $^{2}$VL 6; J. Haustein: *M.-Stud.*, 1995.

Marquard von Lindau. *Hiob*, hg. E. Greifenstein, 1979; *Eucharistie-Traktat*, hg. A. J. Hofmann, 1960; *Dt. Predigten*, Unters. u. Edition v. R. Blumrich, 1994. – $^{2}$VL 6.

Maximilian I. *Weisskunig*, hg. H. Th. Musper, 2 Bde., 1956; *Freydal*, hg. Q. v. Leitner, 1880–82; *Teuerdank*, hg. H. Unger, 1968. – $^{2}$VL 6.

Mechthild von Magdeburg. *Das fließende Licht der Gottheit*, hg. H. Neumann u. G. Vollmann-Profe, 2 Bde., 1990/93; *Relevationes Gertrudianae ac Mechtildianae*, Bd. 2, Opus [. . .] editum Solensium [. . .] opera, 1877 (lat. Version); übers.

M. Schmidt, 1955. – ²VL 6; M. Heimbach: *‚Der ungelehrte Mund' als Autorität*, 1989; N. Palmer: *Das Buch als Bedeutungsträger bei M. v. M.*, in: *Bildhafte Rede in MA u. Neuzeit*, hg. W. Harms u. K. Speckenbach, 1992; Ruh, Abendld. Mystik, Bd. 2.

Meinloh von Sevelingen. In: MF III. – ²VL 6.

Meister des Lehrgesprächs. *Gratia-Dei-Traktat*, hg. G. Steer: *Scholastische Gnadenlehre in mhd. Sprache*, 1966; *In-Principio-Dialog*, hg. K. H. Witte, 1989. – ²VL 6; Ruh, Abendld. Mystik, Bd. 3.

Melanchthon. *Opera*, hg. C. G. Bretschneider u. H. E. Bindseil, 28 Bde., 1834–60, Neudr. 1963; *Supplementa*, hg. M.-Komm. des Ver.s für Ref.gesch., 5 Bde., 1910–26, Neudr. 1968; *M.s Werke in Auswahl*, hg. R. Stupperich, 7 Bde., 1951–71; *Glaube u. Bildung*, hg. u. übers. G. R. Schmidt, 1989. – VD 16, Bd. 13; W. Maurer: *Der junge M. zwischen Humanismus u. Ref.*, 2 Bde., 1967/69; R. B. Huschke: *M.s Lehre vom Ordo politicus*, 1968; H. Scheible: *M.s Bildungsprogramm*, in: *Lebenslehren u. Weltentwürfe im Übergang vom Ma zur Neuzeit*, hg. H. Boockmann u. a., 1989; LL 8; B. Bauer: *Ph. M.*, in: Füssel, Dt. Dichter.

Melker Marienlied. In: Maurer, Rel. Dicht. I; Waag/Schröder, Dt. Ged. II. – ²VL 6.

Memento mori. In: ALb Nr. 42; R. Schützeichel: *Das alemannische ‚M. m.'*, 1962 (mit Übers.). – ²VL 6.

Menius, Iustus. Übers. von. Naogeorgs *Pammachius*, in: R. Froning: *Das Drama der Ref.zeit*, 1899.

Mentel(in)bibel. *Die erste dt. Bibel*, hg. W. Kurrelmeyer, 10 Bde., 1904–15. – ²VL 6.

Merigarto. In: ALb Nr. 41; hg. N. Th. Voorwinden, 1973 (mit Übers.); hg. P. Spazzali, 1995 (mit ital. Übers. u. Kommentar). – ²VL 6.

Merseburger Zaubersprüche. In: Steinmeyer Nr. 62; ALb Nr. 30; hg. u. übers. Schlosser. – ²VL 6; B. Murdoch: *Bit Did They Work? Interpreting the Old High German ‚Merseburg Charms'*, Neuphilolog. Mitt. 89 (1988).

Merswin, Rulman. *Büchlein von den Vier Jahren des anfangenden Lebens. Buch von den fünf Mannen*, hg. Ph. Strauch, 1927; *Neunfelsenbuch*, hg. Ph. Strauch, 1929. – ²VL 6.

Metzen Hochzeit → Die Bauernhochzeit.

Millstätter Sündenklage. In: Maurer, Rel. Dicht. II. – $^{2}$VL 6; W. Schröder: *Vom ‚Rheinauer Paulus' zur ‚M. S.'*, 1987.

Minneburg. Hg. H. Pyritz, 1950. – $^{2}$VL 6; I. Glier: *Allegorien des 14. Jh.s*, in: *Entzauberung der Welt*, hg. J. Poag u. Th. Fox, 1989.

Mittelfränkische Reimbibel. In: Maurer, Rel. Dicht. I. – $^{2}$VL 6.

Mönch von Heilsbronn. Hg. Th. Merzdorf, 1870; *Buch der Sieben Grade*, hg. D. Asmussen, Diss. Heidelberg 1965. – $^{2}$VL 6.

Mönch von Salzburg. *Die weltlichen Lieder*, hg. F. A. Mayer u. H. Rietsch, 2 Tle., 1894/96; hg. F. V. Spechtler u. übers. C. W. Aigner, 1995; *Die geistlichen Lieder*, hg. F. V. Spechtler, 1972. – $^{2}$VL 6; D. Koschko: *Zur Parodierung konventioneller Muster in den Tageliedern des M.s v. S.*, in: *Parodie u. Satire in der Lit. des MA*, 1989; B. Wachinger: *Der M. v. S. Zur Überlieferung geistlicher Lieder im späten MA*, 1989.

Monseer Fragmente → Althochdeutscher Isidor.

Montanus, Martin. *Schwankbücher*, hg. J. Bolte, 1899, Neudr. 1972. – LL 8.

Morant und Galie → Karlmeinet-Kompilation.

Moringer. In: DV 1, Nr. 12. – $^{2}$VL 6; V. Mertens: *Alte Damen u. junge Männer – Spiegelungen von Walthers ‚sumerlaten'-Lied*, in: *Walther von der Vogelweide*, hg. J.-D. Müller u. F. J. Worstbrock, 1989.

Moriz von Craûn. Hg. E. Schröder, $^{4}$1929; hg. U. Pretzel u. a., $^{4}$1973. – $^{2}$VL 6; T. Tomasek: *Die mhd. Verserzählung M. v. C.*, ZfdA 115 (1986); H. Kokott: *Mit grossem schaden an eere. Zur Minne-Lehre des ‚M. v. C.'*, ZfdPh 107 (1988).

Moser, Ludwig. J. Brecht: *Die pseudothomasischen Opuscula ‚De divinis moribus' u. ‚De beatitudine'*, 1972. – $^{2}$VL 6.

Mühlhäuser (thüringisches) Katharinenspiel. O. Beckers: *Das Spiel von den zehn Jungfrauen u. das Katharinenspiel*, 1905. – $^{2}$VL 6.

Muling, Johann Adelphus. *Ausgewählte Schr.*, hg. B. Gotzkowsky, Bd. 3: Buch des Lebens, 1980. – LL 8.

Münchner Oswald. *Der M. O. Mit einem Anhang: Die ostschwäb. Prosabearbeitung des 15. Jh.s*, hg. M. Curschmann, 1974. – $^{2}$VL 6.

Müntzer, Thomas. *Schr. u. Briefe*, krit. Gesamtausg., hg. G. Franz u. a., 1968; Auswahl hg. u. übers. R. Bentzinger u. S. Hoyer, 1990; *Fürstenpredigt*, in: *Flugschr. der frühen Ref.bewegung (1518–1524)*, hg. A. Laube u. a., Bd. 2, 1983; *Schriften. Liturgische Texte, Briefe*, übers. v. R. Bentzinger u. S. Hoyer, 1990 (Auswahl). – LL 8; I. Dingel: *Th. M.*, in: Füssel, Dt. Dichter.

Murbacher Hymnen. In: *Drei Reichenauer Denkmäler der altalemannischen Frühzeit*, hg. U. Daab, 1963. – ²VL 6; N. Henkel: *Dt. Übers.n lat. Schultexte*, 1988.

Murer, Christoph. *Scipio Africanus*. LL 8.

Murer, Jos. *Sämtliche Dramen*, hg. H.-J. Adomatis u. a., 2 Bde., 1974. – A. J. Racine: *J. M.*, 1973; LL 8.

Murner, Thomas. *Dt. Schr.*, hg. F. Schultz u. a., 9 Bde., 1918–32, Nachdr. 1990. – LL 8; H. Heger: *Th. M.*, in: Füssel, Dt. Dichter.

Musäus, Raphael. *Murnarus Leviathan*, hg. J. Scheible, Das Kloster 10 (1843).

Muskatplüt. Hg. E. v. Groote, 1852. – ²VL 6.

Muspilli. In: Steinmeyer Nr. 14; ALb Nr. 30, hg. u. übers. Schlosser. – ²VL 6; W. Brandt: *Zukunftserzählen im M.*, in: *Ahd.*, hg. R. Bergmann u. a., 2 Bde., 1987; W. Haug: *Nußknackersuite*, in: Fs. I. Reiffenstein, 1988; R. Schützeichel: *Zum M.*, in: ebd.

Naogeorgus, Thomas (Thomas Kirchmeyer). *Sämtliche Werke*, hg. H. G. Roloff, 10 Bde., 1975 ff.; *Pammachius*, hg. A. E. Berger, 1935; *Mercator*, in: *Drei Schauspiele vom sterbenden Menschen*, hg. J. Bolte, 1927. – H.-G. Roloff: *Heilsgesch., Weltgesch. u. aktuelle Polemik: Th. N.s ‚Tragoedia nova Pamachius'*, Daphnis 9 (1980); ders.: *N.s Satiren*, ebd. 16 (1987); LL 8; F. G. Sieveke: *Th. N.*, in: Füssel, Dt. Dichter.

Nas, Johannes. LL 8; T. Nelson: *‚O du armer Luther . . .' Sprichwörtliches in der antilutherischen Polemik des J. N. (1534–1590)*, 1992.

Neidhart. *Die Lieder*, hg. E. Wießner, 1955, fortgef. H. Fischer, ⁴1983 rev. P. Sappler; Auswahl hg. u. übers. H. Lomnitzer, 1984; *Texte, Melodien u. Übertragungen*, in Ausw. hg. S. Beyschlag, Melodieübertragungen v. H. Brunner, 1989. – ²VL 6; *N.*, hg. H. Brunner, 1986; E. Lienert: *Spiegelraub u. rote Stiefel. Selbstzitate in N.s Liedern*, ZfdA 118 (1989); G. Schweikle: *N.*, 1990; U. Müller: *N.-Forschung 1981–1988*, PBB (Tüb.) 113 (1991).

Neidhart Fuchs. In: *Narrenbuch*, hg. F. Bobertag, 1885, Nachdr. 1965; *Die Historien des N. F.* Nach dem Frankfurter Druck von 1566 in Abbildungen hg. E. Jöst, 1980. – $^{2}$VL 6; P. Strohschneider: *Schwank u. Schwankzyklus, Weltordnung u. Erzählordnung im Pfaffen vom Kalenberg u. im ‚N. F.'*, in: *Kleinere Erzählformen im MA*, hg. K. Grubmüller u. L. P. Johnson, 1988.

Neidhartspiele. $^{2}$VL 6.
- Großes (Tiroler) Neidhartspiel. In: Keller, Fsp. Nr. 53; hg. J. Margetts, 1982.
- Kleines (Nürnberger) Neidhartspiel. In: Keller, Fsp. Nr. 21; hg. J. Margetts (s.o.).
- Mittleres (Tiroler) Neidhartspiel. Hg. A. Dörrer, Der Schlern 25 (1951); hg. J. Margetts (s.o.). – H. Linke: *Das T. (M.) N. u. seine Dirigierrolle*, Archiv 222 (1985).
- St. Pauler Neidhartspiel. Hg. A. Schönbach, ZfdA 40 (1896); hg. J. Margetts (s.o.).

Neüw Karsthans → Butzer, Martin.

Nibelungenlied u. Klage. Hg. K. Lachmann, $^{6}$1960 (nach Hs. A); nach der Ausg. v. K. Bartsch hg. H. de Boor, $^{22}$1988 (nach Hs. B); hg. U. Hennig, 1977 (nach Hs. C); hg. M. Batts, 1971 (Paralleldruck der Hss. A, B, C); hg. u. übers. H. Brackert, 1970/71 (nach Hs. B); hg. u. übers. S. Grosse, 1997 (nach Hs. B; in Vorber.); *Diu Klage*, hg. K. Bartsch, 1875, Nachdr. 1964. – $^{2}$VL 6; E. R. Haymes: *The N. History and Interpretation*, 1986; *N. u. K. Sage u. Gesch., Struktur u. Gattung*, hg. F. P. Knapp, 1987; O. Ehrismann: *N.*, 1987; *Pöchlarner Heldenliedgespräch. Das N. u. der mittl. Donauraum*, hg. K. Zatloukal, 1990; J.-D. Müller: *Das N.*, in: Brunner; J. Heinzle: *Das N. Eine Einf.*, 1994.

Niederrheinischer Tundalus. Hg. A. Wagner: *Visio Tnugdali*, 1882, Nachdr. 1980 (mit lat. Prosa); hg. C. Kraus: *Dt. Gedichte des 12. Jh.s*, 1894. – $^{2}$VL 6.

Niklas von Wyle. *Translationen*, hg. A. v. Keller, 1861; E. J. Morrall: *A. S. P. (Pius II) and Niklas von Wyle, The Tale of two Lovers Eurialus and Lucretia*, 1988. – $^{2}$VL 6; F. J. Worstbrock: *N. v. W.*, in: Füssel, Dt. Dichter.

Nikolaus von Dinkelsbühl. $^{2}$VL 6; LL 8.

Nikolaus von Flüe. R. Durrer: *Bruder Klaus. Die ältesten Quellen über den seligen N. v. F.*, 2 Bde., 1917–21, Nachdr. 1981. – $^{2}$VL 6; P. Ochsenbein: *Die Vaterunser-Betrachtung im verlorenen*

*'Bettbuoch' des Bruder Klaus*, Der Geschichtsfreund 140 (1987); R. Gröbli: *Die Sehnsucht nach dem „einig Wesen". Leben u. Lehre des Bruders Klaus v. F.*, Diss. Zürich 1990.

Nikolaus von Jeroschin. *Chronik des Preußenlandes*, hg. E. Strehlke, in: Scriptores rerum Prussicarum I, 1861, Neudr. 1965. – ²VL 6.

Nikolaus von Löwen → Merswin, Rulman.

Nivardus von Gent. *Ysengrimus*, hg. E. Voigt 1884, Nachdr. 1974; hg. J. Mann, 1987 (mit Komm. u. engl. Übers.); übers. A. Schönfelder, 1955. – ²VL 6; D. J. Billy: *The Y., allegory and meaning*, 1988.

Notker der Deutsche (Teutonicus, III., Labeo). *Werke*, hg. E. H. Sehrt u. T. Starck, 1933 ff.; hg. J. C. King u. P. W. Tax, Bde. 1–10A, 1972–96. – ²VL 6; E. Hellgardt: *N. Teutonicus. Überlegungen zum Stand der Forschung*, PBB (Tüb.) 108 (1986), 109 (1987).

Oberrheinischer Revolutionär. *Das Buch der hundert Kapitel u. der vierzig Statuten*, hg. A. Franke mit einer hist. Analyse v. G. Zschäbitz, 1967. – ²VL 7; K. H. Lauterbach: *Der O. R. u. Mathias Wurm von Geudertheim*, Dt. Archiv 45 (1989).

Öglin, Erhart. *Liederbuch*, hg. R. Eitner u. J. J. Moser, 1880.

Ordo Rachelis → Freisinger O. R.

Orendel. Hg. A. E. Berger, 1888, Nachdr. 1974; H. Steinger, 1935. – ²VL 7; B. Plate: *O. – König von Jerusalem*, Euphorion 82 (1988).

Ortnit. In: DHB 3 u. DHB 4 (nach Hss. A u. W). – ²VL 7.

Osterspiel von Muri. *Das Innsbrucker O. Das O. v. M.*, hg. R. Meier, 1962. – ²VL 7.

Oswald → Münchener Oswald, Wiener Oswald.

Oswald von Wolkenstein. *Die Lieder*, hg. K. K. Klein u. a., ³1987 neubearb. H. Moser u. a.; übers. W. Hofmeister, 1989; Auswahl hg. u. übers. B. Wachinger, 1985. – ²VL 7; E. C. Lutz: *Wahrnehmen der Welt u. Ordnen der Dichtung. Strukturen im Œuvre O.s v. W.*, Lit.wiss. Jb. 32 (1991); J. Spicker: *Lit. Stilisierung u. artistische Kompetenz bei O. v. W.*, 1993; W. Marold: *Kommentar zu den Liedern O.s v. W.*, hg. u. bearb. A. Robertshaw, 1995.

Otfrid von Weißenburg. *O.s Evangelienbuch*, hg. O. Erdmann, ⁶1973 bes. L. Wolff; Auswahl hg. u. übers. G. Vollmann-Profe, 1987. – ²VL 7; W. Haubrichs: *O. v. W. – Übersetzer, Erzähler, Interpret*, Wolfram-Stud. 14 (1996).

Otloh von St. Emmeram. *Opera omnia*, in: PL 146; *Gebet*, in: MSD Nr. 83; ALb Nr. 26; *Libellus proverbiorum*, hg. W. Ch. Korfmacher, 1936; *Liber de tentationibus*, hg. W. Blum, 1977; *Liber visionum*, hg. P. G. Schmidt, 1989. – G. Misch: *Gesch. der Autobiographie*, Bd. 3,2, 1959; H. Schauwecker: *O. v. St. E.*, Stud. u. Mitt. OSB 74 (1963); H. Röckelein: *O., Gottschalk, Tnugdal: Individuelle u. kollektive Visionsmuster des HochMAs*, 1986.

Ott, Johann. *Liederbuch*, hg. R. Eitner u. a., 3 Bde., 1876.

Otte, Meister. *Eraclius*, hg. H. Graef, 1883; hg. W. Frey, 1983. – $^2$VL 7; S. Schmitz: *»Der vil wol erchennen chan.« Zu Gautiers u. O.s ‚E.‘*, GRM 42 (1992).

Otte zem Turne. In: SMS Nr. 15. – $^2$VL 7.

Otto von Passau. $^2$VL 7.

Ottokar von Steiermark. *Österreichische Reimchronik*, hg. J. Seemüller, 2 Bde., 1890/93, Nachdr. 1974. – $^2$VL 7.

Paracelsus (Theophrastus Bombastus von Hohenheim). *Sämtliche Werke*, 1. Abt., hg. K. Sudhoff, 14 Bde., 1922–33, 2. Abt., hg. K. Goldammer u. a., 8 Bde., 1955–95; *Vom Licht der Natur u. des Geistes*, hg. K. Goldammer u. H. K. Weimann, 1960 u. ö. – P.-Bibliogr. 1960–80, hg. R. Dilg-Frank, 1980; 1981–91, hg. dies.; LL 9; P. Dilg: *P.-Forschung gestern u. heute*, in: *Resultate u. Desiderate der P.-Forschung*, hg. P. Dilg u. H. Rudolph, 1993; *P.: Das Werk – die Rezeption*, hg. V. Zimmermann, 1995.

Paris und Vienna. Hg. A. Mante, 1965. – $^2$VL 7.

Pariser Glossen → Altdeutsche Gespräche.

Passional. Hg. K. A. Hahn, 1845 (Buch 1; 2); hg. F. Köpke, 1852, Nachdr. 1966 (Buch 3); *Marienlegenden aus dem Alten P.*, hg. H.-G. Richert, 1965. – $^2$VL 7.

Pauli, Johannes. *Schimpf u. Ernst*, hg. H. Österley, 1866, Nachdr. 1967; hg. J. Bolte, 2 Bde., 1924, Nachdr. 1972; *Predigten*, hg. R. G. Warnock, 1970. – $^2$VL 7; A. Mühlherr: *J. P.*, in: Füssel, Dt. Dichter.

Pellikan, Konrad. *Chronicon*, hg. B. Riggenbach, 1877; übers. Th. Vulpinus, 1892. – LL 9.

Peter Lewen des andern Kalenbergers Historie. Hg. F. Bobertag, 1884.

Petruslied. In: Steinmeyer Nr. 21; ALb Nr. 33; hg. u. übers. Schlosser. – $^2$VL 7.

Pfarrer vom Kalenberg. Hg. V. Dollmayr, 1906. – ²VL 2 (→ Frankfurter, Philipp); W. Röcke: *Die Freude am Bösen. Stud. zu einer Poetik des dt. Schwankromans im SpätMA*, 1987; P. Strohschneider: *Schwank u. Schwankzyklus, Weltordnung u. Erzählordnung im Pf. v. K. u. im ‚Neidhart Fuchs'*, in: *Kleinere Erzählformen im MA*, hg. K. Grubmüller u. L. P. Johnson, 1988.

Philipp, Bruder. *Marienleben*, hg. H. Rückert, 1853. – ²VL 7.

Physiologus. *Der altdt. Ph. Die Millstätter Reimfassung u. die Wiener Prosa*, hg. F. Maurer, 1967. – ²VL 7.

Piccolomini, Aeneas Silvius. *Opera omnia*, 1551, Nachdr. 1967; hg. B. Widmer, 1960 (Auswahl mit dt. Übers.); *De Euriolo et Lucretia*: E. J. Morall: *A. S. P. (Pius II) and Niklas von Wyle, The Tale of two Lovers Eurialus and Lucretia*, 1988; hg. u. übers. F. Rädle, 1993. – ²VL 7.

Pilgerfahrt des träumenden Mönchs. *Pèlerinage de la vie humaine*, hg. J. J. Stürzinger, 1893–97; Berleburger Versübers.: Hg. A. Bömer, 1915; Versübers. Peters von Merode: Hg. A. Meijboom, 1926. – ²VL 7; W. D. Lange: *Diesseits- u. Jenseitsreisen im MA*, 1991.

Pirckheimer, Caritas. *Die Denkwürdigkeiten der C. P.*, hg. J. Pfanner, 1962; hg. F. Renner, 1982. – ²VL 7.

Pirckheimer, Willibald. *Opera politica, historica, philologica et epistolica*, hg. M. Goldast, 1610, neu hg. E. Reicke, 1907; *Schweizerkrieg. Autobiographie*, hg. K. Rück, 1895; Übers. v. E. Münch in: W. Schiel: *W. P. Der Schweizerkrieg*, 1988; *Briefwechsel*, Bd. 1 u. 2, hg. E. Reicke, 1940/56, Bd. 3, hg. D. Wuttke, 1989; *Elegie auf den Tod Dürers*, hg. H. Rupprich, 1956. – N. Holzberg: *W. P. Griechischer Humanismus in Deutschland*, 1981; W. P. Eckert / Ch. v. Imhoff: *W. P.*, ²1982 (Werkverz.; Übers. von Werken u. Briefen); E. Bernstein: *W. P. u. Ulrich von Hutten*, Pirckheimer-Jb. 4 (1988); N. Holzberg: *W. P.*, in: Füssel, Dt. Dichter; → Eccius dedolatus.

Platter, Felix. *Observationes*, hg. H. Buess, übers. G. Goldschmidt, 1963; *Tagebuch*, hg. V. Lötscher, 1976. – LL 9.

Platter, Thomas u. Felix. Hg. H. Boos, 1878; A. Hartmann: *T. P.s Lebensbeschreibung*, 1944. – LL 9.

Platter, Thomas, d. J. Beschreibung der Reisen, hg. R. Keiser, 1968.

Pleier. *Garel von dem blühenden Tal*, hg. M. Walz, 1892; hg. W. Herles, 1981; *Meleranz*, hg. K. Bartsch, 1861, Nachdr. 1974; *Tandareis u. Flordibel*, hg. F. Khull, 1885. – ²VL 7; I. Strasser: *Das Ende der Aventiure. Erzählen u. Erzählstruktur im ‚G.' des P.*, in: *Liebe u. Aventiure*, hg. P. Schulze-Belli u. M. Dallapiazza, 1990; Ch. Cormeau: *‚T.' u. ‚F.' von dem Pleier. Eine poetologische Reflexion über Liebe im Artusroman*, in: PRspM.

Pontus und Sidonia (Fassung B). Hg. K. Schneider, 1961; → Eleonore von Österreich.

Prosa-Lancelot. *L.*, hg. R. Kluge, 1948–74; *L. u. Ginover. Prosalancelot I u. II*, hg. u. übers. H.-H. Steinhoff, 2 Bde., 1994 (Bde. III–V in Vorber.). – ²VL 5 (→ Lancelot); *Schweinfurter ‚L.'-Kolloquium 1984*, hg. W. Schröder (Wolfram-Stud. 9 [1986]); Ch. Huber: *Von der ‚Gral-Queste' zum ‚Tod des Königs Artus'. Zum Einheitsproblem des ‚P.-L.'*, in: PRspM; K. Speckenbach: *P.-L.*, in: Brunner; W. Haug: *Das Endspiel der arthurischen Tradition im Prosalancelot*, in: *Das Ende. Figuren einer Denkform*, hg. K. Stierle u. R. Warning, 1995.

Püterich von Reichertshausen, Jakob. *Der Ehrenbrief des J. P. v. R.*, hg. F. Behrend u. R. Wolkan, 2 Bde., 1920 (Faks. u. Text); M. Mueller: *Der ‚E.' J. P.s v. R., die ‚Turnierreime' Johann Hollands, der ‚Namenkatalog' Ulrich Fuetrers*, Diss. City Univ. of New York 1985. – ²VL 7.

Puschman, Adam Zacharias. *Das Singebuch des A. P.*, hg. G. Münzer, 1906; *Grüntlicher Bericht des dt. Meistergesangs 1571*, hg. B. Taylor, 2 Bde., 1982. – R. Hahn: *‚Die löbliche Kunst'. Stud. zu Dichtung u. Poetik des späten Meistergesangs am Beispiel A. P.*, 1984; LL 9.

Pyramus und Thisbe. Hg. M. Haupt, ZfdA 6 (1848); hg. U. Schmid, *Codex Vindob. 2885*, 1985. – ²VL 7.

Rabenschlacht → Dietrichs Flucht.

Raber, Vigil. Verz. u. Ausg.n der von R. gesammelten u. bearb. Spiele in: ²VL 7.

Radewijns, Florens. ²VL 7.

Rappoltsteiner Parzifal. Hg. K. Schorbach: *P. von Claus Wisse u. Philipp Colin*, 1888 (unvollst.), Neudr. 1974. – ²VL 7.

Ratpert von St. Gallen. *Galluslied.* In: MGH Poetae V, hg. M. Strecker, 1939; hg. u. übers. P. Osterwalder, 1982. – ²VL 7.

Rebhun, Paul. *Susanna. Hochzeit zu Kana*, hg. H. Palm, 1859, Nachdr. 1969; hg. H.-G. Roloff, 1968. – P. F. Casey: *P. R.*, 1986; LL 9.

Vom Rechte. Hg. Waag/Schröder, Dt. Ged., Nr. 8. – ²VL 7.

Redentiner Osterspiel. Hg. u. übers. B. Schottmann, 1975. – ²VL 7.

Reformatio Sigismundi. *Die R. Kaiser Sigmunds*, hg. H. Koller, 1964. – ²VL 7.

Regenbogen. In: HMS II. – ²VL 7; R. Schröder: *Der regenboge den vrouwen bestund gelicher wer*, in: Fs. K. Stackmann, 1990.

Regensburg, Burggraf von. In: MF IV. – ²VL 7.

Regensburger Liebesbriefe (Carmina Ratisponensia). Hg. A. Paravicini, 1979. – ²VL 7.

Regiomontanus, Johannes. *Opera collectanea*, hg. F. Schmeidler, 1972. – ²VL 7.

Regnart, Jakob. *Dt. dreistimmige Lieder*, hg. R. Eitner, 1895.

Reicher Mann und armer Lazarus (Zürcher Spiel). In: Baechtold, Bd. 1; hg. J. Schmidt, 1969 u. ö.

Reimchronik des Appenzellerkriegs → Appenzeller Reimchronik.

Reinbot von Durne. *Der heilige Georg*, hg. F. Vetter, 1896; hg. C. v. Kraus, 1907. – ²VL 7; E. Feistner: *R. v. D.: Georgslegende*, in: Brunner.

Reinfried von Braunschweig. Hg. K. Bartsch, 1871. – ²VL 7; H. Vögel: *Naturkundliches im R. v. B.*, 1990; D. Ohlenroth: *‚R. v. B.' Vorüberlegungen zu einer Interpretation*, in: PRspM.

Reinke de vos. Nach d. Ausg. v. F. Prien hg. A. Leitzmann, ³1960; J. Goosens: *Reynaerts Historie – ‚R. d. V.'*, 1983 (Parallelausgabe). – ²VL 8.

Reinmar der Alte. In: MF XXI; *Lieder. Nach der Weingartener Liederhs. (B)*, hg. u. übers. G. Schweikle, 1986. – ²VL 7; H. Tervooren: *R.-Stud. Ein Kommentar zu den „unechten" Liedern R.s d. A.*, 1991.

Reinmar der Fiedler. In: HMS II; KLD Nr. 45. – ²VL 7.

Reinmar von Zweter. Hg. G. Roethe, 1887, Nachdr. 1967. – ²VL 7.

Reinolt von Montelban → Haimonskinder.

Reisebuch der Familie Rieter. Hg. H. Röhricht u. H. Meisner, 1884. – ²VL 8 (→ Rieter).

Reuchlin, Johannes. *De verbo mirifico*, 1494, Nachdr. 1964; *De arte cabbalistica*, 1517, Nachdr. 1964; *Komödien*: E. Beutler: *Forsch.n u. Texte zur frühhumanistischen Komödie*, 1927; *Henno* (*Scenica progymnasmata*), hg. H. C. Schnur, 1970. – VD 16, Bd. 17; H. Holstein: *J. R.s Komödien, ein Beitr. zur Gesch. des lat. Schuldramas*, 1888; J. Benzing: *Bibliogr. der Schr. R.s im 15. u. 16. Jh.*, 1955; Forschungsbericht: St. Rhein: *Reuchliniana I/II*, Wolfenbütteler Renaissance Mitt. 12 (1988), 13 (1989), *Reuchliniana III*, in: *J. R. 1455–1522*, hg. M. Krebs, ²1993; *Graecogermania. Griechischstudien dt. Humanisten*, hg. D. Harlfinger, 1989; St. Rhein: *J. R. (1455–1522): ein dt. ‚uomo universale‘*, in: *Humanismus im dt. Südwesten*, hg. P. G. Schmidt, 1993.

Rheinauer Paulus. In: Maurer, Rel. Dicht. II; W. Schröder: Vom *‚Rh. P.‘ zur ‚Millstätter Sündenklage‘*, 1987. – ²VL 8.

Rheinauer (Schaffhauser) Weltgerichtsspiel. Hg. R. Klee, Diss. Marburg 1906. – ²VL 8.

Rheinisches Marienlob. Hg. A. Bach, 1934; Abdr. der Hs. v. W. Grimm in: ZfdA 10 (1856). – ²VL 8.

Rhenanus, Beatus. B. Ristow-Stieghahn: *Zur Gesch.schreibung des B. R.*, in: Fs. I. Schröbler, 1973; LL 9; U. Muhlack: *B. R. (1485–1547)*, in: *Humanismus im dt. Südwesten*, hg. v. P. G. Schmidt, 1993.

Rietenburg, Burggraf von. In: MF V. – ²VL.

Rollenhagen, Georg. *Spiel vom reichen Mann u. armen Lazaro*, hg. J. Bolte, 1929; *Spiel von Tobias*, hg. J. Bolte, 1930; *Froschmeuseler*, hg. K. Goedeke, 1876, Neudr. 1974; hg. u. übers. D. Peil, 1989. – R. Richter: *G. R.s Froschmeuseler: ein rhetorisches Meisterstück*, 1975; LL 9; D. Peil: *G. R.*, in: Füssel, Dt. Dichter.

Rosenplüt, Hans. *Mären*, in: *Die dt. Märendichtung des 15. Jh.s*, hg. H. Fischer, 1965; *Reimpaarsprüche u. Lieder*, hg. J. Reichel, 1990; *Fastnachtspiel*, in: Keller, Fsp. Nr. 100; *Rosenplütsche Fastnachtspiele*, in: Keller, Fsp. – ²VL 8.

Rost Kilchherr zu Sarnen (Heinrich der Rost). In: HMS II; III; SMS Nr. 22; Cramer, Liederdichter III. – $^{2}$VL 8.

Rothe, Johannes. *Ritterspiegel*, hg. H. Neumann, 1936; *Ratsgedichte*, hg. H. Wolf, 1971; *Thüringische Weltchronik*, hg. R. v. Liliencron, 1859; *Passion*, hg. H. Heinrichs, 1906, Nachdr. 1977; *Elisabethleben*, hg. J. B. Mencken, 1728; *Lob der Keuschheit*, hg. H. Neumann, 1934. – $^{2}$VL; V. Honemann: *J. R. in Eisenach*, in: *Autorentypen*, hg. W. Haug u. B. Wachinger, 1991.

Rüdiger von Hinkhoven. *Der Schlegel*, in: GA, Bd. 2, Nr. 49; L. Pfannmüller: *Mhd. Novellen. II. Rittertreue. S.*, 1912; übers. U. Pretzel, *Dt. Erzählungen des MAs*, 1971. – $^{2}$VL 8.

Rudolf von Biberach. *De septem itineribus aeternitatis*, hg. M. Schmidt, 1985; mhd. u. mndl. Übers.n: dies.: *R. V. B. Die siben strassen zu got*, 1969/85. – $^{2}$VL 8.

Rudolf von Ems. *Der guote Gerhart*, hg. J. A. Asher, $^{3}$1989; *Barlaam u. Josaphat*, hg. F. Pfeiffer, 1843, Nachdr. hg. H. Rupp, 1965; *Wilhelm von Orlens*, hg. V. Junk, 1905, Nachdr. 1967; *Alexander*, hg. V. Junk, 2 Bde., 1928/29, Nachdr. 1970; *Weltchronik*, hg. G. Ehrismann, 1915, Nachdr. 1967. – $^{2}$VL 8; R. Walliczek: *R. v. E. Der guote Gêrhart*, in: Brunner.

Rudolf von Fenis, Graf von Neuenburg. In: MF XIII. – $^{2}$VL 8.

Ruf (Ruoff), Jakob. *Etter Heini*, hg. H. M. Kottinger, 1847; *Adam u. Eva*, hg. ders., 1848; *Hiob*, hg. E. O. Kofmel, 1889; *Joseph*, hg. K. Phillips, Diss. Austin/Texas 1974; *Passion*, hg. B. Thoran, 1984; *Wilhelm Tell*, in: Baechtold, Bd. 3; *Von des Herren Weingarten*, in: ebd. – LL 10; B. Thoran: *Unters. zu den Dramen J. R.s*, in: Fs. S. Grosse, 1990; B. Könneker: *J. R.s Spiel ‚Von des Herren Weingarten'*, in: Fs. W. Hoffmann, 1991.

Rumelant von Sachsen (Meister Rumslant). In: HMS I–III. – $^{2}$VL 8.

Rumpolt- und Maret-Spiele. In: Keller, Fsp., Bd. 2 u. 4; W. M. Bauer: *Sterzinger Spiele*, 1982 (*R. u. M.* III u. IV). – $^{2}$VL 8.

Ruodlieb. Hg. W. Haug u. B. K. Vollmann, Bd. 1: Faks., 1974, Bd. 2: Krit. Text, 1985; hg. u. übers. F. P. Knapp, 1977; Text u. Übers. in: Haug/Vollmann. – $^{2}$VL 8; B. K. Vollmann: *R.*, 1993.

Rüte, Hans von. LL 10.

Ruusbroec, Jan van. *Opera omnia* [. . .] *reddita latine per F. L. Surium*, 1552, Nachdr. 1967; *Opera omnia* in 10 Bden., 1981 ff. (mit mndl. Text, Surius-Übers., engl. Übers.), davon bis 1994 4 Bde., Bd. 3: *De geestelike brulocht*, hg. J. Alaerts; mhd. Übersetzungen: W. Eichler: *J. v. R.s ‚Brulocht' in oberdt. Überlieferung, Unters. u. krit. Textausg.*, 1969. – $^{2}$VL 8; K. Ruh: *J. v. R. Versuch einer Würdigung von Person und Werk*, ZfdA 125 (1996).

Sabinus, Georg. *Hodoeporicon itineris Italici*, in: *Lat. Gedichte dt. Humanisten*, hg. H. C. Schnur, $^{2}$1978. – LL 10.

Sachs, Hans. *Werke*, 26 Bde., hg. A. v. Keller u. E. Goetze, 1870 bis 1908, Nachdr. 1964; Registerbd. v. R. A. Crockett, 1982; *Sämtliche Fastnachtspiele*, hg. E. Goetze, 7 Bde., 1880–87; *Sämtliche Fabeln u. Schwänke*, hg. E. Goetze u. a., 6 Bde., 1880–1913; *Prosadialoge*, hg. I. Spriewald, 1976. – N. Holzberg: *H.-S.-Bibliogr.*, 1976; ders.: *Nachtrag zur H.-S.-Bibliogr.*, Mitt. des Vereins für Gesch. der Stadt Nürnberg 64 (1977); *H. S. u. Nürnberg*, hg. H. Brunner u. a., 1976; H. Brunner: *Meistergesang u. Ref. Die Meistergesangbücher 1 u. 2 des H. S.*, in: *Lit. u. Laienbildung im SpätMA u. in der Ref.zeit*, hg. L. Grenzmann u. K. Stackmann, 1984; RSM, Bd. 9–11; D. Klein: *Bildung u. Belehrung. Unters. zum Dramenwerk von H. S.*, 1988; I. Glier: *H. S.ens Schwänke*, in: *Kleinere Erzählformen des 15. u. 16. Jh.s*, hg. W. Haug u. B. Wachinger, 1993; F. Otten: *„mit hilff gottes zw tichten* [. . .]. *" Unters. zur Ref.dichtung des H. S.*, 1993; D. Merzbacher: *500 Jahre H. S.*, 1994; *H. S. im Schnittpunkt von Antike u. Neuzeit*, hg. St. Füssel, 1995 (Pirckheimer-Jb. 10 [1995]).

Sächsische Weltchronik. Hg. L. Weiland, 1876, Neudr. 1971. – $^{2}$VL 8.

Der Saelden Hort. Hg. H. Adrian, 1927. – $^{2}$VL 8.

Salat, Hans. *Eyn Parabel* [. . .] *von dem Verlornen, oder Güdigen Sun*, hg. J. Baechtold, Geschichtsfreund 36 (1881); in: *Fünf Komödien des 16. Jh.s*, hg. W. Haas u. M. Stern, 1989. – W. Brettschneider: *Die Parabel vom verlorenen Sohn*, 1978; LL 10.

Salman und Morolf. Hg. A. Karnein, 1979. – $^{2}$VL 8; W. Haug: *Brautwerbung im Zerrspiegel: ‚S. u. M.'*, in: Fs. W. Spiewok, 1988; H.-J. Bachorski: *Serialität, Variation u. Spiel. Narrative Experimente in S. u. M.*, Jbb. der Reineke-Ges. 2 (1992).

Salomon und Markolf (‚Spruchgedicht'). W. Hartmann: *Die dt. Dichtungen von S. u. M. 2: S. u. M. Das Spruchgedicht*, 1934. – $^{2}$VL 8.

Sastrow, Bartholomäus. *Herkommen, Geburt u. Lauff seines gantzen Lebens* …, hg. G. C. F. Mohnike, 3 Tle., 1823/24; H. Kohl: *Ein dt. Bürger des 16. Jh.s. Selbstschilderung des Stralsunder Bürgermeister B. S.*, 1912. – LL 10.

Schallenberg, Christoph von. Hg. H. Hurch, 1910. – LL 10.

Schede Melissus, Paul. *Psalmenübersetzung*, hg. M. H. Jellinek, 1896. – LL 10; E. Schäfer: *P. M. S. (1539–1602)*, in: *Humanismus im dt. Südwesten*, hg. v. P. G. Schmidt, 1993.

Schedel, Hartmann. *Liber Chronicarum*: Faks. der dt. Ausg. hg. v. der Bibl. der Abtei Niederaltaich, 1967–70; hg. E. Rücker, 1988. – $^{2}$VL 8; Pirckheimer-Jb. 9 (1994).

Schernberg, Dietrich. *Spiel von Frau Jutten*, hg. M. Lemmer, 1971. – $^{2}$VL 8.

Schertlin von Burtenbach, Sebastian. *Leben u. Taten*, hg. E. Hegaur, 1910; Auszüge wiederabgedr. in: H. Wenzel: *Die Autobiographien des späten MAs*, Bd. 1, 1980. – LL 10.

Schilling, Diebold, d. Ä. *Berner Chronik*, hg. Th. v. Liebenau u. W. F. v. Mülingen, 1893; hg. H. B. Bloesch u. P. Hilber, 4 Bde., 1943/45. – $^{2}$VL 8.

Schilling, Diebold, d. J. *Luzerner Chronik*, hg. R. Durrer u. P. Hilber, 1932; hg. A. A. Schmid u. a., 2 Bde., 1977/81. – $^{2}$VL 8.

Schiltberger, Johannes (Hans). *Reisebuch*, hg. V. Langmantel, 1885; hg. J. Buchan Telfer, 1879, Nachdr. 1973 (Übers. der Ausg. Neumanns, 1859, u. Kommentar); hg. E. Geck, 1969 (Faks. des Augsburger Drucks um 1476). – $^{2}$VL 8.

Die Schiltbürger → Lalebuch.

Schlüsselfelder, Heinrich. *Arigos Blumen der Tugend*, hg. F. Vogt, ZfdA 28 (1896; Auszüge). – $^{2}$VL 8.

Schmeltzl, Wolfgang. Teilausg. der Dramen: *W. S. Der Wiener Hans Sachs*, hg. E. Triebnigg, 1915; *Samuel u. Saul*, hg. F. Spengler, 1883; *Komödie des verlorenen Sohnes*, hg. A. Rößler, 1955. – W. Salmen: *Die literar- u. musikhistor. Bedeutung von W. S.*, in: *Die österreichische Lit.*, hg. H. Zeman, Tl. 1, 1986; LL 10.

Das Schneekind. Fassung A in: GA II; Th. Cramer: *Maeren-Dichtung I*, 1979; Fassung B: J. v. Laßberg: *Liedersaal*, Bd. 3, 1825, Nachdr. 1968. – $^{2}$VL 8.

Schöffer, Peter. *Liederbuch*. H. J. Moser: *65 dt. Lieder aus dem L. von P. S. u. Matthias Apiarius*, 1967.

Die schöne Meererin. In: DV 1, Nr. 4.

Schöpper, Jakob. LL 10.

Schradin Nikolaus. *Reimchronik des Schwabenkriegs*, Der Gesch.freund 4 (1847); hg. E. Weil, 1929 (Faks.). – $^{2}$VL 8.

Der Schüler zu Paris. Hg. v. H.-F. Rosenfeld: *Mhd. Novellenstud.*, 1927 (alle drei Fassungen); hg. U. Schmid: *Codex Vindob. 2885*, 1985 (Fassung B). – $^{2}$VL 8.

Schulmeister von Esslingen. In: HMS II; KLD Nr. 10. – $^{2}$VL 8.

Schumann, Valentin. *Nachtbüchlein*, hg. J. Bolte, 1893. – LL 10.

Schwabenspiegel. Hg. F. L. A. Lassberg, 1840, Neudr. hg. K. A. Eckhardt, 1972 (Normalform); hg. H. G. Gengler, $^{2}$1875 (Langform); hg. R. Grosse, 1964 (Kurzform). – $^{2}$VL 8.

Schweizer Anonymus. *Eine Schweizer Kleinepiksammlung des 15. Jh.s*, hg. H. Fischer, 1965. – $^{2}$VL 8.

Schwesternleben (Schwesternbücher).
– Adelhausen. Hg. J. König, Freiburger Diözesanarchiv 13 (1880). – $^{2}$VL 1 (→ Anna von Munzingen).
– Engeltal. Hg. K. Schröder, 1871. – $^{2}$VL 2 (→ Ebner, Christine).
– Kirchberg. Hg. A. Birlinger, Alemannia 11 (1883; Auszüge aus der Frühred.); hg. F. W. E. Roth, ebd. 21 (1893; Spätred.). – $^{2}$VL 2 (→ Elisabeth von Kirchberg).
– Ötenbach. Hg. H. Zeller-Werdmüller u. J. Baechtold, Zürcher Tb. NF 12 (1889). – $^{2}$VL 7.
– St. Katharinental. R. Meyer: *Das St. K.er Schwesternbuch. Unters., Edition, Kommentar*, 1995. – $^{2}$VL 2 (→ Dießenhofener Schwesternbuch).
– Töß. Hg. F. Vetter, 1906. – $^{2}$VL 9 (→ Stagel, Elsbeth).
– Unterlinden. Hg. J. Ancelet-Hustache, Archives d'histoire doctrinale et littéraire du moyen-âge 5 (1930). – $^{2}$VL 4 (→ Katharina von Gebersweiler).
– Weiler. Hg. K. Bihlmeyer, Württemberg. Vierteljahresschrift für Landesgesch., NF 25 (1916).

Secundus, Johannes Nicolai. *Basia*, hg. G. Ellinger, 1899; Übers. v. F. Blei, 1987. – *Symposium J. S. Mechelen*, hg. M. de Schepper u. R. de Smeet, 1987; LL 10.

Der Seele Kranz. Hg. G. Milchsack, PBB 5 (1878). – $^{2}$VL 8.

Seifrit. *Alexander*, hg. P. Gereke, 1932. – $^{2}$VL 8.

Seuse, Heinrich. *Dt. Schr.*, hg. K. Bihlmeyer, 1907, Nachdr. 1963; *Büchlein der ewigen Weisheit*, hg. D.-H. van de Wijnpersse, 1938; *Büchlein der Wahrheit*, hg. u. übers. L. Sturlese u. R. Blumrich, 1993; *Horologium Sapientiae*, hg. P. Künzle, 1977; Übers. der dt. Schr.: H. Denifle, 1860, G. Hofmann, $^{2}$1986. – $^{2}$VL 8; *H. S.s Philosophia spiritualis. Quellen, Konzept, Formen u. Rezeption*, hg. R. Blumrich u. Ph. Kaiser, 1994; K. Ruh, Abendld. Mystik, Bd. 3.

Sigenot. Älterer S. In: DHB 5. Jüngerer S.: Hg. A. C. Schoener, 1928; J. Heinzle: *Der ältere u. der jüngere S.*, 1978. – $^{2}$VL 8; M. Curschmann / B. Wachinger: *Der Berner u. der Riese S. auf Wildenstein*, PBB 116 (1994).

Sleidanus. *De statu religionis et reipublicae Carolo V. Caesare commentarii*, hg. J. G. Boehmer, 1785/86, Neudr. 1968; *Zwei Reden an Kaiser u. Reich*, hg. E. Böhmer, 1879. – LL 11.

Spangenberg, Cyriakus. *Von der Edlen unnd Hochberüembten Kunst der Musica*, hg. A. v. Keller, 1861 (u. d. T.: *Von der Musica und den Meistersängern*). – LL 11.

Spangenberg, Wolfhart. *Sämtliche Werke*, hg. v. A. Vizkelety, 6 Bde., 1971–82. – A. Vizkelety: *W. S.s ‚Singschul'*, Euphorion 58 (1964); LL 11.

Speculum ecclesiae dt. (Benediktbeurer Predigtsammlung). Hg. J. Kelle, 1858; hg. G. Mellbourn, 1944; H.-U. Schmid: *Ahd. u. mhd. Bearbeitungen lat. Predigten des ‚Bairischen Homiliars'*, 2 Bde., 1986. – $^{2}$VL 9.

Spervogel. In: MF VI; die sonstigen Strophen der S.-Tradition in: KLD Nr. 38,17–22c.34. – $^{2}$VL 9.

Spiele von Rumpolt und Maret → Rumpolt- und Maret-Spiele.

Spiel von Wilhelm Tell → Urner Tellenspiel.

Sproß, Balthasar. *Von den alten u. jungen Eidgenossen*, hg. F. Christ-Kutter, 1963.

Stagel, Elsbeth → Schwesternleben.

Stainreuter, Leopold → Leopold von Wien.

Steinhöwel, Heinrich. *Griseldis. Apollonius von Tyrus*, hg. C. Schröder, 1872; *Griseldis*, hg. U. Hess, 1975 (lat.-dt.); *Von den synnrychen erlúchten wyben*, hg. K. Drescher, 1895; *Esopus*, hg. H. Österley, 1873; hg. P. Amelung, 1995 (Faks. u. Kommentar). – ²VL 9; N. Henkel: *H. S.*, in: Füssel: Dt. Dichter.

Steinmar. In: SMS Nr. 26. – ²VL 9; G. Lübben: *„Ich singe daz wir alle werden vol." Das Steinmar-Œuvre in der Manessischen Liederhs.*, 1994.

Sterzinger (Eisacktaler) Weihnachtsspiel. Hg. R. Jordan, in: Jahresber. des k.k. Staats-Obergymn. Krumau 29 (1901/02). – ²VL 7 (→ Raber, Vigil).

Stigel, Johann. In: *Delitiae poetarum Germanorum*, hg. J. Gruter, Bd. 6, 1612; *Lat. Gedichte dt. Humanisten*, hg. H. C. Schnur, 1966. – LL 11.

Stimmer, Tobias. *Von zwei jungen Eheleuten*, hg. J. Oeri, 1891; hg. G. Witkowski, 1915; in: *Fünf Komödien des 16. Jh.s*, hg. M. Stern u. W. Haas, 1989. – LL 11.

Straßburger Alexander → Lamprecht.

Straßburger Blutsegen. In: Steinmeyer Nr. 68; ALb Nr. 31,6; Text u. Übers. in: Haug/Vollmann. – ²VL 9.

Straßburger Eide. In: Steinmeyer Nr. 15; ALb Nr. 21. – ²VL 9.

Vom Streit zwischen Herbst und Mai. Hg. F. Christ-Kutter, in: Frühe Schweizerspiele, 1963. – ²VL 9.

Der Stricker. *Karl der Große*, hg. K. Bartsch, 1857, Nachdr. 1965; *Daniel von dem Blühenden Tal*, hg. G. Rosenhagen, 1894, Nachdr. 1976; hg. M. Resler, ²1995; *Pfaffe Amis*, hg. K. Kamihara, ²1990; hg. u. übers. H. Henne, 1991; hg. u. übers. M. Schilling, 1994; *Verserzählungen*, hg. H. Fischer, Bd. 1, ⁴1979 rev. J. Janota, Bd. 2, ³1984 rev. J. Janota; *Tierbispel*, hg. U. Schwab, ³1983; U. Schwab: *Die bisher unveröff. geistlichen Bispelreden des S.s*, 1959; *Die Kleindichtungen des St.s*, hg. W. W. Moelleken u. a., 5 Bde., 1973–78; *Der S. Erzählungen, Fabeln, Reden*. Mhd./Nhd., hg. O. Ehrismann, 1992. – ²VL 9; H. J. R. Birkhan: *Motiv- u. Handlungsschichten in S.s ‚Daniel'*, in: Fs. R. Wisbey, 1994.

Stricker, Johann. *De düdesche Schlömer*, hg. J. Bolte, 1889; hg. A. E. Berger, 1936. – LL 11.

Stromer, Ulman. *Püchel von meim geslechet u. von abentewr*, hg. K. Hegel, 1862, Nachdr. 1961. – ²VL 9.

Stumpf, Johannes. *Schweizer- u. Ref.chronik*, hg. E. Gagliardi u. a., 2 Bde., 1952/55; Faks. d. Ausg. 1547, 1975. – LL 11.

Stymmelius, Christoph (Christoph Stummel). *Studentes. Comoedia de vita studiosorum*, Frankfurt 1549; Übers. v. F. H. Meyer in: ders.: *Studentica*, 1857. – G. Voß: *C. S.*, in: Jahresber. Aachen 1898/99 u. 1901/02 (Werkverz.); LL 11.

Suchenwirt, Peter. *Werke*, hg. A. Primisser, ²1902. – ²VL 9.

Summa theologiae. In: Maurer, Rel. Dicht., Bd. 1; Waag/Schröder, Dt. Ged. I; Übers. bei H. Freytag: *Kommentar zur frühmhd. ‚S. t.'*, 1970. – ²VL 9.

Der Taler. In: HMS II, III; SMS Nr. 25. – ²VL 9.

Tannhäuser. Hg. J. Siebert: *Der Dichter T.*, 1934; H. Lomnitzer/ U. Müller: *Die lyrischen Gedichte der Hss. C u. J*, 1973. – ²VL 9.

Tannhäuser-Ballade. In: DV 1 (Fassungen A u. B); Ph. St. Barto: *T. and the Mountain of Venus*, 1916 (3 Strophen von C, Fassungen D1 u. D2). – ²VL 9.

Tanzliedchen von Kölbigk. Hg. K.-H. Borck, PBB (Tüb.) 76 (1955; synopt. Edition der drei Fassungen). – ²VL 9.

Tatian. Hg. E. Sievers, ²1892, Nachdr. 1960 u. ö.; hg. A. Masser, 1994. – ²VL 9.

Tauler, Johannes. *Die Predigten*, hg. F. Vetter, 1910; Übers. G. Hofmann, 1961, Neudr. 1991, 2 Bde. – ²VL 9; Ruh, Abendld. Mystik, Bd. 3.

Tegernseer Antichrist (Tegernseer Ludus de Antichristo). Hg. K. Langosch: *Politische Dichtung um Kaiser Friedrich Barbarossa*, 1943; hg. R. Engelsing, ³1981; hg. G. Vollmann-Profe, 2 Bde., 1981 (alle Ausg.n mit Übers.). – ²VL 9.

Teschler, Heinrich. In: HMS II, III; SMS Nr. 21. – ²VL 9.

Des Teufels Netz. Hg. K. A. Barack, 1863, Nachdr. 1968. – ²VL 9.

Theophilus (Theophiluslegende). Hg. R. Petsch: *T. Mnd. Drama in 3 Fassungen*, 1908; Nachdr. mit Übers. v. H. Glagla, 1981. – ²VL 9.

Thidrekssaga. Hg. H. Bertelsen, 2 Bde., 1905–11; übers. F. Erichsen, ²1967.

Thomas von Aquin. *Summa theologiae* (Teilübers.): B. Q. Morgan / F. W. Strothmann: *Middle High German Translation of the S. T. by Th. Aquinas*, 1950. – $^{2}$VL 9.

Thomas Hemerken von Kempen. *Opera omnia*, hg. M. J. Pohl, 7 Bde., 1902–22, Nachdr. 1985; *Zwei Urschr. der Imitatio Christi in mittelnd. Übertragung*, hg. P. Hagen, 1930. – $^{2}$VL 9.

Thomasin von Zerklaere. *Der Welsche Gast*, hg. H. Rückert, 1852, Nachdr. 1965 bes. F. Neumann; hg. F. W. v. Kries, 4 Bde., 1984/85. – $^{2}$VL 9.

Thüring von Ringoltingen. *Melusine*, hg. K. Schneider, 1958; in der Fassung des Buchs der Liebe (1578) hg. H.-G. Roloff, 1969; in: Müller, Romane. – $^{2}$VL 9.

Thüringische Zehnjungfrauenspiele (Eisenacher Z.). Hg. O. Beckers, 1905, Nachdr. 1977; hg. K. Schneider, 1964. – $^{2}$VL 9.

Tilo von Kulm. *Von siben ingesigeln*, hg. K. Kochendörffer, 1907. – $^{2}$VL 9.

Trierer Floyris. Hg. E. Steinmeyer, ZfdA 21 (1877); hg. G. de Smet u. M. Gysseling, Studia Germanica Gandensia 9 (1967). – $^{2}$VL 9.

Trierer Osterspiel. In: Froning, Bd. 1; hg. U. Hennig u. A. Traub, 1990 (Faks. u. Edition). – $^{2}$VL 9.

Trierer Silvester. Hg. C. v. Kraus, 1895, Neudr. 1968. – $^{2}$VL 9.

Tristan als Mönch. Hg. H. Paul, 1895; B. C. Bushey: *‚T. a. M.' Unters. u. kritische Edition*, 1974. – $^{2}$VL 9.

Tristrant und Isalde (Prosaroman). Hg. A. Brandstetter, 1966. – $^{2}$VL 9.

Trithemius, Johannes. *Opera historica*, 1601, Nachdr. 1966. – K. Arnold: *J. T. (1462–1516)*, $^{2}$1991 (mit Werkverz.); LL 11.

St. Trudperter Hoheslied. Hg. H. Menhardt, 2 Bde., 1934; hg. u. übers. F. Ohly, 1996. – $^{2}$VL 9; Ruh, Abendld. Mystik, Bd. 2.

Tschudi, Aegidius (Gilg). *Chronicon helveticum*, hg. B. Stettler, 1968 ff.; *Vom fëgfûr*, hg. I. A. Knowles, 1924; *Uralt warhafftig Alpisch Rhetia*, lat.-dt. hg. Seb. Münster, Basel 1538. – M. Wehrli: *A. T. Gesch.forscher u. Erzähler*, Schweizer. Zs. für Gesch. 6 (1956); B. Rattay: *Entstehung u. Rezeption politischer Lyrik im 15. u. 16. Jh. Die Lieder im Chronicon Helveticum von A. T.*, 1986.

Tundalus (dt. Prosaübers.n). Obd. Übers., hg. O. Mausser in: Walhalla 6 (1910); westobd. Übers., hg. N. F. Palmer, 1980; mndl. Übers., hg. R. Verdeyen, 1917. – ²VL 9; → Alber; Marcus, Bruder; Niederrheinischer Tundalus.

Tüsch, Hans Erhard. *Die burgundisch Hystorie*, hg. E. Wendling u. a., Alsatia 11 (1876); hg. E. Picot / H. Stein, in: *Recueil de Pièces historiques* [. . .], 1923 (Faks. u. frz. Übers.). – ²VL 9.

Twinger von Königshofen, Jakob. *Chronik des J. T. v. K.*, hg. C. Hegel, 2 Bde., 1870/71, Nachdr. 1961. – ²VL 9.

Ulenspiegel. Hg. H. Knust, 1884; hg. W. Krogmann, 1952; hg. W. Lindow, 1966 u. ö. – ²VL 9.

Ulrich von Etzenbach. *Alexander*, hg. W. Toischer, 1888, Nachdr. 1974; *Wilhelm von Wenden*, hg. H. F. Rosenfeld, 1957. – ²VL 9.

Ulrich von Gutenburg. In: MF XII. – ²VL 9.

Ulrich von Liechtenstein. *Lieder*, in: KLD Nr. 58; *Frauendienst*, hg. R. Bechstein, 2 Bde., 1888; hg. F. V. Spechtler, 1987; *Frauenbuch*, hg. F. V. Spechtler, ²1993. – ²VL 9.

Ulrich von Singenberg. In: SMS Nr. 12. – ²VL 10.

Ulrich von Türheim. *Tristan*, hg. Th. Kehrt, 1979; *Rennewart*, hg. A. Hübner, 1938, Neudr. 1964. – ²VL 10.

Ulrich von dem Türlin. *Willehalm* (*Arabel*), hg. S. Singer, 1893, Neudr. 1968; W. Schröder: *Arabel-Stud.*, 6 Bde., 1982–93. – ²VL 10.

Ulrich von Winterstetten. In: KLD Nr. 59. – ²VL 10.

Ulrich von Zazikhoven. *Lanzelet*, hg. K. A. Hahn, 1845, Nachdr. 1965 (m. Bibliogr.); engl. Übers. v. K. G. T. Webster, ²1951. – ²VL 10.

Urner Tellenspiel. Hg. M. Wehrli, 1952.

Vadianus (Joachim von Watt). *Dt. historische Schr.*, 3 Bde., hg. G. Götzinger, 1875–79; *De poetica et carminis ratione*, hg. P. Schäfer, 3 Bde., 1973–77 (mit Komm. u. Übers.); B. Zimmel: *Der ‚gallus pugnans' des J. v. W.*, Diss. masch. Wien 1949. – LL 12 (→ Watt, J. v.); C. Bonorand: *J. V.*, in: Füssel, Dt. Dichter.

Valentin und Namelos. Hg. W. Seelmann, 1884 (nd. Dichtung, hd. Version Zielys u. mndl. Fragm.e); *Namnlös och Valentin*, hg. W. Wolf, 1934; hg. L. Geeraedts, 1984. – ²VL 10.

Väterbuch. Hg. K. Reißenberger, 1914, Nachdr. 1967. – $^2$VL 10.

Vehe, Michael. *New Gesangbüchlein geystlicher Lieder*, hg. W. Lipphardt (Faks.). – LL 12.

Virginal. In: *Der Helden Buch in der Ursprache*, hg. F. H. v. d. Hagen u. A. Primisser, Tl. 2, 1825 (Fassung d); *Dietrichs erste Ausfahrt*, hg. F. Stark, 1860 (Fassung w); DHB 5 (Fassung h). – P. K. Stein: *V.*, JOWG 2 (1982/83); LL 12.

Visio Tnugdali → Tundalus.

Visio Sancti Pauli. Hg. C. Kraus: *Dt. Gedichte des 12. Jh.s*, 1894; Maurer, Rel. Dicht. I. – V. Mertens: *Die frühmhd. ‚V. S. P.' Unters. zur Quellenfrage*, in: Fs. K. Ruh, 1975; LL 12.

Vita Beatae Virginis Mariae et salvatoris rhythmica. Hg. A. Vögtlin, 1888; Ergänzungen bei: M. Päpke: *Das Marienleben des Schweizers Werner*, 1913. – LL 12.

Vitaspatrum. In: PL 73/74; alem. Übers. hg. U. Williams, 1996. – LL 12.

Vocabularius Sancti Galli. In: Ahd. Gll. III u. IV. – W. Haubrichs: *Die Angelsachsen u. die germ. Stämme des Kontinents im frühen MA*, in: *Irland u. die Christenheit*, hg. R. N. Chatháin u. M. Richter, 1987; LL 12.

Volksbuch vom Doktor Faust → Historia von D. Johann Fausten.

Vorauer Bücher Mosis. Hg. J. Diemer: *Dt. Gedichte des 11. u. 12. Jh.s*, 1849, Nachdr. 1968; *Vorauer Joseph*, hg. ders., 1865. – D. A. Wells: *The Vorau Moses and Balaam*, 1970.

Vorauer Spiel von Isaak und Jakob. K. Young: The *Drama of the Medieval Church*, Bd. 2, 1933, Nachdr. 1962.

Vorauer Sündenklage (Klage). In: Maurer, Rel. Dicht. III; Waag/Schröder, Dt. Ged. II. – LL 12.

Wagner, Johannes. *Sämtliche Werke*, hg. R. M. Kully, 2 Bde., 1982; *Solothurner St. Mauritius- u. St. Ursenspiel*, hg. H. Biermann, 1980. – LL 12.

Die Wahrheit. In: Waag/Schröder, Dt. Ged. II. – B. Murdoch: *Die sog. ‚W.' – Analyse eines frühmhd. Gedichts*, in: Akten des V. Internat. Germanisten-Kongresses Cambridge 1975, hg. L. Forster u. H.-G. Roloff, Bd. 2,2, 1976; LL 12.

Waldere. Hg. F. Norman, 1949. – U. Schwab: *W.: testo e commento*, 1967.

Waldis, Burkhard. *Parabell vom verlorn Szohn*, hg. G. Milchsack, 1881; hg. A. E. Berger, 1935; *Esopus*, hg. J. Tittmann, 2 Tle., 1882. – LL 12; A. Reich: *B. W.*, in: Füssel, Dt. Dichter.

Waltharius. In: *Die lat. Dichter des dt. MAs*, Bd. 6,1, hg. K. Strecker, 1951; Text u. Übers. in: Haug/Vollmann; hg. u. übers. G. Vogt-Spira, 1994. – A. Wolf: *Volkssprachliche Heldensagen u. lat. Mönchskultur. Grundsätzliche Überlegungen zum ‚W.'*, in: *Geistesleben um den Bodensee*, hg. A. Masser u. A. Wolf, 1989; LL 12.

Walther von Klingen. In: SMS Nr. 5. – LL 12.

Walther von Rheinau. *Marienleben*, hg. E. Perjus, $^{2}$1949. – LL 12.

Walther von der Vogelweide. *Leich, Lieder, Sangsprüche*, hg. K. Lachmann, $^{14}$1996 hg. Chr. Cormeau; hg. W. Wilmanns, $^{4}$1924 vollst. umgearb. V. Michels; *Gedichte*, Tl. 1: Der Spruchdichter, hg. H. Paul, $^{11}$1996 hg. S. Ranawake, mit einem Melodieanhang v. H. Brunner; *Die Lieder*, 2 Bde., hg. F. Maurer, $^{4}$1974 bzw. $^{3}$1969; *Werke*, hg. u. übers. J. Schaefer, $^{2}$1987; *Werke*, Bd. 1: Spruchlyrik, hg. u. übers. G. Schweikle, 1994. – LL 12; *W. v. d. V.*, hg. v. J.-D. Müller u. F. J. Worstbrock, 1989; Th. Nolte: *W. v. d. V. Höfische Idealität u. konkrete Erfahrung*, 1991; H. Brunner / G. Hahn u. a.: *W. v. d. V.*, 1995.

Warbeck, Veit. *Die schöne Magelone*, hg. J. Bolte, 1894; hg. H.-G. Roloff, 1969; hg. L. E. Schmitt u. R. Noll-Wiemann, 1975; in: Müller, Romane. – LL 12.

Wartburgkrieg (Sängerkrieg auf der Wartburg). Hg. T. A. Rompelman, 1939; in: *Parodie u. Polemik in mhd. Dichtung*, hg. G. Schweikle, 1986. – LL 12; T. Tomasek: *Zur Sinnstruktur des ‚Fürstenlobs' im ‚W.'*, PBB (Tüb.) 115 (1993).

Weber, Veit. In: Cramer, Liederdichter III.

Der Weinschwelg. Hg. H. Fischer: *Der Stricker. Verserzählungen*, Bd. 2, $^{3}$1984 rev. J. Janota. – E. Grunewald: *Die Zecher- u. Schlemmerlit. des dt. SpätMAs*, Diss. Köln 1976; LL 12.

Weißes Buch von Sarnen → Chronik im W. B. v. S.

Weiße, Michael. *Ein New Geseng buchlen*, hg. W. Thomas, 1931; Faks. d. Ausg. 1531 hg. K. Ameln, 1957. – LL 12.

Weißenburger Katechismus. In: ALb Nr. 13; Übers. von Gloria, Credo u. Paternoster bei Schlosser. – G. de Smet: *Zum W. K.*, in: Fs. H. de Boor, 1971.

Weltliches Klösterlein. Hg. K. Matthaei, 1907. – LL 12.

Der von Wengen. In: SMS Nr. 23.

Werner von Elmendorf. Hg. J. Bumke, 1974. – LL 12.

Wernher, Bruder. Hg. A. E. Schönbach, 1903/04 (WSB 148) u. 1904/05 (WSB 150); F. V. Spechtler: *B. W. Abbildungen u. Transkription der gesamten Überlieferung*, 1982. – U. Gerdes: *B. W. Beitr. zur Deutung seiner Sprüche*, 1973; H. Brunner: *Die Töne B. W.s. Bemerkung zur Form u. zur formgeschichtlichen Stellung*, in: Fs. W. Osthoff, 1989; LL 12.

Wernher, Priester. *Drei Lieder von der Magd*, hg. C. Wesle, 1927; *Maria*, hg. C. Wesle, $^{2}$1969 bes. H. Fromm. – H. Fromm: *Unters. zum Marienleben des P. W.*, 1955; LL 12; N. Henkel: *Priester W.s ‚Maria'. Religiöses Erzählen im Kontext der höfischen Lit.*, in: *Die Vermittlung geistlicher Inhalte im dt. MA*, hg. T. R. Jackson u. a., 1996.

Wernher der Gartenaere. *Helmbrecht*, hg. F. Panzer u. K. Ruh, $^{10}$1993 bes. H.-J. Ziegeler; hg. u. übers. H. Brackert u. a., 1972; hg. u. übers. F. Tschirch, 1978. – U. Seelbach: *Bibliogr. zu W. d. G.*, 1981; U. Seelbach: *Kommentar zum ‚Helmbrecht' von W. d. G.*, 1987; LL 12.

Werner von Hohenberg (Homberg). In: SMS Nr. 2. – LL 12.

Wernher der Schweizer. *Marienleben*, hg. M. Päpke u. A. Hübner, 1920, Nachdr. 1967. – LL 12.

Wessobrunner Gebet. In: Steinmeyer Nr. 2; ALb Nr. 29; Text u. Übers. in: Haug/Vollmann. – C. L. Gottzmann; *Das W. G.*, in: *Ahd.*, hg. R. Bergmann u. a., Bd. 1, 1987; LL 12.

Wessobrunner Predigten. In: Steinmeyer Nr. 30, 32 f. – LL 12.

Wickram, Jörg. *Sämtliche Werke*, hg. H.-G. Roloff, 13 Bde., 1967 ff.; *Werke*, hg. J. Bolte, 8 Bde., 1901–06; *Das Rollwagenbüchlein*, nach d. Ausg. v. J. Bolte hg. E. Endres, 1968; *Knabenspiegel* u. *Dialog vom ungeratenen Sohn* in: Müller, Romane. – J.-D. Müller (s. o.); W. Haug: *J. W.s ‚Ritter Galmy'*, in: *Traditionswandel u. Traditionsverhalten*, 1991; LL 12; E. Kleinschmidt: *J. W. ‚Tichter u. Bürger zu Colmar'*, in: Füssel, Dt. Dichter; E. Waghäll: *G. W. – Stand der Forschung*, Daphnis 24 (1995).

Wiener Oswald. Hg. G. Baesecke, 1912; hg. G. Fuchs, 1920, Nachdr. 1977.

Wigamur. Hg. C. v. Kraus, ²1926; hg. Danielle Buschinger, 1987. – LL 12.

Wigoleis (Prosaroman). Hg. A. Brandstetter: *Prosaauflösung*, 1971; Faks. hg. H. Melzer: *Trivialisierungstendenzen im Volksbuch*, 1972. – LL 12.

Wilder Mann. *Die Gedichte des W. M.es*, hg. B. Standring, 1963; Maurer, Rel. Dicht. III. – D. Kartschoke: *Der W. M. u. die religiösen Bewegungen im 12. Jh.*, in: Fs. H.-F. Rosenfeld, 1989; LL 12.

Wilhelm von Österreich (Prosaroman). Hg. F. Podleiszek: *Volksbücher von Weltweite u. Abenteuerlust*, 1936, Nachdr. 1964.

Williram von Ebersberg. Hg. E. H. Bartelmez, 1967; hg. W. Sanders, 1971. – V. Schupp: *Stud. zu W. v. E.*, 1978; LL 12.

Wimpheling, Jakob. *Opera selecta*, Bd. I–III/1.2, hg. O. Herding u. D. Mertens, 1965–90; *Stylpho*, hg. H. Holstein, 1882; hg. u. übers. H. C. Schnur, 1971. – LL 12; D. Mertens: *J. W. (1450–1528)*, in: *Humanismus im dt. Südwesten*, hg. P. G. Schmidt, 1993.

Windschiff aus Schlaraffenland. Hg. E. Kleinschmidt, 1977. – LL 12.

Winsbeckische Gedichte. Hg. A. Leitzmann, ³1962 neubearb. I. Reiffenstein. – LL 12.

Wirnt von Grafenberg. *Wigalois*, hg. J. M. N. Kapteyn, 1926. – Ch. Cormeau: *‚Wigalois‘ u. ‚Diu Crône‘*, 1977; K. Grubmüller: *Artusroman u. Heilsbringerethos. Zum ‚W.‘ des W. v. G.*, PBB (Tüb.) 107 (1985); LL 12.

Wisse, Claus → Rappoltsteiner Parzifal.

Wittenwiler, Heinrich. *Der Ring*, hg. H. Wießner, ²1964, Erg.-Bd.: Kommentar, Nachdr. 1973; nach dem Text v. E. Wießner hg. u. übers. H. Brunner, 1991. – B. Plate: *H. W.*, 1977; O. Riha: *Die Forschung zu H. W.s ‚Ring‘ 1851–1988*, 1990; E. C. Lutz: *Spiritualis fornicatio. H. W., seine Welt u. sein ‚Ring‘*, 1990; LL 12.

Wolfdietrich. Version A in: DHB 3; hg. H. Schneider, 1931, Nachdr. 1968; Version B in: DHB 3; Version C in: DHB 4; Version D in: DHB 4; hg. A. Holtzmann, 1865; Version K: E. A. H. Fuchs: *Studies in the Dresdner Heldenbuch: An edition of Wd. K.* Diss. Univ. of Chicago 1934. – LL 12.

Wolfram von Eschenbach. *Sämtliche Werke*, Nachdr. d. 6. Ausg. v. K. Lachmann, 1965; *Parzival. Titurel*, hg. K. Bartsch, 3 Bde., [4]1935 hg. M. Marti; *Parzival*, 2 Bde., übers. W. Spiewok, 1992/94 (Text der Ausg. v. K. Lachmann); übers. P. Knecht, 1993; hg. E. Nellmann, übers. D. Kühn, 1994; *Titurel. Lieder*, hg. u. übers. W. Mohr, 1978; *Lieder*, in: MF XXIV; P. Wapnewski: *Die Lyrik W.s v. E. Edition, Kommentar, Interpretation*, 1972; *Willehalm*, hg. W. Schröder, 1978; hg. J. Heinzle, 1994; übers. D. Kartschoke, 1989 (Text der Ausg. v. W. Schröder); hg. u. übers. J. Heinzle, 1991. – Kommentar zum *Parzival*: E. Martin, 1903, Nachdr. 1976; zum *Titurel*: J. Heinzle, 1972; zum *Willehalm*: J. Heinzle, 1991 (s. o.); J. Bumke: *W. v. E.*, [6]1991; Ch. Kiening: *Reflexion – Narration. Wege zum ‚Willehalm' W.s v. E.*, 1991; LL 12; U. Draesner: *Wege durch erzählte Welten. Intertextuelle Verweise als Mittel der Bedeutungskonstitution in W.s ‚Parzival'*, 1993; E. Schmid: *W. v. E.: Parzival*, in: Brunner; V. Mertens: *W. v. E.: Titurel*, in: ebd.; Chr. Kiening: *W. v. E.: Willehalm*, in: ebd.

Wunderer. In: *Der Helden Buch in der Ursprache*, hg. F. H. v. d. Hagen u. A. Primisser, Tl. 2, 1825; hg. Georges Zink, 1949 (Faks. der Ausg. 1503). – LL 12.

Wurmsegen. In: Steinmeyer Nr. 67; ALb Nr. 31. – [2]VL 7 (→ Pro nessia / Contra vermes).

Die zehn Gebote → Esau und Jakob.

Zehnjungfrauenspiele → Thüringische Z.

Ziegler, Hieronymus. *Vinea Christi*, München 1548. – LL 12.

Ziely, Wilhelm. *Olivier u. Artus*, hg. H. Kindermann, 1928; *Valentin u. Namelos*, hg. W. Seelmann, 1884. – LL 12; → Valentin und Namelos.

Zimmern, Froben Christoph von. *Chronik der Grafen von Z.*, hg. K. A. Barack, 4 Bde., [2]1881/82; hg. H. Decker-Hauff, Bd. 1, [4]1978, Bd. 2, [2]1973, Bd. 3, 1972. – G. Wolf: *Alhie mueß ich ain gueten schwank einmischen. Zur Funktion kleinerer Erzählformen im MA*, in: *Kleinere Erzählformen im MA*, hg. K. Grubmüller u. a., 1988; LL 12; G. Wolf: *F. Ch. v. Zimmern*, in: Füssel, Dt. Dichter.

Zink, Burkhard. *Augsburger Chronik*, hg. F. Frensdorff u. M. Lexer, 1866, Nachdr. 1965. – LL 12.

Zürcher Buch vom hl. Karl. Hg. A. Bachmann u. S. Singer: *Dt. Volksbücher*, 1889. – K. Schneider: *Die dt. Legende Karls des Großen*, ZfdPh 86 (1967), Sonderheft; LL 12.

Zürcher Buch vom hl. Willehalm. Hg. A. Bachmann u. S. Singer; *Dt. Volksbücher*, 1889.

Zwingli, Huldrych. *Sämtliche Werke*, begr. v. E. Egli u. G. Finsler, 1905 ff. – LL 12.

Zwölf Artikel. In: FdB.

# REGISTER

Das Register enthält die im Text erwähnten Namen aller Autoren und anonymen Werke sowie der im Zusammenhang der Darstellung relevanten Personen, in Auswahl auch die Namen wichtiger Textgattungen und Handschriften. *Kursive* Seitenzahlen verweisen auf die eingehendere Behandlung eines Autors oder anonymen Werkes.

# Deutsche Literatur des Mittelalters

IN RECLAMS UNIVERSAL-BIBLIOTHEK

---

*Althochdeutsche poetische Texte.* Ahd./Nhd. 359 S. UB 8709

*Das Annolied.* Mhd./Nhd. 192 S. 4 Abb. UB 1416

*Berthold von Regensburg:* Vier Predigten. Mhd./Nhd. 267 S. UB 7974

*Deutsche Gedichte des Mittelalters.* Mhd./Nhd. 607 S. UB 8849

*Deutscher Minnesang (1150–1300).* Mhd./Nhd. 174 S. UB 7857

*Das Donaueschinger Passionsspiel.* 351 S. UB 8046

*Meister Eckhart:* Vom Wunder der Seele. Auswahl. 87 S. UB 7319

*Erhebe dich, meine Seele.* Mystische Texte des Mittelalters. 400 S. UB 8456 – auch geb.

*Fastnachtspiele des 15. und 16. Jahrhunderts.* 464 S. 9 Abb. UB 9415

*Frauenlieder des Mittelalters.* Zweispr. 309 S. UB 8630

*Friedrich von Hausen:* Lieder. Mhd./Nhd. 184 S. UB 8023

*Frühmittelhochdeutsche Literatur.* Zweispr. 295 S. UB 9438

*Germanische Göttersagen.* 208 S. UB 8750

*Germanische Heldensagen.* 356 S. UB 8751

*Gottfried von Straßburg:* Tristan. Mhd./Nhd. Bd. 1: Text. Verse 1–9982. 595 S. 10 Abb. UB 4471 – Bd. 2: Text. Verse 9983–19548. 590 S. 11 Abb. UB 4472 – Bd. 3: Kommentar, Nachwort und Register. 390 S. UB 4473

*Hartmann von Aue:* Der arme Heinrich. Mhd./Nhd. 134 S. UB 456 – Gregorius, der gute Sünder. Mhd./Nhd. 256 S. UB 1787 – Lieder. Mhd./Nhd. 181 S. UB 8082

*Heinrich der Glîchezâre:* Reinhart Fuchs. Mhd./Nhd. 184 S. UB 9819

*Heinrich von Melk:* Von des todes gehugde / Mahnrede über den Tod. Mhd./Nhd. 251 S. UB 8907

*Heinrich von Morungen:* Lieder. Mhd./Nhd. 247 S. UB 9797

*Heinrich von Veldeke:* Eneasroman. Mhd./Nhd. 895 S. UB 8303

*Heliand* und die Bruchstücke der Genesis. 261 S. UB 3324

*Herzog Ernst.* Mhd./Nhd. 429 S. UB 8352

*Johannes von Tepl:* Der Ackermann und der Tod. 96 S. UB 7666

*König Artus und seine Tafelrunde.* Europ. Dichtung des Mittelalters. 760 S. UB 9945 – auch geb.

*Konrad von Würzburg:* Heinrich von Kempten. Der Welt Lohn. Das Herzmaere. Mhd. 167 S. UB 2855

*Kudrun.* 360 S. UB 466

*Moriz von Craûn.* Mhd./Nhd. 176 S. UB 8796

*Neidhart von Reuental:* Lieder. Auswahl. Mit den Noten zu neun Liedern. Mhd./Nhd. 134 S. UB 6927

*Das Nibelungenlied.* 408 S. UB 642

*Otfrid von Weissenburg:* Evangelienbuch. Auswahl. Ahd./Nhd. 272 S. UB 8384

*Das Redentiner Osterspiel.* Mnd./Nhd. 293 S. UB 9744

*Reineke Fuchs.* Das niederdt. Epos »Reynke de Vos« von 1498. 295 S. 40 Holzschn. d. Originals. UB 8768

*Reinmar:* Lieder. Nach der Weingartner Liederhandschrift (B). Mhd./Nhd. 405 S. UB 8318

*Das Rolandslied des Pfaffen Konrad.* Mhd./Nhd. 823 S. UB 2745

*Sachsenspiegel.* Landrecht und Lehnrecht. 267 S. UB 3355

*Der Stricker:* Erzählungen, Fabeln, Reden. Mhd./Nhd. 279 S. UB 8797 – Der Pfaffe Amis. Mhd./Nhd. 206 S. UB 658

*Tagelieder des deutschen Mittelalters.* Mhd./Nhd. 308 S. UB 8831

*Tristan und Isolde im europäischen Mittelalter.* 367 S. UB 8702 – auch geb.

*Walther von der Vogelweide:* Werke. Mhd./Nhd. Bd. 1: Spruchlyrik. 526 S. UB 819

*Wernher der Gärtner.* Helmbrecht. Mhd./Nhd. 216 S. UB 9498 – Meier Helmbrecht. Versnovelle. 64 S. UB 1188

*Heinrich Wittenwiler:* Der Ring. Fnhd./Nhd. 696 S. UB 8749

*Wolfram von Eschenbach:* Parzival. Mhd./Nhd. Bd. 1: Bücher 1–8. 736 S. UB 3681 – Bd. 2: Bücher 9–16. 704 S. UB 3682 – Parzival. Auswahl. 80 S. UB 7451

*Oswald von Wolkenstein:* Lieder. Auswahl. Mhd./Nhd. 128 S. UB 2839

---

Philipp Reclam jun. Stuttgart